U0454727

新中国刑法学自主知识体系的演进与前瞻

THE EVOLUTION AND ORIENTATION
OF THE CRIMINAL LEGAL THEORY
OF THE PEOPLE'S REPUBLIC OF CHINA

中国人民大学刑事法律科学研究中心　编

中国人民大学出版社
·北京·

谨以此文集祝贺高铭暄教授九十五寿辰
暨执教七十周年

编写说明

党的二十大报告指出，要“坚守中华文化立场，提炼展示中华文明的精神标识和文化精髓，加快构建中国话语和中国叙事体系”，“加快构建中国特色哲学社会科学学科体系、学术体系、话语体系”①。2022 年 4 月 25 日，习近平总书记在中国人民大学考察时提出，“加快构建中国特色哲学社会科学，归根结底是建构中国自主的知识体系”②。以上论断，鲜明地指出了我国哲学社会科学研究的发展方向，为广大哲学社会科学研究者提出了具体目标和明确要求。

在过去七十余年，在高铭暄、马克昌、王作富、储槐植等老一辈刑法学家的引领下，经过几代刑法学人持续的辛勤付出，具有中国特色的社会主义刑法学知识体系已经初具规模，主要表现在五个方面：一是始终坚持以党的政策为基本引领，将基本刑事政策融入刑法学学理当中；二是始终坚持马克思主义方法论，以辩证唯物主义和历史唯物主义作为理解犯罪和刑罚的基本方法；三是始终坚持理论联系实际的原则，不断推动学术成果和实务经验之间的双向转化；四是始终坚持面向世界的学术品格，以我为主，合理汲取域外刑法学学理，主动将国际社会所公认的犯罪治理经验融入我国刑法学研究框架之内；五是始终坚持百花齐放、百家争鸣的学术研究氛围，以扎实、严谨的学风探索中国刑法学的发展道路。

2023 年，是我国实行改革开放 45 周年，也是我国刑法学重新起步的关键一年。45 年来，我国刑法学研究发展迅猛，取得了举世瞩目的学术成果。2023 年，又逢“人民教育家”高铭暄先生执教七十周年和九十五华诞。在新中国刑法学自主知识体系的构建中，高铭暄先生等老一辈刑法学家筚路蓝缕、呕心沥血，建立了以马克思主义为指导、满足中国刑事法治实践需要的刑法学体系。学习并传承以高铭暄先生为代表的老一辈刑法学家的治学精神和崇高品德，始终是我国刑法学研究继往开来的重要内容。

全面总结我国刑法学自主知识体系的形成与发展，充分认识当前我国刑法学发展存在的问题和挑战，继承并发扬老一辈刑法学家的学术传统和学术精神，是当下刑法学界应当重点研究的课题。为此，中国人民大学刑事法律科学研究中心邀请数十位刑法学者

---

① 习近平：《高举中国特色社会主义伟大旗帜　为全面建设社会主义现代化国家而团结奋斗——在中国共产党第二十次全国代表大会上的报告》，载《求是》2022 年第 21 期。

② 《习近平在中国人民大学考察时强调　坚持党的领导传承红色基因扎根中国大地　走出一条建设中国特色世界一流大学新路》，载《人民日报》2022 年 4 月 26 日，第 1 版。

撰文，共同推出这部《新中国刑法学自主知识体系的演进与前瞻》，在其中回顾了我国刑法学的发展历程，提出了新的研究领域，初步回答了我国刑法学未来发展要解决的问题。

本书编者和全体作者由衷地希望本书能够成为镌刻在新中国刑法学七十余年发展历程上的一块铭牌，能够成为新中国刑法学未来发展蓝图的重要篇章。

衷心祝愿高铭暄先生寿同星瀚、松柏常青！

中国人民大学刑事法律科学研究中心
2023 年 4 月

目 录

一

二

三

四

五

一

中国刑法学的发展方向

张明楷*

中华人民共和国成立后，刑法学直接引进了苏联的理论体系，这具有历史的必然性。① 20世纪五六十年代的刑法学是"没有刑法的刑法学"；1979年后的刑法学，则以刑法为解释对象。从宏观上说，20世纪80年代初至1997年的刑法学具有以下几个特点：（1）沿用苏联的理论体系；（2）重点放在立法论；（3）重视具体问题的解决；（4）德日刑法理论开始介绍到我国；（5）犯罪学、刑事政策学、刑事执行法学的研究明显滞后。

随着1997年《刑法》的颁布，刑法学进入一个新的发展阶段。不管是对基础理论的研究，还是对具体法条的解释，狭义刑法学研究取得了长足进步。（1）刑法学从立法论导向转为解释论导向；（2）从中外刑法的机械性对比转为有机的比较性研究；（3）从单纯的法条注释转向体系性的研究；（4）由多元的研究路径转为相对统一的研究路径；（5）刑法学作为学术的独立品格有所增强。② 特别应指出的是，刑法学积极推动了刑事立法减少死刑和刑事司法严格限制死刑的适用，也推动了量刑的规范化。但另一方面，广义的刑法学科也存在不少问题。

第一，刑法学科对国家治理的服务功能不强。通过近些年的努力，刑法解释学的水准已经可以满足司法实践的需要，能够为疑难刑事案件的处理提供方案。但刑法学科内部发展不均衡，主要表现为注重规范学、轻视事实学。犯罪学、刑事政策学、刑事执行法学的研究非常薄弱，未能就预防、减少犯罪提出行之有效的刑事政策，各个层面的献计献策比较少，导致对国家治理的服务功能不强。例如，"'宽严相济'刑事政策提出以来，热度一直不减，学界主要围绕其含义、根据、功能、贯彻展开研讨，并将其与'严打'刑事政策及'惩办与宽大相结合'刑事政策进行比较研究。"③ 但基本上只是从概念

---

* 清华大学法学院教授、博士研究生导师。

① 参见高铭暄：《论四要件犯罪构成理论的合理性暨对中国刑法学体系的坚持》，载《中国法学》2009年第2期。

② 参见劳东燕：《刑法学知识论的发展走向与基本问题》，载《法学研究》2013年第1期。

③ 刘志伟、郭玮：《改革开放40年中国刑法学研究的成就与展望》，载《湖南科技大学学报（社会科学版）》2018年第5期。

到概念、从理论到理论，既没有从经验到理论，也没有从理论到经验，未能使该刑事政策在司法实践中发挥应有作用。

第二，刑法学科未能处理好民族性与世界性的关系，在许多方面形成了两个极端。例如，部分学者对国外学说十分反感，希望一切学说都源于中国本土，其中有的学者将源于苏联的刑法理论视为本土理论；部分学者则强调全面学习德日刑法理论。遇到具体问题时，部分学者只按传统观点得出答案；部分学者习惯于从国外刑法及其理论中寻找解决方案。可以认为，不能妥善处理民族性与世界性的关系，是导致刑法理论缺乏原创性、普遍性的一个重要原因。

第三，刑法学科的批判性有余，建设性不足。20 世纪 80 年代的刑法学主要是针对刑事立法展开批判；近年来随着刑事立法的活性化，学界针对所谓象征性立法、情绪性立法、扩张性立法的批判较多，但未能总结刑事立法经验。与此同时，由于刑事司法确实存在许多问题，刑法学对刑事司法经验进行归纳总结较少，行之有效的建设性、创造性观点更少。刑法理论与刑事立法、刑事司法未能形成良性互动关系。从刑法理论内部来说，抓住只言片语随意批判他人学说的现象十分常见，任何新观点都会受到否定性的批判，学术研究缺乏形成共识的机制，导致刑法学的整体进步显现不出来。

第四，刑法理论与民众法感情存在一定距离。刑法理论过于强调专业性，忽略了民众的法感情，甚至将基于民意形成的观点批判成“为了迎合民意”。刑法学缺乏应有的通俗性，导致刑法难以发挥行为规范的机能。此外，由于理论的移植与话语的借用太多，一些先进的刑法理论不能获得民众的支持，难以继续向前推进；部分刑事判决难以为民众所接受，无形之中降低了刑事司法的权威性。如此一来，“并非是社会和刑法之间，而是社会意识与刑法理论之间的背离逐渐显著。”①

不同学者对现状的归纳可能完全不同。本文以上归纳可能既不全面，也不准确。应当承认，许多问题并非只要形成问题意识与改变研究方向就可以解决，而是需要长时间的积累。例如，并不是只要意识到刑法学缺少原创性作品，就可以立即产出这样的作品。而且，就如何提升刑法学的服务功能、如何使本土理论具有普遍性等而言，说起来容易做起来困难；对别人提要求容易，自己满足要求很难。本文基于上述四个方面的问题意识，在自我反省的基础上，就刑法学的发展方向提出四个“并重”的浅见②，以求教于同仁。

一、事实学与规范学并重

广义刑法学包括事实学与规范学两大类别，犯罪学属于事实学，刑法解释学或教义学属于规范学，刑事政策学与刑事执行法学则同时包括事实学、法政策学和规范学的内容。③

① ［日］井田良：《変革の時代における理論刑法学》，东京：慶應義塾大学出版会 2007 年版，第 11 页。

② 本文所称刑法学一般是指包括犯罪学、刑事政策学等学科的广义刑法学。

③ 为了论述方便，以下所称事实学包括犯罪学、刑事政策学与刑事执行法学。

如前所述，由于各种原因，与刑法解释学相比，犯罪学、刑事政策学、刑事执行法学成为边缘学科。不仅如此，属于广义刑法学的各个具体学科各自为战，研究成果相互独立，刑法解释学基本上只是从规范到规范以及从案件到规范、从规范到案件的循环，既不能为预防犯罪、减少犯罪提供指导方针，也难以为刑事立法提供实证依据。

法学界出现的社科法学与教义法学之争，与上述现象不无关系。教义法学注重法律适用、解决具体法律纠纷；社科法学借鉴社会科学的经验研究方法，试图发现制度或规则与社会生活诸多因素之间的相互影响和制约。① 有学者指出，由于教义法学"仅仅站在法律之内看法律"，走不出循环论证的"逻辑怪圈"，因此它"对于成文法规范的正当性，研究者习惯从基本原则上加以解释，而这种基本原则又深深地受到西方法学的影响……而对于司法实践中存在的问题，特别是那些按照现行成文法无论如何也走不出困境的疑难案件，研究者除了提出一些老生常谈的立法完善方案以外，再也无法给出富有启发性的建议"②，进而提倡社科法学，反对教义法学。

其实，广义刑法学中的事实学就是社科法学；刑法解释学本身不可能转向社科法学；对各种疑难案件的处理，所依靠的就是刑法解释学，而不可能是犯罪学等社科法学。况且，刑法解释学并不是对法律文本的简单阐释，而是既要发现法律的真实含义，又要解决具体问题的创造性活动。所以，刑法解释学不可能排斥任何有助于达到自身目的的知识与方法。刑法解释学也懂得刑法制度向生活事实开放，懂得刑法的真实含义只能在生活事实中发现，懂得社会变迁必然导致法条含义的变迁，懂得任何解释结论都不是终局性的真理。

在刑事法领域之所以出现社科法学与教义法学之争，或许是基于三个原因：一是社科法学的主张者似乎将刑法解释学当作刑法学的全部，忽视了进行经验研究的事实学的存在。二是事实学的研究确实比较薄弱。例如，犯罪学理论大多主要介绍欧美学说，从概念到概念，而没有从事实到理论再到事实。三是原本应当由实证经验影响或者决定法解释学③，但我国刑法解释学却存在脱离实证经验的现象。

本文主张事实学与规范学并重，并非为了避免社科法学与教义法学之争，而是为了增强刑法学对国家治理的服务功能。

如所周知，"犯罪学是一门归纳型科学（inductive science），如同其他的归纳型科学那样，它用有可能最准确的方法观察事实，利用一切可能的方法探讨这类现象的原因。"④ 可以肯定，犯罪学的研究能够为刑事政策的制定与刑罚制度的改革奠定基础。从世界范围来说，"在晚近刑法史中，重要的刑事政策的进步都必须归功于犯罪学。"⑤ "如果对犯罪学缺乏认识，那么，刑事政策就缺乏事实的基础，刑法也就失去了目的。"⑥

① 参见苏力：《中国法学研究格局的流变》，载《法商研究》2014 年第 5 期。

② 陈瑞华：《法学研究方法的若干反思》，载《中外法学》2015 年第 1 期。

③ 参见［德］金德豪伊泽尔：《适应与自主之间的德国刑法教义学》，蔡桂生译，载《国家检察官学院学报》2010 年第 5 期。

④ ［荷］W. A. 邦格：《犯罪学导论》，吴宗宪译，北京：中国人民公安大学出版社 2009 年版，第 1 页。

⑤ H. Jescheck/T. Weigend，Lehrbuch des Strafrechts，Allgemeiner Teil，5. Aufl.，Duncker & Humblot，1996，S. 47.

⑥ ［德］金德霍伊泽尔：《刑法总论教科书》，蔡桂生译，北京：北京大学出版社 2015 年版，第 16 页。

法政策学，是指为了实现一定的法目的，科学地探究最有效率的法技术的体系的学科。[①] 法政策学的代表是刑事政策学。刑事政策主要包括两方面内容：一是刑事立法政策，以犯罪学的研究为基础，讨论现行刑法的实效性，从立法论的角度明确对现行刑法应怎样维持、变更与补充。[②] 二是刑事立法以外为防止犯罪而施行的对策。"讨论为防止犯罪的对策的前提是分析犯罪现象，并查明犯罪原因，刑事政策学中也包含了这部分的内容。"[③] 不难看出，刑事政策学要么包含犯罪学内容，要么以犯罪学为基础。

犯罪学与刑事政策学为确定犯罪的处罚范围确定实证依据。例如，某种行为对社会所造成的危害空间多大，禁止某种行为会带来什么后果，这是犯罪学与刑事政策学研究的问题。德国学者在 20 世纪 70 年代的实证研究表明："随着性道德的自由化和新闻媒介对性内容的直露表演，男性露阴的被害人遭受比暂时的惊恐更严重损害的危险性也随之消失……随着对男性露阴行为处罚的增加，那些人进行一般犯罪的倾向也上升。"[④] 倘若在中国也是如此，就意味着对这种行为不应以犯罪论处，否则便得不偿失。

与犯罪学、刑事政策学存在明显交叉重合关系的刑事执行法学，研究刑罚执行的制度与现状，不仅有利于刑罚制度的改善与改革，而且有利于再犯、累犯的防止与一般预防的实现，从而有利于社会治安的稳定。例如，何种刑罚对预防犯罪作用大、对何种犯人适用何种刑罚能最有效地预防犯罪，这是刑事执行法学的研究课题。美国学者"通过对青少年和成人缓刑的研究，得出了如下结论：1. 目前监禁的犯人中有很大一部分可以执行缓刑，而重犯率不会因此而上升。2. 适用缓刑的初犯的再犯率比假释犯要低得多。"在美国，缓刑"是使用最广的司法处理方法，也是减少累犯的最有效手段之一"。不仅如此，"无论是初犯还是累犯，受到罚金处罚后的再犯率低于受到缓刑处理的再犯率。"[⑤] 如果我国的事实学能够得出类似结论，就要求我国的刑事司法提高缓刑与罚金刑（单处）的适用率。

反过来的事实也表明，没有以事实学为基础的刑法修正与刑事政策并不成功。例如，死缓的限制减刑制度，只是依靠逻辑推理形成的立法。可是，被判处死缓后已经服刑 15 年左右的人，在释放后基本没有重新犯罪。[⑥] 既然如此，适用死缓的目的就已经完全实现，因而不需要设立限制减刑制度。事实上，死缓的限制减刑并未显现出预防犯罪的优势。显然，不是以事实学的科学结论为根据的立法与政策，不仅明显不符合现实，而且妨碍刑罚目的的实现。

再如，刑法解释学有一种普遍的倾向：只要某种犯罪的发案率高就主张限制其成立范围。如诈骗犯罪相当普遍，于是许多人主张限制诈骗犯罪的处罚范围。这样的主张不

---

① 参见［日］平井宜雄：《法政策学》，东京：有斐閣 1987 年版，第 1 页。

② 参见［日］木村龟二：《刑法总论》，东京：有斐閣 1978 年增补版，第 9 页。

③ ［日］川出敏裕、金光旭：《刑事政策》，钱叶六等译，北京：中国政法大学出版社 2016 年版，第 1 页。

④ ［德］汉斯·约阿希姆·施奈德：《犯罪学》，吴鑫涛、马君玉译，北京：中国人民公安大学出版社、国际文化出版公司 1990 年版，第 380 - 381 页。

⑤ ［美］克莱门斯·巴特勒斯：《矫正导论》，孙晓雳等译，北京：中国人民公安大学出版社 1991 年版，第 128 页。

⑥ 参见欧渊华、陈晓斌、陈名俊：《福建省刑满释放人员重新犯罪问题研究》，载《福建公安高等专科学校学报》2007 年第 3 期。

仅缺乏实证依据，而且违背刑罚目的。危险驾驶罪的定罪数量超过盗窃罪后，许多人就感觉出了大问题，于是主张限制其成立范围。这样的观点同样缺乏事实学的依据。①

近年来，实证研究虽有所加强，但大多只是对部分判决的归纳和总结。这种规范学内的实证研究，不能替代事实学的研究。无数事实表明，实证结论对刑事政策、刑罚制度的影响远远超过逻辑论证。② 实现个案正义当然重要，但在实证研究基础之上提出行之有效的刑事政策与刑罚制度改革措施，对预防犯罪和国家治理所作出的贡献要大得多。为了提升刑法学对国家治理的服务功能，必须使事实学与规范学并重。

第一，事实学的研究依赖于详细的统计资料。但遗憾的是，我国一直没有制作《犯罪白皮书》；司法机关的一些统计资料既不全面，也不一定公开。"犯罪白皮书，是指以期达成犯罪的防止与犯罪人的改善更生之目的，并有助于刑事政策的制定与实现，报告各个时期的犯罪现状与犯罪者处遇的实情，同时，特别是对那些在刑事政策层面存在问题的事态予以介绍的白皮书。"③ 只能由国家机关制作、而不可能由学者完成的《犯罪白皮书》，具有特别重要的意义，决策机关对此应高度重视。如果有关部门每年制作详细的《犯罪白皮书》，事实学的研究人员就能发现犯罪与刑罚的真实问题所在，进而提出有针对性的刑事政策。

第二，事实学的研究需要研究人员投入大量精力。政府机构的刑法研究院（所）宜将主要精力用于事实学研究。因为专门的研究机构没有教学任务或者任务较少，而且容易从司法机关获得详细的统计资料。从事刑法解释学研究的人员，应有更多的自省和自觉，既要做自己有兴趣做的事，也要做对国家治理贡献更大的事。此外，社会学的研究人员也应系统从事犯罪学的研究，为预防和减少犯罪提出更多、更好的社会政策。

第三，事实学应当侧重问题的思考而非体系的思考，没有必要将事实学的学科体系建构放在首位，而应充分运用社会科学的方法研究现实犯罪现象；既要探索犯罪原因，也要发现犯罪现象规律，还要揭示犯罪背后的结构与文化根源；既要对现有的刑法理论与刑事政策展开法社会学的研究，也要全面调查刑罚执行的问题，分析刑罚执行的效果。只有这样，才能为宏观与微观刑事政策的确立提供充分的实证依据，为减少和预防犯罪提出与社会发展相协调的社会政策。刑法学者应当将事实学的研究成果融入解释学，将对犯罪的处罚范围与处罚程度的研究建立在事实学的实证研究基础上，并善于以刑罚目的为指导得出结论，从而增强刑法学服务国家治理的功能。

二、民族性与世界性并重

"所谓民族性，就是与世界性相对应的中国特色、中华民族特色。从哲学的意义上讲，也就是与一般性、普遍性相对应的特殊性。""所谓世界性，就是与民族性相对应的国际性和世界意义。从哲学的意义上讲，也就是与特殊性相对应的一般性、普遍性。"④

① 在许多国家，盗窃罪早已不是发案率最高的犯罪。

② 参见［日］濑川晃：《犯罪学》，东京：成文堂 1998 年版，第 119 页以下。

③ 日本法务省《犯罪白皮书》主页的定义，http://www.moj.go.jp/housouken/houso_hakusho2.html。

④ 逄锦聚：《中国特色社会主义政治经济学的民族性与世界性》，载《经济研究》2016 年第 10 期。

普遍性寓于特殊性之中，且通过特殊性表现出来。任何特殊事物总是和同类事物中的其他事物有共同之处，没有普遍性的特殊性并无意义。所以，任何哲学社会科学的概念、范畴、命题、原理、规律，都是普遍性与特殊性的统一、民族性与世界性的统一。各国的哲学社会科学与人文学科，必然既有共性，又有其特殊性；既有“文明的冲突”，又有文明的和谐与共同发展。①

一般来说，中国刑法的民族性，是指中国刑法植根于中国悠久的民族文化传统。正如有学者所言：“‘民族性’体现在中国历史文化的原理和老百姓的社会生活之中，因此我们应当把思想的视角植根于中国历史文化之中，于中华法制文明的深层结构中探求‘民族性’的内涵与奥妙。”② 民族性与本土化虽然不是等同的概念，但二者的方向一致，为了表述方便，本文在等同意义上使用这两个概念。

中国学者通常在三种意义上使用本土化概念。其一是议题本土化，即研究的议题应该本土化。其二是应用本土化，即理论与方法的本土化，也包括将西方社会科学的理论和方法应用于中国，并对其加以改进和创新，使之契合本土特质，成为适用于理解中国社会现象的工具。其三是范式本土化，即对西方社会科学知识体系进行反省和批判，从传统文化中发展新的理论、方法，甚至从认识论层面去形成植根于中国历史文化的新范式。③

显然，一方面，应用本土化，并不排除将西方理论与方法应用于当下的中国；范式本土化也不可能绝对排除西方的知识体系，只是需要判断西方的知识体系能否适应当下的中国。对自己的认识建立在对他人认识的基础之上。不考察本国刑法与其他国家刑法的区别，就不可能真正了解本国刑法。事实上，中国近年来有明显发展的刑法学内容，都借鉴了国外的刑法理论（如有关因果关系、未遂犯、共同犯罪以及部分自然犯的理论）。所以，我们不应当对国外的理论、方法与知识体系一概持排斥态度，相反，应当善于借鉴国外的理论研究成果。另一方面，必须坚持议题本土化。强调民族性就必须立足中国、面向中国，回应中国问题。④ 这既是出发点，也是归宿点。但由于犯罪是世界各国普遍存在的现象，故议题本土化也不必然只着眼于本土。犯罪越来越国际化，打击犯罪需要各国的协力。而且，我国有义务将所参加的国际条约规定的罪行转化为国内刑法上的犯罪。所以，对具体犯罪的研究就必须注重一般性与普遍性。由此可见，民族性或本土化与世界性不可分割。

但如前所述，我国刑法学在这方面存在两个极端：一个极端是只讲民族性，对于源于国外的概念持彻底否认、排斥的态度；一旦借鉴德日学说就会被人扣上“德日化”“照搬德日”等帽子。另一个极端是只讲世界性，甚至将国外学说当作检验中国刑事立法、司法与理论的标准。例如，我国刑法分则第五章对财产罪对象只使用了“财物”一词，而没有像德日刑法那样区分“财物”与“财产性利益”。在德日刑法中，盗窃罪对象只能是财物，诈骗罪对象则包括财物与财产性利益。在中国，对盗窃、诈骗财产性利

① 参见刘曙光：《哲学社会科学的中国特色与中华文明的主体性》，载《江苏社会科学》2019 年第 1 期。
② 陈景良：《突出“民族性”是中国民法典编纂的当务之急》，载《法商研究》2017 年第 1 期。
③ 参见谢宇：《走出中国社会学本土化讨论的误区》，载《社会学研究》2018 年第 2 期。
④ 参见孙宪忠：《我国民法典编纂中的几个问题》，载《中国人大》2016 年第 19 期。

益的行为应当如何处理，就只能根据中国刑法规定与现实生活事实进行解释。

上述两个极端都不利于刑法学的发展。中国刑法学当然要解决中国的问题，但如果只讲民族性，刑法学就难以提出具有原创性、普遍性的概念、范畴、原理；如果只讲世界性，就必然忽视回应中国的问题。“新时代是一个充满包容性和成长性时代，意味着前所未有的开放与接纳。”[①] 中国刑法的民族性内容中，应当包含人类共同体的价值追求；刑法理论如果不揭示共性，就不可能被刑法学术共同体认同。中国刑法学应该而且可以与他国刑法学相互学习和借鉴。以犯罪学为例，如果不基于中国的犯罪现象与原因得出研究结论，对中国就没有任何意义；但必须承认，欧洲大陆学者侧重从法学角度所做的犯罪学研究与英美学者侧重从社会学角度所做的犯罪学研究，取得了丰硕成果。在研究方法、路径等方面借鉴和学习这些成果，并紧密结合中国的犯罪现状进行创造性转换和创新性发展，不仅有利于中国犯罪学的发展，而且有利于形成具有原创性、普遍性的理论。

总之，刑法学的研究应当坚持民族性与世界性的并重。问题是，如何才能做到这一点？

第一，应当提高对各种刑法学说的鉴别力及学说运用效果的判断力，而且，越是在本国学说处于弱势地位时，越需要提高鉴别力与判断力，而不能简单地将国外的通说当作真理予以接受。

“一种理论学说或一种模式，往往因为在认识上符合某一国家、民族的实际，在实践中取得成功并被证明是正确的、有效的，而成为一种强势文化。因而它的普适性、真理性往往被处于弱势地位的国家和民族放大，而其局限性、狭隘性、地域性则往往被忽略。强势文化很容易被那些处于弱势地位而又急于求成的国家、民族不加分析和批判地接受、认同并付诸实践，从而导致这些民族、国家理论上的盲目、盲从和实践中的困扰、困境。”[②] 刑法学也是如此。

例如，改革开放后的相当长时期，多数刑法学者认识到我国刑法学与德日刑法学的差距。也正是因为如此，许多人至今依然习惯于认为德日学说是最强势的也是最好的学说，重视了它们学说的普适性，而忽略了其局限性与地域性。如德国的客观归责理论可谓一种强势理论，该理论被介绍到中国之后，被许多学者全盘接受。然而，这一理论因为包含过多的内容而成为“杂物间”，不管是从理论体系还是从司法实务来说，都难以直接全部适用于我国。[③]

第二，对国外先进的刑事立法与刑法理论应结合中国当下的实际加以借鉴与运用，但不能将其作为检验我国刑事立法与刑事司法的标准。

民族性或者本土化，并不是指一切理论必须产生于本土。“任何科学理论和制度，必须本土化才能真正起作用。马克思主义也好，社会主义也好，能够在中国取得胜利，关键是我们党不断推进其中国化，紧密结合中国实际加以运用。”[④] 即便刑法因其自身

---

① 韩升：《改革开放与中国特色哲学社会科学的问题意识》，载《科学社会主义》2018年第5期。

② 刘曙光：《哲学社会科学的中国特色与中华文明的主体性》，载《江苏社会科学》2019年第1期。

③ 参见张明楷：《也谈客观归责理论》，载《中外法学》2013年第2期。

④ 《习近平总书记系列重要讲话读本》，北京：学习出版社、人民出版社2016年版，第33页。

植根于一国在历史发展中形成的、带有社会道德烙印的法律信念之中而具有强烈的民族性，跨国刑事法规也开始以国际刑法的形式被创设；一个孤立的民族国家刑法不太可能存在于全球化世界之中。[①] 改革开放以来，许多学者以虚心和开放心态，学习德日与英美的刑法理论，将两大法系中的各种积极价值要素吸收到中国刑法学中。但在学习与借鉴的过程中，一定要以中国的国情、刑事立法与国民的价值观为依据，以解决中国的现实问题为出发点和归宿。

首先，对于符合我国当下国情与国民价值观的外国立法与理论，应当大胆地借鉴和应用。例如，从刑罚处罚范围来看，西方国家采取的路径是立法定性、司法定量。大量形式上符合刑法规定的犯罪成立条件的案件，检察机关却不起诉或者暂缓起诉，这种表面上使行为规范与裁判规范分离的做法，使行为人对宽大政策感恩戴德，事实上有利于特殊预防。近几年来，我国的刑事立法增设了大量轻罪，量的限制明显减少。刑事立法如何借鉴国外行之有效的立法体例，刑事司法如何转变观念，通过区分犯罪的成立范围与处罚范围，采取相对不起诉等方式预防犯罪，是刑法理论需要研究的重要问题。

其次，对于不符合我国当下国情、刑事立法与国民价值观的外国理论，则不可以照搬。例如，对于领取无正当原因汇款的行为，中国的银行并非像德国的银行那样对债权的真实性漠不关心，故不能照搬德国的学说认为领款人的行为不构成无罪。再如，中国人的自杀大多不是厌倦生活，更不是行使自由，“而是因为不可遏制的愤怒，或者他知道他的死会陷对手于不义”。在西方，人们面对他人自杀会问“为什么”；在中国，人们更关注“谁逼他自杀”“谁应该对此负责”[②]。既然如此，就难以照搬德国的学说，认为自杀是一种权利。事实上，我国司法实践一般也将教唆、帮助自杀的行为认定为故意杀人罪。但根据现行刑法如何说明这种处罚的合法性与合理性，就不可能照搬德国的学说。

最后，在必要情形下，需要对外国理论加以改造与变通，使之适合我国的国情、刑事立法与国民的价值观念。例如，我国传统刑法关于作为义务来源的说明过于形式化，既存在理论破绽，也不能完全解决现实问题。通过借鉴德国的实质义务论，我国不作为犯的理论有了明显的进步。但德国刑法规定了见危不救罪，即使对许多案件否认行为人有作为义务，也可以认定为见危不救罪，因而对作为义务的范围持限定态度。但我国刑法没有规定见危不救罪，这便要求根据我国刑事立法的现状，对德国的理论进行改造与变通，提出我国的作为义务来源可能宽于德国的观点。

第三，应当“挖掘和传承中华法律文化精华，汲取营养，择善而用”[③]，但不能将中国法律文化传统与世界上的先进法律文化对立起来，也不能将历史性与民族性画等号。

中华文明历史悠久，文化遗产浩如烟海。“法律的历史越悠久，无论它多么复杂，正义的程序和规范也就越正规。”[④] 中国古代典籍中包含着丰富而独特的法律观念尤其

---

① 参见［德］希尔根多夫：《德国刑法学：从传统到现代》，江溯等译，北京：北京大学出版社 2015 年版，第 514 页。

② 海青：《始于自杀，终于“自我”》，载《读书》2010 年第 6 期。

③ 习近平：《加快建设社会主义法治国家》，载《求是》2015 年第 1 期。

④ ［法］加布里埃尔·塔尔德：《模仿律》，何道宽译，北京：中信出版集团股份有限公司 2020 年版，第 223 页。

是刑法观念。我们要善于继承、挖掘和阐发中华优秀传统文化的宝贵资源，从中汲取营养、获得灵感，让中国刑法学因持续得到中华优秀传统文化的滋养而永葆活力。[①] 在遇到问题时，我们既要参考德日刑法理论是怎么解决的、英美法官是怎么处理的，也要探究中国法律文化传统上是如何解决和处理的。即使是许多具体问题，从中国传统法律文化中寻找答案，可能更有说服力。例如，我国刑法同时规定了盗窃罪与抢夺罪，但抢夺罪的规定源于中国古代法律，不见于德日与英美刑法。所以，如何理解抢夺罪的构成要件，以及在当下如何区分盗窃与抢夺，既需要从历史中寻求启发（包括民国时期的理论与判例），也需要根据当下的现状寻找答案。

在挖掘和传承中华刑法文化精华的过程中，虽然要正视中国历史传统与西方国家的当代学说的某些差异，但也要承认融合与统一之处，不应当将中国法律文化传统与西方国家的当代刑法学说对立起来。例如，中国古代的“亲亲相隐”制度与源于国外的期待可能性概念一样，都是考虑到人性的弱点，基于作为行为规范的刑法不强人所难这一共性。只不过我国学者以往没有将“亲亲相隐”提升为与责任相关联的期待可能性概念。再如，在表述上源于国外的一些刑法规则，中国古代刑法早有规定。例如，《尚书·尧典》中的“眚灾肆赦，怙终贼刑”，西周时期明确区分为故意与过失、惯犯与偶犯[②]，《唐律》中的“其共盗，临时有杀伤者，以强盗论；同行人不知杀伤情者，止依窃盗法”，与当代基于责任主义得出的妥当结论相同。再如，“部分行为全部责任”这一表述虽然源于日本，但《唐律》中的“诸共盗者，并赃论”所表述的就是这一规则。显然不能认为，凡是源于国外的学说，都缺乏民族性与本土性。

在挖掘和传承中华刑法文化精华的过程中，必须认清中国当下的国情，不能将历史性与民族性画等号。民族性与本土化是指当下的民族性与本土化，具有历史必然性的未必具有现实合理性。所以，需要考虑历史与现实的差异，着眼于社会的发展与进步，择善而用，摒弃落后于时代的糟粕。例如，在中国古代奉行杀人抵命。“‘抵命’的含义是：一个人的生命可作为另一个人的生命的替代或补偿。”[③] “正是出于这种‘抵命’的报复刑思想，国家的法律规定对那些杀一家非死罪数人的犯罪，往往也采用以数命相抵的方式加以处理。”[④] 但在当今社会，不可能采取报复刑。如今作为责任刑的报应刑只是刑罚的上限，绝对不可能以数命相抵的方式处理杀害数人的犯罪。进一步而言，不能简单地根据古代的杀人抵命观念来适用死刑，而应通过实证研究来决定死刑政策。倘若实证研究的结论是，死刑并没有全面的威慑效果[⑤]，则没有必要为了满足部分人的报复观念而适用死刑。

第四，应当在国际比较中研究中国现实问题，实现民族性与世界性的辩证统一，既不能对国外学说进行简单的综合，也不能对民族性与世界性进行机械的组合。

---

① 参见谢青松：《构建中国特色哲学社会科学：意义、要求及范式》，载《云南社会科学》2016 年第 5 期。

② 参见姜晓敏：《谈谈对中国传统刑事法律的认识》，载《法学家》2007 年第 5 期。

③ ［美］D. 布迪、C. 莫里斯：《中华帝国的法律》，朱勇译，江苏：江苏人民出版社 1995 年版，第 280 页。

④ 肖洪泳：《报与死刑：中国古代死刑报应思想的基本样貌》，载《民间法》2016 年第 2 期。

⑤ 参见［美］斯蒂芬·E. 巴坎：《犯罪学：社会学的理解》，秦晨等译，上海：上海人民出版社 2011 年版，第 636 页。

刑法学者理当坚持中国本位，关心和解决中国的现实问题，对问题的所有相关语境条件始终保持敏感。但要做到这一点，却不可能只关注中国；相反，一定要有足够开阔的国际视野，在国际比较中认识和解决中国问题。[①] 一方面，应当始终坚持中国立场，深入到中国实践中去选取研究议题，在理解中国经验和实践后形成理论假设，并回到中国经验和实践中去验证。[②] 另一方面，要坚持国际视野，以开放包容的态度，认真借鉴和吸收国外的优秀理论成果，用融通中外的概念和范畴来阐述中国的刑法理论。

民族性与世界性并重，不是将国内外的对立学说进行简单的综合，形成所谓的折中说。例如，在一直存在争议的共犯领域，共犯从属性说与共犯独立性说是两种对立的观点。但是，我国学者提出了共犯"二重性说"[③]。这一学说得到了许多学者的赞成[④]，甚至有学者认为二重性说是目前关于教唆犯性质的最科学、最合理的理论。[⑤] 然而，二重性说并没有弄清楚共犯从属性与共犯独立性两个概念的基本含义[⑥]，不可能具有普遍性与一般性。而且，"这样的折中，事实上既不可能真正做到，也完全不能在司法实务中对共犯的定罪提供实质性帮助。"[⑦] 例如，在刑法对犯罪存在量的规定的立法例之下，如何处理一人分别教唆或者帮助多人实施一般违法行为的案件，既不是单纯采取某一学说就能得到妥当处理，也不是通过折中方案就可以解决，而是需要对国内外已有的独立性说与从属性说进行改造。

民族性与世界性并重，不是指对部分问题讲民族性，对部分问题讲世界性。例如，有学者指出："自然犯的范围大小、危害性轻重直接取决于文化，即文化色彩鲜明；法定犯范围的大小、危害性的轻重主要取决于刑事政策，文化色彩较淡"；"自然刑法学必须要有文化的考量，应当坚持文化自觉和文化自信的立场"；"行政刑法学普适性较强，可以采取法益保护的立场，应当大胆地吸收外国的先进成果。"[⑧] 这种观点可能是对民族性与世界性的机械组合，况且，认为自然犯的文化色彩鲜明，行政刑法学的普适性较强，并不符合客观事实。例如，关于枪支弹药的管理、市场准入秩序等，我国与许多国家相去甚远，既然如此，就不能认为行政刑法学的普适性较强。概言之，刑法理论与司法实践不可能对自然犯只讲民族性、对行政犯只讲世界性；相反，对自然犯与行政犯的研究都应做到民族性与世界性的辩证统一。

第五，应当通过观察、归纳生活事实创制新的描述性概念和通过抽象和提炼创制具有影响力的规范性概念，不能采取固定化的研究范式与话语表述。

从抽象层面而言，原创性是话语权的根本。一方面，新兴学科的创立者，总是占据

---

① 参见苏力：《努力创造有更多中国经验的法学》，载《文史哲》2019 年第 2 期。

② 参见贺雪峰：《本土化与主体性：中国社会科学研究的方向——兼与谢宇教授商榷》，载《探索与争鸣》2020 年第 1 期。

③ 伍柳村：《试论教唆犯的二重性》，载《法学研究》1982 年第 1 期。

④ 参见马克昌：《论教唆犯》，载《法律学习与研究》1987 年第 5 期；陈世伟：《论共犯的二重性》，北京：中国检察出版社 2008 年版，第 7 页以下。

⑤ 参见魏东：《教唆犯研究》，北京：中国人民公安大学出版社 2002 年版，第 73 页以下。

⑥ 参见张明楷：《刑法学》，北京：法律出版社 2021 年第 6 版，第 550 页以下。

⑦ 周光权：《刑法方法论的中国意义》，载《法学研究》2013 年第 1 期。

⑧ 魏汉涛：《中国刑法学复兴需要文化自信和文化自觉》，载《法商研究》2018 年第 5 期。

话语的优势。西方国家是现代社会科学的发源地，也是许多新兴科学的策源地，因而在话语权上保持了先发优势。刑法学不可能成为新的学科，但创立新的分支学科并非没有可能。另一方面，新观点的率先提出者，也必然占有话语优势。美国之所以有话语权，就因为当今世界上许多最重要的新提法，都是源自美国，因而其具有设置议题的能力。相对而言，我国的社会科学在学科和观点上都处于后发、模仿的地位。① 刑法学也是如此。要提升我国刑法学的话语权，必须改变这种状况，不断创造体现时代内涵和司法实践要求的新的学术观点。从具体层面而言，概念创造是话语权的来源。在刑法学科体系大体形成的当下，我们需要通过观察、归纳生活事实创制新的描述性概念和通过抽象和提炼创制具有影响力的规范性概念。②

有学者将学术创新及其话语表达概括为四种类型：一是中国概念—中国事实，即用中国文化、中国概念来概括、反映中国的社会事实。二是通融概念—中国事实，即以中国事实为基础，融通中西文化结构相通之处，形成自己的概念。三是拓展概念—中国事实，即将国际学术界已有的概念、理论做拓展，来对照、解释中国的实际，作出新的概括，并进行国际交流。四是外来概念—中国资料，即用国外理论、概念解释中国事实和经验，或用中国资料验证外来理论。③ 还有学者提出了第五种类型，中国概念—国际事物，即用中国概念来概括、解释全球问题、外国事实。④

在上述五种类型中，我国刑法学大多采用第一种类型与第四种类型。第一种类型重视民族性，但国际沟通性比较差、国际话语能力较弱，因而缺乏世界性。第四种类型只是用中国事实（资料）来证明或证伪国外已有的概念和理论（如用中国判决证明国外理论的妥当性）。但由于基本上遵循了西方概念的原意，也使用了他们设定好的条件和方法，虽然在学术上能够较顺利地与西方对话，但话语的主导权很少。⑤ 概言之，这类概念虽然具有世界性，但缺乏民族性。刑法学要实现民族性与世界性的统一，就要尽可能采取上述第二、三、五种类型。

例如，关于正当防卫的正当化根据，一些学者接受了德国的二元学说，即个人保全原理与法确证原理。⑥ 然而，各国刑法都认可为了第三人的利益实施的正当防卫，但个人保全原理不能说明这一点。我国刑法明文规定可以为了保护国家利益、公共利益进行正当防卫。这显然不是个人保全原理可以说明的。更为重要的是，德国的通说还认为，当现实的国家利益受到直接威胁，而主管机关在特定场合又无法保护这一国家利益时，为了保护作为主权象征的国家法益，也可以进行正当防卫。⑦ 这说明，德国刑法理论实际上将“个人”保全扩大到对公法益的保全。既然如此，我国刑法理论不如直接使用

① 参见陶文昭：《论中国学术话语权提升的基本因素》，载《中共中央党校学报》2016 年第 5 期。

② 参见张明楷：《刑法学中的概念使用与创制》，载《法商研究》2021 年第 1 期。

③ 参见王思斌：《积极促进我国社会学学术创新和话语能力建设》，载《北京大学学报（哲学社会科学版）》2017 年第 2 期。

④ 参见刘曙光：《哲学社会科学的中国特色与中华文明的主体性》，载《江苏社会科学》2019 年第 1 期。

⑤ 参见王思斌：《积极促进我国社会学学术创新和话语能力建设》，载《北京大学学报（哲学社会科学版）》2017 年第 2 期。

⑥ 参见欧阳本祺：《正当防卫认定标准的困境与出路》，载《法商研究》2013 年第 5 期。

⑦ 参见［德］金德霍伊泽尔：《刑法总论教科书》，蔡桂生译，北京：北京大学出版社 2015 年版，第 162 页。

“法益保全原理”的概念，这一概念不仅能说明中国刑法中的正当防卫，而且能说明外国刑法中的正当防卫。

三、批判性与建设性并重

“法律思维的特点就是寻求单一决策。如果有两种可能的结果，大致上，就没有法律决定可言”①，也必然损害国民的预测可能性，侵害国民的自由。但遗憾的是，刑法学领域充满了争议，也充满了批判。这是一个悖论。之所以如此，是因为法学判断是一种价值或正义判断，而不是真理判断。另一方面，任何学术研究都离不开学术批判。“现在人们普遍承认，科学事业是在科学团体之内、在制度化的背景下发展的。”② 法学研究与其他人文社会科学的研究一样，并非一种独白的个别行为，而是需要对话与沟通，需要借鉴与批判。学术批判，是从事学术研究的方式，是学术团体共同完成学术使命的手段。任何学者都只能在与现有学说的对话和批判中进行学术研究与创新。满足于现有答案，不展开学术批判，就意味着现有学术成果没有问题；任何科学都是为了解决问题，如果没有问题，科学就没有存在的必要。所以，学术繁荣与创新，都是学者们在相互批判对方的观点中实现的。“在一切情况下，创造性倾向总是和批判性倾向协调一致的。”③

但是，仅有批判是不够的，尤其是无规则的学术批判对于学术发展没有意义。刑法学应当善于总结本国的刑事立法与刑事司法经验，也要善于肯定已有的理论研究成果，以便在新的基础上向前发展。这便是本文所称的建设性。

第一，刑法学必须总结我国的刑事立法经验与教训，为活跃化的刑事立法提供理论指导。

近年来，不少学者对晚近刑事立法提出了批判。例如，有学者指出：“二十年间，我国刑事立法的象征性主要体现在三大类犯罪，即恐怖犯罪、网络犯罪和环境犯罪。”④ 有学者认为，我国当下的情绪性刑事立法现象愈演愈烈，“民意”或者“舆论”过度介入或影响刑事立法。⑤ 还有学者提出，近年来增设的一些新罪，原本不应由刑法来调整，如骗取贷款罪、拒不支付劳动报酬罪等，这反映了刑法在参与社会治理过程中，没有遵守与其他法律、社会规范的界限，超出其合理功能，属于“过度刑法化”的病态现象或者过分工具主义化现象。⑥

但是，这些批判未必有理有据。例如，恐怖犯罪、网络犯罪与环境犯罪这三类犯罪

---

① ［挪威］斯坦因·U. 拉尔森主编：《社会科学理论与方法》，任晓等译，上海：上海人民出版社 2002 年版，第 75 页。

② ［美］刘易斯·科塞：《理念人》，郭方等译，北京：中央编译出版社 2004 年版，第 29 页。

③ ［法］加布里埃尔·塔尔德：《模仿律》，何道宽译，北京：中信出版集团股份有限公司 2020 年版，第 180 页。

④ 刘艳红：《以科学立法促进刑法话语体系发展》，载《学术月刊》2019 年第 4 期。

⑤ 参见刘宪权：《刑事立法应力戒情绪——以〈刑法修正案（九）〉为视角》，载《法学评论》2016 年第 1 期。

⑥ 参见何荣功：《社会治理“过度刑法化”的法哲学批判》，载《中外法学》2015 年第 2 期；谢望原：《谨防刑法过分工具主义化》，载《法学家》2019 年第 1 期。

不仅具有严重的法益侵害性，而且具有普遍性。恐怖犯罪令各国不得安宁，即使是编造、传播虚假恐怖信息的行为，对社会秩序的扰乱也相当严重。[①] “网络犯罪制造了高度的风险。”[②] 环境犯罪直接污染环境，间接侵害公众的生命、身体健康。既然如此，认为关于恐怖犯罪、网络犯罪和环境犯罪的刑事立法是不以法益保护为目的的象征性立法，就明显不符合客观事实。再如，没有证据表明，公民主张将某种犯罪科处刑罚，只是基于情绪，而不是因为这种行为侵害了法益。又如，没有事实表明，由其他法律、社会规范调整，就可以预防和减少骗取贷款、拒不支付劳动报酬等行为。事实刚好相反，正是因为增设骗取贷款罪与拒不支付劳动报酬罪，这两类行为才明显减少（尤其是后者）。[③]

不可否认，近年来的刑事立法的确存在某些缺陷，但也不能否认刑事立法的可喜成就。针对刑事立法而言，当下的刑法理论应当侧重做好两方面的事情。

首先，要总结我国刑事立法的经验与优势，进而归纳整理出良好的、具有指导意义的立法政策。只有发现了一项立法的优点，才可能使这项立法发扬光大。总结我国刑事立法的优势，不是为了让其他国家学习，而是为今后的刑事立法提供经验与指导。例如，从刑法理论与审判实践来看，德日刑法首先从作用大小（是否起支配作用）区分出正犯与共犯；其次在共犯中，只是根据行为方式（形式标准）区分教唆犯与帮助犯。虽然将教唆犯归入狭义共犯，但对教唆犯仍然科处正犯的刑罚。这多少显得名不副实。[④] 我国《刑法》第 29 条根据作用大小将教唆他人犯罪的情形分别归入共同正犯与从犯，从而妥当地解决了教唆者的责任问题。亦即，对单纯引起他人犯意的教唆者（普通的教唆犯）按从犯处罚；对在共同犯罪中起重要作用的教唆者（共谋共同正犯）按主犯处罚。这样来看，我国刑法关于共犯的参与形态及其处罚规定的原则，就比德日刑法的相关规定具有优越性，应当发扬光大。[⑤]

其次，刑法理论要为刑事立法提供实证依据与基本理念。刑事立法虽然要倾听大众的呼声，但不能没有实证依据与基本理念。当下的刑事立法以个案现象或者逻辑推理为根据设置法条的现象还很常见，但这样的立法必然导致法条丧失生命力。刑法理论既要观察各种新类型的危害特点，归纳刑法需要保护的法益，但更重要的是提供新时代的正义原则。“炮制数十条法律条文比较容易，构思适合调和各方利益的新的正义原则要难得多。”[⑥] 刑法理论要做这种难得多的事情。在一个利益和思想多元化日益彰显的时代，社会上总会有各种各样不同的观点和诉求，这并不奇怪。关键在于要有一套合理、开放、高效的体制和机制，能够运用科学、民主、法治的方式，让社会上关注国家民族前

---

① 参见最高人民检察院指导案例第 9 号、第 10 号、第 11 号（2013 年）。

② ［德］乌尔里希·齐白：《全球风险社会与信息社会中的刑法》，周遵友、江溯等译，北京：中国法制出版社 2012 年版，第 303 页。

③ 参见张明楷：《增设新罪的观念——对积极刑法观的支持》，载《现代法学》2020 年第 5 期。

④ 或许正因为如此，日本判例很少认定教唆犯，亦即，大多数教唆犯都被认定为共谋共同正犯。参见［日］前田雅英：《刑法総論講義》，东京：東京大学出版会 2019 年版，第 324 页。

⑤ 参见张明楷：《共犯人关系的再思考》，载《法学研究》2020 年第 1 期。

⑥ ［法］加布里埃尔·塔尔德：《模仿律》，何道宽译，北京：中信出版集团股份有限公司 2020 年版，第 212 页。

途命运的各种思想活跃起来，将其中合理有效的意见整合提升成为科学的理论成果。通过在实践中的应用和检验，来不断凝聚人民群众的智慧，提升人们的共识，筑牢共同奋斗的思想基础。[①] 在促进全民共同富裕的时代，刑法理论如何确保刑事立法与刑法理论调和各方利益，确保最多的人享有最大的自由和争取最大幸福的机会，又切实保障人权，是需要解决的重要问题。

第二，刑法学应当总结我国的刑事司法经验与教训，使刑法理论与刑事司法形成良性互动关系，使双方共同进步与发展。

与德日等国不同的是，中国既有立法解释，也有诸多独立于判决之外的司法解释。一旦司法解释对某个争议问题作出规定，刑法理论就基本上不再争议。很多学者对具有法律效力的司法解释一概持肯定态度，将司法解释作为批判相反观点的理由。但不能不承认的是，司法解释的内容的确存在不少缺陷。于是，也有少数学者极力批判司法解释。究竟应当如何恰当地处理刑法理论与司法解释的关系，使刑法理论与司法解释形成良性互动，值得刑法学者深入研究。此外，如何处理好刑事立法与司法解释的关系，也是刑法学面临的重大课题。

刑事司法的一个特点是，即使是通行的做法也不一定妥当。正因为如此，理论界对刑事司法大多持不满意乃至否定态度，认为司法实践没有遵循罪刑法定、罪刑相适应、刑法的谦抑性等原则。但实务界对理论界也持不满意乃至否定态度，认为学者不了解实务，理论严重脱离实践。这种局面既不利于刑法理论的发展，也不利于刑事司法的进步，需要尽快改变。

“科学理论与合理实践的统一，是在相互促进、协调发展动态过程中的具体历史统一。这个过程，既是与不科学的理论和不合理的实践展开双重批判的过程，也是努力实现对于科学理论与合理实践的双重建构的过程。”[②] 应当承认，既存在不科学的理论，也存在不合理的实践，各自的批评都具有合理成分。刑法理论不可能对司法实践一概持赞赏态度，司法机关不能只是期待对司法实务进行肯定，而应当欢迎刑法理论的批评。另一方面，不可否认的是，刑法学者对裁判实务的研究还比较薄弱。除少数情形外，许多具有研究价值的判决，并没有被学界关注。一些具有重要意义的案例，由于各种原因基本无人问津。在容易获取法院裁判文书的当下，刑法学者应当全面、深入地展开判例研究。对于不当的判例应当展开批判；对于妥当的判例，不能只是赞同，而要善于从判例中提升出新的学说与理论。

第三，刑法学要总结刑法理论本身的成就，形成具有一定共识的新理论，使刑法学一步一个台阶向前发展，提升整体水平。

“一项归纳或演绎是否公平/合理，是要由专家圈子在一段时间中决定的。在随后一轮中另一群人可能拒绝这个决定，否定检验的有效性。科学就是这么发展的，尽管人们普遍相信演绎和归纳的运作是基于更严格、更正式规则的。”[③] 换言之，刑法学的发展

① 参见李德顺：《把改革开放的理论成果拾进“篮子”》，载《理论视野》2016 年第 9 期。

② 欧阳康：《当前中国的问题透析、价值重构与综合创新》，载《理论视野》2016 年第 9 期。

③ ［挪威］斯坦因·U. 拉尔森主编：《社会科学理论与方法》，任晓等译，上海：上海人民出版社 2002 年版，第 304 页。

必然是推翻原有的共识、形成新的共识、再推翻新的共识、形成更新的共识的过程。① 应当承认，改革开放以来，各种犯罪论体系并存，对各种疑难问题形成了许多观点与解决办法。也正因为如此，很难形成新的共识，难以显现刑法学的整体成就，看不到刑法学整体一步一步向前发展的景象。所以，刑法学既要批判原有的陈旧学说，也要总结刑法理论本身的成就，使刑法学的整体水平得到提升。

首先，改革开放四十多年的“理论收获，亟需要整理筛选、升华提炼、检验论证。究竟哪些是中国自己的新的东西，要挑出来，形成一个相互支撑的理论整体，这就是‘把成果拾进篮子’的工作。如果只是争论，争论之后不了了之，得不出一个多数人的共识，那么就白白浪费了”②。刑法学需要整理争议问题，尽可能就某些问题达成相对的共识，形成新的台阶和刑法学的整体印象。

其次，刑法学者不能为了创新而创新、为了批判而批判。并非发表了“新”观点就具有创新性，只有发表了解决真问题的新观点才是创新，否则只是伪创新。仅为发表论文而提出所谓新观点，就像在操场反向跑步一样，的确与众不同，其实不仅没有意义，而且妨碍他人。刑法学者也不能为了创新而一味批判新观点，如果刑法学界让任何新观点无立足之地，一直不存在新的共识，就只能使刑法学整体永远停留在原有的水平。学术批判与回应都需要遵守基本的学术规则。刑法学者更应勇于自我反省与自我批评，主动放弃不合时宜的观点，为形成新的共识作贡献；不能以陈旧观点为根据批判新观点，不能将传统观点作为论据批判新学说，不能以新观点不符合传统观点为由而予以否认。

最后，刑法理论要正确处理替代与积累的关系。“像个人进步一样的社会进步靠两种办法来实现：一是替代，一是积累。有些发现和发明只能用于替代，其他的可以用于积累。”③ 刑法理论应当区分哪些需要积累哪些需要替代。本该属于积累的却采用替代的路径，其实是伪创新；本该替代的却积累，只会妨碍进步。在本文看来，刑法学需要注重理论的积累而不是替代。例如，关于各种具体刑事政策（预防犯罪的措施），应注重积累而非替代。再如，关于犯罪论体系，原本可以积累而不必替代。刑法学者没有必要长时间争议犯罪论体系的问题，因为这一争论的意义有限。世界上并不是仅存在一种犯罪论体系，而且犯罪论体系只不过是认定犯罪的工具与方法。“目的和手段的会合总是带有一定的偶然性，给定目的之所以能利用给定的手段，那是因为它们凑巧与那些手段相会了，不过它们也可能遭遇其他手段。”④ 反之，对于违反罪刑法定、责任主义、刑罚目的的各种观点，则必须替代。

四、专业性与通俗性并重

刑法规范首先是裁判规范，刑法的适用是一门专业性特别强的工作，刑法学必然具有专业性。但仅注重刑法学的专业性还远远不够，不能被大众理解和接受的刑法理论不

① 当然，“共识”是相对的，刑法学中的任何一种观点都不可能得到所有人的赞同。

② 李德顺：《把改革开放的理论成果拾进“篮子”》，载《理论视野》2016年第9期。

③ ［法］加布里埃尔·塔尔德：《模仿律》，何道宽译，北京：中信出版集团股份有限公司2020年版，第179页。

④ ［法］加布里埃尔·塔尔德：《模仿律》，何道宽译，北京：中信出版集团股份有限公司2020年版，第210页。

是好理论。

刑法是正义的文字表述，适用刑法就是实现刑法的正义性。但是，“民间正义位于法律体系的核心位置，至少在开放社会里是这样。”① 如果刑法的适用违背大众的正义观念，就会有损刑法的权威性。所以，需要实现民间正义与法律正义的融通。刑罚机能的发挥，依赖于现阶段民众意识的认同。“如果刑罚不符合国民的‘规范意识’‘正义感’，刑罚制度就不能有效地发挥其机能。”② 而要做到这一点，就需要刑法学了解和尊重民间正义。③

由于媒体的发达，立法机关与司法机关能够迅速、直接了解民众意见。民众意见对刑事立法与司法的影响越来越大。反过来说，不管是刑事立法还是刑事政策，如果不能得到民众的认同，即使具有合理性也难以被采纳，即使采纳也不能得到民众的支持。例如，虽然从法律逻辑上说，鉴于死刑的弊端，在现行刑法之下，法官也可以不适用死刑，但从现实来考虑，法官不可能做到这一点，因为法官适用刑罚时必然尊重民意。换言之，在现行刑法之内削减死刑，并非法官与学界可以自行左右，还需要民众的认同，民众认同后决策者才可能认可。要实现这一点，就需要与民众沟通。

刑法规范虽然是裁判规范，但同时也蕴含了行为规范。“任何社会只有当法律得到‘自愿地’和‘自发地’遵守才能有效地运作。”④ 只有当刑法规范充分发挥了行为规范的作用时，才有利于预防和减少犯罪。而要做到这一点，也需要刑法学具有通俗性。

我国的刑法学承担着多项任务，既要为立法机关提供理论指导，为司法工作人员提供刑法适用的理论依据，也要为法科学生提供丰富的刑法理论，还要向社会一般人宣传刑法的基本内容，这些都需要专业性与通俗性并重。

第一，刑法学要实现民间正义与法律正义的融通，就必须获得真正的民意。刑法学者既不能将自己的观点视为民意，也不能将不同于自己观点的民意视为糟粕。

人是万物的尺度；人民是一切法律、制度、政策的尺度。立法不可不考虑公众的诉求，国家对国民的刑法保护，应当成为一项公共服务内容。⑤ 刑法的制定与实施都必须反映、体现人民群众的意志。我国正在发生有史以来最迅速、最全面、最伟大的变革。要使刑法适应这个日新月异的时代，就要时刻把握民意，及时了解人民群众的诉求和心声。问题是如何获得真正的民意？

首先，在缺乏自媒体的时代，民意是由精英、媒介所建构或者被制造出来的，因而与公众的真实想法可能相去甚远。但在自媒体发达的时代，了解真实的民意相对比较容易。网络虽然不能全面、准确地反映民意，但的确是了解民意的便捷路径。此外，其他各种社会调查方法仍然是行之有效的方法。到基层去、到人民群众中去，以深度参与的

---

① ［美］劳伦斯·弗里德曼：《大审判：为公众展示的法律》，殷源源、朱元庆译，北京：中国民主法制出版社2020年版，第27页。

② ［日］前田雅英：《刑法総論講義》，东京：東京大学出版会2019年第7版，第157页。

③ 事实上，近年来的一些行政犯案件（如陆勇案、王力军案、赵春华案、鹦鹉案等），也是因为民众的热议，促使学界研究行政犯的出罪机制。

④ ［英］马林诺夫斯基：《原始社会的犯罪与习俗》，原江译，北京：法律出版社2007年版，第6页。

⑤ 参见［日］井田良：《刑事立法の活性化とそのゆくえ》，载《法律時報》2003年第2号。

方式了解民意，是永远不会过时的路径。

其次，了解民意首先是了解民众的基本诉求与愿望，了解民众对相关行为的态度，了解民众态度的形成原因，了解相关法律规定及实施对民众造成的利弊，进而总结刑法规范与刑法适用的妥当性与问题性。一项法律规范以及某种行为对民众造成或可能造成的影响如何，民众凭借自己的切身体会与朴素的法感情就能得出结论。笔者在某地发现民众对毒品犯罪恨之入骨，吸毒者的家属及其亲友、邻居等人强烈要求处罚代购毒品的行为。是否听到这样的声音，必然影响对代购毒品行为性质的价值判断。此外，虽然刑法学的技术性问题不可能根据民意决定，但对价值判断方面存在重大争议的具体问题（如应否处罚不能犯、偶然防卫等），也可以通过了解民众基于正义的直觉得出的结论来检验相关的理论学说。①

最后需要注意的是，“在现代民意研究中，民意并非不容置疑。自 19 世纪末对非理性人的发现，民意的难题日益突显，例如，易导致多数暴政、易受宣传影响、易受制于少数精英等。”② 在当今媒体化时代，“媒体对于刑事司法的影响整体来看是负面的，它放大了犯罪问题，并且大肆宣传社会需要越来越严苛的刑事政策。”③ 例如，民众常常是为了获得安心感而主张严苛的刑罚。但是，“‘安心感’这种社会心理，是受到媒体与时代风潮强烈影响而形成的不安定感觉，未必存在合理根据。在国民的不安欠缺客观事实佐证的场合，能够消除这种不安的有效方法不是刑事立法，而是对真实事实的报道。”④ 既然通过对真实事实的迅速报道就足以保护国民的安心感，就没有必要动用刑罚手段。显然，刑法学必须区分媒体意见与真实民意，进而得出妥当结论。

第二，刑法学者要善于与民众沟通，使民众接受具有普遍性、进步性的法理念。

当下，刑法学者的部分观点与民意存在明显的对立。当网民对某个案件形成压倒性意见后，即使刑法学者认为网民意见并不符合刑法的真实含义，但为了避免挨骂，也基本上保持沉默。虽然不可能认为刑法学者的观点就是正确的，但应承认的是，民众在某些方面还没有接受具有普遍性、进步性的法理念。所以，刑法学者需要与民众沟通。

例如，民众常常特别憎恨犯罪，因而主张从严打击各种犯罪。刑法理论倘若单纯从学理上论证重刑主义的弊端，不仅无济于事，而且会引起民众的反感。对此，只能用事实说话，用数据讲理。例如，美国学者针对美国的“从严”措施指出：“近几十年对于犯罪的‘从严’措施对犯罪率的降低仅起了一点点作用，却花费了数千亿美元。除了花费巨大和收效甚微之外，‘从严’措施的核心内容即大规模的监禁措施也带了很多问题。”⑤ 倘若我国也有相关的实证数据，相信也可以消解民众的重刑主张。

再如，刑法学者一般主张严格限制死刑适用，甚至主张废除死刑。但民众可能处于

---

① 参见［美］保罗·罗宾逊：《正义的直觉》，谢杰、金翼翔、祖琼译，上海：上海人民出版社 2018 年版，第 4 页以下。

② 赵梦溪：《舆情实践的嬗变与正当性危机》，载《当代传播》2019 年第 1 期。

③ ［美］劳伦斯·弗里德曼：《大审判：为公众展示的法律》，殷源源、朱元庆译，北京：中国民主法制出版社 2020 年版，第 146 页。

④ ［日］松原芳博：《刑法総論》，东京：日本評論社 2017 年版，第 22－23 页。

⑤ ［美］斯蒂芬·E. 巴坎：《犯罪学：社会学的理解》，秦晨等译，上海：上海人民出版社 2011 年版，第 624 页。

死刑的迷信中。“如同潮水有涨有落一样，在历史长河中，死刑也有兴有衰。社会对这种牺牲的需求程度不会总是一样的。这要取决于当时的历史状况。即取决于外面事物的紧迫情势及其结果和国民的心理状态。”① 德国废除死刑的一个重要原因是纳粹时期令人震惊的滥用死刑的事实，另一个重要原因是第二次世界大战后民众对死刑态度有了显著变化，即明确拒绝死刑。② 法国的罗贝尔·巴丹戴尔意识到废除死刑之所以困难，非理性的核心症结就在于民众对罪犯要求“处以死刑的狂热”之中，所以，他积极参加为支持废除死刑而组织的报告会，以大量国际性调查作为依据，竭力证明凡是废除死刑的地方，血腥的犯罪率并没有增加，犯罪有它自身的道路，与刑事立法中是否有死刑规定毫无关系。他还写了许多文章，在电台与电视上就死刑问题发表谈话。③ 实际上，“法国废除死刑时百分之六十的法国人反对，但政治精英们说服了民众，重新奠定了社会的法律文化基础。”④ 我国学者应通过实证研究向民众说明死刑的消极后果，使民众不迷信死刑而是反对死刑。

第三，刑法学者应当撰写通俗性读物，面向社会大众举行刑法学讲座，普及具有普遍性、先进性的法理念。

刑法规范虽然蕴含行为规范，但不可能期待所有国民阅读刑法典与刑法学论著。“人们会不假思索地将一本考古学的或文学史的书放在礼品桌上，但很少放一本法学书籍，即使这本法学书籍可能对读者的知识没有提出特殊的要求。”⑤ 一些人会因为不懂历史、文学等知识而感到羞愧，但不会因为不懂法而感到内疚。可是，法律又与每个人的日常生活密切相关，用法理念指导日常生活是再好不过的事情。

正因为如此，日本有许多著名学者撰写通俗刑法读本，《刑法入门》《刑事法入门》之类的书籍并不少见，这类书籍能让一般人了解刑法。许多学者也会面向社会大众举办刑法讲座。我国刑法学者也应当这样做，以便普及具有普遍性、先进性的法理念。此外，日本实行陪审员制度以后，刑法学有一个明显的转向，就是使刑法理论更为简化、更为通俗。在我国，“司法改革以后，程序进程迅捷，且陪审员参与审判，此时刑法理论不能太抽象，过于专业、生僻的术语应尽可能减少，太复杂的理论要尽可能交代得简洁。换言之，原来面向刑法教授、专业法官、检察官的刑法理论，现在要面向陪审员，面向被告人，若刑法理论还朝着很复杂的方向去发展，司法改革就很难进行。”⑥

顺便指出的是，刑法学者还应多撰写介于教材与专著之间的、适合本科生阅读的“通俗”读物。法学的重心是教育而不是研究；法学教育不能只注重少数，而应注重绝

---

① ［德］布鲁诺·赖德尔：《死刑的文化史》，郭二民编译，北京：生活·读书·新知三联书店1992年版，第157页。

② Vgl. H. Jescheck/T. Weigend, Lehrbuch des Strafrechts Allgemeiner Teil, 5 Aufl., Duncker & Humblot 1996, S. 752f.

③ 参见［法］罗贝尔·巴丹戴尔：《为废除死刑而战》，罗结珍、赵海峰译，北京：法律出版社2003年版，第8-9、119页。

④ 张宁：《死刑：历史与理论之间》，载《读书》2004年第2期。

⑤ ［德］卡尔·恩吉施：《法律思维导论》，郑永流译，北京：法律出版社2014年版，第2页。

⑥ 周光权：《面向司法改革的刑法学发展》，载张志铭主编：《师大法学》（第5辑），北京：法律出版社2020年版。

大多数（应当注重培养本科生）。可是，迄今为止，一直少有适合提升本科生法律思维能力、法律适用技巧的“通俗”作品，也基本没有以本科生为读者对象的刊物。学术刊物对引用率、转载率、影响因子的比拼仅对少数人有意义，对培养本科生几乎没有作用。即使原本有可能成为适合本科生阅读的刊物，也要想方设法提升“档次”，刊发本科生看不懂的论文。难以认为这是法学繁荣的美好景象。不管研究水准多高，只要不能培养出大量优秀的法科学生，法学就是失败的。只有全面提升本科学生的法律思维能力与法律适用水平，才有可能全面提升刑事司法能力，树立刑事司法权威，进而使刑法理论与刑事司法形成良性互动、共同发展的局面。

新中国刑法学发展的历史脉络和基本经验

赵秉志　袁　彬*

一、前言

党的二十大报告提出，“从现在起，中国共产党的中心任务就是团结带领全国各族人民全面建成社会主义现代化强国、实现第二个百年奋斗目标，以中国式现代化全面推进中华民族伟大复兴”①。作为中国式法治现代化的重要组成部分，中国式刑法现代化要求中国创建自主的刑法学知识体系。自 1949 年新中国成立以来，我国刑法学经历了初创、停滞、恢复、繁荣的历史性过程，已经取得了突飞猛进的进步。这种进步主要体现在两个方面：一是刑法学研究的成果数量庞大。据“中国知网”的数据查询，自新中国成立至今，我国共发表刑法学期刊论文 110 623 篇，若再算上报纸、学位论文等文献，刑法学总文献数高达 166 543 篇。特别是进入 2010 年以后，我国仅发表的刑法学期刊论文每年都在 5 000 篇以上。② 与此同时，我国刑法学研究的学术著作也层出不穷，大量研究著述可谓汗牛充栋。据“中国国家图书馆”网络查询，可查到的刑法学研究著作即达 15 000 种。③ 可以说，新中国成立以来我国刑法学研究的成果数量相当庞大。二是刑法学研究的问题相对集中且比较深入。以刑法学研究的专业词在“中国知网”上进行检索发现，新中国成立以来我国刑法学研究的高频词不少，其中期刊论文中数量较多的主题词汇分别是“行为”（8 204 篇）、“死刑”（2 652 篇）、“刑法解释”（2 749 篇）、“刑法原则”（2 041 篇）、“网络犯罪”（3 725 篇）、“刑事责任”（2 051 篇）、“犯罪主体”

---

* 赵秉志，北京师范大学刑事法律科学研究院教授、法学博士、博士研究生导师，中国刑法学研究会名誉会长，国际刑法学协会中国分会主席。

袁彬，北京师范大学刑事法律科学研究院教授、法学博士、博士研究生导师，中国刑法学研究会常务理事暨副秘书长。

① 习近平：《高举中国特色社会主义伟大旗帜 为全面建设社会主义现代化国家而团结奋斗——在中国共产党第二十次全国代表大会上的报告》，载《求是》2022 年第 21 期。

② 中国期刊网的相关数据查询截止时间为 2022 年 12 月 8 日，下同。

③ 关于刑法学研究著作的数量，目前我国尚没有比较全面的数据查询。中国国家图书馆的数据来自其刑法分类的图书数据。

(1 410)、“腐败犯罪”(1 224 篇)、“犯罪故意”(1 292 篇)、“知识产权犯罪”(1 074 篇)。[①] 由此可见，新中国成立以来特别是改革开放以及进入新世纪几十年来我国刑法学研究的问题相对比较集中。

不过，新中国成立以来我国刑法学研究也经历了一个曲折的发展过程。这主要体现在两方面：一方面，我国刑法学研究在这期间经历了一个初创、停滞、恢复、发展和繁荣的转型过程。例如，据“中国知网”查询的数据显示，自 1956 年至 1965 年间，我国共发表刑法学研究论文 100 篇；1966 年至 1978 年间，我国发表的刑法学研究论文篇数竟然是 0；1979 年我国发表的刑法学研究论文数量有较大增加，但总量仍然非常少，只有 48 篇。此后数量有所增加，但增长并不迅速，如 1980 年为 125 篇、1981 年为 200 篇、1982 年为 308 篇、1983 年为 317 篇。[②] 整个发展过程是一个成果不断积累、逐步繁荣的过程。另一方面，我国刑法学研究的理论积淀程度一直饱受诟病。在 21 世纪之初，我国著名刑法学家马克昌教授尖锐地批评说，当前我国刑法学研究存在的首要问题是不重视丰厚的知识积累，不是踏踏实实地进行研究，而是追求快出成果，多出成果；不是厚积薄发，而是边积边发，甚至薄积厚发，通过电脑操作，将文稿稍做技术处理，放在多部书中出版。整个缺乏潜心研究，追求成果数量。[③] 此后又经过这么多年的发展，如今，新中国刑法学研究已伴随共和国的成长走过了 70 余年的历程，迎来了党的二十大所开启的全面建设中国式社会主义现代化强国的新时代，当此重要的历史时刻，我们需要抚今追昔，正确看待和认真总结新中国成立以来我国刑法学研究的发展历程、学术成果及基本经验，并对未来我国刑法学研究的发展前景进行理性展望。

二、新中国刑法学发展的历史脉络

新中国成立至今 70 余年来，我国刑法学研究在吸收借鉴国外研究成果的基础上，面向新中国刑法立法和司法实际，进行了大量理论探索，并逐渐形成了新中国基本的自主刑法知识体系。我们认为，以应用与基础研究为线索，对新中国刑法学发展的历史脉络进行梳理，有助于我们更好地了解和深刻领会新中国刑法学的发展过程。

(一) 新中国刑法学发展的基本线索

对于新中国成立以来我国刑法学研究的发展脉络，曾有一些学者进行过梳理。但因梳理视角的不同，相关认识和结论并不完全相同。其分歧，主要体现在是从单一的应用研究视角梳理，还是从应用与基础研究并重的综合视角梳理。

作为一门应用性极强的国家基本法律学科，刑法学研究的单一视角无一例外地都会集中在应用研究方面，因为正是新中国成立以来特别是改革开放以来我国刑法立法和司

① 除了这些高频词，犯罪构成（904）、恐怖犯罪（766 篇）、过失（769）、未遂（729）、黑社会性质犯罪（707 篇）、共同犯罪（704）、金融犯罪（670 篇）等也都是我国刑法学研究的热点问题。

② 这一方面是因为这个阶段我国刑法学术期刊较少、研究人员较少，学术成果自然少；另一方面也因为“中国期刊网”对早期论文资料的收集不够全面。中国知网查询时间是 2022 年 12 月 8 日。

③ 参见马克昌：《改进中国刑法学研究之我见》，载《法商研究》2003 年第 3 期。

法的快速发展为我国刑法学研究注入了强大的发展动力。例如，有学者将新中国成立以来的刑法学发展历程分为以 1979 年刑法典为研究重心、以特别刑法的适用和刑法改革为研究重心以及以 1997 刑法典为研究重心三个阶段。① 也有学者认为，我国刑法学的发展经历了一个从以立法为中心到以司法为中心的过程，即以 1997 年刑法典为标志，我国刑法学研究可以分为两个阶段：1997 年刑法典颁布之前，我国刑法学长期处于以立法为中心的研究状态；而在 1997 年刑法典颁布之后，我国刑法学研究进入以司法为中心的研究状态。② 这类分析研讨的视角重点都集中于刑法学的应用研究方面。

除了应用研究的视角，一些学者也从兼顾应用研究和基础研究的综合视角分析我国刑法学研究发展的脉络。例如，有学者将新中国成立以来刑法学的研究分为四个阶段：其中，第一阶段（1949 年 10 月至 1976 年 10 月）前期主要是学习苏联理论，探索建立社会主义刑法学，积极参与和配合刑法典的起草工作，后期因“文化大革命”，刑法学研究进入空白时期；第二阶段（1976 年 10 月至 1988 年 3 月）主要是系统地宣传、阐释刑法典的内容，并对刑法中的某些重要问题开始进行专题学术研究，1979 年刑法典是这一阶段刑法学研究的核心和支柱；第三阶段（1988 年 3 月至 1997 年 3 月）的刑法学研究基本上沿三条线发展，一是围绕一系列特别刑法对 1979 年刑法典所作的补充修改而进行专题研究或综合研究，二是就 1979 年刑法典的修改所作的全面深入的研讨，三是加强刑法基本理论的研究，或开拓新的研究领域，或深化原有的研究领域；第四阶段（1997 年 3 月以来）的刑法学研究则基本上沿两条线并行不悖地运行，一是宣传、阐释刑法，二是拓展、深化原来的研究专题。③ 也有学者将新中国刑法学研究的发展分为创建、徘徊、恢复和繁荣四个时期，并认为其发展始终是与我国的社会发展和法治状况同步，其中：1949—1957 年是创建时期；1958—1977 年是徘徊时期；1978—1985 年是恢复时期，主要围绕 1979 年刑法典、犯罪构成理论、青少年犯罪、经济犯罪展开；1986 年至今是繁荣时期，刑法学研究主要向注释刑法学、理论刑法学、实践刑法学和外向型刑法学四个方面发展。④对刑法学研究发展脉络的这类研究都兼顾了应用研究和基础研究两个方面。

比较而言，我们认为，对刑法学研究发展的阶段划分有必要同时兼顾应用研究与基础研究两个方面的线索。这是因为：一方面是刑法学的学科属性使然。刑法学是一门理论与实务兼顾的法学学科，应用研究与基础研究都是刑法学研究的重要内容。刑法学研究如果离开了应用研究将丧失生命力，而如果离开了基础研究将丧失根基和分析的理论工具。也正因为如此，长期以来我国刑法学研究始终都是兼顾基础研究与应用研究，两者相得益彰。另一方面是刑法基础研究与应用研究的数量关系使然。客观地说，在新中国发展的任何一个时期，我国刑法学研究均是基础研究与应用研究并存，而且在研究成果的数量上并没有形成基础研究或者应用研究绝对占优的局面。例如，以 1979—1988

① 参见高铭暄、赵秉志：《改革开放三十年的刑法学研究》，载《中国刑事法杂志》2009 年第 3 期。

② 参见陈兴良：《中国刑法学研究 40 年（1978—2018 年）》，载《武汉大学学报（哲学社会科学版）》2018 年第 2 期。

③ 参见高铭暄主编：《刑法专论》（第 2 版），北京：高等教育出版社 2006 年版，第 7 页。

④ 参见张智辉：《回首新中国刑法学研究五十年》，载《国家检察官学院学报》2000 年第 1 期。

年“中国期刊网”收录的刑法学期刊论文为例，这一阶段总的期刊论文数量是 3 403 篇，其中主题为“立法”的仅 122 篇，主题为“司法”的仅 267 篇，即便加上一些未明确主题的论文，纯粹应用性研究成果的数量总体占比并不大。[①] 更为重要的是，很多刑法基础理论问题的研究是渗透在应用研究之中，客观上很难将基础研究与应用研究作一分为二的切割。

（二）新中国刑法学发展的历史脉络

以刑法学的应用研究和基础研究为线索进行归纳，可以将新中国刑法学研究的发展大体分为四个阶段，即刑法学研究的初创及停滞阶段、恢复发展阶段、稳定推进阶段和繁荣发展阶段。

第一阶段：刑法学研究的初创及停滞阶段（大致为新中国成立至 20 世纪 70 年代末）。新中国成立之初，我国刑法学研究即已开始，并零星发表了一些著述。其中在论文方面，1956 年我国刑法学研究论文的发表数是 18 篇（主要刊物是《法学研究》和《华东政法学院学报》）；1957 年我国刑法学研究论文的发表数增加到了 49 篇（主要刊物是《法学研究》《法学》和《中南政法学院学报》）；1958 年我国刑法学研究论文的发表数是 23 篇；1959—1965 年我国刑法学研究论文的发表数量有所下降，总数是 16 篇。在著作方面，1957 年我国有四本刑法教科书问世，分别是中国人民大学法律系刑法教研室编印的《中华人民共和国刑法总则讲义（初稿）》、东北人民大学编印的《中华人民共和国刑法》、中央政法干部学校刑法教研室编著并由法律出版社出版的《中华人民共和国刑法总则讲义》和西南政法学院刑法教研室编印的《中华人民共和国刑法总则讲义（初稿）》。这一年还出版了李光灿著的《论共犯》一书。[②] 这一时期我国刑法学研究曾呈现出初步发展的势头，但随着 1957 年 6 月以后开展的反右斗争，刑法学研究骤然冷落，之后基本处于停滞状态，1966 年开始的“文化大革命”更是完全阻断了新中国刑法学研究的发展进程，其整体处于停滞状态。

第二阶段：刑法学研究的恢复发展阶段（大致为 20 世纪 70 年代末至 80 年代末）。1978 年 12 月，中共十一届三中全会作出了实行改革开放和加强社会主义法治建设的战略决策，我国刑法学研究也随之得以恢复。尤其是 1979 年 7 月 1 日通过的新中国第一部刑法典，为刚刚恢复的新中国刑法学研究注入了新的活力，大大推动了刑法学的发展。[③] 因此，这一阶段我国刑法学研究发展的实践线索是 1979 年刑法典的颁布与实施，其理论线索是对刑法学基本理论体系的初步探索。总体而言，这一阶段我国刑法学研究初见成效并主要体现在以下两个方面：一方面，以 1979 年刑法典为重心的注释性理论研究开启了新时期我国刑法学研究的序幕，基本上确立了此后我国刑法理论发展的主要方向。[④] 以司法为中心的注释刑法学研究是这一阶段刑法学研究的显著特点。另一方

① 当然这里存在对很多案例分析文章的认识问题，如果将这些案例分析文章都纳入司法研究的范围，则应用性研究成果的占比会明显提高。

② 参见高铭暄主编：《刑法学原理》（第 1 卷），北京：中国人民大学出版社 1993 年版，第 22 页。

③ 参见高铭暄主编：《刑法专论》（第 2 版），北京：高等教育出版社 2006 年版，第 7 页。

④ 参见高铭暄、赵秉志：《改革开放三十年的刑法学研究》，载《中国刑事法杂志》2009 年第 3 期。

面，刑法理论研究十分关注刑法基础理论与体系的建构，重点对犯罪构成理论、教唆犯、罪数、刑法因果关系、共同犯罪、犯罪未遂、正当防卫、刑罚目的、死刑问题等专题进行了较为深入的研究，形成了一批具有一定学术价值与理论影响的专题著作。[①] 在此基础上，刑法学的基本理论体系初步形成，这主要体现在刑法学教材方面，高铭暄主编的《刑法学》由法律出版社于 1982 年出版，该书由数位我国刑法学界的知名学者集体编著，该书所建构的我国刑法学基本理论体系得到了全国刑法学界的基本认同和广泛采纳。

第三阶段：刑法学研究的稳定推进阶段（大致为 20 世纪 80 年代末至 21 世纪初）。这一阶段我国刑法学研究发展的实践线索，是 1988 年 7 月 1 日《第七届全国人大常委会工作要点》把刑法的修改工作正式列入第七届全国人大常委会五年立法规划，标志着我国刑法的修改工作已经正式列入国家立法机关的议事日程。[②] 这是我国刑法立法进程中的重要事件。之后，经过近 9 年的研究和修订过程，1997 年 3 月 14 日全国人大通过了一部经过全面系统修订的《中华人民共和国刑法》，这标志着我国刑法立法的进一步成熟。其应用研究呈现出的是以刑法立法为中心的理论刑法学研究。而这一阶段研究的理论线索是经过前一阶段的发展，我国刑法学科体系已经基本奠定，刑法学研究的广度和深度得到了进一步提升。这体现在刑法学科体系方面，是刑法学教材的建设水平得到明显提高。其中，高铭暄主编、马克昌副主编的高等学校文科教材《中国刑法学》（中国人民大学出版社 1989 年 4 月版）在全国产生了较大影响，并于 1992 年获第二届普通高等学校优秀教材全国特等奖。这一阶段影响较大的刑法学教材，还有林准主编的《中国刑法学教程》（人民法院出版社 1989 年版）和赵秉志、吴振兴主编的《刑法学通论》（高等教育出版社 1993 年版）。这一阶段的刑法学研究主要围绕刑法典修订与刑法学基础理论研究两个方面展开[③]，其研究大体可分为五类：一是对特别刑法进行的专门研究；二是就类别犯罪、特定犯罪进行的综合研究；三是对刑法哲学、刑事政策进行的深入研究；四是对刑法基本理论进行的综合研究或就刑法总则某一方面进行的专题研究；五是对刑法改革、1979 年刑法典修改与完善进行的专门研究。[④] 其中在刑法基本理论进行综合研究方面具有较大影响著作有：高铭暄主编的《刑法学原理》（三卷本）（中国人民大学出版社 1993 年）和马克昌主编的《犯罪通论》、《刑罚通论》（武汉大学出版社 1991 年版）。

第四阶段：刑法学研究的繁荣发展阶段（大致为 21 世纪初至今）。这一阶段我国刑法学研究发展的实践线索，以 1997 年 3 月新刑法典的颁布为标志，我国刑法立法和司

---

① 代表这一时期刑法基础理论专题研究发展水平的著作主要有：吴振兴：《论教唆犯》（吉林人民出版社 1986 年版）；顾肖荣：《刑法中的一罪与数罪问题》（上海学林出版社 1986 年版）；李光灿、张文、龚明礼：《刑法因果关系论》（北京大学出版社 1986 年版）；李光灿、马克昌、罗平：《论共同犯罪》（中国政法大学出版社 1987 年版）；赵秉志：《犯罪未遂的理论与实践》（中国人民大学出版社 1987 年版）；陈兴良：《正当防卫论》（中国人民大学出版社 1987 年版）；田文昌：《刑罚目的论》（中国政法大学出版社 1987 年版）；樊凤林主编：《犯罪构成论》（法律出版社 1987 年版）；等等。

② 参见赵秉志：《中国刑法的百年变革——纪念辛亥革命一百周年》，载《政法论坛》2012 年第 1 期。

③ 参见高铭暄、赵秉志：《改革开放三十年的刑法学研究》，载《中国刑事法杂志》2009 年第 3 期。

④ 参见高铭暄：《20 年来中国刑法学科建设概览》，载《法学家》2009 年第 2 期。

法进入一个崭新时期。之后迄今我国先后出台了 11 个刑法修正案、1 部单行刑法、13 个刑法立法解释和大量刑法司法解释性文件。这些刑法立法和司法规范的制定大大推动了刑法学应用性研究的开展。这一阶段我国刑法学研究发展的理论线索是刑法学基本体系的进一步完善和刑法学研究成果的井喷式发展。这一时期，刑法学研究基本上沿着两个方向展开：一是注重研究刑法文本，围绕 1997 年新刑法典的贯彻实施与修改完善发表了大量文章，出版了许多著作。刑法立法研究与司法研究并重是这一时期我国刑法学应用研究的显著特点。二是进一步深化了刑法基本理论研究，并开拓了新的刑法研究领域。这其中既有深化性研究，如对刑法解释、刑法效力范围和原则、犯罪对象、不作为犯、共犯关系、共犯与身份、教唆犯、正当行为、单位犯罪、结果加重犯、过失危险犯、刑事责任、刑罚的一般预防、刑罚个别化、刑罚改革与完善、死刑的适用与废止条件等的研究；也有批判性研究、拓展性研究和引介性研究，如对犯罪概念、犯罪定义与犯罪化、犯罪构成及其体系、主客观相统一原则、社会危害性理论等问题的研究，以及对外国刑法或外国刑法学中某些基本理论的译介，从而呈现出繁荣发展的景象。①

三、新中国刑法学发展的基本经验

经过新中国成立以来 70 余年的探索和发展，我国刑法学研究已经今非昔比。这除了研究成果数量的增长，更主要的是在刑法学的研究范式、研究重心、话语体系和分析路径等方面都发生了质的飞越，形成了当代中国刑法学研究具有自主性的基本经验和特色。

（一）研究范式：由平面研究到综合研究

刑法学以犯罪与刑罚为自身的主要研究对象。而“犯罪与刑罚”在社会生活中的意义至少可以包括三个层面，即“在刑法条文中以模型形式静态存在的犯罪与刑罚”、“在现实生活中以实然形式动态存在的犯罪与刑罚”和“在立法层面上以应然形式存在的犯罪与刑罚”②。基于对“犯罪与刑罚”的不同理解并以此为基础开展研究，必然会形成不同的理论研究基础和规范，进而会衍生出不同的研究范式。新中国成立以来，我国刑法学的研究范式发生了很大的转变，出现了一个由平面研究到综合研究的自主转型过程。这主要体现在以下两个方面。

第一，由传统走向现代的刑法理念。刑法理念是人们对刑事立法、刑事司法以及刑法规范、功能等一系列问题的态度和价值取向的总称③，也是构建刑法研究范式的基础。刑法观的研究自 20 世纪 80 年代中期起颇受关注，学者们从发展社会主义市场经济、建设社会主义民主政治和国家尊重与保障人权等角度，提出了经济刑法观、法制刑法观、民主刑法观、平等刑法观、人权刑法观、适度刑法观、轻缓刑法观、效益刑法

---

① 参见高铭暄、赵秉志：《新中国刑法学研究 60 年》，北京：中国人民大学出版社 2009 年版，第 488 页。

② 冯亚东：《刑法学研究的层面划分》，载《法学研究》2001 年第 3 期。

③ 参见高铭暄、赵秉志：《新中国刑法学研究历程》，北京：中国方正出版社 1998 年版，第 98－100 页。

观、开放刑法观以及超前刑法观等多种不同的刑法理念。[①] 经过70余年的理论研究，现代刑法观念在我国得以基本确立，以人权保障为核心的罪刑法定、刑罚人道、刑法谦抑以及以平等、公正为核心的刑法面前人人平等、罪责刑相适应等现代刑法观念深入人心，成为刑法理论研究和实践发展的重要观念指导。

第二，由平面走向综合的研究取向。对于刑法学的研究取向，有学者认为，新中国成立以来我国刑法学研究经历了政法刑法学、立法刑法学到规范刑法学的发展过程。[②] 这是一种线性的分析。事实上，既往七十多年间我国刑法学研究的取向转变并不是一个线性的过程，而是一个由单一走向多元、由平面走向综合的过程。一方面，注释刑法学在20世纪80年代曾经是我国刑法学研究的重要取向和方法，迄今也没有被抛弃，而是呈现了以司法为中心的注释刑法学、以立法为中心的理论刑法学、以概念为中心的概念刑法学[③]、以解释为中心的规范刑法学、以教义为核心的刑法教义学等并存的研究范式格局。这些范式之间虽有一定的重合，但并没有出现某一研究范式完全被另一研究范式取代的情况。另一方面，刑法学研究不仅关注刑法规范本身，而且还出现了明显的跨学科研究取向。这种跨学科性除了有运用其他学科的方法和成果分析刑法的刑法哲学、刑法社会学、刑法政治学、刑法心理学等多种研究取向，还出现了融合刑法与相关学科立场的刑法学研究范式。例如，刑事一体化的研究范式认为犯罪决定刑法，刑法决定刑罚执行，行刑效果又返回影响犯罪升降，研究刑法必须确立刑事一体化意识。[④]

（二）研究重心：由单一研究到多元研究

关于刑法学研究的重心或者中心，新中国成立以来，我国发生了较明显的转移，其趋势是刑法学研究正由过去的单一研究转向现在的多元研究。这种多元性研究主要表现在以下两个方面。

第一，由以应用研究为中心转向应用研究与基础研究并重。刑法学是一门实践性很强的学科。刑法的实践性发展为刑法学研究注入了强大的研究动力。长期以来，我国刑法学研究始终将全面解决刑法面临或者可能要面对的现实理论问题作为研究重点，广泛争鸣、深入研究，在通过为局部的立法完善提供理论支持积累经验的基础上，为全面的刑法立法改革进行了充分的理论准备。[⑤] 与此同时，我国刑法学也越来越重视刑法学的基础理论研究。其中比较突出的是对刑法基本原则、犯罪构成、刑罚目的等问题的深入研究。以犯罪构成理论为例，我国传统的犯罪构成理论坚持的是四要件说，但早在1997年以前，我国刑法学界就存在二要件说、三要件说和五要件说等不同主张，目前更是形成了三种不同的主要立场：一是否定我国现有的犯罪构成理论体系，主张全面移

---

① 参见赵秉志：《刑法改革问题研究》，北京：中国法制出版社1996年版，第31页以下。

② 参见刘艳红：《刑法学研究现状之评价与反思》，载《法学研究》2013年第1期。

③ 有学者认为，注释刑法学的研究对象为刑法条文中静态存在的模型的犯罪与刑罚，概念刑法学的研究对象为法律关系中动态存在的实然的犯罪与刑罚，理论刑法学的研究对象为立法观念上虚拟存在的应然的犯罪与刑罚。参见冯亚东：《刑法学研究的层面划分》，载《法学研究》2001年第3期。

④ 参见储槐植：《建立刑事一体化思想》，载《中外法学》1989年第1期。

⑤ 参见高铭暄、赵秉志：《改革开放三十年的刑法学研究》，载《中国刑事法杂志》2009年第3期。

植大陆法系或者英美法系的犯罪构成理论体系。如有学者主张直接采纳大陆法系中构成要件该当性、违法性、有责性的递进式结构[①]；也有学者在综合大陆法系和英美法系犯罪构成理论优势的基础上，提出了事实要件、违法性评价和有责性评价三层次的构成要件体系。[②] 二是反对全面移植大陆法系或者英美法系的犯罪构成理论体系，主张在我国现有的犯罪构成理论体系的基础上进行改造。[③] 如有学者认为，评价犯罪构成理论体系的标准是逻辑性和实用性。我国犯罪构成理论体系不仅在逻辑性上不次于大陆法系犯罪论体系，而且在实用性上也能够通过恰当的操作实践来达到准确定罪，因而反对彻底抛弃现有的犯罪构成理论体系，进而主张从自身的逻辑出发完善我国的犯罪构成结构。[④] 三是主张基本维持现有的犯罪构成理论体系，只对其作一些技术性调整。如有观点在坚持传统四要件理论的基础上，主张对四要件的顺序加以调整，认为犯罪主体要件在整个犯罪构成体系中具有核心地位，故此犯罪构成要件应以由主观到客观的顺序加以排列。[⑤]

第二，由本土研究为中心转向本土研究与外向型研究并重。刑法学作为一门学科，其分支较多，如至少可以包括中国刑法学、外国刑法学、比较刑法学、国际刑法学、中国区际刑法学等以刑法规范为研究对象的分支学科。除此之外，刑事政策学、犯罪学、刑事执行法学等也常被视为广义刑法学的范畴。从研究重心上看，过去我国刑法学主要重视中国刑法学的研究，而且注重的是对其进行本土化的规范性研究。晚近几十年以来，我国刑法学在本土化研究中不断强化了政策的视角，刑事政策与刑法规范的结合研究明显增加。更为重要的是外向型研究取得了长足的进展。以国际刑法学为例，新中国成立后尤其是改革开放以来，我国对国际刑法学的研究取得了显著进展，已经从最初的注释国际刑法学（对于国际公约、条约的注释性研究）的一枝独秀，发展到注释国际刑法学、理论国际刑法学（对于国际刑法基础理论的研究）和案例国际刑法学（对于国际刑事审判案例的研究）三者的共同繁荣。

（三）自主话语：由问题导向到体系导向

问题意识是理论研究的基础。但问题也有真伪之分。刑法学中的真问题，应当是前提真实与客观存在，具有学术价值与实践意义，并且能够寻找到答案的问题。[⑥] 新中国成立以后尤其是改革开放以来，我国刑法学研究始终关注刑法理论与实践中的问题，并在此基础上不断强化了刑法学的体系建设。这主要体现在以下两个方面。

第一，由制度研究上升为制度研究与体系研究并重。我国刑法学一直注重对刑法制度问题的研究。其中最具代表性的莫过于关于中国死刑制度改革的研究。该问题是我国

---

① 参见陈兴良：《违法性理论：一个反思性检讨》，载《中国法学》2007 年第 3 期。

② 参见劳东燕：《刑法基础的理论展开》，北京：北京大学出版社 2008 年版，第 170－178 页。

③ 参见许发民：《二层次四要件犯罪构成论》，载《法律科学》2007 年第 4 期。

④ 参见吴大华、王飞：《犯罪构成理论体系：逻辑与适用的统一体》，载《刑法评论》（第 12 卷），北京：法律出版社 2007 年版，第 1－24 页。

⑤ 参见赵秉志：《刑法基本理论专题研究》，北京：法律出版社 2005 年版，第 274 页以下。

⑥ 参见张明楷：《刑法学研究的五个关系》，载《法学家》2014 年第 6 期。

在具体刑法制度上发表成果最多、研究最为深入的重大课题。对该问题的研究始于20世纪80年代，兴于20世纪90年代，并在此之后尤其是新世纪以来得到不断加强。总体而言，我国对死刑改革问题的研究主要集中在以下几个方面：（1）死刑的存废问题。70余年来，尽管刑法理论上一直存在死刑立即废止论[①]、死刑有限存在论[②]、逐步废止死刑论[③]之争，但严格限制并逐步推进死刑的废止已成为我国刑法学界的基本共识。（2）死刑的立法完善问题。这主要涉及死刑适用总体标准与对象的限制、死缓制度的完善、绝对死刑的取消等。目前从立法上严格死刑的适用已成为学界共识。（3）死刑的替代措施问题。对此，尽管理论上存在无期徒刑替代死刑说[④]、死缓替代死刑说[⑤]、多元替代说[⑥]之争，但推动死刑替代措施以促进死刑改革已成为我国死刑改革正在探索的一个重要方面。（4）死刑的国际标准及其借鉴问题等。[⑦] 总体上看，我国关于死刑改革的理论研究对引导死刑观念变革、推动我国死刑制度改革发挥了积极作用。可以说，2011年《刑法修正案（八）》、2015年《刑法修正案（九）》取消22种犯罪的死刑，与刑法学界对死刑改革持续而深入的研究密不可分。

在此基础上，我国刑法学也十分注重对刑法的整体性研究。其中比较突出的是对刑法的修法模式、刑法的基本结构等问题进行了较为深入的研究。在刑法修法模式上，我国刑法理论上形成了三种不同的争议观点：一是主张刑法立法走法典化的道路，认为我国刑法法典化是历史与现实的必然选择，具有重要的法律文化价值、比较法价值、社会价值、法治价值和规范价值[⑧]；主张刑法修正案应是我国刑法局部修正的唯一模式。[⑨] 二是主张刑法立法走综合化的道路，认为集中性、统一性的刑事立法模式并不现实，我国应由刑法典、单行刑法、附属刑法、轻犯罪法分别规定不同性质的犯罪。[⑩] 三是主张刑法立法走二元化的道路，认为我国刑法立法应采取以刑法典为主、以特别刑法为辅的立法模式。[⑪] 这些理论争议深化了我国关于刑法修法模式的研究。而在刑法结构上，我国有不少学者加强了对刑法典总则、分则体系完善的研究，提出在刑法典总则方面将“刑法

① 参见邱兴隆：《死刑的德性》，载《政治与法律》2002年第2期；邱兴隆：《死刑的效益之维》，载《法学家》2003年第2期。此外，中国政法大学曲新久教授也持这种观点，参见陈兴良主编：《法治的使命》，北京：法律出版社2003年版，第218页。

② 参见冯军：《死刑、犯罪人与敌人》，载《中外法学》2005年第5期。

③ 参见赵秉志：《刑法基本理论专题研究》，北京：法律出版社2005年版，第638－660页。

④ 参见赵秉志：《中国逐步废止死刑论纲》，载《法学》2005年第1期；李希慧：《论死刑的替代措施》，载《河北法学》2008年第2期。

⑤ 参见陈兴良：《中国死刑的当代命运》，载《中外法学》2005年第5期。

⑥ 这种观点主张以严厉化后的死缓制度、无期徒刑、附赔偿的长期自由刑来替代死刑的适用。参见高铭暄：《略论中国刑法中的死刑替代措施》，载《河北法学》2008年第2期。

⑦ 参见赵秉志：《论全球化时代的中国死刑制度改革——面临的挑战与对策》，载《吉林大学社会科学学报》2009年第3期。

⑧ 参见赵秉志：《当代中国刑法法典化研究》，载《法学研究》2014年第6期。

⑨ 参见杨辉忠：《我国刑法修正案实践与思考》，载戴玉忠、刘明祥主编：《和谐社会语境下刑法机制的协调》，北京：中国检察出版社2008年版，第68－69页。

⑩ 参见张明楷：《刑事立法的发展方向》，载《中国法学》2006年第4期。

⑪ 参见孙力、付强：《对我国刑事立法模式的反思与重构》，载戴玉忠、刘明祥主编：《和谐社会语境下刑法机制的协调》，北京：中国检察出版社2008年版，第34－36页。

的适用范围"独立成章，并增设"正当行为""罪数""特殊群体的刑事责任""保安处分（预防性措施）"等专节[①]；在刑法典分则所有的章下均设节的层次，合并部分章节，调整不同章节的顺序。[②] 这对进一步完善我国刑法结构和体系具有重要的参考价值。

第二，由问题研究到主义研究。问题研究通常反映的是学者对某个问题的单一认识。而主义则反映了学者对诸多问题的共同看法。在刑法理论上，主义通常与学派相联系。例如，刑事古典学派与刑事人类学派之间的分歧就是学派之争，客观主义与主观主义之争则反映了刑法学者对诸多问题的立场差异。新中国成立以来，我国刑法学研究经历了一个由无意识地使用"主义"到有意识地倡导"主义"的过程。"主义"也因此成为我国刑法学研究的热点词汇。据"中国期刊网"查询，过去 70 余年间，我国有多达 740 篇论文对此进行了专门研究，并且出版了一些相关的研究著作。[③] 这种"主义"意识在一些刑法具体问题的研究上也有体现。例如，对于刑罚目的的不同认识就往往与"主义"有关，并形成了直接目的与根本目的说[④]，直接目的、间接目的与根本目的说[⑤]，教育改造说[⑥]，报应和预防统一说[⑦]，预防说[⑧]，实然与应然的刑罚目的说[⑨]，特殊预防与报应统一说[⑩]，刑罚目的三层次说[⑪]等争论。

（四）研究路径：由以实质为主到形式与实质并重

形式解释与实质解释都是刑法学研究的重要分析工具。尽管刑法理论上对于形式解

① 参见赵秉志：《当代中国刑法体系的形成与完善》，载《河南大学学报（社会科学版）》2010 年第 6 期。

② 参见赵秉志：《关于完善刑法典分则体系结构的新思考》，载《法律科学》1996 年第 1 期。

③ 如张明楷教授的《刑法的基本立场》和周光权教授的"中国刑法学派研究系列"（4 本）等著作，都对刑法的主义问题进行了系统分析和研究。

④ 这种观点认为，我国刑罚的直接目的包括惩罚犯罪，伸张社会正义；威慑犯罪分子和社会上不稳定分子，抑止犯罪意念；改造犯罪分子，使其自觉遵守社会主义法律秩序。我国刑罚的根本目的则是预防犯罪、保卫社会。参见田文昌：《刑罚目的论》，北京：中国政法大学出版社 1987 年版，第 52 页。

⑤ 这种观点认为，刑罚的直接目的包括特殊预防和一般预防；刑罚的间接目的即堵塞漏洞，铲除诱发犯罪的外在条件；刑罚的根本目的就是我国刑法第 2 条规定的刑法任务，简言之，就是惩罚犯罪，保护人民。参见何秉松主编：《刑法教科书》，北京：中国法制出版社 1997 年版，第 535－540 页。

⑥ 这种观点认为，刑罚目的是教育改造犯罪人，通过惩罚和制裁犯罪人来教育和改造他们。参见周振想主编：《中国新刑法释论与罪案》，北京：中国方正出版社 1997 年版，第 318 页。

⑦ 这种观点认为，刑罚目的是报应和预防的辩证统一，而且作为刑罚目的的预防既包括一般预防，也包括特殊预防。参见陈兴良：《本体刑法学》，北京：商务印书馆 2001 年版，第 637－653 页。

⑧ 这种观点认为，报应是刑罚的正当化根据之一，而非刑罚所要实现的目的。刑罚通过制定、适用与执行，对犯罪人本人及其周围的一般人产生影响，从而达到预防犯罪的结果，乃是一种符合社会心态的普通的历史事实，因此，预防犯罪理所当然地也应成为我国刑罚的目的。参见张明楷：《刑法学》（上），北京：法律出版社 1997 年版，第 402－404 页。

⑨ 这种观点认为，我国实然的刑罚目的是惩罚犯罪人；改造犯罪人，预防和减少犯罪；保护人民，保障国家安全和社会公共安全，维护社会主义秩序。我国应然的刑罚目的是惩罚犯罪人与防卫社会免遭犯罪侵害。参见谢望原：《刑罚价值论》，北京：中国检察出版社 1999 年版，第 120－132 页。

⑩ 这种观点认为，刑罚目的应当是特殊预防与报应的统一。参见高铭暄主编：《刑法学专论》（上编），北京：高等教育出版社 2002 年版，第 514－515 页；赵秉志主编：《刑罚总论问题探索》，北京：法律出版社 2003 年版，第 20－22 页。

⑪ 这三个层次的刑罚目的分别是公正惩罚犯罪，有效预防犯罪和最大限度保护法益。参见韩轶：《刑罚目的的建构与实现》，北京：中国人民公安大学出版社 2005 年版，第 78－81 页。

释与实质解释的含义尚存在较大的分歧，但在解释方法的运用上，形式解释论与实质解释论的对立客观上反映了学者们对研究工具选择的差异。形式解释论者与实质解释论者都认为构成要件符合性的判断涉及的不是单纯的事实判断而是需要同时运用价值判断，只是在如何运用价值判断尤其是究竟以自由保障优先还是以社会保护优先来展开价值判断以及相应的方法论选择的问题上，存在巨大的分歧。[①] 有论者甚至认为，形式解释论与实质解释论之争，是罪刑法定原则与社会危害性理论之争，也是形式刑法观与实质刑法观之争。[②]

在我国刑法学理论上，社会危害性是犯罪分析的重要工具。从刑法观的角度看，过去我国刑法学研究更强调的是对刑法的实质分析立场。特别是在 1979 年刑法典规定了类推制度的情况下，刑法学研究主要采取的都是实质解释的分析工具。不过，随着刑法理念的发展，我国刑法理论上也出现了明显的形式刑法观和形式解释倾向，强调基于罪刑法定原则所倡导的形式理性，通过形式要件，将实质上值得科处刑罚但缺乏刑法规定的行为排斥在犯罪范围之外。[③] 也有论者认为，我国现有刑法文化生态环境决定了学界大部分人在客观上不可能抛弃实质解释论的立场；但从社会理论的现实批判功能以及学派意识的角度出发，主观上则不宜提倡“实质解释论”，而应提倡“形式解释论”[④]。因此，我国关于刑法学研究的分析工具，出现了一种形式解释论与实质解释论并存的格局，并且两者在解释目标上出现了相互协调、融合的趋势。

四、新中国刑法学发展的未来走向

新中国成立以来，我国刑法学研究无论是在研究的理念上，还是在研究的方法论和分析工具的选择上，都发生了巨大的变化，取得了令世人瞩目的成绩。随着我国社会的进一步发展，未来我国刑法学研究也必将沿着构建中国特色刑法学知识体系的方向进一步繁荣发展。结合我国刑法学既往的发展趋势，今后我国刑法学研究将朝着以下两个方面进一步加强自主刑法学知识体系的建构。

（一）专门化的发展方向

刑法学研究的专门化是刑法学作为一门学科的科学性之要求。但在学科发展的不同阶段，刑法学研究的专门化程度会有所区别。总体而言，未来我国刑法学研究的专门化发展将主要表现在以下两个方面：

第一，研究的精细化程度不断提升。刑法学研究的细密化、精细化、专门化趋势是我国刑法学研究发展的重要趋势。[⑤] 精细化是刑法学研究专门化的必然要求。粗线条的理论研究只能出现在特定时期和特定背景之下。刑法学研究的精细化趋势可表述为刑法

① 参见劳东燕：《刑法解释中的形式论与实质论之争》，载《法学研究》2013 年第 3 期。

② 参见陈兴良：《形式解释论的再宣示》，载《中国法学》2010 年第 4 期。

③ 参见陈兴良：《形式解释论的再宣示》，载《中国法学》2010 年第 4 期。

④ 周详：《刑法形式解释论与实质解释论之争》，载《法学研究》2010 年第 3 期。

⑤ 参见陈泽宪：《关于我国刑法学研究转型的思考》，载《法学研究》2013 年第 1 期。

学研究由粗疏到精细、由精细到精致的递进过程。这种过程有两种表现形式：一是对于过去研究较少的领域和新出现的领域，刑法学研究仍要经历一个由粗疏到精细的过程。以当前的刑法学研究为例，我国对很多高技术领域的刑法学问题（如人工智能、新型金融犯罪、极端主义犯罪等）的研究总体上仍相当粗疏，即便有所研究但仍多停留于表面，未来有必要在研究上进一步精细化。二是对于过去研究较多的领域和问题，刑法学研究有必要进一步精致化。例如，对罪刑关系、犯罪构成理论体系、刑事制裁措施体系等问题，过去我国刑法学已有了相当的研究，甚至已经有了一些比较精细的理论架构，但尚未达到精致化的程度，未来有必要开展进一步的深入研究。

第二，研究的独立化程度不断提升。这里所称的独立化，是指学者们研究的刑法学领域将呈现出更为明显的条块化。刑法学虽然只是我国的部门法学之一，但刑法学研究的领域和内容却日益丰富和分化。特别是在刑法学研究精细化程度不断提升的背景下，任何一个学者要想对刑法学领域的所有问题均有深入研究，几乎是不可能完成的任务。因此，可以预见，未来刑法学研究将会呈现较为明显的条块化倾向，一个学者只能关注某个或者某些领域，在某个或者某些领域也只能吸引部分学者的关注和研究。不同刑法学研究领域之间可能会形成一定的学术“壁垒”。但这种“壁垒”并不会强大到阻碍学者之间正常的学术沟通。目前来看，刑法学研究的这种独立化对促进刑法学研究的深入无疑具有重要的作用。

（二）多元化的发展方向

多元化是社会发展到一定高级状态所必然呈现的状态。对于刑法学研究而言，这种多元化主要体现为研究理念的多元化、研究范式的多元化和研究方法的多元化。

第一，研究理念的多元化。基于对社会的不同认识，人们通常会形成不同的世界观和价值观。虽然现代刑法学的主流理念是强调自由，重视人权保障，但自由与秩序之间的关系从来都不是绝对的。在不同的时代、不同的对象、不同的场合，自由与秩序关系的考量可能会发生变化。例如，对刑法立法问题的研究，秩序往往是优先考虑的价值；但对司法问题的研究，自由往往又要优先于秩序。同时，即便对同一个问题，不同的研究主体也可能会有不同的认识和结论。以对我国反恐刑法立法的评价为例，我国多数学者赞同当前的反恐刑法立法，认为其有利于维护安定的社会秩序。但也有学者认为反恐刑法立法带有明显的预防性，有过于重视秩序而忽视自由之嫌。① 这种研究理念的多元化在今后将长期存在，并有可能出现扩大化的倾向。

第二，研究范式的多元化。这种趋势在目前来看已经相当明显。一方面，随着对刑法“主义”的不同认识和研究取舍，学者们对相关问题的研究出发点、分析角度、分析工具都可能完全不同，进而必然导致不同研究范式的形成。多样化的研究范式被不少学者认为是学派形成的基础，甚至有因片面而走向深刻的必要，受到了一些学者的追捧。另一方面，随着分析框架的发展，被一些学者贴上标签的注释刑法学、理论刑法学、规范刑法学、刑法教义学等可能发生分立甚至对立。同时，随着刑事一体化、立体刑法学

① 参见何荣功：《“预防性”反恐刑事立法思考》，载《中国法学》2016 年第 3 期。

等主张打破不同法学学科之间壁垒的发展，刑法学的研究范式发生分立将不可避免。客观地看，研究范式的多元化并不一定代表刑法学研究水平的明显提升，但刑法学研究的发展显然并不排斥甚至鼓励不同研究范式在刑法学研究中发挥积极作用。

第三，研究方法的多元化。在研究方法上，新中国成立以来，我国经历了一个由完全的定性研究到以定性研究为主再到定性研究与定量研究相结合的发展过程。客观地看，晚近十余年来，我国刑法学的定量研究得到了较好的发展。在“中国期刊网”上以“定量”“实证”为关键词进行检索，能检索到 841 篇刑法学术论文，其中将近 90%的论文都发表在晚近 10 年。定量研究的繁盛意味着我国刑法学研究方法向多元化方面迈进了一大步。未来，这种多元化的研究方法将在刑法学研究过程中得到进一步的发展。今后，重视定性研究与定量研究的有机结合，重视思辨研究与实证研究的合理并用，繁荣、优化比较研究，注意借鉴、引进其他社会科学和现代自然科学的某些研究方法，将得到进一步加强。[①]

五、结语

新中国成立以来特别是改革开放以后，我国逐步深化对刑法立法和司法实践问题的研究，构建和完善了刑法学的基本理论体系，推动着中国特色自主刑法学知识体系建构和刑事法治建设不断发展完善。当然，我国刑法学研究本身还存在一些不足，因而需要从体系到内容进行全面变革。在此过程中，我们需要克服刑法学研究方法的缺陷，妥善处理好解释刑法与批判刑法、基本理念与具体结论、形式解释与实质解释、传统问题与热点问题、本土理论与外国理论等之间的关系[②]，继续坚持理论研究与应用研究并重，加强在刑法的解释性研究、刑法基础理论、外向型刑法、刑法学体系和我国刑事法治道路的模式选择以及刑法现代化问题等薄弱环节上的研究力度，努力推进我国刑法学术的深入发展和繁荣。[③] 我们有理由相信，随着中国特色社会主义现代化强国建设的不断深入，具有中国特色的刑法学自主知识体系也必将得到进一步的完善和繁荣发展。

① 参见赵秉志：《中国刑法学研究的现状与未来》，载《学术交流》2009 年第 1 期。

② 参见张明楷：《刑法学研究中的十关系论》，载《政法论坛》2006 年第 2 期。

③ 参见赵秉志：《中国刑法学研究的现状与未来》，载《学术交流》2009 年第 1 期。

中国刑法学研究：现状梳理、问题分析与发展前瞻

张　旭*

新中国诞生之后，我国刑法在全新的基础上得以建立并发展，形成了一系列具有自己特色的理论和制度。特别是以1997年《刑法》全面修订以及科技、互联网的高速发展为契机，刑法学研究在刑法理念变革、刑罚结构调整、风险的刑法应对、互联网犯罪的刑法规制以及人工智能对刑法的挑战等方面进行了深入、细致和广泛的研讨，取得了丰硕的研究成果，也大大提升了刑法的理论研究水平和回应现实要求的能力。但是，在刑法理论不断前行的过程中，我们也应该注意到，伴随着域外刑法理论和制度的介绍与引进，不顾中国现实盲目引进，甚至照搬域外理论与制度的现象明显；忽视刑法基本理论研究，头痛医头、脚痛医脚式简单回应现实要求的讨论普遍；基于中国特色和中国现实全面认识基础上的创新性、针对性研究不足；等等。应该说，刑法学的研究关乎中国刑法的理论、制度与实践的发展方向，因此，在信息技术、人工智能广泛应用，经济发展、金融模式推陈出新，社会形势复杂多变的时代背景下，中国刑法研究如何在总结既有经验、审视现存问题的基础上，探寻未来的发展方向是我们必须面对、也应该深度思考的问题。

一、现状梳理：中国刑法学研究的回溯

以《中华人民共和国刑法》的颁布、修订和完善为主线，可以将中国刑法学的研究历程大体分为三个阶段。

（一）《中华人民共和国刑法》颁行以前（1949—1978年）

这一时期的刑法学研究主要从两个方面展开。一是围绕着刑法典的起草这个中心。新中国成立之初，国家根据革命和建设的需要，就制定了一系列单行刑法。与此同时，我国也开始了刑法典的起草工作。这样，最初的刑法学研究自然与刑法典的准备、起草联系在一起。根据高铭暄教授的回忆，第一部刑法典起草之前，最高人民法院和立法小

* 吉林大学犯罪治理研究中心主任暨吉林大学法学院教授。

组在全国范围内收集了一万多件刑事审判材料，并在此基础上形成了《罪名刑种和量刑幅度的总结》，而刑法中一些基本原则、制度的确立也需要在理论上讨论和明确，比如死缓制度，共同犯罪人的分类与责任等；同时，对外国刑法的学习、介绍和研究以及对我国古代立法的借鉴与研究也是当时刑法学研究的重要组成部分①，后来对中国犯罪构成理论产生深远影响的《犯罪构成的一般学说》这部译著，就是这一时期较有代表性的成果。

二是围绕刑法功能的实现展开研究。新中国成立之初，国内外敌对势力都很猖獗，敌我的斗争非常激烈。为了巩固新生政权，运用刑事手段打击土匪恶霸、间谍特务以及各种反革命分子是当然的选择。在没有统一刑法典的情况下，如何运用党的方针政策指导刑事司法，是当时刑法学研究无法回避的问题。应该说，以“惩办与宽大相结合”为主导的刑事政策的形成和广泛运用就是当时刑法学研究的重要成果。正如一些学者总结的那样，1949 年至 1979 年的刑法学研究深受当时社会实际的影响，政治色彩浓厚，历史虚无主义和教条主义倾向明显，整体研究状况比较沉闷，粗糙。②

（二）《中华人民共和国刑法》全面修订以前（1979—1997 年）

尽管我国从新中国成立之初就着手刑法典的起草工作，但由于多种因素的影响，直到 1979 年 7 月 6 日，新中国第一部刑法典才得以颁布。1979 年刑法典的颁布带动了我国刑法学研究从停滞状态走向复苏，相对系统、繁荣的刑法学研究也得以展开。③ 这一时期刑法学研究特点突出，研究内容主要围绕三个大方面展开。

一是以 1979 年《刑法》的施行为契机，对刑法进行系统和全面的解读。1979 年《刑法》的颁布，彻底改变了新中国成立以后刑事审判无法可依的现状，而刑事审判从政策指引到依法审判，以及刑法实施引发的诸多新情况、新问题，也对司法工作人员提出了新的挑战和新的要求。由于高考和高等法学教育刚刚恢复，法律专业教育和培训几近空白，当时公检法司队伍专业化程度较低，适用法律的能力与实践要求相差甚远。这样，刑法学研究必然要回应现实的要求，全面、细致地解读刑法，从而为刑法的适用提供指导。这种回应现实需求的刑法学研究催生了注释刑法学的兴起与发展，也在很大程度上奠定了注释刑法学在我国刑法学研究中的主导地位。

与此同时，与法律的适用密切相关的一些理论问题，也需要进一步厘清，由此，明晰刑法适用的理论基础，深层次解答实践中纷繁复杂的问题，运用刑法的基本原理和原则指导法律的适用亦成为当时刑法学研究的重要内容。这一时期，与刑法的适用密切相关的诸如因果关系判断、共同犯罪的认定、罪数形态的把握等问题慢慢进入刑法学的研究视野，并逐步深入和展开。

二是充分关注和回应现实中的热点问题。1979 年《刑法》施行之时，我国正在推进对外开放、对内搞活的政策。随着改革开放政策的推行，社会由封闭转向开放，社会

---

① 参见高铭暄口述、傅跃建整理：《我与刑法七十年》，北京：北京大学出版社 2018 年版，第 6 - 8 页。

② 参见刘仁文：《迈向良法善治——70 年来我国刑法与刑法学的演进与省思》，载赵秉志、贾宇、张旭主编：《新中国 70 年刑法的变迁与发展》（上卷），北京：中国人民公安大学出版社 2019 年版，第 22 - 23 页。

③ 参见高铭暄：《新中国刑法立法的变迁与完善》，载赵秉志、贾宇、张旭主编：《新中国 70 年刑法的变迁与发展》（上卷），北京：中国人民公安大学出版社 2019 年版，第 3 - 4 页。

结构由静态转向动态，社会利益结构进行分化和重组，价值观念出现多元化倾向，社会的流动性大大增强。社会转型和文化冲突的加剧客观上增加了犯罪的风险和契机，刑事案件剧增，社会治安严重恶化。因此，我国从1981年开始就陆续出台各种扩展犯罪圈、加大犯罪惩处力度的《决定》和《补充规定》。与刑事立法的不断出台相呼应，对新出台的刑事立法予以说明和解释自然成为这一时期刑法学研究的重要组成部分，这方面的研究推动了注释刑法学的进一步繁荣。这一时期刑法学研究充分关注和回应现实要求还明显体现在对未成年人刑事责任的研究，对犯罪团伙刑事责任的研究以及对于新型、多样的经济犯罪的研究上。

三是对频繁增补刑事立法和对"严打"刑事政策的审视。如前所述，改革开放在推动社会巨大变革的同时，也带来了犯罪趋重和蔓延的态势。为了迅速扭转严峻的社会治安状况，立法机关出台了一系列单行刑法强化对犯罪的打击。然而，单行刑法的频繁出台（据统计，1981年至1996年，共有25个单行刑法出台），不仅大大扩展了刑法的规制范围、加大了惩治力度，而且在一定程度上造成了刑法条文之间的冲突和重叠，打乱了刑法典内在的逻辑体系。这样，刑法如何因应社会主义市场经济体制确立带来的社会变革以及犯罪现象出现的新特点、新情况和新问题，如何梳理单行刑法与刑法典的关系，成为许多刑法学研究者思考的问题。正是基于对单行刑法的频繁出台以及引发的诸多问题的审视，全面修订刑法的工作得以开始。

与单行刑法频繁出台相呼应的是以"严打"为核心的刑事政策的形成。"严打"的刑事政策虽然在集中司法资源使犯罪势头得到有效遏制，进而在扭转社会治安形势、保障经济发展方面收到了暂时的效果，但一个时期的司法实践证明，数次"严打"并没有从根本上扭转严峻的社会治安态势，"严打"之后，往往是更为严重的犯罪增长势头。从另一个层面来说，改革开放在推动我国社会发展的同时，也深刻影响着刑事司法理念的调整，在强化人权保障，努力寻求秩序和自由的平衡的刑法观念促发之下，审视、反思"严打"的刑事政策一度成为刑法学研究的热点之一。这方面的研究为日后宽严相济刑事政策的提出和践行奠定了坚实的基础。

（三）《中华人民共和国刑法》全面修订以后（1997年至今）

1997年《刑法》的全面修订，在极大推进我国刑法制度的完善和刑事立法水平提升的同时，也引发了理论界和实务界对刑法的极大关注，并促使刑法研究在研究的深度和广度上都取得了明显的进展。这一时期的刑法学研究讨论热烈，涉猎广泛，思考深入，研究内容主要集中在六个方面。

一是对1997年《刑法》的多方面论证和诠释。1997年《刑法》是在总结新中国成立以来刑法学研究的成果、回应社会现实需要并广泛征求社会各界意见的基础上完成的，其不仅大大拓展了规范的内容，而且在刑法的基本原则、刑法的体系、犯罪成立条件以及刑罚制度等方面都有突破性的调整和变化。以刑法的全面修订为中心是这一时期刑法学研究首先关注的热点和焦点。在1997年至2000年前后，各种关于1997年《刑法》的解释、适用的著作的出版和论文的发表，甚至可以用"壮观"来形容当时的景象。与此同时，关于1997年《刑法》的修法背景、修法历程以及主要修改内容的介绍，关于1997年《刑法》科学性、完备性和先进性的总结与论证也成为当时广泛关注的内容。

二是外向型刑法的研究。虽然1997年《刑法》全面修订以后，我国学者对刑法中的很多问题进行了深入而细致的讨论，也取得了诸多令人瞩目的成果，但客观形势的不断变化，新情况、新问题的不断出现，呼唤刑法学研究进一步提升自己的理论品格，并强化对实践的指导能力。然而，浓重的注释法学色彩，相对单一的研究方法在很大程度上限制了刑法学的研究视野，刑法学研究在进入21世纪后开始遇到瓶颈。这种研究现状促发了外向型刑法的研究，使之成为这一时期第二个研究热点。搜索当时的著述，不难发现严格责任的讨论，期待可能性理论的热议，刑事和解的适用，犯罪构成理论的论争，等等，都是广受关注、讨论热烈的焦点。

三是社会热点问题研究。根据马克思主义的一般原理，法的出现和法的内容都是由一定社会的物质生活条件所决定的。刑法作为法律体系的重要组成部分，当然也要建立在特定社会现实基础上，并随着客观情势的变化而不断修正和完善自己的内容。因此，关注社会热点问题，回应不断变化的客观现实的呼唤，是刑法学研究题中应有之意，也是刑法理论不断发展的内在动力。进入21世纪后，我国的社会、经济形势都发生了翻天覆地的变化，刑事领域出现了诸多新情况和新问题。因此，刑法如何回应现实的呼唤，如何应对复杂的社会变革带来的多方面挑战，自然成为刑法学研究的重要内容。由于这一阶段社会发展迅速，热点交替纷繁多变，刑法学的研究也呈现出焦点纷呈、丰富多样的特征。紧跟国家治理、社会治理的步伐与节奏，以规范刑法适用的视角制定腐败犯罪、环境犯罪、黑恶势力犯罪与公共卫生犯罪的治理策略，以便刑法学研究的方向和重心与国家重大的治理活动有机衔接成为主旋律之一。再如，充分关注信息时代以及各种新兴技术、新的金融模式带来的刑事风险防控，其中主要侧重各种与网络相关的异化的传统犯罪和新型犯罪、人工智能犯罪以及各类金融犯罪的惩治。此外，回应、追踪社会关注程度高、影响范围广的典型案件，对正当防卫制度、法定犯的正当性、“抢夺方向盘”与“高空抛物”的刑法应对展开研究，推动社会主义核心价值观与刑事法治建设相融合方面的研究也广受关注。

四是刑法理念研究。刑法理念方面的研究触及多个层面，其中尤以下述几个方面的研讨更为广泛和热烈：（1）人权保障理念。改革开放的不断深入在推进我国社会发展的同时，也极大地促进了刑事法律观念的变革，特别是1997年《刑法》废止类推制度、明确规定罪刑法定原则、严格限制死刑适用条件和大幅消减死刑罪名的诸多举措，引发了刑法人权保障理念和刑法保障民主功能的进一步研究，兼顾维护秩序与保障人权的刑法理念得以形成。（2）与宽严相济刑事政策相联系的刑法功能研究。在“严打”政策备受质疑、宽严相济刑事政策逐步确立的同时，刑法在犯罪治理中的功能引起更深层次的审视，重刑主义得到一定程度的遏制，刑法应坚守最后法的地位，刑法应该以最少的投入取得最大效益等观念逐渐形成，刑法公平正义逐渐成为刑事立法与刑事司法的基本价值导向。前一阶段热议的刑事和解制度，目前还在广泛关注的认罪认罚制度的研究也都与刑罚轻缓化的思考紧紧联系在一起。（3）以预防为导向的刑法理念。风险社会的到来和风险理论的引入，风险刑法理念得到广泛关注，并由此引发刑法介入早期化、刑事合规与风险控制以及预防性刑法的深度讨论。

五是刑法修改和完善研究。1997 年《刑法》全面修订，直到 2020 年 12 月《刑法修正案（十一）》的颁布，二十多年间我国先后通过了一个修改补充刑法的决定和十一个刑法修正案，全国人大常委会还专门作出了九个关于刑法的法律解释。与我国刑事立法的实践相呼应，如何解读最新立法内容，如何根据客观形势变化调整刑法规制范围以及如何进一步促进刑事立法的完备和科学成为一个时期内研讨的热点。与此同时，刑法学研究也注意到，因应形势对刑法进行调整是刑法有效发挥自己功能的必然要求，但是，刑法是国家的基本法律部门之一，修法过于频繁，必然影响法律的尊严和实施效果，所以，刑法修改的总体评价、刑法修改的模式等问题也进入研究者的视野，犯罪化与非犯罪化的论争就是以此为原点展开的重要研究内容。

六是刑法学研究方法的关注和讨论。刑法学的不断发展，客观情势变化的呼唤，都要求刑法理论不断提升自己的理论水平和指导实践的能力，而在既有框架内实现突破和飞跃存在太多的困难。这样，改变传统的思维模式，拓展现有的研究领域，就成为刑法学研究迫切需要解决的问题。在这种思索的过程中，人们发现了研究方法的重要性及其对刑法学发展的影响，并由此开始了刑法学研究方法的广泛关注和讨论。刑事一体化的思考也可以归入这个范畴。[①] 犯罪学研究对刑法学的渗透和影响，大数据时代的到来，也使得实证研究、文献计量、判例分析等具有了现实基础。研究方法的关注和研究不仅拓展了刑法学的研究视野，也极大丰富了刑法学的研究内容。

二、问题分析：中国刑法学研究的审思

历经七十余年的发展，中国刑法学取得了骄人的成就，特别是以 1979 年第一部刑法典的颁布和 1997 年《刑法》的全面修订为契机，中国刑法学研究不断向前推进，研究深度的挖掘、研究视野的拓展、研究水平的提升等方面都值得称道。但值得关注的是，晚近以来的刑法学研究也折射出一些问题。笔者认为，这些潜在的问题直接影响着中国刑法学的未来走向，在深层次上制约刑法学的发展，需要给与足够的警惕。

（一）基础性研究相对薄弱

不容置疑，中国刑法学研究在过去的七十余年取得了丰硕的研究成果，在犯罪论、刑法解释、共同犯罪以及刑事归责等诸多方面也有相当深入的思考与讨论，无论在研究的广度还是在研究的深度上都是令人注目的。但是，第一部刑法典颁行直到目前修法的持续进行，使得解读刑法文本成为现实而必需的研究课题；社会巨大变革引发的新情况、新问题也迫切需要刑法作出及时而有力的回应，由此明显加大了司法在刑法学研究中的关注度。这种客观背景在很大程度上形塑了中国刑法学研究的内容和方向，也造成了刑法学基础理论研究在一定程度上被忽视的现状。这一方面可以从基础理论研究与刑

---

① 参见张旭：《回溯与前瞻：再探刑事一体化》，载陈泽宪主编：《刑事法前沿》（第 3 卷），北京：中国人民公安大学出版社 2006 年版，第 111－122 页。

法学总体研究成果的量的比例上看出端倪，另一方面从具体研究的情况上也可以略见一斑。比如，犯罪论是刑法学理论的核心，而犯罪论的核心内核是犯罪构成问题，犯罪构成理论的内容不仅彰显着犯罪论得以运转和发展的价值基础，而且决定着整个刑法学的体系和走向。虽然学界对犯罪构成体系进行了持久、广泛和较为深入的论争，但论争主要是从坚守我国现有的犯罪构成理论还是移植国外的犯罪构成理论抑或是在基本维持现有犯罪构成体系的基础上进行一定调整[①]而展开，而对于中国场景下不同犯罪构成理论的制度根基、价值选择等深层次问题的挖掘则不够深入。再如，犯罪圈的划定和调整是晚近一个时期内刑事立法的一项重要内容，刑法学研究对此的关注主要是从怎样调整入手，而犯罪圈划定和调整的根据等为什么调整问题则缺少深度追问。同时，我们也能注意到近年来刑罚论的基础理论研究尤其薄弱，刑罚在犯罪治理中的地位和功能亟待从理论上做出说明。

（二）本土化意识有待强化

在中国刑法学的研究中，外向型刑法的研究一直扮演着重要的角色。进入 21 世纪后，伴随着刑法学研究不断向纵深发展，以对德日刑法理论的借鉴为主要内容的外向型刑法研究成为一股强劲的潮流。外向型刑法的研究对拓展研究视野，全面认识和解决我国刑法理论和实践中面临的问题无疑具有非常重要的意义，但是，在介绍、评述、研究国外理论与实践的同时，也出现了一定程度的泛化、曲解甚至照搬、移植西方理论的倾向，有些研究过分关注国外刑法理论的借鉴，忽视中国场景和中国意识，以致许多研究成果为讨论而讨论，无助于中国现实问题的解决。以期待可能性理论的研究为例，在德日刑法理论中，期待可能性只是判断行为人心理状态的考量因素，但不少论者却将期待可能性理论的意义无限扩大，"从倡导刑法人文关怀的理念，体现刑法的宽容性和谦抑性，促进我国刑事立法的合法化，促进刑事司法的公正，到合理解释刑法理论中的诸多问题，合理地确定刑事责任的范围，推动我国刑事司法适用向轻缓化迈进"[②]，进而在我国存在相当于期待可能性理论的内容，且不具备制度基础和观念基础的客观背景下，积极倡导引入期待可能性理论。此外，在违法性的认识和判断问题上的研究，在共同犯罪问题的研究，在严格责任理论的研究等方面，也存在类似的倾向。

（三）整体性思考明显不足

犯罪是由诸多因素共同作用和影响而形成的复杂社会现象，因而对于犯罪问题的研究也必须放到社会的大背景之下，以全景式的视角、体系性的思维从多个维度全面展开。中国刑法学研究虽然也围绕刑事一体化、立体刑法学以及刑法条文之间的联系等进行了一定的探讨，有些问题的讨论也引起足够的关注，但从七十余年刑法学研究历程来看，特别是晚近二十年刑法学研究的实际情况来看，整体性思考明显不足。笔者认为，这种整体性思考的不足主要表现在两个方面：一方面是刑事一体化的思想没有真正融入

① 参见赵秉志主编：《新中国刑法 70 年》，北京：法律出版社 2019 年版，第 190 页。

② 参见张旭：《关于"期待可能性理论"的期待可能性追问》，载《中国刑事法杂志》2013 年第 5 期。

犯罪问题的研究。从整个刑事科学的研究来说，犯罪问题的思考可分为犯罪行为的发生、发展以及变化等事实层面的研究，犯罪行为的认定及处罚等规范层面的研究以及指引刑事立法与刑事司法的政策、理念等价值层面的研究。在这三个层面形成的犯罪立体框架中，事实层面的犯罪学的研究是整个刑事科学研究的出发点，通过对犯罪现象的结构、犯罪动态的把握等犯罪走势和发展变化情况的研究，为制定控制犯罪对策提供事实依据。在全面认识、统计和分析犯罪客观情势基础上，根据一定的价值判断形成特定时期的刑事政策，再在刑事政策的引领下形成回应犯罪现实、惩治犯罪行为的刑法规范。因此，只有从事实、规范和价值三个基本维度对犯罪问题进行立体研究，才能制定科学的政策，规范有据，进而发挥治理犯罪的最佳效果。然而，从我国刑法学研究的实际状况来说，尽管早在20世纪90年代初，“刑事一体化”的研究就引起一定的关注和比较广泛的讨论，但真正将犯罪学的思考、刑事政策的形成与刑法学的研究有机结合在一起的研究成果寥寥可数，犯罪学与刑法学之间如何互动与关照的著述更是阙如。由于忽视犯罪学对刑法学研究的意义，忽视对事实层面犯罪现象发展变化情况的了解和把握，刑法学研究的前瞻性必然受到严重影响；而离开犯罪现实的刑事政策也必然无法充分引领刑法充分发挥自己的功能。

整体性思考不足的另一个方面是就条文研究条文，而忽视刑法框架内不同条文之间的关系思考。当下很多刑法学研究只关注特定问题的探讨，而忽视从刑法和刑法学整体的角度进行“体系性”思考。比如，鉴于环境日益受关注的事实和环境犯罪行为的严重危害性，提出一系列完善环境犯罪的主张，但却忽视环境安全这一法益属性的认识，进而影响到对环境犯罪的认知和加大惩治力度的正当性深度挖掘。再如，伴随网络犯罪的发展和趋重，未满十四周岁的未成年人实施严重网络违法行为的现象突出，有些研究者就提出应该降低网络犯罪的行为人的刑事责任年龄，而忽视网络犯罪与杀人等侵犯公民人身权利犯罪在社会危害性上的实质差异。此外，无视刑法总则对刑法分则的制约，关于醉酒驾驶认定的讨论；无视刑法设定受贿罪的意旨，主张加重行贿者刑事责任的讨论，等等，都存在只见树木不见森林的片面性，因此，尽管研究结论很有吸引力，但因不能有机融入整个刑法学体系而毫无意义。

（四）谦抑性坚守受到冲击

在1997年《刑法》全面修订以及《刑法修正案（八）》出台后，理论界、实务界一片赞扬之声，并对其人道性、民主性以及对宽严相济刑事政策的落实给予了高度评价。尽管也有学者注意到刑法的扩张和重刑主义的痕迹，但从刑法学研究的总体情况看，对刑法扩张及惩处力度加重的倾向没有给予足够的关注。随着风险刑法理论的发展，网络犯罪的趋重以及信息时代到来伴生的各种危害社会行为的出现和蔓延，国家和民众对社会安全、生活稳定的需求增强，有效遏制各种犯罪行为的滋生和蔓延成为公共政策首先追求的目标，刑法积极参与社会调控也就变得更加重要和迫切。这样，刑法学研究更多关注现实问题的应对和解决，希望借助于刑事手段迅速解决问题，因而在一定程度上出现了过分重视刑法在社会治理、在有效惩治新兴犯罪方面的作用。一个时期以来，因应风险社会到来而提出的刑法提前介入的主张，面对新兴危害行为增设新罪名的主张，加重刑罚力度有效遏制犯罪蔓延的势头的主张等等，都或多或少折射出“刑法万能”的潜在影响。在刑法不断侵蚀行政法、经济法等调整范围的情况下，刑法的谦抑性自然被严重挤压。而刑法谦抑性的不断退让，必然在实质上侵蚀和动摇刑法作为最后法的属性，并最终影响刑法功能的有效发挥。

（五）研究方法需要全面理顺

20 世纪和 21 世纪交替之际，我国法学界兴起一股法学研究方法的研究之风，与此相呼应，刑法学的研究方法在稍后也成为刑法学研究的热点之一。不可否认，刑法学研究方法的研究为进一步拓展研究视野，提升刑法学研究的理论品格，更好地引领实践起到了极大的推进作用，但刑法学研究方法折射出的问题也值得认真关注。从我国刑法学研究占据相当优势的注释刑法学研究来说，视域狭窄、过分注重形式解释的倾向仍然明显，以致一些问题的讨论脱离现实情境的考察而直接影响刑法的合理适用。晚近一个时期刑法领域一系列看似认定合法，但却不合理的案件判决及其相关的讨论，可以从中略见一斑。从近些年随着互联网的发展和大数据时代到来而受到青睐的以司法判决数据为主要依据的实证研究方法来说，较为普遍的问题是将犯罪学意义上的事实研究与刑法学意义上的规范研究混淆，将数据统计与问题探讨割裂开来，表面上看方法新颖，数据翔实，但相当一部分的实证研究存在实证研究方案不合理，统计内容、统计结论与研究中心存在明显偏离的现象，甚至有些研究过分重视研究方法本身，而忽视研究内容和研究结论。刑法学的研究方法关系到刑法理论的发展，关系到研究结论的科学性与适用价值，而研究方法的局限和问题不仅无法实现刑法学研究的初衷，影响和制约刑法学理论的创新，还可能误导人们对一些基本问题的认识和判断，甚至导致刑法回应方式、回应重点以及法律适用上的偏离。

三、发展前瞻：中国刑法学研究的未来走向

回顾和审视中国刑法学研究的过去与现在，是为了让我国的刑法学研究进一步提升自己的理论品格，进一步增强回应现实、指导实践的能力，从而在坚持中国特色的基础上，更加坚定、自信地走向未来。从纠正、解决目前刑法学研究存在的倾向性问题入手，刑法学研究应该注意到以下几个方面。

（一）夯实基础，进一步加强和深化刑法学基本理论的研究

正如许多学者总结的，新中国刑法学历经七十余年的发展，取得了令人瞩目的成就，特别是在刑法解释、共同犯罪、刑法结构的调整、死刑的适用与废止等基本问题的研究方面不断深化，全面提升了中国刑法学的研究水平。[①] 但相对于刑法具体适用的研

---

① 参见赵秉志主编：《新中国刑法 70 年》，北京：法律出版社 2019 年版，第 173 - 211 页；刘仁文：《迈向良法善治——70 年来我国刑法与刑法学的演进与省思》，载赵秉志、贾宇、张旭主编：《新中国 70 年刑法的变迁与发展》（上卷），北京：中国人民公安大学出版社 2019 年版，第 31 - 35 页。

究，相对于回应社会变迁带来的新情况、新问题的建议和讨论，进一步加强刑法学基本理论研究的必要性突显。因此，关注刑法学研究中基础理论研究的不足，进一步加强和深化刑法学基本理论的研究既是刑法学繁荣发展的必然选择，也是提升刑法学指导实践能力的客观要求。加强刑法学基本理论研究，首先要注重刑法哲学意义上的基本问题研究。立法的调整和理论观点的提出，都必然建立在一定的价值基础之上，价值基础不牢固，必然影响到研究结论的科学性和生命力，因此，在社会环境发生巨大变化的时代背景下，刑法的总体走向应该如何把握，犯罪圈应该如何划定，刑罚的功能如何认识，刑事制裁体系如何建构等等，都需要站在哲学的高度深度追问，并在此基础上明确当下刑法学研究的基本方向，夯实刑法学研究的理论根基。加强刑法学基本理论研究，其次要关注现象背后的实质，重视理论根据的探究和挖掘。加强刑法学基本理论研究，再次要加强刑法解释的原则与方法、司法解释的边界、死刑的限制、共同犯罪的认定等与刑法的合理适用为重心的理论研究。加强刑法学基础理论研究，还要努力探索符合中国国情、具有中国特色的刑法理论，注重在整个法律体系的框架内探讨（见后文）。

（二）立足国情，努力探索回应社会现实的刑法理论和中国方案

对外国刑法理论的介绍、研究和借鉴，一直以来都是中国刑法学研究的重要方面，而且，外向型刑法的研究对推动我国刑法学的发展，对合理认识和解决中国问题发挥了极为重要的作用。但是，在学习、借鉴外国刑法理论与经验的同时，必须立足于我们的国情，全面考量某种理论或制度能否“为我所用”。根据马克思主义的一般理论，法律制度是由一定的物质生活条件决定的，每一种理论的出现，每一种制度的形成，都必然根植于一定的社会基础和文化背景。我们在学习和引进某种理论和制度时，必须注意到这种理论和制度的生长环境，必须注意到文化差异和社会基础的不同。进而言之，我们既要承认外国理论和经验对拓展研究视野、丰富研究内容、开启研究新路径乃至推进我国刑法学研究的重要作用，也必须明确国外的经验和理论是否适合中国的国情，能否在我们的文化背景和社会现实基础上生长，能否对我们的理论发展和现实问题解决起到真正的促进作用。即便是在基本适应中国国情的情况下，我们也不能机械地照搬或全盘移植，而是在“扬弃”的基础上合理地借鉴其理论内核，并有机融入我们既有的理论和制度当中，真正达成用世界智慧解决中国问题的目的。这样，在进行外向型刑法的研究时，首先需要梳理既有的知识谱系、理论框架，厘清某种理论产生的历史背景和试图解决的主要问题，明确某种理论在其生成国家的发展趋势、理论争议以及可能蕴含的风险及其局限性，进而以解决中国问题为出发点和归宿点，对借鉴和引进某种理论的中国场景和必要性进行探究，并对某种理论与中国既有的刑法理论的有机协调进行梳理和探索。这样，对于那些理论生成背景完全不同，中国不具备引进该理论制度基础的理论；对那些中国已经存在的相似理论，仅是借用了某个不同的名称等没有引进必要性的理论；对那些在国外存在极大的理论分歧，或者已经呈现式微态势的没有引进合理性的理论等，都要立足于中国的现实进行全面的分析与思考，避免盲目引进引发理论和实践的混乱。

（三）开阔视域，借助体系性思维从整体意义上展开刑法学的研究

法律是体系化的存在，法学研究也需要体系性的思维。刑法学的研究当然不能例

外。以体系性思维思考刑法问题，不仅可以开阔研究视界，便于全面、客观地认识犯罪问题，而且可以在刑法与其他部门法，刑事手段与社会手段相互协调、配合的基础上更好地实现犯罪的治理。以体系性思维为进路，刑法学研究特别要关注三个方面。

一是将“刑事一体化”作为认识问题的出发点，跳出规范刑法学的狭窄框架的羁绊，自觉形成犯罪的发生与犯罪的预防兼顾、实体与程序联系、理论与实践呼应的整体意识。具体而言，就是要把以犯罪问题为轴心的刑法学研究置于大刑事法学的背景下，既要瞻前顾后，也要环左顾右。所谓瞻前顾后是指既要关注前规范的犯罪现象和犯罪原因等犯罪问题的研究，从而在准确把握犯罪走势和运行规律的基础上，明确刑事立法和刑事司法的价值选择和政策走向，也要关注判决确定后的刑罚执行、罪犯改造等后续问题的研究，将刑法适用效果也纳入研究的视野。所谓环左顾右，是指既要把实体法的研究与刑事程序法相互关照，在实体和程序联系和配合的基础上找寻切实解决问题的方法，也要将犯罪问题的思考与社会的政治经济发展状况紧密联系在一起，从而在更高、更广的层面上更透彻、更理性地认识犯罪问题，寻求犯罪治理的良策。[①]

二是将刑法学的研究置于社会主义法律体系的整体背景下展开研究。刑法是社会治理的重要手段，其在保护公民权利、维护社会秩序方面发挥着不可替代的作用。但是，刑法仅仅是社会主义法治体系中的一个法律部门，要全面推进依法治国的总目标，必须关注刑法与其他法律部门之间的关系，必须关注法律体系内部各部门法之间的协调与衔接，因此，刑法学的研究当然也要在与组成法治体系的各部门法的关系中展开。以往有学者已经围绕宪法与刑法理念的更新、行政法与刑法的边界等问题展开了一定的研究，但基于部门法的关系进行的体系性思考还不够系统和充分，比如《食品安全法》对食品安全的定位与刑法关于食品安全犯罪保护法益的研究等方面还有很多需要澄清和理顺的问题，《民法典》的颁布，也为刑法中很多问题的认识和解决提出新的研究点。可以说，基于关系的思考，基于社会主义法律体系基础上的整体性研究会为刑法学提供广阔的研究空间。

三是将特定刑法问题的思考与刑法的整体、与刑法理论的体系相互呼应。将特定刑法问题的讨论与整体刑法和刑法理论相联系，实际上是强调整体和部分的关系，强调将具体问题的讨论放到整个法律体系中去解读，个别问题与一般性认识相结合。比如，刑法总论是关于定罪、量刑的共性问题，关于具体罪名的讨论，无论是定罪，还是刑罚，都必须在遵从刑法总论一般原理、原则的基础上展开，过于偏重个别问题的讨论，而完全忽略刑法总论的指导作用，不可能得出科学的、令人信服的结论。再如，我国刑法包含着一系列条文，这些条文之间是具有内在的逻辑关系的，因此，对某一个具体条文予以解释和展开研究时，必须注意到法律条文之间的协调与联系，合乎逻辑地对条文加以解释并提出完善建议。

（四）坚守底线，全面、理性地认识刑法谦抑性的作用

刑法谦抑理论诞生于欧洲，其是在反思和批判以往刑法功能的基础上提出来的，这

---

① 参见张旭：《刑事政策、刑法学和犯罪学：三者关系的梳理与探究》，载《国家检察官学院学报》2009 年第 2 期。

一理论的核心是限制刑罚权的发动。在我国，刑法谦抑理论受到广泛关注大约是在21世纪初期，当时犯罪呈现出蔓延和趋重态势，“严打”成为主要的反应方式。因此，刑法谦抑理论在我国受到关注和展开研究折射出我国学者对刑法的功能以及刑罚效果的深度思考。然而，随着科学技术和经济的飞速发展，全球化进程的不断推进，犯罪形态的多样变化，刑法立法不断扩张，传统刑法理论受到严重挑战，谦抑主义的理论阵地不断被挤压。虽然有学者认为，适时、适当地消减刑法谦抑主义是社会发展的必然要求，但刑法的过度扩张，刑法谦抑理论被严重挤压的现实还是应引起刑法学研究者的足够警惕。虽然在社会转型时期，刑法面对各种风险和矛盾的突显而保有适当的张力是现实的客观要求，传统的刑法谦抑理论在理解和把握上也应该根据客观情势的变化而进行一定的调整，但无论如何，刑法“最后法”“保障法”的地位还是必须坚守的。刑法在维护社会秩序、保障公民权利、为经济发展保驾护航方面的确应该有所担当，但刑法不是包治百病的灵丹妙药，在道德规范、行政法律规范以及民事法律规范可以充分保护相关法益时，刑法应该让位给道德规范和其他法律规范来调整。笔者认为，我们在思考刑法谦抑的问题时，应以厘清刑法在现代国家治理体系中的角色定位为前提。在法律规范体系中，刑法虽然具有自己的特殊性，但刑法只是其中的一个组成部分，其在社会治理中只能发挥有限的作用。可以说，社会转型过程中出现的社会矛盾突显、各种风险并存、多种危机呈现的态势，呼唤着刑法的介入，人们也希冀通过刑法的强有力的规制，收到立竿见影的效果。但是，刑法作为事后的惩治，无法实现防患于未然的预防效果；刑法的过度使用，必然引发“刑罚膨胀”的结果，进而从长远上、从整体上影响刑法功能的发挥。因此，在刑事立法不断扩张、刑法的功能被寄予过高的期望的现实背景下，刑法学研究更应保持足够的理性和审慎，更应该坚守刑法谦抑的防线，避免滑入刑法工具主义和刑法万能的泥沼。

（五）科学整合，积极推进刑法学研究的方法论建构

如前所述，进入21世纪后，关注研究方法的改良、探索新的研究方法的适用成为刑法学研究中一个重要的方向，由此也带来了刑法教义学研究的深化、动态刑法学、数量刑法学等研究领域的开拓以及以司法判决数据为基础的实证研究的勃兴等喜人景象。然而，正如博登海默所言，“法律是一间带有许多大厅、房间、凹角、拐角的大厦，尤其是当技术知识和经验受到局限的情况下，照明系统不适当或至少不完备时，情况就更是如此了。”[①] 也就是说，每一种特定的研究方法就像安装在法律大厦里面的探照灯，不管安装在什么位置，一定有其照射不到的地方，换句话说，任何研究方法都只能从特定视角对研究问题作出阐释，每一种特定的方法一定因解释范围的限制而呈现出方法的局限性。因此，在刑法学研究发展到一定阶段后，不仅要不断深化既有方法的研究，不断引进新的研究方法的应用，还需要关注使用方法的规则和原理，尝试在整合各种方法的基础上，建构刑法学研究的方法论。简单而言，方法论是关于方法的方法，是关于方

① ［美］E. 博登海默：《法理学、法律哲学与法律方法》，邓正来译，北京：中国政法大学出版社1999年版，第198页。

法原理的说明，其不仅具体指导“方法”的运用，还从根本上决定方法的适用效果。强调在方法论意义上整合既有的刑法学研究方法，意在明确具体刑法研究方法演绎推理的逻辑前提，研究方法背后所体现的学术立场与价值判断。刑法学研究在经历、走过关注研究方法的阶段之后，从方法向方法论迈进，注重在整合各种研究方法的基础上，建构刑法学研究的方法论应该是必然的走向。笔者认为，刑法学研究的方法论建构应该以“刑事一体化”的理念为指导，以犯罪问题为轴心，实现刑事科学框架内研究内容以及研究方法的全方位考虑。就刑事一体化视野下的研究内容全方位思考来说，主要是强调任何刑法问题的研究都要跳出传统的、狭隘的自在自为的思维模式的限制，在大刑事法学的框架内，从犯罪与刑罚、安全与自由、实体与程序、公正与效率等不同层次、不同角度进行立体思考。就刑事一体化视野下研究方法的全方位思考来说，主要是整合刑事学科内既有的、分散的研究方法，破除各分支学科原有的封闭与自足的束缚，将基于刑事法律规范的法律发现、法律推理、法律论证等根据法律的思考与基于社会历史角度与整体性思维而对事实、经验以及价值等进行的关于法律的思考结合起来，将定性研究与定量研究结合起来，将国外刑法理论与实践经验的比较借鉴与立足于本土实际与需要的思考结合起来，进而推动全面、系统的综合研究局面的形成。

迈向良法善治

——70 年来我国刑法与刑法学的演进与省思*

刘仁文**

2019 年是新中国成立 70 周年，对 70 年来我国刑法与刑法学的发展所走过的坎坷历程进行回顾，并在来之不易的大好局面基础上，推陈出新，使我国的刑事法治不断迈向良法善治，应是一件有意义的事情。

一、刑法起草与新中国刑法学的起步（1949—1978 年）

（一）刑法起草

1949 年新中国成立后，明令废除了国民党的“六法全书”，破中有立——新中国成立初期国家先后制定了一些应急性的单行刑事法规，如 1951 年颁布的《惩治反革命条例》和《妨害国家货币治罪暂行条例》，1952 年颁布的《惩治贪污条例》。

与此同时，起草系统的刑法典的准备工作也一直在进行。从 1950 年到 1954 年，当时的中央人民政府法制委员会起草了两部刑法立法草案，一部是《中华人民共和国刑法大纲草案》，另一部是《中华人民共和国刑法指导原则草案（初稿）》。但遗憾的是，由于当时正在进行抗美援朝、土地改革等，国家的注意力并没有集中在立法工作上，所以上述两部稿子也就只停留在法制委员会内作为两份书面材料保存下来，它们始终没有被提上立法程序，因而这段刑法典起草工作我们只能称为“练笔”，两部稿子也只能算作是立法资料。①

1954 年通过了新中国第一部《宪法》和《人民法院组织法》、《人民检察院组织法》等五部组织法，标志着我国法制建设进入一个新的阶段，这对刑法典的起草工作是一个很大的推动。那时，刑法典起草工作由全国人大常委会办公厅法律室负责。法律室从 1954 年 10 月开始起草，到 1956 年 11 月，已草拟出第 13 稿。党的“八大”决议明确指

---

* 本文原载赵秉志、贾宇、张旭主编《新中国 70 年刑法的变迁与发展》（中国人民公安大学出版社、群众出版社 2019 年版），曾获第五届全国刑法学优秀论文一等奖。收入本书时略有修订。

** 中国社会科学院法学研究所研究员、刑法研究室主任、博士研究生导师，中国刑法学研究会副会长。

① 参见高铭暄等：《中国刑法立法之演进》，北京：法律出版社 2007 年版，第 39 - 40 页。

出："由于社会主义革命已经基本完成，国家的主要任务已经由解放生产力变为保护和发展生产力，我们必须进一步加强人民民主法制……逐步地系统地制定完备的法律。"在这种形势下，刑法典起草工作加紧进行，到1957年6月，已经草拟出第22稿。第22稿经过中共中央法律委员会、中央书记处审查修改，又经过全国人大法案委员会审议，并在第一届全国人民代表大会第四次会议上发给全体代表征求意见。这次会议还作出决议：授权人大常委会根据人大代表和其他方面所提的意见，将第22稿进行修改后，作为草案公布试行。[①]

虽然全国人大作出了公布刑法草案的决议，但是刑法草案并没有公布。其中的原因，正如有学者所分析指出："'反右派'运动以后，'左'的思想倾向急剧抬头，反映到法律工作方面，否定法律，轻视法制，认为法律可有可无，法律会束缚手脚……足足有三四年时间，刑法典起草工作停止了下来。"[②] 从1962年5月开始，全国人大常委会法律室在有关部门的协同下，对22稿进行全面修改。经过多次的修改和征求意见，其中也包括中央政法小组的几次开会审查修改，到1963年10月，拟出第33稿。但刑法典第33稿终被束之高阁，"在文件箱里睡了十五个年头"[③]。

1978年2月召开的五届人大一次会议对法制工作是个转折点。叶剑英在《关于修改宪法的报告》中指出："我们还要依据新宪法，修改和制定各种法律、法令和各方面的工作条例、规章制度。"[④] 此后，中央政法小组组成刑法草案的修订班子，对第33稿进行修改工作，先后搞了两个稿子。[⑤] 在此过程中，中国共产党召开了具有历史意义的十一届三中全会，会议精神对刑法典起草工作起到了极大的推动作用，为1979年《刑法》的正式出台奠定了坚实的基础。

（二）该阶段刑法学研究的主要内容

第一是全面介绍、学习苏联刑法理论。为此，翻译出版了一批苏联的刑法教科书和专著[⑥]，包括后来对中国犯罪构成理论产生深远影响的特拉伊宁的《犯罪构成的一般学说》(1958年，中国人民大学出版社)。

第二是对一些现实问题进行了研究，如刑法溯及力问题，这是当时刑事司法实践面临的一个现实问题。旧法被彻底否定之后，新中国陆续颁布了一些单行刑事法律，其中有些明确规定了溯及力问题，但大都没有明确规定。对于没有明确规定的是否适用于它颁布以前的行为，当时有三种观点：一是认为新法具有溯及力；二是认为加重刑罚的刑事法律在任何情况下都不应适用于它颁布以前的行为；三是认为应当按照原则性和灵活性相结合的办法来解决我国刑法的溯及力问题，即原则上遵守从旧兼从轻的原则，但不

---

① 参见高铭暄：《中华人民共和国刑法的孕育和诞生》，北京：法律出版社1981年版，第2页。

② 高铭暄等：《中国刑法立法之演进》，北京：法律出版社2007年版，第40-41页。

③ 高铭暄：《中华人民共和国刑法的孕育和诞生》，北京：法律出版社1981年版，第3页。

④ 叶剑英：《关于修改宪法的报告》，载《人民日报》1978年3月8日，第1版。

⑤ 参见高铭暄等：《中国刑法立法之演进》，北京：法律出版社2007年版，第41-42页。

⑥ 参见高铭暄等主编：《新中国刑法学五十年》(上)，北京：中国方正出版社2000年版，第5页。

排除例外。[①]

第三是结合刑法典的起草对相关问题作研究。刑法典起草时断时续，在恢复起草时，刑法学的某些问题客观上需要研究，如死缓制度。死缓制度是在 1951 年第一次镇压反革命的高潮中产生的，当其在社会主义改造运动中发挥了积极作用之后，刑事立法中是否还应当继续保留，刑法学界对此存在争议。“今天看来，这场争论无疑为死缓制度的存在及完善奠定了坚实的理论基础，也在一定程度上推动了刑法学研究的发展。”[②]

第四是对犯罪与两类矛盾问题进行了热烈研讨。1957 年，毛泽东发表《关于正确处理人民内部矛盾的问题》一文，刑法学界一些人在学习过程中，把两类矛盾学说引入刑法领域，认为犯罪现象中存在两类不同性质的矛盾，司法工作在定罪量刑时，要严格区分两类不同性质的矛盾，由此引起对该问题的长期争论。[③]

二、刑法学研究的复苏与繁荣（1978—1997 年）

（一）1979 年《刑法》的颁布与刑法学研究的复苏

从 1979 年开始，刑法典草案以 33 稿为基础，结合新情况、新经验和新问题，征求了中央有关部门的意见，先后拟出了两个稿子。[④] 第二个稿子于 1979 年 5 月 29 日获得中央政治局原则通过，接着又在法制委员会全体会议和第五届全国人大常委会第八次会议上进行了审议，最后于 7 月 1 日在五届全国人大二次会议上获得一致通过，并规定自 1980 年 1 月 1 日起施行。[⑤] 这是新中国成立近 30 年来第一次有了自己的刑法典，其过程和意义令人感慨。正如有学者所指出的：“回顾新中国刑法的孕育诞生历程，不禁使人感慨万千：其道路的确是曲折的、艰辛的。”[⑥]

刑法典的颁布直接推动了刑法学研究。据有学者统计，刑法典颁布前，主要是“文化大革命”之前的十七年，发表的刑法论文仅有 176 篇，而刑法颁布后至 1985 年底的 6 年多时间里，发表的论文有近 2 300 篇，约相当于过去的 13 倍。[⑦] 虽然我们对此还可以从“人治”向“法治”转变的社会大背景中寻找原因（法治的兴盛必然使法学刊物增多、发表文章的机会增多），但刑法文本的出现，以及刑法的实施所引发的大量疑难问题，无疑为刑法学研究提供了丰富的素材和巨大的内驱力。正如有刑法学者所描述的：“经过了将近 20 年的寂静之后，随着我国第一部刑法的颁布，刑法学在各部门法学中一马当先……很快在法苑中立住了脚跟，恢复了大刑法昔日的自信。”[⑧]

---

① 参见高铭暄等主编：《新中国刑法学五十年》（上），北京：中国方正出版社 2000 年版，第 5－6 页。

② 高铭暄等主编：《新中国刑法学五十年》（上），北京：中国方正出版社 2000 年版，第 7 页。

③ 参见高铭暄主编：《新中国刑法学研究综述（1949—1985）》，郑州：河南人民出版社 1986 年版，第 24 页。

④ 参见高铭暄等编：《新中国刑法立法文献资料总览》（上册），北京：中国人民公安大学出版社 1998 年版，第 435 页以下。

⑤ 参见高铭暄：《中华人民共和国刑法的孕育和诞生》，北京：法律出版社 1981 年版，第 4 页。

⑥ 高铭暄等：《中国刑法立法之演进》，北京：法律出版社 2007 年版，第 43 页。

⑦ 参见高铭暄主编：《新中国刑法学研究综述（1949—1985）》，郑州：河南人民出版社 1986 年版，第 8－9 页。

⑧ 陈兴良：《刑法哲学》，北京：中国政法大学出版社 1992 年版，前言。

复苏后的刑法学研究刚开始还带有比较浓厚的“大词”色彩，将马克思列宁主义毛泽东思想对我国刑法具有指导意义的基本原理，概括为社会主义时期阶级斗争和无产阶级专政的理论、严格区分和正确处理两类不同性质的矛盾的思想等。① 但随着国家工作重心转入经济建设，这种粗放式研究不断地被一个个现实问题推向深入：一方面，刑法典的注释和对刑法施行后对司法实践中反映出来的大量问题进行解答，成为刑法学界的迫切任务；另一方面，犯罪领域的新情况和新特点促使立法机关和司法机关作出反应，而对这种反应的理论准备、理论论证和理论评析又成为学界不可回避的问题，如经济犯罪的日趋严重使得全国人大常委会相继通过了《关于严惩严重破坏经济的罪犯的决定》（1982 年）、《关于惩治走私罪的补充规定》（1988 年）、《关于惩治生产、销售伪劣商品犯罪的决定》（1993 年）等一系列打击经济犯罪的单行刑法；社会治安的恶化使得全国人大常委会于 1981 年通过了《关于死刑案件核准问题的决定》，1983 年又通过了《关于严惩严重危害社会治安的犯罪分子的决定》；腐败犯罪的加剧使得全国人大常委会于 1988 年通过了《关于惩治贪污贿赂罪的补充规定》；等等。据统计，自 1981 年至 1997 年新刑法通过前，全国人大常委会先后通过了 25 部单行刑法，此外，还在 107 个非刑事法律中设置了附属刑法规范。经过这些不断补充，刑法的罪名由 1979 年《刑法》中的 130 个增加到 263 个。② 针对这样的刑法制度变动，囿于“大词”建构的学术话语体系不敷应付。

（二）刑法学知识的更新

20 世纪 70 年代末 80 年代初的刑法学复苏，是建立在 50 年代引进的苏联刑法学知识的基础之上的。例如 1982 年出版的高等学校法学试用教材《刑法学》（高铭暄主编，法律出版社），基本沿袭了苏联刑法教科书的体系和原理，其“犯罪构成体系几乎是特拉伊宁的翻版”③。这说明当时的刑法学主流知识是苏联刑法学。

也许是意识到“历史虚无主义不利于刑法学的研究发展”，自 20 世纪 80 年代初，一批我国台湾地区刑法学著作被陆续影印在大陆出版，成为当时刑法学知识的一个增长点。④ 从 20 世纪 80 年代中后期开始，越来越多的外国刑法学论著经过编译和翻译传入我国，其中既有大陆法系的，也有英美法系的，它们为封闭了数十年的我国刑法学打开了一扇大门，开阔了刑法学者的眼界。早期影响较大的有：1984 年和 1985 年分上、下两册由北京大学出版社出版的《外国刑法学》（甘雨沛、何鹏著），“该书内容庞杂，虽然存在文字艰涩且无注释的不足，但其丰富的资料对于处于饥渴状态的我国刑法学界不啻是一道盛宴。”⑤ 1986 年辽宁人民出版社出版的《日本刑法总论讲义》（福田平、大塚

---

① 参见高铭暄主编：《新中国刑法学研究综述（1949—1985）》，郑州：河南人民出版社 1986 年版，第 19 页以下。

② 参见高铭暄等：《中国刑法立法之演进》，北京：法律出版社 2007 年版，第 44 - 45 页。

③ 陈兴良、周光权：《刑法学的现代展开》，北京：中国人民大学出版社 2006 年版，第 727 页。

④ 陈兴良在回忆自己 20 世纪 80 年代刑法论著的引注时，曾指出有 1/4 的引自民国时期的刑法论著（另有 1/4 引自我国台湾地区刑法论著，1/4 引自早期苏联刑法论著，1/4 引自当时我国大陆学者的刑法论著）。参见陈兴良、周光权：《刑法学的现代展开》，北京：中国人民大学出版社 2006 年版，第 728 - 729 页。

⑤ 陈兴良、周光权：《刑法学的现代展开》，北京：中国人民大学出版社 2006 年版，第 729 - 730 页。

仁编，李乔等译），该书简明扼要，体系清晰，对启蒙大陆法系刑法理论有较大的参考价值。1987 年北京大学出版社出版的《美国刑法》（储槐植著），为人们了解美国刑法理论提供了便利。进入 90 年代，大批的刑法译著和外国刑法典源源不断地被翻译出版。译著的来源既有德、日等在我国有传统影响的大陆法系国家，也有法国、意大利等其他大陆法系国家，还有美、英等英美法系国家，以及俄罗斯等转型后的国家。

对于这些刑法学著述的翻译，一位外国作者将其理解为“中国对外国文化开放的表示”（耶赛克为其《德国刑法教科书》所作的中译本序言中语）。尽管翻译的质量良莠不齐，但总的来讲，它对开阔我国刑法学者的视野作出了有益的贡献。这从近些年来我国刑法学者的著述引注中也可见一斑，过去那种很少有引注或者引注来源单一的学术局面有了很大改观。

（三）注释刑法学的兴起

1979 年《刑法》颁行后，刑法学界在刑法注释上下了很大的功夫，为司法实务界掌握刑法作出了贡献。[①]

注释刑法学是 20 世纪 80 年代中国刑法学研究的主要方式，这有其时代必然性。首先，国家的惩罚策略正在实现从运动到法制的整体性转变，在刑事领域，中共中央专门发布“关于坚决保证刑法、刑事诉讼法切实实施的指示”。可见，当时全社会都面临一个“学会使用法律武器”的问题。[②] 其次，那时公、检、法、司队伍的业务素质整体还偏低，专业化程度远不能跟今日相比，由此决定了其适用法律的自身解释能力较弱，对法律解释有较强的依赖性。最后，刑法文本的出现，以及其后大量单行刑法和附属刑法的颁布，加上司法实践中不断反映出来的问题，迫切需要刑法学界释疑解惑。正因此，当时的许多刑法学论著几乎都有共同的格式，那就是要讨论“罪与非罪、此罪与彼罪的界限”。

（四）该阶段刑法研究的主要内容与特点

该阶段刑法研究的主要课题涉及刑法基本原则、犯罪概念、犯罪构成、因果关系、刑罚目的、刑事责任、法人犯罪、经济犯罪、未成年人犯罪等[③]，并具有鲜明的时代特点。

1. 研究不断走向深入。如刑事责任问题，我国刑法学界从 20 世纪 80 年代后期开始，对这个问题进行了着力研讨，充实了我国刑法学的体系。又如对因果关系的研究，有些探讨也还是比较深入的，推动了该领域甚至整个刑法理论的发展。当然，在因果关系的研究中也存在一些不足，如过于纠缠名词，过于倚重哲学上的因果关系理论而无视刑法中因果关系的独特性，研究方法单一，有经院哲学的倾向。[④] 将“因果关系中断”

---

① 例如，中国社会科学院法学研究所欧阳涛、张绳祖等著的《中华人民共和国刑法注释》（北京：北京出版社 1980 年版）曾先后数次再版，总印数达一百多万册，成为当时司法实际工作人员几乎人手一册的畅销书。

② 参见强世功：《法制与治理——国家转型中的法律》，北京：中国政法大学出版社 2003 年版，第 178 页以下。

③ 参见陈甦主编：《当代中国法学研究》，北京：中国社会科学出版社 2009 年版，第六章。

④ 参见高铭暄等主编：《新中国刑法学五十年》（上），北京：中国方正出版社 2000 年版，第 13－14 页。

这类外来学说称为“资产阶级刑法学家”的理论，也反映了当时刑法学知识还没有彻底与意识形态话语脱钩的时代印痕。今天，刑法学上的因果关系之所以再也不复当年风起云涌之势，并不是因为这方面的理论争议和困惑都已得到解决，而是因为刑法学者从“长期执迷于一种哲学框架，烘云托月般地构建因果关系的海市蜃楼”中走了出来，注意使自己的研究不脱离刑法语境，使自己的研究目的更清醒。①

2. 对有的问题的研究还比较粗浅。如这一时期对刑法基本原则的研究，大多只停留在基本原则范围的争论上，而对各个基本原则的具体内容缺乏深入的阐述。在1979年《刑法》规定了类推制度的情况下，刑法学界的通说还认为我国刑法贯穿了罪刑法定原则②，这在现在看来显然是不妥当的。相比之下，1997年《刑法》在明确规定了刑法的基本原则之后，学界对此问题的研究就要深刻得多。正如有学者所指出：从对刑法基本原则问题的研究上，可以看到刑法学科和刑法学者逐渐走向成熟。③

3. 出现了一些反思性思考。以犯罪构成为例，1982年出版的全国统编教材《刑法学》将犯罪构成界定为我国刑法所规定的、决定某一具体行为的社会危害性及其程度而为该行为构成犯罪所必需的一切客观和主观要件的总和，并将苏俄刑法学中的犯罪构成四要件移植过来：（1）犯罪客体；（2）犯罪客观方面；（3）犯罪主体；（4）犯罪主观方面。④ 由于刑法统编教材的权威性，犯罪构成四要件理论从此定于一尊。但从1986年开始，以何秉松发表的“建立有中国特色的犯罪构成新体系”一文为标志⑤，刑法学界开始有部分学者对苏俄的犯罪构成理论模式进行反思性思考，这种反思性思考在进入21世纪后日趋强烈，形成对传统理论的挑战。

4. 关注现实中的热点问题。如从20世纪80年代开始，对经济犯罪的研究逐渐成为刑法学界的热点，相继出版了许多这方面的著作。又如，20世纪70年代末80年代初以来，未成年人犯罪成为一个日益突出的社会问题，从而引起我国刑法学界对此问题的关注，特别在是否要降低我国刑法中的最低刑事责任年龄这个问题上，产生过激烈的争论。

三、刑法修改与刑法学的现代化（1997—2012年）

（一）刑法修改研究

1988年，全国人大常委会将刑法典的修改列入立法规划。尽管在此之前，有些刑法学者也曾对刑法修改作过探讨，但是在立法部门作出这一举措之后，刑法学界才如火如荼地全面展开对刑法修改问题的研讨。1997年颁布的刑法典，对1979年刑法典作了全面修改，使我国的刑法制度朝着现代化方向迈进了一大步，刑法学界的许多研究成果和建议被新刑法所采纳。试举两例。

---

① 参见陈兴良主编：《刑法知识论研究》，北京：清华大学出版社2009年版，第257页。

② 参见高铭暄主编：《中国刑法学》，北京：中国人民大学出版社1989年版，第33页。

③ 参见高铭暄等主编：《新中国刑法学五十年》（上），北京：中国方正出版社2000年版，第31页。

④ 参见高铭暄主编：《刑法学》，北京：法律出版社1982年版，第97页以下。

⑤ 参见何秉松：《建立有中国特色的犯罪构成新体系》，载《法学研究》1986年第1期。

1. 关于类推的废止与罪刑法定原则的确立。对于我国 1979 年《刑法》中的类推制度何去何从，在 1997 年《刑法》出台前存在争议。大体的方向是，刚开始多数学者认同类推制度的合理性，到后来越来越多的学者主张废除这一制度，这一历程反映了中国刑法学界观念的变革，即从过去的偏重刑法的社会保护功能逐渐转向偏重刑法的人权保障功能。经过学界的充分讨论，最后立法机关采纳了废除类推制度、在我国刑法中明文确立罪刑法定原则的建议。

2. 关于将“反革命罪”改为“危害国家安全罪”。1979 年《刑法》分则第一章规定了“反革命罪”，但随着社会的发展，对这一类罪名的科学性开始出现争议。早在 1981 年，就有学者发表文章，认为“反革命罪”已不适合当今形势，建议将其改为“危害国家安全罪”①。后来又陆续有学者提出这种主张。针对这种主张，有的刑法学者提出了反对意见，认为我国刑法中的反革命罪名应继续保留。② 但多数刑法学者认为，将“反革命罪”改名为“危害国家安全罪”，是一个更科学、合理的选择。经过广泛而深入的讨论，1997 年《刑法》采纳了将“反革命罪”改为“危害国家安全罪”的主张，同时删去了此类犯罪主观上反革命目的的定义，并按照危害国家安全罪的性质对此类犯罪作了修改和调整，将该章中实际属于普通刑事犯罪性质的罪行移入其他章节。应当说，这一修改是中国刑法走向科学化、与现代刑法的国际通例相衔接的一个重要举措，在国内外引起了良好的反响。

（二）刑法理论的新发展

20 世纪 90 年代以来，刑法学界的诸多有识之士勤奋耕耘，使我国的刑法理论达到了一个新的高度，其主要表现有三。

1. 刑法学研究中的理论品质有较大提升

在提升刑法学的理论品质方面，陈兴良于 1992 年出版的《刑法哲学》（中国政法大学出版社）起到了很好的带动作用。该书连同作者后来出版的《刑法的人性基础》（中国方正出版社 1996 年出版）和《刑法的价值构造》（中国人民大学出版社 1998 年出版），构成了其刑法哲学三部曲，带动了理论刑法学的发展。

在形而上的研究蔚然成风的形势下，注释刑法学几近贬义词。此时，张明楷发出了自己独立的声音：“刑法解释学不是低层次的学问，对刑法的注释也是一种理论，刑法的适用依赖于解释。因此，没有刑法解释学就没有发达的刑法学，一个国家的刑法学如果落后，主要原因就在于没有解释好刑法，一个国家的刑法学如果发达，主要原因就在于对解释刑法下了工夫。”③ 从此，注释刑法学与理论刑法学并行不悖，互相促进。回归后的注释刑法学也摆脱了当初就事论事的稚嫩，更多地上升到方法论高度来阐明问题，如刑法解释中的目的性解释、刑法教义学中的司法三段论等。正是在这个意义上，我们说注释刑法学也是一种广义上的理论刑法学。我国刑法学要增强专业性和对一些问题的解释力，必须建立起发达的刑法教义学，而不能停留于过去那种对分则中某些条文

---

① 徐建：《“反革命”罪名科学吗?》，载《探索与争鸣》1981 年第 1 期。

② 参见何秉松：《一个危险的抉择——对刑法上取消反革命罪之我见》，载《政法论坛》1990 年第 2 期。

③ 张明楷：《刑法学》，北京：法律出版社 1997 年版，导言。

的注释几乎就是对原条文的分解和重复那种模式。

2. 刑事一体化的影响日渐广泛

刑事一体化的命题最初由储槐植在1989年提出，当时他将其界定为：刑法内部结构合理（横向协调）与刑法运行前后制约（纵向协调）。[①] 这个意义上的刑事一体化，实际上是就刑事政策而言的，其基本思想与关系刑法论极为接近[②]，都是主张从刑法的内部与外部关系入手，实现刑法运行的内外协调。到1991年，他又进一步指出：研究刑法要从刑法之外研究刑法，这涉及研究的广度；在刑法之上研究刑法，这涉及深度；于刑法之中研究刑法，这是起点和归宿。在刑法之外研究刑法这个话题下，储槐植指出：刑法不会自我推动向前迈进，它总是受犯罪态势和行刑效果两头的制约和影响，即刑法之外的事物推动着刑法的发展，这是刑法的发展规律。正因为犯罪决定刑法，刑法决定刑罚执行，行刑效果又返回来影响犯罪升降，所以刑法要接受前后两头信息，不问两头的刑法研究不可能卓有成效。正是在这个意义上，研究刑法必须确立刑事一体化意识，刑法研究者要有健全的知识结构——具有一定的犯罪学和行刑学素养。[③] 至此，储槐植从刑事政策和方法论两个方面提出了刑事一体化的初步构想。

虽然储槐植对刑事一体化的阐述只是一种简约的概述，并没有长篇大论地展开，但这一命题提出后，在我国刑法学界产生了出乎意料的影响，成为许多学者所推崇的一种研究方法。[④] 1997年，陈兴良创办连续出版物《刑事法评论》，其编辑宗旨就将刑事一体化确立为一种研究模式，因而被评论者称为刑事一体化的自觉实践。[⑤] 陈兴良本人还对储槐植的刑法之上研究刑法、刑法之外研究刑法和刑法之中研究刑法作了重新解读和扩展，认为刑法之上研究刑法是刑法的哲学研究，刑法之外研究刑法是刑法的社会学研究和经济学研究等，而刑法之中研究刑法则是刑法的规范研究。在此基础上，他提出还要增加一个研究向度：在刑法之下研究刑法，这就是刑法的判例研究。[⑥]

在刑事一体化思想的基础上，学界进一步发展出“立体刑法学”的思想，主张刑法学研究要瞻前望后、左看右盼、上下兼顾、内外结合。“瞻前望后”，就是要前瞻犯罪学，后望行刑学；“左看右盼”，就是要左看刑事诉讼法，右盼民法、行政法等部门法；“上下兼顾”，就是要上对宪法和国际公约，下对治安管理处罚和劳动教养；“内外结合”，就是对内要加强刑法的解释，对外要重视刑法的运作。[⑦] 刑事一体化和立体刑法学的思想与百年前德国刑法学者李斯特提出的整体刑法学思想深度契合，其哲学基础是

---

① 参见储槐植：《建立刑事一体化思想》，载《中外法学》1989年第1期。

② 关系刑法论是储槐植另一重要学术思想，它主张把刑法放到整个关系网络中去进行研究，具体包括：（1）社会经济与刑法；（2）政权结构与刑法；（3）意识形态与刑法；（4）犯罪与刑法；（5）行刑与刑法；（6）其他部门法与刑法。参见储槐植：《刑法存活关系中——关系刑法论纲》，载《法制与社会发展》1996年第2期。

③ 参见储槐植：《刑法研究的思路》，载《中外法学》1991年第1期。

④ 对此，陈兴良的一个解释是：这与20世纪90年代我国刑法知识经过一个时期的恢复积累以后所处的蓄势待发的特定背景有关。参见陈兴良：《“老而弥新”：储槐植教授学术印象》，载《刑事法评论》第21卷，北京：北京大学出版社2007年版。

⑤ 参见付立庆：《刑事一体化：梳理、评价与展望——一种学科建设意义上的现场叙事》，载陈兴良、梁根林主编：《刑事一体化与刑事政策》，北京：法律出版社2005年版。

⑥ 参见陈兴良：《判例刑法学》，北京：中国人民大学出版社2009年版，序。

⑦ 参见刘仁文：《构建我国立体刑法学的思考》，载《东方法学》2009年第5期。

普遍联系的观点和系统论。系统论强调整体性原则，整体性原则又与唯物辩证法的普遍联系、相互作用原理十分接近。刑事一体化和立体刑法学的各对范畴之间存在相互联系和相互作用的关系，它们共同结合成一个系统，这个系统的功能要大于各部分的简单相加。而刑法效益则是其经济学基础。刑事一体化和立体刑法学有助于建立一个良好的刑法机制，其理念的贯彻必将节省刑法成本、提高刑法收益，增强立法、司法和研究中的协调性，减少因内耗而产生的资源浪费。

3. 犯罪构成理论的争鸣初现中国刑法学派之争

犯罪构成理论是规范刑法学中的理论基石，近年来，围绕我国传统犯罪构成理论的完善和存废产生激烈的学术论争，这首先是刑法学界贯彻“百花齐放、百家争鸣”的“双百”方针的结果，同时也是我国对外开放、比较刑法学日益兴盛的结果。它是我国刑法学走出“无声的刑法学”、形成不同学派的端倪。如前所述，新中国成立后对犯罪构成理论长期沿袭苏联的学说，缺乏必要的创新和争鸣。直到1986年何秉松发表《建立有中国特色的犯罪构成体系》一文后，该问题才开始引起我国刑法学界的反思。对此，有评论说，《法学研究》1986年第1期发表了何秉松《建立有中国特色的犯罪构成体系》一文，涉及当时的刑法学体系中所没有的一系列刑法学重大问题，如犯罪构成理论的体系、定罪的根据、刑事责任的概念、犯罪的本质特征等。① 到1993年，何秉松主编的《刑法教科书》问世，其中最耀眼之处在于该书创立了一个崭新的犯罪构成理论新体系，即“犯罪构成系统论”。1995年，何秉松又在此基础上出版了专著《犯罪构成系统论》，进一步巩固和完善了前述理论。“犯罪构成系统论”把犯罪构成看成是一个整体性、主体性、动态性、模糊性、多层次性和开放性的有机整体。“犯罪构成系统论的提出，向人们展示了全新的理论观点和研究方法，令人耳目一新。”②

时至今日，我国刑法学界对完善犯罪构成理论的学术探讨已经出现了异常活跃的气氛。没有人主张一成不变地固守传统的犯罪构成理论，争论在于：是在传统的基础上进行改良还是彻底抛弃传统的犯罪构成理论模式，转而全盘引进德日的犯罪论体系？包括前述“犯罪构成系统论”在内的多种观点，主张对传统的犯罪构成理论进行改良，以建立有中国特色的犯罪构成理论。但另一种观点则主张全盘引进大陆法系的犯罪论体系，用德日的三阶层犯罪论体系取代我国通行的犯罪构成四要件理论体系。

四、新时代的刑法学研究与理论自觉（2012—2019年）

（一）近年来我国刑法学研究的重点

1. 重大理论与现实问题齐头并进

一方面，刑法学基础理论继续在借鉴域外理论的基础上得以深化，另一方面，现实中提出的新课题也不断引起刑法学界的重视，这些都大大丰富了新时代的中国刑法学。

---

① 参见陈兴良：《刑法哲学》，北京：中国政法大学出版社1992年版，第678页。

② 曲新久：《何秉松教授刑法学思想述评》，载《法律文献信息与研究》1998年第4期。

试举例说明。

（1）风险刑法的理念

随着全球风险社会的到来，风险刑法理念得到越来越多的认同。总的看，风险刑法理念在中国也是在批判声中逐渐获得展开。虽然有学者从法教义学角度批判风险刑法，认为风险刑法理论只能获得一时之观点喧嚣，而难以取得长久之学术积淀[①]，认为风险刑法的实质是刑法威吓作用在新时期的重新泛滥，是对合法性原则的突破，信守刑事政策和法治的底线、厘清刑事政策与刑事法治的关系才是根本出路。[②] 但越来越多的学者对风险社会的刑法理念进行了务实研究，风险社会的刑法理念也逐渐明朗化。

有观点指出，应当厘清风险刑法的社会基础与现代刑法的社会基础之间所存在的原则性差异，借鉴既有的风险社会理论并认清中国风险社会的特殊性，理解中国语境下的风险刑法。[③] 还有学者指出，要建构中国的风险刑法，则需要把风险刑法作为正统刑法的例外，并重视抽象危险犯、过失犯罪等在控制风险中的规范意义。[④] 另有观点指出，1997 年《刑法》全面修订以来的刑法扩张并非风险刑法理论推动的结果，而是由风险社会中出现的新问题所推动，刑法研究面临的问题是，尽管活跃的刑法立法与传统刑法理论的保守理念日趋背离，我们却迟迟没有新的理论对此提供解释和指导；风险刑法理论要求把对刑法发展的理解放在风险社会理论及其社会学知识传统中把握，考察犯罪形态的变化以及刑事政策的要求，在承继现代刑法知识传统的基础上有所创新，提出风险刑法的理论阐释及限度反思。[⑤]

传统刑法理论和风险刑法理论之争，日渐成为在新问题新情况上旧理论的解释能力边界是否应予突破之争。传统刑法理论试图扩张既有概念、原则和释义学方法以增强理论的应对能力，风险刑法理论则致力于在传承中创新，结合风险类型和风险情境展开研究。应当承认，风险刑法理念有其时代场景，我们面临的不是要不要有风险刑法的问题，而是把风险刑法控制在一个什么范围的问题。

（2）网络与人工智能时代的刑法应对

在网络犯罪的立法方面，有学者指出，面对网络时代的新型犯罪时，能够通过刑法解释路径予以应对的，就不需要采取刑事立法路径。在采取刑事立法路径应对网络犯罪时，没有必要也不应当制定所谓“网络刑法”；当下应当在刑法典内，分别采取增设条款或者在既有条款中增设行为方式与行为对象的立法模式规制新型犯罪。[⑥] 也有学者认为，《刑法修正案（九）》专门规定了拒不履行信息网络安全管理义务罪、非法利用信息网络罪、帮助信息网络犯罪活动罪和编造、故意传播虚假信息罪等四个纯正网络犯罪的构成要件与法定刑，这标志着我国刑法的一个专门领域即网络刑法的真正诞生。[⑦]

---

① 参见陈兴良：《风险刑法理论的法教义学批判》，载《中外法学》2014 年第 1 期。

② 参见孙万怀：《风险刑法的现实风险与控制》，载《法律科学》2013 年第 6 期。

③ 参见刘仁文、焦旭鹏：《风险刑法的社会基础》，载《政法论坛》2014 年第 3 期。

④ 参见姜涛：《风险刑法的理论逻辑——兼及转型中国的路径选择》，载《当代法学》2014 年第 1 期。

⑤ 参见焦旭鹏：《现代刑法的风险转向》，载《西南民族大学学报（人文社会科学版）》2018 年第 12 期。

⑥ 参见张明楷：《网络时代的刑事立法》，载《法律科学》2017 年第 3 期。

⑦ 参见梁根林：《传统犯罪网络化：归责障碍、刑法应对与教义限缩》，载《法学》2017 年第 2 期。

人工智能的刑事责任成为近年最具时代色彩的崭新议题。首先面临的问题是人工智能能否成为刑事责任的主体。否定者认为，不管人工智能是依照预设程序运行还是脱逸预设程序的自主运行，都不具备认定决定刑事责任主体的关键要素——自由意志（包括认识因素和意志因素）。① 肯定者则认为，依据辨认能力和控制能力不同，可将人工智能区分弱人工智能和强人工智能。前者是在预设程序范围内运行，充其量是犯罪工具，故无承担刑事责任可言；后者则是在预设的程序外犯罪，应肯定人工智能产品具备独立的人格和刑事责任能力。② 对人工智能刑事责任的研究正方兴未艾，成为一个充满魅力的刑法探索新领域。

（3）正当防卫制度的反思

最近几年，“于欢案”、“昆山反杀案”等几个广受社会关注的正当防卫案件叠加，使得“正当防卫”成为刑法研究的一个热点。大致来说，刑法学界就以下问题展开热议。

首先是正当防卫正当化根据之争。有学者主张法确证说（法秩序维护说），即通过对不法侵害的消极预防和积极预防维护法秩序的经验有效性。③ 有学者则提倡法益悬置说，主张正当防卫的依据在于行为人违反了不得侵犯他人之义务，其法益在必要限度内被悬置，防卫人损害行为人悬置程度内的法益不成立犯罪。④ 也有学者在批判德国个人保全原理与法确证原理相结合的二元结合论的基础上，提倡正当防卫的原理是优越的利益保护。⑤

其次是正当防卫在司法实践中的异化问题。有学者通过实证研究发现，实务中正当防卫多面临着仅以损害结果来认定防卫过当、将防卫过当普遍认定为故意犯罪、防卫过当免除处罚的适用范围较窄等问题。⑥ 有学者认为，克服防卫限度判断中唯结果论的倾向，需要将考察重心转移到行为上。⑦ 有学者强调，正当防卫在我国的司法异化不在于法教义学的建构不足，而在于司法裁判将自身的功能错误地定位为纠纷解决；并进而主张重新认知刑法系统的功能：在风险社会中刑法系统的功能在于维持与稳定人们的规范期待。⑧

最后是正当防卫限度判断规则的建构。有学者主张，应当将“明显超过必要限度”拆分成“必要限度”和“明显超过”分别加以理解。⑨ 也有学者认为，应从正当防卫是权利保护和公力救济例外之制度目的着眼，来说明作为权利行使行为之正当防卫的内在

---

① 参见时方：《人工智能刑事主体地位之否定》，载《法律科学》2018 年第 6 期。

② 参见刘宪权：《人工智能时代的“内忧”“外患”与刑事责任》，载《东方法学》2018 年第 1 期。

③ 参见王钢：《法秩序维护说之思辨——兼论正当防卫的正当性依据》，载《比较法研究》2018 年第 6 期。

④ 参见魏超：《法确证利益说之否定与法益悬置说之提倡——正当防卫正当化依据的重新划定》，载《比较法研究》2018 年第 3 期。

⑤ 参见张明楷：《正当防卫的原理及其运用——对二元论的批判性考察》，载《环球法律评论》2018 年第 2 期。

⑥ 参见尹子文：《防卫过当的实务认定与反思——基于 722 份刑事判决的分析》，载《现代法学》2018 年第 1 期。

⑦ 参见陈璇：《正当防卫、维稳优先与结果导向——以“于欢故意伤害案”为契机展开的法理思考》，载《法律科学》2018 年第 3 期。

⑧ 参见劳东燕：《正当防卫的异化与刑法系统的功能》，载《法学家》2018 年第 5 期。

⑨ 参见邹兵建：《正当防卫中“明显超过必要限度”的法教义学研究》，载《法学》2018 年第 11 期。

限度。对不具有可恢复性或恢复原状困难的法益，若是为保护法益所必需的行为即无需进行利益衡量；对超出必要限度造成损害，则可根据利益衡量的原理来评价是否属于防卫过当。[①]

虽然对正当防卫制度的研究还远未达成共识，但毫无疑问，它成为本土案例推动理论研究的一个重要动因，也带动了整个刑法学研究的理论提升和风格转型，对于从总体上激活正当防卫权的行使、确立“法不能向不法让步”，起到了积极的作用。

2. 制度改革为刑法学研究供给新的知识

随着依法治国的深入推进，中国的刑法制度不断走向完善；同时，为了适应社会的发展，刑法制度也在不断创新。对这些制度进行理论阐释和分析，成为刑法知识重要的增长点。也举例说明。

（1）宽严相济刑事政策与减少死刑

随着宽严相济刑事政策对“严打”刑事政策的取代，“以宽济严”在刑事立法中得到体现。如 2009 年的《刑法修正案（七）》首次在刑法修正案中，出现了“除罪”和减轻刑罚的立法内容。“以宽济严”的一个突出表现是死刑的减少。继 2007 年最高人民法院收回死刑核准权后，2011 年全国人大常委会通过的《刑法修正案（八）》首次从立法上取消了 13 个非暴力犯罪的死刑，此外，还增加规定：“审判的时候已满七十五周岁的人，不适用死刑，但以特别残忍手段致人死亡的除外。”2015 年通过的《刑法修正案（九）》为贯彻落实三中全会“逐步减少适用死刑罪名”的要求，又进一步取消 9 个罪名的死刑。此外，《刑法修正案（九）》还提高了死刑缓期执行的门槛，将死刑缓期执行期间“故意犯罪，查证属实的，由最高人民法院核准，执行死刑”修改为“故意犯罪，情节恶劣的，报请最高人民法院核准后执行死刑；对于故意犯罪未执行死刑的，死刑缓期执行的期间重新计算，并报最高人民法院备案”。另外，还取消了绑架罪、贪污罪和受贿罪的绝对确定死刑，将其修改为相对确定死刑。[②]

关于“宽严相济”和“减少死刑”，是刑法学界最近十几年的研究热点，相关著述层出不穷，诸多观点见解纷呈，并且在刑事政策、刑事立法和刑事司法中得到了积极的反响和回应。上述刑法制度的改革与完善，与刑法学界的深入研究和长期耕耘是分不开的。

（2）废除劳教与刑法结构调整

2012 年 11 月，中共十八大强调要运用法治思维和法治方法来治理社会，为徘徊不前的劳教制度改革工作带来了转机。2013 年 11 月，十八届三中全会通过的《中共中央关于全面深化改革若干重大问题的决定》明确指出：废止劳动教养制度，完善对违法犯罪行为的惩治和矫正法律，健全社区矫正制度。2013 年 12 月 28 日，全国人大常委会通过《关于废止有关劳动教养法律规定的决定》，宣布废止劳动教养制度，同时还宣布对正在被依法执行劳动教养的人员解除劳动教养，剩余期限不再执行。至此，在中国实

① 参见吴允锋：《正当防卫限度的判断规则》，载《政治与法律》2018 年第 6 期。

② 参见胡云腾：《刑法修正案（九）的理论与实践创新》，载郎胜主编：《〈中华人民共和国刑法〉的理解与适用》，北京：中国民主法制出版社 2015 年版，第 9 页。

施了近 60 年、广受关注和争议的劳教制度被正式废止。

劳动教养制度废除后，刑法学界加强了对其后续改革和相关配套措施的研究。[①] 例如，对类似劳动教养措施如强制戒毒、收容教育、专门矫治教育与治安拘留等如何进行司法化的改造？我国强制医疗制度已经实现司法化，这昭示着，未来这些较长时间剥夺人身自由的行政处罚和措施也要朝司法化的改革方向前进。经过司法化的改造后，像治安拘留这类警察罚就可转化为轻罪的法律后果，而强制戒毒、强制医疗、收容教育、专门矫治教育等则可成为与刑罚相并列的保安处分措施。又如，劳教制度废除后，醉驾、扒窃等轻罪行为纷纷入刑，对抢夺罪等进一步去数额化，这表明我国刑法在一定程度上正在改变重罪重刑的“小刑法”格局，走向“大刑法”格局，即犯罪圈扩大、与轻罪相适应的轻刑增多。鉴于废止劳教后犯罪圈扩大这一无可回避的事实，许多学者指出，有必要探讨我国刑法中的轻罪重罪之分类，对轻罪实行经过一定的考验期限之后即可宣告前科消灭的制度，以弥补犯罪标签化所带来的消极效应。[②]

（3）强化反恐与预防性刑法

2015 年出台的《刑法修正案（九）》是反恐刑事立法中的一个标志性事件，本次修正案进一步严密了反恐的刑事法网，修改了相关罪状，还增设了新的罪名，完善了刑罚配置。与此同时，2015 年还通过了专门的《中华人民共和国反恐怖主义法》（以下简称《反恐法》），从反恐工作的原则、机制、管辖，恐怖活动组织和人员的认定、审查，情报信息和调查程序，恐怖事件应对处置，国际合作，反恐工作保障措施，恐怖活动法律责任等方面建立起了一套较为完整的反恐工作和处罚体系。其中特别值得注意的是，《反恐法》针对恐怖主义犯罪设立了“安置教育”这一保安处分新措施。对此，正如有学者所指出的，目前我国《反恐法》对安置教育的规定仍然是初步的，规范安置教育对象、行为、程序、机制等内容的制度体系还远未完善；安置教育有突出的预防导向，安置教育的实施可能对行为人造成社会否定评价和人格谴责，因此一种基于自由导向的执行和管理具有重要意义；被安置教育的行为人应该有更多的自由会见来访者或者安排其空闲时间，以抵消限制自由可能带来的负面效应，应分阶段实行区别于自由刑服刑期间的改造手段，帮助这些人复归社会。[③]

反恐刑法带来学界对预防性刑法和积极刑法观的讨论。传统刑法以规制结果犯特别是实害犯为主，介入的时间比较晚，这主要是考虑到刑法的严厉后果以及对人权可能造成的危害，但现代风险社会的来临使得风险刑法观得以确立，刑法介入前置化的现象大量涌现，刑法中的危险犯特别是抽象危险犯大量增多。风险刑法一改传统刑法的报应色彩，而把预防放在首位。以恐怖主义犯罪为例，如果不打早打小，刑法不在恐怖主义组织成立、成员招募、培训等阶段及时介入，而非得等到恐怖犯罪活动实施时才去介入，那就为时已晚，不仅造成的损失巨大，而且恐怖主义组织成员一经洗脑，则普通的刑罚几乎对他没有威慑力。因此，在这些特殊领域，预防性刑法有其存在的空间。正如有学

① 例如，陈泽宪主编：《劳教制度的前世今生与后续改革》，北京：中国民主法制出版社 2014 年版。

② 参见刘仁文主编：《废止劳教后的刑法结构完善》，北京：社会科学文献出版社 2015 年版，第 607 页以下。

③ 参见陈泽宪：《安置教育需要全面坚持法治原则》，载《检察日报》2016 年 10 月 28 日。

者指出，那种批判预防性刑法的观点是从消极刑法立法观出发，其论证以古典刑法思想为支撑，未能有效回应中国当下的社会情势；在刑法观念逐步转向功能主义、刑法与政策考虑紧密关联的今天，刑法的谦抑性并不反对及时增设一定数量的新罪，刑罚早期化与转型中国社会的发展存在内在联系，意欲建设法治国家，就必须将限制、剥夺公民人身权利的处罚事项纳入刑事司法的审查范围。①

（二）对我国刑法学研究的省思与展望

应当说，我国刑法学研究近年来在广度和深度上继续取得长足进展，这不仅是我们自己能感受到的，而且也可以从国外学者的感受中得到反映，如日本刑法学者高桥则夫在回顾近年来与中国刑法学界的学术交流时就指出："感觉中国方面的讨论水平有了很大的进步。"西原春夫对此更是以见证人的身份予以确认：中国刑法学界研究问题的领域有了很大拓展，不同观点的讨论程度也日趋热烈，可以说学术取得了突飞猛进的发展。②

然而，这只是说我们的刑法学研究有发展、有进步，并不意味着我们的刑法学研究就已经臻于完善了，相反，存在的问题及有待改进之处还不少。

首先，对我国刑法学发展所处的时代还缺乏比较准确的认知。不可否认，过去一些年来，我们的刑法学从域外特别是从德日刑法学界吸收到了许多营养，这对于深化我国刑法教义学、促进我国刑法理论的精细化无疑起到了很好的作用。但必须看到，刑法基础理论是与一个时代的哲学思想紧密相连的，而一个时代的哲学思想又往往与一个时代的科技发展及其所面临的其他社会问题紧密相连。一方面，当前我国在对域外刑法理论进行吸收时还停留在其过去的刑法理论上，却对其潜在的危机和最新发展缺乏足够的认识。③ 另一方面，对我们国家自己法学所处的时代背景也缺乏一种自觉。中国如此之大，发展又如此之快，在许多方面有自己的特色，有些方面如互联网公司还处在世界前沿水平，相应地，我们在网络犯罪的刑事立法和刑事司法方面也就有自己的创新和特点，这既是中国刑法学研究宝贵的本土资源，也是我们可能给世界刑法学作出贡献的机会。

其次，在引入域外知识的过程中没有很好地本土化，造成用语混乱，使各种理论的准确性更加捉摸不定，给后来者的借鉴和研究起点带来困扰。如"共犯"一词，本来在我国刑法学的语境中就是"共同犯罪"的简称（包括主犯和从犯、胁从犯以及教唆犯），但现在一些论著引入德日刑法中的"共犯"一词后，也不加区分不加说明地混合使用，而德日刑法中的共犯是指教唆犯和帮助犯（与正犯相对应），所以含义不一样，如果同一篇论文或同一本书前后用词相同，含义却不同，就难免给读者造成混乱。过去我们为

---

① 参见周光权：《积极刑法立法观在中国的确立》，载《法学研究》2016 年第 4 期。

② 参见［日］西原春夫：《我的刑法研究》，曹菲译，北京：北京大学出版社 2016 年版，第 236－237 页。

③ 例如，出于应对恐怖主义威胁的时代需求，德国立法者开始寻求将刑事可罚性前置，使刑法提前介入打击恐怖主义犯罪，2009 年在刑法中新设的第 89a 条就是典型的例子。这种可罚性前置是否以及如何能够在传统的教义学上正当化，成为当前德国学者棘手的问题。参见王钢：《德国刑法学的新发展 ——侧重于违法性阶层的考察》，载《清华法律评论》第八卷第一辑，北京：清华大学出版社 2015 年版。

刑法学界大家都同一个声音、缺乏学派之争而苦恼，现在学术讨论活跃起来了，甚至有了不同程度的学派之争，但又造成了刑法知识的混乱，对不同概念、不同理论大家都各说各话，有的是理解不准确（如对客观归责，有的认为能限制处罚范围，有的则认为会扩大处罚范围），有的是无视我国的具体语境而盲目引进一些即使在国外也有严重争议的理论（如敌人刑法[①]），更多的则是只搬运而不注意与中国刑法话语的衔接与转换（其实有些完全可以转换成中国刑法学自己的话语，或者在中国刑法学的话语体系内加以改造，这样对于避免理论的混乱和减少理论的内耗可以起到事半功倍的作用）。近年来我国刑法理论界和司法实务界之所以在很多地方存在两张皮的现象，一个重要原因就是理论界在热衷于引进各种域外理论和学说的时候，没有有效地转换成我们自己的语言，或者在我们自己已经形成的话语体系内尽可能地给有关域外理论和学说找到一个相应的位置。

再次，在研究方法上有待进一步改进。一是有些研究方法过于简单甚至极端。例如，一段时间以来，刑法学界对所谓的形式解释格外青睐，而对所谓的实质解释则警惕有加。姑且不论论者在形式解释和实质解释的内涵与外延上互相交错，就以对形式解释的过分青睐而言，其实也要辩证地看，用形式解释来反对类推、推动罪刑法定原则的确立及其适用，这种旨在限制公权力的做法当然是可取的，但如果把它推至极致，则也有副作用。其实，对有些表面看来违反刑法，但欠缺刑事可罚性的行为，恰恰需要运用实质解释来排除社会危害性，做除罪化处理，如内蒙古的王力军无许可证收购玉米改判无罪一案就是如此。[②] 二是研究方法过于单一，扎根中国的接地气的成果还不够多。总的看，当前以引进德日刑法学知识为主的刑法教义学方法占据中国刑法学研究的绝对主流，但问题是，刑法学研究方法应当是多元的，尤其应当是立足中国的。在这方面，笔者个人也有一些研究心得，如本人关于立体刑法学的探索[③]，其所引起的社会反响在某种程度上甚至超出了最初的预料，究其原因，应当与它关注中国自己的问题有关。[④] 刑法终究是要解决本国实际问题的，刑法学终究是要以本国刑法文本和判例为研究支点的，为了使中国刑法学在国际上成为有声的刑法学，而不是有的学者所批评的“无声的中国刑法学”[⑤]。我们应当有更强的主体意识和理论自觉，从中国实际出发，以切实解决中国的问题作为出发点和归宿点，建构起国际的视野、中国的视角和自己的方案三位一体的研究格局。

---

① 考虑到“敌人”在中国具有强烈的政治意味，“敌我矛盾”曾经成为“无产阶级专政下继续革命”的理论基石，不宜把即使在德国也引发巨大争议的“敌人刑法”照搬到我国的刑法学术话语体系并为其背书。参见刘仁文：《敌人刑法：一个初步的清理》，载《法律科学》2007年第6期。

② 参见阮齐林：《刑事司法应坚持罪责实质评价》，载《中国法学》2017年第4期。

③ 即刑法学研究要前瞻后望（前瞻犯罪学、后望行刑学），左顾右盼（左顾刑事诉讼法、右盼民法等其他部门法），上下兼顾（上对国际公约和宪法，下接治安处罚和其他行政处罚），内外结合（对内加强对刑法的解释，对外重视刑法的运作环境）。

④ 参见刘仁文：《立体刑法学：回顾与展望》，载《北京工业大学学报》2017年第5期。

⑤ 周光权：《无声的中国刑法学》，载高鸿钧主编：《清华法治论衡》2005年第1期，北京：清华大学出版社2005年版。

我国应当坚持统一刑法典立法模式[*]

周光权[**]

高铭暄教授从1954年起至今，全程参与了《中华人民共和国刑法》的起草、拟定、修订等工作，为推进我国刑法立法的科学化、法典化作出了巨大贡献。在总结新中国刑法立法发展规律时，高铭暄教授指出，在刑法典之外采取单行刑法和附属刑法的方式，是有益的尝试。但是，实践证明，保持刑法典的统一性和完整性，用修正案立法模式弥补法典化立法的不足，标志着我国立法技术日趋成熟，其不仅有利于司法工作的实际操作和掌握运用，也便于广大公民的学习和遵守，同时，还较好地解决了刑法的稳定性与适应性之间的关系。[①] 在喜迎高铭暄教授九十五周岁华诞之际，重温先生关于刑法立法模式的论述，对于完善我国未来的刑事立法具有重大意义。

刑法立法模式，大致包括统一刑法典模式和分散型立法模式两种，后者在核心刑法之外还包括单行刑法和附属刑法。由于统一刑法典立法模式也可能制定单行刑法，因此，其与分散型立法模式的差异在于是否承认附属刑法。附属刑法，是指分散规定于行政法、经济法、民商法、环境法、财税法等各种法律中的刑事规范，其目标是保证有关行政性法律的有效实施，对某些违反行政性准则的行为予以刑事制裁，一般是在各种行政性法律的末尾以“罚则”的形式予以规定，这就是所谓的“行政刑法”[②]。随着现代刑法中法定犯和行政犯的日渐增多，附属刑法的作用也重新受到世界各国刑事立法的重视，许多国家选择在行政性法律中独立规定行政犯的构成要件和法定刑。[③] 我国目前采用的是统一刑法典的立法模式，但近年来，学界对此做法一直有所质疑。多数学者认为，将附属刑法作为刑法典的补充，能够在一定程度上完善我国的刑法立法结构；可以借鉴国外刑法典与行政刑法双轨模式完善我国的附属刑法立法，由此既可以保持刑法典的稳定性，又可以节约立法成本。本文将对这些观点进行梳理和讨论，认为在讨论立法模式变革时，必须看到附属刑法立法模式的诸多不足，从而主张我国应当继续坚持统一

* 本文原载《比较法研究》2022年第4期。

** 清华大学法学院教授，法学博士。

① 参见高铭暄：《中华人民共和国刑法的孕育诞生和发展完善》，北京：北京大学出版社2012年版，前言，第13页。

② ［日］西田典之：《日本刑法总论》（第2版），王昭武、刘明祥译，北京：法律出版社2013年版，第5页。

③ 参见梁根林：《刑法修正：维度、策略、评价与反思》，载《法学研究》2017年第1期。

刑法典的立法模式。

一、附属刑法立法的中国实践：探索与放弃

（一）1997年之前附属刑法的立法探索

众所周知，我国1979年颁布的《中华人民共和国刑法》（以下简称“1979年《刑法》”）将所有的罪刑规范都囊括于其中，是一部统一的刑法典。随着改革开放的不断深入和我国社会政治、经济的不断发展，新型犯罪不断出现，为了适应社会转型所产生的惩治犯罪的需要，全国人大常委会又逐步制定了大量的刑事法律。自1981年至1997年开展刑法大规模修订前，全国人大常委会先后通过了25部单行刑法；此外，更为引人注目的是，在我国计量法、海关法、产品质量法、烟草专卖法等107部经济、民事、行政、军事方面的法律中附设了130多个专门的罪刑条款，附属刑法立法模式似乎被立法者所青睐。立法者显然认为，出于立法技术上的考虑，将与特定行政法律所规定的内容存在一定关联的犯罪行为及其处罚依附性地规定在该行政法的处罚规定之中，形成行政责任、民事责任、刑事责任一体规定的立法格局，而不将定罪量刑的内容从该行政法律中切割出来规定在刑法典即核心刑法之中，能够更有效地实现社会治理的目标。

必须承认，上述关于单行刑法和附属刑法立法的探索是有意义的，对于完善我国刑法的内容、促进刑法体系的科学发展有积极作用。通过逐步制定这些单行刑法和附属刑法，我国刑法的空间效力、溯及力、犯罪主体、共同犯罪、刑罚种类、死刑适用、量刑制度、罪数关系、分则罪名、具体罪状、法定刑设置等内容都得到了进一步的补充和完善，从而形成了刑法典、单行刑法、附属刑法规范相互补充、相互配合的局面。

但是，到1997年修改刑法之时，立法者逐渐认识到附属刑法立法模式也有不足，如有的罪刑条款设计相对比较随意，缺乏充分论证；部分附属刑法规范的具体规定之间、附属刑法规范与1979年《刑法》之间相互不协调，法条关系变得比较复杂，刑罚轻重失衡的现象初露端倪；许多附属刑法规定较为粗略，难以达成社会治理的目标；刑事立法缺乏总体规划、不便于掌控，打破了1979年《刑法》的完整体系，使得整个刑法规范显得有些零乱；此外，附属刑法立法的实益也极其有限。“在当时的情况下，对刑法的社会需求增长了，为克服刑法短缺，大量的单行刑法与附属刑法得以制定并付诸实施；为遏制犯罪势头，重刑乃至死刑大量出台。单行刑法与附属刑法的篇幅曾经大大超过并淹没了刑法典。”① 为此，我国亟待制定一部全面系统的新刑法典。② 1997年对刑法全面修订的目标就是“制定一部统一的、比较完备的刑法典”③。

为此，我国1997年修订通过的《中华人民共和国刑法》（以下简称“1997年《刑法》”）将之前的所有附属刑法条文均纳入刑法典，实质上全面取消了附属刑法规范，使

① 陈兴良：《刑法研究》（第2卷），北京：中国人民大学出版社2021年版，第576页。

② 参见赵秉志：《中国刑法的百年变革——纪念辛亥革命一百周年》，载《政法论坛》2012年第1期。

③ 王汉斌：《关于〈中华人民共和国刑法（修订草案）〉的说明》，载《全国人大常委会公报》1997年第2号，第220页。

我国刑法立法模式重新回归到统一刑法典模式。可以认为，1997 年刑法典是当时条文数最多、内容最丰富、规模最大的法典，标志着我国法典编纂技术和立法水平达到了前所未有的高度。

1997 年《刑法》实施以来，全国人大常委会坚持统一刑法典立法模式，主要运用刑法修正案的形式进行刑法修改。到 2020 年，我国已先后制定了 11 个刑法修正案，这表明“大一统”的刑法立法理念在立法实践中已占据着支配地位。可以认为，我国立法经过 20 世纪 80 年代初到 90 年代十余年的探索之后，最终放弃了附属刑法的立法模式。这一立法理念，也得到部分刑法学者的支持。例如，赵秉志教授认为，关于未来刑法的修法模式，我国应当发挥刑法法典化的优势，继续坚持统一的刑法典模式。① 笔者也认为，1997 年我国制定了统一的刑法典，充分表明在很多国家实行的普通刑法、单行刑法、附属刑法“三足鼎立”的立法模式，在我国存在“水土不服”的突出问题。②

（二）晚近附属刑法立法的“未竟”探索：《中华人民共和国生物安全法（草案）》

2019 年 10 月 21 日，《中华人民共和国生物安全法（草案）》提交全国人大常委会一审。全国人大环境与资源保护委员会主任委员高虎城在《关于〈中华人民共和国生物安全法（草案）〉的说明》第三部分“关于刑事量刑规定”中指出：“‘草案’在第六十四条、第六十九条、第七十一条、第七十二条中作出了刑事量刑的规定，主要有如下考虑：一是随着新型犯罪手段和方式不断出现，生物犯罪作为新型犯罪行为，刑法中没有相关规定，需要作为刑法重要补充的其他刑事法律规范发挥应有的作用；二是在生物安全法中直接作出刑事量刑的规定，有利于社会公众更完整、充分地理解法律规定的含义，有利于法律的实施；三是在生物安全法中直接作出刑事量刑规定，有利于体现犯罪与刑罚的统一，避免将犯罪与刑罚分割在两个不同的法律中；四是部分参照了国际上有关国家立法中刑事处罚规定的通行做法。”③

对此，有的学者持支持态度，认为在生物安全领域的犯罪中，刑法应当合理地建构对犯罪的反应机制，采用灵活的立法模式，改单轨立法模式为多元立法模式，形成单行刑法、附属刑法并存的体制，以充分发挥刑法的功能。除了刑法典本身，单行刑法和附属刑法也是刑法体系的重要组成。由于生物安全涉及诸多未知领域，如果仅通过刑法修正案的单一模式来修法，既可能过分延迟滞后，又导致既有刑法体系的混乱，不利于发挥刑法的规范指引作用，所以，刑法修正案的单一修法模式已经不足以承担相应的刑法功能，附属刑法对生物安全犯罪的规制更具有优势。④

但是，在行政和经济法律中规定可以直接适用的罪名和法定刑的探索并未获得成功，大一统的刑法立法模式仍得以保持。对此，全国人民代表大会宪法和法律委员会在

---

① 参见赵秉志：《中国刑法立法晚近 20 年之回眸与前瞻》，载《中国法学》2017 年第 5 期。

② 参见周光权：《法典化时代的刑法典修订》，载《中国法学》2021 年第 5 期。

③ 高虎城：《关于〈中华人民共和国生物安全法（草案）〉的说明》，2019 年 10 月 21 日在十三届全国人大常委会第十四次会议第一次全体会议上。

④ 参见张勇：《生物安全立法中附属刑法规范的反思与重构》，载《社会科学辑刊》2020 年第 4 期。

《关于〈中华人民共和国生物安全法（草案）〉修改情况的汇报》中指出："草案第六章规定了法律责任，对一些违法行为直接规定了刑事处罚，具体列举了履行生物安全监督管理职责的工作人员应受处分的行为。有些常委委员、部门、单位和地方建议遵循我国现行刑事立法模式，删去刑事罪名的规定，由刑法统一规定……宪法和法律委员会经研究，建议作如下修改：一是考虑到刑法规范的统一性，暂不在草案中规定具体的刑事责任，只作衔接性规定，明确违反本法规定构成犯罪的，依法追究刑事责任。关于生物安全领域需要增加的刑事责任问题，拟在《刑法修正案（十一）》中统筹考虑。"① 2020 年 10 月 17 日全国人大常委会审议通过的《中华人民共和国生物安全法》（以下简称《生物安全法》）第 82 条规定："违反本法规定，构成犯罪的，依法追究刑事责任；造成人身、财产或者其他损害的，依法承担民事责任。"为与《生物安全法》相衔接，2020 年 12 月 26 日全国人大常委会审议通过的《中华人民共和国刑法修正案（十一）》（以下简称《刑法修正案（十一）》）新增了三个罪名，分别是：非法采集人类遗传资源、走私人类遗传资源材料罪（《刑法》第 334 条之一），非法植入基因编辑、克隆胚胎罪（《刑法》第 336 条之一），以及非法引进、释放、丢弃外来入侵物种罪（《刑法》第 344 条之一）。

由此可见，我国虽然在 1997 年之前就附属刑法的立法进行过探索，但最终的选择是制定一部统一刑法典；在 1997 年《刑法》之后，全国人大常委会曾经在制定《中华人民共和国生物安全法（草案）》的过程中，围绕是否在行政性法律中设立独立罪刑规范进行过探索，但经过反复斟酌后仍放弃了该方案，相关犯罪的增设通过刑法修正案予以解决，统一刑法典的立法模式仍然得以固守。

二、附属刑法立法模式的优劣之辨

对于行政刑法的立法方式，提倡在商法、经济法、行政法等法律中直接规定具体犯罪的构成要件与法定刑，从而有效地规制行政犯罪的主张似乎呈现"一边倒"的趋势。② 有的学者明确指出："法典化建立在唯理主义的理论范式之上，但是这种理论范式的科学思维存在诸多问题，它扭曲了刑法立法和司法的互动关系。在立法上不仅造成了刑法内在和外在体系的阻隔和破坏，而且选择单一的立法技术也容易出现问题。根据现代哲学观念的要求，多样化应当成为未来刑法立法模式的选择，它要求以刑法典为中心，协调发展单行刑法和附属刑法。"③ 但是，笔者认为，这样的批评显得比较抽象，对附属刑法优点的分析也有可疑之处；对于以下问题，需要仔细辨析。

（一）附属刑法能否避免空白罪状

刑法中只规定罪名、法律效果以及构成要件的部分内容，而将构成要件其他部分（如禁止的内容）授权由刑法以外的其他法律或行政命令加以补充。这些有待补充的构

① 从斌：《全国人民代表大会宪法和法律委员会关于〈中华人民共和国生物安全法（草案）〉修改情况的汇报》，2020 年 4 月 26 日在十三届全国人民代表大会常务委员会第十七次会议上。

② 参见黄河：《行政刑法比较研究》，北京：中国方正出版社 2001 年版，第 80 页。

③ 童德华：《当代中国刑法法典化批判》，载《法学评论》2017 年第 4 期。

成要件形成了空白刑法。

一般认为，在行政刑法中，行政法、经济法等所禁止的行为以及依法应为的行为，都由该法作出无所遗漏的规定；与违法行为模式相对应，在该法的法律责任部分也应规定违反前述某一条规定，如何处刑的内容，由此整合刑法和行政法的关系，使之建立紧密联系。对于违反行政法的行为，除了给予行政处罚之外，还对其中情节严重者进行刑罚处罚，使得处罚范围得以明确，从而确保罪刑法定原则的实现。具有明确性的附属刑法规范，既有利于公众理解罪刑规范，也有利于行刑衔接。而统一刑法典将有关行政法等部门法律所规制的犯罪直接引向刑法典，这使附属刑法的作用被忽视，还对我国司法实务的操作造成不便，甚至可能导致错误定罪。例如，有学者明确指出，现行刑法典的单一刑法规范体系不能实现刑法与生物安全法的有效对接，应当完善相关刑法规范的模式方式。生物安全科学领域相关的行政法规范较多，附属刑法可以灵活地与之相衔接，针对各种违反行政法规的社会危害行为规定相应的刑事责任。生物安全犯罪涉及防控重大新发突发传染病、动植物疫情防控、应用生物技术研发、实验室生物安全管理、人类遗传资源与生物资源安全管理、防范外来物种入侵与保护生物多样性、防范生物恐怖袭击与防御生物武器威胁等多个方面，不仅涉及的领域非常广泛，而且具有高度的专业性，需要专门、全面、系统的法律规范体系加以规定，附属刑法在适用规范上更加明晰，可减少空白罪状的产生，并能更好地实现刑法指引功能和预防效果。①

但是，在讨论空白罪状与附属刑法的关系时，以下三方面是很值得关注的。

其一，行政刑法是否在适用规范上更加明晰，减少空白罪状的产生，并能更好地发挥刑法的指引功能和预防效果？其实，并非所有附属刑法的罪刑规范都可以在行政违法中找到相对应的罪刑条款，理想型的附属刑法是不存在的，因为很多行政性法律关于行为禁止的规范中就可能存在“有其他违法行为”的规定，行政刑法仍然避免不了空白刑法，对违法行为的界定“开天窗”的现象仍然存在。如果无法实现附属刑法条款与行政违法类型之间的对应，将使得附属刑法的立法优越性缺乏依托。例如，即便将我国刑法第 223 条所规定的串通投标罪规定在《中华人民共和国招标投标法》中，也不可能在该行政性法律中对什么是“串通”有明确规定。何为“串通投标”，也仍然是绝对的空白罪状。比《中华人民共和国招标投标法》位阶更低的国务院《中华人民共和国招标投标法实施条例》对“串通投标”的情形作出了具体规定，该条例第 39 条和第 40 条分别规定了“属于投标人相互串通投标”和“视为投标人相互串通投标”的情形，第 41 条还规定了“属于招标人与投标人串通投标”的情形，且在最后都采取了诸如“其他联合行动”“其他串通行为”等兜底性的表述。由此可见，即便采用附属刑法立法模式，某种违法类型仍然可能无法在全国人大及其常委会制定的行政性法律中加以规定，而必须依赖于国务院制定的行政、经济法规，对于犯罪的认定仍然必须依赖于行政权的参与。如此一来，是否采用附属刑法，完全是立法技术上的形式性考量，对刑法的明确性以及空白罪状的避免不会产生实质影响。

其二，空白刑法规范由行政法规甚至行政决定进行填充也是必要的。例如，即便将

① 参见吴小帅：《论刑法与生物安全法的规范衔接》，载《法学》2020 年第 12 期。

1997 年《刑法》第 330 条所规定的妨害传染病防治罪附属性地设立在我国传染病防治法中，对于“拒绝执行县级以上人民政府、疾病预防控制机构依照传染病防治法所提出的预防、控制措施”的理解，仍然必须依赖于县级以上人民政府、疾病预防控制机构的行政决定。类似的情形还很多，例如，在 1997 年《刑法》第 151 条第 3 款规定的走私国家禁止进出口的货物、物品罪中，禁止进出口的货物是牛肉、煤炭还是其他货物，在法条中并未列明，是典型的绝对空白刑法规范，其中的内容就必须由行政命令填充，由相关行政主管部门确定。

犯罪认定的基本标准由刑法确定，但由行政权部分分享，这在很多具体犯罪的判断上都是难以避免的，即便采用附属刑法立法模式也不可能确保描述构成要件的权力由立法者彻底“垄断”。这里再以毒品犯罪为例进行分析。根据我国《刑法》第 357 条和《禁毒法》第 2 条的规定，毒品是指鸦片、海洛因、甲基苯丙胺（冰毒）、吗啡、大麻、可卡因以及国家规定管制的其他能够使人形成瘾癖的麻醉药品和精神药品。我国《禁毒法》第 25 条规定，麻醉药品、精神药品和易制毒化学品管理的具体办法，由国务院规定。因此，即便在《禁毒法》中规定涉及毒品的附属刑法，也无法杜绝毒品范围不明确，由行政法规等决定的问题。目前，我国由国务院有关部门确定的管制毒品包括 449 种麻醉药品和精神药品（121 种麻醉药品、154 种精神药品、174 种非药用类麻醉药品和精神药品）、整类芬太尼类物质、整类合成大麻素类物质，其中包含合成大麻素类物质、新增列管氟胺酮等 18 种新精神活性物质，数量之多在全世界位于前列。最高人民检察院《关于〈非药用类麻醉药品和精神药品管制品种增补目录〉能否作为认定毒品依据的批复》（2019 年 4 月 29 日）指出，2015 年 10 月 1 日起施行的公安部、国家食品药品监督管理总局、国家卫生和计划生育委员会、国家禁毒委员会办公室《非药用类麻醉药品和精神药品列管办法》及其附表《非药用类麻醉药品和精神药品管制品种增补目录》，是根据国务院《麻醉药品和精神药品管理条例》第 3 条第 2 款授权制定的，《非药用类麻醉药品和精神药品管制品种增补目录》可以作为认定毒品的依据。这一司法解释性文件也认可了犯罪认定标准的具体补充离不开行政命令或规章。也正是因为空白刑法规范需要结合行政法规、行政决定加以理解，刑法学上才会讨论补充空白刑法的行政命令有所变更时，是否属于制定新法或法律有所变更的问题。例如，政府商务部门突然发布命令禁止出口小麦，或者禁止经营某一商品时，确实可能因为行政立场的变化而使得犯罪范围不同。对此，学界通说认为，空白刑法是将犯罪构成要件的一部分保留给行政命令加以补充，实质上也是以行政命令来补充或补足刑法的处罚要件和范围，因此，行政命令有所变更，刑法的价值判断与处罚范围也随之变更，如果这种变更是对犯罪人更有利的，自然应当适用对行为人有利的条款；如果该变更对被告人不利，则不得溯及既往。对于这种问题的讨论，在采用附属刑法立法的国家仍然存在，这充分说明：行政命令的变化确实会影响犯罪范围；绝对空白罪状的存在无论采用何种立法模式都无法避免。

其三，行政机关基于空白条款制定配套规范时，受我国立法法的约束，不是随心所欲的，谈不上冲击罪刑法定原则的问题。“当法律自身大概显示了应受处罚之行为的轮廓”时，将犯罪成立要件的细目委诸法律以外的下位规范，这样的空白刑法规范就并不违反罪刑法定主义。[①] 当然，以空白刑法的方式授权行政法规或部门规章加以补充时，授权的目的、内容、范围应当相当明确，公众从授权的法律规定中能够预见行为的可罚性时，才符合明确性的要求。

（二）附属刑法的威慑力是否更强

主张附属刑法因行刑有效衔接，规范更加明确，能够有效威慑犯罪，有助于实现犯罪预防的观点，明显有一厢情愿的成分。

第一，行政法和刑法规范规定在同一部法律里就能够确保规范明确的说法过于大而化之。刑法明确性永远是一个相对的概念。谁也不会否认，刑法因其对公民的行动自由有所限制，就必须按照罪刑法定的要求，通过成文化的条文作出规定，且应符合明确性要求。不过，对于明确性，应当理解为规范的效果能够被一般人所预见。明确，不是法律文义具体详尽。法律所意欲规范的社会生活极其复杂，再考虑适用于个案的妥当性，适当使用不确定法律概念或概括性的法律概念也不违背刑法明确性。刑法典中为此有可能有意使用概括性语言，要求法官随着时代的发展对其含义进行解释。[②] 而要满足规范明确性的要求，未必就要采用附属刑法立法模式。附属刑法中不能避免兜底性规定，即便行刑衔接的规定也可能仅存在“弱的明确性”，需要法官通过准确的法律解释来尽量降低法规范中的不明确性。所以，无论采用哪一种立法模式，在立法论上都不能将明确性要求理解为一种准确性要求，而应理解为一种指导性的要求，即只要求立法者指导性地划定可罚性的范围。立法不可能尽善尽美，刑法典中规则术语的不完善表达并不意味着司法决策是不可预测的，也不一定是无法通过理性话语来加以论证的。相反，规范的透明度取决于共同体是否存在明确的共识。[③]

第二，单纯强调附属刑法的明确性，其目标是不完整的。“即便是明确的罚则，若是不当地侵害了国民的自由，仍会被理解为是违宪无效的。像这样的罚则，可以举出将无害的行为作为处罚对象的罚则、因过度的处罚范围而不当地侵害国民的自由的罚则等”[④]，像这样明确但存在合宪性疑虑的规范，完全可能出现在附属刑法中。

第三，规定在行政刑法中的罪名，其威慑力相对降低。附属刑法规范隐藏于其他民事、行政法律中，本身就不是立法的焦点问题；在行政犯膨胀后，其数量可能多到难以统计的程度，司法基层人员对这些规定很可能不了解，民众对这些与其生活关系不大、具有专业或职业性质的犯罪规定更无从知晓[⑤]，因此，为数众多的刑法规范可能被社会所忽视，威慑力下降是必然的。事实上，在采用附属刑法立法模式的国家或地区，有很多学者主张“部分在实务上具有重要性的附属刑法条文，如在立法技术上不具有脱离主

---

① 参见［日］高桥则夫：《刑法总论》，李世阳译，北京：中国政法大学出版社 2020 年版，第 30 页。

② 参见［美］戴维·奥布莱恩编：《法官能为法治做什么：美国著名法官讲演录》，何帆等译，北京：北京大学出版社 2015 年版，第 171 页。

③ 参见［美］米尔伊安·R. 达玛什卡：《司法和国家权力的多种面孔》（修订版），北京：中国政法大学出版社 2015 年版，第 37 页。

④ ［日］山口厚：《刑法总论》（第 3 版），付立庆译，北京：中国人民大学出版社 2018 年版，第 19 页。

⑤ 参见陈兴良：《回顾与展望：中国刑法立法四十年》，载《法学》2018 年第 8 期。

刑法规范的意义，即应回归到主刑法中”①。这种反向的呼吁，在很大程度上是基于对附属刑法威慑力下降的准确判断。

（三）附属刑法能否保证刑法典的稳定

有学者认为：“附属刑法本身具有维系刑法典稳定、衔接刑法与各部门法、为刑法提供持续性保证的功能。其具有实在内容、又以刑法典为基础和本源，故附属刑法是可以修正刑法典并达到刑法对社会治理作用的有效形式。”② 还有学者进一步指出，统一刑法典立法模式肢解了诸多刑法规范（有关行政犯的刑法规范的内容部分存在于刑法典中、部分散在其他法律中），因此，应当逐步过渡到多元立法模式。③ 此外，由于行政犯罪、经济犯罪的变易性大，在其他法律中直接规定犯罪的构成要件与法定刑，可以避免刑法典的频繁修改。④

然而，通过附属刑法稳定刑法典的功效事实上难以实现：（1）刑法典和附属刑法的关系并不明确，二者关系始终是变动的。（2）如果保持立法的谦抑性，只规定少数犯罪，即便经济法、行政法频繁修改，刑法也可以不再作大的变动，规范国民一般社会生活的刑法典的稳定性得以保持；如果有必要惩治新型经济犯罪，在刑法典中规定行政犯罪、经济犯罪的专章，并通过修正案模式对其加以丰富也是可行的。（3）采用附属刑法立法模式，在大量出现行政犯或法条之间出现很多交叉、重叠关系的情形下，也会肢解刑法典。

（四）附属刑法立法能否避免合宪性疑虑

有学者认为，法律保留原则、明确性原则与比例原则是宪法原则。统一刑法典立法模式导致刑法典中出现大量的绝对空白刑法规范与相对空白刑法规范，绝对空白刑法规范违反了法律保留原则，相对空白刑法规范不符合明确性原则。只有改变现行刑事立法模式，在行政法、经济法等法律中直接规定相关犯罪的构成要件与法定刑，在刑法典中仅规定自然犯，才能使刑事立法模式与宪法相协调。刑法条文对构成要件行为没有具体规定，构成要件规定委任于行政法规，这是很有疑问的立法。例如，我国《刑法》第225条第4项规定的“其他严重扰乱市场秩序的非法经营行为”由于没有确定范围，于是，国务院的行政法规可以直接决定什么行为构成非法经营罪。这种绝对空白刑法违反了宪法精神。要扭转这种局面，最妥当的办法是在行政法、经济法等法律中直接规定相关犯罪的构成要件与法定刑。从裁判规范的角度来说，现行立法模式中的相对空白刑法，使得即使是经过训练的司法工作人员，也难以正确处理刑法分则条文与其他法律的关系，导致刑法适用的界限不明确。⑤

但是，对于附属刑法一定会比刑法典更加具有合宪性的说法，还值得辨析，即不能

---

① 许泽天：《刑法分则》（上册）（第3版），台北：新学林出版股份有限公司2021年版，第4页。

② 童德华：《附属刑法：实现刑法参与国家治理的有效形式》，载《时代法学》2020年第1期。

③ 参见张明楷：《刑法修正案与刑法法典化》，载《政法论坛》2021年第4期。

④ 参见张明楷：《刑法的解法典化与再法典化》，载《东方法学》2021年第6期。

⑤ 参见张明楷：《刑事立法模式的宪法考察》，载《法律科学》2020年第1期。

认为刑法典立法模式就增加了刑法规范的违宪风险。

首先，从基本法理上考虑，行政法中规定犯罪与刑法规范，不可能彻底解决空白刑法的问题。任何行政法（例如环境领域、知识产权领域、税收领域等），都只能对急需解决的问题提出大致的解决方案，不可能事无巨细，而国务院的行政法规则可以在行政法授权的范围内进一步具体化补充。如果人们认为刑事可罚性只能由全国人大及其常委会制定的法律来规定，则通过行政法规进行入罪是不合适的。而且，即便是附属性质的行政刑法，其处罚在大量场合也依赖于行政行为是否许可该行为，刑法仍然需要顾及行政法规以及行政决定的态度。换言之，即便肯定附属刑法立法，行政法规、部门规章对于刑法进行具体化补充的功能仍然存在；如果法律关系复杂，行政法、经济法对此并无明确规定，而存在授权性规定的，无论一个行政犯是规定在行政法中，还是刑法典中，都有一个同时触犯国务院层面的行政法规和全国人大及其常委会制定的刑法的问题，单纯依靠全国人大及其常委会制定的刑法，不可能完整地确定可罚性的范围，司法上必须通过对刑法和行政法规的共同解读，才能确定完整、妥当的构成要件范围。

其次，从实定法的规定看，行政法规对违法行为的规定中仍然必须保留为数不少的“其他的规定”，这也是没有办法的事情。由此不能认为在证券法中规定刑事责任，就能够使刑法适用的界限更明确。例如，1997 年《刑法》第 180 条规定了内幕交易罪、泄露内幕信息罪，其主体是内幕信息的知情人员。我国《证券法》第 53、54 条对内幕交易、泄露内幕信息的违法行为作出了规定，在前述主张附属刑法立法模式的学者看来，在证券法的法律责任部分规定罪刑规范就能够保证立法的明确性，就可以消除空白罪状。但是，即便如此立法，该罪主体的认定仍然依赖于《证券法》第 51 条关于证券交易内幕信息的知情人的规定，而该条第 9 项还是有“国务院证券监督管理机构规定的可以获取内幕信息的其他人员”的表述，因此，即便采用附属刑法立法模式，其主体的确定还是取决于有关主管机关的部门规章或决定。归结起来讲，行政法、经济法立法的复杂性，经济生活的多变性，都决定了行政立法中本身就存在大量关于违法行为的空白性规定，将罪刑规范依附于行政法，同样难以满足绝对的明确性要求，如果认为刑法典的绝对空白罪状规定存在合宪性疑虑，那么，在附属刑法立法模式下，由于绝对空白规定无法避免，这种疑虑也并没有减少。

再次，由全国人大及其常委会“垄断”关于犯罪认定的所有规范，并以此引导国民的行为，当然是最为理想的。但是，这一点其实很难做到。我国《立法法》第 10 条第 2 款规定，全国人民代表大会制定和修改刑事、民事、国家机构的和其他的基本法律。第 11 条第 4 项规定，对于犯罪和刑罚只能制定法律。第 12 条规定，本法第 11 条规定的事项尚未制定法律的，全国人民代表大会及其常务委员会有权作出决定，授权国务院可以根据实际需要，对其中的部分事项先制定行政法规，但是有关犯罪和刑罚、对公民政治权利的剥夺和限制人身自由的强制措施和处罚、司法制度等事项除外。不过，由国务院对刑法空白罪状进行填充，不属于授权性立法，而是指在刑法有规定的前提下，对于构成要件的理解需要从刑法规定出发，结合行政法规、部门规章、行政决定才能确定。我国《立法法》第 72 条规定，为执行法律的规定需要制定行政法规的，国务院有权根据宪法和法律，制定行政法规。因此，国务院对刑法典中的空白罪状制定行政法规，属于《立法法》第 72 条规定的“为执行法律的规定需要制定行政法规”的情形，其具有合法性。

需要承认，由国务院制定行政法规，对于某些特定行为的定性发挥了重要作用，这对于一个迫切需要规范调整的转型社会来说是必要的。司法实践也认可结合行政法规的入罪化，通过行政法规及行政行为明确可罚性是没有问题的。可以认为，司法实践已经偏离了对于罪刑法定的古典理解，而与现代社会的实际需要联系起来解决问题。当然，《立法法》第 72 条规定，为执行法律的规定需要制定行政法规的，国务院必须“根据宪法和法律”，制定行政法规。因此，国务院所制定的补充空白罪状内容的行政法规有一个合宪性和合法性问题。对此，我国《立法法》第 98 条规定，宪法具有最高的法律效力，一切法律、行政法规、地方性法规、自治条例和单行条例、规章都不得同宪法相抵触。第 108 条规定，全国人民代表大会常务委员会有权撤销同宪法和法律相抵触的行政法规，有权撤销同宪法、法律和行政法规相抵触的地方性法规。因此，如果认为据以补充空白罪状的行政法规与宪法相抵触，全国人大常委会可以启动合宪性审查。

最后，从域外实践看，多数学者认为犯罪认定的标准不是由立法机构独享的。这一点在污染环境等罪的认定中表现得特别充分，对此需要考虑环境管理法规。例如，在德国，学者认为将刑法的规定和联邦污染保护法律联系起来考虑犯罪成立问题，符合基本法第 103 条第 2 款的要求。同样作为联邦污染保护法的具体化，补充的《联邦污染保护第 4 号实施细则》也应在认定犯罪时一并考虑。虽然“这部《细则》不属于正式法，但是起到了对正式法中的犯罪构成要件进行具体说明的作用。为了适应自然科学和技术的飞速发展。行政条例对正式法进行具体化补充的方式是非常必要的”。从现实角度来看，只有当行政条例或者行政行为对一个正式法所划定的范围进行具体化补充，以此来使国民了解和遵守时，行政权才能对具有行政从属性的刑法素材进行具体化补充。人们或许认为这样的方式违背了对法定入罪要求传统上的严格理解，这样的方式是从现实角度考虑的，原因在于：立法者出于复杂原因和应对飞速变化的现实问题，不可能单独在环境法这样的领域制定出一个非常细致的法律规范；只有通过立法部门和行政部门的分工协作才能完成。尽管立法部门和行政部门的分工明显与“纯理论性”的法定入罪标准相矛盾，但德国的司法实践对于联邦宪法法院意见中体现的这种分工协作是持赞成态度的，其可行性在于，“它体现了以正式法入罪的理想模式与现代社会对于规范化需求间的理性调和”[①]。在这里，议会通过相应的对行政权有利的“授权法规”而移交出自己作为立法者的职责，行政机关按照法律授权的内容、目的或者标准，就可以制定部分关于犯罪认定的实体的行政法规。

三、我国有必要维持统一刑法典：关于放弃附属刑法立法的进一步讨论

立法模式的合理性是相对的，刑法规范应该是随着本土的社会进展与需要而制定，

① ［德］洛塔尔·库伦：《罪刑法定原则与德国司法实践》，载梁根林、［德］埃里克·希尔根多夫主编：《中德刑法学者的对话——罪刑法定与刑法解释》，北京：北京大学出版社 2013 年版，第 116－117 页。

立法模式也应根据某一国家的具体情况而制定，在作出选择时，是否实用和符合具体国情是需要优先考虑的因素。有学者指出，我国刑法立法模式的选择需要同时考虑事实、价值和技术三个层面，从而应当继续采取统一的刑法典模式：从事实层面看，统一刑法典模式是我国的历史选择与现实明证；从价值层面看，统一刑法典模式能够保证刑法立法的灵活性、统一性并实现刑法与非刑事法律的呼应；从技术层面看，刑法修正案以及刑法立法解释可以有效维护统一刑法典模式。① 本文基本赞同这一分析及结论，并认为能够从附属刑法立法模式的固有弊端及其在中国为何会"水土不服"这一视角出发，对中国的刑法立法模式选择进行更为细致的讨论。

（一）统一刑法典立法模式值得继续坚持

确实，单纯从技术的角度考察，刑法立法模式本身无所谓"好"或者"坏"。在宪法精神的指引下，只要立法者合理运用刑法典立法模式，就可以发挥刑法惩罚犯罪、保障人权的功能。

1. 法典化的努力值得肯定

"在比较法的视野下考察发现，两大法系在法典化问题上呈现出互相借鉴、吸收和融合的趋势。首先，在英美法系国家，制定法的数量快速增长，日益成为一种重要的法律渊源。其次，在大陆法系国家，一方面是判例法已越来越普遍地被认可为一种法律渊源；另一方面，在传统的基本法典之外，出现了大量的单行法规，呈现出所谓的解法典化趋势。当然，两大法系的差异仍然显著地存在，比如英美法系的制定法更多的是一种法律汇编，而不是大陆法系结构严谨的法典编纂。"② 在大陆法系，法学是以概念和逻辑为核心建立起来的知识体系，立法机关制定成文法典，成体系地表达法律规范。③ 在我国，刑法领域的法典化也是立法发展的方向。刑事法典最大的优点在于，确定地、精确地界定每个应受刑罚处罚的行为。"宪法创建者心仪的一个目的是，不让任何人找寻安全之路或者边界之门（Dii Limini），以确定其行为是否构成犯罪，除了在立法机关的制定法典中寻找。"④

统一刑法典立法模式能够保障法律以明晰的、合乎逻辑的方式编排，将相同的主题体系化地排列在一起。⑤ 所有法典的最高功能是助力于法律秩序的体系建构。法典能够为司法适用法律提供方向和稳定性，有助于克服规则的混乱性、不确定性、矛盾性，并通过一致的规则、概念和制度形成合理性和连贯性。⑥ 1997 年《刑法》修订以来的实践表明，刑法典模式能够确保立法的权威性和稳定性，限定处罚范围，保持刑罚均衡性。

---

① 参见赵秉志、袁彬：《当代中国刑法立法模式的演进与选择》，载《法治现代化研究》2021 年第 6 期。

② 刘兆兴：《比较法视野下的法典编纂与解法典化》，载《环球法律评论》2008 年第 1 期。

③ 参见李龙主编：《法理学》，湖北：武汉大学出版社 2011 年版，第 156 页。

④ ［美］莫顿·霍维茨：《美国法的变迁：1780—1860》，谢鸿飞译，北京：中国政法大学出版社 2019 年版，第 24 页。

⑤ 参见［美］威廉·B. 埃瓦尔德：《比较法哲学》，于庆生、郭宪功译，北京：中国法制出版社 2016 年版，第 220 页。

⑥ 参见［德］沃尔夫冈·卡尔：《法典化理念与特别法发展之间的行政程序法》，马立群译，载《南大法学》2021 年第 2 期。

这也说明维持刑法典的统一性在当下中国是有必要的。

当然，统一刑法典模式不排除制定单行刑法以及大量刑法修正案。由全国人大常委会采用修正案的方式增设罪名和增加刑罚种类，从法律规定和法理上看也都具有正当性。① 法典通常难以一步到位地颁布，而应以逐步立法的方式分阶段进行，否则，会给立法者带来巨大的负担。编纂法典不应该使法律陷入固化状态。由于科学技术的飞速发展，法典在整体上和结构上都依赖于其开放性和情势反应能力。在某一领域制定最终的、一劳永逸的规则的观点注定是无法立足的。“如今拥有法典的诸国，在颁布法典之后，依然颁布无数的单行法也是众所周知的。”② 因此，在刑法典之外采用修正案模式对我国现行刑法进行修改、补充是比较好的方式，这既可以保持刑法的相对稳定性，又能够适应社会的发展变化。③

2. 刑法典的应有功能不应被削弱

有学者指出，刑法典（核心刑法）分则所维护的利益，应该是那些对社会来说最重要、最有意义的利益，并且人们还可以从分则条文的排列顺序中，清楚地看出刑法保护价值的大小和范围，与此相应，附属刑法所维护的应该是那些局部的社会利益，或者是与社会一定阶段的政治经济关系相联系、与特定时期的社会政治目标相联系的利益。将大量犯罪置于行政法中的附属刑法立法可能使刑法典的应有功能被削弱，许多本应由刑法典规定的问题，逐渐成了附属刑法的调整对象；保护那些具有普遍意义的新型法益，也成了附属刑法的任务，比如制定关于种族灭绝和黑社会组织等犯罪以及有关水污染和非法收养罪的规定等。“非法典化”的进程带来的后果，不仅仅是刑法典与特别刑法调整范围不清的问题，还会导致各种刑事法律中的具体规定之间越来越不协调，相互重复、互不照应，在这种刑法制度的统一性已经遭到严重破坏的混乱局面中，刑法规范所保护价值的大小，已经无法根据该规范在刑法体系中的地位来加以确认。④

（二）采用附属刑法立法模式在我国面临的诸多现实难题

基于务实的考虑，如果我国制定大量的附属刑法，则会面临很多现实障碍。

1. 需要防范“特别刑法肥大症”的风险

在刑法典之外制定大量附属刑法，会导致“特别刑法肥大症”，这一点在我国台湾地区已属共识。⑤ 德国学者认为，基于个别案件而制定越来越多新的犯罪构成要件，会导致刑法“膨胀”⑥。日本学者则指出，在行政刑法（公职选举法、道路交通法的罚则

---

① 参见陈兴良：《刑法修正案的立法方式考察》，载《法商研究》2016 年第 3 期。

② ［日］穗积陈重：《法典论》，李求轶译，北京：商务印书馆 2014 年版，第 21 页。

③ 高铭暄：《20 年来我国刑法立法的回顾与展望》，载于改之主编：《刑法知识的更新与增长——西原春夫教授 90 华诞祝贺文集》，北京：北京大学出版社 2018 年版，第 9 页。

④ 参见［意］杜里奥·帕多瓦尼：《意大利刑法学原理》（注评版），北京：中国人民大学出版社 2009 年版，第 11 页。

⑤ 参见林山田：《刑法通论》（上册），北京：北京大学出版社 2012 年版，第 19 页。

⑥ ［德］米夏埃尔·库比策尔：《德国刑法典修正视野下的刑事政策与刑法科学关系研究》，谭淦译，载《中国应用法学》2019 年第 6 期。

规定)、经济刑法(垄断禁止法、不正当竞争防止法的罚则规定)、劳动刑法(劳动基本法、劳动组合法等的罚则规定),以及其他的狭义特别刑法(轻犯罪法、破坏活动防止法、暴力行为等处罚法等)大量存在的复杂化、流动化的现代社会中,“特别刑法肥大症这一现象非常显著”[①]。因此,在刑法典之外如果采用附属刑法立法模式,今后每制定一个行政法,都一定会有来自方方面面的规定相应犯罪的冲动,立法机关为应对、抑制这些冲动极有可能“疲于奔命”,对这种情况必须有清醒的认识。

这一点,在经济领域表现得最为明显。随着对金融和经济的积极干预,犯罪化趋势明显,由此可能导致行政犯大幅度增加,抑制经济违法行为的经济和行政制裁手段极有可能被弃而不用。“在极为广泛的意义上,所有的近代国家均为干预性国家,因为这些国家都是不间断地通过规范的制定和实施以及通过个案的行政调整来约束、促进或压制社会变化进程,当法律上的控制达到一定的程度和目的时,只有将其称为‘干预性国家’,才是合理的和有意义的。”[②] 附属刑法是见招拆招的行政性调控的“升级版”,动辄规定罪刑规范对于市场经济的发展会起到难以预估的负面影响;不同行政法、经济法中的附属刑法大量增加,最终势必导致特别刑法总量“蔚为壮观”、难以计数,从而步入“特别刑法肥大症”的后尘。而统一刑法典立法模式能够建立一种罪名设置的过滤机制:刑法典能够最大限度地限制处罚范围,保持处罚克制。

2. 需要考虑《治安管理处罚法》对附属刑法立法需求的影响

我国《治安管理处罚法》所处理的大量违法行为,其实就是国外行政犯中的轻罪。因此,我国法律体系的特殊性,使我国在行政法中规定刑法典之外的独立犯罪的立法需求大幅度降低。如果制定出大量附属性质的行政刑法,势必难以处理其与《治安管理处罚法》的关系。有学者指出,在第二次世界大战之后,《德国刑法典》的特色是,“在自由刑与罚金刑的运用中,建立以罚金刑为原则、自由刑为例外的刑事政策”[③]。《德国刑法典》中的犯罪处罚轻,附属刑法的处罚也大多为罚金刑,实践中对大量案件最终并不判处监禁刑。而国外的这些违法行为大多属于我国《治安管理处罚法》的规制范围。如果采用附属刑法立法模式,行政犯与《治安管理处罚法》的关系变得很复杂,最终结局是:要么是附属刑法被架空,要么是《治安管理处罚法》虚置。此时特别需要考虑的是,法典编纂的首要步骤,是彻底研究一个国家的法律秩序,以鉴别和正确表达其原则,并把它们归入一个逻辑严密的体系之中。[④] 在我国已经存在类似于国外的轻犯罪法且其中包含大量行政犯,而现行治安管理处罚体制也仍继续维持的法律秩序之下,再提倡附属刑法立法,一定会给立法和司法增加很多新的困难。

3. 需要充分认识附属刑法本能的重罚冲动

“特别刑法的处罚规定都很重,是为了威吓犯罪而设。不过,经验显示,单靠严刑

---

① [日] 曽根威彦:《刑法各論》(第 4 版),东京:弘文堂 2008 年版,第 1 页。

② [奥] 汉斯·凯尔森等:《德意志公法的历史理论与实践》,王银宏译,北京:法律出版社 2019 年版,第 149 页。

③ 陈惠馨:《德国近代刑法史》,台北:元照出版公司 2014 年版,第 33 页。

④ 参见 [美] 约翰·亨利·梅利曼、[委内瑞拉] 罗格里奥·佩雷斯·佩尔多莫:《大陆法系》(第 3 版),顾培东、吴荻枫译,北京:法律出版社 2021 年版,第 73 页。

峻罚并不能控制犯罪。太严峻的刑罚反而可能产生副作用，例如逼使犯罪人一不做二不休，铤而走险，甚至杀人灭口。”① 制定行政刑法的最大压力是其重刑倾向引发刑罚攀比，我国近四十多年的立法已经揭示了这一点。例如，1979 年《刑法》规定了制造、贩卖、运输毒品罪，1990 年全国人大常委会颁布的综合性法律《关于禁毒的决定》将上述犯罪的法定最高刑从有期徒刑 15 年提高到死刑。类似附属刑法提升法定最高刑的规定还有很多。而附属刑法的法定刑设置“水涨船高”后，势必引发连锁反应，导致整个刑事处罚体系失衡。也就是说，附属刑法往往针对某一专门性质的违法行为设置罪刑规范，带有“特例立法”特色，处罚上限大多提得很高，整体刑罚量必然增加，不同法条之间的法定刑纵向攀比势在难免。这会使得多数普通案件的危害行为负担超过本应承担的刑罚，为了维持特别公正而牺牲了一般公正，法定刑配置的合理性最终受到刑罚攀比现象的极大冲击。② 在我国司法实务中，缓刑判决原本就较少，减刑、假释适用率低，导致处罚偏重。附属刑法膨胀以后，法定刑轻重失度，导致附属刑法的法定刑大多比刑法典中的法定刑更重，最终导致重刑主义泛滥，造成适用上的诸多难题。

关于处罚问题，有学者认为，自然犯与法定犯一体化的立法体例不符合比例原则。③ 但是，笔者认为，由于行政犯几乎都是特例立法，其处罚重是常态，在刑法典之外规定附属刑法才有可能违反比例原则。在我国以往的立法探索中，所设立的大量附属刑法规定也都是在处罚上“做加法”。例如，我国 1987 年《海关法》第 47 条（已修改）规定，以暴力抗拒检查走私货物、物品的，不论数额大小，都是走私罪；企业事业单位、国家机关、社会团体犯走私罪的，由司法机关对其主管人员和直接责任人员依法追究刑事责任。这一规定不仅在附属刑法中创设了单位犯罪，而且规定抗拒缉私的无论数额大小都是走私罪，其处罚的严厉性不言而喻。从域外国家和地区的立法实践看，附属刑法处罚更重，也是处处可见的。例如，我国台湾地区“刑法”中规定了十余个与毒品有关的犯罪，包括制造、贩运鸦片罪，输入烟毒罪等。此外，又在不同时期制定了多个禁烟、禁毒条例，设置了多个唯一死刑的罪名，并于 1998 年将上述条例修正、整合为“毒品危害防制条例”。上述特别刑法的存在，使主刑法的规定成为无可适用的具文，还使得附属刑法饱受是否符合比例原则的质疑。为此，学者呼吁“毒品危害防制条例”的附属刑法规范应当摈弃重刑思想，使之符合比例原则，尤其不能单纯以毒品的等级作为量刑的标准。④ 因此，在行政法中规定的罪名，强调重刑的情形很多，其合宪性疑虑更大。

此外，值得注意的是，行政立法的一大特色是在立法过程中，随着草案审议进程的推进，行政处罚措施可能不断“加码”。例如，我国《生物安全法（草案）》三审稿与二审稿相比，就增加了行政处罚的力度。对此，全国人大宪法和法律委员会的审议结果报告指出：“草案二次审议稿第九章规定了法律责任。有的常委会组成人员、部门、地方

① 林东茂：《刑法总则》，台北：一品文化出版社 2018 年版，第 3 页。

② 参见周光权：《法定刑配置的合理性探讨——刑罚攀比及其抗制》，载《法律科学》1998 年第 4 期。

③ 参见张明楷：《刑事立法模式的宪法考察》，载《法律科学》2020 年第 1 期。

④ 参见张天一：《释字第四七六号解释的遗珠之憾——试论毒品犯罪之相关问题》，载《月旦法学》2003 年第 12 期。

和社会公众建议增加对相应违法行为的处罚，加大处罚力度，明确民事责任，并对境外危害我国生物安全的有关违法行为予以惩治。宪法和法律委员会经研究，建议作以下修改：一是增加对从事生物技术研究、开发活动未遵守国家生物技术研究开发安全管理规范行为的处罚。二是加大处罚力度，提高对从事国家禁止的生物技术研究、开发与应用活动等违法行为的罚款幅度。三是明确违反本法规定，造成人身、财产或者其他损害的，依法承担民事责任。四是增加规定：境外组织或者个人通过运输、邮寄、携带危险生物因子入境或者以其他方式危害我国生物安全的，依法追究法律责任，并可以采取其他必要措施。"① 刑法规范如果也捆绑在行政法中制定，在法律通过的最后一刻提高法定刑，也是大概率事件。所以，不能仅从法理上论证附属行政刑法立法模式合理性的一面，其在中国具体立法实践中可能存在的风险也是要考虑的。

4. 需要考虑附属刑法可能使犯罪之间产生大量交叉、重叠关系

许多学者所期待的理想立法状况是：采用分散型立法模式，对构成要件描述精确，使刑法典及附属刑法中的犯罪的构成要件都能够被明确界定，尽可能减少处罚漏洞，也不至于彼此交叉重叠，准确界分刑罚权和行政权，由此保护法益和体现社会正义。

但是，这样的理想极难实现：立法机关在行政法中增设大量犯罪后，使刑法出现貌似细密周全但叠床架屋、逻辑不周延、各罪之间刑罚不协调的现象，附属刑法立法模式最终加剧了法条关系的复杂程度。② 例如，有的国家或地区在刑法典中规定了诈骗罪，又在附属刑法中规定了电脑诈骗罪、自动付款设备诈欺罪、收费设备诈欺罪等罪名，其不同犯罪之间的法定刑还差异很大，由此带来学者们对于这些犯罪之间究竟是想象竞合还是法条竞合的争论，法律适用也比较混乱。如果在我国采用附属刑法立法模式，类似难题只会有增无减。

此外，由于适用附属刑法必须遵守刑法典总则的规定，由此也会带来适用时的复杂性。例如，我国台湾地区"刑法"第 11 条规定，"本法总则于其他法律有刑罚或保安处分之规定者，亦适用之。但其他法律有特别规定者，不在此限"。这是关于"刑法"总则对于其他刑罚法规之适用的规定。实务中提出的问题是：成年人故意对儿童或少年犯罪，依照"儿童及少年福利法"以及"刑法"第 70 条第 1 项之规定，应加重其刑至二分之一。例如，成年人对儿童实施伤害行为的，应当加重处罚。不过，此时是否需要同时引用"刑法"第 11 条的规定，就成为争议问题。对此的肯定说主张，"刑法"第 11 条是"过桥条款"，引用特别刑法论罪时（包括想象竞合犯的轻罪），如果同时引用"刑法"总则条文，除非所引论罪的特别法已经写明了适用"刑法"总则字样，都必须引用"刑法"第 11 条；加重的规定成为独立罪名，需要引用"刑法"第 11 条。否定说则认为，"刑法"第 11 条的"过桥条款"只有指引功能，没有实际意义；加重处罚的，仍然属于普通伤害罪，并不成为独立罪名。实务研讨的最终结果是采用肯定说。③ 由此可见，认为将附属刑法中的犯罪规定与其所在法典中的行政违法规定相对照，就能够简单

---

① 丛斌：《全国人民代表大会宪法和法律委员会关于〈中华人民共和国生物安全法（草案）〉审议结果的报告》，2020 年 10 月 13 日在第十三届全国人民代表大会常务委员会第二十二次会议上。

② 参见王佩芬：《发票犯罪立法研究》，上海：上海社会科学院出版社 2015 年版，第 296 页。

③ 参见林培仁：《台湾刑法总则实务》，北京：中国检察出版社 2016 年版，第 31 页。

易行地适用附属刑法规定的主张，是把复杂问题简单化了。

相反，在实务上，必须看到附属刑法对于司法的实益很有限，在有的场合，行政法中罪刑规范的存在很可能徒增司法适用的难度。这一点在国外的审判实务中已经显示出来。例如，在日本成为争议问题的是：行为人以谋利为目的，与其他两名同伙共谋后实施走私兴奋剂，将某种粉末物质偷运至日本国内，但该粉末实际上是麻药（而非兴奋剂），此时究竟应该如何适用刑法规范？由于日本对走私兴奋剂、麻药这两种物质的犯罪行为分别规定在不同的行政法中，其中，《取缔麻药法》规定了进口麻药罪，《取缔兴奋剂法》规定了进口兴奋剂罪。行为人基于进口兴奋剂罪的故意，客观上实施了进口麻药罪的行为，就产生了主客观不一致的问题。除此之外，日本海关法还规定了无许可进口罪、进口违禁品罪。麻药属于禁止进口物品（违禁品），而兴奋剂属于限制进口物品（需得到海关关长的许可），相对而言，前者是重罪。被告人出于实施海关法上的无许可进口罪（轻罪）的意思，而实际实施了进口违禁品罪（重罪）的行为，又出现了主客观不一致的问题。

关于《取缔麻药法》的进口麻药罪与《取缔兴奋剂法》的进口兴奋剂罪在上述案例中的适用，日本最高裁判所认为，两罪的构成要件实质上是完全重合的，将麻药误认为是兴奋剂这种错误，并不能排除行为人针对实际发生的结果即进口麻药之罪的故意，最终判定进口麻药罪。在这里，法院认定被告人具有进口麻药的故意。对于日本海关法在本案的适用问题，日本最高裁判所认为，被告人主观上具有实施无许可进口兴奋剂之罪的意思，对于进口所涉物品属于禁止进口物品的麻药这一重罪事实并无认识，因而对于进口属于禁止进口物品的麻药这一点，不存在犯罪故意，不能认定成立该罪，但应该理解为，在两罪的构成要件重合的限度之内，存在相对较轻的无许可进口兴奋剂之罪的故意，应成立该罪，进而判定成立无许可进口罪。在这里，法院又否定了被告人存在进口麻药的故意。

日本最高裁判所根据上述三个行政刑法规定的罪名所作出的判决并无矛盾，但其思考路径很复杂，即由于日本的附属刑法规定“纵横交错”，导致司法上对同一法律事实，必须从不同角度进行法律评价，针对被告人出于谋利的目的将麻药误以为是兴奋剂，偷运至日本国内的行为适用某一个附属刑法确定一个罪名；再针对其未经海关关长许可，将麻药误以为是兴奋剂，偷运至日本的行为适用另外一个附属刑法确定一个罪名，由此分别判定被告人成立《取缔麻药法》上的进口麻药罪，以及《海关法》上的无许可进口罪，然后再根据犯罪竞合的原理处理问题。① 事实上，针对不同毒品的法益侵害行为具有同质性，设置“进口规制药品罪”这样一个概括性的处罚规定，不仅完全可能，而且能够减轻司法认定的难度。② 由此可以认为，附属刑法过多且凌乱，不仅会因为构成要件与刑罚的不当设计而撕裂刑法的整体价值思维，也会使得研究实务焦点问题变得困难，理论上难以为司法实务提供足够指引。

5. 附属刑法规范在立法过程中很难得到充分讨论

在采用附属刑法立法模式的情形下，由于经济法、行政法的目的性都很强，为实现

---

① 参见［日］桥爪隆：《构成要件符合性的界限》，王昭武译，载《苏州大学学报（法学版）》2015年第4期。

② 参见［日］井田良：《講義刑法学・総論》（第2版），东京：有斐閣2018年版，第209页。

有效的规制，立法者对于其中的附属刑法可能不会进行仔细讨论。例如，在美国，联邦和各州在其制定的大量行政法规、经济法规中设置了刑法条款；虽然这些经济管理法律中包含了刑事责任，但人们并不认为这些法律是“刑法”。“相反，这些法律、法规中的刑事条款一直是作为政府的一种工具，用来帮助实现法律所期望达到的管理目的。美国立法者在这些法律上注意的不是为什么要制定刑事条款，也不是刑事手段应当在什么时候使用和不应当在什么时候使用，甚至可以不讨论刑事惩罚应当对谁适用。一般来说，美国国会在讨论这些法律时注意的是违宪的问题。一旦这部经济管理法律符合美国宪法，那么该项法律中的刑事惩罚条款就会被接受了。”①

即便在立法程序特别复杂、立法周期很长的国家，在行政法中也不可能反复讨论那些罪刑规范。在行政法立法过程中，辩论与讨论的重心始终是规制问题，各方表达的利益诉求重心是行政管控。无论立法技术有多高超，立法者的利益平衡能力如何，也无论立法者多么善于听取不同意见，行政法所关注的首要问题一定是效率而非公正。

毋庸讳言，在我国，严格的立法辩论机制还亟待建立和完善，如果采用附属刑法立法模式，罪刑规范也很可能得不到充分讨论。这一点在 20 世纪我国附属刑法立法的探索中已经显现出来。例如，我国 1993 年《产品质量法》（已修改）第 44 条规定，伪造检验数据或者伪造检验结论的，责令更正，可以处以所收检验费一倍以上三倍以下的罚款；情节严重的，吊销营业执照；构成犯罪的，对直接责任人员比照 1979 年《刑法》第 167 条（伪造、变造、盗窃、抢夺、毁灭公文、证件、印章罪）的规定追究刑事责任。再比如，我国 1991 年《烟草专卖法》（已修改）第 38 条规定，倒卖烟草专卖品，构成投机倒把罪的，依法追究刑事责任。该法第 39 条第 2 款规定，买卖本法规定的烟草专卖生产企业许可证、烟草专卖经营许可证等许可证件和准运证的，比照 1979 年《刑法》第 117 条投机倒把罪的规定追究刑事责任。行政法、经济法上所明确规定的犯罪，其所采用的是立法类推的方式，也充分展示出相关罪刑规范并没有经过深入细致的讨论和审议。如果我国今后行政法、经济法立法过程中的辩论和讨论程序改革难以进一步推进，采用附属刑法立法模式，赞成或反对某个罪刑规范的基本观点势必难以充分展开、论证、申辩，附属刑法在整个行政和经济立法中不能成为关注重心，附属刑法的立法质量就会受到质疑；与其如此，还不如维持现行有效的立法模式。

四、结语

过去有观点认为，作为行政刑法规制对象的行政犯和以刑法典中的犯罪为中心的刑法犯在性质上有所区别，应对行政犯和刑法犯适用不同的原则。但现在的多数观点是，行政犯也是犯罪，刑法犯和行政犯的界限未必是清晰的，硬性作出区分也未必有必要。② 罪刑规范的设计，究竟是统一规定在刑法典中，还是允许在刑法典之外制定附属刑法，这在多数时候是立法技术上的问题，对于构成要件本身的解释，通常不会有根本

① 王世洲：《我的一点家当——王世洲刑事法译文集》，北京：中国法制出版社 2006 年版，第 49 页。

② 参见［日］佐伯仁志：《制裁论》，丁胜明译，北京：北京大学出版社 2018 年版，第 8 页。

性影响。

多数大陆法系国家的理念是，由于刑法在法律体系中处于保障法的地位，所以，在商法、经济法、劳动法、税法等法律中，都存在直接规定犯罪的构成要件与法定刑的罪刑规范，其目的是要保障这些法律的实施。虽然我国刑法在很大程度上受大陆法系刑法理念的影响，但我国的文化传统、社会状况等与诸多大陆法系国家不同，在立法模式上有自己的特色也是可能的。确实，“在法的问题上并无真理可言，每个国家依照自己的传统制定制度和规范是适当的”①。在各个行政法、经济法中清晰描述违法行为的构成特征，再将违法行为中情节严重的情形在刑法典中入罪，既能够避免绝对空白罪状，又能够防止刑法先行、行政法滞后的现象的出现，不失为一种值得肯定的刑法立法模式。

我国固然可以仿照很多国家，在大量行政法中规定罪刑条款，但是，在附属刑法立法模式并无绝对优势的前提下，考虑刑法适用的便利性和国情，在我国继续采用统一刑法典立法模式，是具有相对合理性、切实可行的。

① ［法］勒内·达维德：《当代主要法律体系》，漆竹生译，上海：上海译文出版社 1984 年版，第 2 页。

中国刑法学自主知识体系构建中的知识论与方法论

魏　东[*]

在中国特色社会主义法治体系建设已经较为完备，依法治国成为国家治理基本方略，构建中国特色社会主义理论学科体系、学术体系、话语体系等“三大体系”成为学术共识的语境下，中国刑法学自主知识体系的构建问题成为中国刑法学理论界共同关心的重大问题。如果说“自主”主要强调了主体性，那也应该从主体间性和主体自我完善性的视角来看待主体性，而不是自我封闭、自以为是而不顾科学合理性。“知识体系”则是融入了真理认知体系性的知识论与方法论（其可以归属于广义的知识论），通常表现为范畴体系（以及命题体系）的科学合理性。因此，中国刑法学自主知识体系的构建论，应当采取基于中国主体性视角、聚焦于中国刑法学的范畴体系科学合理性来展开。它涉及刑法学的学科体系和学术体系的科学构建和现代化转型、话语体系本土化转换等问题，具体应包括以下四个方面：第一，范畴体系的科学性问题。范畴体系的科学性是由“事物本质”决定的，而不是由其“出生地”决定的，不管它来自国外还是国内、古代还是近现代，都应当以科学主义、理性主义、人文精神来合理审视，盲目排外、崇洋媚外都不对。从话语体系科学性看，它既具有普适性又具有国别性、地方性，但是普适性是最不容忽视的属性。第二，范畴体系的地方性、国别特色性问题。世界范围内迄今为止出现的刑法学基本范畴尽管从科学性看都应当纳入刑法学研究，但是其中有的基本范畴在国外可能并不展开研究。例如社会危害性、刑事责任等概念（基本范畴），而在中国却应当成为重要问题并作为不可或缺的基本范畴加以深入研究，这就涉及范畴体系的地方性、国别特色性问题。第三，范畴体系的语言表达方式问题。刑法学基本范畴中，汉语表达方式的选择部分体现了国别文化、传统文化、语言哲学等内容，尤其需要在研究中国特色刑法解释学的话语体系本土化构建中予以特别考量、系统考量。例如，德日刑法学“追及效”“该当性”等概念（基本范畴），可能需要基于语言论将其转换为更符合汉语表达方式的“溯及力”“符合性”等概念，才更符合中国特色。第四，范畴体系的科学性、国别特色性与语言表达方式的适当兼顾问题。也就是说，中国刑法学自主知识体系构建，应当坚持以范畴体系的科学性构建需要为根本，适当兼顾汉语表达方式、传统文化传承、中国特色社会主义价值理念为必要。因此，应当反对两个极端做法：

[*] 四川大学法学院教授、博士研究生导师。

一是以科学性为借口而否定国别特色性和语言表达方式的适当考量；二是以国别特色性和语言表达方式为借口而背离科学性。

本文重点探讨中国刑法学自主知识体系构建中的知识论和方法论。刑法学理论知识体系，强调的是刑法学知识论及其系统化（体系化）；刑法学方法论，强调的是刑法学理论知识学习和研究的基本方法及其系统化（体系化）。

一、刑法学的知识论

刑法学的知识论，是指刑法学理论知识系统，主要是强调刑法学理论知识体系，可以简称为刑法学知识体系、刑法理论知识体系，基本内容有刑法哲学、刑事政策学（刑法政策学）、刑法规范学（刑法教义学与刑法解释学）三个部分及其理论知识的体系化。其中每个部分都包含有作为本体论、认识论与方法论的刑法理论知识，其突出特点是强调中外刑法理论知识的全面性、整体性和系统化（体系化），因此我们在讨论“刑法学理论知识体系”时，也包含了“刑法学理论知识体系化”的含义。① 周光权教授强调“刑法学上的知识，不能是素材的累积，而必须形成前后连贯的体系”②，强调的正是刑法理论知识体系（化）。

具体而言，刑法学理论知识体系的含义可以从系统论、知识形态论和范畴体系论三个方面来认识。

（一）系统论：作为复杂巨系统的刑法学理论知识体系

运用系统论的“系统认识论型的等级体系”理论和系统分类理论，可以较好地阐释刑法学理论知识体系（化）问题。系统论认为：系统首先可以分为简单系统与巨系统两大类，简单系统可细分为小系统与大系统，巨系统可细分为简单巨系统与复杂巨系统，复杂巨系统还可再细分为一般复杂巨系统与特殊复杂巨系统；“巨系统概念是一个新的认识工具，代表一种新的研究方法”，因为“小系统和大系统只有平凡行为，巨系统可能表现出许多非平凡行为。描述这类系统需要新的概念框架，建立巨系统理论”，“描述大脑、人体、社会、地理环境以至整个宇宙，都需要用巨系统概念”，“一切巨系统都是自组织系统，其行为都是自组织运动”，而“实际复杂巨系统都是开放的，因而开放的复杂巨系统的存在相当普遍”，“这些系统都可以从不同角度划分子系统。原则上讲，与母系统同维的子系统也是开放的复杂巨系统。例如，在社会系统中，经济、政治、文化乃至军事对阵等子系统均为开放的复杂巨系统”③。

根据系统论“系统认识论型的等级体系”理论和系统分类理论，刑法学理论知识体系的实质内涵可以概括为“三学一化”，即刑法哲学、刑事政策学、刑法规范学及其理论知识体系的系统化（一体化），是由三个简单巨系统刑法学理论知识体系——即刑法

① 参见魏东：《刑法知识体系刍论》，载《法治研究》2017年第2期。

② 周光权：《刑法客观主义与方法论》，北京：法律出版社2013年版，第13页。

③ 苗东升：《系统科学精要》，北京：中国人民大学出版社1998年版，第217-227页。

哲学知识体系、刑事政策学知识体系、刑法规范学知识体系——所形成的复杂巨系统刑法学理论知识体系。

例如，作为简单巨系统的刑法哲学知识体系，是指中国刑法哲学知识的体系化、外国刑法哲学知识的体系化以及二者整合后所形成的刑法哲学知识体系简单巨系统。这里强调中外刑法哲学知识的整合，是表明一种立场：中国刑法哲学知识体系在一定历史时期有其“现状”，我们必须在学习掌握中国刑法哲学知识体系现状、借鉴吸纳外国刑法哲学知识体系的基础上，进一步“整合”发展中国刑法哲学知识体系，创新发展更加科学合理的、具有本土特色的中国刑法哲学知识体系简单巨系统。同理，作为简单巨系统的刑事政策学知识体系、作为简单巨系统的刑法规范学知识体系，分别是指中国刑事政策学知识、刑法规范学知识的体系化，外国刑事政策学知识、刑法规范学知识的体系化以及二者整合后所形成的刑事政策学知识体系、刑法规范学知识体系的简单巨系统。

其中，中国刑法规范学知识体系在一定历史时期有其“现状”，我们必须在学习掌握中国刑法规范学知识体系现状、借鉴吸纳外国刑法规范学知识体系的基础上，进一步“整合”发展中国刑法规范学知识体系，创新发展更加科学合理的、具有本土特色的中国刑法规范学知识体系简单巨系统。例如，德日和英美的刑法规范学理论知识体系的引入和本土化研究，极大地推动了当代中国刑法规范学理论研究和创新发展，逐渐形成了更加具有理论丰富性、理论深刻性和理论阐释力的中国刑法规范学（刑法教义学和刑法解释学）。

那么，作为复杂巨系统的刑法学理论知识体系，是指刑法哲学知识体系、刑事政策学知识体系和刑法规范学知识体系三者整合后所形成的刑法学理论知识体系复杂巨系统。中国刑法学理论知识体系复杂巨系统的形成和发展，是以刑法哲学知识体系、刑事政策学知识体系和刑法规范学知识体系三个简单巨系统的发展和整合为基础的，因此，我们必须深刻学习和掌握刑法哲学知识体系、刑事政策学知识体系和刑法规范学知识体系三个简单巨系统。

（二）知识形态论：兼容三种知识形态的刑法学理论知识体系

运用知识形态论，可以较好地阐释刑法学理论知识体系（化）问题。亚里士多德将知识形态分为理论知识（即理论或思辨知识）、实践知识（即实践或行动知识）、制造知识（即制造、制作或技艺知识）三类。那么，按照亚里士多德的知识形态三分法，刑法学理论知识体系所内含的刑法哲学、刑事政策学、刑法规范学（刑法教义学与刑法解释学）可以诠释为以下三种知识形态：刑法哲学属于理论思辨知识，刑事政策学的主要特点属于实践行动知识，刑法教义学（以及刑法解释学）的主要特点则属于制作技艺知识。知识形态论的重要启示意义在于：刑法学理论知识体系的学习研究，要注意结合好理论思辨知识（刑法哲学）、实践行动知识（刑事政策学）、制作技艺知识（刑法教义学与刑法解释学）的学习、研究之间的关系，绝不能顾此失彼。例如，刑法解释学（以及刑法教义学）被誉为一门“解释技艺”的学问，就像亚里士多德主张诗歌是一门“技艺”知识形态一样，强调技艺精湛、思维精细、形式美感、实质人文、人品格局和一定天赋，非常富有启发意义！

（三）范畴体系论：包含完备范畴体系的刑法学理论知识体系

刑法学理论知识体系主要表现为由系列范畴组成的范畴体系以及由系列命题组成的命题体系，因此，刑法学范畴体系和命题体系都十分重要。其中，刑法学范畴体系对于建构刑法学理论知识体系具有奠基作用，将各种具体的刑法学理论知识归属于刑法学范畴体系中的具体范畴（概念），以刑法学范畴体系为纲，可以建构包含完备范畴体系的刑法学理论知识体系，所以这里进行专题讨论。

1. 刑法哲学的范畴体系与知识体系

刑法哲学，包括作为本体论、认识论、方法论的刑法哲学。刑法哲学的主要知识内容有：一是刑法元问题的哲学思考，有的学者主张细分为刑法元问题的哲学思考与神学思考（哲学与神学视角），以及刑法元问题关涉的关系论问题，例如刑法元问题与宗教哲学、科学哲学（社会科学哲学和自然科学哲学）、法律哲学、逻辑哲学、艺术哲学、历史哲学、语言哲学、数字哲学、惩罚哲学、教育哲学等之间的关系论问题。二是刑法元问题关涉的方法论问题。学习、理解和掌握这些刑法哲学问题，应当重点以法理学意义上的法哲学作为知识基础，尤其是要较为全面地学习中国法哲学、西方法哲学的基础理论知识。

法史学界有学者指出，以“诸法合体、以刑为主”来概括中国古代法律体系的基本面貌并不准确，而应当认为，中国古代法律在基本意义上就是一部综合性刑法典，其中蕴含了古代中国刑法哲学思想。例如，中国古代律学，是以注疏法律典籍的规范含义和合理性为主要内容的学问，尽管其中是否存在刑法哲学，乃至是否存在刑法学理论研究存有学术争议，但是，应当承认其中存在着关于刑法的本质、目的、品性等刑法哲学问题的思辨性论述；同时，中国古代刑法文化“一枝独秀”式的特殊法律文化景象，都使得我国刑法学理论研究较之其他部门法学理论研究具有更为深厚的文化基础。可以说，作为部门法哲学的刑法哲学，总体上具有更为深厚的优于其他部门法哲学的传统文化基础。

关于近现代中国刑法哲学理论知识[①]，按照法学界的观察总结，中国近代刑法哲学的开端始于民国时期，转型于新中国刑法学的创立和发展时期，繁荣于 20 世纪 90 年代。新中国成立以来，中国刑法学者在学习和借鉴苏联刑法学的基础上拉开了新中国刑法哲学研究的序幕，从刑法哲学的高度上展开了马克思主义刑法学理论研究。如：将马克思主义阶级斗争学说、主客观相统一原理、质量关系原理、因果关系原理等运用于犯罪现象、犯罪原因、刑法基本原则等方面的刑法哲学研究，为后来中国刑法哲学的反思检讨和深化研究奠定了深厚基础。

20 世纪 90 年代以来，中国刑法哲学研究开始受到了众多刑法学者的特别关注，迅速获得了蓬勃发展，现在已经取得了较为丰硕的成果。陈兴良教授的刑法哲学研究成果，集中体现在刑法哲学原理的系统阐释方面。中国刑法哲学史上标志性的学术事件，是陈兴良教授在 1992 年出版的著作《刑法哲学》。在该书中，陈兴良教授指出：在我国刑法学领域，刑法哲学尚是一块有待开垦的处女地。[②] 陈兴良教授在本书中，在对罪刑

① 参见赵秉志、魏昌东编：《刑法哲学专题整理》，北京：中国人民公安大学出版社 2007 年版，第 6－26 页。

② 参见陈兴良：《刑法哲学》，北京：中国政法大学出版社 1992 年版，导论，第 1 页。

辩证关系进行哲理探索的基础上，构建了以犯罪本质二元论（犯罪的社会危害性与人身危险性之统一）、刑罚目的二元论（刑罚的报应与预防之统一）、罪刑关系二元论（罪刑之间的因果关系与功利关系之统一）为基本命题的刑法哲学体系，对刑法本体问题展开了哲学研讨，获得了广泛学术影响。在《刑法哲学》出版后二十余年的时间里，陈兴良教授始终关注和深化刑法哲学研究，不但出版了《刑法的人性基础》和《刑法的价值构造》，从而完成了其刑法哲学研究的三部曲，而且在其他专著和论文中广泛深入地研究和拓展刑法哲学研究领域，从而进一步巩固了陈兴良教授在刑法学，尤其是刑法哲学领域的引领者地位。赵秉志教授撰写的“中国刑法哲学研究述评”，是目前对中国刑法哲学研究沿革、研究现状分析最全面、最深刻的评论。赵秉志教授对当代中国刑法哲学研究提出了以下四个方面的意见①：（1）刑法哲学本体研究。包括：关于刑法哲学的内涵，有方法说、法理说（刑法法理学）、本原说、综合说；还包括，刑法哲学基本范畴体系研究，形成了“双层范畴体系说”（刑事责任是最上位概念，下位范畴包括犯罪、犯罪人、刑罚、量刑、行刑等），“三范畴体系说”（再细分为“价值—实体—关系范畴体系”与“犯罪—刑罚—罪刑关系范畴体系”）。（2）以刑法为整体的刑法哲学研究。包括刑法价值研究，形成了“三价值说”（公正、谦抑、人道），“二价值说”（公正和功利），“双层价值说”（国家是功利的，社会是公正的）；还包括刑法机能研究（功能研究），提出了刑法机能观（刑法观）和刑法的正功能、负功能、零功能等概念，并提出了“二机能说”（人权保障和社会保护）、“三机能说”（规范机能、保障机能和保护机能）。（3）犯罪论和刑事责任论基本问题的刑法哲学研究。包括：犯罪概念、犯罪观、犯罪本质、犯罪功能、主客观相统一原则、刑法因果关系、刑事责任功能和根据（一根据说与多重根据说）、人身危险性等问题的哲学研究。（4）刑罚论基本问题的刑法哲学研究。包括：刑罚权（刑罚权本质以及制刑权、求刑权、量刑权与行刑权等），刑罚价值（形成有自由、秩序和正义“三价值说”，与秩序与正义“二价值说”之争），刑罚目的（形成有一元目的论与二元目的论之争），刑罚正当性根据（形成有报应刑论、目的刑论与并合主义），刑罚功能与效益（形成有报应的功能、公平与正义的社会功能，威慑、剥夺和矫正的功能等），罪刑均衡、刑罚现代化等刑法哲学问题的研究。

我国著名刑法学者赵秉志教授和陈兴良教授对中国刑法哲学的未来发展方向有所描述。赵秉志教授认为，21 世纪我国刑法哲学应着重解决四个方面的问题：一是促进刑法哲学与注释刑法学的融合；二是促进刑法哲学研究进一步繁荣；三是促进刑法哲学教育的发展；四是正确处理刑法哲学的国际化和本土化之间的关系，发展中国的刑法哲学。② 陈兴良教授则认为，在实定法意义上的刑法哲学研究的基础上，自然法意义上的刑法哲学是将来需要深入研究的一个重大课题。③

那么，应该如何认识和判断我国刑法哲学的未来发展方向呢？笔者认为，我国刑法哲学应借鉴吸纳西方刑法哲学理论知识，由传统刑法哲学向兼容本体论、认识论的刑法

① 参见赵秉志、魏昌东编：《刑法哲学专题整理》，北京：中国人民公安大学出版社 2007 年版，第 38－84 页。

② 参见赵秉志、魏昌东编：《刑法哲学专题整理》，北京：中国人民公安大学出版社 2007 年版，第 82－84 页。

③ 参见陈兴良：《刑法哲学》，北京：中国政法大学出版社 1992 年版，第 682 页。

语言学的方向发展。理由是：西方哲学的发展经历的三部曲，即从古代的本体论（研究什么东西是存在的），发展到近代的认识论（研究怎么认识存在的东西），再到现代语言论（研究在某种语言意义上认识存在）。这个三部曲是人类认识理性的一种真实写照，反映了人类认识理性发展的内在规律，这就是最终应当从本体论走向认识论再走向语言论。现在我国刑法学者深入关注语言学的有张明楷、王政勋等人，应当说尚未引起足够重视。法律语言学上，比较有分量和影响的论著有陈嘉映的《语言哲学》（北京大学出版社 2003 年版）、刘红婴的《法律语言学》（北京大学出版社 2003 年版）和宋北平的《法律语言》（中国政法大学出版社 2012 年版）等。

自陈兴良教授出版《刑法哲学》之后，经过二十余年的发展，当今中国刑法哲学应当说取得了较为丰硕的研究成果，产生了巨大的学术影响。刑法哲学对刑法学科的学术贡献是十分巨大的，其不但为刑法学赢得了知识增量，而且有助于中国刑法学界全面审视和批判吸纳德日刑法和英美刑法的科学合理成分，建设中国特色社会主义刑法学理论，促进中国刑法学的迅速崛起和高速发展，在国际上达到和保持了先进水准。比如：刑法观与解释论、刑法基本原则、犯罪论体系、刑罚论原理等，中国刑法学界都是同时兼容了中国元素和西方元素的“双轨—双语体系”，这是一个好现象。

关于刑法面相的哲学思考，有利于刑法学者和刑法实践者更加理性。“刑法”作为一种“法”，是一种什么面相？刑法学应当是以“刑法”现象为研究对象，但是人类理性并不能真正清晰地认识“刑法”这个研究对象。因为，刑法是一种十分古老的社会现象，应当说它诞生于何时何地、消失于何时何地，我们已经无法进行真正科学的、实证的考察，我们所能做的工作只能是一些说不清有多大把握的推测。刑法千差万别，那么它的应然状态是什么？为什么同样的行为同样的现象，不同的人类群体却有不同的认识和不同的态度，犯罪的规定不一样，刑罚措施和制度规定也不一样（如赌博、吸毒、成年人自愿性行为、重婚等）？这些问题，在相当的程度上其实无法实证，但是我们却必须面对和回答。对此，有的主张用“常识、常理、常情”来解决，有的主张通过刑法政治观来解决，形成了非常丰富的刑法哲学思想。

关于刑法学面相的思考，有利于厘清“刑法学”作为一种“学问”，到底应当是一种什么样的学问的问题。刑法学是一门“科学”，还是一门“哲学”、“人文学”？有人说刑法学是一门科学，但是我们生活中却有许多刑法现象是无法用科学或者科学规律来解释的：科学总是可以进行实证的现象（证成与证伪），而刑法学却无法进行实证。虽然近代史上有实证学派以“实证”为特征，但其实他们仍然无法进行真正的实证研究。哲学家说刑法学是一门哲学，神学家认为刑法应当是一门神学，很有点莫衷一是的味道。以致西方有学者甚至断言：“在法律知识并不算是一种科学的地方的民族是幸福的。”[①] 可见，在刑法学是一门什么性质的“学问”的问题上，总的来说仍然是一个疑问。

更进一步的思考是，刑法学理论体系作为一种理论系统，是一种什么面相？刑法学的理论体系如何建立，理论界也是各有各的看法。有的学者主张将刑法学划分为刑法哲学与刑法科学两类，或者主张将刑法学划分为理论刑法学、解释刑法学（或注释刑法

① 转引自陈忠林：《刑法散得集》，北京：法律出版社 2003 年版，第 162 页。

学）两类；有的学者主张将刑法学划分为刑法哲学、规范刑法学和刑法社会学三类①，或者将刑法学划分为刑法哲学、刑法科学与刑法神学三种②，或者将刑法学划分为刑法哲学、刑法政策学、刑法规范学三类。此外，刑法学知识论体系还有其他很多种分类见解。那么到底应该怎样认识刑法学理论体系？对于这个问题，理论界应当说也是莫衷一是，远没有达成共识。因此，刑法学研究必须广泛运用科学、哲学、神学、语言学、政治学、社会学、经济学、民族学、人类文化学等多种学科知识，进行综合性的、全方位的理论研究，才可能比较合理地解决刑法学理论和实践问题。当然，由于人类理性的极其有限性，我们不能企图圆满解决刑法学中的所有问题，而只能现实地对一些刑法学问题作出相对合理的研究和回答。基于这样一种认识，我倾向于认为，刑法学理论体系在整体上划分为以下三类：一是刑法哲学，以研究人类对于刑法本体问题的“智慧”和“精神安慰”为中心（即在一定意义上包含了有的学者所称的刑法神学的内容在内），以哲学思辨和概念法学研究为重点；二是刑法政治学（刑法政策学与刑法社会学），以研究人类对于刑法本体问题的“善治”为中心（政治在本原意义上就是善治），以刑事政策学研究为重点；三是刑法规范学，以研究人类对于刑法本体问题的“规范”为中心，以刑法规范解释研究为重点。

再如，关于刑法规范学中犯罪论体系的面相，我国有的学者坚持四要件理论体系，有的学者坚持三阶层理论体系（或者二阶层理论体系），有的学者还提出了其他不同的理论体系，到底应当如何看待犯罪论体系问题，均需要进行刑法哲学思考。

2. 刑法规范学的范畴体系与知识体系

可能是由于我国学者都有一种有机融合刑法哲学与刑法规范学研究的思维定式，似乎没有特别区分二者的不同并提出其独具特色的基本范畴，因此，前述所列刑法哲学的基本范畴基本上都可以成为刑法规范学的基本范畴。但是，刑法规范学应该还有一些区别于刑法哲学的独特的基本范畴，如规范文本、刑法立法、刑法解释、犯罪构成论（狭义的犯罪论）、共犯论、罪数论、竞合论等，可能就应该成为刑法规范学的基本范畴。同时，在刑法规范学基本范畴之下，还应具体构建具体范畴及其体系化，例如，犯罪论（基本范畴）之下，还有行为定型论、违法论、责任论等具体范畴及其体系化；违法论（具体范畴）之下，还有形式违法性、实质违法性、违法阻却事由（正当防卫与紧急避险等）等子范畴。再如，刑法解释（基本范畴）之下，还有刑法解释价值（原则）、刑法解释功能（任务）、刑法解释类型、刑法解释立场、刑法解释限度、刑法解释主体、刑法解释权、刑法解释对象、刑法解释方法、刑法解释结论等具体范畴；刑法解释价值（具体范畴）之下，还有合法性、合理性、合目的性等子范畴。这些基本范畴、具体范畴、子范畴组成了庞大的范畴体系（简单巨系统与复杂巨系统）。可见，刑法规范学范

---

① 参见陈兴良：《法学：作为一种知识形态的考察——尤其以刑法学为视角》，载陈兴良：《当代中国刑法新境域》，北京：中国政法大学出版社 2002 年版，第 175 - 198 页。

② 刘远教授认为：“对刑事法这样一个世间现象或者实践活动，人类也可以而且必然会分别以哲学的、科学的与神学的方法加以研究，从而分别形成关于刑事法的哲学理论、科学理论与神学理论，我们分别称之为刑事法哲学（哲学刑事法理论）、刑事法科学（刑事法学）与刑事法神学（神学刑事法理论）。”刘远：《刑事法哲学初论》，北京：中国检察出版社 2004 年版，第 18 页。

畴的体系化方法成为刑法学理论知识论的重要方法论，这个问题有待进一步思考和研究。

刑法规范学，又称为规范刑法学，其具体内容包括刑法教义学、刑法解释学两个大的方面。从知识论立场看，国内外刑法规范学知识（含中国与外国及比较）与国际刑法规范学知识、刑法规范的立法学知识与解释学知识（刑法解释学和刑法教义学）等，都可以纳入刑法规范学的范畴。但是应当明确，从理论研究策略和实践重要性看，国内刑法规范学理论知识是重中之重。

为什么要重视刑法规范学、刑法学“规范判断问题”？规范刑法学是最核心、最能综合体现刑法哲学和刑事政策学全方位理论知识精髓的、最直接用于刑法实践的刑法学理论知识，是最能在刑事指控、刑事辩护、刑事审判中显性发挥论证说理作用的理论知识武器和“制作技艺知识”（知识形态论），因而它特别重要。相对来说，我国传统刑法规范学的理论知识整体上较为单薄、浅显、欠缺精细化和体系化，甚至残存较多漏洞，应当尽量借鉴吸纳德日刑法规范学和英美刑法规范学的理论知识进行理论增量和理论深化，建设有中国特色的、适应现代复杂刑法实践需要的刑法规范学，因此，必须高度重视刑法规范学的理论知识体系化，尤其是要特别重视学习、借鉴吸纳德日刑法规范学、刑法教义学的理论知识。可以毫不客气地说，德日刑法教义学理论知识的掌握程度，在相当意义上决定了刑法规范学的理论高度。不熟悉德日刑法教义学理论知识的细节和整体，就不可能是合格的刑法学者。

应当强调刑法规范学要以掌握和创新发展刑法教义学、刑法解释学为核心，将刑法规范学同刑事政策学（以及犯罪学）、刑法立法学等学问适当区分开来，在此基础上构建中国的规范刑法学自主知识体系。

（1）刑法教义学

刑法教义学，是指以刑法立法规范为根据，遵循特定时代的刑法理念和规范逻辑，创设、确立刑法学理论界和司法实践部门多数人所认同的基本概念与命题体系、基本原则与规则体系等刑法理论知识体系的一门学问。需要说明的是，理论界普遍认为刑法教义学难于精准界定，只能描述其基本特征。例如，王世洲教授以刑法信条学概念代替刑法教义学概念，认为：“刑法信条学是关于刑法基础理论的学问。刑法信条学中的基本概念是各种刑法理论都必须讨论的内容，构成了现代刑法学的基本支柱。”“通过分析和总结来认识刑法信条学中的基本概念，不仅有利于降低法治建设的成本，而且有利于加快法治发展的速度。”[①]此外，还有其他许多学者对刑法教义学的概念进行了界定和描述。

总体上看，德日刑法教义学所创设、确立的刑法学基本概念与命题体系、基本原则与规则体系比较成熟，博大精深，许多内容是我国传统刑法学所缺乏的，因此，当下我国刑法学应当重点学习、借鉴、吸纳德日刑法教义学，尽快创设、确立具有中国本土化特色的中国刑法教义学。可以说，如果不熟悉、不借鉴吸纳、甚至拒绝德日刑法教义学，就不可能有真正高品质的中国刑法学（中国刑法教义学）。

① 王世洲：《刑法信条学中的若干基本概念及其理论位置》，载《政法论坛》2011年第1期。

当然，中国刑法学除了要借鉴吸纳德日刑法教义学之外，还应当以开放和发展的态度借鉴吸纳英美刑法学理论知识，兼收并蓄，包容发展，才能更好地发展、创新；但是仍然要强调的是，必须以借鉴吸纳德日刑法教义学为重点、为主体，把学习、研究、借鉴、吸纳德日刑法教义学作为重中之重，中国刑法教义学才能更好地发展、创新。如果不充分熟悉和借鉴吸纳德日刑法教义学，许多刑法学概念、原理都不知道为何物，就谈不上掌握了应有的、最基本的刑法学理论武器，就无法进行应有的、最基本的刑法规范学思考，就缺乏进行刑法学研究的理论基础和基本能力，更谈不上刑法学理论创新，更谈不上科学合理地认识和解决纷繁复杂的刑法问题。

（2）刑法解释学

刑法解释学，是指在刑法原理和刑事政策的指导下，运用诠释学方法，创设、确立对刑法规范进行解释适用所应当遵循的原理、原则、规则和方法等刑法理论知识体系的一门学问。

刑法解释学的极端重要性源于刑法解释本身的重要性，现在也获得了越来越多的中国学者的认同，越来越多的刑法学者都重视刑法解释学的理论研究，越来越多的法律人都重视运用刑法解释学解决刑法理论问题和实践疑难问题，这是我们每一位法律人都要有清醒的认识和认真对待的。可以说，我们每时每刻的刑法理论研究、刑法实践问题研究，都是刑法解释，都涉及刑法解释学，由此可见刑法解释学的极端重要性。但是，如果我们刑法学理论研究人员、刑法实务人员对于刑法解释学的基本原理、解释原则与规则、解释方法甚至基本概念都不熟悉，我们是不可能解释好、处理好刑法问题的。

例如，刑法解释的融贯性与整全解释、回溯性与循环解释、主客观性与主体间性、主观解释与客观解释、形式解释与实质解释、刑法漏洞与解释性填补、解释目标与解释限度等都不知道是什么，对于文义解释、体系解释、历史解释、目的解释、当然解释与反对解释、扩张解释与限缩解释、同类解释与同质解释、合宪性解释与法社会学解释、解释对象与解释结论有效性等基本理论知识都不熟悉，我们就无法有效运用刑法解释学原理和方法来解决好刑法适用问题。因此，只有熟悉、掌握刑法解释学基本原理，我们才能够更好地解决刑法适用问题。

（3）刑法教义学与刑法解释学的关系

刑法教义学与刑法解释学之间的关系是什么？对此，有学者认为，二者关系论应当坚持同质论，即二者均对应于刑法学社科法学方法。

在同质论内部，有的学者主张刑法教义学，另有学者主张刑法解释学。陈兴良教授主张刑法教义学，认为“刑法教义学与刑法解释学具有性质上的相同性。刑法教义学只是与刑事政策学、犯罪学、刑罚学以及刑法沿革学之间具有区隔性，但与刑法解释学则是一词二义而已。因此，并不存在一种刑法解释学之外的刑法教义学。”“不要试图在刑法教义学之外再建立一门刑法解释学”[①]，刑法教义学的核心是刑法解释，刑法教义学属于司法论的范畴而不是立法论的范畴。[②] 张明楷教授主张刑法解释学，认为刑法教义

① 陈兴良：《教义刑法学》（第2版），北京：中国人民大学出版社2014年版，第二版前言，第2-3页。

② 参见陈兴良：《刑法教义学的逻辑方法：形式逻辑与实体逻辑》，载《政法论坛》2017年第5期。

学就是刑法解释学，不要试图在刑法解释学之外再建立一门刑法教义学。[①] 冯军教授也持有同质论观点，他认为："在我国刑事法律体系已经基本建成之后，我国不少刑法学者都把主要精力转向理解刑法、解释刑法，也就是说，从刑事立法学转向了刑法教义学。""一种规范论的刑法教义学，要重视解释者个人的先见，更要重视解释者群体的经验，要让解释结论符合实践理性的要求，使解释结论建立在不可辩驳的法律基础之上。"[②] 可以说，这些论述均坚持了同质论的基本立场。

除同质论外，也有学者主张刑法教义学与刑法解释学之间的关系不能简单地以同质论来概括，而认为二者之间具有一定差异。如车浩教授认为，刑法教义学是当代中国刑法理论发展的方向，"刑法教义学与刑法注释学的区分，关乎学术方向，绝非无足轻重的概念游戏。注释研究的前提，是存在作为注释对象的法条文本。以往的刑法注释学，与狭义上的刑法解释学的意义接近，即以特定的文字作为解释对象，进而完成妥当解释的任务。这种研究的理想状态，主要是文义解释、历史解释、体系解释和目的解释等几种解释方法的娴熟且适当的运用。但是，刑法解释方法，只是法学方法论中的一部分；通过具体解释来寻求刑法条文本意，这也只是法教义学工作的一部分。"[③] 因此，"综上可知，从刑法注释学（或狭义上的刑法解释学）向刑法教义学的转变，在方法论层面上，意味着超越法条注释，创造法理概念，从而丰富法之形态，拓展法之范围。在研究方法上，法教义学以法律文本为出发点，它包括狭义上的解释，但是不止于解释。"[④]

笔者认为，作为刑法学方法论的刑法教义学和刑法解释学二者之间具有同质性，应当坚持宏观同质论、微观差别论，这种观点可以概括为"同质互补论"。一方面，可以将刑法解释学作为刑法教义学的重要组成部分，亦即刑法解释学本身也应当追求刑法解释学教义化，刑法解释学教义化是刑法学教义化的应然内容之一，在此意义上，狭义的刑法解释学是刑法教义学的分支学科（因为刑法解释学本身也需要教义学化），广义的刑法解释学实质上就是刑法教义学。另一方面，也可以将刑法教义学作为刑法解释学的重要组成部分，亦即，刑法解释学本身可以将刑法教义学原理作为法规范内的论理解释方法，以此获得刑法解释结论合理性（即不违背刑法教义学原理），与此相对应，刑法解释学还将文义解释方法和刑事政策解释方法作为与刑法论理解释方法相并列的刑法解释方法。应当说，（狭义的）刑法教义学和（狭义的）刑法解释学的共同内核是确定刑法规范原理和诠释规则及其教义化，为特定时代的刑事法治理性划定共同信仰、基本原理和诠释规则。

因此，规范刑法学要融合好刑法立法论与刑法解释论两个面向，要处理好面向立法完善的刑法学研究（刑法立法原理）与面向司法公正的刑法学研究（刑法解释原理）之间的关系，不得顾此失彼，而要兼顾好立法正义与司法正义两个侧面。在司法实践中，刑法规范学的主体内容应当限定为面向司法公正的刑法教义学与刑法解释学，强化其为司法实践服务的实践品性。相应地，在刑法学理论研究中，应当适当注意突出刑法解释

① 参见张明楷：《也论刑法教义学的立场——与冯军教授商榷》，载《中外法学》2014 年第 2 期。

② 冯军：《刑法教义学的立场和方法》，载《中外法学》2014 年第 1 期。

③ 车浩：《刑法理论的教义学转向》，载《检察日报》2018 年 6 月 7 日第 3 版。

④ 车浩：《理解当代中国刑法教义学》，载《中外法学》2017 年第 6 期。

学和刑法教义学的特点，以增强刑法学理论研究的实践品格。同时也应注意，在当下时代激荡前进的特殊历史时期，刑法立法的修改完善也成为重要任务，因此，刑法立法完善论（即面向立法完善的刑法学）也可能成为重要研究内容，其中需要有意识地调整研究重心和研究方法。

3. 刑事政策学的范畴体系与知识体系

关于刑事政策学的范畴体系，笔者提出了刑事政策学的10个基本范畴：刑事政策、犯罪防控（秩序）、人权保障（自由）、社会发展（效率）、相对公正（公正）、刑事政策客体、刑事政策主体、刑事政策行为、刑事政策环境、刑事政策现代化。

笔者认为，“刑事政策学的范畴体系，除了必然包括作为其基本研究对象的‘刑事政策’范畴与作为其学科建设历史使命的‘刑事政策现代化’两项范畴之外，主要包括刑事政策学的价值范畴系统与刑事政策学的实体范畴系统两个范畴系统，其中，刑事政策学的价值范畴系统具体包括犯罪防控、人权保障、社会发展、相对公正四项范畴，并且这四项价值范畴可以等值对应于法哲学原理中的秩序、自由、效率、公正（突出强调相对性）等语词表达的四项价值范畴；刑事政策学的实体范畴系统具体包括刑事政策客体、刑事政策主体、刑事政策行为、刑事政策环境四项范畴。”① 当然，其他学者还提出了刑事政策学的基本范畴及其范畴体系的学术见解，值得关注。

刑法政策学（刑事政策学），包括作为本体论、认识论、方法论的刑法政策学。主要内容有：刑法的政治学研究（含国际政治）、刑法的社会学研究、刑法的经济学研究、刑法的文化历史学研究。

为什么要重视刑事政策学、刑法学“价值判断问题”？这是因为，刑事政策学具有十分重要的研究价值，刑事政策问题已经引起当今世界各国的广泛关注。刑事政策学研究在西方国家开展得如火如荼之后，自21世纪初以来逐步成为中国刑事法学领域的一门显学，众多中国学者不约而同地关注或者投身于刑事政策学研究。但是笔者注意到：我国学术界针对刑事政策学的研究价值、研究对象与学科体系建构等重大基础性理论问题，尚缺乏深入研究，更没有取得一致见解。这种理论研究现状严重地制约了刑事政策学的体系性发展，也妨害了刑事政策理论和实践的科学现代化，从而凸显出展开刑事政策学基础理论问题研究的重要性和紧迫性，也极大地影响了我国刑法学研究。例如，当前我国学术界普遍认为，刑法和刑事诉讼法的目的任务“首先是惩罚犯罪、打击犯罪，其次才是保护人民”，其实这种理解可能并不恰当：因为惩罚犯罪打击犯罪本身可能并不需要刑法和刑事诉讼法，限定打击犯罪的具体范围和程序、保障人权才需要刑法和刑事诉讼法。这些见解应当说，都与刑事政策原理及其当代发展趋势的认识理解有关。所以，刑事政策学对于刑法研究十分重要！

刑事政策学研究所具有的重大理论价值和实践意义在于：从学科体系层面上看，刑事政策学研究具有重要的指导地位（灵魂论与精髓论）；从我国犯罪防控实践层面上看，刑事政策在我国一直占据着核心的、统帅的地位（核心论与统帅论）。总体上，我国长期以来在犯罪防控问题上超乎寻常地重视刑事政策的应用，尤其是在刑事立法和刑事司

① 魏东：《刑事政策原理》，北京：中国社会科学出版社2015年版，第11页。

法活动中刑事政策都起着十分重要的作用，占据着十分重要的地位，如“严打”政策、宽严相济刑事政策等。这种实然状况，与我国理论上对刑事政策研究十分薄弱的理论现状很不协调，形成了巨大的反差，导致了现实生活实践中大量破坏法治、侵犯人权事件的发生，严重破坏了基本的社会公正，从而在根本意义上不利于我国整个法治、社会和国家的进步发展。

因此，为了更加理性且有效地实践犯罪防控和刑事法治，我国要顺应世界潮流，加强刑事政策理论研究。我们刑事审判法官应当关心国家刑事政策的发展变化，主动运用刑事政策学原理研究刑法问题。

刑事政策学的研究对象在基本层面上可以明确限定为同犯罪防控相关的所有社会公共政策，既包括刑法手段，也包括非刑法手段。可见，防控犯罪是刑事政策最明显的个性价值追求。但是，刑事政策的防控犯罪价值追求必须限定在谋求“公正合理的人类福祉”的界限范围内，因为，刑事政策是社会公共政策的有机组成部分。作为整体的社会公共政策，其共性目标价值可以定位于相对公正的人类福祉，即相对公正理性、人权保障和社会有序发展。从正当性、合理性和合法性根据而言，刑事政策的个性价值必须完全契合社会公共政策的共性价值，即刑事政策的个性价值必须受到社会公共政策的共性价值的限制和约束，在根本上不能突破社会公共政策的共性价值界限。直白地讲就是：犯罪防控价值不能侵犯人权保障、不能妨害社会有序发展、不能破坏社会公正！犯罪防控不能无所顾忌，而应有所顾忌！

因为，我们大家都知道，犯罪防控与人权保障、社会发展、社会公正这四个价值目标之间经常性地存在冲突。其中最突出、最典型的冲突表现在犯罪防控与人权保障两个价值目标之间：过分偏重犯罪防控价值，就可能严重侵犯人权保障价值；反之，过分偏重人权保障价值，必然会严重妨害犯罪防控价值！这样，就涉及十分重大的价值权衡、价值取向问题，即刑事政策的价值理念。

价值理念与价值取向问题，在根本上就是指针对具有矛盾和冲突的多种价值目标，如何处理它们之间的关系和如何实现它们之间的整合与有机统一问题。我认为，随着人类社会的进步和政治文明的发展，可以将现代刑事政策的基本价值取向（即价值理念）总体上简要地概括为现代刑事政策的谦抑宽容价值理念，其具体内容为“三大一小”理念，即：最大限度地保障人权、最大限度地促进社会发展、最大限度地体现相对公正、最小限度地维持秩序（必要秩序）应当成为现代刑事政策的基本品格和基本理念。即：这种现代刑事政策理念应当强调“人权保障至上”，反对“犯罪防控至上”；强调“公正至上”，反对“效率至上”。

这种现代刑事政策理念对于刑法研究具有重大影响。从刑事政策原理来看，刑事政策与刑事法律的关系可以从三个层面上进行概括：一是在价值取向上，刑事政策与刑事法律是指导与被指导的关系；二是在对策系统上，刑事政策与刑事法律是整合与被整合的关系；三是在具体措施上，刑事政策与刑事法律是校正与被校正的关系。例如，在现行罪刑法定原则所确认的刑事政策精神下，刑事政策与刑事法律二者之间在犯罪防控的具体措施上所具有的这种校正与被校正的关系具有相当的特殊性，这种特殊性可能表现为一种“单向校正”，即只能表现为一种情形：当现行刑事法律规定为犯罪的行为在实质上不符合特定刑事政策精神时（如不具有社会危害性或者不利于保障人权），就可以根据刑事政策精神对该行为不作犯罪追究；而不能相反。如果现行刑事法律没有规定为犯罪的行为但是在实质上具有社会危害性，则对该行为不应当追究刑事责任，这既是罪刑法定原则所确认的特定刑事政策精神的基本要求，也是刑法安定性的基本要求。

二、刑法学方法论

关于刑法的研究方法问题，理论界已经有一些比较成熟的看法，比如理论联系实际、对照总论各论原理、解释刑法总则分则条文、比较研究、实证分析等方法，应当说都是十分重要的研究方法。中国刑法学者的“方法论觉醒”，近年来取得了巨大成就。例如，赵秉志教授强调要注重刑法基本原理、刑法立法完善与刑法解释相结合、定性与定量研究相结合、思辨研究与实现正研究相结合、刑法规范学与刑事政策学和国际刑法学的综合研究等方法，同时强调刑法学研究不能照搬一般法学研究方法[①]，在刑法整体论、刑法总论与刑法各论取得全方位的巨大成就。张明楷教授主张研究刑法学应以辩证唯物主义与历史唯物主义为根本法，要运用历史的、发展的观点和理论联系实际的方法研究刑法，要综合运用注释研究法、哲学研究法、历史研究法、比较研究法、社会学研究法、案例研究法等具体方法研究刑法；特别强调刑法基本原理与刑法解释学的研究方法，反对动辄指责刑法立法漏洞的研究立场[②]，在刑法基础理论尤其是在刑法解释论方面取得重大成就。陈兴良教授较多地强调了刑法教义学研究方法，指出：法学知识是鱼，法学方法是渔，授人以鱼不如授人以渔，认为“在某种意义上可以说，刑法总论，尤其是犯罪论，实质上就是刑法方法的载体；刑法各论则是将刑法方法运用于各罪的一种应用型训练”；陈兴良教授具体分析研讨了刑法学研究方法论中三组关系：立法论的思考与司法论的思考、体系性的思考与问题性的思考、类型性的思考与个别性的思考。[③] 周光权教授主张刑法客观主义方法论，“刑法客观主义是基本立场，也是方法论”，“必须先客观后主观”，“尽可能将传统上对主观要素的判断还原为对客观要素的判断”；重视刑法解释和“刑法解释方法的多元化”，认为“刑法解释是方法论中的重要内容”；重视体系性思考、类型性方法、价值判断（实质主义刑法观）；强调中国刑法研究如欲达到相当的高度，就必须借鉴而非拒斥欧陆刑法理论，不能人为区分何种理论是“中国刑法学”、何种理论是“外国刑法学”“比较刑法学”，其实所有的理论，只要能够说得通，都是“中国刑法学”[④]。曾粤兴教授专题研究了“刑法学研究方法的一般理论”，将刑法学方法的选用区分为四种语境并予以具体研讨：一是法律文本注释的研究方法，包括传统的刑法注释方法与当代的刑法注释方法；二是立法建议的研究方法，包括实证分析、经济分析、比较分析、系统分析等方法；三是刑法案例的研究方法，包括语境解释、法意解释、目的解释、补正解释（黄金规则）、当然解释等诸种方法；四是基础理

① 参见赵秉志：《刑法基本问题》，北京：北京大学出版社 2010 年版，第 405 - 441 页。

② 参见张明楷：《刑法学》（第 4 版），北京：法律出版社 2011 年版，绪论，第 13 - 15 页。

③ 参见陈兴良：《教义刑法学》（第 2 版），北京：中国人民大学出版社 2014 年版，第 1 - 28 页。

④ 周光权：《刑法客观主义与方法论》，北京：法律出版社 2013 年版，第 8 - 21 页。

论的研究方法，包括历史分析、实证分析、当然解释和体系解释（语境解释）、综述方法等。[①]我国还有许多刑法学者专题研究了刑法学方法论问题，可以说是不胜枚举。

（一）借鉴吸纳法理学方法论，特别强调科学主义与人文主义的综合立场

在讨论刑法学方法论具体问题时，必须首先强调并借鉴吸纳法理学方法论指引。主要内容可以概括为以下三点。

1. 兼顾好哲学方法和一般科学方法论的指导与法学专门技术方法的具体运用

法学方法论是由各种法学方法组成的一个整体的法学方法体系以及对这一法学方法体系的理论阐释。法理学认为，“法学方法论作为法哲学、社会实证法学和实体法有机结合理论体系的方法论，不限于法学中专有的技术性方法，还必须接受哲学方法的指导和一般科学方法论的指导”；因此，“在具体运用过程中，必须反对两种倾向：一是用哲学方法论取代法学中专门技术方法论；二是否认哲学方法论对法学的指导作用，片面强调专门技术方法，割裂两者之间的内在联系。”[②]

2. 特别强调法学方法论体系中科学主义与人文主义的综合立场

法理学上还提出了法学方法论体系的科学主义（经验主义或者实证主义）与人文主义（理性主义）的二元论命题，法学方法论中存在科学主义与人文主义二元论之争。方法论中的科学主义，倾向认为法学要想成为一门科学就必须使法学理论揭示的内容具有客观性；方法论中的人文主义，主张应以人文研究为标准来规范社会科学研究。

正是科学主义与人文主义的对立构成了法学方法论中的二元论。这种二元论是以一系列悖论的形式表现出来的：（1）从本体论角度上看，有两个相反的命题：一是法律发展过程是客观的；一是法律发展过程是主观的（是人们有意识活动的过程）。（2）从认识论意义上看，也存在着两个相反的命题：以法律事实为对象的法学研究信奉“价值中立”观；法学是反映不同社会群体的价值的科学，不存在“价值中立性”判断。（3）从法学研究目标来看，也存在相反的命题：法学应追求精确性；法学不必精确化。[③]因此，法理学上主导观点是主张法学方法论体系中科学主义与人文主义的综合立场。

3. 整合运用现代法学方法论和传统法学方法论

现代社会主要的法学方法论，有马克思主义法哲学方法论、价值判断的法学方法论、分析实证主义法学方法论、社会实证法学方法论、历史法学方法论、经济分析法学方法论、比较的法学方法论、现代自然科学的法学方法论等多种。其中，现代自然科学的方法论大致有控制论、系统论、信息论的法学方法论，博弈论的法学方法论，模糊论的法学方法论，耗散结构论、协同论、突变论的法学方法论，生物科学的法学方法论（如各种社会达尔文主义与有关“组织移植”理论的运用）等。

（二）刑法经验主义研究方法与刑法理性主义研究方法

刑法经验主义研究方法强调经验归纳、实证素材、科学分析，而刑法理性主义研究

---

① 参见曾粤兴：《刑法学方法的一般理论》，北京：人民出版社2005年版，第226－275页

② 吕世伦、文正邦主编：《法哲学论》，北京：中国人民大学出版社1999年版，第615页。

③ 参见吕世伦、文正邦主编：《法哲学论》，北京：中国人民大学出版社1999年版，第616－621页。

方法强调理性判断、人文追求（态度）、逻辑演绎。应当说，刑法经验主义与理性主义相结合的研究方法，就是法学方法论体系中科学主义与人文主义的综合立场的具体展开和刑法学运用，与我们通常所说的法理论证与实证分析相结合的研究方法是完全一致的。

因此，应当强调法理论证与实证分析相结合的研究方法。如果仅有法理论证，则可能仅仅流于概念逻辑的演算分析，往往缺乏实践厚重感和可信度，这是实证主义学者所反复批评的现象；如果仅有实证分析，则也可能仅仅流于一些数字游戏的演算分析，容易造成缺乏法理厚重感和品味，甚至还可能得出一些错误的或者不当的结论。只有将这两种研究方法有机结合起来，才可能撰写出高质量的优秀论文。有必要特别强调：在刑法研究中，尤其不能忽视法理正当性与合理性的论证推敲，哪怕是在做实证分析研究也是如此。当我们收集到的实证案例和统计数据出现两种相互矛盾的解释结论或者其中明显存在错误的解释结论时，这时应当注意展开有理有据的、建设性的批评甚至批判，然后再进行解释性建构（建构合乎法治理性的解释结论）。如果不注意批判性地展开实证研究，就可能有失实证分析理性，甚至会得出错误结论。因此，研究者需要时刻警惕并防范简单粗糙的实证分析可能存在的一些缺陷与弊端。

我国学者张卫平和美国学者弗兰克·费希尔都注意到实证分析方法可能出现的缺陷与弊端。例如，张卫平指出，实证分析方法由于涉及作为研究主体的“人”的价值立场问题，以及“实际上又必须承认，调查分析者的主观认识、价值都对调查结果有重大影响，不仅反映在诸如问卷调查的设计方面，而且也反映在调查对象的选择上，也包括人为地对调查数据的取舍、修饰等主观行为”，且“当前有不少文章只是把实证分析作为一种讨巧的方法，把实证调查的数据作为文章的装饰，许多数据的获得是相当随意的。在研究中，实证分析所存在的问题是，实证调查很难复查，由此很难确定调查的真实性，完全以调查者的诚信作保障。在当前浮躁的学术生态环境中，调查者的学术忠诚度是很难把握的。就如人们所言，数字不会说谎，但说谎者在使用数字”，“这是实证调查的局限性所致”。因此，我们必须认识到，“实证分析的消极方面主要在于，容易使人们消极、被动地承认现实的合理性，而不是以应然的、价值要求的，以法的基本原理为出发点，改革、修正现有制度，从而走向‘现实就是合理的’保守主义的立场。以这种立场出发，则所有的法律构建、法治建设都可能是没有意义的，这对于法治建设和推动社会转型都会造成消极影响。因此，在这一点上我们必须加以注意。实证分析的结果虽然使人保持一种冷静、反省、反思的姿态，但同时也会使人形成缺乏激情、保守、消极、宿命的心理结构，这对于认可社会进步、持社会改造论的人而言是无法认同的。”①

刑法实证主义方法中，要特别重视案例刑法学方法。赵秉志教授指出，“案例分析方法，是理论联系实际的最好途径”，并且“可以增强学习研究者运用刑法理论解决实务问题的能力”②。案例刑法学研究方法，有的学者进一步限定为判例刑法学研究方法，显然，案例刑法学研究方法与判例刑法学研究方法二者之间是有一定区别的。即：前者

---

① 张卫平：《在“有”与“无”之间——法学方法论杂谈》，载《法治研究》2010年第1期。

② 赵秉志主编：《刑法教学案例》，北京：法律出版社2007年版，编写说明，第1页。

并不局限于既有判例的研究，还包括尚未进入法院审判或者尚未出现生效判决的案例研究，甚至可以由研究者直接“编撰”一个非真实的教学案例来展开刑法学理论研究；而后者强调只能是针对真实判例，尤其是已有生效判决的案例展开学术研究，反对研究者在真实判例之外“编撰”教学案例的做法。研究者可以根据自己研究问题的需要，灵活采用案例刑法学研究方法或者判例刑法学研究方法，只要有利于研究论述所涉刑法学论题的需要即可。案例刑法学研究方法在基本属性上是“刑法学”研究方法，必须以运用和研讨刑法学原理为己任，同时强调个案刑法解释与案例研究方法论特色，其尽管没有强调“整体刑法学”原理论述上的体系性和周全性，但是必须尽力突出“个案”和“类型性案件”法理阐释的理论深刻性、贯通性和语境性，尽力彰显相关法学领域理论研究的方法论意识及其创新发展的方向性指引，而且后者恰恰更能体现出“案例刑法学”研究方法的突出特点，有利于弥补其他研究方法之不足，有利于有效培育和提升法律学人的法律实践能力，可谓价值巨大。因此总体上看，案例刑法学研究方法（或者判例刑法学研究方法）具有总结刑法解释适用经验、催化刑法改革和刑法修订、验证与深化刑法理论的重要作用，运用案例刑法学研究方法研究案例，不能只局限于就事论事地解决“本案判决结果”，而应注意突出强调个案法理阐释的深刻性，这种深刻性主要体现为问题意识的深刻性、法理阐释的深刻性两个方面。

（三）刑法教义学研究方法与刑法社科法学研究方法

刑法教义学，是指以刑法立法规范为根据，遵循特定时代的刑法理念和规范逻辑，创设、确立刑法学理论界和司法实践部门多数人所认同的基本概念与命题体系、基本原则与规则体系等刑法理论知识体系的一门学问。刑法教义学是规范法学意义上的刑法学，主要解决刑法规范的解释适用问题，它与刑法社科法学的关系是规范法学意义上的刑法学与非规范法学意义上的刑法学的关系。虽然可以说刑法教义学是刑法学的主体内容，但是不可忽视刑法社科法学的独特价值及其对于刑法教义学的价值。

刑法社科法学研究更强调社科知识与法学知识的综合运用，包括立法学、犯罪学、政治学、经济学、社会学、统计学、教育学甚至心理学等理论知识的综合运用。

可见，刑法教义学研究方法，主要解决刑法规范的解释适用问题。而刑法社科法学研究方法，更强调社科知识与规范法学知识的综合运用，相对于刑法教义学研究方法而言并不仅局限于规范解释适用的问题。

因此，刑法学研究中，应注意将刑法教义学研究方法与刑法社科法学研究方法结合起来展开深刻研究。大体上可以说，在刑法的立法修订完善论研究中，需要更多地运用刑法社科法学研究方法（以及刑事政策学研究方法）；在刑法解释适用论研究中，需要更多地运用刑法教义学研究方法（以及刑法解释学研究方法）。

需要特别指出的是，在刑法解释适用论研究中，尽管我们强调需要更多地运用刑法教义学研究方法（以及刑法解释学研究方法），但是也应当注意借鉴吸纳刑法社科法学研究方法。因为，刑法的法社会学解释方法本来就是刑法社科法学在刑法教义学（刑法解释学）的具体运用，刑法立法机理的科学阐释有助于刑法教义学（刑法解释学）对相关法条规范的正确理解和适用。

（四）刑法解释学研究方法与刑法立法学研究方法

刑法解释学研究方法与刑法立法学研究方法，在相当意义上就是对刑法教义学研究方法与刑法社科法学研究方法的进一步具体化展开。因为，刑法解释学研究方法的重要内容是刑法教义学研究方法（宏观同质论），刑法立法学研究方法的重要内容就是刑法社科法学研究方法（以及刑事政策学研究方法）。

刑法解释学研究方法，核心在于规范化运用刑法教义学和刑法解释学的原理、原则、规则、解释方法等具体内容，同时也要借鉴吸纳刑法社科法学研究方法和刑事政策学原理等内容，求证刑法解释适用的合法性、合理性、合目的性的有机统一，实现刑法解释结论的有效性。

刑法立法学研究方法，核心在于大量运用刑事政策原理、社科法学原理、刑事立法学原理、规范法学原理进行综合性学术研讨，论证刑法立法机理的科学合理性，其突出特点是侧重刑法立法规范完善的刑法社科法学研究方法。

应当注意，刑法解释学研究方法中通常需要借鉴吸纳刑法立法学研究方法，因为刑法立法学对刑法立法机理的科学阐释有助于刑法解释学对相关法条规范的正确理解和适用，刑法立法学研究方法对刑法解释学研究具有特殊价值。

（五）建构性研究方法与解构性研究方法

建构性研究方法（尤其是体系性建构方法）、正面立论证成方法（尤其是体系性证成方法）、建设性研究方法，通常表达的是相同或者相通的含义；相应地，解构性研究方法、批驳性研究方法、问题性研究方法，通常表达的也是相同或者相通的含义。由此可见，建构性研究方法与解构性研究方法、正面立论证成方法与反面批驳性研究方法、建设性研究方法与问题性研究方法，是三对较为常见的研究方法。

建构性、建设性和正面立论证成研究是最终目的，但是解构性、问题性和批驳性研究是基础，二者之间是相反相成的关系，其最佳状态是解构性研究基础上的建构性研究、问题性研究基础上的建设性研究、批驳性研究基础上的正面立论证成研究，为刑法理论和实践的完善提出了建设性的新创见。

（六）综合的方法与折中的方法

综合与折中，核心在承认各种研究方法本身的相对合理性的基础上，主张适当权衡各种研究方法的利弊得失并加以综合运用、折中分析，力求得出更为周全合理的结论；其显著特点在于反对“片面的深刻”。笔者主张在深入研究“片面的深刻”和警惕“中庸陷阱”的前提下，应恰当采用综合和折中的研究方法，尤其要特别重视综合运用非刑事法学原理的研究方法、系统化论证与精细化推敲相结合的研究方法。

1. 强调综合运用非刑事法原理的研究方法，反对背离整体法理的研究方法

刑事审判中涉及最多的内容，是罪名问题、定罪量刑问题。在定罪量刑中，不但涉及刑法哲学原理、刑事政策学原理等宏观理论问题，而且经常性地涉及民事法学原理、行政法学原理、宪法学原理等各部门法原理问题。从理论上讲，这是由于刑法是其他各个部门法的保障法、补充法所导致的；从实务角度讲，这是因为对任何一个罪名的定罪量刑都需要借助其他部门法知识和规范。尤其是经济犯罪问题，“两次违法理论”的解读，更是须臾离不开各部门法原理，从主体条件的认定开始，到客观行为的法律性质认定，都离不开其他部门法。

2. 系统化论证与精细化推敲相结合的研究方法

这种方法既强调刑法学术研究的整体考虑（系统化论证），又强调具体论题的深刻性思考（精细化推敲），应特别注意以下几点。

第一，在结论观点上必须做到理性创新，切实处理好刑事法治理性与理论创新之间的关系。这里的“理性创新”，强调了“创新”（理论创新）和“理性”（刑事法治理性）两个方面，不能顾此失彼。理论创新，就是要求结论观点应当是原创性的、有新意和启发性的，不能是对已有结论观点的简单重复。凡是结论上、论证方法上、归纳总结上等任一方面均无新意的，就不宜写作。刑事法治理性，就是强调在结论观点上必须做到契合刑事法治理性立场，注意刑法理性不同于民法原理与行政法原理的特殊性。

第二，在论证方法上必须做到精致丰满。这种精致丰满，有待于刑法教义学原理的丰富发展。应当承认，我国传统刑法学尽管也有刑法教义学的基本特点，但是总体上看其理论含量不高甚至在相当程度上还存在理论缺失现象，如有的刑法实践问题根本就没有相应的理论解决方案，这种现状应是理论知识体系化不够，理论阐释力不足所致。对此问题的解决办法，笔者认为应当大量学习、研究、借鉴德日刑法理论和英美法系国家刑法理论知识，继续借鉴吸纳俄罗斯刑法理论知识，使得我国刑法学理论知识体系呈现兼收并蓄、开放包容的特色，强化刑法理论知识体系化建设和本土化铸造，尽力锻铸具有中国特色的、先进完备的刑法教义学原理，只有如此才可能真正实现在刑法学论证方法上的精致丰满。

实际上，系统化研究本身也需要精细化展开，否则谈不上真正的系统化（漏洞百出或者粗线条论述即无从谈起系统化）；反过来也一样，精细化研究实际上也是以系统化展开为前提的，否则也谈不上精细化。系统化和精细化，是需要认真处理好的两个方面，缺一不可。

学术开放与刑法教义学

车 浩*

中国刑法学正在经历一个知识转型的时代。它构成了身处这个时代的每一位刑法学者及其作品无法摆脱的约束性条件。这个时代的特征之一，就是在学术大开放的格局下，刑法教义学知识和方法的引入，以及在中国刑法学界的迅速发展。本文从在学术开放的背景下的视角，沿着法教义学的发展轨迹，勾勒刑法教义学在中国的发展轨迹，提供理解当代中国刑法知识转型的线索。

一

中国近代刑法学的发轫，以清末沈家本主持的法律改革为契机。在此以前，中华法系绵延数千年，至公元7世纪《唐律》而达致成熟，此后《宋刑统》《明大诰》《大清律》一脉相传，其律均以刑法内容为主，世称刑律。中国古代以刑律为研究对象，形成了律学，因此，律学是中国古代的刑法学。① 中华法系的刑律制度和律学研究，孵化了丰富的刑法思想并对周边诸国产生深远影响，但其旨趣与抱负，与近代以来发轫于西方的“法律科学”大相径庭。精于条文注疏而疏于理论体系的建构，是律学的总体特点；具有内在逻辑的一般性理论模型，并不是学术追求的目标。在遭遇晚清变法修律与新文化运动的双重冲击之后，中华法系传统中断，律学研究随之覆灭。②

1902年清廷颁诏修法。③ 在晚清至民国期间，中国“以日为师”④，中国近代刑法学由此发端。日本刑法学又深受欧陆刑法学的影响。由是观之，近学日本、远学德国，中

---

* 北京大学法学院教授。

① 参见陈兴良：《刑法学：向死而生》，载《法律科学》2010年第1期。

② 陈兴良教授指出，“律学对语言的依附性的特点，一方面使它具有应用性，另一方面也使它受到律文，甚至语言的桎梏。一旦语言发生重大变更，则律学赖以依存的基础全然丧失，从而导致律学的消亡。而律文与语言的翻天覆地变化，在清末同时出现，此乃我国三千年未有之变局”。陈兴良：《刑法学：向死而生》，载《法律科学》2010年第1期。

③ 1903年清政府成立修订法律馆，沈家本、伍廷芳出任修订法律大臣。

④ 学习形式包括：大规模翻译日本法典和著作，派员到日本学习和考察法制，聘请日本学者为修律顾问。

国近代刑法及刑法学的起始方向，可归入大陆法系国家之列。① 1949 年新中国成立之后，国民党政府的“六法全书”被废除，晚清、民国时期累积起来的“旧法”及其理论，遭到从形式到内容的彻底清算。破旧之后的立新，则走上了一条“以苏为师”的路子。其间立法和法学停滞，未有建树，直到“文化大革命”结束，法制建设得到重视。1979 年《刑法》颁布后，刑法学研究复苏。1982 年，高铭暄教授主编的《刑法学》出版，该书参照苏联刑法学的理论框架，建立起以四要件犯罪构成理论为核心的刑法学体系，为之后各种文献所沿用，成为中国刑法学界的通说。

经过了近二十年的繁荣生衍，以苏联刑法学为基底的中国刑法理论，逐渐显现出知识见底、前行乏力的症状，主要原因是作为理论源头的苏联刑法理论供给不足。陈兴良教授认为，“在苏俄刑法学中，存在以政治话语代替法理判断的缺陷，是一种学术水平较低的刑法学，也是一种教义含量较低的刑法学，不法理论、责任主义、刑罚学说都停留在对法律规定的诠释上，没有达到法理程度”②。此外，相对封闭的学术环境必然会压抑理论创新。尽管刑法规定具有本土性，但是刑法学知识作为一种知识形态，与其他学科的知识一样，不可能长期在封闭的环境中成长。只有海纳百川地吸收各种来源的知识，刑法理论才能避免从最初的生机勃勃走向暮气沉沉。这种局面在 1997 年《刑法》修订，特别是 2000 年之后，发生显著改变：外国刑法知识又一次大规模进入中国，学术开放的格局初步形成。赴国外留学人员逐渐增多，德日刑法著作被大规模翻译引入，中外刑法学术交流日益频繁，一些主题具有浓厚德日理论色彩的学术研讨会陆续召开。在百年之后，中国刑法学重新接续上了民国时期的知识传统。

新时期的学术开放不再担负强国使命，而是基于学术立场对理论优劣比较之后加入引入。在这个意义上说，所谓“终点又回到起点”，不是无奈的回头，而是一种“否定之否定”；所谓“未竟的循环”，也不是简单的重复，而是一种螺旋式的上升。中国刑法学界以未曾有过的开放姿态，快速地吸收着来自世界各国的刑法知识。中国刑法学原本单一的知识结构发生了潜移默化的改变。特别是德日法教义学知识被大量引入，成为中国刑法理论新一轮发展的引擎和动力。

二

法教义学一词源于希腊语中的“Dogma”，“这个概念首先在哲学中使用，然后在（基督的）神学中使用。Dogma 是‘基本确信’、‘信仰规则’的意思，它不是通过理性的证明，而是通过权威的宣言和源自信仰的接受来排除怀疑”③。按照德国学者拉伦茨的说法，法教义学就是法学的同义词：“法教义学可以用来描述一种——以形成某些内容确定的概念、对原则作进一步的填补以及指明个别或多数规范与这些基本概念及原则

① “正是通过民国时期刑法学家的引进、译介和发展大陆法系刑法制度和刑法学说，中国现代刑法学的体系才初步形成，并在许多刑法学基本理论问题的研究上取得了相当的成就。”梁根林、何慧新：《二十世纪的中国刑法学（上）》，载《中外法学》1999 年第 2 期。

② 陈兴良：《刑法学：向死而生》，载《法律科学》2010 年第 1 期。

③ ［德］魏德士：《法理学》，丁晓春、吴越译，北京：法律出版社 2005 年版，第 136 页。

的关系为其主要任务的——活动。透过这种活动发现的语句，其之所以为教条，因为它们也有法律所拥有的——在特定实证法之教义学范围内——不复可质疑的权威性。教义学一语意味着：认识程序必须受到——于此范围内不可再质疑的——法律规定的拘束。"[①] 从引用的拉伦茨这段表述中，至少可以明了两层意思：一方面，法教义学是围绕着概念、法条以及概念与法条之关系展开的研究。它是以尊重现行实定法为前提，在现行法秩序框架之内展开研究。实定法既是法教义学的研究对象，也为法教义学的研究活动划定了边界。按照康德的表述，教义学是"对自身能力未先予批判的纯粹理性的独断过程"，"教义学者从某些未加检验就被当作真实的、先予的前提出发，法律教义学者不问法究竟是什么，法律认识在何种情况下、在何种范围中、以何种方式存在。这不意指法律教义学必然诱使无批判，但即便它是在批判，如对法律规范进行批判性审视，也总是在系统内部论证，并不触及现存的体制"[②]。另一方面，尽管不是出自立法者之手，但是学术研究形成的教义，或者说信条，具有近似于实定法的权威性，受到司法实务部门的重视。从德国的情况来看，"在法学批评的影响下，联邦最高法院的日常判决被改变并不少见。此外，对于待解决的法律问题，最高法院的判决也经常考虑法学界的观点"[③]。那么，法教义学的这种"教义性"或者说近似于立法的约束力，来自何处呢？它不是来自立法权，也不是来自个人权威的命令或良知的规训，而是因为它在逻辑上被包含于其他效力已然被认可的规则之中。"这样形成的一种规则整体，其融合性是其自身的保证。这一过程是一种无穷尽的相互调适、完整化与排除的过程，以便于产生一个自我包容的体系。"[④] 立法者创制了法律规定，学者在法律框架和脉络的基础上，发展出理论和概念，而这些理论和概念与法律之间具有或直接或间接的逻辑关联，与这些理论和概念之间的矛盾，就可能在逻辑上导出与法律相冲突的结果。正是这种逻辑关联性，使理论与法律血肉交融地成为一体。就如同藤蔓缠绕在树木上一样，法教义学与实定法之间形成了一种独特的共生关系，也因而具有了适用于并指导司法实践的正当性和权威性。

各个部门法都形成了自己的教义学。在德国学者看来，刑法学的核心内容就是刑法教义学。[⑤] 在国内刑法学界，陈兴良教授最早正式阐述了"刑法教义学"的概念。在2005年的《刑法教义学方法论》一文中，他将刑法教义学定位为一种方法论，认为它包括刑法解释方法论、犯罪构成方法论、案件事实认定方法论以及刑法论证方法论等。该文章明确提出，"刑法学可以分为不同的理论层次，既包括形而上的刑法哲学研究，

---

① ［德］卡尔·拉伦茨：《法学方法论》，陈爱娥译，北京：商务印书馆2003年版，第107页以下。

② ［德］阿图尔·考夫曼、温弗里德·哈斯默尔主编：《当代法哲学和法律理论导论》，郑永流译，北京：法律出版社2013年版，第4页。

③ ［德］乌尔弗里德·诺伊曼：《法律教义学在德国法文化中的意义》，郑永流译，载郑永流主编：《法哲学与法社会学论丛》（五），北京：中国政法大学出版社2002年版，第16页。

④ ［德］赫尔曼·康特洛维茨：《为法学而斗争 法的定义》，雷磊译，北京：中国法制出版社2011年版，第98页。

⑤ 参见［德］汉斯·海因里希·耶赛克、托马斯·魏根特：《德国刑法教科书》（上），徐久生译，北京：中国法制出版社2017年版，第59页。Vgl. Claus Roxin，Strafrecht Allgemeiner Teil，Band I，4. Aufl. 2006，§7A Rn. 1.

又包括形而下的规范刑法学研究。在规范刑法学研究中，刑法教义学方法论之倡导十分必要。以往我们往往把规范刑法学等同于注释刑法学。实际上，规范刑法学在某种意义更应当是刑法教义学”①。刑法学主要是一门规范科学，对此并无异议。但是如何理解这种规范性研究？上面这段论述区分了两种对规范刑法学的不同理解。以往通常的理解是注释刑法学，而现在要引入一种新的理解即教义刑法学。

这一区分在其后几年间引发了巨大的争议：刑法注释学与刑法教义学之间到底有何区别？与之相关的问题是：刑法教义学与刑法解释学又有何关系？以往国内刑法学界的研究工作，难道不算是一种刑法教义学吗？刑法教义学的说法，是否只是换个新名目而已？董邦俊博士引述德国学者金德豪伊泽尔的观点，认为刑法教义学就是一门关于刑法解释的学问，可以将刑法解释看成一个动态的过程，将刑法教义看成一个静态结果，所以刑法教义学可以被定义为“有条理的科学的刑法解释的结果”②。上述观点并没有刻意区分刑法解释与刑法教义，似乎两者并无本质差异。如果在广义上理解刑法解释，这种观点也有其道理。但是放在中国刑法理论发展的历史语境下，这种观点无助于增进对相关争议的解惑。

现在回头来看，对于中国刑法理论的发展而言，刑法教义学这一概念的引入，以及它与传统的刑法注释学或者狭义上的刑法解释学的区分，并不是无足轻重的概念游戏或标签更新，而是具有重大的学术方向的意义。以往我国刑法理论对刑法规定的研究，主要采用一种注释性的研究方法，而注释研究的前提，是存在作为注释对象的法条文字，因此，这种研究的理想状态，就是文义解释、历史解释、体系解释和目的解释等几种解释方法的娴熟且适当的运用。通常所说的刑法注释学，与狭义上的刑法解释学的意义接近，即以特定的文字作为需要解释的对象，进而完成妥当解释的任务。但是，刑法解释方法，只是法学方法论中的一部分而非全部；通过具体解释来寻求刑法条文本意，也只是法教义学工作的一部分。刑法要想得到正确的理解和适用，需要很多比对个别条文的解释本身更为复杂和基础的理论模型。例如，因果关系与客观归责、间接故意的边界，正犯与共犯的区分，不作为犯的保证人地位，等等，关于这些问题甚至可能在刑法典中找不到相关规定和具体文字，因而不是依靠传统的几种解释方法能做出回答的。于是，由于学者的创造性努力，出现了大量更加复杂的理论模型，它们构成了法教义学中非常重要的一个组成部分。“这种理论和理论模式为现实中出现的具体问题，以及在解决这些问题时应当考虑的具有现实意义的法的价值和原则，能够提供一个充满理性、公正以及实用的答案。在这种情况下得出的答案，不但在各个事实关系中必须确立一个不能相互矛盾的子系统，而且与从其他子系统中得到的答案具有兼容性。”③ 这些更为复杂的、不是由立法者规定而是由学者创造出来的中层理论和概念，是在与法律条文存在一定距离的情况下，利用逻辑力量构建起关联性，进而链接到法律适用中。它们与那些直面法条文字本身的解释工作一起，构成了法教义学的知识内容。

---

① 陈兴良：《刑法教义学方法论》，载《法学研究》2005 年第 2 期。

② 董邦俊：《教义学发展、功能与内涵之刑法学揭示》，载《环球法律评论》2014 年第 4 期。

③ ［德］弗里希：《法教义学对刑法发展的意义》，赵书鸿译，载《比较法研究》2012 年第 1 期。

由此可见，从刑法注释学（或狭义上的刑法解释学）向刑法教义学的转变，表现在方法论层面，就是不仅仅满足于指向具体法律文字的解释方法，而是进一步创造出与法律规定具有法理逻辑相关性的概念，从而扩展法律的形态和范围。

三

法教义学是一种对待法律的态度，也是一种研究法律的方法，还是一个以法律为逻辑起点而形成的知识体系。①

首先，法教义学在现行法秩序的框架之内活动，以对现行法律的尊重为前提，“假定现行法秩序大体看来是合理的”②。法教义学反对摆脱“法律约束”的要求，主张法律（规范）对司法裁判的约束作用③，因而主要是一种解释论而非立法论。“法教义学并不主张批评法律，而是致力于解释法律。通过对法律的解释，使法律容易被理解，甚至可以在一定限度内填补法律的漏洞。法教义学研究并没有丧失研究者的能动性而成为法律的奴仆，而是使法律变得更完善的另一种途径。”④ 对刑法教义学而言，刑法规定既是解释对象，也是解释根据。冯军教授甚至认为，刑法教义学应当将现行刑法视为信仰的来源，“在解释刑法时，不允许以非法律的东西为基础。对刑法教义学者而言，现行刑法就是《圣经》”⑤。

其次，从研究方法的层面来看，法教义学以法律文本为出发点，它包括狭义上的解释，但是不止于解释。在法律没有明文规定之处，它更加依靠学者创造出能够在逻辑上被包含于法律规定之中的概念和理论。法教义学始于对法律概念的逻辑分析，再将这种分析概括成一个体系，还要将这种分析的结果用于司法裁判中的证立。⑥ “它通过与现行法的关联和自己的方法，区别于刑法史学、比较刑法学和刑事政策学。”⑦

再次，法教义学是一个知识体系。它包括法律，但不限于法律。法律是其中的基本框架与脉络，通过法教义学方法，形成一个有血有肉的理论体系。⑧ “刑法教义学是一门对刑法领域中的法律规定和学说理论进行解释、体系化和构建发展的学科。”⑨ 在这个意义上，刑法教义学就是刑法学的代名词，“其基础和界限源自刑法法规，致力于研究法规范的概念、内容和结构，将法律素材编排成一个体系，并试图寻找概念构成和系统学的新的方法”⑩。因此，刑法教义学包括的内容十分广泛，既包括针对刑法规定本

---

① 参见陈兴良：《刑法知识的教义学化》，载《法学研究》2011 年第 6 期。

② ［德］卡尔·拉伦茨：《法学方法论》，陈爱娥译，北京：商务印书馆 2003 年版，第 77 页。

③ 参见雷磊：《法教义学的基本立场》，载《中外法学》2015 年第 1 期。

④ 陈兴良：《刑法知识的教义学化》，载《法学研究》2011 年第 6 期。文章后收录于陈兴良：《刑法的知识转型（学术史）》，北京：中国人民大学出版社 2012 年版，第 2 页以下。

⑤ 冯军：《刑法教义学的立场和方法》，载《中外法学》2014 年第 1 期。

⑥ 参见［德］罗伯特·阿列克西：《法律论证理论——作为法律证立理论的理性论辩理论》，舒国滢译，北京：中国法制出版社 2002 年版，第 314 页。

⑦ Claus Roxin，Strafrecht Allgemeiner Teil，Band Ⅰ，4. Aufl. 2006，§7A Rn. 1.

⑧ 参见陈兴良：《刑法的知识转型（学术史）》，北京：中国人民大学出版社 2012 年版，第 6 页。

⑨ Claus Roxin，Strafrecht Allgemeiner Teil，Band Ⅰ，4. Aufl. 2006，§7A Rn. 1.

⑩ ［德］汉斯·海因里希·耶赛克、托马斯·魏根特：《德国刑法教科书》（上），徐久生译，北京：中国法制出版社 2017 年版，第 59 页。

身的具体解释，也包括围绕刑法构建起来的教义，它们与刑法规定一起，构成了一个有机结合的知识体系。

最后，法教义学有着强烈的实践品格。“作为法律和司法实践的桥梁的刑法教义学，在对司法实践进行批判性检验、比较和总结的基础上，对现行法律进行解释，以便利于法院适当地、逐渐翻新地适用刑法，从而达到在很大程度上实现法安全和法公正。”[①]与法哲学、法史学和比较法学的研究不同，法教义学本身就是围绕着现行的实定法展开和构建起来的，它诞生的使命就是增进对法律的理解，指导司法实践。“如果应遵守法官受法律规则的约束，那也必须为法官提供法律以外的其他具体的法律规则。法律教义学的任务是准备这种法律规则。”[②] 从刑法教义学理论的发展轨迹来看，很多关键概念和重大理论，常常是被一些代表性的判例导引出来的。刑法学者从判例中寻找灵感，构建理论，反过来，这些理论又推动判例的发展。[③] 在此过程中，法官在适用法教义学规则的同时，也将自己的实践智慧和经验总结纳入既存的教义学规则中，促进规则的丰富与发展。[④] 许德风教授甚至认为，“应淡化权力制衡的观念，承认法官造法的权力。不放手允许法官裁量，法教义学无从壮大发展”[⑤]。

四

法教义学的立场、方法以及其知识的实践导向，为评价我国刑法理论的发展，树立了一把知识论上的标尺。只有对法教义学有了深切理解，才会感受到，在学术开放的大门打开之后，域外教义学知识对我国传统刑法理论造成的冲击。回望我国刑法理论的演进过程，这种感受尤其强烈。在 1979 年《刑法》颁布之初，学界主要针对刑法条文进行注释，并在此基础上逐渐展开刑法的理论研究：一方面，确立了以法律解释为中心的研究径路，但另一方面，对法律的解释处在较为浅显的注释性的阶段，尚不能被称为适格的刑法教义学。在 1997 年《刑法》修订之前，学界的主流研究风气是以修改刑法为主题的刑法理论研究。这种研究具有立法论的性质，是以刑法的发展完善为宗旨而不以

---

① ［德］汉斯·海因里希·耶赛克、托马斯·魏根特：《德国刑法教科书》（上），徐久生译，北京：中国法制出版社 2017 年版，第 59 页。

② ［德］乌尔弗里德·诺伊曼：《法律教义学在德国法文化中的意义》，郑永流译，载郑永流主编：《法哲学与法社会学论丛》（五），北京：中国政法大学出版社 2002 年版，第 15 页。

③ 在国外，理论与实践通过判例互动互惠的例子俯拾皆是，众所周知的“癖马案”与期待可能性理论即为适例之一。1879 年，德意志帝国法院第四刑事庭做出了“癖马案”的判决。在这个案件中，马车夫驾驶一匹有以尾绕缰的癖性的马上路，结果导致癖马失控，伤及路人。马车夫曾经提出过更换马匹，但雇主不同意且以解雇相威胁。法院认为，必须考虑到难以期待马车夫不顾自己失业而拒绝使用癖马，因此，不能让被告人（马车夫）承担过失伤害行人的责任。“癖马案”引起了德国刑法学者的广泛关注。该案判决发表之后，梅耶（Mayer）于 1901 年首先提及期待可能性问题；1907 年弗兰克（Frank）在《论责任概念的构成》一文中以“癖马案”为例，启动了期待可能性理论研究的开端。此后，经过格尔德施米特（Goldschmidt）、弗洛登塔尔（Freudenthal）、施米特（Schmidt）等人的不断完善，期待可能性理论逐渐成为规范责任论的核心概念，甚至漂洋过海，得到众多国家的刑法理论和实务的广泛承认。

④ 参见江必新：《司法对法律体系的完善》，载《法学研究》2012 年第 1 期。

⑤ 许德风：《法教义学的应用》，载《中外法学》2013 年第 5 期。

刑法的司法适用为追求。“从 1988 年至 1997 年，在这将近十年的时间内，我国刑法理论都是以刑法修订为中心而展开的。这个时期我国出版的刑法著作和发表的刑法论文大多数都属于立法论方面的研究成果，在这种情况下，刑法教义学在我国刑法学界还没有足够的生长空间。”[①] 直到 1997 年《刑法》修订之后，学界的主流研究范式才开始逐渐从立法论切换到解释论。可以说，刑法教义学在我国的发轫，在 1997 年《刑法》修订后才真正开始。

在此过程中，樊文教授关于罪刑法定原则与社会危害性之冲突的研究[②]，以及陈兴良教授对社会危害性理论进行反思和批判的系列文章[③]，对于确立罪刑法定原则在解释论研究中的基石地位，起到了重要的理论指引作用。这给我国刑法教义学的发展所带来的影响是不可估量的。正如陈兴良教授所指出，刑法教义学的发展程度与罪刑法定原则之间具有密切关联性：其一，罪刑法定原则为刑法教义学发展提供了价值标准。罪刑法定原则彰显的人权保障功能就对刑法教义学具有重大的制约性。它不仅是现代刑法的精髓与灵魂，而且是刑法教义学的内在生命。其二，罪刑法定原则确立了刑法教义学发展的逻辑前提。在罪刑法定原则之下，现行刑法就成为建构刑法教义学的前提，而刑法学术研究就是在此前提下展开的逻辑推理。这就决定了刑法教义学受到现行有效法律的约束，不能随意对实定刑法进行批评，而只能在实定刑法的基础上进行有效解释，从中引申出教义规则。因此，刑法教义学是背靠刑法典而面对司法实践的一种司法论的知识体系，与以批评刑法、完善刑法为宗旨的立法论的知识体系是截然有别的。其三，罪刑法定原则勘定了刑法教义学的知识边界。在罪刑法定原则的制约下，刑法解释受到一定的限制，刑法教义学不能任意地延展，特别是禁止类推解释成为十分重要的限制，也是不可突破的边界。[④] 应当说，上述关于罪刑法定原则与刑法教义学之关系的阐述是十分深刻的。特别是在阶层犯罪论体系之中，对于刑法各论研究而言，对每一个法律条文的解释和适用，都始于构成要件阶层。透过构成要件所追求的一般预防的目的，是以法律的明确规定为前提条件的。因此，刑法教义学在构成要件阶层的展开，始终处于一般预防目的与罪刑法定原则的紧张关系之中。[⑤] 罪刑法定原则通过立法技术被落实为具体明确的法律规定，这为刑法教义学的发展提供了舞台，也设置了舞台的边界。

但是，从现实情况来看，尽管有了发展的舞台条件，但是在 1997 年之后的一段时期内，传统刑法理论仍然徘徊在较低的学术层次上，并没有真正走上刑法教义学之路。这种低水平徘徊，可以分为非教义学化与教义学化程度较低两种情况。所谓非教义学化，是指立法论与解释论混淆，超规范与反逻辑的思维时有发生的情形。而教义学化程

① 陈兴良：《刑法教义学的发展脉络》，载《政治与法律》2017 年第 3 期。

② 参见樊文：《罪刑法定与社会危害性的冲突——兼论新刑法第 13 条关于犯罪的概念》，载《法律科学》1998 年第 1 期。

③ 参见陈兴良：《社会危害性理论：一个反思性检讨》，载《法学研究》2000 年第 1 期；陈兴良：《社会危害性理论：进一步的批判性清理》，载《中国法学》2006 年第 4 期。

④ 参见陈兴良：《刑法教义学的发展脉络》，载《政治与法律》2017 年第 3 期。

⑤ Vgl. Claus Roxin，Strafrecht Allgemeiner Teil，Band I，4. Aufl. 2006，§ 7 Rn. 56.

度较低，是指我国刑法知识缺乏内在统一的理论体系。苏俄的刑法学话语还占有重要的地位，各种刑法知识相互隔阂。无论是刑法总论还是刑法各论，教义学化程度都非常低。[①] 上述论断，分别从与解释论的立场相悖和方法运用不足两个方面，指出了传统刑法理论与法教义学之间的距离。这是在对法教义学有了全面把握之后，以其作为标准来衡量我国刑法理论，进行深度把脉后得出的结论。这一诊断切中了传统刑法理论的弊端。针对这一病灶的良药，就是刑法知识的教义学化。“就我国的刑法知识转型而言，基本路径就是走向教义学的刑法学，即刑法知识的教义学化……如果说，去苏俄化是对我国刑法知识的一种批判性思考，那么，教义学化就是对我国刑法知识的一种建设性思考。”[②]

五

即使有了正确的方向，高楼万丈也不可能凭空而起，在一块缺乏教义学传统的地基上展开建设，需要源源不断的工程材料和切实有效的建造方法。这一切，若完全依靠我国刑法学者自己闭门造车，既不可能也无必要。在这种情况下，广泛地吸收和引进域外，特别是德日已经发展了上百年的教义学知识，符合学术史发展的趋势，成为历史逻辑的必然。在晚近十多年中，刑法学界打开国门，开眼看世界，逐渐形成了学术开放的格局。域外的教义学知识，源源不断地进入国内，甚至“一波还未平息，一波又来侵袭”。原本薄瘠的刑法传统，由此得到了丰厚的滋养。很多研究跳出了传统理论的窠臼，转采大陆法系的学术话语，各种带有浓厚的德日刑法理论气息的作品大量涌现。专著和博士学位论文中使用国外参考文献的比例大幅增加，注释中直接引用日文、德文的期刊论文更是蔚然成风。毫不夸张地说，新一轮的学术开放（上两轮分别是晚清、民国时期引入德日理论和新中国成立之后引入苏俄刑法知识），拯救了已经日暮西山，甚至奄奄一息的刑法学研究，为几乎快要成为“夕阳专业”的刑法学注入了新鲜的气息，带来了青春的活力，将它推上了刑法教义学发展之路。

在当前中国刑法知识转型的过程中，法教义学是不可取代的核心关键词：它在立场上确立了刑法学研究的实定法导向，在方法论上有别于受传统律学研究影响的文字注释性研究，从与实定法的逻辑关联中寻找概念和理论的生存空间。而这些认知，在很大程度上得益于德日教义学知识的引入，后者提供了在体系化和精致化程度上远超苏俄的教义学知识的模板。因此，在学术开放的大背景中，去体会和把握引入域外教义学知识的重大意义，是理解当代中国刑法知识转型的第一重维度。

① 参见陈兴良：《刑法的知识转型（学术史）》，北京：中国人民大学出版社2012年版，第7页。

② 陈兴良：《刑法的知识转型（学术史）》，北京：中国人民大学出版社2012年版，第2页。

刑法教义学科学性与实践性的功能分化*

陈　璇**

一、问题意识与研究思路

在中华人民共和国成立后的七十多年间，我国刑法理论无论是在知识来源、学术话语还是在研究风格方面都发生了沧海桑田式的变化。但不同时代的学者似乎没有争议地一致认为，刑法学科是“科学性”与“实践性”的统一体。

在刑法学奠基和发展的早期，我国刑法理论就将“理论联系实际”确立为具有根本指导意义的研究方法。老一辈刑法学者高铭暄教授强调：“刑法学是一门理论性、实践性都很强的法律学科。”[①] 自20世纪90年代末以来，随着德、日刑法学知识大规模引入，一批青年学者试图运用大陆法系法教义学的研究方法和思考范式对中国刑法理论进行全面的革新和重塑。受到康德哲学的影响，大陆法系的法学理论长期以来都将“体系”看成“科学”的代名词。据此，拥有一套逻辑融贯、条理清晰的理论体系，就成为法学能够跻身科学之列的前提和标志。[②] 被誉为“近代刑法学之父”的费尔巴哈（Feuerbach）认为：“已有的、相互关联的知识整体，只有当它获得了体系性关联的形式时，才能真正算得上是一门科学。”[③] 与此同时，刑法学的实践品格主要体现为其理论的展开以立法和司法中出现的具体问题为导向，评价理论优劣成败的一个关键标准也是看它解决问题的实效如何。所以，刑法学的科学性和实践性之间的关系，在相当程度上可以转化为体系思考和问题思考之间的关系。对此，我国学者大多沿用了罗克辛（Roxin）等

---

* 本文系国家万人计划青年拔尖人才项目、北京市社会科学基金青年学术带头人项目“渎职犯罪的结果归责研究”（项目批准号：21DTR014）的阶段性成果。

** 中国人民大学刑事法律科学研究中心研究员。

① 高铭暄主编：《刑法学原理》（第1卷），北京：中国人民大学出版社1993年版，第16页。

② Vgl. Karl Engisch，Sinn und Tragweite juristischer Systematik，in：ders.，Beiträge zur Rechtstheorie，1984，S. 88.

③ Paul J. A. von Feuerbach，Über Philosophie und Empirie in ihrem Verhältnisse zur positiven Rechtswissenschaft，in：ders.，Narurecht und positives Recht，1993，S. 103f.

德国学者的论述，主张把体系思考和问题思考结合起来。[①]

倘若科学性和实践性、体系思考与问题思考果真能够毫无冲突地和谐共生，那自是两全其美、皆大欢喜。然而，细究起来，至少有两个问题是以往刑法学界所忽略但亟待深入研究的。

1. 实践导向的刑法教义学，在多大程度上能够符合科学性的要求？

科学旨在探寻事物最为本质的规律，而这种规律具有不受主观意志左右、不受地域时空影响的普适性和恒常性。刑法教义学在许多方面欠缺科学所追求的这种普适和恒常性。首先，“在传统上，刑法教义学将现行刑法视为信仰的来源……对刑法教义学者而言，现行刑法就是《圣经》”[②]。可是，现实告诉我们，刑法典毕竟不是真正口含神意、万世不可更张的《圣经》。受到社会发展阶段、人类认识水平以及立法技术等诸多因素的制约，任何一部刑法典都不可避免地包含矛盾、疏漏甚至谬误，任何一部刑法典也都可以经由立法程序进行修改、增删，甚至是加以废止。当作为解释根据的刑法文本本身就容许发生变动，而且事实上也处在不断变动的状态之中时，又怎么能说以它为研究依据的刑法教义学具有恒常性呢？其次，刑法教义学提出的大量具体观点、结论，往往很难具有超越一国法律规定的普适性。例如，对于通过非法操作计算机取得他人财产性利益的行为，若刑法否认财产性利益可以成为盗窃罪的对象，同时又特别规定了计算机诈骗罪，则该行为不构成盗窃罪，而构成计算机诈骗罪；但若刑法认可盗窃罪的对象包含财产性利益，那就可以将该行为定性为盗窃罪。[③] 可见，盗窃罪的不法类型并没有一个恒定的疆域，它的边界取决于一国立法者对取得型财产犯罪的整体设计。

和此相关联的是刑法学的科学性与民族性的关系。正是由于刑法教义学以一国现行刑法为根据解决当地司法实践中的问题，所以它所形成的知识也必然会带有较为鲜明的地方特色。在我国大多数学者看来，这是刑法教义学的应有之义，也是中国刑法教义学具有自主性和独立性的标志，不仅不成为问题，反而值得强化。这似乎已经成为老中青三代刑法学人的普遍共识。[④] 毫无疑问，中国的刑法教义学在素材和表现形式上完全可以也应该有自身的民族特色，因为，任何哲学社会科学的思考，无不需要借助论说者所在地域中人类生存的经验材料，也无不需要以论说者所属民族的话语作为表达的载体。但从实质内容来说，科学的理论应当具有跨越国界的普遍性，完全局限在一国之内而无法普遍适用的知识，大抵只能算是某种具有地方特色的技艺或者经验，无法称得上是科学。中国刑法理论要在世界范围内产生影响力，它所讲述的“中国故事”就不能是专属

① 参见周光权：《刑法学的西方经验与中国现实》，载《政法论坛》2006 年第 2 期；陈兴良：《体系性的思考与问题性的思考》，载《人民检察》2009 年第 23 期；陈爱娥：《法体系的意义与功能——借镜德国法学理论而为说明》，载《法治研究》2019 年第 5 期。

② 冯军：《刑法教义学的立场和方法》，载《中外法学》2014 年第 1 期。

③ 参见张明楷：《许霆案的刑法学分析》，载《中外法学》2009 年第 1 期。

④ 参见高铭暄：《新中国刑法学六十年发展的简要历程和基本经验》，载高铭暄、王作富：《高铭暄王作富刑法学文选——九十华诞自选集》，北京：法律出版社 2017 年版，第 57 页；周光权：《论中国刑法教义学研究自主性的提升》，载《政治与法律》2019 年第 8 期；丁胜明：《刑法教义学研究的中国主体性》，载《法学研究》2015 年第 2 期。

于中国的故事，而必须直面现代社会共通的刑法问题，反映刑法制度构建和运作的普遍规律，提出契合人类共同关切的理论方案。

2. 不同意义的体系思考在目标追求上是否存在相互冲突的可能？

罗克辛曾经提出，体系思考主要有四方面的优势：一是降低分析案件的难度；二是保证法律适用既协调稳定又有所区分；三是简化法律适用，使法律更具可操作性；四是为法律的续造提供指引。[①] 这一经典论述也得到了中外学者的普遍认同，被各类文献争相传诵、广为引用。[②] 但是，罗克辛在谈到体系思考的优势时，似乎有意无意地杂糅了不同类别的体系概念。早在20世纪30年代，拉德布鲁赫（Radbruch）就曾将体系划分为五种类型：（1）推论性体系。该体系根据大前提和小前提推导出结论。（2）分类性体系。该体系从类概念出发，通过往上添加各种要素逐步推导出愈加狭窄的种概念。（3）范畴性体系。该体系不是单纯根据形式逻辑，而是主要根据事物自身的物本逻辑，对其进行形式与素材、范畴与质料的划分。（4）合目的性体系。该体系是依据特定的目的与手段建构起来的。（5）教学法体系。这种体系旨在创建一种简洁明晰的叙事方式，从而使相关的知识易于为人们所理解和掌握。拉德布鲁赫强调，应当特别注意教学法体系与科学体系之间的差别，即：前者纯粹是一种叙述方式，仅凭它无法获得新的知识；后者则具有认识论上的价值，只有它才能在某一思想和专业内部实现科学所要求的统一性。[③] 以拉德布鲁赫的五分法思想为基础，以体系的功能取向为标准，我们可以将法教义学中的体系分为两大类：

其一，实践操作型体系。其目的纯粹在于为法律适用者掌握现行法律规定和法律知识提供一份明了简洁、便捷实用的操作指南。由实践操作型体系的司法导向所决定，它大体上和产品的使用说明相仿。正如产品使用说明无法对产品的设计性能提出改进方案一样，实践操作型体系由于基本停留在技术运用的层面上，它并不（至少并不主要）对法律条款、法律概念和法学原理作深层次的挖掘和反思，所以也难以产生足以推动法律制度变革和法学理论发展的新知识。例如，将犯罪行为划分为“客观”和“主观”两大部分，并以此为标准对具体的犯罪成立要素进行分门别类，就属于较为典型的教学法体系思维。[④]

其二，科学探索型体系。这种体系的建构主要不是以方便人们学习和操作为出发点，而是旨在揭示法规范的合法性根据和内在关联，并以此为主线将有关法律原则、法律规定的具体知识联结成一个统一整体。对合法性根据的探求，使科学探索型体系具备了超越现行制度的反思性和批判能力，也使其有可能孕育出前所未有的知识增长点，从而为法律规范未来的续造提供理论支持。

---

① Vgl. Claus Roxin/Luís Greco，Strafrecht Allgemeiner Teil，Band Ⅰ，5. Aufl. 2020，§7 Rn. 38ff.

② 参见［日］松宫孝明：《日本的犯罪论体系》，冯军译，载《法学论坛》2006年第1期；陈兴良：《教义刑法学》（第3版），北京：中国人民大学出版社2017年版，第16－17页；劳东燕：《功能主义的刑法解释》，北京：中国人民大学出版社2020年版，第41页。

③ Vgl. Gustav Radbruch，Zur Systematik der Verbrechenslehre，FG-Frank，1930，S. 158ff.

④ Vgl. Hans Planitz（Hrsg.），Die Rechtswissenschaft der Gegenwart in Selbstdarstellungen，Bd. 2（1925），S. 12ff；Michael Pawlik，Das Unrecht des Bürgers，2012，SS. 7，11.

当我们回过头再去审视罗克辛的论述时，就会发现，他所说的第一、二、三点优势，主要是围绕实践操作型体系来说的，而第四点优势则为科学探索型体系所独有。当然，不能排除这两种体系存在完美结合的可能，即一个科学导向的体系同时也有助于法律适用者理解和掌握某一部门法的知识。但是，人们在试图将两种意义上的体系思考融为一体时，会发现，此二者并不总是能够同向而行、齐头并进，而是不可避免地会出现相互掣肘、此消彼长的局面。可能诱发两者产生离心力的对立点主要有二：

第一，复杂多元 vs. 简化统一。既然科学导向的思维志在为推动法律的发展贡献思想资源，那它就不会满足于对既有知识进行简单的继受和总结。思考要达到一定的深度，就必须具有足够的复杂性。这需要百家争鸣、推陈出新，即通过诸学说之间的充分论辩不断涌现创新性的观点。于是，科学导向的思维的光谱必然呈现百舸争流、斑驳陆离的景象。但是，司法实务所需要的恰恰是简单明确的操作模型，所以实践操作导向的思维往往倾向于删繁就简，将那些与解决实务问题没有直接关联的理论争议尽量简化。同时，为保证司法裁判的稳定和一致，这种思维更为追求共识的凝聚，重视发挥“通说”在分析案件、适用法律过程中的主导作用。例如，司法者往往希望刑法典能够对所有疑难问题直接给出确定的权威性回答，因为这样就能省去对不同观点进行比较和选择的功夫，从而大大提高办案的效率，增强办案的统一性。但是，刑法条文对理论纷争作出一锤定音式的裁断，对于学术研究来说未必是福音，因为如此一来，刑法教义学选择和发挥的空间就会被大幅度压缩。①

第二，久久为功 vs. 立竿见影。不论是自然科学还是人文社会科学，基础性研究总是具有超然现实功利的特点，即追求所谓的“无用之用”。科学导向的思考方式关心的是“立长远”，它不急于对个别、具体问题给出确定的回答，而用相对充足的时间和自由去进行超脱个案的学术探究。② 无论是对事物本质的追问还是对内在联系的把握，都建立在长时间反复思考和辩驳的基础上，这势必导致思考的周期较为漫长。可是，司法者必须在有限的时间内作出决断，巨大的办案压力使他很难有“闲心”和“雅兴”去对那些根源性的问题展开旷日持久的探讨，也无法从容地等到理论纷争尘埃落定才去确定法律解释和案件裁判的结论。

综上所述，刑法教义学的科学性和实践性并不总是能并行不悖，不同种类的体系思考之间也可能发生冲突。不是简单地说一句“体系思考和问题思考并重”“教学法体系与科学体系相统一”，就能自然而然地使鱼和熊掌兼得。笔者将首先探讨，在刑法教义学实践导向日益强化的现代社会，为何仍然需要坚守其科学性和体系性；接着提出并且论证，刑法教义学的体系建构应当采取“自下而上”的总体思路；最后指出，刑法教义学内部应进行功能分层，通过“自下而上”方式建构起来的知识体系，需要接受科学方法论的监督和检验。

① Vgl. Michael Pawlik，Das Unrecht des Bürgers，2012，S. 22f.

② Vgl. Volker Erb，Strafrechtswissenschaft，höchstrichterliche Rechtsprechung und tatrichterliche Praxis des Strafrechts，ZStW 113（2001），S. 4.

二、索性回归纯粹的实践技艺？

（一）当代法学中“体系祛魅”的思潮

在许多学者看来，之所以需要在法学中坚持体系思考，是因为一旦丢弃了对科学性的追求，法学就会沦为一门纯粹的手工技艺。[①] 那么，我们不妨先大胆地设问：为什么不能直接承认法学就是一门操作技艺？假若在法学中采用单一的论题式思考方法能够完美地满足法治社会的一切现实需要，那又何必非要贪图一个“科学”的虚名呢？

事实上，在当代大陆法系各部门法的理论研究中，体系性和科学性的地位均不同程度地出现了下降，甚至有激进的声音主张，法教义学应当放弃体系建构的梦想，老老实实地回归为一门实践技艺。在 20 世纪 50 年代，德国法哲学家菲韦格（Viehweg）出版的《论题学与法学》一书，率先对 19 世纪以来德国法学体系化的发展方向提出了质疑，并认为以现实问题为取向的论题学才是法学应当采用的思考方式，“法学作为有助于解决疑难的技术，在主要方面都与论题学相一致”[②]。受到这一思想的启发，维滕贝格尔（Würtenberger）针对刑法学指出：以往的刑法理论在犯罪论体系以及各种抽象概念的建构方面投注了过多的精力；但是，刑法教义学研究要保持活力，必须以现代社会中的现实法律问题为基点，故刑法学的方法论应当从体系思考转向问题思考。[③] 在维滕贝格尔的影响下，日本学者平野龙一于 20 世纪 60 年代对德国式的体系思考模式展开了猛烈批判，主张“法解释学不是科学，而是技术”[④]，认为只有“问题思考”才是实现机能刑法观的手段。[⑤] 他由此在日本刑法学界开启了一场方法论变革，形式体系性的论证方式逐步让位于以问题和个案为导向的论证方式。随着进入 21 世纪后日本人文社会科学整体朝着注重社会实效的方向转变，在刑法领域中，“与日常的实践关联不大的刑法基础问题，已越来越少成为研究和教学的对象”[⑥]。我国法理学者舒国滢教授近些年来也提出：“实践性构成了法学的学问性格，法学应当回归实践之学本身”[⑦]，“法学是论题取向的，而不是公理取向的”[⑧]。在大陆法系的主要国家，在多个传统部门法领域，同时出现这种“反体系”的动向，绝非偶然，其背后主要有现实和理论两方面的动因。

---

① Vgl. Urs Kindhäuser, Zu Gegenstand und Aufgabe der Strafrechtswissenschaft, FS-Yamanaka, 2017, S. 445.

② Theodor Vielweg, Topik und Jurisprudenz, 5. Aufl. 1974, S. 97.

③ Vgl. Thomas Würtenberger, Die geistige Situation der deutschen Strafrechtswissenschaft, 2. Aufl. 1959, S. 9ff.

④ ［日］平野龙一：《刑法的基础》，黎宏译，北京：中国政法大学出版社 2016 年版，第 193 页。

⑤ 参见黎宏：《平野龙一及其机能主义刑法观——〈刑法的基础〉读后》，载《清华法学》2015 年第 6 期。

⑥ ［日］井田良：《走向自主与本土化：日本刑法与刑法学的现状》，陈璇译，载陈兴良主编：《刑事法评论》（第 40 卷），北京：北京大学出版社 2017 年版，第 373 页。

⑦ 舒国滢：《法学是一门什么样的学问？——从古罗马时期的 Jurisprudentia 谈起》，载《清华法学》2013 年第 1 期。

⑧ 舒国滢：《寻访法学的问题立场——兼论“论题学法学”的思考方式》，载《法学研究》2005 年第 3 期。

1. 现代社会的高度复杂化

法学中的体系化思维与立法上的法典化思维一脉相承，二者都希冀能够将现实社会中的多样性化约、聚合成一个单一的知识或者规则整体，从而一劳永逸地包揽一切问题的解决方案。在社会观念较为统一、科技发展和知识更新速度相对较慢的农业社会以及早期工业社会，法律问题的性质、结构和类型在相当长的时间内都保持着稳定的状态，这为体系化地设计问题解决方案提供了可能。然而，现代社会的特点恰恰在于，随着生活方式和世界观趋于多元，海量的知识呈几何级速度增长，体系化思维所追求的稳定性、可预期性和一致性，在现代社会复杂多变的现实面前显得捉襟见肘。在这种情况下，无论是立法还是司法，选择“逢山开路、遇水架桥”、就问题解决问题的思路，似乎也就顺理成章。正如顾培东教授指出的，“在以科学主义思维整合社会并依照类似几何推导的方式程式化地适用法律的尝试失败后，面对日趋变化的社会状态，日益复杂的社会关系，以及日渐突出的法律刚性与社会情境多样性的冲突，实用主义不能不成为西方国家的重要选择”①。

2. 对法学“科学化”历史的反思

有学者经过考证发现：尽管法学历来与神学、医学并称为人类最古老的学科，但它一开始就是一门与科学相区别的实践技艺；法教义学仅仅是一种运用论题学思维去追求实现明智和公正的技艺，对它冠以“科学”之名，实乃有名无实，纯粹是 19 世纪德国法学家制造出的一场误会。②

在古罗马法时代，法学指的就是“法律实践”，用杰尔苏（Celsus）的名言来说：“法乃善良与公平的技艺。”③ “罗马法学家们的学术工作不是理论性的，他们的知识兴趣并不是通过逻辑的结构来解释所谓‘科学的真理’，也并不是怎么样把法律体系化或试图发展出一个融贯的私法体系，毋宁说，他们的兴趣是实践性的，即，运用决疑术的方式、利用他们的明智判断来处理个案（中）的疑难问题，或者针对案件中的法律问题提出（决疑术式的）解决方案。”④ 尽管西塞罗时代的法学家在古希腊哲学的影响下也曾对法学知识进行过体系化的努力，但其目的仅限于建立一个便于教学和授课的叙述模式⑤，其相当于前文所述的教学法体系。真正推动法学走向理论化的，是 17 世纪兴起的笛卡儿主义和科学主义思潮。⑥ 在这一思潮的席卷下，一切学问要想获得“科学”的名号，都必须以自然科学为样板、满足自然科学的严格标准。于是，在 1800 年前后，德国法学家逐渐抛弃了法作为实践技艺的古老知识传统，转而强调法律知识应当具有如同几何学一般的精确性和普遍性。一方面，从实质来说，启蒙运动时期的自然法思想为法

---

① 顾培东：《当代中国法治共识的形成及法治再启蒙》，载《法学研究》2017 年第 1 期。

② Vgl. Wilhelm Henke，Alte Jurisprudenz und neue Wissenschaft，JZ 42（1987），S. 687ff.

③ ［古罗马］查士丁尼：《学说汇纂》（第 1 卷），罗智敏译，［意］纪蔚民校，北京：中国政法大学出版社 2008 年版，第 5 页。

④ 舒国滢：《法学是一门什么样的学问？——从古罗马时期的 Jurisprudentia 谈起》，载《清华法学》2013 年第 1 期，第 93－94 页。

⑤ Vgl. Helmut Coing，Geschichte und Bedeutung des Systemdenkens in der Rechtswissenschaft，1956，S. 34ff.

⑥ Vgl. Arthur Kaufmann，Einige Bemerkungen zur Frage der Wissenschaftlichkeit der Rechtswissenschaft，FS-Bockelmann，1979，S. 69.

学的体系建构提供了一个统一的理论基础，即自由平等原则；另一方面，从形式来说，人们相信从统一的概念出发能够推演出一切法律知识。[①] 具体到刑法领域，在19世纪中叶以后的半个世纪中，黑格尔主义在刑法理论中居于主导地位，它致力于通过概念建构将刑法学打造成类似哲学的体系性科学。[②]

在回顾了法学漫长的发展史后，有学者尖锐地指出：19世纪德国法学者“附庸风雅”地试图以体系建构去证明法学的科学性，不仅不可行，反而从根本上扭曲了法学本来的面目，与其说这是一种历史进步，不如说是误入歧途；法学与其徒有虚名地自诩为科学，不如干脆放弃对体系的追求，重拾法学在诞生之初所拥有的传统和本色。[③] 其理由在于：

首先，法学本质上不是一门揭示真理的学问，而是一门从事“理解”活动的学问。科学的目标在于追求真理，而这一目标又建立在一个基本的假设之上，即：相关活动是以一种价值中立的“客体—认知”模式展开的。所有人面对着同一个实在，只要认识与实在相吻合，就意味着找到了真理。然而，法学即司法裁判的特质恰恰在于，它“几乎完全是在与价值判断打交道”[④]。如前所述，一个行为构成的究竟是盗窃罪还是诈骗罪，并没有一个先已存在、客观固定的“真相”或者“真理”等待着人们去发现。无论对相关的行为作怎样的定性，并不存在真假之别，而只有在一国法律规定的语境下何者相对更为合理、自洽的问题。

其次，与追求普遍性和必然性的自然科学相反，法学的日常作业就是处理大量千差万别的案件和情事，“这些‘个别的东西’、‘个别的事物’没有所谓的‘一般的规律’可寻”[⑤]。

（二）法教义学的科学性：何以必要，何以可能？

1. 单纯的论题学方法，并不能满足现代社会对刑法教义学提出的要求

论题学方法的特点在于，不是从某个给定的公理出发进行逻辑推导，而是直接从具体的问题入手，将所有可能的解决方案以及每一方案的论据都加以汇总、罗列，形成论题目录，并通过商谈、对话和论辩决定最终的结论。[⑥] 论题学方法对于解决法律疑难问题固然有着明显的优势，但它的局限性同样不容忽视。

首先，论题学方法只是汇聚了为解决某一问题所需要的各种论点和理由，“但被运用的论据或论题，其分量极为不同。其不是被简单地相互排列在一起，而是具有各自特定的价值，并且总是在特定的脉络中才变得有意义”[⑦]。特别是，当论题目录中针对一

---

① Vgl. Helmut Coing，Geschichte und Bedeutung des Systemdenkens in der Rechtswissenschaft，1956，S. 38.

② Vgl. Günther Jakobs，Strafrecht als wissenschaftliche Disziplin，in：Engel/Schön（Hrsg.），Das Proprium der Rechtswissenschaft，2007，S. 117.

③ Vgl. Rainer Maria Kiesow，Rechtswissenschaft-was ist das?，JZ 2010，S. 591.

④ ［德］拉伦茨：《法学方法论》（第6版），黄家镇译，北京：商务印书馆2020年版，第277页。

⑤ 舒国滢：《法学是一门什么样的学问？——从古罗马时期的Jurisprudentia谈起》，载《清华法学》2013年第1期。

⑥ Vgl. Ingeborg Puppe，Kleine Schule des juristischen Denkens，3. Aufl. 2014，S. 272.

⑦ ［德］拉伦茨：《法学方法论》（第6版），黄家镇译，北京：商务印书馆2020年版，第194页。

个论点同时具有支持的和反对的理由时，我们往往需要根据一个统一的价值体系去确定各个论据的权重和位阶顺序。这种用于整合、权衡不同论据分量的价值体系，是论题学方法本身无法提供的。

其次，对于解决现代社会中的双重偶联性困境来说，体系化的刑法学知识是不可或缺的。所谓双重偶联性指的是：一个稳定的人类社会是以人们具有稳定的行动预期为前提的，因为由社会的人际互动结构所决定，一个人在决定自己如何行动时，总是需要考虑其他人将会怎样行动。所以，一旦对方的行动不稳定，难以给一方以确定的预期，那么后者也很难采取行动。在欠缺稳定预期的情况下，人们不得不付出大量的时间和精力来对各种行动的可能性及风险进行估算，这样一来，就会给人类带来过于沉重的认知负担，稳定的人类社会也就无从谈起。[①] 在人类社会从传统熟人社会转型为高度多元、流动频繁、分工细密的现代社会之后，原先熟人社会中能够有效维系行动预期的各种方法，如察言观色、辨别社会角色等，纷纷难以为继。在此情况下，社会就必须提供一套用以对行为的合法性进行统一评价的系统，以削弱未来世界的复杂性，稳定人们的规范预期。[②] 面对复杂、高风险的现代社会，我们比以往任何时候都更需要一个普遍化的法律系统，通过相同情况相同对待、不同情况不同对待，使人们建立起对法律规则的信任。[③] 所谓“相同情况相同对待”，无非就是要让在个案判断中发展出来的各种分析标准和论证理由能够在未来的裁判中得到重复运用，而这便离不开法律系统内部的信息冗余，即，我们需要对判例形成的意见进行储存，形成可供反复调取和运用的“知识记忆”。但是，高效的信息冗余不能仅凭知识的简单堆砌，它的最终建立有赖于我们将分散的论点论据纳入一个整体性的关联结构之中，并对其进行抽象化的加工和整理。

由此可见，在现代社会中，法律系统对于稳定人们的行动预期发挥着前所未有的重要作用。在此背景下，体系化的法教义学知识所具有的现实意义，不仅没有随着社会复杂程度的提高而消退，反而愈加凸显。

最后，单纯依靠论题学方法，也难以对刑法制度进行长远规划和顶层设计。如前所述，法教义学的任务不仅在于对既有的实定法进行解释，还在于为法律未来的发展和续造提供学理支持。有学者认为：由于民法允许类推解释，所以在民法领域自然可以由法教义学从事法律漏洞填补和法律续造的工作；但是，在刑法领域，受罪刑法定原则的约束，即便发现实定刑法存在漏洞和不足，也只能由立法者来加以完善，所以如何对刑法规范进行发展和续造，并不在刑法教义学的任务清单之中。[④] 该看法是不能成立的，理由在于：

其一，除罪刑规范之外，为数众多的出罪事由也是刑法教义学日常研讨的内容。由于罪刑法定原则只禁止不利于被告人的类推，而出罪事由的成立恰恰有利于被告人，所以，刑法教义学完全可以在缺少成文法规定的情况下，增加、续造超法规的正当化事由

---

① 参见［德］卢曼：《信任：一个社会复杂性的简化机制》，瞿铁鹏、李强译，上海：上海人民出版社 2005 年版，第 3-11 页。

② 参见［德］卢曼：《法社会学》，宾凯、赵春燕译，上海：上海世纪出版集团 2013 年版，第 122 页。

③ 参见泮伟江：《当代中国法治的分析与建构》，北京：中国法制出版社 2017 年版，第 108 页。

④ Vgl. Okko Behrends，Einführungsreferat：Das Bündnis zwischen Gesetz und Dogmatik und die Frage der dogmatischen Rangstufen，in：Behrends/Henckel（Hrsg.），Gesetzgebung und Dogmatik，1989，S. 11.

以及责任阻却事由。

其二，刑法教义学的意义不仅在于解释单个的法条、解决具体的个案，还在于为刑事立法提供理论上的储备和指导。在《刑法》于1997年全面修订之后，我国刑法学研究的重心迅速从原先的刑事立法学转移到了刑法解释学，“法律不是嘲笑的对象”“不要随意批判法律，不要随意主张修改法律，而应当对法律进行合理的解释，将‘不理想’的法律条文解释为理想的法律规定”[①] 的研究理念，也日益深入人心。不过，这样一种完全依附于实定法的研究范式，将导致刑法教义学得上“近视眼”、患上“依赖症”。所谓“近视眼”，是指教义学理论只将目光狭隘地局限在与解决现实问题直接相关的领域，却不愿意花费半点精力去谋划长远问题；所谓“依赖症”，是指教义学研究只是跟在立法的身后被动地予以回应，甚至离开了成文法规范就难以展开论证。但是，刑法教义学要跳出“基尔希曼质疑”[②]，必须追寻法条背后更深层次的根基，其指导和反思的对象也就必须包括立法活动。[③] 由此决定，刑法教义学不仅要围绕实定法条文展开解释工作，还要为刑法未来的修改完善做好必要的理论准备。[④] 要做到这一点，前提是要对刑法的基本范畴及其相互关联作整体性的把握。然而，“论题学思考的‘中心’是各单一问题本身，而不是一种可以囊括各种个别问题的问题脉络或事物关联”[⑤]。像论题学那样只专注于“片段性见识”[⑥]（fragmentarische Einsichten）的方法，根本无法在更广泛、更本质的意义上去洞悉问题之间的关联性，自然也就缺乏推进法律向前发展的能力。[⑦] 因此，“刑法理论只有体系性地展开，并且发展出完备的案件体系，它才能胜任其肩负的使命，即为未来的立法和判例开辟道路”[⑧]。

2. **刑法教义学并未脱离恒常和普遍规律的制约**

随着法学被普遍定义为“一门理解性的文化科学”[⑨]，它事实上已经成为一种“弱意义上的科学”。法教义学固然无须具备几何学那样的精确性和普遍性，但它依然需要具备基本的客观性。笔者认为，从价值基础、论证程序、事实结构和解释依据四方面来看，刑法教义学依然处在某些恒常、普遍规律的制约之下。具体分述如下：

（1）价值基础

现代刑法的价值理念和基本原则具有恒久性。虽然在处于不同的地域、不同发展阶

---

① 张明楷：《刑法格言的展开》（第2版），北京：法律出版社2003年版，第3页。

② 德国法学家尤利乌斯·冯·基尔希曼（Julius Hermann von Kirchmann）的著名论断：“既然法学只关注偶然，它自己也就变成了一种‘偶然’，立法者的三个更正词就可以使所有的文献变成废纸。”

③ Vgl. Wolfgang Frisch，Wesenszüge rechtswissenschaftlichen Arbeitens-am Beispiel und aus der Sicht des Strafrechts，in：Engel/Schön（Hrsg.），Das Proprium der Rechtswissenschaft，2007，S. 160.

④ Vgl. Björn Burkhardt，Geglückte und folgenlose Strafrechtsdogmatik，in：Eser/Hassemer/Burkhardt（Hrsg.），Die Deutsche Strafrechtswissenschaft vor der Jahrtausendwende，2000，S. 119. 近年来，我国学者也开始强调刑法教义学的立法批判功能。参见姜涛：《法教义学的基本功能：从刑法学视域的思考》，载《法学家》2020年第2期；吴亚可：《刑法教义学的立法批判功能》，载《南大法学》2021年第1期。

⑤ ［德］拉伦茨：《法学方法论》（第6版），黄家镇译，北京：商务印书馆2020年版，第193页。

⑥ Theodor Vielweg，Topik und Jurisprudenz，5. Aufl. 1974，S. 31.

⑦ Vgl. Helmut Coing，Grundzüge der Rechtsphilosophie，5. Aufl. 1993，S. 295.

⑧ Joachim Hruschka，Kann und sollte die Strafrechtswissenschaft systematisch sein?，JZ 1985，S. 10.

⑨ Gustav Radbruch，Rechtsphilosophie，6. Aufl. 1963，S. 220ff.

段的社会，具体法律制度和学说可以因地制宜地采取差异化的设计，但是某些价值原则是经过人类法制实践反复锤炼和检验后凝结、积淀而成的共识，构成了任何法治社会不可动摇的基石。它们作为普遍、持久的价值界标，为法律实践活动设定了不可逾越的红线。特别是，由于刑罚是对公民的自由及利益干预力度最大的一种国家制裁措施，所以虽然不同社会条件下刑事政策的侧重点会有差异，但是关于刑法的介入极限能够达成一系列较为稳定的价值共识。能够说明这一点的是：宪法乃社会共同体价值观念的最大公约数，而刑法中相当一部分原则就直接享有宪法位阶，或者与宪法具有内在渊源。

（2）论证程序

法教义学活动需要遵循公认的法学方法、论证规则和理性商谈程序，在合理论证的轨道上形成“具有理智说服力的共同意见”①。这是最大限度实现法教义学日常作业客观化和理性化的重要途径。“既然法的正确性不可能外在于具体的裁判程序，那么也只有通过这个程序才能产生法的正确性：通过反思和论证，通过主体间性和共识……对法的科学性起决定作用的，不是涵摄，而是论证。”②

（3）事实结构

作为刑法规制对象的社会生活事实，其内部结构具有稳定性。韦尔策尔（Welzel）指出，刑法体系的建构既不能如法实证主义那样完全依赖于实定法的规定，也不能像价值法学那样一切诉诸规范评价，而必须符合先于法律而客观存在的事物本体结构。③“正如法律不能要求妇女缩短孕期，在怀孕 6 个月后就把孩子生出来一样，它也不能禁止妇女流产。不过，法律可以要求妇女采取行为避免发生流产，也可以禁止妇女引起流产。”④ 虽然从事实存在中不能导出规范评价本身，真正决定刑法理论的实体内容和演进方向的是刑事政策的价值目标，但不能否定，规范评价毕竟不是游弋在真空之中，而是立足于特定的事物，而不同事物在内部结构上的差异，必然会对刑法规制的方式和策略产生影响。

（4）解释依据

最使人们对刑法教义学的科学性产生怀疑的，是作为其解释依据的刑法条文本身具有可变性。但事实上，刑法规范的制定也有其内在的客观规律。面对纷繁复杂的社会现实，立法者对于犯罪圈的划定固然拥有巨大的裁量空间，但罪刑规范的增删废立仍然有其内在的规律性，有待人们去发现和遵守。当立法者违反规律，简单地以“一事一议”的方式随心所欲地盲目增加犯罪时，就会出现法律上的“通货膨胀”，给司法实践造成不必要的困扰。例如，我国刑法分则的一个显著特点在于，立法者在既有刑法条款本来可供适用的情况下，仍广泛地针对特定领域增设了专门的罪刑规范。这种立法方式的本意是以问题为导向，积极回应犯罪治理的现实需要，尽量为法官断案配备具体而确定的裁判依据。但是，

---

① 雷磊：《作为科学的法教义学?》，载《比较法研究》2019 年第 6 期。

② Arthur Kaufmann，Einige Bemerkungen zur Frage der Wissenschaftlichkeit der Rechtswissenschaft，FS-Bockelmann，1979，S. 72.

③ Vgl. Hans Welzel，Studien zum System des Strafrechts，ZStW 58（1939），S. 493.

④ ［德］汉斯·韦尔策尔：《目的行为论导论——刑法理论的新图景》，陈璇译，北京：中国人民大学出版社 2015 年版，前言第 4 页。

在一般法条之外仅根据具体现象无度地增设特别法条，会造成事与愿违的后果。例如，刑法在过失致人死亡、过失致人重伤罪之外，结合专门领域规定了交通肇事、安全责任事故、玩忽职守等种类繁多的业务过失犯，甚至在某种业务过失犯之下区分不同的责任主体再细分出一系列罪名。这种应激、现象式的立法，缺乏对事物本质的把握以及建立在此基础上的必要归纳和整理。[①] 它所带来的消极后果包括：一是在各种过失犯的法定刑实际上大致持平的情况下，大幅度提高了对不同犯罪进行界分的技术难度；二是使刑法对同一法益的保护力度因为不同领域、不同主体而出现有失均衡的现象；三是导致司法机关在办理业务过失案件时，时常重分则而轻总则，只机械地套用业务过失犯空白罪状所指示的行政法规范，而忽视了过失犯的一般要件和归责原理。因此，刑法教义学在解释和适用这些法律规定时，不仅要以法条本身为依据，而且要以立法者的眼光来把握法律制定背后的这些规律，运用各种解释方法将立法缺失所可能带来的负效应降至最低。

三、“自下而上”的体系建构思路

刑法教义学的体系化，主要有公理推演式的“自上而下”和以现实问题为起始的“自下而上”两种思路。

（一）对公理推演式体系之反思

首先，我们无法预先为法教义学体系找到一个拥有无限理性、足以统辖一切问题的起始性原理。康德（Kant）认为，一个科学的体系只能“从内部（perintus susceptionem）生长起来，但不能从外部（per appositionem）来增加”，所以体系的所有环节都应当先天地包含在作为体系建构始点的最高理念之中。[②] 黑格尔（Hegel）则将这种最高理念比作“胚芽”，指出：“哲学必须把精神理解为永恒理念的一种必然的发展和让那构成精神科学各个特殊部分的东西纯然从精神的概念中自己展开出来。正如在一般有生命的东西那里，一切东西都已经以观念的方式包含在胚芽中，并且是由这胚芽本身而不是由一种异己的力量产生出来的，同样活生生的精神的一切特殊形态也必须从作为它们胚芽的精神概念中自己发生出来。”[③] 将这一思想移用到法教义学中，就意味着，想要运用公理推演式体系进行“自上而下”的推导，同时又希望推导出来的结论能够有效应对实践中的一切问题，也就是期望只借助逻辑推理就能从一个或者几个上位原则、概念直接获得法教义学所需的全部原理，必须满足一个前提，即：居于体系顶端的给定原则或者概念，自始就完整无缺地蕴含了足以孕育一切问题解决方案的根据，或曰“胚芽”。然而，这一假定无异于天方夜谭，因为，法教义学的任何基础性原理和概念都只是对特定条件下人们可认知的有限事实的总结。一旦出现了超出基础原理或概念预想范围的案件事实，直接经由逻辑推导得出的结论是否依然有效，就大可值得怀疑。事实上，“只

① 参见张明楷：《刑事立法的发展方向》，载《中国法学》2006年第4期。

② 参见［德］康德：《纯粹理性批判》，邓晓芒译，杨祖陶校，北京：人民出版社2017年版，第480-481页。

③ ［德］黑格尔：《哲学科学百科全书》，Ⅲ·精神哲学，杨祖陶译，北京：人民出版社2015年版，第6页。

有穷尽对所有问题的讨论之后，我们才能提出一个毫无矛盾的体系来，但是要穷尽所有问题，这本身就是办不到的”①。

于是，尽管法教义学的基础性概念和原理通常可以作为推论的前提，但它们本身也时刻面临着新型案件事实的挑战和检验，当其已不足以解释新的问题时，就必须接受改造和扩容。这就说明：任何一种法教义学体系都不过是对已有案件及其解决方案的暂时性总结，在不断涌现的新问题、新素材的“激扰”下，它不可避免地持续处于自我调适和变动的状态之中。对于自然科学来说，个案只不过是用来验证、说明先在之规律和公理的例子而已；但对于法学而言，看似处在体系最底端的个案绝不仅仅是既有教义学体系的例证和具体化，它恰恰是体系建构和重塑活动的主要参与力量之一。

其次，在法教义学从上位规则向下位规则进行推论的过程中，发挥作用的绝非只有形式逻辑，这其中还包含了复杂的价值排序和选择活动。恩吉施（Engisch）曾对法学和数学的推理过程进行过比较，他认为，二者的区别在于：数学是从较少的原则推导出较多的结论，而法学则是从较多的原则推导出较少的结论。② 对于数学来说，形式推演几乎就是论证的全部内容；在法教义学中，看似也是在通过三段论演绎的方式进行着推导，但实际上形式推演不过是思维的一个框架，在推论的关键环节中，对于论证的方向起把舵作用的往往是实质性的价值权衡。例如，正当防卫的前提条件是存在某种“正在进行的不法侵害”，从该前提出发，本来可以合乎逻辑地认为，当不法侵害人已经盗窃得手，正逃离现场时，由于盗窃的侵害行为已经完成，所以只要侵害人没有实施新的侵害行为，任何公民都不得对其行使正当防卫权。但在对公力救济优先和有效保障公民法益这两种价值诉求进行比较之后，解释者就可能适当延长不法侵害正在进行的时间范围，从而认为在盗窃者既遂后在逃的一段时间内，不法侵害依然保持着“正在进行”的状态，可以实施正当防卫。③

可见，法教义学的上位规则和下位规则之间不仅仅具有形式逻辑的关联性，还时常存在着巨大的价值空间供教义学者游走和抉择。原本作为推论前提的某一原则，会因为其他原则的介入而受到限制，甚至被排除出局，所以法教义学的推理往往取决于多个不同原则之间的位阶关系。

（二）“自下而上”模式的实践机制

通过对公理推演式法学体系的反思，法教义学体系建构方法的基本轮廓实际上已经呼之欲出了。既然法教义学的基本概念和原理产出合理解决方案的“肥力”，不是取决于某种抽象的理念，而是取决于其视野所及的具体事物是否足够全面和丰富，那么法教义学体系的建构就只能始于现实的法律问题和案件素材。④ 正是在对大量现实材料进行

---

① Helmut Coing，Über einen Beitrag zur rechtswissenschaftlichen Grundlagenforschung，ARSPh Bd. 41，S. 428.

② Vgl. Karl Engisch，Sinn und Tragweite juristischer Systematik，in：ders.，Beiträge zur Rechtstheorie，1984，S. 94.

③ 2020 年 8 月 28 日最高人民法院、最高人民检察院和公安部联合发布的《关于依法适用正当防卫制度的指导意见》（法发〔2020〕31 号）第 6 条就采取了这种论证方式。

④ Vgl. Luís Greco，Methode，Stil，Person：Claus Roxin zum 85. Geburtstag，ZIS 2016，S. 417.

加工、分析的基础上，才可能逐步向上提炼和发展出总括性的概念与原理。以正犯理论的发展为例：

在 20 世纪 60 年代之前出现过的各种正犯概念，无论是主观说、形式客观说还是必要性说、同时性说等，虽然各自都在一定程度上揭示了正犯的特质，但它们均将某种单一的前提或者视角奉为体系推导的基点。正是由于这些正犯学说都建立在“过分狭窄的基础”[①] 之上，它们无一例外地都犯了“将有限的见识绝对化”[②] 的错误，故而也都注定不可能具有全面涵盖正犯一切表现形式的包摄力。有鉴于此，必须从根本上改变以往的正犯论建构模式。罗克辛将“核心人物”（Zentralgestalt）视作正犯的总体判断标准，但他强调，由此确立的正犯概念绝不是传统意义上的抽象概念，而是黑格尔所说的辩证法上的“具体”概念。黑格尔认为：如果像康德那样只是将概念理解成事物共同特征的静止和固定的集合，那么概念就不过是一些抽象、孤立和贫瘠的规定。要形成真正具有普遍性的概念，必须将特殊性、个体性和差异性纳入自身之中。[③] 为此，需要把辩证法和概念结合起来。这便意味着，概念乃多种规定的对立统一，这些不同的规定相互对立，同时又经由自我扬弃向其对立面转化，从而在“正、反、合”的运动过程中形成概念的系统。[④] 根据这一原理，罗克辛提出：正犯概念并不是从一开始就能确定下来的，在经过丰富多样的具体正犯形式填充之前，所谓的“核心人物”还只是一个空洞无物的躯壳而已。我们需要首先下沉到正犯理论的最底端，对那些可能成为正犯的各类情形尽可能地加以汇集和考察，继而在正犯各种表现形式不断自我扬弃、从矛盾对立走向辩证统一的过程中动态式地向上发展出正犯概念。

具体来说：（1）正犯内部充斥着大量相互对立的不同表现形式。行为支配表现为行为人独自实现构成要件，意志支配恰好缺少这一点，二者又皆不同于以分工实现构成要件为特征的功能支配。与此同时，义务犯和亲手犯的正犯判断又和以上三者都存在本质区别。此外，在意志支配之下，并立着胁迫型支配、错误型支配以及组织型支配这三种不同的样态。（2）正犯理论需要在不断出现的对立中一步步地实现更高级别、更大范围的综合。首先，胁迫型支配、错误型支配和组织型支配能够共同为意志支配这一概念所统领；其次，意志支配、行为支配和功能支配又可以合并成犯罪事实支配的概念；最后，犯罪事实支配的概念又可以和与之相对立的义务犯、亲手犯标准共处于“核心人物”这一概念的屋檐之下。概而言之，在这个过程中，正犯理论“借助愈发全面的综合，对正犯各个要素进行了古典哲学意义上的‘扬弃’，它所采用的是提升、否定和保留这三种方法，即：这种综合把正犯的单个要素提升到了更高的层级之上，否定了它们的绝对性，并且将其作为整体的组成部分保留了下来”[⑤]。

总结学界和他本人的正犯理论研究经验，罗克辛进一步提炼出刑法教义学方法论的两个原则：

---

① Claus Roxin，Täterschaft und Tatherrschaft，10. Aufl. 2019，S. 325.

② Claus Roxin，Täterschaft und Tatherrschaft，10. Aufl. 2019，S. 531.

③ 参见［德］黑格尔：《小逻辑》，贺麟译，北京：商务印书馆 1996 年版，第 334 页以下。

④ 参见［德］黑格尔：《逻辑学》（上卷），杨一之译，北京：商务印书馆 1996 年版，第 36 页。

⑤ Claus Roxin，Täterschaft und Tatherrschaft，10. Aufl. 2019，S. 530.

第一，认真对待“来自事物的阻力”（Widerstand der Sache）。[①] 根据哲学家博尔诺（Bollnow）的看法，在人文科学领域内，是否显现出了“来自事物的阻力”，在一定程度上是检验某种学说正确与否的试金石。在作为研究对象的事物本身存在差异、对立和冲突的情况下，可能有两种不同的研究态度：一是大而化之、回避矛盾，以掩耳盗铃的方式绕开或者掩盖不同对象的差异和个性，追求表面上的同一性。这样一来，理论看似能够畅通无阻地驰骋四方，但它实际上已经无法与现实进行有效的沟通，自然也就丧失了解决实际问题的能力。二是正视不同事物各自的特征。虽然在研究展开的过程中会时时遭遇由差异性所带来的重重阻力，但这恰恰是理论和现实保持着密切联系的标志。正是因为采取了后一种态度，“具体的”正犯概念才能够克服以往正犯学说的不足，在积极应对各类特殊正犯现象不断提出的挑战的过程中，逐步发展出了具有现实针对性的正犯教义学。

第二，重视而不是抹杀事物间的对立。[②] 刑法教义学一直存在着一种以有限去框定无限的倾向，即试图将原本来自一种事物的单一标准简单套用到另一种事物之上。譬如，在正犯学说史上，总有人想把间接正犯解释进直接正犯之中，或者把共同正犯吸收到间接正犯当中。这种无视事物间差异和对立的思考方式，不可能提出精准的问题解决方案。与此相反，“具体的”正犯概念认为，故意犯和过失犯之间，作为犯和不作为犯之间，行为支配、意志支配和功能支配之间，都存在着结构性的差别，它们不可能共用一个完全一致的正犯标准，所以必须在准确把握不同正犯现象各自特点的前提下，为其制定差异化的判断准则。

四、科学性检验功能的独立化

（一）风险：刑法教义学知识的“堆砌化”与“补丁化”

以探寻事物本质及内在规律为己任的科学体系，需要满足一个基本的要求，即体系中的每一部分都“是节节相连的（articulatio），而不是堆积起来的（coacervatio）”[③]。换言之，组成刑法教义学体系的一切知识、概念和学说，都应当以某种更深层的原理或者原则为纽带，有机、融贯地联结成一个整体，而不是毫无关系地罗列堆放在一起。

自下而上、从具体事物出发建构体系的思路，固然有利于保证刑法教义学始终能获得社会现实这一“源头活水”的滋养和补给，防止其走向封闭与僵化，但随着个别问题、具体案件大量涌入并且被推至理论视野的最前沿，用于连接刑法教义学内部各板块的纽带，也面临着萎缩和弱化的危险。还是以正犯理论为例：当罗克辛以辩证法和“尊重事物间差异”的名义，无所顾虑地将不同的正犯形式加以聚合时，似乎更像是把大量对立物简单堆积在了一起，很难看出这些对立物在此过程中究竟怎样从对立走向了辩证统一，究竟如何真正形成了一个具有内在关联的有机整体。比如，从略为微观的角度来

① Vgl. Claus Roxin，Täterschaft und Tatherrschaft，10. Aufl. 2019，S. 533f.

② Vgl. Claus Roxin，Täterschaft und Tatherrschaft，10. Aufl. 2019，S. 535f.

③ ［德］康德：《纯粹理性批判》，邓晓芒译，杨祖陶校，北京：人民出版社 2017 年版，第 480 页。

看，在间接正犯（意志支配）中，既有直接行为人存在归责瑕疵的情况（例如，利用他人排除故意的认识错误或者利用无责任能力人的行为实现犯罪目的），也有直接行为人能够为结果完全负责的情况（例如，上级利用组织结构命令下属犯罪）。可是，当行为人和结果之间介入了某种因素时，介入因素究竟是盲目的自然力还是自由意志决定下的行为，在这两种情况下行为人对因果流程的规范控制力是不可同日而语的。那么，对完全责任之人的支配和对无责任之人的支配，究竟是经过何种媒介被统合在了一个“意志支配”的概念之下呢？从更为宏观的角度来看，罗克辛以“核心人物”为关键词的整个正犯论，是由屡次叠加的多个标准拼接而成的：最先提出的是犯罪事实支配的标准；当该标准无法适用于身份犯、不作为犯和过失犯时，就另行设置一个义务犯的正犯标准；当以上两个标准都无法适用于亲手犯时，就再为亲手犯单立一个新的标准。面对新出现的事物，我们当然不必固守原先的教条，因势而谋、顺势而变。这本身无可厚非，但问题是，前后设置的多个正犯标准之间相去甚远，如果说它们可以在“核心人物”的旗下形成一个整体的话，那么用于连接这些不同标准的桥梁究竟何在呢？毕竟，“从科学理论的角度来看，在发挥连接作用的上位概念缺位的情况下添加新的标准，这不是一种具有解释力的理论，而是一种将不同标准随意进行捏合的做法”[①]。

事实上，这种“堆砌式”的所谓体系思考，在当代刑法教义学的其他领域中比比皆是。通说在建构犯罪论时采取了一种类似于“打补丁”的方式：人们首先是以故意作为犯为模板发展出犯罪的一整套成立要件；当发现基于“典型”形态研发的判断标准在过失犯中失效时，就针对过失犯另行编制一套特殊的归责原理[②]；当进一步发现典型标准在不作为犯中也出现了漏洞时，就再增添新的归责标准以填补空缺。由此形成的犯罪论无疑能够针对不同犯罪现象的特点因地制宜地提出契合实际需要的解决方案。可是，纯粹依据存在论结构上的差异划分出来的故意作为犯、过失犯和不作为犯，似乎只是以层层叠加的方式组合成了一个所谓的犯罪论体系，能够将这三种犯罪现象连接在一起的规范性纽带，依然处在隐而未见的状态之中。

由此可见，在“自下而上”的思路将现实问题视为刑法教义学体系建构的首要推动力之后，最大的隐忧就在于：“尊重事物之间的差异”，反倒成了无限降低体系化水平和科学性标准的借口；层出不穷的具体问题使人们不断开设特殊情形，由此催生出的一个个特殊标准也给体系打上了密密麻麻的“补丁”。时久日长，事物之间的联系逐渐被这不可计数的补丁所淹没，刑法教义学体系也不再是由稳固的钢筋架设、连接而成的建筑，而渐渐成为由松散的木块堆砌而成的积木城堡。难怪在许迺曼（Schünemann）看来，德国当代刑法学的一个重要特征就是其明显的折中主义（Eklektizismus）倾向，即完全不同的各类价值观、方法、论证模式以及观察问题的视角被杂乱地拼凑在了一起。[③]“尊重事物之间的差异”无疑是体系建构的起点，即刑法教义学研究必须从准确

---

① Urs Kindhäuser，Zur limitierten Akzessorität der Teilnahme，GS-Tröndle，2019，S. 303.

② Vgl. Wilhelm Gallas，Die moderne Entwicklung der Begriffe Täterschaft und Teilnahme im Strafrecht，ZStW/Athen-Beiheft 1957，S. 18；Claus Roxin，in：LK-StGB，11. Aufl. 1992，§ 25 Rn. 217ff.

③ Vgl. Bernd Schünemann，Kritische Anmerkungen zur geistigen Situation der deutschen Strafrechtswissenschaft，GA 1995，S. 222.

把握现实素材的冲突对立以及多样性出发。但是，体系化的过程就是从复杂各异的现象中寻找其关联性，将零碎的事物联结成环环相扣之统一整体的过程。如果在研究的终点，也就是法教义学的体系性成果中，我们看到的仍然是孤立分散、相互对立的事物，那就说明所谓的体系化并没有真正实现“节节相连”的目标，而是停留在了通往科学体系的半途。

（二）对策：刑法教义学内部的功能分化

1. 现有成果及其不足

以上分析带给我们一个启示：在公理推演式的体系建构路径遭到否定之后，“自下而上”思路的引入还不能完全解决问题思考与体系思考相协调的问题。以问题为起点的“自下而上”思路与以刑事政策为导向的目的理性犯罪论具有内在的契合之处。当前，我国刑法理论已经普遍接受了刑法体系应当与刑事政策相贯通的基本理念。同时，一些学者敏锐地意识到，刑事政策和目的论思维的融入，虽然提升了刑法体系的应变能力，但也容易对法的客观性和统一性形成冲击，所以有必要对刑法体系的功能化趋势进行必要的控制。如，张翔教授主张，刑法体系应当接受合宪性调控，这就包括：进入刑法体系的刑事政策需要以宪法为实质来源；应当构建具有宪法关联性、以基本权利为核心的法益概念；刑罚制度应当接受比例原则的审查。① 劳东燕教授则进一步提出，对于贯通了刑事政策的功能主义刑法体系，有必要构建一种二元性的规制框架：一是刑法教义学的内部控制，包括借助解释方法的控制、借助目的本身的控制、借助事物本质或存在结构的控制；二是合宪性的外部控制，包括强化基本权利的制约和依靠比例原则的制约。② 宪法学者和刑法学者所进行的这些探索，将刑法体系正当性控制的研究推进到了一个新的高度。其不足之处可能在于：第一，这些方案所针对的“刑法体系”不完全，甚至不主要是刑法教义学的理论体系，因为，它有很大部分涉及的是单纯的刑事立法活动，例如罪名和刑罚设置的合宪性调控。总体而言，现有成果更为关心的是怎样使功能导向的刑法符合法治国的基本原则，以防止个体自由遭受威胁，而不是刑法教义学作为一门科学，其知识体系本身需要满足哪些形式和实质要求。第二，尽管劳东燕教授所提出的“刑法教义学内部的控制”初步涉及了科学性控制的某些要点，但它一方面还没有厘清科学控制工作和教义学日常实践工作之间的关系，另一方面还未对科学性控制具体发挥作用的机理进行系统的分析和总结。

2. 刑法教义学的层次划分

能够对自身的研究活动进行经常、系统的观测和反思，是一门学科走向成熟的标志，因为，从科学发展的规律来看，在科学系统内部，总是先围绕着各种具体对象展开具体研究，随后又逐渐分化出一种子系统，它所研究的不再是外在于科学的各种具体对象，而是科学研究本身。这种研究被称作科学方法论研究，或者科学哲学、科学理论。③ 近年来，

---

① 参见张翔：《刑法体系的合宪性调控——以“李斯特鸿沟”为视角》，载《法学研究》2016 年第 4 期。

② 参见劳东燕：《刑事政策与功能主义的刑法体系》，载《中国法学》2020 年第 1 期。

③ 参见泮伟江：《法律系统的自我反思：功能分化时代的法理学》，北京：商务印书馆 2020 年版，第 41 页。

在各部门法教义学获得空前长足发展的背景下，中国法学界也逐渐开始探索建立一种介乎法哲学与法教义学之间的能够对法教义学进行方法论指导的科学理论，例如，法理学者雷磊教授提出：应当重视和深化对法理论的研究。法理论是从内部观察者的视角出发，通过研究基本法律概念来致力于法律知识的一般化与体系化的关于实在法的规范学科。除为部门法教义学提供通用语和规范论基础、对进入部门法学的外部知识进行过滤和筛选之外，法理论的一个重要功能还在于"对部门法学的学说和命题，甚至对习以为常、被广泛接受的通说进行审视和检验，看其是否符合科学的标准"①。具体到刑法领域，陈兴良教授较早地提出刑法理论需要一定的层次划分②，并主张刑法学可以分为三个层次：一是刑法哲学，即对刑法的价值内容进行形而上探究的刑法知识；二是刑法法理学，即以刑法法理为本位，对刑法原理进行体系性叙述的刑法知识；三是规范刑法学，即以刑法条文为中心，对刑法规范内容进行解释的刑法知识。③ 如果将刑法法理学定位为一种立基于注释刑法学，同时又超越了具体法条和问题的知识层次，那么它无疑具有科学理论的性质。陈兴良教授起初曾将规范刑法学等同于刑法教义学，但近几年又提出，由于刑法教义学除了注释性，本身就具有超越刑法条文进行体系建构的特征，所以"在刑法教义学之外似乎没有刑法法理学存在的余地。或者换言之，刑法教义学就是另一种意义上的刑法法理学"④。

吸收、借鉴上述学者关于学科分层的开拓性思考，笔者认为：

首先，科学性检验机能的独立化，是现代社会背景下刑法教义学的内在要求。当社会现实的复杂性增强，疑难问题的数量与日俱增时，处在司法一线的刑法教义学所肩负的有效应对现实问题的任务也愈加繁重，它往往难以跳出具体问题的包围，也无暇从整体上去兼顾理论体系科学性的要求。因此，与其让它捉襟见肘地两头"兼职"，不如进行职权划分，在具体教义学知识的生产一线之外，还应当设有相对独立的外部监管与批判机制。这种机制由于和司法实践保持着一定的距离，所以能够以较为超脱的姿态，对刑法教义学作更加根本、长远和全局性的思考，能够从方法论的高度对自下而上建构起来的知识体系进行跟踪和检测，一旦发现它与科学标准存在冲突，就警示刑法理论加以反思、修正，甚至在必要时着手重构。

其次，科学性检验层应采取"内置型"的建构思路。在确定有必要建立相对独立的批判机制之后，还需要考虑其定位问题，即究竟应该将其置于刑法教义学之内还是之外。尽管刑法教义学具有极强的应用导向，但在其内部存在着设立科学性检验层的空间。这是由法教义学中"教义"的双重意义所决定的。当代法哲学认为，法教义学的工作任务主要有两个方面：一是从事具体的法律解释，二是建立科学的知识体系。⑤ 虽然法教义学在历史上深受神学的影响⑥，但现代法学理论普遍认为，在法教义学研究活动

---

① 雷磊：《法理论：历史形成、学科属性及其中国化》，载《法学研究》2020年第2期。

② 参见陈兴良：《走向哲学的刑法学》（第2版），北京：法律出版社2008年版，第27页。

③ 参见陈兴良：《部门法学哲理化及其刑法思考》，载《人民法院报》2004年12月29日，第6版。

④ 陈兴良：《注释刑法学经由刑法哲学抵达教义刑法学》，载《中外法学》2019年第3期。

⑤ Vgl. Gustav Radbruch，Rechtsphilosphie，6. Aufl. 1963，S. 210ff；Jan Schur，Rechtsdogmatik und Wissenschaft，2006，S. 38f.

⑥ 参见［德］伽达默尔：《诠释学Ⅰ：真理与方法——哲学诠释学的基本特征》，洪汉鼎译，北京：商务印书馆2010年版，第3页。

中被奉为权威的所谓“教义”不仅指国家颁布的实定法律规范，而且指居于实在法背后，即便立法者也不可随意违背的基本法律原则及原理。[①] 正是这后一种意义上的“教义”，决定了法教义学不是单纯为权力机关背书的仆从，而是具有了科学的特质；也决定了法教义学并非只能为司法者供给法律解释的方案，而是具备了批判立法的功能。

最后，具体来说，刑法教义学可以划分为两个层次：(1) 直接面向实践的刑法教义学。其任务是，以现行刑法为依据，借助各种解释方法围绕司法实务中出现的问题提出恰当的学说。在此过程中，随着同类型案件的持续积累，刑法教义学也会对由此形成的知识进行一定的分类和抽象化的处理。一方面，以理论的形式对判案的经验加以提炼和归纳；另一方面，使庞杂的案件解决方案能以易于理解、方便调取的形式呈现在人们面前。但是，在这一层次上所进行的体系化工作主要以实用为其导向，至多只能偶然和零碎地触及事物本质和内在关联。(2) 从事科学性检验和体系性反思的刑法教义学。在这一层次，我们需要站在科学方法的角度，对前一层次产出的教义学知识展开批判性的考察。

(三) 路径：科学性检验层的初步建构

“自下而上”的思路之所以存在着导致教义学理论堆砌化、碎片化的危险，原因就在于人们在从事理论建构时，只是从满足实践需求的角度出发强调对不同事物应当有不同的解决办法，却往往缺乏从整体上对判断标准的增加作深层次的论证。所以，科学性检验层的主要任务就是对教义学理论的建构追加“论证责任”，即：刑法教义学在发现过往的理论模型 A 无法解决新出现的问题时，会本能地在 A 之外另行提出新的方案 B；随着新问题和新标准的增多，逐渐形成了“A+B+C+……”式的体系构造。作为单纯的实践应用对策，这种知识状态本无可厚非，可是，“刑法教义学之所以具有科学性，不仅因为它的运行过程符合理性，而且因为它能够把握住跨越不同知识点的体系性关联”[②]。所以，一旦进入科学性检验层，刑法教义学就不能满足于这种对标准进行简单罗列式的知识状态，而需要进一步论证：如果在 A 之外还要增添 B、C 等标准，那么 B、C 等新增的标准是否和 A 有着内在关联，从而使这多样性的教义学知识能够统一在一个框架或者范畴之内？假如发现 A、B、C 等标准之间由某种纽带贯通连接着，那就应当根据这种联系对标准进行归纳整合，使其形成统一的知识整体。反之，一旦发现不同的标准存在不可调和的冲突，那就提示当前的知识状态内部存在着某种断裂或者错误，要么是原先确立的理论基础已经不合时宜，要么是实践中发展出来的新标准有偏差，这时刑法理论应当对相关的范畴作根本性的反思。

“……理论只要彻底，就能说服人……所谓彻底，就是抓住事物的根本。”[③] 正是科学性检验层对论证责任的坚守，使教义学知识生产一线的产品被一次次“打回重做”，才迫使体系在反思中逐步接近事物的根本，从原先流于表面的、纯粹服务于实践操作或者个案解析的体系渐渐发展为科学的体系。具体来说，科学性检验层的监测主要有价值

---

① 参见雷磊：《作为科学的法教义学?》，载《比较法研究》2019 年第 6 期；Vgl. Manfred Maiwald，Dogmatik und Gesetzgebung im Strafrecht，in：Behrends/Henckle（Hrsg.），Gesetzgebung und Dogmatik，1989，S. 121ff.

② Urs Kindhäuser，Zu Gegenstand und Aufgabe der Strafrechtswissenschaft，FS-Yamanaka，2017，S. 458.

③ 《马克思恩格斯全集》（第 3 卷），第 2 版，北京：人民出版社 2002 年版，第 207 页。

基础的一致性、形式逻辑的融贯性和事实结构的符合性三方面。

1. 价值基础一致性测试

这主要包括：第一，刑法理论在漫长的发展历程中形成了若干公认的基本原则，它们反映了现代法治社会在犯罪与刑罚问题上的价值共识，因此，根据实践需要发展出来的新标准，应当与原有标准在价值基础上保持一致。第二，不同于犯罪学或者社会学，刑法教义学眼中的"犯罪"乃法律上需罚性和当罚性要件的总和，所以犯罪论内容的设计与安排必须和刑罚的正当化根据相契合。①

以错误论为例：人们公认，客观的构成要件事实是犯罪故意的认识对象，若行为人对构成要件事实缺乏认知，则只能排除故意（标准1）。现在的问题是：如果行为人对正当防卫等的正当化事由前提事实或者对行为的违法性产生了错误认识，能否影响故意的成立呢？当前在学界居于主流地位的限制责任说针对上述问题增设了以下解决方案：首先，对于假想防卫等情形，应当类比适用构成要件错误的处理原则，否定故意的成立（标准2）。其次，违法性认识错误不具有排除故意的效力，在肯定故意成立的前提下，只能根据这种认识错误的避免可能性来认定其是否阻却责任（标准3）。此外，持限制责任说的部分学者还对违法性认识错误的情形作了进一步区分：其一，就自然犯而言，由于构成要件事实与违法性评价有着天然的密切联系，故可以一概实行责任说（标准3a）。其二，就大量的法定犯来说，由于刑法对构成要件的描述与法价值判断的联系过于微弱，仅凭它尚不足以为推断行为的法律属性提供完整的基础，只有结合相关的行政法规范，才能使人们认识到行为的违法性。在此情况下，应当承认违法性认识错误足以排除故意的成立（标准3b）。② 于是，在错误论领域中，大体上形成了"标准1＋标准2＋标准3（标准3a＋标准3b）"的知识状态。接下来，我们可以按以下思路分步骤进行检验：

（1）标准3是否符合责任原则？责任原则是刑法领域内一项旨在保障人的尊严不受侵犯的基本原则，它不仅要求犯罪的成立以行为人具有可谴责性为前提，而且要求犯罪人所受的处罚与他的非难可能性相适应。按照标准1和2，在行为人对不法要素缺乏现实认知的情况下，无法成立故意这一最高级别的责任形式，即便行为人具有认知的可能性，也至多只能成立过失这一较低级别的责任形式。也就是说，要满足刑责相配原则的要求，就应当将现实认识到不法要素和对不法要素只具有认识的可能性这两种情形区别开来，使二者分属不同的谴责层级。本来，作为法律评价基础的构成要件事实与作为法律评价结论的违法性，都是不法行为不可或缺的组成要素，所以也理应同等程度地受制于责任原则。然而，根据标准3，当行为人对违法性这一不法要素缺少正确认识时，并不影响故意的成立。它把仅具有不法认识可能性的行为人和具有不法现实认识的行为人放在了同一层次的责任非难之下，使原本只能受到过失犯谴责的行为升格成了故意犯，这和责任原则所要求的刑责相配是背道而驰的。③

（2）标准3违反责任原则是否存在正当化的根据呢？通说提出，之所以在违法性认

---

① Vgl. Michael Pawlik, Strafrechtswissenschaftstheorie, FS-Jakobs, 2007, S. 477.

② Vgl. Klaus Tiedemann, Zum Stand der Irrtumslehre, insb. Im Wirtschafts-und Nebenstrafrecht, FS-Geerds, 1995, S. 109.

③ 参见陈璇：《责任原则、预防政策与违法性认识》，载《清华法学》2018年第5期。

识错误的场合要对责任原则进行一定的软化，理由在于：许多过失侵害法益的行为并没有被纳入犯罪圈，故有必要避免大面积出现因行为人缺少违法性认识而直接宣判无罪的现象，否则行为规范的普遍效力就会遭到削弱。可是，既然责任原则具有宪法上的根据，它的确立本来就是为了从基本权利的保护出发给国家预防性刑事政策划定界限，那么刑法教义学就不能再以犯罪预防的效果为名反过来限制责任原则的适用范围。由此可见，标准 3 难以通过价值基础一致性的审核。

（3）如何重新整合错误论的法教义学知识？既然标准 3 难以成立，那么为了彻底贯彻责任原则，只能认为违法性认识错误同样具有排除故意的效力。这样一来，标准 1、2 和 3 就在结论上实现了统一。接下来，需要将思考向更深层次推进：第一，既然构成要件错误与正当化事由前提事实的错误在最终的处理准则上完全相同，那么是否可以考虑直接将二者作同一的把握，从而使刑法理论无须在容许性构成要件错误的问题上再如以往通说那样耗费大量的精力呢？进一步引申，三阶层犯罪论体系历来将构成要件和违法阻却事由分为两个部分，但是从教学法体系和科学体系的二元视角来看，这种区分固然具有方便实践操作的意义，但却未必具有科学上的必然性。第二，违法性认识错误和构成要件错误在法律效果上的同一化，使我们不得不重新审视通行的故意论。从以上围绕责任原则所展开的分析可以看出，行为人是否完整地认识到了构成要件事实和他对行为的违法性是否作出了正确的估计，二者对于行为人主观上的可谴责性及其程度具有同等重要的意义。因此，违法性似乎同样应当被纳入故意认识的对象范围。

2. 形式逻辑融贯性测试

既然科学体系要求其内部保持逻辑上的一致性，那么科学性检验层就需要考察，人们在推导新标准的过程中是否存在有违形式逻辑之处。以客观归责中特别认知的问题为例：

鉴于目的行为论的兴起一度使主观要素在不法判断中占据了主导地位，现代客观归责理论提出了一个基本的设想：应当使不法构成要件判断的重心回归到客观的方面，也就是在进入主观构成要件要素和责任判断之前就需要对行为是否创造并且实现了法所不容许的风险这一问题给出回答。[①] 据此，危险判断的基础性资料应当是一般理性人在行为当时认识到的事实（标准 1）。但是，人们很快发现，当行为人对危险事实有着超越一般人的特别认知时，假如不把这种特别认知纳入危险判断资料当中，那么根据标准 1 就只能认定行为并未制造出任何法所禁止的风险。但这样的结论无异于放纵犯罪。于是，客观归责论者只好又添加另一套准则，即在行为人具有特别认知的情况下，应该例外地以行为人本人而不再以一般人认识到的事实作为危险判断的基础（标准 2）。[②]

这两套标准之间的逻辑冲突是显而易见的：原本说好的“客观”归责如何能与“特别认知”这个行为人的主观性要素相兼容呢？对此，客观归责论有义务给出论证。可是，客观归责论者在数十年间提出的各种辩解，都无法消弭这两套标准在形式逻辑上的矛盾。[③]

---

① 参见［德］骆克信：《客观归责理论》，许玉秀译，载《政大法学评论》第 50 期（1994 年）。

② 参见周光权：《行为无价值论的中国展开》，北京：法律出版社 2015 年版，第 196 - 198 页；Vgl. Claus Roxin/Luís Greco，Strafrecht Allgemeiner Teil，Band I，5. Aufl. 2020，§ 12 Rn. 111a。

③ 具体参见陈璇：《论客观归责中危险的判断方法——“以行为时全体客观事实为基础的一般人预测”之提倡》，载《中国法学》2011 年第 3 期。

因为客观归责理论从一开始就明明白白地宣称，作为其突出优势的“客观性”是指其判断能够与行为人的个人能力及主观认知脱钩，所以，我们在检验其逻辑一致性时，也只能严格以这种意义上的“客观性”，而不能以别的（比如所谓结论上的）“客观性”作为衡量的基准。只要在确定危险判断资料时考虑了行为人基于超常能力所获的的认知，客观归责论关于“客观性”的理论预设都必然会被打破。既然现有“标准1＋标准2”的知识状态未能通过形式逻辑融贯性的检验，那就提示我们：客观归责学说最初的理论预设本身可能就存在问题，想要在契合实践需要的同时彻底消除这种逻辑冲突，不能仅满足于局部微调，可能还需要从归责理论的根子上“动大手术”。这涉及更加本源的问题：当人们期待归责理论能够实现一般预防的刑事政策目标时，它究竟还能否断然置行为人个人的避免能力于不顾？一种以划定行为规范禁止范围为己任的归责判断，是否从一开始就只能是一个主、客观要素相统一的范畴？

另外，值得一提的是，尽管客观归责理论被誉为二战结束后德国刑法学所取得的最为耀眼夺目的理论成果之一，但几经发展之后，该理论就如同“一只长着无数触须的巨大章鱼”① 一样，成了一个内容极为混杂的超级范畴。② 有学者认为，它只是将各种毫无关联、完全不同的既有教义学问题悉数堆积于客观归责的概念之下。③ 在笔者看来，现代客观归责理论是“自下而上”思路的典型产物，它在与实践持续交流碰撞的过程中，网罗了犯罪客观构成要件领域内几乎所有重要的问题点。该理论之所以始终存在冲突和杂乱之处，根本原因在于：人们用粗略的三段式框架（“风险创设—风险实现—构成要件效力范围”）对具体的归责标准进行初步整理和归类之后，就基本上只满足于它们在处理实践问题时“管用”，却一直没有从科学方法的角度对整个归责体系进行全面的“体检”和“诊疗”。当今流行的客观归责理论其实是一个远未达至成熟的“发展中”体系。科学视角和整体思维的欠缺，使它还没能从一个由多种论题和标准堆叠而成的“工具箱”，真正上升为科学的理论体系。

3. **事实结构符合性测试**

刑法规制活动不能无视其规制对象的存在特性而任意地展开，准确把握并且尊重规制对象的事实结构，是归责和惩罚获得正当性的基本条件之一。虽然法教义学是一门具有价值性、理解性的人文学科，但与自然现实和社会事实的关联性决定了，相关自然法则和社会规律始终发挥着制约性的作用。在确定某种状态所具有的社会意义和经济价值时，在判断行为人是否具有认知、控制或者避免的能力时，在分析行为引起结果的流程时，物理学、生物学、社会学以及经济学的基本原理和研究结论也是衡量具体刑法教义学知识是否具有科学性的尺度。

（四）余论：需要说明的几点

（1）科学性检验层的成功建立，是以相关基础研究达到一定的深度和厚度为前提

---

① Bernd Schünemann，Über die objektive Zurechnung，GA 1999，S. 207.

② Vgl. Wolfgang Frisch，Tatbestandsmäßiges Verhalten und Zurechnung des Erfolgs，1988，S. 31.

③ Vgl. Armin Kaufmann，Objektive Zurechnung beim Vorsatzdelikt?，FS-Jescheck，1985，S. 271；Eric Hilgendorf，Wozu brauchen wir die objektive Zurechnung?，FS-Weber，2004，S. 44.

的。正所谓“打铁还需自身硬”，科学性检验层要成为衡量教义学知识科学性的标尺，就需要在至少以下几个方面的基础研究上形成较为厚重的积淀和库存：第一，刑法的各项基本原则、犯罪与刑罚的本质等；第二，与刑法论证相关联的逻辑学、语言学、语用学；第三，与刑法规制对象的存在结构相关的实证科学。

（2）科学性检验层建立后，刑法教义学是在“实践导向的知识→科学性检验层→实践导向的知识”的循环往复中获得发展的。1）刑法教义学在对问题和素材进行整理、总结之初，大都采用的是较为浅显和表面的形式，由此产生的知识集合体大致属于教学法意义上的体系；随着人们对相关范畴的本质以及内在关联性有了更深刻的把握，又会逐步推动体系向着更符合事物本质的方向前进。① 科学检验层的出现，旨在加快教学法体系向科学体系演进的速度。2）科学检验层的工作，并不是刑法教义学知识建构的终点。经过科学检验层调整、重构后的知识体系，将会在一定时期内保持相对稳定。这时，理论的关注点必须从科学检验层回归到实践层面。待到新的案件事实出现，教义学知识将在新问题和新素材的“激扰”下，再次经历自下而上的知识更新、随即接受科学检验层监测的过程。

（3）科学性检验标准并不是用于积极推导具体教义学知识的思想来源，而是用于衡量教义学知识是否符合科学基本要求的标尺。换言之，对于教义学知识的产出来说，科学性检验层不是一线的生产者，而是产品质量的监督者。正因为如此，科学性检验层的存在与体系建构方案的多样性并不矛盾。虽然科学性检验层将刑法教义学置于恒定规律的控制之下，但这并不意味着科学的体系是唯一的，因为在严格遵循基本原则、论证方法、事实构造的情况下，教义学知识的组建依然存在很大的选择空间。

本文所主张的刑法教义学体系建构思路如图1所示：

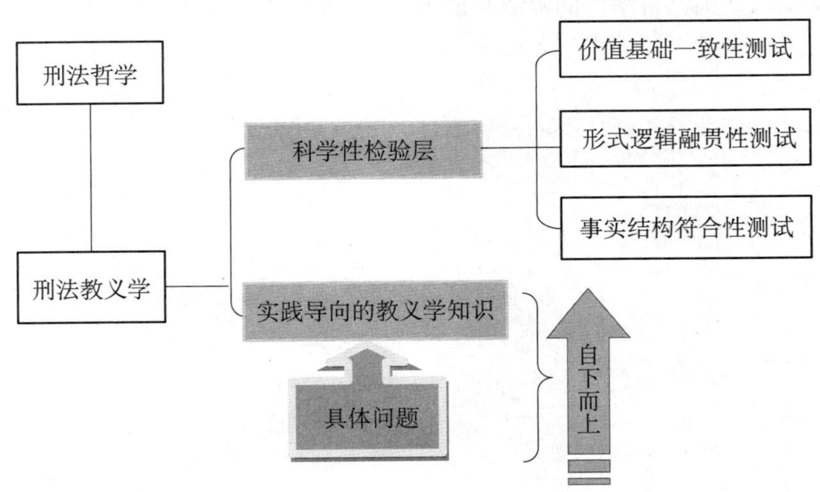

图1　刑法教义学体系的建构思路

① Wolfgang Frisch, Wesenszüge rechtswissenschaftlichen Arbeitens-am Beispiel und aus der Sicht des Strafrechts, in: Engel/Schön (Hrsg.), Das Proprium der Rechtswissenschaft, 2007, S. 165.

五、基本的结论

在 21 世纪的第一个十年，中国刑法学界曾经出现过一轮关于犯罪论体系以及不法立场的学派之争，但此后，宏大叙事式的体系争论的热潮逐渐退去，刑法教义学整体上更加偏重于对具体问题的精研和深耕。原因是多方面的：一则，中国传统的“经世致用”哲学和“理论联系实际”的指导思想，始终深刻地影响着中国刑法学的学术风格；二则，当我国大规模进口德日刑法理论时，出口国本身就已经在方法论上实现了从体系思考向问题思考的转向；三则，中国作为后发型国家，在法律实践中同样存在着传统与前沿问题并存的状况，故刑法教义学的当务之急，是为大量的实际问题提供有效的解决方案；四则，本土刑法理论自主性意识的唤醒，也使人们更加积极地从中国问题中寻求理论建构的灵感。在此背景下，如何处理刑法教义学实践性和科学性之间的关系，就成为一个不容回避的基础性课题。本文的结论可以概括为以下几点：

第一，回归纯粹的实践技艺，不是当代刑法教义学应该选择的道路。坚持对刑法教义学科学性的追求，一方面是现代社会的内在要求，另一方面也具有实现的可能性。

第二，刑法教义学体系的建构应当采取自下而上的思路，以保证体系在复杂多变的社会生活面前保持足够的开放性和应变能力。但与此同时，这一思路也存在着导致刑法教义学知识“堆砌化”“补丁化”的隐忧。

第三，正如社会现实的复杂化必然促使社会系统分化一样，在刑法教义学肩负的任务日益繁重和复杂的时代背景下，其内部也有必要进行功能分化：一部分奉行自下而上的问题思考，着眼于产出具有实用效果的教义学知识；另一部分则专司方法论的监督之职，对教义学知识进行科学性的检测和反思。

新行为规范观：刑法学超越之路*

刘　远**

本文所谓“行为规范”，指的是“刑法中的行为规范”。其作为刑法学的重要概念，当前主要是在“规范二元论”框架下出场的。所谓“规范二元论”，即主张刑法规范既是行为规范又是裁判规范之观点。它是当今主流的刑法规范观。① 但在主流的刑法学体系中，行为规范的这一地位并未得到落实，因为，从古典体系到新古典体系、目的论体系、新古典暨目的论综合体系以至刑事政策目的理性体系等，刑法学一路走来②，都是围绕“裁判规范”进行理论建构的。毫不夸张地说，至今的刑法学简直就是“裁判规范论”，而与之相匹配的“行为规范论”一直是微不足道的。犯罪论与刑罚论之架构、犯罪论中不法论与罪责论之架构，此等刑法学最核心的架构③，都属于裁判规范论，微弱的行为规范论被其遮蔽得隐而不显，甚至可以说，行为规范论几乎难以自立。④ 由主流架构所决定，在裁判规范论意义上对刑法规范所作的评价规范与决定规范之区分⑤，其理论地位比“规范二元论”还要显赫得多。此乃刑法学逻辑本身的重大不自洽。

本文所谓“超越之路”，指的主要是刑法学超越“新康德主义”之路。行为规范论在刑法学上的处境如此尴尬，与自 19 世纪以来，在德国刑法学上先后居于支配地位的古典自然法思想、法律实证主义、新康德主义是分不开的。新康德主义尽管作为一种哲学运动早已衰落，但在今天仍是德国刑法学的主要哲学基础。⑥ 我国许多刑法学者对德国

---

* 本文系国家社会科学基金项目“刑法学司法逻辑化语境中的定罪论研究”［批准号：19BFX094］的阶段性成果。

** 南京师范大学法学院教授、博士研究生导师，南京师范大学刑法与刑事政策研究中心主任，江苏高校区域法治发展协同创新中心、中国法治现代化研究院研究员。

① 参见［日］高桥则夫：《规范论与刑法解释论》，戴波、李世阳译，北京：中国人民大学出版社 2011 年版，第 2 页。

② 这里是就 20 世纪德国刑法学的变奏来说的，因为当代刑法思潮的源头在德国，说德国就是说世界。参见许玉秀：《当代刑法思潮》，北京：中国民主法制出版社 2005 年版，第 4 页。

③ 参见许玉秀：《当代刑法思潮》，北京：中国民主法制出版社 2005 年版，第 35－46 页。

④ 参见茹士春：《刑法规范二重性序论》，载陈兴良主编：《刑事法评论》（第 35 卷），北京：北京大学出版社 2015 年版，第 35 页。

⑤ 参见茹士春：《刑法规范二重性序论》，载陈兴良主编：《刑事法评论》（第 35 卷），北京：北京大学出版社 2015 年版，第 40 页。

⑥ 参见［德］克劳斯·罗克辛：《德国刑法学总论》（第 1 卷），王世洲译，北京：法律出版社 2005 年版，第 123－126 页。

刑法学推崇备至，但因为对其新康德主义地基未加清理，所以无从超越之。应当看到，新康德主义作为古典自然法学说和法律实证主义之后的法学第三条道路，其目标是建立具有科学性（针对古典自然法思想）和批判性（针对实证主义思想）的法哲学[①]，其理路固然不同于前两条道路，但在行为规范观上表现出惊人的历史惯性，即自上而下向度。[②] 这种建构主义惯性使行为规范的自创生性被忽视，甚至被否定，从根本上阻碍着行为规范论的开拓和深化。因此，对德国刑法学的移植加以反思性研究，有助于落实行为规论在刑法学上的应有地位，也有助于开创中国特色刑法学研究的新局面。本文首先对近现代行为规范观及其哲学根源进行分析，然后结合现当代哲学发展趋势提出行为规范生成论，并对行为规范的感知及司法逻辑问题作初步探讨。

一、近现代行为规范观及其哲学根源

（一）三种基本的行为规范观

近代刑法学之父费尔巴哈（Feuerbach），在康德法哲学的基础上建构了刑法学的初步体系。在康德看来，行为规范在理性法上属于实践理性，是绝对命令式的，即无条件的、终极性的[③]，但在实证法上只是立法意志的产物。因此，费尔巴哈的刑法学体系也具有这种二元行为规范论的色彩。[④] 正如有学者所言，康德（Kant）的法哲学要么主张一种背离其批判哲学立场的古典自然法，要么主张一种彻底的法律实证主义，这种断裂是后来的新康德主义者所无法接受的。[⑤] 在费尔巴哈的时代，对行为规范的刑法学理解不可避免地陷于超验与经验之间的断裂。后来的新康德主义者为了建立统一的具有现实意义的法律概念，毅然摈弃了康德的法哲学，但把康德的先验认识论作为其行为规范观的基本理据[⑥]，从而走向了价值独断主义和规范认知主义。

在19世纪后半叶，德国学者宾丁（Binding）对行为规范论进行了重大改造。宾丁不同于费尔巴哈的根本之处在于，他主要是一位法律实证主义者，因而反对超验的态度，只研究实证法上的行为规范。宾丁把行为规范理解为区别于刑罚法规并在逻辑上先于后者的立法者命令，据此认为犯罪是违反规范且符合刑罚法规的行为。他分析了行为规范的三种可能形式，即（以故意杀人罪为例）“你们不应该杀人”“鉴于刑罚，你们不应该杀人”“你们如果杀了人，就应该承担刑罚”，认为只有第一种（“你们不应该杀

---

① 参见［德］弗兰克·萨利格：《拉德布鲁赫和康特洛维茨》，段蓓译，载里赞主编：《法律史评论》（第15卷），北京：社会科学文献出版社2020年版。

② 参见［英］马特·里德利：《自下而上：万物进化简史》，闾佳译，北京：机械工业出版社2017年版，第3页。

③ 参见［美］斯蒂芬·伽尔特·克劳威尔：《康德主义与现象学》，高燕译，载《中国现象学与哲学评论》2014年第2期。

④ 参见马永强：《德国刑法功能主义的前世今生——兼论刑法教义学的科学范式》，载赵秉志主编：《刑法论丛》（第61卷），北京：法律出版社2020年版。

⑤ 参见张龑：《凯尔森法学思想中的新康德主义探源》，载《环球法律评论》2012年第2期。

⑥ 参见张龑：《凯尔森法学思想中的新康德主义探源》，载《环球法律评论》2012年第2期。

人”）才是对行为规范的正确表达。宾丁的规范论的核心观点是，行为规范是法的禁令或者命令本身，而不包括法律后果。[①] 显然，宾丁是在将“你们”（普通民众）与“我们”（立法者）割裂开来和对立起来的前提下立论的，从而只将“你们”看作是规范对象（客体），而不同时或先行地看作是规范形成者（主体）。正因为如此，行为规范被宾丁认为只包括禁令或命令本身，而法律后果则不属于行为规范，而是属于其所谓的“刑罚法规”。这种排斥法律后果的行为规范观，被后来的新康德主义者所继承，直到今天仍在德国居于通说地位。无独有偶，英美法系刑法学者在论述行为规范之时，也犯了类似的观念错误。[②]

在20世纪初，新康德主义在刑法学上取代了法律实证主义的支配地位。在事实与价值二元论的前提下，新康德主义者以“意义”沟通“事实”与“价值”，从而形成现实世界、价值世界和意义世界的三元世界观。[③] 在这一范式中，价值与存在无关，其并非事实而是理性规范[④]；意义则既非现实也非价值，而属于价值对现实的评价本身。意义和价值都是非现实的，但两者不同：前者对现实漠不关心，后者则以前者为载体而与现实相关联。[⑤] 由此，法律教义学被定义为关于法律之客观意义的建构性科学。据此，法律只是“教义”而非“命令”或“规范”，因为“命令”属于“现实”，而“规范”属于“价值”，唯有“教义”才属于“意义”[⑥]。在此种理论进路中，新康德主义刑法学注重的是教义，而不是规范，行为规范论的进一步研究不能不受到阻碍。新康德主义的代表人物拉德布鲁赫（Radbruch）把“法律”描述为“其意义在于为正义效劳的现实”，因而法律具有形式上的实证性和普遍性与实质上的规范性和社会性。其弟子考夫曼（Kaufman）则提出了阶层性法律概念学说，认为法律包含“法律原则（法律理念）—法律规范—法律判决”三个阶层，后二者不可能脱离生活现实而只从各自的上位阶层演绎得出。[⑦] 由此可见，新康德主义将行为规范看作是法律理念规制生活事实的结果。这既不是康德绝对律令式的，也不是实证主义纯经验式的，而是应然与实然的结合。

（二）三种观念的异中之同

上述三种观念各不相同，却有一根本共同点，即都认为行为规范是自上而下而来的，从而表现为鲜明的精英主义、建构主义。对此，可从两个角度来理解。

一是还原论与整体论之争。

---

① 参见梁奉壮：《宾丁规范论研究：本体论考察》，载《清华法学》2017年第1期。

② 参见［美］保罗·H. 罗宾逊：《刑法的结构与功能》，何秉松、王桂萍译，北京：中国民主法制出版社2005年版，第210页。

③ 参见涂纪亮：《新康德主义的价值哲学》，载《云南大学学报（社会科学版）》2009年第2期。

④ 参见李文倩：《事实与价值——从新康德主义到维特根斯坦》，载江畅等主编：《价值论与伦理学研究》（2016年上半年卷），北京：社会科学文献出版社2017年版。

⑤ 参见［德］康特罗维茨、［美］帕特森：《法学方法论背后的新康德主义科学观》，清灵译，载《北航法律评论》2011年第1辑。

⑥ ［德］康特罗维茨、［美］帕特森：《法律科学方法论概要》，清灵译，载陈金钊、谢晖主编：《法律方法》（第11卷），济南：山东人民出版社2011年版。

⑦ 参见［德］考夫曼：《法律哲学》，刘幸义等译，北京：法律出版社2004年版，第123、219-222页。

近代经典科学的范式是还原论，直到现代系统科学产生，它才遇到整体论的挑战。[①] 还原论的哲学概括是实体本体论，整体论的哲学概括是关系本体论、过程本体论、生成本体论。卢梭（Rousseau）的社会契约论、康德的实践理性批判，其原子化个人主义思想，无不是基于还原论。上述三种观念都产生于整体论未彰的时代，具体来看，古典自然法思想将法律还原为理性，法律实证主义将法律还原为意志，新康德主义则将法律还原为教义，而所谓理性是超验的，所谓意志是经验的，所谓教义则是先验的。当然，新康德主义登上法哲学舞台，对于修正盛极一时的法律实证主义具有重要意义，因为后者盲信立法权，并为机械司法张目。而古典自然法思想具有忽视流动性、通过静止范畴分析世界的倾向[②]，所以无力对法律实证主义加以修正；新康德主义则不然，它通过强调法律是应然与实然的结合，不仅恢复了法律的价值思考，还把这种思考从彼岸的理性法拉回到此岸的实证法，这样就既克服了法律实证主义回避价值的弊端，又大大缓解了法律精神的静止性。但也要看到，新康德主义虽然摈弃了康德哲学的形而上学二元论（物自体与现象界之分），却坚持方法论的二元论（实然与应然分属两个不同领域）和相对主义（最高应然原理并非知识，而是信仰）。[③] 这无疑是在观念层面延续着西方传统还原论的老路。其将法律的终极根据置于自上而下的规范（价值）之上，进而否认法律价值的现实性与可知性。这是极为不可取的。

20 世纪以来刑法学方法论上的存在论与规范论之争，就发生在新康德主义的刑法哲学框架之内。其争论焦点，是规范（当为）是否从现实（存在）之中形成。学界一般认为，现象学存在论对此予以肯定回答，而新康德主义规范论则予以否定回答。在 20 世纪 50 年代后，这一争论在裁判规范论意义上的不法与罪责研究中被继续着，并以罗克辛（Roxin，规范论者）对抗韦尔策尔（Welzel，存在论者）为标志。最终，规范论占据了德国刑法学的主导地位。规范论的标准观点是，存在意义上的“个人”和规范意义上的“个体”是两个不同的世界。显而易见，这是一种还原论思维。但在规范论的内部，又存在着重大分歧，其中，雅科布斯（Jacobs）坚持“形式的规范论”，许迺曼（Schünemann）坚持“存在与规范并存论”，罗克辛坚持“实质的规范论”。尽管如此，他们所秉持的都是新康德主义的二元论则是确定无疑的。[④] 当代德国的功能主义刑法学[⑤]，无疑是规范论登峰造极的产物。[⑥]

对上述学界一般看法需作澄清的是，被公认为现象学存在论代表人物的韦尔策尔，其实只不过援用了现象学的思想资源而已，并未因此而放弃其新康德主义立场。法现象学是关于法律现象本身的理论。在法现象学中，善被视为可直观把握到的终极客观持存，而正义被视为通过集体经验予以直观承认的法价值之总体。社会事实则被视为价值

---

① 参见刘敏：《生成的逻辑——系统科学“整体论”思想研究》，北京：中国社会科学出版社 2013 年版，第 12 页。

② 参见［英］怀特海：《过程与实在》，李步楼译，北京：商务印书馆 2012 年版，第 325 页。

③ 参见［德］弗兰克·萨利格：《拉德布鲁赫和康特洛维茨》，段蓓译，载里赞主编：《法律史评论》（第 15 卷），北京：社会科学文献出版社 2020 年版。

④ 参见许玉秀：《当代刑法思潮》，北京：中国民主法制出版社 2005 年版，第 7 - 22、129 页。

⑤ 参见马永强：《德国刑法功能主义的前世今生——兼论刑法教义学的科学范式》，载赵秉志主编：《刑法论丛》（第 61 卷），北京：法律出版社 2020 年版。

⑥ 参见杨志国：《德国犯罪论体系演变的现代西方哲学思潮背景》，载《政治与法律》2010 年第 7 期。

的实现领域，由于这些事实极为多变，故脱离作为价值实现领域的事实来谈论正义被认为没有意义。西方学者据此指出，德国的法现象学并没有取得什么显赫成就。[①] 韦尔策尔并未真正站在现象学的立场上，将主体间性先于主体性、交往先于认知的现象学原则用于观察和描述定罪量刑的司法实践，而只是借助现象学方法去观察和描述犯罪行为本身所谓的物本逻辑，并据此提出了目的行为论，建立了目的论体系。事实上，韦尔策尔本质上仍是新康德主义者。正如有学者所言，在韦尔策尔看来，不法和罪责分别与事实和价值相对应，不法是存在论上的评价客体，罪责是规范论上的客体评价，这种方法论不能支持韦尔策尔是存在论者的判断。[②] 亦即，真正的现象学立场只会认可生成论语境中的规范论，而此种规范论同时也就是刑法现象学（关于规范）的存在论。

申言之，随着系统科学的创立，整体论思想从萌芽状态茁壮成长。[③] 作为整体论的当代形态，生成论主张以过程性思维看待系统的演化机制。[④] 相应地，现当代哲学也肯定了一元的生成本体论。例如，怀特海（Whitehead）的过程哲学采纳了康德的建构原理，但康德是从认识论上把经验秩序的源泉放在认知主体的建构活动中，怀特海则是从本体论上把实在本身看作一个创造性自我建构的框架。[⑤] 怀特海把任何一个现实事态的生成过程都看作总体世界生成的具体展现。[⑥] 在康德那里，世界是从主体发生的；在怀特海看来，主体是从世界发生的。[⑦] 过程是怀特海的本体性概念，却只是康德的认知性概念，过程对康德来说意味着思想过程和“唯我主义的主体论”[⑧]。前期的维特根斯坦（Wittgenstein）把事实和绝对价值截然分开，不过也承认相对价值与事实的“纠缠”；后期的维特根斯坦认识到事实与价值二分仍然是一种形而上学虚构。受其影响，普特南也认识到与价值相割裂的“事实”是某些物理主义的或官腔十足的表达，像“疏忽大意”“过于自信”之类的事实并不支持二元论。[⑨] 系统论法律理论家卢曼（Luhmann）也将事实性与规范性的割裂和对立看作错误的建构，指出：真正与规范性对立的不是事实性，而是认知性，因为“应然”的事实性并不比所谓“存在”少。[⑩] 正如海德格尔（Heidegger）所言，所有的理性及知识问题归根结底都是“此在在世”问题，所以“普

---

① 参见［美］庞德：《法社会学与社会学法学》，姚远等译，载［美］霍姆斯：《法学论文集》，姚远译，北京：商务印书馆2020年版，附录六。

② 参见马永强：《德国刑法功能主义的前世今生——兼论刑法教义学的科学范式》，载赵秉志主编：《刑法论丛》（第61卷），北京：法律出版社2020年版。

③ 柏拉图在其后期已经开始批判自己前期的“分离说”，其中包含理念与现象的分离、存在与生成的分离；通过自我批判，柏拉图开始将存在与生成结合起来。参见何卫平：《辩证法与现象学的会通——以伽达默尔的“效果历史意识”为例》，载《天津社会科学》2020年第4期。

④ 参见刘敏：《生成的逻辑——系统科学“整体论”思想研究》，北京：中国社会科学出版社2013年版，第35、59页。

⑤ 参见［美］菲利浦·罗斯：《怀特海》，李超杰译，北京：中华书局2014年版，第4、7、32-34、40页。

⑥ 参见车凤成：《过程性思维之内涵理解——兼论怀特海过程哲学》，载《延边大学学报（社会科学版）》2008年第1期。

⑦ 参见［英］怀特海：《过程与实在》，李步楼译，北京：商务印书馆2012年版，第139页。

⑧ ［英］怀特海：《过程与实在》，李步楼译，北京：商务印书馆2012年版，第328-239页。

⑨ 参见李文倩：《事实与价值——从新康德主义到维特根斯坦》，载江畅等主编：《价值论与伦理学研究》（2016年上半年卷），北京：社会科学文献出版社2017年版。

⑩ 参见［德］尼克拉斯·卢曼：《法社会学》，宾凯、赵春燕译，上海：上海人民出版社2013年版，第82页。

遍的存在论”先于作为自然科学或心理学对象的“自然的存在论”[①]。因此，人及其社会的存在与价值世界的确立并不是两回事，而是同一事实，并且在逻辑上，正是价值世界的确立才使人作为人而存在。[②] 新康德主义把规范与存在加以割裂和对立，早已是过时的观念。许玉秀精锐指出，新康德主义无法解释如何才能将人的物理体系和评价体系加以分割。[③]

二是主客体性与主体间性之争。

主客体性思维方式把世界万物看成外在于人的客体，主体凭着认识客体使客体为我所用，从而达到主体与客体的统一。这种被西方哲学称为“主客二分”的原则，构成了西方的近代精神。法国哲学家笛卡儿（Descartes）正是在这种原则的基础上提出了“使人成为自然界的主人和统治者”，19、20 世纪科学技术的发展即源于此，同时该原则也成为西方知识运动的主线和启蒙主义的起源。[④] 因此，主体性是近代的原则。[⑤] 这意味着，近代只将人视为理性主体、认识主体、先验主体或泛神论的一切理性。[⑥] 古典自然法思想是一种“超验”的主体性的法哲学，法律实证主义则是一种“经验”的主体性的法哲学，而新康德主义是一种“先验”的主体性的法哲学。如果说法律实证主义贯彻了笛卡儿式的抽象主体性原则，那么新康德主义是贯彻了康德式的绝对自我意识原则。[⑦]

在前述三种基本的行为规范观中，都只有主客体性，而没有主体间性。按照古典自然法思想，成为理性人是每个人平等的道德义务，所以对于理性法只需向主体之内诉求，而无须在主体之间沟通。法律实证主义致力于自然科学研究范式，更不必在逻辑之外诉诸主体间性。康德哲学本就是唯我主义的主体性哲学，这一衣钵十分明显地被新康德主义所继承。而实际上，缺乏主体间性正是各种新康德主义理论所遭遇的共同指责，比如在新康德主义哲学家卡西尔（Cassirer）的理论中，其所谓“意义的客观性”遭到的质问是：既然科学认识对象是主观建构的，那么“意义的客观性”又从何而来？主体间的交流又如何可能？[⑧] 按照现当代哲学发展的大势，行为规范观的哲学基础也理应从主体性哲学转到主体间性哲学。依据哲学家张世英的研究，黑格尔（Hegel）的“主体性哲学”中已内含了“主体间性哲学”思想，此即《精神现象学》中“自我意识”环节的“相互承认”思想，胡塞尔（Husserl）晚年的“交互主体性现象学”和哈贝马斯（Habermas）的“商谈伦理学”都是接着黑格尔讲的。[⑨] 我国刑法学者也指出，黑格尔将法哲学从康德式的个人主义视角，经由辩证法推向整体主义，就此发现了人格体间的

---

① 孙冠臣：《再论海德格尔与新康德主义》，载《世界哲学》2017 年第 4 期。

② 参见余在海、张传开：《价值哲学的困境及其出路——价值哲学研究述评》，载《巢湖学院学报》2006 年第 2 期，第 4 - 5 页。

③ 参见许玉秀：《当代刑法思潮》，北京：中国民主法制出版社 2005 年版，第 27 页。

④ 参见［法］弗朗索瓦·夏特莱：《理性史》，钱穆译，北京：北京大学出版社 2000 年版，第 83 页。

⑤ 哲学家张世英指出，主体性指“主体—客体”式中主体支配客体的特性，离开主客关系，谈不上主体性。参见李超杰：《论张世英对黑格尔学术的贡献》，载《哲学分析》2017 年第 1 期。

⑥ 参见［德］考夫曼：《法律哲学》，刘幸义等译，北京：法律出版社 2004 年版，第 269 页。

⑦ 参见刘远：《论司法刑法学的观念》，载《江海学刊》2021 年第 2 期。

⑧ 参见杨琼：《卡西尔论经验与理性在科学认识中的作用》，载《天津大学学报（社会科学版）》2019 年第 2 期。

⑨ 参见李超杰：《论张世英对黑格尔学术的贡献》，载《哲学分析》2017 年第 1 期。

相互“承认”对于自由的前提意义，于是自在自为的自由意志扬弃了抽象法。[①] 因此，建立于主客体性的新康德主义之上的行为规范观在刑法哲学上是明显落伍的。

二、行为规范生成论及其刑法学意义

（一）所谓规范论的逻辑实质

新康德主义规范论的实质是什么？新康德主义把应然的法律理念看作规范的决定性方面，但问题是，应然的法律理念由谁来代表。韦尔策尔曾指出，新康德主义只能是一种修正的法律实证主义，其价值哲学只是通过虚幻领域的补充来弥补自然主义的错误和片面性。[②] 这种“虚幻性”实际上是先验性。正如新康德主义者施塔姆勒（Stammler）所说，法理念（正义）是一颗虽然遥不可及，但却能够提供可靠指引的“星辰”[③]。但是，“由于理念定义中包含了先验主义，人们不可能客观地认识理念，那么，人们就对现实和理念间的关系自由地选择这种或那种解释”[④]。康德哲学本就被黑格尔指斥为过于随意的知性哲学和诡辩论的现代形式，因为它任意将一特定事物纳入一普遍原则之下。[⑤] 换言之，新康德主义在法律价值论上延续了“主观主义或主体主义”[⑥]。德国学者许迺曼指出，当代德国刑法学有两大弊病，即无结果的法理论和功利政治。所谓无结果的法理论，是指折中主义和传统主义两现象，前者意指各种刑法立论充满任意性，后者意指刑法正义观因袭康德的观点。所谓功利政治，则是指学术不以追求真理和正义为目的，而沦为政治的工具，刑法学乃至整个法学都成为政治制度的下位制度。[⑦] 可见，新康德主义所谓的应然法律理念的代表者无非就是那些掌握法律权力（包括法律话语权）的精英，但新康德主义者对此讳莫如深。

新康德主义刑法学的基本理论逻辑是什么？不是别的，乃是基于先验的法律理念，貌似客观地形成法律概念，再用这些概念去从立法上规划、从司法上裁判所谓的生活事实，从而实现所谓法律的现实化或具体化。由于先验的因素在逻辑上高于经验，所谓“法律理念”“目的理性”“刑法正当性”云云，就都不过是精英们的法律价值观而已。在价值不可知论和相对主义的支配之下，法律精英便以“主体”的姿态，运用源自其法律价值观的法律概念，对民众这些所谓的“客体”所造成的生活事实进行立法规划和司

① 参见马永强：《德国刑法功能主义的前世今生——兼论刑法教义学的科学范式》，载赵秉志主编：《刑法论丛》（第 61 卷），北京：法律出版社 2020 年版。

② 参见马永强：《德国刑法功能主义的前世今生——兼论刑法教义学的科学范式》，载赵秉志主编：《刑法论丛》（第 61 卷），北京：法律出版社 2020 年版。

③ ［德］施塔姆勒：《现代法学之根本趋势》，姚远译，北京：商务印书馆 2016 年版，第 24 - 25、114、117、120 页。

④ ［奥］凯尔森：《法与国家的一般理论》，沈宗灵译，北京：商务印书馆 2013 年版，第 41 页。

⑤ 参见何卫平：《辩证法与现象学的会通——以伽达默尔的“效果历史意识”为例》，载《天津社会科学》2020 年第 4 期。

⑥ 何卫平：《辩证法与现象学的会通——以伽达默尔的“效果历史意识”为例》，载《天津社会科学》2020 年第 4 期。

⑦ 参见许玉秀：《当代刑法思潮》，北京：中国民主法制出版社 2005 年版，第 6 页。

法裁判。在这种新康德主义的逻辑中，所谓生活事实既然是外在于法律理念的，在逻辑上就不包含着法律理念，就只能是等待着被法律理念去规划和裁判的客体。显然，生活事实无非是芸芸众生的生活事实，而根据德国学者梅茨格尔（Mezger）的说法，刑法规范分为评价规范和决定规范（意思决定规范）：前者决定刑法具有评价机能，把一定行为规定为犯罪，使其与一定刑罚相联系，以表示该行为是法律上无价值的；后者决定刑法具有意思决定机能，命令行为人作出不实施该行为的意思决定。[①] 按照这种新康德主义刑法学的逻辑，评价规范及其机能在逻辑上先于决定规范及其机能，依此来推论，就是广大社会成员只是在看到了立法者所宣布的以及司法者所适用的禁令或命令之后，才据以作出正确的行为选择。以贯彻新康德主义为志业的德国学者罗克辛，其规范论立场的实质也是意志论。[②] 其所谓“刑事政策目的理性”，只不过是新康德主义法律理念的一种具体形态而已。总之，民众总是处在被自精英而来的规范所“指引”的地位。这种将民众客体化、被动化的规范逻辑正是新康德主义刑法教义学的实质所在。

（二）规范生成论的逻辑实质

在经典科学的还原论范式中，结构优先于过程；而在系统科学的生成论范式中，过程优先于结构。[③] 建立于还原论范式的传统法社会学大多主张法具有“社会控制”或“整合”的功能，这种观察方式忽视了法的独特性；而建立于生成论范式的卢曼法律系统论则指出，法律系统所履行的独特社会功能是“规范性期待的稳定”[④]。换言之，在生成论范式中，社会系统正是通过“沟通”而形成“期待结构”，在现代化过程中自创生地分化出了对规范性预期承担担保功能的“法律系统”这一社会子系统。[⑤] 所谓“规范性期待”这种法社会学的术语，如若转化为刑法学术语，就只能是“行为规范”。因此在行为规范观上，生成论意味着行为规范的自生自发性。就此而言，如果不是被神化的主体，任何人都必然遭遇对规范的无知，更没有能力去“指引”芸芸众生的生活行为。

行为规范属于生活世界，生活世界是现象学概念，它强调主体间性先于主体性、交往先于认知。有学者指出，生活世界是前科学的、与置身性主体直接照面的世界，也是为实践的对象化结论奠基的世界。[⑥] 因此，行为规范首先是“我们的规范”，然后才正当地“规范我们”，而新康德主义则颠倒了这种关系。法学家罗斯（Ross）为弥合规范与事实之裂痕所采取的“体验”式论证，正是生成论的表现。他说，“规范”存在的一个基本事实条件就是，在大多数情况下规范中的行为模式被社会成员所遵守，这不仅表

---

① 参见［日］大塚仁：《刑法概说（总论）》，冯军译，北京：中国人民大学出版社 2003 年版，第 22－23 页。

② 参见［德］克劳斯·罗克辛：《德国刑法学总论》（第 1 卷），王世洲译，北京：法律出版社 2005 年版，第 12－28 页。

③ 参见刘敏：《生成的逻辑——系统科学“整体论”思想研究》，北京：中国社会科学出版社 2013 年版，第 141 页。

④ 张嘉尹：《法的社会学观察：〈社会中的法〉导论》，载［德］尼可拉斯·鲁曼：《社会中的法》，李君韬译，台北：五南图书出版股份有限公司 2015 年版，第 13－14 页。

⑤ 参见泮伟江：《双重偶联性问题与法律系统的生成——卢曼法社会学的问题结构及其启示》，载《中外法学》2014 年第 2 期。

⑥ 参见孙琳：《现象学与辩证法：哈贝马斯重构合理性的方法论探讨》，载《江汉论坛》2020 年第 1 期。

现为在外部举止上与规则保持可观察到的一致，也表现为在内部态度上感到一定要这样做，即规范的约束力源于规范本身被行动者或旁观者内在地体验为有效。[①] 由此不难看出，对行为规范的刑法社会学研究，是以刑法文本解释和适用为己任的刑法学之科学前提，是刑法学的行为规范论及裁判规范论的科学前提。

由此加以引申，就必须澄清自然犯与法定犯之区分所引起的误解。一般认为，自然犯在道德上天然是犯罪，而法定犯只是由于立法规定才是犯罪。这是一种误解。实际上，由于在一定人群（所谓“业界”）自生自发形成了相关的行为规范，而后立法者才据此在刑法文本中制定了法定犯的罪名。就特定业界而言，法定犯同自然犯一样，是生成的，而人们进入业界时必须对与法定犯相关的行为规范进行学习，这本质上与少年儿童在其社会化过程中对与自然犯相关的行为规范的学习是一样的。如果说不能因为少年儿童的这种学习而否定自然犯的生成性，那么同样不能因为业界新人的学习而否定法定犯的生成性。如果一方面从自然犯的内部（成年人）视角看待自然犯，另一方面从法定犯的外部（门外汉）视角看待法定犯，那就无疑是一种“双重标准”，而这正是传统刑法学在对待自然犯和法定犯时所存在的误区。

当然，生成论并不反对行为规范如要具有刑法性质就须得到立法者认可。如果没有立法者的认可，相关规范就不是法律规范，更不可能是刑法规范，只能是全社会或一定范围的社会伦理规范或职业道德规范。但是，自下而上的生成性毕竟是行为规范的第一属性，自上而下的建构性只是行为规范的第二属性。哈耶克指出，刑法的结构并不是法官或立法者设计的产物，而是习俗的自生自发演进与法官和立法者对既有系统中细节所作的刻意改善这两者始终处于互动中的那个进化过程的结果。[②] 自下而上的向度和自上而下的向度，在行为规范的生成过程中谁主沉浮，此处已说得明明白白。虽然可以说裁判规范是立法者制定的，但绝不能说作为其基础的行为规范也是立法者制定的，因为生成的事物是无法“制定”的。与行为规范相比，裁判规范凸显的是自上而下的向度，但离开行为规范这个基础和依据，裁判规范就成了无源之水、无本之木。如果搞不清两者的上述差异，而错误地认为它们都是出自立法者，那么以裁判规范论代替行为规范论似乎也就顺理成章了。

行为规范具体是如何生成的？这是极其复杂的问题，就和商品的价格在市场上具体是如何生成的一样复杂，但对行为规范的生成机制并非完全不可描述。对此，关键是把握住两个层次：一是社会成员之间自发的、分散的互动形成一致化行为期待。在这方面，哈耶克依进化论理性主义作过深刻阐述。[③] 二是官方与社会之间的主体间性互动，这表现在立法过程和司法过程之中。仅就司法过程来说，如果离开法官的认可和适用，习惯就只是习惯，无论如何不能成为习惯法。[④] 既然立法者计划基于生成的行为规范去

---

① 参见［丹］阿尔夫·罗斯：《指令与规范》，雷磊译，北京：中国法制出版社2013年版，第99－122页。

② 参见［英］弗里德利希·冯·哈耶克：《法律、立法与自由》（第1卷），邓正来等译，北京：中国大百科全书出版社2000年版，第57、160页。

③ 参见邓正来：《哈耶克法律哲学的研究》，北京：法律出版社2002年版，第26、72页。

④ 参见［德］康特罗维茨、［美］帕特森：《法律科学方法论概要》，清灵译，载陈金钊，谢晖主编：《法律方法》（第11卷），济南：山东人民出版社2011年版。

制定刑法条文，那么在其制定之前，就已经认可了相关行为规范具有刑法规范的性质。换言之，在立法者将行为规范认可为刑法规范与据此制定刑法条文之间，是存在时间差的，其对于行为规范的理解具有重要意义，因为这表明行为规范不仅在逻辑上，而且在事实上先于裁判规范而存在。宾丁的错误之一正在于此。他认为，规范仅仅在逻辑上先于刑罚法规，这一错误产生于他在实证主义立场上将规范和刑罚法规的法源主体加以同一化处理，即均归结为无差别的立法意志的结果。概言之，具有不可逆性的时间维度对于还原论是无意义的，而对于生成论是至关重要的。① 就司法领域而言，自生自发的行为规范并不因立法者制定刑法文本而从根本上变得清晰或确定，对于行为人的行为是否具有刑事违法性的判断，与是否应予定罪处刑的判断，并不是一回事，前者是行为规范上的判断问题，后者是裁判规范上的判断问题，不可加以混淆。

（三）规范生成论的初步展开

首先，行为规范是不是独立的规范？

宾丁关于行为规范不包括法律后果的观点，实际上没有赋予行为规范以独立性，因为，既然行为规范与法律后果无关，那么行为规范到底是刑法意义上的还是前置法意义上的，就无从区分。即便是规范二元论，也具有否认行为规范独立性的倾向。德日刑法学强调刑法的补充性或二次规范性，甚至慨叹"何以将（对）违反刑法以外的法令或契约上的义务赋予刑法的根据，并不明确"②；德日刑法学也强调刑法保护法益的辅助性，但对犯罪的质的规定性持难以肯定的看法。③ 此外，所谓"违法一元论"也不承认行为规范的独立性，例如：木村龟二批判说，承认刑法上特殊的违法性观念，就破坏了违法的统一性；大谷实反驳说，由于法律效果不同，违法性程度当然不同。④ 前者直接否认行为规范的独立性，后者则以"程度"的见解予以间接否认。

但是，规范生成论主张承认行为规范的独立性。先要澄清的是，独立性不是孤立性，而是自身质和量的规定性。黑格尔说："为了寻求严密彻底的科学知识计，我们必须指出，像经常出现的那种仅在量的规定里去寻求事物的一切区别和一切性质的办法，乃是一个最有害的成见。"⑤ "尺度既是质与量的统一，因而也同时是完成了的存在。当我们最初说到存在时，它显得是完全抽象而无规定性的东西；但存在本质上即在于规定其自己本身，它是在尺度中达到其完成的规定性的……举凡一切人世间的事物……皆有其一定的尺度，超越这尺度就会招致沉沦和毁灭。"⑥ 但新康德主义并不讲辩证法，一方面谈论行为规范，另一方面不承认其质和量的规定性。不承认其质和量的规定性，就是不承认其独

① 参见刘敏：《生成的逻辑——系统科学"整体论"思想研究》，北京：中国社会科学出版社 2013 年版，第 16－17 页。

② ［日］松宫孝明：《刑法总论讲义》，钱叶六译，北京：中国人民大学出版社 2013 年版，第 10－11、67 页。

③ 参见［德］克劳斯·罗克辛：《德国刑法学总论》（第 1 卷），王世洲译，北京：法律出版社 2005 年版，第 12、22、24、28、26 页。

④ 参见马克昌：《比较刑法原理：外国刑法学总论》，武汉：武汉大学出版社 2002 年版，第 321 页。

⑤ ［德］黑格尔：《小逻辑》，贺麟译，北京：商务印书馆 1980 年版，第 221 页。

⑥ ［德］黑格尔：《小逻辑》，贺麟译，北京：商务印书馆 1980 年版，第 234－235 页。

立性及存在性，规范二元论就徒有其表。那么，行为规范的独立性何以不容否认？

其一，刑法不仅对故意杀人等严重自然犯进行着法律规制，而且对法定犯也进行着独特的规制。作为法定犯基础的行为规范，并非其前置法（如行政法）中的行为规范的简单复制，而是有其独立的质和量。这一点在后文所述的行为规范的完整性中表现得很清楚。的确，刑法在将某一行为判断为实质不违法的方向上，与其他法领域应尽量保持一致，这似乎表明行为规范是从属于前置法的；但是，在刑法将违法行为判断为具备值得刑罚处罚的质和量的违法性的方向上（所谓法秩序统一性的反向适用）[①]，凸显行为规范的独立性。为了否定这种独立性而坚持法秩序统一性的反向适用禁止的观点，显然有悖于事实，不过是为了自圆其说而已。

其二，法秩序的统一性是矛盾的统一性，对“矛盾”不应消极看待。“矛盾是推动整个世界的原则，说矛盾不可设想，那是可笑的”[②]。整体法秩序内部矛盾的运动是其演化的动力。不接受矛盾、消极看待矛盾，或者干脆把辩证矛盾等同于逻辑矛盾，都是形式逻辑的狭隘思维。新康德主义不讲辩证逻辑，它是无法理解整体法秩序内在矛盾及其辩证运动的。例如，虽然正当防卫无论在刑法中还是在民法中都合法，但紧急避险在刑法上合法有时产生损害赔偿义务。一般来说，当法的内部矛盾为社会所容忍时，整体法秩序是现实存在的。法秩序的辩证性与违法多元性以及行为规范独立性是逻辑上一致的。如果坚持违法一元论，反倒会造成不良后果。比如，说“刑事裁判不可先于民事裁判与行政程序而得出结论”[③]，就会导致刑事司法的消极被动，还可能使刑法过度干预违法行为，以致使刑法丧失公正立场而异化为社会秩序管理法。

其三，承认行为规范的独立性，照样是有系统论根据的。行为规范的独立性，指的是刑法的自我指涉；行为规范的保障性，指的则是刑法的功能耦合。进而言之，违法是否具有多元性，讲的是各种法律自身的自我维持问题；而法秩序是否具有统一性，讲的则是各种法律之间的功能耦合问题。对此，不应予以混淆。刑法之所以是刑法，之所以能自我维持和确证，不是因为其外部关系，而是因为其自我指涉的本性。不承认行为规范的独立性，刑法的独立性便无从谈起。

其次，行为规范是否以及在何种意义上先在于裁判规范？

所谓先在性，是指行为规范不仅在逻辑上，而且在事实上，先于刑法文本即裁判规范而存在。裁判规范作为定罪量刑规范，是立法者在客观反映和有限修正行为规范的基础上制定出来的，而在刑法文本制定之后，行为规范并没有因之明确起来，更不会因之发生根本变化。被刑法文本加以明确的，也并不是裁判规范的全部，而只是其中一部分（如构成要件、法定刑）。就连裁判规范都难以尽数明定（如因果关系、间接正犯），遑论行为规范。强调行为规范内含于刑法规定中而无须先行处理，或者强调行为规范性和裁判规范性是刑法规范的二重性[④]，都遮蔽了发生学意义上行为规范的先在性，都会导

① 参见［日］松宫孝明：《刑法总论讲义》，钱叶六译，北京：中国人民大学出版社 2013 年版，第 85－86 页。

② ［德］黑格尔：《小逻辑》，贺麟译，北京：商务印书馆 1980 年版，第 259 页。

③ ［日］松宫孝明：《刑法总论讲义》，钱叶六译，北京：中国人民大学出版社 2013 年版，第 83 页。

④ 参见茹士春：《刑法规范二重性序论》，载陈兴良主编：《刑事法评论》（第 35 卷），北京：北京大学出版社 2015 年版。

致刑法文本的封闭性。如此，就无法诠释为何普通人并不读刑法文本却不担心动辄获罪，也无法诠释为何立法明确是为了规制公权力而不是像“心理强制说”所认为的那样去威慑民众。

在此，澄清违法性认识理论中关于“法”的争议，有助于从反面证成行为规范的独立性和先在性。第一是“违反前法律的规范的意识说”，第二是“一般的违法性的意识说”，第三是“特殊刑法的（可罚的）违法性的意识说”[①]。以上这三种观点都是不正确的。第一种观点，将“违法”等同于“违背伦理”，表明其意识到仅将刑法文本作为证立违法性判断的正当依据是不行的，也意识到应将违法性判断依据向刑法文本之前推移，但受制于将刑法等同于刑法文本的实证主义惯性，没有意识到刑法文本之前的依据本来就是刑法性质的，故而只能将其归结为伦理性的。如此一来则导致自我设限，以致无法说明为何伦理性的东西竟成为违法性判断依据。第二种观点，虽然意识到法秩序的整体性，却否认了行为规范的独立性、先在性。如前所述，将法秩序的统一性与刑事违法的独立性对立起来，是不可取的。行为人无论是意识到违反整体法秩序，还是意识到存在一般意义的违法性，只要其不可能意识到刑事违法性，对其定罪处刑就总是没有正当基础的。另外，第二种观点中也隐含着与第一种观点的共性，即似乎只要超出行为人对刑法文本的认知，刑事违法性意识就无从谈起。事实上，刑法绝非刑法文本所能全面反映。[②] 这说明如果对刑法与刑法文本的关系缺乏正确认识，对整体法秩序也不可能有正确认识。第三种观点看似与本文的观点一致，其实与本文的观点距离最远，因为，第三种观点是以 19 世纪的预防论为基础的，是费尔巴哈的“心理强制说”的翻版，具有更强烈的法律实证主义色彩。相比之下，前两种观点反倒并不专盯刑法文本，而是在一定程度上强调刑法与前置法乃至伦理规范的联系，尽管它们并没有在区分刑法与刑法文本的前提下揭示行为规范的刑法性质。

最后，行为规范是否包含后果指向？

行为规范的独立性、先在性的逻辑结论必然是行为规范的完整性。所谓完整性，是指行为规范不仅具有行为的指向，也具有后果的指向。宾丁否认这一后果指向，是因为在其实证主义逻辑中，一旦承认后果指向，就无法诠释为何民众不犯罪主要是出于认同规范而非畏惧刑罚，也就无法避免陷入法律强制论。但从生成论来看，行为指向和后果指向都是生成的，不是自上而下而来的，因此违反规范要求者要付出代价并赎罪，是人民的法感情、民众的法感受中天经地义的东西。这样来看，宾丁的顾忌是不必要的。否定后果指向也是不符合基本的规范现象的，诸如：“事情是按照行为人的意图进展的，但是，就发生的结果追究行为人的责任却在社会观念上是不合适的情形”[③]；“刑法并没有清楚规定，该如何处理迷信犯，但不应处罚迷信犯则为通念”[④]；对不能犯的行为，“任何有理智的人也都根本不会认真看待”[⑤]，所以没有充分的处罚理由。此类叙述表明，

① 马克昌：《比较刑法原理：外国刑法学总论》，武汉：武汉大学出版社 2002 年版，第 486－488 页。

② 参见刘远：《刑法本身：透过刑法文本看刑法》，载《中国政法大学学报》2021 年第 2 期。

③ ［日］大塚仁：《刑法概说（总论）》，冯军译，北京：中国人民大学出版社 2003 年版，第 161 页。

④ 林东茂：《刑法综览》，台北：一品文化出版社 2007 年版，第 217 页。

⑤ 林东茂：《刑法综览》，台北：一品文化出版社 2007 年版，第 215－216 页。

现实中的行为规范是包含后果指向的。所谓后果在民众看来往往难以言说，却通常是“你懂的”，不能因其模糊性而否定其存在性。有学者也意识到单讲行为指向之不可取，但其将行为指向和后果指向分别称为“行为模式”和“制裁措施”①，又是欠妥的，因为在行为规范论问题上不宜使用裁判规范论的建构性术语。

因此，行为规范不仅是犯罪论（定罪论）的基础，也是刑罚论（量刑论）的基础。按照宾丁式的行为规范观，行为规范仅仅与犯罪论有关，而与刑罚论无关。韦尔策尔曾提示过应通过责任阶层的可谴责性建构，来避免在犯罪论的责任概念与刑罚论的责任概念之间制造一道空隙②，但他没有指出是什么确保了两种责任概念之间的衔接，因为他没有意识到这一衔接者只能是行为规范概念。对行为概念进行深刻规范论证的雅科布斯也忽视了行为规范的后果指向，他主张刑罚目的是维持规范的有效性和这种意义上的积极一般预防，但在其逻辑中，确定刑罚的当然界限不是来自责任，而是从外部接受的限制，即维持秩序的需要。③ 这表明在其规范概念中，也是没有后果指向的。罗克辛试图填平犯罪论与刑罚论的鸿沟，将应罚性与需罚性均看作是犯罪阶层体系的架构准则。④这当然有其合理性，但问题是，罗克辛的“行为论”只能在犯罪论内部发挥所谓基础功能、界限功能和连接功能（结合功能），却无法在犯罪论与刑罚论之间架设逻辑桥梁。真正能架设这座桥梁的，只能是完整意义上的行为规范概念。排除后果指向的行为规范概念，必然使立法上的设刑、司法上的量刑分别委之于立法者、司法者的主观意志。

三、行为规范的感知及司法逻辑

（一）新康德主义的概念迷信

行为规范是对行为内容的理智要求与对违反后果的情感反应的有机统一，如若剥离其情感内涵，则无法正确理解和准确把握行为规范。但自 19 世纪以来，在刑罚理论的语境中探讨“刑罚是法的一种恢复”的思想，就存在着所谓在本体论和交往理论上的解读与在社会心理学上的解读的对立。前者将“恢复”解读为“法作为法的恢复”以及“规范效力侵害的排除”，后者则解读为消除由犯罪行为引起的社会不安全感。但是，这两种观点在论证如下问题时都遇到了困难：为什么偏偏需要刑罚带来它们要求的恢复结果？德国学者帕夫利克（Pawlik）试图通过对不法进行人格体不法、主体不法、公民不法的类型性划分，将刑法上的特定不法定义为“对自由存在秩序的共同维护义务的违反”，从而得出刑罚是对这样的不法的恰当回应之结论。⑤ 可是，德国学者对刑罚合法

---

① 茹士春：《刑法规范二重性序论》，载陈兴良主编：《刑事法评论》（第 35 卷），北京，北京大学出版社 2015 年版。

② 参见［德］汉斯·韦尔策尔：《目的行为论导论》，陈璇译，北京：中国人民大学出版社 2015 年版，第 75 页。

③ 参见［德］格吕恩特·雅科布斯：《行为 责任 刑法——机能性描述》，冯军译，北京：中国政法大学出版社 1997 年版，第 36、37 页。

④ 参见许玉秀：《当代刑法思潮》，北京：中国民主法制出版社 2005 年版，第 146 页。

⑤ 参见［德］米夏埃尔·帕夫利克：《人格体　主体　公民——刑罚的合法性研究》，谭淦译，北京：中国人民大学出版社 2011 年版，第 36 页。

性的各种“理性”论证，都是在排斥行为规范的情感内涵，从而将行为规范简化到只剩下对行为内容的理智要求的前提下进行的，因此无法令人信服地论证为什么应对犯罪偏偏需要刑罚。对于上述理论困境，新康德主义亦难辞其咎。

如前所述，新康德主义是在不可知论的价值起点上，展开其认知主义逻辑体系的，因此，它推崇概念思维，而蔑视一切非概念的思维。“在康德看来，除了概念以外，没有什么东西进行认识；因为在一个可知的世界中相互联系的对象都是概念作用的产物，正是通过概念的作用使范畴形式引入感觉材料之中……因此，对康德来说，这种使经验得以产生的过程是一种从主体性到现象的客体性的过程。”[①] 新康德主义继承了康德哲学的这一态度，认为法律概念并不是法律存在的客观反映，而只是法律价值观的形式，亦即概念只是“一种技术性问题而非认知论上问题……仅意味着从一个事物的各种可能限定中选取并陈述对其所讨论的科学而言最为多产的那个特殊限定……经由这样来固定概念的内容，我们并未对事物的实存或其更进一步的属性主张任何东西……”[②]。在这种概念主义下，新康德主义“在试图解除感性作为知识的一个来源方面走得太远了，这否认了康德最基本的区分之一”[③]。新康德主义推崇概念已经到了迷信的程度，无怪乎德国刑法学十分不屑于规范情感，如罗克辛直言，“一种用概念所无法表达的法律感受，就是最黑暗的知识来源”[④]。可以说，德国刑法学贬斥其自己创立的，然而饱含规范情感的期待可能性概念，并非空穴来风。

前面所谓“康德最基本的区分之一”，是指康德对人类心灵作了纯粹知性能力和纯粹感性能力的区分。但新康德主义者并不接受这一区分。在柯亨（Cohen）看来，纯粹的感觉是不存在的，感性并不先于逻辑。作为柯亨的学生和新康德主义认识论最重要的代表人物，卡西尔也反对感性与知性的区分，并由此走向纯粹逻辑主义。他也因此而被指责毁坏了康德哲学的实践维度。[⑤] 新康德主义放弃康德关于实践理性高于理论理性的原创性观点，转而对价值问题采取纯知识论和逻辑主义的进路[⑥]，导致迷信概念、蔑视情感，陷入价值独断主义和规范认知主义。

根据哈贝马斯，主体性哲学具有两种同具始源性的主客体关系：一种是认知性的，另一种是生产实践性的。两者之间经由教化过程作为中介。前者是反思哲学，赋予认知以优先地位，把主体当客体进行认知，把理性安置在认知主体的反思中；后者是所谓实践哲学，把理性安置在行为主体的目的合理性之中。[⑦] 被纳入主客体关系之中，从而作为主体或客体的人，也就只是认知主体，而人性之中对价值真正具有决定意义的情感被漏掉了，正如怀特海所言，“具体的世界从科学的网眼中漏过去了”[⑧]。新康德主义法哲

① ［英］怀特海：《过程与实在》，李步楼译，北京：商务印书馆2012年版，第244页。

② ［德］康特罗维茨、［美］帕特森：《法学方法论背后的新康德主义科学观》，清灵译，载明辉、李昊主编：《北航法律评论》（第2辑），北京：法律出版社2011年版。

③ 孙冠臣：《再论海德格尔与新康德主义》，载《世界哲学》2017年第4期。

④ ［德］克劳斯·罗克辛：《德国刑法学总论》（第1卷），王世洲译，北京：法律出版社2005年版，第127页。

⑤ 参见杨琼：《卡西尔论经验与理性在科学认识中的作用》，载《天津大学学报（社会科学版）》2019年第2期。

⑥ 参见孙冠臣：《再论海德格尔与新康德主义》，载《世界哲学》2017年第4期。

⑦ 参见［德］于尔根·哈贝马斯：《现代性的哲学话语》，曹卫东译，南京：译林出版社2011年版，第73、75页。

⑧ ［英］怀特海：《思维方式》，刘放桐译，北京：商务印书馆2010年版，第20页。

学正是如此。事实上，法哲学只能是实践哲学，但不是生产实践哲学，而是交往实践哲学，因为规范的本质是交往。生产实践哲学只是理论哲学的延长，正如生产实践是认知活动的延长。康德指出，一切技术上的实践原理严格来说不属于实践哲学，而只能算“理论哲学的补充”；邓晓芒教授也强调，技术的实践是属于理论理性的。① 新康德主义法哲学的误区正在于以理论哲学模式来建构本应为交往实践哲学的法哲学。因此，去掉其独断性的价值判断，新康德主义就近乎法律实证主义了。

（二）感知的行为规范论意义

实际上，只有从交往实践理性来看，价值才是可知的。新康德主义价值哲学从经济领域引入了价值概念，却没有将价值的交往性形成机制一并引入。规范逻辑的关键并不是认知逻辑，而是交往性的感知逻辑。“感”意味着感知生物对其与环境的共存体验，来自感知生物与其环境互为主体性的关系；而“知”则仅仅意味着人对某一事物的对象化把握，是主体性的。“感知”作为“感”与“知”的综合，强调了“知”的主体间性前提以及其对“知”的摄入，因此，感知属于交往范畴，而认知仅属于认识范畴。过程哲学就是因为充分意识到认知的局限性，才强调感知的作用的。② 现象学也表明，一项感知行动不仅包含对当下感知对象的感知，更包含对“滞留”、“当下”和“前摄”三个时间维度的感知③，这种感知绝非认知所能达成。对此，有两点需要特别强调：

其一，感知是在交往中发生的，是经验的而非逻辑（形式逻辑）的。考夫曼说，排中律虽适合于“存有逻辑”，却不适合于“规范逻辑”④。规范逻辑不是形式逻辑，而是辩证逻辑。黑格尔指出：“就辩证法表现在精神世界中，特别是就法律和道德范围来说，我们只消记起，按照一般经验就可以表明，如果事物或行动到了极端总要转化到它的反面。这种辩证法在流行的谚语里，也得到多方面的承认。譬如在……至公正即至不公正……一谚语里，意思是说抽象的公正如果坚持到它的极端，就会转化为不公正。”⑤ 黑格尔的深刻之处在于，他把规范辩证法与经验相联系。具体来说，行为规范是抽象层面的同一性与具体层面的多样性的辩证统一。抽象的公正只是知性的公正，具体的公正才是理性的公正。公正从抽象上升到具体，从知性上升到理性，是借助于感性对知性的辩证否定作用才达成的。规范辩证法，首要地表现在行为规范的可论证性、可批判性、可反思性，其本质在于如何通过主体间的否定性论辩来达成共识，这是通向交往合理性的开端。⑥ 因此，刑事司法实践对刑法中的行为规范的把握，应遵循“认知可认知的，不可认知的留给交往”的司法逻辑。其关键，并不是对规范意思的认知，而是对规范情

---

① 参见邓晓芒：《康德〈实践理性批判〉句读》（上），北京：人民出版社 2019 年版，第 462 页。

② 参见车凤成：《过程性思维之内涵理解——兼论怀特海过程哲学》，载《延边大学学报（社会科学版）》2008 年第 1 期。

③ 参见泮伟江：《超越“错误法社会学”——卢曼法社会学理论的贡献与启示》；泮伟江：《法律系统的自我反思——功能分化时代的法理学》，北京：商务印书馆 2020 年版，第 306 页。

④ ［德］考夫曼：《法律哲学》，刘幸义等译，北京：法律出版社 2004 年版，第 327 页。

⑤ ［德］黑格尔：《小逻辑》，贺麟译，北京：商务印书馆 1980 年版，第 180 页。

⑥ 参见孙琳：《现象学与辩证法：哈贝马斯重构合理性的方法论探讨》，载《江汉论坛》2020 年第 1 期。

感的感知。旁听、辩护、陪审等制度，都是司法逻辑中推动交往和实现感知的制度，其刑法规范意义主要在于行为规范的澄明和呈现。① 那些事实清楚但有规范争议而无罪辩护成功的刑事案件，在这方面最具代表性。我们可以视之为在法官主持下于控、辩方之间发生的一场对话，其中，控方陈说作为整体法秩序组成部分的刑法为什么应对被告人的行为进行有罪评价和刑罚反应，而辩方则陈说被告人的行为为什么根据行为规范并不具有值得刑事处罚的质量。在这种意义上，法官应是规范辩证法的化身，必须具有晓之以理、动之以情的司法能力。②

其二，对于满足人民群众对公平正义的"感受"来说，法律实证主义和新康德主义都无能为力，因为，它们都拘泥于认知逻辑，而排斥交往性的司法逻辑。事实上，新康德主义刑法学是无法回避规范情感及其感知问题的，只是不愿意赋予其理论地位罢了。比如说，"在将无责任能力的他人作为工具加以利用实现犯罪时，虽然因为没有亲自动手而不是正犯，而且，因为是针对不负责任的人行为的，所以，不是教唆犯、从犯，但是，视其为不可罚则违反法感情，因此，要作为间接正犯来处罚"③。又比如说，"由于不作为的犯罪能量较低，社会大众对于不作为的手段也有较低的非价领悟，所以（不纯正）不作为犯的处罚，应当轻于作为犯，例如：以不作为的手段杀人，处罚应当轻于以积极手段杀人。"④ 这里的规范逻辑其实很清楚：是规范情感的客观存在及其感知，决定了间接正犯概念的意义和对于（不纯正）不作为犯应如何处理。但新康德主义刑法学只愿在叙述时一带而过、说说而已，不愿赋予其体系性地位。表达任何一条行为规范的句子，都不仅有其知性意思，还有其情感意义：对于知性意思，一般情况下每个有规范意识的人，依靠其认知能力即可获悉；但对于情感意义，个人是难以单独把握的，离不开从"人同此心，心同此理"的交往之中进行感知并产生共情。感知论的规范理性观并不排斥规范认知，但要求不停留于并超越规范认知。虽然规范情感的形式是主观的，但其内容是客观的，否则"努力让人民群众在每一个司法案件中感受到公平正义"是不可理喻的。因此，对《刑法》第1条所谓"经验"这一规范基因应当加强研究，然而，我们对它已经忽视得太久了。美国哲学家杜威（Dewey）曾说，近代哲学的根本误区就是不懂得"经验"究竟为何物。胡适曾就此指出，经验即生活，生活即应付环境，因此经验是动态的行动，而不是静态的知识。⑤ 因此，强调行为规范感知论与司法刑法学的内在逻辑关联是必要和重要的。

---

① 参见刘远：《刑事司法过程的刑法学建构问题研究——刑法学司法逻辑化的方法论》，北京：人民出版社2018年版，第239页。

② 参见刘星：《司法的逻辑：实践中的方法与公正》，北京：中国法制出版社2015年版，第132页。

③ ［日］大塚仁：《刑法概说（总论）》，冯军译，北京：中国人民大学出版社2003年版，第142页。

④ 林东茂：《刑法综览》，台北：一品文化出版社2007年版，第157页。

⑤ 参见胡适：《实验主义》，载欧阳哲生编：《胡适文集》（第2册），北京：北京大学出版社2013年版，第208-211页。

新中国刑法学基本理念的演进初探

曾明生　沈明帅*

通常认为，目前学界对当代中国刑法理念的研究已经十分繁荣，主要体现在研究者的研究路径十分广泛、视野十分开阔、成果十分丰富，为刑法制度、刑法技术乃至刑事法治实践方式的进化和发展指引方向并提供动力。① 而刑法学的基本理念，是刑法学的精神和灵魂，它与刑法的基本理念是密切关联的，学界似乎往往将两者混为一谈。其实，对刑法学的基本理念，我国学界至今仍鲜有涉及②，或者通常以刑法学的作用的名义略加阐述。③ 当前正强调对中国法学自主知识体系的建设，因此，对刑法学的基本理念的研究具有重要意义。笔者拟对新中国刑法学基本理念的内涵、特征以及其演进展开初步探讨，以期抛砖引玉。

一、新中国刑法学基本理念的界定与特征

"新中国刑法学的基本理念"也可以被区分为广义的和狭义的基本理念。广义的"新中国刑法学的基本理念"，是指新中国刑法学中的基本的思想观念和信念。狭义的"新中国刑法学的基本理念"，是指新中国刑法学中的基本的理想信念、具有基本价值的根基性的思想观念，(甚至是）正义的、最终的和永恒的基本的思想观念。关于"新中国刑法学的基本理念"的界定，其实就是给它下一个合适的定义，讨论其概念问题。这就涉及明确其内涵和外延问题。"内涵"是指概念所反映的事物的本质属性的总和，也就是概念的内容，而"外延"是指概念所确指的对象的范围。④ 需要指出的是，新中国刑

* 曾明生，华东交通大学铁路法治研究院副院长，教授、硕士研究生导师，法学博士。
沈明帅，华东交通大学 2021 级法律硕士研究生。

① 参见高铭暄、曹波：《当代中国刑法理念研究的变迁与深化》，载《法学评论》2015 年第 3 期。

② 参见彭文华、傅亮：《习近平法治思想引领下的中国刑法学新理念》，载《青少年犯罪问题》2022 年第 1 期。

③ 参见高铭暄、马克昌主编：《刑法学》（第 10 版），北京：北京大学出版社、高等教育出版社 2022 年版，第 3-4 页。

④ 参见中国社会科学院语言研究所词典编辑室：《现代汉语词典》（第 7 版），北京：商务印书馆 2017 年版，第 944、1345 页。

法学的基本理念，不等同于新中国刑法的基本理念。两者的关系，是刑法学理念与刑法理念的关系在新中国的具体化。学界有人将刑法学理念与刑法理念混同。其实它们之间是有区别和联系的，其在本质上是法学理念与法律理念的关系，反映的是法学和法律在理念层面的互动关系。我国学界对于刑法理念的定义和刑法理念的内容，众说纷纭。关于其定义，我国学界目前大致有刑法观说①、基本观念说②、正确体认说③、正义理念说④、基本立场说⑤、理性认知说⑥、指导性观念说⑦等多种代表性的观点。⑧ 我们认为，这些观点均有一定的合理性，但是相比之下，基本观念说、正义理念说、理性认知说更为合理，因其观点不失于宽泛，相对聚焦于价值理念和对根本问题的理性认知。⑨ 关于内容，当前学界已有罪刑法定理念说⑩、两大理念说⑪、三大理念说⑫、四大理念说⑬等代表性观点。应当讲，上述认识都有一定的道理，其探究的意义值得肯定。

---

① 早期研究者把刑法理念界定为刑法观，泛指人们对刑法的性质、功能，罪刑关系、刑法的制定和实施等一系列问题的思想认识、心理态度和价值取向。参见赵长青：《树立当代刑法新理念》，载《现代法学》1997 年第 2 期。

② 有学者认为，刑法理念是关于刑法的价值、机能和原则的一系列基本观念，它们对于刑事立法和刑事司法具有指导意义。参见陈兴良：《刑法理念导读》，北京：法律出版社 2003 年版，第 8 页。

③ 有人认为，刑法理念是指人们对刑法的本质、性质与功能等一系列问题的本真把握和正确体认。参见蔡道通：《当代刑法的两大基本理念及其意义》，载《南京师大学报（社会科学版）》2003 年第 4 期。

④ 有学者在等同意义上使用"刑法理念"和（广义的）"正义理念"，并且认为，我国刑法规定的目的和基本原则都是对刑法理念的表述。参见张明楷：《刑法理念与刑法解释》，载《法学杂志》2004 年第 4 期。

⑤ 有学者认为，刑法理念是一种对刑法的基本看法和基本立场。参见陈兴良：《当代中国刑法理念》，载《北京大学研究生学志》2007 年第 3 期。

⑥ 有人认为，刑法理念是指人们通过对刑法性质、刑法机能、刑法作用、犯罪、刑罚、罪刑关系和刑法文化及其价值取向的宏观性、整体性反思而形成的理性认知。参见苏彩霞：《刑法国际化视野下的我国刑法理念更新》，载《中国法学》2005 年第 2 期。也有学者把刑法理念界定为人们制定、解释和适用刑法，贯穿于刑事立法、刑法解释和刑事司法等多个环节在多个方面彰显及体现的，对刑法的内涵、地位、性质、机能和罪刑关系等刑法根本问题的基本认识、基本观点、基本看法、基本立场的理性认知和思想凝结。参见苏惠渔、闻志强：《我国刑法理念研究的回顾与展望》，载赵秉志等主编：《现代刑法学的使命》（上卷），北京：中国人民公安大学出版社 2014 年版，第 13 页。

⑦ 有学者认为，刑法理念应当是贯穿并统摄刑事立法、刑法解释和刑事司法等多个环节的指导性观念，是刑法精神、刑法意识和刑法观念的集中体现，是刑法内在的价值诉求。参见闻志强：《中国刑法理念的前沿审视》，载《中国刑事法杂志》2015 年第 2 期。

⑧ 参见曾明生：《我国企业产权保护的刑法理念问题新探》，载赵秉志主编：《改革开放新时代刑事法治热点聚焦》，北京：中国人民公安大学出版社、群众出版社 2018 年版，第 384 页。

⑨ 曾明生、李诗烨：《新时代总体国家安全的刑法保障理念初探》，载赵秉志等主编：《现代刑事法治视野下的国家与社会安全》，北京：中国人民公安大学出版社 2020 年版，第 35 页。

⑩ 闻志强：《重申罪刑法定的基本理念》，载《法商研究》2015 年第 1 期。

⑪ 有学者认为，刑法有两个基本理念：一是秩序维护为首要目标，二是最后手段性。参见蔡道通：《当代刑法的两大基本理念及其意义》，载《南京师大学报（社会科学版）》2003 年第 4 期。

⑫ 有学者认为，我国刑法规定的目的和基本原则都是对刑法理念的表述，其中第 2 条表述合目的性理念，第 3 条表述法的安定性理念，第 4 条和第 5 条表述法的平等性理念。参见张明楷：《刑法理念与刑法解释》，载《法学杂志》2004 年第 4 期。还有学者认为，当代中国应当遵循三个刑法理念：人权保障理念、刑法谦抑理念、形式理性理念。参见陈兴良：《当代中国的刑法理念》，载《国家检察官学院学报》2008 年第 3 期。

⑬ 有学者认为，目前我国刑法理念的更新主要体现在基本树立了罪刑法定的理念、适度犯罪化的理念、保障人权的理念和注重刑罚效果的理念。参见赵秉志、王鹏祥：《论我国宪法指导下刑法理念的更新》，载《河北法学》2013 年第 4 期。

但是，需要注意的是，刑法理念究竟是谁的理念？刑法理念是刑法作为部门法的理念，归根结底是人的理念，是刑法规范中承载的立法者、司法者和执法者的刑法理念。学者对刑法理念的主张与解读，可能影响但不完全等同于立法者的刑法理念、司法者的刑法理念以及执法者的刑法理念。而且，在不同历史时期也可能有不同的刑法理念，因人的因素、社会因素和时空因素等原因而不同。例如，从专政型刑法理念向法治型刑法理念转变[①]，其中涉及刑事立法理念、刑事司法理念和刑事执法理念。而刑事立法理念，是立法者在刑事立法中应当或者实际所秉持的刑事立法目的、立法精神与价值追求等。其中包括应然的立法理念和实然的立法理念：前者是理想状态的立法观念，后者是实际状态的尚有不足的立法观念。

此外，刑法理念又可分为广义的刑法理念与狭义的刑法理念等。[②] 其中狭义的“刑法理念”，是指能够直接引发刑法规范效力的，有关刑法目的、刑法价值、刑法机能、刑法原则、刑法本质和刑法精神等一系列的基本观念。严格来讲，学者对刑法理念的学理解读，即使非常精准，其本身也不等同于（能够直接引发刑法规范效力的）刑法理念，而是学理归纳或解读。这种学理归纳或解读，不只是从属性的，而是具有相对独立的和指导性的作用，可以通过影响立法和司法来发挥作用。不过，值得指出，某些专家学者直接参与了立法，那么他们同时还承担了立法者的角色。

刑法理念，与刑法目的、刑法价值、刑法机能、刑法原则、刑法本质、刑法精神、刑事政策等相关范畴存在区别和联系。刑法理念是主观的，它包括刑法目的观、刑法价值观、刑法机能观、刑法原则观、刑法本质观和刑法精神观等认识和观念。相对于把它视为有关刑法的一切理性的观念（广义的“刑法理念”）而言，这是一种狭义的认识。其中（非异化的）刑法目的本身就是刑法理念的核心。（非异化的）立法目的是立法理念的组成部分，（非异化的）司法目的是司法理念的组成部分，而（非异化的）执法目的是执法理念的组成部分。学者的刑法目的观，也是学者的刑法理念解读的基本组成部分，但它不等同于直接引发刑法规范效力的刑法理念。然而，最狭义的“刑法理念”，指的是（非异化的）刑法目的思想和观念。这也是一种狭义上的“刑法的基本理念”。而广义上的“刑法的基本理念”，对应的是前述狭义的“刑法理念”，是指能够直接引发刑法规范效力的，有关刑法目的、刑法价值、刑法机能、刑法原则、刑法本质和刑法精神等的一系列的基本观念。

新中国刑法学的基本理念是一种特殊的基本理念，必须具有基本理念的一般特征，又与新中国刑法学相结合，需要体现新中国刑法学的特征。因此，下文从三个方面展开讨论。

1. 理念的关联性与基本性

法律理念是由法律的信念或信仰、目的、目标、理想、精神、理论、手段、方法、准则等构成的有机综合体。[③] 其中就涉及理念的关联性问题。其主观性涉及对象内容的

---

① 参见陈兴良：《刑法理念导读》，北京：法律出版社 2003 年版，第 11 页。

② 参见曾明生：《我国企业产权保护的刑法理念问题新探》，载赵秉志等主编：《改革开放新时代刑事法治热点聚焦》，北京：中国人民公安大学出版社、群众出版社 2018 年版，第 384 - 385 页。

③ 参见李双元等：《法律理念的内涵与功能初探》，载《湖南师范大学社会科学学报》1997 年第 4 期。

客观性和目的性的关联，即理念是对客观事物的主观看法（思想、观念和信念），其中思想、观念和信念三者体现了其主观性的特征。这种主观性含有目的指向性，其中包括价值性目的思想、机能性目的思想和原则性目的思想等。[①] 此外，刑法学的基本理念中还涉及法的理念和法学理念的互动性。法学理念指导法律实践，指导立法者确立科学、合理的立法理念，指导司法者确立科学、合理的司法理念。而法律实践中的法律理念又反作用于法学理念。法律实践中的法律理念制约着法学理念，或者引发法学理念的修改与调整。因此，法学理念的主观性和目的性、对象的客观性与法律理念的互动性关联在一起。

刑法学基本理念的基本性，是指其贯穿于全部刑法学理论体系，在刑法学研究者共同体中占据主导地位，具有根本指导和制约刑法学发展的重要意义。刑法学研究者共同体在从事刑法学研究过程中会遵循很多理念，但是，并非每一个理念都是刑法学基本理念，只有其中对刑法学研究具有全局性指导意义或者在刑法学理论体系中具有根本性意义的理念，才能成为刑法学基本理念。亦即，新中国刑法学的基本理念是从事新中国刑法学研究的学者共同体的基本的、占主导地位的、具有全局性指导意义的共同价值观念，是新中国刑法学的目的、价值的基本反映。换言之，新中国刑法学的基本理念是新中国刑法学的精神和灵魂。

2. 理念的稳定性与发展性

如前所述，有人认为，法的理念是真正的、正义的、最终的和永恒的形态。[②] 有人认为，“除了正义，法律的理念不可能是其他理念”[③]。只有“‘正义’为法之真理念”[④]。其实这些观点将法律理念看作“不变不易之原则”，仍然有失偏颇。其夸大了理念的稳定性，忽视了理念的发展性。“理念”以及“（刑）法理念”的定义和内容，至今尚无定论的众说纷纭的现状，就已表明其具有发展变化的特性。对于“基本理念”而言，其既有“理念”的特征又有“基本性”的特征。其“基本性”的特征和“稳定性与发展性”这对辩证统一的特征是相辅相成的。在一段期间内，刑法学基本理念是相对稳定的，因为：一方面，刑法学的基本理念是该时期的刑法学的精神和灵魂，是刑法学研究者共同体的智慧结晶，并不瞬息万变，也非一蹴而就的；另一方面，作为理念的重要载体的刑法学教科书的知识体系也是相对稳定的，这也是刑法学基本理念具有相对稳定性的重要体现。但是，我国政治、经济、社会、文化是不断发展的，刑法学研究总体上也在不断发展、进步，因此，刑法学基本理念也在与时俱进地变化、发展，以适应新的政治、经济、社会、文化条件的变化，回应人民群众和新时代的新要求。

3. 新中国刑法学的特殊性——中国特色和人民性

新中国刑法学的基本理念是指导新中国刑法学走向繁荣发展的基本理念，而新中国刑法学是指导新中国刑法发展进步的重要学科。新中国刑法学基本理念必须有利于指导

---

① 参见曾明生：《刑法目的论》，北京：中国政法大学出版社 2009 年版，第 236－251 页。

② 参见［德］H. 科殷：《法哲学》，林荣远译，北京：华夏出版社 2003 年版，第 10 页。

③ ［德］拉德布鲁赫：《法哲学》，王朴译，北京：法律出版社 2005 年版，第 31 页。

④ 史尚宽：《法律之理念与经验主义法学之综合》，载刁荣华主编：《中西法律思想论集》，台北：汉林出版社 1984 年版，第 264 页。

新中国的刑法不断进步，造福于国家和人民。如此才能获得新中国全体人民的普遍认可和广泛支持。新中国刑法学基本理念的人民性的特征，是社会主义的本质要求。新中国刑法学，是为新中国的社会主义制度服务的刑法学，亦即，治国有常，而利民为本。刑法反映统治阶级的意志，新中国是中国共产党领导的、以工农联盟为基础的人民民主专政的社会主义国家，本质上是人民当家作主的国家，这决定了新中国刑法始终是为人民服务的刑法，而以此为研究对象的刑法学也必须始终秉持保护人民的基本底线。在确保基本底线的条件下并不排斥吸纳人类先进文明法治成果。

二、新中国刑法学基本理念的演进过程和内容

通常认为，新中国刑法学的演进经历了一个曲折的发展过程，大致可以分为三个时期：一是创建与初步发展时期（1949 年 10 月至 1957 年上半年），二是遭受挫折和基本停滞时期（1957 年下半年至 1976 年 10 月），三是复苏与全面发展时期（1976 年 10 月至今）。[①] 因此，其基本理念的演进过程也可依此进行划分。但是，如何判断新中国刑法学基本理念的内容？其判断的方法、标准和依据又如何呢？必须注意，“新中国刑法学的基本理念”归根到底仍是人的基本理念，那么究竟是谁的基本理念？我们认为，它应当是新中国刑法学研究者共同体的基本理念。据此，其基本理念之内容的判断方法，是探寻新中国刑法学研究者共同体的基本理念的方法。可以结合前述概念界定以及参考前述基本特征加以综合考量，还可以从具有全国代表性的刑法学教科书、具有全国代表性的刑法学学科发展里程碑论文论著中寻找，具有贯穿全部刑法学理论体系、在刑法学研究者共同体中占主导地位、具有根本指导和制约刑法学发展的重要意义的基本理念。如前所述，其基本理念有广义和狭义之分。狭义的“新中国刑法学的基本理念”是指新中国刑法学理论体系中基本的理想信念、具有基本价值的根基性的思想观念，(甚至是)正义的、最终的和永恒的基本的思想观念。这与狭义的“新中国刑法学的基本理念”相对应，形成互动关系。本文立足于狭义的“新中国刑法学的基本理念”进行探讨，其中主要涉及的是价值性目的理念和机能性目的理念等。

(一) 新中国刑法学创建和初步发展时期的基本理念

从 1949 年 10 月到 1957 年上半年是新中国刑法学创建和初步发展的时期。有学者指出，在新中国成立前夕颁布的《中国人民政治协商会议共同纲领》明确宣布：“废除国民党政府一切压迫人民的法律、法令和司法制度，制定保护人民的法律、法令，建立人民司法制度”。《共同纲领》的这些宣言，敲响了新中国刑法学研究的钟声[②]，为新中国刑法学研究指引了前进方向。尤其应当注意，其中要求废除国民党政府一切“压迫人民”的法制，制定“保护人民”的法制。

当时研究成果不多，研究课题比较零散。当时的教科书中，根据王作富先生的介

① 参见本书编写组：《刑法学》(总论·上)，北京：高等教育出版社 2019 年版，第 25 页。

② 参见张智辉：《回首新中国刑法学研究五十年》，载《国家检察官学院学报》2000 年第 1 期。

绍，1956年最高人民法院发现高铭暄先生和王作富先生等几位学者编写的《中华人民共和国刑法总则讲义》比较好，因此将其作为内部材料印刷，全国法官人手一册。[①] 而且，在司法部的指导下，1956年中国人民大学刑法教研室和北京政法学院刑法刑诉教研室合作制定了《中华人民共和国刑法教学大纲》；1957年2月，中国人民大学刑法教研室编印了《中华人民共和国刑法总则讲义〔初稿〕》（上、下册）；1957年4月，东北人民大学出版了张中庸编写的《中华人民共和国刑法》；1957年法律出版社出版了中央政法干部学校刑法教研室编写的《中华人民共和国刑法总则讲义》；1957年西南政法学院刑法教研室编印了《中华人民共和国刑法总则讲义〔初稿〕》。这一部教学大纲和几部教材比较系统地论证了与中国社会主义革命和社会主义建设的客观实际、基本要求相适应的刑法理念和刑法原理，勾画了刑法总则的体系，阐述了新中国刑法的主要内容，从而标志着新中国刑法学理论体系的基本形成。[②]

也有学者指出，中央政法干部学校刑法教研室编著的《中华人民共和国刑法总则讲义》（法律出版社1957年版）具有明显的时代痕迹，其中第一讲就是讲刑法的阶级性，并且认为只有根据马克思列宁主义的立场、观点与方法，揭露刑法发生的历史根源，说明犯罪和刑罚的阶级本质及其发展，才能把对中华人民共和国刑法的研究置于正确的方向。而且其第二讲是“中华人民共和国刑法的概念和任务”，其中指出“刑法是保护一定统治阶级利益的工具，是统治阶级进行斗争的武器”。“中华人民共和国刑法是……巩固人民民主专政，保护人民民主权利和保障我国胜利地建成社会主义社会的有力工具”[③]。该教科书还主张刑法有溯及力，而当时的刑法典草案也规定了新法溯及既往原则。此外，该教科书和其他未公开出版的教科书都介绍了类推、刑罚的目的、犯罪构成四要件等规定，反映出对苏联刑法的继受特征并且与当时的立法精神相吻合。[④] 由此不难发现其中具有“保护新生的人民民主政权”理念。

另外，代表性的论文论著如，在镇压反革命、开展“三反”运动和“五反”运动的过程中，贺连城先生在《西北司法》1950年第3期发表了《对反革命为什么必须严厉镇压》一文；全国人民代表大会常务委员会法制委员会于1951年编印了《镇压反革命》〔第一、二辑〕，西南司法部编写、西南人民革命大学于1953年印制了《惩治贪污与保护国家经济建设》等书籍，王作富先生在《政法研究》1955年第2期发表了《苏维埃刑法在实施新经济政策时期中的作用》[⑤] 一文，蔡云岭先生在《政法研究》1955年第4期发表了《坚决镇压反革命，巩固人民民主专政》等文章。这些著述基本反映了当时刑法理论研究为运用刑法维护新生的人民民主政权提供了有力的理论支撑。[⑥]

由上可知，在这一时期新中国刑法学的基本理念主要是反对旧法，保卫新生的人民

---

① 参见但未丽编：《草木有本心——王作富学术人生自述与侧记》，北京：北京大学出版社2013年版，第32页。

② 参见张智辉：《回首新中国刑法学研究五十年》，载《国家检察官学院学报》2000年第1期。

③ 中央政法干部学校刑法教研室编著：《中华人民共和国刑法总则讲义》，北京：法律出版社1957年版，第9、19页。

④ 参见王文华：《刑法学教科书60年回顾与反思》，载《政法论坛》2010年第2期。

⑤ 参见但未丽编：《草木有本心——王作富学术人生自述与侧记》，北京：北京大学出版社2013年版，第39页。

⑥ 参见张智辉：《回首新中国刑法学研究五十年》，载《国家检察官学院学报》2000年第1期。

民主专政的政权和保护人民。

（二）新中国刑法学遭受挫折和基本停滞时期的基本理念

一般认为，1957年下半年到1976年10月是新中国刑法学遭受挫折和基本停滞时期，其中1957年下半年到1963年是新中国刑法学遭受挫折时期。有学者指出，1958年以后在批判“修正主义”和反“右派”斗争中，极左思潮甚嚣尘上，一度支配着意识形态的各个领域，刑法学研究受到了法律虚无主义的严重影响，新中国刑法学处于停滞不前的徘徊状态。以亦民先生撰写的《反对刑法科学中的修正主义倾向》（载《政法教学》1958年第1期）和李克仁先生等人撰写的《反对刑法教学中的修正主义旧法观点和教条主义》（载《政法学习》1958年第1期）等论文为标志，刑法学研究开始走向低谷。[①]

需要指出，苏联学者特拉伊宁撰写的《犯罪构成的一般学说》一书，由薛秉忠先生和王作富先生等四位学者在1957年之前翻译，并在1958年由中国人民大学出版社出版。[②] 陈兴良教授指出，中国人民大学法律系刑法教研室编写的《中华人民共和国刑法是无产阶级专政的工具》[③] 一书（中国人民大学出版社1958年版），以及北京大学法律系刑法教研室编写、1976年印行的《刑事政策讲义》一书，基本上属于政治宣讲和政策解读的资料，完全没有学术性和理论性。[④]

从1963年下半年到1976年10月是新中国刑法学基本停滞时期。当时法律虚无主义甚嚣尘上，这一时期的刑法学沦落为无产阶级专政理论，完全被政治化与意识形态化。[⑤] 其中从1966年“文化大革命”开始后，司法机关一度被迫停止工作，但是很快开始“联合办公”。这时的刑法学研究在表面上，可以说是销声匿迹了[⑥]，因此刑法学作为一个学科体系的基本理念根本上无从谈起。

有学者认为：应当看到，在这一时期，有责任感的刑法学者并没有停止对刑法问题的思考。学界通常将这个时期称为“停滞时期”。但是实际上，这个时期的刑法学研究并不完全是一片空白。其主要课题是犯罪与两类矛盾、死缓制度的存废及反革命罪等问题。而且他还指出，这段时期刑法学研究的主要特点是：强调刑法工具论，但是忽视了刑法维护社会秩序的作用，以无产阶级专政为支柱的政策思想占主导地位，用阶级斗争的理论代替对刑法自身特点的研究。[⑦] 应当说，这一认识是深刻的，也是比较中肯的。

然而，我们认为，需要结合前述基本理念的界定与特征来综合判断，在前述遭受挫折时期新中国刑法学的基本理念主要是保卫无产阶级专政的政权；但是在前述基本停滞时期，即使存在所谓的个别学者的或者少数学者的理念，也不具备“基本性”的特征，

---

① 参见张智辉：《回首新中国刑法学研究五十年》，载《国家检察官学院学报》2000年第1期。

② 参见张智辉：《回首新中国刑法学研究五十年〉，载《国家检察官学院学报》2000年第1期。

③ 该书只有八十八页、六万多字，其内容却涉及各刑事法学科。参见但未丽编：《草木有本心——王作富学术人生自述与侧记》，北京：北京大学出版社2013年版，第72-73页。

④ 参见陈兴良：《中国刑法学研究40年（1978—2018年）》，载《武汉大学学报（哲学社会科学版）》2018年第2期。

⑤ 参见张明楷：《中国刑法学的现状与未来》，载《清华法律评论》2015年第2辑。

⑥ 参见张智辉：《回首新中国刑法学研究五十年》，载《国家检察官学院学报》2000年第1期。

⑦ 参见张智辉：《回首新中国刑法学研究五十年》，载《国家检察官学院学报》2000年第1期。

故代表刑法学研究者共同体的、占主导地位的、具有全局性的学科体系指导意义的基本理念无从谈起。

（三）新中国刑法学复苏和全面发展时期的基本理念

1976年10月迄今是新中国刑法学复苏发展和全面发展时期。在这段时期新中国刑法学的发展历程，通常可以分为以1979年《刑法》为研究重心、以特别刑法的适用和刑法改革为研究重心、以1997年《刑法》及其修正案为研究重心等几个发展阶段。①

（1）以1979年《刑法》为研究重心的发展阶段。

其时间跨度为1976年10月到1988年6月，这是新中国刑法学的复苏发展期。

一般认为，以1979年《刑法》颁布为契机，新中国刑法学进入了一个恢复重建的阶段，其所恢复的对象是20世纪50年代从苏联引进的刑法学。前述中央政法干部学校编写的《中华人民共和国刑法总则讲义》一书，就是在1979年《刑法》颁布后，根据刑法规定进行修订，并于1980年由群众出版社出版的，成为1979年《刑法》颁行后出版的第一部刑法教科书。该书并没有说明它与其1957年版的渊源关系，但两者在理论内容上的承接关系是极为明显的，尤其是关于犯罪构成体系仍然采以苏俄刑法学为蓝本的叙述。②

1982年，高铭暄先生主编的司法部统编教材《刑法学》一书在法律出版社出版，标志着新中国刑法学的恢复重建已取得了阶段性的成果。该书在体例和内容上都有所突破，并且成为此后新中国刑法教科书的样板。③ 此外，还有杨春洗先生等学者编著、北京大学出版社于1981年出版的《刑法总论》，王作富先生等学者编著、中国人民大学出版社于1982年出版的《刑法各论》等。④

如此从前述教科书和有关论文论著的特点可知，其基本理念包括“保卫无产阶级专政制度”的内容。尤其是应当注意到，1979年《刑法》第1条（指导思想、制定根据）、第2条（刑法的任务）、第79条（类推适用）的规定，以及有些单行刑法具有溯及力等相关规定。对此进行的注释刑法学的研究，与在前述初步发展时期的基本理念具有比较明显的共同特点，强调保卫政权和人民群众利益、对社会秩序的保护。

因此，在这一时期新中国刑法学的基本理念是：保卫无产阶级专政制度，指导司法实践，打击犯罪，保护人民。

（2）以特别刑法的适用和刑法改革为研究重心的阶段。

其时间跨度为1988年7月至1997年3月，这是新中国刑法学的重要发展阶段。

有学者指出：新中国刑法学的发展，经历了一个从以立法为中心到以司法为中心的过程。以1997年《刑法》颁布为标志，新中国刑法学研究可以分为两个阶段：1997年

---

① 参见高铭暄、赵秉志：《改革开放三十年的刑法学研究》，载《中国刑事法杂志》2009年第3期。

② 参见陈兴良：《中国刑法学研究40年（1978—2018年）》，载《武汉大学学报（哲学社会科学版）》2018年第2期。

③ 参见陈兴良：《中国刑法学研究40年（1978—2018年）》，载《武汉大学学报（哲学社会科学版）》2018年第2期。

④ 参见张智辉：《回首新中国刑法学研究五十年》，载《国家检察官学院学报》2000年第1期。

《刑法》颁布前，新中国刑法学长期处于以立法为中心的研究状态；而在1997年《刑法》颁布后，新中国刑法学进入以司法为中心的研究状态。[①]

这一段重要时期是在1997年《刑法》颁布之前，故当时的刑法学研究是以立法为中心的理论刑法学研究。诚然，其中也重视理论与实践相结合。此时新中国刑法学学科体系已经基本奠定，刑法学研究的广度和深度得到了进一步提升，刑法教材的建设水平明显提高。其中，高铭暄主编、马克昌副主编的高等学校文科教材《中国刑法学》（中国人民大学出版社1989年版）在全国产生了较大影响。当时影响较大的教材还有林准主编的《中国刑法学教程》（人民法院出版社1989年版）和赵秉志、吴振兴主编的《刑法学通论》（高等教育出版社1993年版）。这一时期的刑法学研究主要围绕刑法典修订与刑法学基础理论研究展开。[②] 其中在刑法学基本理论综合研究方面具有较大影响的著作有高铭暄主编的《刑法学原理》（三卷本）和马克昌主编的《犯罪通论》《刑罚通论》。

因此，在这一阶段刑法学的基本理念大致是：指导刑事立法和刑事司法，以立法为中心，强调保护社会秩序、惩罚犯罪、保障人民利益。

（3）以1997年《刑法》及其修正案为研究重心的阶段。

1997年《刑法》的颁布，结束了理论界关于类推与罪刑法定的争论，以立法的形式确立了罪刑法定原则，使法治社会的刑法和封建专制社会的刑法明确区分开来。[③] 以1997年《刑法》为研究重心的刑法学研究进入了一个全面发展的阶段。1997年《刑法》对类推制度的废除和对罪刑法定原则的确立，标志着我国刑法学基本理念的新变化，即开始由“侧重保护社会”向“保护社会和保障人权并重”转变。

通常认为，长久以来，刑法立法和司法实践习惯强化或夸大刑法的阶级斗争属性，将刑法视作单纯保护社会的工具而忽视对个人人权的保障。有论者认为，和1979年《刑法》相比较而言，1997年《刑法》在价值观上改变了过分重视社会秩序防卫机能的倾向，在立法上对社会秩序防卫机能与人权保障机能进行调整，从而在立法上实现刑法之保障机能与保护机能的并重。[④] 还有学者强调，社会保护与人权保障的统一，就是要求刑法从计划经济体制下那种对社会保护机能的单一选择，向市场经济体制下人权保障和社会保护机能并重的选择转变，并适当向人权保障机能倾斜，还人权保障机能在刑法中的应有地位，使刑法在担当社会利益保护器的同时，成为公民自由和权利的坚强卫士。[⑤]

随着1997年《刑法》正式颁布以后，刑法修改终于告一段落，新中国国刑法学研究的重点开始转向司法论的刑法学。司法论的刑法学是建立在刑法规范基本完善的基础上，随着刑法修订的完成，其条件也就具备了。和1979年《刑法》相比较而言，1997年《刑法》在结构和内容上都更为完善与完备。当然，1997年《刑法》通过后，刑法

---

① 参见陈兴良：《中国刑法学研究40年（1978—2018年）》，载《武汉大学学报（哲学社会科学版）》2018年第2期。

② 参见张智辉：《回首新中国刑法学研究五十年》，载《国家检察官学院学报》2000年第1期。

③ 参见陈兴良：《当代中国刑法新径路》，北京：中国人民大学出版社2006年版，第11页。

④ 参见臧冬斌：《刑法保障机能与保护机能的立法调整和司法实现》，载《法学家》2002年第3期。

⑤ 参见田宏杰：《中国刑法现代化研究》，北京：中国方正出版社2000年版，第51-58页。

的修订工作持续进行，刑法修正案的立法方式的采用，在一定程度上解决了立法的持续性和法典的稳定性的关系，从而为以司法为中心的刑法学奠定了规范基础。可以说，对刑法立法的研究不再是刑法学的主要使命。这是一种刑法学研究方向的重大改变[①]，而且，这也是涉及刑法学基本理念调整的问题。尽管对刑法立法的研究已不再是新中国国刑法学的主要使命，但是将其用于指导立法也是需要的。正如主流教科书都指出，刑法学的作用包括三方面：指导（支持）刑事立法、指导（促进）刑事司法、繁荣法学教育（促进法学繁荣）。[②] 因此，在这一阶段的刑法学基本理念中，虽然强调“以司法为中心”，但是仍要坚持其指导刑事立法的追求。而且，需要指出的是，2004 年“国家尊重和保障人权”明文“入宪”给新中国国刑法学研究带来了积极的重大影响，进一步强化了刑法学研究中关于保护社会和保障人权并重的理念。

因此，这一阶段的刑法学基本理念大致是：指导刑事立法和刑事司法，以司法为中心，繁荣法学，强调保护社会和保障人权并重。

（四）新中国刑法学成熟时期的基本理念

当前新中国国刑法学仍处于繁荣发展时期，尚未到达成熟时期，因此这部分是我们对未来新中国国刑法学成熟时期的基本理念的前瞻和憧憬。成熟时期的新中国刑法学具有以下特点。

1. 具有鲜明的中国特色

中国刑法学研究会会长贾宇曾说：“在对国外的刑法学理念和理论进行借鉴的同时，一定要防止生吞活剥、食洋不化，一定要避免陷在外国的话语体系中出不来，甚至盲目把外国的立法、判例、理论作为对错优劣的标尺。”[③] 成熟时期的新中国刑法学将是充分吸取中国本土犯罪治理的成功经验和宝贵建议，构建具有中国特色、具有公信力的社会主义刑法学体系。新中国刑法学的未来发展将处理好以下几个关系：一是基础理论与具体问题的关系，二是法意与民意的关系，三是刑法理论与司法实务的关系，四是创造与借鉴的关系。[④] 由此，寻求刑法理论和实务的最佳结合点，通过刑法理念和方法论的转变来达到防范冤假错案、实现社会治理的目标。[⑤] 新中国刑法教义学将走向发达，并且吸收刑事政策的内容，使新中国刑法学保持对社会的即时反应能力。[⑥] 这使刑法学能够胜任指导公正司法的重要使命。但是，指导科学立法仍然是需要的，因为刑法仍然需要与时俱进地发展，刑法学必须对刑法如何发展进行必要的探

---

① 参见陈兴良：《中国刑法学研究 40 年（1978—2018 年）》，载《武汉大学学报（哲学社会科学版）》2018 年第 2 期。

② 参见高铭暄、马克昌主编：《刑法学》（第 10 版），北京：北京大学出版社、高等教育出版社 2022 年版，第 3-4 页；另见本书编写组：《刑法学》（上册・总论），北京：高等教育出版社 2019 年版，第 3-4 页。

③ 贾宇：《以习近平法治思想为引领，推动新时代中国刑法学研究实现新发展》，载《人民检察》2021 年第 23 期。

④ 参见张明楷：《中国刑法学的现状与未来》，载《清华法律评论》2015 年第 2 辑。

⑤ 参见周光权：《现代刑法的理念与方法》，载《法治研究》2020 年第 6 期。

⑥ 参见陈兴良：《中国刑法学研究 40 年（1978—2018 年）》，载《武汉大学学报（哲学社会科学版）》2018 年第 2 期。

讨并且提供一定的指导。

2. **具备刑法学国际话语权**

在刑法学的发展上要做到事实学与规范学并重，为国家治理决策提供实证依据和理论基础；要做到民族性和世界性并重，使新中国刑法学研究既解决中国的现实问题，也呈现具有原创性、普遍性的成果；要做到批判性与建设性并重，重视理论的积累而非替代，使刑法理论与刑事立法、刑事司法形成良性互动关系，使刑法学的整体水平得到明显提升；要做到专业性和通俗性并重，既要充分了解真正的民意，实现保障人民权益的根本目的，又要善于与民众沟通，使先进的刑法理念及其实现得到民众的支持。① 而且，要坚持保护社会和保障人权并重的理念，努力让中国人民和世界人民感受到公平正义。如此才可能赢得更广更多更久的认同和支持。

三、结语

刑法学的基本理念是刑法学的精神和灵魂，它与刑法的基本理念密切关联，而学界似乎往往将两者混为一谈。当前正强调对中国法学自主知识体系的建设，因此，对刑法学的基本理念的研究具有重要意义。新中国刑法学的基本理念是新中国刑法学研究者共同体的基本的、占主导地位的、具有全局性指导意义的共同价值观念，是新中国刑法学的目的、价值的基本反映，也是新中国刑法学的精神和灵魂。其特征包括：理念的关联性与基本性、理念的稳定性与发展性、新中国刑法学的特殊性（中国特色和人民性）。本文分析了不同时期和不同阶段新中国刑法学的基本理念和演进规律，在此基础上对未来新中国刑法学的基本理念展开了前瞻性讨论。纵观新中国刑法学基本理念的演进历程，人民始终是立法者、司法者以及刑法学者共同关注的重心。从在新中国建立之初保卫新生政权，为人民创造一个安全、稳定的环境，到如今在习近平法治思想指引下，坚持以人民为中心，秉持总体国家安全观、民生刑法观、系统刑法观等理念，新中国刑法学基本理念与经济社会同步，指导刑法学研究者不断更新刑法学知识体系，回应人民需求。新中国刑法学成熟时期的基本理念是：指导科学立法和公正司法、繁荣法学，保护社会和保障人权并重，努力让中国人民和世界人民感受到公平正义。

① 参见张明楷：《中国刑法学的发展方向》，载《中国社会科学评价》2022 年第 2 期。

新中国刑法学教科书的回顾与反思

王文华*

教科书是一门学科课程的核心教学材料①，是按照教学大纲的要求编写的教学用书，又称教材、课本，是体现教学内容和教学方法的知识载体。刑法学教科书的编撰是人才培养和学科建设的基础环节与重要评价指标，“它的功能在于系统性地叙述本学科的基本原理，因而最能体现一个学者的学术水平”②。法学教科书是伴随着现代大学的产生而出现的，在法律学习与运用过程中具有举足轻重的地位。本文拟对新中国成立七十多年以来刑事实体法进行规范研究的注释性刑法学教科书进行专门、独立的探讨，以求教于同仁。

一、新中国刑法学教科书的概况

新中国70年刑法学教科书的发展，与新中国国的法制建设、法学研究一样，经历了曲折的过程。结合新中国国的社会历史、法制发展进程，新中国国刑法学教科书70年的历程大体可以分为三个时期，1949—1966年是初建时期，1966—1978年为停滞时期，1978年至今即改革开放以后是恢复与发展时期。

（一）初建时期（1949—1965年）

这一时期是新中国国社会主义刑法学的初建时期，具体又可以分为两个时期：1949—1956年是起步、初建时期，1957—1965年是衰退、萧条时期。

1950年6月教育部部长马叙伦在全国第一次高等教育会议上强调，“在课程问题得到初步解决之后，我们就必须有计划地着手编写高等学校的教材及参考书。我们应该大量翻译苏联高等学校的教材及参考书，作为我们主要的参考材料，同时，我们也要着手

* 北京外国语大学法学院教授、博士研究生导师。

① 教科书是教材的主要表现形式，而教材是以教育的目标与内容为依据、旨在有利于教学活动的展开而有计划地编制的材料，包括教科书和其他辅助性的图书等资料。

② 陈兴良、周光权：《名师名作惠及吾辈——读李斯特〈德国刑法教科书〉》，载 http://www.law-lib.com/lw/lwview.asp? no=104，2001-01-07。

编译一部分教材”[①]。1950 年 7 月，中央人民政府法制委员会主持拟定了《中华人民共和国刑法大纲（草案）》，标志着新中国国社会主义刑法学开始起步。[②] 1952 年开展的司法改革运动对当时的旧法观点和旧法学理论进行了彻底的批判，因此，刚刚起步的刑法学教学与研究主要是全面学习和移植苏联的刑法理论和刑法制度，苏联刑法学家 A. H. 特拉伊宁的名著《犯罪构成的一般学说》[③] 虽不是教科书，却对新中国国刑法学的影响最大。外来的刑法学教科书也以苏联刑法的译本为主，以英美刑法的译本为辅[④]，偶尔也有其他国家的刑法典译本。[⑤] 特定的历史原因决定了当时新中国刑法学研究的片面性，只能学习苏联，而不去考察、研究具有丰富底蕴的两大法系的刑法制度与文化，更谈不上借鉴了。

1954 年 9 月，我国第一部社会主义宪法公布实施。同年 10 月，我国刑法的起草工作正式开始，拟定了《中华人民共和国刑法指导原则草案（初稿）》，到 1957 年 6 月已经拟出草案的第 22 次稿，而当时的刑法学教科书无论是否公开出版，与这些草案的主要精神都是一致的。如果说在“五四宪法”公布前，我国的法律教育与法学研究是以学习苏联为主的话，那么在此以后，就开始逐步探索以我国社会主义革命和社会主义建设的实践经验为主而进行教学和研究了。这个时期刑法学的研究成果是出了一本教学大纲和四部教科书：一本教学大纲是《中华人民共和国刑法教学大纲》，是在司法部指导下，由中国人民大学法律系刑法教研室和北京政法学院刑法刑诉教研室于 1956 年合作制定，法律出版社于 1957 年出版的。四部教科书是：中国人民大学法律系刑法教研室于 1957 年编印的《中华人民共和国刑法总则讲义（初稿）》（上、下册），张中庸编、东北人民大学于 1957 年出版的《中华人民共和国刑法》，中央政法干部学校刑法教研室编著、法律出版社于 1957 年版的《中华人民共和国刑法总则讲义》，西南政法学院刑法教研室于 1957 年编印的《中华人民共和国刑法总则讲义（初稿）》。[⑥] 上述大纲和教材试图为中国刑法学，特别是刑法总论的体系和内容勾勒出一个大致的轮廓，但是由于特定历史条件的限制，意识形态的痕迹较重，内容比较单薄，有些在二三十页，形式比较单一。但是，这在我国刑法学研究几乎“从零开始”的当时已经非常难得了，毕竟“万事开头难”。

自 1957 年以后，我国的刑事立法工作受到削弱，除几个特赦令以外，没有颁布单行刑法，在已颁布的非刑事法律中，包含的刑法规范也很少。[⑦] 相应地，1957 年下半年以后，也只有一些油印的内部刑法学教材，且在内容上政策多于法律，并大大压缩了专业内容。

---

① 卢晓东：《高等教育的国际化与原版教材的引进与使用》，载《科技导报》2001 年第 3 期。

② 参见高铭暄主编：《新中国刑法学研究综述（1949—1985）》，郑州：河南人民出版社 1986 年版，第 4 页。

③ 中国人民大学出版社于 1958 年出版了中译版。

④ 当时的苏联刑法学教科书有：苏维埃司法部全苏法学研究所编：《苏联刑法教科书》（上下册），彭仲文译，大东书局 1950 年版；[苏] 杜尔曼诺夫：《苏联刑法概论》，杨旭译，长春：长春东北新华书店 1949 年版（共 61 页）；《苏俄刑法》，张君悌译，长春：长春东北书店 1949 年版（共 85 页）；[苏] 沙尔果罗特斯基：《现代资产阶级的刑事立法和刑法学》，成玉译，北京：法律出版社 1965 年版（共 97 页）。英美刑法教科书有：聂昌颐编译：《英美刑法要则》，上海：上海三民图书公司 1950 年版。

⑤ 参见中国社会科学院法学研究所译：《保加利亚人民共和国刑法典》，北京：法律出版社 1963 年版。

⑥ 参见高铭暄主编：《新中国刑法学研究综述（1949—1985）》，郑州：河南人民出版社 1986 年版，第 5 页；高铭暄、赵秉志编著：《新中国刑法学研究历程》，北京：中国方正出版社 1999 年版，第 7 页。

⑦ 参见高铭暄：《刑法肄言》，北京：法律出版社 2003 年版，第 114 页。

（二）停滞时期（1966—1976年）

从1966年至1976年，“随着法律虚无主义的抬头，我国法制建设进程为之中断，刑法学研究也完全陷入停滞状态，一直到1979年刑法颁布”[①]。在20世纪50年代，曾经有过一系列刑事立法，刑法理论研究包括教科书编写工作也有过良好的开端，却由于特定的历史原因，在1966—1978这10余年的时间里，我国刑法学教科书与国家法制建设的遭遇一样，随着刑事立法工作停滞、刑法教学研究被迫中断而逐步萧条，直至偃旗息鼓、完全停滞。

（三）恢复与发展时期（1977年至今）

1976年10月粉碎“四人帮”以后，国家强调健全社会主义法制。[②] 改革开放以后，法学教育与研究与我国法制建设相同步，迎来了新生，开始复苏并走上稳步发展的轨道。1979年《刑法》、1997年《刑法》这两部刑法典的出台，直接将刑法学教科书的编写推向高潮。刑法学教科书的发展在这一时期具体又可以被划分为1977—1997年的恢复、探索时期与1997年以后至今的繁荣发展时期。

1. 恢复、探索时期（1977—1997年）

1978年12月召开的中共十一届三中全会深刻反思了“文化大革命”时期社会主义法制遭全面破坏的惨痛历史，作出了加强社会主义民主和法制建设的重大决定。以此为开端，我国的立法工作全面展开。1979年6月召开的五届全国人大二次会议通过了《中华人民共和国刑法》和《中华人民共和国刑事诉讼法》等7部重要法律。当时，国家法律从无到有，法制建设尚处于力求做到“有法可依”的时期。以1979年7月1日新中国第一部刑法典的出台为标志，我国刑法学开始复苏，刑法学教科书的编写也拉开了序幕。1980年，群众出版社先后出版了中央政法干部学校刑法刑事诉讼法教研室编著的《中华人民共和国刑法总则讲义》和《中华人民共和国刑法分则讲义》。这套讲义吸收了20世纪50年代我国刑法学的研究成果，并且结合了1979年刑法实施以后的具体情况，具有一定的学术价值。从1979年1月1日《刑法》施行至1997年10月1日现行《刑法》施行间，我国陆续出版了数十本刑法学教科书，其中比较有代表性的包括但是不限于[③]：杨春洗等编著的《刑法总论》[④]（在刑法理论研究上有一定的深度和力度）；王作富等编著的《刑法各论》[⑤]（结合司法实践对刑法分则问题进行了较为深入的研究和论述）；高铭暄主编，马克昌、高格副主编的我国第一部高等学校统编教材《刑法学》[⑥]（吸收了刑法学研究的新成果，在体例和内容上有了新的突破，“……在当时代

---

① 陈兴良、周光权：《刑法学的现代展开》，北京：中国人民大学出版社2006年版，第15页。

② 参见马克昌：《刑法学70年反思》，载赵秉志、陈忠林、齐文远主编：《新中国刑法70年巡礼》，北京：中国人民公安大学出版社2009年版，第17页。

③ 参见高铭暄、赵秉志主编：《新中国刑法学研究50年之回顾与前瞻》，北京：法律出版社2000年版，第11、18页。

④ 杨春洗、甘余沛、杨敦先、杨殿升编著，由北京大学出版社于1981年出版。

⑤ 由中国人民大学出版社于1982年出版。

⑥ 由法律出版社于1982年出版。

表了我国刑法学的最高研究水平，其所建立的刑法学体系为后来的各种刑法论著和教科书所接受，成为各种同类著作的母本。其影响之大，在近10年内无出其右……"[①]；高铭暄主编的《中国刑法学》[②]（侧重阐述刑法学的基本理论，并注意研讨刑法适用中的实务问题）；林准主编的全国法院干部业余法律大学教材《中国刑法教程》[③]（密切结合刑事审判实践，研究论述了刑法的理论与实务问题。该书在当时具有相当的权威性和影响力，10多年间先后印刷23次，印数达100多万册）；赵秉志、吴振兴主编的高等学校法学教材《刑法学通论》[④]（反映了刑法学理论研究的最新成果，并在体系结构方面有创新性）。

1979年《刑法》出台后的一段时期内，法学田地亟待播种开耕。对一个刚从法律虚无主义背景下走出的国家而言，法学教育的意义实在太大了。在法学资料极其有限的当时，刑法学教科书凸显其重要性：它既是学生学习的营养源泉，也是法学教师、科研人员开展刑法学教学、科研工作的起点和依据。一些学者响应时代的召唤，勇敢地承担起编写刑法学教科书这一神圣的使命，开启了新时代法学教育的新纪元。之所以说"勇敢"，是因为在当时，编写者面临着双重挑战——法学教科书的编写几乎没有"本土资源"可以利用，而大陆法系的刑法学在新中国成立时就已经被彻底否定，对英美刑法又极少人了解，即便有传入，仍然是批判和抛弃的对象，因此，除了苏联的刑法学教科书，没有多少可供参考的资料；而且，"文化大革命"刚刚结束，意识形态的禁锢很难在短时间内打破，刑法教科书的编写是政治性很强的工作。这导致有才学的人也难以解放思想，进行自由创作，尤其是编写讲求通用性的教科书。因此，虽然在改革开放初期编写的刑法学教科书在完备性、体系的科学性、合理性等方面都远不及今日，我们却不应过多苛求，毕竟，特定历史时期的局限性谁也无法超越。

2. 繁荣发展时期（1997年至今）

经过十多年的全面建设和发展，我国经济、政治、文化等方面的发展以及国际形势发生了很大变化，犯罪态势也有了很大变异。1997年10月1日，新《刑法》开始施行，激发了刑法学教科书的新一轮编写高潮，"它开启了新时期我国刑法学研究的序幕，也基本上确立了30年来我国刑法学发展的主要方向"[⑤]。新刑法典的出台带来了教科书的"全面升级"，在结构体系、内容、刑法观念等方面都与以往的教科书有很大不同，例如在1997年以后的教科书中一般都有刑法解释、持有、单位犯罪[⑥]、期待可能性等内容，而这些是以往的刑法学教科书未涉及或很少涉及的。此后至今，刑法学教科书的编纂呈现蓬勃发展的景象，在教材市场上蔚为壮观，颇为引人注目。其原因主要在于：从1978年开始改革开放至今，是我国整个社会发生巨变的重要历史时期，也是中国法学，包括刑法学，取得重大进步和发展的重要时期。40余年的大规模和较高水平的立法活

---

① 参见陈兴良：《转型与变革：刑法学的一种知识论考察》，载《华东政法大学学报》2006年第3期。

② 由中国人民大学出版社于1989年出版。

③ 由人民法院出版社于1989年出版。

④ 由高等教育出版社于1993年出版。

⑤ 高铭暄、赵秉志：《改革开放三十年的刑法学研究》，载《中国刑事法杂志》2009年第3期。

⑥ 何秉松教授由于较早在《刑法教科书》（中国法制出版社1997年修订版）中肯定了法人犯罪并作深入阐述，因此被日本学术界称为"中国法人犯罪肯定论的代表"。

动与实践直接推动了刑法学的发展：刑法修正案的每次出台，都会带来教科书的改写、再版；立法解释、司法解释的推出，一般也会导致教科书的充实和修改。同时，对外开放带来了欧美与日本刑法的译著大量引入，也使刑法学教学与研究的眼界大大开阔；国际国内的新情况新问题也推动着刑法的进步。[①] 这些在刑法学教科书的编写中都得到了充分的反映。

据不完全统计，自 1997 年刑法典颁行后至今，我国陆续出版了百余种刑法学教科书，然而，对教科书的专业评价与深入研究并不多见。如果从中文社会科学引文数据库自 1999 年至 2017 年间的 CSSCI 被引证次数、销量排行、发行量大小（包括再版次数多少）[②] 等因素综合考察，其中张明楷所著《刑法学》[③]，高铭暄、马克昌主编，赵秉志执行主编的《刑法学》[④]，以及“陈兴良刑法学丛书”14 种 18 卷——刑法哲学、人性基础、价值构造、知识转型、法治论、正当防卫论、共同犯罪论、适用总论、规范、判例、本体、教义、口授等[⑤]，均稳居 CSSCI 被引证次数、几大图书网站的销量排行榜前三甲，当然，具体数值会因为不同的统计指数而有些不同。其他具有相当影响力的刑法学教科书还有很多，包括但是不限于：杨春洗、杨敦先、郭自力主编的《中国刑法论》；王作富主编的《刑法》；何秉松主编的《刑法教科书》（上、下卷）；赵秉志主编的《当代刑法学》；曲新久等所著《刑法学》；阮齐林所著《刑法学》；黎宏所著《刑法学》；劳东燕、陈兴良所著《刑法基础的理论展开》；于志刚所著《案例刑法学》；刘仁文主编的《立体刑法学》；刘宪权主编的《刑法学》；陈兴良、周光权所著《刑法学的现代展开》；周光权、车浩主编的《刑法学读本》；王世洲所著《现代刑法学》；车浩所著《车浩的刑法题》；黄京平主编的《刑法》；冯军、肖中华主编的《刑法总论》；谢望原、赫兴旺主编的《刑法分论》；韩玉胜主编的《刑法学原理与案例教程》；张小虎所著《刑法学》；贾宇所著《刑法学》；齐文远主编的《刑法学》；林亚刚所著《刑法学教义》；李希慧主编，康均心、黄明儒副主编的《刑法总论》；李文燕、杨忠民主编的《刑法学》；陈忠林主编的《刑法总论》《分论》；严励主编的《刑法》；苏惠渔主编的《刑法学》；邱兴隆主编的《刑法学》；刘艳红主编的《刑法学总论》《刑法学各论》；陈明华主编的《刑法学》；李洁主编的《刑法学》（上、下册）；侯国云主编的《刑法学》；李晓明主编的《中国刑法基本原理》；王仲兴编著的《刑法学》；徐松林主编的《刑法学》；姜涛主编的《刑法总论入门笔记》；牛忠志所著《海洋刑法学》等。[⑥]

自 1997 年至今，刑法学教科书的百花齐放还可以从其名称窥见一斑，除了上述提及的教科书名，刑法学教科书还出现过以下名称：“现代刑法学”、“刑法学专论/简论/通论/概论/导论”、“刑事实体法学”、“实用刑法学”、“应用刑法学总论（分论）”、“刑法新教程”、“刑法教程”、“简明刑法教程”、“实用刑法读本”、“刑法总则要义”等。但

① 参见刘仁文：《中国刑法 30 年：1978—2008》，载华东司法研究网，2008 年 7 月 21 日。
② 然而图书发行量的大小有时会受多种因素的影响。
③ 最新版为法律出版社 2021 年第 6 版。
④ 最新版为北京大学出版社、高等教育出版社 2022 年第 10 版。
⑤ 中国人民大学出版社 2017 年版。
⑥ 因版本变更的关系，容对上述刑法学著作的出版时间、出版社等信息不一一列出。

是最常见的名称是“刑法学”。还有些教科书是从案例角度出发编写的，限于篇幅，在此不一一列举。

二、刑法学教科书变化的主要特点

七十多年来法制建设、法学流变的风雨沧桑，可以从刑法学教科书中管窥一二。纵观其七十多年的变化，我们不难发现其一些比较显著的特点。

一是从形式上看，撰写方式多样化，编写人员多元化。

在新中国成立以后初建时期的刑法学教科书中，一般找不到编写者个人的姓名，而是以单位署名，例如“中央政法干部学校刑法教研室编著”①、“中国人民大学刑法教研室编写”、“北京政法学院刑法教研室编订”② 等，虽然有时会在内页列出编写者的姓名、工作单位等情况。这既避免了“个人英雄主义”，又减少了个人“犯错误”的概率，也和当时缺乏版权保护的观念与法律制度有关。在恢复与发展时期，即1979年刑法典施行以后，我国的刑法学教科书主要采用主编（有些列出总主编）、独著、合著的形式，其中又以集体编著、由权威学者担纲主编或副主编的形式更常见，其优势非常醒目：主编的影响力能够瞬时到达读者。独著式的教科书虽然总体数量不多，却已显示出其多方面的优势与特点。合著式的教科书中有些直接列出撰稿人名单而不单列主编，其优点是更加关注撰稿人的著作署名权，也使文责更明确。③ 从编写人员的情况看，教科书的作者从初期以老一辈学者为主逐步发展为老一辈学者与中青年学者齐上阵，他们大多是高校、科研院所的教研人员，其中有些人兼职于或曾经就职于司法机关，其深厚的理论功底、丰富的实践经验以及有些人留学欧美的经历，直接影响着教科书在刑法知识结构方面的多样性，理论上的丰富、缜密和实践的深入。刑法学教科书的出版社一般是教育部直属高校、司法部下属高校的出版社以及法律出版社、中国法制出版社等。

从内容上看，主要呈现两大特点：一是紧随立法，及时修订。在整个初建时期（1949—1965年），刑法学教科书实际上主要是在1957年以前编写的，一般体系比较简单，内容比较单薄，有些虽然在教学过程中发挥着教科书的作用，却未能够公开发行。例如公开发行的政法干部学校刑法教研室编著、法律出版社于1957年出版的《中华人民共和国刑法总则讲义》，第一讲是“刑法的阶级性”；第二讲是“中华人民共和国刑法的概念和任务”，指出“刑法是保护一定统治阶级利益的工具，是统治阶级进行斗争的武器”，“中华人民共和国刑法是……巩固人民民主专政，保护人民民主权利和保障我国胜利地建成社会主义社会的有力工具”④。关于犯罪概念也从主张单纯实质性的概念转向主张形式与实质相统一的犯罪概念。这些与当时的立法趋势是一致的——1956年

① 即法律出版社于1957年版的《中华人民共和国刑法总则讲义》。

② 即法律出版社于1957年版的《中华人民共和国刑法教学大纲》。

③ 例如曲新久等学者撰写的《刑法学》（北京市高等教育精品教科书立项项目，北京：中国政法大学出版社2008年版）。

④ 中央政法干部学校刑法教研室编著：《中华人民共和国刑法总则讲义》，北京：法律出版社1957年版，第9、19页。

《中华人民共和国刑法草案》第13次稿第8条规定，“一切危害人民民主制度、破坏法律秩序、对于社会有危害性的，依照法律应当受刑罚处罚的行为，都是犯罪；行为在形式上虽然符合本法分则条文的规定，但是情节显著轻微并且缺乏社会危害性的，不认为是犯罪”[①]。1951年2月21日中央人民政府委员会公布的《惩治反革命条例》是新中国成立后颁布的第一个单行刑法[②]，其后的教科书都对反革命罪有比较具体的规定。教科书主张刑法有溯及力，而当时的刑法典草案也规定了新法的溯及既往原则。例如1950年《刑法大纲草案》第2条规定：本大纲对于施行后、解放后及解放前的犯罪行为均适用之，但解放前的犯罪，仅以对于国家或人民权益造成严重损害，法院认为有处罚之必要者为限。此后，刑法草案1956年第13次稿，1957年第21次稿、第22次稿，1962年第27次稿，1963年第30次稿、第33次稿，一直到1979年第36次稿，还采取从新兼从轻原则，承认刑法有溯及既往的效力。此外，1957年版的《中华人民共和国刑法总则讲义》和其他未公开出版的教科书，都介绍了类推、刑罚的目的、犯罪构成四要件的规定，反映出对苏联刑法的继受特征，并且与当时的立法精神相吻合。

在20世纪80年代初期，刑法学教科书走上发展的轨道。与之前30年相比，改革开放以后30年刑法学教科书的内容进一步紧随刑事立法的变化而变化。这也是自然、正常的：既然是注释刑法学，当然以诠释刑事立法为主要任务，并且与刑事立法保持同步性；既然“法与时转”，教科书也应当“与法（刑法）俱进”，及时修订。在改革开放之初，由于时代的局限性和多种因素的影响，我国第一部刑法典即1979年刑法典仅有192个条文。在其颁行后的17年间，国家立法机关先后通过了25部单行刑法并在百余部非刑事法律中规定了刑事条款，对1979年刑法典进行修改补充。随着我国社会主义市场经济体制的逐步确立，我国的法制建设也不断进步。1997年刑法典更为统一和完备，罪刑法定、适用刑法人人平等和罪责刑相适应这三项基本原则的确立，突出了刑法的人权保障机能，而普遍管辖权、正当防卫、减刑、假释等制度的改变，以及将“反革命罪”修改为“危害国家安全罪”，大量增加破坏社会主义市场经济秩序犯罪这一类罪的罪名，将贪污贿赂罪独立成章并增加罪名等，这些立法完善的措施使刑法学教科书的内容更加充实、合理和科学。加之一些主持或参与刑法制定的权威学者[③]对立法规定的来龙去脉、前因后果非常了解，其编写或主持编写的教科书比较贴近刑事立法的主旋律，其诠释也更符合立法精神。

也有些变化与刑事立法的关系并不是很紧密。例如，1979年刑法典第1条已经明确规定了刑法“以宪法为根据，依照……制定”，但是其后一段时间内的教科书没有

① 苏彩霞：《中国刑法史上三次国际化事件总置评》，载高铭暄、赵秉志主编：《刑法论丛》（第10卷），北京：法律出版社2006年版。

② 参见卢乐云：《新中国刑法的演变》，载《中国刑事法杂志》2009年第5期。

③ 在1988—1997刑法典全面修订期间，全国人大常委会法制工作委员会经常邀请专家学者参加刑法修改研讨会、座谈会。1996年8月12日至16日，全国人大常委会法制工作委员会在北京专门邀请了高铭暄、王作富、马克昌、曹子丹、单长宗、储槐植等6位资深刑法学教授就刑法修改问题进行座谈研讨；1996年11月11日至22日，全国人大常委会在北京召开了长达12天颇具规模的刑法修改座谈会，邀约了全国政法机关和法学界的150余位专家学者与会，集中研讨全国人大常委会法制工作委员会于1996年10月10日编印的《中华人民共和国刑法（修订草案）》（征求意见稿）。参见刘仁文：《刑法学30年：1978—2008》，载华东司法研究网2008年7月21日。

“刑法的根据”这一章，却有“刑法的阶级本质”“刑法的指导思想”等内容[①]；没有“罪数形态”“刑事责任”等与法律适用关系紧密的章节，却有“犯罪现象及其原因”一章。这与国家政治、经济发展所处时期，意识形态状况，以及刑法学理论发展的成熟程度、对刑法学与犯罪学区别之认识深度等因素密切相关。

二是在体系、内容上不断完善，理论性增强，实用性提升。

在初建时期，我国刑法学教科书中刑法总论的体系一般是“四分法”，即绪论、犯罪论、刑罚论和罪刑分论；也有的采用“三分法”，即绪论、罪刑总论和罪刑分论。在今日虽然有的教科书也采用“导论、犯罪论和刑罚论”或者“刑法论、犯罪论和刑事责任论”等三分法[②]，但是更多采用“二分法”，即刑法总论与刑法分论，以契合刑法典“总则”“分则”之划分，然后再将总论按照刑法论、犯罪论、刑罚论进行三分。

总论中最重要的是犯罪构成体系，对此绝大多数刑法学教科书采用“四要件说”，也有的采用“三要件说”即大陆法系的三段论的犯罪构成理论体系，还有的例如陈兴良所著《规范刑法学》[③]就按罪体、罪责和罪量三个要件建构了犯罪构成体系：它既不同于我国现行的四要件理论，也不同于大陆法系递进式的三要件理论，而是将犯罪构成要件分成罪体和罪责两个基本要件，罪体和罪责是表明犯罪的质的条件的要件，在有了罪体的基础上再来考虑罪责，罪责要件是心理事实和规范评价的统一。罪量要件旨在解决犯罪成立的量的条件的问题。何秉松主编的《刑法教科书》[④]（上、下卷）开创了独特、崭新的“犯罪构成系统论”，第一次将系统论的方法运用于犯罪构成，提出“所谓犯罪理论体系是由一系列关于犯罪的条件、形态、种类、刑事责任等的概念、范畴、原理、原则依一定关系组成的有层次、有结构的知识系统，它是关于犯罪的（立法与司法）实践的理论化与系统化，是在理论与实践互动的过程中形成和发展起来的”。“犯罪构成系统论认为犯罪构成不是平面上的几个要件的简单相加，而是动态的立体结构，内部各子系统之间互相联系、互相制约，同时，这个复杂而严密的系统又是开放的，与环境有着密切联系。”“用‘系统中心论’取代西方资产阶级的‘行为中心论’或‘行为人中心论’，并取代我国传统刑法理论的主客观相统一的原则。”[⑤] 该教科书目前已经是第6版，自1999年至2008年的CSSCI被引证次数为180篇次，且全书被译成日文在日本出版，这也是日本第一次翻译出版我国的法学教科书。我国有关犯罪构成理论体系的不同主张体现了刑法学教科书的多元性、多样性，也反映了我国刑法学理论研究的逐步开放与成熟。

刑法学教科书的分论或各论部分一般先是“概述”，然后对应刑法典分则的10章按

---

① 当时司法部直接领导编写的法学教科书的主要特点是：坚持四项基本原则，在政治上同党中央的方针、政策保持一致，充分反映宪法和法律的精神。在学术观点上，贯彻“双百”方针。在内容和体系上，力求稳妥，并有所突破；既要彻底清除旧法观点，又要防止出现“左”倾错误的言论和“文化大革命”中的陈词滥调。参见常青：《关于法学教科书编写和出版情况的介绍》，载《法学杂志》1983年第1期。

② 前者如周光权著《刑法总论》（中国人民大学出版社2007年版），后者如刘艳红主编的《刑法学总论》（北京大学出版社2006年版）。

③ 中国人民大学出版社2008年版。

④ 中国法制出版社2000年修订版。

⑤ 储槐植、陈敏：《应用新方法，进行新尝试——评“犯罪构成系统论”》，载《中外法学》1995年第5期。

照条文顺序排列。这种注释体系或解释体系已经被长期、广泛地应用。也有的分论部分按照犯罪所侵害法益进行归类排序，例如陈兴良主编的《刑法学》（复旦大学出版社2009年版）以及周光权所著的《刑法各论》（中国人民大学出版社2007年版），都是按照“侵害个人法益的犯罪”（侵犯公民人身权利、民主权利罪，侵犯财产罪）、“侵害社会法益的犯罪”（危害公共安全罪、破坏社会主义市场经济秩序罪、妨害社会管理秩序罪）、“侵害国家法益的犯罪”（贪污贿赂罪、渎职罪、危害国家安全罪、危害国防利益罪、军人违反职责罪）分为3编。刘艳红主编的《刑法学各论》也是按照侵害的法益划分为这3编，与前两者不同的是将贪污贿赂罪放在“侵害社会法益的犯罪”而不是“侵害国家法益的犯罪”一编中。

总体来看，今日之刑法学教科书在体系上差别不是太大，例如总论的体系一般包括刑法论（也有的称“绪论”）、犯罪论、刑罚论三大板块，在编排结构上层次分明，内容按照知识体系循序渐进，便于学生逐步、系统地接受和掌握知识。有些章节的名称不尽一致，例如“故意犯罪的停止形态”在有些教科书中被称为“故意犯罪的结束形态”“未完成罪”，“正当行为”也被称为“排除社会危害性的行为”，“罪数形态”也有冠以“罪数不典型”“一罪与数罪”的名称等。在体例编排上，赵秉志主编的《当代刑法学》[①] 有其独到性：它对每个知识单元或者知识点一般都区分了基本法理和疑难问题两个层次，在全面精当地阐述基本法理的基础上，选取并研究了300多个涉及刑法理论和司法实务的重大争议疑难问题。这种体例编排是目前已出版的各级各类刑法教科书所没有的。学者从不同的角度去解读刑法学的一些基本概念、基本原理，丰富了读者审阅、思考问题的径路。

刑法学教科书在技术上日趋完备、严谨、规范。这方面的变化有目共睹，例如以往的刑法学教科书常常是“一气呵成”，从头至尾没有一个注释。近些年来的刑法学教科书一般都有必要的注释，既方便读者查询和深入学习，也尊重了他人的智慧结晶和劳动成果。之所以呈现出这些特点，主要有以下几方面的原因：

首先，刑法典体系结构日益完备，刑法内容日趋科学、合理、可操作性不断增强等是重要因素，而刑事立法技术的进步也直接带来了教科书内容的不断充实和成熟。

其次，一些学者在“文革大革命”之前曾经受过较为系统的法学教育，具有深厚的法学功底，加之参与立法，使其教科书具有开创性、历史性的意义。例如高铭暄主编的《刑法学原理》（3卷本）[②] 这套书写作历经10余年，可以说集新中国刑法学研究精华之大成，对改革开放以来的刑事立法、司法和理论进行了总结，对许多人产生了深远的影响，引领诸多学子走进了刑法的殿堂，一些从事刑事法律实务的人也如饥似渴地从中汲取学术营养。这些教科书是现今刑法学许多原理的重要渊源。

再次，改革开放以后，我国一批学者对德日、英美刑法学进行了深入研究，并引入原版教科书或翻译本，他们写出的中国刑法学教科书已经明显吸收了欧陆刑法学[③]和英

① 中国政法大学出版社2009年版。

② 中国人民大学出版社1994年版。

③ 例如张明楷、刘明祥、冯军、周光权、黎宏等学者的刑法学教科书较为明显地反映了其所受德、日等欧陆国家刑法学的影响。

美刑法[1]的精华，对中国刑法学教科书建设以及刑法学研究都有着重要影响，其中一些观点已经被其他教科书所吸收、采纳。

最后，改革开放后的刑事法实践（包括刑事审判方式改革）也促进了教科书的充实与完善。有些教科书在论述中充分展示和讨论案例，并能通过对一个简单案件的事实要素的不断调整，讨论不同的法律适用情况，将刑法理论与实践进行最为充分的整合，最大限度地实现了理论与实践相结合的教学目标。

三、刑法学教科书撰写中需要回应的主要问题

回顾过去是为了在将来更好地发展。刑法学教科书的繁荣是不争的事实，然而法学教育的使命迫使我们精益求精。我们不得不承认，一直以来，由于缺乏专门、系统、深入的研究[2]，刑法学教科书在一定程度上存在着表面繁荣、实为低水平复制、精品力作不多、重复建设、资源浪费等问题。要彻底改变现状，使刑法学教科书有质的飞跃，需要解决以下几个更深层次的问题。

首先是刑法学教科书的目的和定位。

刑法学教科书的编写目的是什么？通常教科书的序言对此都有涉及，又好像并不十分清晰。编写者如果对这一点认识不清，即使在写作过程中非常认真用心，也会使教科书脱离社会对法学教育的实际需求。要担当起这样的使命，就必须对刑法学教科书进行相对明确的定位。这具体包括刑法学教科书对象的定位以及定位的主体两方面的含义。

（一）刑法学教科书对象的定位

教科书的作用，近而言之，是服务于高校教学的需要，远而言之，是服务于国际国内人才市场的需要。随着社会对法律人才需求的多元化，法律人才培养模式也不断多元化，今日之法科学生存在着普通高校本科生与研究生之间，专门政法学院的学生和综合性大学、非法律高校的法律院系（所谓培养“复合型人才”之地，例如外语、经贸、理工大学中的法律院系）学生之间的区别，因此，刑法学教育具有知识结构、法律基础不同的“受众”，不同的高等法律院校也有不尽相同的法律人才培养目标和模式。虽然“人文社会科学教学不可能象外语应试教学容易分成若干等级”[3]，然而教科书还是应当明确培养目标，在内容深度与广度、篇幅等方面有所差异，在理论与实务之间有不同侧重。例如赵秉志主编的《当代刑法学》[4] 就明确“本教材主要供本科生适用，也可以供研究生参阅”；“陈兴良刑法学教科书”之《规范刑法学》就是从法条出发，并最终回归

---

① 例如储槐植教授提出的关于罪数的理论——主张用吸收犯取代牵连犯，“行为”包括持有等，即吸收了英美刑法学的积极因素。

② 参见胡玉鸿：《试论法学教科书的编写目的》，载《华东政法学院学报》2004年第3期。

③ 夏勇：《研究生的教科书问题——〈高级法学教程〉总序》，载中国法学网，2009年07月12日访问。

④ 中国政法大学出版社2009年出版。

法条，对刑法理论进行规范的审视；高铭暄主编的《刑法专论》[1]，陈兴良、周光权所著《刑法学的现代展开》[2]，以及刘宪权、杨兴培所著《刑法学专论》[3]，就明确是“研究生教学用书”；浙江大学出版社出版的“应用型本科规划系列教科书”即“……着眼于应用型法律专门人才的培养，注重学生基本知识、基本理论和基本技能的提高，倾向于培养学生实际分析能力和工作能力，为市场经济提供优秀的法律服务人才”。这样有利于在编写时把握好大方向以及各部分内容的比例和整体风格。

除了初学者，刑法学教科书是否需要为刑事司法工作者提供学术营养，起到为其答疑解惑的作用？理论上讲应当如此，在两大法系的主要国家，法官在断案遇到困难时，常常会求助于权威的教科书以获得刑法学知识。[4] 但是，在我国，有多少刑法学教科书发挥了或者准备发挥这样的作用呢？似乎寥寥无几。这既是学者自身司法实践经验有限的原因，也是教科书编写者在写作之时定位不甚明了所造成的。当前的刑法学教科书主要是写给刚入门的高校学生看的，而不是写给法官、检察官、律师看的，后者在遇到刑法难题时，大多是通过其他渠道求知问路，例如求教于专家教授、资深法官，获得刑法学知识，而教科书对他们的帮助似乎并不大。

（二）刑法学教科书定位的主体

刑法学教科书定位的主体，是指谁来对教科书的服务对象进行定位，谁来规定教科书的评价标准以及谁来评价的问题。我国尚无法学教科书的评价标准和办法，导致对法学教科书的要求、意义、价值与作用等都缺乏相对统一的评价标准，这直接影响到刑法学教科书的质量。刑法学教科书是完全的行政主导，还是彻底由市场决定优胜劣汰，抑或是二者的折中——由行政主管机关选择专家编写、评审刑法学教科书？而专家再权威，也不应当自己编写、自己评审，“自己做自己的法官”，这里就有一个编写者与评审主体如何分离的问题。

处在不同立场，会给出不同的答案。在其他国家，我们很难看到刑法学教科书有“精品教科书”或者“精品教材”的标志，它们似乎也不作这样的评审，或者由教育行政主管机关、司法主管机关指定教材。原因是，市场自己会说话，在激烈而又自然的竞争中，读者的选择就是最好的回答。笔者认为，刑法学教科书也应当是或者主要是以市场为主导[5]，应当由教科书的使用者——教师和学生的选择成为指挥棒。

---

① 高等教育出版社2002年出版。

② 中国人民大学出版社2006年出版。

③ 北京大学出版社2007年出版。

④ 例如在英国，虽然刑法教科书的论述对司法实践没有约束力，但是它们一直受到法官们的极力推崇。17世纪爱德华·科克的著作中关于刑事犯罪的论述，18世纪威廉·布莱克斯通的《英国法释义》第4卷，都被视为法律方面的权威著作。19世纪的一些权威教科书经过重新编订，仍然为当代司法实践所信赖。如肯尼的《刑法大纲》，詹姆斯·斯蒂芬爵士的《刑法摘要》等，经常被法官所引用。

⑤ 当然，刑法学教科书的质量也与高校、科研机构的成果评价体系有关：在评定职称和申报学位点的诸多因素中，学术成果（论文、著作）是首当其冲的硬指标，而教科书在科研成果中的评分远不如论文、专著高。在有些教学科研单位，教科书甚至不被算作科研成果，在职称评审、项目申报、学位点申报中不起任何作用。但是反过来，某些高等院所之所以拒绝将教科书视为学术成果，也是因为不少教科书的质量不尽如人意。参见夏勇：《研究生的教科书问题——〈高级法学教程〉总序》，载中国法学网，2009年07月12日访问。

（三）刑法解释论与立法论的关系

注释法学关注立法、以立法为中心是必然的，我国古已有之，体现在中国古代律学（亦称“刑名之学”“刑学”）中，它以注释法学为主体，主要研究以成文法典为代表的法律的编纂、解释及其相关理论。作为一种以古代法律为研究对象的理论形态，律学关注的视角既包括立法原则的确定、法典的编纂，也包括法理的探讨、法律的解释与适用等。律学著作主要是官方的，也有私家编纂的。而今的教科书更接近于后者，当然内容要丰富、科学得多。刑法学教科书的结构体系、主要内容都是以我国现行刑法为主线展开的，尽管总论部分有关犯罪构成、罪数理论等的内容在刑法典中并无规定。法学研究与其他社会科学研究的不同之处之一就在于它无法脱离立法文本来谈问题，而部门法学的教科书写作更是如此，不关注法律的“立、改、废”，脱离或者无视现行法律法规的教科书显然不足取，但是教科书的体系、内容是否必须完全按照法典的体系、内容进行撰写，是值得探讨的。

从体系角度看，这种以立法为中心的教科书的优、缺点都很明显：优点是便于受教育者将教科书与立法对照学习，使读者在短时间内获得对刑法学的整体、全面的知识体系的印象；缺点是完全被刑事立法牵着鼻子走，只要新出修正案、新的立法解释或司法解释，原来的教科书就必须重新修订，增加立法新调整的内容。而这种完全以刑事立法为主导的刑法学教科书也是“中国特色”——在绝大多数采用二元刑事立法式的国家，其教科书不可能覆盖所有刑事立法，因为这些国家只将普通犯罪规定在刑法典中，大量的经济、行政性犯罪被规定在工商行政性法规中。然而，即便有专门的刑法典，这些国家也并不是完全以该国刑法典的体系为教科书的主线，而是以作者所认为的刑法学自身的理论重点建构教科书的体系，在分论部分也只从犯罪的理论分类出发而不是完全根据刑法典篇章的先后进行论述。大陆法系的德国、日本以及英美法系的美国[①]、加拿大等国家和地区的刑法学教科书都是如此。[②] 是否完全根据立法体系来建构教科书的体系，不可一概而论。不过可以肯定的是，根据刑法学自身的特点而不是完全跟随刑法典的体系撰写的教科书，自成一体，重点更加突出，在时空上也更加稳定，不大可能因为刑法典的修订而被认为过时，没有市场，甚至成为一堆废纸。

从内容方面看，刑法学教科书其实也不必在覆盖的范围、观点的尺度方面与刑事立法保持绝对的一致。在范围上，刑法学教科书既不必对刑事立法的每个罪名都分解详述，也可以讨论立法中尚未出现的罪名。在观点上，刑法学教科书当然要尽可能地反映当下立法的全貌，但也可以有适当的前瞻性。完全跟随立法而作是刑法学教科书的写法之一，却不应成为唯一的写法。并非所有的理论研究成果，包括教科书的体系与内容，都要与立法相一致。立法与学者的观点有反差，原因除了理论本身是否缜密、完备，还

① 美国有联邦刑法典（《美国法典》第 18 篇）以及州刑法典之分。

② 参见［德］汉斯·海因里希·耶赛克、托马斯·魏根特：《德国刑法教科书》，徐久生译，北京：中国法制出版社 2001 年版；［日］大谷实：《刑法总论》、《刑法各论》，黎宏译，北京：中国人民大学出版社 2009 年版；［日］西田典之：《日本刑法总论》、《日本刑法各论》，刘明祥、王昭武译，北京：中国人民大学出版社 2009 年版；［美］Joshua Dressler，*Understanding Criminal Law*（*3rd ed.*），Matthew Bender & Company，Inc.，2001。

在于理论在实践中的可操作性问题。换言之，是社会发展尚不具备某一刑法理论适用的条件，而这并不能说明该理论的不足或失败。

这当中尚包含着教科书对“实然”与“应然”的关系处理问题。刑法学教科书是纯实然，完全是对现行刑事立法的解释说明，还是也可以有应然的内容，可以探讨刑法学在一些问题上的未来走向，表明作者的期望态度？笔者认为，从注释性刑法学教科书的本质来看，它应当以实然描述为主，以应然设计为辅，因为毕竟它不是纯粹的刑法学术性著作，后者允许作者展开想象的翅膀高高飞翔。此外，任何立法都不可能做到十全十美，有些条文在刑事司法中会暴露出立法的瑕疵，或者立法的不周密，若刑法学教科书对立法作过多的评价，甚至过多批判，并不合适，因为“刑法的解释就是在心中充满正义的前提下，目光不断地往返于刑法规范与生活事实之间的过程”[①]。刑法学教科书应当扎根于刑事立法的现实，妥当解释立法，以有助于解决刑法适用中的现实问题为己任，从而处理好刑法解释论与立法论的关系。

另外，刑法学教科书应当处理好刑事立法与司法之间的“过渡”或“衔接”——刑法的有些规定在我国当前尚不具备施行条件，在刑事司法中又作了“填空”，比如破坏社会主义市场经济秩序罪中的非法吸收公众存款罪，从法条看是行为犯，并没有数额的要求，但是在司法中相关的司法解释规定了具体的追诉标准，由此实质上变成了结果犯或情节犯。对此刑法学教科书有时很难表述清楚，但是如果回避问题，只讲立法显然不完整，刑法学教科书就必须阐明我国刑法的“立法定性、司法定量”的特征，而不能只考虑立法、不关照司法适用。

简言之，刑法学教科书在与立法的关系上不同于专著，后者可以适当远离、超然于立法，而注释性刑法学教科书不行，它与刑事立法的距离既不能太远，又不能太近——太远则失去依托，没有根基；太近则完全是律学式的法条注疏，失去教科书的学术独立性与自在价值。

（四）刑法学教科书的学术性与实践性的关系

刑法学兼具很强的理论性和实践性。“就刑法学研究而言，无论是应用刑法学研究还是理论刑法学研究，其实都应当是为实践服务的，所不同的仅仅是直接与间接的区别而已。”[②] 针对本科生，刑法学教学应当二者并重，不能因为我国刑法与德日刑法相近就走向理论、思辨、体系建构的极端，也不能因为这些年“英风美雨”的洗礼，只看到英美案例教学法的优点，只强调刑法的应用性、技术性，忽视“三基”（“基本概念、基本知识、基本原理”，又说“基本知识、基本制度、基本理论”）的重要性，忽视教科书的学术水准。“注释法学往往被称为应用法学，但是这种应用性不能成为其理论的浅露性的理由。”[③] “一部著作品位的高低，也并不完全取决于形式上是专著还是教科书，重

① 张明楷：《刑法学研究中的十关系论》，载《政法论坛（中国政法大学学报）》2006年第2期。

② 王作富、田宏杰：《中国刑法学研究应当注意的几个基本问题》，http://www.criminallaw.com.cn/article/default.asp?2314，2009年07月04日访问。

③ 陈兴良：《刑法知识论研究》，北京：清华大学出版社2009年版，第16页。

要的是看其学术含金量的多少。”[①] 刑法学教科书应当有较高的学术品质和规范标准，否则就沦为中国古代的注释律学[②]了。[③] 应当改变对教科书的偏见——认为它是学生的入门读本，因此不需要学术性；或者走向另一个极端，过于看重体系、概念、原理而轻视其实践性。

在国外，法学教科书往往是学者一生研究的最终结晶和最高荣誉。[④] 在日本，一个有趣的现象是对教科书的重视程度高于对专著的重视程度，例如大谷实、大塚仁、西原春夫、西田典之等名家的刑法思想基本上都集中展现在他们的教科书中，这些教科书兼具专著的特色和作用，有的教科书在内容的深入程度上丝毫不亚于专著。不同学者的刑法学教科书有时在体系、风格、观点、论证方式、援引案例等方面有相当大的差异，教科书就是学者的学术品牌，具有比较鲜明的学术个性。日本刑法学者对自己的教科书也时常进行修正，而且这种修正并不完全是因为立法的变化，而是因为学者自己的认识改变了，“创新不仅要扬弃传统的理论观点，更要勇于自我扬弃，因为任何创新都必须在理性审判和实践考验的炼狱中清洗自己”[⑤]。

刑法学教科书的任务不仅是给学生传授法学知识，而且是培养学生的法律思维能力。现有的刑法学教科书比较注重知识的完整性和系统性，相对缺乏对学生的法律思维方式的培养，欠缺有效指导学生进行刑事法律分析的意识。在传授法律知识与培养法律技能之间，前者主要是苏欧的做法，后者主要是英美的特点。刑法学教科书要实现刑法学理论性与实践性、学术性与实务性的融合，就不应当成为相互脱节的“两张皮”——理论是理论，案例是案例。事实上，有些精深的理论恰恰蕴藏在看似简单的案例中。从立法的规定看，一些具体罪名譬如利用未公开信息交易罪、信用证诈骗罪，组织、领导传销活动罪，利用影响力受贿罪等，非常抽象，专业性很强，非常有必要通过举例来揭示、说明立法的用意与内涵。

目前我国一些刑法教科书中的案例设置相对简单，案例来源权威性不够，存在与真实案件脱钩的情形。也许有人认为，我国的情况与判例法国家不同，自己编拟案例可以不受案件判决结果的束缚，也不会牵涉到案件的当事人、主审法官、审理的法院，不易犯错。但是，“判例是推动学说、制度发展的主要源泉”[⑥]。它影响着刑事政策、刑事司法实践、刑事法学研究的各个方面。相比虚拟的案例，真实案件的信息量更大、情境更全面、稳定性更强[⑦]，更能反映社会现实的发展变化，因而用具有典型意义的真实案例

---

① 参见刘满达：《读沈木珠教授〈国际贸易法研究〉》，载《金陵法律评论》2003年第1期。

② 中国古代的注释律学就是将法律与实践相结合，以注释国家的制定法为根本特征，注释的内容既包括对构成法典主要基干的律的解释，也包括对具有从属性的令或例以及律注进行注释。注释的宗旨是在统治者设定的框架内准确注释法律条文的含义，阐明法典的精神实质和立法原意，维护法律在社会生活中的统一适用。

③ 参见何敏：《传统注释律学发展成因探析》，载《比较法研究》1994年第3期。

④ 例如美国国际刑法学家谢里夫·巴西奥尼（M. Cherif Bassiouni）教授的 *Introduction to International Criminal Law* 是国际刑法方面的教科书，也是该作者的封笔之作。其中文版为：［美］M. 谢里夫·巴西奥尼：《国际刑法导论》，赵秉志、王文华等译，北京：法律出版社2006年版。

⑤ 何秉松主编：《刑法教科书》（上、下卷）（第6版），北京：中国法制出版社2000年版。

⑥ 阮齐林：《刑法学》，北京：中国政法大学出版社2008年版，第111页。

⑦ 例如刘涌黑社会犯罪案、许霆盗窃案、亿霖传销案、“三鹿”毒奶粉案等。如果在讲授相关罪名时，不涉及这些案例，说明教师严重脱离了刑事法治的现实。

来支持、佐证或反驳某一观点、原理，学生可以在现代社会的大背景（social context）下讨论刑法的原则、制度问题[①]，既生动形象，又使“书本上的法”与“生活中的法”得以相互融合，真正实现“启发式教学”的目的，有利于提高教学效果。这也正是为什么英美刑法学、犯罪学教科书大量采用法院判决。[②] 正如张明楷教授所指出，“刑法理论界应当纠正认识上的偏差，不要以为过多讨论司法实践中的问题，就降低了刑法理论的层次，不要以为案例讨论不能进入正式的刑法理论。其实，不管是在英美法系国家，还是在大陆法系国家，刑法教科书与论著中都充满了各种判例。况且，刑法学不是抽象的学问；即使是最抽象的哲学，也会联系具体问题展开讨论。所以，刑法学者应当密切关注司法实践，使刑法理论适合司法实践的需要”[③]。

在我国的刑法学教学中，虚拟的和真实的案例在刑法学教科书与教学中都需要。具体而言，初次涉及刑法学一些概念时，案例可以是虚构、假设的，在学生有了一定法律基础之后，所选择的案例则应当尽可能是真实的，以保证案例的典型性、信息完整性、客观性，同时要具有一定的疑难性，有更多深入思考的价值。[④] 在这方面，陈兴良所著《判例刑法学》[⑤] 堪称典范。这应该成为刑法学教科书的未来发展方向之一。

问题还在于刑法学教科书如何涉及、展开、讨论案例。具体将刑法学理论与案例相融合的方法主要有二：一种是在叙述理论、诠释法条的过程中随时举例，这些案例不必太长，却必须能充分说明问题，对真实案例也可以作几种不同情形的假设，变换案例的基本要素进行讨论。另一种是在主文之前或之后列出案例，进行引导、评析。例如有些教科书配有“本章引例”“学习目标”“参考案例”“引例评析”“本章小结”“练习题”等，将原理与案例相结合，引导学生自主学习。[⑥] 使用这样的教科书可以大大增加教学过程中师生之间的互动，活跃学习气氛。

需要注意的是，教科书将法律职业资格考试试题用作“学习引例”并无不可，但是需要在学生对刑事法规、基本知识和原理弄懂吃透的基础上去完成。因此，法律职业资格考试题可以作为高校刑法学教科书的辅助、课外作业，却不宜拿来代替刑法学教科书本身或成为教科书的主要内容。这里有必要提及刑法学教科书与法律职业资格考试的关系，而它的“上游问题”首先是高校法学教育与法律职业资格考试之间的关系。高校法

---

① See D·G·Barnsley, “Social Insights and Black-letter Law: Some Thoughts on a New Land Textbook”, *Journal of the Department of Legal Studies*, Vol. 6, (1982).

② 例如在美国，每本刑事司法教科书平均要用接近4%的篇幅或者22页来讨论案例，平均63个案例的判决要被较为详细地介绍或讨论。See Wright, Richard A., Sheridan, Cindy, Del Carmen, Rolando V., “Textbook Adoption and Other Landmark Decisions: The Coverage of Court Cases in Criminal Justice Textbooks, 1986 to 1995”, 8 *J. Crim. Just. Educ.* 145 (1997).

③ 张明楷：《刑法学研究中的十关系论》，载《政法论坛》2006年第2期。

④ 事实上，再完美的理论都会遇到来自实践的严峻考验。例如，在新型、复杂、疑难或兼而有之的案例面前，一些知名刑法学家的观点也不尽一致。本来，个案正是变幻复杂的社会现实的反映，未必有唯一确定的答案。

⑤ 中国人民大学出版社2009年版。

⑥ 参见黄京平主编：《刑法》（第3版），北京：中国人民大学出版社2003年版；桂亚胜编：《刑法学》，北京：中国商务出版社2007年版。后者中设有“课程导读”和“前沿指引”。“课程导读”部分主要是结合教科书对相关章节的基本概念、基本知识、基本内容等作必要的总结和概括，“前沿指引”部分则有针对性地介绍了有关学术前沿问题和热点问题，节选了有关学术著作、论文的部分内容，并且收录了相关法律和司法解释。

学教育应培育学生全面的法律素养，它包括但是绝不应当只限于法律技能的传授。法律职业资格考试侧重考核学生分析、解决问题的法律技能，对传统的重理论知识、轻能力培养的高校法学教育有一定的“纠偏”作用，但是不能矫枉过正，走向另一个极端，变成“法律实用主义”，认为凡是与案例无关的知识就是无用的[①]，或者干脆将法学知识与法律能力对立起来。

（五）刑法学教科书中的“通说”与独创性见解的关系

教科书是采用“通说”还是独创性见解，取决于受教育对象的层次。尽管学术上可以百花齐放，但是对于刚入门的本科生而言[②]，刑法学教科书应当指引大方向，给学生提出定论通说，尽可能直接展示“三基”的内容，在此基础上指引学生，启发学生思考问题、解决问题。即便教师的水平再高，本科刑法学教科书与教学都不应当成为其“掉书袋”的场所，把学生讲得云里雾里而后快，那样将使学生陷入混沌。对于开阔学生视野的阅读材料可以布置为作业，也可以在课堂上讲解但点到为止。当然，如果在某一问题上尚未形成通说或者通说存在着明显缺陷，不符合刑法学理论与实践的现实需要，则教师提出自己的独到见解并无不可。

刑法学发展至今，研习者甚众，硕士研究生、博士研究生、立法者、警察、检察官、法官、律师、高校教师……他们对刑法学知识的需求不同，教科书也应当相应地有所侧重，例如研究生教科书应当突出对格式化理论的探究、反思与超越，追求学术个性，在体系、理论、方法上具有一定的包容性和开放性，不应满足于知识堆砌。关于刑法理论问题、案例等本来就未必有唯一正确的答案，学者也风格各异，不必苛求一致，因此，适当地将编者的学术观点展现在教科书中，显示其独到的学术风格，使教科书有一定的“学派之争”，未必是坏事。

目前的刑法学教科书虽然较 70 年前、30 年前乃至 10 余年前有了很大的进步，却尚未脱离普及性的特点，总体看来，学术个性特征不明显。从知识传播者的角度看，这样的做法的确是小心谨慎、严肃认真的，教科书为了标新立异而完全偏离“通说”当然不足取。但是，区分不同受教育对象，教科书在介绍了“通说”之后阐明自己的独到见解未尝不可。学术本来就应该遵循“百家争鸣，百花齐放”的“双百方针”，有时恰恰是那些在当时被视为“异端邪说”的“另类”观点在不断推动着理论乃至社会的进步。[③] 与其他的科研成果表现形式一样，教科书同样需要在基础理论与方法的基础上提出创新理论与方法，“四平八稳”的教科书固然也好，可是刑法学知识的传播更需要特色鲜明、不同凡响的新式力作，“更多地根据自己教书育人的实践经验来定义教

---

① 关于职业技能与法学素养的关系，参见肖北庚：《走出法学核心课程教科书编写中的形式主义》，载《广西政法管理干部学院学报》2007 年第 6 期。

② 在法学本科教育时期，刑法学课程一般安排在大一、大二。

③ 例如，在体系上，有些教科书将“定罪”专门列为一章——既然刑法的主要任务是“定罪量刑”，那么为何几乎所有的刑法学教科书只有“量刑”一章而没有“定罪”一章呢？其理由我们都知道，因为它渗透在犯罪构成等许多章节之中。然而拿出专门一章来对定罪进行专门论述还是很有意义的，这样更加完整，虽然该章与总论其他各章的逻辑关系如何理顺、内容如何连贯起来尚有研究的余地。参见何秉松主编：《刑法教科书》（上、下卷）（第 6 版），北京：中国法制出版社 2000 年版，第十七章“定罪”。罪数问题也被列于该章中，与定罪相联系地进行探讨。

材、编写教材，把更多的注意力放在流变的智慧而非固定的知识，放在探寻结论的方法而非结论本身”①。要做到这点，不仅需要教科书作者具备扎实、深厚的专业功力，更需要其具有非凡的学术勇气。刑法学要发展，就需要展开学派之争，而学派之争不仅体现在学术论著中，也体现在教科书中。例如，关于我国整个犯罪论体系究竟是应当在犯罪构成“四要件说”的基础上进行改造和完善，还是采用大陆法系递进式的“三要件”理论进行重构，教科书虽然不宜直接进行论辩式的学术争鸣，但是只要逻辑严谨、论证合理，就可以通过系统性的阐述实现犯罪论体系的多元化，给读者提供不同的思路和启发，给刑事立法、司法工作人员提供理论帮助，从而推动我国刑法学不断前行。

（六）刑法学教科书的主编式与独著式、合著式的抉择

如前所述，我国刑法学教科书（包括未公开出版的教学大纲、讲义等）在 20 世纪 50、70 年代，一般不署个人的名字。在改革开放以后，教科书的撰写形式一般是主编式（也称为“主编制”）或者独著、合著式，以主编式更常见。在主编式下，有时会列出副主编、执行主编，通常是六七个人以上各自负责撰写不同的章节，其中一些人可能撰写不止一章的内容。独著式下自然是由一人负责从头到尾全部内容的撰写，而合著式的作者一般不超过 3 人。

这几种编著方式各有利弊。主编式教科书有它产生的特定背景：在新中国成立初期、在第一部刑法典通过之际，刑法学的教学、研究力量都十分薄弱，且国家对苏联刑法实行“一边倒”政策，使我国刑法学界无法从大陆法系、英美法系主要国家的刑法学教科书中汲取营养，而我国古代的律学研究虽有注释性刑法的特征，却不足以为现代刑法学教科书的体例、写作方法提供足够的借鉴经验，因此在当时，对于通过集思广益、发挥“人多力量大”的优势，争取在短时间内拿出一本权威的、对当时刑法学理论研究与实践应用具有切实指导意义的工程浩大的教科书而言，主编式也许是唯一的选择。但是，独著式、合著式教科书更具优势：整部教科书在体系、理论方面更易具有前后呼应的一贯性，也更容易凸显教科书的学术个性。虽然在主编式的教科书中，主编多系刑法学界造诣深、影响大的学者，在撰写之初有主编的统一指导，在撰写时完成的统一审核，然而毕竟参与者较多，不仅写作风格有差异，而且在内容上容易出现前后不一致或者不必要的重复的现象。70 年过去了，刑法学教科书在质量上已有了很大提升，在数量上也已相当可观，主编式这种带有“拼盘式”特点的教科书不应当再成为主流。那些对刑法学知识有着更高水准追求的研究生、司法工作人员，他们需要的是在理论上博大精深、在实践中经世致用的教科书，而六七人，甚至十余人参与写作的教科书较难达到这样的水准。其实，纵观中外，文学、史学、哲学、法学、经济学等领域的名著绝少是“主编式”的产物。

当前中国法学界的学者不如以往重视教科书写作或者质量下滑的现象，在其他国家也曾存在。例如在美国，在 1984—1993 年出版犯罪学教科书的作者明显不如在 1936—

① 夏勇：《研究生的教科书问题——〈高级法学教程〉总序》，载中国法学网，2009 年 7 月 12 日访问。

1965年出版犯罪学教科书的作者影响力大，美国学者认为，其主要原因是学者出研究成果的渠道比以往增多，教科书读者群发生变化，教科书在谋职、晋升中的作用降低，图书出版市场格局有了变化等。① 虽有相似之处，但是我国还有其他一些原因，例如一定程度上存在着学术浮躁、学术评价机制不完善的现象，对教科书不如对专著、论文那么重视，等之。换言之，学术评价机制、市场导向未能给"精品"教科书的产出提供有效保障，要学者"板凳一坐十年冷"，甚至更长时间写一本经典、传世的教科书，问题可能主要不是学者的学术功力不强，而是不太符合经济分析论的成本—收益关系这一常识，除非作者学术功底很深又能淡泊种种名利诱惑，愿意"十年磨一剑"式地倾注其主要精力于刑法学教科书的写作。可见，更多独著式的刑法学教科书面世尚需时日，并且在很大程度上取决于现有的学术评价机制的转变。

（七）刑法学教科书的全面、深入与篇幅的关系

随着刑事立法的逐步发展，修正案、立法解释、司法解释不断增多，刑法学理论也日益深化和拓展，刑事司法实践不断丰富，刑法学教科书亦日渐全面、深入，篇幅也越来越大，书越来越厚重，动辄上千页，庞大繁杂，显示出编著者的学术实力和良苦用心。那么，刑法学教科书的全面、深入与其篇幅之间的关系究竟如何？

仔细考量，过往的刑法学教科书虽然在编写过程中都贯穿了"全国高等学校法学专业核心课程教学基本要求"，但是大多是根据刑法典的体系对刑法学知识作简单编织排列，有些的内容简单、粗糙。即使不考虑立法修订的因素，这样的教科书也很难经得起时间的检验。诚然，与其他教科书一样，刑法学教科书在材料的筛选、概念的解释、不同观点或学派的介绍，以及学科知识的综合归纳、分析论证和结论等方面，都应当具有全面、系统、准确的特征，尽量做到全面、完整，然而，刑法学教科书面向的首先是法学本科生，教科书虽然应当严谨缜密，却不必一味追求"大而全"、面面俱到，而是应当突出重点难点，言简意赅，尽可能简洁明了，不应以厚重为追求的目标，千篇一律地展示此观点、彼观点以及折衷观点，末了还介绍编者或作者的观点。如果需要对"三基"进行拓展，可辅之以教辅参考书，使学生能够抓住重点、领略要点，不断推进其学习的深度和广度。

其实，在有限的课时以内，我们是否能够如愿以偿地全面讲授刑法学的整个体系内容？如果来不及"全面开花"式地讲授，教科书是否有必要为了让学生自己去感受刑法各项制度、原理之间的逻辑联系，将所有的罪名都全面列出并加以诠释？还是只需要挑选重要的部分列于教科书之中进行剖析，着重培养学生对这门学科的感觉以及分析问题、解决问题的方法？如同习武，虽然十八般兵器都很重要，然而对初学之人，是不可能向其详解各种兵器的使法的，与其大而化之地泛泛介绍，听者也只学到点皮毛，不如选择传授其刀法、枪法并力求使其精通。这既是刑法学教学中的问题，也是刑法学教科

① 美国犯罪学教科书以往的读者群不仅是学生，也包括学者同行，而今日教科书之读者群主要是学生。See Wright，Richard A.，"From Luninary to Lesser-Known：The Declining Influence of Criminology Textbook Authors on Scholarship"，9 *J. Crim. Just. Educ.* 59（1998）.

书编写过程中面临的问题。值得一提的是王作富主编的《刑法分则实务研究》(上中下)(第 3 版)[①] 重点突出，不苛求全面完整，对分则实务问题讲求深度。

也有人认为，刑法学的教科书应当尽可能地全面，但是在课程讲授中可以有所选择和侧重，不必也不可能覆盖教科书的所有内容。刑法学教科书本身是否必须瞄准刑事立法的全面性，各国做法不尽一致。例如美国、加拿大、日本等国家的刑事立法非常多，有时连刑法学者也搞不清到底有多少刑法条文，其教科书自然不可能面面俱到，涉及具体罪名的分论部分更是如此，只能选择一些具有代表性的犯罪进行讨论研究。我国的情况与之不同：刑法规定集中，没有真正意义上的附属刑法，便于教学研究。但是，考虑到学生的时间和精力，刑法学教科书的体系，尤其是分论部分，可以适当调整，删除对一些不太重要的犯罪的蜻蜓点水式的描述，因为这些描述有时跟不说没什么区别，看完了并不能使人明白多少，将其删除可节省篇幅用于充实对一些重点难点犯罪的讨论，或者增加这些犯罪的真实、典型案例，增强说明力和可读性。

刑法学教科书是否倾向于全面或深入或者二者兼具还受到教科书使用者的影响。随着我国的法学教育体制呈现多样性，刑法学教科书也出现了“众口难调”的问题。例如单一、专门的政法院校更看重教科书的理论深度，希望学生更深入地研习刑法，而复合型、应用型的法律院校由于课时有限，则希望教科书的知识覆盖面广，尽量全面、完整，但又简明扼要、逻辑严谨、层次分明、简洁明了，使学生易于统领掌握。事实上，从读者群来看，我们既需要系统、深入的刑法学教科书，也需要简要的教科书。如果为了厚重而厚重，看似面面俱到，却未能突出重点，也缺乏理论深度，则肯定不是真正意义上的“厚重”的教科书。[②] 相反，简约的教科书也许并不简单，例如曲新久、陈兴良、张明楷、王平等学者撰写的《刑法学》(第 2 版)，就采用了最为简明的体系，如同该书序言所述[③]，其属于同类刑法学教科书中的“精华本”。而对学术性、实践性有着执着追求的域外刑法学教科书同样有类似的“精华本”，名称一般是《刑法学精要》，其中有些非常热销，常常多次再版。[④]

---

① 中国方正出版社 2007 年版。该书以服务于司法实务为目的，重点研究司法实践中存在的实际问题，因此，在编写体例上不苛求体系的完整，对一些司法实践中运用较少的或者存在问题不多的罪名，未予论及；对与司法操作无关或意义不大的方面，如犯罪客体等问题，不予提及，或者一笔带过，集中篇幅对司法实践中存在的重点疑难问题进行深入、详尽的分析论证。

② 精简教科书的方法还是有的：刑法研习者除有教科书以外，都还会有一本“法规”或“法规大全”，因此，不必在书后“附录”部分列出刑法典及其修正案，在文中也可以将法定刑略去，只列出“参见刑法第×条”足矣，因为法规文本都有很清晰、完整的记载，教科书不必浪费笔墨纸张加以重复。再如阮齐林著《刑法学》(中国政法大学出版社 2008 年版) 采用了国外教科书的做法，将大量的规范性文件名称置入缩略语表，既清晰又大大节省了篇幅。

③ “目前，各类刑法学教科书的篇幅越来越大……该书在内容上吸收了刑法学教育、科研的最新成果，重视刑法学的系统性，采用最为简明的体系，对刑法学理论、学说和典型案例、习题做了精当编排，既科学准确地讲述了刑法学基础知识和基本原理，又详略得当地突出了重点难点，提纲挈领，简明扼要，具有较强的可读性与可操作性，可适应和满足刑法学本科教学以及国家司法考试的基本要求”。参见曲新久、陈兴良、张明楷、王平等撰稿：《刑法学》(第 2 版)，北京：中国政法大学出版社 2008 年版，序言。

④ See Arnold H. Loewy, *Criminal Law in a Nutshell*, West Publishing Company, 2003; Cecillia Ni Choileain, *Criminal Law-Nutshell*, Round Hall, 2006; Wilson, Nutshell: *Criminal Law* (6th edition), Lawbook Co., 2008.

四、结语

当前我国处在一个社会大变革、大转型的时期，国际、国内形势复杂多变，法制建设任重道远，刑法学也处在一个大变革时期，刑法知识的演进与流变必然会在刑法学教科书上有所投射。从类型来看，注释性刑法学教科书无疑不仅应当在数量上成为主体，更应当在质量上精益求精。“无论采取哪种研究路径，解释刑法都是刑法学的基本任务，因为法律之解释是法律规范学的使命，也是达到探求法之哲学性和法之现象性的目的之手段。”① 然而，与世界上许多国家相比，我国法制建设的时间不长；与我国的其他人文社会科学相比，我国的法学教学与研究底蕴不深，起步也晚，刑法学也不例外。在这种情况下，刑法学教科书从 70 年前的完全从头开始，到 40 年前的“轮回”——几乎又是从头再来，走到今天的大发展乃至繁荣景象，是非常不易的，其中不知倾注了多少刑法学人的心血和汗水。有些撰稿人的姓名也许从未出现在教科书中，但是他们的功劳不可磨灭。在回顾刑法学教科书 70 年的沧桑变迁时，通过梳理其实际存在的问题，展望其未来景象，我们有理由期待，通过与别国开放式的探讨、交流，立足于我国的刑事司法实践，包容吸纳，开拓创新，将会有更多的刑法学教科书在知识体系、内容上更加完善，在方法上更加科学，能够从立法论、解释论两方面给司法实践、学术研究、国际交流与合作提供更多的理论支持，从而走向真正的精品化，引领刑法学不断前行，在我国刑事法治的深度与广度上进一步拓展。

① 蔡枢衡：《刑法学》，上海：独立出版社 1943 年版。转引自陈兴良：《转型与变革：刑法学的一种知识论考察》，载《华东政法大学学报》2006 年第 3 期。

审判视域下刑法学知识体系的三维思考

——从刑事裁判文书说理切入

刘树德*

刑法学知识体系，尤其犯罪论体系多元格局的形成，是推动刑法知识转型的重要契机。随着在20世纪90年代德国、日本等国家系列刑法教科书的翻译引进，尤其是在21世纪初（2003年具有标志性）各种国际性或者全国性犯罪构成体系研讨会的召开、部分法学刊物（例如《法学研究》《法商研究》《环球法律评论》）对犯罪理论体系专题的刊登、部分学者对犯罪论体系的比较研究及知识性创作，我国刑法学犯罪构成理论体系的“一元”局面，即以苏联犯罪构成体系为摹本并结合本国实践有所创新的“四要件”犯罪论体系，终被打破，并已形成“四要件”犯罪论体系与“三/二阶层”犯罪论体系的“二元”竞争格局。[①] 但是，从审判视域来看，“四要件”犯罪论体系仍是“独占鳌头”，而“三/二阶层”犯罪论体系只是“偶露峥嵘”。本文拟从刑事裁判文书说理切入，对刑法学知识体系的相关问题作些初步分析探讨。

一、刑事裁判文书说理结构之维

作为国家公文的刑事裁判文书往往由首部、事实、理由、判决结果和尾部五个部分组成。刑事裁判文书样式对这些部分的不同结构安排，自然会直接影响着刑事法官的裁判思维逻辑和刑事裁判文书说理的最终样态。从新中国成立以来，刑事裁判文书样式经历了一个逐步演变的过程。[②] 此处拟结合笔者寻找一份或许再也找不到的文件（中央人民政府司法部于1951年制发的《诉讼用纸格式》）的经历，表明这样的初步结论：刑事裁判文书样式的调整同刑法学知识体系的初步形成一样，均受到苏联的影响。笔者在起草《最高人民法院关于加强和规范裁判文书释法说理的指导意见》（2018年6月1日发布，法发［2018］10号）的过程中，围绕裁判文书样式及结构对说理的影响进行溯源的“知识考古”，意图借此机会破解较长时间以来困扰笔者的以下问题：（1）我国现行裁判文书的主文即结论具体是在新中国成立后什么时段进行了位置调整，使其既不同于革命

---

* 最高人民法院审判管理办公室副主任，湘潭大学法学院教授，博士研究生导师。

① 参见陈兴良：《刑法的知识转型（学术史）》，北京：中国人民大学出版社2012年版，第66－112页。

② 参见李滇：《建国60年刑事判决说理制度的回溯与展望》，载《行政与法》2009年第10期。

根据地时期和陕甘宁边区时期的做法（例如黄克功案件的判决书，陕甘宁边区高等法院刑事判决刑字第二号[①]），也不同于民国时期的做法，还不同于大陆法系主要国家（例如德国、日本）的做法？（2）为何要作出这样的调整？（3）此种调整是否受到苏联的影响？在该指导意见出台后至今，笔者一直恪守"不能放弃，继续寻找"的决心，广泛寻求法学前辈、老领导、同事、朋友的帮助，或打电话询问，或发微信交流，或当面请教，虽然至今尚未找到前述问题的满意答案，但高兴的是有了一些进展与收获。

就第一个问题而言，目前抱持一个尚待最终确证的结论：中央人民政府司法部于1951年制发的《诉讼用纸格式》并未对裁判文书样式结构作出专门调整。笔者曾通过各种途径寻求帮助，很遗憾，在最高人民法院档案室、司法部档案室、国家图书馆、中国人民大学图书馆、北京大学图书馆、中国政法大学图书馆均未发现这一文件；后来经过院领导批准正式去函商请中央档案馆查找，2022年10月27日又亲自前往该馆查阅6份相关档案[②]后终于得知了以下讯息：（1）1951年司法部确实制发了《诉讼用纸格式》，这从1955年司法部有关业务部门起草的《关于诉讼用纸格式（草稿）的几点说明——附：〈诉讼用纸格式（草稿）〉》的如下表述可得到证明："本部在一九五一年三月曾印发了诉讼用纸格式十九种（另有簿册格式十六种），使各地法院的诉讼用纸有了一个初步统一的规定"。另外，1951年5月30日《湖南省人民法院通知》（法审字第七七七号）亦有这样的内容："奉中央人民政府司法部五一年四月四日司一函字第三三九号函：本部为了便利各级法院审判工作的进行，特草拟诉讼用纸格式二十种、簿册格式十六种，分印成册，随文发送，希你院（部）斟酌实际需要情况，自由参考采用，并希各省人民法院分别转印发交各省所属各级司法机构先行参考试用，在本年年底前将试用情形及经验汇报本部以便修订，再行正式制发"[③]。（2）1955年《诉讼用纸格式（草稿）》中包括的刑/民事判决（第一式）、刑/民事判决书（第二式）、裁定书（第一式）、裁定书（第二式）的样式结构均为"事实—理由—判决主文"。（3）1956年3月20日司法部印发了《关于重新规定"诉讼用纸格式（样本）"的函——附：诉讼用纸格式（样本）》［（56）司普字第二四一号］。该函重新规定各高级人民法院、中级人民法院适用的诉讼

---

① 参见熊先觉：《司法文书学》（修订版），北京：中国法制出版社2011年版，第23-25页。

② 具体包括：（1）1955年《关于诉讼用纸格式（草稿）的几点说明——附：诉讼用纸格式（草稿）》［以下简称《说明（草稿）》］；（2）1955年12月6日《关于征求拟制诉讼用纸格式意见的函》；（3）1956年3月20日《关于重新规定"诉讼用纸格式（样本）"的函——附：诉讼用纸格式（样本）》；（4）1957年2月《关于修改"诉讼用纸格式"的说明》；（5）1957年12月16日《关于修改和印发"诉讼用纸格式"的通知——附：诉讼用纸格式》；（6）1980年7月21日《关于下发诉讼文书样式（试用）的通知——附：诉讼文书样式（试用）》。

③ 该通知提到的诉讼用纸格式为20种，具体包括：（1）诉讼卷宗面；（2）诉状；（3）传票；（4）通知；（5）送达证书；（6）拘票；（7）提票；（8）押票；（9）搜索票；（10）验伤单；（11）通缉书；（12）证人结；（13）笔录；（14）调解笔录；（15）通知书（宣告缓刑通知书）；（16）通知书（宣告剥夺政治权利通知书）；（17）刑事处分书；（18）判决执行通知书；（19）证据物品目录；（20）五联收据。而前述《说明（草稿）》提到的则为19种，两者尚存在差别。另外，《说明（草稿）》的如下表述，"不论内容与形式上都稍有变动，除较过去增加了判决、裁定、逮捕证等格式外，较显著的改变，主要是我们把传票、逮捕证、搜查证等格式采取命令式和通知式的形式，改变了过去的表格式，借以明确法律责任与执行法律的严肃性"，表明1951年3月印发的《诉讼用纸格式》并未对判决、裁定的样式加以规定。此点也可从《湖南省人民法院通知》得到间接的证明。

用纸格式 31 种 [刑事判决、裁定，民事判决、裁定的样式为“事实—理由—主文”]，基层人民法院适用的诉讼用纸格式 25 种。该函应该是 1955 年的《说明（草稿）》如下所指的最终成果：由于这些格式（注：指 1951 年 3 月《诉讼用纸格式》规定的 19 种）不够完备，各地在工作中又自行拟制了一些格式，因而近几年来诉讼用纸格式不一致的情形又增加了。法院组织法颁布后，各地法院要求中央制定统一的诉讼用纸格式，为此，我们在过去格式的基础上，参考了各地新的经验及尽可能满足工作的需要，草拟了诉讼用纸格式 22 种[①]，但仍由于诉讼法典尚未制定，目前诉讼用纸格式不可能做到十分完全，我们只希望在道理上说得通，在实用上简便易行。(4) 1957 年 12 月 16 日司法部印发了《关于修改和印发“诉讼用纸格式”的通知——附：诉讼用纸格式》。该通知记叙了如下修改过程：1956 年 6 月 28 日司法部发电征求各地诉讼用纸格式的意见；根据这些意见对原来的诉讼用纸格式进行修改，于 1957 年 2 月发至山东、江苏、湖南三省的 7 个中级人民法院，9 个基层人民法院试用三个月后再作修改，又于 1957 年 11 月邀请北京、河北省的三个中级人民法院、九个基层人民法院讨论修改，最后正式制定用纸格式 33 种（其中，刑事判决、裁定书，民事判决、裁定书的样式均为“事实—理由—判决主文”）。(5) 1980 年 7 月 21 日司法部印发《关于下发诉讼文书样式（试用）的通知——附：诉讼文书样式（试用）》[(80) 司发普字第 124 号]。依该通知，诉讼文书样式合计 8 类 64 种，另有判决书样式 4 种，其中刑事判决书、裁定书及民事判决书、裁定书样式各有两种：一为“事实—理由—判决（主文）”，二为“主文—事实—理由”。为了确认上述初步的结论，笔者在获悉江苏省苏州市中级人民法院正在编纂 1949 年至 2021 年典型优秀裁判案例后，便邀请该院办公室有关同志帮助复印了 1950—1953 年的 20 多份裁判文书。笔者在阅读后发现，1950 年的裁判文书的主文均在前部，而 1952 年的裁判文书的主文既有在前部的，也有在后部的[②]，例如，1951 年 6 月 9 日江苏省昆山县人民法院刑事判决一九五一年度刑字第 84 号（顾阿梅伤害吴阿妹一案）的主文“顾阿梅伤害他人之身体应予训诫。吴阿妹之医药费计二万五千元应由被告顾阿梅负担”，是被置于前的；1952 年 7 月江苏省昆山县人民法院刑事判决一九五二年度特刑字第 24 号（被告王金宝犯反革命等罪一案）的主文“依惩治反革命条例第十三条及惩治贪污条例第三条之规定判处徒刑五年，剥夺政治权利五年”是被置于后的；1952 年 6 月 4 日江苏省昆山县人民法院民事判决一九五二年度民字第九二号（徐阿大与王阿三离婚案）的主文“准许徐阿大与王阿三离婚”是被置于前的。上述档案文献和个案判决书亦可说明熊先觉先生的如下论断并不完全准确：民国时期的民刑判决书格式的正文部分是“主文—事实—理由”的三段论结构形式。这为革命根据地的人民司法工作所采用，中华人民共和国成立后也一直沿用到 20 世纪 50 年代后期，才演变为“事实—理由—结论（判决结果）”的结构形式。[③]

---

① 1957 年 2 月《关于修改“诉讼用纸格式”的说明》中有如下表述：“为了统一全国各级人民法院诉讼用纸格式，在 1956 年 3 月间我们印制了诉讼用纸格式 29 种（样本）发给各级人民法院使用”。

② 此时不同法院的不同做法可能还是沿袭既往习惯使然。这也间接地说明 1951 年司法部《诉讼用纸格式》并未对裁判文书的样式结构作出统一的规定。

③ 参见熊先觉：《司法文书研究》，北京：人民法院出版社 2003 年版，第 20 页。

就第二个问题而言，就笔者的阅读所言，熊先觉先生所作的如下论述是最为丰富的：20 世纪 50 年后期的变化，即从前置变为后置，有其时代背景。主要是从 1957 年下半年的“反右”运动开始，极左思潮泛滥成灾，法律虚无主义猖獗肆虐……否定司法程序和司法文书规格，错误地认为讲究司法程序和司法文书格式是搞“烦琐哲学”，是“旧法观点”，用“主文”一词不通俗，便改为“结论”，实际上连“结论”一词也不用，而直书“根据上述事实和理由，判决如下”。并认为将“主文”置前不合乎“逻辑”……[①] 在笔者看来，熊先觉先生对此处的“逻辑”所指仅作了实践（心理学）层面的进一步阐述，即将“主文”置前更契合旁听当庭宣判者和当事人的心情（“旁听者急切想听到的是‘主文’，当事人首先关注的也是‘主文’”[②]），可以称之为“实践逻辑”，但尚未从“理论逻辑”即规范（法律科学）层面加以进一步展开。基于赫尔曼·康特洛维茨的如下系列论述，“假如法律科学是一门经验科学，则其主要方法将是通过原因与结果（cause and effect）作出说明（explanation）；假如它是一门理性的规范科学，则其主要范畴将是通过理由与后果（reason and consequence）进行证立（justification）”“证立明确体现在判决书的论证说理之中”“可控的不是法官的思维过程，而是他对判决的外在证立”“受约束的不是法官是如何想的，而是他在判决书中如何说”[③]，可以说，裁判文书将“主文”置后反映的是法官实际思考得出判决结论的思维过程，而将“主文”置前反映的是法官对判决结论之所以成立的事实理由和规范理由两个层面的推理论证过程。[④]

就第三个问题而言，基于电话询问最高人民法院研究室原副主任张泗汉（1933 年生人）后获得的如下讯息，“在上世纪 80 年代，最高人民法院研究室讨论这方面的工作时，询问过熊先觉教授新中国初期调整裁判文书样式是否受苏联的影响，答案是没有受其影响”，与熊先觉先生在其有关论著中的观点“新中国成立初期，在批判地继承中国司法文书格式的优良传统的基础上，主要根据新中国法制建设实际，适当参照苏联的某些经验，创制了有自己特色的司法文书格式。早在 1951 年，中央人民政府司法部就制定了《诉讼用纸格式》，1956 年又制定了《公正文书格式》”[⑤]，不一致（或许记忆有误）。对此，笔者心存疑惑。幸运的是，笔者在中央档案馆查到两则讯息：（1）1955 年《说明（草稿）》中有这样的表述：“判决书格式，我们草拟了两种，第一式的判决书首部主要依照各地常用的格式中加上了法庭组成人员及写明了审理案件的时间等……第二式主要是根据苏联和人民民主国家的判决格式草拟的，这与现在通行的判决格式的不同处，主要表现在：（1）判决书是以国家的名义宣布的；（2）在判决书首部部分增加了法院名称，法庭组成人员，审判的时间地点，以及出庭的当事人姓名等”。（2）1955 年 12 月 6

① 参见熊先觉：《司法文书研究》，北京：人民法院出版社 2003 年版，第 21 页。另见熊先觉：《司法文书学》（修订版），北京：中国法制出版社 2011 年版，第 29 页。

② 熊先觉：《司法文书研究》，北京：人民法院出版社 2003 年版，第 22 页

③ ［德］赫尔曼·康特洛维茨：《为法律科学而斗争：法理论文选》，雷磊、姚远译，北京：商务印书馆 2022 年版，第 271、27 页。

④ 参见袁力、邵新：《德国民事裁判文书结构与说理的关联分析》，载《法律适用》2017 年第 1 期。

⑤ 张泗汉：《司法文书的历史沿革》，载周道鸾主编：《新编司法文书教程》，北京：法律出版社 1999 年版；《张泗汉文集》，北京：人民法院出版社 2012 年版，第 552 页。

日《关于征求拟制诉讼用纸格式意见的函》[(55)司普字第二六七三号]中有这么一段话："判决和裁定采用了苏联的格式。六月间我们所拟诉讼用纸格式，曾经送苏联专家提意见。巴萨温同志精心用意地拟制了几个判决和裁定的格式，作我们的参考"①。与此同时，笔者又拜托同门庞冬梅教授（现就职于河南大学法学院）及上海政法学院龙怡教授了解原苏联及俄罗斯这方面的相关情况，得知现在的俄罗斯及原苏联的裁判文书的主文是被置于后部的。② 上述档案文献和原苏联的判决书范例直接或者间接地证明了原苏联对新中国成立初期刑事裁判文书样式调整的影响。

如同我国刑法学者对整个 20 世纪 50 年初期"处于仿摹和消化苏俄刑法学阶段"③的刑法学研究的评价，"在这一时期，我国的刑法学研究大量介绍和引进了苏俄的刑法学理论，这对于我国刑法学的建立起到了重要的借鉴作用。当然，从另外一个意义上说，在否定旧法观点的同时，把历史上的刑法学理论也予以全盘否定，因而割断了历史联系，这种历史虚无主义是不利于刑法学研究发展的。同时，在大量引入苏俄刑法学理论的时候，也存在照搬苏俄刑法理论的教条主义倾向，在一定程度上妨碍了具有中国特色的刑法学理论体系的建立"④，在新中国成立初期对刑事裁判文书样式的调整多少也存在"简单否定"⑤、"盲从照搬"的倾向。

二、刑事裁判文书说理逻辑之维

刑事裁判文书是一种公文，自然会有相应的格式要求。最高人民法院往往以文件的形式下发相关文书样式，并附加相关说明，供各级人民法院执行。其中，"理由"部分的行文布局与结构安排，无论是按照 1992 年"样式 1 即刑事判决书（一审公诉案件用）"的要求，即"理由是判决的灵魂，是将犯罪事实和判决结果有机地联系在一起的纽带。其核心内容是针对案情特点，运用法律规定、政策精神与犯罪构成原理和要件，

---

① 该函还包含如下一条有关裁判文书排版调整的重要信息："我们拟制诉讼用纸格式，有两点主要变更：一、诉讼用纸格式一律改为横写。理由是：(1) 文字改革会议建议国家机关采用横行横写，我们估计这个前途有其必然性。(2) 公安部门早已实行横排横写。目前法院收到公安部门函件装订卷宗已感很大不便，我们应取得一律。(3) 我们征求过几个县、区法院意见，他们都说横写没有困难，开始可能别扭些，熟惯就好了，而且有很多干部习惯于横写。(4) 浙江等省高级法院曾向本部要求把诉讼用纸格式改为横写。因此把诉讼用纸改为横写，不是困难很多，而是有各方面的群众基础"。

② 2022 年 11 月 14 日上海政法学院龙怡教授微信回复：据其俄罗斯籍学生 Davydova Valeriia（唐佳怡）提供的信息可知，俄罗斯革命前的时期（直至 1917 年）、苏联时期（1918—1991 年）、现代俄罗斯时期（1991 年至今）的刑事裁判文书的裁判结论均放在后面，代表如，1912 年 4 月 3 日萨拉托夫地方法院作出的一份入室盗窃案件判决书，1918 年 6 月 21 日最高法庭作出的海军上将沙哈斯特尼（Shchastny）准备反革命政变案件判决书，2016 年 9 月 8 日莫斯科市巴斯曼区法院作出的一份欺诈案件判决书。另外，2022 年 11 月 11 日，留学德国的徐澍博士生微信回复：(1) 1834 年巴伐利亚州的一个判决的主文在后，在德国统一后，判决的主文均在前；(2) 法国的判决主文在后；(3) 我国香港、澳门地区的判决的主文在后。

③ 陈兴良：《刑法知识论》，北京：中国人民大学出版社 2007 年版，第 41 页。

④ 高铭暄主编：《新中国刑法科学简史》，北京：中国人民公安大学出版社 1993 年版，第 9-10 页。

⑤ 1949 年 3 月 31 日董必武同志签署"废除国民党的六法全书及其一切法律"的训令发布，明确提出各级人民政府的司法审判不得再援引其条文，由此宣告国民党统治下的中华民国法统的终结。或许，民国时期的主文前置的判决文书样式也随之被否定。

分析被告人的行为的实质，论证应该如何处理，为下文的判决结果定好格调”，还是按照1999年“样式1即刑事判决书（一审公诉案件适用普通程序用）”的要求，即“理由是判决的灵魂，是将犯罪事实和判决结果有机联系在一起的纽带。其核心内容是针对案情特点，运用法律规定、政策精神和犯罪构成理论，阐述公诉机关的指控是否成立，被告人的行为是否构成犯罪，犯的什么罪，依法应当如何处理，为判决结果打下基础”①，均会受到“犯罪构成原理和要件”或“犯罪构成理论”的影响，进而呈现不同的论证逻辑和表述顺序。正如日本学者平野龙一所言，“犯罪论体系的主要功效是整理法官的思考方法，其作为统制法官判断的手段而存在”②。从当下我国刑事审判实践来看，居于通说地位的以犯罪客体—犯罪客观方面—犯罪主体—犯罪主观方面为排列顺序的“四要件犯罪论体系”仍处在指导实践的主导地位，无论是检察官起诉或者抗诉，还是辩护律师辩护，抑或法官裁判，均按此犯罪论体系进行思维和表达，例如，“徐某鹏隐匿、故意销毁会计凭证、会计账簿、财务会计报告案”③。

【理由部分】陕西省榆林市靖边县人民法院认为：被告人徐某鹏无视国家法律，隐匿依法应当保存的会计凭证、会计账簿和财务资料，其行为触犯了刑律，构成了隐匿、故意销毁会计凭证、会计账簿、财务会计报告罪。辩护人丁某斌辩护认为：“公诉机关指控被告人徐某鹏构成隐匿、故意销毁会计凭证、会计账簿、财务会计报告罪的证据不足。一、从犯罪的客体及犯罪对象方面讲，我国《刑法》第162条规定的犯罪对象是会计法规定的应当保存的公司、企业的会计资料，而个体的会计资料不属于会计法调整的范围。二、从犯罪的客观方面讲，徐某鹏没有实施隐匿、故意销毁会计凭证、会计账簿、财务会计报告的行为，因为徐某鹏拿走的是（徐某鹏电器商城）的商品经营账，并不是公司的账。三、‘徐某鹏电器商城’的投资人、经营者是徐某鹏个人，而并非靖边县五金交电有限公司，电器商城经营行为是个人（行为）而非公司集体行为。四、徐某鹏与靖边县五金交电公司事实上形成了承包关系，而且也全部如数上交了承包费。综上，公诉机关指控被告人徐某鹏犯隐匿、故意销毁会计凭证、会计账簿、财务会计报告罪，证据不足，应依法判决徐某鹏无罪。”……依照刑法相关规定，判决如下：被告人徐某鹏犯隐匿、故意销毁会计凭证、会计账簿、财务会计报告罪，判处有期徒刑六个月。

但是，实践中个案裁判文书中也有的按不同排列组合的“四要件犯罪论体系”进行表达，具体包括：第一，犯罪主体—犯罪客体—犯罪主观方面—犯罪客观方面，例如“朱某伟、雷某平抢劫案”④。

【理由部分】重庆市渝中区人民法院认为：《中华人民共和国刑法》第二百六十三条规定：“以暴力、胁迫或者其他方法抢劫公私财物的……”这是刑法规定的抢劫罪。本罪的犯罪主体是年满14周岁并具有刑事责任能力的自然人；犯罪侵犯的客体是公私财

① 最高人民法院办公厅编：《法院刑事诉讼文书样式（样本）》，北京：人民法院出版社1999年版，第8-9页。

② 转引自周光权：《犯罪论体系的改造》，北京：中国法制出版社2009年版，第9页。

③ 陕西省榆林市靖边县人民法院（2010）靖刑初字第106号刑事判决书。

④ 《最高人民法院公报》2006年第4期。

物所有权和公民人身权利，侵犯的对象是国家、集体、个人所有的各种财物和他人人身；犯罪主观方面表现为直接故意，并具有将公私财物非法占有的目的；犯罪客观方面表现为对公私财物的所有者、保管者或者守护者当场使用暴力、胁迫或者其他对人身实施强制的方法，立即抢走财物或者迫使被害人立即交出财物。《中华人民共和国刑法》第二百二十六条规定："以暴力、威胁手段强买强卖商品、强迫他人提供服务或者强迫他人接受服务，情节严重的……"这是刑法规定的强迫交易罪。本罪的犯罪主体除自然人以外，还包括单位；犯罪侵犯的客体是交易相对方的合法权益和商品交易市场秩序；犯罪主观方面表现为直接故意，目的是在不合理的价格或不正当的方式下进行交易；犯罪客观方面表现为向交易相对方施以暴力、威胁手段，强迫交易相对方买卖商品、提供或者接受服务，情节严重的行为。二罪比较，犯罪的前提条件不同，犯罪侵犯的客体不同，犯罪目的不同，犯罪的客观方面也有所不同……因此，朱某伟、雷某平的行为，不符合抢劫罪构成要件，而是强迫交易。朱某伟、雷某平身为出租车驾驶员，为牟取非法利益而无视国法，在出租车正常营运过程中违背被害人意志，单独或伙同采取暴力、威胁手段，强行索取与合理价格相差悬殊的高额出租车服务费，严重侵犯了交易对方的合法权益及出租车市场交易秩序，强迫交易情节严重，其行为触犯《中华人民共和国刑法》第二百二十六条的规定，构成强迫交易罪……

重庆市渝中区人民法院于2006年1月27日判决：(1) 被告人朱某伟犯强迫交易罪，判处有期徒刑10个月，并处罚金2 000元；(2) 被告人雷某平犯强迫交易罪，判处有期徒刑6个月，并处罚金2 000元。

第二，犯罪客体—犯罪主体—犯罪主观方面—犯罪客观方面①**，例如，"高某先、乔某杰过失致人死亡案"**②**。**

【理由部分】河南省郑州市中级人民法院认为：原审被告人乔某杰违反交通运输法规，驾驶机动车发生重大交通事故，致4人死亡、2人重伤、车辆烧毁的严重后果，情节特别恶劣，应依法惩处，一审以交通肇事罪定罪处罚，是正确的。主管人员、肇事车辆的管理所有人，只有在指使、强令他人违章驾驶而造成重大交通事故的情况下，才能以交通肇事罪定罪处罚。上诉人高某先既不是交通事故中的直接肇事者，本案证据也不能证明高某先指使、强令乔某杰违规操作，却能证明在得知车辆出现故障后，高某先租用其他车辆将故障车上的幼儿送走，并告知乔某杰修理故障车。可见，一审认定高某先指使乔某杰违规驾驶，缺乏证据支持，高某先的行为不应构成交通肇事罪。《中华人民共和国刑法》第一百三十八条规定："明知校舍或者教育教学设施有危险，而不采取措施或者不及时报告，致使发生重大伤亡事故的，对直接责任人员，处三年以下有期徒刑或者拘役；后果特别严重的，处三年以上七年以下有期徒刑。"这是刑法规定的教育设施重大安全事故罪。该罪侵犯的客体是公共安全和教学管理秩序，主体是对教育教学设施负有维护义务的直接人员，主观方面表现为过失，客观方面表现为不采取措施或者不

---

① 有学者指出，除上述通行的排列顺序以外，至少还存在以下三种排列顺序：一是犯罪主体—犯罪客体—犯罪主观方面—犯罪客观方面，二是犯罪客观方面—犯罪客体—犯罪主观方面—犯罪主体，三是犯罪主体—犯罪主观方面—犯罪客观方面—犯罪客体。参见赵秉志：《论犯罪构成要件的逻辑顺序展开》，载《政法论坛》2003年第6期。

② 《最高人民法院公报》2005年第1期。

及时报告致使发生重大伤亡事故的行为。“不采取措施”，既包括没有采取任何措施，也包括没有采取任何有效措施。幼儿园是实施幼儿教育的机构；本案事故车辆，是“月亮船”幼儿园专用于接送幼儿的工具，是教育教学设施。上诉人高某先作为“月亮船”幼儿园园长，对该教育教学设施的安全负有直接责任。高某先明知该车油路堵塞急需检修，不履行职责，将该车交给专业人员检修以便排除危险，却让原审被告人乔某杰使用这个已确定存在安全隐患的教育教学设施接送幼儿。本案车毁人伤亡的危害后果，固然是乔某杰违反交通运输法规的行为直接造成的，但其中3名幼儿被烧死、2名幼儿被烧伤，与高某先明知教育教学设施有危险而将其继续投入使用的行为有因果关系。高某先的行为有严重的社会危害性，应当以教育设施重大安全事故罪追究其刑事责任……

河南省郑州市中级人民法院依照《中华人民共和国刑事诉讼法》第一百八十九条第（二）项的规定，于2003年3月26日判决：（1）维持一审刑事判决中对原审被告人乔某杰的定罪及量刑部分；（2）撤销一审刑事判决中对上诉人高某先的定罪及量刑部分；（3）上诉人高某先犯教育设施重大安全事故罪，判处有期徒刑4年。

此外，实践中个案还存在“简化版”的表达方式，具体包括：第一，“犯罪客体—犯罪客观方面”，例如，“董杰、陈珠非法经营案”①。

【理由部分】江苏省南京市江宁区人民法院认为：第一，“冰点传奇”“外挂”软件属于非法互联网出版物。盛大公司所经营的《热血传奇》游戏是经过国家版权局合法登记的游戏软件，受国家著作权法的保护，被告人董某、陈某购买、使用的“冰点传奇”“外挂”程序软件在出版程序上没有经过主管部门的审批，违反了《出版管理条例》的规定，在内容上也破坏了《热血传奇》游戏软件的技术保护措施，肆意修改盛大公司《热血传奇》游戏的使用用户在服务器上的内容，不仅违反了《信息网络传播权保护条例》的相关规定，而且侵犯了著作权人的合法权益……第二，被告人董某、陈某利用“外挂”软件从事“代练升级”，构成非法经营罪。二被告人购买了电脑，聘用了工作人员，先后替1万多名不特定人使用非法“外挂”程序进行代练，并收取费用，客观上是对该非法“外挂”程序的发行、传播，属于出版非法互联网出版物的行为，根据最高人民法院《关于审理非法出版物刑事案件具体应用法律若干问题的解释》第十一条的规定，应当以非法经营罪定罪处罚。综上，被告人董某、陈某以牟利为目的，违反国家规定，未经国家主管部门批准，也未获得盛大公司许可和授权，将明知是破坏了他人享有著作权的互联网游戏作品技术保护措施并修改他人游戏作品数据的非法互联网出版物——“外挂软件”使用到盛大公司享有著作权的游戏程序上，进行有偿代练经营活动，牟取了巨额非法利益，侵害了盛大公司的合法权益，属于出版非法互联网出版物的行为，具有严重社会危害性，构成非法经营罪……

江苏省南京市中级人民法院依照刑法相关规定，于2010年12月9日判决：（1）被告人董某犯非法经营罪，判处有期徒刑6年，罚金人民币160万元；（2）被告人陈某犯非法经营罪，判处有期徒刑3年，缓刑4年，罚金人民币140万元。

---

① 《最高人民法院公报》2012年第2期。

第二，“犯罪主观方面—犯罪客观方面”，例如“崔某、仇某宾、张某国盗窃案”[①]。

【理由部分】上海市黄浦区人民法院认为：一、被告人崔某、仇某宾、张某国主观上具有非法占有他人财物的目的。三被告人均明知仇某宾名下的涉案银行卡内的钱款不属仇某宾所有，而是牟某敏存储的个人财产。当涉案银行卡被吞、牟某敏要求仇某宾帮助领取银行卡时，三被告人不是协助取回涉案银行卡并交还牟某敏，而是积极实施挂失、补卡、取款、转账等行为，将卡内钱款瓜分，明显具有非法占有他人财物的目的。二、被告人崔某、仇某宾、张某国的行为具有秘密窃取的性质……盗窃罪中的“秘密窃取”是指行为人采用自认为不被财物所有者或保管者当场发觉的手段，违背财物所有者或保管者的意志，将财物转移为自己或第三者占有的行为。盗窃罪中的“秘密窃取”具有主观性、相对性、当场性的特征。主观性是指行为人主观上自认为盗窃行为不会被发觉，至于实际上是否被发觉，不影响“秘密窃取”的成立；相对性是指行为人自认为盗窃行为不会被财物的所有者或保管者发觉，至于是否会被第三者发觉，不影响“秘密窃取”的成立；当场性是指行为人自认为在实施盗窃行为当时不会被发觉，至于事后是否被发觉，不影响“秘密窃取”的成立。本案中，三被告人虽然是公然实施挂失、补卡、取款、转账等行为，但被害人并没有当场发觉，更无法阻止三被告人的行为。被害人虽然对三被告人可能侵犯其财产存在怀疑和猜测，并在案发后第一时间察觉了三被告人的犯罪行为，但这与被害人当场发觉犯罪行为具有本质区别。因此，三被告人的行为完全符合盗窃罪“秘密窃取”的特征。三、被告人崔某、仇某宾、张某国的行为符合盗窃罪“转移占有”的法律特征……涉案银行卡被吞后，被害人牟某敏虽然失去了对卡的实际控制，但基于掌握密码，并未丧失对卡内钱款的占有和控制。被告人崔某、仇某宾、张某国如果仅仅协助被害人取回涉案银行卡，不可能控制卡内钱款。三被告人是通过积极地实施挂失、补办新卡、转账等行为，实现了对涉案银行卡内钱款的控制和占有。上述行为完全符合盗窃罪“转移占有”的法律特征。综上所述，被告人崔某、仇某宾、张某国以非法占有为目的，共同秘密窃取他人财物，数额特别巨大，其行为均已构成刑法第二百六十四条规定的盗窃罪，应予刑事处罚……

上海市黄浦区人民法院依照刑法相关规定，于 2010 年 7 月 12 日判决如下：(1) 被告人崔勇犯盗窃罪，判处有期徒刑 10 年，并处罚金人民币 10 000 元；(2) 被告人仇国宾犯盗窃罪，判处有期徒刑 6 年，并处罚金人民币 6 000 元；(3) 被告人张志国犯盗窃罪，判处有期徒刑 7 年，并处罚金人民币 7 000 元。

第三“犯罪客观方面—犯罪主体”，例如“李某职务侵占案”。

【理由部分】上海市长宁区人民法院认为：被告人李某在实施犯罪行为时利用了自身职务上的便利。李某系沪深航公司的驾驶员，在完成运输任务过程中，不仅负有安全及时地将货物运至目的地的职责，还负责清点货物、按单交接及办理空运托运手续。因此，李某对其运输途中的货物负有保管职责。托运人将涉案金币交付给沪深航公司承运，由此沪深航公司取得了对涉案金币的控制权。李某受沪深航公司委派具体负责运输该批货物，其在运输途中亦合法取得了对该批货物的控制权。根据本案事实，托运人对

① 《最高人民法院公报》2011 年第 9 期。

涉案金币所采取的包装措施，仅是将金币等货物用纸箱装好后以胶带封缄。该包装措施虽然在一定程度上宣示了托运人不愿他人打开封存箱的意思，但主要作用在于防止货物散落。托运人办理托运时，就已整体地将保管、运输该批货物的义务交付给沪深航公司，托运人在整个运输过程中客观上已无力控制、支配该批货物。因此，李某作为涉案货物承运人沪深航公司的驾驶人员，在运输涉案货物途中，对涉案货物负有直接、具体的运输、保管职责。李某正是利用这种自身职务上的便利，伙同他人将本单位承运的货物非法占有。李某身为公司工作人员，伙同他人利用其控制、保管运输途中的货物的职务便利，将本单位承运的货物非法占为己有，其行为符合职务侵占罪的犯罪构成，且数额巨大，应以职务侵占罪予以惩处……

上海市长宁区人民法院依照刑法相关规定，于 2008 年 9 月 3 日判决如下：被告人李某犯职务侵占罪，判处有期徒刑 6 年，并处没收财产人民币 16 000 元。

“三/二阶层”犯罪论体系尚未完整地见诸具体的刑事裁判文书之中，只是“偶露峥嵘”，即个别刑事裁判文书根据阶层犯罪论的逻辑来认定行为性质［例如，广东省高级人民法院（2016）粤刑再 9 号刑事判决书］或根据其思路来裁量刑罚。①

三、刑事裁判文书说理论据之维

裁判文书说理简单地说就是为裁判文书结论提供裁判理由。裁判文书载明“裁判理由”是有一个历史发展过程的。据说在西欧，法官必须在判决书上写明理由的义务只是在 19 世纪才出现的。在 17、18 世纪，法国和日耳曼国家的法院都不写明判决理由。②后来，许多国家的宪法（基本法）和诉讼法专门对裁判说理进行了详略不一的规定。例如，《土耳其共和国宪法》第 141 条规定：“所有法院判决一律以书面形式作出，并附理由说明”。《比利时联邦宪法》第 149 条规定：“所有判决均须说明理由”。《荷兰王国宪法》第 121 条规定：“除议会法令规定的情形外，审判应公开进行，判决应说明其所依据的理由并向社会公布”。《西班牙王国宪法》第 120 条规定：“判决必须包含判决理由，并公开宣判”。《希腊宪法》第 93 条规定：“每一法院判决必须详细地和完整地说明理由并且必须公开宣判”，等等。《德国民事诉讼法典》第 313 条规定：“1. 判决书应记载：……（4）判决主文；（5）事实；（6）裁判理由……3. 裁判理由项下，应简略地、扼要地记载从事实和法律两方面作出裁判所依据的论据”③。《日本民事诉讼法》④ 第 253 条规定：“判决书应记载下列事项：主文、事实、理由、口头辩论的终结日期、当事人及法定代

① 参见周光权：《刑法公开课》，北京：北京大学出版社 2019 年版，第 36－38 页。

② 参见沈达明：《比较民事诉讼法初论》（下册），北京：中信出版社 1991 年版，第 245 页。另外，留学德国的徐澍博士生于 2022 年 11 月 11 日微信回复：（1）“希特勒啤酒馆暴动案”中，魏玛共和国法院没写理由；（2）“纳粹时期一个反抗组织案”中，纳粹法院没写理由。

③ 据我国学者介绍，德国的判决书分为前文、主文、事实说明、判决理由、法官的签名，其中：“事实说明”要简单地介绍双方当事人同意的事实、当事人主张的事实以及法院调查到的证据提要；“判决理由”包括法院评论证据的价值，指出判决所依据的法律理由。参见沈达明：《比较民事诉讼法初论》（上册），北京：中信出版社 1991 年版，第 185－186 页。

④ 参见陈刚主编：《比较民事诉讼法》（第 6 卷），北京：中国法制出版社 2007 年版，第 340 页。

理人、法院”。《日本刑事诉讼法典》[①] 第 44 条规定：“裁判，应当附具理由”。《韩国民事诉讼法》第 208 条规定：“1. 判决书应记载下列事项：……（2）主文；（3）请求的主旨及上诉的主旨；（4）理由…… 2. 判决书的理由应记载对当事人的主张以及其他攻击、防御方法作出的判断，以致可以将主文认定为正当的程度……”《韩国刑事诉讼法》第 39 条规定：“裁判应明示理由。但是，不允许上诉的决定或者命令除外”；第 323 条规定：“1. 宣告刑罚的，应在判决理由记载构成犯罪的事实、证据的要旨及法律的适用……” 2017 年修正的《中华人民共和国民事诉讼法》第 152 条规定：“判决书应当写明判决结果和作出该判决的理由。判决书内容包括：（一）案由、诉讼请求、争议的事实和理由；（二）判决认定的事实和理由、适用的法律和理由；（三）判决结果和诉讼费用的负担；（四）上诉期间和上诉的法院”；第 154 条第 3 款规定：“裁定书应当写明裁定结果和作出该裁定的理由……” 可以说，进入现代民主法治时代后，裁判文书说理乃是普遍性[②]的司法样态，只是各国司法的说理要求、说理方式等有所不同而已。

按照裁判理由的属性来分，其包括裁判事实性理由和裁判规范性理由。“司法裁判的结论建立在恰当的法律规范和被正确陈述的案件事实（亦即证据事实）的基础之上”[③]，因此，裁判事实性理由就是裁判依据证据所认定的案件事实及其根据和理由，裁判规范性理由既包括裁判所依据的法律规范，也包括适用法律规范的理由（例如类推适用所依据的法律理由或立法理由、学界围绕相关条款的适用所提出的法教义学观点，尤其是通说），等等。而按照在裁判论证中的位阶层次来分，裁判理由包括最终结论的裁判理由和论证最终裁判理由的理由。以裁判规范性理由为例，从法律规范的证立而言，具体可分为“权威理由”和“实质理由”两类：前者是指因其他条件而非其内容来支持某个法律命题的理由（例如，法律渊源是最重要的权威理由），目的是为法律命题及依据法律命题得出的裁判结论提供权威性和合法性；后者是一种通过其内容来支持某个法律命题的理由，目的是增强司法裁判的说服力和裁判结论的正当性。[④] 显然，此处的“权威理由”有的是“最终结论的裁判规范性理由”（裁判文书样式中“依照……作出如下判决”中的省略号部分应表述的内容，亦即作为“最终的裁判规范性依据”的规范性文件），有的是“论证最终裁判理由的理由”（亦即裁判说理部分所援引的规范性法律文件），而“实质理由”往往就是“论证最终裁判理由的理由”。此种二分法，不仅仅与法律论证的内部证成（按照司法三段论，经由大前提、小前提推理出结论）和外部证成（证明大、小前提的成立）相契合，更是与当下司法哲学从严格规则主义向司法能动主义（或者自由裁量主义）[⑤]、从

---

① 参见《日本刑事诉讼法典》，宋英辉译，北京：中国政法大学出版社 2000 年版。

② 当然，如今也存有这样的法律谚语，即“我愿给法官一个建议：在判决书里绝不要附理由。因为你的判决可能正确，但理由一定会弄错”（参见陈新民：《公法学札记》，北京：法律出版社 2010 年版，第 357 页）。这也多少表明裁判文书说理的不易。

③ 雷磊：《从“看得见的正义”到“说得出的正义”——基于最高人民法院〈关于加强和规范裁判文书释法说理的指导意见〉的解读与反思》，载《法学》2019 年第 1 期。

④ 参见雷磊：《从“看得见的正义”到“说得出的正义”——基于最高人民法院〈关于加强和规范裁判文书释法说理的指导意见〉的解读与反思》，载《法学》2019 年第 1 期。

⑤ 参见孙笑侠：《法的现象与观念——中国法的两仪相对关系》（修订 4 版），北京：光明日报出版社 2018 年版，第 212 页以下。

形式公正向实质公正①、从形式理性向实质理性转变相呼应。②

2018年6月13日，最高人民法院专门在《关于加强和规范裁判文书释法说理的指导意见》第13条对裁判理由作出规定：除依据法律法规、司法解释的规定外，法官可以运用下列论据论证裁判理由，以提高裁判结论的正当性和可接受性：最高人民法院发布的指导性案例；最高人民法院发布的非司法解释类审判业务规范性文件；公理、情理、经验法则、交易惯例、民间规约、职业伦理；立法说明等立法材料；采取历史、体系、比较等法律解释方法时使用的材料；法理及通行学术观点；与法律、司法解释等规范性法律文件不相冲突的其他论据。其中，“法理及通行学术观点”就是裁判文书中经常出现的一种重要的裁判理由形式。

就刑事裁判文书说理而言，教义刑法学知识往往是法官论证裁判理由的重要论据。“作为刑法理论皇冠上的明珠，犯罪论体系本身，就是一种最典型的体现学术创造力的教义学产品，它处在刑法条文明确规定之外，却又成为刑法思考的基本语法和最大的教义，笼罩和支配着几乎所有刑法问题的展开”③。刑事法官制作裁判文书过程中始终离不开犯罪论体系结构、命题、范畴、思维的直接或者间接影响。就当下刑事裁判文书的样态而言，“四要件”犯罪论体系以及以其为核心架构的刑法学知识体系的结构、命题、范畴、思维极为普遍地在裁判理由中加以呈现。除前述的“犯罪客体—犯罪客观方面—犯罪主体—犯罪主观方面”这种逻辑安排结构外，无论犯罪既遂、未遂、中止、预备等犯罪停止形态，教唆犯、帮助犯、胁从犯等共同犯罪形态，犯罪故意、犯罪过失、不可抗力、意外事件等主观心态，社会危害性，正当防卫、紧急避险等排除社会危害性/犯罪性事由，但书，单位犯罪，必然因果关系、偶然因果关系等范畴，还是“犯罪构成是刑事责任的唯一基础”“认定犯罪要坚持主客观相统一原则”“因果关系的判断应采取相当说”等命题，均不时地出现在刑事裁判文书的裁判理由之中。需指出的是，随着“三/二阶层”犯罪论体系及以其为核心的刑法学知识体系的引入与繁荣，该体系中的许多理论、范畴和命题，例如法益、构成要件该当性、形式违法性、实质违法性、行为无价值、结果无价值、违法阻却事由、责任阻却事由、违法性认识、共谋共同正犯、客观处罚条件、假定因果关系等范畴，“客观判断先于主观判断”“具体判断先于抽象判断”“类型判断先于个别判断”“形式判断先于实质判断”等命题，客观归责理论、期待可能性理论等，也间或地开始出现在刑事裁判文书的裁判理由之中。例如，北京市海淀区人民法院(2018)京0108刑初1789号刑事判决书就结合“客观归责理论”，从被告人的哪

---

① 美国学者昂格尔指出，当代（“后自由主义社会”）“福利国家”和“合作国家”的发展对法治的影响主要表现为以下三种趋势：一是在立法、行政、审判中，迅速地扩张使用无固定内容的标准，适用一般性条款；二是从形式主义向目的性或政策导向的法律推理转变，从关注形式公正向关心程序公正或实质公正转变；三是私法与公法的界限消除，出现了社会法。参见［美］昂格尔：《现代社会中的法律》，吴玉章、周汉华译，北京：中国政法大学出版社1994年版，第181页。

② 其实，这也是“合法（性）”与“合理（性）”的关系问题，“马克思精辟地分析了‘合理’与‘合法’之间的内在关系……‘合法’必须以‘合理’为前提条件，‘合理’则是‘合法’的内在根据；‘合理’必须得到法律的承认，而‘合法’则体现了法律对合理性事物的保障。换言之，只有合理的法律（权利已变成法律），才具有普遍性和必然性”。参见公丕祥：《马克思法哲学思想论述》，郑州：河南人民出版社1992年版，第259页。

③ 车浩：《阶层犯罪论的构造》，北京：法律出版社2017年版，封底推介语。

些行为制造了法所不容许的危险，是否存在足以中断因果链的第三者介入因素，被害人是否应当自我答责，以及被告人的行为是否构成非法行医罪等进行了分析说理论证。正如车浩教授的论著①所展示的，无论是从构成要件阶层对结果避免可能性与假定因果关系的区别，还是从不法阶层对被害人同意、行政许可的分析，抑或从责任阶层对违法性认识错误可避免性的判断尺度和审查条件设置，均属于立足于中国司法实践且“接地气”的教义刑法学知识，刑事法官若能在办理疑难案件过程中消化吸收并合理运用，必将提高定罪的准确性（“宿成建诈骗案”②、“王洪志诈骗案”③）、避免同案异判（“阿里·兰多尔走私淫秽物品案”与“加奴销售淫秽物品案”中法官对法律认识错误采取了截然不同的主张④）、优化论证说理思路（“李启玲非法出售国家重点保护植物案”⑤），制作出论证充分、说理性强的刑事判决书，进而为构建具有中国实践品格和特色的教义刑法学提供素材和经验智慧。

总之，面对刑法知识的大转型和刑法学体系多元格局的形成，无论是1992年样式中的“犯罪构成原理和要件”还是1999年样式中的“犯罪构成理论”，并不对刑事法官构成羁縻与约束。理由是，若采取历史解释，其指“四要件”犯罪论体系；若采取目的解释，其至少包括“四要件”犯罪论体系和“三/二阶层”犯罪论体系。立足于此，刑事法官完全可以根据个案的具体案情，选择最合适的刑法学知识体系，尤其犯罪论体系的理论、命题、范畴、思维、结构来展开对裁判理由的分析论证。当然，基于“四要件”犯罪论体系和“三/二阶层”犯罪论体系在理论、命题、范畴、思维、结构等方面的不同，刑事法官有必要避免两套话语的混用。

---

① 参见车浩：《刑法教义的本土形塑》，北京：法律出版社2017年版；车浩：《阶层犯罪论的构造》，北京：法律出版社2017年版。

② 河南省南阳市宛城区人民法院（2013）南宛刑初字第643号刑事判决书，载车浩：《阶层犯罪论的构造》，北京：法律出版社2017年版，第112页。

③ 江苏省新沂市人民检察院新检诉刑诉（2016）615号起诉书，载车浩：《阶层犯罪论的构造》，北京：法律出版社2017年版，第119页。

④ 参见广东省广州市中级人民法院（2007）穗中法刑二初字第5号刑事判决书，载车浩：《阶层犯罪论的构造》，北京：法律出版社2017年版，第274－275页。

⑤ 福建省福鼎市中级人民法院（2008）鼎刑初字第92号刑事判决书，载车浩：《阶层犯罪论的构造》，北京：法律出版社2017年版，第289页。

中国特色刑法立法的回顾与展望*

孙道萃**

一、问题的提出

在党的坚强领导下，新中国成立以来，有中国特色的刑法立法事业蒸蒸日上，取得了丰硕的成果。其中，尤以1979年《刑法》、1997年《刑法》最具代表性，完整地展现了中国特色刑法立法的规律、经验、模式及理论素养等。① 经此，也孕育和奠基了中国特色自主的刑法立法知识体系、话语体系与优势体系。实践没有止境，理论创新也没有止境。在新时代，在全面建设中国特色社会主义的伟大征程中，中国特色刑法立法也迎来新契机、新机遇以及新挑战。"理论是行动的先导"，继续推进实践基础上的理论创新，首先要把握好习近平新时代中国特色社会主义思想的世界观和方法论。二十大报告明确指出，要坚持好、运用好贯穿其中的立场观点方法，即必须坚持人民至上、必须坚持自信自立、必须坚持守正创新、必须坚持问题导向、必须坚持系统观念、必须坚持胸怀天下。这为中国特色刑法立法的进一步发展和完善指明了方向。

习近平法治思想是习近平新时代中国特色社会主义思想的重要组成部分，是全面依法治国的根本遵循和行动指南。贯彻落实好习近平法治思想，必须坚持党对全面依法治国的领导，坚持以人民为中心，坚持中国特色社会主义法治道路，坚持全面推进科学立法。持续做优做强中国特色刑法立法事业，必须以习近平法治思想为根本指导思想。既要积极融入中国特色社会主义法治建设中，也要竭力贡献于中国特色刑法学之内。2022年4月25日，习近平在中国人民大学考察时强调，坚持党的领导，传承红色基因，扎根中国大地。这全面地解答了如何做好新时期中国特色哲学社会科学研究。概言之，坚定中国特色社会主义道路自信、理论自信、制度自信、文化自信。这是中国特色刑法立法独立存在、自主发展的思想保障。加快构建中国特色哲学社会科学，归根结底是建构

* 基金项目：中国政法大学"青年拔尖人才"资助项目；研究阐释党的十九届四中全会精神国家社科基金重大项目"健全社会公平正义法治保障制度研究"（批准号：20ZDA032）。

** 法学博士，中国政法大学国家法律援助研究院副教授。

① 本文的部分观点源自笔者与高铭暄教授合作并发表的论文。本文的援引征得了高铭暄教授的同意。

中国自主的知识体系。为此，尤其要以中国为观照、以时代为观照，立足中国实际，解决中国问题，不断推动中华优秀传统文化创造性转化、创新性发展，不断推进知识创新、理论创新、方法创新。唯有如此，中国特色刑法学及刑法立法才能真正屹立于世界学术之林。中国特色刑法立法是中国特色刑法学的重要组成部分，是中国特色社会主义法律体系的基本内容。不断推动中国特色刑法立法及其原理、理论的新发展与持续完善，正是我国刑法学知识体系自主与独立的动力源泉。

有鉴于此，有必要全面回顾新中国成立以来的刑法立法，并以 1979 年《刑法》、1997 年《刑法》以及十一个刑法修正案为主要索引，提炼基本成绩与主要经验，积极展示中国特色刑法立法的诞生、发展以及持续进步的心路历程，并以此体现中国特色刑法学的发展与繁荣景象。更为重要的是，展望新时代、新征程，仍需以中国特色刑法学为基础"底色"，以日益多元、包容的立法供需为导向，立足历史经验，以高质量发展为追求，全面推动中国特色刑法立法的新发展和再完善。

二、中国特色刑法立法的发展回顾

新中国成立以来，以 1979 年《刑法》和 1997 年《刑法》为两大基本支柱，经由日渐成熟的刑法修正案，孕育了有中国特色的刑法立法格局与视野。经此，既累积了持续扩大与丰富的立法成就，也供给了符合中国实际国情的重大立法经验与模式。

（一）发展成就

中国特色刑法立法，取得了开创并迎来法典时代的新征程、确立罪刑法定的法治时代、筑起现代人权保障的法治根基、开辟中国特色刑法理论研究的新局面、奠定中国刑法学走向世界的基础等重大历史成就，以此为前提，也不断夯实了中国特色刑法立法道路的正确性与合理性。

1. 开创并迎来法典时代的新征程

我国现代意义上的刑法的法典化努力，真正地始于新中国成立之后。第五届全国人大二次会议通过《中华人民共和国刑法》（1979 年《刑法》），我国才正式告别了无刑法典的历史。1979 年《刑法》是一部保护人民、惩罚犯罪、维护社会秩序、保障改革开放和社会主义现代化建设的好刑法，是司法机关办理刑事案件的法律依据，是教育广大公民提高法治观念、预防违法犯罪的好教材。[①] 1979 年《刑法》是标志性成果，但相对粗略。形式上走出了"无刑法典"的时代，但离现代化的刑法典仍有差距。1997 年《刑法》的颁行才真正实现了当代中国刑法法典化的重大使命。经历了首次大面积的修订后，1997 年《刑法》在内容与体系上已经相当完整。这为我国刑事法治体系的发展和完善奠定了扎实的立法基础。同时，立法机关又根据国家发展的实际需要，通过刑法修正案等方式，进行持续性的修改，增加体系的合理性，强化可操作性，使现行刑法典更趋于完备。这就决定了我国 1997 年《刑法》是至今为止最完备、最系统且最具有时

① 参见高铭暄：《新中国刑法立法的伟大成就》，载《法治现代化研究》2020 年第 1 期。

代气息的“发展型”法典。[①] 特别是20多年来的立法及司法实践已经充分证明，1997年《刑法》是一部史诗级的现代刑法典佳作，至今仍葆有生命力。当然，立法在任何时候都难免有一定的滞后性和不足。

2. 确立罪刑法定的法治时代

罪刑法定是现代刑事法治的第一要义，刑法典明确规定罪刑法定原则，是一项不可推卸的使命，是刑法典的立基之本。1979年《刑法》并未明文规定罪刑法定原则，其第79条规定的类推制度横亘其中，成为1979年《刑法》与罪刑法定原则相隔而望的滥觞所在。1997年《刑法》明确规定罪刑法定原则，不仅具有重大的立法开创意义，更对我国刑事立法、刑事司法以及依法治国方略的大力推行，产生了极其重要而深远的意义和价值。当然，罪刑法定原则的司法负效应也可能随之出现：将来遇有危害社会的行为，而刑法无明文规定的，司法机关将不能定罪处罚。这其实是明确性原则在各国刑法典运行中的“相似遭遇”[②]。对此，应当认识到罪刑法定主义存在一个从绝对的罪刑法定到相对的罪刑法定的嬗变过程。及时通过立法作出修改补充即可。[③] 实际上，我国刑法修正案作为常态的立法完善模式，通过动态控制犯罪圈，已经很好地解决了明确性原则的同步更新问题。

3. 筑起现代人权保障的法治根基

人权保障是刑事法治理念的基础要求，也是当代刑事法治体系中的基础理念，更是当代刑法机能的基础内容。[④] 1997年《刑法》第1条规定：“为了惩罚犯罪，保护人民，根据宪法，结合我国同犯罪作斗争的具体经验及实际情况，制定本法。”这开宗明义地规定了刑法的立法目的。实践不断证明，1997年《刑法》已经成为公安司法机关办理刑事案件的最权威的实体法准绳，是一部惩治犯罪、保障人权、保障经济社会发展的法典。尤应指出的是，现行刑法典废除了长期以来备受诟病的有罪类推制度，极大地增强了刑法规范的明确性和可操作性，扎实地推进了以人权保障为价值底蕴的罪刑法定原则的广泛实践，使1997年《刑法》真正成为现代法治社会中的刑法[⑤]，筑起了我国刑事法治体系的人权保障防线。同时，1997年《刑法》确立了适用刑法人人平等原则、罪责刑相适应原则，逐步重视对被害人权益的保护。这些举措不仅使刑法典趋于完善，也使刑法法治体系中的保障人权观念得到逐步确立。

4. 开辟中国特色刑法理论研究的新局面

1997年《刑法》的颁行，充分见证了我国刑事立法的重大发展与刑法立法水平的显著提高，而其背后正是理论研究取得长足进展的真实写照。同时，立法水平的高度，往往直接关系到刑法理论研究的发展水平，对刑法理论体系的发展具有积极意义。通常认为，1979年《刑法》的制定与颁行，是我国刑法学研究得以复苏的标志；1997年

---

① 参见高铭暄、孙道萃：《97刑法典颁行20年的基本回顾与完善展望》，载《华南师范大学学报》（社会科学版）2018年第1期。

② 张明楷：《明确性原则在刑事司法中的贯彻》，载《吉林大学社会科学学报》2015年第4期。

③ 参见高铭暄：《试论我国刑法改革的几个问题》，载《中国法学》1996年第5期。

④ 参见高铭暄：《关于刑法实施中若干重要问题的建言》，载《法治研究》2013年第4期。

⑤ 参见马克昌：《罪刑法定主义比较研究》，载《中外法学》1997年第2期。

《刑法》的颁行，使我国基本上实现了刑法的统一性与完备性，是我国刑法学研究得以繁荣的前提。[①] 1997年《刑法》是我国刑事法学界的研究对象和立论根据，我国刑法理论研究因此得以迅速发展和日益繁荣，取得非常丰硕的成果，并最终反哺刑法立法以及刑事司法。1997年《刑法》的颁行，正式开启了刑法立法与司法实践的对接，又客观上促使我国刑法理论进入自主更新与完善的新时期。

5. 奠定中国刑法学走向世界的基础

改革开放以来，我国对外交流不断繁荣，外向型刑法的研究取得喜人的成绩。在积极推动外向型研究的过程中，1997年《刑法》扮演了极其重要的角色，它不仅是比较研究的基本样本，也是比较研究的受益对象。进言之，1997年《刑法》扮演了基础的作用，是推动中国特色刑法文化、制度以及立法、实践等方面对外交往的最重要"名片"，是中国刑法学不断融入世界并且赢得尊重、取得话语权的前提，成为国际社会关注中国刑事法治走向科学化、民主化和现代化的有力支点，持续推动中国刑事法治走向现代化，促进与国际原则、司法标准，以及人权、人道精神的协调互动。[②]

（二）发展经验

中国特色刑法立法所取得的喜人成就，与坚持全面科学立法的基本方针息息相关，并以颇具中国特色的发展经验作为载体，进一步显现中国特色的脉络。

1. 始终坚持党的领导不动摇

中国特色刑法立法的首要经验就是始终坚持党的领导不动摇。[③] 主要体现在：（1）党领导立法完善是根本方针。我国刑法立法的发展历程表明，国家和社会政治直接决定刑法立法的走向。[④] 自中国共产党成立之日起，在党领导中国新民主主义革命阶段、社会主义革命阶段和社会主义建设的早期阶段等，党通过制定各种政策引导刑法立法。1979年《刑法》的创制过程，充分显示了党的领导对我国刑法立法的根本意义。1997年《刑法》的颁布，以及十一个刑法修正案的顺利通过，也都是在党的领导下完成的。事实证明，党在刑法典的孕育诞生和发展完善过程中所发挥的领导作用，对于社会主义刑事法治建设事业具有极重要的意义，这是我国刑法立法的首要经验。（2）坚守"以人民为中心"的立法价值定位。2015年10月，党的十八届五中全会通过的《中共中央关于制定国民经济和社会发展第十三个五年规划的建议》强调，必须坚持以人民为中心的发展思想，把增进人民福祉、促进人的全面发展作为发展的出发点和落脚点。2015年11月，习近平总书记在主持十八届中央政治局第二十八次集体学习时指出，坚持以人民为中心的发展思想是我国国家治理现代化的根本价值遵循。坚持以人民为中心，保证了国家治理的合法性，提升了国家治理的有效性，彰显了国家治理的正当性，也是我国国家治理取得成功的经验总结。在贯彻落实上，其核心是坚持人民至上，不断造福人民，把

---

① 参见高铭暄：《新中国刑法学六十年发展的简要历程和基本经验》，载《法学杂志》2009年第11期。

② 参见高铭暄、孙道萃：《我国刑法立法的回顾与展望——纪念中国共产党十一届三中全会召开四十周年》，载《河北法学》2019年第5期。

③ 参见高铭暄：《中国共产党与新中国刑事立法》，载《法学家》2001年第4期。

④ 参见高铭暄、孙晓：《论国家政治决策与刑法的变革》，载《中国检察官》2009年第4期。

以人民为中心的发展思想落实到各项决策部署和实际工作中。例如，《刑法修正案（十一)》鲜明地坚持以人民为中心，贯彻落实党中央决策部署，将党中央决策转化为法律制度，适应新时代人民群众日益增长的美好生活需要。紧紧围绕保障党和国家重大战略目标实现、保障改革开放成果和建设法治中国、平安中国的要求，坚决打好“三大攻坚战”，加强保护人民群众生命财产安全，特别是有关安全生产、食品药品、环境、公共卫生等涉及公共领域、民生领域的基本安全、重大安全，更加注重统筹发挥好刑法对经济社会生活的规范保障、引领推动作用。

2. 通过立法协同理论与实践的同频共进

科学的立法会将理论与实践连接在一起，形成一个具有功能性的整体。中国特色刑法立法一直很好地贯彻和落实了这一理念，确保了立法的高质量发展。（1）总则修改与理论发展的同步性。对总则的修改，是我国近些年刑法修正的一个重要趋势。《刑法修正案（八)》首开先河，《刑法修正案（九)》一以贯之。立法机关启动并有序修改刑法总则规定，彰显我国刑法理论体系研究硕果累累，可以为总则的修改提供理论支撑；说明我国刑法立法技术取得巨大进步，可以从容地驾驭“牵一发而动全身”的重大事项。例如，《刑法修正案（九)》以保障公共安全、维护社会秩序为主要问题导向，以刑法功能的积极发挥为基本价值指引，一改既往的以报应性为主导的基本立法理念，呈现出鲜明的预防性立法思维，引发犯罪圈的动态变化。从风险刑法观与预防性的刑法立法之间的互动看，这种颇具时代气息的立法观念及其举措，既得益于刑法理论的当代发展，也必将反哺我国刑法理论研究与实践。（2）预防性刑法观（理念）的积极实践。全球风险社会与网络社会的交替交织孕育了当代刑法积极预防风险的时代任务。因应当代社会风险的预防性刑法理念随之出现，以犯罪化、危险犯配置、安全价值优位、刑罚积极预防等为特征的预防性立法是集中体现。预防性立法在犯罪与刑罚范畴均有体现，并酝酿系统性的刑法知识体系裂变，也倒逼刑法教义思考的深入。[①] 在立法上，预防刑法理念主要表现为预备行为的实行行为化、帮助行为的正犯化等形式，并以危险犯的增设、轻罪的设置等为重要特征。

3. 注重以刑事政策指导刑法立法

新中国刑法学所取得的成就，均与善用刑事政策分不开。[②] 在刑法立法上，也孕育和发展出了善用好刑事政策指导立法的基本做法和经验。概言之：（1）联动刑事政策指导立法修正。刑法立法深受诸多客观因素的影响，社会政治与经济的发展状况，往往决定刑法立法的基本走向。刑事政策作为对社会政治与经济发展的法定制度供给途径，对刑法立法有着直接的指导意义。党在领导中国新民主主义革命、社会主义革命和建设的各个阶段，都通过制定各种政策引导刑法立法，并取得良好效应。[③] 1979 年《刑法》第 1 条明确规定“惩办与宽大相结合的政策”是立法依据，堪称刑事政策指导刑法立法的良好开端。在 1997 年《刑法》的制定过程中，也充分贯彻了党和国家的各项政策，并

① 参见高铭暄、孙道萃：《预防性刑法观及其教义学思考》，载《中国法学》2018 年第 1 期。

② 参见高铭暄、赵秉志：《改革开放三十年的刑法学研究》，载《中国刑事法杂志》2009 年第 3 期。

③ 参见高铭暄：《中国共产党与中国刑法立法的发展——纪念中国共产党成立 90 周年》，载《法学家》2011 年第 5 期。

通过刑事政策这一制度通道，将党和人民的意志法定化，确保刑法典的修正契合人民群众的需要。在 1997 年《刑法》的修改进程中，充分有效地贯彻刑事政策始终是一个基本的发展方向。[①] 尤其从《刑法修正案（七）》起，充分贯彻落实宽严相济的刑事政策成为重要的立法指导思想。[②]《刑法修正案（八）》与《刑法修正案（九）》更进一步体现宽严相济的基本刑事政策的立法指导意义。例如，《刑法修正案（八）》削减 13 个死刑罪名的意义非凡，表明国家决策机关在死刑问题的认识上向曾有的理性、冷静态度回归，是对宽严相济的基本刑事政策的积极贯彻，体现出国家对公民生命权利这一基本人权的充分尊重与敬畏。而且，整个《刑法修正案（八）》对刑法总则、分则、刑罚制度的调整以及量刑规则的修正，总体上都坚持宽严相济的刑事政策这一指导思想。[③] 在制定《刑法修正案（九）（草案）》时，中央精神和宽严相济的刑事政策是最重要的立法根据与指导精神。[④] 通过的《刑法修正案（九）》也充分践行宽严相济的刑事政策，实现区别对待的政策效果与立法意图。（2）秉持宽严相济刑事政策的立法原则。为了适应国家治理体系和治理能力现代化的要求，应当更准确地把握犯罪产生、发展和预防惩治的规律，注重社会系统治理和综合施策。这对进一步贯彻好宽严相济的基本刑事政策提出了更高且更细的要求。对社会危害严重的犯罪，应当保持高压态势；对一些社会危害较轻，或者有从轻情节的犯罪，可以留下从宽处置的余地和空间；对能够通过行政、民事责任和经济社会管理等手段有效解决的矛盾，不宜作为犯罪处理，防止内部矛盾激化，避免不必要的刑罚扩张。在立法上，秉持宽严相济应当作为一项基本原则，以此妥善解决好立法中的重大事项。在国内外形势日益复杂、各类安全问题日益严峻、社会公众关切多元化的情况下，为了充分发挥刑法的保障功能，《刑法修正案（十一）》在贯彻宽严相济的刑事政策上尤为亮眼，整体上持从严为主、严中有宽、宽严适度的态度。

4. 充分释放立法的保障意义和规制功能

立法是最直接的和主要的刑法治理手段，也是促进中国特色刑法学的理论与实践走向完善、发达的关键。通过及时的立法来释放刑法的功能和技能，也铸就了中国特色刑法立法的重要发展经验。具体而言：（1）迈进更加理性的立法活性化时代。根据新的犯罪情况，针对刑法治理中的新问题，立法机关对刑法有关规定作出调整、完善是完全必要的。面对高速变迁的社会经济情况以及犯罪演变形势，1997 年《刑法》颁行以来，我国立法机关已经先后通过了《刑法修正案（七）》（2009 年）、《刑法修正案（八）》（2011 年）、《刑法修正案（九）》（2015 年）、《刑法修正案（十）》（2017 年）以及《刑法修正案（十一）》（2020 年）。基于此，立法机关已经对 1997 年《刑法》作出实质修改的条文数量累计 150 余条，也几乎覆盖了 1997 年《刑法》的"半壁江山"。这充分说明了我国正在经历刑法立法的活性化阶段。由经济社会的现实需求所决定，刑法立法越

① 参见赵秉志：《积极促进刑法立法的改革与完善——纪念 97 刑法典颁行 10 周年感言》，载《法学》2007 年第 9 期。

② 参见赵秉志：《〈刑法修正案（七）〉的宏观问题研讨》，载《华东政法大学学报》2009 年第 3 期。

③ 参见郎胜：《〈刑法修正案（八）〉解读》，载《国家检察官学院学报》2011 年第 2 期。

④ 参见全国人大常委会法制工作委员会《关于〈中华人民共和国刑法修正案（九）（草案）〉的说明》（2014－11－7）。

发积极和活跃，并以刑法修正保持活性化姿态为标志。社会发展日新月异，对法律制度提出了更高的同步更新要求。刑法不能过分偏于“安定性”，而应主动求变，增强适应性。这使刑法立法开始变得灵活和积极。《刑法修正案（十一）》既是最新的具体体现，也承载了立法修改之正当性的宣示意义。[①]（2）基于社会需要恰当地引领立法的时效性。1997 年《刑法》作为一部经典之作，客观地映射了在党的领导下国家经济、社会诸方面的发展。易言之，社会进步与经济发展，实质上催生了这部完备的刑法典。同时，1997 年《刑法》颁行后，所处的环境在不断变化，及时修正刑法是完善我国刑事立法和司法制度的重要部分。刑法立法完善是一个循序渐进的过程，1997 年《刑法》的修正工作正是在这一指导观念下进行的：一是在形式上，1997 年《刑法》颁行后，鉴于实践的需要，我国刑法立法保持十分活跃的状态。这直接确保 1997 年《刑法》始终保持时代的适宜性。二是在内容上，刑法修正案都在条件允许的范围内，有效地回应现实需要。十一次刑法修正都高度聚焦刑法分则的章节，直面犯罪的新问题、新情况，通过科学的立法，正确指导司法实践。已有的刑法修正案都对我国不同发展阶段所面临的犯罪问题，作出了及时且有效的回应，实现了刑法规范的充足供给，并被实践证明是切实可行的立法举措。（3）通过立法及时回应社会的重大关切。刑法保障功能要想得以充分释放，“以人民为中心”及对此的坚守是基本的指导思想与考核指标，而努力让人民群众在每一个司法案件中都感受到公平正义——“人民是否满意”是最好的司法检验标准。当前，党和国家对经济社会发展有了新的部署，社会治理过程中出现了一些新的情况，特别是新冠肺炎疫情带来了连锁性反应，社会公众高度关注的一些问题亟待解决。例如，从犯罪圈变化的角度看，以保障公共安全、维护社会秩序为主要问题导向，以刑法功能的积极发挥为基本价值指引是《刑法修正案（九）》的基本立法理念。[②] 又如，《刑法修正案（十一）》主要从六个方面及时回应了重大的社会关切：一是加大对安全生产犯罪的预防惩治。二是完善惩治食品药品犯罪的规定。三是完善破坏金融秩序犯罪的规定。四是加强企业产权刑法保护。五是强化公共卫生刑事法治保障。六是其他方面，如维护社会主义核心价值观与充分保护英雄烈士名誉、加大对污染环境罪的惩处力度、适应军队改革情况对军人违反职责罪的主体范围作出完善等。

5. 日渐形成了特色鲜明的科学立法格局

在新时代，刑法立法仍会处于一个承前启后的历史纪元。正因为此，刑法修正不得不秉承与时俱进的精神，围绕新时期治理犯罪的新课题，以立法的有效性为逻辑起点，通过立法创新，持续丰富刑法立法的实践场域，夯实立法的有效性。中国特色刑法立法日渐形成了鲜明的科学立法格局。它表现为：（1）更加专注分则的“大修”。已有的刑法修正案也涉及总则规定，但主要针对分则规定，折射出“稳中有变”“变中求新”的立法修正定位。例如，《刑法修正案（十一）》共 30 个修改条文。其中，修改 1997 年《刑法》中已有条文的数量为 20 个，增设新条文的数量为 10 个。说明本次修改的幅度是非常大的。而且，本次修改相比于《刑法修正案（八）》《刑法修正案（九）》，不涉及

① 参见高铭暄、孙道萃：《〈刑法修正案（十一）（草案）〉的解读》，载《法治研究》2020 年第 5 期。

② 参见高铭暄、李彦峰：《〈刑法修正案（九）〉立法理念探寻与评析》，载《法治研究》2016 年第 2 期。

刑法总则修改问题，而都是刑法分则具体罪的修改。这开启了分则修正的新风向。刑法分则的规定相比刑法总则的规定更具体，涵盖社会生活的各个方面，是司法实践的主要场域，也是更需要修改的。这也体现了“应修尽修”的理念，反映了我国快速发展的经济社会对刑法的有效性提出的新要求。而且，《刑法修正案（十一）》立足于已有的刑法修正案及其所覆盖的内容，对分则多章节进行了修改，进一步对新出现的犯罪问题作出了整体性、及时性的回应，扩大了刑法规制新兴领域的对象与范围，使刑法深度干预社会治理的力度与幅度都明显提升，扩张了刑法功能的作用维度，有助于维护社会各方面利益及总体安全。(2) 轻罪立法扩容动向明显。轻罪立法具有法治的正当性，有助于更积极地通过现代法治的方式，科学治理社会边缘问题与新型犯罪问题。同时，轻罪立法往往意味着犯罪门槛的下降，使刑罚处罚的阵线前移。这是其可能出现不当扩张的根源。尽管如此，在我国刑法典总体上轻罪设置不足的情况下，重视轻罪立法，是刑法结构趋于合理的现实需要。通过适当增加轻罪立法，也有助于更好地贯彻宽严相济的刑事政策。在《刑法修正案（十一）》修改现有规定或增设新规定方面，轻罪立法是“大头”，在一定程度上开启了我国轻罪立法的新一轮高潮。(3) 法定犯立法的高位增量。随着社会经济的高度发展，行政、刑事问题相互交织的现象越发普遍，因为违反行政法规而具有严重社会危害性的情形不断增加，这意味着法定犯的时代正在到来。1997 年《刑法》已经规定了一些法定犯，近年陆续颁行的刑法修正案又增加了一定数量的法定犯。在立法活性化与行政法治推进的过程中，法定犯的增量有其必然性。《刑法修正案（十一）》在修改中尤为注重民事、行政、刑事立法的衔接问题，包括与《证券法》《生物安全法》《民法典》等新出台或修改法律的同步衔接。这必然增加法定犯的立法数量。同时，较大幅度增设法定犯罪，不仅意味着民、行、刑立法衔接步入了更加常态化的轨道，也使我国刑法分则的罪名类型与结构出现了隐性的变化。但应当把握好刑法的谦抑原则。对于行政法可以自行规制的，刑法不应干预。新型法定犯的司法认定问题也将更加类型化地集中出现，如社会危害性、刑事违法性等，司法机关应当做好前瞻应对。在实践中，出现了多起产生了很大社会影响和引发了各界关注的法定犯类型的案件。这使关于法定犯的立法正当性等的讨论一直不断。

三、中国特色刑法立法的完善展望

立足中国特色刑法立法的既定成果以及有益经验，围绕新时期党和国家的工作重心以及战略安排、具体部署等，应继续依托中国特色刑法学及其理论体系，以科学立法为基本导向，妥善处理立法中的辩证问题，推进立法迈向新纪元。

（一）新时代刑法典的结构性优化

刑法修正案仍应是我国刑法典的常态改良方式。当前，全面修订 1997 年《刑法》为时尚早。同时，案例指导制度为完善刑法立法的有效性提供了别样的素材。

1. 正确认识法典化问题

随着《民法典》的颁行，理论上出现了刑法的法典化的讨论，甚至不乏我国需要创设一部刑法典的观点。对此，需要明确的是：（1）无论从立法体例还是具体内容来看，1997 年《刑法》实质上就是刑法典。因而，我国不存在“刑法的法典化”之立法问题。不能因为刑法没有“典”的文字表述，就误认为我国还没有刑法典。[①] 这一认识误区必须加以澄清。（2）真正需要讨论的问题是，在犯罪态势发生重大变动后，1997 年《刑法》是否进入需要全面修订的阶段。[②] 这会对刑法立法的整体产生重大影响。如需进行全面修订，应当做好顶层规划，分阶段、分批次有序完成。（3）与完善刑法典相关的议题集中在刑法立法完善的模式上，即是否坚持法典的单一体例，还是允许特别刑法、单行刑法等模式。[③] 这也关涉坚持“法典化”与“解法典化”的问题。在现阶段，面对日益活跃的立法与更加复杂的犯罪治理任务，“法典化”模式仍能继续保持有效。扩大刑法的法源，不必通过特别刑法等方式。[④] 通过破坏法典的统一性，虽会满足个别的规范供给问题，却会加大刑法规范的不统一。不过，刑法修正案作为目前唯一法定的立法完善模式，其合理性之争也会有所显现。因为只从刑法规范的统一性、体系性上进行宏观论证会显得乏力和不足。

2. 案例指导制度的“解法典化”趋势及其积极意义

在大陆法系与英美法系相互交融之际，“法典化”与“解法典化”作为两股重要的发展趋势，分别在英美法系与大陆法系上演。[⑤] 对于法典化国家而言，判例制度的借鉴意义日益显现。1997 年《刑法》颁行后，单行刑法只有一个，而司法解释、刑法修正案则大量出台，但是仍无法满足日益增长的司法实践的需求。为此，我国正式启动有中国特色的案例指导制度。[⑥] 党的十八届四中全会指出：“加强和规范司法解释和案例指导，统一法律适用标准。”根据《最高人民法院关于案例指导工作的规定》（2010 年）、《〈最高人民法院关于案例指导工作的规定〉实施细则》（2015 年）、《最高人民检察院关于案例指导工作的规定》（2019 年第二次修订）的相关规定，指导性案例并非英美法系中的判例，对“类似案件”只有“参照”作用，因而案例指导制度也非英美法系的判例制度。然而，案例指导制度无疑在一定程度上稀释了 1997 年《刑法》的独立地位与适法指导的法定效力；同时，却也为刑法典的进一步完善提供了丰富的素材，有助于加强今后立法的有效性与针对性。例如，2017 年 10 月，针对近年来计算机网络犯罪中出现的新类型案件，最高人民检察院发布第 9 批指导性案例，规范和指导检察机关准确适用法律，对进一步完善网络刑法立法具有参照意义。特别是《最高人民法院关于统一法律适用加强类案检索的指导意见（试行）》第 7 条规定：“对本意见规定的应当进行类案检索的案件，承办法官应当在合议庭评议、专业（主审）法官会议讨论及审理报告中对类案检索情况予以说明，或者制作专门的类案检索报告，并随案归档备查。”第 10 条规定：“公诉机关、案件当事人及其辩护人、诉讼代理人等提交指导性案例作为控（诉）

① 参见张明楷：《刑法的解法典化与再法典化》，载《东方法学》2021 年第 6 期。
② 参见周光权：《法典化时代的刑法典修订》，载《中国法学》2021 年第 5 期。
③ 参见张明楷：《刑法修正案与刑法法典化》，载《政法论坛》2021 年第 4 期。
④ 参见卢建平：《刑法法源与刑事立法模式》，载《环球法律评论》2018 年第 6 期。
⑤ 参见刘兆兴：《比较法视野下的法典编纂与解法典化》，载《环球法律评论》2008 年第 1 期。
⑥ 参见孙谦：《建立刑事司法案例指导制度的探讨》，载《中国法学》2010 年第 5 期。

辩理由的，人民法院应当在裁判文书说理中回应是否参照并说明理由；提交其他类案作为控（诉）辩理由的，人民法院可以通过释明等方式予以回应。”这进一步强化了案例指导制度对法律适用的积极作用，同样地，为如何认识新时期的法典化问题，也提供了全新的视角和立场。今后立法需认真考虑这一变量。

3. 坚持刑法修正案的“新常态”及其改进

1997 年《刑法》颁行后，刑法修正案逐渐成为刑法立法完善的基本方式。[①] 但是这一方式也存在一些不足，应作出相应的改进。择要而言：（1）提高立法修改条文的司法可操作性。历经十一次修改后，修改涉及的条文数量很大，直接导致 1997 年《刑法》的条文规定错综复杂，一定程度上打乱了刑法典的原有条文格局与体例。然而，修正案后的刑法典条文未能及时更新，导致刑法条文的不规则性和适用不便。同时，刑法修正案通过后，罪名确定具有相对的滞后性，导致司法适用具有被动性。为了提高刑法典的体系结构的合理性和司法适用的方便，立法机关应及时克服刑法修正案与刑法典在体例编排等立法技术层面上的脱节的问题，应同步公布刑法修正案的具体条文，优化具体条文的编号与条文的援引，同时公布确立的新罪名。通过立法技术的完善，方便公民学习与司法适用。（2）同步公布立法理由，辅助法律适用。关于刑法修正案，官方一般通过“（草案）说明”的方式，介绍立法机关的修改背景。然而，“说明”并非完整的立法动因，也非具体的立法理由，不足以使人准确和全面理解立法原意，甚至徒增司法纷争。如果每个修正条文后附加“立法（修法）旨意（说明）”，言简意赅或特别地阐释立法的背景、原因及条文的基本涵义，无疑可以极大地增强立法的科学性，促进对法条的准确把握和正确适用。宜考虑增设“立法（修法）旨意（说明）”，通过明确立法的真实意图来促进适法。

4. 当前还不宜启动全面修订刑法典工作

在刑法分则经历几次大幅度的修改和刑法总则的修改日渐增多后，1997 年《刑法》的面貌已经今非昔比。有观点开始认为，不应过度依赖刑法修正案这一立法完善模式，刑法典的全面修改应纳入议程范围并考虑适时启动。这种看法并非空穴来风。但是，从 1979 年《刑法》到 1997 年《刑法》的全面修法规律看，当前全面修订 1997 年《刑法》并非“天时地利人和”之举。概言之：（1）国家经济社会以及刑法基本理念与制度尚未发生重大变化。例如，从肯定类推到确认罪刑法定原则、从“以阶级斗争为纲”到以经济建设为中心，都是促使 1997 年《刑法》颁行的重大变动因素。在中国共产党的领导下，我国刑法理念或制度并不会在短时期内出现重大变化，刑法典缺乏全面修订的迫切性。（2）1997 年《刑法》仍发挥举足轻重的实践作用。改革开放以来，我国经历了翻天覆地的变化，客观上导致刑法典的滞后。为此，我国确立了刑法修正案模式，持续修正完善刑法，很好地维持了 1997 年《刑法》的生命力。当前，没有任何证据充分地显示，1997 年《刑法》已经陈旧到了不堪重用的地步，或严重脱离刑法理论体系，因而也就不存在全面修订的现实必要性。（3）立法准备工作无从谈起。全面修订刑法典是一项系统工程，涉及全方位，需要预先作好立法准备工作。目前，理论上并未真正讨论过

---

① 参见高铭暄：《新中国刑法立法的变迁与完善》，载《人民检察》2019 年第 Z1 期。

全面修订刑法典的问题，严格地说，理论准备也并不存在。同时，立法机关也并未公开将全面修订刑法典列入近期立法工作的议程，单方面呼吁全面修订刑法典多为一种主观揣测。

（二）加强理论指导立法的自循环路径

理论要联系实际。[①] 立法不仅要立足于犯罪形势并满足社会需求，也要兼顾刑法理论研究及其成果。立法修正与理论研究应当相互支持、相互促进。这两支合力是刑事法治体系进化与循环的内部牵引。需完善理论指导立法的自循环路径。

1. 推动理论与立法的全面互动

基于《刑法修正案（十一）》等修正案所提供的观察窗口与实践场域，在立法与理论上，应逐渐形成如下经验与机制：（1）真正打通刑法理论与立法的互通机制。刑法理论源于实践，司法实践是检验刑法理论的场域。立法穿行于理论、实践之间，立法吸取理论的指导，又反哺理论并指导实践，实践验证并修复立法。这是刑法运作的基本生态。尽管刑法理论研究不断繁荣，取得了非常丰硕的成果，却在指导立法、立法转化与体认等方面，存在一定的不足和遗憾。繁荣的理论研究应当作为立法完善的参照“坐标”，应当以刑法修正案为平台，致力于消除“每一次立法的痛点都往往是理论研究的痛点”的痼疾。（2）建立健全刑法立法基本理论。立法是一项常态化的工作，不能缺乏专门的立法理论指导。可从以下几点出发：一是建立有中国特色的刑法立法理论体系，阐明立法权、立法主体、立法的基本原则、立法的主要程序、立法的形式要求、立法质量评估等内容，由此对刑法立法进行全流程的管控，确保立法的合法性。二是进一步明确刑法立法与刑法解释的界限，特别是立法修正与司法解释的功能差异与序位关系。在风险社会中，刑法解释受制于其自身的制度瓶颈，扩张性的功能具有一定的局限性；立法修正具有主动性和直接性，能够更快速地解决新型犯罪治理问题。应当协同立法修正与刑法解释的合作关系，在必要的情况下，应当优先通过立法完善的方式优化犯罪治理结构。三是坚持适度超前的立法策略，提高立法内容的预见性，防止同一内容的立法修改过于频繁。未来我国刑法立法应当紧密结合改革开放全面深化的需要，坚持科学化和人道化的立法发展方向，不断推进刑法立法制度和措施的发展完善。（3）重视并促成实现立法修改肩负的理论创新的特殊使命。立法不是对现有理论的简单确认，而是肩负推动理论创新的特定使命。需要澄清的是，刑法立法虽然应当是对客观实际进行反映和直接体认的方式，但也具有相当的自主性和创造性，会对犯罪的客观实际及其治理等形成相当的“反制力”，乃至超越犯罪现状而具有前瞻性。这是立法修改积极主动推动理论创新的动力所在。例如，针对网络犯罪的修改活动，就很好地展示了上述逻辑，有关网络刑法学与网络刑法典的理论研讨已然成为新的关注点。[②]

2. 优化可持续的理论与立法“反哺”模式

评价立法是否科学的重要指标，就是立法与刑法理论之间的互动程度及协同效果。

---

① 参见高铭暄：《新中国刑法学六十年发展的简要历程和基本经验》，载《法学杂志》2009年第11期。

② 参见高铭暄、孙道萃：《网络时代的中国刑法发展研究：回顾与展望》，载《华南师范大学学报》（社会科学版）2021年第1期。

只有理论和立法在同一轨道上前行，才是科学立法的最佳样态。当前，立法与理论之间的互斥、对立、不同步等问题，在一定程度上和范围内还存在，如预备行为实行行为化、帮助行为正犯化等。为此，有必要建立健全理论与立法之间的深度“反哺”机制。其具体要点为：（1）总则修改尤其需要遵从“反哺”机制。从现有的刑法修正案看，对刑法总则的修改幅度明显小于刑法分则，而且对刑法总则的修改主要集中在刑罚部分。不过，刑法总则的规定牵一发而动全身，对刑法总则的修改，必须与刑法理论体系保持协同，否则，会引发不堪设想的后果。例如，对犯罪概念、犯罪构成、共同犯罪、正当防卫等犯罪论的核心问题进行修改，必须从中国特色刑法学的基本立场出发。又如，强化刑事责任的立法，也需与我国刑事责任理论进行匹配，而不能按照域外刑法中的罪责理论进行，否则会引发重大的不适现象。[①]（2）分则修改应作为通行刑法理论的广泛检验场。刑法分则仍然是修改的主要阵地。无论是修改原有规定，还是增设新规定，都会成为检验通行刑法理论的场域。其中，在分则规定的修改上，主要范围、频次、增设新规定的比例等，都是检测或验证通行刑法理论是否保持生命力的重要征表，也是酝酿理论变革的因子。例如，增设危险驾驶罪等新的罪名，会引发广泛的理论讨论，甚至推动理论进步。（3）用刑法理论指引立法重点事项的科学决策。过往刑法修正案的争点集中在犯罪化与非犯罪化、刑罚体系与刑罚结构的改良上。这主要涉及罪刑关系的优化，但对刑事责任的立法缺乏足够的关注。以刑事责任的立法化为例，从我国刑法立法的过往经验与做法看，其尚未充分立足罪责刑关系并以促进刑法学体系的立法化为重要指导原则，侧重于罪刑关系的完善，忽视了刑事责任的立法完善。犯罪化与非犯罪化、轻刑化与重刑化、刑罚结构的调整，都鲜明地遵从了罪刑关系而非罪责刑关系。这既导致了刑事责任的立法化不足，也严重制约了刑事责任的地位以及作用。在重大事项的立法决策上，应立足以罪责刑关系为核心标志的现行刑法学体系[②]，用适合我国国情的刑法理论指导立法修正，特别是轻罪的立法、预防性立法、法定犯立法以及危险犯的增设等，要解决好犯罪、刑事责任与刑罚三大基本问题，推动刑法理论与时俱进。

（三）以习近平法治思想为根本遵循推动高质量的科学立法

中国特色刑法立法应当全力迈向高质量发展的时代，满足解决新时代的新供需矛盾。这是贯彻落实习近平法治思想的具体体现，也是构筑科学立法的根本保障。

1. 立法的高质量发展是根本归宿

党的十九大（2017 年）首次提出“高质量发展”的新表述。党的十九届五中全会（2020 年）提出，“十四五”时期经济社会发展要以推动高质量发展为主题。党的十九届六中全会（2021 年）审议通过的《中共中央关于党的百年奋斗重大成就和历史经验的决议》进一步阐明了“高质量发展”的内涵和要求。十三届全国人大四次会议通过的《关于国民经济和社会发展第十四个五年规划和 2035 年远景目标纲要的决议》，全面以推动高质量发展为主题。二十大报告指出：高质量发展是全面建设社会主义现代化国家

① 参见孙道萃：《我国刑事责任立法的反思与展望》，载《法治社会》2020 年第 4 期。

② 参见孙道萃：《罪责刑关系论》，北京：法律出版社 2015 年版。

的首要任务。发展是党执政兴国的第一要务。在全面推进依法治国以及贯彻落实其具体议题上，“高质量”的法治发展应当成为确定核心任务与根本方向的根本逻辑。

中国特色刑法学的高质量发展也是题中之义。通过高质量发展的目标与具体实施，可以供给以下积极的正动能：一是以质量发展为导向，整体提升刑法学研究与实践的水平。既满足人民群众对刑法的新需求，也通过更加科学的实践强化人民群众对刑法的信任。二是以高质量为标准，按照循序渐进的原则，可以对理论、立法以及实践中的短板、不足等，进行全局性调整、具体性修正、阶段性调试等。三是以已有研究成果为基础，高质量发展作为核心标志，也宣告中国特色刑法学进入新的历史纪元。它是习近平新时代中国特色社会主义思想在刑法领域的最新进展。在此基础上，刑法立法的高质量发展更是当务之急。

习近平法治思想明确提出，既要坚持中国特色社会主义法治道路，也要坚持依法治国、依法执政、依法行政共同推进，法治国家、法治政府、法治社会一体建设。这都凸显了习近平法治思想扎根中国实际的本色。理论是行动的先导。对于刑法治理体系与能力建设而言，中国特色刑法学是基本遵循。这也是最具特色的基本原则。舍此，不仅会脱离以人民为中心的价值理念，也恐无法供给最佳的“中国方案”。当前，应处理好以下关系：一是刑事治理体系与能力建设，需遵照但不只是服从理论体系，应以犯罪的实际情况为首要考虑，也不能简单参照域外的理论体系。二是以刑法理论体系为指导但不应禁锢治理体系与能力建设。犯罪形势是动态的，刑法理论往往具有滞后性。刑法治理体系保持适度的前瞻性是必要的。三是治理体系与能力建设可以且应当推动理论创新与变革，而不应阻碍或者迟滞理论发展。理论发展不能脱离治理问题而要支撑犯罪的治理工作。

2. 以人民为中心应作为立法的核心起点和总体依据

犯罪治理的起点是保障人民的生命财产安全，为人民供给强劲有力的社会安全感。犯罪治理的归宿亦是如此。当代刑法的治理体系与能力建设，必须全面围绕以人民为中心。具体讲：(1) 人权保障理念的坚守。以人民为中心的思想是习近平法治思想的重要基础。以人民为中心是全面依法治国的基石。对于刑法而言，必须坚守人权保障的基石不动摇。在刑法治理体系与能力上，亦是如此。其核心要点在于：从人民群众的实际需求出发，按照全面依法治国的精神和要求，从理论安排、立法规定、司法实践等方面，进行人性化的服务，凸显人本主义的精神，最终可以促进人民群众的福祉。(2) 人权保障与犯罪治理的关系。充分保障人权是以人民为中心思想在刑法治理中的具体表现。但是，刑法也担负治理犯罪的重大使命。要坚持宽严相济、以发展的眼光看问题。[①] 疫情防控使刑法呈现积极主动干预姿态是必然且必要的，有助于充分释放刑法的保障功能与伸张积极一般预防。[②] 在实践中，不同的价值追求，会引发刑法功能内部的紧张关系，甚至对立等。此乃正常的现象。应当建立刑法功能的内部协调与处置机制。从精细化的角度看，有必要建立类型化、层级化的功能协调规则，包括基本刑事政策的具体运用、

① 参见姚建龙：《习近平法治思想中的刑事法要义》，载《政治与法律》2021 年第 5 期。

② 参见孙道萃：《刑法积极应对疫情防控的治理进阶》，载《西南政法大学学报》2020 年第 3 期。

发布相关指导意见或者司法解释等方式，使办案人员可以直接操作。(3) 将以人民为中心作为刑法治理体系与能力的科学评价。在国家治理体系与能力现代化建设中，刑法治理体系和能力的唯一的评价主体应当是人民，唯一的评价标准是人民群众的满意度，唯一的评价体系是人民群众对刑法的信仰和遵从。

3. 通过立法夯实刑法治理体系现代化的基础

新时代的刑法立法，还肩负了积极参与刑法治理体系与能力现代化的新使命、新任务。对此，应考虑两个方面：(1) 刑法治理体系的宏观构设。按照习近平法治思想的基本安排，结合我国犯罪的态势，以中国特色刑法学为基础，应当优先在搭建治理体系上发力，即：一是刑法与刑事政策的关系，这是内外的关系。二是刑法与犯罪学的关系，这是前后的关系。三是刑法与刑事诉讼法的关系，这是左右的关系。四是国家改革、社会发展与刑法的关系，这是上下的关系。只有理顺上述关系，才能优化犯罪治理的顶层设计，实现协同治理效果。其中，以刑法为原点打造治理体系是基本立场，这与全面依法治国的国策相呼应。(2) 刑法治理能力的建设。可主要聚焦以下方面：一是根据罪责刑相适应原则，突出抓好刑罚部分的功能完善，尤其是要加强刑罚有效性的工作，使刑事制裁体系能够满足犯罪治理的需求。长期以来，实践中存在“重定罪轻量刑”问题。这种不对称的结构是刑法治理体系的潜在短板和隐患。二是在总体国家安全观下，可以将积极刑法观作为犯罪治理的重要理论参考。积极刑法观是当前刑法治理所需要依仗的重要理念。它较好地扭转了刑法始终要保持事后干预的消极立场，强调根据犯罪态势等需求，适度提前介入和积极干预，以满足人民群众的社会治理需求。其中，通过适宜的积极立法，可实现更加主动的预防性保障和规制。三是要及时总结和归纳刑法理论体系的进展、问题以及经验等，推动刑法理论的持续发展和完善。这是刑法治理体系与能力建设进入制度化、规范化的重要标志，也是可持续发展的重要保障。

4. 秉承动态、均衡的犯罪化与非犯罪化立法

从结果上看，立法往往以犯罪化的方式呈现。这会造成“立法往往就是犯罪化”的僵化认识。实际上，社会治理任务的繁重，以及社会发展形势愈加复杂多变、刑法的工具属性一面被进一步释放、刑法治理功能随之扩充等，才是导致刑法立法变得更加活性化以及犯罪化成为立法的主要内容的原因。鉴于此，积极立法仍会是主要动向，也需更加动态、均衡的犯罪化和非犯罪化立法。择要而言：(1) 完善犯罪化的立法程序公开与实体公正说理。犯罪化的立法的合法性、正当性以及合理性，是需由程序公开与实体公正说理共同实现的。立法程序的公开，包括立法背景公开、立法理由公开、立法过程公众参与和监督等内容，既会保障程序正义，也能够强化实体的正当。实体公正说理由一系列说理机制组成，以论证立法的必要性，保障底线正义或者终极正义。说理机制包括立法机构的审议情况、修改理由、通过依据以及官方对立法原意的阐明等，并以立法原意为最核心的内容，是刑法解释的基本准则。其中，说理机制的存立根基是刑法理论体系。(2) 强化立法中的非犯罪化表达方式。从认识论上看，单一的犯罪化背后，也是非犯罪化的结果。但是，这并不足以证成立法中的犯罪化与非犯罪化是均衡的，亦不能用来证明非犯罪化的立法是客观且相当的存在。这要求强化立法中的非犯罪化表达方式：一是及时公布刑法修正中出现的非犯罪化立法的研讨情况，以及为何选择非犯罪化或者犯罪化的特定理由等，逐渐梳理出我国立法中的非犯罪化规律、逻辑以及经验等。建立全流程下透明的公开机制，加强非犯罪化立法的公众认识和感知度等。二是对于刑法分则中的“僵尸条款”与“僵尸罪名”等，应当全面清理。将一些确实没有社会危害性或者刑法不需要再规制的犯罪行为，进行非犯罪化，为刑法分则“瘦身”。

（四）做好做优刑法立法的体制与机制及其配套

中国特色刑法立法所取得的历史成就，与日臻完善的立法技术、体制、机制以及保障措施分不开。新时代，仍需继续强化科学立法的保障体系。

1. 科学立法体制的顶层优化

《中共中央关于全面推进依法治国若干重大问题的决定》（2014 年）指出：“完善立法体制。加强党对立法工作的领导，完善党对立法工作中重大问题决策的程序。”“要把公正、公平、公开原则贯穿立法全过程，完善立法体制机制，坚持立改废释并举增强法律法规的及时性、系统性、针对性、有效性。”这也是今后进一步修改 1997 年《刑法》的基本准则，即应统合立法的民主性与科学性，以民主性为基础，健全立法科学化的具体措施。大体而言：（1）扎稳立法的民主性基础。立法的民主性是确保立法科学性的政治基础，是刑法修正遵循科学性原则的重要前提。[①] 一方面，应健全社会各方有序参与立法的途径和方式。加强健全立法机关和社会公众沟通机制，充分发挥政协委员、民主党派、工商联、无党派人士、人民团体、社会组织在立法协商中的作用。另一方面，拓宽公民有序参与立法途径，健全法律法规草案公开征求意见和公众意见采纳情况反馈机制，广泛凝聚社会共识。例如，在制定《刑法修正案（八）》时，全国人大网收集社会公众意见 7 000 多条；制定《刑法修正案（九）》时两次征求意见，累计收集意见达到 16 万多条。[②] 这确保刑法修正准确反映真实的民意，是真正的科学立法，进一步确保刑法修正对惩治和预防犯罪的针对性与有效性。（2）不断创新与夯实民主立法。从立法机关公布的《刑法修正案（十一）（草案）》及其立法说明看，较为简明地介绍了立法的背景等。但是，从立法公开的角度看，还可进一步做好公开的内容、方式以及频次等，增强立法过程的合法性与正当性，巩固立法的民主性。这可以包括：一是适当公开立法调研资料，为公众更好地了解立法背景、立法原意等，提供更为通畅的知悉途径。这也有助于加强专家学者的广泛参与，进一步提高立法的研究深度与支持，从而夯实立法的质量。二是及时对外公布草案的相关修改意见或建议，向公众发布草案的审议情况、修改动态以及理由等，使整个立法过程更为透明和公开，进一步增加立法的互动性、参与度。以立法过程的民主化基础为依据，更能确保立法的合法性，使公众有更长时间的认知、认同，推进全面自觉守法尊法的风尚，助力刑法修正案通过和有效贯彻实施。（3）优化立法科学化的运行机制。应当加强人大对立法工作的组织协调，健全人大主导立法工作的体制机制。健全立法起草、评估、论证、协调、审议机制，推进立法精细化。完善立法项目的征集和论证制度，特别是健全法律法规起草征求人大代表意见制度，增加人

---

① 参见高铭暄：《改革开放三十年刑法立法感言》，载《中国法学》2008 年第 6 期。

② 参见蒋安杰：《中国新刑法典走过二十年重要里程碑》，载《法制日报》2017 年 9 月 27 日，第 12 版。

大代表列席人大常委会会议的人数，更多发挥人大代表参与起草和修改法律的作用。探索建立有关国家机关、社会团体、专家学者等对立法中涉及的重大利益调整论证咨询机制。完善法律草案表决程序，对重要条款可以单独表决。（4）做好阶段性或者试验性立法与经验总结、升级。在全面改革开放与社会经济快速变迁的格局下，为了与日益活跃的刑事司法改革相互配套或者实现同步衔接，有必要建立常态化的试验性立法。例如，在认罪认罚从宽制度试点期间，刑法的试验性立法稍显滞后。在认罪认罚从宽制度正式入法后，刑法的立法衔接工作仍进展较为缓慢。[①] 企业刑事合规改革试点工作全面铺开，刑法领域可启动试验性立法的准备工作，以加速中国化。[②] 积极筹划面向试验性司法改革所需的实验性立法机制，旨在做好刑法与刑事诉讼法两大基本法之间的立法衔接，增强刑法立法的活力和适宜性。

2. 建立健全立法质量的全流程管理制度

应当切实做好立法的全流程质量控制机制，这是科学立法的制度保障。展开而论：（1）完整的立法评估体系，包括事前的立项调研、立法过程中的质量把关以及立法后的评估与修正等环节。目前，立法评估体系和运行机制尚不健全，对刑法立法的科学性、民主性的保障还不够。这会引发立法与民意脱节、立法后的消极附随效应突出等问题。例如，醉驾入刑后，引发了行政处罚明显高于刑罚处罚、犯罪标签化等突出的社会问题，势必会增加社会对立面而非和谐度。（2）立法论证。《刑法修正案（九）》《刑法修正案（十一）》等，仍以犯罪化为主，并增设了较多的新规定。立法的必要性与正当性论证应当作为必要前提和基础。特别是对于社会公众的其他重大关切，应加强立法论证，倡导"宜早不宜晚"的思路，"应立尽立"。对于不成熟的立法事项，不能盲目上马。（3）立法后评估。从过往的立法实施阶段看，由于各方面的原因，有些立法规定出现了一些问题。例如，《刑法修正案（七）》与《刑法修正案（九）》先后增加和修改了第 253 条之一，至少反映了修改前增设该条文内容的定位欠准，这些立法缺陷和"后遗症"问题削弱了立法质量。为了进一步提高立法质量，应当建立常态化的立法后评估机制，对立法的实施效果进行评估。评估的目的是总结经验，提高今后立法的水平，并为如何进一步进行立法完善提供来自一线的参考意见或数据等。修正案应当避免出现立法后遗症问题，尽量实现立法"一次到底"，彻底解决好眼下的问题与未来的新情况，增强立法的实效性与兼容性。（4）刑事一体化的立法方法导入。提高立法的科学性，其关键和难点是打通犯罪学、刑事政策学与刑法学之间的连接通道，使犯罪学可以提供原始的数据与规律等，刑事政策学可以整合社会需求与价值重组等，为立法的规范化提供可靠的根据，继而确保立法在"最原初"的意义上是科学、正当且合法的。在刑法修正案的征求意见和进一步修改过程中，应统合考虑我国犯罪的态势、刑事政策的类型化适用等因素，提高立法的科学性。

3. 立法技术的迭代与升级

改进立法技术，才能使立法过程或者结果更加精细化、人性化，真正做到以人民为

① 参见孙道萃：《认罪认罚从宽制度研究》，北京：中国政法大学出版社 2020 年版。

② 参见孙道萃：《刑事合规的系统性反思与本土塑造》，载《华南师范大学学报》（社会科学版）2022 年第 4 期。

中心。[①] 刑法修正案是常态的立法完善模式，要注重立法技术的升级，提高立法质量。可从以下几个方面进行优化：(1) 可以考虑同时公布草案中新增条文对应的罪名。从《刑法修正案（七）》以来，几乎每一次修正案的内容都非常多，涉及总则或分则的大量规定，新增设的条文数量也不少。然而，在立法技术上，未能在公布修正案草案之际，一并公布拟增设新条文或修改后条文所对应的罪名，不免是立法技术上的遗憾。因为罪名的明确化亦是罪刑法定原则的重要内容。刑法修正案草案不仅要公布条文的表述，阐明罪状与法定刑的内容，也要公布罪名，进一步凝练立法原意，提高立法的精细化。这比由“两高”通过司法解释来确定罪名更直接、更权威。(2) 刑法修正案通过后应当尽快更新刑法典条文。目前，1997 年《刑法》中一半左右的条文都已经被修改过。就此累积而成的立法效应，使 1997 年《刑法》在一定程度上经历了大面积的“碎片化”修改，条文顺序以及体例等稍显臃肿。为了实现立法技术的精细化与法律适用的便捷性，立法工作机关应当在刑法修正案通过后，同步更新刑法条文，公布最新的版本，避免民众“误认”。(3) 及时做好立法解释或司法解释等配套工作。刑法修正案在修改或增设新的条文以及罪名后，虽然填补了立法漏洞，解决了“无法可依”的原则性问题，却没有解决好“如何适用法律”的具体问题。从过往的立法经验和做法看，对于修改或新增加的规定，司法解释的配套不是特别迅速到位，既不能及时满足实践中的需求，也延迟了立法目的之实现。例如，《刑法修正案（九）》增加了 3 个纯正网络犯罪罪名，但直到 2019 年 10 月才出台专门的司法解释。《刑法修正案（十一）》增设了 10 个新的罪刑条文，连同修改原条文，原则上将增加 10 多个新的罪名。虽然立法规定了定性、定量问题，但司法机关仍习惯于“等司法解释出台”的老路子。无法在修正案通过后及时出台司法解释，极大地制约了立法本意的充分释放。立法机关应当协同最高司法机关，提前做好调研工作，加强理论研究，未雨绸缪，同步酝酿并出台司法解释，以进一步提高刑法修正案的实施效果。(4) 准确把握刑法时间效力问题。刑法修正案的修改方式主要分为两种：一是修改原条文，可能是加重或减轻犯罪构成，或者调整刑罚结构的轻重。二是增设新条文，可能是犯罪化或刑罚化（非刑罚处罚化）。这必然触发刑法时间效力与溯及力问题。

① 参见高铭暄、谢佳文：《推动刑法立法进程需把握的关键点》，载《检察风云》2018 年第 10 期。

新派退出历史舞台了吗？

童德华　张奕然*

一、问题缘起

在我国刑法理论中，有一种颇具代表性的观点认为，就犯罪论而言“新派已经退出了历史舞台”①。这种观点值得重视。刑法学界曾经围绕新派或是旧派理论发生过激烈争议，这种争议属刑法的立场之争，进一步说属刑法实践与理论的基调之争。那么，新派是否真的退出了历史舞台？又或者说，当今世界在犯罪论上的对立，是否真的仅为客观主义内部的分歧？如果说新派已经退出了历史舞台，也就意味着以新派为根基的刑法理论与刑事立法现象都已经淡出了当下刑法界之视野。但诸多现象表明，新派的主张在当下刑法理论与实践中仍旧或隐或现。鉴于这个问题至关重要，本文拟对该问题进行讨论，以明确当下刑法面临的立场选择。

对刑法学的基本立场问题予以重视，是因为立场问题本身即具有重要的意义。立场不仅作为一种纯粹主观意义上的存在，它还能够在客观世界中产生实际性意义。立场，在《现代汉语词典》中指“认识和处理问题时所处的地位和所抱的态度”②。根据辩证唯物主义哲学，立场属于意识范畴，由物质决定，并对物质具有能动的反作用。辩证唯物主义认识论与一般唯物主义认识论相比，突出的理论先进性之一在于其持能动的反映论，承认意识对于实践的能动作用：其一，就意识的产生而言，“人的反映不是消极被动的反映，也不是盲目直观的摹写，而是积极能动的反映”③；其二，就意识的作用而言，“在肯定物质决定意识的前提下承认意识在认识世界和改造世界活动中的巨大的能动作用”④，认为意识能够通过实践转化为实在的物质力量。因此，根据辩证唯物主义哲学观，立场作为意识的一种也具有能动性，其能动地产生、能动地发挥作用。具体到

* 童德华，法学博士，中南财经政法大学刑事司法学院教授、博士研究生导师，刑事合规研究中心主任。张奕然，中南财经政法大学刑事司法学院硕士研究生。

① 张明楷：《刑法学》（第6版·上），北京：法律出版社2021年版，第10页。

② 中国社会科学院语言研究所词典编辑室编：《现代汉语词典》，北京：商务印书馆2012年版，第798页。

③ 萧前、李秀林、汪永祥主编：《辩证唯物主义原理》，北京：北京师范大学出版社2012年版，第81页。

④ 萧前、李秀林、汪永祥主编：《辩证唯物主义原理》，北京：北京师范大学出版社2012年版，第98页。

刑法而言，其一，刑法立场直接决定刑法的价值选择，刑法的立场与其价值选择紧密相连，不同的价值选择背后往往存在相应的立场站位，二者是表里关系。比如在刑法学领域，存在自由与安全两大价值，基于客观主义立场一般倾向于选择自由价值，而基于主观主义立场则多倾向于安全价值。其二，刑法立场影响司法工作者对于法律事实的发现和理解。意识具有主观性特征，不同的人对于同一客观对象产生的反映不同①，并且意识活动本身就是一个主动的创造性过程，人的意识不仅是对事物的外部形象的简单反映，还包括进一步积极主动地对反映对象进行加工制作、选择建构的成果。因此，持有不同立场的人对于作为其反映对象的事实，会作出选择性的处理，比如选择对其来说重要的或是其愿意接受的事实重点优先地进行意识层面的加工，随即得到对该事实的理解结果。因此，在刑事案件中，虽然强调"以法律为依据，以事实为准绳"，但需要注意的是，此处的事实并非人脑对于物质世界的客观无价值的复刻，而是经过办案人员选择接受、理解加工后而含有一定价值色彩的事实，办案人员的立场对于这一客观事实部分主观化的过程产生强烈的作用与影响。其三，刑法立场影响行为的选择。意识对客观世界的改造作用是意识能动性的另一大体现，"人在意识活动中形成目的、计划、方法等观念的东西，以这些观念的东西为指导，通过现实的实践活动，将把'观念地存在'着的模型、蓝图实现出来为客观现实"②。如何将观念的存在变为现实的存在，取决于人的现实行为这一中介，立场则会对行为产生关键的指导作用，因此，相关人员所持的刑法立场，将会影响其在刑事司法实践中的决策与选择。综上所述，刑法立场的抉择对于理论研究和司法实践都具有极其重要之意义。

二、新、旧派刑法的源流及争点

（一）新、旧派刑法观之源流

在刑法史上，新派是相对旧派而言的，所以界定新派当从旧派开始。一般而言，刑法旧派又被称为客观主义刑法理论，新派则被称为主观主义刑法理论。在笔者看来，它们的争点在于是以维护自由权利为中心还是以维护社会秩序为中心。我们可以从近现代刑法旧派与新派的发展历史来把握其根本品质。

1. 刑法旧派理论的形成

中世纪的欧洲实行专制主义的集权制度，教权与王权联合，以封建土地所有制为经济基础。这一时期的刑法制度以"法与宗教道德的不可分性、基于身份的不平等性、罪刑擅断主义、刑罚的残酷性"③ 为特色，全然服务于维护统治者政权稳定以及社会秩序的需求，呈现出较为典型的主观主义刑法特色。至16世纪，欧洲资本主义生产方式不断发展并走向成熟，陈旧的封建专制制度对蓬勃的资产阶级力量的限制愈加明显，对于

① 参见萧前、李秀林、汪永祥主编：《辩证唯物主义原理》，北京：北京师范大学出版社2012年版，第82页。

② 萧前、李秀林、汪永祥主编：《辩证唯物主义原理》，北京：北京师范大学出版社2012年版，第100页。

③ 马克昌主编：《近代西方刑法学说史》，北京：中国人民公安大学出版社2016年版，第46页。

7

能够适应新经济基础的新制度、新思想的需求日渐强烈，在此政治经济背景下，启蒙时期的法学思想得以诞生。启蒙主义的法学思想是在物理、数学等自然科学进步的影响下，将根源于文艺复兴时期的自然法思想发展至全盛的“自然法学”思想。[①] 其自然法学的思想特征表现为以下几方面：其一，“以合理主义个人主义为根源，自然主义功利主义的色彩渐加浓厚”[②]；其二，主张政教分离，强调国家权力与法律之于教权的独立地位；其三，主张天赋人权，刑罚权源自对基本权利之侵害。[③] 在刑法方面，启蒙主义的法学思想已经形成了法律面前人人平等、思想不处罚、罪刑法定、罪刑相称、目的论的刑罚观等观点，与中世纪的主观主义刑法观相对立，呈现出鲜明的客观主义特色，形成了历史上主、客观主义的第一次对立。有观点对启蒙主义刑法思想与（前期）旧派思想并不作严格区分，如内藤谦教授认为，贝卡里亚、费尔巴哈既是启蒙主义刑法思想的典型代表，也属于古典学派的代表人物；大谷实教授也认为，启蒙时期的刑法理论亦属古典学派。[④] 不可否认，以客观主义为主要特色的旧派思想与启蒙时期的刑法思想一脉相承，启蒙主义刑法观为旧派的产生起到了奠基作用，其中目的论的刑罚观更是为相对主义的旧派观念直接继承，但是对于二者不加区别的见解仍然值得商榷。其一，以格老秀斯、霍布斯、洛克等人的理论为代表的启蒙时期刑法思想已经呈现出了旧派的理论雏形，但它是以零散的形式，夹杂在众多其他领域的启蒙思想中被一并提出的；而 18 世纪中叶以贝卡里亚、费尔巴哈、黑格尔、边沁等人为代表的旧派刑法思想，则是系统地塑造了旧派的刑法学体系。其二，理论上，旧派有相对主义旧派与绝对主义旧派之分，其中相对主义旧派以启蒙主义刑法思想为直接基础，而绝对主义旧派则与启蒙主义刑法观中的部分思想对立。因此，旧派刑法理论的内涵较之启蒙主义刑法理论是更为丰富和全面的。

至 18 世纪中期，欧洲的资产阶级在经济上已拥有相当之实力，在政治上却仍然处于封建专制的政治制度、法律制度的统治之下，这严重束缚了资本主义的进一步发展，而思想上启蒙主义思想却蓬勃发展。在此背景下，旧派刑法理论诞生。旧派立足于自由主义这一基本立场，有以下基本主张：其一，主张自由意志论，认可理性与意志自由；其二，基于意志自由主张道义责任论；其三，主张客观主义，关注犯罪行为；其四，以报应刑论作为刑罚正当性的根据。[⑤] 以客观主义为主要特点的旧派思想，与长期占据统治地位的主观主义刑法观形成对立。对于此次主、客观主义刑法理论的冲突，虽然研究者较少予以关注，但我们仍能从历史的细枝末节中窥见其存在。比如，旧派理论先驱之一贝卡里亚在其著作《论犯罪与刑罚》出版后，便受到了来自基督教势力的猛烈抨击和指控，“耶稣会教士安杰洛·法基内（Angelo Fachinei）即受威尼斯共和国大议会的委托，撰写了名为《对题为〈论犯罪与刑罚〉一书的评论》的小册子，对该书及作者进行恶毒攻击，称贝卡里亚是‘宗教和基督教的敌人’、‘恶劣的哲学家和坏人’”[⑥]。这便体

① 参见［日］小野清一郎：《法律思想史概说》，刘正杰译，郑州：河南人民出版社 2016 年版，第 67 页。
② ［日］小野清一郎：《法律思想史概说》，刘正杰译，郑州：河南人民出版社 2016 年版，第 68 页。
③ 参见［日］小野清一郎：《法律思想史概说》，刘正杰译，郑州：河南人民出版社 2016 年版，第 71 页。
④ 参见马克昌主编：《近代西方刑法学说史》，北京：中国人民公安大学出版社 2016 年版，第 47 页。
⑤ 参见张明楷：《刑法学》（上），北京：法律出版社 2021 年版，第 7 页。
⑥ 吴宗宪：《西方犯罪学史》，北京：警官教育出版社 1997 年版，第 52 页。

现了早期萌芽不久的客观主义思想与长期存在且根深蒂固的主观主义思想呈现的敏感的对立状态。

2. 刑法新派理论的形成

新派，又称实证学派或近代学派，产生于19世纪后半期。[①] 这一时期的欧洲，已经经历两次工业革命，生产力大幅提升，财富显著增长，工业化进程持续推进。然而，在如是良好的经济发展背景下，一些危险的不安定因素逐渐滋生。其一，人口增加与生产方式变革加速了欧洲城市化进程，大量人口为适应工业化趋势从乡村移居城市，带来大量劳动力的同时也造成一系列社会问题，如城市公共卫生、住房和工作条件、就业等方面状况的恶化。[②] 其二，城市化趋势明显的同时，贫富差距拉大[③]，"在许多中心城市，穷人生存的条件十分简陋和悲惨……弗里德里希·恩格斯（Friedrich Engels）在1844年写了一本著名的书《英国工人阶级状况》（*The Condition of the Working Class in England*），来描绘居住在曼彻斯特的穷人令人震惊的悲惨状况"[④]。其三，工业化时代背景下手工业渐趋消失，在新的生产方式中工人从事着重复性的、缺乏创造性的工作，贡献感的弱化带来工人失落感的增强。[⑤] 于是，在这样的社会背景下，阶级矛盾逐渐尖锐，社会紧张情绪蔓延，犯罪尤其是以盗窃罪为代表的财产犯罪数量急剧上升，累犯、常习犯显著增多，少年犯或青少年犯罪也呈激增趋势。[⑥] 而对于这种犯罪激增的局势，旧派的理论却显得无力。比如，旧派理论重视犯罪行为而非犯罪人，因此无法对人身危险性显著较高的累犯或常习犯采取特殊的、有针对性的规制措施，并且，在客观主义报应刑刑罚观的指导下，忽视对刑罚特殊预防机能的发挥，罪犯并没有在监狱中得到较好的矫治，因而形成了犯罪—再犯罪的恶性循环。

新的社会问题呼唤着新的刑法理论，加之科学研究不断进步，许多新型的科学部门，如生物科学、精神病学涌现并蓬勃发展[⑦]，为新派理论奠定了技术基础。新派理论由此诞生。新派理论内部可以先后划分为人类学派派系与社会学派派系，前者重视犯罪的生物学的原因，以龙布罗梭为代表，后者重视犯罪的社会学原因，以李斯特为代表。不论是人类学派还是社会学派，新派反对为个人自由牺牲社会秩序，持以下基本主张：其一，反对意志自由，主张决定论；其二，以犯罪人而非犯罪行为为中心，认为刑事责任的基础是犯罪人的人身危险性；其三，主张社会责任论，认为刑罚是针对具有危险性人格的犯罪人的社会防卫手段；其四，主张目的刑论，刑罚的正当化根据在于目的的正当性。[⑧]

以主观主义为特征的新派崛起，与此前以客观主义为特征的旧派学说形成对立，于20世纪初期，形成了历史上著名的主、客观主义第二次冲突。当时德国刑法处于修订之中，刑法学界围绕李斯特《刑法的目的观念》一文的余波，形成了非同寻常的火爆争

---

① 参见马克昌主编：《近代西方刑法学说史》，北京：中国人民公安大学出版社2016年版，第206页。

② 参见许海山主编：《欧洲历史》，北京：线装书局2006年版，第343页。

③ 参见［英］J. M. 罗伯茨：《欧洲史》（下册），李腾等译，上海：东方出版中心2015年版，第468页。

④ ［英］J. M. 罗伯茨：《欧洲史》（下册），李腾等译，上海：东方出版中心2015年版，第468-469页。

⑤ 参见［英］J. M. 罗伯茨：《欧洲史》（下册），李腾等译，上海：东方出版中心2015年版，第472页。

⑥ 参见马克昌主编：《近代西方刑法学说史》，北京：中国人民公安大学出版社2016年版，第206页。

⑦ 参见吴宗宪：《西方犯罪学史》，北京：警官教育出版社1997年版，第168页。

⑧ 参见张明楷：《刑法学》（上），北京：法律出版社2021年版，第8页。

执局面，并由学术争议逐渐上升至人身攻击，最后政府不得不出面加以制止。这场异常激烈的学派之争持续二十余年，直至争议的中心人物——李斯特与毕克迈耶——在1919年与1920年相继去世，加之纳粹政权谋求国家统一的刑法思想而剥夺了两个学派的基础，以及1924年超越学派对立的诸多学者参与的国际刑法学会的创立[①]，学派之争才渐趋熄火。

3. 综合主义理论的形成

在20世纪二三十年代新、旧派争议逐渐平息后，现代刑法学理论呈现出两种不同的具有代表性的发展趋势：以德、日为代表的兼采新、旧两派思想的综合主义刑法观和以意大利为代表的独立于新、旧两派思想而诞生的第三学派——法律技术学派。相较之下，综合主义刑法观的出现是新、旧两派相互吸收、融合的体现，并于20世纪50年代之后在德国和日本获得了更为长足的进步和发展，在如今的刑法学理论中仍然具有鲜活的生命力。

综合主义刑法观有以下代表观点：其一，人格责任论。人格责任论就是在责任非难的对象方面，兼收体现旧派思想的行为责任论与体现新派思想的性格责任论而形成的理论。人格责任论认为，责任非难的对象除犯罪行为之外，还有其有责地形成的人格。所谓有责地形成的人格，是指不完全由人本身的素质以及所处环境影响所决定，也受到行为人主体能动作用而形成的人格；而反之，对于独立于人主体作用，由本身素质、环境决定的人格部分，法不能予以非难。[②] 可见，人格责任论没有绝对采取意志自由或决定论的观点，也没有绝对地将非难对象放于犯罪行为或是犯罪人之上，而是一分为二地作出判断。其二，综合论的刑罚观。所谓综合论的刑罚观，是指区别于报应刑论或目的刑论为刑罚设置单一、恒定的意义和目的，而采取具体分析的思路，探求某阶段、某罪名等具体情况中刑罚的本质。比如有学者主张，至少在实践阶段调和不同的刑罚观，不同案件的具体情况对刑罚提出了不同的需求，这些具体的需求决定了在该案中刑罚的意义。比如激情杀人案中的刑罚目的便不是恐吓第三者，而毒品犯罪中的刑罚也并非像财产犯罪中的刑罚一样是为了赔偿损失。[③] 这种观点从一个极为具体的层面定位刑罚的意义，试图建立起一种具有相当精确性的刑罚观。除此之外，还存在一种更具代表性的综合论刑罚观观点，从立法、司法、执行三个阶段分别定位刑罚的意义：立法阶段的刑罚主要发挥一般预防作用，但同时，立法过程中遵循的罪刑相适应原则与对犯罪人再社会化可能性的考量，又分别从报应刑与特殊预防的角度对一般预防限度作出了限制；在司法阶段的量刑中具体确定刑罚时，主要考虑的是报应与特殊预防的需要；执行阶段的刑罚主要发挥的是预防再犯罪的特殊预防功能，但同时作为一种对犯罪后果的宣示，也具备一定的一般预防之作用。[④] 这种观点通常被称为"合并主义"刑罚观，相比前一种观点，其从一个相对抽象一些的层面归纳了不同情形下的刑罚意义，并且使得报应刑论与

---

① 参见［日］大谷实：《刑法总论》，黎宏译，北京：法律出版社2003年版，第19页。

② 参见张明楷：《外国刑法纲要》，北京：法律出版社2020年版，第164页。

③ 参见［德］冈特·施特拉腾韦特、洛塔尔·库伦：《刑法总论Ⅰ——犯罪论》，杨萌译，北京：法律出版社2006年版，第18页。

④ 参见［意］杜里奥·帕多瓦尼：《意大利刑法学原理》（注评版），陈忠林译，北京：中国人民大学出版社2004年版，第307-309页。

目的刑论在刑事立法、司法、执法全过程中得以糅合，具有更为显赫的理论价值。其三，目的行为论。目的行为论认为，“行为的本质就是，行为人设定一定目的，选择实现该目的的必要手段，并操纵、支配实现该目的的因果关系”①。目的行为论与客观主义倾向的因果行为论相比，将意识的内容纳入行为概念；与主观主义倾向的人格责任论相比，对行为内涵中的客观方面作出了更为具象的考虑。因此，其能够做到将行为人主观目的与在此支配下引发的客观因果进程相关联，一体考察行为的本质，是一种综合的行为理论。

对于综合主义刑法观，应当作出客观全面的评价：一方面，综合主义理论的优势在于，其不再坚持统一和恒定的价值立场，而是更多地体现出具体问题具体分析的一分为二式的思维，“不再一味地追求刑法的理想，同时拒绝刑法学的世俗化，使刑法学的研究有一定的超然性，因而更具前瞻性和发展动力”②。另一方面，还需要考虑的是，融合了两种立场的综合主义理论自身是否具有自洽的理论基础，如果其具体分析的结果本身并不能逻辑地被推演得出，而只是机械地拿取不同理论中的结论，那么就会使其变成一种“简单相加式的综合理论”③，在两种不同的价值间随意跳跃，从而破坏刑法学理论体系的统一性。言而总之，在肯定综合主义理论价值的同时，也应当认可刑法理论中仍然存在的新、旧派思想争议，如何在一个新的理论基础上搭建能够吸收不同理论之成就、克服不同理论之弱点的综合主义学派，为当代刑法学留下了探索的空间。

（二）新、旧派之理论争点

新、旧派之争，也是主观主义与客观主义理论之间的对立，这种对立在各个刑法学理论部分或多或少均有体现，可从如下方面作出梳理。

1. 价值基点

主、客观主义理论分歧的根源在于其价值基点不同：主观主义以自由为基本立场，客观主义以维护秩序为基本立场。在对价值基点的选择上，无所谓自由或是秩序必然更优，刑法要在自由与秩序中寻求一种平衡，无论对自由还是对秩序，都不能进行片面的强调。一方面，不可片面强调对社会秩序的维护。美国法理学家博登海默提出过两种不具有可以创设与维护有序的和有规则的管理过程的制度性手段，其中一种即为过度强调对于社会秩序维护的专制主义，在这种制度中的法律制度存在过多模糊的、弹性的、过于宽泛以及不准确的规定，造成国民忧虑不安的精神状态。④ 过度采取措施维护社会秩序，容易僵化社会的运行，造成民众不满之积压，严重时既存秩序将被推翻。另一方面，极端地倡导自由主义同样不可取，博登海默提出的另一种恶性的制度状态——无政府主义，就是在一个国家过度倡导自由之后将会沦为的状态。⑤ 过度倡导自由，会导致

① ［日］大谷实：《刑法总论》，黎宏译，北京：法律出版社2003年版，第75页。

② 童德华：《外国刑法导论》，北京：中国法制出版社2010年版，第38页。

③ ［德］罗克辛：《德国刑法学总论》（第1卷），王世洲泽，北京：法律出版社2005年版，第45页。

④ 参见［美］博登海默：《法理学：法律哲学与法律方法》，邓正来译，北京：中国政法大学出版社1999年版，第232页。

⑤ 参见［美］博登海默：《法理学：法律哲学与法律方法》，邓正来译，北京：中国政法大学出版社1999年版，第229－230页。

政策无法有效推行，进而可能引发严重的社会问题甚至危机。

刑法的任务是在自由与秩序之间寻求平衡，一味地推崇自由而鄙弃对于秩序的维护并不合适。诚然，刑法具有谦抑的品格，其对于社会秩序的维护，应当在法益受到侵害且达到了一定程度，以至于其他部门法不足以予以充分保护的时候才考虑介入，而从另一个角度来看，这也恰恰说明，刑法没有也不应对自由作出无条件的、彻底的让步。因此，主观主义所坚持的秩序维护的基本立场，不可能从刑法制度及理论中彻底退出。

2. 刑法机能

刑法具备两大机能——保障机能与保护机能。所谓保障机能，也即自由保障机能，是指对于社会个体，包括犯罪分子或犯罪嫌疑人的基本权利予以保障的机能；保护机能，则是对于广大的社会民众的权利的保护，以及对于社会秩序的维护。刑法既是犯罪人的大宪章，同样也是善良人的大宪章，二者缺一不可。当民法或行政法无法对法益施以足够的保护之时，就需要刑罚手段予以补充。在这个意义上讲，仅强调刑法是犯罪人的大宪章的观点，对于刑法机能以及价值的判断有失公允。因此，刑法不仅应当保障犯罪人的基本权利，还应当关怀社会的基本需求，从两个方面实现其机能。

3. 行为本质

传统的行为理论提倡因果行为论。因果行为论试图将人类的行为理解为“外在的自然过程，是‘任意导致的或者没有阻止的对外部世界的改变’”①。因果行为论建立在自然科学的基础上，将客观上能够为人所感知到的人的身体之动静变化定性为行为，从而很好地发挥了行为的界限机能，将思想排除在刑法规制范围之外，体现了对于自由的保障，从而与客观主义观点一脉相承。

如今，并非所有国家都采用体现客观主义的因果行为论认定行为，比如，目的行为论在德国受到一众学者支持。目的行为论认为，行为是“对目的动作的实行”②，与因果行为论单纯从物理的因果进程层面把握行为的本质不同，目的行为论加入了对于目的的存在及其内容的考量，即把握的是在具体的目的性引导下的因果进程。因此，与传统的因果行为论相比，目的行为论采用行为人视角，关注行为人的目的、计划，带有较强的主观主义色彩。

4. 过失论

旧过失论将过失仅作为一种责任条件或责任形式，认为故意犯和过失犯的区别仅存在于责任阶段，而在构成要件符合阶段以及违法性阶段没有本质上的差别。③ 与之不同，新过失论对于过失与故意的区别在违法性阶段即予以考量，认为在违法性阶段过失在于没有遵守“社会生活上必要的注意的行为”④，将判断过失的重心从结果预见义务转移至结果避免义务上，其所立足的理论根据在于“违法性在于行为规范的违反”的行

---

① ［德］冈特·施特拉腾韦特、洛塔尔·库伦：《刑法总论Ⅰ——犯罪论》，杨萌译，北京：法律出版社2006年版，第69页。

② ［德］约翰内斯·韦塞尔斯：《德国刑法总论：犯罪行为及其构造》，李昌珂译，北京：法律出版社2008年版，第44页。

③ 参见［日］大谷实：《刑法总论》，黎宏译，北京：法律出版社2003年版，第148页。

④ 贾济东：《外国刑法学原理：大陆法系》，北京：科学出版社2013年版，第193页。

为无价值论。因此，在理论中，部分学者将旧过失论作为客观主义的产物而将新过失论作为主观主义的产物的观点，具有一定的合理性，这同时也符合西方社会科学通常情况下沿着两个对冲的脉络交替演进的基本逻辑。

5. 事实错误

对事实错误的处理，理论上存在具体符合说与法定符合说的对立。具体符合说对行为人认识的事实与实际产生的事实予以具体层面的对照，并根据产生的事实来认定故意是否既遂；而法定符合说则对行为人认识的事实和实际产生的事实予以抽象层面，即法定构成要件层面的对照，若对照结果存在一致性则对于其所产生的事实就构成故意，具体层面的不一致性在刑法上是不重要的。[①] 由此可见，依据具体符合说，对于犯罪既遂的认定更为严格，体现重视维护自由的客观主义思想；而依据法定符合说，对于犯罪既遂的认定更加宽松，体现重视维护秩序的主观主义思想。

6. 违法性

主、客观主义对于违法性根据的认识存在行为无价值论与结果无价值论的对立，同时也是法益侵害说与规范违反说的对立。结果无价值与行为无价值，以及法益侵害说与规范违反说，是一体两面的关系：在作为实质违法性内容的法益侵害与规范违反之对立中"蕴含着其在结果无价值与行为无价值之对立关系"[②]。对于这两组概念的对立，本文支持将其作为主观主义与客观主义之间的对立而非客观主义内部立场的对立的观点[③]——结果无价值与法益侵害说属客观主义思想范畴，行为无价值与规范违反说属主观主义思想范畴。在古典解释学中，对于违法进行纯粹客观的理解，对于责任进行纯粹主观的理解[④]，因此对于违法性根据这一问题，持一元的结果无价值论，并基于此仅承认客观的违法要素。然而，完全否认主观违法要素的存在，会造成对一些问题的错误处理。例如，在偶然防卫的场合，仅根据客观上没有造成法益侵害的结果，全然忽视行为人主观上的犯罪意图，作出行为人行为正价值的认定，是不妥当的。事实上，司法实践中对于一些情况的处理，也没有完全忽视主观违法要素。例如，甲盗窃了乙的东西，而事实上乙已经将此物的所有权转移至甲，在司法实践中对于此类情况通常按照盗窃罪未遂处理，否则，若以无罪处理，无疑会模糊罪与非罪的认定标准，造成民众行为的失范。相较于纯粹的结果无价值论，二元的行为无价值论中对于违法性就融入了出于主观主义立场的考量，即单纯的法益侵害结果并不必然决定行为之可罚，还应考虑行为是否具有规范违反性，或者根据某些观点——体现了"侵害法益的志向性"[⑤]，并基于此肯定主观的违法要素，这不失为一种更加合理的认定思路。目前，在日本刑法学界，二元的行为无价值论已经居于通说地位。[⑥]

---

① 参见［日］木村龟二：《刑法学词典》，顾肖荣、郑树周等译，上海：上海翻译出版公司 1991 年版，第 292 页。

② 余振华：《刑法违法性理论》，台北：瑞兴图书股份有限公司 2010 年版，第 78 页。

③ 参见余振华：《刑法违法性理论》，台北：瑞兴图书股份有限公司 2010 年版，第 90 页。

④ 参见［德］汉斯·海因里希·耶赛克、托马斯·魏根特：《德国刑法教科书》（上），徐久生译，北京：中国法制出版社 2017 年版，第 327 页。

⑤ 张明楷：《外国刑法纲要》，北京：法律出版社 2020 年版，第 112 页。

⑥ 参见余振华：《刑法违法性理论》，台湾地区：瑞兴图书股份有限公司 2010 年版，第 92 页。

7. 责任

关于责任非难的本质素有道义责任论与社会责任论的对立，这也是旧派与新派之间观点的争议之一。旧派主张道义责任论，新派主张社会责任论。道义责任论以意志自由论为理论根据，认为人在拥有完全自由意志的条件下，本有可能去实行其他行为，却自由选择而实施了犯罪，便由是成立了对他个人道德进行道义非难的基础；社会责任论以意志决定论为理论根据，认为人并不具有自由意志，因此，虽然行为人实施了犯罪，由于其实施犯罪是被决定的，因此便应当否定作为非难可能性的责任，但又因为行为人（被）决定实施犯罪行为，表现出了其性格上的危险性，因此基于社会防卫的目的而产生了对其科以刑事责任的基础。[①] 除上述道义责任与社会责任之外，还存在规范的责任理论。规范责任论的典型特征在于，其对于责任的判断，除依据传统的故意、过失等心理要素外，还要求存在适法行为的期待可能性。所谓不存在适法行为的期待可能性，是指“在行为者实施犯罪的场合下，在行为时的具体状况下不可能期待他能够实施不是该犯罪的其他合法行为”[②]。具体而言，当客观上不能期待行为人去实施法律所期待的适法行为时，便是无期待可能性。对于以期待可能性理论为核心的规范责任论，不论是客观主义的道义责任论学者，还是主观主义的社会责任论学者，都主张此说为自己学说发展的产物。有观点认为，期待可能性理论在发生史上是从古典学派，也即客观主义的立场上提出来的主张[③]，这是值得商榷的。按照道义责任论的观点，人具有理性以及意志自由，能够分辨是非善恶而自由地选择其行为，这是彻底的非决定论的立场；而期待可能性所关注的，则是在一定情况下，考虑到诸如行为人自身的生理原因，或者其所处的特殊环境因素，行为人无法被期待做出适法的行为选择，因而不能将责任归咎于行为人，这便向主观主义所主张的犯罪的决定论靠拢。因此，期待可能性的概念更应当是源自主观主义的理论范畴，于是也同样彰显了新派的当代理论价值。

8. 责任能力

针对责任能力的实质这一问题，新派与旧派之间存在的是“受刑能力说”与“有责行为能力说”的对立。[④] 旧派将责任能力的本质视为有责行为能力、意思能力或犯罪能力。[⑤] 如有观点认为，责任能力是指“认识行为的违法性并且能够根据该认识控制动机的能力”[⑥]，再如《德国刑法典》第20条规定：“行为人行为时，由于病理性精神障碍、深度的意识错乱、智力低下或其他严重的精神病态，不能认识其行为的违法性，或依其认识而行为的，不负责任。”新派则将责任能力的本质视为受刑能力，如社会责任理论将责任能力理解为刑罚适应能力，即通过对行为人科处刑罚，能够实现刑罚设置之目的。[⑦]

---

① 参见［日］野村稔：《刑法总论》，全理其、何力译，北京：法律出版社2001年版，第275－277页。
② ［日］野村稔：《刑法总论》，全理其、何力译，北京：法律出版社2001年版，第314－315页。
③ 参见［日］木村龟二：《刑法学词典》，顾肖荣、郑树周等译，上海：上海翻译出版公司1991年版，第292页。
④ 参见［日］野村稔：《刑法总论》，全理其、何力译，北京：法律出版社2001年版，第284页。
⑤ 参见张明楷：《外国刑法纲要》，北京：法律出版社2020年版，第170页。
⑥ ［日］井田良：《刑法总论的理论构造》，秦一禾译，北京：中国政法大学出版社2021年版，第194页。
⑦ 参见［日］泷川幸辰：《犯罪论序说》，王泰译，北京：法律出版社2005年版，第77页。

在当今德、日理论中，客观主义主张的有责行为能力说似乎占据了压倒性优势，然而，主观主义所持受刑能力说便真的力不能敌吗？本文认为，受刑能力说至少在以下三个方面具备合理性或优势：其一，在现代汉语中，责任，是指“因没有做好分内的事或没有履行助长义务而应承担的不利后果或强制性义务”①，那么刑法语境下的不利后果，即指刑罚。也就是说，单从文义上理解，责任能力指的是负担刑罚的能力，并不能直接引申理解为“有责的行为能力”或是“犯罪能力”。其二，受刑能力说能够更为有效地发挥界限机能：只有具备刑罚适应能力，能够通过接受刑罚得到教育、矫治而与社会规范相适应的人，才值得纳入刑法的调整范围，因此受刑能力说直接通过刑罚适应性这一标准，将不属于刑法调整范围的主体划出，发挥了界限机能；相反，有责的行为能力说在此方面则有所局限，因为在其界定之下，实质上具备认识违法性并根据认识控制行为的能力，形式上却不满足刑法规定的具备受刑能力要素的主体，如心智成熟、身强体壮却不达刑事责任年龄的儿童，并不像法律规定的那般被当然排除于刑法调整范围之外，这造成了理论上刑法调整范围之模糊。其三，受刑能力说能够为保安处分提供理论依据：针对当今犯罪低龄化问题凸显的现状，出于防卫社会的需要，对事实上实施了符合犯罪构成之行为，却不达刑事责任年龄的青少年，采取保安处分予以教育、矫治具有必要性。然而，客观主义的责任能力说，并不能为保安处分提供理想的理论依据。根据道义责任论的观点，不具有辨别是非并据此实施行为的能力则不具备意思的自由②，那么便失去了道义上予以非难的基础，因此让行为人承担保安处分非难之根据，便很难自圆其说。受刑能力说应对保安处分的加入，则不会造成前后理论的体系性矛盾，因为责任能力“仅仅是指能适应刑罚的能力而已”③，具有有责行为能力却不能适应刑罚的人，并不当然也丧失掉适应保安处分的能力，这为保安处分奠定了自洽的理论空间。并且，受刑能力说也并不会造成行为与责任能力不同时存在的问题，行为时行为人的责任能力仍然存在于一个抽象的层面，并且随着行为充足犯罪构成得以具体化为现实的受刑能力。

9. 共同犯罪之正犯

在共同犯罪领域，主、客观主义之分歧体现为（强硬的）犯罪共同说与行为共同说之对立。客观主义所持犯罪共同说主张“数人一罪”，相关复数者应当符合同一构成要件，才成立共同正犯；相反，主观主义所持行为共同说则认为，对于不同的行为的构成要件也可以考虑共同正犯的成立，对于共同正犯可以根据各自遂行的犯罪、实现的结果以及主观罪过进行处罚。④ 对这一问题的理解不同，造成对于正犯领域其他问题观点的不同。其一，对于片面的共同正犯，犯罪共同说“数人一罪”的原则强调不同正犯之间行为与主观心态上的共同与互联，自然对片面正犯的概念予以否认；而行为共同说强调的则是行为的相互助力，主观上则依据各自的情况进行认定，因此为片面的共同正犯概

① 张文显主编：《法理学》，北京：高等教育出版社 2018 年版，第 164 页。

② 参见［日］木村龟二：《刑法学词典》，顾肖荣、郑树周等译，上海：上海翻译出版公司 1991 年版，第 229 页。

③ ［日］木村龟二：《刑法学词典》，顾肖荣、郑树周等译，上海：上海翻译出版公司 1991 年版，第 230 页。

④ 参见［日］井田良：《刑法总论的理论构造》，秦一禾译，北京：中国政法大学出版社 2021 年版，第 292－293 页。

念留下了空间。其二，对于过失的共同正犯，根据犯罪共同说的传统观点，“共同正犯的意思的相互了解只存在于故意之中”[①]，同时，犯罪共同说要求共同正犯成立的应当是共同的特定犯罪，因此无法支持过失犯之间、过失犯与故意犯之间成立共同正犯；而行为共同说要求的是行为的共同，因此，不论是故意与过失之间，还是过失与过失之间构成共同正犯都不存在理论障碍。其三，对于承继的共同正犯，犯罪共同说与行为共同说不存在鲜明对立，只是在对“承继者在何种条件下成立共同正犯”的认识上有所区别，犯罪共同说要求后参与者与先行者构成同一犯罪时才成立共同正犯，而行为共同说只要求在共同的行为、共同的范围内即可成立共同正犯。

10. 共同犯罪之共犯关系

对于共犯的关系问题，从客观主义理论出发，倾向于共犯从属性说，从主观主义理论出发，倾向于共犯独立性说。主观主义关注行为人，根据犯罪征表说，将共犯者行为所征表的人身危险性作为共犯处罚的根据，无论是正犯还是教唆犯或帮助犯，只要其行为能够反映出人身危险性，那么在处罚根据上就并无实质区别。因此主观主义持共犯独立性说，认为“共犯以其自身固有的行为面成立”[②]，如宾丁（Binding）认为：“正犯者、起因者、帮助者三者皆属于犯罪主体，此等犯罪主体之可罚性，乃‘固有’的可罚性，系仅以各自犯罪主体之行为作为基础。”[③] 客观主义关注行为，对于共犯处罚的依据采因果共犯论或违法共犯论，认为共犯承担刑事责任的基础在于其外部行为对法益造成的现实危险性，而单独的教唆或帮助行为需要依附于直接实行的正犯行为才能产生法益侵害的后果，故而客观主义倾向于共犯从属性说，承认“应受处罚的共犯对肯定之相关的主要犯罪的依赖性”[④]。

对于共犯关系究竟应当采取独立性说，抑或从属性说，理论上目前还存在争议，而争议的存在恰恰说明主、客观主义之争在该领域的存续。故而现在得出新派已经退出犯罪论历史舞台的结论，显属武断。

11. 罪数理论

主观主义与客观主义在认定罪数的标准方面存在分歧，其中，意思说属于主观主义的观点，行为说、法益说、构成要件该当次数说则属于客观主义的观点。主、客观主义对于罪数判断标准的分歧的根源在于对于犯罪本质的理解不同，以及行为刑法与行为人刑法的分歧。与客观主义思想相承的行为刑法，将刑事可罚性与在行为构成方面加以限定的单一行为相联系，刑罚体现为对于单个行为的反应[⑤]，因而客观主义对于罪数的判断也大致以行为或与行为相关联的客观性概念——抽象、定型化的行为类型或是行为造成的法益侵害结果——为基准。相反，与主观主义思想相承的行为人刑法，将刑罚与行

---

① 陈家林：《外国刑法理论的思潮与流变》，北京：中国人民公安大学出版社 2017 年版，第 569 页。

② ［日］野村稔：《刑法总论》，全理其、何力译，北京：法律出版社 2001 年版，第 391 页。

③ 陈子平：《论共犯之独立性与从属性》，载陈兴良主编：《刑事法评论》（第 21 卷），北京：北京大学出版社 2007 年版，第 8 页。

④ ［德］冈特·施特拉腾韦特、洛塔尔·库伦：《刑法总论Ⅰ——犯罪论》，杨萌译，北京：法律出版社 2006 年版，第 326 页。

⑤ 参见［德］罗克辛：《德国刑法学总论》（第 1 卷），王世洲泽，北京：法律出版社 2005 年版，第 105－106 页。

为人的人格性相联系[1]，刑事可罚性的基础在于行为人的危险性，而“行为人的反社会危险性表现为其犯罪的意思”[2]，因此主观主义所持的意思说以行为人意思的数量为根据决定罪数。

12. 未遂犯

主、客观主义对于未遂犯处罚的根据有不同的认识。客观说认为，处罚未遂犯的根据在于其对构成要件所保护的法益造成了危险；主观说认为，未遂犯的处罚根据在于行为人表现出的危及法秩序的法敌对意思。[3] 根据纯粹客观说的观点，刑罚仅对发生的法益侵害或者危险结果进行处罚，未遂的情况中仅存在结果发生的危险，却被例外地处罚，故而应根据既遂的刑罚对未遂予以必要的处罚减轻，但该理论无法说明为何对于一些不能犯施以刑罚；而根据纯粹主观说的观点，犯罪的未遂与既遂在值得处罚的程度上没有差别，因为是否造成结果，并不影响以事中视角对于行为人人身危险性的认定，便不能说明对未遂犯从轻或减轻处罚的根据何在，但却可以说明可罚不能犯的处罚根据。由于双方的理论各自有其局限性，因此调和双方的二元论也具有一定的影响力。如李斯特将犯罪未遂的本质进行双重定位：行为的危险性与行为人的危险性，认为“犯罪未遂的特征一方面存在于意思活动中，另一方面存在于已发生的事实与未发生的事实的联系上……行为的危险性以可能出现符合构成要件的对外部世界的改变为基础，而这种可能性又是以行为人‘决意’破坏法益安全的结果”[4]。

13. 实行着手

对于实行着手的认定，主、客观主义同样存在分歧。主观主义持主观说，认为“在‘行为人的行为中能确定地认识到犯意时’，‘能认识到犯意的飞跃性表动时’，或‘行为人的犯罪意思已经确定无疑，具有体现不可能取消的确实性的行为的场合’”[5] 时，应当认定行为的着手。客观主义的观点又分为形式的客观说、实质的客观说与实质、形式的客观说，虽然具体认定标准不同，但都以行为产生了某种程度的、形式的或实质的、抽象的或具体的危险为依据，认定实行行为的着手。如实质的客观说认为，实施具有发生结果的现实危险的行为时认定为实行的着手。[6]

14. 不能犯

不能犯与未遂犯的区分标准，也大致可以分为主观主义的区分标准与客观主义的区分标准。纯粹主观说将未遂犯的处罚根据完全建立于行为人的危险性格上，行为人的犯罪意思既已于外部明显表现，就可以将其作为未遂犯加以处罚，因此无罪的不能犯没有成立的空间[7]，而将迷信犯的不处罚作为特例存在。客观说以客观上发生危险的可能性为依据，当客观上不存在发生危险之可能性时，属不能犯。

---

① 参见［德］罗克辛：《德国刑法学总论》（第1卷），王世洲译，北京：法律出版社2005年版，第106页。

② ［日］木村龟二：《刑法学词典》，顾肖荣、郑树周等译，上海：上海翻译出版公司1991年版，第397页。

③ 参见［德］乌尔斯·金德霍伊泽尔：《刑法总论教科书》，蔡桂生译，北京：北京大学出版社2015年版，第285页。

④ ［德］弗兰茨·冯·李斯特：《德国刑法教科书》，徐久生译，北京：北京大学出版社2021年版，第266页。

⑤ ［日］大谷实：《刑法总论》，黎宏译，北京：法律出版社2003年版，第275页。

⑥ 参见［日］大谷实：《刑法总论》，黎宏译，北京：法律出版社2003年版，第275页。

⑦ 参见陈家林：《外国刑法理论的思潮与流变》，北京：中国人民公安大学出版社2017年版，第442页。

15. **刑罚本质**

传统理论采客观主义的报应刑论，如康德根据自由意志学说和道德法则，认为刑罚只能是对犯罪行为所造成的危害进行报复的方法，此外不能有任何其他的目的要求，对犯罪者的惩罚是因为他的自由意志行为给他人的自由或社会利益造成了侵害，这种侵害违背了正义要求，惩罚是用来恢复被损害的正义。[①] 而今天很少有人再主张刑罚的功能仅为报应，刑罚理论纳入了主观主义的目的刑论的思考。目的刑论认为，刑罚应当追求一定的目的，比如有观点认为，"刑罚是根据不法行为的严重程度和罪责来确定的一种痛苦，它表明了国家对不法行为的否定评价，是对严重违法行为的抵偿，从而达到维护法制的目的"[②]。

三、新派理论的现代表象

如上所述，主观主义思想至今在犯罪论与刑罚论领域仍发挥作用，并且，在社会层面以及法教义学特别是犯罪论的层面，都存在主观主义的重要表象，因此在某种意义上主观主义在今天仍具有其独特的理论魅力与价值。

（一）主观主义的社会表象

1. **风险化社会：积极的一般预防刑罚观**

风险社会中的风险与传统工业社会中存在的危险存在根本上的区别。乌尔里希在《风险社会》一书中将前者的特征概括如下：其一，风险的人为性；其二，风险的难以计算性；其三，风险的全球性及不可避免性。[③] 风险社会预示着确定性的流产，也暴露出了人类理性的极大局限。[④] 人们曾认为社会的运行可以通过一种精确的方式进行测量与计算，但在风险社会中这将不再成为可能。风险的极大不确定性给人们带来了新的忧虑和恐慌，而这也对当代刑法提出了新的要求。与以往相比，新时代应特别强调对于安全刑法的构建与犯罪预防机能的发挥。在此背景下，积极的一般预防刑罚观理论价值逐渐凸显。所谓积极的一般预防刑罚观，是指刑罚的制裁通过对违法行为作出的否定性评价，传递出"坚持遵守规范是正确的"信息，从而对没有违反规范的一般民众产生激励、表彰和肯定的效果，引导公众认同规范、尊重规范进而达到预防犯罪的目的。[⑤] 积极的一般预防相比特殊预防更注重事前规制而非事后评价，相比消极的一般预防又更强调刑法对于法益侵害风险控制的提前介入，因此能够更为有效地应对当今不可避免的以及损害后果无可估量的风险特征。

2. **民主化社会：规范认同与规范遵守**

在当今的民主化社会中，行为人不仅是法律规范的接收者，也是规范的缔造者，自

---

① 参见马克昌主编：《近代西方刑法学说史》，北京：中国人民公安大学出版社 2016 年版，第 163 页。

② ［德］汉斯·海因里希·耶赛克、托马斯·魏根特：《德国刑法教科书》（上），北京：中国法制出版社 2009 年版，第 19 页。

③ 参见［德］乌尔里希·贝克：《风险社会》，何博闻译，南京：译林出版社 2004 年版，第 29 - 39 页。

④ 参见童德华：《刑法现代化理论的续造》，载《贵州省党校学报》2022 年第 1 期。

⑤ 参见周光权：《行为无价值论与积极一般预防》，载《南京师大学报（社会科学版）》2015 年第 1 期。

治而有人格的各个个人对于其利益（可能的）应当得到怎样的协调和处理有着相应的理解，这种理解以法律的形式固定为各种规范[①]，民众便基于此规范彼此进行友好的理性的交往。因此，在民主政治的背景下，对于规则的遵守之动力，源自对规则的理解和认同。要发挥刑法化解社会矛盾的作用，单纯以暴力方式保证其实行便不再是一个有效的方式，而是应当增强民众对于法律规范的认同，并基于这种认同感，使其主动选择遵守而不是违背规范的行为，也即强调刑法作为行为规范而不是单纯作为裁判规范的作用发挥。那么，民主化社会中以规范认同促进规范遵守的逻辑，便要求刑法对人对规范内容的认同、人对规范实行的感受以及人遵守规范的动力予以关注，而不能仅关注客观发生的犯罪行为及其危害结果。

3. 信息化社会：重预防与上游控制

在信息化社会中，技术突飞猛进，人们的生产与生活方式从根本上发生改变，传统犯罪在如今的社会环境里，也呈现出新的态势与结构：其一，犯罪空间虚拟化。犯罪空间从现实空间转移至虚拟的信息空间，使得对于犯罪构成要件的把握更为抽象。其二，危害结果难以控制。犯罪信息一经网络传播，便易在网络空间无限蔓延，造成危害结果无限制扩大。其三，实害结果难以计量。信息社会中犯罪呈现出的上述特点，使得传统的客观主义刑法观在某些领域的调控中陷入了失灵的困境。如客观主义重自由轻秩序，然而信息领域的自由做出的每一小步让步，可能造成的是社会秩序不合比例的重大损伤；再如，客观主义刑罚观重报应轻预防，而事实是刑法在事后单纯作为报应手段的介入，一是很难给予犯罪人与其行为及造成的结果精确相称的刑罚，二是对于既已造成的法益损害结果往往难以作出有效的弥补。因此，有学者提出，应强调刑法的“上游控制”，也即在法益侵害尚未实际产生，只是具有侵害危险的情况下就进行惩罚[②]，这便是对信息化社会中刑法预防犯罪功能的强调。

4. 后现代社会：社会共识与商谈

后现代主义对于前现代主义进行了反思与解构，其思想的重要内容之一即为去中心化与反对权威。前现代主义强调权威的作用，内容的正确性源自主体的权威性，具有知识的精英群体可以支配不具备专业知识的普通民众。在法律领域中，后现代主义要求普通民众对正义的理解以及对正义与否的感受得到尊重。民众或许无法准确判断一份判决的正误，但是可以表达其对于这份判决的感受。美国学者保罗·罗宾逊肯定了人所具有的所谓正义的直觉，即普通大众对于司法并不都是非常模糊的评价，对于犯罪与刑罚的评价也并不必须是一个纯粹理性分析的过程，也可以包括人们作出的直觉性的判断。[③]可以认为，在一个良性的法律制度构建中，不能忽略民众对于法律感受的表达，否则，将会造成所谓法律精英群体与普通大众群体之对立，也会造成理论与实践的脱节。因此，对于后现代社会中刑法的塑造，强调关怀人的需求与感受，重视规范在人心中获得

---

① 参见［德］乌尔斯·金德霍伊泽尔：《刑法总论教科书》，蔡桂生译，北京：北京大学出版社 2015 年版，第 211 页。

② 参见陈冉：《论大数据背景下隐私权的刑法保护》，载《中国刑事法杂志》2017 年第 3 期。

③ 参见［美］保罗·罗宾逊：《正义的直觉》，谢杰、金翼翔、祖琼译，上海：上海人民出版社 2017 年版，第 4－10 页。

的反馈与认同感，反对权威对于正义的直接界定，而以社会商谈过程中形成的共识为基础，进行立法以及司法中的决策。

（二）主观主义的立法表象

主观主义在立法上也呈现出两个重要表象，分别为刑法介入早期化带来的抽象危险犯增多与象征性立法增多。

1. 抽象危险犯增多

“刑法介入的早期化就是将刑法处罚的阶段提前”①，在危险尚未发生或比较抽象的时候刑法介入对法律关系的调整，体现了风险社会中应对不可预知、不可计算的风险的公共政策的要求，也是主观主义重视预防思想的表象。比如，抽象危险犯增多。抽象危险犯不需要待实害结果出现才处罚行为，而是当行为体现出法律规定的抽象的、典型的危险性的时候，就可以施以刑罚处罚，这体现了刑法积极的一般预防功能。在德、日等国的刑事立法中，抽象危险犯渐成扩张之势，其一满足控制风险、提前保护法益的需求；其二符合积极的一般预防的刑罚理论，有助于发挥刑法规范的行动指引功能；其三可以减轻证明的负担。② 这在我国的立法中也有所体现。

2. 象征性立法增多

象征性立法情况一直受到争议，而且批评性观点居多。批评的观点多以传统客观主义观念为立场，认为“象征性立法过多地服务于安全目的而损害了刑法的法益保护功能，因谦抑不足而损害了刑法的人权保障功能”③。也有观点对此作出反驳，认为在当前的后传统社会中充斥着各种人为的、技术性风险，而且伴随着“传统”的终结以及信任缺失的情形，古典主义强调的刑法谦抑性已经不再具备与传统社会全然相同的基础，因此，如今刑法治理犯罪的理念和方法也应与以往有所不同，强调刑法的象征性并不必然违反谦抑原则。④ 本文认为，纯粹对象征性立法予以批判的观点，缺乏对风险社会背景下刑法任务、机能的考察。诚如德国刑法学家托马斯·魏根特所言：“在风险社会中，刑法已经改变了它自身的形象：它不再像严厉的父亲，除了仅就个别严重悖逆它的行为给予粗暴的惩罚外，放手人们去自行安排生活，而更似一位悉心的母亲，一位不断规劝的陪伴者。”⑤ 从某种意义上看，象征性立法发挥了警醒的作用，提示人们何种行为不可为，体现了刑法作为行为规范的一般预防作用。

（三）新派在犯罪论中的十大表象

1. 行为：社会化评价

行为理论中的社会行为论，体现了新派的立场。社会行为论是在 20 世纪 30 年代由

---

① 郝艳兵：《风险社会下的刑法价值观念及其立法实践》，载《中国刑事法杂志》2009 年第 7 期。

② 参见苏彩霞：《“风险社会”下抽象危险犯的扩张与限缩》，载《法商研究》2011 年第 4 期。

③ 刘艳红：《象征性立法对刑法功能的损害——二十年来中国刑事立法总评》，载《政治与法律》2017 年第 3 期。

④ 参见贾健：《象征性刑法“污名化”现象检讨——兼论象征性刑法的相对合理性》，载《法商研究》2019 年第 1 期。

⑤ 转引自张志钢：《论累积犯的法理——以污染环境罪为中心》，载《环球法律评论》2017 年第 2 期。

德国学者修密特提出的行为理论。他认为，“所谓行为，是指向社会性外界的有意的态度，严格地说，是有意的态度引起的外界变更”①。德国学者耶赛克也对社会行为概念作出界定，认为“行为是对社会有意义的人的态度”②。社会行为论重视行为的社会价值，认为只有本身具有意义，并且对社会也具有意义的人的举动才是法律认为的行为。③ 因此，在对行为的评价上，该理论的特点在于不再局限于在客观事实层面界定行为，而是在评价中融入了社会价值层面的考量。根据社会对于刑法规制范围的需求，只有具有社会意义，或者更具体地说，对维护社会秩序、保护社会希望保护之法益有意义的举动，才被认定为行为。这与新派理论维护社会秩序的价值基点相吻合，体现了新派立场。

2. 新过失论：结果避免义务

如前所述，旧过失论基于结果无价值论，对于发生的法益侵害结果，只要能够认定其与行为人的行为存在因果关系，行为即具有违法性，以“法益侵害的预见可能性”为核心的过失仅在责任阶段发挥作用，而这便导致了“引起法益侵害结果就评价该行为违法的不妥当判断”④。而新过失论针对此局限，将过失判断的核心从结果预见可能性转移至结果回避义务的履行，使过失从违法性阶段开始发挥作用，认为在“行为者根据法律尽力做出了客观所命令的义务”⑤ 的情况下，可以排除行为的违法性。新过失论以行为无价值论为基础，认为若行为人进行了符合规范要求的避免结果发生的行为，则其侵害法益之志向性被否认，因而不具备行为无价值的违法性，不成立过失犯。新过失论关注行为人对法规范的态度，有效地将体现对于法规范认同感的行为排除于违法范围之外，体现了新派思想的要求。

3. 犯罪主体：法人犯罪

根据传统客观主义刑法观念，法人的犯罪主体地位并不能得到承认。其一，根据旧派体系中的因果行为论，法人作为一个抽象的组织体，不具备身体的动静，不能呈现因果行为论所要求的由身体动静因果地引起外部世界变化的行为过程，因而不能进行犯罪行为；其二，根据道义责任论，刑罚是一种伦理的非难，而这种伦理的非难只能对理性主体施加，因而法人也不具备成为责任主体的适格性。然而，在现代社会中，随着法人数量的增多以及法人活动范围的扩张，法人活动给社会带来的风险也日渐不容忽视。出于预防、打击相关犯罪活动与保护法益的需要，法人犯罪主体的地位需要理论予以肯定性回应，新派思想则可以完成这一任务。在行为论上，体现新派思想的社会行为论在社会意义的层面对行为予以界定：只要某活动具有社会性意义，则其行为性就能够被肯定。因此，将不具备现实身体动静，只能从抽象层面理解的法人活动纳入行为，根据新派行为论不存在障碍。在责任论上，新派主张的社会责任论将主体行为彰显出的社会危险性作为承担责任的基础，刑罚是防卫社会的手段，因此，对存在侵害法益可能性的法

---

① 转引自［日］大塚仁：《刑法概说·总论》，冯军译，北京：中国人民大学出版社 2003 年版，第 96 页。

② ［德］汉斯·海因里希·耶赛克、托马斯·魏根特：《德国刑法教科书》（上），北京：中国法制出版社 2009 年版，第 307 页。

③ 参见童德华：《外国刑法导论》，北京：中国法制出版社 2010 年版，第 82 页。

④ ［日］井田良：《刑法总论的理论构造》，秦一禾译，北京：中国政法大学出版社 2021 年版，第 95 页。

⑤ ［日］井田良：《刑法总论的理论构造》，秦一禾译，北京：中国政法大学出版社 2021 年版，第 95 页。

人的行为进行责任非难，完全具备理论依据。目前，法人的犯罪主体地位陆续在一些国家得到承认，体现出新派重预防的刑法观的影响。

4. 犯罪结果：危险结果

传统意义上的犯罪结果指实害结果，而在现代刑法理论中，犯罪结果还包括危险结果，即造成法益受到侵害的危险也被视为一种结果。基于此，便产生了"以发生法益侵害的危险为足够的犯罪类型"① ——危险犯。其中，当某个违反规范的行为对受保护的客体造成的可能的危险在案件中具体出现时，为具体危险犯；当某行为对受保护客体造成的危险仅建立在法规范认定的层面上时，为抽象危险犯。② 危险犯，特别是抽象危险犯的规定，有利于刑法对于法益保护的早期化与前置化，是新派目的刑论思想的体现。

5. 因果关系论：规范化

最初的因果关系理论停留于事实因果关系的判断层面。如条件说认为，行为与结果之间具有条件关系，即刑法上的因果关系，这对因果关系作出了纯粹客观意义上的认定，具有确定性的优势，但是无疑扩大了刑法上因果关系的认定范围。因此，后来的学说都从不同的角度对事实因果关系进行限定从而得到规范意义上的因果关系。如相当因果关系说认为，刑法上的因果关系是"立足于社会经验法则的考虑，具有相当性的论理的因果关系"③；再如客观归属理论通过法律不允许危险的制造、提高与实现理论限定了结果可归属的范围。因果关系理论规范化的发展趋势，实际上体现了新派防卫社会的价值基点。虽然由事实因果关系限定为法律因果关系的途径不同，但是共同点是都融入了价值的、规范的判断，而价值、规范判断标准的确定，就不能脱离对于社会秩序需求的理解，即出于对法益保护的需求，适合将哪些事实上的因果关系确定为规范层面的因果关系，进而确定将何种行为纳入可能的刑罚处罚范围。

6. 实质违法性：行为规范违反说

实质违法性内部存在规范违反说与法益侵害说的对立。规范违反说重视刑法的行为规制机能，属于主观主义思想脉络；法益侵害说重视刑法的法益保护机能，体现客观主义观念。单纯从法益侵害或规范违反的立场上，无法全面准确地把握违法性的本质，如木村龟二认为："如果把违法性的一个方面解释为全体的性格，就有问题了。把侵害权益或使权益殆于危险，光抓住与其结果相关联一点，而不从行为整体的评价角度来掌握，则不能说是正当地指出了违法性的实质。"④ 在折中说的立场中，以行为无价值论为根基的二元论更为合理，即将犯罪首先从性质上理解为是一种对行为规范的违反，但是并非所有违反规范的行为都值得用刑法来调整，还应当进行法益侵害或者危险的衡量。以该说理解违法的本质，其一可以满足风险社会对于刑法介入的适当提前化的需求，其二有利于贯彻罪刑法定原则，限制司法自由裁量的不当扩张。

---

① 陈家林：《外国刑法理论的思潮与流变》，北京：中国人民公安大学出版社 2017 年版，第 155 页。

② 参见［德］约翰内斯·韦塞尔斯：《德国刑法总论：犯罪行为及其构造》，李昌珂译，北京：法律出版社 2008 年版，第 14 页。

③ 童德华：《外国刑法导论》，北京：中国法制出版社 2010 年版，第 100 页。

④ ［日］木村龟二：《刑法学词典》，顾肖荣、郑树周等译，上海：上海翻译出版公司 1991 年版，第 170 页。

7. **责任本质：规范责任论**

在责任的本质论中，规范责任论一直被主、客观主义争相论证为自己的理论，其价值不言而喻。如前文所述，规范责任论应当是主观主义思想的产物。其一，与此前的心理责任论相比，规范责任论的特点在于在有责性判断中融入了规范的要素，认为责任认定的根据不在于事实上行为人的心理与外界的联系，而在于规范上如何去评价这些联系。其二，规范责任论的核心在于非难可能性，"法期待行为者能服从其命令要求时，始得加以非难"[①]，即承认存在行为人无法根据意志自由决定进行适法行为的情况，并否认这种情况中的非难可能性，这体现了新派决定论的思想。其三，规范责任论不仅关注行为人在外部对于法规范的遵守与否，更关注行为人内心对于法规范的态度。如韦尔策尔（Welzel）认为，"责任判断的对象虽然是行为，但我们目光所投向的是产生行为决意渊源的法律上的错误的心理（值得非难的法心理）"[②]。再如戈登·施密特（Gold Schmidt）提出的二元的规范论认为，依据行为人对于法规的外部态度认定违法，依据行为人决定采取上述外部态度的内心态度认定责任，行为人采取适法行为，或者虽然采取违法行为但是没有进行适法行为的期待可能性时，都表示行为人内部对于法规范的服从态度，因此都不能进行归责。[③] 规范责任论关注的重心从单纯行为转移至行为与行为人的内部因素，也体现了主观主义关注行为人自身的理论色彩。

8. **责任能力：受刑能力——刑事合规**

如前所述，主观主义对于责任能力持受刑能力说，认为只有对理性的主体施加刑罚才能实现教育、预防的目的，并以此为根据确定责任能力标准。如今，顺承新派受刑能力说，责任能力又被赋予了新的内涵：除由于传统的精神障碍、不达刑事责任年龄等消极因素否认主体刑罚适应性外，还可以通过肯定行为主体满足某些积极因素，消除对其施加刑罚的必要性，从而否认其责任能力。刑事合规理论就是这一思想的体现。若企业在前期依据规范制作了符合规定的刑事合规方案并执行，那么一是体现了其最终造成法益侵害的行为可能具备某种程度的不可避免性，因而否定了其非难可能性，二是其对于法规范遵从、尊重的态度已经通过对合规方案的执行得以呈现，在这种情况下，主体已经通过积极的行为表明对其施加刑罚并不能起到额外的改造、教育或者预防的效果，依据受刑能力说，就没有必要肯定其受刑能力即责任能力。这便体现出新派理论在当代法人犯罪领域对传统理论实现的一种突破性理解。

9. **共犯的法理：意思主体共同说**

新派对于共犯的法理持行为共同说，认为共犯的共同在于行为，只要行为人实施了共同的行为即可以成立共犯而不要求犯罪的同一或特定。[④] 新派关注行为人在共同犯罪中表现出的反社会的内心意思，在此基础上还可以继续对共犯成立的法理进行突破，采取比行为共同说更进一步的意思主体共同说。意思主体共同说认为，共犯的共同在于共

① 童德华：《外国刑法导论》，北京：中国法制出版社2010年版，第191页。

② ［德］汉斯·海因里希·耶赛克、托马斯·魏根特：《德国刑法教科书》（上），徐久生译，北京：中国法制出版社2009年版，第567页。

③ 参见张明楷：《外国刑法纲要》，北京：法律出版社2020年版，第165页。

④ 参见陈家林：《外国刑法理论的思潮与流变》，北京：中国人民公安大学出版社2017年版，第519页。

同的意思，共同正犯是数人“同心一体”，即具有共同目的结为一体而实施犯罪的情形。共犯中至少有一人实施犯罪的实行行为，其效果及于共同意思之整体①，也即在一定的共同犯罪目的统制下，行为人之间“由异心别体变为同心一体”②，即共同意思主体。此时其中一人着手实行犯罪将共同意思现实化，就成立共犯。既往理论，不论是犯罪共同说，还是行为共同说，都是更倾向于从客观方面入手考虑共犯的成立，于是在对共谋共同正犯的成立寻找依据方面表现出局限性，而意思主体共同说则可以为共谋共同正犯提供合理依据。意思主体共同说受到的主要批评就在于其过于强调主观方面，这种意见是不全面的。意思主体共同说并没有否定客观表现形式，其强调“同心一体”，也即客观上应当有共同“体”的表现形式，即共同意思指导之下的实行行为。对通过共同意思筛选出来的关系进行限制，在此基础上再对共犯之间的意思联络进行重点考察，更能够从本质上合理把握共同犯罪区别于个体犯罪的特征。

10. 共犯论：共犯正犯化

在如今互联网技术、大数据技术高速发展的背景下，网络犯罪全面高发，与传统犯罪中正犯对于犯罪的实施与完成往往起到最为关键的作用不同，为网络犯罪提供技术支持、互联网服务等的帮助行为，时常对于助推整个犯罪行为的完成起到与正犯旗鼓相当甚至超过正犯行为的决定性作用，显示出巨大的社会危害性。鉴于网络犯罪帮助行为逐渐具备的类型化特征及独立的法益侵害性，将帮助行为单独入罪作为正犯处理也呈现出必要性。③ 共犯行为正犯化的做法在各国立法中都有体现，这是新派积极的一般预防观念在如今犯罪论体系中起到作用的彰显。

四、结论

综上所述，新派刑法观念有着深厚的历史积淀，其理论色彩至今仍贯穿于整个刑法学理论体系中，也能够为当今风险社会刑法规制的构建提供有效的灵感和方向指引。由是，对于认为新派，尽管是在犯罪论领域，已经退出历史舞台的说法，本文不予认可，并认为，当代刑法理论与刑事实践对于新、旧派理论应进行取舍：其一，宁可要庸俗肤浅，也不要片面的深刻，虽然当代刑法理论常讲要坚持主、客观相统一，但是针对当今社会出现的新问题、新形势，需要果敢地对合适的理论进行提倡，以精准地回应社会对刑法提出的新需求；其二，对于主观主义刑法观，一味站在传统客观主义立场上对其予以习惯性否定不可取，应采取全面、客观而非片面、含有偏见的目光对其当代理论价值进行审视，对其中有利于社会发展、有利于法益保护的部分予以应用，过分片面势必对社会造成损伤；其三，新派与旧派理论、主观主义和客观主义理论是刑法价值追求的一体两面，它们相互斗争又相互依赖，形成一对矛盾，共同交融，编织了现代的刑事法网，抹杀一方，另外的一方也会失去它存在的意义和价值。

---

① 参见林亚刚：《共谋共同正犯问题研究》，载《法学评论》2001 年第 4 期。

② 童德华：《外国刑法导论》，北京：中国法制出版社 2010 年版，第 267 页。

③ 参见于冲：《网络犯罪帮助行为正犯化的规范解读与理论省思》，载《中国刑事法杂志》2017 年第 1 期。

二

主观解释与客观解释兼顾论

——兼谈哲学方法论的刑法解释学应用

曲新久*

引言

哲学与法学和刑法学的关系，曾是改革开放伊始新中国刑法学理论高度关注的话题，原因很多。其中之一是，改革开放开始，新中国终于有了自己的刑法典，但是刑法理论与刑事司法实践的家底很薄，知识积累明显不足，有“法学幼稚”的说法。这促使法学理论与司法实务首先从哲学那里获取资源，尽管当时存在明显的“哲学贫困”问题，但是哲学毕竟还有些家底。

刑法哲学研究路径主要有三条：第一，也是最早的路径是，哲学指导法学和刑法学的研究，哲学原理和知识延伸运用到法学和刑法学领域，转化为具有一定特殊性的法学和刑法学知识。高铭暄教授主编的统编教材《刑法学》是代表性法学教材之一，“刑法学的研究方法”“刑法的指导思想”① 等具体内容以及对于唯物论、辩证法等哲学方法指导意义的强调，便是具体体现。第二条路径主要是，借助哲学方法和哲学价值论知识，在刑法学这一特殊领域架构刑法哲学体系及其基本原理。陈兴良教授的《刑法哲学》是这方面的代表性作品。第三条路径，基本上或者完全从刑法学具体知识出发，作最为抽象的凝练，提升至不能再抽象的高度，无论其具体性如何，也无论“哲学”意味够不够，无须考虑哲学原理和知识在刑法学研究中是否被实际运用，即可以定位为刑法哲学。

我们知道，哲学家在讨论哲学问题时，也会涉及法和刑法，此等涉及基本上是哲学一般性、规律性在法和刑法特殊事务上的具体化，从而成为哲学研究的注脚。当然，国外的个别哲学家，如英国哲学家边沁是个明显的例外。第三条路径，刻意忽略哲学的指导或者影响，即使是受到了哲学方面的启发，也会回避讨论哲学问题，而把这些刑法知识看成是刑法学和法学所独有的专门的知识，甚至否定其与哲学的关系。法学原本是实践性科学，尤其是刑法等部门法，其学科知识具有很强的职业性特征，远离哲学可以避

---

* 中国政法大学刑事司法学院教授。

① 高铭暄主编：《刑法学》，北京：法律出版社 1982 年版，第 11－15、28 页。

免职业训练与考试的成本，不是没有意义的。进入21世纪以后，尤其是近些年来，刑法学界的一些研究开始多多少少地呈现出行走在第三条道路上的某些迹象。

客观与主观是典型的哲学概念，基本上可以被视为矛盾对立的一对概念。在哲学方法论领域，主观与客观的关系，要么完全对立而不可调和、不可折中，要么是可以作折中处理的，基本上只有这三条路径可走，而没有第四条路线可选。应当承认，“客观”“主观”术语同样也是在刑法学领域被广泛使用的概念，但是这两个概念并不属于刑法学的专门的具体概念，而是属于刑法学体系外的最为抽象的一对概念，没有丝毫的刑法内容，不是刑法实体范畴。①

法律解释是法学的重要术语，理论上有主观解释论与客观解释论的对立以及折中的立论。诠释学是哲学的基本理论，解释是哲学领域的重要概念，成为探索哲学、人文、社科、艺术领域的基本方法。在法学和刑法学领域，“主观”“客观”“解释”三个概念与哲学有着密切联系。所以，哲学指导法学的第一条路径依然有效，主观解释与客观解释的矛盾关系与处理需要从哲学的高度把握，借鉴哲学方法处理。哲学诠释学提供的哲学方法以及解释学知识，依然有助于指导刑法解释论的发展。所以，刑法哲学的第二条路径至今也依然有效。刑法哲学的第三条路径，是从具体到最抽象，在方法论上与哲学方法具有同一性，有助于提升刑法学类似于哲学的抽象品性。但是，刑法学与哲学的沟通工作实际依然存在，这依然是摆在刑法学者面前的重要课题，需要法学和刑法学的关注，需要作刑法学与哲学的比较分析以及哲学验证。

刑法解释论有客观解释与主观解释的对立。主观解释论，在1979年《刑法》颁布实施以后的很长时间里占据主流的地位，后来随着哲学诠释学强有力的影响，客观解释论者势起。客观解释论倾向于排斥乃至否定将立法者原意作为解释对象的主观解释。

主观解释与客观解释是否根本对立，是否能够折中以及以何者为基础，或者说侧重于哪一种类型的解释，在刑法解释论上和司法实践中的分歧很大，而成为刑法解释论的一个重要问题。应当看到，上述问题不能视为法学和刑法学研究与实践自生出来的，而是与哲学诠释学有着密切联系的。所以，如何处理哲学诠释学的一般性与刑法解释论的特殊性，依然是具有哲学意义的刑法解释论的重要课题。

一、立法原意与刑法文本

刑法主观解释以立法原意，即立法者立法时的主观意思为解释对象，故也被称为原意解释。客观解释以法律文本为解释对象，又被称为文本解释，是指解释法律文本内存的法律规范含义与意义。

（一）立法原意

立法原意，即立法者原意，是刑法规定的与立法者主观意志、意愿、想法等相一致

① 范畴，即基本概念。刑法范畴可以区分为实体范畴（刑罚、犯罪、犯罪人、保安处分等）、关系范畴（主要是罪刑法定和罪刑相当原则）和精神范畴（凝结并表现为自由、秩序、公平、正义等价值符合的刑法精神）。形式与实质、本质等术语是刑法体系的外部概念，而不属于刑法范畴。

的刑法规范含义与意义。解释学上首先面临的问题是：立法（者）的主观原意是否存在，是否客观地存在于刑法文本之中、刑法文本之外？若是客观存在，立法原意在刑法之中、刑法之外，分别意味着什么？

“立法者原意并不存在，退而言之，即使肯定其存在，在认识论上也根本无从探知；也就是说，人类对事物的认识过程决定了只能采客观论。”① 这是主张立法者原意不可知论，甚至彻底否定存在立法原意的观点。但是，这是与论者“任何文本的解释都必然涉及三方面因素：作者、文本和解释者”的主张相矛盾的。凡作品，都有作者。作者创作作品时不可能没有思想、想法或者情感，作者的原意不仅存在，而且也不是不可知的——读者可以比作者本人还要理解作者。否定立法原意存在的观点，以及立法原意不可知论的主张，既违背人类最基本的观察经验，又违背哲学诠释学的基本原理。

“主观解释论所看重的‘立法原意’是靠不住的，作者在作品完成之后已经死了，被后来的解释者解读出的‘立法者原意’，其实只是其想象的‘立法者原意’，是根据一枚鱼类化石推断出的茫茫大海；对法律的解释只能是解释者在特定解释境遇下其视域和文本视域相互融合的过程；解释者的前见、视域是不断变化、不断丰富的，解释境遇在不断流变，解释者视域和文本视域的融合处于不断变化中，从而使文本在不同景况下呈现不同意义。”② 这并不否定立法原意的存在，但是主张立法者原意因不可靠而没有意义。

许多人活着，但是灵魂已经死去；有的人死去，但是阴魂不散。说立法者在法律“作品完成之后已经死了”，虽然有点过分，却包含着真理成分：“活人不能被尿憋死”，也不能被“死人”憋死。的确，刑法解释不能脱离刑法文本，但是不能不受到立法者观念、意愿、想法，更不用说在一定程度和意义上受其所代表的历史传统的制约与限制。地壳中的鱼类化石无时无刻不在诉说曾经的茫茫大海，表达“沧海桑田”的当下意义。

法律既非自然之物，也非艺术作品。法律解释不同于观赏者对于艺术作品的理解、感受与评论。观赏者基于艺术理性更多的是理解作品，而非理解作者原意，即使作者原意清晰，观赏者也可以不受作者原意的束缚，观赏者对于作品的理解甚至优于作者自己的理解。这如同丘吉尔本人出演不了电影《丘吉尔》一样。但是，刑法解释属于实践理性的范畴，不同于艺术欣赏以及艺术再创作。刑法解释不仅应当考虑到立法者的想法，还要顾及公众的态度、当事人个人的理解甚国内外看客的观感。故有“法律效果与社会效果相统一”的说法。刑法解释者的前见、视域无疑是客观存在的，不可避免地影响到刑法解释，解释者也必定会参与到刑法文本意义的“再创造”之中，但是，解释者需要自我约束之。刑法解释者必须谨守司法本分，以严格解释的态度适用刑法。“离开法律文本的意义，像激进的客观解释论者所主张的那样，从根本上否认立法意图的存在，则已经不是在解释法律，而是创制法律。”③ 对于解释者来说，以“有我”的态度理解刑法文本，难！以“无我”“忘我”的境界融于文本，更难！“解释者总是站在自己的处

① 胡东飞：《认识论、法治与刑法解释的目标》，载《中外法学》2010 年第 5 期。

② 王政勋：《论客观解释立场与罪刑法定原则》，载《法律科学》2011 年第 1 期。

③ 陈兴良：《规范刑法学》，北京：中国人民大学出版社 2017 年版，第 32 页。

境，把文本内容具体化，应用到他所处时代的具体事态。这样一来，历史文本的内容就在理解的应用之维得到了现实的再创造。”① 解释者既要忠实于法律，又不能沦落为法律的传声筒。解释者客观地而非主观地解释法律以解决当下的法律纠纷，法律解释如同法律文本自身一样活生生地涌现出来。

“刑法解释的目标应该是存在于刑法规范中的客观意思，而不是立法者制定刑法规范时的主观意思或者立法原意。”②“罪刑法定原则是指罪刑由‘刑法’确定，而不是由‘立法者意图’确定，‘刑法’与‘立法者的意图’并非一体，具有法律效力的是用文字表达出来的、具有外部形式的刑法，而不是立法者的内心意思。”③“这决定了主观解释论者将‘罪刑法定’理解为‘罪刑立法者定’的做法必然是错误的；这种视域融合回归到罪刑法定原则的本真状态，也决定了刑法解释本来是并且应该是客观解释、实质解释。”④ 刑法与立法者原意不是一个概念，并非“一体”，这无疑是正确的。但刑法是立法者的“作品”，刑法与立法者有着密切的联系，立法者不可能创造一个自己不知其为何物的刑法，刑法文字规定不可能不是立法者的意思。所以，立法者的意志、意图、观念、想法不可能不影响到刑法文字规定的理解与适用。解释者否定或者不接受立法者原意，也是从反面承认主观解释方法的应当存在。

罪刑法定原则意味着，犯罪与刑罚由刑法定——规定，而不是由立法者定。但是，刑法由立法者定，是立法者制定的。所以，“主观解释论与客观解释论两说，均有其部分的真理，因此都不能毫无保留地接受。主观论的真理在于，法律与自然法则不同，它是由人类为人类所创造的，它表现为立法者创造可能的——符合社会需要的——秩序的意志。法律背后隐含了参与立法之人的规定意向，其价值、追求，以及对于事物的考量。今日法律见解之‘受法律的拘束’不仅指受法律文字，也受包含（立法当时的）立法者之评价及意向的拘束。”⑤ 立法者制定刑法，刑法规定犯罪与刑罚。可见，刑法文本与立法者，既非“一体”，亦不相互否定。

（二）刑法文本

刑法解释的对象是刑法文本，刑法文本的文字规定是刑法的形式，其内含之刑法规范意义，即刑事法规范属性是刑法的本质。所以，刑法解释是对于“刑法规范含义的阐明”⑥。当然，从形式或者实质而非本质的角度，可以定义刑法解释为阐明“刑法规定”⑦ 的含义。

刑法文本透过文字规定——形式——表述“刑法规范”的实质内容和本质内容，文字形式与“刑法规范”之本质内容之间形成矛盾对立关系，文字规定与“刑法规定”的

---

① 高鸿钧：《伽达默尔的解释科学与中国法律解释》，载《政法论坛》2015 年第 2 期。

② 张明楷：《刑法学》（第 5 版），北京：法律出版社 2016 年版，第 29 页。

③ 张明楷：《刑法分则的解释原理》，北京：中国人民大学出版社 2004 年版，第 31 页。

④ 王政勋：《论客观解释立场与罪刑法定原则》，载《法律科学》2011 年第 1 期。

⑤ ［德］卡尔·拉伦茨：《法学方法论》，陈爱娥译，北京：商务印书馆 2003 年版，第 198 页。

⑥ 高铭暄主编：《刑法学》，北京：法律出版社 1982 年版，第 46 页；高铭暄主编：《中国刑法学》，北京：中国人民大学出版社 1989 年版，第 41 页；何秉松主编《刑法教科书》，北京：中国法制出版社 1993 年版，第 38 页。

⑦ 杨春洗等：《刑法总论》，北京：北京大学出版社 1981 年版，第 71 页。

实质内容之间形成复杂而紧张多变的关系。更进一步地讲，刑法文字规定的普通语言与专门概念的差异，事实描述与价值评价沟通上的困难，刑法目的与刑法原则和重要法律逻辑规则之间的紧张关系，法定犯与自然犯的模糊区分，以及刑事司法上简单案件与疑难复杂案件的巨大差异，案件具体背景和社会政治、经济、文化等诸多外在因素的影响与干扰，导致刑法解释的困难与复杂多变。

罪刑法定要求刑法文字规定具有明确性，是为刑法明确性原则。应当承认，对于大多数简单刑事案件来说，刑法文字规定总体上是明确的，刑法解释与刑法适用共振一致，刑法解释在刑法适用过程中自动完成，而直接表现为司法三段论的推理过程，这是刑事司法稳定性的基础。在此种情形下，刑法文本的文字规定所明示的刑法规范含义及其意义，就是立法原意，是立法者在历史上（立法当时）的主观意思。立法原意客观地存在于刑法之中。在此种情形之下，罪刑法定原则在起作用——刑法的文字规定阻止、反对、禁止解释者寻找其他别的什么“立法者原意”，也禁止解释者基于文本探寻刑法文字规定的“言外之意”乃至飘忽不定的什么“客观”意义。否则，既违反罪刑法定原则，又是对立法权的僭越。

当然，即使刑法规范的内涵与意义为刑法的文字规定所明确，在具体适用时也需要作相对扩张或者限缩的倾向性选择。如果根据刑法的文字规定可以确定立法者的具体目的，则刑法目的具体体现在刑法文本之中，客观文本的客观意义即立法原意，客观解释与主观解释是一致的，或者说统一于刑法文字规定的形式之中。如果刑法文本的文字规定的刑法目的不够清晰，那么，立法者原意就会重要起来。立法者的意志、意愿、观念以及具体想法，仅仅依靠刑法文本的文字规定是不够的，需要借助于可靠的法律文献，最为重要的是相关的刑法立法草案说明，以及立法当时的背景和社会观念等进行主观解释。当然，最可靠的是立法解释，以及依据立法解释之权威文献作进一步的刑法解释。

无论是立法解释，还是司法解释，均会表现出文本属性，针对具体刑事案件，还需要作进一步的“再解释”——“解释的解释”①。刑法适用产生刑法解释，尤其重要的是立法解释与司法解释，然后，刑法与刑法解释通过再解释适用于未来更特殊的刑事案件，刑法遂发展出独立的与立法当时有所不同的“生命”。这正是主观解释论失效的领域，构成了客观解释论真理性和重要性之所在。对此，德国学者指出：法律一旦开始适用，就会发展出固有的实效性，其将逾越立法者当初的预期。法律介入——立法者当时不能全部预见的——多样而且不断变更的生活关系中，对一些立法者根本没有考虑到的问题，法律必须提供答案。一段时间以后，它渐渐地几乎发展出自己的生命，并因此远离原创者的想法。② “如同脱离母体的胎儿将会自行成长一样，法律文本也能自行成长——随着社会生活的发展，立法者所使用的文字可能与时俱进产生新的含义，因而法律文本将会逐渐产生独立于立法原意的自身意思。”③ 这是将法律有机化、拟人化，刑法文本如同生命体。

---

① 曲新久：《刑法解释的若干问题》，载《国家检察官学院学报》2014 年第 1 期。

② 参见［德］卡尔·拉伦茨：《法学方法论》，陈爱娥译，北京：商务印书馆 2003 年版，第 198 页。

③ 李立众：《刑法解释的应有观念》，载《国家检察官学院学报》2015 年第 5 期。

（三）象形文字的特殊影响

除少数民族语言外，中国刑法权威文本使用汉语。少数民族语言大多属于汉藏语系，笔者限于能力，不作比较分析。在这里，需要讨论的是，汉语象形文字体系的语言特性对于刑法解释的影响与制约。汉语是上古时代至今全世界硕果仅存的象形文字体系，没有历史的中断。汉字是由表意、表音的偏旁（形旁、声旁）以及既不表音也不表意的记号组成的文字体系。从甲骨文、小篆到汉代隶书字形变化较大，再从隶书到楷书的现代汉字，形体上基本没有太大的变化，然后是新中国简体字有些许重要简化。汉字起源于图画，这对于刑法文本的文字理解与解释是会有一定影响的。当然，汉语中的各地方言的发音有很大差异，可能多多少少会影响到各地人对刑法语言文字的理解，但是，因为普通话几乎已经完全普及，若有影响，也可以忽略。

“事实的逻辑图象是思想。……真的思想总体上是一幅世界的图象。”① 中国古代奸、淫、盗、贼等几种古老罪名的符号文字，形象地呈现出古老罪行的具体而生动的“图象”“图画”。以“盗”罪为例：“盗字由㳄（音涎）、皿二字组成：㳄是贪欲，皿是食具。欲皿便是盗（说文解字）……到秦、汉、魏、晋，才出现应有的盗概念。……张斐《晋律注》：取非其有谓之盗”；“加威势下手取财谓之强盗”②。现在看“盗”字，“㳄”字的三点水简化为两点水，盗字图画似的形体显示：在贪欲支配下伸手取走他人的食具器皿及食物。盗字兼具形象和抽象意义，且能够反映其从具象到抽象的历史演进。直到今日，盗窃罪（窃盗罪）之“盗”字依然可以图示内涵以平和而非强制性的手段公开盗取他人财物的抽象意义。

现在，我们再回到“黑社会”术语。颜色是描述世界的关键概念，但是“黑社会”的“黑”显然不是一种颜色——影视剧里的“黑社会”倒是喜欢着装黑色，而是指一种根本属性——非法性，是对该“社会组织”的法评价属性。如前所述，“黑社会”术语的底层逻辑是宪法规定的公民结社自由的反面规范——禁止非法结社规范中的名称。一般而言，社会组织，更不必说国家、政党、国家机构，常常会有自己的章程、旗帜、徽标、服装服饰等外在表征。有的地方公安司法机关打击“黑社会”“恶势力”会考虑并关注犯罪嫌疑人的黑色着装、文身等外在表征因素，这可能是《刑法》第 294 条所用汉字名称的底层逻辑在悄悄地起作用。

汉语是象形文字体系，其字词形象意义突出，缺点是抽象意义容易受到压抑和影响。象形文字体系特别适宜“望文生义”，内涵“言外之意”以及“言不由衷”③。汉语言简意赅，至少从形式上看，同样意义的文字描述和意思表达，其文字使用及篇幅会明显少于法语、英语、德语等包含日耳曼语系（语族）在内的广义拉丁语语系的西方语言。但是，汉语表述也容易出现字词抽象表达意义含糊、模糊的问题。例如，有刑法学者甚至不得不使用近义词标记本质完全不同的东西：“刑法的模糊性属于明确性原则的最低限度要求，而刑法的含糊性违背明确性原则”④。我们知道，“模糊”与“含糊”是

---

① ［奥］维特根斯坦：《逻辑哲学论》，贺绍甲译，北京：商务印书馆 1996 年版，第 31 页。

② 蔡枢衡：《中国刑法史》，南宁：广西人民出版社 1983 年版，第 141－143 页。

③ 在这里，笔者先忽略少量汉语偏旁独体字所特有的记号功能——有助于标记抽象事物。

④ 姜涛：《基于明确性原则的刑法解释研究》，载《政法论坛》2019 年第 3 期。

近义词，都是指含混不清的意思。原则允许“模糊”，却不允许近似的“含糊”。这对于拉丁语系等表音语言来说，几乎是不可想象的。“常言道，上帝能够创造一切，只是不能创造违反逻辑规律的东西。”① 上帝万能，但是不能创造他老人家自己搬不起来的大石头。

总之，汉语象形文字体系的语言特性，自是具有影响法律解释的特殊之处，象形文字体系语言，不仅为主观解释，也为客观解释，提供了更为广阔的想象和解释空间。对于汉语刑法文本来说，最好的解释，是客观解释与主观解释折中兼顾的刑法解释。

二、立法者的抽象意义及其解释论意义

“立法者原意并不十分明确，因为立法者不是一个人，而是一个集体。”② 这一判断没有明显错误，但是换个角度看，基本上是不正确的。正因为“立法者原意并不十分明确”，所以才需要解释。这倒不重要，重要的是，需要特别强调的是：“立法者不是一个人”。立法者既不是一个人，也不是一个集体——既不是起草刑法文本的那些人，也不是讨论、审议并举手（按电钮）表决通过刑法文本的那群人。按照宪法的安排，立法者是承担立法任务的国家权力机构——全国人民代表大会及其常务委员会。这个机构既不是那数千名代表、百余名委员，更不是北京天安门广场西侧的那座巨大的建筑。③ 从最抽象的层面上讲，立法原意表达的是“国家意志”，而不是全国人大代表（们）或者全国人大常委会委员（们）的意志、动机以及想法。一句话，刑法的作者是国家立法机构。在这一点上，主观解释与客观解释并非水火，而是相融的，都离不开刑法文本。不同的是，刑法主观解释可以寻求刑法文本之外的、表达立法者立法原意的权威文本——主要是刑法草案说明、报告等，还可以借助历史解释和社会学解释等方法在刑法文本外寻找其蛛丝马迹——在这一点上需要远高于客观解释的“创造性”。

“如果立法者有明确的立法原意，就应在公布法律之时同步公布立法原意，不应允许立法者事后解释自己的立法意图。如果允许立法者事后解释立法原意，就有可能使立法者获得逍遥于法律之外的机会，因为立法者事后完全可能歪曲立法原意，对法律进行限缩解释，从而避免法律适用于立法者本人或者与其有特定关系的人员。作为社会共同体的一员，在应当遵守法律这一点上，立法者与其他社会成员并无区别。只有承认法律文本具有独立意思，才能使立法者受制于法律文本，否则就会使法律文本受制于立法者。”④ 很遗憾，这是将立法者等同于现实的人，丢掉了立法者的抽象意义及其解释论意义，自然，此种“不应允许”不合乎宪法，是有点过分的了。

---

① ［奥］维特根斯坦：《逻辑哲学论》，贺绍甲译，北京：商务印书馆1996年版，第31页。

② 张明楷：《刑法学》（第6版），北京：法律出版社2021年版，第34页。

③ 当然，从逻辑上讲，这座建筑因为其显性特征而要比里面的人重要许多。如果是一个小学生不知道什么是“全国人民代表大会”而提问，大人们可以站在天安门城楼或者广场上指着西方的那座巨大而低矮的建筑物说：那个就是。大人们用手指人民大会堂的动作完成了什么是“全国人民代表大会”的定义性解释。

④ 李立众：《刑法解释的应有观念》，载《国家检察官学院学报》2015年第5期。

三、与目的解释、历史解释等其他解释方法的联系

主观解释和客观解释，是基于解释目标（对象）形成的区分、对立，与各主要解释类型，尤其是与目的解释和历史解释，以及体系解释和综合使用各种解释方法的"系统解释"有着密切的联系。

（一）目的解释

目的解释，是指根据刑法目的阐明刑法相关条文的规范含义。换言之，解释者从刑法目的出发，解释刑法文字规定的规范意义，是目的解释。尽管刑法目的具有相当的模糊性与抽象性，但是大致可以透过刑法文本的文字规定并与宪法和其他法律相联系起来考察而发现其实际存在于刑法之中，从而指引解释刑法以处理当下的刑事案件。这是与客观解释有着密切联系的，是倾向于客观解释的目的解释——客观目的解释。

在刑法目的，尤其是刑法文本的客观目的不明显的时候，还可以通过立法草案说明等"准立法解释"以及联系立法的政治、经济、社会背景寻找确立历史上客观存在的立法者的主观"立法目的"，这与主观解释有着更为密切的关联——主观的目的解释。本文强调，立法原意不限于刑法文本所规定的刑事法律规范的具体含义及其意义，还包括立法目的、动机以及意愿和倾向等。举例来说，《刑法修正案（十一）》增设侵害英雄烈士名誉、荣誉罪的刑法目的是维护社会公共秩序，而非英雄烈士的人身、人格权，但是解释本罪构成要件不能忽视维护社会主义核心价值观的立法动机，以及防止"颜色革命""和平演变"等立法者不能也无须在刑法文本中言说的主观意向。再如，《刑法修正案（十一）》再次修改《刑法》第 277 条第 5 款，刑法目的和立法原意是保护警察依法执行职务以维护社会公共秩序，但是立法动机是增设"袭警罪"罪名，以维护警察的权威性，这会通过刑法目的对解释袭警罪构成要件发挥间接的牵引作用。

客观目的解释还可以进一步区分为"文本客观目的"与"纯粹理性客观目的"。所谓纯粹理性客观目的，是指超越刑法文本文字规定的纯粹理性客观目的，立法者立法当时是否意识到其意义并不重要。

简单地讲，纯粹理性目的，是立法者立法时必须（不得不）顾及却未必真正意识到而无限接近于"道"和伦理之"绝对命令"的东西，俗称"天理"。对于疑难复杂的案件来说，符合"天理、国法、人情"的裁决，才是最好的法律适用。"天理"乃法律解释固有的、最后的、不可击败的解释根据与理由。俗话说：天理大于国法，国法大于人情，而人情关乎天理，天理无外乎人情。本文倾向于人情的本质在于人心，在于人们可以信赖的人类良心深处的仁慈、怜悯与爱，一切善的本能——道德自律的内在力量，而不仅仅是合法性的形式外衣。

无论如何，无论是刑法文本的客观目的，还是客观的主观目的，以及纯粹的客观目的，均属于目的观的解释论。"就法条目的观而为解释，往往会趋向扩张解释的后果，

而有抵触类推禁止原则的危险。"[①] 单纯的目的追求，难免工具化理性品格的"法律"，难免不顾原则和重要法理逻辑规则只求社会效果。在目的论内部兼顾主观与客观，平衡目的背后的价值取向，在一般人看起来似乎是"和稀泥"的做法，但是实质上需要高超的艺术性平衡能力与水平。

综上，从目的解释的视角看，刑法解释需要主观解释与客观解释折中兼顾。

（二）历史解释

历史解释，是采取历史方法解释刑法。对于历史解释，学者们的态度也大不相同。例如，"历史解释，是指寻找立法动机、立法本意的解释方法"。"但是，在今天，这种刑法解释的主观立场基本上被放抛弃了。"[②] 这是将历史解释方法视为寻找立法者原意的方法，但是历史解释方法不限于此；历史解释方法还可以用于寻找刑法规定概念的历史变化，进而确定其当下的意义。倾向于否定主观解释的学者则认为："进行历史解释，是为了通过历史参考资料寻找刑法的真实含义，而不是探讨立法原意，不可将历史解释与主观解释混为一谈。"[③] 这是将历史解释方法限于客观解释，限于寻找、发现文本的客观意思。但是，历史解释既是主观解释的基本方法，也是客观解释的重要方法。历史解释既可以通过历史方法发现立法原意，也可以运用历史方法发现（创新）刑法文本的客观意思。

主观解释、客观解释与历史解释方法相联系，呈现明显的差异。"主观历史的法律解释与客观的法律解释这两种立场，在目的论解释那里对立得最为鲜明，也就是在我们不能再能够援引规范的文义或规范的体系关联来解释，而只能直接回溯到规范目的的情形。历史解释方法会在法律资料中去研究'立法者于公布此规范时要追寻何种目的'，反之，客观解释方法则是要追问，应透过这样的规范来理智地追寻何种目的。"[④] 主观解释更多的是采用历史解释的方法，所以将历史解释大致等同于主观解释，是有一定道理的。

历史解释方法，是刑法解释的重要方法之一。但是，绝大多数刑法学者并不能真正接触到立法本意（尤其是不能参与到刑事立法活动过程中），当然，即使参与其中也没有多大的意义，而司法官几乎终其一生都没有真正地触摸过《中华人民共和国刑法》的权威文本，尤其是由于刑法历史权威资料匮乏，以及历史变化和普通人价值观的虚幻性，主观的历史解释是一种十分困难的解释方法，稍不留神，解释结论的可靠性便会遭受质疑。但是，这种解释方法本身是不应该被否定的。当然，主观历史解释需要更高的智力投入和合理的创新，才有可能得到相对可靠的解释结论。好在 1979 年《刑法》颁布实施至今不过几十年的光景，时间因素的不利影响相对较小。

历史是个时间概念，历史解释首先取决于时间因素。从时间因素出发，"刑法解释宜采主观与客观的折中理论，即原则上采主观理论，对于刑法条文的解释仍应忠实地停

---

① 林山田：《刑法通论》（上册），2005 年自版发行，第 149 页。

② 周光权：《刑法总论》，北京：中国人民大学出版社 2016 年版，第 50 页。

③ 张明楷：《刑法学》（第 6 版），北京：法律出版社 2021 年版，第 44 页。

④ ［德］Ingeborg Puppe：《法律思维小课堂》，蔡圣伟译，台北：元照出版公司 2010 年版，第 111 页。

留在立法者于立法时的标准愿意；惟若有足够的理由证实立法时的价值判断，因时过境迁，而与现阶段的法律正义、社会情状与时代精神等不相符合者，即应例外地采客观理论"[①]。简而言之，对于新近立法或立法时间间隔不长的法律，采主观说；对于立法时间间隔较长的法律，则可采用客观理论。

与时间因素密切相关的是，自然犯与法定犯的区分直接影响到历史解释的运用。故意杀人、故意伤害等自然犯罪，通常无须动用历史解释方法。但是，对于法定犯来说，案件常常会涉及历史问题而需要历史解释。例如，我国农村集体土地制度不仅政策性强，而且常常与历史问题纠缠在一起，解释涉及土地的犯罪认定问题，必须充分考虑土地的历史和案发背景，并与现状联系起来，预测有关解释方案将会对社会生活产生怎样的实际效果。总体上看，最高人民法院和最高人民检察院涉土地犯罪的司法解释，考虑历史因素而保守谨慎。

综上所述，根据刑法文本的新、旧刑法文字内容、条文顺序等变化，并合理运用立法过程中的相关资料，以及根据立法当时的背景与社会观念等寻求立法者原意，寻找文本的客观意思和立法原意，才是比较完整地运用历史解释方法进行主观解释和客观解释，进而寻找合理的折中解释方案。

（三）系统解释

历史解释方法既有助于准确解释刑法文本的客观意思及其可能的变化，又有利于发现立法原意。但是，在主观历史解释与客观解释结论相持不下的时候，运用体系解释以及根据影响刑法解释的客观因素联系其他解释方法作系统思考——系统解释，可以提供相对可靠和更有说服力的解释结论。

以遗弃罪的解释为例，1979 年《刑法》将遗弃罪规定在分则第七章"妨害婚姻、家庭罪"中，是妨害婚姻、家庭罪的一种，1997 年《刑法》取消了分则第七章"妨害婚姻、家庭罪"之章名设置，有关犯罪被全部移至分则第四章"侵犯公民人身权利、民主权利罪"之中，置于该章的最后。1997 年修改刑法时，曾有考虑在分则第四章分节，设"妨害婚姻、家庭罪"一节。在《刑法》分则第四章未设"妨害婚姻、家庭罪"专节的情况下，如何采用历史解释的方法，是采取主观的历史解释，还是采取客观的历史解释，对于遗弃罪构成要件的解释有重大影响。如果采取客观的历史解释方法，遗弃罪既包括家庭成员之间的遗弃犯罪，也包括非家庭成员之间发生的遗弃行为。但是，如果采取主观的历史解释方法，遗弃罪的主体不可以扩张解释为包括负有扶养、监护等义务的非家庭成员。可见，主观解释与客观解释的不同，直接导致结论的根本不同。主观解释是相对"保守"的，体现了刑法的谦抑性，是一种相对较好的解释方法，但是，这并不意味着客观解释结论错误。不同地方的司法机关，无论是采主观解释，还是采客观解释，都不能被定性为错误的刑法解释与适用。这是刑事司法过程中法治由不统一走向统一的自然过程。

在 2006 年《刑法修正案（六）》增设组织残疾人、儿童乞讨罪，2009 年《刑法修

---

① 林山田：《刑法通论》（上册），2005 年自版发行，第 147 页。

正案（七）》增设组织未成年人进行违反治安管理活动罪之后，刑法对于儿童的特别保护超越了婚姻家庭范围。依据客观解释，将遗弃罪扩张适用到婚姻家庭之外，虐待罪也可以合乎逻辑地扩张到婚姻家庭之外。但是，《刑法》第260条中的“家庭成员”的规定构成了强有力的文本形式限制。于是，2015年《刑法修正案（九）》增设虐待被监护、看护人罪。至此，运用体系解释方法可以断定立法者的主观原意发生了根本性变化，主观解释的结论也随之发生变化，而与客观解释的结论形成一致，遗弃罪应当而且必须包括非家庭成员之间发生的遗弃行为。

四、兼顾论妥当性的补充理由

（一）逻辑根据

关于客观解释与主观解释的分类标准，还有“立场”“方向”“目标”“方法”等词语作表述，这些形象词的抽象意义之确定性和唯一性不足，也在一定程度上强化了主观解释论与客观解释论的对立。主观与客观，若是“立场”，则是根本对立、不可调和的；若是“方向”，则是可以折中的；若是“目标”“方法”，则是可以兼顾的。

立法者原意是主观的，故称之为主观解释；法律文本是客观的，故称之为客观解释。可见，“主观”是对立法者原意的概括，“客观”则是对法律文本的抽象。虽然主观与客观可以看成是一对矛盾对立的概念，但是立法者原意与法律文本是两个不同的具体事物，二者之间并不能形成矛盾对立的关系，所以，主观解释和客观解释并不是矛盾对立的二元分类，而是刑法解释过程中可以兼顾采用的解释类型。

“主观解释论与客观解释论两说，均有其部分的真理，因此都不能毫无保留地接受。……如果想充分了解法律，就不能不同时兼顾两者。”① 就“立法者”角色而言，全国人大与西方国家议会、国会在形式上并无大的差异。但明显不同的是，全国人大及其常委会还拥有法律解释权，可以直接解释其昨日刚刚颁布实施的法律——此时立法者清楚自己的意志、意愿与想法，可以直接否定其不满意的司法解释。

（二）解释的创造性

解释是基于理解的应用。法律解释，存在于法律适用之中——离不开法律适用。正确理解法律规范的含义与意义，并将其应用于具体刑事案件中，尤其是疑难复杂案件中以解决法律适用问题，刑法解释不能没有创造性。

法律解释学与哲学诠释学之间有着密切的关系。如前所述，对文学艺术作品的理解、解释和再创作往往表现出巨大的创造性，因而超越文本和作者本人。同样的道理，法律解释亦表现出创造性。“法律解释学应归入一般解释学问题的关联中，这绝不是自明的。在它里面确实本来并不涉及到对方式方法的反思问题，不像在语文学和圣经解释学中的那种情形，而是涉及某种辅助的法制原则本身。它的任务不在于理解有效的法制

① ［德］卡尔·拉伦茨：《法学方法论》，陈爱娥译，北京：商务印书馆2003年版，第198-199页。

原理，而在于发现法制，也就是说，这样来解释法律，使得法制秩序完全渗透在现实之中。由于解释在这里有某种规范作用，所以，它就被例如贝蒂这样的人完全与语文学的解释脱离开来，甚至与以法律上的自然（法规、法律条文之类）为对象的历史理解脱离开来。在法律意义上，解释法律就是创造法制的过程，这完全是无可争议的。"①只不过，如前所述，刑法解释的创新性不同于艺术观赏与再创作。

法律生活经验告诉人们，受过良好法律训练的人，对于之前不曾遇到过的法律解释问题，通常会瞬间得出正确结论，表现出很强的直觉性特征。得出结论后，"后知后觉"采用了怎样的解释方法。②"解释是一种结果，通常是在结论确定之后再选择解释方法，为法官定罪与否提供'事后注脚'"③凡是结果必有过程，没有过程的结果，不可想象。"法官丰富的经验"恰恰是在适用法律时在规范与事实"目光往返流转"之"思维过程"的"不断重复中获得"④。刑法解释不仅是结果——阐明刑法规范，也是阐释刑法规范的过程，哪怕是在脑海之中瞬间完成的。"愚笨"的法官按照刑法解释方法寻找答案，常常会出现错误，有时即使选择了错误的方法也会歪打正着。"聪明"的法官看起来是先有答案，再选择解释方法作为"事后注脚"，但是，法官良好的直觉来源于法学训练与实践锻炼。法官基于直觉直接得出解释结论，必须小心谨慎地在判决书中复原并展现隐藏在直觉瞬间的解释方法，让所有阅读判决书的法律人作逻辑和推论验证，并合理地期待法官在未来处理类似案件时能够遵循相同的解释方法得出相似或者相同的解释结论。

（三）实践要求

客观解释论固然使得刑法更具应变性，能够对环境发展变化中的新生问题进行有效应对，然而，所谓客观解释实质上依赖的是解释者的理解，因此取而代之的是一种"解释者的主观论"。如歌德所言："你所说的各时代的精神，其实只是作者自己的精神，在那精神里面反映了各个时代的虚影"⑤。因此，客观解释论作用的充分发挥，以裁判者极高的法学理论功底与其直觉对正义的有效感知为必要条件。而在当下中国，裁判者是否普遍具备此素质，恐怕有待考证。这便凸显出客观解释论对于当今中国司法实践的不适应，因而可以认为我国不宜完全采用客观解释论。客观解释的不足，离不开主观解释的弥补；反之亦然。

但是，应当充分肯定，客观解释论对于主观解释论的批判，有着重大的理论价值与实践意义。"由于受欧陆早期和苏联法律理论的影响，中国的法律解释一直奉行'原意说'，即法律解释在于发现立法者的原意。在现行的几种法律解释形式中，立法解释处

---

① 严平编选：《伽达默尔集》，邓安庆等译，上海：远东出版社2003年版，第402页。

② 生活经验告诉人们，善良的普通人基于其朴素的法律意识作直觉判断，通常也会得出大致不错的结论。在这一意义上，法律解释方法似乎是没有多大用处的，甚至是多余的。但是，善良的人总是远离喧嚣，沉默不语，无处可寻。世俗的法律人必须通过学习和训练才有可能获得可靠的分辨是非、对错与善恶的基本素质和能力。

③ 周光权：《刑法解释方法位阶性的质疑》，载《法学研究》2014年第5期。正如论者在引用和评论德国学者类似观点时所言，这是挑战"普遍性的方法原则"的现象，而非普遍性原则。参见［德］卡尔·拉伦茨：《法学方法论》，陈爱娥译，北京：商务印书馆2003年版，第171页。

④ 王利明：《法学方法论》，北京：中国人民大学出版社2016年版，第252页。

⑤ ［德］普珀：《法学思维小学堂》，蔡胜伟译，北京：北京大学出版社2011年版，第69页。

于优势地位，就反映了这种思路。这种思路认为，立法者更能知晓和把握自己‘作品’的原意。”① 中国刑法解释实践的普遍特征是，立法解释优于司法解释，司法解释更多地表现为一般解释，时有越权解释，法官解释则在“保守”与“随意”间跳跃，律师解释被轻视，私人解释被蔑视。这除了有法律解释思路上的原因，更多的原因恐怕在刑法解释理论与实践之外。

依据宪法和宪法实践，全国人民代表大会是国家最高权力机关，立法解释优于司法解释遂成制度安排。当最高人民法院与最高人民检察院（以下简称“两高”）的法律解释意见明显不一致，尤其是发生冲突时，全国人大常委会出来表态说话，是自然的选择。立法解释高于司法解释，“两高”解释有原则性分歧的，报请全国人大常委会解释或决定，遂成制度安排。

关于主观解释论的优点，有学者指出：“主观解释论的法理基础是强调刑法的安定价值和人权保障机能（同时也需要适当兼顾秩序维护机能），突出强调在现行刑法规定下应当确保无罪的人不受刑事追究，较为充分地体现传统罪刑法定原则的基本精神。”② 笔者认为，主观解释论的历史背景大致如此，或者说那是人们的法治理想，实际情况未必如此。凡属理想，都是用来渴望的，而不是用来实现的。这是建构视角的理想。从解构的视角来看，理想是权力意志，是“粗俗的激情形式”，是凭空捏造的谎言，相应地剥夺了“现实性的价值、意义和真实性”，成为“降在现实性头上的灾祸”③。

主观解释的上述优点或者说理想，实际上只可能存在于刑法适用于简单刑事案件的大多数情形中。对此而言，主观解释与客观解释的结论往往是一致的，刑法客观解释结论即立法原意。但是，对于复杂疑难刑事案件来说，解释并适用刑法，必须兼顾主观解释与客观解释，在更广泛的意义上，平衡主观与客观的矛盾对立关系。

中国社会治理习惯于自上而下的行政管控——“层层加码”的限制或者禁止，以及“一刀切”式地将个人权利和基层权力关进政策措施的笼子里，而非自下而上地自发生成秩序。刑法作为最后的控制手段，其“立法原意”的不确定性，有助于司法工作的“灵活性”④。迄今为止，立法解释大多是刑法解释，其他法律解释极少，但是尚无立法解释宣告司法解释因“错误”而无效。实际上，刑事司法解释不是没有出现过“错误”或者引起严重争议的情形，司法解释将一般违法行为“规定”为犯罪、将轻罪“解释”为重罪，屡见不鲜。近年来，立法机关也只是小心翼翼地少量地通过制定新法的方式间接地加以纠正，而不是直接宣告司法解释无效。⑤ 在此大背景下，法官以

① 高鸿钧：《伽达默尔的解释科学与中国法律解释》，载《政法论坛》2015 年第 3 期。

② 魏东：《刑法解释学基石范畴的法理阐释——关于“刑法解释”的若干重要命题》，载《法治现代化研究》2018 年第 3 期。

③ ［德］弗里德里希·尼采：《权力意志重估一切价值的尝试》，张念东、凌素心译，北京：商务印书馆 1991 年版，第 504、505 页。

④ 当然，这不是从逻辑上否定客观解释的“灵活性”。客观解释的风险在于“法官造法”，在于解释者个人主观偏好，客观解释主观起来，可再造新法，“灵活性”上亦是当仁不让。

⑤ 新的刑事立法实际上并不构成对以往司法解释的“错误”解释的否定，“错误”的司法解释已经成为过往刑法规范的“本体”，已决刑事案件不能因为新法颁布实施实际上宣告过往司法解释“错误”而再审改判。

及各类主体在解释刑法时，要兼顾主观解释与客观解释，给立法者“留点面子”，给立法原意留下解释空间，不要为了弘扬客观解释而根本否定主观解释——从一个极端走向另一个极端。

五、结论

主观与客观既是矛盾对立的，又是可以折中处理的一对哲学范畴。哲学诠释学有客观解释论对于主观解释论的批判与否定，才使解释成为哲学上的一个重要概念。正是从客观解释论出发，“解释”才成为具有哲学意义的研究方法。但是，刑法主观解释与客观解释不是矛盾对立的关系，而是应当兼顾的两种解释类型。至于二者之间如何兼顾，如何具体折中，需要针对不同案件的具体情况进行安排，并无绝对的固定不变的主次区分。刑法解释，或者是以主观解释为基础、以客观解释为补充，或者是以客观解释为基础、以主观解释为补充，或者是系统地考虑解释问题而结合其他解释方法在主观解释与客观解释之间作出选择，采用主观解释而放弃客观解释，反之亦然。这是主观解释与客观解释兼顾折中论的三条基本路径，别无他途。

我国的犯罪构成体系及其完善路径

刘明祥*

犯罪构成体系①或犯罪论体系，是关于犯罪如何成立的刑法理论体系。② 近些年来，有关我国的犯罪构成体系如何进一步完善的问题，成为刑法学界讨论的一个热点。笔者也对此发表一点儿不太成熟的意见，与学界同仁共同探讨。

一、犯罪构成体系的类型

各国法律文化传统和法律规定的不同，决定了各国犯罪论（或犯罪构成）体系的差异。当今世界的犯罪论体系多种多样，最有代表性的主要有三类：大陆法系的阶层式犯罪论体系、英美法系的双层次犯罪成立体系，以及苏联和我国的四要件犯罪构成体系。

（一）大陆法系的阶层式犯罪论体系

以德国为代表的大陆法系国家的近现代的犯罪论体系，是由德国学者李斯特（F. V. Liszt）和贝林（E. Beling）在从实体法立场界定犯罪概念、提出构成要件该当性的理论之后，逐渐发展而形成的。贝林把构成要件解释为一种客观的无价值的行为类型，将其视为独立的与违法性和有责性相并列的犯罪成立要素。随后，德国学者麦耶（M. E. Mayer）对其构成要件理论予以修正，提出构成要件是违法性的认识根据，明确将犯罪的成立要素分为构成要件该当性、违法性及有责性，并按此顺序（分层次）予以考察，从而形成这种三阶层的犯罪论体系。一般认为，按“三阶层体系”论，符合刑法规定的作为可罚性行为类型的构成要件，即具备构成要件该当性，是成立犯罪的第一要件。接着要进一步考察其“是否真正属于有害于社会的行为”，即是否具有违法性的要件。如果存在正当防卫等阻却违法的事由，则不成立犯罪。最后，即便是符合构成要件

---

* 中国人民大学刑事法律科学研究中心教授。

① 由于我国刑法学中的“犯罪构成”与“犯罪成立”具有相同含义，德、日等大陆法系刑法学中将研究犯罪成立的理论称为“犯罪论”，我国刑法学中的“犯罪构成论”与德、日刑法学中的“犯罪论”的含义基本相同，因此，本文中的“犯罪构成体系”与中外刑法学界通称的“犯罪论体系”的含义大体相同。

② 参见余振华：《刑法总论》（修订第 3 版），台北：三民书局 2017 年版，第 116 页。

且具有违法性的行为，“也必须能就该行为谴责行为人”，即还必须具备有责性的要件，才能最终肯定犯罪成立。若行为人无故意和过失，或具备责任阻却事由，同样不成立犯罪。[①] 目前，这种三阶层犯罪论体系是德国和日本的通说。[②]

但是，德、日也有一些学者不赞成这种通说。如德国学者梅茨格尔（E. Mezger）认为，构成要件是违法性的存在根据，构成要件该当性与违法性属于互为表里的关系，并非各自独立的要件，应将二者视为一体，即作为违法类型看待。一些学者基于此种立场，主张采取构成要件的不法（或不法构成要件）与责任（或有责性）这种“二阶层体系”，实际上是把三阶层体系中的构成要件该当性与违法性这两个犯罪成立的要素合在一起变为一个要素，从而使犯罪成立的三阶层（或三个成立要素）变为二阶层（或两个成立要素）。德国在二战后有很多学者支持此种主张。[③] 日本则在较长时期还有不少学者采取行为、构成要件该当性、违法性和有责性这样的“四阶层体系”[④]，认为：“二阶层理论与三阶层理论均忽视在检视构成要件该当性之前，必须先确定行为人所实行的行为是否属于刑法上具有意义的行为，故必须将行为独立形成一个阶层，首先检视行为后，再进入构成要件阶层的判断。”[⑤] 应当肯定，无论是这种“四阶层体系”，还是上述“二阶层体系”，虽然与作为通说的“三阶层体系”有点差异，但都是建立在构成要件该当性及其与违法性、有责性的关系基础之上的，因而均在阶层式犯罪论体系范畴内。

随着时代的变迁，大陆法系的阶层式犯罪论体系，在不同时期呈现出一些不同的发展变化，形成了一些不同的解释论或理论学说。先后登场的有古典犯罪论体系、新古典犯罪论体系、目的行为论犯罪论体系、现代新古典犯罪论体系、机能主义（或功能性）犯罪论体系等。[⑥] 大多数以构成要件该当性、违法性和有责性为基点，围绕构成要件的概念、构成要件该当性与违法性、有责性的关系来展开讨论。

（二）英美法系的双层次犯罪成立体系

一般认为，以英国和美国为代表的英美法系国家通用的犯罪成立体系，具有双层次的特点。第一层次是成立犯罪的本体要件，包含犯罪行为（actus reus）和犯罪心态（mens rea）；第二层次是责任充足条件，也就是排除（或不存在）合法辩护理由（defense）。前者是实体意义上的犯罪要件，后者是诉讼意义上的犯罪要件。由于按英美法的基本观念，犯罪定义是建立在行为人具备责任条件和行为本身具有刑事政策上的危害

① 参见［日］西田典之：《日本刑法总论》（第2版），王昭武、刘明祥译，北京：法律出版社2013年版，第49-50页。

② 参见［日］川端博：《刑法总论讲义》（第3版），东京：成文堂2013年版，第91页。近年来，我国也有学者采取此种主张。参见陈兴良主编：《刑法学》（第3版），上海：复旦大学出版社2016年版，第27页以下。

③ 参见［德］克劳斯·罗克辛：《德国刑法学总论》（第1卷），王世洲译，北京：法律出版社2005年版，第186页。我国也有学者采取与此相似的犯罪论体系。参见张明楷：《刑法学》（第6版），北京：法律出版社2021年版，第134页以下。

④ ［日］川端博：《刑法总论讲义》（第3版），东京：成文堂2013年版，第92页。

⑤ 余振华：《刑法总论》（修订第3版），台北：三民书局2017年版，第118页。

⑥ 参见［日］山中敬一：《刑法总论》（第3版），东京：成文堂2015年版，第136-137页。

性这种假设前提之下的，因此，实体刑法意义上的犯罪要件，也就只包含犯罪行为和犯罪心态。而在有些特殊场合，行为虽然符合犯罪的本体要件，但行为人不具备责任条件，或者行为在本质上缺乏政策性危害，这些在犯罪的本体要件中没有包含的问题，就留待诉讼过程中作为“合法辩护”加以解决。①

另有学者认为，英美法系刑法中的犯罪成立要件分为三个部分，即客观要件（actus reus）、主观要件（mens rea）和辩护理由（defense）。其中，客观要件和主观要件是犯罪的基本事实要素，是成立刑事责任的积极条件；辩护理由是刑事责任的消极条件，阻却犯罪的成立和被告人的刑事责任。只有被告人的行为具备了主、客观要件而又没有辩护理由，才能认定其构成犯罪。②

在笔者看来，这两种不同的解释，只是路径或视角稍有差异，并无实质的不同。

（三）苏联和我国的四要件犯罪构成体系

众所周知，我国于20世纪50年代初期从苏联引进犯罪构成理论，基本上照搬了当时苏联通用的犯罪构成体系，即把犯罪的成立要件分为：犯罪客体、犯罪客观方面、犯罪主体和犯罪主观方面四个部分，因而，称之为“四要件体系”。其中，犯罪客体，是指我国刑法所保护而为犯罪行为所侵害的社会关系。犯罪客观方面，是指犯罪活动的客观外在表现，包括危害行为、危害结果以及危害行为与危害结果之间的因果关系等。犯罪主体，是指达到法定刑事责任年龄、具有刑事责任能力、实施危害行为的自然人。单位也可成为少数犯罪的主体。犯罪主观方面，是指行为人有罪过（包括故意和过失），即对自己的行为已经或可能引起的危害社会的结果所持的主观心理状态（或罪过心态）。③ 另外，也有少数学者虽认为犯罪的成立应具备上述四要件，但不赞成上述通说对四要件的排列顺序。其中，有的主张采取犯罪主体、犯罪主观方面、犯罪客观方面、犯罪客体④，也有的主张采取犯罪主体、犯罪客体、犯罪主观方面、犯罪客观方面⑤，再有的主张采取犯罪客体、犯罪主体、犯罪客观方面、犯罪主观方面⑥，还有的主张采取犯罪客观方面、犯罪客体、犯罪主观方面、犯罪主体⑦，如此等等不同顺序，由于犯罪的成立要件仍为四个，且解释的路径与通说基本相同，因而仍在“四要件体系”范围内。特别值得一提的是，还有学者主张将上述四要件中的犯罪客体排除在犯罪构成要件之外，其他三要件仍原样保留。但由于此种主张只是把犯罪客体视为犯罪概念包含的内容，其对犯罪成立要件的解释路径与通说并无实质的不同⑧，因而仍未超出“四要件体系”范畴，只是论述形式稍有差异。

---

① 参见储槐植：《美国双层次犯罪构成模式的构造与刑法价值》，载梁根林主编：《犯罪论体系》，北京：北京大学出版社2007年版，第153页以下。

② 参见刘士心：《美国刑法中的犯罪论原理》，北京：人民出版社2010年版，第1页。

③ 参见高铭暄、马克昌主编：《刑法学》（第9版），北京：北京大学出版社2019年版，第48页。

④ 参见赵秉志、吴振兴主编：《刑法学通论》，北京：高等教育出版社1993年版，第84页以下。

⑤ 参见何秉松：《犯罪构成系统论》，北京：中国法制出版社1995年版，第112－119页。

⑥ 参见曲新久主编：《刑法学》，北京：中国政法大学出版社2008年版，第45页。

⑦ 参见阮齐林、耿佳宁：《中国刑法总论》，北京：中国政法大学出版社2019年版，目录部分。

⑧ 参见张明楷：《犯罪论原理》，武汉：武汉大学出版社1991年版，第134页。

二、我国"四要件体系"的特色与缺陷

（一）三类犯罪构成体系的不同特点

"当今世界虽然存在三种不同的犯罪构成模式，但犯罪构成模式阐述的犯罪构成要素（成分），不同法系各国大体相同"①。这是因为现代各国刑法对自然人成立犯罪均要求必须具备如下三个基本条件：（1）客观上行为人必须已实施刑法规定的"坏"的行为（或有危害性的行为）；（2）主观上行为人必须是基于"恶"的内心（或有罪过的心理）而实施行为；（3）自然人实施行为时必须达到法定刑事责任年龄、具有刑事责任能力。缺少这三个基本条件中的任何一个，均不可能成立犯罪。对此，中外学者早已形成共识。只是由于学者们所选择的解说这些犯罪成立基本条件的方式或路径不同，才形成了各种不同的犯罪构成体系（或模式）。②

稍作比较不难发现，上述三种有代表性的不同类型体系的主要差异在于，将刑法规定的犯罪成立条件或要素，是分成客观与主观两方面来述说，还是从形式到实质、从一般到特殊或者从抽象到具体分层次解说。苏联和我国的刑法学将犯罪构成分为犯罪客体、犯罪客观方面、犯罪主体和犯罪主观方面四个要件，并将前二者划归客观要素、后二者纳入主观要素的范畴，认为所有犯罪均是主、客观两方面要素或要件的有机统一。可见，这种"四要件体系"明显属于将犯罪成立的要素分成客观与主观两方面予以阐述的体系。另外，"用表示外部性作为或者不作为的 actus 和表示责任的 mens rea 这两个要素来构成犯罪概念的英美刑法学的立场，也可以说属于这个体系"③（区分犯罪的客观要素和主观要素的体系。——引者注）。但是，大陆法系的阶层式犯罪论体系，则是采取从形式到实质、从一般到特殊或者从抽象到具体的思维路径，分层次阐述犯罪成立要件的体系。这两类犯罪构成体系，各有其优势与不足。

就区分为客观要素与主观要素的体系而论，其优势首先在于正确揭示了犯罪的基本特征。正如上文所述，任何犯罪客观上行为人必须实施了刑法规定的"坏"的行为，且主观上行为人必须是基于"恶"的内心，即在犯罪的故意或过失的罪过心理支配下而实施行为，因行为人主观上具有罪恶性或应受谴责性，才能将其认定为犯罪并给予刑罚处罚。因此，将刑法规定的与"坏"的行为（或危害行为）相关的客观外在事实特征，纳入犯罪的客观要素予以论述，把与反映行为人主观上的罪恶性（或应受谴责性）相关的内在事实特征（包含主观心理、刑事责任能力等），划归犯罪的主观要素来作解说。这种将犯罪的成立要素分成客观面与主观面，并按从客观面到主观面的顺序予以考察的主

① 储槐植：《美国双层次犯罪构成模式的构造与刑法价值》，载梁根林主编：《犯罪论体系》，北京：北京大学出版社 2007 年版，第 155 页。

② 无论各国的犯罪论体系如何构建，其基本要素是大致相同的，只不过表述方式和逻辑顺序有别罢了。参见冯亚东：《犯罪构成功能论》，载《清华法学》2007 年第 2 期。

③ ［日］大塚仁：《刑法概说（总论）》（第 3 版），冯军译，北京：中国人民大学出版社 2003 年版，第 104－105 页。

张，当然有其合理性。[①] 这种犯罪构成体系的另一优势是对犯罪成立条件的解说，既简洁明了又容易掌握判断，且不会出现像德、日的阶层式犯罪论体系那样，对犯罪的同一要素前后反复重叠论说，导致问题复杂化的现象。正因为如此，近现代各国刑法学中，可能大多数还是采取这种区分客观要素与主观要素的犯罪构成体系。除上述英美法系国家传统的刑法学、我国和过去的苏联及东欧国家传统的刑法学之外，还有欧洲大陆的法国刑法学首先将犯罪构成要素分为法定要素、自然要素和心理要素来作论述，接着论述犯罪行为者，按这样的顺序来论述犯罪的成立要素，显然也是一种从客观到主观的犯罪论体系。[②]

事实上，这种区分犯罪的客观要素和主观要素的体系，在德国以前很常见，在日本过去也很流行。"区分犯罪的'客观的构成要件'和'主观的构成要件'的比克迈尔和以区分'客观的要素'、'主观的要素'及'中介要素（责任）'这三个犯罪要件为问题的大场博士的见解等即是。"[③] 并且，日本现在仍有一些著名刑法学家坚持采取这种体系。如前田雅英教授就采取这样的犯罪论体系："客观的构成要件"（包含行为、结果、因果关系等内容）、"主观的构成要件"（包含犯罪的故意和过失等内容）、"违法阻却事由"（包含正当防卫、紧急避险等内容）和"责任阻却事由"（包含无责任能力、限制责任能力等内容）。[④]

毋庸置疑，这种体系也存在自身的缺陷或不足。例如，某汽车司机驾驶的货车制动装置失灵，司机向雇主提出交修理厂检修，但雇主以解雇相威胁强迫其冒险驾驶，司机因生活贫困不愿丢失这一难得的工作，驾车上路途经一下坡路段时，因制动装置失灵而发生致人死伤的重大事故。此例中的汽车司机驾驶不应上路行驶的汽车，在公共道路上行驶并造成重大事故，符合交通肇事罪的构成要件，但他因生活贫困不愿丢失难得的工作这一客观事由，而使其主观上的可谴责性（主观罪责）程度降低。类似这种因客观事由而使主观上罪责程度降低的情形，按区分客观要素与主观要素的犯罪构成体系，将其纳入客观要素中，无疑是忽视了其主观上可谴责性程度低的实质，因而，不具有科学合理性。又如，一妇女因意外事故导致隐私部位受伤大量出血，某男子路过发现后脱掉该女内裤，用布条扎紧伤口止血后送医院。该男子基于救助意识而脱掉妇女内裤的行为，客观上同常见的基于猥亵意识脱掉妇女衣裤的猥亵行为相同，仅因其主观意识（或动机目的）不同而有质的差异。类似这种因特殊的主观动机目的，而使行为失去客观上的危害性的情形，按区分客观要素与主观要素的犯罪构成体系，将其作为主观要素，同样不便于正确说明其本质属性。

就大陆法系的阶层式犯罪论体系而言，其特点是从多个不同层次，对犯罪的成立要素进行解释。由于对同一要素往往要从不同视角进行重叠性解析，这有助于司法人员对犯罪的要素形成全面整体的认识，并可在一定程度上避免出现片面理解犯罪的某一要素从而导致对案件作出错误判断的问题，这无疑是此种犯罪论体系的一大优势。此外，它对犯罪成立条件的解释不仅更具有理论深度，而且有其逻辑上的顺序性、统一性和概

① 参见［日］浅田和茂：《刑法总论》（第2版），东京：成文堂2019年版，第88页。

② 参见［日］浅田和茂：《刑法总论》（第2版），东京：成文堂2019年版，第88页。

③ ［日］大塚仁：《刑法概说（总论）》（第3版），冯军译，北京：中国人民大学出版社2003年版，第104页。

④ 参见［日］前田雅英：《刑法总论讲义》（第7版），东京：东京大学出版会2019年版，目录部分。

括性。

但是，此种犯罪论体系也存在明显的缺陷或不足。如前所述，此种犯罪论体系是建立在贝林最先提出、后经几代学人不断发展的构成要件理论基础之上的。由于学者们对“构成要件”理解不一，对构成要件该当性与违法性、有责性的关系有不同认识，从而对犯罪成立要素的解释也有很大差异；加之采取分层次解析的思维模式或方式，使得相关的解释论十分繁杂甚至前后还有重复，很难被普通民众所理解，也不容易被司法人员掌握并用来恰当地处理相关案件。其中，关于故意和过失是否为构成要件之要素的认识分歧，就是一个例证。按否定论，故意和过失不是构成要件的要素，只是承担责任的不同形式。据此，故意杀人罪、故意伤害致死罪和过失致死罪的构成要件相同，只是承担责任的形式存在差异：有杀人故意的，承担故意杀人罪的责任；有伤害故意的，承担故意伤害致死罪的责任；仅有致人死亡之过失的，承担过失致死罪的责任。但这种解释与把构成要件视为刑法规定的“犯罪类型”或“犯罪类型的指导形象”的基本理念相冲突。正因为如此，现在德、日刑法学者大多持肯定论，即认为故意、过失是构成要件要素。但是，这种肯定论又导致在“三阶层体系”中，出现了构成要件的故意、构成要件的过失与违法故意、违法过失，以及责任故意、责任过失这样一些不同的故意、过失概念或类型。在假想防卫等特殊场合，就可能得出存在构成要件的故意，却因无责任故意而成立过失犯这样的前后有矛盾的结论。例如，X看到自己的仇人Y的猎枪朝向自己，以为其要枪杀自己，为了保全自己的生命而开枪杀死了Y。事后查明，Y只不过是想要射杀鸟。对这一假想防卫的案件，按日本的通说，在判断是否符合构成要件的阶段，X有杀人的故意和行为，符合故意杀人罪的构成要件；且无阻却违法的事由，具有违法性；只是到了判断责任阶段，因其主观上误以为存在不法侵害，有必要实行正当防卫（无违法性认识）而否定其有责任故意。在肯定其有过失的条件下，成立过失致死罪。此例中的X被认为符合故意杀人罪的构成要件，最终却被认定为成立过失致死罪。这样的前后有矛盾或相冲突的分析判断路径，其科学合理性难免令人质疑。① 并且，“按照现在德、日所流行的犯罪判断过程三阶段论，构成要件符合性是认定违法性和有责性的事实依据”，“符合构成要件就可以说具有违法性和有责性，在尚未说明什么是违法和有责之前，就说符合构成要件的行为是违法、有责行为，这样，在违法和有责这种本质价值判断的问题上”，明显“存在先入为主的嫌疑”。此外，德、日的犯罪论体系还存在前后冲突、现状与初衷背离、偏离司法现实的唯体系论等缺陷。②

（二）我国“四要件体系”不同于其他犯罪构成体系的主要特色

我国的“四要件体系”的一大特色是，将刑法规定的犯罪成立的基本条件（或共同要件），分别作为犯罪构成的四大要件（或四方面条件）予以论述。其中，把与“坏”的行为相关的外在客观事实（包含危害行为、危害结果、因果关系等）纳入犯罪客观方面，把与“恶”的内心相关的内在主观事实（包含犯罪故意、犯罪过失等）归入犯罪主

① 参见［日］浅田和茂：《刑法总论》（第2版），东京：成文堂2019年版，第91－95页。

② 参见黎宏：《我国犯罪构成体系不必重构》，载《法学研究》2006年第1期。

观方面，把与行为主体相关的事实（包含刑事责任年龄、刑事责任能力、行为人的身份等）作为犯罪主体的内容，分别予以考察，这种从危害行为及其相关的外在事实到行为人行为时的内在心理，乃至行为人是否具有可谴责性的思维路径或解释方式，实际上是“将犯罪构成的内容分解为客观要件和主观要件，贯彻了犯罪构成判断所要求的分裂性思考和层次性思考的要求”①，符合解释或认定犯罪的基本规律，同时，也对犯罪成立的条件作了较为完整准确的阐述，且简洁明了、层次清晰，容易被普通民众理解，便于司法人员用来恰当地处理相关案件。只不过“犯罪客体与犯罪构成的其他三个要件并不处于同一层次”，“将犯罪客体作为构成要件并不合适”②。对此，笔者将在下文述说。

有论者提出，若采取区分客观要件和主观要件的体系，就应当“将传统刑法学中的犯罪主体的内容拆分为行为主体和责任能力两方面的内容。其中，和行为主体有关的内容，特别是行为人的身份，是和行为的社会危害性的有无及大小有关的因素，因此，应当将其归入客观的犯罪构成要件内容；而行为人的年龄、精神状态等则和行为人的主观责任的有无和轻重有关，和故意、过失并列，应当归入主观的犯罪构成要件之列”③。此种主张与德、日“三阶层体系”将与行为主体相关的内容分别纳入构成要件该当性与有责性两部分论述的立场基本相同，即把刑事责任年龄与刑事责任能力这类决定行为人有无可谴责性的主观因素，作为“有责性”部分的内容，而将行为主体的身份（身份犯）、法人的刑事责任等与“主观责任”无关的属于客观事实的部分，纳入“构成要件该当性”部分来论述。④ 这种仅从犯罪论体系一致性的角度考虑，将同一犯罪要素拆分开来，分别纳入前后不同的部分论述的观点，难免让人觉得前后内容重复、前面未说完却待穿插说完其他问题之后又来论说前面遗留下的问题，这种述说方式显然不符合人们的思维习惯或逻辑习惯。“本来，犯罪是主观与客观浑然一体的存在。问题在于‘主观方面的情况与客观方面的情况在犯罪论体系上如何分配’。”⑤ 将客观方面或主观方面的情况一概纳入客观方面或主观方面论述，这固然是维持了体系的一致性或体系标准的统一性，但难免给人以前后重复论述同一问题或前面未说完就又说别的问题，尔后又回过头来再说前面的问题这样逻辑层次混乱的印象。德、日的“三阶层体系”就明显存在这样的缺陷。

如前所述，按贝林首倡的构成要件论，以及长期处于德、日通说地位的“三阶层体系”的犯罪论，构成要件是客观的、形式的（不作价值判断的）行为类型，“即便是现在，原则上也可以说违法性是客观的，责任是主观的。可是，把这种看法彻底化是错误的”⑥。例如，不能否定存在目的犯的目的等“主观的违法要素”，以及存在期待可能性判断时必须考虑的行为附带的客观事情等“客观的责任要素”⑦。这就决定了采取“三

① 黎宏：《刑法学总论》（第 2 版），北京：法律出版社 2016 年版，第 67 页。
② 张明楷：《刑法学》（第 6 版），北京：法律出版社 2021 年版，第 130 页。
③ 黎宏：《刑法学总论》（第 2 版），北京：法律出版社 2016 年版，第 66 页。
④ 参见［日］井田良：《讲义刑法学（总论）》（第 2 版），东京：有斐阁 2018 年版，第 102、105、399、405 页。
⑤ ［日］前田雅英：《刑法总论讲义》（第 6 版），曾文科译，北京：北京大学出版社 2017 年版，第 18 页。
⑥ ［日］前田雅英：《刑法总论讲义》（第 6 版），曾文科译，北京：北京大学出版社 2017 年版，第 18 页。
⑦ ［日］浅田和茂：《刑法总论》（第 2 版），东京：成文堂 2019 年版，第 89 页。

阶层体系”的论者，通常会在其客观的违法性部分，论述目的犯的目的等主观的要素；同时，也会在其主观的有责性部分，讨论判断有无期待可能性时行为附带的事情等客观的责任要素。特别值得一提的是，正如前文所述，由于把构成要件解释为客观的行为类型，与视构成要件为刑法规定的“犯罪类型”或“犯罪类型的指导形象”的基本理念相冲突，因而，现在支持“三阶层体系”的论者大多肯定故意、过失为主观的构成要件。但这样一来，构成要件的故意与责任故意的含义就有较大差异，完全可能出现有构成要件故意，却无责任故意而仅有责任过失的情形，这不仅意味着在这种体系中，通过“构成要件的故意、过失”不可能区别故意犯与过失犯①，同时会导致对作为同一主观要素之故意的解释十分烦琐，而且可能出现前后的结论有矛盾或相冲突的现象。加之“从人的思维习惯来说，将一个统一的事物分离的思维方式，是不符合常理的，也是在操作上具有障碍的”②。

但是，按我们传统的“四要件体系”论，将犯罪故意和犯罪过失放在犯罪的主观方面来论述，就可以有效避免德、日“三阶层体系”将其肢解开来，分别纳入犯罪成立的不同要素中论述所带来的上述问题。只不过我们的犯罪故意包含了德、日的构成要件故意和责任故意的全部内容，即行为人不仅要对自己行为客观方面的事实情况有认识，而且要对自己的行为会发生危害社会的结果（或对行为的社会危害性）有认识，并希望或放任这种结果发生的，才可能成立犯罪故意。这实际上是把他们分别在构成要件阶段和责任阶段阐述的故意内容，作为我们的犯罪故意所包含的两个因素或两方面必备的内容，在一起作了完整的论述。这既与我国《刑法》第 14 条关于故意犯罪规定中的“故意”的含义相符，也使司法人员更容易准确理解犯罪故意及其成立条件。此外，与犯罪故意相关的主观要素还有犯罪目的与犯罪动机，将它们一并纳入犯罪主观方面来作论述，比将目的犯的目的等主观要素归入“三阶层体系”的违法性中论述，也更具有科学合理性。因为同样是犯罪的主观心理，且目的犯的目的相对于非目的犯的目的虽有其特殊性，但放在一起阐述时指出其特殊性即可，没有必要拆分开来放在犯罪成立的客观要素或违法性中论述。并且，将犯罪目的、犯罪动机与犯罪故意一起放在犯罪的主观要素（或犯罪的主观方面）中论述，可以更深刻地揭示犯罪目的、犯罪动机与犯罪故意的关系。而将目的犯的目的等主观的违法要素与犯罪故意分割开来论述，往往就难以说明其与犯罪故意的内在联系。

基于同样的理由，将与行为主体相关的所有因素均纳入犯罪主体的范畴来作论述，比拆分为两块分别纳入犯罪成立的不同要素中论述，更为科学合理。因为行为人的身份，以及行为人的年龄、精神状态，都是与行为主体直接相关的因素，将它们放在一起论述符合人们述事或思维的习惯性与逻辑性。相反，认为行为人的身份是与行为的社会危害性的有无及大小有关的因素，而行为人的年龄、精神状态则与行为人主观责任的有无和轻重相关，因而将前者纳入犯罪的客观要件或构成要件该当性中，将后者归入犯罪的主观要件或有责性中，这不仅有将同一行为主体要件撕裂开来的缺陷，而且行为主体

① 参见［日］松宫孝明：《构成要件与犯罪体系》，载《立命馆法学》2019 年第 1 号，第 117 页。

② 李洁：《中国通论犯罪构成理论体系评判》，载《法律科学》2008 年第 2 期。

的身份除定罪身份（或构成身份）之外，还有量刑身份（或加减身份），在德、日还有“违法身份”与“责任身份”之分。例如，在我国台湾地区的“刑法”中，对杀人罪除规定有普通杀人罪这种基本犯之外，还规定有“杀直系血亲尊亲属罪”这种加重犯，其行为主体必须有“直系血亲卑亲属”的身份，这种身份就属于“加减身份”，只影响处罚轻重，不影响杀人罪的成立。这种行为主体的身份显然只对犯罪的主观恶性程度有影响，对行为的客观危害性并不会产生作用。又如，所谓“责任身份”，是对行为人的非难可能性有影响的身份。[①] 将这种“加减身份”和“责任身份”纳入“三阶层体系”的构成要件该当性中，显然不合适，如果仍将其保留在“有责性”中，那就会出现对一部分身份犯的身份在前一阶层或阶段论述而对另一部分身份犯的身份却在另一阶层或阶段阐述的现象。与此相似的还有，在不得已的紧急情况下，为保全自己的生命而牺牲他人或仅造成他人重伤。在德、日，这都属于紧急避险。只不过，造成他人重伤的，为阻却违法性的紧急避险；牺牲他人的，为阻却责任的紧急避险。若严格按照“三阶层体系”论或上述严格区分客观要件与主观要件的体系论，势必也要分别在“违法性”与“有责性”，或者“客观要件”与“主观要件”两部分来论述。这样论述问题的方式或解释犯罪要件的路径，不仅会把简单的问题复杂化，不符合犯罪论体系应具有经济性的要求，而且也不符合人的思维习惯，会给人以前后重复述说同一问题的印象。而“刑法的可操作性，从一定意义上说，就是理论体系的设定应当符合人的思维习惯”[②]。

（三）我国“四要件体系”存在的主要缺陷

如前所述，将犯罪客体作为犯罪构成的要件不具有科学合理性，可谓是我国“四要件体系”的一大缺陷。

第一，我国的通说认为，犯罪客体是刑法所保护而为犯罪行为所侵犯的社会主义社会关系。我国的犯罪客体与德、日刑法学中的保护客体或保护法益相似，即被刑法所保护而被犯罪侵犯的法益。这是对行为的本质所作的一种评价，因此已经被包含在犯罪概念之中。“传统的犯罪客体理论除了重复犯罪概念的内容外，不可能具有犯罪构成要件应有的定罪功能”[③]。因此，“在犯罪构成要件中，没有必要设置犯罪客体这样一个要件”[④]。

第二，犯罪总是行为人去犯罪，作为犯罪成立条件的构成要件，也都是与行为人及其所实施的行为直接相关的事实特征，无论是犯罪的客观方面还是主观方面或主体要件，均毫不例外。而犯罪客体通常是第三者对犯罪行为所作的一种评价[⑤]，并非行为人犯罪的事实特征（或要素），将其作为犯罪构成的一个要件（或要素），与“只有对行为

① 参见［日］西田典之：《共犯理论的展开》，东京：成文堂2010年版，第353页。

② 李洁：《中国通论犯罪构成理论体系评判》，载《法律科学》2008年第2期。

③ 杨兴培：《论我国传统犯罪客体理论的缺陷》，载《华东政法学院学报》1999年第1期。

④ 陈兴良：《社会危害性理论——一个反思性检讨》，载《法学研究》2000年第1期。

⑤ 虽然行为人也可能对其行为作评价，且与第三者作相同的评价，但也可能作出与法官等第三者不同的评价，而这不影响其犯罪的成立。

的社会危害性及其程度具有决定意义而为该行为成立犯罪所必需的那些事实特征，才是犯罪构成的要件”[①] 之通说明显不符。

第三，“将一个没有要素的要件交由法官评价，会有损犯罪构成的罪刑法定主义机能”[②]。因为法官有可能不根据案件的事实，而完全凭自己的主观意识，对行为人行为的性质作出有罪或罪重的评价，从而作不符合刑法规定且不利于行为人的裁判。

第四，否定犯罪客体是犯罪构成的要件，并不会给犯罪的认定或区分带来困难。有论者提出，将犯罪客体从犯罪构成中排除出去，就无法对具体犯罪进行认定。如盗窃正在使用中的照明电线和盗窃已经废弃不用的电线，在形式上完全一致，但“结论会大不相同，一个构成盗窃罪，另一个则构成破坏电力设施罪。之所以会出现这种结局，就是客体起了关键作用”[③]。在笔者看来，此例中对行为定性起决定作用的因素，并非犯罪客体，即行为所侵犯的社会关系或法益，而是行为对象所处的特殊状态或所发挥的特殊作用。正在使用之中即处于供电状态的电线，对正常供电或供电安全发挥着重要作用，破坏这种对象有特殊的危害性（危及正常供电或供电安全），正因为如此，认定此罪必须以电线处于使用或供电状态为条件。如果电线尚未投入使用或已被废弃，就不能成为此罪的侵害对象。类似这种将特殊行为对象作为特定犯罪之要件或要素的情形，表面上似乎是特殊对象所体现的法益或社会关系决定犯罪的性质，因而必须将犯罪客体或侵害法益作为犯罪构成的要件，但实际上是这些特殊对象所处的特殊状态或发挥的特殊作用，决定了侵害这类对象有特殊的危害性，如破坏电力设施的性质不同于毁坏普通财物，盗窃枪支不同于盗窃普通财物。并且，将行为对象必须具备的特殊状态或发挥的特殊作用这类客观的事实特征作为犯罪成立的条件或构成要素，与确定犯罪构成要件或要素的标准相符，将其作为认定或区分犯罪的主要根据，就能得出准确的结论。

第五，“虽然德、日刑法理论通说认为，犯罪的本质或违法性的实质是对法益的侵害或者威胁，但没有学者主张法益本身是构成要件要素；而且学者们明确指出，即使刑法分则条文明文规定了某种犯罪所侵害或者威胁的法益，该法益也不是构成要件要素”。尽管他们认为违法性是犯罪成立的条件之一，但由于“符合构成要件的行为原则上具有违法性，故对违法性进行的是消极判断，即符合构成要件的行为只要没有违法阻却事由，就具有违法性”。因此，他们并不认为法益是违法性的构成要素。[④]

我国的“四要件体系”的另一大缺陷是，没有将排除（或阻却）犯罪成立的事由（或因素），作为犯罪构成（或犯罪成立）的要件，也就是没有设定专门的出罪出口（或通道），从而有使表面上符合犯罪构成的四个要件，但实质上不宜当作犯罪处理的行为被认定为犯罪的较大风险。

尽管我国的通说认为，“在我国，犯罪构成是形式要件与实质要件的统一，行为符合犯罪构成，就意味着该行为不仅在形式上符合某具体犯罪的轮廓或者框架，而且在实

① 高铭暄、马克昌主编：《刑法学》（第 9 版），北京：北京大学出版社 2019 年版，第 47 页。

② 张明楷：《刑法学》（第 6 版），北京：法律出版社 2021 年版，第 130 页。

③ 黎宏：《我国犯罪构成体系不必重构》，载《法学研究》2006 年第 1 期。

④ 参见张明楷：《法益初论》（增订版），北京：商务印书馆 2021 年版，第 329 页。

质上也具有成立该罪所必要的相当程度的社会危害性。因此，就正当防卫、紧急避险而言”，并“没有犯罪构成符合性的存在”①。但是，“即使主张在犯罪构成要件中考察排除犯罪性行为（含正当防卫、紧急避险。——引者注），在犯罪构成以外集中论述排除犯罪性行为，只要不承认排除犯罪性行为是犯罪构成的一个要件，则其逻辑矛盾仍然没有克服”②。因为按通说的体系安排，是在论述完犯罪构成的四个要件之后，回过头来讨论正当防卫、紧急避险等排除犯罪性行为。如果说在犯罪客观方面的危害行为之中，就已确定正当防卫、紧急避险是不符合客观方面的危害行为要件的情形，那就没有必要还回过头来专门讨论此类问题。可见，上述通说确实存在“逻辑矛盾”；并且，容易使人产生此类行为是完全符合构成要件之行为的印象，因而容易导致将正当防卫、紧急避险认定为犯罪。

如果将正当防卫、紧急避险等排除犯罪性行为纳入犯罪客观方面，将缺乏期待可能性等无主观罪责的排除犯罪性行为纳入犯罪主观方面③，固然可克服上述“逻辑矛盾”或前后重复的问题，但根据我国《刑法》第 13 条的规定，还存在情节显著轻微危害不大的排除犯罪性行为，这就完全可能因社会危害性和主观恶性的程度均较低，经综合评价后而得出排除犯罪性的结论。无论将其放在“四要件体系”的客观方面或主观方面的哪一要件中，均不具有合理性，势必会使这类排除犯罪性的行为失去归属。可见，“在这种犯罪成立的理论体系之中，排除犯罪性行为没有自己独立的存在余地，没有自己的体系性位置”。而在一种科学的“犯罪的成立条件体系中，不但要有入罪的基本条件，还应当设计出罪的出口”。如果“没有排除犯罪性事由的存在，理论体系的设定中没有出罪的出口，其安全性就可能出现问题，将一个过程的两个方面，即入罪的条件与出罪的事由放在一个理论体系中，则可以兼顾两个方面……保证在犯罪的认定过程中不忽视任何一个方面的问题，以实现刑法运行的安全”④。

三、我国的犯罪构成体系之完善

如何构建我国的犯罪构成体系，是目前刑法学界颇有争议的话题。如前所述，我国于 20 世纪 50 年代引进苏联的犯罪构成理论，一直沿用至今。20 世纪八九十年代虽有学者主张将犯罪客体或犯罪主体排除在犯罪构成的要件之外，还有学者对四要件作不同于通说的顺序排列⑤，但由于均只是对“四要件体系”的枝节稍作修改或变动，并未触动其根基，当然也无法动摇其通说地位。21 世纪以来，有些学者开始从根本上否定“四要件体系”，认为其存在重大缺陷，应重新构建体系予以取代，形成颇有影响的“重

---

① 黎宏：《刑法总论问题思考》，北京：中国人民大学出版社 2007 年版，第 42 页。

② 陈兴良：《犯罪构成论：从四要件到三阶层》，载《中外法学》2010 年第 1 期。

③ 有论者主张采取这样的弥补措施。〔参见黎宏：《刑法学总论》（第 2 版），北京：法律出版社 2016 年版，第 126、216 页〕

④ 李洁：《中国通论犯罪构成理论体系评判》，载《法律科学》2008 年第 2 期。

⑤ 参见高铭暄主编：《新中国刑法学研究综述（一九四九——一九八五）》，郑州：河南人民出版社 1986 年版，第 116 页以下。

构论”。只不过“重构论”者大多认为，德、日的“三阶层体系”具有科学合理性，应引进来取代传统的“四要件体系”[①]。但是，许多传统刑法理论维护者认为，“四要件体系”具有科学合理性，且适合中国国情，应坚定不移地继续维持，即采取“维持论”[②]。同时，还有一些学者既反对全盘引进或移植德、日的“三阶层体系”，也不赞成仍维持传统的“四要件体系”，而主张“改良论”，即在我国现有的犯罪构成理论的基础上，对犯罪的成立要件作新的拆分或调整（如分为客观要件和主观要件等），以进一步充实或完善其内容。[③]

在笔者看来，我国不宜直接引进或移植德、日的“三阶层体系”。如前所述，这种体系本身存在诸多问题或缺陷。正因为如此，日本的松宫孝明教授不无担忧地指出，在今天的德国，对“三阶层体系”存在尖锐的批判，若对此予以考察，也可能认为这种体系正处于崩溃的过程中。[④] 而我国的“四要件体系”对犯罪成立要件的解释模式或思维路径并无根本性的缺陷，因而不必推倒重构。只不过我国的这种体系确实存在有待改进的问题，维持不变也不是理性的选择，而应当采取有力的措施予以改进。

基于以上认识，笔者倾向于对传统的“四要件体系”作两方面的改进：一是将传统“四要件体系”中的犯罪客观方面、犯罪主观方面和犯罪主体这三方面的要件，作为犯罪成立的一般条件（或积极要件）；二是将排除犯罪性事由（如正当防卫等）作为否定犯罪成立的特殊情形（或消极要件）。只有在具备犯罪成立的一般条件，而又无否定犯罪成立的特殊情形（排除犯罪性的事由）时，才能认定犯罪成立。对经如此改进后形成的犯罪构成体系，有必要作如下几点说明：

第一，如前所述，现代各国刑法规定的犯罪，都要求行为人客观上实施了应予处罚的“坏”的行为，主观上是基于故意或过失等“恶”的内心而实施此行为，且实施行为的自然人必须达到法定刑事责任年龄、具有责任能力，即均将这三方面的要件作为犯罪成立的一般条件（或积极要件）。在通常情况下，具备这三方面的要件即满足犯罪成立的一般条件，就意味着犯罪成立。但也有特殊例外的情形，如正当防卫等表面上（或形式上）具备这三方面的条件，而实质上却不宜被当作犯罪处理。正因为如此，刑法往往还有特殊例外的规定，如明文规定正当防卫等情形不负刑事责任。为此，作为解释刑法规定的刑法学，从认定犯罪的科学性和慎重性出发，就有必要将作为特殊例外的排除犯罪性的事由，视为否定犯罪成立的消极要件，将其纳入犯罪构成或犯罪成立的体系范畴，以提醒司法人员在认定犯罪时，必须从正反两方面认真审查，既要看行为人是否具备犯罪成立的一般条件（积极要件），又要考察其有无否定犯罪成立的特殊例外事由或排除犯罪性事由（消极要件）。只不过在司法实践中，对犯罪构成的积极要件必须从正面作积极的判断，并要直接用足够的证据予以证明；对犯罪构成的消极要件

---

① 陈兴良主编：《刑法学》（第 3 版），上海：复旦大学出版社 2016 年版，第 28 页以下。

② 高铭暄：《论四要件犯罪构成理论的合理性暨对中国刑法学体系的坚持》，载《中国法学》2009 年第 2 期。

③ 参见黎宏：《刑法学总论》（第 2 版），北京：法律出版社 2016 年版，第 66 - 67 页。

④ 参见［日］松宫孝明：《中国与日本的犯罪体系论》，载《大阪市立大学法学杂志》第 64 卷第 4 号（2019 年），第 134 页。

则是从反面作消极的判断，即只要没有特殊的排除犯罪性的事由，就不必对此作直接的论证或说明。

第二，现代刑法学理论已经普遍承认，应从肯定犯罪成立的一般条件（或积极要件）与否定犯罪成立的特殊事由（或消极要件），即从正反两方面来构筑犯罪成立的理论体系。[①] 前述英美法系的双层次犯罪成立体系就是典型的例证，其第一层次是成立犯罪的本体要件，包含犯罪行为和犯罪心态[②]，这是犯罪成立的一般条件；第二层次是责任充足条件，也就是排除（或不存在）合法辩护（阻却犯罪）的事由。具备犯罪成立的本体要件（或一般条件），虽然原则上成立犯罪，但在存在合法辩护或阻却犯罪事由的特殊场合，否定犯罪成立。在日本，一些学者也是按这种思维路径或模式来设定阶层式犯罪论体系的。如平野龙一教授在其犯罪论体系中，将犯罪成立的条件明确分为犯罪成立的一般要件与阻却犯罪成立的事由两部分，从正反两方面来论述犯罪的成立条件。前者（犯罪成立的一般要件）包含行为、结果、故意、过失等内容；后者（阻却犯罪成立的事由）包括阻却违法事由和阻却责任事由。如果行为具备犯罪成立的一般要件，原则上犯罪即告成立，但若有阻却犯罪成立的事由，则排除犯罪的成立。[③] 实际上，日本现在流行的三阶层犯罪论体系，大多也是按这种模式设定的。[④] 正如日本的松宫孝明教授所述，“犯罪体系仅仅探讨犯罪成立的一般要件及其不成立的一般事由即为已足。但是，我国现行的犯罪体系，大体上从行为或者构成要件这样的犯罪成立要件和违法（严密地说是违法阻却）以及责任这种犯罪不成立的事由两个部分进行研讨”[⑤]。

第三，作为犯罪成立的一般条件（或积极要件）的犯罪客观方面，包括危害行为、危害结果、危害行为与危害结果之间的因果关系、犯罪的时间、犯罪的地点等；犯罪主观方面包含犯罪故意、犯罪过失、犯罪目的与动机、认识错误等；犯罪主体包括刑事责任年龄与责任能力、犯罪主体的特殊身份、单位犯罪主体等。正如前文所述，这三方面的要件可概括为客观要件与主观要件两类（采取二分法），其中，犯罪客观方面包含的要件是行为人实施的行为及其相关的表现于外的客观事实，当然属于客观要件；犯罪主观方面包括的犯罪故意、犯罪过失等要件，是行为人内在的心理状态，无疑属于主观要件；犯罪主体中的绝大多数为自然人，只有在其达到法定刑事责任年龄、具有责任能力时实施刑法规定的危害行为，才对其具有谴责（或责难）的可能性，并且，年龄对未成年人和老年人的责任能力有影响，精神障碍对普通成年人的责任能力也会产生作用，因此，即便是在有责任能力的行为人之中，也可能还存在责任能力强弱或程度上的差异，对判断行为人主观恶性的程度与确定处罚的轻重均有影响，自然应将其归入主观要件之

---

① 参见王世洲：《现代刑法学（总论）》，北京：北京大学出版社 2011 年版，第 88 页。

② 行为人具有刑事责任能力、具备责任条件是前提。

③ 参见［日］平野龙一：《刑法总论Ⅰ、Ⅱ》，东京：有斐阁 1972 年版，目录部分、第 105 页以下。

④ 参见［日］大谷实：《刑法讲义总论》（新版第 5 版），东京：成文堂 2019 年版，目录部分；［日］前田雅英：《刑法总论讲义》（第 7 版），东京：东京大学出版会 2019 年版，目录部分；［日］川端博：《刑法总论讲义》（第 3 版），东京：成文堂 2013 年版，目录部分。

⑤ ［日］松宫孝明：《刑法总论讲义》（第 4 版补正版），钱叶六译，北京：中国人民大学出版社 2013 年版，第 30 页。

中。正如前文所述，英美法系的双层次犯罪成立体系、苏联和我国的犯罪构成“四要件体系”，均属于区分客观要件与主观要件的体系（二分法或“二元”论的体系），德、日的“三阶层体系”属于从形式到实质分层次或阶层的犯罪论体系，二者都各有自身的优势与不足，但从某种意义而言，区分客观要件与主观要件的体系，可能更为简洁明了，更为优越，这或许是其被更多国家的学者所采用的重要原因。[①] 不过，关于犯罪成立的理论体系应当分为肯定犯罪成立的一般条件（或积极要件）与否定犯罪成立的特殊例外（或消极要件）两大部分，原则上具备犯罪成立的一般条件，通常就成立犯罪，但在有特殊例外事由的场合，也可能否定犯罪的成立。这实际上已成为采取各种不同犯罪成立体系之论者的共识。[②] 之所以如此，按日本的前田雅英教授所述，是因为“在确保法的安定性的同时，为了使得认定犯罪变得容易并排除恣意性，有必要进行分析性的思考。……尽管要区分阶段进行思考，二分法是最安定、最合理的。可以说，一直以来以①客观方面与主观方面、②原则（构成要件）与例外（阻却事由）这种形式梳理的犯罪论基本上是妥当的”[③]。

第四，按笔者采取的犯罪构成体系，犯罪客体已不再是犯罪构成的要件，而传统的“四要件体系”中的犯罪客体是对行为进行实质评价的要件，将其删除是否意味着这种体系不包含对行为作实质评价的内容呢？回答应当是否定的。众所周知，犯罪必须是侵害法益或危害社会的行为，这是其本质之所在；同时，犯罪还必须是符合刑法规定的应予处罚的行为，这是其形式的要件。所有犯罪均必须具备这种形式和实质的条件，否则，犯罪不能成立。按笔者采取的犯罪构成体系，在肯定犯罪成立的一般条件（犯罪构成的三大要件）中，虽然也可能要作实质的判断或评价，但更注重作形式的考察；而在对否定犯罪成立的特殊例外情形（阻却犯罪事由）的认定或评判中，也不可能完全不作形式上的考察，如在认定正当防卫时还得考察是否具备刑法规定的正当防卫的条件，但更侧重于对行为或行为人作实质的评价，看其行为有无社会危害性或社会危害性程度是否显著轻微，行为人有无主观恶性或主观恶性程度是否很低。而我国刑法明文规定的排除犯罪的事由仅有正当防卫和紧急避险，刑法理论和司法实务认可的所谓超法规的排除犯罪事由，还包含自救行为、正当业务行为、履行职务的行为、基于被害人承诺的行为等。这类行为排除犯罪的主要根据就在于其实质上不具有社会危害性或侵害法益性，虽然形式上与刑法规定的具体犯罪的行为相似。如基于被害人承诺毁坏其财物的行为，同故意毁坏财物罪的行为相同，体育竞技中的拳击比赛，与用拳击的手段故意伤害他人相似，但要将这类行为排除在犯罪之外，显然只有从实质上评价并认定其没有危害社会或侵害法益，才能得出这样的结论。

---

① 特别值得一提的是，苏联解体之后，尽管俄罗斯的社会政治经济制度发生了重大变化，但作为刑法学通说的犯罪构成，仍然是采取“四要件体系”。参见［日］松宫孝明：《中国与日本的犯罪体系论》，载《大阪市立大学法学杂志》第64卷第4号（2019年），第141页。

② 我国传统的“四要件体系”虽未从正面直接肯定这一点，但实际上还是对此予以认可，只是未处理好两者之间的关系，从而出现了体系上的不协调或矛盾冲突。参见高铭暄、马克昌主编：《刑法学》（第9版），北京：北京大学出版社2019年版，第49－139页。

③ ［日］前田雅英：《刑法总论讲义》（第6版），曾文科译，北京：北京大学出版社2017年版，第19页。

总而言之，笔者采取的上述犯罪构成体系，遵循“从外部到内部”“从形式到实质”“从客观到主观”的顺序[①]，完全符合认定或判断犯罪的基本规律，具有科学合理性。

四、对相关质疑的回应

主张重构我国的犯罪构成体系的论者，对传统的“四要件体系”提出了种种质疑，笔者择其要者，在此予以反驳或回应。

（一）“四要件体系”没有将犯罪的实体区分为不法与责任因而就缺乏合理性吗？

“重构论”者否定“四要件体系”的一条最根本的理由是：“我国传统的四要件体系，并不是以违法与有责两个支柱建立起来的，而是以客观与主观两个概念构建起来的。”只有以违法与责任为支柱构建的犯罪论体系，才具有合理性。而“客观与主观的概念只是停留在描述上，导致按照四要件体系所进行的刑事司法单纯追求客观与主观的统一，而没有追求刑法的价值与目的”，因而，不具有科学合理性。[②] 对此，笔者作如下几点回应：

第一，德、日的以“三阶层体系”为代表的阶层式犯罪论体系，固然可以说是以不法（或违法）与责任（或有责）为基础建立起来的，我国的“四要件体系”也确实是以客观与主观为根基构建的，但这两种类型的体系都是对刑法规定的犯罪成立条件的解说，只是解说的形式或思维路径有所不同，立足点或侧重点不一。事实上，任何犯罪都是客观与主观、不法与责任的统一，并且犯罪的客观与主观、不法与责任这两方面（或两对范畴）之间有内在的不可分割的联系，只不过不同犯罪论体系在解释犯罪成立条件时，更注重从某一侧面论说而已，并不是无视或否定另一方面的存在。就“三阶层体系”来说，初创时期的学者将构成要件视为客观的、形式的、价值中立的行为类型，特别强调其客观性，认为构成要件有推定行为违法的机能，故意和过失则是责任的形式，是犯罪成立的主观要素。在传统的“三阶层体系”中，“违法是客观的、责任是主观的”观念显然是建立在犯罪包含客观与主观两方面要素的基础之上的。对是否具备犯罪成立条件的判断，“虽然区分了第一阶段的构成要件符合性的判断与第二阶段是否存在违法阻却事由的判断，但两个阶段都是违法性的判断”[③]，也都是从客观方面来作判断，只有第三阶段的有责性的判断，才是从主观方面作判断。“现在，基本上是严格区分违法性与责任，违法性与客观的行为与结果相关，责任则与主观的（内心的）情况相关。”[④] 虽然“四要件体系”是一种区分客观要件与主观要件，即建立在客观与主观概念基础上的体系，但传统的通说认为，客观要件重在揭示行为的社会危害性及其程度，也可以说是显现行为的侵害法益性或违法性，主观要件中所包含的故意与过失等主观心态以及行

① 参见［日］高桥则夫：《刑法总论》（第4版），东京：成文堂2018年版，第63页。

② 参见张明楷：《犯罪构成体系与构成要件要素》，北京：北京大学出版社2010年版，第25、49页。

③ ［日］井田良：《刑法总论的理论构造》，东京：成文堂2005年版，第1页。

④ ［日］前田雅英：《刑法总论讲义》（第6版），曾文科译，北京：北京大学出版社2017年版，第21页。

为主体的责任能力等内容，均是表明实施危害行为的人具有主观上的可谴责性或有罪过性之特性的。简而言之，客观的社会危害性或侵害法益性（违法性）与主观的罪恶性或可谴责性（有责性），二者统一（或齐备）才成其为犯罪。可见，“四要件体系”中犯罪的客观与主观的概念，同“三阶层体系”中犯罪的违法与责任的观念，表面上虽有差异，但所包含的内容基本相同，也就是客观与违法、主观与责任只有字词概念的差异，并无实质内容的不同。

第二，在德、日的阶层式犯罪论体系中，违法与责任的含义及其与构成要件的关系长期存在争议，始终处于不确定状态。古典的犯罪论体系对构成要件符合性与违法性进行纯客观的判断，将所有的主观要素（含故意、过失、目的等）纳入责任范畴。但新古典的犯罪论体系就初步打破了传统的“违法是客观的、责任是主观的”观念，将某些主观要素（如目的犯中的目的）纳入构成要件，使其成为主观的违法要素。目的行为论的犯罪论体系更是将故意从责任转移到构成要件，使之也成为主观的违法要素。这样一来，“违法是客观的、责任是主观的”传统观念也就被彻底推翻了。[①] 既然对违法的含义、违法性包含哪些要素，存在如此巨大的认识分歧，那么，如何区分违法性要素与责任要素本身就成为一个难题。况且，“实际存在的‘犯罪行为’是主客观浑然一体的，违法性与责任当然也具有连续性”，“将浑然一体的‘犯罪’完全二分为违法性要素与责任要素是不可能的”[②]。而按“三阶层体系”，还存在构成要件要素与责任要素区分的问题。今天的德国刑法学已经普遍认可“主观的不法构成要件”“构成要件故意”的概念[③]，甚至还有不少学者承认存在“构成要件过失”。这就导致原本容易区分的构成要件要素与责任要素也变得难以区分，并且会出现前文所述构成要件故意与责任故意的概念不协调甚至相冲突的现象，即可能得出有构成要件故意却成立责任过失的奇怪结论。翻开德、日学者的刑法教科书，不难发现同样是采取阶层式犯罪论体系的学者，在各自的教科书中对构成要件的要素、违法性的要素和责任要素包含哪些内容或要素的解说，存在巨大的差异，甚至可以说是各说各话。这种混乱现象也在一定程度上表明，所谓以违法与责任为支柱构建的犯罪论体系，并非一种理想完美的体系。

第三，建立在客观要件与主观要件基础上的犯罪构成体系的一大明显优势是，客观要件与主观要件容易区分。如前所述，客观要件是与行为相关的表现于外的客观事实特征，如行为、结果、因果关系等；主观要件则是隐藏于行为人内心的主观心理（含故意、过失、目的等），以及与责任能力相关的表明行为人的主观可谴责性或对罪责程度有影响的因素，如无辨认控制能力、辨认控制能力较低、未成年、老年等。由于行为的客观事实特征与行为人的主观心理状态，以及其责任能力等表明主观恶性的事实特征的界限十分清楚，因此，采取区分客观要件与主观要件体系的刑法学，如传统的英美刑法学、法国刑法学、苏联和我国刑法学，对犯罪的客观要件与主观要件的划分并无多大差异，并且，对这些要件的解释均具有简洁明了的特点。同时，都不否定客观要件重在揭

---

① 参见张明楷：《刑法学》（第6版），北京：法律出版社2021年版，第126页。

② ［日］前田雅英：《刑法总论讲义》（第6版），曾文科译，北京：北京大学出版社2017年版，第21、24页。

③ 参见［德］约翰内斯·韦塞尔斯：《德国刑法总论》，李昌珂译，北京：法律出版社2008年版，第81页。

示行为的社会危害性或违法性，主观要件突显行为人的主观恶性或有责性，因此，客观要件与违法性、主观要件与主观恶性（或有责性），实际上是融合在一起的，不可能分割开来。按笔者采取的前述犯罪构成体系，犯罪的成立分为两大部分，即肯定犯罪成立的一般条件与否定犯罪成立的特殊事由。前者由客观与主观两方面要件组成，具备这两方面的要件也就具备了犯罪成立的一般条件，意味着在形式上具有客观的危害社会性或侵害法益性、主观的罪恶性或可谴责性；后者是不成立犯罪的特殊例外，侧重于从实质上考察形式上（或表面上）符合犯罪成立的一般条件的行为，是否因存在某种特殊事由（如正当防卫等），而在实质上不具有危害社会（或侵害法益）的特性、不存在主观恶性（或可谴责性），从而否定犯罪的成立。

特别值得一提的是，德、日的三阶层犯罪论体系早期建构在客观与主观的概念之上，后来形成违法与责任的观念，特别注重违法与责任的区分，晚近又出现了向客观与主观方面倾斜的趋向。重要原因是越来越多的学者认可故意和过失是主观的构成要件要素，这样一来，构成要件要素就分为客观与主观两方面的要素，行为符合构成要件，实际上也就具备了犯罪成立的一般条件，而违法性和有责性两部分仅考察是否存在犯罪阻却事由。这种侧重点由违法与责任向客观与主观的转移，在一定程度上表明，我们的立足于或侧重于客观与主观两方面的犯罪构成体系，可能更具有科学合理性。

（二）“四要件体系”没有解决好归责问题因而是一种“没有归责的犯罪构成”吗?

“重构论”否定“四要件体系”的另一重要理由是：“四要件的犯罪构成体系没有很好地解决归责问题，是一个‘没有归责的犯罪构成’。”① “由于犯罪构成仅停留在客观与主观的层面，期待可能性的体系地位就成为问题”②，甚至可以说“期待可能性理论无所皈依”③。在笔者看来，这种指责也言过其实。

其一，虽然我国的“四要件体系”以客观和主观两方面的要件作为犯罪成立的基础，不像德、日的“三阶层体系”那样将“责任”（或有责性）作为犯罪成立的三大条件之一，但这并不意味着我们的犯罪构成是“没有归责的犯罪构成”。因为在我们的犯罪构成的四个要件中，犯罪主观方面和犯罪主体两个要件包含了德、日“三阶层体系”中“责任”的全部内容。如前所述，传统的“三阶层体系”将故意和过失视为责任的要件或形式，将无责任能力作为阻却责任的核心内容，而我们要在犯罪主观方面全面论述犯罪故意和犯罪过失，同时会在犯罪主体部分完整论述刑事责任能力的成立条件，以及无责任能力乃至责任能力减弱等情形。按我们的犯罪构成理论，即便是客观上实施了给社会造成严重损害的行为，但如是不是基于犯罪故意和过失而实施的行为，或者是因年幼或精神障碍而无刑事责任能力，也就不可能成立犯罪。

其二，按我国的通说，犯罪主观方面是与主观归责直接相关的要件，对判断实施危

① 陈兴良：《犯罪构成论：从四要件到三阶层》，载《中外法学》2010年第1期。

② 张明楷：《犯罪构成体系与构成要件要素》，北京：北京大学出版社2010年版，第26页。

③ 付立庆：《犯罪构成理论：比较研究与路径选择》，北京：法律出版社2010年版，第69页。

害行为的人是否具有主观上的罪恶性（或谴责可能性）起决定性的作用。作为犯罪主观方面核心要件的故意和过失，被统称为“罪过”。“罪过作为法律概念，是应受社会谴责的一种心理态度……罪过的心理内容，即具有识和意的心理要素，这是罪过的主观根据；罪过的规范内容，即应受社会谴责，这是罪过的客观标准。两者的有机统一，构成了完整的罪过概念，共同决定罪过的质（有或无）与量（大或小）。”“罪过的有无，决定行为人主观恶性的有无；罪过形式的不同，表明行为人主观恶性程度的差别。”[①] 这样的论述表明，四要件的犯罪构成体系不是仅注重犯罪客观方面行为的社会危害性，而无视行为人主观上是否具有可归责性（或应受谴责性），相反，将行为人行为时必须具有的主观心理上升为“罪过”，以表明行为人“主观恶性”的有无及程度的差异，也可以说是与“责任”（或归责可能性）的有无及轻重程度直接挂钩的。

其三，“在我国，由于学者们普遍认为责任能力是犯罪构成主体要件的组成部分，而犯罪主体又是构成犯罪的四方面的要件之一，所以，多把责任能力理解为责任要素或责任要件。”[②]“四要件体系”论者大多认为，这是因为“罪过责任原则要求犯罪主体必须具有刑事责任能力”（辨认和控制自己行为的能力），只有在其“具有辨认、控制能力时，知其不可为而为之或者知其应避免却不避免以至于危害社会的，才有所谓的罪过，才有应予谴责性可言”。同时，按现代刑法的罪责观念，若要“行为人对自己的不法行为及其结果负刑事责任，必须要求行为人在主观上有罪过，即具有可责备之处。……如果行为造成了损害却没有任何可责备的，则不能令行为人对其不法行为及其结果负刑事责任”[③]。从四要件犯罪构成理论对犯罪主体的解释不难看出，犯罪主体特别是作为其成立之核心要素的刑事责任能力，是与主观罪过密切联系在一起，共同揭示有无归责可能性（或非难可能性）乃至责任程度高低的，应当肯定，这已经比较好地解决了归责问题。

其四，认为“四要件体系”不能解决期待可能性的体系地位问题，这种担忧有一定的缘由。“因为对期待可能性的有无是根据客观事实（行为的附随情况）做出的规范判断，而不是基于行为人的心理状态得出的结论，但行为的附随情况又影响行为人的心理，所以，将其作为客观要件的要素并不合适，将其作为主观要件的要素也不理想。”[④]而我们的“四要件体系”是建立在客观与主观的概念基础之上的，将期待可能性放在客观或主观的要件之中，似乎均不合理。但正如日本的前田雅英教授所述，犯罪是主观与客观、违法与责任浑然一体的，将两者严格区分开来不仅不可能，而且也无这样的必要性。[⑤] 并且，如前所述，我们的“四要件体系”实际上是融客观与主观、违法与责任于一体的，只是侧重于前者，但并不排斥后者。按笔者采取的前述犯罪构成体系，分为肯定犯罪成立的一般条件与否定犯罪成立的特殊事由两大部分，由于对后者侧重于从实质

---

① 马克昌主编：《犯罪通论》（第 3 版），武汉：武汉大学出版社 1999 年版，第 316 页。

② 马克昌主编：《犯罪通论》（第 3 版），武汉：武汉大学出版社 1999 年版，第 252 页。

③ 阮齐林、耿佳宁：《中国刑法总论》，北京：中国政法大学出版社 2019 年版，第 155 页。

④ 张明楷：《犯罪构成体系与构成要件要素》，北京：北京大学出版社 2010 年版，第 26 页。

⑤ 参见［日］前田雅英：《刑法总论讲义》（第 6 版），曾文科译，北京：北京大学出版社 2017 年版，第 21、24 页。

上判断有无排除行为的社会危害性或否定行为人有谴责可能性的特殊事由，从而确定是否可能否定犯罪的成立，因此，将无期待可能性的情形纳入该部分阐述，就成为一种不会产生体系上不协调问题的合理选择。

（三）没有阶层的四要件犯罪构成定会带来诸多难以解决的问题吗？

"重构论"否定"四要件体系"的一个重要思想根源是，我国的"四要件体系"是平面式的，德、日的"二阶层体系"、"三阶层体系"或"四阶层体系"是阶层式的，阶层式的犯罪论体系优于平面式的犯罪构成体系。具体点说，我国的"犯罪构成理论体系体现了一种综合评价的特征，犯罪认定就如同一个'堆积木'的过程，把四大要件拼凑在一起即大功告成"[①]。这种体系"难以进一步细分为不法和责任。由于犯罪构成的四个要件只能综合起来发挥作用，否认'没有责任的不法'，便产生了诸多难以解决的问题。例如，不能说明对 13 周岁或者精神病患者的杀人行为能否制止或者防卫；不能合理地解决共同犯罪问题（如难以处理 17 周岁的甲为 15 周岁的乙入户盗窃望风的案件）"[②]。根本原因在于，"没有阶层的犯罪构成并不能为事实判断先于价值判断、客观判断先于主观判断、形式判断先于实质判断、定型判断先于个别判断这些人类社会的进步成果和科学经验在定罪过程中的适用，提供制度性的保障"[③]。笔者认为，这种观点也值得商榷。

首先，应当看到，我国的"四要件体系"确实不属于德、日的阶层式犯罪论体系，但这"本身并不是缺陷，这是我国体系在形式上的特点"[④]。"在我国刑法学通说的教科书中，将一个整体（总和）意义的犯罪构成分为四大块，并按犯罪客体、犯罪客观方面、犯罪主体、犯罪主观方面的顺序排列，逐次揭示各自的基本意义并相应诱导司法者遵此序列步骤分析案件，即在方法论上建立起一种'块块分割、逐块分析、综合评价'的犯罪认知思路，而在认识论上则形成'一无皆无，一有待定'的刚性要求。"[⑤] 正如前文所述，这种体系安排虽有进一步完善的必要，但简洁明了、基本合理，不能用德、日的阶层式体系取代。因为德、日的阶层式体系虽有对同一问题从不同层次的逐步分析解说，可能引导司法者对案件作出更全面更准确的判断，但也存在把简单的问题复杂化，在不同部分先后重复论述同一问题，且偏重理论体系逻辑的一贯性而忽视同犯罪作斗争的实际需要的缺陷。也就是说，我们的"四要件体系"与德、日的阶层式体系，各有自身的特点与优势，同时均存在缺陷与不足。

其次，不能忽视，犯罪构成体系只是解释或论说犯罪成立的思维模式或逻辑层次，合理解释刑法规定的犯罪成立条件，尽可能满足现实社会同犯罪作斗争的实际需要，是构建体系的宗旨。并且，不能把犯罪构成体系的功能夸大化。实际上，"关于犯罪阶层

---

① 周光权：《刑法总论》（第 4 版），北京：中国人民大学出版社 2021 年版，第 81 页。

② 张明楷：《刑法学》（第 6 版），北京：法律出版社 2021 年版，第 131 页。

③ 陈兴良：《犯罪构成论：从四要件到三阶层》，载《中外法学》2010 年第 1 期。

④ 肖中华：《我国现行犯罪构成（成立）理论总置评——为我国现行犯罪构成（成立）理论的辩护》，载刘宪权主编：《刑法学》（第 4 卷），北京：北京大学出版社 2007 年版，第 108 页。

⑤ 冯亚东：《对我国犯罪构成体系的完善分析》，载《现代法学》2009 年第 4 期。

体系的效用……德国刑法学者雅科布斯认为区分犯罪构成要件该当性、违法性和有责性，或区分不法和罪责，都是没有意义的，归根结底，只是一个行为人到底要不要负责的问题”。这样的“质疑的确道出一个事实，那就是无论何种形式的犯罪构成理论，都是为了解决一个问题，即一个行为在刑法上是否可罚”①。无论采取何种类型的体系，只要能实现这种宗旨即可。不能认为只有阶层式的犯罪论体系，才能科学合理地解释刑法的规定，实现这种宗旨。否则，无法解释除俄罗斯和东欧一些国家外，还有许多英美法系国家、欧洲大陆的法国等国的学者，现在大多依旧采取区分客观要件与主观要件的犯罪成立体系，而不采取德、日的三阶层等阶层式犯罪论体系。

最后，毋庸置疑，“四要件体系”与三阶层等阶层式体系都力求科学合理地解释刑法的规定，加上人类对犯罪认识的共同性，决定了对绝大多数犯罪问题的解释结论基本上是相同的。但是，即便是同一种体系内的不同解释者，对同一问题也可能会有不同认识。因此，“四要件体系”与“三阶层体系”对同一问题的解释出现差异，是很正常的现象。不能认为采取“四要件体系”就只会得出某种不合理的结论，而只有采取“三阶层体系”才能得出科学合理的结论。

先以“重构论”者上述因“四要件体系”否认“没有责任的不法”，而“不能说明对13周岁或者精神病患者的杀人行为能否制止或者防卫”的例子为例。众所周知，我国刑法学界对此有肯定与否定两种不同主张。否定论者认为，对不法（或违法）行为应作主、客观的综合评价，由于无责任能力人无违法性意识，其侵害行为不属于不法侵害，因而不能对之实行正当防卫。但肯定论者认为，违法不包括行为人主观方面及其责任能力的内容，只要行为人的行为对法律所保护的权益有现实的危害性，就属于不法侵害，即可对之实行正当防卫。② 实际上，在“三阶层体系”下，主观的违法论者大多持与前者（否定论）相似的主张，而客观的违法论者则往往站在与后者（肯定论）相同的立场上。由于我国的通说强调行为的社会危害性（或侵害法益性）是主、客观相统一的，因此，否认“没有责任的不法”，当然的结论是无责任能力人的侵害行为不是不法侵害。若不允许对其实施的杀人行为实行正当防卫，那么，被侵害者的生命权利就得不到保障，这是客观的违法论者批驳否定论的重要理由，也是我国的“重构论”者用来否定“四要件体系”的一个实例。但是，在笔者看来，“四要件体系”的这一通说即便与“三阶层体系”的通说（客观的违法论）结论不一，也不能说这是“四要件体系”本身带来的问题。因为在这种体系下还可能作其他的解释（也有论者持不同于通说的肯定论），在“三阶层体系”下不是也还有不少学者持不同于通说的主观违法论而得出否定结论吗？况且，否定论可能更具有合理性。因为将一个无责任能力人年幼无知的举动或病态的反应，评价为“违法”甚至“犯罪”，这与民众的观念不符；在明知对方是无责任能力人，本来可以躲避而不用进行反击的条件下，却主动反击给无责任能力人造成重大伤害，而将这种行为视为正当防卫，把反击者从正面评价为勇于同不法侵害作斗争的“英雄”，其合理性何在？但如果不知道侵害者是无责任能力人，或者不能用躲避等其他方法避免侵害，通说认为可以实行正当防卫；笔者主张，可以分别视为假想防卫或紧急

① 车浩：《阶层犯罪论的构造》，北京：法律出版社2017年版，第105－106页。

② 参见高铭暄、马克昌主编：《刑法学》（第9版），北京：北京大学出版社2019年版，第129页。

避险，对紧急避险者和无过失的假想防卫者，均不追究刑事责任。[①] 这样处理，就足以使被侵害者的权益得到有效保护，并更具有解释上的合理性。

再以“重构论”者所举的“四要件体系”不能合理解决共同犯罪问题的例子为例。“重构论”者认为，因“四要件体系”论者不区分违法与责任的阶层，没有意识到共同犯罪只是不法（或违法）形态，故不能合理地解决共同犯罪问题，如难以恰当处理 17 周岁的甲为 15 周岁的乙入户盗窃望风的案件。由于按传统的通说，有责任能力的甲与无责任能力的乙不能构成共同犯罪，在乙盗窃财物数额巨大的场合，对甲不定罪处罚不合适，对甲单独定盗窃罪也不合理。但如果按阶层式犯罪论体系的解释，甲与乙在违法阶层成立共同犯罪，只是在责任阶层，乙因无责任能力而不受刑罚处罚，但甲有责任能力应受刑罚处罚。[②] 可是，这种解释与我国刑法关于共同犯罪的定罪处罚规定明显不符；事实上，也并非只有按阶层式犯罪论体系和区分正犯与共犯的区分制的观念作这样的理解，才能合理解释共犯问题。如果能正视我国刑法采取的不同于德、日区分制的单一正犯体系，根据我国刑法的规定和单一正犯理论，虽然甲与乙不构成共同犯罪，且乙因无责任能力依法不负刑事责任，但不能否定他们共同参与了盗窃。尽管甲只是在门外望风，由于盗窃数额巨大的结果也是甲与乙共同参与盗窃的结果，作为参与者的甲无疑应对该结果负责；加上其有帮助他人盗窃的行为和故意，具备盗窃罪的构成要件，对其以盗窃罪定罪处罚，不存在解释论上的任何障碍或问题。[③]

五、结语

犯罪构成（或犯罪成立）体系是刑法学的根基。没有科学合理的犯罪构成体系，就不可能有高质量的刑法学。构建科学合理而又有中国特色的刑法学体系，是新中国成立后老一辈刑法学家们的梦想。在学习借鉴苏联犯罪构成体系并融入一些中国元素的基础上形成的新中国刑法学体系，尽管在科学合理性与中国特色两方面都还有较大的需要改进的余地，但发展的方向是正确的。进入 21 世纪之后，不少中青年学者完全仿照德、日的犯罪论体系及其刑法学模式，来构建自己的刑法学体系，在笔者看来，即便这种仿照的体系具有科学合理性，但因为没有中国特色，仍然不是一种理想的选择。况且，德、日的犯罪论乃至刑法学体系也存在缺陷或不足，并有一些不适合于我国的特殊性。而我国又是一个有几千年文明历史和独特的法律文化传统的大国，有我们自己的国情，且有不同于西方国家的刑事立法和刑事司法经验，当然应有我们自己特色的刑法学体系。在我们现有的传统刑法学体系的基础上对之加以改造和完善，无疑是构建和发展科学合理的中国刑法学体系的最佳路径。

---

① 参见刘明祥：《刑法中错误论》，北京：中国检察出版社 1996 年版，第 111 页；刘明祥：《紧急避险研究》，北京：中国政法大学出版社 1998 年版，第 130 页。

② 参见张明楷：《共犯的本质——“共同”的含义》，载《政治与法律》2017 年第 4 期；周光权：《阶层犯罪论及其实践展开》，载《清华法学》2017 年第 5 期。

③ 参见刘明祥：《论犯罪参与的共同性：以单一正犯体系为中心》，载《中国法学》2021 年第 6 期。

符号学视野下的刑法解释

庄　劲*

一、刑法与解释的悖论

“所有法律规范都必须解释”这一法哲学原理，已为刑法学界普遍接受。但法解释学在刑法领域遇到了特殊的困难：刑法以罪刑法定为原则，禁止司法造法，而解释作为司法过程，往往被视为“创造性的精神活动”①。这样，“刑法解释”成为一个悖论性概念，它包含了“刑法”追求的保守性和“解释”具有的创造性的矛盾。该矛盾表现为五方面：(1) 法律主义悖论。法律主义要求，凡犯罪与刑罚须为最高立法机关颁布的法律规定。但法解释学认为，所有法律语言都存在“开放结构”，即概念外延的边缘地带都是模糊和开放的，需要解释加以填补。② 这样，犯罪与刑罚就不可能完全由法律规定，起码在“空缺”部分需由法官续造。同时，刑法学理承认“空白刑法”或“空白罪状”的概念，认为需根据相关的行政规范填补空白，但这些补充规范很多属于非法律的行政法规及部门规章。这样，若填补刑法空白，便违反法律主义；若坚持法律主义，刑法便无法适用。(2) 事后法悖论。罪刑法定禁止事后法，裁判规范原则上须在案件发生前生效。但法解释学认为，法律文本只有抽象、空洞的概念，必须借助具体的案件事实，目光往返流转于案件事实与规范文本之间，才可能具体化为裁判规范。③ 因此，刑法的构成要件并不指涉实际的案件，只是充满了潜在性，而案件是具体的，具有现实性，法官所追求的裁判规范是介乎二者之间的东西，故“解释是构成要件与案件事实之间的相互展开”④。我国权威学者也认为，刑法解释“必须心中充满正义，目光往返于事实与规范之间”⑤。问题是，若裁判规范须观照于案件事实，它们只可能生成于案件之后，便是不折不扣的事后法了。(3) 漏洞悖论。解释让法学家感到兴奋的一个重要功能是漏洞

---

* 中山大学法学院教授、博士研究生导师。

① Larenz/Canaris，Methodenlehre der Rechtswissenschaft，Springer，Aufl. 1995，S. 166

② Hart，The Concept of Law，Clarendon Press，Oxford，Aufl. 1986，p. 12

③ Müller，Strukturierende Rechtslehre，Duncker & Humblot，Berlin，Aufl. 1984，S. 336.

④ Hassemer，Tatbestand und Typus，Heymann Verlag，Köln，Berlin，Bonn，München，Aufl. 1968. S. 94.

⑤ 张明楷：《刑法分则的解释原理》，北京：中国人民大学出版社 2004 年版，序言。

填补，法律漏洞是不可避免的，以解释填补漏洞成为保持法律生命力的手段。以往的理论将法官填补漏洞的方法称为法律续造，以区别于法律解释，但现在人们认为，二者并无本质区别，“法律解释就是广义的法律续造”①。“解释者必须通过罪刑法定原则所允许的合理解释方法，减少刑法上的漏洞。”② 问题是，既然漏洞是法律规定的，若有填补，必然是“法定”之外的。因此，“漏洞填补涉及的不是法律发现，而是法律制定”③。这样看来，凡属漏洞填补的解释，必然存在司法造法。（4）明确性悖论。明确性是罪刑法定主义的实质侧面，强调刑法规定必须明确清晰，不得模糊。但法解释学认为，法律语言的模糊性是不可避免的，“法律中除了数字，一切都是模糊的”④。解释的重要机能就是澄清这种模糊性，“刑法解释的目的在于使法律的意义清晰化”⑤，亦即“解释乃是一种媒介，借此，解释者将他认为有疑义的文字的意义，变得可以理解”⑥。既然所有刑法规范都需要解释，这就意味着所有规范都是模糊的。于是，在法律解释的前提性预设中，本身就包含了对明确性原则的背离。（5）类推悖论。罪刑法定禁止类推，但当代法解释学却认为，抽象式的概念思维对法律是不适用的，因为人们无法穷举构成要件的全部特征，应采取类型式思维，即以一些主要特征来描述构成要件的整体图象，通过案件事实与类型图象间相似点的比较，从而达成解释。⑦ 刑法解释不再是构成要件对具体案件的“涵摄”，而是借构成要件的类型特征而与案件事实之间进行类比，故“解释的过程就是一个类推的过程”⑧。有刑法学者甚至坦言，“重要的法律事实绝不可能完全相同，法学家的职责就是在发现相同点和不同点，即进行类推……这样的类推是不能被禁止的”⑨。

可见，几乎所有当代法解释学的原理，都在挑战着罪刑法定。在本文看来，冲突的原因在于，现行法解释学奉行错误的符号学预设——“意义发现论”，以为意义是隐藏于符号下面的客体，符号解释的任务不过是对既在的意义之发现。

这种“意义发现论”源于人们的符号直觉，即符号形式与意义间的“同构”（isologie）现象：认识一个符号形式，必然要认识其意义，而谈论某种意义，必然要运用它隶属的符号形式，“二者总是以不可觉察和不可分离的方式‘胶合’在一起”⑩。这易使人以为，意义不过是隐于符号之中的东西。这种直觉也体现于“解释”的语源和构词法上。在德语法学文献中，“解释”常用的单词是 Auslegung 和 Interpretation。Interpretation 与英语“解释”之单词同形，二者均源于拉丁语名词 interpretior（动词为 inter-

---

① Alexy，Studien zur Rechtsphilophie，Suhkamp Verlag，Frankurt a. M.，Aufl. 1995，S. 91.

② 张明楷：《刑法分则的解释原理》，北京：中国人民大学出版社 2004 年版，第 92 页。

③ Rüthers，Rechtstheorie，Verlag C. H. Beck OHG，München，Aufl. 2002，Rn. 883.

④ Kaufmann，Rechtsphilosophie，Verlag C. H. Beck OHG，München，Aufl. 1997，S. 124.

⑤ Welssels/Bulke，Strafrecht Allgemeiner Teil，C. F. Müller，Aufl. 2010，S. 15.

⑥ Larenz/Canaris，Methodenlehre der Rechtswissenschaft，Springer，Aufl. 1995，S. 133.

⑦ Kaufmann，Analogie und “Natur der Sacher”，Decker & Müller，Heidelberg，Aufl. 1982，S. 39.

⑧ Hassemer，Tatbestand und Typus，Heymann Verlag，Köln，Berlin，Bonn，München，Aufl. 1968. S. 118.

⑨ Stratenwerth/Kuhlen，Strafrecht Allgemeiner Teil，Band I，Carl Heymanns Verlag，Aufl. 2004，2/Rn. 32.

⑩ ［法］巴尔特：《符号学原理》，李幼蒸译，北京：中国人民大学出版社 2008 年版，第 5 页。

pretor)。前缀 inter 在拉丁语中有“在……里面”的意思，词根 pret 有“说话”的意思，故其本义是“把某物里面的东西说出来”。在 Auslegung 中，aus 源于拉丁语前缀 ex-，是“从……（里面）出来”的意思，legung 源于动词 legen，有“平放、铺设”的意思，其本义就是“从某物里面取出来陈列于眼前”。可见，古人均朴素地认为，解释就是把隐藏于符号内的意义显露于外的活动。

符号直觉也深刻地影响了法学。人们认为，“解释的标的是‘承载’意义的法律语符……解释就是将包含于语符之中而被遮掩住的意义，分解、摊开并予以说明”①。在这种观念的推导下，各种解释理论纷纷致力于揭示符号的形式与意义之间的客观联系。例如，原意论认为，“法律解释就是重构蕴藏于法律中固有的立法者的观念”②。这就是将立法者的思想（它对解释者而言是客观的），作为符号形式与意义之间的联系。又如，生活语义论认为，刑法解释必须以人民的日常生活语义为界限。③ 这样，日常语义便成了符号形式与意义之间的中介，文本必须遵循生活语义的“通道”才能抵达意义。再如，体系论认为，刑法是诸多规范的结合而形成的体系，各规范要素交织而形成体系网络，解释必然受到“结论应符合体系”要求的约束。④ 这种结构主义的观点认为，法律内部存在复杂而精密的关系，符号可通过这些关系的交织而锁定意义。上述观点虽立场各异，但均确信凭借某种客观联系，便可从符号形式抵达意义，建构出客观的解释学。

然而，直观的判断未必是正确的判断。既然符号形式与意义是一体的，其作者也是一体的，那么谁写下了文本，谁便确定了法律意义，解释的机能只能是对意义的“发现”。于是，解释天然具有的创造性与罪刑法定所要求的发现性，构成了一系列貌似不可调和的矛盾。

要破解悖论，就必须检讨“意义发现论”，重新审视法律文本与意义之间的关系。本文拟通过符号学的分析，区分“法律文本”与“法律意义”两个概念，进而提出“意义建构论”——立法者只能确定法律文本，但不能由此锁定法律意义，因为后者是解释者建构的；但文本并非毫无作用，它通过解释者之间的交往关系，实现对解释任意性的制约。这样，本文意图通过以法律文本为纽带的解释者共同体，使解释的创造性与罪刑法定要求的客观性得以共融，从而消解刑法解释的悖论。在本文第二部分，笔者将以“符号三元论”为基础，描述刑法符号的“三元结构”，指出法律文本与意义间的断裂关系，提出对“法律主义悖论”和“事后法悖论”的解决。在第三部分，以符号的元语言理论为基础，讨论作为符号解释“前理解”的刑法元语言，论证解释的创造性，并借此解决“漏洞悖论”。在第四部分，以哈贝马斯的“商谈哲学”为基础，论证解释的“主体间性”，指出解释的标准是社会共同体成员间理性商谈的共识，最后根据这种主体间的关系，解决“明确性悖论”。

---

① Larenz/Canaris，Methodenlehre der Rechtswissenschaft，Springer，Aufl. 1995，S. 134.

② Savigny，System des heutigen Römantischen Rechts I，Veit und Comp.，Berlin，Aufl. 1840，S. 213.

③ Baumann，Die natürliche Wortbedeutung als Auslegungsgrenze im Strafrecht，MDR，Aufl. 1958，S. 395.

④ Jakobs，Strafrecht Allgemeiner Teil，Walter der Gruyter，Berlin，Aufl. 1991，S. 85 ff.

二、刑法的符号结构与解释

（一）刑法符号的结构

法律文本与法律意义是何种关系？这是法律解释学的核心问题。文本是符号的组合，解释法律文本就是解释文本中的符号，要回答上述问题，便必须考察法律符号的结构。

如果符号的形式与意义间存在确定、客观的联系，为什么符号的意义会随时间的推移而变化呢？对此，结构符号学鼻祖索绪尔（Saussure）敏锐地指出，符号形式与意义间的联系是主观的。他提出了"符号二元论"，将语言符号分解为二元结构：能指和所指。[①] 前者代表符号的书写形式或声音形象，后者代表符号指向的概念，如在英语单词"bull"中，四个字母"b-u-l-l"即为其能指，其所指是"公牛"的概念。索绪尔指出，某一所指对应的能指并非必然的，如"公牛"的概念在法语中是 bœuf，在德语中是 Ochs，不同的文化可能赋予同一所指完全不同的能指。于是，索绪尔提出了著名的符号"任意性原则"，即符号的能指与所指的关系具有任意性，某一符号的能指对应何种所指，除了受制于社会的约定俗成，并不存在任何必然的联系。这被认为是符号学的重要发现，它意味着，符号的形式（能指）与意义（所指）之间的联系并非客观、确定的，而是主观、变化的，它是"我们脑子里的连接"，伴随时间的推移而有"可变性"[②]。但这种二元论仍有不足，它未能考虑符号与具体事物的关系，也未明确符号结构中解释者的作用。

后来，美国著名符号学家皮尔斯（Peirce）提出了三元论，指出符号由"表现体（Representatum）—对象（Object）—解释项（Interpretant）"三端组成。[③] 在皮尔斯那里，索绪尔的"能指"变成"表现体"，即符号的形式；"所指"则分解为"对象"和"解释项"，前者是符号意指的具体对象，后者为符号引发的思想。解释项就是符号的意义，它是观念性的，是解释者头脑中的心理事件。[④] 解释项被称为"皮尔斯的妙笔"[⑤]，因为解释项完全依靠解释者的阐发能力，这样就把符号表意的重点从符号形式与对象转移到了解释这一端，给予了符号表意展开延续的潜力。

美国学者理查兹（Richards）和奥格登（Ogden）进一步完善了三元论，他们在《意义的意义》这本被称为"20 世纪最重要的语义学著作之一"的书中，提出了著名的"语义三角论"（见图 1），将皮尔斯的三端分别称为"符号形式（Symbol）—所指对象（Referent）—思想/指称（Thought/Reference）"[⑥] 但与皮尔斯的结构不同的地方在于：

---

① 参见［瑞士］索绪尔：《普通语言学教程》，高名凯译，北京：商务印书馆 2009 年版，第 100 页。

② ［瑞士］索绪尔：《普通语言学教程》，高名凯译，北京：商务印书馆 2009 年版，第 100 页。

③ Peirce, *Collected Papers of Charles Sanders Peirce*, vol 2, Harvard University Press, 1931 - 58, p. 228.

④ Eco, *The Role of the Reader*, Indiana University Press, 1979, p. 183

⑤ 赵毅衡：《符号学：原理与推演》，江苏：南京大学出版社 2011 年版，第 97 页。

⑥ Ogden & Richards, *The Meaning of Meaning*, Harcourt Brace Jovanovich, 1989, p. 11.

其一，三角形的底端是虚线。这条虚线的意思是，“在符号形式与所指对象间除了间接关系别无任何关联，这种间接关系表现为是人用它来代表所指对象”[①]。换言之，符号形式与所指对象之间并无直接的联系，二者必须以主体的思想为中介。其二，“思想/指称”进一步发扬了“皮尔斯的妙笔”，它强调了符号意义两方面的属性：一方面，它是符号使用者的思想，具有主体性；另一方面，它的机能在于指称，即将符号形式与所指对象相联结，使前者能够指称后者。这样，符号结构就是符号的指称结构，解释者处于结构的中心——没有解释者，符号就无法指称任何对象，也就无所谓意义了。

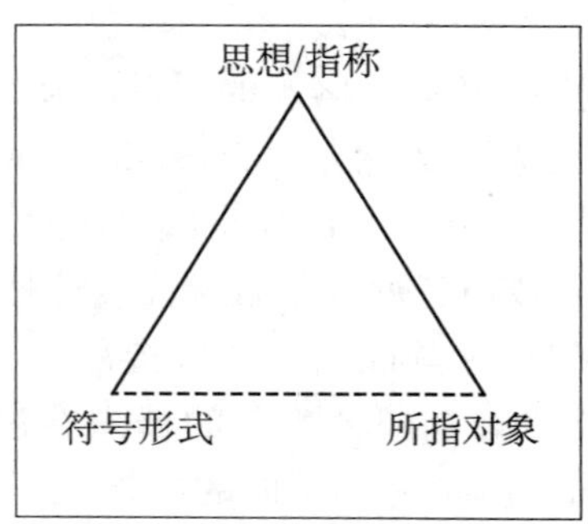

图 1　语义三角

刑法总要表现为文字符号，它同样包含了理查兹和奥格登所描述的“语义三角”结构。解释刑法，就是为了将刑法符号的集合——法律文本，适用于所指对象——具体案件。但“徒法不足以自行”，文本和案件本是分立的客观存在，二者并无天然联系，要将前者与后者联结，须依赖于原意理解和应用法律的人——解释者。但是，解释者无法将文本与个案直接联结。因为法律是抽象的，个案总是具体的，二者不能直接等同；同时，若将符号直接指涉于个案，便成了就事论事式的同义反复，算不上法律解释。解释者必须在文本与个案之间构建一个“共相的中介”。符号学大师艾柯（Eco）指出，“符号主要不是与一具体的事态相连，而是与一般性的内容相连，符号所表达的概念总是一个类群”，因而“符号关系总是存在于类型（type）之间，而非个别（token）之间”[②]。艾柯的意思是，符号的意义指向不可能是一个单独的对象，而是普遍的类型。类型性在法律上更为典型，因为法律总是关切作为类型的生活事实，文本不可能仅指向个案。因此，法律解释并非简单地将符号与个案联结，而是为了实现该种联结，从所有相关的个案中归纳出具有类型特征的共相，将其作为文本与个案的连接枢纽，这个“共相的中介”就是法律的意义。例如，解释《刑法》第 264 条（盗窃罪）的“财物”，我们首先会联想到生活中各种可被偷的东西，这些东西就是符号结构中的“所指对象”；但法律解释不可能停留于对所指对象的列举，法学家归纳出“作为共相的中介”，即从对象中归纳出“可能被偷的东西”的共性，如有经济价值、可被占有、体现所有权、属于动产等等；最后，将这些共性与符号相联结，作为“财物”与“各种可被偷的东西”之间的中介，形成“财物”的概念，即符号的意义。这样，“法律文本—具体案件—法律意义”

① Ogden & Richards，*The Meaning of Meaning*，Harcourt Brace Jovanovich，1989，p. 11.

② Eco，*Semiotics and the Philosophy of Language*，Indiana University Press，1984，p. 44.

便构成了刑法的语义三角结构（见图 2）。这个三角形包含了三个要素和三种关系。

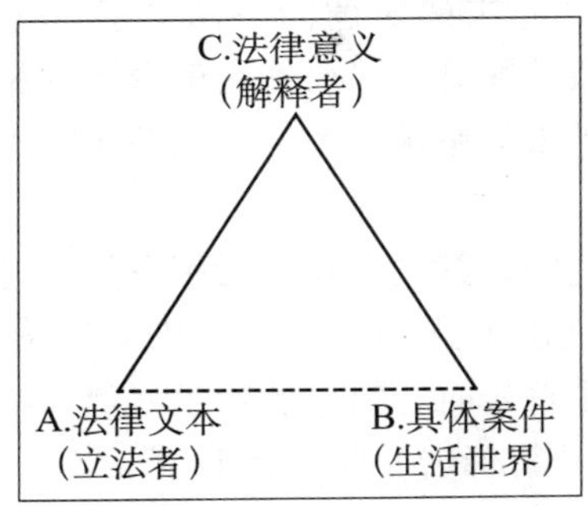

图 2　刑法的符号三角

（1）法律文本，即法律符号的组合。它为立法者所制定，包括文字符号和标点符号，常表现为刑法典及单行刑法等文本之整体或局部。

（2）具体案件，即生活世界中发生的案件。根据文本指称的不同，可以是案件的整体，也可以是案件的局部，包括人、行为、事物、法律后果等等。

（3）法律意义，包括法律符号的概念（实词符号），以及概念之间的关系（虚词符号、标点符号），是解释者对法律文本与各种具体案件指称关系的抽象。符号意义的形成产生了三方面的机能：一是指涉机能，使法律符号得借此适用于具体的个案；二是抽象机能，将符号与无数个案间的指称关系抽象、归纳，并将其相对地固定下来；三是惯性机能，将来遇到类似的个案时，可依“惯性”将符号指涉于案件，避免重复做功。法律意义是解释者的规范观念，也是三角结构的中心，正是它使得法律文本得以与生活世界联系，产生一体遵循的效力。

（4）A—C 实线，即二者是直接关系，任何法律意义都是对文本的主观反映。

（5）C—B 实线，即二者为直接关系，法律意义总是从个案中归纳的共性。

（6）A—B 虚线，表示二者无直接关系，即文本必须借助于解释者阐发的意义才可能适用于具体案件，文本与案件的联系并非客观的，而是主观的。

（二）文本、意义与“法律”

1. 文本与意义的区分

在刑法符号的三元结构中，由于法律文本与法律意义存在“同构”现象，区分二者比较困难，需要进一步讨论二者的区别：

其一，文本属于客观范畴，意义属于观念范畴。文本一经颁布，便成为白纸黑字的客观存在；而意义不同，它是符号中的“解释项”，是“思想”，是人解释文本后产生的规范观念。法哲学与刑法学都普遍承认，法典会随社会生活的发展而流变。① 但既然法典未曾改变，何以法律会改变呢？考夫曼（Kaufmann）认为，法律文字只是解释的起点，法律意义才是解释所追求的东西，二者是有区别的概念，故“不变的是法律文字，

① Kaufmann，Rechtsphilosophie，Verlag C. H. Beck OHG，München，Aufl. 1997，S. 39.

发展的是法律意义”。但什么是法律意义呢？考夫曼没有明确定义，但他暗示，这是一种超乎文字形式的“精神”[①]。考夫曼所谓的法律文字，其实就是法律文本，而文本只是客观存在，无所谓精神，故法律意义只可能是解释者的精神。所以，法律流变其实是观念的改变，生活发展改变了人的精神，改变了人关于文本与案件的指称观念，从而表现为法律的流变。

其二，文本是立法者制定的，意义是解释者阐发的。意义取决于人的观念，但它不可能是立法者的观念，因为立法者死去后，意义仍会继续发展。“符号本身不‘意指’任何事物，只有当思考者使用符号时，符号才代表任何事物，或在某种意义上，才具有‘意义’。”[②] 符号的思考者就是解释者。没有解释者，文本只是一堆铅纸混合物，不会产生任何意义；只有解释者的介入，才会产生将文本与生活联结的思想，才会产生评价、指引等规范功能。

其三，文本与案件是间接关系，意义与案件是直接关系。如果没有人的规范观念，文本与案件只是毫不相干的一堆纸张和一堆行为，不会有任何关系。案件只有在进入人的经验视野，并被认为需要刑法去调整时，才会被抽象化，进而与刑法文本联结。换言之，文本与案件是通过人的思想而达成联系的，这个思想就是文本向人显现的意义。

其四，文本有限，但意义无限。文本是有限的符号组合，但意义可以无限衍生。皮尔斯指出：“解释项总要变成另一个新的符号，以至无穷，符号就是我们为了理解别的东西才了解的东西。”[③] 此拗口句子的意思是，解释项——符号的意义——总要表达为新的符号，而新的符号又会有新的意义，这是一个无限衍生的过程，此即学理所谓符号“无限衍义”机能。为避免同义反复，任何法律符号都要用其他的符号来解释，但这些符号同样需要再解释，于是又需要更多的符号，这是无限发散的过程。无限衍义机能给予刑法文本强大的延展能力，使单薄的文本在面对波澜壮阔的社会生活时，仍能从容不迫、开合自如。

其五，文本是独立的，但意义具有语境性。文本是凝固了的符号，不会因案件而改变，但其意义不同，它取决于解释者对应用语境的预想。维特根斯坦指出，“一个词的意义是它在语言中的用法”[④]。这里的“用法”，就是语词的应用语境，只有将语词置于具体的应用语境中，才能确定其意思。虽然意义都是类型性的共相，但它必须建立在对案件应用全面的预想上，否则便不可能有周延的归纳；同时，如果新型的案件超出了之前的预想，文本便可能需重新解释。因而哲学诠释学认为，符号应用并非解释之后的偶然环节，而是一开始就支配了解释，“为了理解文本，解释者一定不能无视他身处的具体诠释学境遇”[⑤]。如果说“无限衍义”赋予了意义无穷的发展可能，那么语境性赋予了这种发展真正动力。因为，伴随实践中案件形态的不断涌现，解释者对应用语境的预想也不断丰富，从而推动意义不断发展。

① 徐育安：《刑法上类推禁止之生与死》，春风煦日论坛 1998 年版，第 88 页。

② Ogden & Richards, *The Meaning of Meaning*, Harcourt Brace Jovanovich, 1989, p. 9.

③ Peirce, *Collected Papers of Charles Sanders Peirce*, vol 2, Harvard University Press, 1931－58, p. 303.

④ [英] 维特根斯坦：《哲学研究》，陈嘉映译，上海：上海世纪出版集团 2001 年版，第 25 页。

⑤ Gadamer, Wahrheit und Methode, Band I, J. C. B. Mohr, Tübingen, Aufl. 1990, S. 329.

由此可见，法律文本是立法者规定的固定而有限的客观符号形式，而法律意义是解释者根据对案件应用语境的预想而抽象的、可无限发展的规范性观念。因此，立法者只能确定法律文本，但无法确定——尽管可制约（见第四部分）——法律意义。

2. “法律”与“法律主义悖论”、“事后法悖论”

通常，人们使用“法律”这一符号时，既可能指法律文本（如“立法机关颁布了法律”），也可能指法律意义（如“裁判应符合法律”）。“法律主义悖论”的根源在于，人们混淆地使用了这两种“法律”概念。那么，法律主义的“法律”是指法律文本还是法律意义呢？法律主义强调与立法权的关联性，即刑法须为最高立法机关所创制，以此排斥司法造法；同时，它强调法律的成为性质，以排斥习惯法。由此看来，法律主义强调的是对文本的规定性，而非对意义的规定性。同时，根据符号学规律，立法者只能规定文本，没有——也不可能——禁止司法对法律意义的阐发。因此，法律主义的“法律”，是指文本而非意义。法律主义也可表述为：“规定犯罪及其后果的文本须为最高立法机关制定。”而法解释学上所谓的对法律的补充或续造，其“法律”是指意义而非文本。因为这种补充与续造，并非要修改文本，而是要完善对同一文本的理解。如法官对语言“开放结构”的补充，其实是对符号意义多元可能之确定；对空白刑法的补充，不过是根据行政规章来解释文本的意义，所谓补充规范只是在补充法律的解释与意义。法解释学的“补充与续造”都是针对意义而言的，并没有创造或修改文本，故不违反法律主义。因此，“法律主义悖论”只是形式的悖论：法律主义要求立法机关对法律文本的垄断，而解释者续造的是法律意义，虽然二者皆被称为“法律”，但并非同一概念，故并不矛盾。

同理，罪刑法定所禁止的事后“法”，是指法律文本，而非法律意义。在“类型理论”中，所谓“实质意义的法律（或称具体的裁判规范）须经解释者——在法律规范与生活事实间目光往返流转——而生成”[①]，其实恰恰印证了刑法符号的三角结构。作为解释起点的“法律规范”，就是立法者制定的法律文本；“生活事实”，就是生活世界中的具体案件；作为结论的“实质意义的法律（具体的裁判规范）”，就是解释者阐发的法律意义。因此，解释者根据案件事实而具体化所得的“法律”，并非法律文本，而是法律意义，并未违背“禁止事后法”原则。

三、刑法解释的创造性

刑法解释可否填补法律漏洞，取决于解释能否具有创造性。而解释是否具有创造性，须明确支配符号解释的因素及其作用。对符号学而言，这属于元语言的问题。

（一）符号解释的元语言

符号解释中控制意义构建的规则，就是符码（Code）；符码的集合，即为元语言（Metalanguage）。简言之，符号的元语言就是控制符号意义构建的规则体系。[②] 解释者

① Müller, Strukturierende Rechtslehre, Duncker & Humblot, Berlin, Aufl. 1984, S. 336.

② 参见赵毅衡：《符号学：原理与推演》，南京：南京大学出版社 2011 年版，第 227 页。

总是带着元语言来理解文本，并据此构建文本的意义。元语言相当于现象学—诠释学上的“前理解”概念。在海德格尔（Heidegger）看来，人要把握自身与世界的存在，必须通过理解，而理解是对自我存在的体验。[①] 一方面，人是“此时之在”，即人是由过去的历史所给予的并对将来无限开放的存在，要理解存在，须根据先行具有的历史传统赋予的经验；另一方面，人是“在世之在”，即人是由生活世界所结构的存在，要理解存在，须根据先行具有的对世界的体验。这种先行具有的、决定了存在理解的经验，就是理解的前结构，它不是理解的障碍，而是理解得以展开的根据。在伽达默尔（Gadamer）那里，这种前结构被称为“前理解”。他认为，任何对文本的理解，都建立在对文本意义预期的基础上，没有意义预期，理解就无从展开。“谁想理解某个文本，谁总是在完成一种筹划……作出这样一种预先的筹划，就是对这里存在的东西的理解。”[②]前理解是历史传统所决定的意识，没有这种历史赋予的意识，人就不可能理解当下的文本，因而前理解是解释的必要条件。可见，在诠释学属性上，法律符号的元语言就是一种“前理解”经验，它支配了法律解释的方向和意义的生成。

法律解释的元语言并非无序的经验集合，而是有层次的结构，它可以分为三个层面：

1. 背景性元语言

任何解释都不可能一蹴而就，它总是先根据一般的文字与文化常识，对文本形成初始的模糊的意义轮廓，然后与深层次的经验关联，推进解释的深度、广度。背景性元语言正是这种常识性经验，包括两方面：

（1）生活语义经验。

刑法符号总要通过生活语言来记述，要理解刑法，首先须具备关于生活语言的知识，即生活语义经验。此亦即传统解释方法论中语义解释的基础所在。

（2）规范文化经验。

刑法是补充法，要维护整体法秩序，必然涉及大量其他法规范的内容。刑法通过规范性要素、空白罪状在文本中建立了大量与其他法规范联结的“符号隧道”。要理解这些“符号隧道”，如“配偶”“合同”“违反交通运输管理法规”等，首先须具备相关规范的知识，此即规范文化经验。

2. 语境性元语言

背景性元语言的形成只是提供粗线条的意义轮廓，让人们知道文本大致在说什么，要将这个轮廓细化为清晰的规范意义，须借助于对符号应用语境的预想和判断。如前所述，语境是推动符号意义不断发展的源动力。因此，这种对符号应用语境预想和判断的经验，正是解释得以与时并进的动力，故称之为语境性元语言。

（1）事实性元语言。

事实性元语言负责对文本可能指涉的案件的预想。人们总有这种体验：解释某个条文时，掌握的相关案例越多，解释就越充分；对新设立或者较少适用的罪名，由于掌握

① Heidegger，Sein und Zeit，Max Niemeyer Verlag，Tübingen，Aufl. 2001，S. 148f.

② Gadamer，Wahrheit und Methode，Band I，J. C. B. Mohr，Tübingen，Aufl. 1990，S. 272.

的案例贫乏，研究往往难以展开。这是因为，刑法解释就是对刑法各种应用语境的预想和解决。掌握的案例越多，越能预想刑法的各种应用境遇，对刑法的解释就越充分。相反，如果我们缺乏案例经验，无法充分预想刑法的应用，解释就只能停留在表面，研究就无法深入。司法机关制定司法解释前需大量调研，调研本身就是案例经验的主动积累过程，司法解释会不断增补完善，也正是因为司法机关随着掌握的案例不断增多，对法律适用的预想日趋细致。

（2）价值性元语言。

价值性元语言负责关于“罪刑等价”的判断。该判断包括两方面：其一，判断行为是否当受刑罚处罚；其二，判断当罚的行为当受何种刑罚。案例预想只是一种关于事实的经验，而事实是一种“存在”，不会告诉我们“应当”如何。譬如，当解释者面临一种新型案件时，他应当往有罪还是无罪的方向解释呢？这需要价值经验来回答。价值经验负责对预想的案件类型进行甄别，区分哪些案件类型应受刑法处罚、当受何种处罚，进而决定是否将这些类型与刑法文本联结。若价值经验认为案件当受处罚，解释者会考虑将案件与符号建立意义关联；若价值经验认为案件不当受处罚，解释者会排除这种意义关联。因此，并非所有案例经验的发展都会扩张法律意义，价值经验会对案件进行筛选，将不值得处罚的案件剔除在外。

（3）逻辑性元语言。

逻辑性元语言负责保持解释体系在逻辑上的融贯性。法律文本是符号的体系，解释不可能是孤立的过程，它必须进行体系性的顾盼，不仅考虑眼前的解释的妥当性，还应考虑与其他符号、文本整体解释的一致性。预想中的案件类型，即使经过价值判断后，与符号的关联方案仍存在多种可能，这时须考察何种可能与其他符号的解释更一致。

3. 共识性元语言

法律是社会的公器，法律解释不可能是任意的自说自话，在解释的最后环节，解释者必须考虑可能的意义方案与公众共识的协调。这种对公众共识的预测经验，就是共识性元语言。公众共识既包括公众对解释在语言上的容认，也包括在价值、逻辑判断上的认同。它意味着，解释不仅是解释者的主体构建，也是与社会共同体的妥协与统一。它使解释得以摆脱主体的任性与偏见，以开放的态度接纳社会共同体的理解，从而保证了法律解释的客观性。共识性元语言的合理性和作用，将在第四部分详细讨论。

综上，解释者总是基于背景性元语言形成理解的初始轮廓；然后，在这个轮廓的基础上，根据事实性元语言联想到类似的各种案件境遇，进而运用价值性和逻辑性元语言对案件加以筛选，从“入围”案件中抽象出共性，作为初步的意义方案；最后，将该方案与公众共识相观照，只有可能为社会认同的方案，才能被确定为法律的意义。

（二）解释的创造性

1. 元语言与解释的创造性

明确了解释的元语言结构，就不难发现解释的创造性。创造，就是建构出以前所没有的东西，从这个意义来看，刑法解释的创造性表现为两个方面：一方面，是解释对文本的意义给予。从符号三角可知，文本自身并不蕴藏任何意义，只有解释者经验到生活世界中的案件，并根据元语言将其与文本联结，意义才得以产生。但人们解释刑法时，往往已有前人的解释，亦即文本已有前人赋予的意义，故解释的创造性更多地表现为另一方面，即对前人解释的超越。解释受元语言支配，而元语言是不断积累和更新的，这使得后来的解释者总是具有更优的视角。

其一，案件类型的不断显现，使后人的事实性元语言总是比前人的丰富。解释能力首先是对案件的预想能力，但没有人可以预想将来世代的全部案件类型，案件类型总是随生活的发展而无限呈现。后来的解释者总是能够比前人掌握更多的案件类型，有更强的案件预想能力。

其二，社会观念的变化带来价值性元语言的调整，从而改变处罚的程度与范围，这也是前人无法预见的。如消费观念的发展会提高“数额较大”的标准，性伦理的进步会收缩“淫秽物品”的范围。当从前的解释无法满足当下的价值观念时，后世的解释者便有权作出相应的调整。

其三，刑法解释是复杂的体系，个别解释之间的关系千丝万缕、微妙纷繁，要保证体系的融贯性，非一日之功，这是无限的探索过程。同时，个别解释的发展，也会触动原有体系的融贯结构，迫使其他的个别解释不断作出调整。这些工作，都只有通过新的解释才能完成。可见，元语言——尤其是语境性元语言——的发展性，使后人总具有比前人更广阔的解释视野，从而能洞见更多的案件类型，给予更妥当的价值评判，构建更和谐的解释体系。在这个意义上，没有任何一种学理解释可以颠扑不灭，前人的解释总会为后人推翻，这便是解释的创造性。

但在传统学理看来，基于人民主权和保障人权，总有些权威的前人解释是不可动摇的，即使它们已明显不合理。根据不同的学说，这些权威解释包括三种：其一，基于“生活语义”的解释；其二，基于“立法原意”的解释；其三，基于“体系结构”的解释。这些权威解释果真是解释创造性的界限吗？需要分别讨论。

2.“生活语义”的界限？

生活语义论认为，刑法解释应以生活语义（或称“自然字义”）为界限，凡是超出生活语义的刑法解释，都是应禁止的类推。德国学者鲍曼（Baumann）认为，刑法不仅是裁判规范，同时也是行为规范，刑法典就是要告诉人民什么可以做、什么不可以做，故对刑法的解释，应从人民的立场来展开，即以人民所理解的自然语义为准绳。[①] 这一见解受到广泛的支持，后来许迺曼（Schünemann）从刑罚的目的加以论证，认为刑法要实现一般预防，就必须让人民能够理解刑法，估计行为的危险，故刑法解释必须以日常用语为外部界限。[②] 罗克辛（Roxin）则进一步指出，立法者通过法律文本规定了一个规则性框架，这个框架的范围就是“可能的生活语义”，它构成了刑法解释的边界，解释必须在此边界内构建，若超出这个边界便是禁止的类推。[③] 当然，也有相反的看法。如雅科布斯（Jakobs）认为，所谓生活语言是一个包罗万象的概念，它包括了大量

① Baumann，Die natürliche Wortbedeutung als Auslegungsgrenze im Strafrecht，MDR，Aufl. 1958，S. 395.

② Schünemann，Nulla poena sine lege? Rechtstheoretische Und Verfassungsrechtliche Implikationen Der Rechtsgewinnung Im Strafrecht，Walter de Gruyter，Aufl. 1978，S. 20.

③ Roxin，Strafrecht Allgemeiner Teil，Band I，Verlag C. H. Beck，München，Aufl. 2006，S. 149.

地方性语言和专业性语言，当然也包括法律语言，以生活语义制约法律语言，是不可能实现的。①

笔者认为，雅科布斯的结论是正确的，但从实践来看，生活语言和法律语言的语义有明显的区别，并非如雅科布斯断言的那样不可区分。本文的理由在于：

其一，要使符号的法律语义总小于生活语义，在逻辑学上是不能实现的。因为，对任一语言符号，若有甲语言的语义范围大于乙语言，则对该语言符号的反义符号，乙语言的语义范围必大于甲语言。现以法律语言和生活语言为例证明如下：设存在法律符号 X，法律语义为 f，其生活语义为 s，则对 X 的反义符号 $\overline{X}$，必有法律语义 $\overline{f}$，生活语义 $\overline{s}$。

若 X 的法律语义以生活语义为界限，即存在：

$$f \subseteq s$$

则根据德·摩根定律的推论公式：

$$a \subseteq b \longleftrightarrow \overline{a} \supseteq \overline{b}$$

因而对符号 $\overline{X}$，必有：

$$\overline{f} \supseteq \overline{s}$$

亦即符号 $\overline{X}$ 的法律语义 $\overline{f}$ 的范围必然包含生活语义 $\overline{s}$。那么，是否对任一语言符号，必有其反义符号的存在呢？回答是肯定的。在语言系统中，有正概念必有负概念，这不仅是辩证法矛盾律的要求，也是索绪尔提出的符号的“差异性原理”之体现。“概念是纯粹表示差别的，不能根据其内容从正面确定它们，只能根据它们与系统中其他成员的关系从反面确定它们。它们最确切的特征是：它们不是别的东西。”② 他的意思是，意义不仅需要回答符号是什么，同时还需要回答符号不是什么，只有通过负概念，才能确切把握正概念。如要给孩子解释“绿色”，仅仅让他看绿色的东西是不够的，还必须让他看到红、黄、蓝等不同颜色的东西，告诉他哪些不是绿色。同理，在法律中，概念及其负概念总是同时运用的。若对某概念作小于生活语义的限制解释，则对其负概念必有广于生活语义的扩张解释，不可能有永远的限制解释。例如，对“未得逞”采取限制解释——将其限制为“希望实现的构成要件不齐备”，便会导致对“得逞”的扩大解释——即使犯罪目的未实现，仍可能构成既遂。事实上，这种正、反义概念在刑法中比比皆是，如国家工作人员与非国家工作人员、国有公司与非国有公司、主犯与从犯、单位犯罪与自然人犯罪等等。若对前者作限制解释，总会引起对后者的扩张解释，反之亦然。所以，一种语言是永远不可能成为另一种语言的界限的。

其二，生活语义和法律语义的元语言不同，前者不足以对后者形成制约。语境性元语言决定了符号的意义，生活语境与司法语境根本不同，二者的意义也难以相同。生活元语言以日常交流为预想，刑法元语言以刑事案件的裁判为预设，二者在出发点上便南辕北辙。司法官员必须经过专门的学术训练，就是要让他们拥有不同于日常生活的专业元语言。他们必须能够预想各种案件类型（事实性元语言），考虑罪刑等价的实现（价

① Jakobs, Strafrecht Allgemeiner Teil, Walter der Gruyter, Berlin, Aufl. 1991, S. 35.

② ［瑞士］索绪尔：《普通语言学教程》，高名凯译，北京：商务印书馆 2009 年版，163 页。

值性元语言），同时维持解释体系的融贯性（逻辑性元语言），这些都是人们在日常生活中较少考虑的问题。如使用“妇女”一词时，在日常生活中人们意在表明某一女子已婚或成年，但在司法语境中，法官考虑的是强奸或拐卖犯罪对象的周延性，即只有将“妇女”理解为“一切已满14周岁的女子”，对女性的保护方得周延。正是这种元语言上的差异，使得刑法中“妇女”的外延远广于其日常生活的含义。

其三，刑法中许多公认的教义学概念，均是超出生活语义的解释。刑法学均承认“扩张解释”的方法，但判断“扩张”的基准是什么呢？正是生活语义。这种超出生活语义的解释，在刑法教义学通说中比比皆是，除上述对“妇女”扩张解释的例子，还有将“人”扩张至包括单位（第25条），将“财物”扩张至财产利益（第385条），将“汽车”扩张至包含拖拉机（第116条），等等。若生活语义是法律语义的界限，就不可能有扩张解释了。

3.“立法原意”的制约？

原意论认为，必须根据立法者的原意解释法律，即使原意有漏洞，解释也只能保持，否则便是对人民意志的僭越。但是，从符号学之角度看，作者原意不过是作者对符号的一种解释，对他人的解释并无决定的作用。理由在于：

其一，意义受解释者的元语言——而非作者原意——支配。如前所述，元语言就是使解释得以可能的“前见”。在现象学—诠释学看来，“前见”对解释的规定性，并非可选择的方法，而是意义存在的本体论规律。伽达默尔强调，“前见”对解释的决定性，“并非我们做什么或者应当做什么的问题，而是什么东西超越我们的愿望和行动而与我们一起发生”①。换言之，元语言对解释的支配，是意义得以发生和存在的客观规律，是不以任何人的意志为转移的。文本解释不仅是对文本的体验，而且是解释者对世界和自我存在的体验，这种体验的自我性使解释者不可能置本人的元语言于不顾而去索隐故去的立法者的思想。元语言的时代性，使得作为后人的解释者总具有比立法者更优越的理解视野：其案例预想总是更为周延，价值判断总是更为妥当，解释体系总是更为协调。“意义总是同时由解释者的历史处境所规定的，因而也就是由整个客观的历史进程所规定的。文本的意义超越它的作者，这并不是暂时的，而是永远如此的。”② 因此，当人们说“通过解释填补原意的漏洞”时，它不过是当代的解释者基于元语言的优越性，作出比立法者更妥当的理解而已，但这种理解是解释者自我体验的显现。

其二，作为原意的立法者解释未必存在。法律作者是一个集体，作者的解释只能是全体立法代表的共同或占多数的解释。但这个解释未必存在。因为代表们只表决了文本，并未表决文本的解释。即使他们曾经听过草案说明，也不能证明他们是因为同意该说明而投赞成票。据美国学者研究，代表们的原意往往是相互冲突的，对于那些获大比数赞成票的法律，如果要投赞成票的代表们就原意进行再表决，由于原意出现分化，各种原意的票数均不及反对票。③ 换言之，真正有效的只是法律文本，倘若追溯各代表的

① Gadamer，Wahrheit und Methode，Band Ⅱ，J. C. B. Mohr，Tübingen，Aufl. 1990，S. 440.

② Gadamer，Wahrheit und Methode，Band Ⅱ，J. C. B. Mohr，Tübingen，Aufl. 1990，S. 301.

③ Andrei Marmor，*Law and Interpretation*，Oxford University Press，1998，p. 387.

原意，法律反而可能无法通过。

其三，法典的意义流变，也说明原意对解释的不可制约。“法律意义并非固定的，虽然是相同的法律文字，但法律意义会随生活事实而变化。”[①] 如1979年刑法生效时，人们认为刑法中的“经济秩序”是指计划经济秩序，但1992年全面推行市场经济之后，人们又一致认为那是指市场经济秩序；1997年《刑法》颁布时，人们认为“财物”是有体物，但现在“财物”包括“虚拟财物”已成为实务和学界的共识。事实上，越是制度稳定的国家，越容易出现超越“原意”的解释。如1810年《法国刑法典》颁布之时，人们认为盗窃罪的对象仅限于有形物，但19世纪末电力应用推广后，法国判例即认为，“电是一种可以占有的动产物品”，盗窃罪的对象扩展至无形物。[②] 又如，原普鲁士刑法有“使用畜力车为林木盗窃运输工具”的加重处罚条款，但后来德国联邦最高法院认为，这里的畜力车包括汽车[③]；类似地，在解释使用武器的危险伤害时，尽管立法当时未有化学武器的概念，但德国联邦法院后来认为这里的“武器”包括化学武器。[④] 法律解释对“原意”的超越，恰恰证明原意对解释不具有制约性。

4. “刑法体系”的拘束？

雅科布斯是体系论的支持者，认为任何解释都处于刑法的体系关系之中，解释的理由必须具有“普遍化可能性”（Generalisierbarkeit）的特征，即如果将该理由普遍化至体系中其他类似的解释问题时，能够保持逻辑上的一致，那么，对任何新的解释，都可以从已有的解释体系中，透过各种“普遍化可能性”的交织而确定其意义。[⑤] 这意味着，刑法的意义存在于内部的结构体系之中，只要分析其结构关系，即可发现意义。

体系论强调解释体系的融贯性无疑是正确的，但融贯性只是解释时应考虑的一个方面，而非全部，认为刑法的体系可以结构出确定的意义，未免将问题简单化。其一，符号的意义是人赋予的，意义间的关系也是人赋予的，结构并非先于解释而客观存在的东西。作为解释产物的体系不可能制约解释者，若固有的体系过于“掣肘”，而新的解释具有足够强大的理由时，解释者完全可能“壮士断腕”，为确立新的解释而将体系推倒重来。其二，符号或条文之间的关系并非确定的，同样存在多元的可能。如总则与分则的关系，既有前者对后者的指导关系，也有后者对前者的例外关系。在具体的解释中，应遵循何种关系，并非取决于结构自身。其三，在同一体系的脉络下，符号意义同样具有多元性，体系不能无法确定意义。很多时候，解释与意义的发展，是因为新的解释更能贴近生活，和刑法的体系、结构并无关系。

综上，解释受元语言的驱动总是不断向前发展，在这个过程中，不存在任何颠扑不破的权威。若前人的理解已不妥当，当下的解释者便可借更优的元语言修正前人的理解，这种后人对前人解释的否定与完善，便是解释的创造性。

---

① Kaufmann，Rechtsphilosophie，Verlag C. H. Beck OHG，München，Aufl. 1997，S. 39f.

② 参见［法］斯特法尼等：《法国刑法总论精义》，罗结珍译，北京：中国政法大学出版社1998年版，143页。

③ BGHSt. 10，375f.

④ BGHSt. 1，1f.

⑤ Jakobs，Strafrecht Allgemeiner Teil，Walter der Gruyter，Berlin，Aufl. 1991，S. 85f.

（三）解释的创造性与“漏洞悖论”

根据上述结论，便可考虑“漏洞悖论”的解决。首先应搞清楚，“法律漏洞”是什么？一般认为，法律漏洞是指法律调整的不完满性，即对应予调整的问题欠缺适当的规则。[①]问题是，这里的所谓“不完满”，是指法律文本，还是指法律意义呢？显然，文本只是白纸黑字的物质存在，无所谓调整的完满与否；完满性是对法律调整内容的一种评价，这种评价只可能针对文本的意义。故有漏洞的“法律”，当然是指法律意义。由于意义是解释的结果，法律漏洞的实质就是法律解释结论的不合理性。需注意，结论的不合理，可能源于解释自身，如解释者未能周全地预想到各种情况，也可能源于文本的符号结构，如文本对某种不法行为并无相关符号规定。如果是后一种情况，解释受制于文本的符号结构，未必能修正这种不合理性。所以，并非所有法律漏洞都可以通过解释来填补。可见，以解释来填补漏洞，并非对文本的补充，而是以解释来修正解释。换言之，法解释学中的漏洞填补，实质是解释之间的更替，即以新的解释替代现存的不合理的解释。

可见，就法律漏洞而言，有漏洞的并非文本而是前人的理解，所填补的亦非文本而是后人的解释。所谓填补，不过是对同一文本的新旧解释之间的更替，并不涉及法律文本的增删，当然不违反罪刑法定原则。因此，“漏洞悖论”也只是形式的悖论，和法律主义悖论一样，它混淆了两种“法律”概念，误将法律意义的完善等同于法律文本的增补。

四、刑法解释的客观性

既然法律意义是解释者赋予文本的，意义的生成受元语言的支配，法律文本对解释还有制约性吗？罪刑法定原则还能实现吗？回答是肯定的。法律文本通过解释共同体成员间的交往关系——商谈共识——实现对解释的制约。

（一）解释的标准与“真理共识论”

1. 从“真理符合论”到“真理共识论”

自然科学奉行“真理符合论”，命题的真理性可以通过观察命题与客体的符合性来判断。在“意义法学论”的图景中，意义是隐藏于符号形式背后的客体，这样，法律解释就可以复制自然科学的真理观，以符合某种客体的理解作为解释的标准。

但法学的“真理符合论”并未正视自然科学和法学之间的区别。自然科学的命题是事实判断，以“是”为谓词，而法学命题多属价值判断，以“应当”为谓词。而客观观察只能得到事实判断，无法证成作为价值判断的法学命题，因为事实判断和价值判断在逻辑上是不可通约的，这便是哲学上著名的“休谟问题”。休谟发现了判断的两种类型，一种以“是”为联系词，另一种以“应当”为联系词，“是”和“应当”是两种截然不同的关系，在形式逻辑上，前者无法推导出后者。[②] 正是在这个意义上，德国著名哲学

① Larenz/Canaris，Methodenlehre der Rechtswissenschaft，Springer，Aufl. 1995，S. 251.

② 参见［英］休谟：《人性论》（下），关文运译，北京：商务印书馆 1980 年版，第 509 页。

家哈贝马斯指出："法律判断的正确性是无法在'真理符合论'的意义上来解释的，因为法律是一种社会构造，不能把它们作为实体化的事实。"①

那么，解释的真理性究竟为何呢？哈贝马斯揭示了一条"源于主体性但超越主体性"的思路——"交往理性"的思路，即通过文本解释主体间的交往关系制约解释的任意性。哈贝马斯认为，规则是主体间的产物，其正当性标准只能是主体间普遍认同的东西，而规则要获得普遍认同，只有通过主体间的交往——商谈。② 那么，主体何以能够通过商谈达成共识呢？这是因为人的理性。但这种理性不同于康德所说的依赖于个体的自我反思和判断的实践理性，而是"能够通过语言而与他者相互交流、理解，会从他人的角度考虑问题，并自觉地接受更有说服力的观点"的理性，即交往理性。据此，他提出了规则正当性的伦理学标准，即"商谈原则"："具有有效性的规范，必须是所有规则相关者参与理性商谈后，有可能同意的行为规范。"③现代社会是多元社会，人们已无法依靠统一的世界观来协调彼此的行动，要想消解彼此间的冲突，又不诉诸暴力，只有通过交往和商谈达成共识，而法律往往成为凝结共识的工具。"现代法律秩序只能从'自决'这个概念获得其正当性：公民应当时刻能够把自己理解为——他作为承受者所要服从的——法律的制定者。"④ 那么，如何才能让全体公民都自我理解为法律的制定者呢？这便要求法律的制定须以全体公民理性商谈的共识为基础。于是，哈贝马斯从一般规则的"商谈原则"引出了法律的"民主原则"："正当、有效的法律必须是——在具有法律程序的商谈性立法过程中，能够获得所有法治社会成员同意——的规则。"⑤ 无论是商谈原则还是民主原则都强调，规则的正当性必须建立在规则共同体的成员基于理由的同意之基础上。由此，哈贝马斯提出了一种基于主体交往理性的真理标准，即"真理共识论"：法律的真理性（正当性）并非主体之外自在的客观事物，而是在法律共同体中，各主体间通过理性商谈达成的共识。

2. 作为解释标准的"真理共识论"

起初，"真理共识论"在德国法学界引起了巨大的争议。批评意见认为，将共识作为真理，其实是混淆了"真之观念"（Fürwahrhalten）与"真之存在"（Wahrsein）⑥。因为，真理属于客观的范畴，而共识属于主观确信、纯粹的观念与接受的领域，共识论将真理的概念与共识的概念予以等同，是不能容许的。⑦ 但著名法哲学家阿列克西（Alexy）有力地捍卫了共识论。他指出：共识论并非意味着，若所有人都认为是真的，那便是真的；共识论的前提是有判断能力的商谈者和严格的商谈程序，商谈的参与者原则上有能力判断好的论证理由和坏的论证理由，只要遵循商谈程序，所得的共识一定是

① Habermas，Fakizität und Geltung，Suhrkamp Verlag，Frankfurt a. M.，Aufl. 1992，Rn. 227.

② Habermas，Vorstudien und Ergaenzungen zur Theorie des kommunikativen Handelns，Suhrkamp，Aufl. 1995，S. 12－13.

③ Habermas，Fakizität und Geltung，Suhrkamp Verlag，Frankfurt a. M.，Aufl. 1992，Rn. 108.

④ Habermas，Fakizität und Geltung，Suhrkamp Verlag，Frankfurt a. M.，Aufl. 1992，Rn. 449.

⑤ Habermas，Fakizität und Geltung，Suhrkamp Verlag，Frankfurt a. M.，Aufl. 1992，Rn. 110.

⑥ Ilting，"Geltung als Konsens"，in：Neue Hefte für Philosophie，1976（10），S. 36.

⑦ Weinberger，"Logische Analyse als Basis der juristischen Argumentation"，in：Krawietz，Alexy（Hg.），Metatheorie juristische Argumentation，Berlin，Aufl. 1983，S. 200.

最优的结论。因此，共识论没有否认真理的客观性，共识必须经受商谈的经验，商谈的结果既是主观的，也是客观的。与哈贝马斯的理论相比，阿列克西的理论侧重于司法领域，他认为，立法与司法的商谈理论不应存在区别，每一个适用性商谈都包含着一个（立法上的）证立性商谈。阿列克西区分了理想和现实的商谈，指出理想的商谈只能作为标准，现实司法中的解释者，应展开“虚构的商谈”。而今，“真理共识论”已获得德国理论与实务的广泛承认。著名法哲学家齐贝柳斯（Zippelius）也是共识论的支持者，他认为，法律解释必然涉及各种论据，只有理性商谈才能决定论据的选择，才能使主体解释进入有规可循的思考领域，从而约束司法评价的任意性。[①] 连德国联邦最高法院也在判决中承认：“法律解释具有商谈的特点，它就是在各种商谈观点中选择最优理由的过程。”[②]

在本文看来，罪刑法定要求通过文本制约解释的任意性，这会陷入一种“主体性困境”：文本要产生作用，就必须被解释，但解释必然具有主体性，于是，以文本来制约解释，就是让主体性来制约主体，这等于没有制约。共识论在承认主体性的基础上，通过主体间的交往关系——商谈共识——实现了对解释的制约，这无疑是正确的。具体理由在于：

其一，共识论能够实现罪刑法定与解释创造性的统一。既然文本的意义是我们赋予的，解释理应可随心所欲，但我们分明会感到来自文本的压力——“这个词最多只能这样解释，否则便违反罪刑法定了”。文本只是死物，何以会有压力呢？其实，压力并非来自孤立的文本，而是来自以文本为纽带而联结的解释共同体——我们必须考虑共同体中的“他者”是否会同意自己的理解。法律是调整人与人关系的规范，解释法律总是为了预测或确定他人的行为，如果解释者自说自话，就无法正确预测他人的态度，解释之目的便会落空。法律的意义是解释者赋予的，但这个意义又非单独地由解释者决定的，解释者必须考虑他者的态度，包括行动的相关者、案件的当事人、法院的理解，即便是法官，也要考虑到合议庭同僚、检察院、上级法院的理解。可见，这个“他者”并非任何单独主体，而是社会共同体。这样，共识论在承认解释的主体性之同时，也揭示了文本对解释的制约性：文本以自身为纽带而缔结了解释的共同体，通过共同体内部主体间的交往关系，制约了单独主体的任意性。换言之，任何人都可以提出自己的理解，但同时必须考虑他者对同一文本的理解，只有大家都同意的对文本的理解，才是有效的理解。刑法文本通过主体间的共识关系，既承认——又制约了——主体性的发挥，使罪刑法定的客观性与解释的创造性得以共存。

其二，共识论符合规则的“主体间性”本质。维特根斯坦有一个著名的论断：“规则是不可能‘私下地’遵守的。”[③] 他的意思是，纯粹孤立的个人无所谓规则，规则总是主体之间的事情，而要评判某人是否在遵守规则，必须根据他者——而非本人——的判断。法学和自然科学不同，其研究对象并非自然世界，而是主体间的权利、义务关系，无法通过客观观察证成命题。对法律命题的真理性，必须放弃客体发现的思路，而

---

① Zippelius，Juristische Methodenlehre，Verlag C. H. Beck oHG，München，Aufl. 2006，§10.

② BverfGE 82，38f.

③ ［英］维特根斯坦：《哲学研究》，陈嘉映译，上海：上海世纪出版集团 2001 年版，第 94 页。

应转向主体间关系的把握。既然每个主体都要遵守规则，这种遵守又必须以他者的评判为标准，这个标准显非取决于任何单独的主体，而是取决于全体主体间的相互监督关系。要将主体间的相互监督整合为一致的标准，便只能是所有主体都同意的东西，即主体间的合理共识。

其三，共识论符合法学的学科属性。有人可能担心，以共识作为真理的标准，会破坏真理的客观性，违背唯物论的基本原理。唯物认识论的基本精神是实事求是，对法律命题真理性的研究，应根据法学的学科属性而实事求是。法学属于人文科学，人文科学在德语中被称为精神科学（Geisteswissenschaft），它强调这门科学的研究对象是人的精神世界，以区别于研究自然世界的自然科学（Naturwissenschaft）。在精神世界里，主体不需要像在自然世界中那样，去追求主观认识与外在世界的符合性，因为这个世界本身是主体构建的，其真理性并非通过发现而获得。正如自然科学的真理性存在于自然世界，精神科学的真理性也只可能存在于精神世界，法学的真理标准必然具有主观性，它不可能通过纯粹的"发现"而获得。共识论的伟大之处在于，它将解释的主观性和解释标准的客观性予以糅合：一方面，共识是解释者的意思，它坚持了解释的主观性；另一方面，共识是超越任何个人意志的产物，因而它同时也是客观的标准。

其四，共识论能够真正实现司法民主。人民主权是罪刑法定原则的重要基础，但符号解释的主体性使得这一基础受到动摇——既然法律意义为解释者创造，便存在与人民意志断裂的可能。但在共识论看来，法律的制定与解释须以公众共识为标准，这便确保了解释与人民意志的关联，从而实现司法过程的"自决性"。同时，共识论揭示了民主与法治之间的联系。法治要求法律得到普遍的遵守，当现代社会公民追问"为何我应当遵守法律"时，共识论给予了有力的回答："因为那是根据你的意思制定和解释的法律!"① 参与者服从体现本人理性意志的法律，正是民主与法治的共同基础。

其五，共识论所蕴含的对交往理性的体认，有利于法律赢得公众认同。自康德以来，传统法学推崇实践理性，认为解释是主体对行为正当性的判断。但是，这种判断是以主体的自我反思为中心的，这导致主体"易于脱离它扎根其中的文化生活形式和政治生活秩序"②。于是，法学精英们容易迷信其"专业理性"，学理与裁判常远离民众的常识与基本感情，导致法律的公信力江河日下。在自然科学中，若专家结论与公众常识相悖，它仍可获得公众认同，但在法学中，与常识相左的专家结论往往受到公众质疑，甚至反抗。这是因为，自然科学是以客观观察为基础的科学，科学家往往具有客观观察的"优先权"，如专家有机会使用哈勃望远镜，但一般民众不能；法学是以社会共同信念为基础的精神科学，专家在结论的正当性上并不享有优先检验的权利。共识论强调人的交往理性，推崇人与人之间相互交流、相互理解的能力，有利于使法律摆脱精英式的独断，而是立足于社会共同体的相互理解与认可，有利于使法律保持与社会共识的一致性，赢得公众认同。

---

① 童世骏：《批判与实践》，上海：三联书店 2007 年版，第 163 页。

② 哈贝马斯：《在事实与规范之间》，童世骏译，上海：三联书店 2003 年版，第 1 页。

（二）解释正当性的实现

但是，以共识为法律解释的标准，会否导致“舆论指挥司法”，甚至“多数人的暴政”呢？要回答这个问题，需要研究商谈的理想与现实模式。

1. 理想的商谈模式

为了保证共识的理性，商谈理论尤其强调商谈的程序规则。阿列克西甚至强调：“对商谈理论来说，共识不是决定性的，有决定性的是商谈程序的实行。”[①] 哈贝马斯描述了理想中的商谈情景，并将其规则化为三个层面[②]：（1）逻辑规则，包括：每个人都不能自相矛盾，都须保证谓词适用对象的一致性，不同的人在不同条件下不能使用相同的表达式。（2）对话规则，包括：每个人只能提出本人确信的东西；若提及讨论中未曾提到的表达式或规范，都必须提供理由。（3）论辩规则，包括：任何有言语行为能力者都应当参与到商谈中来；任何人都有权提出、质疑任何一种主张，都应该说出自己的态度、希望和诉求；没有人会因为商谈之内或之外的强制而不能行使前述权利。

可见，根据商谈规则达成的共识，必然是冷静、理性的集体意识。逻辑规则保证任何主张都是自洽和融贯的；对话规则保证任何商谈者的态度都是真诚的，所有主张基于理据而非强词夺理；论辩规则确保任何人都可以畅所欲言，任何主张都有机会面对质疑和提供辩护，任何辩论都能够充分展开。在这些规则下，所有有言语能力的行动者都可以参与商谈，所有人的意见都得到表达，所有表达的意见与理由都得到倾听，一切情绪与偏见都被摒弃，只有最优论证的观点最终获胜。

显然，商谈共识不同于通常意义的舆论与民意。其一，前者强调基于理由的、自洽的主张，但后者易受集体情绪和传统偏见所左右，内部逻辑常自相矛盾；其二，前者强调不同声音平等发言的权利，但后者往往是众口一词的呐喊；其三，前者强调商谈者开诚布公、畅所欲言，但在后者的群情汹涌中，理性的意见自缄其口；其四，前者强调商谈的“时间指数”，是经历时间沉淀的深思熟虑，但后者具有明显的时效性和冲动性。

是否所有法律争议，都可以通过商谈达成共识呢？亦即是否所有法律解释都存在唯一正解呢？哈贝马斯持肯定态度，因为人都有交往理性，只要所有商谈者严格遵守商谈规则，最终一定可以达成相互理解。但阿列克西则认为，存在无法达成共识的商谈，这意味着“任何两个矛盾的解释可能同时是正确的”，亦即司法问题的正解可能有多个。[③] 笔者认为，对上述观点应当辩证把握。一方面，解释不仅受元语言支配，同时受制于文本的符号形式，若符号的指称意向含混而依赖于解释者的主观评价，未必都能达成共识，在这一点上，阿列克西是正确的。但另一方面，在未达成共识的场合，并非所有主张都是正解。因为，刑法以保障人权为己任，若放任答案的未定性，则公民无法预测行为的法律后果，人权将沦为司法刀俎上的鱼肉。因此，需要对无法达成共识的情况加以具体讨论。这些情况大致有两种：（1）集中的分歧，即不同的理解集中于一定的区域，

---

① Alexy，Studien zur Rechtsphilophie，Suhkamp Verlag，Frankurt a. M.，Aufl. 1995，S. 119.

② Habermas，Moralbewußtsein und kommunikatives Handeln，Suhrkamp Verlag，Frankfurt a. M.，Aufl. 2006，S. 107. f.

③ Alexy，Studien zur Rechtsphilophie，Suhkamp Verlag，Frankurt a. M.，Aufl. 1995，S. 121.

可在一定的范围内达成共识。如对“数额较大”的理解，即使经过充分商谈，各人的理解未必能完全相同，但基于共同的社会文化背景，分歧往往集中于较接近的数字区域。这时，公民可在较明确的范围内预测法院的判决，故在此范围内的各种主张均是正当的。（2）离散的分歧，即分歧无法集中于一定区域，呈离散分布。如对“健康的国民感情”“流氓活动”，人们难以将其与道德、生活作风问题区分，无法形成集中的理解。这时，公民无法在确定的范围内预测法院的判决，这种条款是违反罪刑法定原则的，将在下文“商谈共识与‘明确性悖论’‘类推悖论’”中讨论。

应当指出，商谈规则是“理想状态”的对话情景，其共识是一种“绝对真理”式的标准。这种商谈要求“在不受限定的时间、不受限定的参与资格，以及完全无强制性条件下，通过建立充分的语言概念明确性、充分经验信息性、充分的角色转化功能以及充分的无偏见性，寻求某个实践问题的答案”。商谈论者也承认，这种理想性的商谈“不可能在事实上完全实现，只能用来作为标准”①。但它并非没有现实意义，一方面，它指出了法律解释的标准与方向；另一方面，它为现实的解释提供了参照系，引导解释方法的构建。

2. 现实的解释方法

现实中的解释者如何向理想的商谈模式靠拢呢？他必须致力于模拟理想的商谈模式，通过一种“左右手互博”式的内省，展开“模拟的商谈”。这种想象中的商谈并非封闭的个人独白，解释者不仅提出自己的主张，且同时要全面想象来自公众的看法，谦虚地聆听各种观点的理由，模拟他们之间的提问、回答、辩论，最后，公正地确定具有最优理由的、可能为公众普遍接受的结论。但这种对他人主张的想象是否可能呢？回答是肯定的。解释的元语言并非个人的纯粹体验，它同时也是对社会生活的体验，这种体验包括对社会他人的见解的体察。诚如阿列克西指出，几乎对每个实践问题，都已经由完全不同的人提出了各式各样的论据，而日常生活、文献与相关科学也为思考者提供了大量信息，对他人的主张和论据的猜测很大程度上是可能的。② 当然，现实的商谈不可能完全实现理想商谈的各种条件，它充其量只能是一种“近似的满足”，其结论也只具有相对的真理性。但它的意义在于，在坚持真理共识论的同时，提供了一种无限接近真理的可行的解释方法。

尽管现实的商谈是解释者模拟的，但它并非毫无秩序的天马行空，它总是紧扣元语言的结构，沿有序的脉络而展开。解释者必须遵循这些脉络而展开模拟的商谈，以确保结论在各个方面均获得公众的共识。大致而言，模拟的脉络可以分为四个向度：

（1）事实有效性向度，即解释所针对的案件类型的真实性和普遍性。刑法解释总是针对特定应用境遇而提出，故解释所预设的案件类型必须真实、可能；同时，由于“法律不理会琐细”，预设的案类须具有普遍性，否则便有违刑法的谦抑原则。

（2）价值合理性向度，即解释所蕴含的罪刑关系必须是合理的，为公众认同。解释者必须预想公众同意的罪刑关系，当其个人判断与公众共识发生冲突时，个人的主张必

① Alexy，Studien zur Rechtsphilophie，Suhkamp Verlag，Frankurt a. M.，Aufl. 1995，S. 113.

② Alexy，Studien zur Rechtsphilophie，Suhkamp Verlag，Frankurt a. M.，Aufl. 1995，S. 117.

须妥协。罪刑等价是刑法的基本原则，刑法解释能否被公众理性所接纳，在很大程度上取决于这个解释蕴含的罪刑关系是否符合公众的理性判断。因此，一个主张卖淫合法化的法官，不会判决妓院老板无罪，因为刑法解释并非个人价值观的宣言，它必须维护社会主流所赞同的价值秩序。

（3）逻辑融贯性向度，即解释主张必须与解释体系在逻辑上融洽一致。刑法解释是具有错综复杂的内在结构的体系，新的解释不能是“头痛医头”的片面方案，它须小心翼翼地考虑对其他公认的解释带来的触动，以确保与现存解释体系的和谐。当然，若新的解释有足够强大的理由，也可能修正既有的解释体系，使新的解释与体系得以共存。否则，若放任新的解释与其他解释发生冲突，便可能导致解释体系的内部紊乱，无法赢得公众的理性认同。

（4）语义容纳性向度，即公众基于语言传统对符号语义的接纳程度。语义容纳性并非生活语义，在法律解释中，代表语言传统的生活语义会作出一定的让步，但这种让步并非无限的。若解释严重偏离了公众对专业语言的想象力，主张便无法获得公众的同意。语言容纳程度不仅取决于符号的形式，与解释可能实现的罪刑关系也相关。“解释的实质的容许范围，与实质的正当性（处罚的必要性）成正比，与法律条文通常语义的距离成反比。”① 这说明，若处罚的必要性高，公众对可能实现的罪刑关系感到迫切，对符号语义的容纳度将放松；反之，对符号语义的容纳度将收紧。

3. 商谈共识与“明确性悖论”“类推悖论”

无论是禁止类推还是明确性原则，都意在增进公民对他者的解释——尤其是法院解释——的可预测性。因此，对这两个原则的理解，同样应从主体间的交往关系中予以把握。

（1）商谈共识与“明确性悖论”。

分析法学只是描述了法律文本的模糊性——每个概念的外延都有模糊的边缘，但它未能回答模糊性和明确性原则如何协调。因为，分析法学只关切文本的使用，但未足够关注文本使用主体之间的关系，故难以抵达问题之根本。法律都是人与人交往的工具，要把握法律语言的模糊性的实质，不能仅从语言自身出发，而应立足于主体间的关系。如果世界上自始至终只有一个人，他可以随意确定法律的意义，无所谓语言的模糊性。但社会总是以复数的主体而存在，法律总是调整主体间关系之工具，法律解释必须考虑本人与他者的交往。正是这种对他者的考虑，产生了法律模糊性的问题。当解释者认为自己与他人对符号的理解相同时，会认为意义是明确的；反之，若认为自己与他人的理解不同，就会认为意义是模糊的。如在解释“数额特别巨大”时，若涉案数额是一亿元人民币，我们会认为它属于意义清楚的概念中心，因为我们估计别人都会给出肯定的回答；若涉案金额是三万元，我们会认为它属于模糊的概念边缘，因为不同的人可能有不同的判断。但是，这种主体间的分歧可能只存在于理解的初始阶段，它有可能通过主体间的商谈而达成一致。因此，法律模糊性的实质，是主体间对符号初始理解的差异性。

---

① 张明楷：《罪刑法定与刑法解释》，北京：法律出版社 2010 年版，第 18 页。

明确性原则并不禁止这种初始理解的分歧，诚如分析法学指出的那样，这种理解的分歧是语言的基本属性，是无法避免的。[①] 明确性所要求的是，在这种分歧的基础上，人们达成共识的可能性。该原则的本旨，在于保障公民能清楚预测行为的法律后果，这便要求，解释必须有确定的正解，亦即即使人们的理解有初始的分歧，仍能够通过商谈而达成共识。但如前所述，并非所有初始理解的分歧都能达成共识，它可能有三种后果：1）达成完全一致的共识；2）集中的分歧；3）离散的分歧。在 1）2）中，人们能够达成一致的或大致的共识，这意味着解释存在正解，解释者可以通过“模拟的商谈”而预测法院的判决，符合明确性原则；在 3）中，解释并无确定的正解，人们无法预测法院的判决，不符合明确性原则。当然，人们能否达成共识，不仅取决于元语言之间的差异，还取决于文本采取的符号形式。一般来说，记述性符号较易取得理解的一致，如“人”“伤害”“财产”等；评价性符号较难统一分歧，如“淫秽”“严重”等。文本采取的记述性符号越多，达成共识的可能性越大，采取的评价性符号越多，达成共识的可能性越小。

因此，明确性原则并非要禁止语言的一切模糊性，而是要求法律文本所采取的符号形式具有使主体间达成共识的可能性。若符号形式使人们产生严重分歧，以至无法通过商谈而达成一致，这种模糊性才是明确性原则所禁止的。

（2）商谈共识与“类推悖论”。

禁止类推原则，不可能禁止类比推理的解释思维。诚如有学者指出的那样，罪刑法定并非禁止寻求事实与规范的行为类型相似性，而是要禁止“法无明文规定也要处罚”的观念与做法。[②] 那些反对禁止类推的观点，其实混淆了“作为解释思维的类推”和“缺乏文本根据的类推”。

问题是，即使是后者也可能声称自己在解释文本，如何判断某种“类推”是否具有文本根据呢？这又回到了那个古老的答案——解释必须在符号的“语义射程”之内。要判断“语义射程”，只能从主体间的共识关系来把握，即考察某项解释主张是否符合公众对符号的语义容纳。因此，解释者必须展开“模拟的商谈”，假设他与公众的对话情景：他将解释主张告诸公众，清楚说明解释指向案件类型的事实有效性、价值合理性和逻辑融贯性，进而观察公众对解释的反应。这些反应正说明了公众对解释的语义容纳：其一，若公众不假思索地表示认同，说明解释完全符合生活语言经验，这是平义解释；其二，若公众表示可以接受，说明解释虽不同于生活语言经验，但仍可以接纳，这是扩张解释；其三，若公众感到惊讶（甚至愤怒）而拒绝，说明解释超出公众对符号语义的容认极限，这便是刑法所禁止的类推。

五、结论

罪刑法定的“法”是指法律文本，而非法律意义。法律主义的含义是，规定犯罪与

---

① Hart, *The Concept of Law*, Clarendon Press, Oxford, 1986, p. 12.

② 参见张明楷：《罪刑法定与刑法解释》，北京：北京大学出版社 2010 年版，第 97 页。

刑罚的文本必须由最高立法机关颁布，解释者赋予该文本新的法律意义，并不违背法律主义。禁止事后法是指，作为处罚根据的法律文本必须在行为之前生效。禁止类推的含义是，禁止在语义容纳向度上不符合公众共识的解释。明确性的要求是，法律文本采取的符号形式，必须具有使公众就文本在集中的范围内理解并达成共识的可能性。

据此，罪刑法定原则与刑法解释的界限划分，应在两个维度上展开：一方面是文本与意义的区分。凡是对法律意义的构建之解释，只要不改变法律文本，就并未触犯罪刑法定原则。但如果解释表面上虽未改变文本，但其实是在“曲解”文本呢？这便需要考虑另一个方面，即文本解释主体间的交往关系。对文本的解释，必须在语义容纳向度上为公众所认可。换言之，能够通过商谈而为公众在语义上容认的解释，才是公众可能预见和赞同的，才是符合罪刑法定的解释。

论作为犯罪成立要件的情节*

张智辉　姜　娇**

在我国刑法中，情节是一个非常重要的概念。现行《刑法》中关于“情节”的规定就有 200 多处。其中，“情节严重”一词就出现过 194 次。情节除对刑罚的裁量具有直接的影响之外，对认定犯罪也具有十分重要的意义。在很多犯罪中，“情节严重”是认定犯罪不可或缺的要件，如果没有严重的“情节”，即使存在危害行为，该行为也不能认定为犯罪。因此，“情节严重”就成了此类危害行为成立犯罪时所必须具备的要件，是这类行为中区分罪与非罪的标志。正因为如此，我国最高司法机关针对司法实践中认定罪与非罪的问题，对各种犯罪中的情节进行了许多权威解释，以满足刑事司法中认定犯罪的实际需要。然而，遗憾的是，尽管从 1979 年《刑法》颁布初始就有学者对刑法中的情节进行研究，但有关情节的研究未能引起学术界的足够重视。在我国传统的刑法理论中，犯罪构成的四个要件并不包括“情节”，如全国高等学校法学专业核心课程教材《刑法学》中的论述道：“任何一种犯罪的成立都需要具有四个方面的构成要件，即犯罪客体、犯罪客观方面、犯罪主体、犯罪主观方面的构成要件。”① 其中并没有“情节”的地位。本文旨在根据我国刑法立法和司法的实际，分析影响犯罪成立的“情节”要素，探讨作为犯罪成立要件之“情节”的具体内涵及其理论意义，以期对中国特色社会主义刑法理论体系的发展和学界对情节理论的深入研究有所裨益。

一、关于情节的不同认识

情节作为量刑的依据之一，在理论上几乎没有什么争论，但是作为犯罪成立的要件，则对此存在着不同的认识，特别是在犯罪论中，对情节的概念、作用、范围等问题的理解，在我国刑法理论中，可以说是众说纷纭。

---

* 本文系国家社会科学基金项目：“大数据时代下违法犯罪记录制度一体化建构研究”（20CFX035）阶段性研究成果。

** 张智辉，湖南大学法学院教授、博士研究生导师，最高人民检察院咨询委员会委员。

姜娇，湖南大学法学院刑事法律科学研究中心研究人员，2019 级博士研究生。

① 高铭暄，马克昌：《刑法学》（第 9 版），北京：北京大学出版社 2019 年版，第 48 页。

（一）对情节概念的不同理解

我国学者关于情节问题的研究始于对情节在认定犯罪成立与否中的作用。这方面的研究主要经过了由“犯罪情节”向“定罪情节”演变的过程。这个过程反映了刑法学者对情节的概念、作用和范围的不同理解。“犯罪情节”是早期研究影响犯罪成立情节要件的学者提出来的概念。较早研究情节问题的学者认为，“犯罪情节”贯穿于犯罪的整个过程中，是指犯罪存在与变化发展的情状和环节。犯罪情节不同于刑法中的情节，刑法中的情节除犯罪情节之外，还包括非犯罪情节，如但书中规定的情节、死刑缓期执行期间抗拒改造的情节等。犯罪情节不同于犯罪事实，犯罪事实是对犯罪情节的抽象与概括，犯罪情节则是犯罪事实的一个个基本单位。[①] 也有学者认为，犯罪情节的概念限于刑法的明文规定，指的是刑法中明确规定的，犯罪构成要件之外的用以区别罪与非罪、重罪与轻罪、此罪与彼罪的一系列主客观的事实情况。[②] 随后，有的学者特别强调了犯罪情节与刑法中的情节的不同：“犯罪情节”是一种构成犯罪事实的基本要件，是情节犯的核心内容，“情节”的范围要大于“犯罪情节”的范围。[③] 也有学者在之后的研究中进一步强调犯罪情节有广义和狭义之分，犯罪行为的产生是犯罪情节可供分析的前提，犯罪情节体现着犯罪行为在实施过程中重要的主、客观事实情况。狭义的犯罪情节包括犯罪的时间、地点、手段、方法、目的和后果等具体的事实情况。广义的犯罪情节更为规范化、理论化，狭义的犯罪情节则更为具体化、实践化。[④] 这些关于犯罪情节的讨论并没有注意到刑法中的犯罪情节因在定罪量刑中具有不同的功能而具有不同含义的实际，术语的表达和犯罪情节所包含的具体内容以及涵摄范围并不准确，尤其是对情节与犯罪构成的关系没有进行具体分析，把犯罪构成要件事实与犯罪构成要件以外的事实合为一体，统称为“犯罪情节”，因而没有引起刑法理论界的重视。

于是，有的学者针对“犯罪情节”的研究情况，提出了“定罪情节”的概念，以此否定犯罪情节的提法。该学者认为：刑法中的情节只能是犯罪构成共同要件之外的事实情状。其中，影响定罪的情节，可以称之为定罪情节；影响量刑的情节，可以被视为量刑情节。“定罪情节是在犯罪行为实施过程中，属于犯罪构成共同要件之外的，影响行为社会危害性和行为人人身危险程度的，定罪时作为区别罪与非罪、重罪与轻罪以及此罪与彼罪的一系列主客观事实。”[⑤] 基于“定罪情节”的提出，有的学者提出了“狭义的定罪情节”之概念，指出：“狭义的定罪情节是属于刑法分则所规定的犯罪行为基本构成之外的，与行为或者行为人密切相关的影响某一行为是否成立犯罪的各项具体事实情状。”“狭义的定罪情节主要包括两个方面的内容，一是行为人认识之外的能够决定行为是否成立犯罪的因素，二是通过对行为进行量的界定之后从而能决定行为是否构成犯罪的因素。”该学者进而认为，“定罪情节并不是所有犯罪的犯罪构成共同要件，但在一

---

① 参见周振想：《论犯罪情节》，载《法学家》1987 年第 3 期。

② 参见陈兴良：《刑事司法研究——情节·判例·解释·裁量》，北京：中国方正出版社 1996 年版，第 63 页。

③ 参见刘亚丽：《论情节犯》，《江苏公安专科学校学报》2002 年第 1 期。

④ 参见叶飞：《论犯罪情节相关问题》，载《社科纵横（新理论版）》2013 年第 3 期。

⑤ 王晨：《定罪情节探析》，载《中国法学》1992 年第 3 期。

些具体的犯罪中，行为必须要具备这些情节才能够成立犯罪，这些能成立犯罪的情节就是此类具体犯罪的犯罪构成内容”①。

也有学者提出了“概括性定罪情节”的概念，认为：“概括性的定罪情节是表明某个行为社会危害性的量的一种程度，是属于量的构成要件。所有的不法行为都应当达到一定质和一定量的社会危害性，这是犯罪构成要件的本质。故而，犯罪构成要件是对不法行为严重社会危害性的性质和程度的规定，认定犯罪行为时，只有当质与量统一时才能够显示某一行为的性质，当构成要件达不到条文所规定的行为的质与量的要求时，该行为就不能够被认定为犯罪。”因此，“犯罪构成要件可以被分为质的构成要件和量的构成要件”，并认为：“情节犯的情节属于构成要件。”②

随着影响犯罪成立之情节研究的发展，还有学者认为，“定罪情节”这一概念的存在价值是有待商榷的。因为，刑法对于定罪的情节要求所指向的各种事实情况具有十分广泛的范围，除犯罪构成的各项事实要件外，其他能够反映行为的社会危害性程度和与该行为有关的人身危险性程度的各种事实因素，都能够成为定罪情节。所谓的“定罪情节”与“量刑情节”之间并不存在具体范围上的明确界限，作为一些影响犯罪量刑根据的情节要素同时也属于此犯罪在构成上理应考察和分析的情节因素③，因此主张用“犯罪构成的情节要求”来取代“定罪情节”的概念。

从上述简要介绍中可以看出，多数学者认为，刑法中与犯罪成立有关的“情节”是犯罪行为实施过程中客观存在的各种情况、状态和环节。这些情状与环节能够表明行为的社会危害性程度和行为人的人身危险性程度，因而成为刑事立法和刑事司法高度重视的一个概念。但是，关于如何准确界定“情节”的范围，则出现了很大的分歧。有的把情节界定为能够决定行为社会危害程度的一切主、客观方面的因素，或各种事实、事件和情况；有的则将情节限定为犯罪过程中具有重大影响意义的某些因素或某些环节；有的将情节理解为体现行为的社会危害性和人身危险性程度并影响定罪量刑的各种主、客观事实情况；有的则将情节理解为犯罪构成共同要件以外的各种具体的事实情况。于是，在理论界定上，就出现了用词上的混乱，如“犯罪情节”“定罪情节”“狭义的定罪情节”“概括性定罪情节”“犯罪构成的情节要求”等涵盖部分相似内容但是表达和内涵不统一的术语。

因此，从已有研究出发，厘清情节在犯罪论中的地位和作用，是准确理解情节概念的关键。而这个问题的展开，必然涉及情节与行为、犯罪构成要件之间的关系。

（二）“情节”与“行为”的关系

在刑法中，“情节”是一个与“行为”既相互联系又相互区别的概念。按照《刑法》第 13 条关于犯罪概念的规定：一切危害国家主权、领土完整和安全，分裂国家、颠覆人民民主专政的政权和推翻社会主义制度，破坏社会秩序和经济秩序，侵犯国有财产或

① 王充：《定罪情节若干问题研究》，载《法学评论》2000 年第 5 期。

② 刘艳红：《情节犯新论》，载《现代法学》，2002 年第 5 期。

③ 参见刘之雄：《论犯罪构成的情节要求》，载《法学评论》，2003 年第 1 期。

者劳动群众集体所有的财产，侵犯公民私人所有的财产，侵犯公民的人身权利、民主权利和其他权利，以及其他危害社会的行为，依照法律应当受刑罚处罚的，都是犯罪，但是情节显著轻微危害不大的，不认为是犯罪。可见，“情节”是在对危害行为进行综合评价时出现的一个概念，因而应当独立于危害行为，是危害行为之外独立存在的一个概念。《刑法》第61条关于量刑的规定中，也把犯罪的事实、犯罪的性质与“情节”并列规定为量刑的根据。[①] 这也表明，刑法中的“情节”独立于“犯罪的事实”和“犯罪的性质”，是犯罪行为之外的事实情况。因此，刑法中的“情节”，不应当包含危害行为本身。凡是具有识别危害行为类型功能的事实情况，都应当被视为危害行为的组成部分，而不应当视为“情节”的要素。

但是，“情节”又与危害行为之间有着密切的联系。一方面，“情节”是在危害行为实施过程中发生或者出现的事实情况，没有危害行为就无所谓刑法中的“情节”，或者说，这些事实情况如果没有与危害行为相联系，就不可能纳入刑法的视野；另一方面，作为“情节”的事实情况，都与危害行为或行为人具有直接的关联性，或者与危害行为本身相联系，或者与行为人的人身特征相联系，或者直接表现为危害行为的实施手段，或者表现为行为人对危害行为实施过程中出现的伴随情况的处理，或者表现为与危害行为的发生相关联的情状。正因为“情节”与危害行为之间具有密切的联系，所以才会成为具有刑法意义上的事实情况而被纳入刑法评价的视野。

（三）“情节”与“犯罪构成要件”的关系

在我国传统的刑法理论中，“犯罪构成”是指，“依照我国刑法的规定，决定某一具体行为的社会危害性及其程度而为该行为构成犯罪所必需的一切客观和主观要件的有机统一”[②]。如果“一切客观和主观要件”都是犯罪构成要件，那当然就包括了可能成为“情节”的各种事实情况。但实际上，在传统的刑法理论中，犯罪构成的客观要件只有危害行为、危害结果以及刑法明文规定的方法、时间、地点等极为有限的事实情况；犯罪构成的主观要件除包含与刑事责任年龄和能力有关的因素之外，只有故意、过失、目的等因素。犯罪行为实施过程中存在或出现的许多因素是犯罪构成要件所无法包括的。[③] 不仅如此，很多刑法条文之所以要在规定了具体罪名的罪状之后，再规定一个“情节严重”或者“情节恶劣”的要素作为犯罪成立的必备要件，就是因为关于危害行为的性质和类型的规定不足以满足认定犯罪的标准，或者说，如果作为犯罪成立要件的“情节”因素能够纳入危害行为的罪状描述即行为类型之中，立法也就没有必要再把“情节”作为犯罪成立的要件加以规定了。因而，“情节”只能是传统刑法理论中的构成要件之外影响犯罪成立的要件。

因此，我们认为，传统刑法理论中的“犯罪构成要件”，一方面是决定某一具体行为社会危害性的事实情况，它决定着该行为是否构成犯罪；而“情节”只是影响某一具

---

① 参见《中华人民共和国刑法》第61条的规定：对于犯罪分子决定刑罚的时候，应当根据犯罪的事实、犯罪的性质、情节和对于社会的危害程度，依照本法的有关规定判处。

② 高铭暄、马克昌：《刑法学》（第9版），北京：北京大学出版社2019年版，第47页。

③ 参见于阳：《改造我国四要件的犯罪构成体系》，载《政法论丛》2022年第4期。

体行为的社会危害程度的事实情况，对行为是否构成犯罪没有决定性的意义。另一方面，“犯罪构成要件”是犯罪行为的类型化，具有决定行为的性质从而区分此罪与彼罪的功能；而“情节”则是“犯罪构成要件”以外的事实情况[①]，“情节”不能决定行为的性质，不具有区分此罪与彼罪的功能。如果说，“犯罪构成要件”是犯罪的行为构成要素，那么，可以说，“情节”是“犯罪构成要件”之外影响行为的危害程度的构成要素。构成要件从“质”的方面、“情节”从“量”的方面，共同成为犯罪成立必须具备的要件。

（四）“情节”的功能

在绝大多数犯罪中，危害行为的类型化尚不足以表明行为人所实施行为的危害程度就达到了应当受到刑罚处罚的地步，不足以把犯罪行为与非犯罪行为区分开来。[②] 于是，立法者在这些犯罪的罪状表述中增加了对特定的危害后果或犯罪数额的要求，在不便规定具体危害后果或犯罪数额的场合，则规定了“情节严重”“情节恶劣”等表明危害程度的要件。

从功能上看，当刑法分则把“情节严重”、“情节恶劣”或者有“其他严重情节”等规定在对具体犯罪的罪状描述中时，“情节”就成为某一具体犯罪的成立必须具备的要件，对犯罪的成立就具有了重要的意义，即在同类行为中具有区分罪与非罪的功能。在这类犯罪中，仅仅证明行为人实施了刑法规定的危害行为，尚不足以认定其行为构成了犯罪，还必须证明行为人实施该行为时的“情节”达到了严重或者恶劣的程度，才能认定犯罪的成立。

当然，在这类犯罪中，“情节”与“犯罪构成要件”的作用是不同的：犯罪构成的各个要件统一起来决定了行为具有危害社会的性质，是刑法禁止该行为的根据，也是该行为构成犯罪的决定性因素；而“情节”只是影响该行为的危害程度从而表明该行为应当受到刑罚处罚，进而影响犯罪的成立与否的事实要素。唯有在各犯罪构成要件具备的前提下，才存在“情节”是否严重的问题。没有犯罪构成要件的存在，就没有“情节”是否严重的问题；但是没有“情节”严重，依然可能存在传统刑法理论中所说的“犯罪构成要件”。此外，在这类犯罪中，“情节”因为能够表明行为的社会危害性程度，其不仅对犯罪的成立具有影响，而且对刑罚的裁量也具有影响。影响刑罚裁量的情节内容是由刑法中的“情节”本身所具有的社会危害性本质所决定的。在刑法规定的所有犯罪中，情节对刑罚的具体适用都具有的影响，是在对每一个犯罪裁量决定刑罚时必须考虑的因素。在某些犯罪中，情节严重或者特别严重是提高法定刑档次的必要条件。

当然，影响犯罪成立的情节既有积极促进犯罪成立的情节要素，也有消极排除犯罪成立的情节要素。例如，在刑法规定的所有犯罪中，如果综合案件的全部事实情况，能够证明情节属于“显著轻微危害不大”的情况，就不能认定犯罪的成立。而作为犯罪成立要件的“情节”则是促进犯罪成立的积极要素，其所具有的功能是：既影响着犯罪的

---

① 参见李翔：《情节犯的犯罪构成理论意义》，载《云南大学学报法学版》2006年第4期。

② 参见牛忠志、曲伶俐：《犯罪构成四要件的“立体化修正”》，载《政法论丛》2019年第1期。

成立，又对认定犯罪是否成立起到了积极的评判作用。在刑法把“情节严重”“情节恶劣”等因素规定在对某种具体犯罪的罪状描述中时，“情节”严重或恶劣就是犯罪成立的必备要件。在这类犯罪中，“情节”是认定犯罪成立时必须证明的事实情况。

二、情节在立法中的类型化

情节对犯罪成立的积极影响，受到我国刑法立法机关的高度重视。在刑法分则规定的具体犯罪中，许多犯罪都是把“情节严重”作为犯罪成立的必备要件。关于这些犯罪，根据情节对其成立的影响，大致可以归纳为四种类型，即单一情节犯、多情节犯、复合情节犯、多情节复合的情节犯。可以说，“在对于情节因素的探讨中，情节犯之情节是重要的参照系”①。

（一）单一情节犯

单一情节犯是指刑法把“情节严重”或“情节恶劣”规定为危害行为成立犯罪时必须具备的要件之一，且不再对其严重程度加以区分的犯罪。在这类犯罪中，情节严重或恶劣是犯罪成立必须具备的要件，而这个要件不需要被进一步的区分。此种情形的《刑法》立法规定主要包括 57 个条文，所属范围涉及危害公共安全罪，破坏社会主义市场经济秩序罪，侵犯公民人身权利，民主权利罪，妨害社会管理秩序罪，危害国防利益罪，贪污贿赂罪，军人违反职责罪等章节。最为典型的立法例，如《刑法》第 260 条规定的虐待罪，该条明确规定：虐待家庭成员的行为，情节恶劣时，才构成犯罪。

（二）多情节犯

多情节犯是指刑法不仅把“情节严重（或恶劣）”作为危害行为成立犯罪时必须具备的要件之一，而且对情节还需要作出进一步的区分。如把情节区分为两个层次：情节严重、情节特别严重，或者把情节区分为三个层次：情节较重、情节严重、情节特别严重。此种情形的《刑法》立法规定主要包括 35 个条文，所属范围涉及危害公共安全罪，破坏社会主义市场经济秩序罪，侵犯公民人身权利，民主权利罪，妨害社会管理秩序罪，危害国防利益罪，渎职罪，军人违反职责罪等章节。最为典型的立法例，如《刑法》第 225 条规定的非法经营罪，该条明确规定了扰乱市场秩序，情节严重的，构成犯罪，同时对情节特别严重的规定了更高的法定刑档次。

总的来说，在多情节犯中，情节本身被立法者区分为“严重”与“特别严重”两种情况，甚至被区分为“情节较重”“情节严重”“情节特别严重”三种情况（如《刑法》第 350 条）。其中，情节（较重）严重是作为犯罪成立的基本要件，情节特别严重是作为提高法定刑档次的要件。除此之外，如《刑法》第 243 条规定的诬告陷害罪，在把“情节严重”作为犯罪成立要件规定的同时，又把“造成严重后果”作为提高法定刑档次的根据，也属于此种类型。

---

① 王莹：《情节犯之情节的犯罪论体系性定位》，载《法学研究》2012 年第 3 期。

（三）复合情节犯

复合情节犯是指刑法在把“情节严重”作为危害行为成立犯罪必须具备的要件之一的同时，还规定了某种具体的情节（事实情况），这种具体情节与笼统的“情节严重”一起，作为犯罪成立的两个独立的或者选择性的要件。如《刑法》第158条规定的虚报注册资本罪，其危害行为的构成要件是“申请公司登记使用虚假证明文件或者采取其他欺诈手段虚报注册资本，欺骗公司登记主管部门，取得公司登记”。但作为犯罪成立的要件之一，除行为的构成要件（类型化的危害行为）之外，《刑法》还要求“虚报注册资本数额巨大、后果严重或者有其他严重情节”，这个要件中就包括了“数额巨大”、“后果严重”和“其他严重情节”这样三个选择性要件，没有这三个选择性要件之一，虚报注册资本的行为就不构成犯罪。

根据立法的类型化，在这类犯罪中，“情节严重”是犯罪成立时必须具备的要件之一，但是这个要件又被进一步区分为三个选择性要件：“数额巨大”“后果严重”“其他严重情节”。其中，前两个要件是具体的，后一个要件是综合的，包含了除行为、数额、结果之外的各种事实情况。

（四）多情节复合的情节犯

多情节复合的情节犯是指刑法在把情节分解为“情节严重”“情节特别严重”的同时，还分别在“情节严重”“情节特别严重”中列举出具体的严重或特别严重的情节，作为与之并列的选择性要件。如《刑法》第175条之一规定的骗取贷款、票据承兑、金融票证罪。按照该条的规定，“以欺骗手段取得银行或者其他金融机构贷款、票据承兑、信用证、保函等”，是该罪的行为构成要件，而作为该行为成立犯罪的要件之一，《刑法》不仅区分了“情节严重”与“情节特别严重”，并对应规定了不同档次的法定刑，而且在“情节严重”中进一步区分出“给银行或者其他金融机构造成重大损失”与“有其他严重情节”作为该行为成立犯罪的选择性要件；而在“情节特别严重”中则区分出“给银行或者其他金融机构造成特别重大损失”与“有其他特别严重情节”两个选择性要件。又如，《刑法》第388条之一规定的利用影响力受贿罪：情节较重作为该罪成立必须具备的要件之一，被进一步区分为“数额较大”或者“有其他较重情节”；而“数额巨大或者有其他严重情节”“数额特别巨大或者有其他特别严重情节”则作为加重法定刑的情节被进一步明确规定。其中，情节被区分为“较重”“严重”“特别严重”三个档次，而每一个档次又分别与数额“较大”“巨大”“特别巨大”相并列，作为利用影响力受贿行为要件之外的犯罪成立要件。在这类犯罪中，情节被划分为两个或三个档次，每一个档次中既有具体情节也有综合性情节。

三、情节在司法中的具体化

从司法解释的具体规定看，作为犯罪成立要件之一的情节所包含的具体内容，在不同类型的犯罪中有所不同，但都是能够反映行为的危害程度或行为人的人身危险性程度的事实情况。

（一）单一情节犯中情节的具体内容

情节是在危害行为实施过程中发生的能够反映行为危害程度和行为人人身危险程度的事实情况。在单一情节犯中，由于其对情节严重或者情节恶劣的认定没有进一步的区分，所以主要表现为单一的事实情况。从司法解释的具体规定看，这些事实情况，最常见的有以下四个方面。

（1）表明危害行为规模的情况：行为涉及的物品数量大、涉及的货币数额多（既包括涉案物品的价值数额，也包括行为人从中获得的违法所得数额）等。

（2）表明行为所造成的危害后果的情况：造成被害人死亡、重伤、自杀、精神失常等后果，造成国家财产或个人财产重大损失，造成恶劣的社会影响或社会秩序混乱等。

（3）表明危害了法律特别保护的利益的情况：对未成年人实施犯罪，利用、教唆未成年人实施犯罪，对特定的物资或设备实施犯罪，在特殊区域或期间实施犯罪等。

（4）表明行为人人身危险性的情况：危害行为实施的次数，国家工作人员利用职务便利实施危害行为，监管部门责令改正而不改，被行政部门行政处罚后又实施同类行为等。

这些事实情况①，虽然不能代表危害行为本身，也不能决定或表明危害行为的性质，但是在一定程度上能够反映行为对社会的危害程度或行为人的人身危险性程度，因而被司法解释规定为认定情节严重的事实依据。刑法中规定的危害行为具有这些事实情况之一或多项的，就可能被认定为情节严重或情节恶劣。

（二）多情节犯中情节的具体内容

在多情节犯包括复合情节犯和复杂情节犯中，认定情节是否严重的标准相应地被区分为情节严重与情节特别严重两个档次，或者情节较重、情节严重、情节特别严重三个档次。在这些犯罪类型中，情节严重程度的档次区分的标准，主要是数额的大小和所造成后果的严重程度。

以《刑法》条文规定的不报、谎报安全事故的行为为例，司法解释规定：导致事故后果扩大，增加死亡 1 人以上，或者增加重伤 3 人以上，或者增加直接经济损失 100 万元以上的，就构成了刑法意义上的“情节严重”；导致事故后果扩大，增加死亡 3 人以上，或者增加重伤 10 人以上，或者增加直接经济损失 300 万元以上的，就构成了刑法上的“情节特别严重”②。又如：对于操纵证券、期货市场的行为，持有或者实际控制证券的流通股份数量达到该证券的实际流通股份总量 10％以上，连续 10 个交易日的累计成交量达到同期该证券总成交量 20％以上的，构成“情节严重”，连续 10 个交易日的累计成交量达到同期该证券总成交量 50％以上的，构成“情节特别严重”；操纵证券市场行为，证券交易成交额在 1 000 万元以上的，构成“情节严重”，成交额在 5 000 万

① 在具体的犯罪中，对这些事实情况的具体判断标准又不尽相同。如：数额达到多少就构成“情节严重”，司法解释根据不同犯罪的具体情况规定了不同的标准。

② 最高人民法院、最高人民检察院《关于办理危害生产安全刑事案件适用法律若干问题的解释》（法释〔2022〕19 号）第 8 条。

元以上的，构成“情节特别严重”[1]。

在上述情形下，行为过程中是否存在一些事实情况也会被规定为区分情节严重与否的标准，如：在不报、谎报安全事故罪中，“采用暴力、胁迫、命令等方式阻止他人报告事故情况，导致事故后果扩大的”，被规定为“情节特别严重”的情形之一[2]；在侵犯公民个人信息罪中，“造成被害人死亡、重伤、精神失常或者被绑架等严重后果的”，被规定为“情节特别严重”的情形之一。[3] 此外，以下事实情况也是认定情节严重程度乃至区分情节梯度的要素：因实施危害行为被行政处罚后再次实施同类行为构成犯罪，或者在限期整改期间继续实施危害行为的；在重大自然灾害、事故灾难、公共卫生事件发生期间实施危害行为的；实施危害行为后拒不执行国家行政主管部门作出的停止侵害行政决定或者命令的；实施阻挠监管部门监督检查或调查的行为的；在医院、学校、居民区等人口集中地区及其附近实施危害行为，或者在重要公共场所、监管场所或者国家重大节日、重大活动期间实施危害行为的；与境外机构、组织、人员勾结实施危害行为的；国家工作人员实施危害行为的；向未成年人实施犯罪行为；等等。

可以看到，在一些多情节犯的场合，当情节严重成为影响犯罪成立的关键要素时，不同的情节梯度便成为区分不同情节犯档次的重要内容。

（三）不同类型犯罪中情节的具体内容

认定情节是否严重的标准在不同类型的犯罪中表现为不同的事实情况。司法解释根据不同类型犯罪的具体情况，对情节严重的认定标准作了许多不同的规定。这些规定对司法实践中认定某项具体犯罪是否成立具有重要的指引意义。

在危害公共安全类的犯罪中，行为对社会的危害性集中表现为对公共安全的危害方面，所以，对公共安全的危害程度的事实情况，就成为认定“情节严重”的主要标准。司法解释中列举的认定“情节严重”的标准主要有以下情形：（1）危害行为具体的实施方式；（2）行为对公众造成的人身伤害、财产损失的大小；（3）行为人逃避、拒绝、阻碍依法检查或调查；（4）行为人曾因同类危害行为受过行政处罚或者刑事处罚等事实情况。

在破坏社会主义市场经济秩序类的犯罪中，行为对社会的危害性是在经济活动中表现出来的，因此集中体现在经济指标上，如涉案的数额、数量等。相应地，认定“情节严重”的标准也主要与数额、数量有关。司法解释中列举的认定“情节严重”的标准主要有以下情形：（1）行为多次；（2）危害对象多人；（3）经营数额大；（4）违法所得数额多；（5）因同种犯罪行为受过处罚又犯罪，或 2 年内因同类违法行为受过行政处罚；（6）特定人员实施；（7）造成了人身损害的后果；（8）造成恶劣影响或者其他严重后

[1] 最高人民法院、最高人民检察院《关于办理操纵证券、期货市场刑事案件适用法律若干问题的解释》（法释〔2019〕9 号）第 2 条、第 3 条、第 4 条。

[2] 参见最高人民法院、最高人民检察院《关于办理危害生产安全刑事案件适用法律若干问题的解释》（法释〔2015〕22 号）第 8 条。

[3] 参见最高人民法院、最高人民检察院《关于办理侵犯公民个人信息刑事案件适用法律若干问题的解释》（法释〔2017〕10 号）第 5 条。

果；（9）据不交代涉案资金去向或拒不配合追缴工作等事实情况。

在侵犯公民人身权利、民主权利的犯罪中，行为对社会的危害集中表现在对公民的人身权利、民主权利的侵害，因此，对人的身体和心理造成的严重伤害就成为认定“情节严重”的标准。司法解释中列举的认定“情节严重”的标准主要有以下情形：（1）危害行为的实施方式；（2）明知他人实施犯罪行为而提供帮助；（3）犯罪数量大；（4）违法所得数额多；（5）因同类危害行为受过行政处罚或刑事处罚；（6）造成被害人严重人身伤害、造成被害人或者其近亲属精神失常、自残、自杀等严重后果等事实情况。

在侵犯财产的犯罪中，行为对社会的危害性集中表现在财产损失方面，所以认定“情节严重”的主要标准就表现为行为人所侵犯的财产数额方面。司法解释列举的认定“情节严重”的标准主要有以下情形：（1）犯罪次数多；（2）违法所得数额多；（3）在特定期间或地区实施；（4）对特定款物实施；（5）造成他人轻伤或者精神失常等严重后果；（6）对弱势群体（老弱病残孕等）实施犯罪；（7）组织控制未成年人实施犯罪；（8）曾因违法行为受过行政处罚或刑事处罚；（9）造成其他严重后果等事实情况。

在妨害社会管理秩序的犯罪中，行为对社会的危害性主要表现在妨害社会管理的具体环节，因而具有多面性。认定“情节严重”的标准也是多元的。司法解释列举的认定“情节严重”的标准主要有以下情形：（1）行为多次；（2）行为对象多人；（3）造成被害人严重人身伤害；（4）对未成年人实施犯罪；（5）国家工作人员实施特定犯罪；（6）利用未成年人犯罪；（7）包庇犯罪分子；（8）妨害司法机关追究犯罪；（9）因犯罪已受过刑事处罚；（10）组织多人在多个地点实施犯罪；（11）犯罪所得数额多；（12）引起他人精神失常、自杀等严重后果；（13）经济损害大、犯罪数额或数量多；（14）假冒国家机关或金融机构名义实施等事实情况。

在危害国防利益的犯罪中，行为对社会的危害性主要表现在对国防利益的损害。司法解释中列举的认定“情节严重”的标准主要有以下情形：（1）涉案物品的数量大；（2）非法经营的数量大；（3）违法所得数额多；（4）造成严重后果；（5）造成恶劣影响等。

在贪污贿赂犯罪中，行为对社会的危害性往往与财物有关，所以司法解释中列举的认定“情节严重”的标准主要有以下情形：（1）犯罪的数额大；（2）贪污挪用特殊款物；（3）向特定对象行贿；（4）给国家或集体利益造成重大损失；（5）造成恶劣影响；（6）赃款赃物用于非法活动；（7）因同类行为受过处罚后又实施同类行为等。

在渎职犯罪中，行为对社会的危害性集中表现在行为所造成的危害结果上，所以司法解释中列举的认定“情节严重”的标准主要有以下情形：（1）造成他人死亡或者伤害的后果；（2）造成严重的经济损失；（3）造成恶劣的社会影响等事实情况。

总之，我国最高司法机关在总结司法实际经验的基础上，力图通过司法解释的方式，把刑法中规定的能够影响犯罪成立的情节予以具体化，以便为司法机关具体办理刑事案件提供可操作性的认定标准。

四、情节在犯罪论中的体系化

构建具有中国特色的刑法理论体系，需要明晰“情节”在整个犯罪论中的地位，而且“情节”的基本结构与认定标准需要结合司法解释的具体规定进行统一，并遵循刑法保护的价值取向。

（一）情节在犯罪论中的地位

厘清“情节”在犯罪论中的地位是对作为犯罪成立积极要件的情节加以体系化的前提。在规定和认定犯罪的问题上，坚持定性与定量相结合，是中国特色社会主义刑法体系的显著特色。[①] 定性与定量相结合，表现在刑事立法上，就是不仅要对危害行为的类型加以规定，而且要对危害行为的危害程度加以规定。这种定量的规定表现为刑法条文中大量使用行为类型化以外的事实情况作为限制性入罪条件，以便在危害行为中区分罪与非罪。“情节”是这种区分标志中最常用、最具有丰富内涵的概念。这样的立法模式也导致了刑事司法实践中在认定犯罪时，不仅要认定犯罪行为的存在与否，而且要认定行为的社会危害性是否达到“应受刑罚处罚”的程度，即情节是否严重。对情节的规定和认定，在刑法的制定和适用过程中，都具有十分重要的地位。

笔者认为，在我国刑法的犯罪论体系中，能够影响犯罪成立的情节应当是在犯罪概念、犯罪构成之后与之相并列的一个基本范畴，是我国刑法犯罪论体系不可或缺的组成部分。犯罪概念规定了犯罪的基本特征，对犯罪的构成和认定具有直接的指导意义。犯罪构成是犯罪行为的类型化，也是犯罪概念的具体化。犯罪构成各个要件的组合，不仅表明行为触犯了刑法，而且表明行为具有社会危害性。但是仅有犯罪构成是不够的。因为按照《刑法》第 13 条关于犯罪概念的规定，犯罪不仅具有社会危害性和刑事违法性，而且具有应受刑罚处罚性。应受刑罚处罚性就意味着行为仅有社会危害性和刑事违法性是不能被认定为犯罪的，具有社会危害性和刑事违法性的行为只有达到了应受刑罚处罚的程度，才能完全满足犯罪概念所揭示的三个特征的要求，才能被认定为犯罪。而危害行为是否达到了应受刑罚处罚的程度，就要看情节是否严重。对此，《刑法》不仅在第 13 条关于犯罪概念的规定中强调“情节显著轻微，危害不大的”不能认定为犯罪，而且在关于具体犯罪的规定中大量使用了表明情节严重的用语。如果说，刑法关于犯罪构成的规定满足了社会危害性和刑事违法性的要求，是犯罪成立的基本要件（危害行为的类型化要件），那么，刑法关于情节的规定，就应该说是满足了应受刑罚处罚性的要求，是犯罪成立的必要要件（危害行为的入罪要件）。犯罪构成与情节，都具有把犯罪概念所构建的观念形象转化为事实特征的功能，犯罪构成与情节相结合，就使犯罪成为可以在具体案件中通过证据来证明的客观存在。基于此，情节与犯罪概念、犯罪构成一样，对认定犯罪而言都具有不可或缺的重要意义，是犯罪成立的一个独立要件。

因此，构建中国特色社会主义刑法理论体系，必须高度重视中国刑法立法的特点，把刑法中关于犯罪概念的规定、关于犯罪构成的规定、关于情节的规定结合起来，完整地认识和解释中国刑法中的犯罪，由此构建的犯罪论体系才能够得到立法机关、司法机关的认同，才能够真正地指导刑事司法的实践。

---

① 参见徐岱：《中国特色社会主义刑法学理论体系》，载《当代法学》2013 年第 2 期。

（二）情节的基本内容——“一体六面式”结构体系之建立

因而，在作为犯罪成立要件之情节基本结构的建立上，笔者以危害行为为中心，结合我国司法解释的特征性规定，主张以“行为”为体，行为所反映的样态为面，建立作为犯罪成立要件之情节的“一体六面式”结构体系。这样的“一体六面”主要包括：危害行为的行为方式、危害行为的行为规模、危害行为的侵害对象、危害行为的实施环境、危害行为的后果事实、危害行为所反映出的人身危险性。

1. 反映危害行为行为方式的事实情况

在我国刑法中，只有在区分不同类型的犯罪或者区分罪与非罪时，行为方式才会被规定在刑法条文中。如抢劫罪，为了把该罪与抢夺罪、盗窃罪区分开来，《刑法》在其罪状中规定了“以暴力、胁迫或者其他方法抢劫”；又如抗税罪，为了把该罪与逃税罪区分开来，《刑法》在其罪状中规定了“以暴力、威胁方法拒不缴纳税款”；再如妨害公务罪，为了把该罪与不构成犯罪的一般性妨害公务的行为区分开来，《刑法》在其罪状中规定了“以暴力、威胁方法”。在这类犯罪中，行为方式就成了犯罪构成的组成部分，对区别危害行为的类型具有重要意义。

2. 反映危害行为行为规模的事实情况

在实践中，危害行为所涉及物品的数量、经营的数额以及违法所得的数额等，都能够反映危害行为实施的规模，从而表明行为对社会的危害程度，是“情节”中包含的最主要的事实情况。对此，刑法中的许多条文都将其独立规定为犯罪成立的要件之一，在这些犯罪中，一定的数量或者数额是犯罪成立的必备要件，是广义上的“情节”。而在另外一些犯罪中，刑法并没有明确规定犯罪成立对数量或者数额要求，但规定了“情节严重”的才构成犯罪。在这类犯罪中，司法解释往往是把一定的数量或者数额规定为认定情节严重的事实情况之一。这种情况，不仅大量出现在有关破坏社会主义市场经济秩序罪、侵犯财产罪、贪污贿赂罪的司法解释中，而且也出现在有关妨害社会管理秩序罪和危害国防利益罪的司法解释中。

3. 反映危害行为侵害对象的事实情况

只有对特别保护的主体、利益或物品，刑法才会把危害行为所及对象规定在罪状中，如枪支弹药、危险物质、妇女儿童等。在这类犯罪中，特定的对象无疑是犯罪构成的要件。而在绝大多数犯罪中，刑法关注的是危害行为本身，其所及对象并不影响犯罪的构成。但是刑法没有明确规定危害行为所及的对象并不意味着对象无关紧要。在以情节严重为犯罪成立要件的罪名中，行为所及对象往往能够表明行为危害社会的程度，因而可能成为情节的构成要素。

4. 反映危害行为实施环境的事实情况

危害行为实施的环境通常都不是犯罪构成的要件，但环境在一定情况下可以反映行为的危害程度，因而可能成为某些犯罪中情节的构成要素。如在自然灾害、事故灾难、公共卫生事件、社会安全事件等突发事件期间，在事件发生地使用“黑广播”“伪基站”，就应当被认定为情节严重，从而构成扰乱无线电通讯管理秩序罪；在事故抢救的期间擅自离开职守抑或逃匿的，就应当被认定为不报、谎报安全事故罪中的“情节严重”等。

5. **反映危害行为后果的事实情况**

在我国刑法中，很多犯罪都是把危害后果作为犯罪成立的要件加以规定的。其中，有些是在刑法的罪状中直接规定了特定的危害后果，有些则是通过司法解释把危害后果规定为“情节严重”的情形之一，从而成为犯罪成立的要件。几乎在所有和情节有关的司法解释中，造成严重的危害结果或者恶劣的社会影响，都是“情节严重”的情形之一。

6. **反映行为人人身危险性的事实情状**

在具体犯罪的罪状中几乎没有关于人身危险性的规定，但是在有关的司法解释中，经常会把受到处罚后又实施同类行为，或者监管部门责令改正后拒不改正，亦或再次实施同类行为，作为情节严重的情形之一。如在《关于办理利用赌博机开设赌场案件适用法律若干问题的意见》中，生产、销售赌博机虽未达到规定的数额标准，但 2 年内因非法生产、销售赌博机行为受过 2 次以上行政处罚，又进行同种非法经营行为的，被规定为非法经营罪中的情节严重的情形之一；在《关于办理利用信息网络实施诽谤等刑事案件适用法律若干问题的解释》中，2 年内曾因诽谤受过行政处罚，又诽谤他人的，被规定为情节严重的情形之一；在《关于办理妨害国（边）境管理刑事案件应用法律若干问题的解释》中，因偷越国（边）境被行政处罚后一年内又偷越国（边）境的，被规定为情节严重的情形之一；等等。因同类行为受过处罚又实施同类或类似的危害行为，表明该行为人具有较大的人身危险性，而这种人身危险性又是与危害行为本身直接相关的，因而可能成为情节严重的构成要素。

（三）情节认定标准的内在体系逻辑

立法和司法解释无法穷尽作为犯罪成立要件的情节的全部内容，当情节成为罪名成立所必须具备的要件时，对情节是否严重或恶劣的认定，直接关系到罪与非罪的界限。[①] 因此，在学理上合理确定情节的认定标准，为情节的认定提供方向性的指引，对于正确适用刑法具有特别重要的意义。在制定不同类型犯罪的情节认定标准时，应当始终保持内在逻辑的统一性。这样的统一性主要体现在制定不同类型犯罪的情节认定标准时，充分考虑不同类型犯罪的具体情况是完全必要的，但对于刑法保护的价值，在不同类型犯罪中，刑法评判的标准应该是统一的。只有在对危害行为实施过程中出现的事实情况进行评价时坚持统一的价值标准，才能保证情节的认定标准具有体系上的合理性，才能保证刑法适用的公平性。[②]

首先，从对公民人身权利的保护上看，刑法对人的生命和健康权利的保护应当是统一的。这样的价值统一体现在，刑法应当区分行为人的行为是属于故意剥夺他人生命、伤害他人健康，还是过失造成他人死亡或者伤害，是直接造成还是间接造成他人损害。当行为人的过失行为直接造成他人死亡或者伤害时，无论在什么犯罪中，都应当坚持相同的情节认定标准。如果因为罪名的不同，就对情节的认定采取不同标准，则违背了刑法适用的公平原则。例如，在危害公共安全罪中，《刑法》第 132 条至第 139 条所规定

① 参见陈洪兵：《“情节严重”的解释误区及立法反思》，载《湖南大学学报（社会科学版）》2019 年第 3 期。

② 参见徐岱、白玥：《论中国特色法治体系下刑法观念的冲突与均衡》，载《社会科学战线》2020 年第 9 期。

的罪名都涉及行为人的过失行为直接造成他人死亡、重伤、轻伤的后果；在渎职犯罪中，同样涉及行为人的过失行为直接造成他人死亡、重伤、轻伤的后果。对这些犯罪中的后果的严重程度的评价，如若不能坚持统一的标准，就可能出现对人身权利的保护难以保证公平、合理的情况。

其次，从对财产权的保护上看，刑法中存在着大量侵犯财产所有权的犯罪，条文中有时使用"公私财物"，有时使用"他人财物"，偶尔也会使用"公共财物"这些表述。对于侵犯财产所有权的犯罪，司法解释根据行为方式的不同类型，制定了不一样的情节认定标准。但这些标准是否具有内在逻辑的统一性，就值得怀疑。同样地，危害公共安全罪、破坏社会主义市场经济秩序罪、侵犯财产罪、渎职罪等都涉及危害行为直接造成的经济损失，对此要不要进行统一的评价，也是一个值得研究的问题。比如，故意实施的危害行为"造成直接经济损失"作为后果严重的认定标准之一，在有的犯罪中是 10 万元、20 万元、30 万元，在有的犯罪中是 50 万元、60 万元，在有的犯罪中是 100 万元，在有的犯罪中是 250 万元、500 万元。"直接经济损失"所包含的财产价值作为刑法保护的对象，无论是对个人还是对单位、对国家，都应该受到平等的保护，进行统一的评价。除非受到行为方式的影响，否则，不能因为主体的不同或罪名的不同而制定不同的认定标准。这样，就难以保证刑法适用的合理性。

再次，从对行为规模的评价上看，现有司法解释中对行为规模的危害程度的评价，也存在诸多不统一的现象。如关于非法经营罪中"情节严重"的认定标准，在不同表现形式的非法经营行为中，司法解释对直接影响行为危害程度的犯罪数额标准作出了不同的规定，直接反映了非法经营行为的规模对认定情节严重与否的影响程度的不同：在非法从事资金支付结算业务或者非法买卖外汇的行为中，认定非法经营"情节严重"的标准是数额在 500 万元以上①；在以虚构交易、虚开价格、现金退货等方式向信用卡持卡人直接支付现金的行为中，认定非法经营"情节严重"的标准是数额在 100 万元以上②；在非法生产、销售"黑广播""伪基站"、无线电干扰器等无线电设备的行为中，认定非法经营"情节严重"的标准是数额 5 万元以上③；在非法生产、销售具有赌博功能的电子游戏设施设备或者其专用软件的行为中，认定非法经营"情节严重"的标准是个人非法经营数额在 5 万元以上，单位非法经营数额在 50 万元以上④；在通过信息网络有偿提供删除信息等服务的行为中，认定非法经营"情节严重"的标准是个人非法经营数额在 5 万元以上，单位非法经营数额在 15 万元以上。⑤ 同样是非法经营的行为，作为判断危

① 参见最高人民法院、最高人民检察院《关于办理非法从事资金支付结算业务、非法买卖外汇刑事案件适用法律若干问题的解释》（法释〔2019〕1 号）第 3 条。

② 参见最高人民法院、最高人民检察院《关于办理妨害信用卡管理刑事案件适用法律若干问题的解释》（法释〔2018〕19 号）第 12 条。

③ 参见最高人民法院、最高人民检察院《关于办理扰乱无线电通信管理秩序等刑事案件适用法律若干问题的解释》（法释〔2017〕11 号）第 4 条。

④ 参见最高人民法院、最高人民检察院、公安部《关于办理利用赌博机开设赌场案件适用法律若干问题的意见》（公通字〔2014〕17 号）第 4 条。

⑤ 参见最高人民法院、最高人民检察院《关于办理利用信息网络实施诽谤等刑事案件适用法律若干问题的解释》（法释〔2013〕21 号）第 7 条。

害行为严重程度的数额标准如此不同，明显存在价值保护内在逻辑上的不统一。

最后，关于违法所得的评价标准，司法解释中也存在着价值判断标准不统一的情况。违法所得反映了行为人在危害行为中获利的情况，对于以获取非法利益为目的的犯罪而言，无论实施什么样的危害行为，如果所获得的非法利益是一样的，就应当对其进行相同的评价，而不应当对容易获取非法利益的危害行为规定很高的情节认定标准，而对所谓不容易获取非法利益的危害行为规定很低的情节认定标准。比如，按照《关于办理非法利用信息网络、帮助信息网络犯罪活动等刑事案件适用法律若干问题的解释》的规定，发布有关违法犯罪的信息或者为实施违法犯罪活动发布信息，违法所得 1 万元以上的，就应当认定为“情节严重”；《关于办理侵犯公民个人信息刑事案件适用法律若干问题的解释》中规定，违法所得 5 000 元以上的，就应当认定为“情节严重”；而按照《关于办理操纵证券、期货市场刑事案件适用法律若干问题的解释》的规定，实施操纵证券、期货市场行为，违法所得数额在 100 万元以上的，才能够认定为“情节严重”。如此巨大的差别，是基于保护对象的重要性？还是基于行为方式的严重性？还是仅仅因为罪名的不同？显然，违法所得情节的认定标准与行为人行为的社会危害性评判紧密联系，如若在实践中认定这些影响行为危害程度的情节时，不能树立起价值判断的统一标准，就很容易使人怀疑刑法适用的公平性。

总之，作为犯罪成立要件的情节，内容涵盖诸多要素，对其认定的标准，应当坚持价值判断的统一性。这就需要运用体系性的思维模式，对危害行为在实施过程中出现的各种事实情况进行价值判断，既要考虑危害行为的类型、行为方式本身的危害程度，也要考虑刑法保护的客体的重要程度；更要考虑危害行为直接造成的后果或从中取得的利益，以及间接造成的后果或取得的利益。在兼顾各种考量的基础上，始终保持内在逻辑的一致性和价值判断的统一性，才有可能对影响犯罪成立的情节要件制定合理的认定标准，才能保证刑法规范内在的一致性和协调性。唯有如此，才能保证刑法的适用具有个案的合理性和体系的公平性。

我国刑法中的单位犯罪规定与企业合规不起诉改革实践

黎　宏*

在最高人民检察院2022年7月21日发布的第三批涉案企业合规典型案例中，案例二即“王某某泄露内幕信息、金某某内幕交易案”分外引人注目。本案的基本案情是：身为某公司副总经理、董事会秘书的被告人王某某，在得知其所在的K公司与某上市公司达成合作意向的信息之后，两次向其好友金某某泄露重组计划和时间进程等内幕信息，致使金某某从事与该内幕信息有关的证券交易活动，成交金额达人民币411万余元。针对此案，检察机关在对被告人王某某所在K公司开展合规工作的基础上，提出对被告人大幅从宽处罚的建议，被法院认可。①

和最高人民检察院前两次所发布的典型案例相比，本案在两个方面引人注目：一是对可能判处5年以上有期徒刑的案件适用了刑事合规政策。本案中，被告人王某某泄露内幕信息致使金某某从事与该内幕信息有关的证券交易活动，成交金额达人民币411万余元，应当被认定为《刑法》第180条泄露内幕信息罪中的“情节特别严重”，即可能判处5年以上有期徒刑，在此情况下，检察机关仍协助相关机关开展了企业刑事合规整改工作；二是将企业的刑事合规整改工作情况作为从宽处理企业员工个人犯罪的事由。尽管2021年6月3日，最高人民检察院、司法部、财政部等九部委联合下发了《关于建立涉案企业合规第三方监督评估机制的指导意见（试行）》，其中第3条指出，第三方机制适用范围不仅包括单位犯罪案件，还包括公司、企业实际控制人、经营管理人员、关键技术人员等实施的与生产经营活动密切相关的犯罪案件，其中对个人犯罪适用企业合规政策，也仅仅只是在“与生产经营活动密切相关的犯罪案件”中，这一点在第一批涉案企业合规典型案例三，即“深圳Y科技股份有限公司的员工王某某、林某某、刘某乙对非国家工作人员行贿案”中有所体现，该案中，由于被告人为了企业利益而行贿，最终检察机关在对相关公司进行了刑事合规建设后对被告人进行了从宽处理。② 但

---

* 清华大学法学院教授。

① 参见《最高检发布第三批涉案企业合规典型案例：合规办案规模不断扩大，质效不断提升》，载最高人民检察院网，https://www.spp.gov.cn/xwfbh/wsfbt/202208/t20220810_570413.shtml#1，2023年1月2日访问。

② 参见《最高检发布企业合规改革试点典型案例》，载最高人民检察院网，https://www.spp.gov.cn/xwfbh/dxal/202106/t20210603_520265.shtml，2023年1月2日访问。

在上述第三批涉案企业合规典型案例二中，被告人王某某泄露内幕信息给其好友的行为，并不是“与生产经营活动密切相关的”，也没有给企业带来利益，但检察机关仍将企业刑事合规整改作为从宽处理企业员工个人犯罪的事由之一，因而引起了极大的争议。针对本案，有学者认为：企业合规应是帮助企业出罪的刑事政策依据，不能成为帮助个人出罪的通道；明确“放过企业，严惩责任人”的刑事政策合规价值取向，不能仅因为相关人员对企业经营有重要作用就对其从轻发落，甚至因身份特殊而破格“免罪”①。还有学者认为，是否只要成立了公司，个人的罪名就可以通过企业合规的方式予以减免？答案是否定的。企业是否进行合规整改，与是否对涉企人员从宽处罚并不存在直接关联。②

本文认为，上述质疑能够理解。尽管在2022年的全国检察长（扩大）会议、学习贯彻全国两会精神电视电话会议上，最高人民检察院领导曾特别强调：“原则上有条件的县级检察院，今年都要大胆探索，尝试办理几件企业合规改革案件”，但在2022年4月2日召开的全国检察机关全面推开涉案企业合规改革试点工作部署会还是坚持：“试点工作要坚守‘严格依法’这条红线，现有的探索都要在法律规定的框架内进行，从一开始就要让这项制度‘合规’、稳健，走向成熟、走向法治。”③ “严格依法”，意味着“企业合规改革试点”，不仅要能够落实中央2020年提出的“六保六稳”政策、贯彻“少捕慎诉”的检察理念，给正在为疫情等所困扰的企业特别是中小企业（包括企业主）带来实实在在的好处，还要在我国刑法以及刑事诉讼法中找到能够适用的法律根据，特别是符合《刑法》第30条、第31条即单位犯罪的相关规定。仅仅根据政策性的要求所进行的应急性试点，在目前的特殊形势下，虽能避免在严峻形势下苦苦挣扎的中小企业中出现“关了一个人、倒了一个企业”的一时之效，但其可能动摇刑法所确立的、近代以来为各国刑法所严格遵守的罪刑法定原则、刑法适用平等原则以及罪责刑相适应原则，违反法治国的基本理念，为“公正司法”的贯彻落实带来消极负面影响。

以下，本文在探讨我国刑法有关包括企业犯罪在内的单位犯罪的相关规定的特点的基础上，就王某某泄露内幕信息、金某某内幕交易案的处理，略述己见。

一、我国刑法中单位犯罪规定的特点

企业合规不起诉，实际上是在我国《刑法》第30、31条所规定的单位犯罪的基础上所进行一项具体应用。按照最高人民检察院所发布的相关规定和典型案例可知，企业合规不起诉改革的核心是，企业在犯罪之后，只要和检察院达成合规承诺，积极整改，就可以享受不起诉等优遇。适用企业合规不起诉的案件，既包括公司、企业等自身实施的经济犯罪、职务犯罪案件，也包括公司、企业中的自然人即实际控制人、经营管理人员、关键技术人员等实施的、与生产经营活动密切相关的犯罪案件；不起诉的内容，既包括“合规不批捕”“合规不起诉”，也包括“合规从宽量刑建议”“合规从宽处罚建议

① 叶青：《澄清涉案企业合规改革的价值取向》，载《上海法治报》2022年9月27日，第B7版。

② 参见李兰英：《激励与惩罚：放过企业不放过企业家》，载《上海法治报》2022年9月27日，第B7版。

③ 徐日丹：《如何让好制度释放司法红利——全国检察机关全面推开涉案企业合规改革试点工作部署会解读》，载《检察日报》2022年4月6日，第1版。

(行政处罚建议)"。可见，在我国，企业合规不起诉，对于涉案企业而言，是一项非常有力度的从宽处罚情节。但问题是，合规承诺意味着什么？为什么企业犯罪，在和检察机关达成合规承诺、积极整改之后，就可以享受不起诉的待遇？其根据何在？特别是，为什么涉案企业合规之后，不起诉的优遇可以惠及单位中的个人？这些都是在推广企业合规改革试点的过程中首先要解决的问题，其根据，和我国刑法中有关单位犯罪和单位处罚的内容直接相关。

从我国刑法中有关"单位犯罪"的规定所处位置及相关内容来看，可以看出，有关单位犯罪的规定具有以下特点。

(一) 被规定在自然人刑法之中

从比较法的角度来看，世界范围内，有关处罚企业的刑事立法[①]，大致有两种方式。

一种是为"企业犯罪"单独立法，制定专门的"企业犯罪法"的方式。美国的《联邦组织体量刑指南》[Federal Sentencing Guidelines Manual (1995), Chapter 8]，以及英国的《企业过失致死罪法》(Corporate Manslaughter Act 2007) 就是其适例。这种方式的好处是：一是能够最大限度地避免企业犯罪和企业处罚与自然人犯罪和自然人处罚之间的不协调。由于主体性质的不同，企业处罚和自然人处罚，在很多方面存在根本性差别。如在主观责任的认定上，企业处罚通常采用近乎结果责任的严格责任原则，而自然人处罚采用重视主观责任的罪过责任原则；企业犯罪在主观要件的认定上，可以适用将数个从业人员的零碎认识集合起来，整体上满足成立一个犯罪意思所需要的主观意思，就能肯定企业具有特定犯罪所要求的主观认识的集体认知方式，而在自然人犯罪的场合，则只能依据单个个人的主观认识来判断。在客观行为的认定上，就企业犯罪而言，不要求确定某个具体的人实施了违法行为，只要能够证明企业的自然人中的"有人"实施了违法行为即可。在实际应用中，甚至可以将数个代理人的不同行为汇集起来，满足一个犯罪的客观要件的场合，就能判定企业有罪。[②] 二是由于将从理念到具体适用完全不同的两种主体的犯罪成立要件和处罚分别规定在两部不同的法律之中，这样就能够将企业犯罪法对自然人刑法的概念、原则所产生的逆向冲击控制在最低限度。[③] 当然，这种规定方式也存在很大的问题。如对企业犯罪的成立条件、企业处罚的范围和方式、企业犯罪的规制程度，目前世界范围内并没有一个统一的说法。在针对是否要处罚企业犯罪、如何处罚企业犯罪的基本问题上，尚存在巨大争议的当今，贸然制定一部类似于《企业犯罪法》的专门刑法，其难度之大，可想而知。因此，当前，这种立法方式的采用仅限于个别国家，没有被广泛推广。

相反地，另一种就是在以自然人为规制对象的现行刑法当中（主要是在总则部分）增设处罚企业犯罪的条款的方式。这是目前承认企业犯罪的国家主要采用的方式，《澳

---

① 本文所述涉及多个国家的法律以及国内多个不同的法律文件，对于"企业"之类的组织，有的称之为"企业"，有的称之为"法人"，有的称之为"单位"，没有统一。本文当中，如果没有特别注明，对上述三者均在同一意义上使用，特此说明。

② See United States *v.* American Stevedores, Inc., 310 F. 2d 47, 48 (2d Cir. 1962).

③ 参见［日］川崎友巳：《企业的刑事责任》，东京：成文堂 2004 年版，第 486 页。

大利亚联邦刑法典》[①]《法国刑法典》[②]《西班牙刑法》[③]《瑞士联邦刑法典》[④] 都采取这种立法方式。这种方式的特点是，在有关法人犯罪的概念、成立条件和对法人的处罚方式上，原则上适用现行关于自然人刑法的相关原则、概念和规定，只是例外地针对企业特点，进行一些特殊规定。如《澳大利亚联邦刑法典》第 2.5 部分即企业的刑事责任部分，开宗明义即规定，本法典以其适用于自然人的方式适用于企业，企业可以实施任何犯罪，包括应当处以监禁的犯罪。企业犯罪适用自然人犯罪的基本原理，除客观上必须有危害行为、危害结果之外，企业自身还必须具有故意、过失。只不过在对企业罪过的认定上，除将一定条件下的企业中的自然人归属于企业自身之外，还将"企业文化"即存在于企业整体或者作为相关活动发生地的企业某部门的态度、政策、规则、行为或者实践的程序作为认定企业自身罪过的重要依据，并规定如果企业证明其已经实施了适当的努力来制止行为、授权或者许可，则可以否定企业本身的责任。[⑤] 这种以企业自身固有的"企业文化"作为认定犯罪企业主观罪过的依据的做法，虽然和自然人罪过认定中的"推定"有类似之处，但显然和自然人刑法中，故意就是对犯罪事实有认识而不放弃、过失是对犯罪事实应当有认识而没有认识的理解之间，存在一定差别。

这种在自然人刑法中规定企业犯罪的立法方法，尽管存在让人产生企业处罚和自然人处罚之间不协调，以及将企业处罚的特殊性波及自然人处罚，使得自然人刑法在适用中发生变形的担心，但就目前的情况来看，这种担心纯属多余。现行的有关企业犯罪和对企业处罚的规定，出自有关自然人犯罪和处罚的理念和设想，在绝大多数情况下，其所遵从的仍然是自然人犯罪的相关规定。并且，在现有的自然人刑法中增设企业犯罪的处罚条款，争议相对较小，在立法上比较容易实现，因而被广泛采用。我国现行《刑法》也采用了这种方法，除在刑法总则中规定"单位犯罪"的概念和处罚之外，还在刑法分则的相关条文中规定了处罚单位犯罪的内容，即"单位犯前款罪的，对单位判处罚金，并对其直接负责的主管人员和其他直接责任人员，依照前款的规定处罚"。

在自然人刑法中规定单位犯罪，不仅意味着单位犯罪和单位处罚有了法律依据，更意味着单位处罚也必须遵守自然人刑法的相关规定和原则，如罪刑法定原则（我国《刑法》第 3 条），刑法适用平等原则（我国《刑法》第 4 条），罪责刑相适应原则（我国《刑法》第 5 条）犯罪故意（我国《刑法》第 14 条），犯罪过失（我国刑法第 15 条），犯罪的预备、未遂和中止（我国《刑法》第 22 条、第 23 条、第 24 条），以及共同犯罪的相关规定（我国《刑法》第 25 条、第 26 条等）。事实上，在我国的司法实践中，单位不仅可以构成共同犯罪，而且在对其处理上，也遵循了两个以上单位共同故意实施犯罪，应根据各单位

---

① 《澳大利亚联邦刑法典》2.5 部分，"法人的刑事责任"，参见张旭、李海滢、李綦通、蔡一军译：《澳大利亚联邦刑法典》，北京：北京大学出版社 2006 年版，第 16－18 页。

② 《法国刑法典》第 121－2 条、第 131－37 至 131－49 条，参见朱琳译：《最新法国刑法典》，北京：法律出版社 2016 年版。

③ 《西班牙刑法典》第 31 条、第 31 条之一、第 33 条第 7 款，参见潘灯译：《西班牙刑法典》，北京：中国检察出版社 2015 年版。

④ 《瑞士联邦刑法典》第 172 条、第 72 条 a、第 172 条 b，参见徐久生、庄敬华译：《瑞士联邦刑法典（2003 年修订）》，北京：中国方正出版社 2004 年版。

⑤ 参见《澳大利亚联邦刑法典》2.5 部分，"法人的刑事责任"，第 12 节 12.1（2）。

在共同犯罪中的地位、作用大小，确定单位犯罪的主、从犯的原则。[①] 这完全是将现行刑法中自然人共犯的相关规定照搬到了单位共犯中来；在单位犯罪案件中，单位集体决定或者单位负责人决定而自动投案，交代犯罪事实的，或者单位直接负责的主管人员自动投案，如实交代犯罪事实的，应当认定为单位自首的相关规定[②]，更是将“自首”这种人身属性极强、通常只适用于自然人的量刑情节，照搬到了单位的头上。

（二）被规定为了单位自身的犯罪

在自然人刑法中，如何描述或者说设定作为虚拟人格的单位的犯罪内容，这是在确定在自然人刑法中规定单位犯罪之后，接踵而来的一个现实问题。

传统的也是目前常见的规定方式是，通过确定法人中的特定自然人的行为的方式来规定法人犯罪。这种规定方式的背景是，依据民法上的通说，法人行为只能通过其组成人员的自然人的行为来体现，而作为法人组成人员的自然人的行为具有法人行为和个人行为的二重属性，并非所有的自然人的全部行为都能看作为法人自身的行为；只有处于一定地位的人，或者是符合一定条件的人的行为，才能被视为法人自身的行为，并据此而追究法人自身的刑事责任。这种规定方式主要体现在英美法国家的刑法中。如英国固守自然人刑法中的责任原则，在法人处罚上坚持和刑法基本原则（特别是主观责任原则）之间的协调，为将法人作为正犯追究，采用了将形成法人组织人格特征的高层管理人员（superior officer）的行为和意图（acts and state of mind）视为法人自身的行为和意图的“同一视原理”，来据此而认定法人犯罪并对其进行处罚。相反地，美国联邦法院则更重视追究法人责任的刑事政策必要性，认为只要是在法人活动中发生的侵害行为，即便是最底层的从业人员实施的，也可通过“替代责任原则”将其看作法人自身的行为，追究法人责任。这样对法人刑事责任的追究就变得轻而易举了。[③] 有关法人犯罪的构成，规定最为详细的，当属《澳大利亚联邦刑法典》的规定。按照该法第 2.5 部分即法人的刑事责任的规定，企业故意犯罪的成立条件是：第一，企业高管在其权限范围内实施的行为，归属于企业自身；他们在行为时的蓄意、明知或者轻率归于企业自身；第二，在企业内部，存在指挥、鼓励、容忍或者导致不合规的企业文化，或者企业没有创造、保有一种合规所需要的企业文化时，可以认定，企业本身具有与犯罪行为有关的蓄意、明知或者轻率。企业过失犯罪的成立条件是：第一，客观上存在违法行为。该行为可以通过单个雇员的违法行为，也可以通过综合多个雇员违法行为的整体而认定；第二，主观上存在过失。当法人对其雇员缺乏足够的管理、控制或者监督，或者在法人内部缺乏将相关信息传递给雇员的完善体系时，能够认定企业存在过失。但在企业证明其已经实施了适当的努力来制止行为、授权或者许可的场合，可以否定企业本身的责任。[④] 上述

---

① 参见 2001 年 1 月 21 日最高人民法院关于《全国法院审理金融犯罪案件工作座谈会纪要》（法〔2001〕8 号）第 4 条。

② 参见 2009 年 3 月 12 日最高人民法院、最高人民检察院《关于办理职务犯罪案件认定自首、立功等量刑情节若干问题的意见》（法发〔2009〕13 号）第 1 条。

③ 参见［日］川崎友巳：《企业的刑事责任》，东京：成文堂 2004 年版，第 187 页。

④ 《澳大利亚联邦刑法典》2.5 部分，“法人的刑事责任”，参见张旭、李海滢、李綦通、蔡一军译：《澳大利亚联邦刑法典》，北京：北京大学出版社 2006 年版，第 16－18 页。

规定中，尽管规定了体现企业自身意思的“企业文化”，但并没有否定通过包括企业高管以及一般雇员在内的自然人的行为和意思来认定企业自身犯罪的做法。

我国的司法实践也采取了这种通过确定特定自然人的意志和行为来认定单位犯罪的做法。如 2019 年 2 月 20 日最高人民法院、最高人民检察院、公安部、司法部、生态环境部《关于办理环境污染刑事案件有关问题座谈会纪要》第 1 条规定，为了单位利益，实施环境污染行为，并具有下列情形之一的，应当认定为单位犯罪：(1) 经单位决策机构按照决策程序决定的；(2) 经单位实际控制人、主要负责人或者授权的分管负责人决定、同意的；(3) 单位实际控制人、主要负责人或者授权的分管负责人得知单位成员个人实施环境污染犯罪行为，并未加以制止或者及时采取措施，而是予以追认、纵容或者默许的；(4) 使用单位营业执照、合同书、公章、印鉴等对外开展活动，并调用单位车辆、船舶、生产设备、原辅材料等实施环境污染犯罪行为的。

这种仅仅以单位中的自然人的行为和意思，来确定单位犯罪的做法，尽管符合单位是一个拟制人格，没有自身的意思和行为，其自身的意思和行为，只能通过单位构成人员来认定，单位成员职务行为产生的一切法律后果都应由法人承担的民法原理①，但也存在以下几个问题：一是依照“同一视原理”，由法人代表人或者法人机构集体决策实施犯罪的情形，现实生活中已经不多见，即便有，也只是存在于一些中、小规模特别是小规模的企业当中，难以反映现实生活中大、中型企业犯罪的实况；而且，企业领导决定实施犯罪的情形，现实生活中即便存在，也难以证明。二是按照“替代责任原则”，法人最底层人员的业务活动行为，也能被视为企业自身行为，在该行为属于违法行为时，法人必须为其担责。这种见解尽管符合企业业务活动的实际情况，但将这种原则贯彻到底的话，会造成无限度地追究企业自己责任的结局，使得企业无法生存。三是忽略了由于企业内部管理系统的不完善或者组织结构缺陷而引起法益侵害结果，并非个人行为导致企业违法行为的情形。四是只要在企业中的自然人在业务活动过程中引起了侵害法益的结果，就要考虑企业自身过失的做法，显然是没有将企业作为一个独立于其组成人员的自然人的独立个体的观念在作祟，将企业看作其组成人员的自然人的附庸或者傀儡。因此，不考虑企业中的个人，而是从企业自身的组织结构、规章、政策、宗旨、文化等企业自身特征来判断企业自身刑事责任的“组织体刑事责任论”，便应运而生了。②

按照“组织体刑事责任论”，法人犯罪就是法人自身犯罪，法人之所以受罚，就是

---

① 参见王利明、杨立新、王轶、程啸：《民法学》(第 6 版·上)，北京：法律出版社 2021 年版，第 111 页。

② 参见黎宏：《单位刑事责任论》，北京：清华大学出版社 2001 年版，第 325 页；黎宏：《组织体刑事责任论及其应用》，载《法学研究》2020 年第 2 期，第 77 页。另一种是旧企业组织体责任论。认为就企业犯罪而言，对分担组织活动的各个自然人，如经营者、管理者、技术人员、底层从业人员的行为进行个别把握的话，可能出现对任何人都无法追究刑事责任的局面。其实，法人是超越其成员的社会实体，存在归属为该组织体的活动，这是当前法律的社会现实，以此为根据，法人代表人的行为就不用说了，上级管理者以及底层从业人员的行为，只要是对组织体的活动的分担，就能评价为企业自身的行为，主张将法人等企业的组织活动作为一个整体把握，这种见解就是旧企业组织体责任论。具体参见［日］板仓宏：《企业犯罪的理论和现实》，东京：有斐阁 1975 年版，第 33 页；［日］板仓宏：《企业组织体责任论和法人处罚》，载《刑法杂志》1979 年第 23 卷第 1、2 号，第 110 页。我国何秉松教授提倡的“人格化系统责任论”，即“法人是一个人格化的社会系统，法人的刑事责任就是这个人格化社会系统的刑事责任”的观点也属于这种见解。何秉松主编：《法人犯罪与刑事责任》，北京：中国法制出版社 2000 年版，第 473 页。

因为其作为一个实体组织而引起了法益侵害结果。这种立法方式的背后，存在法人或者说企业不仅仅是听命于其构成人员即自然人的意思和行为的虚拟人格，相反地，法人的组织结构、政策、文化等自身特征，还会对其组成人员的自然人的意思和行为举止产生影响的"组织体论"，即企业是一个独立于其组成人员的实体组织的观念。据此，在追究法人或者企业责任时，除考虑作为企业组织意思来源之一的企业代表机构成员的意思和行为之外，还必须考虑法人或者企业自身的组织责任。这种企业自身责任的理念，已经被有些国家的刑法典所采用，如前述《澳大利亚联邦刑法典》中有关企业文化的规定，就是其体现。同样，意大利《关于企业合规的第 231 号法令》中规定的，认定企业犯罪的主观罪过的重要依据之一的"结构性疏忽"（也称"制度漏洞"），实际上就是指涉案公司尚未建立与预防犯罪行为的发生有关的指导方针和管理体制，因而导致了涉案企业职员的过失违法行为。

在我国，尽管《刑法》第 30 条有关单位犯罪的规定中，采用了单位犯罪就是"单位自身犯罪"的写法，但非常遗憾的是，这种写法只能说是一种"歪打正着"[①]，在立法者的愿意当中，其中没有包含"组织体刑事责任论"的理念。尽管如此，其还是为我们从"组织体刑事责任论"的角度解释我国《刑法》中的单位犯罪和单位处罚，留下了余地。因此，下一步的工作，就是如何在《刑法》第 30 条、第 31 条有关单位犯罪和单位处罚的规定中，巧妙地加入组织体刑事责任论的内容。

（三）在处罚上实行"双罚制"

关于企业犯罪的处罚，历史上曾经有过仅处罚企业自身或仅处罚企业中的主要责任人员的"单罚制"，但现在流行的是既处罚犯罪的企业，又处罚其中的相关自然人的所谓"双罚制"。我国《刑法》第 31 条关于单位犯罪的处罚，也采用"双罚制"。

"双罚制"是目前世界范围内通行的一种企业犯罪处罚方式。一方面，这种方式似乎符合单位犯罪的实情，因为单位犯罪是通过单位中的自然人实施的，其与单位处于共同犯罪关系，因此，将二者绑定在一起，连带处罚，合乎情理；另一方面，这种方式似乎效果最好，因为按照传统理念，单位意思是通过单位的代表机构以及被授权的相关自然人形成的，换言之，单位的犯罪意思来自其自然人，因此，在企业犯罪的场合，采用既处罚单位又处罚其中的自然人的"双罚制"，也合乎责任原则的要求。

但现在看来，"双罚制"也是一种缺陷比较明显的单位犯罪处罚方式。一方面，其并不完全符合单位犯罪的实际情况。"双罚制"之下，人们没有注意到单位和作为其组

① 从现行单位犯罪的规定过程来看，其本意是为了涵盖刑法分则中单位过失犯罪的规定，并非体现组织体责任论的理念。根据有关介绍，在现行刑法通过的前后，即自 1995 年 8 月 8 日至 1997 年 3 月 14 日，刑法修订稿草案对于单位犯罪的总则规定先后有过两种写法：一种是"企业、事业单位、机关、团体，为本单位谋取利益，经单位的决策机构或者人员决定，实施犯罪的，是单位犯罪"，另一种是"公司、企业、事业单位、机关、团体为本单位谋取非法利益，经单位集体决定或者由负责人员决定实施的犯罪，是单位犯罪"。八届人大五次会议审议时，有代表提出，上述两种定义都不够全面，不能完全包括分则规定的所有单位犯罪。"为本单位谋取利益"是单位犯罪构成要件之一，但分则规定的单位犯罪之中，有些是过失犯罪，而过失犯罪很难说有非法牟利的目的。因此，便有了现行刑法所规定的形式。高铭暄：《中华人民共和国刑法的孕育诞生和发展完善》，北京：北京大学出版社 2015 年版，第 213 页。

成人员的自然人是两个独立的主体的事实，忽视了单位在单位犯罪现象中的独立性，使得单位即便制定有合理妥当的管理制度（如合规制度），也无法从其组成人员即自然人的违法犯罪的旋涡中脱身；另一方面，“双罚制”也使得企业合规不起诉制度难以落地。“双罚制”之下，企业和其组成人员的自然人被捆绑在一起，二者之间处于“一损俱损、一荣俱荣”的连带关系。这种连带关系所导致的直接结果是，单位对其从业人员即自然人在业务活动中的违法行为，只有两种选择：或者是作为单位犯罪，被“双罚”，即既处罚单位又处罚单位中的个人；或者是作为个人犯罪，被“单罚”，即只处罚自然人，绝无可能构成单位犯罪，但只处罚“自然人”一方，而对单位出罪或者从轻处罚。[①] 这种单位在其业务人员的自然人一旦实施了犯罪，除受罚之外，没有其他选项的现实，使得单位被笼罩在其组成人员的违法行为的阴影之下，没有自我救赎的可能，也失去了表明自己不想犯罪并且极力制止其从业人员在业务活动中实施违法行为即合规建设的动力。

由于上述问题的存在，因此，在处罚单位犯罪的国家中，人们开始寻求将企业处罚和其中的个人处罚脱钩的方式，如前述意大利《关于企业合规的第 231 号法令》第 8 条就规定，在不能处罚企业从业人员的自然人的场合，也应追究企业的刑事责任。这意味着，企业犯罪的认定，并不一定依赖于其中的自然人的确定，只要企业业务活动中发生了法益侵害结果，即便不能确定该结果到底是谁的行为所引起的，或者虽然能够确定引起该结果的行为人，但由于各种原因，无法认定该行为人有罪而处罚该行为人的场合，也仍然可以追究企业的刑事责任。换言之，企业处罚和企业中自然人的处罚无关。

应当说，这种将对企业处罚和对其中的从业人员的处罚脱钩的做法，是有关企业犯罪立法的一个重大创新。因为，依照欧洲大陆的通说，所谓企业犯罪，并不真的是企业自身的犯罪，而是企业为其成员的违法行为承担无过失责任的体现[②]；虽然有学说承认企业犯罪是企业自身犯罪，认为是企业自身文化、制度、政策等促成了企业成员的犯罪，但其目前多数还是局限于学说上的讨论，并未上升为法律规定。而意大利《关于企业合规的第 231 号法令》解除企业责任和作为企业成员的自然人的责任之间的联动的做法，不仅是承认企业犯罪是企业自身犯罪见解的必然结局，也突破了历来的企业处罚中所采取的“双罚制”的藩篱。按照这种处罚方式，不仅对企业犯罪的处罚，不一定要通过“双罚制”来实现，而且对企业犯罪的认定，也不一定要通过其组成人员的行为人来实现，只要在企业的业务活动中出现了侵害法益结果，即便不能确定是谁的行为造成的，或者能够确定行为人，但该行为是企业自身的制度性缺陷或者不合理的政策所导

---

① 我国刑法学的通说认为，存在单罚制的单位犯罪。主要理由有二：一是《刑法》第 31 条后段即“本法分则和其他法律另有规定的，依照规定”的表述意味着，单位犯罪的处罚，不仅只有“双罚制”；二是《刑法》第 396 条规定的私分国有资产罪、私分罚没财物罪明确将“国家机关、国有公司、企业、事业单位、人民团体”和“司法机关、行政执法机关”分别作为二罪的犯罪主体。以上见解，参见马克昌主编：《刑法》（第 2 版），北京：高等教育出版社 2010 年版，第 87 页；高铭暄、马克昌主编：《刑法学》（第 9 版），北京：北京大学出版社、高等教育出版社 2019 年版，第 99 页。但我认为，这种见解有将犯罪学意义上的单位犯罪与规范意义上的单位犯罪混淆之嫌。从行为与责任统一的角度来看，既然上述犯罪中被追究刑事责任的只是单位中的“主管人员和其他直接责任人员”，则应当将本罪看作为自然人犯罪，而不是单位犯罪。

② 参见耿佳宁：《污染环境罪单位刑事责任的客观归责取向及其合理限制：单位固有责任之提倡》，载《政治与法律》2018 年第 9 期，第 47 页。

致，难以对特定行为人追责，或者企业犯罪场合下的自然人因为某种原因而不能被追责，也能够追究企业的刑事责任。换言之，在将企业处罚与其自然人之间的处罚脱钩之后，企业犯罪就是企业自身犯罪的观念，才真正得以确认。

总之，将在单位业务过程中实施的危害行为认定为犯罪，是在工商业发达的现代社会中，单位无论在国家宏观经济的层面还是在个人生活的层面发挥着远超个人影响的现实背景之下，不得已而作出的一种选择。但是，在现代法治国，只要将单位犯罪规定在传统的自然人刑法之中，则其认定和处罚必然要受制于传统的自然人刑法的规制和约束。具体而言，就我国的现实情况来说，要受到罪刑法定原则、刑法适用平等原则、罪责刑相适应原则以及刑法中有关单位犯罪规定的限制，这是不言而喻的，也是在自然人刑法中规定单位犯罪所必须要付出的代价。

二、对“王某某泄露内幕信息、金某某内幕交易案”的评析

本案的基本案情是：从事汽车电子产品研发制造的K公司，连续多年获国家火炬计划重点高新技术企业称号，创设国家级驰名商标，取得700余项专利及软件著作权，2018年开始打造占地30万平方米、可容纳300余家企业的产业园，已被认定为国家级科技企业孵化器。被告人王某某系K公司副总经理、董事会秘书。在其所在公司准备资产重组之际，王某某两次向其好友金某某泄露重组计划和时间进程。金某某获取内幕信息后，为非法获利，使用本人证券账户买入C公司股票8.37万股，成交金额达人民币411万余元（后因C公司宣布与K公司终止资产重组，金某某将手中的股票陆续卖出，亏损合计人民币50余万元）。后王某某、金某某被以涉嫌内幕交易罪移送审查起诉。本案办理过程中，检察机关了解到，K公司正处于从生产制造模式向产融运营模式转型的关键阶段，王某某长期负责战略规划、投融资等工作，因其被羁押已造成多个投融资和招商项目搁浅，导致涉十亿元投资的产业园项目停滞，王某某对企业当下正常经营和持续发展确有重要作用。于是，在综合考虑犯罪情节、案件查证情况及王某某认罪认罚意愿的基础上，检察机关及时回应企业需求，变更王某某强制措施为取保候审。同时，鉴于K公司具有良好发展前景，且有合规建设意愿，检察机关经审查评估犯罪行为危害、个人态度、履职影响及整改必要性等因素，于2021年9月8日启动企业合规工作。在合规考察结束后，检察机关结合犯罪事实和企业合规整改情况对被告人起诉，并提出有期徒刑2年至2年半，适用缓刑，并处罚金的量刑建议，与二被告人签署认罪认罚具结书。法院认可了检察机关指控事实和罪名，认为检察机关开展的合规工作有利于促进企业合法守规经营，优化营商环境，可在量刑时酌情考虑，采纳检察机关提出的量刑建议，以泄露内幕信息罪判处王某某有期徒刑2年，缓刑2年，并处罚金人民币10万元，以内幕交易罪判处金某某有期徒刑2年，缓刑2年，并处罚金人民币20万元。①

---

① 参见《最高检发布第三批涉案企业合规典型案例：合规办案规模不断扩大，质效不断提升》，载最高人民检察院网，https://www.spp.gov.cn/xwfbh/wsfbt/202208/t20220810_570413.shtml#1，2022年12月4日访问。

关于本案的基本事实，简而言之就是，具有发展前景的民营企业的高管，实施了与职务行为无关的犯罪（泄露内幕信息）。因为其对企业当下正常经营和持续发展确有重要作用，所以，在其所在企业合规整改之后，获得了从轻发落的优遇，即本应判处 5 年以上有期徒刑，最终却被处以缓刑。

在目前强调“加强法治保障，依法保护民营企业和企业家的合法权益，推动民营企业筑牢守法合规经营底线”的大背景下，对上述案件中的王某某进行特殊处理，是可以理解的。但是，将这种特殊处理和企业合规不起诉联系在一起，或者从企业合规改革试点的角度来对王某某从宽处理，从本文的角度来看，这种说理值得商榷。

首先，本案的处理违反了我国刑法有关单位犯罪的相关规定。如前所述，所谓企业合规不起诉改革试点，就是企业在犯罪之后，与检察机关达成合规承诺，进行企业整改，在消除企业中所存在的导致犯罪的隐患，表达出企业不再实施犯罪的意愿之后，企业就可以享受从宽处罚的优遇，是有关企业犯罪和企业处罚的相关特殊制度。这种从宽处罚制度在刑法上的唯一法律依据，只能从我国刑法有关单位犯罪的规定中寻找。依照我国《刑法》第 30 条的规定，单位犯罪是单位自身的犯罪。因此，从理想的角度来讲，单位犯罪的成立，应当从“组织体刑事责任论”的角度，即单位的制度、政策、管理体制、企业文化等当中所体现出来的鼓励、纵容、默许其组成人员实施犯罪的氛围、气质，或者单位的“制度性漏洞”或者“结构性疏忽”所显现出来的单位自身特征来考虑。但在我国司法实践尚未普遍接受这种观点的现状之下[①]，这种见解只能作为一种参考。

但即便如此，从我国司法实践中所实际采用的替代责任原则的角度来看，能够享受企业合规不起诉改革试点所带来的优惠的，最少也必须是在单位决策实施犯罪、单位的员工按照单位的决策实施犯罪，或者是违法所得归单位所有，经单位决策使用，收益亦归单位所有的场合。换言之，从目前实务中所坚持的类似于“替代责任论”的立场来看，企业合规从宽处罚的前提是，企业自身必须存在犯罪行为。但从上述“王某某泄露内幕信息、金某某内幕交易案”中所披露的事实来看，王某某、金某某并不具备这种条件。王某某泄露内幕信息的行为既不是基于单位领导机构的决策，也没有将违法所得归单位所有，更没有证据表明，该公司中存在奖励、纵容泄露内幕信息的机制或者文化，换言之，王某某泄露内幕信息的行为纯粹属于其个人出于徇私的动机而实施的个人犯罪行为，和单位犯罪完全扯不上关系。对于这种连适用企业合规制度从宽处理的基本前提

① 如在雀巢（中国）有限公司非法获取公民个人信息案中，尽管被告人辩称自己的行为属于公司行为，属于单位犯罪。但法院认为，单位犯罪是“本单位集体决定或者由负责人决定的行为”，而从单位的相关规定等来看，“收集消费者个人信息”的侵犯公民个人信息的违法犯罪行为并不是“本单位集体决定或者由负责人决定的行为”，因而不能将这种行为归责于单位自身。参见兰州市中级人民法院（2017）甘 01 刑终 89 号刑事裁定书。但法院根据经过当庭质证的雀巢公司 DR（director）的概念、目标任务、与 DR 有关的信息获取方式等，认为 DR 任务目标不是为了收集消费者个人信息。特别是，雀巢公司在相关文件中明确规定，“对医务专业人员不得进行金钱、物质引诱”。基于上述理由，一审法院判决雀巢公司郑某、杨某、孙某等九人的行为均已构成侵犯公民个人信息罪。这一判决为二审法院所维持，认为，“单位犯罪是为本单位谋取非法利益之目的，在客观上实施了由本单位集体决定或者由负责人决定的行为。雀巢公司手册、员工行为规范等证据证实，雀巢公司禁止员工从事侵犯公民个人信息的违法犯罪行为，各上诉人违反公司管理规定，为提升个人业绩而实施的犯罪为个人行为”。

都不存在的单位成员的个人犯罪案件，怎么能够在企业合规之后，对其中的自然人提供从宽处罚的优惠呢？

其次，本案的处理也不符合我国目前正在展开的企业合规改革试点的相关文件要求。按照2021年6月3日最高人民检察院、司法部、财政部等九部门颁发的《关于建立涉案企业合规第三方监督评估机制的指导意见（试行）》第3条的规定，对经营管理人员等的犯罪适用企业合规政策的，仅限于"与（企业的）生产经营活动密切相关"，即伴随企业的生产、经营活动所通常具有的，为了企业利益而实施的行为。这一点，在最高人民检察院公布的前两批典型案例中均有体现。如在第一批涉案企业合规典型案例三即"王某某、林某某、刘某乙对非国家工作人员行贿案"中，公司业务员王某某、副总裁林某某、财务总监刘某某，为推销自己公司的产品而向对方公司业务人员行贿，涉嫌非国家工作人员行贿罪。检察机关在办案过程中，考虑到被告人所在公司在专业音响领域处于国内领先地位，属于当地正准备上市的重点企业，因此，在相关公司进行了刑事合规建设之后，对三被告人进行了从宽（不起诉）处理。① 同样，在最高人民检察院公布的第二批涉案企业合规典型案例四即"随州市Z公司康某某等人重大责任事故案"中也有体现。该案中，公司行政总监康某某、安全环境部责任人周某某、行政部负责人朱某某在签订合同以及实施清污工程期间把关不严，未认真履行相关工作职责，未及时发现事故隐患，导致发生三人死亡的较大生产安全事故，以涉嫌重大责任事故罪为由被移送检察院审查起诉。检察院经审查认为，康某某等人涉嫌重大责任事故罪，属于企业人员在生产经营履职过程中的过失犯罪，同时反映出涉案企业存在安全生产管理制度不健全、操作规程执行不到位等问题。事故报告认定被害人曹某某对事故负有直接责任，结合三名犯罪嫌疑人的相应管理职责，应当属于次要责任。三人认罪认罚，有自首情节，依法可以从宽、减轻处罚。Z公司系外资在华企业，是当地引进的重点企业，每年依法纳税，并解决2 500余人的就业问题，对当地经济助力很大。且Z公司所属集团正在积极准备上市，如果公司管理人员被判刑，对公司发展将造成较大影响。因此，在对涉案人员所属企业适用合规考察措施，2021年5月，检察机关征询Z公司意见后，Z公司提交了开展企业合规的申请书、书面合规承诺以及企业经营状况、纳税、就业、社会贡献度等证明材料，检察机关经审查对Z公司作出合规考察决定。在三被告所在公司进行了刑事合规建设之后，对三被告人采取了从宽（不起诉）的处理。② 上述两个案件都属于"企业中的管理人员被起诉，但企业合规整改之后，管理人员被从宽处理"的。但这两个案件有一个共同特点，即涉案人员的犯罪行为，都是企业在业务活动中通常伴随的，而且都具有为了公司利益的特点。③ 但在最高人民检察院2022年7月21日发布的第三批涉案企业合规典型案例二中，被告人王某某泄露内幕信息给其好友金某某的行

① 参见《最高检发布企业合规改革试点典型案例》，载最高人民检察院网，https://www.spp.gov.cn/xwfbh/dxal/202106/t20210603_520265.shtml，2023年1月2日访问。

② 参见《最高检发布第二批企业合规典型案例》，载最高人民检察院网，https://www.spp.gov.cn/xwfbh/dxal/202112/t20211215_538862.shtml#1，2023年1月2日访问。

③ 即便是随州市Z公司康某某等人重大责任事故案中，产生重大责任事故结果的起因，也是企业正常的生产经营活动，行为人签署合同的动机，也是为了企业利益。

为，显然不是伴随企业的生产、经营活动所通常具有的行为，更不是为了企业利益而实施的行为，换言之，其并不是“与生产经营活动密切相关的犯罪案件”，也没有企业带来好处，相反地，其是违反我国《公司法》第147条规定的“董事、监事、高级管理人员应当遵守法律、行政法规和公司章程，对公司负有忠实义务和勤勉义务”的行为，检察机关仍以犯罪嫌疑人所属企业合规整改为由，对其从宽处理，难以理解。[①]

再次，本案的处理和本批次典型案中的相关判例的宗旨相互冲突。在最高人民检察院在2022年7月21日公布的第三批涉案企业合规典型案例中，还有“江苏F公司、严某某、王某某提供虚假证明文件案”。该案的基本事实是，被告人严某某、王某某分别是江苏F土地房地产评估咨询有限公司（以下简称F公司）的估价师和总经理。F公司在房屋拆迁过程中，制作虚假的《房屋征收分户估价报告》，造成国家经济损失2 576万余元。F公司为土地房地产评估咨询公司，从业人员39人，属于小微企业，曾获评市优秀估价机构、诚信单位，涉案导致公司参与的多项招投标业务停滞，经营面临困难。当地检察机关评估后认为，涉案企业以往经营和纳税均正常，案发后企业和个人认罪认罚，且主动提交合规申请，承诺建立企业合规制度。在合规考察合格之后，检察机关对单位与个人进行了区分处理。鉴于两名责任人严重违反职业道德、违法出具证明文件，造成国家经济损失巨大，检察机关依法对严某某、王某某以提供虚假证明文件罪提起公诉，同时对涉案企业开展合规工作和监管验收，经综合审查认定F公司通过评估验收，依法对F公司作出不起诉决定。

在“江苏F公司、严某某、王某某提供虚假证明文件案”中，检察机关之所以对企业和企业中的个人区别对待，除考虑到企业自身一贯表现良好之外，更主要的，恐怕还是，“两名责任人严重违反职业道德、违法出具证明文件”这一点。这就意味着，企业合规改革试点所具有的从宽处罚优惠政策，在其适用于企业中的自然人的场合，还要看该犯罪的自然人所犯的是什么性质的罪。在本案中两名责任人严重违反职业道德，但他们的作为还是符合其身份即“F公司的估价师和总经理”要求的，某种意义上讲，其“提供虚假证明文件”的行为属于F公司自身的业务行为，能够认定为F公司自身的单位犯罪行为。相反地，在上述“王某某泄露内幕信息、金某某内幕交易案”中，王某某的泄露内幕信息行为不仅严重违反职业道德，而且也不是为了公司利益而实施的，连单位犯罪都谈不上。为何二者在处理上要区别对待呢？难以理解。

最后，本案的处理会让人对在我国刚刚起步的企业合规改革制度产生误解。近年来，企业合规从宽处罚试点工作在检察机关的推动之下，在国内如火如荼地进行。应该说，这种形势的出现，是有其内在需求的：检察机关据此可以深入贯彻落实党中央提出的“六保六稳”政策，为当下的民营企业的发展保驾护航；律师除可以在企业发展过程中发挥更大的作用之外，还可以据此拓展新的业务领域；当然，最为高兴的恐怕还是民营企业家了，除顺势提升企业的管理水平之外，他们还可以获得一个有事时从宽发落的护身符。但在这种利益相关各方普遍支持、皆大欢喜的背景之下，我们也要时刻警惕，

① 事实上，我国的司法体系中也有一些对特殊人员特殊处理的规定，如假释中，规定“如果有特殊情况，经最高人民法院核准，可以不受上述执行刑期的限制”，但必须经过严格的程序。

不要让在我国刚刚起步的“企业合规不起诉”制度误入歧途。企业合规不起诉制度是一个舶来品，就其本意而言，是通过国家的司法手段，对企业从业人员在企业业务活动过程引起危害结果的行为免责或者从宽处理，促使企业加强内部管理，从而将企业从经常面临的企业违法犯罪的风险中解脱出来，换言之，企业合规，只是表明，企业自身没有犯罪意愿，对于企业活动过程中所发生的犯罪可以不承担刑事责任，但绝对不能本末倒置，说因为企业有合规整改，所以就对其中的自然人特别是高层管理人员从宽处罚，这是对企业合规从宽处罚政策的误解。退一步讲，在我国目前，由于很多民营企业中所有权与经营权高度集中，企业财产与家族个人财产混同，一旦作为企业核心的企业家即家长个人倒下，整个企业就会受到巨大影响甚至破产，因此，在目前的形势下，不得不通过企业合规措施来保护企业的经营者或者责任人。这种情形下，可以通过“企业家合规不起诉”，即将实务当中所认定的企业犯罪还原为企业家个人犯罪，然后对其适用“认罪认罚”从宽处理制度[①]，甚至可以以其他手段来帮助企业家解围[②]，但绝对不能以企业合规改革之名来实现这一目的。否则，会让人产生企业合规改革就是给企业中的企业家寻找法外开恩的借口的误解，使得企业合规改革从一开始就背上违反法治、让人不信任的恶名。

三、结论

在企业合规改革试点制度目前尚无实体法上的根据的大背景下，要实现对实施企业合规改革的企业从宽处理的效果，只能从我国现行刑法中有关单位犯罪的相关条文中寻找。我国单位犯罪规定的特点是，在自然人刑法中，以单位自身犯罪的形式加以规定，在处罚上实施“双罚制”。这种特点注定了我国目前的企业合规改革试点工作，总体上必须在现有刑法基本原则和基本制度的框架内进行，绝对不能脱离刑法的具体规定，从功利的立场出发，没有节制地进行。否则，其不仅会将在我国刚刚起步的企业合规不起诉制度引入歧途，还会导致人们对企业合规不起诉制度产生误解，使其无法行稳致远。从企业的长远发展来看，即便是对企业产权与个人产权高度混同的中小企业，也不应当滥用企业合规不起诉的理念，以司法制度的方式赋予其特权，从而让其从一开始就无法正常地进行企业内部治理。

---

① 促使企业家以建立企业合规制度、加强内部管理方式保证以后不再犯罪，同时考虑到过往的犯罪是在企业经营活动过程中所发生的，行为人的主观目的是为了企业的发展，对犯罪所得没有中饱私囊等情形，最终对企业家个人适用相对不诉，对企业本身进行行政处罚，从而达到既保护企业家又保全企业的效果。

② 实务当中，已经有不少行为人因本身具有企业家身份从宽处理的例子。如在被不起诉人韩某某拒不配合民警，以拉扯撞击等方式阻碍民警依法执行公务，致一人轻微伤，涉嫌妨害公务罪案中，检察院以韩某某有自愿认罪认罚，如实供述犯罪事实，系初犯、偶犯，案发后赔偿被害人并获谅解，系民营企业法定代表人，对其从轻处罚可助力优化营商环境，等从宽情节，认定韩某某的行为虽构成犯罪，但犯罪情节轻微，具有法定、酌情从轻处罚情节，决定对韩某某不起诉。具体情况，参见上海市闵行区人民检察院沪闵检一部刑不诉（2020）313号不起诉决定书。

中止犯减免处罚根据之再探讨

王政勋*

中止犯在各国刑法中都有规定，德国、日本、意大利刑法将中止犯称为中止未遂，与障碍未遂、不能犯并列而成为未遂犯的一种；法国、俄罗斯、中国刑法中将中止犯与未遂犯并列为一种犯罪的未完成形态。无论采用何种模式，各刑法立法例对中止犯的规定都有共同之处：(1) 在成立要件上，中止犯须未达到既遂，须在能够达到既遂的情况下由于行为人自己的意思而使犯罪未达既遂状态；(2) 中止犯应当予以处罚，但处罚时须减轻其刑罚的分量或者免除处罚。成立条件、处罚原则上的共同之处是各立法例关于中止犯的规定的“最大公约数”，这既是各立法例对中止犯的共同认识，也是中止犯的客观实质。正是这一“最大公约数”才决定了中止犯的性质，决定了中止犯与未遂犯、既遂犯的区别。在考察中止犯减免出发的根据时应当从这一基本事实出发。

一、中止犯减免处罚的学说

由于理论视阈的不同，无论是域外还是域内，刑法学界对中止犯减免刑罚的根据的认识学说纷呈，观点迭出。德国刑法学界关于中止犯减免处罚根据的理论有黄金桥理论、奖赏理论、刑罚目的理论、义务履行理论等，日本刑法学界有刑事政策说，包括违法性减少说、责任减少说等在内的法律说，以及试图融合各种不同理论的合并说等不同观点。

黄金桥理论从刑事政策的角度论述对中止犯减免处罚的合理性，认为刑法对中止犯减免处罚有利于实现预防犯罪——包括一般预防和特殊预防——的刑事政策，有利于保护法益，保护被害人利益。费尔巴哈 (Paul Johann Anselm von Feuerbach) 首先提出黄金桥理论，他认为，“根据刑法不处罚中止犯罪之行为人之规定，而期待、鼓励已着手于犯罪实行之行为人，即使到最后瞬间为止，都能中止其犯罪，甚至积极防止结果之发生；换言之，中止犯之规定，无异是为已着手实行之行为人架设了一座黄金桥，而使行为人得以自犯罪中迷途知返”①。李斯特 (Franz von Liszt) 也持该观点，他认为，“在不处罚的预备和应处罚的着手实行之间的界限被逾越之时，未遂犯之处罚已经实现。

---

* 西北政法大学教授，博士研究生导师。

① 陈子平：《刑法总论》(第4版)，台北：元照出版公司2017年版，第437页。

这一事实不再改变，不能‘向后退而撤消之’，不能从这个世界中被摆脱掉。但是，立法可以从刑事政策角度出发，在已经犯了罪的行为人之间架设一座中止犯罪的黄金桥。立法这么做了。它规定自动中止犯罪构成不处罚之事由”①。

德国其他几种学说也从刑事政策的角度进行论述，如奖赏理论认为，自动中止犯罪并阻止既遂，或者为实现此目的而真诚努力者，即使犯罪本来就不可能既遂，同样能够部分地再次消除其行为在社会中对法律动摇的影响，从而能得到宽大处理。而且，行为人通过其应当受到赞赏的行为，将未遂不法在一定程度上得以抵消。② 刑罚目的理论基于一般预防和特殊预防的刑罚目的观念，认为中止未遂犯的犯罪意志远低于贯彻犯行的其他人，而且行为的危险性亦较轻微，因此，并无必要借由处罚来吓阻行为人未来的犯罪（无特别预防之必要性），亦无必要借此吓阻社会大众或回复法秩序（无一般预防必要性）。③日本的刑事政策说，包括一般预防政策说和特殊预防政策说，其观点与此基本一致。

法律说则从犯罪成立条件的角度论述中止犯减免处罚的根据。其中的违法性减少说中有两种不同的论述角度。承认故意是主观的违法要素的观点认为，中止犯是基于自己的意志中止犯罪的，由于故意是主观的违法要素，受行为主观面的影响，中止犯犯意的改变使行为的违法性已经减少或者消灭，所以要对其减免处罚。不承认故意是主观的违法要素的观点认为，实行的着手现实地发生了危险状态的违法性，但任意的中止使已经发生的违法性减少或者消灭。

责任减少说认为，中止犯撤回实施犯罪的决意，是行为人规范意识起作用的结果，因此非难可能性减少、消灭，即责任减少或者消灭。团藤重光从人格责任论的角度论述了责任减少说，认为根据人格形成责任为核心的动态犯罪论，中止行为所显示出的人格态度使得责任减少。根据这种观点，中止的动机是基于道德上的真诚悔悟时，责任消灭而不成立犯罪；如果行为人实施了真诚的中止行为，即使犯罪达到既遂，也应当减轻刑罚。香川达夫从规范责任论的角度论述了责任减少说，认为法规范是意思决定规范，行为人作出了违反法规范要求的意思决定时，就应当给予非难。中止犯的行为人一度作出了违反法规范的意思决定，不能避免责任非难，但之后行为人的意欲发生了变化，由违反法义务的意欲变成了符合法义务的意欲，所以应当承认责任消灭。④

二、对批评者的批评

上述各种理论都受到反对者的批评，但这些批评未必能够成立。

既有的批评黄金桥理论的观点其实都值得推敲。（1）批评者认为，并不是所有的人都知道刑法关于中止犯减免处罚的规定，所以对中止犯减免处罚无法促使犯罪人后退。⑤ 但

① ［德］李斯特：《德国刑法教科书》，徐久生译，北京：法律出版社 2006 年版，第 346 页。

② 参见［德］汉斯·海因里希·耶赛克、托马斯·魏根特：《德国刑法教科书》，徐久生译，北京：中国法制出版社 2001 年版，第 645 页。

③ 参见林钰雄：《新刑法总则》（第 7 版），台北：元照出版公司 2019 年版，第 382－383 页。

④ 参见张明楷：《外国刑法纲要》，北京：清华大学出版社 2007 年版，第 284 页。

⑤ 参见张明楷：《未遂犯论》，北京：法律出版社、日本成文堂 1997 年联合出版，第 329 页以下。

事实上，没吃过猪肉还没见过猪跑？即使没有阅读过刑法文本、没有经历过对中止其犯行的犯罪人减免处罚的实际案例，只要行为人生活在我们的社会，他的社会化过程已经能够使其确认：对未完成犯罪者科处的刑罚必然会比已完成犯罪者轻，对出于自己的选择而放弃犯罪或防止犯罪结果发生者科处的刑罚必然会比对不得不放弃犯罪、无法完成犯罪、由于他人的原因导致犯罪结果未出现者的处罚轻。各种社会规范对他的规训使他相信这一点，他相信国家会作出这样的考量和选择；而立法者对中止犯减免处罚的规定不过是对这种大众心理的肯定和迎合——立法者其实也不得不迎合这一符合基本正义观念的社会心理。(2) 日本有学者认为黄金桥理论只能说明为什么对中止犯免除处罚，而无法说明为什么要对其减轻处罚，所以该理论只适用于德国而不能适用于日本。我国台湾地区也有学者以此拒绝黄金桥理论。事实上，犯罪人后退越早，抽身越快，责任将越小，处罚将越轻，此乃不言自明的生活常理，是社会规范方面的常识；根据中止犯的不同情形分别处罚，从宽的幅度有大有小，立法上正是如此规定的，犯罪人当然也能想象到并期待着法律会如此规定、法院将如此判决。(3) 有论者以为“因为预期自己必定会遭到逮捕因而放弃犯行之案例，学说大多否定行为人之中止系出于己意”，“免刑之恩典有可能成为行为人放弃犯行之重要动机的情况，几乎都因为其中止不具有己意性而无法获得中止犯免刑的恩典”①。但事实上，预期自己当下必定会被逮捕而放弃犯罪当然不成立中止犯，但觉得自己目前可能被发现而放弃犯罪、认为自己犯罪得逞之后可能会受到法律追究，因而放弃继续实施犯罪的，对于成立中止犯却没有影响，对中止犯减免处罚正是为了给这一部分犯罪人架设起后退的黄金桥。(4) 认为对中止犯免刑“可能诱使行为人一再尝试着手实行犯罪，甚至最后弄假成真导致犯行既遂”②，该说法也许有心理学依据，但不知实践中是否真的发生过这种情况，即使有，我想其概率也几乎可以忽略不计；而如果对中止犯不减免刑罚，那些因各种原因而开始实施犯罪的人即使因己意放弃犯罪，也将得到和既遂犯同等的处罚，这和大众期待差距更大，不但这种规定的合法性、合理性令人怀疑，而且也将断送犯罪人的自新之途、后退之桥，他只有自暴自弃、一意孤行——反正已经这样了，那就破罐子破摔吧！这不是更加不利于保护法益、保护被害人的利益吗?

奖赏理论、刑罚目的理论和日本的刑事政策说等同属一类，只是在具体表述、具体论证上有所差异。批评奖赏理论、刑罚目的理论的观点虽然不能说毫无道理，但如果仔细推敲，反对者的意见都难称妥当。

违法性减少说由违法性减少、消灭说演变而来，批评者认为，违法性是犯罪成立的条件之一，如果违法性已经消灭，则行为不构成犯罪，所以“违法性消灭”的说法是错误的。这一批评颇有道理，现在违法性减少、消灭说因而已经演变为违法性减少说。关于违法性减少说：(1) 批评者认为违法性减少说先承认已经着手的行为的违法性，再根据中止行为否定既存的违法性，用后一评价否定前一评价，违背了违法评价的性质。但

① 王效文：《中止犯减免刑罚之理由》，载李圣杰、许恒达编：《犯罪实行理论》，台北：元照出版公司2012年版，第357页。

② 王效文：《中止犯减免刑罚之理由》，载李圣杰、许恒达编：《犯罪实行理论》，台北：元照出版公司2012年版，第357页。

事实上，已经实施的实行行为——在我国刑法中还包括预备行为——固然确实已经存在着违法性，该违法性既然已经发生，自然无法再予减少，但中止犯的犯罪行为尚未实施完毕或结果尚未发生，还存在着尚未发生的违法性，正是由于行为人出于己意而中止了犯罪，其中止行为使得这尚未发生的违法性不再化为现实，从而减少了行为整体的违法性。所谓违法性减少是与既遂犯相比较而言的，脱离这一视阈而批评该说，自难让人信服。(2) 批评者认为违法性减少说与中止犯是一身专属的减免事由的立场相冲突，在共犯中，中止犯的中止效果不能及于其他没有中止犯罪的共犯，但由于对共犯的违法性应当作为一个整体进行考察，根据违法性减少说，只要实行犯中止犯罪，共同犯罪的违法性就减少或消灭了，那么没有中止犯罪的其他共犯也要因违法性的减少或消灭而享受减免处罚的待遇，这显然是不合理的。事实上，实行犯要想成立中止犯，他必然要采取措施防止结果的发生；由于共同犯罪的结果未发生，未中止的其他共犯成立未遂犯，和既遂犯相比未遂犯的违法性当然有所减弱，不成立中止犯的其他共犯应享受未遂犯得减轻处罚的宽大待遇。(3) 我国台湾地区的学者认为，"违法性应该是有无之问题，亦即一行为要不然合法，要不然即为违法之行为"，违法性"并非层升之概念"[①]。这一批评显然立足于否定可罚的违法性理论的立场。但事实上，任何国家（地区）都存在对付严重反社会行为与一般反社会行为的权力分工，犯罪的成立须考虑定量因素，这是现代刑法的通例，只是在有的国家表现为司法机关内部的分工，在有的国家（地区）则表现为司法权与行政权之间的分工。[②] 中国《刑法》第 13 条但书部分规定了犯罪的定量因素，日本刑法学以可罚的违法性理论解决该问题，即使在德国，由于有处理一般违法行为的《违反秩序法》与刑法的分工，刑法学说和实务中均通过对构成要件进行实质解释的方式来容纳犯罪的定量因素，从而认可了违法性程度上的差异。因此，根据刑法学的通说，形式的违法性只涉及有无、存在与否的问题，但实质的违法性却关乎大小、程度高低的问题。所谓中止犯的违法性减少，并非指形式的违法性减少，而是指其实质的违法性和既遂犯相比有所减少。

责任减少、消灭说也已经演变为责任减少说。关于责任减少说：(1) 批评者认为，根据责任减少说，成立中止犯必须出于真诚的悔悟或者其他伦理上的动机，这将导致法律责任与道德责任混同，使中止犯的成立范围过于狭小，而法律也没有要求成立中止犯必须出于悔悟或其他道德上的动机。其实，责任减少说中并不必然含有这样的意思。根据责任减少说，由于行为人在能够完成犯罪的情况下出于自己的自由意志而中止了犯罪或有效防止了结果的发生，就可以成立中止犯，至于中止的动机如何，和责任减少并无关系。在责任减少说看来，出于自由意志而放弃犯罪是中止犯的实质，至于是否出于真诚的悔悟或其他伦理上的动机，对于成立中止犯并无影响。成立中止犯要求的是悬崖勒马而不是金盆洗手，即使回头浪子有朝一日再作冯妇，当初的中止犯依然成立。(2) 批评者认为，根据责任减少说，即使犯罪已经既遂，如果行为人有中止的决意，责任也会

---

① 王效文：《中止犯减免刑罚之理由》，载李圣杰、许恒达编：《犯罪实行理论》，台北：元照出版公司 2012 年版，第 371 页。

② 参见王政勋：《定量因素在犯罪成立条件中的地位》，载《政法论坛》2007 年第 4 期。

减少，也能成立中止犯，但根据法律，中止犯是未遂犯的一种。事实上，既遂之后如果有返还原物、赔偿损失、抢救被害人、自首等情节，责任当然有所减轻，对其从宽处罚——无论是根据自首这一法定情节从宽处罚还是根据犯罪后的态度这一酌定情节从宽处罚，都体现了责任减轻这一特性。只是既遂之后行为既然已经完结、结果既然已经发生，其悔过态度发生的时间也显得过晚，责任减轻的幅度因而相当有限，所以对自首者或犯罪后态度较好者从宽的幅度不如中止犯大。这恰恰体现了中止犯的责任已经减轻的事实。（3）责任之轻重体现出行为人主观恶性的大小，主观恶性的大小又和人身危险性的程度密不可分，所以责任减少说和特殊预防说的观点有暗合之处——立足于报应观念，中止犯责任减少，应减免其刑事责任；立足于预防之立场，中止犯因其人身危险性降低而使特殊预防的必要性有所减少，所以可以对其减免处罚。这两者既不矛盾，也不重复。

我国有学者通过对中止犯和预备犯处罚原则的比较，认为不能以客观危害较小（中止犯的违法性减少）或责任减少来说明中止犯的处罚比预备犯的处罚轻，因为多数中止犯的危害大于预备犯，但刑法规定对中止犯从宽处罚的幅度更大；也不能以责任减小说来解释，因为“虽然中止犯的主观恶性轻于预备犯，但是其客观危害重于预备犯，凭什么立法者只重视中止犯的主观恶性轻而无视中止犯的客观危害重，从而对中止犯规定较轻的刑事责任呢?”对此，只能从刑事政策的角度来解释：中止犯是本人消灭了既遂危险，这在刑事政策上是值得鼓励、提倡的，应对行为人减免处罚以进行奖励；为了彰显奖励的属性，所以刑法对中止犯规定了比预备犯更轻的刑事责任。① 事实上，通过这一比较所得出的结论难以让人信服。抽象地看，对预备犯的从宽幅度要小于中止犯，但在具体适用时情况则未必如此。中止犯如果出现在预备阶段，对其从宽处罚的幅度肯定大于预备犯，但着手之后的中止犯所承担的责任完全有可能大于预备犯。对预备犯从轻处罚时其刑事责任当然重于应减轻处罚的中止犯，但对预备犯从轻处罚而不是减免处罚的情况非常罕见，一般只限于预备行为本身已经构成其他犯罪的情况，与相同情形下的中止犯相比，对其最终判处的刑罚未必更重。如为杀人而盗窃枪支，盗得枪支之后未及杀人即被发现的，是故意杀人罪的预备犯和盗窃枪支罪的既遂犯的想象竞合，应从一重处罚；如果为杀人而盗窃枪支，之后在杀人过程中因己意而中止的，是故意杀人罪的中止犯与盗窃枪支罪的既遂犯的牵连犯，对其也应从一重处罚，结果是，两者所承担的刑事责任并无太大差别，而法官在对这两种情况量刑时，后者的刑罚完全有可能重于前者。更何况，绝大多数预备犯可以根据《刑法》第13条但书的规定不被认为是犯罪，对中止犯适用但书规定的可能性当小于预备犯；由于多数预备行为本身并不该当于构成要件，与日常生活中的合法行为形式上并无差别，所以多数预备犯难以被发觉，即使被发觉也往往由于证据方面的原因而难以进入诉讼程序，遑论追究刑事责任（预备阶段的中止也是如此）；但对于着手之后的中止来说，行为更容易被发现，证据的取得当然更为容易，被追究责任的可能性远远大于预备犯。所以，通过对中止犯和预备犯处罚原则的抽象比较来论说违法性减少说、责任减少说的不合理，这一论证方法本身就是不合理的。

---

① 参见李立众：《中止犯减免处罚根据及其意义》，载《法学研究》2008年第4期。

该学者还认为，甲罪的中止犯，可能同时构成乙罪的既遂犯，此时为什么不能对行为人以乙罪的既遂犯来追究刑事责任？例如，故意杀人致人重伤后，出于悔意及时将被害人送往医院，被害人因而得救的，一般认为这构成故意杀人罪的中止犯，不能按照既遂的故意伤害罪来处理。那么，此时为什么不能对行为人按照故意伤害罪既遂，在重伤的范围内来定罪量刑呢？对此，无论是违法减少说还是责任减少说，都回答不了。① 其实对该问题，从违法性减少、责任减少的角度完全可以作出合理的解释。以故意杀人致人重伤而成立的中止犯为例，假设该重伤是明显较重的重伤，如果根据故意伤害罪可以判处 10 年有期徒刑，那么一方面，这种情况因其违法性和责任均已减少，成立故意杀人罪的中止犯，因其已经造成损害，所以对其应当减轻处罚，即在低于 10 年有期徒刑的范围内量刑；另一方面，这种情况又可构成故意伤害（致人重伤）罪的既遂犯，应当被判处有期徒刑，但由于行为人采取措施抢救被害人生命，防止了更严重结果的发生，该情节对行为的社会危害性和行为人的人身危险性都有影响，所以量刑时应当考虑犯罪后的态度这一酌定情节，因而对其应当在法定刑幅度内从轻处罚，仍然是在低于 10 年有期徒刑的范围内量刑。就量刑结果而言，两者并无差异，由于故意杀人罪的中止犯是特别法，因《刑法》第 234 条有“本法另有规定的，依照规定”的内容而使故意伤害罪成为一般法，对此应根据特别法优于一般法的原则，以故意杀人罪的中止犯论处。

其实，所谓这种情况构成轻罪的既遂只是一种大致正确的说法。事实上，这种情况并不符合轻罪之既遂犯的成立条件，因为“在中止犯与既遂犯的此种竞合形态中，行为人最初所追求的某种犯罪愿望并没有得到实现，即使出现了其他某种犯罪的既遂结果，但该结果也不是行为人所预期追求发生的结果。就整个犯罪事实来看，对行为人而言，仍然是没有实现其预先所追求的既遂结果”②。

可见，从违法性减少、责任减少的角度解释该问题并没有任何障碍，而且也只能从违法性减少、责任减少的角度进行论述；从这一角度批评法律说，仍然未中肯綮。

三、对支持者的批评

黄金桥理论从预防未然之罪的角度论述该问题，而国家在规定每一刑罚制度时都必然考虑对未然之罪的预防，任何犯罪也都是已然之罪与未然之罪的统一，黄金桥理论有其存在的理由。但如果单用该理论解释中止犯减免处罚的根据，其合理性却值得怀疑。中止犯是在犯罪过程中——在德、日刑法中是在着手犯罪之后——出于己意而放弃犯罪的实施或有效地防止犯罪结果发生的情形，无论行为人后来是消极的放弃还是积极的防止结果发生，此前的行为都已经明白无误的是犯罪行为。对于已经构成犯罪的行为，即使从一般预防和特殊预防的角度看没有适用刑罚的必要，也仍然应该对其科处刑罚制裁，否则无法实现刑法报应的效果，无法实现社会正义的要求。中止犯在中止之前的行为既然已经构成犯罪，德国刑法却规定对其要免除处罚，其原因显然不是黄金桥理论、

① 参见李立众：《中止犯减免处罚根据及其意义》，载《法学研究》2008 年第 4 期。

② 谢雄伟：《对中止犯处罚原则中“损害”概念之界定》，载《法学评论》2006 年第 1 期。

刑罚目的理论所能涵盖的；由于刑罚是对犯罪的报应，只有在其中止行为已经导致此前的犯罪行为的违法性、罪责大幅度降低，因而已经失去对其进行报应的必要的情况下，才能同时考虑刑罚目的的要求而放弃对其的制裁。

另外，可以把中止犯和犯罪既遂后出于真诚悔悟的自首这两种情形进行比较。例如，行为人盗窃他人财物既遂后不久，由于真诚的悔悟，将所盗财物返还给被害人，并且到司法机关自首。如果仅考虑刑罚目的，从特殊预防的角度出发，对行为人显然没有必要适用刑罚；从一般预防的角度出发，对其免除刑罚也可以鼓励其他犯罪人在既遂之后实施类似行为。所以，对这种情况免除处罚，或者减轻和中止犯同样的刑罚幅度，不也是在为其架设后退的黄金桥吗？但是，各国刑法无不认为这种行为构成犯罪并且要追究其刑事责任，只是可以以自首对其从宽处罚而已。在德国，如果在盗窃过程中中止其犯罪，应当免除处罚；在日本和中国，对于盗窃罪的中止犯应减免处罚，并且减免处罚的幅度要明显大于对盗窃既遂之后自首并返还被盗财物的情形下的减免幅度。对中止犯从宽的幅度大于自首，也是民众所认可的人之常情。为什么会出现这样的差别，民众为什么会认为中止犯从宽的幅度应该更大，黄金桥理论显然无法作出精确的说明。

根据黄金桥理论和刑罚目的说，如果行为人实施了中止行为，为防止结果的发生作出了真挚的努力，即便结果最终还是发生了，从特殊预防的角度看依然没有处罚的必要，从一般预防的角度也有利于鼓励其他犯罪人及时后退，即使其中止行为由于其他原因最终未能防止结果发生，也应对其予以奖励以使其以真诚的努力积极后退，因而可以构成中止犯。但是中外刑法都不认为这种情况构成中止犯——如果结果已经发生，就不再是未遂犯（德国、日本）或犯罪的未完成形态（中国）。

总之，黄金桥理论不考虑中止之前已经发生的犯罪行为，不考虑报应的要求，仅仅重视中止行为本身，仅从刑罚目的的角度论述对中止犯免除处罚的合理性，难称妥当。

我国有学者支持政策说，认为："在犯罪的过程中，行为人是侵犯法益危险的制造者与控制者，如果能够对行为人进行'策反'，使其自我否定，及时控制事态进程消灭犯罪既遂危险，无疑是保护、救助法益的最佳方案。为了达到'策反'的目的，诱导行为人及时消灭既遂危险，刑法便对中止犯规定了减免处罚的奖励。中止犯减免处罚规定主要是刑事政策的产物。"① 这种观点和黄金桥理论的内容相同，其实也是存在疑点的。

违法性减少说中的第一种论证方式以承认故意、过失是主观的违法要素为前提，但主观的违法要素是否存在，仍是一个有争议的问题。站在结果无价值的立场上，是不承认故意、过失是主观的违法要素的，因而以第一种方式论述违法性已经减少，说服力实在有限。第二种论证方式认为出于己意的中止行为使已经发生的违法性减少，这是和既遂犯相比较而言的，但在讨论中止犯减免处罚的根据时不仅要和既遂犯比较，还要和未遂犯进行比较，如果和未遂犯进行比较，因两者均未发生犯罪结果，所以并不能肯定中止犯的违法性比未遂犯的小。所以这一论证路径在逻辑上依然是不周延的。

单用违法性减少说也有不可解决的难题。学界对违法性减少说的批评中有一条理由，即认为其与中止犯是一身专属的减免事由的立场相冲突。在共犯中，中止犯的中止

① 李立众：《中止犯减免处罚根据及其意义》，载《法学研究》2008年第4期。

效果不能及于其他没有中止犯罪的共犯，但由于对共犯的违法性应当作为一个整体进行考察，根据违法性减少说，只要实行犯中止犯罪，共同犯罪的违法性就减少或消灭了，那么没有中止犯罪的其他共犯也要因违法性的减少或消灭而享受减免处罚的待遇，这显然是不合理的。[①] 这一理由抓住了单采违法性减少说时出现的疏漏，违法性减少说对此当然一筹莫展。事实上，正如前文论述的，对此只有兼采责任减少说，将中止者认定为中止犯，将其他未中止的共犯认定为未遂犯并以得减原则处罚之，方可实现解释结论的通达。

责任减少说虽然有其道理，但其逻辑上的周延性和理论上的自洽性仍然是个问号。根据责任减少说，在认定中止的任意性时极有可能采取限定的主观说："仅以具有悔悟、惭愧、同情等内在障碍而中止之情况，属于'因己意而中止'，即必须是出于伦理之动机之中止始可"[②]，但限定的主观说对中止的任意性的要求过于严格，有违法律设立中止犯的本意，各国实践中也不采纳该种观点；且该说有将任意性与伦理性混为一谈的嫌疑，现代刑法学公认，刑法的功能在于法益保护，刑法并不是维持伦理规范的适当手段。如果责任减少是中止犯的本质，那么，在行为人实施了中止行为，为防止结果的发生作出了真挚努力的情况下，即便结果最终还是发生了，也应当构成中止犯。但是中外刑法对此都不予承认。

四、对合并说的论证

可见，黄金桥理论、违法性减少说、责任减少说虽然各有其优点，以往的批评观点都有似是而非、隔靴搔痒之嫌，但如果单用其中的任何一种观点，无法对中止犯减免处罚的规定作出恰如其分的解释。因而，刑法理论上就产生了合并说，即违法性、责任减少说加刑事政策说。如大塚仁认为，采取任何一种学说都不能正确解释中止犯减免处罚的根据，应当既认识到中止动机的差异，又承认刑事政策说的合理性，把这些观点结合起来：在中止犯中，在不是基于悔悟的中止犯中主要是违法性减少，在基于悔悟的中止犯中主要是责任减少，有时两者都减少了。另外，对中止犯减免处罚也是考虑到了一般预防和特殊预防的刑事政策。[③] 意大利学者认为，"这三种观点都具有说明刑罚作用的意义，它们之间并非水火不容，而是具有相辅相成的关系"[④]。

我国以前的通说虽然未采用这样的表述，但事实上采用了合并说的立场。高铭暄教授早年指出，"犯罪中止是犯罪分子悔悟的实际表现，而且由于中止犯罪，避免了给社会造成严重危害后果"，"对中止犯规定宽大的处理方法，对于鼓励犯罪分子悬崖勒马，促使他不要把犯罪行为进行到底，从而避免给国家和人民利益造成损失，是有积极作用的"[⑤]。1980 年代初的统编教材认为，"中止犯是自动地放弃犯罪，或者有效地防止了危

① 参见王政勋：《犯罪论比较研究》，北京：法律出版社 2009 年版，第 427 页。
② 陈子平：《刑法总论》（第 4 版），台北：元照出版公司 2017 年版，第 444 页。
③ 参见［日］大塚仁：《刑法概说（总论）》，冯军译，北京：中国人民大学出版社 2003 年版，第 219－220 页。
④ ［意］杜里奥·帕多瓦尼：《意大利刑法原理》，陈忠林译，北京：法律出版社 1998 年版，第 312 页。
⑤ 高铭暄：《中华人民共和国刑法的孕育与诞生》，北京：法律出版社 1981 年版，第 47 页。

害结果的发生，已经消除或者减轻了行为的社会危害性；而且中止犯自动中止犯罪的事实，也说明其人身危险性的减少或者消失”，所以，对中止犯减免刑罚的规定，“不仅体现了罪刑相适应的原则，同时也可起到鼓励中止犯罪的作用，对同犯罪作有效斗争和预防犯罪来说，都具有积极意义”[①]。在这里，“减轻了行为的社会危害性”相当于违法性减少，“人身危险性减少”类似于责任减少，“鼓励中止犯罪”则和黄金桥理论完全相同。

张明楷教授认为，中止犯减免刑罚的根据来自三个方面：(1) 行为人放弃犯罪或者有效地防止犯罪结果发生的行为，使得犯罪结果没有发生（相当于违法性减少说）；(2) 行为人自动否定、放弃了原来的犯罪意图，这是没有发生犯罪结果的主观原因，表明对行为人的非难可能性大为减少（相当于责任减少说）；(3) 对中止犯减免刑罚，有利于鼓励罪犯中止犯罪，避免给法益造成实际损害（相当于刑事政策说）。[②] 这一论述显然也是合并说的立场。[③]

合并说是合理的，只有将违法性减少说、责任减少说和刑事政策说结合起来，才能恰当地说明中止犯减免处罚的根据。

（一）违法性和责任是否都减轻了？

因中止犯未达既遂，因此和既遂犯有区别；因其系出于己意而使犯罪未达既遂，因此和未遂犯也有区别。作为一种特殊的犯罪形态，对中止犯的本质须从其与既遂犯、未遂犯的比较中考察。

在德、日刑法中，中止未遂是未遂犯的一种，考察其性质时当然应当将其与既遂犯进行比较；在我国刑法中，中止犯、未遂犯同为犯罪的未完成形态，与既遂犯这种完成形态相对应，研究中止犯的性质时当然也应该将其与既遂犯进行比较。

从语义上分析，“中止”这一状中偏正结构词语有两个词素，即名词“中”和动词“止”。现代汉语语法认为，名词也有配价问题，名词的配价表现为某个名词一定要求与另外的某个名词在语义上构成依存关系，各自以对方为自己存在的条件，有“弟弟”这个名词必定有“哥哥”或“姐姐”这个名词与它相对。[④]“中”即“中间”，所以在语义上必定有“两端”与其相互依存，我们不能设想离开“两端”的“中间”，也不能设想没有“中间”的“两端”；“中”的意义只有在与“两端”的比较中才能得到明确，要理解“中间”的意义，必须了解“两端”的意义，正如“中央”与“地方”、“中心”与“周边”、“中途”与“开端”、“终结”的意义是互相阐明、互相界定的一样。中止发生在犯罪过程“中”，是“中间”，既遂发生在犯罪已经完成时，是“两端”，既遂是考察中止犯意义的基准，是确定中止犯减免处罚根据的预设前提，怎能抛开既遂去考察中

① 高铭暄主编：《刑法学》，北京：法律出版社 1984 年版，第 183 页。

② 参见张明楷：《刑法学》（第 4 版），北京：法律出版社 2011 年版，第 338 页。

③ 后来张明楷教授对自己的观点有所改变，认为“本书也采取了合并说，只不过是违法性减少、责任减少与缺乏特殊预防必要性（量刑目的说）的合并说。”参见张明楷：《刑法学》（第 6 版·上），北京：法律出版社 2021 年版，第 469 页。

④ 参见陆俭明、沈阳：《汉语与汉语研究十五讲》，北京：北京大学出版社 2004 年版，第 121 页。

止呢?

根据刑法规定的中止犯成立的条件，中止犯只有在未达既遂的情况下才有可能成立，“在违法性层面，只有将中止犯与既遂犯比较，才具有实际意义：如果已经发生犯罪结果因而已经既遂，就不成立中止犯。与此同时，只有与既遂犯相比较，才能说明为什么中止犯的成立以没有发生犯罪结果为前提”①。如果不和既遂犯比较，为什么要强调“没有发生犯罪结果”这一附加条件？又如何能确定这一条件的意义和价值？根据刑法规定的中止犯处罚原则，对中止犯应当“减轻”或者“免除”处罚。“减轻”处罚时当然需要一个前置性基准，即根据什么来减轻处罚，从哪里往下减轻。显然，只能以其他情节相同时的既遂犯应当判处的刑罚为基准。“免除”处罚的语义不是“不处罚”，而是“本来要”处罚，只是由于出现了一定事由，才“免除”对其的处罚，“本来要”处罚的基准也只能是相同情况下对既遂犯的刑量。

所以，在确定中止犯减免处罚的根据时，首先应将其与既遂犯进行比较。

但中止犯毕竟只是犯罪未完成形态的一种，仅和既遂犯比较，只能确定各种未完成形态的共同意义，而无法确定不同的未完成形态之间的差异。所以，还应当在与未遂犯（在着手前是预备犯，以下除特殊情况外不再指明）的比较中确定中止犯的意义；未遂犯是由于意志以外的原因未达既遂状态，中止犯是由于本人意志的原因未完成犯罪。

如果与既遂犯比较，明显可以看出，中止犯的违法性和责任都减小了——中止之后本可能实施的犯罪行为未实施、本可能发生的结果未发生，因而违法性减弱；由于打消了已经产生并在支配犯罪行为之实施的犯罪故意，因而责任也减轻了。和未遂犯比较，虽然在违法性方面两者没有什么差别，但责任明显减轻了。所以，对中止犯减免处罚的根据中既包括违法性的减弱，也包含责任的减轻。

（二）是违法性减轻更为关键，还是责任减轻更有价值?

从认知的角度分析，人类最早开始认识世界时首先是从个体开始的，当这种认识达到一定程度之后必然从中归纳出具有某些共同特征的一类事物的共性，形成范畴并为客观世界“立法”，从而形成概念体系和语言世界。在这一概念体系产生之后，人类再认识具体事物时则会自觉地将其归入某一类，如我们说张三是中国人，牵牛星是恒星，等等。在人类已经建立了关于恒星的知识之后，当我们谈论牵牛星的物理特征时，应根据演绎推理首先将其归入恒星类，凡是恒星具有的特征它都具有，由此确定其与行星、卫星的差别；再在恒星内部具体考察牵牛星的个体特征。对中止犯性质的认识是法教义学的内容，是“根据法律的思考”而不是“关于法律的思考”，而法教义学“是一个以法律为逻辑起点演绎而形成的知识体系”②，法教义学的思考方式是演绎推理而不是归纳推理，所以也应遵循着这一认知过程。中止犯和未遂犯同属犯罪的未完成形态，而未完成形态和完成形态——既遂犯——相对应，因此应当先在与既遂犯的比较中确定中止犯作为一种未完成形态的共性——违法性减轻；再在未完成形态内部，通过与未遂犯的比

① 张明楷：《中止犯减免处罚的根据》，载《中外法学》2015年第5期。

② 陈兴良：《立法论的思考与司法论的思考——法学方法论之一》，载《人民检察》2009年第21期。

较，确定其个体特征和具体意义——责任减轻。所以，从人类认知的一般规律和法教义学的要求分析，违法性减轻应当先于责任减轻。

犯罪中止与中止犯是两个不同的概念。我国《刑法》第 24 条第 1 款规定，“在犯罪过程中，自动放弃犯罪或者自动有效地防止犯罪结果发生的，是犯罪中止”。可见犯罪中止是一种行为，这种行为的实质在于不再继续实施犯罪或有效地防止犯罪结果发生，它和犯罪这一反社会的行为是背道而驰的，其价值是正面的，是应该受到刑法褒扬和奖励的，德国刑法学中的奖赏理论其实正是着眼于中止行为而提出的观点。该条第 2 款的规定确认中止犯已经成立犯罪，如果对该规定“对于中止犯，没有造成损害的，应当免除处罚；造成损害的，应当减轻处罚”进行语法分析，可以看出在“造成损害”“没有造成损害”这一动宾结构之前省略了主语“已经中止的犯罪行为”。其他立法例也都严格区分中止犯与中止行为。可见，中止犯在时间性的逻辑构造上包括前期已经构成犯罪的行为和后来放弃或防果的中止行为，对前者应予否定而对后者应予鼓励，两者的结合仍然不足以使全部行为无罪。所以，中止犯是行为已经构成犯罪，但由于行为人的自动中止而出现的一种未完成形态，和正当行为、合法行为迥然有别，其整体仍然是一种反社会行为，其价值是负面的，因而是应当受到刑法制裁的；仅仅只是由于中止行为的发生，该犯罪的违法性和责任得到减轻，因此才对其减免处罚。所以，已经构成犯罪是成立中止犯的前提，中止犯罪的行为则是成立中止犯的核心，在讨论中止犯的性质时应将两者结合起来；中止犯的减免根据在于后者而不在于前者。

和任何行为一样，中止行为的空间逻辑结构中也包含着客观和主观两个方面：客观方面是“放弃犯罪”这种不作为或者“有效防止犯罪结果发生”这种作为，表现为中止犯的成立条件，是中止的有效性；主观方面是出于自己的自由意志而自动中止犯罪，表现为中止犯的成立条件，是中止的任意性。虽然各种教科书在论述中止犯的成立条件时多将任意性置于有效性之前，但主观先于客观是从发生学上进行的考察，客观先于主观则是规范法学的必然要求，从法益保护的角度出发，只有“严格地遵循客观判断先于主观判断的原则，才能保证定罪的正确性”[①]，“坚持从客观到主观认定犯罪，是人类经过多少世代才形成的进步成果和科学经验……是保障人权不受侵犯的最好途径，同时也有利于保护法益”[②]。中止行为虽然并非犯罪，而是值得鼓励、奖励的行为，但既然具有刑法意义，当然也应该遵循客观先于主观的认定原则。事实上，对于现实生活中发生的案件，如果行为已经达到既遂状态，行为人是否出于己意而为防止犯罪既遂的出现作出了努力，对于定罪已经毫无价值，对这种情况只是作为量刑情节予以考虑而已；只有在行为未达既遂状态时，才需要在确定了违法性减少之后，进一步考察到底是出于己意而防止既遂还是由于其意志以外的原因。所以，从犯罪认定的角度看，也应得出违法性减弱先于责任减轻的结论。

我国刑法关于中止犯的规定明显更强调结果无价值。关于行为无价值论已经没有人坚持，无论是彻底的结果无价值论者还是以结果无价值为基础、兼采行为无价值论的二

---

① 陈兴良主编：《刑法总论精释》（上），北京：人民法院出版社 2016 年版，第 115 页。

② 张明楷：《刑法的基本立场》，北京：中国法制出版社 2002 年版，第 82 页。

元论者，都强调、重视从法益侵害的结果中寻求违法性的本质。而我国刑法的规定“对于中止犯，没有造成损害的，应当免除处罚；造成损害的，应当减轻处罚”，显然更看重中止的有效性，更看重中止犯已经造成客观的损害结果，更看重对法益的侵害和威胁——在已经造成损害的情况下其所受处罚比仅造成危险的情况时要重，两者的差别判若云泥；至于中止的任意性是出于行为人内心真诚的悔悟还是其他因素，对中止犯的处罚虽然也有一定影响，但却没有如此明显、重大的影响。由于这一强调结果无价值立场的规定是如此的醒目，言内语境对文本意义的制约作用是如此强烈，因此在确定认定中止犯的成立条件、研究中止犯减免处罚的根据时也应当强调、重视贯彻结果无价值的基本立场：在成立条件中应更重视中止的有效性，在减免处罚的根据中应更重视违法性减少之内容，即违法性减少先于责任减少。

由于更重视中止犯违法性的减少，更看重中止的有效性，所以认定中止的任意性时应抛弃限定的主观说而采主观说①；由于更重视违法性减少，所以即使作出真诚的努力但结果仍然未能避免的，虽然责任有所减轻但违法性并未受到影响，因而仍然不能成立中止犯。

（三）法律说优先，还是刑事政策说更为重要？

刑法学界已有的关于中止犯减免处罚的各种理论可被分为两类：一类是从报应刑的角度、着眼于已然之罪来论述的，包括德国的合法理论，日本的违法性减少说、责任减少说等；另一类是从目的刑的角度、着眼于未然之罪来论述的，包括黄金桥理论、奖赏理论、刑罚目的理论、义务履行理论等。而各种合并说则是试图将报应与预防、已然之罪与未然之罪结合起来进行考察的理论。

我国已经有学者从刑罚观念的角度论述该问题，认为中止犯减免处罚的根据在于报应为主、功利为辅的刑罚观念。② 有批评者认为，在刑罚观念的意义上使用报应、功利的概念时，都是在讨论“恶”的刑罚为何是正当的；换言之，报应与功利回答的是刑罚的正当化根据是什么的问题，这与立法者为什么能够对中止犯减免处罚，是完全不同的问题，故该观点存在滥用报应、功利理论的嫌疑。③ 这种批评观点难以让人信服。刑法的基本结构就是“罪—刑”互相制约的体系，现代刑法制度建立的基础观念就是报应前提之下的预防，刑法设立的各种制度无不考虑到报应的要求并兼顾预防的目的，在犯罪论领域研究任何问题都不能不从报应、预防的角度进行论述，刑罚目的的观念制约着对犯罪论的研究。中止犯是一项重要的刑法制度，其设立必然和报应与预防的刑罚目的相关联；研究中止犯减免处罚的根据时从报应与预防的角度来论述，并无不当。

违法性减少说和责任减少说都着眼于已然之罪，是从报应刑的角度论证中止犯的本质的。报应观念认为，作恶者应当得到恶害的报应，作恶越多，报应越重，怙恶不悛者当遭天谴；如果作恶者能悬崖勒马、迷途知返，当然应当返回正常的社会、过上正常的

---

① 参见陈子平：《刑法总论》（第 4 版），台北：元照出版公司 2017 年版，第 443 - 444 页。

② 参见袁彬、李旭：《中止犯处罚若干问题研究》，载《黑龙江省政法管理干部学院学报》2004 年第 3 期。

③ 参见李立众：《中止犯减免处罚根据及其意义》，载《法学研究》2008 年第 4 期。

生活，所谓浪子回头金不换。现代刑法认可、接受报应观念，在经过古典学派和近代学派的斗争之后，现代刑法制度的理论基础以报应为前提、以预防为补充。

中止犯已经开始实施犯罪行为，他已经开始作恶，中止之前的行为已经构成犯罪，所以应当对他科处刑罚这种恶害以施报应，中止犯应当承担刑事责任。但是，他的中止行为毕竟表明他已经悬崖勒马、浪子回头，所以对他科处的刑罚不但要轻于既遂犯，也要轻于未遂犯。悬崖勒马预示着其行为的违法性已经减少，浪子回头则说明他的责任有所减轻。

可见，不管是单采违法性减少说、责任减少说，还是认为中止犯的违法性、责任均有所减少，均着眼于行为人已经实施的犯罪行为、着眼于他在着手实行之后（在我国刑法中是在犯罪过程中）为中止犯罪而迷途知返的行为，这种向后看的回顾式理论因其立足于报应而与向前看、立足于预防立场的展望式理论——黄金桥理论、刑罚目的理论等迥然有别。

报应刑的存在有其充分的心理根据、伦理根据和政治学根据。立法者也许是为了追求预防犯罪的价值、实现保护法益的目的，但如果不在报应的前提下追求该目的、实现该价值，其将和公正、正义的观念背道而驰。公正、正义是人类社会最基本的道德要求，是统治者的首要道德，其道德价值的高低虽然远远低于仁爱（无偿给予而不求回报）和宽恕（受到损害却不求报复），但就道德价值的轻重而言，公正却远远大于、重要于仁爱和宽恕，公正是社会治理、社会制度的最根本、最重要道德原则。[①] 公正的内容是等利交换和等害交换，而等害交换在刑法领域即体现为报应。如果连报应都无法实现，预防犯罪、保护法益就既是不正当的，也是不可能的。不公正的法律不具有合法性，非正义的社会将失去其存在的价值。从报应刑的角度考察中止犯的根据，符合公正的要求，体现了正义的理念。

黄金桥理论着眼于一般预防，认为刑法对中止犯减免处罚的规定为犯罪人搭起了一座后退的黄金桥，使那些企图施行犯罪的人能够迷途知返，从而起到一般预防的效果。确实，对中止犯减免处罚的规定在一定程度上能够起到这样的作用：在已经开始实施犯罪的情况下，如果犯罪人能够及早撒手，及时悬崖勒马，他将承担更轻的刑事责任，这一优惠政策将可能诱使其放弃正在实施的犯罪行为，从而起到一般预防的效果。

黄金桥理论对特殊预防也不无考虑：正在实施犯罪的犯罪人既然已经从国家给他铺设好的黄金桥上后退，其行为未发生危害社会的犯罪结果，他的后退说明他的人身危险性已经大为降低，所以对其免除处罚即可，没有必要对其再适用刑罚处罚。

报应和预防应该结合起来并且以报应制约预防，因此中止犯减免处罚的根据，首先是违法性和责任减少，并且兼顾预防犯罪的要求，为犯罪人架设后退的黄金桥。由于预防犯罪不能超越报应的底线，功利的需要不能超越公正的要求，因此不能以黄金桥说、刑罚目的说、刑事政策说等作为对中止犯减免刑罚的首要根据。

现代刑法是立足于报应的预防，按需分配（预防）应接受按劳分配（报应）的规制，考察对中止犯减免处罚的根据时应将法律说和刑事政策说结合起来并以法律说为

① 参见王海明：《伦理学原理》，北京：北京大学出版社 2009 年版，第 214－215 页。

主，并合说是合理的。

有人对并合说提出了批评。（1）在我国有批评者认为，该说的客观根据、主观根据、政策根据之间有无主次、关系如何并不清楚，以此观点不能准确说明对中止犯成立条件的要求。[①] 其实，这三者之间的主次关系非常明确：在法律说与刑事政策说中法律说是主要的，对刑事政策说只需适当考虑；在法律说内部，违法性减少是第一位的，责任减少是第二位的。由于既应与既遂犯比较，又应与未遂犯比较，所以中止犯必须发生在犯罪过程中，既遂之后再无成立中止犯的余地；由于违法性减少优越于责任减少，所以中止的有效性条件先于任意性条件。（2）在日本有批评者认为，合并说在综合了各种学说优点的同时，也综合了各种学说的缺陷。[②] 在我国也有学者持该种观点。[③] 事实上，正如前文所分析的，那些所谓的各种缺陷其实并不是什么缺陷。一些确实存在的失误，也完全可以通过其他学说来弥补，如违法性减少说无法解释共犯的中止，需要用责任减少说补其疏漏；责任减少说重视中止行为的主观面而忽视其客观面，因而对中止的有效性、中止的任意性的认定都出现了错失，所以需要兼采违法性减少说并以之为首要依据，以济责任减少说之穷；黄金桥理论毫不考虑报应的要求并且未区分中止犯和中止行为这两个概念，因而需要并采法律说并以法律说为主、以刑事政策说为辅。所以，将三者结合起来并排定其“座次”，是吸收了各种学说的优点而弃置了各自的疏漏，并非什么“综合了各种学说的缺陷”。

综上，对中止犯减免处罚的根据包括：（1）中止的有效性使违法性减弱；（2）中止的任意性使责任减轻；（3）从刑事政策的角度看对中止犯可以减免处罚。其中，违法性减弱是对中止犯减免处罚的首要依据，责任之减轻是认定中止犯并对其减免处罚时必须考虑的内容，刑事政策的考量是对中止犯减免处罚的根据之一，也是实务中具体决定对中止犯的处罚时应当考虑的因素。

---

① 参见魏东、李运才：《中止犯的处罚根据检讨》，载《江西公安专科学校学报》2005年第3期。

② 参见张明楷：《未遂犯论》，北京：法律出版社、日本成文堂1997年联合出版，第352页。

③ 参见陆诗忠：《对“中止犯减免处罚根据”的再追问》，载《当代法学》2018年第4期。

正当防卫制度研究的当代中国命运之思考

郭泽强*

刑法学研究之路漫漫，历经二十余年，一路有妙笔生花的“潋滟金波”，也有苦苦探索的“满地霜华”，本人也从最早的热爱之“初心”锤炼成如今的严谨之“匠心”。其中，唯有对正当防卫的研究，始终秉持“恒心”，纵“十年磨一剑”却甘之如饴。哈耶克（Hayek）曾言：“在社会演进中，没有什么东西是不可避免的，使其成为不可避免的是思想。”① 我以为，在刑法学研究中，如果有什么不可避免的，那就是对正当防卫理论的不断求索。

一、正当防卫制度研究的中国脉络

正当防卫是理论的试金石，判断一个学者是什么立场或者学派，最简单的是让其论一论正当防卫，一试便知。首先，在逻辑体系上，正当防卫是犯罪构成四要件和犯罪阶层论必争之地。其次，对于偶然防卫的处理结论，是判断一个学者是行为无价值论者还是结果无价值论者的分野所在。基于刑法中的正当防卫制度在我国耦合式犯罪构成体系中的尴尬地位，学界就犯罪构成体系与刑法中的正当防卫制度等的关系模式展开了较为深入的存改之争，并由此产生了以刑法中的正当防卫制度为代表的排除犯罪性的事由是否应当纳入犯罪构成体系中的争论。对上述争议，目前存在“肯定说”和“否定说”两种见解。持“肯定说”的主要是以有德日留学背景的学者为多，他们认为，犯罪构成是犯罪成立的唯一根据，须将刑法中的正当防卫制度等置于犯罪构成体系之内解决。而只有对中国的犯罪构成体系进行较为彻底地改造，才能在中国的犯罪构成体系中为正当防卫制度等找到一个合理的结构化位置，这既是犯罪构成理论自身完善的需要，也是阻却犯罪事由理论自身发展的要求。经过改造后的犯罪构成体系，对于阻却犯罪事由的考察成为司法人员认定犯罪过程中的一个不可或缺的结构化思维过程，从而有效发挥犯罪阻却事由在保证正确处理案件、保障公民合法权利方面的功能。而持“否定说”的主要是

---

* 中南财经政法大学刑事司法学院副院长，教授。

① ［奥］弗里德里奇·哈耶克：《通往奴役之路》，谭爽译，北京：京华出版社2000年版，第59页。

传统派，他们坚持传统四要件的观点。[①] “否定说”不赞成将刑法中的正当化行为纳入犯罪构成体系之中，但在具体见解上存在着相当大的差异。例如：有学者虽然认为刑法中的正当化行为应当置于犯罪构成体系之外解决，但却并不赞同维系现行的耦合式犯罪构成体系，而是力主对其加以改造；而另有学者却是出于维护现行耦合式犯罪构成体系的立场，否定将刑法中的正当化行为纳入犯罪构成体系之内解决。此外，在具体问题诸如在偶然防卫、防卫过当的主观认定等问题的判断上，也可以管窥学者之立场。以偶然防卫的定性为例，学界主要存在结果无价值和行为无价值两派观点，当然两派内部仍有分歧。总体上，结果无价值论是以张明楷教授为代表的学者的观点，主张成立正当防卫不需要有防卫认识，偶然防卫成立正当防卫；而行为无价值论则是以周光权教授为代表的学者的观点，主张成立正当防卫需要有防卫认识，偶然防卫无防卫认识，故不成立正当防卫。因此，立场不同，观点也是大相径庭也。

近二十年来，对正当防卫之研究呈现出“领异标新二月花”之格局。以“正当防卫”为关键词，取时间段为“1997年至今”，在知网上共能检索到2 095篇相关论文，研究的论文数量基本呈递增趋势：在2006年之前，每年的论文数量基本维持在50篇左右；在2006年，论文数量突破100篇；随后近10年维持在每年100篇左右，近年又突发增长；2017年达133篇；2018年达199篇。据我观察，论文数量的增长和时事案件有关，例如2005年在四川成都发生的张德军案，2009年湖北恩施巴东县发生的邓玉娇刺死邓某某案（以下简称“湖北邓玉娇案”）、2016年在山东聊城发生的于欢案（以下简称“于欢案”）以及2018年在江苏昆山发生的于某某正当防卫案（以下简称“昆山砍人案”）等，都对案件处理前后几年的正当防卫研究具有明显的推波助澜之作用。

二、司法实践正当防卫焦点案件的思考

通过对实践中焦点案件的审理以及理论回应，可以更好地洞窥正当防卫制度研究的中国脉络，我们选择了发生于重要的时间节点的一些焦点案件，一是2009年的“湖北邓玉娇案”，二是2016年至今发生的“于欢案”、“昆山砍人案”以及“武汉摸狗案”。

（一）焦点案件的基本情况

2009年湖北省恩施自治州成为公众关注的焦点，一个来自恩施的柔弱女子的举动成了街头巷尾热议的话题，事情的经过是这样的：2009年5月10日晚，邓某某、黄某某等人酒后到该县野三关镇某宾馆梦幻娱乐城玩乐，黄某某强迫要求宾馆女服务员邓玉娇陪其洗浴，遭到拒绝。邓某某、黄某某极为不满，对邓玉娇进行纠缠、辱骂，在服务员罗某等人的劝解下，邓玉娇两次欲离开房间，均被邓某某拦住并被推坐在身后的单人沙发上。当邓某某再次逼近邓玉娇时，被推坐在单人沙发上的邓玉娇从随身携带的包内掏出一把水果刀，起身朝邓某某刺击，致邓某某左颈、左小臂、右胸、右肩受伤。一

---

① 德日派以及传统派的提法，主要是借鉴了劳东燕教授之著述，具体可见劳东燕：《刑法学知识论的发展走向与基本问题》，载《法学研究》2013年第1期。

直在现场的黄某某上前对邓玉娇进行阻拦，被刺伤右肘关节内侧。邓某某因伤势严重，经抢救无效死亡；黄某某所受伤情经鉴定为轻伤。针对当时社会的普遍关注，央视网发起了一项针对案件当事人邓玉娇行为的网络民意调查，在网站“女服务员刺死官员”专题页面设置了针对全国网民发起了网络投票活动，该投票针对的问题是：“女服务员刺死官员，算正当防卫吗?”该问题有下列三个选项：“1. 属于正当防卫，不应该定罪；2. 属于防卫过当，但也不能叫故意杀人；3. 不好说，此事还有待斟酌。”根据调查结果，赞成邓玉娇的行为“属于正当防卫，不应该定罪”的人数高达 108 679 人次，占总投票数的 92.89%。而赞成邓玉娇的行为“属于防卫过当，但也不能叫故意杀人”的投票数仅有 7 328 票，占总投票数的 6.31%。选择“不好说，此事还有待斟酌”的则仅有 940 人次，仅占总投票数的 0.80%。从网络民意调查活动结果可以看出，目前绝大多数网友对邓玉娇的行为报以极大的同情和支持态度。但这些网络热词，却真真切切地成了最常见的“弱者的武器”。“信法不如信访，信访不如信网”似已在许多当事人心中成为既定事实。为什么民众“舍法求法”? 我们认为，这“不奇怪”。因为正义既非仅仅在法院，也非必然在法院。法律问题既非只能通过法律途径来解决，也非必然能够通过法律途径来解决。倘若法外的救济手段能够更好地满足当事人的意愿和利益，为什么非得走法律程序呢? 在司法权威未完善和确立的转型时代，无论是强制要求或是苦口请求，都很难将当事人拉回到既定的法治轨道上来——除非有足够多的经验事实证明，这一轨道既便捷，又有效。对当事人而言，他们的亲身验证或他们的所见所闻却总是在告诫着：那些合法的救济管道未必一定通畅。之所以要寻求网络舆论的支持，并非是为了寻求非法的利益，更多的仍只是追求合法的结果或符合大众心理的司法正义。这种“舍法求法”已然超越法治的工具性（instrumental）立场而指向一种真正合格的实质性的（substantive）法治。如果不看到“舍法求法”被广为采纳的社会背景，我们就容易将这些喧嚣的网络舆论当作是不值得一听的感性诉求。若人为地将网络舆情与司法理性对立起来，这种理性的秉持未必就能捍卫法治，有些时候还很可能会产生相反的结果。若以为司法机关只需闭门生产正义，就可以应对“舍法求法”，那也未免太过本本主义与浪漫主义。司法公信的获得，司法权威的提升，还需要民众的参与，更亟待民众的感知。影响性诉讼本是司法官员与民众展开互动，并让民众感知司法正义的最佳媒介。一味回避只会错失良机，并将导致更多的误解——法律是神圣的，但法律又是世俗的。司法判断是职业的，但司法判断又应当是常识的，为裁判所依据的法律就建立在世道人心之上。如果民众不懂法律神圣，或不明白法官的职业判断，法官就有义务向民众解疑释惑。但是，法院最后的判决结果却没有顺乎民意。湖北省巴东县人民法院认为：邓玉娇在遭受邓某某、黄某某无理纠缠、拉扯推搡、言词侮辱等不法侵害的情况下，实施的反击行为具有防卫性质，但超过了必要限度，属于防卫过当。被告人邓玉娇实施了故意伤害致人死亡的行为，其行为构成故意伤害罪。案发后，邓玉娇主动向公安机关投案，如实供述罪行，构成自首。经法医鉴定，邓玉娇为心境障碍（双相），属部分（限定）刑事责任能力人。据此，法院依法对邓玉娇免予刑事处罚。

从我们看到的案件报道事实来看，我以为，法院的判决是冷静、理性的。法院根据事实认定，邓玉娇用刀刺死邓某某的行为，属于防卫过当。首先，我们从构成条件角度来分析，邓玉娇的行为是不是正当防卫。邓玉娇用刀刺击邓某某的行为在起因上具有防卫的根据，因为她是在受到邓某某、黄某某一再实施不法侵害的情况下为保护自己的合法权益而被迫自卫，完全符合正当防卫的前提条件。那么，邓玉娇的防卫行为是否符合正当防卫的限度条件呢？这可以说是本案的关键。从当时的情景分析，在邓玉娇所在的经营场所领班阮某某和邓玉娇其他同伴在场的情况下，邓某某、黄某某的不法侵害行为显然没有达到严重危及邓玉娇人身安全的暴力犯罪程度，他们只是通过拽拉推扯以及侮辱等来发泄对邓玉娇拒绝他们不法要求的不满情绪。在这种情况下，邓玉娇持水果刀刺击邓某某的颈部、胸部并造成邓某某死亡的行为，就与邓某某等人的不法侵害行为明显失衡，从而属于刑法禁止的"明显超过必要限度造成重大损害"的防卫过当行为了。因此，邓玉娇的防卫行为明显超过必要限度，造成了邓某某死亡的重大损害，不符合正当防卫的限度条件，不是正当防卫。

其次，邓玉娇对其防卫过当行为依法应承担刑事责任。根据《刑法》第 20 条第 2 款的规定，正当防卫明显超过必要限度造成重大损害的，应当负刑事责任，但是应当减轻或者免除处罚。因此，对邓玉娇刺死邓某某的行为，应当根据《刑法》分则的规定定罪量刑。从本案的发展过程看，邓玉娇是在数次躲避邓某某、黄某某的不法侵害未成功的情况下，情急之中持水果刀刺击再次扑向自己的邓某某，无疑不具有剥夺邓某某生命的意图，她显然是希望通过伤害不法侵害人以达到保全自己的结果。因此，对她的行为应认定为故意伤害罪，并以《刑法》第 234 条规定的故意伤害致人死亡的量刑幅度作为邓玉娇应负刑事责任的基准，然后再依照上述《刑法》第 20 条第 2 款的规定减轻或者免除处罚。最后，邓玉娇的防卫过当行为适格于从轻、减轻或者免除刑事处罚的规定。需要指出的是，由于本案死者邓某某等人实施不法侵害在先，自身行为有重大过错，加之邓玉娇在防卫过当后又具有依法可以从轻或者减轻处罚的自首情节，且邓玉娇属于依法可以从轻或者减轻处罚的限定刑事责任能力人。故综合全部案情慎重考虑，我以为，人民法院对邓玉娇免予刑罚处罚的处理是较恰当的。

近年来，正当防卫之立法的规定与司法实务并没有进行有效的衔接，下面我们将通过对"于欢案"、"昆山砍人案"以及"武汉摸狗案"的分析进一步反映正当防卫制度在实际操作中存在的问题。

(1)"于欢案"。2014 年、2015 年，于欢的母亲苏某与丈夫于某向赵某先后借款，约定月息为 10%。2016 年，赵某纠集杜某、张某、郭某等人到苏某所开公司——山东源大工贸有限公司（以下简称源大公司）索要欠款，尔后通知程某和被害人严某等多人到达源大公司。为催促苏某还款，赵某等人在办公场所叫嚣，在财务室以及餐厅处盯守，并在办公楼门厅外烧烤、饮酒，之后，苏某在于欢和另外两名员工的陪同下，进入一楼接待室，并被对方没收手机。在这个过程中，杜某辱骂于欢、苏某及其家人，将烟灰弹到苏某身上，向对方裸露下体，脱下于欢的鞋子让苏某闻，实施拍打于欢面颊的行为；其他讨债人员实施了揪抓于欢头发或按压于欢肩部不准其起身等行为。随后，民警接到报警电话赶到现场，在到接待室询问缘由同时警告双方不得打架后，便离开了接待室出去寻找报警人。于欢和苏某想随民警离开接待室，但被杜某等人阻拦要求他们坐下，被于欢拒绝后，杜某等人实施了卡于欢脖子并将其逼至角落的行为，于欢便从桌上拿起水果刀警告对方不要靠近，杜某对其进行言语挑衅并逼近对方，此时于欢持刀刺向正在逼近他的人，导致一人死亡，两人重伤，一人轻伤。对本案经审理后，一审法院判决于欢构成故意伤害罪，判处无期徒刑。经被告人上诉，二审法院以故意伤害罪改判于欢5年有期徒刑。本案发生后，在全国引起了很大的争议，刑法学者的观点基本呈现“一边倒”的趋势，普遍评价于欢的行为构成正当防卫；而法院却认为于欢的行为属于防卫过当，构成故意伤害罪。为什么司法实务和理论观点表现出如此大的反差？争议的焦点主要是于欢的防卫行为是否超过必要限度，造成不应有的损害。

（2）“昆山砍人案”。2018年8月27日21时许，刘某某开着宝马车越线非机动车道时，与骑着自行车的于某某相遇，双方发生纠纷。位于驾驶位置的刘某某下车冲向于某某，两人发生争执并进行推搡、互踢，纠缠了约50秒后，刘某某返回宝马车拿出刀，并再次冲向于某某向对方砍去，而于某某对此进行防卫。其间，刘某某手中的刀脱手掉落，二人立即冲上去抢刀，于某某在抢得刀后，随即向刘某某砍去，受伤的刘某某进行躲避并欲跑回车内，在逃跑的过程中于某某仍在追砍，刘某某再次中刀，并经抢救无效死亡。公安机关认为于某某的行为属于正当防卫，不构成犯罪，作出不予立案的决定。此事发生后，有人认为于某某的行为属于正当防卫，也有人持反对观点，认为构成防卫过当。主要的争议点是：刘某某面对于某某持刀追砍时连续躲窜逃避，已经失去了伤害于某某的能力，此时的不法侵害已经消除，于某某连续的攻击行为应构成防卫过当，甚至可能是故意杀人。

（3）“武汉摸狗案”。2016年2月28日，杨某伟、杨某平偶遇彭某某遛狗，因杨某平摸了彭某某所牵的狗，双方为此发生口角之争，彭某某当即扬言要找人报复二人。约过了10分钟，彭某某邀约三名男子，手持工地上常用的洋镐把找杨氏二人，彭某某首先冲到杨某伟家门口，与其发生打斗，杨某伟用单刃尖刀朝对方胸腹猛刺数刀。尔后另外三名男子相继冲上来，用洋镐把对杨某伟进行殴打，杨某平从家中取出刀后，朝彭某某胸部猛刺。经鉴定，彭某某因急性失血性休克而死。一审法院认为，杨某伟、杨某平合伙故意伤害他人，构成故意伤害罪。本案被发回重审，二审期间争议的焦点主要是：杨氏兄弟的行为是属于正当防卫还是斗殴。2018年12月19日，备受关注的“武汉摸狗案”二审宣判，武汉市中级人民法院认为：杨某伟的行为系防卫过当，具有自首情节；杨某平的行为属正当防卫。

（二）焦点案件背后的问题思考

1. 过于关注法益衡量

在司法实践中，一旦出现伤亡等严重后果，一般就认定为防卫过当，主要理由是“超过必要限度，造成不应有的损害”，主要症结是对防卫限度的认定存在争议。理论上，针对防卫限度问题，主要有三种学说：“必需说”“适当说”“基本相适应说”。“必需说”认为，行为人的防卫行为只要是针对不法侵害采取的必要手段，则不认为超过防卫限度。“适当说”要求防卫人的行为正好足以制止不法侵害，未对侵害人造成多余的损害。“基本相适应说”是指，防卫人的防卫程度与不法侵害人的侵害程度相适应。“基本相适应说”和“适当说”更倾向于关注造成的损害结果，这与我国司法现状形成了高度的统一，但是我国司法实务更关注结果，甚至出现了以结果为中心的情况。究其原因，是司法机关在认定案件性质时，一直进行着法益权衡，从而导致了过于注重结果，出现“唯结果论”的断案模式。

在“于欢案”中，法院认定于欢系的行为防卫过当，造成一人死亡，二人重伤和一人轻伤的危害后果，以故意伤害罪判处于欢 5 年有期徒刑。审判机关认定防卫是否“明显超过必要限度”，主要从不法侵害的性质、手段、强度、危害程度，以及防卫行为的性质、时机、手段、强度、所处环境和损害后果等方面综合分析判定。其裁判理由主要从以下几个方面进行分析：首先，杜某等人实施不法侵害的前提是为了索要债务，在索债的过程中并未携带、使用武器；其次，杜某等人对于欢和苏某实施的非法限制人身自由、侮辱、拍打于欢面颊等行为，主观目的仍是迫使苏某及时还清欠款；再次，民警进入接待室时，警告双方不要打架，而杜某等人也并未动用武力，在民警离开接待室后，于欢可以通过玻璃门知晓民警的动向；最后，在于欢持刀警告对方不要靠近时，对方的言语挑衅和逼近行为对于欢并未构成实质性的损害。① 尽管裁判理由力求详细，但是都是以“造成严重后果”为中心展开的，而以上观点成为于欢的行为构成防卫过当的理由，实难令人接受。第一，杜某等人索债行为的前提就是非法的。在案件事实中，笔者阐明还款月息为 10%，属于高利贷，而高利贷是不受法律保护的，但法院在事实认定中没有对这一行为进行性质判断。有学者认为，这一高利借贷事实的遗漏是肯定正当防卫的主要障碍。② 假设法院在审判之初直接认定杜某等人索要非法债务，那么后面于欢的行为就具有防卫的正当性。第二，杜某对于欢、苏某实施了严重侮辱行为，虽然不是后面正当防卫的理由，但是对于欢造成了心理伤害，为后面于欢实施防卫行为埋下了隐患。杜某等人实施的限制人身自由的行为，从约 16 时一直持续到约 22 时，将于欢等人长期扣押在特定的场所。其间于欢等人的行为都受到了限制。杜某在到达接待室后，要求于欢、苏某等人不得离开接待室，并对二人进行了言语攻击和身体击打。在民警到达后，于欢想要离开，但杜某等人进行阻拦，因此，杜某等人限制甚至剥夺了于欢等人的人身自由。根据我国《刑法》第 238 条的规定，非法拘禁罪是指非法拘禁他人或者以其他方法非法剥夺他人人身自由的行为。第 238 条第 3 款的规定：“为索要债务非法扣押、拘禁他人的，依照前两款规定处罚。”我国《刑法》第 20 条的内容包括对限制人身自由所做的防卫，根据案件事实，对于欢等人的不法侵害一直存在，即使民警进入接待室也未终止不法侵害的进行，于欢可以进行正当防卫保护自己的人身自由不受侵犯。第三，于欢的防卫行为是必要的。法院在裁判理由中认为在民警到达又离开接待室后，于欢可通过闪烁的警灯获得安全感，紧迫的威胁已经消除，而杜某等人在民警离开后对于欢实施的言语攻击和逼近行为不足以构成刑法规定的紧迫的威胁，事实上是在错误解读《刑法》第 20 条第 1 款的规定。于欢在民警到达前，已经处于一种极度紧张压抑的状态，而这种状态是杜某等人造成的，民警到达又离开，使于欢处于崩溃的边缘。于欢在民警

① 参见“最高人民法院指导案例 93 号：于欢故意伤害案”，载《最高人民法院公报》2018 年第 9 期，第 21－25 页。

② 参见陈兴良：《正当防卫如何才能避免沦为僵尸条款——以于欢故意伤害案一审判决为例的刑法教义学分析》，载《法学家》2017 年第 5 期。

离开且未解决问题的情况下，要求走出接待室，但受到了杜某等人的阻拦，于欢的人身自由仍然受到了限制，此时现实的不法侵害仍在进行且具有紧迫性，于欢拿起水果刀要求对方不要靠近，但对方不仅用语言攻击而且逼近于欢。而法院认为于欢此时应该产生足够的安全感并冷静应对，不免要求过高，对于欢也是一种苛求，换言之，如果此时仍然要求于欢不做反抗任由对方继续进行不法侵害，于理不合，于法难循。第四，于欢的防卫行为没有超过必要限度。在民警到达未能解救于欢母子时，于欢只能寻求私力救济进行自我保护，此时在考虑于欢行为是否过当时，应该从双方人数、力量的悬殊、对方存在严重的侮辱行为、于欢等人已被限制人身自由长达六个多小时等方面进行综合考虑，因此于欢的防卫行为未超过必要限度，符合正当防卫的要求。

综上所述，审判机关在审理“于欢案”时反映出的问题是：尽管于欢面临现实的正在进行的不法侵害，只要防卫行为造成伤亡后果，法院判决便认为超过必要限度。这是在防卫利益和攻击利益作简单化、绝对化比较，从而得出防卫过当的错误结论，采用这种方式的后果就是导致利益失衡。在国家权力缺位时，不能严格要求防卫人同审判人员一样，在处理问题时严格按照法律程序上的规定，进行法益衡量和遵守比例原则，相反，只要防卫人制止不法侵害的防卫行为必要、适当，其就符合正当防卫的规定。①

2. 忽视不法侵害的存在

在司法实践中，很多案件存在事先准备工具或言语冲突的问题，很容易被认定为故意伤害，从而忽视甚至否定不法侵害的存在，以至于否认行为的防卫性。以“武汉摸狗案”为例，本案中争议的焦点是杨氏兄弟二人是与彭某某等人进行互殴构成故意伤害，还是因正当防卫超过必要限度构成防卫过当。笔者认为杨氏二人的行为属于防卫过当。第一，存在现实的不法侵害并正在进行。杨某平摸了彭某某的狗后，双方发生口角，彭某某扬言要报复，随后带了三人前往杨氏二人所在地。彭某某率先拿着洋镐把冲上前去殴打杨某伟，现实的不法侵害已经存在并正在进行。第二，不能因杨氏二人事先准备刀具以及用言语回击就否认其行为的防卫性。彭某某扬言报复在先，杨某伟说“我等着”而后准备刀具，其行为只是为了预防侵害，既不存在事先挑衅也没有积极应战，因为彭某某等人是来到杨某伟家门口，对杨氏二人进行人身侵害，所以也不存在互殴的可能性。第三，杨某平捅刺彭某某的行为具有防卫性属于防卫过当。根据一审法院的判决，法院认为杨某平是在看着弟弟杨某伟被打的情况下，出手捅刺彭某某，不存在自己面临不法侵害的情形，行为不符合防卫过当的法律特征。首先，彭某某扬言报复的是杨氏二人，彭某某方四人身强体壮，其中一人为退伍军人，还有一人为在校体育生，较杨氏二人而言，人数和力量上都有压倒性的优势，因杨某平并未出现在视野中便集中火力对准杨某伟，而杨某平在目睹杨某伟被对方殴打得满头是血的情况下，出于保护自己弟弟生命安全和自己的主观心态，其行为具有防卫性，同时，《刑法》第 20 条第 1 款明确规定，“不法侵害”包括本人和他人的人身免受正在进行的不法侵害，这也证明了杨某平行为的防卫性，构成过失致人死亡。杨某平处于保护自己弟弟生命安全的目的实施的捅刺行为，并没有伤害的故意。审判机关将彭某某等人的侵害行为割裂处理，忽视了杨某

① 参见周光权：《正当防卫的司法异化与纠偏思路》，载《法学评论》2017 年第 5 期。

平行为的完整性，将不法侵害一分为二，错误解读了法律规定，从而得出了不恰当的结论。第四，杨建伟的行为属于防卫过当。审判机关在判决书中阐明，“杨某伟持刀猛刺被害人胸腹部数刀，手段较为残忍，导致被害人死亡具有主要责任，其行为已不属于仅为制止不法侵害而实施的防卫行为”，其否定了辩护人提出的防卫过当。杨某伟行为实施的前提是彭某某等人不法侵害的存在，其人身安全面临着紧迫的威胁，该理由将杨某伟的整体行为分为数个行为，否定了行为的防卫性，也不妥当。

关于此案的认定尚存诸多争议，主要原因是司法实务中倾向于将“不法侵害”限定在纯粹的无辜一方受到严重暴力攻击的情形，而且仅限于保护自己的权利，一旦出现伤亡后果便轻易否定不法侵害的存在。然而，这种观点与我国的立法制度和理论研究大相径庭。从《刑法》第 20 条规定可以得出，我国针对不法侵害的正当防卫的范围较广，包括针对人身、财产以及其他权利进行的防卫，而且不限于保护自己的权利。事实上，有些基层司法可能悖离了立法初衷，对正当防卫进行了片面化的理解，有失准则。

3. 忽略正当防卫的行为条件

“昆山砍人案”中，于某某之行为直接被认定为正当防卫，民众呼声基本呈现出“一片叫好”的趋势，而此案也让很多学者看到了未来正当防卫的“大好前景”，但本案仍然存有疑问。冯军教授分析的疑点主要有以下几个方面[①]：第一，于某某的行为是正当防卫还是紧急避险？我国传统刑法理论认为，《刑法》第 20 条规定的“不法侵害”主要是指达到法定年龄，具有控制自己行为能力的人实施的不法行为。但目前我国刑法理论主张对儿童、精神病人实施的不法侵害也可以进行正当防卫，同时主张，“在对未达到法定年龄、无责任能力的人的不法侵害采取回避措施并不存在特别负担的情况下，不宜进行正当防卫”[②]。冯军教授认为，公安机关抽测刘某某的血样，血液中酒精含量达到 87mg/100ml，属于醉酒状态，与无刑事责任能力人一样，如果于某某知道刘某某处于醉酒状态，在刘某某进行攻击时，于某某没有特别负担应该采取紧急避险，不宜进行正当防卫。而公安机关在认定案情时，既未考虑于某某是否明知刘某某处于醉酒状态，也未考虑于某某当时采取回避行为是否存在负担，直接认定于某某为正当防卫，有失妥当。第二，于某某在整个行为过程中是否有所克制？冯军教授认为，如果于某某在明知刘某某处于醉酒的状态，就应该对自己的行为进行克制。但是，于某某在整个行为过程中都是在积极应对，没有丝毫的避让，并趁着有利的时机进行强有力的反击。第三，根据我国《刑法》第 20 条第 3 款的规定，刑法意义上的“行凶”是指对对方造成人身伤亡的危险。但刘某某在用刀对于某某进行攻击时，只是击打对方的脖颈、腰部和腹部，造成于某某局部挫伤，并未对对方造成实质性的损伤。持相反观点的认为于某某在面临对方持刀侵害时，很难作出理性判断，不能以造成防卫人实际损害为前提，应从第三人的认知水平进行价值判断。冯军教授认为，应区分“苛求”和“合理”要求的界限，不能一味忽视实际的具体情况。第四，于某某的还击行为在何时已经不必要了或者说何时已经超过必要限度？这也是本案中最大的争议点。只有在刘某某对于某某可能仍会造成

① 参见冯军：《“昆山砍人案”的冷思考，有哪些细节被我们忽略?》，载《中国检察官》2018 年第 9 期。

② 张明楷：《刑法学》（第 5 版·上），北京：法律出版社 2016 年版，第 199 页。

严重伤害后果时，于某某的还击行为才是必要的。在于某某将刘某某砍成致命伤后，刘某某手捂伤口逃向自己的宝马车，而于某某继续追逐砍向对方。冯军教授认为，于某某后续的行为陷入了认识错误，刘某某已经丧失了还击的能力，即使跑回宝马车，也不能说明他仍会侵害于某某。总而言之，无论于某某是否陷入了认识错误，也不能否定他行为的过当性，对于某某的后续行为应评价为防卫过当。

以上是针对本案的主要问题进行的分析总结，从形势而言，认定于某某的行为属于正当防卫合理、合法，不存在过多的争议，但很多细节经过推敲后，仍存在很多的问题，这是否与侦查机关粗略认定案件性质以及对正当防卫反应过激所致，尚待商榷。

三、正当防卫研究的中国历程之理性分析

为了更好地研究正当防卫制度在我国的司法实践中应用的情况，有学者曾针对2001年到2017年被认定为防卫过当的案件进行了梳理，其中被认定为正当防卫的案件占大多数。[①] 其主要理由是防卫手段超过必要限度造成重大损害，使正当防卫沦为学者口中的“僵尸条款”，无法发挥它应有的作用和价值。然而，随着正当防卫日益受到学界和社会的关注，开始出现了肯定正当防卫的现象，但是认定正当防卫的片面化同样值得深究。

（一）以防卫行为为核心，维持规范的利益衡量

首先需要对行为作出法与不法的评价，其次才考虑双方的利益，而司法实务界偏向于结果认定，即：首先对结果作出评价，其次才会在结果的基础上考虑行为的合法性。如果仅仅评价行为，一旦造成重大危害后果，被害人的利益则无法得到保障。但是，过于追求结果，又形成了流于表面的利益衡量，会忽略对实质的法益的保护，而这种利益衡量并不被目前存在的结果无价值论和行为无价值论所主张的两种利益衡量说所肯定。结果无价值论主张的利益衡量说认为，有法益侵害或危险的行为就是违法。一旦有了利益冲突，在判断行为人的行为时需要进行利益比较，为了首要利益可以牺牲次要利益，而正当防卫就是进行利益比较选择后的一种违法阻却事由。根据周光权教授对利益衡量说的归纳和解释，利益衡量说体现在两个方面[②]：一是利益不存在，即行为人所侵害的法益不被法律所保护，例如得到被害人承诺（前提是被害人对该法益有处分权且未超过必要界限），此时行为的违法性被阻却。二是利益的优越性，即利益与利益间发生冲突时，保护较优越的利益而侵犯其他利益会阻却违法性。在解决实际问题时，以“利益不存在说”认定案件属于正当防卫，难度远大于以“利益优越说”路径认定。故学者往往从利益的优越性角度解释正当防卫。此时当侵害方和防卫方的利益相冲突时，如果防卫方的利益更值得法律保护，则会对侵害方的利益进行缩小解释，因此结果无价值论是更倾向于实质意义上的利益衡量。行为无价值论（二元论）较结果无价值论而言，更加侧

---

① 参见尹子文：《防卫过当的实务认定与反思——基于722份刑事判决的分析》，载《现代法学》2018年第1期。

② 参见周光权：《正当防卫的司法异化与纠偏思路》，载《法学评论》2017年第5期。

重于从防卫行为和防卫结果两方面进行综合考虑，反对根据损害后果评价防卫行为，认为这样会限制正当防卫的范围。还有学者认为，实施防卫行为不必严格恪守法益衡量原则，主要是因为由于侵害人违反了不得侵犯他人法益的义务，在本可避免的情况下自陷险境，既然受害人为侵害他人法益而单方违背了自己对他人承担的义务，那么与此相对应，在为保护该法益所必要的范围内，防卫人对受害人负有的不得侵害的义务原则上也归于消灭。①

与理论界相反的是，司法机关在进行案件评判时，过于关注法益，往往以结果为中心展开，扩大了防卫过当的范围。以“于欢案”为例，因为过于关注最后的损害结果，司法机关在认定行为性质时，完全是以“结果”为着眼点和最后的落脚点，最终得出防卫过当这一令人咋舌的结论。值得我们注意的是，利益衡量只是评价行为人的一种手段，需要结合防卫行为进行综合判断。《刑法》第20条第2款在规定“造成重大损害”时，根据周光权教授的总结，可能会出现三种防卫行为：一是防卫行为未超过必要限度，二是行为超过必要限度（但未明显超过必要限度），三是行为明显超过必要限度。前两种行为并不构成防卫过当，而第一种行为则不需要进行利益衡量即可得出行为人正当防卫的结论；第二种行为需要先对防卫行为进行评价，结合利益衡量和结果这种辅助性手段，才能对防卫人的行为性质、强度、损害后果等方面进行综合判断。② 当然，进行法益衡量的前提是存在“重大损害”的情形，如果不存在重大损害时，则要考虑防卫行为的必要性，换言之，首先对防卫行为进行评价，则会出现不需要考虑防卫结果的情形，这也是笔者接下来需要讨论的话题。

（二）结合防卫行为，对正当防卫进行精细化处理

根据防卫过当两条件说，成立防卫过当必须同时具备防卫行为明显超过必要限度和防卫结果造成重大损害。而学界对刑法规定的防卫过当的认定条件，即“明显超过必要限度（防卫行为的必要性）”和“造成重大损害（防卫结果）”的逻辑关系存在三种认识。一是认为二者是并列关系，防卫行为明显超过必要限度的同时必须造成重大损害，才成立防卫过当；二是认为二者是包容关系，将造成重大损害包含于明显超过必要限度中，只要防卫行为明显超过必要限度必然造成重大损害；三是认为二者是交叉关系，其主要理由是明显超过必要限度的行为可能造成重大损害也可能造成一般损害，而造成重大损害可能是明显超过必要限度的行为引起的，也可能是未明显超过必要限度的行为导致的。第三种观点既可以弥补前两者观点的不足之处，又可以对防卫行为进行过程性评价和结果性评价。③ 二者既是独立的个体又是统一的整体，第一种和第二种认识没有从辩证法的角度将二者进行统一梳理，因此，笔者更倾向于第三种观点。但无论是哪一种观点，在适用正当防卫制度时，评价防卫行为和防卫结果必有先后之分。有学者认为，防卫行为的必要性应该优先于防卫结果考虑，如果否定了防卫行为的必要性则不再需要

① 参见陈璇：《侵害人视角下的正当防卫论》，载《法学研究》2015年第3期。

② 参见周光权：《正当防卫的司法异化与纠偏思路》，载《法学评论》2017年第5期。

③ 参见郭泽强、胡陆生：《再论正当防卫的限度条件》，载《法学》2002年第10期。

进行后续的评价。主要理由如下：一是满足立法的要求。刑法优先将防卫行为的必要性放置在前，遵从了逻辑思考的方式，避免了复杂的利益衡量，减少误差，防止减少公民正当权利的行使。二是结合当前的司法现状，司法机关在进行法益衡量时，容易出现法益失衡的问题。如果优先考虑损害结果，司法实务中的正当防卫就难以有认定的空间。[①] 笔者十分认同周光权教授的观点，但仍有补充之处。笔者认为：首先优先考虑防卫行为的必要性不仅可以防止扩大防卫过当的认定，同时对防卫行为进行优先评价，亦能防止对正当防卫认定的片面化和简单化，但这仅限于出现“造成重大损害”结果的情形。其次，根据交叉关系说和两条件说，笔者认为如果未造成重大损害结果，便不属于防卫过当，仍在正当防卫的限度内，对防卫行为就没有评价的必要，换言之，只要出现造成重大损害的场合，就可以将防卫行为判断置于司法评价的优先地位，从而合理地扩大正当防卫认定的空间。

（三）防止正当防卫司法异化的现象

首先，防止正当防卫被限缩适用的不当状态。针对目前我国正当防卫限制过严的现状，陈璇教授试图从“维稳优先”的治理理念和中国人传统的“生死观”以及理性思维进行分析，认为这是限制正当防卫适用的主要原因。但劳东燕教授否定了这种观点，理由如下：一是在立法层面，并不存在对正当防卫限制过严的现象；二是认为如果国家以“维稳优先”为主，那么与刑法规定的以保护防卫人人身、财产以及其他权利为目的的正当防卫制度则相悖离；三是中国人传统的生死观念以及实用理性思维一直在存续且很难改变，那么立法的意义何在？[②] 劳东燕教授对此提出了自己的观点，认为我国的司法机关将自己置于解决纠纷的位置，模糊了与其他解决纠纷机构的界限。从形式上而言，似乎解决了众多个案纠纷，但并未对行为的法与不法进行有效的评判并宣布针对未来行为的普遍有效规则，人们无法通过既有的规范进行有效的自我评价和一般评价，从而处于一种对未来恐慌的状态，现有规范的存在也就失去了意义。

其次，防止任意扩大正当防卫，减少认定正当防卫认定条件的社会乱象。随着扩大正当防卫制度适用的呼声日益高涨，目前我国司法机关也在作着相应改变，正当防卫制度的认定不再过于艰难，但是出现了认定正当防卫片面化的现象，对过程性评价并未进行严格的刑法意义上的法律认定。冯军教授在分析“昆山砍人案”中提出，对正当防卫的处理，需要根据刑法的具体规定，进行刑法教义学的分析，不能为了激活我国刑法的正当防卫条款，简单地追求社会效果，忽略行为细节，粗略地认定防卫行为的正当性。[③] 因此，为了防止正当防卫司法异化现象，同时错误地适用正当防卫制度，并结合劳东燕教授的观点，笔者总结了以下几个方面[④]：一是对正当防卫进行严格的刑法教义学解释，逐渐从以立法为中心转向以司法为中心；二是对正当防卫制度的认定，需要以关注未来为导向对行为进行综合分析和价值判断；三是司法机关应重新认识自己的角色

---

① 参见周光权：《正当防卫的司法异化与纠偏思路》，载《法学评论》2017年第5期。

② 参见劳东燕：《正当防卫的异化与刑法系统的功能》，载《法学家》2018年第5期。

③ 参见冯军：《“昆山砍人案”的冷思考，有哪些细节被我们忽略？》，载《中国检察官》2018年第9期。

④ 参见劳东燕：《结果无价值逻辑的实务透视：以防卫过当为视角的展开》，载《政治与法律》2015年第1期。

定位，以发挥审判职能作用为主，纠纷解决为辅。

通过对近年关于正当防卫个别案件的整合和分析，我们试图挖掘案件背后更深层次的问题和原因。关于正当防卫制度适用的过于严格性引发的一系列争议和问题，这与我国司法实务中偏向于法理与情理的考量有关，也夸大了法律理性思维模式与一般公民的朴素理解间的对立。但是法律的适用对象是普遍大众，关于正当防卫的理解和适用在进行法理上的阐释后，仍然需要不断靠近大众的普遍正义观，关注并尊重他们对法律的直观感受。近年来影响性诉讼日益增多，个案的审理通常折射出的社会问题超越了案件本身需要解决的问题，尤其是关于正当防卫的案件的出现对社会法治起到了很好的推动作用。同时，需要警醒的是，要正确把握正当防卫制度的适用，这就不仅要求严格地遵循立法上的条件限制，也要以法律专业素养为核心进行价值判断，既不能让正当防卫束之高阁，沦为“僵尸条款”，也不能矫枉过正，以牺牲个案正义为代价短暂性地实现社会目的。

四、权力与权利框架下正当防卫制度地位之反思

为什么一个普普通通的刑事案件会引起社会铺天盖地的关注，笔者认为，这里面涉及不仅仅是正当防卫和防卫过当的界限问题，而且还关系到正当防卫制度在将来社会的地位以及价值取向问题。正当防卫作为我国刑法中的重要制度，其历来受到人们的关注。1997 年《刑法》修订，正当防卫作为十大焦点问题纳入立法者的视野，《刑法》修订后，学界对正当防卫，尤其是《刑法》第 20 条第 3 款的性质与意义进行了较为热烈地讨论，但很多观点（例如本书前面提及的“无限防卫说”与“无过当防卫说”）没有抓住正当防卫的本质。笔者一直在思考：为什么会出现上述现象？这也迫使笔者从根本上对正当防卫制度进行反思。正当防卫制度赋予公民制止犯罪的权利，从此角度而言，它具有一定的社会功效。但这种功效究竟有多大？2018 年 12 月 19 日，最高司法机关围绕正当防卫发布了一批指导性案例，其意图在于激活防卫制度并且警示恶意滋事者，让公民敢于行使正当防卫权，保证公民面对凶残暴徒时无须缩手缩脚。在笔者看来，上述案例的发布具有教义学的价值，确立了“正不必向不正低头”的原则，但我们也要理性地认识到，正当防卫的功效应当是有限的，否则就会导致对国家责任的不适当放弃而滋生私刑。而那些过分强调《刑法》第 20 条第 3 款的价值甚至将其理解为不受约束的防卫权的观点，不过是夸大正当防卫的社会功效，甚至将正当防卫作为维护社会秩序的一种手段。长期以来，人们对于正当防卫在整个刑法的地位的认识有不当之处，这种不当认识在一定程度上导致了对正当防卫，尤其是《刑法》第 20 条第 3 款之性质的理论分歧。因而，我们有必要重新对正当防卫的价值予以深刻的反思。

正当防卫作为一种重要的法律制度，总是处于不断发展变化之中。由 1979 年《刑法》中正当防卫的规定到 1997 年《刑法》修订后的正当防卫的规定，我们或许可以洞察出正当防卫制度的演变轨迹，而这种制度的演变在客观上是与国家的刑法模式息息相关的。进而言之，国家刑法模式的选择在很大程度上决定了正当防卫制度的安排方式。因而，从总体上把握刑法模式的变化规律可能会有助于勾勒未来正当防卫制度的发展情况。众所周知，依法治国，建设社会主义法治国家是我国今后民主法制建设的首要目

标。从社会所处的形态来看，我国正处于向法治国家转型之中，反映在刑法模式上，就是要严格奉行罪刑法定的客观主义范式。① 故而，刑事立法必须立足于这一实际情况，立法者应该把自己看作一个自然科学家，他不是在制造法律，不是在发明法律，而仅仅是在表述法律，把精神关系的内在规律表现在有意识的现行法律中。② 上述的经典论断，也强调了立法应当从实际出发，即尊重客观实际，从客观存在的经济、政治、文化等实际情况出发进行立法。

从大陆法系诸多国家刑法的规定来看，正当防卫仅仅是指为了防卫自己或他人的权利，对急迫不正的侵害实施的不得已的反击行为。③ 作为一种利益侵害行为，正当防卫虽然该当于构成要件，但在刑法理论上被认为是违法阻却事由，因而刑法上对这种针对不法侵害的反击行为明确规定不罚。可见，正当防卫在大陆法系国家刑法中，仅仅是被消极地予以认可的违法阻却事由。④ 这可能与他们所处的社会背景密不可分，以德国为例，随着德国由法治国向文化国的过渡，刑法的重心在于保证最小限度地摧毁犯罪人，并帮助他们复归社会。⑤ 在英美法系国家，正当防卫制度的地位也与大陆法系国家中的正当防卫的地位类似。美国刑法在犯罪成立上是双层模式结构：第一层次是犯罪本体要件，包括犯罪行为和犯罪心态；第二层次是责任充足要件，包括各种合法辩护事由。其中，合法辩护事由又可以分为两类：一类是“可得宽恕”，包括未成年、认识错误、精神病以及被迫行为等，相当于大陆法系中的责任阻却事由；另一类是“正当理由”，包括正当防卫和紧急避险等，相当于大陆法系中的违法阻却事由。可见，英美国家刑法中合法辩护事由，是作为广义的犯罪构成要件中的消极要件而存在的。并且，更值得关注的是，同大陆法系诸国相比，英美法系国家对正当防卫制度采取了限制较大的政策。这主要体现在防卫条件上——多数英美法系国家刑法要求防卫者“能躲避就不自卫”，即防卫是出于迫不得已，而大陆法系国家一般都没有这一限制。⑥ 总的来讲，在两大法系中，国家规定正当防卫的重心不是制止犯罪和侵害，而是原谅无奈的个人维权。很难想象，这些国家会鼓励公民走上街头，见义勇为制止不法侵害。正如我国台湾地区学者陈子平教授指出，无论是强调个人价值，还是国家价值，都将导致是否应对正当防卫作限制性的理解。从产业社会高度复杂化之国家立场来看，正当防卫之“社会化”问题，不外乎是尝试限制正当防卫之成立范围。⑦

故而，在这种背景下，正当防卫制度的价值在整个刑法体系中只能是极其有限的。可以预见，随着我国法治国家建设的不断深入，正当防卫权的从属性、补充性会得到充分凸显，人们也可以能够理性地对正当防卫的有限价值和作用予以认识。

---

① 参见陈兴良、周光权：《困惑中的超越和超越中的困惑》，载陈兴良主编：《刑事法评论》（第 2 卷），北京：中国政法大学出版社 1998 年版，第 41－42 页。

② 参见《马克思恩格斯全集》（第 1 卷），北京：人民出版社 1995 年版，第 347 页。

③ 参见王政勋：《正当行为论》，北京：法律出版社 2000 年版，第 91－93 页。

④ 参见赵秉志主编：《外国刑法原理（大陆法系）》，北京：中国人民大学出版社 2000 年版，第 125 页。

⑤ 参见王世洲：《联邦德国刑法改革》，载《外国法译评》1997 年第 2 期。

⑥ 参见储槐植：《美国刑法》（第 2 版），北京：北京大学出版社 1996 年版，第 118 页。

⑦ 参见陈子平：《刑法总论》（2008 年增修版），北京：中国人民大学出版社 2009 年版，第 191 页。

法条竞合犯：一个注入中国元素的概念

黄京平*

我国刑法理论对法条竞合的界定（尤其是竞合类型或表现形式等），并没有达成基本的共识，但对法条竞合的成因却有一致的理解，均认为，刑法立法规定是形成法条竞合的直接原因。① 其中，“法规的错杂规定”，“刑事立法对条文的错综规定”，“法律所规定的构成要件的竞合”，“刑法错综复杂的规定”等，便是关于法条竞合成因的表述。刑法理论的这一定见，难以充分解释司法能动中重构法条关系的现象。刑法理论应该正视此种司法能动的技术，并作出恰当的解读。

法条竞合的辨识，乃至司法确认，与司法解释参与法条关系的重构、设置特别关系的法条竞合，虽有近似之处，但性质不同、功能各异。在德国，“不同的刑法规定是否彼此联系地存在于法条单一中的问题，法律中并未明确规定，而只能够通过解释有关的犯罪构成要件来回答”。正是基于这样的事实、理念，具体法条竞合的识别和确认，主要是由理论影响的判例实现的。② 这是法条竞合理论实践化的普遍司法规律，在我国也不例外。与此不同，早期的司法准入式解释，后期基于目的解释或客观解释所作的司法规定，都是以法律续造方式重构法条关系，将法条的平行关系（或择一关系③）调整为特别关系，为销售侵权复制品罪设置了不同的一般法条。这样的一般法条，就是授权式司法能动为办理销售侵权复制品案件提供的制度资源。重构的法条关系，切实“发挥着弥补法条资源供给缺失的作用”④。在这一语境下，特别关系的法条竞合，是司法解释以立法规定为基础重新规制的结果，即所涉罪名基本的构成要素由立法规定，属性特定的条文关系实际由司法解释搭建。由司法解释规制而成的法条竞合，实现了条文关系由

---

* 中国人民大学刑事法律科学研究中心教授。

① 参见高铭暄、马克昌主编：《刑法学》（第 8 版），北京：北京大学出版社、高等教育出版社 2017 年版，第 187－188 页；本书编写组：《刑法学》（上・总论），北京：高等教育出版社 2019 年版，第 259－260 页；陈兴良：《教义刑法学》，北京：中国人民大学出版社 2010 年版，第 685－705 页；张明楷：《刑法学》（第 5 版），北京：法律出版社 2016 年版，第 463－477 页等等。

② 参见［德］汉斯・海因里希・耶赛克、托马斯・魏根特：《德国刑法教科书》，徐久生译，北京：中国法制出版社 2017 年版，第 1000－1008 页。

③ 参见［德］汉斯・海因里希・耶赛克、托马斯・魏根特：《德国刑法教科书》，徐久生译，北京：中国法制出版社 2017 年版，第 1002 页。

④ 顾培东：《能动司法若干问题研究》，载《中国法学》2010 年第 4 期。

个案识别向类案识别的转换，极大程度地降低了法条竞合司法识别的难度，减少了个案判断的不确定性，基本可以保障司法识别的统一性。与因立法原因形成的法条竞合相比，司法解释重构的法条竞合，具有更高效、更一致的司法接受度。

一般认为，法条竞合的特别关系，是法条竞合中"最简单、适用最安全的表现形式"[①]，这不仅体现于存在范围的识别和确认方面，也体现于"特别法优于一般法适用"规则的无可争议性。然而，在外国刑法理论和刑法适用中没有分歧、共识显著的规则，却在我国刑法理论中出现了重大认识分歧，造成了对立显著的司法判断结果。特别法条优先适用与一般法条优先适用的规则之争，是理论和实践共同的分歧焦点。众多关于实务问题的学术表述中，最具代表性的观点，分别是特别法条绝对优先说和普通法条相对优先说。前种观点认为，在特别关系、补充关系、吸收关系、择一关系之外，我国的法条竞合类型还应包括包容关系。经济犯罪中法条竞合的特别关系，与传统法条竞合的特别关系有所区别。对性质符合特别法条的构成特征，但数额或数量未达到特别法条要求的行为，不能以普通法条定罪处刑。立法上的预设、法益侵害原理、特别法条的立法必要性、特别法条定型化的构成要件观念、实质的刑法方法论等，是决定这一适用规则的综合因素。法条竞合的排斥关系，不仅仅在行为人按照特别法条和普通法条都构成犯罪时存在；在行为属于特别法条所规范的行为类型时，也具有排斥普通法适用的可能性。[②] 后种观点由重法条有限优先说发展、修正而来，其主旨是，"反对宽泛地确定特别关系的范围，不顾及处理结论是否合理而坚持特别法条优于普通法条原则的做法……合理确定特别关系的范围，将需要适用重法条的情形排除在特别关系之外"。需要特别注意的是，重法条有限优先说与普通法条相对优先说相比，"虽然前后的路径不同，但对具体案件的处理结论相同"。在确定"一般来说，特别法条的适用，以行为符合普通法条为前提"的基础上，普通法条相对优先说着重明确了"特别法条内容不周全"时的细化规则，相应的结论，包括"对不符合特别法条却符合普通法条的行为，应按普通法条处理"等。其中，"特别法条内容不周全"的成因，既有立法方面的原因，也有司法解释的原因；特别法条规定的数额或数量等，就是构成要件要素，是否符合特别法条的构成要件，当然包括是否符合特别法条规定的罪量要素。[③] 不同的理论观点，必然指引法官作出不同的个案判断。对未达到《刑法》第 218 条数额规定的销售侵权复制品案件，根据特别法条绝对优先说，彻底排斥普通法条的适用，即便案涉数额或数量达到《刑法》第 217 条的要求，也必须判定行为不构成犯罪；而按照普通法条相对优先说，当案件所涉数额或数量已经符合《刑法》第 217 条规定时，理应以侵犯著作权罪定罪处刑。

司法解释重构了法条关系，为办理销售侵权复制品案件提供了新的制度资源；新的法条关系，虽然可以确保相当数量的案件优先适用一般法条定罪处刑，但无法根本上避免特别法条绝对优先说支配的司法判断。毕竟，特别关系的法条竞合，适用特别法条优于一般法条的规则，似乎是天经地义的，不容丝毫质疑。在德国，形成这种认知定式的

① ［德］克劳斯·罗克辛：《德国刑法学总论》（第 2 卷），王世洲等译，北京：法律出版社 2013 年版，第 639 页。

② 参见周光权：《法条竞合的特别关系研究——兼与张明楷教授商榷》，载《中国法学》2010 年第 3 期。

③ 参见张明楷：《刑法学》（第 5 版），北京：法律出版社 2016 年版，第 465－477 页。

背景有以下几点：一是，由于对法条竞合的定型存在“巨大的可能性”或“情况的多样性”，立法者放弃了通过一般规定确定法条竞合关系的努力。[①] 二是，立法者之所以放弃为法条竞合的处理“提出确定的法律方针”，是因为这是一个“遵循法律适用的逻辑”的领域。[②] 此处的逻辑，既可以被理解为操作层面的适用规则，也可以被理解为制约具体规则的法律适用原则。其实，正是基于法律适用的逻辑，一个在外国刑法适用中相对简单的问题，在中国刑法的语境下，就会演变成相对复杂，甚至极为复杂的问题。由简而繁、由易而难、由适用规则一致到适用规则严重分歧，是因为适用的法律系统性地出现了全新的、不曾有的规范要素。法律适用的逻辑，不能完全脱离法律规范而存在，也没有完全独立于法律规范特征的超规范逻辑。所以，逻辑应依规范属性而定型，逻辑当随规范特征而变动，才是不同制度背景下确定法条竞合的适用规则应遵循的恒定规律。我国刑法分则普遍规定罪量要素。中外刑法相区别的这一规范特征，是有目共睹的，但它对我国法条竞合理论及其实践的实质影响却被严重忽略了。这种实质影响的最集中反应是：在法条竞合的特别关系中，对罪量要素未达到特别法条要求、但却符合一般法条规定的行为，存在特别法条优先适用与普通法条优先适用的观点对峙、判断分歧。坦率地讲，本文以为，如果不对法条竞合理论作中国化的改造，则以上争议问题永远无解，或者说，只有在法条竞合理论中植入中国元素，才能使因罪量而生的疑难问题得以妥当解决。严格界分法条竞合与法条竞合犯，并明确两者之间的本质联系，或许是化解问题的唯一路径。

简单说，在不同的刑法体系中，法条竞合的特别关系会有不同的规范方式。特别关系的不同规范方式，决定了应适用不同的规则。生成于无罪量要素规定的规则，在普遍有罪量要素规定的刑法体系中，失去了适用的基础。因实体性或程序性原因，案涉罪量要素符合一般法条规定但未达到特别法条要求的情形，是在德国等外国刑法适用中不可能出现的。换言之，行为完全符合普通法条规定的构成要件要素，但未能充分符合特别法条规定的全部构成要件要素，且不符合的要素只是入罪量化要素，是我国刑法适用的特有现象。形成于外国刑法制度下的法条竞合适用规则，在我国刑法规范的语境下，遇到了未曾有过、逻辑上也根本不可能出现的问题。不容置疑的规则，在不同的制度规定中“水土不服”，形成无解的争议，表明运行环境的改变蕴含着调整规则、重构规则的客观需求。规则重构并不意味着理论的另起炉灶，规则重构的起点是既有的概念及其理论体系，但需对既有概念重新梳理，对国外理论作必要的本土形塑。

在无罪量要素的刑法体系中，法条竞合与法条竞合犯概念合一，是特别关系的核心特征；相对应地，在普遍规定罪量要素的刑法体系中，法条竞合与法条竞合犯的概念适当区隔，是调整规则、重构规则的基础。法条关系尤其是法条竞合的特别关系，根据刑法规定的犯罪构成要件或依据对构成要件要素的解释，就可以确定；而复杂罪数形态的

---

① 参见［德］汉斯·海因里希·耶赛克、托马斯·魏根特：《德国刑法教科书》，徐久生译，北京：中国法制出版社 2017 年版，第 1000 页；［德］克劳斯·罗克辛：《德国刑法学总论》（第 2 卷），王世洲等译，北京：法律出版社 2013 年版，第 637 页。

② 参见［德］克劳斯·罗克辛：《德国刑法学总论》（第 2 卷），王世洲等译，北京：法律出版社 2013 年版，第 637 页；［德］乌尔斯·金德霍伊泽尔：《刑法总论教科书》（第 6 版），蔡桂生译，北京：北京大学出版社 2015 年版，第 480 页。

形成和类型判断，必须以具体的犯罪事实为基础才能确定。在德国等外国的刑法理论中，基本的共识是："实现特有犯罪构成要件的每一个行为，还同时实现一般犯罪的构成要件，否则的话不构成特别关系。在此等情况下，一般性法律不被适用：'特别法优于一般法适用'。"[①] 特别关系，"指的是某项刑法条文在概念上必然也包容另一条文的所有特征，以至于实现了特别的犯罪构成要件的，也就必然是也实现了进入考虑的一般构成要件"[②]。特别关系的特点在于，"适用一法规而不适用其他法规是由于逻辑原因造成的……这里根本不涉及案件形态问题，起决定作用的只是构成要件的逻辑关系。"而判断或确定补充关系、吸收关系等，"比较的评价性研究是在考虑'具体的案件情况'基础上来达到目的的"[③]。对特别关系的法条竞合及其适用规则，意大利刑法典第 15 条有明确规定。权威的观点认为，法典规定的不同法条调整的"同一问题"，"应该是指在不同法条规定的犯罪构成要件之间有一种结构——逻辑上的对应关系。如果两个法条规定的犯罪构成要件有一部分相同，而不同的那一部分要件之间又存在一种特殊与一般的关系，只要那个特殊化了的要件，代表了另一法条中那个相应要件的一种可能性，因而在逻辑上能够为该要件所包容，就可以确定这两个法条之间有竞合关系"。如果将法典规定中的"同一问题"理解为"同一事实状态"，则法条竞合的范围永远不可能有确定的内容，因为具体的事实总是一种有选择的判断结果。[④] 可见，对特别关系的法条竞合，国外刑法理论有着统一的判断标准，司法认定具有显著的确定性，对特别法条优先适用的规则，见解上没有歧义，实务中普遍遵行。但是，具体到特定条文关系的判断，也有例外，如德国刑法第 239 条拘禁罪与第 240 条强制罪之间的关系较为复杂，只能根据个案情况具体分析，作出不同的认定。[⑤]

其实，国外刑法理论中，对特别关系的法条竞合的传统界定、经典表述，蕴含着密切关联的两种刑法现象：一是，"一个刑法规定具备了另一个刑法规定的所有要素"[⑥]，"某项刑法条文在概念上必然也包容另一条文的所有特征"[⑦]。这是法条关系意义的法条竞合，具体是特别关系的法条竞合。根据意大利刑法典第 15 条的规定，即"不同的法律或同一刑事法律中的不同条款调整同一问题"，就是对这种刑法现象的规范表述。二是，"实现特有犯罪构成要件的每一个行为，还同时实现一般犯罪的构成要件"[⑧]，"实现了特别的犯罪构成要件的，也就必然是也实现了进入考虑的一般构成要件"[⑨]。这是

---

① ［德］汉斯·海因里希·耶赛克、托马斯·魏根特：《德国刑法教科书》，徐久生译，北京：中国法制出版社 2017 年版，第 1001 页。

② ［德］约翰内斯·韦塞尔斯：《德国刑法总论》，李昌珂译，北京：法律出版社 2008 年版，第 788－789 页。

③ ［德］弗兰茨·冯·李斯特著，［德］埃贝哈德·施密特修订：《德国刑法教科书》，徐久生译，北京：法律出版社 2000 年版，第 394－395 页。

④ 参见［意］杜利奥·帕多瓦尼：《意大利刑法学原理》，陈忠林译，北京：法律出版社 1998 年版，第 411－412 页。

⑤ 参见王钢：《德国判例刑法（分则）》，北京：北京大学出版社 2016 年版，第 99 页。

⑥ ［德］汉斯·海因里希·耶赛克、托马斯·魏根特：《德国刑法教科书》，徐久生译，北京：中国法制出版社 2017 年版，第 1001 页。

⑦ ［德］约翰内斯·韦塞尔斯：《德国刑法总论》，李昌珂译，北京：法律出版社 2008 年版，第 788－789 页。

⑧ ［德］汉斯·海因里希·耶赛克、托马斯·魏根特：《德国刑法教科书》，徐久生译，北京：中国法制出版社 2017 年版，第 1001 页。

⑨ ［德］约翰内斯·韦塞尔斯：《德国刑法总论》，李昌珂译，北京：法律出版社 2008 年版，第 789 页。

犯罪形态或罪数形态意义的法条竞合犯。在特别关系的法条规定的基础上，法条竞合犯不仅以行为实施为必要条件，而且行为必须引起一定的事实状态。不容置疑的事实是，任何复杂罪数形态，都是在一定的法条关系基础上形成的。只是在特别关系中，作为复杂罪数形态形成基础的法条关系极具特殊性。这使得两种刑事法律现象完全叠加、合为一体。行为实施与否，以及行为引起怎样的事实状态，均对罪数形态没有实质影响。从外在形式上看，有怎样的法条关系，就有怎样的罪数形态；法条竞合的属性和形式，决定了同样属性和形式的法条竞合犯。于是，罪数形态虚化，罪数形态隐藏于法条关系之后；特别关系的法条竞合犯，失去独立评价工具的价值，成为一种无须强调其存在的概念。久而久之，约定成俗，在特别关系中，法条竞合就成为自始替代法条竞合犯的概念，或者说，完整的法条竞合概念中所包含的法条竞合犯，也就淡出理论解读和实务操作的焦点，成为概念简化后的多余成分。在没有罪量要素的刑法体系中，这无疑是合理的，也是可以被普遍接受的，丝毫不影响特别法条优先适用规则的效力。

在普遍规定罪量要素的刑法体系中，这种构成要件要素的存在，使法条竞合与法条竞合犯的合一状态失去存在基础。法条竞合与法条竞合犯的区分，不仅是我国刑法规范的特点所决定的客观结果，也是重构理论、便利司法的现实需求。法条竞合犯由隐形状态到显形存在的变化，是相应的适用规则重构或调整的前置条件。以 A 法条是普通法条、B 法条是特别法条为例：若 A 罪和 B 罪的入罪数量标准相同（升档量刑标准也相应一致），则法条竞合与法条竞合犯仍旧可以处于合一状态。当 A 罪的入罪标准低于 B 罪的入罪门槛，或者 A 罪的入罪标准高于 B 罪的入罪门槛时，案涉数额实际仅符合罪量要求较低之罪的情形，就不可避免，都会出现特别法条是否绝对优先适用的问题。此类情形下，不存在符合 B 法条就当然符合 A 的关系，行为会只符合普通法条或特别法条规定的罪量要素，特别法条优先适用的规则由此而生歧义。表面上，不同见解的争点集中于适用何种规则，是特别法条优先适用，还是普通法条优先适用。实际上，特别法条优先适用规则的前置条件是否齐备，才是问题的核心，才是中国语境下具有根本性的但长期被忽略的问题。法条竞合特别关系的适用规则，在中国刑法体系下的特殊性，突出地表现为，应当在识别、区分不同刑法现象的基础上，确定与不同刑法现象相对应的适用规则：(1) 纯粹的法条竞合。没有具体行为参与的法条特别关系，或者没有引发具体事实状态的法条特别关系，根本没有某一法条优先于另一法条适用的问题，不存在一个法条排斥另一法条适用的现实基础。① 简言

① 通常情况下，“某法（条）优于某法（条）”，是在法律或法条有无法律效力的意义上使用的，具有优先地位的法律或法条具有法律效力，处于非优先地位的没有法律效力。如后法优于前法，新法优于旧法，上位法优于下位法，特别法优于一般法，意味着后法、新法、上位法、特别法具有法律效力，可以作为司法判断的依据，而前法、旧法、下位法、一般法没有法律效力，不能作为司法判断的依据。优先地位的法（条）与非优先地位的法（条），彼此是一种效力的排斥关系。在法条竞合特别关系的语境下，“某法（条）优于某法（条）”的确切含义，是在两个有法律效力的条文中选择其一适用，即在两个法条都是司法判断依据的基础上，依理仅能选择最恰当的一个法条，实际用作具体司法判断的依据。此种情形下，优先地位的法条与非优先地位的法条，相互是一种适用的择一关系。我国的刑法理论和司法实务，对后种法条的择一适用关系存在颇为流行的、习惯性的误解，主要表现为：一是，混淆适用的择一关系与效力的排斥关系，错误地以后者替代前者。二是，忽略择一适用必须满足的前置条件——行为必须同时符合特别法条和普通法条规定的所有构成要件要素。两种错解具有共同性，核心是没有清晰地识别规则适用的基本条件或特定场域，在不具备规则适用的条件下，主张适用特别法条优于普通法条规则，或提倡适用其他规则。

之，纯粹的法条竞合，只是一种刑法分则的规范技术及其所导致的静态条文关系，在不法行为介入之前，它没有当然的或与之相对应的适用规则。作为一种立法现象，静态的条文关系与任何适用规则无涉。(2) 法条竞合犯。在特别关系的基础上，不法行为同时符合特别法条和普通法条规定的所有构成要件要素，依理只能选择特别法条作为司法判断的依据，适用特别法条优先规则，但是刑法有明确规定的除外。[①] 与法条竞合相比，法条竞合犯是不法行为同时触犯特别关系所有法条的结果，作为一个动态过程的完成形态，它是在特别关系基础上形成的一种复杂罪数形态。由立法上的静态条文关系，发展为司法必须评断的犯罪事实状态，是法条竞合犯的本质所在，也满足了特别法条优先适用的前置条件。(3) 亚型法条竞合犯，或法条竞合犯的亚型。某种意义上，它是介于法条竞合与法条竞合犯之间的一种刑法现象，兼有条文关系形态和复杂罪数形态的特点。在不法行为参与下，由法条竞合向法条竞合犯过渡的这种中间状态，以行为仅符合普通法条或特别法条的全部构成要件要素为特征。仅符合其中一个法条规定的罪量要素，是影响法条适用规则的决定性因素。以不法行为所符合的法条为依据作入罪判断，是唯一的选择，即符合普通法条的依照普通法条定罪，符合特别法条的根据特别法条入罪。此时，逻辑上或根本上，不存在某一法条优先适用的事实基础，也不存在择一适用某一法条进行司法判断的真实对象，更不存在优先适用特别法条作无罪判断的空间。总之，法条竞合是基本形态，仅是立法现象，没有法条择一适用的现实基础；法条竞合犯是不法行为触犯特别关系法条的完成形态，是应作司法评判的现象，须以特别法条优先适用为基本规则；亚型法条竞合犯，是不法行为仅触犯特别关系部分法条的未完成形态，对此类司法判断对象，只能依据行为所符合的法条进行刑法评价。

所以，仅符合《刑法》第 217 条罪量规定的销售侵权复制品行为，属于亚型法条竞合犯，只能适用普通法条定罪量刑。如此入罪模式一旦成为司法常态，会因极端个案引起显失公正的定罪处刑结果：对于符合《刑法》第 218 条罪量要素的销售侵权复制品案件，反而定轻罪、判轻刑。于是，在普通法条法定刑高、罪量门槛低与特别法条法定刑低、罪量门槛高的特别关系中，对仅符合普通法条的亚型法条竞合犯，理应确定“依普通法条入罪、依特别法条处刑”的规则体系。其中的“依特别法条处刑”，并非援引特别法条处刑，而是将特别法条规定的最高刑作为以普通法条定罪的实际量刑上限，由此控制所有案件的处刑力度。这样的规则，自然是该领域新一轮司法能动的载体。其结果，必然弃用司法解释规定的升档量刑标准。这或许就是司法解释重构法条关系的应有代价。

---

① 通常是重法条优于轻法条适用，例如，我国《刑法》第 149 条第 2 款的规定。重法条优于轻法条，只是特别法条优于普通法条的例外规则，必须以法律的明确规定为限。

论不追究刑事责任*

赖早兴**

我国《刑法》和《刑事诉讼法》都对不追究刑事责任作了规定。那么，什么是不追究刑事责任？什么情况下不追究刑事责任？我国刑事法中关于不追究刑事责任的规定是否科学？这些都与行为人的权益密切相关，有必要对之加以分析。

一、“不追究刑事责任”概念澄清

《刑事诉讼法》第16条对“不追究刑事责任”的情形作了列举性规定①，其中第6项使用了“免予追究刑事责任”的概念，而《刑法》第201条第4款则使用的是“不予追究刑事责任”②。那么，“免予追究刑事责任”、“不予追究刑事责任”与“不追究刑事责任”是同一概念吗？它们之间具有何种内在联系？

（一）“不追究刑事责任”包括“免予追究刑事责任”

从立法学上看，立法语言文字“要做到同样的词汇、概念表达同样的含义，不同的词汇、概念表达不同的含义”，“同一文字在同一个法里必须表示同一观念或意思；同一个法里，若运用不同词语，在法规解释上应代表不同含义，否则便容易造成观念和意思的混淆”③。因此，基于法律用语的统一性（或同一性）的立场，同一部法律（特别是同一个法律条文）中对同一内容的表达应当使用同一个概念，而不能使用两个不同的概念。既然《刑事诉讼法》第16条中同时使用了“不追究刑事责任”与“免予追究刑事

---

* 本文原载《法学杂志》2020年第4期，人大报刊复印资料《刑事法学》2020年第6期全文转载。

** 湘潭大学法学院教授，博士研究生导师。

① 《刑事诉讼法》第16条规定，有下列情形之一的，不追究刑事责任，已经追究的，应当撤销案件，或者不起诉，或者终止审理，或者宣告无罪：(1) 情节显著轻微、危害不大，不认为是犯罪的；(2) 犯罪已过追诉时效期限的；(3) 经特赦令免除刑罚的；(4) 依照刑法告诉才处理的犯罪，没有告诉或者撤回告诉的；(5) 犯罪嫌疑人、被告人死亡的；(6) 其他法律规定免予追究刑事责任的。

② 1997年《刑法》第241条第6款也使用了“不追究刑事责任”。但《刑法修正案（九）》对此作了修改，将“不追究刑事责任”修改为“从轻或者减轻处罚”。

③ 朱景文主编：《法理学》(第3版)，北京：中国人民大学出版社2015年版，第343页。

责任”，所以立法者是要表达不同的意思，因此两者不是完全等同的概念。

“免责以应当承担法律责任为前提，因而它不同于无责。”[①] 因此，从词意本身分析，“免予追究刑事责任”的潜在意思是，行为人本来是要承担刑事责任的，基于特定事由国家不追究其刑事责任。如果行为人本身就没有刑事责任要承担，那么就不存在免予追究刑事责任的问题。正如有学者在解读《刑事诉讼法》第16条第6项时所言：“如果一个人的行为根据刑法规定虽已构成犯罪，但由于具有某些情节或特殊情况，其他法律规定免除刑事责任的，也不应追究其刑事责任。”[②] 这种观点表明，免予追究刑事责任也是不追究刑事责任，是因特定事由国家免除了其刑事责任。另外，基于法条体系原理，“项是法的结构中包含于款之中、隶属于款的一种要件”[③]。上述第6项属于第16条的内容，因此“免予追究刑事责任”应当属于“不追究刑事责任”。

《刑事诉讼法》第16条明确列举的5项“不追究刑事责任”的情形总体上包括以下三种类型：一是行为不构成犯罪而不追究刑事责任；二是行为已经构成犯罪但出现了法定事由而不继续执行刑罚；三是行为是否构成犯罪处于不确定状态，因特定事由出现而不追究刑事责任。因此，《刑事诉讼法》第16条列举的前5项并无“免予追究刑事责任”的情形，应属于独立一种类型。

（二）“不予追究刑事责任”亦为“不追究刑事责任”

《刑法》第201条第4款使用了“不予追究刑事责任”概念。从内容上看，“不予追究刑事责任”也是不对行为人及其行为进行刑法上的否定性评价。

除《刑法》第201条第4款使用了“不予追究刑事责任”这一概念外，《刑法》其他条款中未使用这一概念。但一些针对《刑法》的司法解释中或司法文件中使用了这一概念。它们基本是以两种形态使用。

一是将“不予追究刑事责任”归因于行为不构成犯罪。例如，“因行为人未达到刑事责任年龄等原因依法不予追究刑事责任”[④]。在未达到刑事责任年龄的情况下，行为人实施的行为即使具有严重的社会危害性也不能作为犯罪来处理。该规定实际上是将“不予追究刑事责任”限定为因行为不构成犯罪而不追究行为人的刑事责任。也有的司法解释中并未明确将“不予追究刑事责任”归因于行为不构成犯罪，但其内在的意思仍然是将不追究刑事责任归因于行为不构成犯罪。例如，“以单位名义实施组织、领导传销活动犯罪的，对于受单位指派，仅从事劳务性工作的人员，一般不予追究刑事责任”[⑤]。因为行为人受实施组织、领导传销活动的单位指派从事的只是劳务，其行为本就不应当构成组织、领导传销活动罪。这也是将不予追究其刑事责任的原因归结为行为不构成犯罪。

---

① 朱景文主编：《法理学》（第3版），北京：中国人民大学出版社2015年版，第343页。

② 樊崇义主编：《刑事诉讼法学》（第4版），北京：法律出版社2016年版，第93页。

③ 周旺生：《立法学》（第2版），北京：法律出版社2009年版，第477页。

④ 2015年最高人民法院《关于审理掩饰、隐瞒犯罪所得、犯罪所得收益刑事案件适用法律若干问题的解释》第8条第2款。

⑤ 2013年最高人民法院、最高人民检察院、公安部《关于办理组织领导传销活动刑事案件适用法律若干问题的意见》第2条第2款。

二是将“不予追究刑事责任”与不构成犯罪并列，意即不予追究刑事责任并非因为行为不构成犯罪，行为已经构成犯罪或可能构成犯罪但不追究刑事责任，如“对撤销原判、宣告无罪和依照政策法律不予追究刑事责任而被释放的人”①。此“不予追究刑事责任”显然不是因为行为不构成犯罪，而是符合政策法律的其他原因。该通知是1980年3月29日发出的，此时1979年《刑事诉讼法》已经生效实施，所谓符合“政策法律”，应当是指符合1979年《刑事诉讼法》第11条规定②的不追究刑事责任的情况。因此，该通知中的“不予追究刑事责任”实际上指（1）行为已经构成犯罪但出现了法定事由而不追究刑事责任，以及（2）行为是否构成犯罪处于不确定状态，因特定事由出现而不追究刑事责任两种情况。

因此，从内容上看，《刑法》和刑事司法解释或司法文件中的“不予追究刑事责任”就是《刑事诉讼法》中的“不追究刑事责任”。

二、不追究刑事责任的类型分析

根据罪刑法定原则的要求，刑事责任只能是由刑事法律加以规定，司法机关依据刑事法律的规定决定是否追究行为人刑事责任。我国也是由刑事法律对刑事责任问题加以规定的，当然不追究刑事责任也是规定在刑事法律之中。其他的法律虽然也涉及这个问题③，但它们都是引证性、照应性的规定。笔者仅对《刑事诉讼法》与《刑法》中的相关规定分别加以分析。

（一）《刑事诉讼法》第16条中的不追究刑事责任

《刑事诉讼法》第16条前5项对不追究刑事责任的情形作了明确列举，总体上可以分为三种类型。④

首先，因行为不构成犯罪而不追究刑事责任。

根据《刑事诉讼法》第16条第1项的规定，对“情节显著轻微、危害不大，不认为是犯罪的”不追究刑事责任。该项规定与《刑法》第13条“但书”的内容相呼应。由于刑法是调整社会关系的最后手段，因此其规定的犯罪必须是具有严重社会危害性的行为。如果行为“情节显著轻微、危害不大”就不构成犯罪，对该类行为当然不追究刑事责任。这里的“不认为是犯罪”实际上就是不构成犯罪。在新中国刑法典的制定过程中，刑法典草案对该内容的表达曾经先后出现了不同的用语，如“不以犯罪论处”、“可不以犯罪论处”或“可不认为是犯罪”，1979年《刑法》中确定使用“不认为是犯罪”。之所以在用语选择上如此反复不定，其原因就在于立法者希望用一个能准确表达出行为

---

① 1980年最高人民法院、公安部、民政部、国家劳动总局《关于安置平反释放后无家可归人员的通知》第1条。

② 1979年《刑事诉讼法》第11条规定了不追究刑事责任的情形，2012年《刑事诉讼法》第15条继承了该条的内容。

③ 例如《国家赔偿法》第19条的规定。

④ 从立法技术上看，《刑事诉讼法》第16条第6项“免予追究刑事责任”是兜底条款，实际上我国刑事法律中尚无属于该类情形的具体规定，因此本部分拟不对其加以论述。

不构成犯罪、不能作为犯罪处理意思的方式，以防用语不当引发歧义。但事实上这一表达仍可能引起歧义。因为“不认为是犯罪”可能被理解为：行为本来是犯罪但司法人员不认为构成犯罪而不将其作为犯罪论处。有学者指出：“但书中所规定的‘不认为是犯罪’，意思等于不是犯罪。有的同志理解为不以犯罪论，那就不符合立法原意了。因为不以犯罪论，意思是行为仍然构成犯罪，只是不以犯罪论处而已。这样理解就将但书解释为是用以区分以犯罪论与不以犯罪论的界限。”①

另外，1979 年《刑法》第 13 条在规定不可抗力和意外事件时曾经也使用了“不认为是犯罪”的表达方式。但在 1997 年对刑法典进行全面修订时将 1979 年《刑法》第 13 条中的“不认为是犯罪”修改为 1997 年《刑法》第 16 条中的“不是犯罪”。为什么 1997 年修订《刑法》时不将 1979 年《刑法》第 10 条中的“不认为是犯罪”修改为“不是犯罪”，却在《刑法》第 13 条继承了原来“不认为是犯罪”的表达方式？这里的“不认为是犯罪”能不能也以“不是犯罪”替代？有学者认为，“不认为是犯罪”与“不是犯罪”是不同的：“不是犯罪”是指其行为根本就不具有任一犯罪的构成要件该当性；而情节显著轻微、危害不大的情形，仅仅是不“认为”构成犯罪而已。② 这样看来，不可抗力和意外事件本身因无任何的社会危害性，当然不是犯罪；而情节显著轻微、危害不大的行为本身并非没有社会危害性，只是危害性尚达不到构罪的要求，所以立法者认为不构成犯罪。因此，立法者在《刑法》第 13 条与第 16 条分别使用了“不认为是犯罪”和“不是犯罪”的表达方式。也就是说，这里的“不认为是犯罪”是立法者不认为是犯罪，而不是司法者将构成犯罪的行为作不犯罪处理。既然行为不是犯罪，行为人当然就没有刑事责任要负担，国家司法机关对行为人亦无刑事责任可以追究。

其次，行为已经构成犯罪但出现了法定事由而不继续执行刑罚。

这种情况下，行为人的行为已经被法院通过刑事判决依法判定为犯罪，并且基于量刑事实被量刑，甚至判决书中的刑罚已经开始执行，但在执行过程中出现了法定事由而不再对被执行人执行刑罚。《刑事诉讼法》第 16 条第 3 项“经特赦令免除刑罚”属于该种情况：“经特赦令免除刑罚”表明经赦免后其没有执行完毕的刑罚将不再执行。我国《宪法》中只规定了特赦制度，“特赦的效力只及于刑不及于罪，并且只使刑罚的执行权部分消灭，而不是使之全部消灭，更不是使宣告刑无效。至于罪犯所犯之罪，当然也不因特赦而消失”③。被特赦前犯罪人的有罪宣告、刑罚宣告和执行并不因特赦而归于无效。由于刑事责任的追究包括对行为人和行为的否定性法律评价和刑事惩罚，因此，有罪宣告和已经执行的刑罚本身就是对其刑事责任的追究。严格来说，“经特赦令免除刑罚”并非一般意义上的不追究刑事责任，而是不再继续对其执行刑罚。虽然《刑事诉讼法》将“经特赦令免除刑罚”归属于不追究刑事责任中，但刑法学界一般并不认为这是不追究刑事责任，而是将其当作刑罚消灭的方式。④

---

① 马克昌主编：《犯罪通论》，武汉：武汉大学出版社 1999 年版，第 31 页。

② 参见陈兴良：《但书规定的法理考察》，载《法学家》2014 年第 4 期，第 57 - 58 页。

③ 马克昌主编：《刑罚通论》，武汉：武汉大学出版社 1999 年版，第 705 页。

④ 参见贾宇主编：《刑法原理与实务》，北京：中国政法大学出版社 2007 年版，第 186 - 187 页；阮齐林：《刑法学》，北京：中国政法大学出版社 2008 年版，第 361 页；曲新久主编：《刑法学》，北京：中国政法大学出版社 2009 年版，第 257 - 259 页；黎宏：《刑法学总论》（第 2 版），北京：法律出版社 2016 年版，第 415 页。

最后，行为是否构成犯罪处于不确定状态，因特定事由出现而不追究刑事责任。

《刑事诉讼法》第 12 条规定："未经人民法院依法判决，对任何人都不得确定有罪"。任何罪的确定都是针对具体的行为人，离开了具体的行为人也就无所谓罪的问题。该规定实际上也蕴含着对任何罪的确定都必须经过人民法院依法判决之意。没有经过人民法院依法判定为犯罪，危害行为是否构成犯罪就处于不确定状态。《刑事诉讼法》第 16 条第 2、4、5 项属于此类情形。

依据第 2 项的规定，"犯罪已过追诉时效期限的"，国家司法机关不对危害行为人追究刑事责任。从国家的角度来看，追诉机关在足够长的时间内不积极、有效、如期地行使追诉权的，可以视为追诉机关默示放弃自己的权力，从而使权力归于消灭。[①] 既然如此，对于超过追诉时效期限的行为当然不能再追究行为人的刑事责任。"犯罪已过追诉时效期限"这一表述中有"犯罪"二字，这是否直接说明行为构成了犯罪？已过追诉时效期限的行为显然通常是没有经过人民法院依法判决的，当然就不存在行为构成犯罪的问题。为什么要使用"犯罪已过追诉时效期限"这种表达方式？其原因在于追诉时效期限都是以法定刑为基础设定的，而法定刑又是立法者通过刑法分则的规定配置在具体的罪中的。"犯罪已过追诉时效期限"表达的内容实质上是"被追诉的行为已过追诉时效期限"。因此，不能认为"犯罪已过追诉时效期限"中有"犯罪"二字就直接得出行为构成犯罪。在司法实践中，"犯罪已过追诉时效期限"中的"犯罪"是办案机关根据当时的构罪标准认为行为人涉嫌构成某罪。如果行为明显达不到某罪的构罪标准，司法机关也不会以"犯罪已过追诉时效期限"为由而不追究其刑事责任，而应当是以"情节显著轻微、危害不大"不构成犯罪而不追究行为人的刑事责任。

依据第 4 项的规定，"依照刑法告诉才处理的犯罪，没有告诉或者撤回告诉的"，不追究刑事责任。因为这意味着追究刑事责任的刑事诉讼程序没有启动或被终止。《刑法》第 98 条对"告诉才处理"作了规定，并在刑法分则中规定侵占罪、侮辱罪等数个罪名为告诉才处理之罪。告诉才处理制度的设立赋予了被害人请求国家司法机关追究行为人刑事责任的权利，由其决定是否请求司法机关启动追究行为人刑事责任的司法程序。《刑法》仅规定对于这些犯罪只有被害人亲自到法院告诉（特定情况下人民检察院、被害人近亲属可以告诉），才能启动刑事诉讼的程序，但并没有规定如果被害人不向法院告诉，行为人会承担什么法律后果。《刑事诉讼法》第 16 条的规定明确了其法律后果：不追究刑事责任。从实际情况看，被害人没有向法院告诉的行为人的上述行为可能已经达到了构罪标准而可能构成犯罪，行为也可能没有达到构罪标准而不构成犯罪。由于被害人没有向法院行使追诉请求权，法院无法启动追究行为人刑事责任的程序，因而不能确定行为人的行为是否构成犯罪。

依据第 5 项的规定，"犯罪嫌疑人、被告人死亡的"，不追究刑事责任。这是因为在此情况下，刑罚失去了适用的对象，适用刑罚不能贯彻罪责自负原则，刑罚目的难以实现，而且死亡的犯罪嫌疑人、被告人无法亲自参与到刑事诉讼中，其诉讼权利得不到充分的保护，我国也没有建立起完整、普遍意义上的缺席审判制度，因此刑事诉讼法规定

① 参见于志刚：《追诉时效制度比较研究》，北京：法律出版社 1998 年版，第 7 页。

对该类人不追究刑事责任。有学者认为："犯罪嫌疑人、被告人在作违法或犯罪行为时并未死亡，而是行为以后死亡的，所以该人应当按照法律规定负担刑事责任。法律规定不追究已死亡的犯罪嫌疑人、被告人的刑事责任不能等同于该人无罪，因此应当作出有罪或无罪判决。"① 如果对已死亡的犯罪嫌疑人、被告人作出有罪判决，那就意味着追究了其刑事责任。因为有罪判决是对行为人的否定性法律评价，这本身就是刑事责任承担的表现形式。根据《刑事诉讼法》第 297 条的规定，被告人死亡的，应当裁定终止审理；有证据证明被告人无罪，人民法院经缺席审理确认无罪的，应当依法作出判决。犯罪嫌疑人、被告人死亡意味着围绕其行为是否构成犯罪而开展的一切刑事诉讼程序将终止，因此其行为是否构成犯罪实际上处于未确定状态。②

从上述分析可知，《刑事诉讼法》第 16 条规定了诸种不追究刑事责任的事实情形，其出发点是不同的：行为不构成犯罪而不追究刑事责任是从实体法的角度，因从构罪标准上确定不能追究行为人的刑事责任；行为是否构成犯罪处于不确定状态，因特定事由出现而不追究刑事责任是从程序法的角度、未启动或终止程序而使行为人不被追究刑事责任；行为已经构成犯罪但出现了法定事由而不继续执行刑罚则是通过启动新的程序而使行为人不再被执行刑罚。

（二）刑法中的不追究刑事责任

《刑法》第 201 条第 4 款规定，纳税人实施逃税行为，经税务机关依法下达追缴通知后，补缴应纳税款，缴纳滞纳金，已受行政处罚的，"不予追究刑事责任"。如前所述，"不予追究刑事责任"也是"不追究刑事责任"。那么，这里的"不予追究刑事责任"是什么意思？其行为是因不构成犯罪而不追究刑事责任？或是行为是否构成犯罪处于不确定状态下的不追究刑事责任？

有税法学者认为，这种情况下的行为已经构成逃税罪，只是因为有行政处罚这个前置因素，而不追究其刑事责任。例如有学者认为："不追究刑事责任不等于没有犯罪。"③"是否接受税务机关处理处罚，并不是逃税罪的犯罪构成要件，它是在纳税人行为已经构成逃税罪的情况下，不再进行刑事处罚的正当理由。"④ 刑法学者对此也发表了各自的看法。有学者认为，"这里的'不予追究刑事责任'，并不是指行为本身不构成犯罪，而是指行为构成犯罪，但不具备处罚条件"⑤。也有学者主张这种行为不构成犯罪，强调这是《刑法》通过"初犯免责"条款对逃税罪附条件地非罪化处理，"通过非犯罪化的处理方式适当缩小了逃避缴纳税款罪的范围"⑥。"《刑法修正案（七）》的免罪条款对于偷税罪，将部分行为非犯罪化，即对于初犯，经税务机关指出后积极补缴税款

---

① 李立：《论刑事案件中犯罪嫌疑人、被告人死亡的处理》，载《中央政法管理干部学院学报》2000 年第 3 期。

② 虽然《刑事诉讼法》规定了"犯罪嫌疑人、被告人逃匿、死亡案件违法所得的没收程序"，但在这个程序中法院并不会作出被告人的行为是否构成犯罪的判决。

③ 《8 亿巨额罚单依据何在？是否"法外开恩"？专家解读范冰冰案！》，载搜狐网，https://www.sohu.com/a/257650104_717301，2019 年 12 月 11 日访问。

④ 徐战成：《纳税人涉嫌逃税罪处理处罚需澄清几个认识》，载《中国税务报》2017 年 9 月 19 日，第 B3 版。

⑤ 张明楷：《逃税罪的处罚阻却事由》，载《法律适用》2011 年第 8 期。

⑥ 李翔：《论逃税犯罪中的初犯免责》，载《中国刑事法杂志》2009 年第 7 期。

和滞纳金，接受行政处罚的，可不再作犯罪来追究。”① 还有学者认为，这是因为纳税人补缴应纳税款，缴纳滞纳金后原本构成犯罪所需要的社会危害性已经不复存在，立法者设立“除罪条款”对其不予追究刑事责任，也就是其行为不构成犯罪。② 综观学者的观点，基本可以归纳为两种意见：一是认为行为构成犯罪但因存在处罚阻却事由（或处罚条件不具备）而不追究刑事责任，或认为因接受行政处罚而免除了刑罚；二是认为行为因初犯免责而被非犯罪化了或通过除罪条款而被非犯罪化了所以不追究刑事责任。

根据《刑法》第 201 条第 4 款的规定，纳税人如果“有第一款行为”，受行政处罚后，不被追究刑事责任。“第一款行为”是指采取欺骗、隐瞒手段进行虚假纳税申报或者不申报，逃避缴纳税款。从实际情况看，行为人因逃税受到行政处罚，其逃避缴纳的税款可能没有达到构罪数额和比例要求，也可能达到了构罪标准。由于涉及刑事责任的追究问题，因此这里的行为应当是指逃避缴纳税款达到了逃税罪的构罪数额和比例要求的行为。是不是达到构罪标准的逃避缴纳税款的行为就构成犯罪了呢？笔者认为，即使行为人逃避缴纳税款达到了构罪标准，如果其接受了行政处罚，其行为亦不构成犯罪，而不是构成犯罪不受刑事处罚。

2008 年 8 月 25 日全国人大常委会法制工作委员会主任李适时在第十一届全国人民代表大会常务委员会第四次会议上作《关于〈中华人民共和国刑法修正案（七）（草案）〉的说明》时说：“考虑到打击偷税犯罪的主要目的是为了维护税收征管秩序，保证国家税收收入，对属于初犯，经税务机关指出后积极补缴税款和滞纳金，履行了纳税义务，接受行政处罚的，可不再作为犯罪追究刑事责任，这样处理可以较好地体现宽严相济的刑事政策。”这里明确提出的是“不再作犯罪追究刑事责任”。这是立法机关在立法时所作的说明，代表的是立法者的判断和立场。这充分说明，在立法者看来这种情况下逃税行为不构成犯罪，而不是行为构成犯罪但不追究刑事责任。

那么立法者是基于什么原因对该类行为“不再作犯罪追究刑事责任”？是因为纳税人补缴应纳税款、缴纳滞纳金而使这种行为没有刑法意义上的社会危害性了而被非犯罪化，还是因为行政处罚的设置使行为非犯罪化？笔者更倾向于后者，因为如果因纳税人补缴应纳税款、缴纳滞纳金其逃税行为就没有社会危害性了，那么实施盗窃的人在被发现后将财物归还给被害人也可以非犯罪化了。但立法者在盗窃罪的立法中并没有作出如此的规定；司法实践中，这种归还财物的行为通常只能在确认前行为构成犯罪的情况下作为酌定的从宽量刑情节加以考虑。

行政处罚是重要的法律后果承担方式，它在刑法中也具有重要的意义。③ 行政处罚在行为的罪与非罪的划分上起着重要的作用。我国《刑法》和部分司法解释已经将受过行政处罚作为违法行为犯罪化或降低构罪标准的依据，刑事立法者当然也可以运用行政处罚来缩小犯罪圈。在犯罪圈的设定中，是否在社会关系的调整中要运用刑事手段，需要考虑诸多的因素。是否没有其他法律手段可以替代就是一个重要的考虑因

① 毛玲玲：《经济犯罪与刑法发展研究》，北京：法律出版社 2017 年版，第 497 页。

② 参见姚兵：《论刑法中的除罪条款》，载《湖北社会科学》2012 年第 10 期。

③ 参见赖早兴：《“受过行政处罚”在刑法中作用的体现、考量与限制》，载《湘潭大学学报（哲学社会科学版）》2016 年第 2 期。

素。“适用道德的、行政的、民事的及其他法律手段不足以抑止这种行为，不足以保护权益，即没有其他制裁力量可以代替刑罚，只有动用刑罚才能抑止这种行为，才能充分保护权益。”① 从行政手段与刑事手段的关系看，“在刑事立法层面上，应遵循行政处罚措施穷尽的基本原则”②。刑事立法者在《刑法》第 201 条第 4 款设立“初犯非罪”③ 条款，就是希望通过运用行政处罚的手段将部分逃税行为排除在犯罪圈之外。刑事立法者作出这样的规定有法律和社会原因：1997 年《刑法》规定的偷税罪构罪数额标准太低，如果严格按标准执行，会导致打击面过宽；如果税务机关都将达到构罪标准的案件移送公安机关，会使公安机关办案压力过大；如果不将案件移送公安机关，税务执法人员又会涉嫌徇私舞弊不移交刑事案件罪。④ 司法实践中各地司法机关基本未按此标准处理逃税案件，甚至最高人民法院在《关于审理偷税抗税刑事案件具体应用法律若干问题的解释》中对此也作了变通处理，通过免予刑事处罚来解决实践中的这些问题。⑤

那么这里的“不予以追究刑事责任”与《刑事诉讼法》中的“免予追究刑事责任”是什么关系？有学者认为：“显然，‘不予追究刑事责任’照应《刑事诉讼法》（2012 年）第 15 条‘其他法律规定免予追究刑事责任’之规定。”⑥ 从上面的分析可知，这种观点是不正确的，因为《刑法》第 201 条第 4 款“不予追究刑事责任”的行为本身就不构成犯罪⑦，不构成犯罪就没有刑事责任，当然不存在免予追究刑事责任的问题。

如此看来，《刑法》第 201 条第 4 款规定的“不予追究刑事责任”尚不能归类于《刑事诉讼法》第 16 条所列情形中。

三、不追究刑事责任立法之检视与完善

（一）不追究刑事责任立法之检视

首先，刑事立法中不追究刑事责任的概念使用不规范。

现行《刑法》与《刑事诉讼法》使用了三个不同的概念来表述不追究刑事责任。虽然《刑法》与《刑事诉讼法》分属两个不同的法律部门，但两者之间的关系非常密切。

① 张明楷：《论刑法的谦抑性》，载《法商研究》1995 年第 4 期。

② 李翔：《刑法中“行政处罚”入罪要素的立法运用和限缩解释》，载《上海大学学报（社会科学版）》2018 年第 1 期。

③ “初犯免责”是从刑事责任的角度解读的，而“初犯非罪”则是从罪的角度进行分析。实际上，《刑法》第 201 条第 4 款前段直接解决的并非责任问题而是罪与非罪的问题。而且，初次逃税者仍然要受到税务机关的行政处罚，并非免责。所以“初犯非罪”较“初犯免责”更为合理。

④ 参见黄太云：《〈刑法修正案（七）〉解读》，载《人民检察》2009 年第 6 期。

⑤ 最高人民法院《关于审理偷税抗税刑事案件具体应用法律若干问题的解释》（法释〔2002〕33 号）第 1 条第 3 款规定：“实施本条第一款、第二款规定的行为，偷税数额在五万元以下，纳税人或者扣缴义务人在公安机关立案侦查以前已经足额补缴应纳税款和滞纳金，犯罪情节轻微，不需要判处刑罚的，可以免予刑事处罚。”

⑥ 王强：《罪量因素：构成要素抑或处罚条件?》，载《法学家》2012 年第 5 期。

⑦ 有学者认为：“《刑法》第 201 条第 4 款属于‘情节显著轻微、危害不大，不认为是犯罪’的情形。”参见刘荣：《刑事政策视野下的逃税罪》，载《中国刑事法杂志》2010 年第 12 期。这种观点也是不正确的。《刑法》第 201 条第 4 款规定的“不予追究刑事责任”的行为并非因“情节显著轻微、危害不大”而被非罪化。

《刑法》规定是否追究刑事责任、追究什么内容和程度的刑事责任，《刑事诉讼法》从程序上规定如何追究刑事责任。因此，《刑法》与《刑事诉讼法》在涉及同一内容时，应当使用同一概念。

其次，《刑法》在不追究刑事责任的规定中不当缺位。

虽然《刑法》与《刑事诉讼法》都涉及是否追究刑事责任的问题，但从现有规定来看，它主要被规定在《刑事诉讼法》中。在《刑事诉讼法》第16条明确列举的五种情况中，《刑法》仅对“犯罪已过追诉时效期限的”不追究刑事责任作了规定。虽然《刑法》第13条对“情节显著轻微危害不大的，不认为是犯罪”作了明确规定，但并未明确提及刑事责任问题。关于《刑事诉讼法》第16条中其他三种明确列举的情况，《刑法》更未对其刑事责任问题作出任何规定。就特赦而言，《刑法》只是在第65条和第66条规定累犯制度时涉及赦免的问题，至于特赦本身的法律效果《刑法》只字未提。就告诉才处理的犯罪而言，《刑法》在98条规定了告诉才处理的含义，并在分则规定了五个“告诉才处理”的犯罪，至于在被害人不告诉的情况下行为人是否要承担刑事责任的问题，《刑法》没有作出规定。《刑法》更未提及危害行为人死亡是否应当承担刑事责任的问题。

《刑事诉讼法》第16条主要是从程序的角度明确了出现不追究刑事责任的事由时司法机关如何处理此类案件，即“已经追究的，应当撤销案件，或者不起诉，或者终止审理，或者宣告无罪”。但我们应当认识到刑事责任本身首先是一个刑法概念，是否追究刑事责任、追究什么样的刑事责任是一个刑法问题，司法机关如何通过法定程序追究被告人的刑事责任才是诉讼程序问题。因此，是否追究刑事责任不应当只在《刑事诉讼法》中作出规定，而应当首先规定在《刑法》中。有学者已经注意到了在《刑事诉讼法》第16条中规定“犯罪嫌疑人、被告人死亡的”不追究刑事责任的不合理性，认为这“混淆了刑法与刑事诉讼法的功能”①。其实，关于不追究刑事责任的规定中这种定位或功能紊乱并非仅仅体现在这一点上。

再次，《刑法》关于不追究刑事责任的现有相关规定不完善。

这主要体现在两个方面：一是《刑法》第201条第4款中不追究刑事责任及例外的规定不合理。在现行规定下，任何初次逃税者都会因为补缴应纳税款、缴纳滞纳金和接受行政处罚而不构成犯罪。2018年社会关注的明星范某某逃税案中，纳税人逃避缴纳的税款数额特别巨大却因为“初犯非罪”未被追究刑事责任，这表明该规定存在明显的漏洞，其科学性受到了社会的广泛质疑，这也是刑事立法者始料未及的。而且该款在“但书”中将5年内因逃税被税务机关给予2次以上行政处罚作为不追究刑事责任的例外。该例外本是强调如果纳税人5年内因逃税被税务机关给予2次以上行政处罚，那么就不享受“初犯非罪”的待遇，例如，如果在查处明星范某某本次逃税案时发现其5年内曾经因逃税被税务机关行政处罚过2次，那么本次范某的逃税行为就应当作逃税罪处理。但如果某人第一次因逃税被行政处罚（虽然逃税数额达到了构罪标准），第二次逃

---

① 胡家强、赵承利：《对被告人死亡案件终止审理或宣告无罪的质疑》，载《中国海洋大学学报（社会科学版）》2006年第6期。

税仍不追究其刑事责任，这是不合理的。

二是《刑法》对不追究刑事责任的违法行为法律后果缺乏规定。现行《刑法》第37条对因犯罪情节轻微而免予刑事处罚的法律后果作了相应的规定，即要求其承担民事责任或建议行政机关追究其行政违法责任。但对于因情节显著轻微、危害不大而不追究刑事的法律后果却没有作规定。不追究刑事责任的案件也可能因判断的错误进入到刑事诉讼程序中，对该类案件不能仅从刑事诉讼程序上作出处理，亦应当考虑行为人的非刑事法律责任问题。实际上，最高人民检察院2012年修订的《人民检察院刑事诉讼规则（试行）》第409条对此作了规定，即：人民检察院决定不起诉的案件，可以根据案件的不同情况，要求被不起诉人承担民事责任，或提出检察意见由主管机关对被不起诉人给予行政处罚、行政处分。公安部2012年修订的《公安机关办理刑事案件程序规定》第282条也规定，对人民检察院提出对被不起诉人给予行政处罚、行政处分或者没收其违法所得的检察意见，公安机关应当及时作出处理。被人民检察院作不起诉处理的行为人中，有的是其行为“情节显著轻微、危害不大”而不被追究刑事责任，他们仍有民事责任或行政责任的负担。笔者认为相关内容在《刑法》中作出规定更为合适，而不应当仅规定在司法解释或司法文件中。

最后，《刑事诉讼法》缺乏特赦执行程序制度的规定。

我国《宪法》第67条规定全国人民代表大会常务委员会有权决定特赦，第80条规定国家主席发布特赦令，但并未对特赦的内容、程序、法律后果作出规定。《刑法》在规定累犯制度时强调被赦免的犯罪分子可能构成累犯。我国虽然已经实施了多次特赦，但至今仍未建立起特赦的程序法律制度。刑事法学界一直呼吁对该制度的完善，并对此进行了深入而卓有成效的研究。但遗憾的是，2018年10月26日修正的《刑事诉讼法》对此仍未作出规定。

（二）不追究刑事责任立法之完善

首先，规范不追究刑事责任概念的使用。从前面的分析可知，从内涵和外延的角度上看，“不予追究刑事责任”实际上就是“不追究刑事责任”。那么在统一《刑法》与《刑事诉讼法》的这一用语时，“不追究刑事责任”与“不予追究刑事责任”两个概念哪个更科学、更合理？“予”是给予，“不予”就是“不给予”。“不予追究刑事责任”实际上是不给予刑事责任追究的待遇，也就是不追究刑事责任。从表达的简洁上看，应当使用“不追究刑事责任”的概念。“立法语言的简洁凝练是现代立法的重要特色，也是大陆法系国家立法的优良传统。它是指用尽可能少的语言材料表达尽可能多的内容。”[①] 因此，《刑法》与《刑事诉讼法》应当统一使用“不追究刑事责任”这一概念表述相关内容。至于“免予追究刑事责任”本身可以被“不追究刑事责任”所包容，而且现有刑事立法中亦无实质属于该种情形的规定，因此完全可以删除该概念。

其次，在《刑法》中明确规定不追究刑事责任的情形。基于实体法的立场，《刑法》应当对是否追究刑事责任作出明确的规定，而不是完全让位于属于程序法的《刑事诉讼

① 侯淑雯主编：《新编立法学》，北京：中国社会科学出版社2010年版，第278页。

法》。笔者认为，《刑法》中应当增加一条对此加以规定，分为两款。第 1 款为："下列情况，不追究刑事责任：（一）情节显著轻微、危害不大，不认为是犯罪的；（二）犯罪已过追诉时效期限的；（三）依照刑法告诉才处理的犯罪，没有告诉或者撤回告诉的；（四）本法分则规定不追究刑事责任的。"第 2 款为："经特赦令免除刑罚的，不再继续执行刑罚。"

第 1 款中"本法分则规定不追究刑事责任的"作为兜底条款解决列举不周延问题。在此没有采用《刑事诉讼法》第 16 条第 6 项"其他法律"的兜底式规定，原因在于是否追究刑事责任涉及罪与非罪问题，关系到对公民生命权、自由权等重要权利的剥夺或限制，只能由《刑法》作出规定，其他的法律只能作照应性、引证性规定。

第 2 款将"经特赦令免除刑罚的"单列出来而不规定在不追究刑事责任中，原因在于特赦令不能否认人民法院依法对犯罪人已经作出生效的有罪判决，经特赦而免除的是被执行人尚未执行完毕的刑罚。既然如此，这种不再继续执行刑罚就不能被列在不追究刑事责任的情形中。

既然不追究刑事责任的情形已经规定在《刑法》中，那么《刑事诉讼法》第 16 条也应当作出修改，即删除现有的列举项，并且针对《刑法》中的两款规定分款加以规定。第 1 款为："《刑法》规定不追究刑事责任情形，已经追究的，应当撤销案件，或者不起诉，或者终止审理，或者宣告无罪。"第 2 款为："因经特赦令免除刑罚的，免除未执行刑罚的执行。"第 2 款将经特赦免除刑罚的从第 1 款中独立出来，是因为针对被赦免的被执行人法院不可能适用"撤销案件，或者不起诉，或者终止审理，或者宣告无罪"等方式，而是启动特赦的刑事诉讼程序解决其未履行完毕的刑事责任问题。

再次，完善《刑法》关于不追究刑事责任现有规定。一是完善《刑法》第 201 条第 4 款的规定：一方面，"初犯非罪"应当限制在"逃避缴纳税款数额较大并且占应纳税额百分之十以上"的情形，对于"数额巨大并且占应纳税额百分之三十以上的"不得适用。这不仅保留了运用行政处罚限制犯罪圈的作用，而且也可防止数额巨大的逃税行为逃脱刑罚的惩罚。实际上，行政处罚在缩小犯罪圈的作用上是有限的，正如它在降低犯罪标准上的作用有限一样。如果说对数额较大的逃税行为以行政处罚排除其犯罪性合理的话，以行政处罚将数额巨大甚至是数额特别巨大的逃税行为拦阻在犯罪圈之外是缺乏合理性的，会导致法律上的极大不公。另一方面，将《刑法》第 201 条第 4 款中的"但书"修改为"但是五年内因逃避缴纳税款受过刑事处罚或者因逃避缴纳税款数额达不到构罪标准被税务机关给予二次以上行政处罚的除外"。根据这一规定，如果纳税人第一次或第二次逃税数额达到了构罪标准，其将被追究刑事责任。二是完善《刑法》对该类行为人的非刑事法律后果的规定，可以将《刑法》第 37 条修改为："对于不追究刑事责任的违法行为或免予刑事处罚的犯罪行为，可以根据案件的不同情况，对行为人予以训诫或者责令具结悔过、赔礼道歉、赔偿损失，或者由主管部门予以行政处罚或者行政处分。"

最后，在《刑事诉讼法》中规定特赦令的执行程序。在《刑事诉讼法》中明确特赦令的执行程序，使特赦令的执行在法治轨道上运行。具体而言，《刑事诉讼法》应当明确特赦令执行的管辖法院（包括管辖法院的级别与地域）；构建特赦案件报请、审理和裁定程序；明确检察机关在特赦令执行中的法律监督地位等。

三

刑罚个别化的进化及当代意义*

石经海**

从刑法学发展史看，“刑罚个别化”的理论争议与认知进化，贯穿于新中国刑法学发展的整个历史进程中。① 综观相关理论研究，一方面，在发展历程上，刑罚个别化经历了一个“早期极端形态—近代极端形态—现代理性形态”的进化历程，其实质是刑法现代化在刑罚问题上的发展体现和刑事责任评价根据在理论认识上的进化表现，并使罪刑法定、罪责刑相适应、刑法面前人人平等等刑法基本原则，具体在刑罚适用问题上从绝对走向相对、从形式走向实质、从机械走向灵活；另一方面，从既有理论及其争论来看，对刑罚个别化的进化认知取决于刑法正当性根据②的认知，使得理论上对刑法正当性根据进化的梳理不够，而仍有众多论者坚守刑罚个别化的“原初”形态，并由此否定刑罚个别化的现代存在或对其进行“支离破碎”或“断章取义”的理解与探讨。这不仅使实质化刑法基本原则难以在刑罚适用中贯彻施行，而且会导引当今量刑规范化等改革走向片面。

一、早期极端的刑罚个别化

理论上较为普遍地认为，刑罚个别化产生于近代刑事实证学派（新派）。③ 事实上，

---

* 本文系《从极端到理性：刑罚个别化的进化及其当代意义》（载《中外法学》2010年第6期）一文略加修改而成。

** 西南政法大学教授、博士研究生导师、刑法学科带头人（负责人）。

① 这不仅是近代刑事实证学派的理论贡献而为刑事法学人所熟知，而且近代及之前刑法立法就已付诸实践。在我国，不仅早在20世纪80年代就有了刑罚个别化的研究论文，而且之后也一度成为许多刊物关注的热点问题。

② 刑法的正当性根据是刑法到底是以社会危害性还是人身危险性为犯罪设立和刑罚处罚等为根基的根本性问题。在这个视角上，刑法的正当性根据与刑罚的正当性根据和量刑的正当性根据具有内在统一性。主要表现在，无论刑法关于犯罪及其法律后果的立法设置与司法适用（定罪与量刑），都无不是以反映犯罪行为的社会危害性、犯罪人的人身危险性和反映刑法的人权保障、人性关怀等时代精神的事实为正当性根据。其中，所谓社会危害性，是犯罪行为的内在属性，是犯罪给社会已经造成和可能造成的危害；所谓人身危险性，又称社会危险性，是犯罪人的内在属性，是犯罪人的存在对社会造成的潜在威胁，包括犯罪人被改造的难易程度和再犯可能性大小。

③ 参见［日］木村龟二主编：《刑法学词典》，顾肖荣等译，上海：上海翻译出版公司1991年版，第416页；马克昌主编：《刑罚通论》，武汉：武汉大学出版社1999年版，第270页；等等。

这是对刑罚个别化发展历程的误解。从刑罚权运行及刑罚个别化的固有特点①来看，刑罚个别化实际上早在近代刑事实证学派产生之前就已存在。按当前的观点，近代刑事实证学派形成于 1872 年②，而有资料显示，在这之前的二百多年，就已事实上存在以社会危害性为根据的刑罚个别化的朴素形态。现代犯罪社会学的代表人物美国学者齐林（John Lewis Gillin，1871—1958）认为，刑罚个别化即法官按照个别情况确定刑罚的理论，是由罗马教会法庭③开始的，在当时，对罪犯的惩罚，是按照犯人的个人责任，也即应按照犯罪人犯罪时的自由意志④及责任加以处置，这个自由意志及责任，按犯罪时的环境作为推断的根据。⑤ 考察罗马教会法庭时的相关资料，齐林的以上观点是可信的。如 1563 年佩鲁贾地方教会法学家保罗·兰斯洛特，仿效 2 世纪罗马法学家盖尤斯的《法学阶梯》，出版了《教会法体制》一书，其中，他将教会法分成一般准则（第一篇）、论人（第二篇）、论物（第三篇）、论程序（第四篇）、论罪与罚（第五篇）等五篇。其中，第五篇，论罪与罚，讲一般惩罚、特别惩罚和非常罪行的惩罚。⑥ 以上体例及其具体阐述的内容，虽不是立法，但从中可洞察，当时的教会法在刑事处罚问题上，就已有在立法和司法上区分一般与特别（个别）的刑罚个别化思想。

显然，以上以个人责任为根据的刑罚个别化，不同于以人身危险性为根据的刑罚个别化。这个刑罚个别化，建立在犯罪者的自由意志及责任的基础上，基于对犯罪行为的正义报应的要求而产生，是“恶有恶报、善有善报”的体现和反映，与刑事实证学派（新派）否定人的意志自由、以犯罪人的人身危险性为根据的刑罚个别化，很是不同。正如我国学者陈兴良教授所言，以上刑罚个别化，“只是个人责任意义上的刑罚个别化，而不是刑事实证学派所主张的以人身危险性为根据的刑罚个别化”⑦。既然在自由意志

---

① 在“个别化”的固有特性上，刑罚个别化并非只能以人身危险性为根据，现代理性的刑罚个别化表明，它也可以以社会危害性为根据。

② 以龙勃罗梭、加罗法洛和菲利在这一年发表了有代表性的论文为标志。参见吴宗宪：《龙勃罗梭及其犯罪学研究》，载［意］龙勃罗梭：《犯罪人论》，黄风译，北京：中国法制出版社 2000 年版，序言，第 3－4 页。

③ 罗马教会法庭，是罗马教廷的司法机构。罗马教廷（Curia Romana）是天主教会的中央行政机构，协助教皇处理整个教会的事务，它从古代罗马主教府发展而来，最初无固定机构，1588 年教皇西克斯图五世设立教廷各部门，罗马教廷始告形成。教廷所设法庭有：宗座特赦法庭，处理对触犯教会法者的特赦问题；高级法庭，即罗马圣轮法庭，处理对地区教会法庭判决不服而向教廷上诉之案件（必须留待教皇亲审的重大案件除外），以及教会婚姻方面的上诉案件，由拥有民法及教会法博士学位的教士组成；最高法庭，即宗座钦准最高法庭，有权裁决高级法庭的判决，并由教皇亲自署名定案。以上各法庭均以教会法为司法依据。

④ 自由意志论，是刑事古典学派（旧派）倡导的一种刑法理论。自由意志是提倡报应刑主义的基本观念。这种理论认为，凡人都有择善去恶的自由意志，如果择恶去善，实施犯罪行为，就应受到刑罚的制裁，因此，自由意志是负刑事责任的基础，刑罚是对于自由意志结果的报应。无责任能力人的不良行为之所以不罚，主要是因为他们不具备自由意志；限制责任能力人的犯罪行为之所以要减轻处罚，也是因为他们不具备完善的自由意志，欠缺辨别是非的能力。新派的理论反对自由意志的观念，认为人的意志受社会环境的影响，不存在所谓自由意志，社会环境和人的内在因素才是促使犯罪的原因，刑事责任的基础在于个人的人格。参见曾庆敏主编：《法学大辞典》，上海：上海辞书出版社 1998 年版，第 534 页。

⑤ 参见［美］齐林：《犯罪学及刑罚学》，查良鉴译，北京：中国政法大学出版社 2003 年版，第 338－339 页。

⑥ 参见丘日庆主编：《各国法律概况》，北京：知识出版社 1981 年版，第 110－112 页。

⑦ 陈兴良：《刑法的人性基础》，北京：中国方正出版社 1996 年版，第 424 页。

与社会危害性的内在关系上[①]，只对基于有责任能力人的自由意志的犯罪行为处以作为报应的刑罚[②]，则以上以自由意志为核心的个人责任上的刑罚个别化，在本质上就是以犯罪行为的社会危害性为根据的刑罚个别化。但由于这种意义上的刑罚个别化，还没有成形的话语载体，还没有专门的概念，更没有成熟的理论，只是作为一种贯穿于司法和立法中的理念和表现，因此，它还只是刑罚个别化的朴素形态。[③]

实际上，这种朴素的刑罚个别化，在近代刑事实证学派产生之前的理论和实践中，都有广泛体现。在理论上，前期旧派关于刑罚的观点中，实际上包含了这种以社会危害性为根据的刑罚个别化思想。例如，作为前期旧派重要代表人物的边沁（Bentham，1748—1832），其关于刑罚的阐述，在一定意义上就是关于刑罚个别化的阐述。在其名著《立法理论——刑法典原理》中，边沁主张刑罚具有"本身平等"的特质，认为，"它应该在某种程度上对所有犯同样之罪的人都一模一样，适应他们不同层次的感受力。这就需要注意年龄、性别、条件、命运、个人习惯以及许多其他情节；然而，同样的名誉刑却经常对一些人太严厉，对另一些人太温和，因此或者惩罚过量，或者难以奏效。由法律固定的罚金对不同命运的人也绝不是一个平等的刑罚。放逐亦具有某些不方便性，对一些人过分严厉，对另一些人则毫无意义"[④]。显然，边沁在这里主张的"本身平等"，不是仅刑罚一般化意义上的形式平等，而是刑罚一般化与刑罚个别化相统一意义上的实质平等。于是，他进一步主张，应选择与罪行相似的个别化刑罚，认为，"如果刑罚具有某种与罪行类似或相似的特性，即与罪行有共同属性，那么就极易加深记忆，给人留下强烈印象"，表现为，"根据其罪孽方式进行处罚"，具体为，"贪利犯罪最好用罚金处罚，只要罪犯的财力允许；侮辱类犯罪通过羞辱刑处罚，游手好闲的犯罪通过强制劳动或强迫安宁处罚"[⑤]。显然，边沁的这些思想，已是刑罚个别化的思想。不仅如此，即使是极力反对刑事法律解释的"刑法之父"贝卡里亚，其所谓的"刑罚阶梯"，与其说只是在追求刑罚统一化，不如说是在追求以社会危害性为根据的刑罚统一化下的刑罚个别化。[⑥] 这是因为，这个"刑罚阶梯"，一方面，需以犯罪行为通常所具有的社会危害性为根据，针对抽象人、一般人予以立法设置，以使刑罚适用获得统一的法律根据；另一方面，需以犯罪行为具体所具有的社会危害性大小为根据，针对具体人、个别人予以司法适用，以使刑罚适用获得个别化的量刑结果。[⑦] 但无论是其立法设

---

① 理论上认为，犯罪的社会危害性包括法益的客观侵犯性与行为人的主观罪过性等两个有机统一的内容。其中，犯罪过程中所反映出的主观危险性，应归入行为人的主观罪过性；犯罪行为前后的情况所反映出的人身危险性，不应归入社会危险性。按照这个观点，犯罪人犯罪时的自由意志，自然应归入社会危险性。参见张明楷：《刑法学》，北京：法律出版社 2003 年版，第 97 页。

② 参见张明楷：《刑法学》，北京：法律出版社 2003 年版，第 9－10 页。

③ 由此，有论者把这种形态下的刑罚个别化称为刑罚个别化思想，以区别于成熟形态的刑罚个别化理论。

④ ［英］边沁：《立法理论——刑法典原理》，陈兴良等译，北京：中国人民公安大学出版社 1993 年版，第 77 页。

⑤ ［英］边沁：《立法理论——刑法典原理》，陈兴良等译，北京：中国人民公安大学出版社 1993 年版，第 77－83 页。

⑥ 参见［意］贝卡里亚：《论犯罪与刑罚》，黄风译，北京：中国方正出版社 2004 年版，第 17－18 页。

⑦ 正如张明楷教授所言，旧派在解释刑法规范本身时，根据规范的特点，注重的是抽象人、一般人；但在适用规范时，则注重考虑具体人、个别人。参见张明楷：《刑法学》，北京：法律出版社 2003 年版，第 11 页。贝卡里亚作为旧派的重要代表人物，其重要观点和阐述当然也具有这个特点。

置还是其司法适用，都应与犯罪行为的社会危害性程度相适应。[①] 除了前期旧派以外，后期旧派也在客观上认同刑罚个别化问题。众所周知，刑事古典学派（旧派）关于刑罚正当及目的的核心观点是刑罚报应主义。无论是康德（Kant，1724—1804）主张的等量报应[②]，还是黑格尔（Hegel，1770—1831）主张的等价（等值）报应[③]，在本质上都表现为罪刑相适应，也即刑罚与个体犯罪者所实施的行为及其危害即已然之罪相适应。在以上刑罚报应主义的责任主义的基本立场中，无论是康德的道义责任主义，还是黑格尔的法律责任主义[④]，都强调刑罚与基于不同自由意志的道义责任或法律责任相适应。因此，虽然后期旧派绝对否定、反对法官自由裁量权，但在核心内容上与前期旧派一致[⑤]，也都包含了以责任主义及社会危害性为根据的报应性刑罚个别化思想。除了理论上散见的刑罚个别化思想外，在立法上，在近代刑事实证学派产生之前，也已有了以社会危害性为根据的刑罚个别化实践。例如1791年法国刑法典，虽然它以绝对确定法定刑为特色，但其法定刑设置，也是以犯罪行为所通常具有的社会危害性为根据的，并且其轻重不同的法定刑设置，体现出刑罚轻重与犯罪行为的社会危害性大小相适应。而1810年法国刑法典以相对确定法定刑替代其1791年刑法典的绝对确定法定刑，不仅“证明了启蒙大师们用纯粹理性的热情所设想的那种形式的罪刑法定原则，不可能在现实中找到实现的基础”[⑥]，而且表明这个时期刑罚已经是以人身危险性为根据的“个人化”[⑦]。

因此，在近代新派产生之前，刑罚个别化就已客观存在，只不过其不是以行为人的人身危险性为根据，而是以行为的社会危害性为根据。虽然旧派学者不主张以人身危险性为根据的预防性刑罚个别化，但他们不自觉地主张了以社会危害性为根据的报应性刑罚个别化。[⑧] 然而，这种刑罚个别化，因只以刑罚报应主义为刑事责任的基本立场和只以行为的社会危害性为刑事责任的评价根据，忽视或反对考虑刑罚预防主义和行为人的人身危险性情况，因而从现代理性主义视角来看，它不仅是朴素的，而且是极端的。

二、近代极端的刑罚个别化

这是以犯罪人的人身危险性[⑨]为根据的刑罚个别化。在发展史上，人身危险性是标

---

① 这才是对贝卡里亚“刑罚阶梯”意义的准确理解。

② 参见［德］康德：《法的形而上学原理》，沈叔平译，北京：商务印书馆1991年版，第166-167页。

③ 参见［德］黑格尔：《法哲学原理》，范扬等译，北京：商务印书馆1961年版，第100、104页。

④ 笔者认为，康德和黑格尔的学说属于后期旧派，但并非产生于新派产生之后。据史料显示，新派的形成标志是，其创始人龙勃罗梭（1836—1909）于1872年发表《对400名威尼斯犯人的人体测量》的论文。而这个时候，甚至在龙勃罗梭出生前，康德和黑格尔均已经仙逝，自然也就不存在反驳新派理论而形成后期旧派问题。

⑤ 参见张明楷：《刑法的基本立场》，北京：中国法制出版社2002年版，第10页。

⑥ 陈忠林：《刑法散得集》，北京：法律出版社2003年版，第163页。

⑦ ［法］安塞尔：《新刑法理论》，卢建平译，香港：香港天地图书有限公司1989年版，第11页。

⑧ 刑罚个别化并非意味着与报应刑主义相对立。刑罚与个体犯罪者所实施的行为及其危害即已然之罪相适应，本就是报应刑主义的主张。

⑨ 人身危险性是独立于社会危害性的范畴。在有关犯罪人主观人格方面，犯罪过程中所反映出的主观危险性归入行为人的主观罪过性，犯罪行为前后的情况所反映出的人身危险性，应独立于社会危害性。参见张明楷：《刑法学》，北京：法律出版社2003年版，第97页。

志着新派的出现，并区别于主观恶性[①]的一个重要概念。从责任视角来看，道义责任论与社会责任论为旧派与新派的基本对立点。旧派主张道义责任论，把行为的主观恶性所表现出来的社会危害性作为评价行为人刑事责任的根据，认为，犯罪是基于人的自由意志实施的行为，具有责任能力的人，均具有自由意志；故意、过失实际上是对基于自由的意志活动所实施的犯罪的认识要件；基于这种自由意志活动而实施犯罪行为时，才能受到伦理上的非难，对行为人处以作为报应的刑罚才是正当的[②]，从而行为人是否承担责任及责任的大小，均需基于实施违法行为时的意志自由及其状况即主观恶性大小。因而，在旧派那里，因只关注自由意志支配下的行为而不关注行为人，自然就没有以行为人为中心的人身危险性概念的地位；其所主张的刑罚个别化，也就不可能以人身危险性为根据。与旧派不同的是，新派主张社会责任论，把行为人的人身危险性作为评价行为人刑事责任的根据，认为，由于不同的犯罪人具有不同的情况，每个人犯罪的原因存在着差异，为了使社会免受具有犯罪性格和倾向的人所侵害，也为了消除、改正这些人的犯罪倾向，就不应当以其犯罪行为的外部表现和客观损害来确定刑罚，而应以犯罪人的反社会倾向即人身危险性大小来分别处理[③]，也即实行以人身危险性为根据的刑罚个别化。由此，人身危险性概念既是刑事法学从旧派转变到新派的重要标志，也是刑罚个别化从以社会危害性为根据转变到以人身危险性为根据的重要标志。

按当前理论上的通说，以上意义上的刑罚个别化，首先由龙勃罗梭、菲利等新派代表人物提出，经过德国沃尔伯格等刑法学者的进一步发展，于 20 世纪末形成较为完备的体系，在世界范围内得到多数刑法学者的支持，逐渐成为近代各国刑罚裁量的一项重要原则。[④] 具体是，意大利学的龙勃罗梭利用比利时的凯特莱的犯罪统计学，对犯罪人的大量实证研究的基础上，于 1872 年发表了第一篇关于刑事实证学派的奠基石论文《对 400 名威尼斯犯人的人体测量》，提出一种关于犯罪人生来就具有犯罪本能的假说，并于 1876 年出版了著名的《犯罪人：人类学、法理学和精神病学的思考》（简称《犯罪人论》，*L'Uomo delinquente*）[⑤]，从而使以人身危险性为根据的刑罚个别化走向理论化[⑥]，并在理论和立法上产生了巨大的影响。在理论上，在这之后的 1898 年[⑦]，法国学者萨莱

① 主观恶性的概念在刑事实证学派产生之前就已存在。

② 参见张明楷：《刑法学》，北京：法律出版社 2003 年版，第 12 页。

③ 参见马克昌主编：《刑罚通论》，武汉：武汉大学出版社 1999 年版，第 269 页。

④ 参见马克昌主编：《刑罚通论》，武汉：武汉大学出版社 1999 年版，第 270 页。可从现有资料来看，这个通说可能存在问题。据不充分的资料显示，沃尔伯格（W. E. Wahlderg）早在 1869 年在其《刑事司法中的个别化原则》一书中就提出了刑罚个别化问题，比龙勃罗梭、菲利等在 1872 年论述刑罚个别化理论，至少要早 3 年左右。与以上观点不同的是，有论者认为，刑罚个别化首先由沃尔伯格提出，后为新派予以理论化。参见邱兴隆等：《刑罚学》，北京：中国政法大学出版社 1999 年版，第 22 页。如此观点，似乎与人身危险性概念的历史渊源不合，或者说沃氏的这个刑罚个别化，很可能就不是以人身危险性为根据的。

⑤ 1878 年再版、1885 年 3 版、1889 年 4 版、1896 年和 1897 年 5 版。参见［意］龙勃罗梭：《犯罪人论》，黄风译，北京：中国法制出版社 2005 年版，序言第 4 页。

⑥ 主张把犯罪看作是主要由于人类学原因产生的必然现象，为了科处与犯罪性质相适应的刑罚，有必要确立其他犯罪对策，刑罚必须根据犯人的危险程度来决定。参见［意］龙勃罗梭：《犯罪人论》，黄风译，北京：中国法制出版社 2005 年版，序言及有关章节。

⑦ 法国学者戴奥多雷·巴芭戴奥多鲁认为，萨维尼（Raymond Saleilless）提出刑罚个别化是在 1897 年。参见［法］戴奥多雷·巴芭戴奥多鲁：《法国新刑法典中的刑罚个别化》，魏武译，张若思校，载《外国法译评》1998 年第 4 期。

耶（Raymond Saleilles）在其名著《刑罚个别化》中，对以上刑罚个别化思想予以理论化，认为，刑罚个别化包括法律上的个别化、裁判上的个别化和行政上的个别化。所谓法律上的个别化，是指法律预先着重以行为作为标准，细分其构成要件，规定其构成要件，规定加重或减轻情节等；所谓裁判上的个别化，是指法官根据犯罪分子的主观情况适用不同的制裁方式；所谓行政上的个别化，是指刑罚执行机关根据罪犯具体情况执行刑罚。[①] 这一理论，一方面使刑罚个别化成为包括制刑个别化、量刑个别化和行刑个别化三个有机组成部分的完整体系，另一方面在以上刑罚个别化中，真正以人身危险性为根据的，只是量刑个别化和行刑个别化。这种理论化后的刑罚个别化思想，在当时，虽然受到旧派的极力反对[②]，但因实际的必要性而仍逐渐得到承认。[③] 在立法上，在这之后的 1893 年，在瑞士的刑法草案（司特士案）里最先引进的保安处分的制度，实际上就是采用了刑事实证学派以上刑罚个别化的主张。[④] 意大利 1930 年制定的新刑法典，规定不论是否实施了犯罪，只要是法官推定为“对于社会有危险性的人”，就可以适用保安处分，自然也是这种仅以人身危险性为根据的刑罚个别化的表现。联邦德国、日本、芬兰、巴西、韩国乃至苏联和许多东欧国家的刑法，也都在刑法中写入量刑时要考虑“个人情况”的条款[⑤]，致使这种以人身危险性为根据的刑罚个别化制度成为 20 世纪刑法的特色。[⑥]

以人身危险性为根据的刑罚个别化，是刑事实证学派（刑事人类学派和刑事社会学派）在批判刑事古典学派基础上发展起来的近代刑罚个别化。无论是以龙勃罗梭和加罗法洛为代表的刑事人类学派强调犯罪人的生物学因素，还是以菲利、李斯特为代表的刑事社会学派强调犯罪人的社会学因素，他们都主张刑罚应建立在行为人的人身危险性的基础上，主张用社会的责任代替道义的责任，根据行为人的人身危险性有针对地适用相应的刑罚，并特别强调用“刑罚的替代物”（相当于今天的社会政策和经济政策），作为刑罚的预防补充手段[⑦]，以期教育、改造罪犯，以实现刑罚特殊预防的目的。与以社会危害性为根据的刑罚个别化的朴素形态不同的是，这种刑罚个别化既有专门概念又有相对成熟的话语载体，已是一种成熟的理论形态。正是因为其理论形态的存在而容易为后继研究者们发现和研究，当今理论上所广泛探讨的刑罚个别化也大都停留在这种意义上，并误认为刑罚个别化就只是这种意义上的。然而，这种刑罚个别化建立在行为决定论上，认为，犯罪是行为人生理和心理情状与其周围环境交互影响的产物，并非由于意志自由，更无所谓人人相同的自由意志[⑧]，把刑罚的量刑标准唯一界定为犯罪人的反社会的心理状态。[⑨]

① 参见翟中东：《刑罚个别化研究》，北京：中国人民公安大学出版社 2001 年版，第 8 页。

② 确实因割裂立法和司法的内在关系而并不可取。表现在，立法上的制刑个别化是司法上的量刑个别化的基础和前提，司法上的量刑个别化不能无视立法上的制刑个别化的存在，而我行我素地仅以人身危险性为根据。

③ 参见［日］木村龟二主编：《刑法学词典》，顾肖荣等译，上海：上海翻译出版公司 1991 年版，第 417 页。

④ 参见［日］木村龟二主编：《刑法学词典》，顾肖荣等译，上海：上海翻译出版公司 1991 年版，第 417 页。

⑤ 参见马克昌主编：《刑罚通论》，武汉：武汉大学出版社 1999 年版，第 270 页。

⑥ 参见马克昌主编：《刑罚通论》，武汉：武汉大学出版社 1999 年版，第 270 页。

⑦ 参见［日］木村龟二主编：《刑法学词典》，顾肖荣等译，上海：上海翻译出版公司 1991 年版，第 417 页。

⑧ 参见陈兴良：《刑法的人性基础》，北京：中国方正出版社 1996 年版，第 424 页。

⑨ 参见［日］木村龟二主编：《刑法学词典》，顾肖荣等译，上海：上海翻译出版公司 1991 年版，第 417 页。

因此，这种个别化，并不坚持罪刑法定原则，并不注重量刑公正，只是片面地追求量刑的社会效果，其结果，虽与早期朴素刑罚个别化仅追求量刑公正的刑罚个别化根本不同，但因仅追求量刑的社会效果和拒绝其实质公正，而走向了另一个极端。

三、现代理性的刑罚个别化

这是兼以社会危害性、人身危险性和刑法精神为根据的刑罚个别化。刑罚个别化的以上进化发展表明，仅以行为的社会危害性（反映主观恶性的意志自由与客观方面表现的有机统一）作为评价刑事责任的根据，过分强调犯罪人的反社会倾向，忽视犯罪行为的现实危害大小，割裂了行为与行为人、行为的主观方面与行为的客观方面的联系，只能使刑罚仅为报应犯罪行为的工具，其结果必然会因其极端性而没能控制和减少犯罪。而仅以犯罪人的人身危险性为刑事责任的评价根据，虽然使刑法及其科学的重心从行为向行为人发生转变，但这必定会导致无罪施罚、轻罪重罚、同罪异罚、有罪不罚等不公正现象，为法官主观臆断、为国家恣意干涉公民自由，留下了方便之门，从而又走向了另一个极端。然而，刑法现代化的进程本就是从片面走向全面、从极端走向理性的过程，“自从刑事古典学派、刑事人类学派与刑事社会学派的深刻的片面以后，在刑法领域中不再有片面”；“我们进入了一个全面的年代”；“现代刑法理论，无不以一种折中与调和的形式出现：吸收古典学派和实证学派之所长，形成所谓综合理论（Die Vereinigungstheorien）”①。具体到刑罚个别化问题上，现代刑法学者“扬弃”新派和旧派的刑罚个别化理论，吸收它们的合理内核，坚持并合主义的刑罚基本立场，既考虑犯罪的个别预防（特殊预防），又考虑刑罚的报应，兼以社会危害性与人身危险性为根据，从而使刑罚个别化进化到现代理性形态。

从当代各国刑法理论的发展来看，这个意义上的刑罚个别化，已是全球化趋势。在理论上，在美国，由于康复模式（Rehabilitation Model）、重新回归模式在实施中效果不尽如人意，刑罚适用考虑报应主义成为众多学者的共识。② 在日本，由于小野清一郎、泷川幸辰等主张报应主义的学者的思想传播，学者们主张，刑罚适用既要考虑预防犯罪，也要考虑犯罪分子的责任承担。③ 在意大利，刑法学家帕多瓦尼指出：在刑罚裁量时既要考虑报应，又要考虑犯罪的特殊预防，而在刑罚执行中考虑一般预防时，要着重考虑特殊预防。④ 在立法上，法国 1994 年新刑法典不仅以专节（第二编第二章第二节）规定了“刑罚个人化的方式”，而且据其具体规定，如第 132—42 条明确规定：“法院在法律规定的范围内，依据犯罪情节和罪犯人格，宣告刑罚并规定刑罚制度”，表明

---

① 陈兴良：《刑法的启蒙》，北京：法律出版社 1998 年版，第 260 页。

② 参见［美］理查德·霍金斯等：《美国监狱制度——刑罚与正义》，孙晓雳、林遐译，北京：中国人民公安大学出版社 1991 年版，第 106－116 页；［美］巴特勒斯：《矫正导论》，孙晓雳、张述元、吴培栋译，北京：中国人民公安大学出版社 1991 年版，第 20－23 页。

③ 参见［日］曾根威彦：《量刑基准》，载［日］西原春夫主编：《日本刑事法的形成与特色》，李海东等译，北京：法律出版社、成文堂联合出版 1997 年版，第 149 页。

④ 参见［意］帕多瓦尼：《意大利刑法学原理》，陈忠林译，北京：法律出版社 1998 年版，第 348－349 页。

刑罚个别化是兼以社会危害性和人身危险性为根据，从而否定了萨莱耶（Raymond Saleilles）1897年提倡根据犯罪人的人格衡量犯罪行为的轻重、犯罪行为的社会影响及其性质适用公正有效刑罚的主张。[①] 事实上，不仅如此，法国1810年刑法典以相对确定法定刑替代其1791年刑法典的绝对确定法定刑，就意味着其刑罚个别化，已是兼以犯罪行为的社会危害性和犯罪人的人身危险性为根据[②]，否则，仅以行为的社会危害性为根据，而不考虑行为人的人身危险性因素，就无须相对确定的法定刑，而只要绝对确定的法定刑就够了。因此，法国当代法学家安塞尔认为1810年法国刑法典的刑罚已经是以人身危险性为根据的"个人化"的观点[③]，虽然看到了在刑事实证学派产生之前，就已存在以人身危险性为根据的刑罚个别化立法实践，但把这种立法实践仅看成是以人身危险性为根据的刑罚个别化，也是片面的。而且，1832年修订后的法国刑法典普遍采用从轻处罚情节，使从轻情节的以前适用例外变成了普遍规则[④]，也表明这时的刑罚个别化兼以人身危险性和社会危害性为根据，否则，"从轻情节"就不是以法定刑（以社会危害性为根据设置）为法律依据的量刑情节。这同时表明，具有近代里程碑意义的1810年法国刑法典，不仅确立了现代刑法的基本原则和基本精神，而且确立了具有现代刑法理性的刑罚个别化思想。只可惜，该思想没被当时及后来理论研究者们所洞察，使刑罚个别化理论从一个极端（仅以社会危害性为根据），走向另一个极端（仅以人身危险性为根据）。

不仅如此，实际上在现代刑法立法上，并合主义实际上经历了兼以社会危害性和人身危险性的旧并合主义向兼以社会危害性、人身危险性和刑法时代精神（人权保障、人性关怀等）的新并合主义的发展转变，以及定罪以行为为中心、量刑以行为人为中心的行为与行为人主义刑法形态转变。这种人权保障、人性关怀等刑法时代精神为正当性根据的立法例证，例如，已满12周岁不满18周岁的人犯罪应当从轻、减轻处罚的规定并非社会危害性的问题，而是刑法时代精神即人性关怀的问题；犯罪时不满18周岁的人和审判时怀孕的妇女不适用死刑的规定以及老年人犯罪的量刑问题，也是刑法时代精神的体现；此外，刑期折抵问题的正当性根据也是刑法的人权保障等刑法时代精神所追求的。以上无论是基于以报应为基础和以预防为目的的旧并合主义，还是社会危害性、人身危险性和刑法时代精神的新并合主义，因兼顾报应与预防而具有现代刑法理性，即在实现正义基础上的特殊预防和社会防卫，并坚持主客观统一、行为与行为人主义的行为与行为人刑法，从而使得以人权保障、人性关怀为中心的相对罪刑法定得以弘扬。

以上意义的刑罚个别化，在新中国刑法理论上，并非自始得到认同。据考证，新中国最早提出刑罚个别化思想的，应是中国政法大学的何秉松教授。他早在1986年就指

---

① 参见［法］戴奥多雷·巴芭戴奥多鲁：《法国新刑法典中的刑罚个别化》，魏武译，载《外国法译评》1998年第4期。

② 这表明，1810年刑法典所体现的刑罚个别化，实际上也不是仅以人身危险性为根据的近代极端的刑罚个别化，而是兼以社会危害性和人身危险性为根据的现代理性的刑罚个别化。

③ 参见［法］安塞尔：《新刑法理论》，卢建平译，香港：香港天地图书有限公司1989年版，第11页。

④ 参见卢建平：《社会防卫思想》，载高铭暄、赵秉志主编：《刑法论丛》（第1卷），北京：法律出版社1998年版，第144页。

出，在行为人已经实行某种违法行为的前提下，不仅要根据行为的性质、情节、危害性大小实行区别对待，而且要根据行为主体的具体情况区别对待[①]；综观何教授关于刑罚个别化的阐述，其把罪刑相适应与刑罚个别化相并列，共同作为刑法基本原则，并分别以社会危害性与人身危险性为二者的根据，实际上是在主张以人身危险性为根据的近代极端的刑罚个别化。在同一时期，王作富教授也持类似的主张，只不过他把罪刑相适应与刑罚个别化作为两个独立的刑法基本原则，认为，对于罪犯不仅要根据其所犯罪行之轻重，考虑对其是否应当判刑或者本应重判或轻判，而且要考虑根据罪犯个人情况是否需要判刑或者是否需要重判或轻判，是既贯彻了罪刑相适应原则又体现了刑罚个别化原则，是原则性与灵活性的统一。[②] 后来，樊凤林教授在其主编的《刑罚通论》中，仅把刑罚个别化界定为"在裁量刑罚的时候，应当考虑犯罪人的人身危险性因素，使刑罚的轻重与犯罪人的人身危险性相适当"[③]，主张刑罚个别化只与犯罪人的人身危险性相适应。后来，随着比较刑法学和外国刑法学在我国的发展，到20世纪90年代中期，一些刑法学者开始认识到传统刑罚个别化理论的片面性，并提出了与国际社会接轨的现代理性刑罚个别化主张。如赵廷光教授主张，审判机关在量刑时，应当根据犯罪人所犯罪行的社会危害程度和犯罪人的人身危险性大小，在相应的法定刑范围内或以该法定刑为基础，判处适当的刑罚或者刑期。[④] 陈兴良教授也认为，只根据孤立的外在行为特征，而不考虑犯罪人的人格特征，显然不足以反映法律对犯罪的全面评价，主张在对犯罪人确定刑罚的时候，是在犯罪的社会危害性的基础上，兼顾犯罪人的人身危险性。[⑤] 张明楷教授也主张，在量刑上，刑罚一方面必须与罪行的轻重相适应（与行为责任相适应），另一方面必须与犯罪人的人身危险性相适应（考虑预防犯罪的需要）。[⑥] 而对刑罚个别化有专门研究的翟中东教授更是认为，现代刑法由于确立刑罚适用的预防与报应一体的思想，因而刑罚个别化不仅要着眼于犯罪人的再犯可能性，而且要着眼于犯罪所造成的危害、社会对犯罪行为的评价[⑦]；审判机关在刑罚裁量时，充分考虑案件的具体情况，包括犯罪方面的情况与犯罪人方面的情况，使案件裁量符合刑罚适用的目的。[⑧] 如此等等[⑨]之阐述，实际上都体现了兼以社会危害性和人身危险性为根据的现代理性刑罚个别化。

不过，在今天，我国也仍有众多学者坚守近代极端的刑罚个别化理论，认为刑罚个别化只是"以人身危险性为核心的一种刑罚理念"[⑩]，把裁量上的个别化或司法上的个

---

① 参见何秉松：《建立具有中国特色的犯罪构成理论新体系》，载《法学研究》1986年第1期。在1987年，他又在其主编的《刑法教程》中重申了同一主张。参见何秉松：《刑法教程》，北京：法律出版社1987年版，第10页。

② 参见王作富：《谈谈刑罚个别化》，载《中国人民大学学报》，1987年第4期。

③ 樊凤林主编：《刑罚通论》，北京：中国政法大学出版社1994年版，第128页。

④ 参见马克昌主编：《刑罚通论》，武汉：武汉大学出版社1999年版，第271页。

⑤ 参见陈兴良：《刑法的人性基础》，北京：中国方正出版社1996年版，第424－425页。

⑥ 参见张明楷：《刑法学》，北京：法律出版社2003年版，第440页。

⑦ 参见翟中东：《刑罚个别化的蕴涵：从发展角度所作的考察》，载《中国法学》2001年第2期。

⑧ 参见翟中东：《刑罚个别化研究》，北京：中国人民公安大学出版社2001年版，第71页。

⑨ 还有《刑罚方法论》（牟军，载《西南民族学院学报》1991年第6期）、《再论刑罚个别化》（莫开勤，载《法律科学》1997年第6期）、《刑罚个别化原则及其适用》（王明、吴在存，载《法学杂志》1998年第3期）、《论我国刑法中量刑原则的重构》（胡学相，载《法学评论》2005年第1期）等文也都持如此观点。

⑩ 邱兴隆：《刑罚个别化否定论》，载《中国法学》2000年第5期。

别化，理解为“由法官根据犯罪人的人身危险性状况作出的处罚或者不处罚以及是否适用刑罚替代措施的决定”，认为“刑罚的轻重与社会危害性相适应，就是刑罚与犯罪相适应，即罪刑相当；刑罚的轻重与人身危险性相适应，就是刑罚与犯罪人相适应，即犯罪人与刑罚相当，即刑罚个别化”①。如此等等②之理解，实际上都是对现代理性的刑罚个别化的误解。基于如此误解，对于如何对待刑罚个别化问题，有消极与积极的两种态度。消极者主张否定刑罚个别化，认为“即使个别化的后天不足在将来可以弥补，个别化的天生不良也注定了它是永远不应予以贯彻的一种刑罚理念。因为撇开对刑罚一般预防功能的追求而实现的刑罚效益永远不可能是刑罚的最大效益；不奠基于犯罪人已然犯罪之上而奠基于未然的犯罪之上的刑罚即使得之社会效益也失之对个人的公正，刑罚的人权保障功能将会在防卫社会的需要下丧失殆尽”③。积极者则主张发扬光大刑罚个别化，认为，我国1997年《刑法》第5条在确立罪刑相当原则（第一位原则）的同时隐含着刑罚个别化原则（第二位原则）的内容，是我国修订后刑法的一个突出特点，“这是完全正确的”④；我们不能因其为法官擅断打开了缺口而一概否定它，它是我国刑法中刑罚目的的必然要求，也是实现我国刑法的任务的有力手段，应当在批判的基础上继承它⑤；它是实现个别公正和个别预防的最佳途径，也是必然选择⑥；刑事近代学派针对刑事古典学派所提出的刑罚个别化仍然符合我国的现状，对我国刑法目的的实现仍然发挥着重要的作用。⑦ 以上两种态度中，第一种因其既是片面的逻辑推理，又是片面的现实描述，而应被否弃；第二种虽主张发扬刑罚个别化，但把刑罚个别化定位为近代极端的刑罚个别化，就既不合现代立法实际，也不利于刑罚个别化在理论上的真正发扬光大和在实践中的贯彻实施。既然刑罚个别化经历了从片面到全面、从机械到灵活、从极端到理性的发展历程，则其仍是有着强大生命力的“新事物”，在促进刑法制度、刑罚裁量、刑罚执行性合理化上正在并且仍将发挥着重要的作用。⑧

综观新中国的两部刑法典，虽然有这样或那样的缺憾，但其基本原则和具体制度、具体措施也都不同程度、不同侧重地体现了现代理性刑罚个别化的思想。就刑法的基本原则而言，我国现行刑法确定的三项基本原则，并不是形式化的，而是实质化的，就是因为在其一定意义上是以刑罚个别化为其在刑罚权运行上的重要具体内容。对于罪刑法定原则，刑罚个别化不仅不能违背罪刑法定原则，而且应在该原则的框架下依法运行；

---

① 曲新久：《刑法的精神与范畴》，北京：中国政法大学出版社2000年版，第506页、第497页。

② 还有《试论刑罚个别化的根据》（梁华仁、王洪林，载《时代法学》2004年第2期）、《论刑罚个别化原则的根基和属性》（赵赤，载《武汉科技大学学报》（社会科学版）2005年第2期）、《刑罚个别化思想与我国刑法的发展》（游伟、王恩海，载游伟主编：《华东刑事司法评论》（第8卷），北京：法律出版社2006年版，第79、123页）等文也都持如此观点。

③ 邱兴隆：《刑罚个别化否定论》，载《中国法学》2000年第5期。

④ 曲新久：《刑法的精神与范畴》，北京：中国政法大学出版社2000年版，第494-498页。

⑤ 参见胡学相：《量刑的基本理论研究》，武汉：武汉大学出版社1998年版，第36-38页。

⑥ 参见梁华仁、王洪林：《试论刑罚个别化的根据》，载《时代法学》2004年第2期。

⑦ 参见游伟、王恩海：《刑罚个别化思想与我国刑法的发展》，载游伟主编：《华东刑事司法评论》（第8卷），北京：法律出版社2006年版，第125页。

⑧ 参见翟中东：《刑罚个别化的蕴涵：从发展角度所做的考察——兼与邱兴隆教授商榷》，载《中国法学》2001年第2期。

它是实质化罪刑法定原则对刑罚权运行的必然要求和具体体现。在形式化的罪刑法定原则中，不仅不包含刑罚个别化而且排斥刑罚个别化，旨在追求刑法的形式公正，这种形式上的公正往往因掩盖了实质公正而表现为实质上的不公正；而罪刑法定原则从形式化走向实质化后，不仅不排斥反而要求刑罚个别化，其对刑法公正的追求，既不是单纯的形式公正也不是单纯的实质公正，而是二者的有机协调和统一。对于罪责刑相适应原则，随着刑法现代化的发展，罪责刑相适应原则已经从传统的“罪刑均衡”“罪刑相当”（刑量等于罪量，表现为单纯的刑法形式公正）发展为现代的“罪责刑相适应”（刑量并非等于罪量，表现为刑法的形式公正与实质公正的统一）。在现代化的罪责相适应原则中，罪和责的相适应并不表现为简单的等量对应，而是轻重程度的“阶梯对应”，即“罪”大，而“责”也相应地大些。之所以不是简单的等量对应，是因为“罪”与“责”的认定根据是不同的：“罪”的认定根据是已然犯罪行为及其社会危害性（主客观的统一），而“责”的认定根据除了包括“罪”的认定根据（在“责”中表现为量刑基准）外，还包括未然之不良行为表现及其人身危险性（也是主客观的统一）。在传统罪刑均衡原则下，也存在刑罚个别化，即把抽象法律规则应用于具体案件问题，但这是一种以社会危险性为根据的不充分的刑罚个别化；充分的刑罚个别化在司法上，不是一种简单的法律应用活动，而是在一般法律规则指导下的量刑结果与犯罪的社会危害性和犯罪人的人身危险性及其他事实相适应。现代的罪责刑相适应下的刑罚个别化，显然是一种充分的刑罚个别化。对于刑法面前人人平等原则，它在刑罚问题上主要表现为刑罚适用上的人人平等。但这个“平等”不是形式上的平等，而是实质上的平等，也即通过罪责刑相适应而表现出的人人平等。从形式上看，不分性别、职业、家庭出身、财产状况等，都一律针对同样的犯罪行为处以同样的刑罚，这似乎是刑法面前人人平等；而从实质上看，这恰恰可能是实质上的不平等，也即在性别、职业、家庭出身、财产状况等不同而表现出犯罪人不同的人身危险性时，刑法面前人人平等原则在刑罚适用上应表现为量刑结果的不同，而不是相同。因此，刑法面前人人平等原则在刑罚适用上的实质表现，应是量刑结果与犯罪的社会危害性和犯罪人的人身危险性及刑法人道（如对怀孕的妇女不适用死刑）、人性关怀（如对未成年人、老年人的从宽）和人权保障（如刑期折抵）等相适应。因此，现代理性的刑罚个别化是实质化罪责刑相适应等现代刑法基本原则的重要内容和外在表现。因此，完全可以说，现代理性的刑罚个别化仍是我国现代刑法立法、司法和理论的一个核心范畴。

四、刑罚个别化的量刑规范化意义

既然在理性形态下，刑罚个别化仍为一个核心刑法概念，则它不仅是实质化罪责刑相适应等现代刑法基本原则的重要内容和外在表现，而且其量刑个别化还是量刑规范化的必要内容和内在要求。这不仅表现在，刑罚个别化的存在就必有量刑个别化的存在，而且决定了，量刑规范化并非就是量刑统一化，而是量刑个别化与量刑统一化的有机统一。

（一）刑罚个别化的存在决定了量刑个别化在量刑规范化中的存在

综观理论上对于刑罚个别化的阐述，关于刑罚个别化与量刑个别化的关系，大致有如下三种理解。

一是，把刑罚个别化等同于量刑个别化。这是传统理论上绝大多数学者的认识。例如，日本著名刑法学者木村龟二认为，刑罚的个别化，“是指反对以离开行为人的犯罪行为本身为标准，来科以统一的刑罚，主张应该按照犯罪人的个人情况科以与此相应的不同的刑罚，由此使犯罪人能够回到社会上来的思想”①。这个把刑罚个别化的范围限定在“科以与此相应的不同的刑罚”的定义，显然是把刑罚个别化等同于量刑个别化。我国学者关于刑罚个别化含义的界定，同样如此。例如，刑罚的个别化，是指“审判机关在量刑时，应当根据犯罪人所犯罪行的社会危害程度和犯罪人的人身危险性大小，在相应的法定刑范围内或以该法定刑为基础，判处适当的刑罚或者刑期”②；是指“法官在对犯罪人裁量决定刑罚时，根据犯罪人的个人情况、犯罪原因以及其他情况，有针对性地适用刑罚，以更好地实现刑罚的个别公正和个别预防”③；等等。

二是，认为刑罚个别化是量刑个别化和行刑个别化的有机统一。这是极个别学者的认识。例如，“刑罚个别化是指根据犯罪人的人身危险性裁量并执行刑罚”；“刑罚个别化的根据是犯罪人的人身危险性，在此基础上刑罚个别化又可分为量刑个别化与行刑个别化”④。

三是，认为刑罚个别化是制刑个别化、量刑个别化和行刑个别化等三个方面的有机统一。早在19世纪末，法国科学学派代表人物雷蒙·萨莱耶（Raymond Saleilles）在其名著《刑罚个别化》中，就把刑罚个别化分为法律上的个别化（legal individualization）、司法上的个别化（judicial individualization）和行政上的个别化（administrative individualization）⑤，也就是通常所说的制刑个别化、量刑个别化和行刑个别化。我国很多学者也持如此观点。认为，刑罚个别化原则得出的必然结论有三：在立法上，以犯罪状态、犯罪人的恶性程度作为分类的标准；在司法上，量刑的标准不能仅以犯罪损害的大小为标准，而应主要以犯罪人的恶性程度为标准；在行刑上，刑罚应与犯罪人的恶性相适应而有一定的可塑性。⑥“刑罚个别化要求建立从刑事立法到行刑司法的一整套个别化的刑罚体系并赋予其运动状态，即根据刑罚目的要求及其实现的需要，在立法上，对不同的罪行（和罪犯）规定不同的刑罚方法及其幅度；在适用刑罚时，分别情况，酌情判处最合于预防犯罪和罪犯改造的刑罚方法及其幅度；更主要的，是在行刑司法实践中根据罪犯的不同情况，从最有利于行刑目的的实现出发，实行因人而异、有的放矢的矫正。”⑦ 刑罚个别化不仅要求刑罚裁量要考虑犯罪及犯罪人的具体情况，刑罚执行中考虑犯罪及犯罪人的具体情况，而且要求在刑罚制定中考虑犯罪及犯罪人的个别情况。⑧

以上三种观点，实际上把量刑个别化与刑罚个别化的关系分成了两类：一是，同一

---

① ［日］木村龟二主编：《刑法学词典》，顾肖荣等译，上海：上海翻译出版公司1991年版，第416页。

② 马克昌主编：《刑罚通论》，武汉：武汉大学出版社1999年版，第293页。

③ 梁华仁、王洪林：《试论刑罚个别化的根据》，载《时代法学》2004年第2期。

④ 樊凤林主编：《刑罚通论》，北京：中国政法大学出版社1994年版，第120页。

⑤ 参见［法］雷蒙·萨莱耶：《刑罚个别化》（*The Individualization of Punishment*）（in 1898），1911年英文版。

⑥ 参见曾庆敏主编：《法学大辞典》，上海：上海辞书出版社1998年版，第432页。

⑦ 邱兴隆等：《刑罚学》，北京：中国政法大学出版社1999年版，第22-24页。

⑧ 参见翟中东：《刑罚个别化研究》，北京：中国人民公安大学出版社2001年版，前言第1页。

关系，如第一种观点；二是，包含关系，如第二种和第三种观点。其实，量刑个别化与刑罚个别化的关系，取决于刑罚权与审判权的运行情况。从刑罚权[①]来看，其运行一般包括刑罚创制权、刑罚发动权、刑罚裁量权和刑罚执行权等四种情况。从理论上看，这四种情况下的刑罚权运行都发生“个别化”问题，并分别表现为制刑个别化、求刑个别化、量刑个别化和行刑个别化等四种情况。这种视角下，以上三种观点中，第一种观点把量刑个别化与刑罚个别化理解为同一关系，显失偏颇；第二种观点和第三种观点把它们的关系理解为包含关系是正确的，但遗漏了制刑权下的制刑个别化或求刑权下的求刑个别化，也有遗憾。因此，在刑罚权视角下，量刑个别化是刑罚个别化在量刑问题上的具体体现。既然现代理性的刑罚个别化的存在，是现代刑法立法、司法中的客观现实，则因量刑个别化是刑罚个别化在量刑问题上的具体体现，而在当前的量刑规范化改革中，就不能弱视量刑个别化的存在。

当然，从现代刑法理论来看，量刑个别化并非意味着只是刑罚权下的情况，还应包括审判权下的情况。审判权下的量刑个别化与刑罚个别化的关系，取决于量刑权的归属。显然，量刑权从属的是刑事审判权，而不是刑罚权。虽然刑罚权包含刑罚裁量权，但当今的量刑权并非只是刑罚裁量权，还包括对非刑罚处理方式的裁量权和对单纯宣告有罪方式的裁量权。在这个意义上，量刑权因只从属于刑事审判权而不从属于刑罚权，与刑罚权仅是交叉关系，这也意味着，量刑权下的量刑个别化与刑罚个别化也是交叉关系：量刑个别化既包括刑罚裁量的个别化，也包括非刑罚裁量的个别化，甚至还包括单纯宣告有罪的个别化即根据案件的具体情况而作出单纯宣告有罪的处罚。[②] 但纵然在刑法现代化下，量刑权下的量刑个别化与刑罚个别化只是一种交叉关系，也因刑罚个别化是客观存在的，而要求在量刑规范化中应重视作为交叉关系的量刑个别化的存在。

（二）量刑个别化反对量刑规范化片面地追求量刑统一化

量刑不均是世界各国量刑中的一大诟病，它不仅影响法院的公信力（量刑权威），而且有损量刑的公正有效性。现实表明，我国存在极其严重的量刑不均问题。这显然与走向现代化的刑事司法目标不相适应。于是，我国各级法院展开了声势浩大的、以解决“同案异判”问题为目标的量刑规范化改革，如制定细密化的量刑指南、构建“同案同判”的案例指导制度、开发挤压法官量刑裁量权的“电脑量刑”等。与此做法相一致，理论上有论者干脆就把量刑规范化等同于“同罪同罚”，认为“量刑的规范化，即同罪同罚，相同的罪行相同的情节，它的量刑结果是相同的”[③]。然而，“同案异判”是否就等同于“量刑不均”，值得质疑。实际上，“同案异判”与“量刑不均”是根本不同的两

---

① 所谓刑罚权，是指国家能够处罚犯罪人的权限。参见马克昌：《比较刑法原理》，武汉：武汉大学出版社2002年版，第827页。

② 虽然理论上认为刑罚裁量包括给予刑罚和不给予刑罚处罚两种情况，但把非刑罚裁量的个别化和单纯宣告有罪的个别化包括在刑罚裁量的个别化中，肯定是不合适的，因为，非刑罚的裁量和单纯宣告有罪的裁量无论如何都不是“刑罚裁量”。

③ 山东省淄博市淄川区人民法院编：《电脑辅助量刑：淄川区人民法院规范量刑探索和实践·“电脑量刑”专家评审意见》，淄博市新闻出版局准印2006年版，第208页。

个问题。对于前者，固然非理性的“同案异判”确属“量刑不均”而应摈弃，但理性的“同案异判”，不仅不是“量刑不均”，反而对实现量刑的实质公正及量刑效果来说，是必要而又重要的。在一向注重刑法精密化的德国，在长期追求“量刑统一”未果后，理性地发现基于多种原因，不同地区间的量刑差异不仅是合理的，而且是法律和公正所要求的。[①] 我国近来也已有学者认识到，我国地域辽阔、人口众多，各地发展不平衡，这会合理地影响不同地区的法官对所谓相同案件的违法性与有责性的评价，因而必然造成量刑上的差别。[②] 确实，“同案不同判”有时是重视一些必要重视因素导致的重要差异；相反，那种齐头式的等同处理（划一式的“同案同判”）有时会忽略掉一些重要的差异。因为，对于“同一时空条件下，对性质相同、情节相当的犯罪”，不仅社会危害性可能不同，而且人身危险性也可能不同；并且，对于具体案件，“适用相同的法律”只是表明这些案件的“量刑基准”相同，而不意味着它们的量刑结果也必须相同（量刑本就是运用量刑情节对量刑基准的修改和变更）。因此，虽然量刑规范化以实现“量刑均衡”为重要目标，但它并非要绝对消除“同案异判”和“同罪异罚”，并非就等同于量刑统一化。在当前我国量刑规范化中，把量刑规范化等同于量刑统一化，实际上是对量刑规范化的异化。

基于哲学上一般与个别辩证关系原理，量刑规范化实际上是量刑统一化与量刑个别化的辩证统一。具体而言，从哲学上看，所谓个别，指单一事物的个体性、独特性，使事物彼此区别；所谓一般，指一类事物或一切事物普遍具有的共性和本质，反映事物的普遍联系和统一性；它们是辩证统一的，一般不能脱离个别而存在，共性寓于个性之中，没有个性就没有共性；个性又总同一般相联结，个性体现出共性，并为共性所制约。[③] 由此，量刑统一化（又称量刑一般化）与量刑个别化是一组相对概念。所谓量刑统一化，是指在不考虑量刑情节情况下，同样的案件应当有同样的量刑基准，即所谓的“同案同判”“同罪同罚”；所谓量刑个别化，是指每个具体案件有其个体性的量刑结果，表现在量刑结果与反映犯罪的社会危害性、犯罪人的人身危险性和其他方面的事实相适应。从表面上看，量刑统一化与量刑个别化似乎是矛盾和冲突的，但实际上它们是有机统一的，表现在量刑统一化只是针对抽象个罪，而量刑个别化是针对具体个罪。这个“抽象个罪”与“具体个罪”的关系，实际上就是哲学上一般与个别的关系，并决定了量刑个别化不是对量刑一般化的否定，而是以量刑一般化为前提。

量刑统一化与量刑个别化分别取决于刑法上的量刑基准与量刑情节。首先，量刑基准是量刑统一化的基本表现。量刑基准，在本体上，是具体犯罪定罪中确定的法定刑幅度，直接由定罪活动为量刑活动提供（确定）。[④] 因此，确定“量刑基准”的事实根据，不是量刑情节，而是定罪情节。[⑤] 这意味着在立法上，量刑基准是同类抽象个罪所需刑

① 参见［德］汉斯·海因里希·耶赛克、托马斯·魏根特：《德国刑法教科书》，徐久生译，北京：中国法制出版社2001年版，第1045－1047页。

② 参见张明楷：《刑法学》，北京：法律出版社2007年版，第433页。

③ 参见《辞海》（缩印本），上海：上海辞书出版社2000年版，第378页。

④ 参见石经海：《论量刑基准的回归》，载《中国法学》2021年第5期。

⑤ 理论上虽没有人这么说，但实际上也是在主张“确定量刑基准的事实根据，不是量刑情节，而是定罪情节”，因为认为量刑基准是“在不考虑任何量刑情节的情况下仅依其构成事实所应当判处的刑罚量”，在本质上就是认为量刑基准是在定罪活动中依定罪情节确定的相应具体法定刑。

罚量的概括，体现了以一般社会报应观念和社会公正观念对犯罪行为的价值评价，并与犯罪的社会危害性相均衡；在司法上，它体现着“同案同判”，是量刑统一化的基本表现。在司法实践中，量刑一般化，表现为以刑法基本原则为指导，以事实为根据，以刑事立法为准绳，也即对于任何人都适用同样的法律规范，而不是因人而异或者因事而异。因此，实际上，所谓量刑统一化及“同案同判”或“同罪同罚”，不是要求具体个罪的量刑结果相同，而主要是要求“同案”“同罪”适用同样的量刑基准。其次，量刑情节决定了量刑的个别化。量刑情节是量刑中（而不是定罪中）据以决定刑罚轻重等的情节（主客观事实情况）；量刑情节与定罪情节不同的是，前者对确定作为量刑基准的法定刑不起作用，只对量刑个别化起作用；量刑个别化在本质上是将量刑基准与量刑情节及刑法总则的相关规定相结合，而使量刑结果与反映犯罪的社会危害性、犯罪人的人身危险性和其他方面的事实相适应，它既要求“同案”“同罪”的量刑基准相同，又不必然要求量刑结果“相同”或“不同”。

综上，量刑个别化与量刑统一化都是量刑规范化的必要组成部分，量刑规范化是量刑一般化和量刑个别化的有机统一。[①] 在司法实践中，有两种错误倾向：一是，片面强调量刑个别化而忽视量刑一般化。表现为，片面强调量刑的个人情况而忽视其罪行的危害性大小以及法律的明确规定，造成处罚过重或过轻，这是不正确理解量刑个别化的结果，是应当加以防止的。二是，片面强调量刑统一化而忽视量刑个别化。表现为，试图以极其细密化的量刑规范挤压法官裁量权，试图实现划一性的同案同判[②]，搞“一刀切”，不问犯罪人的具体情况，不问是否有利于犯罪的改造和回归社会情况等，这同样是不正确理解量刑规范化的结果，同样是错误和应当加以防止的。因此，在当前量刑规范化改革中，针对当前量刑裁量权滥用、量刑不规范、不统一等不良量刑现象，正确的做法不是片面地强调量刑统一化和违背量刑规律地挤压量刑裁量权，而应当是采取措施（设置完善的量刑程序制度）规范量刑裁量权的行使，使量刑一般化与量刑个别化的关系得以协调。案例指导制度等量刑规范化措施，其正确动因只能是为了统一量刑标准，解决法律规范层面上的“同罪不同罚”问题，而不能划一地要求量刑结果“同案同判”“同罪同罚”“基本一致”[③]。

① 参见石经海：《量刑的个别化原理》，北京：法律出版社 2021 年版，第 79 页。

② 实践中流行的“不怕不合理，就怕不一致”，就是这种片面倾向的真实写照。

③ 量刑结果公正并不意味着，在同一时期、同一地区以及同一法院对于具有类似情节的类似犯罪的刑事被告人的量刑结果应当基本一致，而是具体案件的罪责刑相适应。

毒品犯罪死刑问题的合宪性研究

时延安*

一、引言

党的二十大报告提出："加强宪法实施和监督，健全保证宪法全面实施的制度体系，更好发挥宪法在治国理政中的重要作用，维护宪法权威。"① 维护宪法权威的基本要义是，凝聚社会共识，保障公民的基本权利不受非法侵犯，防止公权力对个人权利的不当干涉，建立权威而稳定的宪法秩序。在一国法律体系中，宪法居于最高法和根本法地位，对其他法律具有引领、指导和规范的作用。在法治的运行中，对公民权利直接影响最大的公权力行使问题，当属国家惩罚权的运用，尤其是刑罚权的合理配置及其宪法界限。因此，有必要从宪法的角度对刑罚权的配置和运用进行必要的限制，以防止国家惩罚权的滥用。作为专司国家刑罚的法律，刑法是国家刑罚权的具体配置与运用的法律根据，从这个角度看，宪法对国家刑罚权的限制和干涉，应首先对可能引发基本权利争议的刑法规范进行审查和检验。②

对刑法规范的合宪性审查，就是对刑罚以及预防性措施③配置及其实施的合宪性审查。刑罚和预防性措施适用的直接效果，就是对个人基本权利的限制和剥夺，而这些权利都是由宪法确认和保护的，因而对刑法规范正当性的评价，需要结合宪法中的权利规范及其原理进行审视。可以说，如果某个刑法规范的规定，构成了对个人基本权利的明显不当干涉，就应当认为这条刑法规范与宪法是相抵触的，因而失去其正当性基础。当然，在具体个案的判断中，我们不能仅仅从某种观念或者抽象的理解出发判断某个刑法规范是否违反宪法，而应根据宪法规范及其原理进行综合判断，进言之，对刑法规范合

---

* 中国人民大学刑事法律科学研究中心特聘研究员、法学院教授。

① 习近平：《高举中国特色社会主义伟大旗帜 为全面建设社会主义现代化国家而团结奋斗——在中国共产党第二十次全国代表大会上的报告》，载《人民日报》2022年10月26日，第1版。

② 国家惩罚权，从广义上看，既包括对特定公民已发生违法行为的惩罚权，也包括从预防违反犯罪需要而对特定公民权利进行限制的权力。

③ 预防性措施，如刑法中的未成年人专门矫治教育（第17条第4款）、精神病人强制医疗（第18条第1款）、职业禁止（第37条之一）。

宪性的判断，应以宪法实定法以及相应学说为判断工具。由此可能会提出两个问题：一是，一国的实定宪法是否能够提供必要的规范资源，即文本上是否是足够的、可运用的工具，同时，在文义较为狭窄的情况下，如何通过宪法解释加以扩张。[①] 二是，如何运用宪法学说（doctrine）来对刑法规范进行合宪性判断。这里主要涉及学说的多元性和权威性问题。

从比较法视角看，在一些国家，刑法被视为宪法的具体化规范，因而受到宪法原则的限制。在美国法中，涉及对刑法进行合宪性审查的原则[②]，包括权力分立原则[③]、平等权原则[④]、实质的正当程序[⑤]以及禁止"残酷和不寻常的刑罚"原则。[⑥] 在德国法中，经常提到的原则包括人的尊严性保障[⑦]、罪刑法定原则[⑧]、罪责原则和比例性原则。[⑨] 德国刑法学者也结合宪法原理讨论法益、罪责、正当化事由等问题。[⑩] 对于英国目前实践而言，《1998 年人权法》使《欧洲人权公约》对其国内法具有直接的影响力，而就刑事法律而言，《欧洲人权公约》中诸多条款具有约束力，也具有明显宪法意义上的约束力。[⑪] 上述列举的、基于宪法角度对刑法规范的合宪性审查，与当下刑法基本理念（尤其是基本原则）是高度契合的。其中，涉及刑法规范明确性，禁止残酷、异常刑罚的判

---

① 例如，我国宪法没有规定生命权、人的尊严等属于公认的基本权利。部分宪法学者通过《宪法》第 33 条第 3 款"国家尊重和保障人权"条款的扩大解释推定宪法文本所未规定的权利。它带来的问题是，该条究竟是一个宪法原则还是宪法规则？宪法原则比宪法规则更为开放且有更强的涵括力，但缺乏具体的规范内容。从表面上看，该条表述和内涵更接近一条原则，因为这里的"人权"很难说有明确的外延，因而从"人权"中很难直接得出具体的基本权利类型。"人权条款"作为规范，主要明确了国家的人权保障义务。

② 参见［美］约书亚·德雷斯勒：《美国刑法精解》（第 4 版），王秀梅等译，北京：北京大学出版社 2009 年版，第 30－33 页。

③ 例如，在 *Mistretta v. United States* 案［488 U.S. 361（1989）］中，即对美国联邦量刑指南是否违反宪法所确定的三权分立原则进行判断，最后认为其并没有违反这一原则。

④ 例如，在 *United States v. Smith* 案（73 F. 3d 1414，6th Cir. 1996）中，即对不同性质毒品使用可能造成对黑人歧视问题进行了判断，其根据就是宪法中的平等保护原则。

⑤ 例如，在 *City of Chicago v. Morales* 案（527 U.S. 31）中，美国联邦法院认为芝加哥市于 1992 年制定的《帮伙聚集条例》违反联邦宪法第十四修正案。该案中 Morales 一方提出两点违宪主张，即"言论与结社自由"（第一修正案）和"实质的正当程序"（第十四修正案）。不过，最终该法院以第十四修正案作为主要裁判理由。另见 Keasa Hollister，"Individual autonomy versus community：Is it all or nothing? An analysis of City of Chicago V. Morales"，*Pepperdine Law Review*，2000，p. 33。

⑥ 美国对死刑存废的讨论基本上都是围绕是否合宪进行的，主要根据美国联邦宪法第八修正案。参见 *Furman v. Georgia*，408 *U. S.* 183（1971）；另参见［美］琳达·E. 卡特、埃伦·S. 克莱斯伯格、斯科特·W. 豪尔：《美国死刑法精解》，王秀梅等译，北京：北京大学出版社 2009 年版，第 22－25 页。

⑦ 例如，德国联邦宪法法院审理的堕胎案（BVerfGE 39），即认为孕妇怀孕开始后 12 周内实施的脱胎行为免受刑事处罚，违反德国基本法第 2 条有关生命权和第 1 条有关人的尊严条款的规定。参见张翔主编：《德国宪法案例选释》，北京：法律出版社 2012 年版，第 144－158 页。

⑧ 参见［德］洛塔尔·库伦：《论刑法与宪法的关系》，蔡桂生译，载《交大法学》2015 年第 2 期。例如，该文中提到 2002 年，德国联邦宪法法院宣布刑法典第 43 条 a 规定的（没收）财产刑违宪，理由是违反基本法第 103 条第 2 款罪刑法定原则的规定。

⑨ 参见［韩］金日秀、徐辅鹤：《韩国刑法总论》，郑军男译，武汉：武汉大学出版社 2008 年版，第 54 页。

⑩ 参见［德］克劳斯·罗克辛：《德国刑法学总论》（第 1 卷），王世洲译，北京：法律出版社 2005 年版，第 15－16 页。

⑪ *See* Jeremy Horder，*Ashworth's Principles of Criminal Law*，Oxford：Oxford University Press，p. 80，2016.

断，都是现代刑法中罪刑法定原则实质侧面的要求。[①]

在我国刑事司法实践中，实效性的合宪性审查机制正在探索之中。在刑法理论研究中，刑法学者从刑法规范明确性[②]、谦抑性[③]、平等性[④]角度的讨论，可以归入对刑法规范的合宪性审查研究之中。不过，长期以来刑法学界讨论较少直接运用“合宪”或“违宪”的分析框架，而更多从学理上进行分析，侧重于从立法论或刑事政策角度讨论这一问题。从宪法的视角，运用宪法理论分析刑法规范（以及其他部门法规范）的学术研究，在过去几年里逐步达成学界共识，学者提出了颇具挑战性的命题和路径。不过，由于存在概念工具和分析路径上的差异，这类研究成果在不同法学学科之间仍缺乏充分的对话。在现有法制没有提供合宪性司法审查机制的情况下，充分发挥宪法原则对刑法学研究以及实践的指导，为刑法立法和解释提供一个外在于刑法的“强约束”，是十分必要的。

基于上述宪法与刑法关系的基本原理，本文拟从宪法理论与刑法理论的视角分析毒品犯罪的死刑问题。其主要考虑是：一是，死刑涉及生命权这一宪法所关注的、最为重要的权利，死刑本身是否合宪，以及对何种犯罪应配置有死刑，毒品犯罪属于非暴力犯罪，需要从宪法上检讨其是否具有死刑配置的合宪性基础；二是，如果从宪法的视角分析现行刑法中有关毒品犯罪死刑的规定，可能存在有违刑法规范明确性、平等性和合比例性方面的质疑，因而有必要从宪法的角度进行分析和判断；三是，当前，毒品犯罪在适用死刑的犯罪类型中，已占较大的比例。在整体死刑适用规模呈现下降趋势的情况下，毒品犯罪死刑适用在整体死刑适用规模中有上升趋势，同时，即便毒品犯罪死刑适用相对较多，但毒品刑事案件呈现出不断上升的趋势。这一现象值得学界检讨毒品犯罪死刑的一般威慑效果问题，因而毒品犯罪死刑的法律适用问题也需要在宪法层面予以关注。

在死刑不能废除的当下，探讨如何限制死刑是十分重要的宪法问题。本文认为，对于为毒品犯罪配置死刑，需要作出是否合宪的判断。首先对有关废除毒品犯罪死刑的研究状况进行梳理，然后从宪法理论的角度，以法律明确性原则、平等原则和比例原则探讨限制和废除毒品犯罪死刑的可能路径。

二、毒品犯罪死刑存废的争议及分析

毒品犯罪的死刑设置有一个发展变化过程，其现状也需要理性看待，在学界的讨论

① 可以说，这是宪法理论对刑法基本理念产生的具体影响。例如，日本刑法理论在诠释罪刑法定原则时，在有关“刑罚法规的适正”问题上即引入了“实质的正当程序”理论。参见［日］山口厚：《刑法总论》，付立庆译，北京：中国人民大学出版社2011年版，第17页。

② 例如，张智辉：《论刑事立法的明确性原则》，载《法学研究》1990年第6期；陈泽宪、刘仁文：《刑法的明确性及其实现路径》，载《法学杂志》1997年第1期；陈兴良：《刑法的明确性问题：以〈刑法〉第225条第4项为例的分析》，载《中国法学》2011年第4期。

③ 参见张明楷：《论刑法的谦抑性》，载《法商研究》1995年第4期；陈兴良：《刑法哲学》，北京：中国政法大学出版社1997年版，第6页。

④ 参见何秉松：《试论新刑法中法律面前人人平等原则》，载《政法论坛》1997年第6期；陈忠林：《刑法面前人人平等原则——对〈刑法〉第4条的法理解释》，载《现代法学》2005年第4期。

中，毒品犯罪是否应配置死刑已经受到广泛的质疑。

（一）毒品犯罪死刑制度的形成与现状

1. 我国毒品犯罪死刑规定的变迁

我国较早即开始对涉毒行为予以犯罪化。清政府在雍正时期对鸦片烟犯罪即规定有刑罚，其中“私开鸦片烟馆引诱良家子弟者，照邪教惑众律，拟绞监候”[①]。绞监候虽为死刑之一种，但并非最严厉之刑罚。迨至清末移植西方法制后，在《钦定大清刑律》中均设专章规定“鸦片烟罪”，但相关犯罪均无死刑规定。之后北洋政府时期的《暂行新刑律》、民国政府时期的《中华民国刑法》对这类犯罪也没有规定死刑。抗日战争之前，日本即在我国实行毒化政策[②]，为了严惩违法犯罪分子，在中国共产党领导的革命根据地范围内实行了一系列禁烟禁毒规定，例如1939年2月颁布的《晋察冀边区行政委员会关于严禁播种罂粟的命令》、1941年7月颁布的《晋冀鲁豫边区毒品治罪暂行办法》、1941年11月颁布的《晋西北禁烟治罪暂行条例》、1943年4月颁布的《山东省禁毒治罪暂行条例》等。[③] 毒品犯罪死刑也随之出现，例如，《晋冀鲁豫边区毒品治罪暂行条例》规定，“制造、运输或包庇、运输、贩卖毒品，均可适用死刑，吸食毒品三次后再犯者，处死刑”[④]。

新中国成立以来，在相当长一段时间里，对毒品犯罪没有规定死刑，主要原因是当时毒品问题得到很好的控制，毒品犯罪极少发生。总体来看，自1950年以来，我国毒品犯罪死刑制度经历了“从无到有—逐渐强化—受到节制”的发展历程。[⑤] 毒品犯罪被配置死刑，始于1982年3月8日全国人大常委会通过的《关于严惩严重破坏经济的罪犯的决定》[⑥]，当时之所以对毒品犯罪配置死刑，除了因为毒品问题在改革开放后短短几年间死灰复燃外，还因为两个值得关注的方面：一是，当时在刑事政策上已经整体上趋于严厉，对刑事犯罪的“严打”呼之欲出；二是，该决定出台的背景是“经济犯罪活动猖獗，对国家社会主义建设事业和人民利益危害严重”[⑦]，也就是说，当时毒品犯罪是作为经济犯罪（广义的）加以严厉打击的。在理解我国毒品犯罪死刑的立法背景和目的时，这两点值得我们认真思考。在20世纪90年代，毒品犯罪死刑适用的数量比较大，尤其是最高人民法院授权云南、广东等五省区高级人民法院对部分毒品死刑案件行使核准权期间。自21世纪以来，随着对死刑适用采取更为谨慎的态度，毒品犯罪死刑适用的整体规模得到控制。

---

① 引自赵秉志、陈志军编：《中国近代刑法立法文献汇编》，北京：法律出版社2016年版，第135页。

② 参见王德溥：《日本在中国占领区内使用麻醉毒品戕害中国人民的罪行》，郦玉明译，载《民国档案》1994年第1期，第55-60页。

③ 参见刘庆礼：《简论华北抗日根据地的禁烟禁毒运动》，载《党史文苑》2010年第6期。

④ 引自赵秉志、陈志军编：《中国近代刑法立法文献汇编》，北京：法律出版社2016年版，第831页。

⑤ 参见莫洪宪：《中国毒品犯罪死刑的概况及其控制》，载《政法论丛》2014年第6期。

⑥ 当时1982年宪法还没有颁布，刑法作为基本法律的地位没有确定。1982年12月4日通过现行宪法以后，全国人大常委会通过决定的方式设定原刑法没有的“死刑”，合宪性上处于不确定，需要对全国人大常委会的“决定权”进行限制。

⑦ 《关于严惩严重破坏经济的罪犯的决定》引言部分。

2. 世界范围内的毒品犯罪死刑趋势

1979 年的统计显示，当时 125 个保留死刑的国家中，只有 10 个国家对毒品犯罪规定了死刑，1985 年为 22 个，1995 年增加到 26 个①，及至 2000 年，至少有 34 个国家（地区）在立法上对毒品犯罪规定了死刑，其中大部分位于中东、北非和亚太地区。②该增长趋势自 2001 年开始出现了转折，诸如乌兹别克斯坦、吉尔吉斯斯坦等国家已不再对毒品犯罪者执行死刑；而塔吉克斯坦虽然曾经对相关毒品犯罪规定了死刑，但已正式制定了暂停执行令，并于 2005 年将已有的死刑判决全部减刑为监禁。与之相比，仍有一些国家在立法上或司法上强化了对毒品犯罪的打击，例如：泰国在停止执行死刑的 6 年后，于 2009 年对两名贩卖毒品的犯罪者执行了死刑。③ 而朝鲜则于 2006 年、2008 年分别对贩卖毒品罪和非法持有毒品罪增设了死刑。④

截至 2018 年年底，保留毒品犯罪死刑的国家有 34 个，按照适用频率，可将这些国家分为三类：（1）适用死刑较多的国家有中国、印度尼西亚、伊朗、马来西亚、沙特阿拉伯、新加坡和越南等；（2）适用死刑较少的国家和地区有埃及、伊拉克、老挝、巴基斯坦、巴勒斯坦、泰国；（3）零星适用死刑的国家有美国、阿拉伯联合酋长国、巴林、孟加拉国、文莱、古巴、印度、科威特、缅甸、阿曼、卡塔尔、韩国、南苏丹、斯里兰卡、苏丹、约旦、毛里塔尼亚。其他四国，即朝鲜、利比亚、叙利亚、也门，因数据不充分而无法准确归类。⑤ 需要提及的是，有些国家对毒品犯罪死刑问题并非一成不变，其死刑适用会受到本国毒品犯罪态势和国内政治的影响。例如，2001 年后，菲律宾对毒品犯罪曾一度不适用死刑，但 2017 年 3 月 7 日菲律宾众议院通过立法，又恢复了制毒和贩毒罪的死刑。⑥

（二）毒品犯罪死刑存废的争议

就毒品犯罪死刑规定及适用问题，学界评价不一。《刑法修正案（八）》和《刑法修正案（九）》先后废除了 22 个犯罪的死刑，而且废除死刑的犯罪绝大多数属于非暴力犯罪。毒品犯罪也属于非暴力犯罪，由此引发了应否废除毒品犯罪死刑的讨论。

1. 主张保留毒品犯罪死刑的理由及评析

该主张的基本观点就是，保留毒品犯罪死刑，但应予以限制。其理由主要有两点：（1）震慑毒品犯罪的需要；（2）民众期待对严重的毒品犯罪进行强有力的打击。⑦ 上述

① 引自赵秉志：《死刑改革之路》，北京：中国人民大学出版社 2014 年版，第 560 页。

② See Rick Lines，*The Death Penalty for Drug Offences*：*A Violation of International Human Rights Law*，The International Harm Reduction Association，p. 8，(2017).

③ See Patrick Gallahue and Rick Lines，*The Death Penalty for Drug Offences*：*Global Overview* 2010，The International Harm Reduction Association，p. 12，(2010).

④ See Patrick Gallahue and Rick Lines，*The Death Penalty for Drug Offences*：*Global Overview* 2010，The International Harm Reduction Association，p. 46，(2010).

⑤ See Gen Sander，*The Death Penalty for Drug Offenses-Global Overview* 2017，Harm Reduction International，2018，https://www.hri.global/files/2018/03/06/HRI-Death-Penalty-Report-2018.pdf，2018 年 9 月 1 日访问。

⑥ 参见杨柯、董成文：《菲律宾时隔 11 年恢复死刑 只针对 8 类涉毒犯罪》，https://news.china.com/international/gd/10000166/20170308/30308716.html，2019 年 6 月 1 日访问。不过，迄今还没有具体适用的数字。

⑦ 参见莫洪宪：《中国毒品犯罪死刑的概况及其控制》，载《政法论丛》2014 年第 6 期。

主张保留毒品犯罪死刑的理由，主要是从刑事政策的角度阐述保留毒品犯罪死刑的必要性。从死刑威慑和民意基础讨论毒品犯罪死刑问题，会回溯到对死刑存废的一般讨论当中。以往研究表明，死刑是否存在威慑力存在巨大的争议，以具有威慑力作为死刑正当化的根据是难以证成的。① 就毒品犯罪死刑的威慑力来讲，胡德教授认为，“实际上，就一些国家为之配置了死刑的某些犯罪如走私或贩卖毒品而言，根本就没有关于死刑执行的威慑效应的可信赖的证据”②。从我国毒品犯罪态势看，死刑对遏制毒品犯罪效果确实并不明显。有数据表明，1991 年公安机关破获毒品违法犯罪案件数量为 0.84 万件，抓获涉案违法犯罪人数为 1.85 万人，而到 1998 年已经分别攀升至 18.24 万件、23.19 万人。③ 这一阶段也是毒品犯罪适用死刑的高峰期，但死刑的大规模适用并未有效遏制毒品刑事案件的上升趋势。2003 年以来，毒品犯罪的增长速度在放缓，还曾一度呈现下降趋势，2005 年，毒品犯罪案件曾一度跌至谷底，为 4.54 万起，而后又开始上升。上升的理由主要是新型毒品的大量出现。2017 年，全国共破获毒品案件 14 万件，抓获 16.8 万人④，低于最高峰的 1998 年。在这一阶段死刑适用限制逐渐加强，但毒品犯罪并未因此大幅上升。从这一事实可判断，死刑的适用规模变化与毒品刑事案件发展变化没有相关关系，进而可以说明死刑对毒品犯罪的威慑力是有限的。

以民意作为毒品犯罪死刑存在或者暂时保留的理由，并不具有充分的说服力。民意的形成往往基于不完全信息作出判断，而且其意见或主张会随着情势的更改而变化，因而存在相当的不确定性。例如，1964 年美国俄勒冈州全体公民选民投票废除了死刑，但在 1978 年与 1985 年（在相关法律被裁定违宪之后）又投票恢复死刑。美国加利福尼亚州也是如此。⑤ 了解民意的问卷方法，也会影响到公众的看法。例如，让公众在死刑存废之间选择，支持保留死刑的公众比例很高，而如果让公众在死刑与终身监禁进行选择，支持保留死刑的公众比例就会下降。就毒品犯罪死刑而言，2008 年，有学者曾对 3 408 名被调查者进行了死刑观念的实证分析。调查结果显示，有多达 47.7%的人认为，最应该适用死刑的犯罪类型是严重危及人身安全的暴力犯罪；其次是贪污贿赂犯罪，占被调查者总数的 17.9%；位列第三的是危害国家安全的犯罪，占比 15.8%；排名最后一位的是盗窃、诈骗等普通经济犯罪，主张该类犯罪应适用死刑的被调查者仅占 2.1%，而居于倒数第二的则是毒品犯罪，仅占被调查者总数的 6.5%。其原因可能有两个方面：一是毒品犯罪与严重的暴力犯罪、贪污腐败犯罪和危害国家安全的犯罪相比，被调查对象认为其适用死刑的理由不那么充足。二是被调查者可能并没有与毒品犯

① 参见［英］罗吉尔·胡德：《死刑的全球观察》，刘仁文、周振杰译，北京：中国人民公安大学出版社 2005 年版，第 474 页。

② ［英］罗吉尔·胡德：《死刑的全球观察》，刘仁文、周振杰译，北京：中国人民公安大学出版社 2005 年版，第 427 页。

③ 参见国家禁毒委员会：《2000 年中国禁毒报告》，载中国禁毒网：http://www.mps.gov.cn/n16/n80209/n80481/n804535/804639.html，2017 年 11 月 5 日访问。

④ 参见国家禁毒委：《2017 年国家禁毒报告》，载中国禁毒网：http://www.nncc626.com/2017－03/23/c_129516372.htm，2017 年 11 月 5 日访问。

⑤ 参见［英］罗吉尔·胡德：《死刑的全球考察》，刘仁文、周振杰译，北京：中国人民公安大学出版社 2005 年版，第 480 页。

罪相关的切身感受。[①] 毒品犯罪，在公众媒体中被视为严重罪行，更多地是因为这类犯罪属于有组织犯罪，而对有组织犯罪的担忧和恐惧直接延伸到毒品犯罪当中。所以，以民意作为保留毒品犯罪死刑的根据，显然是不充分的。

2. 主张废除毒品犯罪死刑的理由及评析

废除毒品犯罪死刑的主张者的主要理由有：(1) 毒品犯罪属于无被害人犯罪，对之配置死刑缺乏必要的报应根据。(2) 毒品犯罪是典型的非暴力犯罪，未达到“罪行极其严重”的死刑适用标准。(3) 死刑对毒品犯罪的遏制作用极为有限。(4) 对照《公民权利和政治权利国际公约》“死刑只能是作为对最严重的罪行的惩罚”（第 6 条第 2 款），而毒品犯罪不属于“最严重的罪行”，对之不应规定死刑。[②] (5) 毒品犯罪与其他已废除死刑犯罪具有相当性，因而同样应当予以废除。[③] 持毒品犯罪“主废”观点的学者内部也存在一定的差异：有的学者是从彻底废除死刑的角度考虑这个问题，而有的学者只是主张废除毒品犯罪死刑，因而在论证上会存在较大的差异。从国际社会的主流态度看，也认为毒品犯罪不属于上述公约所规定“最严重的罪行”，因而对毒品罪犯适用死刑侵犯了生命权。[④] 例如，联合国前秘书长潘基文曾提出，“对涉及毒品的犯罪适用死刑是对（《公民权利和政治权利国际公约》）第 6 条第 2 款的违反，也破坏了为面对死刑的人提供的权利保障措施”[⑤]。有学者认为，毒品犯罪死刑体现了立法者“道德和功利”的想法，即将毒品犯罪人形容为“邪恶引擎”“死亡商人”“死亡推销者”进而予以人格贬低，同时严厉的惩罚是最为有效地阻止“邪恶”的毒品和减少负面社会影响的手段。[⑥]

废除毒品犯罪死刑的主张，主要出于三方面的反思：(1) 基于全球观察的反思。截至 2018 年 10 月，已有 142 个国家废除了死刑[⑦]，而保留死刑的国家占全球国家总数的四分之一略强。显然，从全球死刑发展的态势看，保留死刑的国家占比越来越少，而保留毒品犯罪死刑且在实践中使用的国家就更少。由此引发的思考就是，为顺应世界死刑废除的“潮流”，应否废除毒品犯罪的死刑？(2) 基于司法实践的反思。从量刑的一般原理考虑，行为人行为所涉及毒品数量超过该项所规定的数量且超出幅度较大，并不必然意味着要对其适用死刑，而是要结合《刑法》第 48 条有关死刑实质标准的规定进行判断。但从实践看，毒品犯罪死刑适用存在不少问题，最高人民法院先后出台指导性文件[⑧]来试

---

① 参见袁彬：《我国民众死刑基本观念实证分析》，载赵秉志主编：《刑法论丛》（第 16 卷），北京：法律出版社 2008 年版，第 45 - 46 页。

② 参见赵秉志、阴建峰：《论中国毒品犯罪死刑的逐步废止》，载《法学杂志》2013 年第 5 期。

③ 参见梅传强、胡江：《毒品犯罪死刑废除论》，载《河南财经政法大学学报》2016 年第 5 期。

④ See UN Human Rights Council (14 January 2009) *Report of the Special Rapporteur on torture and other cruel, inhuman or degrading treatment or punishment*. A/HRC/10/44, para. 66.

⑤ See A/HRC/21/29, para. 24.

⑥ See Rick Lines, *The Death Penalty for Drug Offences: A Violation of International Human Rights Law*, London: The International Harm Reduction Association, p. 11 - 12 (2017).

⑦ See World Coalition against Death Penalty, *Death Penalty and Poverty: Facts and Figures*, http://www.worldcoalition.org/media/resourcecenter/FactsFigures2018_EN.pdf，2019 年 6 月 1 日访问。

⑧ 例如，2008 年 12 月 1 日《全国部分法院审理毒品犯罪案件工作座谈会纪要》第二部分专门规范了“毒品犯罪的死刑适用问题”；2015 年 5 月 18 日最高人民法院《全国法院毒品犯罪审判工作座谈会纪要》第四部分专门再次规范了毒品犯罪死刑适用问题。

图规范毒品犯罪的量刑。不过从目前的实践看，毒品犯罪死刑规定仍存在适用标准模糊、地区差异明显的问题。由此引发的思考就是，既然毒品犯罪死刑存在如此明显的模糊性问题，那么如何选择合理方式废除这个犯罪的死刑？同时，毒品犯罪的适用也存在不平等的问题，即在不同时期、不同地区甚至不同案件中，存在适用死刑标准不统一的问题。由此从宪法和刑法所规定的平等原则分析，如果毒品犯罪死刑本身就存在适用不平等的“天然缺陷”，那么，从保障人权的考虑，是否应废除这一犯罪的死刑？（3）基于对毒品犯罪配置有死刑这一问题本身的反思。这主要是从毒品犯罪死刑的正当性角度进行思考。从毒品犯罪属于无被害人犯罪、非暴力犯罪进行论证，实际上就是从刑法中罪责刑相适应原则（第 5 条）规定进行实质判断。将毒品犯罪死刑与已经废除死刑的犯罪进行比较（如组织、强迫卖淫罪），进而提出废除毒品犯罪死刑，或者以《公民权利和政治权利国际公约》中“最严重罪行”来衡量，也是出于同样的研究路径。

毒品犯罪“主废”者的理由及其论证路径，总体上具有较强的说服力，但也存在一定的论证缺陷：（1）以所谓“世界潮流”作为废除毒品犯罪死刑的根据，其论证依据不全面，倘若从文化类型、国家规模等角度分析，这一判断是难以成立的。[①] 而就毒品犯罪死刑而言，如前文所示，从世界范围看反倒有逆势增长的情况。值得注意的是，在法律中规定毒品犯罪有死刑的国家和地区集中在亚洲和非洲，其出于文化道德上的谴责和担忧而对这类犯罪采取“严刑峻法”，有其一定的合理性。如果单纯以“世界潮流”作为论据，则难免陷入文化和国情上的无休止的争论。（2）单纯以无遏制效果来否定毒品犯罪死刑也缺乏说服力。如前所述，死刑的威慑遏制作用本身就是不明显的，更为准确地说，是不可证明的。实际上，刑罚本身的威慑作用也不像人们想象得那么强。[②]（3）从“无被害人犯罪”“非暴力犯罪”角度论证毒品犯罪“主废”，也会令人容易产生质疑，因为现行刑法中有一些犯罪也属于这种类型，但在保留死刑的前提下并没有引发太多的关注，如背叛国家罪、投敌叛变罪等危害国家安全的犯罪、受贿罪等。

（三）小结

总体来看，主张保留毒品犯罪死刑的观点侧重于刑事政策视角，而主张废除毒品犯罪死刑的观点侧重于人权视角，两者之间存在一定的功利性与正当性（legitimacy）上的对立。从以往实践以及社会发展看，一味采取高压态度和严厉惩罚对待毒品犯罪，虽然可以收一时之效，但无法真正解决毒品问题，而且会造成诸多社会问题。以美国为例，美国自 20 世纪 70 年代开启所谓“反毒战争（War on Drugs）”以来，不仅没有解决毒品泛滥问题，而且造成了对黑人的不平等司法对待以及社会歧视[③]，“全球毒品政

① 参见时延安：《死刑、宪法与国家学说——论死刑废除的理论路径选择》，载《环球法律评论》2017 年第 6 期。

② 美国学者研究表明，在某些情形下存在有说服力的证据证明刑罚具有威慑效果，但在大多数情况下很难得出确切结论。See Andrew von Hirsch，Andrew Ashworth，ed. *Principled Sentencing*（*2th edition*），Hart Publishing，2004，p. 72.

③ 有关美国毒品犯罪执法造成的社会问题，See Tracy L. Meares，“Social Organization and Drug Law Enforcement”，35 *Am. Crim. L. Rev.* 191，206 - 207（1998）。

策委员会”在2011年6月2日的报告中指出“反毒品战争”已经失败了。[①] 毒品泛滥有其深刻的社会经济文化原因，这一点在新型毒品快速出现并逐步取代传统毒品的过程中表现得十分明显。因此，如果重新以理性而客观地看待毒品犯罪死刑问题，功利主义立场是应当予以抛弃的，应该回归到法治和人权的基本立场来讨论毒品犯罪的死刑问题。

上述毒品犯罪死刑“主废”观点所依据的理由，实际上已经延伸到宪法层面探讨毒品犯罪死刑的正当性问题，并涉及多个宪法上的原则，即法律明确性原则、平等原则和比例原则。这些原则不仅仅是检讨毒品犯罪死刑的宪法“工具”，实际上更是检讨所有涉及公民基本权利的公权力配置和行使的宪法“标尺”。这些原则中有的在宪法和法律中明确予以规定（平等原则），有的可以从宪法规范中引申出来或者从宪法理念上提出（比例原则）。宪法理念或精神蕴含于宪法文本当中，是内在于宪法的实质，也可以用“实质宪法”来概括，宪法解释实际上就是将实质宪法予以呈现的活动，宪法解释的边界则应以宪法共识来划清。从合宪性角度看，违反宪法的基本原则的法律法规，就会构成违宪。对刑法规范的合宪性检讨，也主要运用这三个基本原则对毒品犯罪死刑问题进行合宪性层面的分析。

三、毒品犯罪死刑的合宪审查——法律明确性原则维度

我国《宪法》第33条第4款规定，“任何公民享有宪法和法律规定的权利，同时必须履行宪法和法律规定的义务”。从该款规定可以推导出，公民的权利和义务由宪法和法律规定，而这些规定必须是明确的；同属宪法性法律的《立法法》第6条第2款规定：“法律规范应当明确、具体，具有针对性和可执行性。”可以说，我国宪法和立法法共同确立了明确性原则。刑法理论普遍认为，罪刑法定原则（《刑法》第3条）中也实质蕴含了明确性原则，从刑法与宪法的关系看，对罪刑法定原则的理解和解释必然要求体现明确性的要求。明确性原则一方面对刑法立法提出客观要求，另一面也要求解释的结论不能违背公众的可预测性，因而在对刑法进行文义解释过程中，不应突破刑法法条中语词的“可能的含义”；超过可能含义范围的解释“违反了法治国原则，因而是不合宪的”[②]。就刑法规范而言，法律的明确性要求对犯罪的描述必须明确，即刑法规范提供的构成要件与刑罚必须明确，“如果法律规定的刑罚不明确，完全交由法官决定，那么关于犯罪行为特征的规定不论多么清楚，明确性原则也不可能发挥其保障功能”[③]。如果法律存在模糊性，就会导致两方面的问题：“首先，模糊性导致无法提供某种指引而使正常人理解其行为被法律所禁止；其次，模糊性会容许乃至鼓励任意且有歧视的执法活动。”[④] 对法律明确性原则的意义毋庸赘述，而如何判断刑法规范是否违反这一原

① 参见维基百科：Global Commission on Drug Policy，https://en.wikipedia.org/wiki/Global_Commission_on_Drug_Policy#cite_note-3，2018年11月10日访问。

② 苏彩霞：《刑法解释方法的位阶与运用》，载《中国法学》2008年第5期。

③ ［意］杜利奥·帕多瓦尼：《意大利刑法学原理》，陈忠林译评，北京：中国人民大学出版社2004年版，第29页。

④ City of Chicago *v.* Morales（527 U.S.31）.

则以及违反这一原则应如何处理，则需要进一步有研究。

刑法规范是裁判规范，其对公众的行为指引意义是一般而概括的，换言之，刑法规范并非严格意义上的行为规范，公民也不会按照刑法规范从事日常活动。既然如此，刑法规范的明确性主要是针对法官以及其他刑法的适用主体，而不直接指向公众。结合以往实践分析，对刑法规范的明确性就可以提出四点要求：一是，对刑法适用者来讲，刑法规范所提供的构成要件和量刑标准应当是清晰、可知的；二是，对不同的刑法适用者而言，对同一刑法规范的适用标准基本上是一致的，且该适用标准能够合理地从刑法法条中推导出来；三是，如果某一刑法适用者适用法律出现偏差，该偏差是能够为其他刑法适用者识别且能够给出法律或法理上的根据；四是，对在不同刑法适用者之间形成的理解上的分歧，可以通过统一司法解释予以解决。如果某一刑法规范及其适用无法满足上述四个要求，就可以认为该刑法规范违反了法律明确性原则，进而认为其是违宪的。目前毒品犯罪死刑的规定及适用恰恰违反了明确性原则。

现行刑法有关毒品犯罪死刑的规定以及司法实践存在较大的模糊性，在法律适用中这种模糊性有时无法克服的。具体表现在三个方面。

（一）毒品数量值与适用死刑的关系不明确

为方便分析，我们对裁判文书网上可供查询的毒品犯罪案件进行了统计，其中2015—2018年共有754件毒品犯罪案件适用了死刑（包括死刑立即执行、死刑缓期执行）。其中，适用死刑立即执行的案件为21件，占比2.78%。对2016—2018年三年毒品犯罪判处死刑的20件案件裁判文书进行分析，在裁判理由中出现的犯罪情节大概有6种，包括："毒品数量大""累犯、毒品犯罪的再犯""共同犯罪中的主犯或地位、作用相当""实施多次毒品犯罪行为""存在尚未执行完毕的刑罚""同时犯数罪"。对这些数据进行分析可以看出，毒品数量对适用死刑立即执行的影响很大，但具体数量关系（即毒品数量与适用死刑的比例关系）并不清楚。

根据《刑法》第347条第2款第1项规定，"走私、贩卖、运输、制造鸦片一千克以上、海洛因或者甲基苯丙胺五十克以上或者其他毒品数量大的"，可以处15年有期徒刑、无期徒刑或者死刑。该项中"一千克""五十克"是适用该量刑幅度的最低（门槛）数量，其对应的量刑应当是15年有期徒刑，而判处死刑的数量应该是多少却并不清楚。1997年《刑法》施行后，走私、贩卖、运输、制造海洛因或甲基苯丙胺50克判决死刑的案件并不少见，而后随着个案毒品数量越来越大，各地掌握标准不断上升，如今已上升至数千克乃至上万克，其中不乏限制毒品犯罪死刑数量的原因。但是，毒品犯罪适用死刑的标准始终不清晰。毒品犯罪数量与适用死刑之间的内在关系也不明确。例如，最高人民法院于2015年5与18日发布了《全国法院毒品犯罪审判工作座谈会纪要》，其中第四部分专门就运输毒品犯罪，新型、混合型毒品犯罪、毒品共同犯罪人与上下家的死刑适用问题作了规定，其目的在于明确这类毒品犯罪的死刑适用，其中还明确提出："具有武装掩护运输毒品、以运输毒品为业、多次运输毒品等严重情节的被告人，对其中依法应当判处死刑的，坚决依法判处"，"涉案毒品为氯胺酮（俗称'K粉'）的，结合毒品数量、犯罪性质、情节及危害后果等因素，对符合死刑适用条件的被告人可以依法判处死刑”。“依法应当判处死刑的，坚决依法判处”“对符合死刑适用条件的被告人可以依法判处死刑”这类表述并没有提出明确的死刑（尤其是立即执行）的适用标准，其表述方式也不过是同义反复，缺乏明确性和指导性。

这一问题同样出现在毒品犯罪死刑限制减刑（属于第 50 条第 2 款中“被判处死刑缓期执行的累犯”）的适用中。在一项有关死刑限制减刑的研究中，被判处死缓限制减刑的毒品类犯罪（48 件）各案所涉毒品数量不等，差距较大，最低的为 307.38 克，最高达 17 750 克，中间相差近 58 倍。[①] 一般而言，毒品数量大即意味着社会危害程度大，但毒品数量达到多大程度可以证明行为人具有极端的反社会倾向或人身危险性进而对其适用死刑，却无法从法律上或者学理给予说明。值得注意的是，毒品刑事案件破获具有一定的偶然性，也就是说，不能证明一次涉毒数量较大的行为人的人身危险性高于一次以上涉毒但数量较小的行为人。最高人民法院曾要求地方各级法院避免“唯数量论”，例如 2008 年 12 月 1 日最高人民法院在《全国部分法院审理毒品犯罪案件工作座谈会纪要》第 2 条即提出毒品数量并非适用死刑的唯一标准。但是，实践中这种倾向至今也没有改变。可以说，最高人民法院提出的限制标准充其量也只是观念指导性的，无法给出明确的适用标准，因为毒品数量多少与死刑应否适用之间没有必然联系。

（二）可适用死刑的毒品犯罪范围不明确

《刑法》第 347 条第 2 款中明确规定的毒品范围包括鸦片、海洛因、甲基苯丙胺以及“其他毒品”。最高人民法院曾制定司法解释（即 2000 年 6 月 6 日《关于审理毒品案件定罪量刑标准有关问题的解释》）对“其他毒品”予以界定，但仍没有穷尽（实际上也不可能穷尽）毒品范围。从司法实践看，“其他毒品”的范围，并非法律所确定的，而是由食品药品监管总局、公安部、国家卫生与健康委员会共同制定“麻醉药品和精神药品品种目录”。由于新型毒品不断出现，该目录所列毒品范围是不断增加的。新型毒品主要是通过化学方式、以类似于工业化方式生产的，因而往往个案数量很大，很容易突破《刑法》第 347 条第 2 款规定以及司法解释所确定的数量。然而，不同毒品对人身的损害程度并不相同，目前也无法证明传统毒品比新型毒品更具危害[②]，如果单纯以毒品数量作为适用死刑标准，显然缺乏充分的事实（危害程度）基础。此外，由于“其他毒品”范围并非法律确定，而是由行政规章来确定，而这一界定又直接影响到死刑适用，这也实质上违背了罪刑法定原则。

（三）毒品纯度对死刑适用的影响不明确

《刑法》第 357 条第 2 款规定：“毒品的数量以查证属实的走私、贩卖、运输、制造、非法持有毒品的数量计算，不以纯度折算。”该条很清楚地表达了从严从重打击毒

① 参见杨宪兰：《死缓限制减刑实证研究》，中国人民大学法学院 2017 年硕士学位论文。该论文系作者参与笔者之前组织实证研究的成果。该成果对从“中国裁判文书网”上能够下载的 489 份死缓限制减刑判决进行分析，从中发现故意杀人罪的死缓限制减刑有较强的规律，而毒品犯罪死缓限制减刑适用几乎无规律可循。

② 例如卡芬太尼，成人的致死量只为约 2 毫克。参见《新型毒品危害更大 8 种物质被我国新列为毒品》，载中国禁毒网，http://www.nncc626.com/2018-06/26/c_129900821.htm，2019 年 6 月 10 日最后访问。

品犯罪的政策取向，但对该条规定的质疑一直都存在。如果认为毒品犯罪的危害性最终体现在对吸毒者的人身损害上，那么，毒品纯度对人体损害就应当具有直接的影响，因而应是毒品犯罪量刑中必须要考量的因素。结合毒品犯罪死刑而言，如果不考虑毒品纯度，仅仅从查获毒品实际数量来量刑，显然即脱离了对量刑基准的把握，而导致死刑的不正当适用。对此，最高人民法院也认识到这一点，认为毒品数量达到实际掌握的死刑数量标准，如果“经鉴定毒品含量极低，掺假之后的数量才达到实际掌握的死刑数量标准的，或者有证据表明可能大量掺假但因故不能鉴定的”，可以不判处被告人死刑立即执行。[①] 该解释显然没有明确“含量极低”的标准，因而裁判者完全可以根据自己的理解来界定何为“极低”。对一般人而言，可能1%～3%就是极低，而从可鉴定的标准看，0.1%有可能被理解为“极低”，但适用不同的标准，直接会影响是否适用死刑立即执行。

（四）小结

从上述三方面进行分析判断，毒品犯罪死刑适用标准是不明确的。虽然司法解释或规范性文件也强调，在具体量刑时要考虑主犯、累犯和再犯，运输手段，有组织化程度等量刑因素，但不能否认的是，迄今为止毒品犯罪死刑的适用主要是以数量来衡量的，而把数量作为裁量死刑的标准，既无法给出明确的危害性根据，也无法明确裁量适用死刑的合理一致标准。这种模糊性的规定势必导致毒品犯罪适用死刑的任意性，加之毒品犯罪刑事政策历来强调“从严”，那么，裁判者在毒品犯罪适用死刑方面就没有强有力的约束。所以说，毒品犯罪死刑的规定因其无法解决的模糊性，容易实质地违反宪法。值得注意的是，毒品犯罪死刑规定及适用的模糊性，和《刑法》第48条关于死刑适用一般标准规定（即“罪行极其严重”）的模糊性有一定的关联，进言之，目前死刑适用一般标准的规定本身就是模糊的，这也实质性地影响了毒品犯罪死刑适用。

四、毒品犯罪死刑的合宪性审查——平等原则维度

目前毒品犯罪死刑适用就存在明显的不平等问题，这在之前有关毒品犯罪规定及适用的模糊性论述方面已经涉及。结合上述判断标准，应当认为毒品犯罪死刑规定及其适用会造成明显的不平等现象。

（一）毒品犯罪死刑适用造成不平等现象是客观的

就《刑法》第347条第2款规定来看，“走私、贩卖、运输、制造”四种行为而言，四种行为的危害程度是不同的，其中运输行为是相对较轻的行为，因为运输者并非毒品的真正拥有者或者意图拥有者，行为人从中获利相对较小，其作用在有组织犯罪中多充当“马仔”作用，从实践看，在很多运输毒品案件中，即便行为人知道运输的是毒品，但往往并不知道是什么毒品，也不知道毒品的数量，因而直接根据毒品犯罪数量适用死

---

① 参见最高人民法院2008年12月1日公布的《全国部分法院审理毒品案件工作座谈会纪要》（法〔2008〕324号）。

刑就明显不合理。同时，将四种行为并列本身有可能造成实质的不平等。客观上运输毒品罪适用死刑数量较多，虽然最高人民法院专门就运输毒品适用死刑问题进行限制解释或提出限制适用标准，但这一问题并没有彻底解决。从该条规定看，毒品犯罪死刑规定本身就存在不平等的问题，这种死刑适用上的不平等也表现在毒品数量上。[①]

（二）毒品犯罪死刑适用不平等的直接后果就是对公民生命权的不当干涉

毒品犯罪死刑适用实践中存在的不平等现象，客观上对那些被适用死刑立即执行的人就形成差别待遇，对他们的生命权形成不当干涉。这里用公式进行判断。

假设走私、贩卖、运输、制造毒品的数量达到 α 值时，应当适用死刑立即执行[②]；

当行为人实施毒品犯罪的数量 β 超过 α 时，即：$\beta \geqslant \alpha$ 时，适用死刑立即执行不违反平等原则；

而如果 $\beta < \alpha$ 时，适用死刑立即执行就违反平等原则，构成对公民生命权的不当干涉。[③]

但从实践看，适用死刑立即执行的 α 值本身就是不存在的，或者说有较大的任意性和模糊性，因而就应当以实践中同一时间适用死刑立即执行的毒品数量平均值来计算，对之后适用死刑的数量标准应高于这一平均值，但这一平均值标准从历时性的角度看，也是不合理的，因为之前已经被适用死刑立即执行的人会指责，对其适用较低的数量标准是不平等的。

（三）毒品犯罪死刑适用的不平等没有正当理由

对于毒品犯罪死刑适用存在适用差别的现象，无论是在理论上还是在实践上均无法找到将其合理差别正当化的理由。20 世纪 90 年代，在西南某些省份，对于走私、贩卖、运输和制造海洛因、甲基苯丙胺等毒品数量达到 50 克以上，就会对犯罪人适用死刑，而在东南沿海地区数量达到 200 克以上才会适用死刑。进入 21 世纪以来，这种现象并没有根本上的改变，例如对走私、贩卖、运输、制造海洛因案件判处死刑的标准，有的地方是 2 000 克左右，而有的地方，特别是内地，只有数百克。[④] 目前各地毒品犯罪死刑适用的数量标准虽已进行较大幅度调整，但仍存在地区之间的差异。如果认为毒

---

① 陈兴良教授曾提到，两起运输毒品的案件，其中一起涉及毒品数量为 320 克海洛因，被告人被判处死刑立即执行，另一起涉及数量为 390 克，被告人被判处死缓。前者被告人试图立功以保全性命，但公安机关以经费不足而未予调查。该案虽然发生在十几年前，但从中能够看出明显的不平等现象，在具体适用法律上会存在“区别待遇”的情况，而且这种“区别待遇”状况是客观存在的。参见陈兴良：《受雇佣为他人运输毒品犯罪的死刑裁量研究》，载《北大法律评论》（第 6 卷），北京：北京大学出版社 2005 年版。

② 当然，上文已经证明，这个值是无法合理给出的。

③ 采用这一判断公式，有可能受到这样的指责：量刑不仅考虑数量，还要考虑其他因素，如《刑法》第 347 条第 2 款规定的其他四项的情形。但从量刑实践看，毒品数量是主要考虑的因素，达到一定犯罪数量后，法院才会进一步考虑其他情形决定是否死刑立即执行。

④ 参见何荣功：《毒品的数量含量与毒品犯罪定罪量刑实务三题》，载赵秉志主编：《刑法论丛》（第 31 卷），北京：法律出版社 2012 年版，第 317－322 页。

品犯罪的危害性，就在于会给吸食毒品的人带来健康上重大不利影响，那么，既然每个人的生命权、健康权都是平等的，而同量的毒品对人身健康的损害程度应该是一样的，因而毒品犯罪量刑的数量应该是统一的，不应因为地区或时间的不同而有所不同。换言之，毒品数量对这类犯罪量刑的影响，对任何犯罪人而言，应当是相同的。

（四）小结

从上述三个层次的分析看，毒品犯罪死刑适用存在的不平等现象客观存在并构成对公民生命权的不当干涉，且没有正当理由，因而从合宪性的角度看，毒品犯罪死刑未必符合宪法精神。当然，法律适用上的不平等，不意味着法律本身的不平等。法律适用的不平等是法律本身不平等的表现，如果个案中法律适用出现“区别待遇”的情况，还不能认定立法上的不平等，但倘若法律适用出现“区别待遇”的情况是普遍的，那么，就应当认为法律本身缺少制约不平等现象的机制或功能，进而可以认为法律本身存在可能造成“不平等”现象的缺陷。

五、毒品犯罪死刑的合宪性审查——比例原则维度

宪法上的比例原则，就是讨论一个涉及人权的公权力，其目的和所采行的手段之间，有无存在一个相当的比例问题。[①] 毫无疑问，任何一种刑罚权的实施，都必然会影响到个人的基本权利，即便是单位犯罪的情况下，因为刑法对单位犯罪与单位中自然人犯罪采“双罚制”或“单罚制”，同样要处罚自然人。[②] 因而，可以将宪法上的比例原则引入刑法之中，或者更为准确地说，与刑法的基本理念相印证。将比例原则引入刑法，相应地会有三方面的判断规则：（1）以刑罚处罚某行为，是否达成规制目的的有效手段，因而要确定以一定的确实可靠的方法确认该行为的有害性；（2）是否必须采取刑罚方法，采取刑事制裁是否过度；（3）衡量刑罚法规所丧失的利益与所获得的利益时，所获得利益是否更大。[③] 这三个判断规则，与目前刑法理论都能够相互印证，即刑法中社会危害性（或法益侵害）理论、刑法补充性、利益衡量原则。相同的思想，在一些有关惩罚的经典表述中也能追踪溯源，例如，边沁即提出，在惩罚无理由、惩罚必定无效、惩罚无益和惩罚无必要时，不应当施加刑罚。[④] 不过，简单地将宪法的比例原则引入刑法理论，可能会导致理论上的“叠床架屋”。可行的途径是，首先将宪法中比例原则的精神，贯彻于刑法问题的具体判断上。

宪法上比例原则的意旨，在于防止公权力对个人权利的不当干涉，因而试图在国家权力行使与个人权利的克减之间建立起比例关系。在刑法理论当中，罪刑法定原则（尤其是实质侧面）实际上已经体现了这一理念，而且不同刑法理论中，都提出相应的理论

---

① 参见陈新民：《德国公法学基础理论》（下册），济南：山东人民出版社2001年版，第369页。

② 参见高铭暄、马克昌主编：《刑法学》（第8版），北京：北京大学出版社2017年版，第103页。

③ 参见［日］井田良：《讲义刑法学·总论》，第24-26页，转引自张明楷：《法益保护与比例原则》，载《中国社会科学》2017年第7期。

④ 参见［英］边沁：《道德与立法原理导论》，时殷弘译，北京：商务印书馆2000年版，第217页。

解决这一问题，只不过，刑法理论尚没有将相关判断规则纳入比例原则之下。当然，为保持与宪法的对接，将刑法中相应的概念、规则与宪法中比例原则对应起来，更为便利讨论刑法规范是否合宪问题，可以借助相应的宪法理论进行讨论。同时，刑法理论所要的解决问题和原理，会丰富比例原则的内涵并提出相应的规则，其中最为重要的就是，目前被宪法和行政法所界定的比例原则，只有质上的比例限定，而没有量上的比例限定①，即对具有惩罚必要性的行为，应处以何种惩罚以及多大程度的惩罚，而这也就是刑法中罪责刑相适应原则的要求。贝卡里亚在论述罪刑均衡时曾指出："有了这种精确的、普遍的犯罪与刑罚的阶梯，我们就有了一把衡量自由和暴政程度的潜在的共同标尺，它显示着各个国家的人道程度和败坏程度。"② 所以，在完善比例原则判断规则中，应强调量的比例性的一面，即：对具有惩罚必要性的行为，应当给予相适应的否定性评价和惩罚。如果运用修正后的比例原则进行判断，会发现毒品犯罪死刑也不符合比例原则。

（一）从质的比例性角度判断

如上所述，比例原则的适当性规则、必要性规则和狭义比例原则可归于比例原则中"质的一面"，而三者对应着社会危害性、刑法补充性、利益衡量。从比例原则角度思考，就毒品犯罪而言，其犯罪化并无正当性上的问题：（1）毒品犯罪行为本身的危害性是现实存在的，这点毋庸置疑；（2）这类行为的危害性严重程度，应当予以犯罪化并以刑罚相威吓，仅仅以行政处罚进行制裁，显然不足以遏制这类行为；（3）从利益衡量角度分析，将这类行为犯罪化可以减少因吸食毒品而造成的人身健康损害和公共卫生问题③，以及遏制因购买毒品而引发的其他刑事犯罪。不过，就毒品犯罪死刑而言，是否符合"质"的比例原则要求，就另当别论了。适当性规则无法用于解决这一问题，因而主要从后两个规则进行判断。

1. 毒品犯罪死刑不符合必要性规则

必要性规则对应着刑法的补充性原则，后者一般是指刑法作为保护法益的最后手段性质。如果借用必要性或者补充性的观念考虑毒品犯罪死刑问题，就会发现这样的问题：遏制和预防毒品犯罪是否需要死刑？④ 上文已经提及，死刑对毒品犯罪是没有威慑力的，因而试图通过死刑来遏制和预防毒品犯罪是不能实现的。既然这种刑罚没有实益，说明其存在就是没有必要的。同时，从特别预防（针对犯罪人而言）考虑，适用有期徒刑或无期徒刑即可以实现效果，也没有必要用死刑这种极端的刑罚来进行预防。

2. 毒品犯罪死刑不符合法益衡量规则

法益衡量规则要求，采取的必要措施与其追求的结果之间保持比例关系。结合刑法

① 虽然从比例原则中三个规则方面也可能推导出"量"上衡量的意义，但基本上没有给出明确的"量"上判断的规则。对此，张明楷教授也认为，比例原则缺乏明确性的标准。参见张明楷：《法益保护与比例原则》，载《中国社会科学》2017 年第 7 期。

② ［意］贝卡里亚：《论犯罪与刑罚》，黄风译，北京：中国大百科全书出版社 1993 年版，第 66 页。

③ 例如，因混用注射器而引发的艾滋病传播等。

④ 这里没有从报应的角度提出问题。在本文看来，从报应角度思考刑种设置问题，应从比例原则"量"的一面来判断。

的视角进行判断，就是刑罚的投入与刑罚的效果之间是否存在相称关系。由于刑法及其适用直接关切社会正义的实现，因而在进行法益衡量时，不应从经济效益来考虑。刑法有人权保障机能和法益保护机能，而刑法及其适用的正当性判断，很大程度上就是要实现两者之间的平衡。具体到毒品犯罪死刑问题就是，个人生命权利保障与刑法保护机能之间的平衡问题。刑法规定毒品犯罪，目的在于维护社会秩序，因而毒品犯罪保护法益类型属于社会法益①；虽然毒品会导致人身健康的严重损害，但这一损害程度不一定达到伤害或死亡的水平。在实践中发生的因吸毒致死的结果，也无法归责于毒品犯罪行为人。换言之，毒品犯罪的保护法益并不涵盖个人法益。因而在对毒品犯罪死刑进行利益衡量时，就是对社会法益和个人生命法益进行比较。对两者进行价值比较，显然个人生命法益的重要性要优先于社会法益。因此，依法益衡量规则分析，毒品犯罪死刑也有违反宪法上的比例原则之虞。

（二）从量的比例性角度判断

从比例原则“量”的一面进行判断，实际上就是从报应的角度进行分析，即危害行为及其程度与刑罚之间的比例关系。具体到毒品犯罪死刑问题，就是极为严重的毒品犯罪是否与死刑相称的问题。刑法理论讨论，毒品犯罪是否属于刑法中的“罪行极其严重”，以及是否属于《公民权利和政治权利国际公约》第 6 条第 2 款所说的“最严重的罪行”，实际上都是讨论“量”的比例性问题。对此，1984 年联合国经济及社会理事会在决议中认为，“最严重的罪行”是指“不应超出导致死亡或其他特别严重结果之故意犯罪”的界限；联合国人权委员会在 2006 年度报告中也强调：“毒品犯罪并不符合最严重罪行的门槛……因而，对毒品犯罪适用死刑等于违反人的生命权。”② 这种判断方式，是以刑法中故意杀人罪作为“标尺”进行衡量，但凡达到或超过故意杀人罪的危害性程度的，对该种犯罪设置死刑是符合该公约要求的；反之，则不符合这一要求，进而认为是侵犯人权的。这一判断是成立的，生命在刑法所确认和保护的价值中应当是最高的，更是宪法所优先保护的基本人权类型，而毒品犯罪保护的法益尚无法与生命价值相提并论，因而毒品犯罪并不属于“最严重的罪行”。结合中国刑法规定分析，可以得出相同的结论。例如，刑法的组织、强迫卖淫罪，其直接会对妇女的人身权利造成损害，对社会秩序的影响和破坏并不比毒品犯罪为弱，但《刑法修正案（九）》取消了该罪的死刑，从“量”的比例性原则出发，有必要考虑废除毒品犯罪的死刑。

（三）小结

总之，从宪法的比例原则出发，结合刑法基本原理，笔者认为，毒品犯罪死刑不符合宪法上的比例原则。从比例原则的三项规则衡量，毒品犯罪死刑并不明显违反适当性原则，而是与必要性原则和狭义比例原则相冲突。此外，有必要确立“量的比例性”观

---

① 刑法通说认为，走私、贩卖、运输、制造毒品罪的客体是国家对毒品的管理制度。参见高铭暄、马克昌主编：《刑法学》（第 8 版），北京：北京大学出版社 2017 年版，第 594 页。

② 何荣功：《“毒品犯罪”不应属于刑法中最严重的罪行》，载《辽宁大学学报（哲学社会科学版）》，2014 年第 1 期。

念，借此更为细化地分析这一问题。

六、结论

国家法制统一的基本要求之一，就是宪法对各种法律的制定和适用具有明确的指导性和约束性，在“全面建设法治国家”的目标下，法律的“合宪性”审查是全面实施宪法的重要环节。不过，我国宪法和法律实践中尚缺少合宪性审查的具体实践。但从“国家尊重和保障人权”的宪法原则出发，应在刑事立法、刑法解释以及刑事审判中主动接受来自宪法的审查，并将“形而上”的正当性判断，转化为宪法层面的合宪性判断。笔者认为，毒品犯罪死刑缺乏合宪性基础，随着全面依法治国的展开，要严格限制毒品犯罪死刑，进而逐步废除毒品犯罪的死刑。

减轻处罚论*

莫开勤**

减轻处罚是刑法中的一种刑罚裁量方法，在司法实践中大量适用。由于减轻处罚涉及其根据与操作等一系列理论与实践、立法与司法问题，需要从刑法理论上加以深入研究。

一、减轻处罚的界定

（一）减轻处罚的概念

减轻处罚，也称“刑之减轻”，是指对已经成立的犯罪，因其具有某种特定之原因而减轻其刑罚。减轻处罚有法定减轻与酌定减轻（即裁判上的减轻）之分。法定减轻即基于法律的规定而减轻；酌定减轻是指法官斟酌案件具体情况，依职权所作的减轻。法定减轻又可分为一般减轻与特别减轻，前者是刑法总则规定的对一切犯罪均可适用的减轻，后者是指刑法分则规定的对特定犯罪适用的减轻。

外国刑法中对减轻处罚大多同时规定法定减轻与酌定减轻，但其减轻的含义并不相同。如在日本、韩国的刑法典中，如果法定刑幅度只有一个刑种的，直接对其减轻就行了；如果存在两个以上刑种的，则须先确定应该适用的刑种，然后再将该刑种予以相应的减轻。其减轻方法除死刑可减为无期徒刑和有期徒刑、无期徒刑可减为有期徒刑外，其他刑种是上限、下限同时减轻。因此，这种减轻处罚实际上是对应适用的刑种的减轻。与之不同，在《意大利刑法典》中，减轻处罚在一般情况下是对本刑减轻至三分之一，处无期徒刑的则减轻为一定限度的有期徒刑。《德国刑法典》规定，最低度为 2 年以上自由刑的法定减轻同时减轻最高度和最低度；酌定减轻与最低度不满 2 年自由刑的法定减轻则只能以最低度为限；终身自由刑减轻以自由刑代之。《瑞士刑法典》规定，法定减轻时，对不同性质的刑种减轻为不同的处断刑；酌定减轻时，则受该刑种法定最

---

* 本文原载陈兴良主编：《刑事法评论》（1998 年第 2 卷），北京：中国政法大学出版社 1998 年版，收入本书时作了一些删减。

** 中国人民公安大学法学院教授。

低刑期之限制。《奥地利刑法典》没有区分法定减轻与酌定减轻，依其第 41 条规定，一般情况下只能在法定刑幅度内减轻，如果行为人绝无再实施犯罪可能的，才可以判处低于法定最低刑的刑罚。上述各国刑法对减轻处罚规定之所以各不相同，与各国对减轻处罚事由、刑种种类、法定刑设置等存在较大差异有很大关系，因此很难说孰优孰劣。

我国现行刑法规定的减轻处罚也包括法定减轻与酌定减轻。《刑法》第 63 条第 1 款规定："犯罪分子具有本法规定的减轻处罚情节的，应当在法定刑以下判处刑罚。"第 2 款规定："犯罪分子虽然不具有本法规定时减轻处罚情节，但是根据案件的特殊情况，经最高人民法院核准，也可以在法定刑以下判处刑罚。"这里第 1 款规定的是法定减轻，第 2 款规定的是酌定减轻。同时，刑法总则还具体规定了应予以法定减轻的一般情况，刑法分则规定了一些适用于特定犯罪法定减轻的特殊情况。

无论是法定减轻还是酌定减轻，都是指在法定最低刑以下判处刑罚。那么，如何理解"法定最低刑"？减轻处罚是否可以判处法定最低刑呢？对于前一个问题，过去曾有观点认为，"法定最低刑"是指刑法分则条文对某种犯罪所规定的法定最低刑。① 现在一般认为，在刑法分则条文只规定一个法定刑幅度的情况下作上述理解是可以的，但如果规定有几个法定刑幅度的，则法定最低刑是指某一具体犯罪应适用的那个具体法定刑幅度的法定最低刑。② 应该说，后一种观点是可取的，因为减轻处罚属于量刑的范畴，量刑以定罪为前提又有别于定罪。一般认为，定罪不仅要解决罪与非罪、此罪与彼罪、一罪与数罪等问题，在许多具体犯罪依不同的标准被分为两个或两个以上轻重不一的犯罪层次的场合，还须确定犯罪的轻重解决重罪与轻罪的问题。③ 由于在定罪阶段已确定了具体的法定刑幅度，因此，存在两个以上法定刑幅度的情况下，量刑是以某一具体法定刑幅度而非对该犯罪的规定的整个法定刑为基础的，减轻处罚所针对的法定最低刑当然也就是指某一具体法定刑幅度的法定最低刑了。也只有这样，才能在我国刑法分则条文对法定刑规定的幅度比较大的情况下做到罪刑相适应。对于后一问题，《刑法》第 99 条对"以下"解释为包括本数在内，根据这一规定的精神理解《刑法》第 63 条是可以认为"判处法定最低刑也属于减轻处罚"的。但我国刑法学界一般认为，在具体掌握上，减轻处罚不能判处法定最低刑，只能在法定最低刑之下判处刑罚，否则，将同从轻处罚相混淆。④

根据以上分析，减轻处罚具有以下特征。

（1）减轻处罚以判处刑罚为前提。任何人实施了犯罪行为就应当承担刑事责任，受到刑罚制裁。但这不是绝对的。有时对犯罪人追究了刑事责任，但结果并没有判刑，而是被免予刑事处分，这时就谈不上适用减轻处罚了。量刑的内容有判刑与免刑之分，如果决定判刑的话才有进一步考虑是从重处罚、从轻处罚还是减轻处罚的可能；如果决定免刑，已无所谓刑罚轻重问题，因此减轻处罚无从存在。可见，减轻处罚属于判处刑罚的范畴，它与免除处罚是相对的，不可将两者相混。

---

① 参见杨春洗等：《刑法总论》，北京：北京大学出版社 1981 年版，第 251 页。

② 参见喻伟主编：《量刑通论》，武汉：武汉大学出版社 1993 年版，第 173 页。

③ 参见王勇：《定罪导论》，北京：中国人民大学出版社 1990 年版，第 20－24 页。

④ 参见高铭暄主编：《中国刑法学》，北京：中国人民大学出版社 1989 年版，第 273 页。

（2）减轻处罚是相对于同种犯罪依法应适用的法定刑幅度的减轻。前面说过，减轻处罚是在定罪并确定相应的法定刑幅度之后才予以适用的。我国刑法分则规定的大部分犯罪都包括两个或两个以上的法定刑幅度，减轻处罚只能以某一具体的法定刑幅度为参照对象进行减轻。如果不这样，我国刑法分则对一些犯罪依其轻重程度规定多个法定刑幅度将失去意义。

（3）减轻处罚只能依法减轻。减轻处罚是我国《刑法》第 63 条明文规定的内容。对于法定减轻，只有存在刑法明文规定的法定减轻事由时才能适用，这种减轻必须依法进行不难理解。即使赋予法官一定自由裁量权的酌定减轻也不能偏离法律规定任意行使。虽然酌定减轻事由未为我国刑法所明确列举，但根据法律规定精神以及长期司法实践经验的总结，其内容也是可以大致确定的。因此法官并不能随意编造酌定事由予以减轻处罚。尤其是现行刑法对酌定减轻要求必须经最高人民法院核准，为酌定减轻的依法进行提供了程序保障。此外减轻处罚并非可以无限减轻，而是要受到一定的刑种、刑期的限制，更不能减轻至免除处罚。这一问题，下文还将论述，在此不赘言。

（二）减轻处罚与相关概念的区别

为了进一步明确减轻处罚的内涵，还应注意把减轻处罚与以下三个相关概念区别开来。

1. 减轻处罚与减轻刑事责任。减轻刑事责任是指行为人实施犯罪以后，由于具备某种法定事由而实际承担了较之同种犯罪应承担的刑事责任为轻的刑事责任。[①] 减轻处罚与减轻刑事责任的主要区别如下。[②]

第一，二者的含义不同。减轻处罚是指对犯罪人在法定最低刑以下判处刑罚；减轻刑事责任是指让犯罪人承担较轻的刑事责任。

第二，二者地位不同。减轻处罚属于量刑的范畴；减轻刑事责任属于刑事责任轻重的问题。减轻刑事责任是减轻处罚的基础和前提，因此，两者居于不同的层次上，减轻处罚是下位概念，减轻刑事责任是上位概念。

第三，二者的范围不同。减轻处罚只限于在法定最低刑以下选择刑罚，而减轻刑事责任可以有多种表现形式。不管是在法定刑以内选择较低刑种或刑度的从轻处罚，还是在法定最低刑以下判处刑罚的减轻处罚，或者是只对犯罪分子作有罪宣告而不予任何刑罚处罚的免除处罚，以及适用非刑罚处理方法等，都属于对犯罪分子减轻了刑事责任。

第四，二者依据不同。减轻处罚的依据是减轻处罚事由，即各种法定减轻情节和酌定减轻情节。减轻刑事责任的依据则是一切能够影响犯罪行为的社会危害性轻重和犯罪人人身危险性大小的各种主客观因素，包括所有的可导致对犯罪人从宽量刑的法定情节和酌定情节。

第五，二者作用不同。减轻处罚是减轻刑事责任的表现形式，是保证减轻刑事责任得以实现的方式之一。减轻刑事责任则是刑事责任量的确定，是进一步说明刑事责任的

---

① 参见张旭：《减免刑事责任理论比较研究》，长春：长春出版社 1994 年版，第 78 页。

② 参见张旭：《减免刑事责任理论比较研究》，长春：长春出版社 1994 年版，第 80－81 页。

大小，从而为确定刑事责任的实现形式提供具体标准。

2. 减轻处罚与从轻处罚。从轻处罚是指在法定刑幅度内判处比不具备一定情节的类似犯罪相对轻一些的刑种或刑期。[①] 减轻处罚与从轻处罚的区别主要有以下几点。

第一，二者含义不同。减轻处罚是在法定最低刑以下判处刑罚，从轻处罚只能在法定刑范围内判处刑罚。

第二，二者从宽幅度不同。两者都是对犯罪分子在量刑时从宽处罚，但减轻处罚是在法定最低刑以下判处刑罚，从宽幅度较大，从轻处罚则在法定刑范围内判处刑罚，受法定最低刑限制，其从宽幅度较小。

第三，二者依据不同。减轻处罚依据是减轻事由，从轻处罚依据是从轻事由。减轻事由与从轻事由尽管有时存在交叉、重合，但两者并不完全一致。

第四，二者限制不同。减轻处罚是突破法定刑下限判处刑罚，因此一般要求具备法定减轻事由才能适用，对酌定减轻则予以严格限制，必须经最高人民法院核准才能适用。从轻处罚不突破法定刑下限，因此对法定从轻或者酌定从轻均无特别限制，法官的自由裁量权相对要大些。

3. 减轻处罚与减刑。减刑是指对被判处管制、拘役、有期徒刑或者无期徒刑的犯罪分子，因其在刑罚执行期间确有悔改或者立功表现，而适当减轻其原判刑罚的制度。减轻处罚与减刑的主要区别如下。

第一，二者发生的刑事诉讼阶段不同。减轻处罚属于量刑活动，发生在刑事审判阶段，减刑则发生在刑罚执行阶段。

第二，二者适用对象不同。减轻处罚的适用对象是判决确定前的未决犯，减刑的适用对象则是在判决确定后正在服刑的犯罪分子。

第三，二者的适用条件不同。减轻处罚的适用条件是具备减轻事由，减刑的适用条件是犯罪分子在刑罚执行过程中确有悔改或者立功表现。

第四，二者的限度不同。减轻处罚是在法定最低刑以下判处刑罚，可以是刑种的减轻也可以是刑期的减短。减刑只限于原判自由刑的缩短，且减刑后实际执行的刑期有一定的要求，比如原判为有期自由刑的不能少于二分之一。

（三）减轻处罚的幅度

外国刑法在减轻处罚限度的规定上存在较大的不同。如《日本刑法》第 68 条规定："依照法律有应当减轻刑罚的一个或数个原因时，按照下列规定办理：死刑应当减轻时，减为无期或 10 年以上的惩役或禁锢；有期惩役或禁锢应当减轻时，将刑期减低二分之一；罚金应当减轻时，将金额减少二分之一；拘留应当减轻时，将最长期缩短二分之一；科刑应当减轻时，将最高额减少二分之一。"《日本刑法》第 66 条、第 67 条还规定，如果犯罪情况值得怜悯，可以酌量减轻其刑。即使依照法律减轻刑罚时，仍可酌量减轻其刑。《韩国刑法典》中规定的减轻处罚幅度与《日本刑法》的规定完全相同，但

① 参见苏惠渔等：《量刑情节中从重、从轻、加重、减轻的科学含义及其定量研究》，载苏惠渔等编：《量刑方法研究专论》，上海：复旦大学出版社 1991 年版，第 113 页。

《韩国刑法典》规定，法定减轻事由有数项时可以重复减轻。《日本刑法》虽然允许法定减轻后再酌定减轻，但日本刑法理论和判例上一般认为，即使有多个法定减轻事由，也只能减轻一次。[①] 对于减轻处罚的限度，《意大利刑法典》第 65 条规定："有一种减轻刑罚之原因，而依法未规定其刑罚之减轻者，依下列规定减轻之：处无期徒刑者，减轻为二十年以上二十四年以下有期徒刑；其他刑罚减轻至三分之一。"该法典第 67 条规定："有两个以上减轻刑罚之原因竞合时，其减轻之结果，不得逾越下列之限度：无期徒刑，不得减至十年以下有期徒刑；其他刑罚，如无第 63 条第 3 项规定之原因时[②]，不得减至本刑四分之一以下。"该法典第 68 条还规定："除第 15 条之规定外[③]……减轻刑罚情状包含他种……减轻之情状时，从一最高额……减之……减额相同者，仅……减轻一次。"瑞士、奥地利、德国等大陆法系国家的刑法典虽也对减轻处罚作了规定，但没有规定较为一致的减轻幅度，而是根据不同的法定刑情况规定不同的减轻方法。

对减轻处罚的限度，一些东欧国家刑法典的规定有不同的特点。如《匈牙利刑法典》第 51 条规定：（第一款）"如考虑刑罚及由于加重与减轻的情况而认为法律所规定的刑罚或其最低度的方法过于严厉时，得减轻之。"（第二款）"基于上述条款规定如下：如法律规定为死刑，得判为剥夺自由的无期徒刑或 10 年以上 15 年以下的有期徒刑以代替之；如法律所规定的刑罚为剥夺自由的无期徒刑，则以 5 年以上 10 年以下的有期徒刑代替之；如法律所规定的剥夺自由最低限度为有期徒刑 5 年或 5 年以上者，则以低于 5 年（至少为 1 年）的有期徒刑代替之；除以上所列举的情形外，尚得以罚金代替剥夺自由的徒刑。"该法典第 52 条还规定："如遇法律准许无限制减轻刑罚时，不论法定主刑如何，得适用剥夺自由之徒刑或罚金；在此种情形下，并得适用最低限度的剥夺自由的徒刑或罚金（第 32 条、第 34 条）。"《捷克斯洛伐克刑法典》第 30 条则规定："刑罚的减轻，（第一项）法院必须在考虑有罪人的个人特性或者情节轻微的意义以后，才能在本法典符合这一犯罪行为的条款规定的最低刑期以下决定剥夺自由的刑期。（第二项）根据第一项的规定，减轻剥夺自由的刑期时，不得少于下列刑罚的最低限度；依照法律应当判处终身剥夺自由刑的，不得少于 10 年；法律规定的最低刑为 15 年以上的，不得少于 5 年；法律规定的最低刑为 10 年以上的，不得少于 3 年；法律规定的最低刑为 5 年以上的，不得少于 1 年。"可见，这些国家规定的减轻处罚幅度也是比较明确、具体的。

我国现行刑法对减轻处罚没有规定具体的限度。本来，为了防止量刑畸轻现象的发生，在刑法起草过程中，1957 年《中华人民共和国刑法草案（初稿）》第 22 稿第 63 条曾规定："犯罪分子具有本法规定的减轻情节的，应当依照下列规定，在法定刑以下判处刑罚：最低刑为无期徒刑的，可以减到 10 年以上有期徒刑；最低刑为 10 年有期徒刑的，可以减到 7 年有期徒刑；最低刑为 7 年有期徒刑的，可以减到 5 年有期徒刑；最低

① 参见何鹏主编：《现代日本刑法专题研究》，长春：吉林大学出版社 1994 年版，第 173－174 页。

② 《意大利刑法典》第 63 条第 3 项规定："法律因特殊原因规定应处他种类之刑罚，或不依一般刑罚确定其刑度时，如有加重或减轻之原因，亦不就一般之刑罚而就特别规定之刑罚作为加重减轻之计算基础。"

③ 《意大利刑法典》第 15 条规定："凡同一案件，得适用数种刑法，或同一刑法之数条款时，特别法优于普通法，特别条款优于普通条款，但有其他规定时，不在此限。"

刑为 5 年有期徒刑的，可以减到 3 年有期徒刑；最低刑为 3 年有期徒刑的，可以减到 1 年有期徒刑；最低刑为 1 年有期徒刑的，可以减到拘役；最低刑为 6 个月有期徒刑、拘役、管制或者罚金的，可以免除处罚。”第 22 稿第 64 条还规定：“根据案件的特殊情节，对于犯罪分子从轻判处法定刑的最低限度还是过重的时候，可以减轻或者免除处罚，但是应当在判决书中说明理由。”但是后来在对第 22 稿的讨论中，认为这样规定太琐细，限制也太死，因此后来又删除了，具体减多少由人民法院根据每一案件的情况去斟酌办理。[①] 所以刑法草案第 33 稿第 63 条就修改规定为：“犯罪分子具有本法规定的减轻处罚情节的，应当在法定刑以下判处刑罚。”“犯罪分子虽然不具有本法规定的减轻处罚情节，如果根据案件的特殊情况，判处法定刑的最低刑还是过重的，经过上一级人民法院核准，也可以在法定刑以下判处刑罚。”1979 年通过的《刑法》第 59 条基本采纳了草案第 33 稿第 63 条的规定，只是把“特殊情况”改为“具体情况”，把“经过上一级人民法院核准”改为“经人民法院审判委员会决定”，放宽了限制。1997 年修订后通过的现行《刑法》第 63 条基本保留了 1979 年《刑法》第 59 条规定的内容，但是又把“具体情况”改回“特殊情况”，删去“判处法定刑的最低刑还是过重的”规定，并把“经人民法院审判委员会决定”改为“经最高人民法院核准”，从而对酌定减轻的适用作了更严格的限制。可见，刑法起草过程中过于追求原则性、灵活性的做法导致我国现行刑法对减轻处罚规定过于笼统的现状。刑法修订时，虽然已认识到实践中存在滥用减轻处罚规定的现象，并对酌定减轻作了修改，规定了更严格的适用条件，但仍未能从根本上解决我国刑法对减轻处罚限度不明确、不具体从而难以适用的问题。

那么，应如何理解我国刑法规定的减轻处罚的限度呢？对此，我国刑法理论上主要存在三种观点。[②] 第一种观点认为，减轻处罚既包括刑期的减轻，也包括刑种的减轻，还可以减到免除处罚。第二种观点认为，减轻处罚既包括刑种的减轻，也包括刑期的减轻，但不能减到免除处罚。第三种观点认为，减轻处罚只能是刑期的减轻，而不包括刑种的减轻。我认为，既然法律对减轻处罚可以减轻到何种程度没有作任何限制，减轻处罚当然既可以是刑期的减短，也可以是刑种的减轻。但是减轻处罚与免除处罚终究有所区别，因此，减轻处罚不能减到免除处罚。所以，上述第二种观点是比较可取的，这也为我国刑法理论和司法实践所普遍接受。

减轻处罚可以减轻的刑种或减短的刑期是否应有所限制呢？

理论上有一种观点认为，减轻处罚既然是相对于加重处罚[③]而言的，也不能是无原则地减轻，而应限于在法定最低刑以下一格判处。如果允许再予扩大，势必会轻纵罪犯，造成刑罪不相适应，损害法律的严肃性。[④] 这种观点尽管有一定的合理性，但其以“法定最低刑以下一格”作为限制因缺乏法律依据而并无说服力。我认为，对于减轻处

---

① 参见高铭暄：《中华人民共和国刑法的孕育和诞生》，北京：法律出版社 1981 年版，第 93－94 页。

② 参见苏惠渔等：《量刑情节中从重、从轻、加重、减轻的科学含义及其定量研究》，载苏惠渔等编：《量刑方法研究专论》，上海：复旦大学出版社 1991 年版，第 117 页。

③ “加重处罚”为 1981 年《关于处理逃跑或者重新犯罪的劳改犯和劳教人员的决定》规定的内容，修订后的刑法没有吸收该内容并将其废止，因此现行刑法中已不存在“加重处罚”的规定。

④ 参见周振想：《刑罚适用论》，北京：法律出版社 1990 年版，第 279－280 页。

罚的限制，主要是不能减轻到免除处罚。如果存在两个以上法定刑幅度的，在以较重的法定刑幅度的最低刑为参照对象适用减轻处罚时，不能判处低于较轻的法定刑幅度最低刑的刑罚，否则有违法律规定多个法定刑幅度的宗旨。除此之外认为还存在其他限制是没有充分理由的。

（四）减轻处罚的意义

减轻处罚作为人民法院裁量刑罚的一项重要活动，在刑事司法中发挥着积极的作用，意义重大。其具体表现为以下几个方面。

1. 减轻处罚是罪刑法定、罪刑相适应原则得到实现的重要保证

量刑以定罪为前提，定罪确定具体犯罪应适用的法定刑幅度，作为量刑活动重要组成部分的减轻处罚具有变更法定刑幅度形成处断刑的功能。在适用减轻处罚后形成的处断刑范围内，进一步裁量确定宣告刑，从而抽象的罪刑法定便变成现实的罪刑法定。因此，减轻处罚的合理适用与罪刑法定的正确实现息息相关。如果存在应变更法定刑幅度的减轻事由却未适用减轻处罚的，法定刑的相对确定将失去意义，从而违背了罪刑法定原则的宗旨。

罪刑相适应原则要求刑罚与犯罪相称，重罪重罚、轻罪轻罚，罚当其罪。由于犯罪的复杂性，刑事立法一般只能规定相对确定的法定刑幅度而不能规定绝对确定的刑罚与之相对应，所以罪刑相适应的真正实现离不开刑事司法裁量活动。对于具体犯罪，如果案件存在减轻事由的，应依法减轻处罚。应该减轻处罚而不减轻处罚，是与罪刑相适应原则的要求相对立的。

2. 减轻处罚是惩办与宽大相结合刑事政策的重要体现

惩办与宽大相结合的基本精神是区别对待、宽严相济。根据这一精神，一方面，对犯有严重罪行的罪犯固然要处以较重的刑罚，对具有从重情节的罪犯也应在法定刑幅度内处以较重的刑罚；但是，另一方面，对犯有较轻罪行的罪犯则应处以较轻的刑罚，对具有从轻或减轻情节的罪犯也应在法定刑幅度内处以较轻的刑罚或判处低于法定最低刑的刑罚。[①] 可见，减轻处罚是惩办与宽大相结合刑事政策中“宽大”的重要内容之一。我国刑法关于主犯、累犯等从严（从重处罚），从犯、胁从犯、自首、未成年等从宽（从轻、减轻或者免除处罚）的规定基本上体现了惩办与宽大相结合的政策，在司法活动中，同样要体现该政策。如犯罪人有自首、立功表现的，或者中止犯罪的，或者犯罪时未成年的，等等，在量刑时都应加以考虑。符合减轻处罚条件的，就应减轻处罚，做到宽严结合、区别对待。

3. 减轻处罚有利于刑罚目的的实现

我国的刑罚目的包括特殊预防与一般预防，减轻处罚对两种预防目的的实现都发挥着作用。

就特殊预防来说，如果一味重罚，难以使罪犯真正认罪服罚，即使投入监管改造也会因其存在反感、抵触情绪而难以达到好的效果，甚至有的会因受到不公平的处理而产

---

① 参见马克昌主编：《中国刑事政策学》，武汉：武汉大学出版社 1992 年版，第 351 页。

生仇视司法机关、报复社会的心理，从而难达特殊预防之效。相反，正确适用减轻处罚，不但能够使犯罪人感到罪有应得，使其认识到法不可违，罪不可犯；而且因其受到宽大处理，必然对其心理产生感化作用，促使其认罪服罚，积极改造，自觉不再犯罪，努力重新做人，从而实现特殊预防。当然，减轻处罚必须依法进行而不能滥用，否则重罪轻判、量刑畸轻会使罪犯不能受到应有的震慑，因而产生侥幸心理，难以防止其以后再次以身试法。

就一般预防而言，刑罚通过对犯罪分子的实际适用具有教育、警戒社会上其他人，防止其走上犯罪道路之效。但是，如果处罚过重，则不符合刑罚人道主义，从而得不到群众的支持，甚至可能会导致人们同严刑峻法作斗争，从而使惩罚犯罪的活动招致新的犯罪行为发生，使“犯罪的耻辱”变成“法律的耻辱”①。相反，适当地判处刑罚，包括正确适用减轻处罚，才能既使刑罚发挥其应有的惩罚功能，使人民群众看到以身试法的下场，同时，又能使其理解国家法律的公正、宽大。当然，如果滥用减轻处罚，同样不利于一般预防目的的实现。因为量刑畸轻，不足以体现刑罚的威慑力，难以使社会上的不稳定分子即“潜在犯罪人”放弃犯罪观念，甚至会使他们觉得“得大于失”，从而刺激其将犯罪观念外化为犯罪行为。

二、减轻处罚的原则

作为司法实践活动的量刑必须遵循一定的原则。减轻处罚是量刑活动的重要内容之一，因此同样离不开一定的原则指导。我国刑法减轻处罚应遵循的原则主要有两项，即个别化原则和合法性原则。

（一）个别化原则

个别化是指刑罚适用的个别化。个别化原则的实质在于区别对待，即根据犯罪行为和犯罪人的不同具体情况适用不同的刑罚处理方式，实现罪刑关系的个别化，达到刑罚预防犯罪的目的。

减轻处罚是因为具备减轻处罚事由而在法定最低刑以下判处刑罚。减轻处罚事由在我国刑法中一般是指法律明文规定的各种法定减轻情节，也包括酌定减轻事由即“案件的特殊情况”。减轻处罚事由的实质在于相比同类犯罪具有较小的社会危害性或人身危险性。因此，能否适用减轻处罚，如何适用减轻处罚，同样离不开对减轻处罚事由所反映的社会危害性和人身危险性进行考察判断。

1. 根据犯罪行为的社会危害性程度确定减轻处罚

社会危害性是由犯罪人的主观见之于客观的危害行为的诸种因素决定并表现的，因此，考察社会危害性时须对影响主观恶性与客观危害的一切因素进行分析、判断，主要可以考虑危害行为侵犯的社会关系的性质；行为的性质、方法、手段；行为的危害结果；犯罪对象情况；犯罪人的动机、目的等主观情况；犯罪人的责任能力、身份；行为

① 《马克思恩格斯全集》（第1卷），北京：人民出版社1995年版，第254页。

的时间、地点；犯罪后的表现等情况。从上述几个方面分析减轻处罚事由，再根据社会相当性原则考虑此类犯罪通常情况下所具有的社会危害性大小，便可以大致确定减轻处罚事由所体现的减轻的社会危害性程度。

2. 根据犯罪人的人身危险性程度确定减轻处罚

人身危险性的实质是未来再实施危害行为的可能性，对这种可能性进行预测，只能根据犯罪人过去的言行尤其是其犯罪前的一贯品行与犯罪之后的表现进行考察、判断。不管是犯罪人的性格、气质、文化、婚姻、经济状况，还是年龄、工作情况甚至世界观，只有都在言行中体现出来，才具有评价意义。也只有如此，才使人身危险性的考察具有客观性、现实可操作性。根据以上标准，同样可以对减轻处罚事由所反映的人身危险性进行评判，其所体现的人身危险性减轻的程度如何，对减轻处罚是否适用、如何适用具有重要意义。

需要指出的是，在我国刑法中，除犯罪中止（造成损害的）属于绝对法定减轻处罚事由外，其他的法定减轻处罚事由都同时又是从轻处罚事由或者免除处罚事由。因此绝大多数情况下，存在法定减轻处罚事由的并不一定都要减轻处罚，而是还可能从轻处罚或者免除处罚。而且有的减轻处罚事由的存在仅使减轻处罚成为“可以”而非“应当”，是否一定减轻处罚还离不开对具体案情的考量。确定适用减轻处罚后，也还存在减轻幅度的大小问题。所以在适用减轻处罚时，对减轻处罚事由所反映的社会危害性轻重和人身危险性大小进行分析、评判是极其必要的。个别化原则对减轻处罚同样具有重要的指导意义。

（二）合法性原则

这里所说的“合法性原则”特指审判机关在对犯罪人决定是否适用减轻处罚以及如何适用减轻处罚时，必须严格以我国刑事法律的规定为准绳。如果说，个别化原则是正确适用减轻处罚的基础的话，合法性原则便是使减轻处罚能够公正、合理适用的法律保证。

减轻处罚的合法性原则要求在对犯罪人量刑时，对是否需要予以减轻处罚以及给予多大幅度的减轻处罚，都必须严格依照刑事法律的规定进行，既不能对具备减轻处罚条件的人不予以减轻处罚，也不能对不具备减轻处罚条件的人予以减轻处罚。为了贯彻这一原则，适用减轻处罚时必须注意以下几点。

1. 遵守刑法总则的规定

我国《刑法》第 61 条规定：“对于犯罪分子决定刑罚的时候，应当根据犯罪的事实、犯罪的性质、情节和对于社会的危害程度，依照本法的有关规定判处。”这是关于量刑的一般原则的规定，作为量刑活动组成部分之一的减轻处罚首先必须遵守。《刑法》第 63 条规定：“犯罪分子具有本法规定的减轻处罚情节的，应当在法定刑以下判处刑罚。犯罪分子虽然不具有本法规定的减轻处罚情节，但是根据案件的特殊情况，经最高人民法院核准，也可以在法定刑以下判处刑罚。”这是关于减轻处罚最基本的一般规定，减轻处罚离不开这一规定的要求。

此外，刑法总则规定了一系列的不同犯罪人承担不同刑事责任的原则，如未成年人犯罪的处罚原则、又聋又哑的人犯罪的处罚原则、共同犯罪人的处罚原则、防卫过当的处罚原则、自首的处罚原则、预备犯的处罚原则，等等。这些规定有许多属于减轻处罚事由，适用减轻处罚必须考虑这些规定。如行为人在 18 周岁前后均与他人合伙盗窃过他人财物，那么行为人是否具有属于未成年人犯罪，行为人是主犯还是从犯，行为人是否有自首情节等减轻处罚事由的认定都离不开刑法总则对刑事责任年龄、共同犯罪人、自首内容的有关规定。即使具备上述情节的，对行为人是减轻处罚还是从轻处罚或者免除处罚，也必须在充分理解总则规定的有关内容的基础上才能确定。因此，不考虑刑法总则的有关规定，就不可能正确适用减轻处罚。

2. 遵守刑法分则的有关规定

刑法分则对减轻处罚的制约首先体现在刑法分则对法定刑的规定上。减轻处罚是在法定最低刑以下判处刑罚，因此要适用减轻处罚必须确定法定最低刑。刑法分则对不同的犯罪规定了不同的法定刑幅度，对有的犯罪还同时规定了两个以上的法定刑幅度。减轻处罚必须根据刑法分则有关条文的规定确定作为其减轻的参照对象的法定最低刑的刑种或刑期，而不能任意自定法定最低刑。如果刑法分则对某种犯罪规定有两个以上法定刑幅度的，对该种犯罪予以减轻处罚还必须确定相应幅度的法定最低刑。离开刑法分则的规定，法定刑最低刑便无从确定，减轻处罚只能成为空话。

此外，在刑法分则中对有的犯罪还规定了特定减轻处罚事由。如，《刑法》第 390 条第 2 款规定："行贿人在被追诉前主动交待行贿行为的，可以从轻或者减轻处罚……"第 392 条第 2 款规定："介绍贿赂人在被追诉前主动交待介绍贿赂行为的，可以减轻处罚……"等等。如果要对这些犯罪予以特殊减轻处罚的，则还必须遵守上述相关规定。

3. 符合法定程序要求

减轻处罚有法定减轻与酌定减轻之分。对法定减轻我国刑法没有在程序上予以限制，对酌定减轻则有特殊的程序要求。对适用酌定减轻的，1979 年《刑法》规定，需"经人民法院审判委员会决定"。考虑到在实际执行中，由于对判处法定最低刑还是过重的情况没有具体标准，各地人民法院掌握界限不统一，随意性较大，存在不少问题，甚至导致酌定减轻裁量权的滥用，对打击犯罪不力，给徇私舞弊、贪赃枉法以可乘之机。因此，现行刑法对酌定减轻的适用规定了更严格的程序要求，即必须"经最高人民法院核准"才能酌定减轻处罚。所以，适用酌定减轻，必须一案一报，经最高人民法院核准，其他任何人民法院均无权决定或批准适用减轻处罚。

4. 符合刑法规定精神

法律是具体的又是抽象的。现代各国刑事立法无不追求明确性，这也是罪刑法定原则的客观要求。但是，不管法律规定怎么明确具体，它总是要给法官留下自由裁量的空间，这一问题在我国体现得更为明显。

我国过去在刑事立法中曾过分追求简明、原则性，法官量刑裁量权过大是其突出的特点。近些年来，随着立法指导思想的转变和立法技术的进步，这种弊端也有所改善。与过去相比，现行刑法不少内容已经相当明确具体，但也还存在一些问题。就减轻处罚方面而言，问题主要有三：一是法定减轻处罚事由的不确定。仅从刑法总则的有关规定看，其所列举的减轻处罚事由绝大部分同时又是从轻处罚事由或免除处罚事由。二是减轻处罚幅度无具体规定。三是酌定减轻规定仍过于抽象。对上述问题的解决在很大程度上还有赖于法官的自由裁量。

既然法律规定的减轻处罚给法官留下了相当大的自由裁量余地，强调适用减轻处罚要符合法律规定精神就至关重要。如对于酌定减轻处罚，1979 年《刑法》规定的适用依据是“案件的具体情况”，现行刑法则将其修改为“案件的特殊情况”。比较两者，“案件的具体情况”，在许多案件中都是可能出现的，而“案件的特殊情况”被认为不能随便、经常出现在案件中。因此，虽然是两字之别，其含义已大不一样。所以，根据 1979 年《刑法》规定，酌定减轻可以由人民法院审判委员会决定可能得到较经常的适用，但按照现行刑法的规定，酌定减轻则只能在涉及特殊案件才可能使用，其范围不能任意扩大到一般的刑事案件中，否则有悖立法修改的意旨。

三、减轻处罚的事由

（一）减轻处罚事由的概念

人民法院对犯罪分子决定是否予以减轻处罚以及如何减轻处罚，必须有一定的依据和理由，即减轻处罚事由。减轻处罚事由在我国也称为减轻（处罚）情节，所以减轻处罚事由是指人民法院在对犯罪人进行处罚时所依据的量刑情节。

对于法定情节，我国刑法均对其功能作了规定。其中，对从严情节规定的功能，都是单一的，即只起从重作用；而对从宽情节规定的功能，除个别情况外（造成损害的中止犯），大多数是多重的。减轻处罚事由的功能属于从宽功能，它介于从轻功能与免刑功能之间，即从对犯罪人量刑发生的有利影响看，比从轻功能大，比免刑功能小。但是如同前面所说，属于绝对减轻处罚事由的从宽量刑情节是极个别的。这样在具体案件中，对某一从宽情节必须根据案件的具体情况并结合法律规定，确定该情节在性质上是属于减轻处罚事由还是属于从轻情节或免刑情节。因此，在这个意义上，减轻处罚事由具有不确定性。它的确定有赖于从宽量刑情节功能的选择。这是由减轻处罚事由多与从轻情节与免刑情节相互交织、重合的特点所决定的。

虽然绝大多数减轻处罚事由必须依赖于从宽量刑情节减轻功能的选择才能确定，但一旦某一从宽量刑情节被认定为减轻处罚事由，则它就不能再作为从轻情节或者免除情节来适用，即减轻处罚事由同样具有排他性的特点。虽然减轻处罚事由与从轻情节、免刑情节都具有对犯罪人从宽量刑的作用，但是它们影响量刑的结果是各不相同的。减轻处罚事由不可能同时又作为免刑情节重复使用这比较好理解，因为两者一为对犯罪分子判处刑罚，一为对犯罪分子免除刑罚，两者只能有一种情况存在而不可能同时并存。如果对犯罪分子适用免刑，减轻处罚事由已无意义；如果决定对犯罪分子减轻处罚，则不可能免除处罚。对于减轻处罚事由能否作为从轻情节重复使用，我国刑法理论上尚未见有直接探讨者，但在司法实践中，这是经常遇到的问题。例如，某 15 周岁的未成年人故意殴打他人造成重伤，人民法院决定对其减轻处罚在“3 年以下有期徒刑、拘役或者管制”这一幅度中判处刑罚。那么，能否再考虑行为人尚未成年这一因素对其从轻判处拘役或管制？我认为显然不能。不管是从禁止重复评价原则进行逻辑推论，还是从量刑公正合理要求或罪刑相适应原则看，对上述案件如果不存在其他从宽情节，是不能在减轻处罚后再予以从轻处罚的。明确这一点，可以防止司法实践中滥用量刑裁量权而造成量刑失当。

（二）减轻处罚事由的分类

减轻处罚事由同量刑情节一样，可以按不同的标准划分为不同的种类。考虑到我国刑法把减轻处罚分为法定减轻与酌定减轻，因此下面对法定减轻事由与酌定减轻事由进行专门探讨。

1. 法定减轻事由

法定减轻事由是指法律明确规定其具体内容以及对量刑产生影响的减轻事由。法定减轻事由具有以下两个特点。

第一，内容的明确性。能作为减轻处罚事由的事实情况是比较多的，但只有那些内容具有明确性而为法律明确规定的减轻处罚事由才是法定减轻事由。一种事实情况被规定为法定减轻事由，其本身即反映了具有较轻程度的社会危害性或人身危险性。如胁从犯是一种法定减轻事由，具有胁从犯情节的犯罪人即比其他共同犯罪人的社会危害性或人身危险性小。也有的减轻处罚事由本身虽能体现较轻程度的社会危害性或人身危险性，但法律未明确将其予以规定时，它仍不属于法定减轻事由。只有法律将其明确规定下来，它才能成为法定减轻事由。如立功在 1979 年刑法中未被规定为法定减刑事由，在现行刑法中它被明确规定下来而成为法定减轻事由。可见，法律是否明确把减轻处罚事由的内容予以规定或体现，是从形式上衡量该事由是否属于法定减轻事由的重要标准。

第二，功能的不确定性。减轻处罚事由具有影响从宽量刑的功能，但除个别情况外，减轻处罚事由的这种功能是不确定的。这表现为：一是多数从宽量刑情节是否最终确定为减轻处罚事由不是必然的，有的可能选择从轻功能或免刑功能。二是可以型减轻处罚事由，影响量刑的效力具有或然性，即其减轻功能仅具有可能性，在实践中此功能可能不被适用。

法定减轻事由也可以进行多种分类，在实践中较有意义的可以分为应当型减轻事由与可以型减轻事由，单功能减轻事由与多功能减轻事由两种类型。不同的法定减轻事由有不同的特点，在对其适用时必须具体情况具体分析。

对于法定减轻事由，我国采取了总则与分则相结合的立法方式。与一些外国刑法的规定相比，我国刑法总则没有把法定减轻事由集中规定在某一章中，更谈不上以几个条文列举出来，而是分散规定在总则第一、二、四章中。这种过于分散的规定存在一定的不足之处，有必要予以改进。

2. 酌定减轻事由

酌定减轻事由是指法律对其具体内容未作明确规定，根据立法精神，从审判实践经验中总结出来的对量刑产生影响作用的减轻事由。

酌定减轻事由在我国《刑法》第 63 条第 2 款中被表述为“案件的特殊情况”。但对

“特殊情况”的内容刑法未有进一步的详细规定，其他刑法条文也没有相关性规定。因此，在实践中哪些情况属于酌定减轻事由或者称为“案件的特殊情况”，常常看法不一、做法各异。为了解决这一问题，有人建议应使酌定情节（酌定减轻事由当然是其重要组成部分）法定化。[①] 固然有些酌定减轻事由经过实践经验总结，其含义已比较确定，可以将其上升为法定减轻事由，前面所说过的“立功”即是一个很好的适例。但是要把所有的酌定减轻事由予以法定化却是不可能、也是不必要的。固然我国刑法对酌定减轻事由的规定还有值得完善之处，但只要正确理解现行立法精神，并转变轻视酌定减轻事由的观念，酌定减轻事由并非不能认定和难以适用。

四、减轻处罚的适用

减轻处罚无非是在确定法定刑幅度的基础上，根据减轻处罚事由，在法定最低刑以下裁量刑罚的活动。因此，减轻处罚的适用主要涉及以下三个问题。

（一）减轻处罚基础的确定

这里所称的“减轻处罚基础”，实际上也是适用减轻处罚的基础，其内容是具体法定幅度的确定。严格来说，确定具体的法定幅度应该是定罪阶段就已经解决的问题。因为定罪不仅要解决罪与非罪、此罪与彼罪、一罪与数罪等问题，在许多具体犯罪依不同标准分为两个或两个以上轻重不一的犯罪层次的场合，还须确定犯罪的轻重、解决重罪与轻罪的问题。[②] 重罪与轻罪当然是与该犯罪法定刑中的某一具体量刑幅度相对应的。但是一到量刑领域，对作为量刑基础的法定刑问题却又常常出现认识上的混乱。有许多论者在设计量刑方法时，常常置刑法对许多犯罪规定有多个不同的法定刑幅度的事实于不顾，笼统地以犯罪的整个法定刑作为适用各种量刑情节包括减轻处罚事由的基础。[③] 因此强调这一问题仍然是很有必要的。

确定相应的法定刑幅度作为减轻处罚的基础具有重要意义，它不仅为减轻处罚提供了相应的参照对象即法定最低刑，而且决定着减轻处罚的适用范围，是减轻处罚得到正确适用的前提保证。

（二）减轻处罚事由的确定与适用

这是适用减轻处罚的核心问题。对此，仅对以下三个主要方面进行论述。

1. 从宽量刑情节的功能选择——确定法定减轻事由

实践中，绝大部分减轻处罚都属于法定减轻，因此，法定减轻事由的确定对减轻处罚的适用关系重大。前面说过，法定减轻事由属于从宽量刑情节，而且我国刑法规定的

① 参见应懋：《酌定情节法定化之建言》，载《法律学习与研究》1990 年第 6 期。

② 参见王勇：《定罪导论》，北京：中国人民大学出版社 1990 年版，第 20－24 页。

③ 参见段立文、陈殿福：《近年来标准化量刑研究概览》，载《政法论坛》1991 年第 5 期；陆翼德：《刑事审判中量刑的定量分析方法初探》，载《量刑方法研究专论》，上海：复旦大学出版社 1991 年版，第 133－141 页；高冬竹：《论数量化的量刑方法》，黑龙江大学 1987 年硕士学位论文。

法定减轻事由除个别情况具有绝对性外，多数仅具有相对意义。因此，在多数情况下，减轻处罚事由确定前需要经过对法定从宽量刑情节的多种功能进行选择。

对于从宽量刑情节功能的选择，我国刑法理论上一般认为应根据犯罪的性质和罪行的轻重、量刑情节本身的轻重，以及法律对多功能情节所包含的不同功能的排列顺序决定对其具体功能的取舍。[①] 我认为这一观点并不完全可取，因为性质严重的犯罪并非等于所有具体犯罪罪行都很严重，笼统地说可以根据犯罪性质来决定从宽量刑情节功能的取舍是不妥当的。除此之外上述观点是比较合理的。具体来说，选择量刑情节的功能应考虑以下三个因素。

（1）具体案件所反映的罪行轻重。需要指出的是，这里的罪行是指相对于某一具体法定幅度之犯罪。一般来说，罪行比较严重的，如果具有从轻、减轻处罚这种从宽情节的，一般是从轻；如果具有减轻或者免除处罚这种从宽情节的，一般是减轻；如果具有从轻、减轻或者免除处罚这种从宽情节的，一般是从轻，少数特殊情况可以是减轻，但不应免除处罚。反之，如果罪行不甚严重甚至比较轻微的，则应选择较大的从宽功能。

罪行的轻重之所以影响从宽情节功能的选择，是因为暂不考虑该从宽情节的情况下，罪行的轻重决定了对该案所处刑罚在法定刑幅度中的位置。罪行越严重，其应判刑便愈接近法定刑幅度上限直至重合。当案件具有从宽情节时，选择过大的从宽功能会过分强调某一情节的作用，有违罪刑相适应原则，导致类似犯罪仅因某一情节的有无而在量刑上相差太悬殊，因而一般选择较小的从宽功能；反之，罪行愈轻，其应判刑便愈接近法定刑幅度的下限直至重合。当案件具有从宽情节时，只选择较小的从宽功能很难体现出该情节对量刑的影响，甚至使该情节的存在变得毫无意义，因而应选择较大的从宽功能。

（2）从宽情节本身之轻重。这里的从宽情节本身之轻重，是指该情节所体现的社会危害性和人身危险性程度之轻重。从司法实践情况看，不同性质的从宽情节对量刑的影响当然不完全一样，即使同种性质的从宽情节，因其具体情况不同，对量刑的影响也是有所不同的。一般来说，情节本身较轻的，应选择较大的从宽功能；情节本身较重的，则应考虑选择较小的从宽功能。如犯罪时同为未成年人，一人刚满 14 周岁，一人快满 18 周岁，一般对前者可考虑减轻处罚，而对后者一般应从轻处罚。

从宽情节其本身情况的不同之所以影响对其功能的取舍，是因为法律规定的从宽情节所体现的社会危害性和人身危险性程度只是相对的而非绝对的。这也是立法对之规定了几种功能的理由所在。在具体案件中，只有考虑情节所反映的社会危害性或人身危险性轻重程度并选择其功能才能与立法精神相吻合，据此，从宽情节在具体案件中所反映的社会危害性或人身危险性愈小，则愈应选择较大的从宽功能，反之，则应选择较小的从宽功能。

（3）法律规定的顺序。通过考察比较可以发现，我国刑法对从宽情节影响量刑功能所规定的顺序是不完全相同的。如《刑法》第 21 条规定，避险过当的，应当负刑事责

① 参见赵秉志、吴振兴主编：《刑法学通论》，北京：高等教育出版社 1993 年版，第 391 页。

任，但是“应当减轻或者免除处罚”。《刑法》第10条则规定，依我国刑法应当负刑事责任，但在外国已经受过刑法处罚的，“可以免除处罚或者减轻处罚”。刑法对不同的从宽情节之功能规定不同的顺序并非是随意的，而是代表了立法者一定的立法意图。也就是说，对不同的从宽情节功能的规定，有的以从轻功能为主，有的以减轻功能为主，有的则以免除处罚功能为主。在选择具体功能时，对这种立法意图应予以考虑。尤其是案件反映的罪行较为一般，从宽情节具体轻重也不明显时，法律规定的顺序对功能的选择具有决定性的意义。

2. 可以型减轻事由的适用

如前所述，我国刑法规定的法定减轻事由有应当减轻处罚的事由和可以减轻处罚的事由两种类型。应当型减轻事由影响量刑的效力，具有必然性，法官在适用时只需认定这种事由是否存在，因而较为简单。可以型减轻事由对量刑的影响只具有或然性，法官除需确认这种情节的存在外，还要进一步考虑其影响量刑的效力，所以具有一定的复杂性。

对于可以型情节的适用，我国刑法理论一般认为，法律规定“可以”从轻、从重，究竟要不要从轻、从重[①]，由人民法院根据案件的具体情况来决定。不过，法律规定“可以”是有倾向性的，也就是说，除个别情况外，原则上是要从轻、从重处罚的。[②]对可以型减轻事由的适用同样应作此理解。

对于可以型情节不影响量刑的一些例外情况，我国刑法学界认为主要有三种：一是案件的性质特别严重，二是或然情节（即可以型情节）影响量刑的一般理由在具体案件中体现得不充分，三是犯罪的其他情节抵消了或然情节对量刑的影响。[③] 我认为，如同前面所说，案件性质严重并不一定意味着该案所反映的具体罪行也严重，因此案件性质严重不能一概排除可以型情节（包括可以型减轻事由，下同）的适用。而犯罪的其他情节抵消了可以型情节对量刑的影响，恰恰说明可以型情节已经得到适用。

从根本上说，可以型减轻事由能否影响量刑只能取决于该事由的存在是否引起具体犯罪的社会危害性或人身危险性较之通常情况（即不具有该可以型减轻事由的情况）具有一定程度的减轻。如果引起社会危害性或人身危险性减轻的，该事由能够影响量刑，因此应予以适用，如果不能引起减轻的，则其对量刑不发生影响，对之不应适用。

因此，可以型减轻事由是否影响量刑虽然离不开法官的自由裁量，但其决定因素并非法官的主观意志。在具体案件中，可以型减轻事由是否能够影响量刑是确然的，这并不取决于法官的任意取舍。法官的职责在于正确分析案件情况，并依此得出可以型减轻事由是否能够影响量刑的结论，那种认为可以型减轻事由在量刑时“可以考虑，也可以不考虑”的观点是不正确的，以此指导司法实践必然影响减轻处罚的正确适用。

---

① 我国刑法规定的法定从重情节都是“应当”从重处罚的情节，不存在可以从重的问题，因此这里所表述的“可以从重”“究竟要不要从重”等内容是不妥当的。

② 参见高铭暄主编：《中国刑法学》，北京：中国人民大学出版社1989年版，第277页。

③ 参见邱兴隆等：《刑罚学》，北京：群众出版社1988年版，第279页。

3. 法定减轻事由竞合的适用

在实践中，常常发生两个以上法定减轻事由竞合的现象。如未成年人防卫过当构成的犯罪中，既有未成年人这一减轻事由，又有防卫过当这一减轻事由。对法定减轻事由竞合问题，根据我国刑法立法精神，对具体案件一般不宜多次进行处罚（不具有法定减轻事由时才允许酌定减轻可间接证明这一点），否则将使刑法规定的法定刑失去意义，有违罪刑法定的宗旨。由于我国刑法规定的法定减轻事由不少还同时具有可评价为从轻情节的属性，因此如果对某一情节评价确定为减轻处罚事由后，其他具有从轻、减轻处罚功能的从宽情节应评价为从轻情节，这样可以解决适用上的难题。至于确实有必要同时评价为减轻处罚事由而产生竞合的（如犯罪中止并有重大立功表现的），无非可以采取两种办法来处理：一是综合考虑减轻较大的幅度进行处罚。这实质上等于先适用减轻处罚变更法定刑幅度然后再从轻处罚；二是减轻处罚一次后，再在此变更后的法定刑幅度最低刑以下判处刑罚，也就是先后进行两次减轻处罚。这种做法在实践中似乎尚未见到，在理论上是否可行、是否符合刑法规定的精神，还值得深入研究。

（三）减轻幅度的裁量

在决定适用减轻处罚事由在法定最低刑以下判处刑罚之后，还存在针对法定最低刑减轻多大幅度而得出宣告刑的问题。如果案件同时存在其他从重或从轻情节的，当然需要一并考虑，如果不存在其他从重或从轻情节的，则主要考虑减轻处罚事由本身减轻刑罚量的轻重。不管是否存在其他从重、从轻情节，减轻处罚幅度的大致确定都是重要的，它是在法定最低刑以下范围内求得宣告刑的基础。

我国刑法对减轻幅度没有作出规定，因此只要有理由，在法定最低刑以下判处多重多轻的刑罚可以说都是合理的。即使外国刑法中规定有减轻幅度的，也都是对所有的减轻事由一视同仁地规定了同样的减轻幅度，而不是针对不同的减轻事由规定大小不一的减轻幅度。因此不管法律规定减轻幅度与否，在具体案件中对犯罪人减轻处罚量的多少均不得不依赖于法官在一定范围内裁量决定。

从理论上说，减轻幅度的大小应该取决于减轻处罚事由本身的轻重。也就是说，减轻处罚事由所体现的社会危害性或人身危险性程度越轻，其减轻处罚的幅度应该越大；反之，则减轻处罚的幅度应该越小。这里所说的“减轻处罚事由所体现的社会危害性或人身危险性程度”是相对于不具有此减轻处罚事由时案件所体现的社会危害性或人身危险性而言的。比如说“自首体现了犯罪人具有较轻的人身危险性”是比较犯罪人犯罪后未自动投案如实供述自己所犯罪行的情形而言的。在司法实践中，同种类型的减轻处罚事由在不同的案件中其具体情况并不完全相同，因而该事由所反映的社会危害性或人身危险性程度是有差别的。仍以未成年人犯罪为例：虽然未成年在不同案件中都可能成为减轻处罚事由，但因具体年龄的不同，未成年人之间辨别和控制自己行为的能力强弱当然是存在差异的。接近 18 周岁的未成年人辨别和控制自己行为的能力已几乎与成年人差别不大。刚满 14 周岁的未成年人辨别和控制自己行为的能力则弱得多。所以两者所体现出来的社会危害性或人身危险性程度差别是比较大的。如果对他们都适用减轻处罚的话，对前者判处的刑罚应较接近原法定最低刑，对后者判处的刑罚应较远离原法定最低刑。

还需注意的是，具体情形完全相同的减轻处罚事由，在不同的案件中所导致的减轻处罚量可能也是大不相同的。这主要是因为减轻处罚所适用的基础即所参照的法定最低刑不同。如果法定最低刑刑种较重或刑度较高，法定最低刑以下的范围相应地较大，这时适用减轻处罚的结果容易使犯罪人得到较大幅度刑罚量的减轻。反之，如果法定最低刑刑种较轻或刑度较低，甚至已接近所能判处刑罚的最低限，这时在法定最低刑以下判处刑罚的范围已非常小，适用减轻处罚的结果当然很难使犯罪人得到较大幅度刑罚量的减轻。所以，在不同案件中，对于减轻处罚的幅度，需要具体情况具体分析。

社区性刑罚的立法与短期监禁刑问题的解决

翟中东*

一、问题的提出：我国短期监禁犯数量增长及带来的挑战

短期监禁犯，是指被判处短期监禁刑的罪犯。由于各国法律不同，短期监禁犯的定义也不同。在我国，因为 3 年有期徒刑是很多犯罪的最低刑罚期限，如强奸罪、抢劫罪，也是很多犯罪的最高刑罚，如医疗事故罪、赌博罪、妨害公务罪，3 年有期徒刑还是适用缓刑的刑罚期限条件。3 年有期徒刑是监禁刑的一个重要分界线，所以，3 年以下有期徒刑、拘役刑被认为是短期监禁刑。

（一）短期监禁犯的数量在我国呈增长态势

短期监禁犯的增长，是我国监狱行刑领域专业人士近年关注的重要现象之一。

福建司法警察训练总队高级教官郑祥对此在福建全省进行了调查。根据他的调查，2000 年前后，福建监狱系统的短期监禁犯不仅在数量上呈上升趋势，而且在押犯中占有较高的比率。具体情况见表 1。① 2006 年后，特别是新《刑事诉讼法》出台后，由于看守所不再收押被判 1 年以下有期徒刑的已决犯，监狱中所收押短期监禁犯的押犯比迅速而持续地上升。

表 1　1998—2006 年之间福建省短期监禁犯在押犯中所占比例

年份	1998	1999	2000	2001	2002	2003	2004	2005	2006
短期监禁犯在押犯中所占比例（%）	16.04	15.7	18.81	28.26	29.42	28.85	28.52	28.98	29.42

具体到不同监狱，由于押犯类型不同，因而收押短期监禁犯的情况不同。但是，就一个确定的监狱，在监狱安全等级不变的情况下，监狱收押短期监禁犯的情况，也可以

*　法学博士，中央司法警官学院教授。

①　参见郑祥：《弄清“首要标准”，创新短刑犯教育》，载《中国监狱学刊》2012 年第 3 期。

反映出短期监禁犯在监狱系统中的变化情况。根据蒋若亭的调查，广东省乐昌监狱1990年收押短期监禁犯378人，短期监禁犯在押犯中所占比例是37.8%；2000年收押短期监禁犯512人，短期监禁犯在押犯中所占比例是42.6%；2010年收押短期监禁犯868人，短期监禁犯在押犯中所占比例是72.3%。[①] 根据齐志高的调查，其所调查的监狱2000年短期监禁犯在押犯中所占比例是36.5%，2012年，短期监禁犯在押犯中所占比例是61.8%。[②] 根据我们在安徽铜陵监狱的调查，从2015年以来，短期监禁犯在押犯中所占比例不低于30%。根据2017年6月的数字，短期监禁犯在押犯中所占比率不低于39.74%。

尽管全国的有关数据尚未公开，短期监禁犯的数量及在全国押犯中所占比率需在数据公开后获知，但是至少可以说，随着我国押犯数量总体增长，短期监禁犯的数量在我国呈增长趋势。

根据国家统计局的统计，我国自2003年到2013年，监狱押犯从154万人增长到165万人。押犯呈持续增长状态。具体情况可见表2。由于我国刑罚立法及量刑政策没有变化，随着监狱押犯总量的增长，短期监禁犯也相应增长。

表2　2003—2013年我国监狱押犯增长情况[③]

年份	2003	2004	2005	2006	2007	2008	2009	2010	2011	2012	2013
监狱押犯（万）	154	156.2	155.8	156.5	156.6	158.9	162.3	164.6	165.6	164.1	165.7

（二）短期监禁犯增长的原因

短期监禁犯增长大体有以下方面的原因。

第一，被判有罪的罪犯呈增长态势。具体情况见表3。随着被判有罪的罪犯数量增长，被判刑罚的罪犯相应增长，被判短期监禁刑罪犯也相应增长。

表3　1997—2013年人民法院审理刑事案件罪犯情况[④]

年份	1997	2000	2003	2006	2007	2008	2009	2010	2011	2012	2013
审理罪犯人数	526 312	639 814	742 261	889 042	931 745	1 007 304	996 666	1 006 420	1 050 747	1 173 406	1 157 784

① 参见蒋若亭：《短刑犯改造：一个不容忽视的问题》，载道客巴巴网，http://www.doc88.com/p-2092060131132.html，2014年10月28日访问。

② 参见齐志高：《短刑犯监狱管理问题研究》，湘潭大学2013年法学硕士论文，第4页。

③ 国家统计局在2003—2014年间曾经将罪犯押犯数量纳入每年的统计范围。参见国家统计局：《中国统计年鉴》（2005—2012年表23-10、2013年表23-30），载中国统计年鉴网，http://www.stats.gov.cn/tjsj/ndsj/，2014年2月21日访问。

④ 参见国家统计局：《中国统计年鉴》（2014年表24-17），载中国统计年鉴网，http://www.stats.gov.cn/tjsj/ndsj/2014/indexch.htm，2014年10月10日访问。

第二，近年人民法院判处短期监禁刑绝对数与相对数都比较高。2011 年全国法院对 1 051 638 人作出生效判决，其中，被判 3 年有期徒刑的人是 365 037 人，被判拘役刑的是 76 683 人，两项合计占生效判决人数的 42%。[①] 2013 年全国法院对 1 158 609 人作出生效判决，其中，被判 3 年有期徒刑的人是 405 032 人，被判拘役刑的是 133 044 人，两项合计占生效判决人数的 46.4%。[②] 2014 年全国法院对 1 184 562 人作出生效判决，其中，被判 3 年有期徒刑的人是 430 664 人，被判拘役刑的是 145 086 人，两项合计占生效判决人数的 48.6%。[③] 2015 年全国法院对 1 232 695 人作出生效判决，其中被判 3 年有期徒刑的人是 467 993 人，被判拘役刑的是 157 915 人，两项合计占生效判决人数的 50.7%。[④] 这里需要特别注意的是，在全国范围内，被判短期监禁刑的罪犯人数绝对数与被判短期监禁刑的罪犯人数的相对数，即被判短期监禁刑的罪犯人数在被判刑罚罪犯中所占比率都呈上升态势。

从全国范围看适用短期监禁刑的判决已经占到人民法院作出生效判决的 40%以上，但是，在一些地方，适用短期监禁刑的判决占比更高，大大超过人民法院作出生效判决的 50%。例如，李志平的文章指出，2005 年广州市检察机关提起公诉的刑事案件中，被判处不满 3 年有期徒刑的罪犯占到被判刑罚人数总数的 60%。[⑤] 根据周德明等对某地法院 2003—2005 年量刑情况的实证研究：2003—2005 年度有 1 672 人被判处刑罚，其中被判处拘役刑的 547 人，被判处 3 年以下有期徒刑的 513 人，两项合计 1 060 人，占被判刑罚人数的 63.3%。[⑥] 两项调查都反映出法院作出短期监禁刑的判决比率比较高，也因而被判处 3 年以下有期徒刑的罪犯人数占所判罪犯人数比率较高。

（三）短期监禁犯增长所带来的问题

短期监禁犯是一类长期受关注的特殊类型罪犯，其特殊性表现在很多短期监禁犯有特殊的“症状”，本文将之称为“短期监禁犯症状”。“短期监禁犯症状”具有以下特征：第一，认罪服法意识弱，不认真或者不积极悔罪，症状严重者，不悔罪。我国的很多研究成果都发现了短期监禁犯这一特征。齐志高认为，短期监禁犯“认罪服法意识淡化，混刑度日思想严重”[⑦]。江苏常州监狱对短期监禁犯的调查发现[⑧]：被调查对象的 58%认

① 参见最高人民法院：《2011 年全国法院审理刑事案件被告人判决生效情况统计表》，载《中国法律年鉴》，北京：中国法律年鉴社 2012 年版，第 1065 页。

② 参见最高人民法院：《2013 年全国法院审理刑事案件被告人判决生效情况统计表》，载《中国法律年鉴》，北京：中国法律年鉴社 2014 年版，第 1133 页。

③ 参见最高人民法院：《2014 年全国法院审理刑事案件被告人判决生效情况统计表》，载《中国法律年鉴》，北京：中国法律年鉴社 2015 年版，第 1014 页。

④ 参见最高人民法院：《2015 年全国法院审理刑事案件被告人判决生效情况统计表》，载《中国法律年鉴》，北京：中国法律年鉴社 2016 年版，第 1297 页。

⑤ 参见李志平：《对轻微犯罪实行“轻重控制”的对策思考》，载《法治论坛》2007 年第 1 期。

⑥ 参见周德明、王宪文、杨小宁、黄洪萍：《当前刑罚适用有关问题实证研究——自由刑量刑现状、缺陷分析及合理化建议》，载中国法院网，http://www.chinacourt.org/article/detail/2006/09/id/217249.shtml，2014 年 9 月 1 日访问。

⑦ 参见齐志高：《短刑犯监狱管理问题研究》，湘潭大学 2013 年法学硕士论文，第 7 页。

⑧ 参见常州监狱课题组：《短刑期罪犯管教对策研究》，载《江苏警视》2013 年第 5 期。

为“没想到会判刑入狱”，被调查对象的46%“不计较奖罚与否”，被调查的短期监禁犯认罪态度与服刑态度消极。第二，不积极接受管教，症状严重者公开对抗管教。根据江苏常州监狱在2010年对罪犯违反监规纪律问题的调查，发现尽管短期监禁犯在监狱押犯中仅占14.15%，但是，其违纪率却占全监狱违纪率的30.43%。[①] 我们2013年在安徽马鞍山监狱调查了解到，该狱原判2年以下罪犯占全狱罪犯1.5%，但是违纪率却占到全狱违纪的3.6%。根据蒋若亭2010年对广东省乐昌监狱短期监禁犯的调查，2010年1—12月间，短期监禁犯在监狱内违纪达187 488次，人均每月违纪1.8次，其中有罪犯1月违纪7次。[②]

由于监狱很难解决或者控制短期监禁犯症状，短期监禁犯重新犯罪问题很突出。早在20世纪我国台湾地区学者林山田指出：从国际上看，短期监禁犯普遍存在重新犯罪率高，刑罚效果差问题。[③] 从我国近年的调查看，同国际社会一样，我国的短期监禁犯的重新犯罪率也比较高。江苏常州监狱对2012年1—11月收押的1 973名累犯进行调查，发现有956人第一次判刑在3年以下。[④] 广东乐昌监狱2011年对98名原判短期监禁刑的刑满释放者调查，发现这些刑满释放人员1年内有53人重新犯罪[⑤]，重新犯罪率高达54%。

为何很多短期监禁犯具有上述症状？观点一：“感染说”。这种观点认为，当短期监禁犯进入监狱，无疑进入了一个犯罪环境，在监狱中他们极易结交与其犯罪倾向相同或者犯罪倾向不同的罪犯，接触到犯罪经验丰富的罪犯，并受到感染。[⑥] 观点二：“丧失羞耻说”。这种观点认为，被适用短期监禁刑的大多数犯罪分子，是初犯或者轻微犯罪者。这些人尚有一定的羞耻之心，但一旦将他们关押起来，被贴上标签，有可能使他们自暴自弃。[⑦] 观点三：“威吓无效说”。这种观点认为，由于短期监禁刑刑期短，刑罚的威吓功能未能在罪犯心理上发挥作用。[⑧] 本文赞同前两种观点，特别是第一种观点。当初偶犯或者轻微犯罪者进入监狱，与其他罪犯，特别是重刑犯生活在一个环境中，不可避免会进行比较，而比较的结果往往会低估自己的罪恶。由于生活在一个环境，他们不可避免与其他罪犯，包括与犯其他罪行的罪犯、重刑犯进行交流，而交流的内容可能是犯罪经验。在交流犯罪经验的情况下，犯同种罪行的罪犯相互交流，如盗窃犯与盗窃犯交流，可能出现“深度感染”现象，即交流双方都增加犯罪经验；犯不同种罪行的罪犯相互交流，如盗窃犯与抢劫犯交流，可能出现“交叉感染”现象，即交流双方都获得了不同的犯罪经验。另外，罪犯与罪犯之间就犯罪经验的交流，除了提高他们之间的犯罪

---

① 参见常州监狱课题组：《短刑期罪犯管教对策研究》，载《江苏警视》2013年第5期。

② 参见蒋若亭：《短刑犯改造：一个不容忽视的问题》，载道客巴巴网，http://www.doc88.com/p-2092060131132.html，2014年10月28日访问。

③ 参见林山田：《刑罚学》，台北：“商务印书馆”1983年版，第198页。

④ 参见常州监狱课题组：《短刑期罪犯管教对策研究》，载《江苏警视》2013年第5期。

⑤ 参见蒋若亭：《短刑犯改造：一个不容忽视的问题》，载道客巴巴网，http://www.doc88.com/p-2092060131132.html，2014年10月28日访问。

⑥ 参见林山田：《刑罚学》，台北：“商务印书馆”1983年版，第198页。

⑦ 参见赵秉志、陈志军：《短期自由刑改革方式比较研究》，载《政法论坛》2003年第5期。

⑧ 参见谢瑞智：《犯罪与刑事政策原论》，台北：文笙书局1996年版，第217页。

知识，也增加了他们犯罪的胆量。

二、未达成共识的解决方案：已往的探讨

短期监禁刑的弊端早在19世纪就已被人们关注，其中不乏对短期监禁刑的尖锐批评。如著名伦理学家包尔生（F. Paulsen）指出：短期监禁刑是不道德的，一方面，其威吓不住惯犯；另一方面，将因贫困等原因而偶然犯罪的人置于监狱，把他们和有犯罪经验的罪犯关在一起，使他们失去对法律的敬畏，使他们失去自尊、公民的荣誉及诚实劳动的能力，为发展为惯犯铺路。① 由于短期监禁刑受到前所未有的诟病，1872年在伦敦以及1885年在罗马召开的"国际监狱大会"（the International Penitentiary Congress）都将其纳入议委会进行讨论。② 虽然关于短期监禁犯症状或者短期监禁刑弊端问题解决的讨论、研究与探索经年历久，而且具有全球性，但是，由于问题解决的路径没变，要么从刑罚立法完善路径考虑问题解决方案，要么从刑罚执行路径考虑问题解决方案，所以大家的观点基本围绕刑罚立法与刑罚执行两个层面展开。

取消短期监禁刑，这是德国刑法学家李斯特（F. von Liszt）针对短期监禁犯症状或者短期监禁刑弊端开出的"药方"。他指出：短期监禁刑不但没有价值，而且有害。它既不能威吓罪犯，也不能改造罪犯，它只能使罪犯受到"感染"③。李斯特的主张表达了人们对短期监禁刑弊端最强烈的否定。然而，如果取消短期监禁刑，刑罚从轻到重的系谱就会出现空白，在监禁刑主导的现代刑罚体系与刑罪相对应的关系下，对轻罪的惩罚就会无从实现。如何办？于是，有了下列主张：主张一，制定刑罚易科法律规定，对短期监禁刑易科④，在这类主张中将短期监禁刑易科为罚金最受追捧。⑤ 主张二，制定替代性刑罚，如制定强制劳动刑⑥，制定剥夺从事一定职业或者活动的资格刑，制定剥夺一定亲权及民事权利的资格刑。⑦

鉴于上述主张需要刑罚废改立，牵涉面较大，有论者认为，解决短期监禁刑弊端及短期监禁犯症状问题还有更好的方式，即在保留短期监禁刑的前提下，通过重新安排相关资源，消解短期监禁刑弊端或者解决短期监禁犯症状。第一，改革短期监禁刑的执行方式，采取周末监禁、半监禁与业余监禁等变通执行方式。⑧ 第二，减少或者避免短期监禁刑宣告，充分发挥缓刑的功能，对应判处短期监禁刑的罪犯适用缓刑。⑨

---

① 参见［德］包尔生：《伦理学体系》，何怀宏、廖申白译，北京：中国社会科学出版社1988年版，第526页。

② 参见谢望原：《欧陆刑罚制度与刑罚价值原理》，北京：中国检察出版社2004年版，第5页。

③ A. M. van Kalmthout & P. J. P. Tak, *Sanction-system in the Member-states of the Council of Europe*, *Part 1*, Deventer: Kluwer Law and Taxation Publishers, 1988, pp. 2-3.

④ 参见赵秉志、陈志军：《短期自由刑改革方式比较研究》，载《政法论坛》2003年第5期。

⑤ 国内发表过很多有关文章，如杨风宁：《罚金刑替代短期自由刑探讨》，载《法治论丛》2007年第1期。

⑥ 参见杜英杰：《论和谐社会语境下我国短期自由刑改良方式的选择及完善》，载《广西政法管理干部学院学报》2010年第7期。

⑦ 参见李敏、周海涛：《宽严相济的刑事政策与短期自由刑改革》，载《云南大学学报（法学版）》2007年第1期。

⑧ 参见赵秉志、陈志军：《短期自由刑改革方式比较研究》，载《政法论坛》2003年第5期。

⑨ 参见杜英杰：《论和谐社会语境下我国短期自由刑改良方式的选择及完善》，载《广西政法管理干部学院学报》2010年第7期。

然而，上述主张并非没有问题。按照第一种主张，监狱通过变通刑罚执行方式，通过对罪犯实施周末监禁、半监禁与业余监禁等方式，固然可以减少短期监禁犯与其他罪犯的接触，降低他们深入交流犯罪经验的可能性，但是，没有法律的规定，监狱怎么可以如此变通？况且，对罪犯实施周末监禁、半监禁与业余监禁问题，不仅涉及监狱法，还涉及刑法修改问题，因为无论"周末监禁"，还是"半监禁"，都不是监禁刑这一概念所能包容的，其在刑罚属性上属于另一种刑罚。监禁刑这一概念的基本内容就是剥夺罪犯的自由，其实质是通过剥夺罪犯自由，实现对罪犯的惩罚正义。第二种主张实质是以缓刑替代短期监禁刑，通过发挥缓刑的再社会化功能，降低短期监禁刑的弊端，消除短期监禁犯症状。然而，根据我国刑法规定，缓刑是对原判刑罚附条件不执行的刑罚制度，正因为如此，我国刑法教科书将缓刑制度放在刑罚制度中，而不是刑罚执行制度中。既然我国的缓刑不是刑罚，不是一种刑种，怎么可以去替代短期监禁刑呢？毕竟短期监禁刑属于监禁刑，具备刑罚的惩罚正义性。第二种主张，无论于当代中国的刑法规定，还是于当代中国的刑法法理，都缺乏根据，除非我国刑法将缓刑规定为一种刑罚种类。

三、规定社区性刑罚：一个全新的思路与探索

"社区性刑罚"（community penalty）这一概念的提法最早见于英国原内政部（现司法部）1988 年发布的《惩罚、监禁与社区报告》（Punishment，Custody and the Community）。根据伯明翰大学尼尔斯（M. Nellis）的解释[①]，英国原内政部使用"社区性刑罚"概念的动因是试图将社区中刑事惩罚措施概括、归纳起来。所谓"社区中刑事惩罚措施"包括保护观察刑（probation order）[②]、社区劳动刑（community service）、关护刑（the attendance center order）、监督刑（the supervision order）等。这样，便形成与财产刑、监禁刑并列的刑罚类别。由于社区性刑罚这一概念很好地概括了 20 世纪 60 年代前后国际社会出现的"新刑罚"的共同特征，而"非监禁刑""监禁替代措施"等日益被人知晓的概念，不能揭示这些"新刑罚"的特征，"非监禁刑"与监禁刑相对而言，不仅包括社区性刑罚，而且包括财产刑，"监禁替代措施"不仅包括刑罚措施，而且包括非刑罚措施，因而"社区性刑罚"这一概念很快被国际学界、司法界与社会所接受。

（一）社区性刑罚的概念

何谓"社区性刑罚"？社区性刑罚是一类可以判处犯罪分子在社区中服刑的刑罚。

---

① See Mike Nellis，*Community Penalties in Historical Perspective*，in A. Bottoms，L. Gelsthorpe & S. Rex eds.，Community Penalties：Change and Challenges，Devon：Willan Publishing，2002，pp. 16 - 39.

② 保护观察刑是 1991 年英国的《刑事司法法》（Criminal Justice Act 1991）明确规定的一种独立的刑种，其是由保护观察制度发展而来的。*See* Mick Cavadino& James Dignan，*The Penal System*，SAGE Publications Ltd，1997，p. 219. 保护观察被规定为刑罚后，保护观察的监督措施被作为主要的惩罚措施。被判处保护观察刑的罪犯要与监督人员保持密切的联系，服从指令，当住址发生变化时要及时报告。保护观察时间为 6 个月至 3 年。如果犯罪人是 18 岁以下的，保护观察监督由未成年罪犯工作组进行，而不是一般工作人员。保护观察刑不同于缓刑（Suspended Sentence）。根据 1991 年的《刑事司法法》，缓刑属于监禁刑，而保护观察刑属于社区刑。See P. Whitehead & R. Statham，*The History of Probation*：*Politics*，*Power and Cultural Change 1876—2005*，Crayford：Shaw & Sons Limited，2006，p. 123.

社区性刑罚包括社区刑与半监禁刑两种亚类型。被判社区刑的罪犯只需要在社区中服刑。社区劳动刑是社区刑的适例。被判社区服刑的罪犯除了接受社区矫正机构监督，还需要完成法院所确定的无偿义务劳动。半监禁刑是一种要求犯罪分子既要在监禁设施服刑，也要在社区服刑的刑罚。间歇监禁刑（intermittent custody）是半监禁刑的适例。被判间歇监禁刑的罪犯或者在周末回家，或者周末在监狱服刑。

1. 社区性刑罚是现代刑罚体系中的一类刑罚

社区性刑罚的基本特点是通过对在社区服刑罪犯自由的限制与行为的强制实现国家刑罚目的。虽然社区性刑罚对服刑人员的刑罚惩罚力度，不仅不能与生命刑相比，而且不能与监禁性刑罚相比，甚至与财产性刑罚的刑罚力度都难分伯仲，但是，社区性刑罚是国家的刑罚，具备刑罚的所有属性。首先，社区性刑罚对犯罪分子具有刑罚惩罚性，体现着刑罚的正义性。虽然各国在推进社区性刑罚发展的道路上有先有后，由于国情不同，各国制定的种类也不尽一致，但是，有一点是相同的，即都规定有限制或者剥夺犯罪分子权利的内容，有的刑罚规定限制犯罪分子自由，有的刑罚规定了剥夺犯罪分子劳动收入权的内容，以给犯罪分子带来痛苦感。给犯罪分子带来痛苦，是刑罚惩罚的核心与价值追求。社区性刑罚能够带给犯罪分子痛苦，社区性刑罚能够实现刑罚的惩罚价值，能够实现对犯罪分子的报应，能够实现刑罚的正义。其次，社区性刑罚表达了对犯罪的否定与谴责，体现了刑罚的威慑性。社区性刑罚是对犯罪分子适用的刑罚，社区性刑罚的适用与犯罪分子所实施的犯罪行为存在因果关系：没有犯罪分子的犯罪行为，就没有社区性刑罚的适用。由于社区性刑罚的适用与犯罪行为的实施存在因果关系，因而，社区性刑罚表达出对犯罪行为的否定与谴责，社区性刑罚的惩罚形成对欲犯者的威慑。再次，社区性刑罚具有法定性，体现出国家的意志。现在我们所讨论的“社区性刑罚”，已经超越了理论研讨阶段，进入立法实践阶段。一些国家已经通过立法规定了社区性刑罚，如越来越多的国家规定社区劳动刑。社区性刑罚的立法化，使社区性刑罚成为新型的刑罚。最后，社区性刑罚只能根据法定程序判决，体现着刑罚判决的程序性。

2. 社区性刑罚是一类新型的刑罚

虽然各国刑罚类别不尽一致，但是通常不超过生命刑、身体刑、监禁刑、财产刑与资格刑范围。传统刑罚类型基本在上述范围。然而，社区性刑罚不同于所有的传统刑罚类型，社区性刑罚不仅不同于生命刑、身体刑、财产刑与资格刑，而且不同于监禁刑：社区性刑罚将罪犯放入社区内执行刑罚，而监禁刑是将罪犯关押在监禁设施内执行刑罚。如果说监禁刑是通过强制犯罪分子在监禁场所服刑而实现犯罪预防目的的刑罚，那么，社区性刑罚就是通过强制犯罪分子在社区服刑而实现犯罪预防目的的刑罚。虽然社区性刑罚执行的空间在社区，而不是在监狱，社区中的罪犯管理也不同于监狱对罪犯的管理，但是，社区性刑罚与监禁刑一样，也具有威慑、惩罚、矫正与剥夺犯罪能力的刑罚功能，也是国家的重要刑罚。社区性刑罚是一种全新的刑罚。

3. 社区性刑罚是与监禁刑并列的刑罚

虽然社区性刑罚产生的历史短，但是，社区性刑罚发展很快，日益受到重视，已成为现代刑罚体系中的一类重要的刑罚类型。通过有关资料我们看到，社区性刑罚适用量很大，在刑罚适用中所占的比例很高。

根据英国司法部的刑罚适用季度统计，英格兰与威尔士2011年4—6月对30 771名犯罪分子适用了社区性刑罚，而同期对21 467名犯罪分子适用了监禁刑。[①] 根据澳大利亚南澳大利亚州司法部的统计，2007年1—12月，南澳大利亚州对6 852名犯罪分子适用了社区性刑罚，而同期对3 893名犯罪分子适用了监禁刑。[②] 社区性刑罚的适用量超过了监禁刑的适用量。

由于社区性刑罚决定机关重视社区性刑罚的适用，所以，在社区中执行刑罚的罪犯数量很大。以美国为例，2000年时，有3 839 532名服刑人员接受保护观察机构[③]的监督，而且近10年来基本很稳定。同英国、澳大利亚一样，由于社区性刑罚受到更多的重视，所以，美国社区中服社区刑的服刑人员也很多，而且要多于在刑罚监禁机构服刑的罪犯。表4可以反映这一态势。

表4　2000、2005—2010年美国保护观察机构与监狱监管罪犯数量[④]

年份	保护观察机构监管罪犯数量	监狱监管罪犯数量
2000	3 839 532	1 316 333
2005	4 162 495	1 448 344
2006	4 237 023	1 492 973
2007	4 293 163	1 517 867
2008	4 270 917	1 522 834
2009	4 203 967	1 524 478
2010	4 055 514	1 518 104

通过上述资料我们看到，社区性刑罚不仅成为一种刑罚，而且日益受到一些国家的重视，成为与监禁刑并列的重要刑罚。

4. 社区性刑罚是在发展中的概念

社区性刑罚这一概念是正在发展中的概念，与监禁刑、财产刑等普遍被接受的概念相比较，社区性刑罚这一概念尚在被接受中：第一，社区性刑罚这一概念产生得比较晚，尚未被广泛传播。毕竟这一概念被提出才二十余年。第二，社区性刑罚自身尚在发展中，无论体系、运作还是结构都在发展中。在社区性刑罚中，有的刑种发展得很稳定，如社区服务刑，有的刑种发展得不够稳定，如保护观察刑；有的刑种被社会普遍接受，如社区劳动刑，有的刑种在争论中，如缓刑；有的刑种在此国被认为是独立刑种，在彼国则被认为非独立刑种，如家庭监禁刑，在美国，家庭监禁被认为是一种社区刑，而在新西兰，家庭监禁被认为是监禁刑。差异、矛盾与冲突是社区性刑罚发展中的组成部分。

---

① See Ministry of Justice, *Offender Management Statistics Quarterly Bulletin*, *April to June 2011*, *England and Wales*, London: Ministry of Justice, 2011, p. 3.

② See Office of Crime Statistics and Research, *Crime and Justice in South Australia*, 2007: *Adult Courts and Corrections*, Adelaide: Office of Crime Statistics and Research, South Australian Attorney-General's Department, 2011, pp. 6 - 7.

③ 保护观察机构是美国一些州社区矫正机构主要机构之一。这类机构的重要职责之一就是执行社区性刑罚。

④ See L. E. Glaze, *Correctional Populations in the United States*, *2010*, Washington, DC: US Department of Justice Office of Justice Programs, Bureau of Justice Statistics, 2011, p. 3.

(二) 社区性刑罚的兴起

早在19世纪，欧洲与美国出现了保护观察（probation）制度，保护观察是对社区中的犯罪分子予以监督与帮助的制度。保护观察是现代社区性刑罚的前身。

20世纪60年代，欧美国家特别是美国，由于监狱人满为患，重新犯罪率居高不下，罪犯重返社会日益被关注，于是保护观察成为防治重新犯罪政策的新立足点。在促进重返社会政策的推动下，保护观察制度渐变为社区性刑罚。

虽然社区性刑罚产生晚，但是其在刑罚领域发展非常快。现在，社区性刑罚继监禁刑、财产刑后成为刑罚领域中的重要刑罚，成为刑罚的新贵。关于社区性刑罚的制定、修改与完善的理论研讨持续升温，关于社区性刑罚的立法成为刑罚立法的热点与焦点。21世纪前后有关社区性刑罚立法的重要事件有：1966年美国加利福尼亚州的法官为更好地惩处违反交通法与停车法的妇女，创设了社区劳动刑，根据规定，被判该刑罚的罪犯需要在社区参加无偿的劳动；20世纪70年代美国创设了日报告刑（day reporting centers）[①]，这种刑罚要求服刑人员每日到"日报告中心"报告个人情况。"日报告中心"负责管理服刑人员的日报告；美国佛罗里达州《矫正改革法》规定了家庭监禁刑（house arrest，house confinement），并于1983年付诸实施[②]；法国于1981年引入社区劳动刑[③]；1983年，美国开始推广军训营刑（boot camp），该刑罚属于半监禁刑，罪犯在监禁设施中服刑一段时间后，转到社区服刑；1984年爱尔兰引入社区劳动刑[④]；1991年英国的《刑事司法法》明确保护观察刑（probation order）是一种独立的刑种[⑤]，保护观察产生于19世纪，长期以来没有明确其刑罚身份，1991年英国的《刑事司法法》明确了保护观察的刑罚身份；1991年英国规定了社区惩罚与矫正刑，这个刑罚将社区惩罚刑与社区矫正刑结合起来；1996年社区劳动刑被引入捷克，1998年有监督的缓刑、有条件撤销的监督刑被引入（the conditional waiver of punishment with supervision）[⑥]；法国于1997年引入电子监控刑[⑦]；根据英国2002年出台的《 刑事司法法》（the Criminal Justice Bill），英国过去的所有社区性刑罚统一为社区刑（community orders），这一综合性的社区刑（the Generic Community Sentence）将社区矫正刑（community rehabilitation order）、社区惩罚刑（Community Punishment Order）、社区惩罚与矫正刑（The Com-

---

① See D. Parent，et al，*Day Reporting Centers*，Washington，DC：National Institution，1995，p. 3.

② See Marcus Nieto，*Community Correction Punishments*：*An Alternative to Incarceration for Nonviolent Offenders*，at http://www.library.ca.gov/CRB/96/08 (Last visited on August 8，2014).

③ See Martine Herzog-evans，"Probation in France：Some Things Old，Some things New，Some things Borrows，and Often Blue"，*Probation Journal*，Vol. 58，No. 4：345，p. 349 (2011).

④ See Patrick O'Dea，*The Probation and Welfare Service*：*Its Role in Criminal Justice*，in P. O' Mahony ed.，Criminal Justice in Ireland，Dublin：The Institute of Public Administration，2002，p. 635.

⑤ See M. Cavadino & J. Dignan，*The Penal System*，London：SAGE Publications，1997，p. 219.

⑥ See Lenka Ourednickova，Pavel Stern & Dagmar Doubravova，*The Czech Republic*，in Anton M. von Kalmthout，Jenny Roberts & Sandra Vinding eds.，Probation and Probation Service in the EU Accession Countries，Nijmegen：Wolf Legal Publishers，2003，p. 73.

⑦ See Martine Herzog-evans，"Probation in France：Some Things Old，Some things New，Some things Borrows，and Often Blue"，*Probation Journal*，Vol. 58，No. 4：345，p. 349 (2011).

munity Punishment and Rehabilitation Order)、宵禁刑（The Curfew Order)、关护刑（The Attendance Center Order)、监督刑（The Supervision Order)、排除刑（The Exclusion Order)、毒品治疗与检测刑（The Drug Treatment and Testing Order)、戒毒刑（The Drug Abstinence Order)、行动刑（the Action Plan Order）十种刑罚合为一种刑罚；2002 年挪威规定了社区劳动刑[①]；2003 年英国推出间歇监禁刑（Intermittent Custody)，该刑罚设计的直接目的是减少监狱的弊端，帮助罪犯维持家庭联系、保持工作技能发展。这种刑罚设计的终极目的是降低重新犯罪率，间歇监禁刑是一种替代短期监禁刑的刑罚，服间歇监禁刑的罪犯在接受社区矫正的过程中需要定期至监禁场所接受短期监禁。

我们看到，自 20 世纪 60 年代，世界上很多国家陆续推出社区性刑罚。社区性刑罚不仅在刑罚世界中立足，而且在不断扩展与完善中。社区性刑罚的出现与在世界范围的扩展已经成为当代国际刑罚世界中一大景观。

通过上面所介绍的事件，我们可以看到，社区性刑罚在兴起中表现出下列特点。

第一，有关刑罚的概念新、种类多。我们看到，有关社区性刑罚的概念几乎都是我们没有见过的，不仅监督刑（The Supervision Order)、排除刑（The Exclusion Order)、毒品治疗与检测刑（The Drug Treatment and Testing Order）是我们闻所未闻的刑罚，即使社区劳动刑，对我们而言，也是新概念。仅英国在 2002 年以前就有 10 种社区刑。有关社区性刑罚的概念新，表明社区性刑罚是新生刑罚；有关社区性刑罚的种类多，表明社区性刑罚立法活跃。

第二，社区性刑罚不断扩展。我们看到，自从 1966 年美国加利福尼亚州创设了社区劳动刑后，世界上不断有国家突破传统的刑罚框架，即“死刑一监禁刑一财产刑”刑罚体系，制定社区性刑罚。以社区劳动刑为例，社区劳动刑不仅被英美国家普遍接受并立法，如英国、澳大利亚，而且被大陆法系国家所接受，如德国、法国。在社区性刑罚被欧洲、北美国家立法者热捧的同时，亚洲一些国家也开始规定社区性刑罚，如韩国。[②] 1997 年 1 月 1 日生效的俄罗斯联邦刑法典也规定了社区劳动刑，刑名是“强制性劳动刑”。根据该法第 49 条，被判该种刑罚的罪犯在学习或者劳动之余需要无偿劳动 60～240 个小时。

第三，社区性刑罚在发展中不断修正、完善。由于社区性刑罚尚处于兴起与发展的初始时期，社区性刑罚从刑种名称、内容，到社会接受性、法律适当性，都需要探索，立法者既需要创设刑种名称、内容，也需要寻求社区性刑罚的社会认同，对法律适用的适当性进行判断、检验。立法者对已经推行的社区性刑罚的判断与检验导致的结果是：对社会认同度高、法律适用的适当性好的立法予以肯定；对社会认同度低、司法适用发现存在问题的进行修改，或者舍弃。

（三）社区性刑罚的发展阶段

社区性刑罚主要经历了以下几个发展阶段：突出“改造—矫治”的阶段；强调监禁

① See Gerhard Ploeg & Jan-Eeik Sandlie, “Mapping Probation Future: Norway”, *Probation Journal*, Vol. 58, No 4: 386, p. 387 (2011).

② See Dennis Gough, “Probation in the Republic of Korea: A Compressed Journey to Public Protection”, *Probation Journal*, Vol. 58, No. 4: 372, p. 376 (2011) .

的“替代性”作用的阶段；重视社区性刑罚的“惩罚”阶段。

1. **突出“改造—矫治”的阶段**

现代社区性刑罚的前身是保护观察制度。这一阶段大体从19世纪到20世纪中期。这一阶段突出的特点是强调对罪犯的改造与矫治。前期受基督教思想的影响突出对罪犯改造，20世纪30年代始受心理学影响突出对罪犯的矫治。

2. **强调监禁的“替代性”作用的阶段**

第二次世界大战后，由于监狱押犯数量的上涨，及新建监狱支出费用的攀升，加之社区性刑罚在预防重新犯罪上的成效已经初步取得社会的信任，于是，以社区性刑罚替代监禁（alternative to custody）的思想出现并传播开来。①

20世纪中期社区性刑罚的表现形式只有保护观察，而保护观察这一形式的社区性刑罚很难充分实现“监禁替代”这一目的，于是，其他形式的社区性刑罚被创新或者发展出来。以英国为例，为满足替代监禁的需要，英国在保护观察的基础上，发展出社区劳动刑、“日训练”等刑罚。

在社区性刑罚发展过程中，这个阶段是个重要的过渡阶段。

3. **重视社区性刑罚的“惩罚”阶段**

进入20世纪90年代，在社区性刑罚领域，重视刑罚惩罚思想替代了“监禁替代”观念。② 社区性刑罚的“惩罚”思想认为，社区性刑罚如同监禁刑，应当用以惩罚罪犯。

对社区性刑罚理论与实践的检讨，是20世纪八九十年代社区性刑罚研究的重要内容。主张社区性刑罚对犯罪太“软”，是当时学术界对社区性刑罚的基本判断。于是强化社区性刑罚对犯罪的惩罚性，成为完善社区性刑罚的主导性主张。事实上，不仅学术界要求提高社区性刑罚的惩罚性，政治界也要求提高社区性刑罚的惩罚性。如英国1990年内政部（现为司法部）的白皮书《犯罪、刑事司法与保护公众》（Crime，Justice and Protecting the Public）指出：刑罚裁量突出公正性，重视对罪犯的惩罚。③ 1995年内政部的绿皮书《强化对社区中罪犯的惩罚性》（Strengthening Punishment in the Community）认为，社区内的各种社区性刑罚措施，包括保护观察措施太软，应当强硬。④

如何提高社区性刑罚的惩罚性?

很多国家的做法是通过限制服刑人员行为，强制服刑人员行为，提高社区性刑罚惩罚性，如强制尿检，参加矫正项目、宵禁、电子监控，对违反监督规定行为予以惩戒。⑤ 一些国家，如英国，除采取上述措施提高社区性刑罚的惩罚性外，明确规定了社

① See P. Whitehead & R. Statham，*The History of Probation*：*Politics*，*Power and Cultural Change 1876—2005*，Crayford：Shaw & Sons Limited，2006，p. 5.

② See P. Whitehead & R. Statham，*The History of Probation*：*Politics*，*Power and Cultural Change 1876—2005*，Crayford：Shaw & Sons Limited，2006，p. 5.

③ Home Office，*Crime*，*Justice and Protecting the Public*，Cm965，London：HMSO，1990，Paras. 1. 5 - 1. 6.

④ Home Office，1995. Cmnd 2780. London：HMSO.

⑤ See Kimora，*The Emerging Paradigm in Probation an Parole in the United States*，in Dan Phillips ed.，Probation and Parole：Current Issue，New York：Routledge，2008，pp. 2 - 3.

区性刑罚的法律地位，从而将社区性刑罚推向一个新的高度与发展平台。英国在 1991 的《刑事司法法》（Criminal Justice Act 1991）中将保护观察（prabation order）明确定义为一种刑罚惩罚措施，其惩罚力度略低于监禁刑，而不再将保护观察视为监禁替代措施、惩罚替代措施，从而在监禁刑与非监禁刑中构建无缝的刑罚体系。①

由于社区性刑罚被明确为刑罚，因而越来越多的犯罪分子被适用社区刑或者半监禁刑。在英国，因为社区性刑罚受重视，适用量不断提升，社区性刑罚已经成为审判机关适用最多的刑罚类型。根据 2004 年英国内政部曾经向下议院呈报的报告②，从 1992 年到 2002 年，社区刑适用量不断上升，从 1997 年开始，社区刑适用量已经超出监禁刑、财产刑，成为英国 1997—2002 年之间适用量最大的刑罚。

由于社区性刑罚适用量的提高，在社区中服刑的罪犯数量越来越多。以美国为例，1980 年时，全国被判保护观察的服刑人员是 1 118 000 人，但是到 2000 年，全国被判保护观察的服刑人员上升至 3 840 000 人。③

总之，社区性刑罚在当代国际社会已经发展为一类重要的刑罚。

四、讨论：社区性刑罚在我国立法的必要性、可能性及对我国刑罚的影响评估

（一）社区性刑罚引入我国的必要性

如第一部分所述，短期监禁犯在我国呈增长态势。近年，新刑事诉讼法生效后，因看守所中余刑在 3 个月以上的罪犯被送到监狱，加之劳动教养废除，一些原被决定劳动教养的人被法院适用短期监禁刑，我国监狱短期监禁犯数量上涨异常突出。由于监狱很难解决或者控制短期监禁犯症状，而短期监禁犯重新犯罪问题又很突出，所以，解决短期监禁刑问题不仅必要，而且紧迫。综合国内外解决短期监禁刑的方案，我们知道，解决短期监禁刑问题必然要从立法层面入手。

为解决短期监禁刑问题，我国有必要引入社区性刑罚。理由如下。

其一，社区性刑罚具有与短期监禁刑相当的功能，社区性刑罚可以替代短期监禁刑。在我国的刑罚机制中，短期监禁刑的主要功能是对犯轻罪的犯罪分子予以惩罚。根据刑罪相适应关系，如果犯罪分子所犯罪行严重，审判机关对罪犯适用重的刑罚，如死刑、无期徒刑、刑期长的有期徒刑；如果犯罪分子所犯罪行较轻，审判机关对罪犯适用轻的刑罚，如刑期短的有期徒刑、拘役、管制。而社区性刑罚具有与短期监禁刑相当的功能，社区性刑罚可以用于惩罚犯轻罪的犯罪分子。社区性刑罚的基本功能就是惩罚功

---

① See Peter Raynor, *Theoretical Perspectives on Resettlement*: *What it is and how it might work*, in Anthea Hucklesby & Lystra Hagley-Dickinson eds., Prisoner Resettlement Policy and Practice, Devon: Willan Publishing, 2007, pp. 30 - 31.

② See The House of Commons, *Home Affairs-First Report*, London: the House of Commons, 2004.

③ See Bureau of Justice Statistics, *Correction Populations in the United States*, Washington: Government Printing Office, 2000, p. 2.

能。以英国的“监禁附加刑”（custody plus）为例，“监禁附加刑”包括短期的监禁部分与长期的社区监督部分，前者剥夺自由，后者限制自由。根据英国 2002 年《刑事司法法》，罪犯在服社区监督部分时，不仅必须参加某种活动或者不能参加某些活动，而且必须参加无报酬的劳动。正因为具有一定的惩罚功能，所以，英国学者指出，监禁附加刑就是替代短期监禁刑的刑罚。[①] 其二，使用社区性刑罚能够降低、消除我国监狱现在出现的“短期监禁犯症状”。社区性刑罚是一类要求服刑人员在社区中服刑的刑罚。由于犯罪分子服刑地点在社区，即使基于威慑要求，判处罪犯半监禁刑在监狱服刑也是短暂的，因而，罪犯没有足够的时空与其他罪犯交往，形成犯罪思想、犯罪方法与不良生活的“深度感染”或者“交叉感染”。社区性刑罚在适用中通常要求服刑人员在社会不得与包括同伙在内的不良人员交往，接受宵禁，同时，要求服刑人员加入社会主流的活动，如劳动、学习，从两个方面促使服刑人员融入主流社会。这样，适用社区性刑罚，有利于控制或者消除“短期监禁犯症状”。

（二）社区性刑罚引入我国的可能性

1. 我国不排斥社区性刑罚。虽然社区性刑罚在我国是新概念，但是，我国并不排斥社区性刑罚。原因一：从政策层面看，我国可以接受社区性刑罚。我国的刑事政策是宽严相济，虽然“严”是政策的要求，但是“宽”也是政策的要求。原因二：从立法看，我国可以接受社区性刑罚。罪刑相适应，是我国刑法的基本原则。根据这一原则，对犯重罪者，适用重刑；对犯轻罪者，适用轻刑。社区性刑罚作为轻刑，我国法律有接受的空间。特别要指出的是，我国的管制刑本质上就是社区性刑罚。可以说，社区性刑罚在我国有一定立法与司法的实践。原因三：从司法看，我国可以接受社区性刑罚。罪刑相适应是我国的基本司法原则。对犯轻罪者适用轻刑，是我国司法公正的要求。社区性刑罚在我国的立法与完善，将给司法者更大的选择，有利于提高我国司法的公正水平。

2. 规定社区性刑罚是提高刑罚效能的需要。我国犯罪正处于上升态势。根据国家统计局发布的数据，1997 年人民法院对 526 312 名犯罪分子进行了审判，2007 年我国人民法院对 931 745 名犯罪分子进行了审判，2013 年我国人民法院对 1 157 784 名犯罪分子进行了审判。[②] 由于犯罪上升，监狱押犯相应上涨。监狱押犯上涨，必然带动国家投入的加大。如果国家规定社区性刑罚，由于被判社区性刑罚的罪犯在社区服刑，国家的投入将有所降低。根据国外的有关研究，罪犯在社区服刑的支出低于在监狱中的支出。以美国明尼苏达州 2004—2005 年度开支情况为例，无论在 2004 年、还是 2005 年，美国明尼苏达州在社区矫正机构上的开支仅为监狱开支的一半。[③]

---

① See Bella Campbell，“Transforming the Sentencing Framework”，*Prison Service Journal*，Vol. 148：2，p. 4（2003）.

② 参见国家统计局：《中国统计年鉴》（24－17 表），载中国统计年鉴网，http://www.stats.gov.cn/tjsj/ndsj/2014/indexch.htm，2014 年 10 月 10 日访问。

③ See Steve Hall，“Comparing Prison Costs：A Cost Benefit Comparison：Minnesota and England and Wales”，*Prison Service Journal*，Vol. 153，No. 2，p. 31（2004）.

3. 规定社区性刑罚是我国社区矫正发展的要求。我国社区矫正工作从 2003 年试点开始到 2014 年在全国全面推行，经历了 11 年。11 年来，我国的社区矫正一直被两个逻辑悖论所困惑，而且随着社区矫正的全面推开，这两个逻辑悖论所带来的问题愈来愈大：其一是缓刑问题，其二是强制服刑人员劳动问题。

关于缓刑问题的悖论。根据我国刑法规定，缓刑是对犯罪分子实施的有条件不执行刑罚的制度。据此，社区矫正部门对被判缓刑人员的社区矫正不是执行刑罚。然而，社区矫正部门对被判缓刑的犯罪分子的管控与矫正却与被假释的罪犯与被判管制的罪犯完全相同。2012 年 1 月 10 日最高人民法院、最高人民检察院、公安部、司法部制定的《社区矫正实施办法》第 16 条规定："有劳动能力的社区矫正人员应当参加社区服务，修复社会关系，培养社会责任感、集体观念和纪律意识。社区矫正人员每月参加社区服务时间不少于八小时。"不仅如此，无论刑法，还是司法解释对被判缓刑的犯罪分子在管控、矫正及违反规定的处理上都没有与被假释的罪犯、被判管制的罪犯进行区别。缓刑的惩罚力度与假释、管制的惩罚力度相当。根据《刑法》第 75 条，被宣告缓刑的应当遵守下列规定：遵守法律、行政法规，服从监督；按照考察机关的规定报告自己的活动情况；遵守考察机关关于会客的规定；离开所居住的市、县或者迁居，应当报经考察机关批准。根据《刑法》第 84 条，假释犯需要遵守下列规定：遵守法律、行政法规，服从监督；按照考察机关的规定报告自己的活动情况；遵守考察机关关于会客的规定；离开所居住的市、县或者迁居，应当报经考察机关批准。法律对被判缓刑的人员"不作为义务"与"作为义务"的规定与假释犯的是一样的。根据《刑法》第 72 条、第 38 条的规定，被判缓刑的人员还需要遵守禁止令。而被判缓刑的人员所遵守禁止令规定的内容与被判管制的罪犯所遵守的禁止令规定内容也是一样的。最高人民法院、最高人民检察院、公安部、司法部颁布的《关于对判处管制、宣告缓刑的犯罪分子适用禁止令有关问题的规定（试行）》对禁止被判处缓刑与管制的犯罪分子在缓刑考验期间、管制执行期间内"从事特定活动，进入特定区域、场所，接触特定的人"予以了统一规定。如禁止被判缓刑的人员与被判管制的罪犯进入夜总会、酒吧、迪厅、网吧等娱乐场所。无疑，社区矫正部门对被假释的罪犯、被判管制的罪犯的管控、矫正及违反规定的处理是刑罚执行。于是，出现下面的问题：社区矫正部门对被适用缓刑人员实施的管控、矫正及违反规定的处理究竟是否是刑罚执行？

关于强制服刑人员劳动的悖论。《社区矫正实施办法》第 16 条源于 2004 年司法部颁布的《司法行政机关社区矫正工作暂行办法》第 32 条的规定："司法所应当按照符合社会公共利益、社区服刑人员力所能及、可操作性强、易于监督检查的原则，组织有劳动能力的社区服刑人员参加必要的公益劳动。"《社区矫正实施办法》关于强制服刑人员劳动的规定显然比《司法行政机关社区矫正工作暂行办法》的规定更明确。无疑，强制社区中的服刑人员劳动具有道义的正当性：一者，强制社区中的服刑人员劳动可以在一定程度实现犯罪分子对社会利益损害的赔偿；二者，强制社区中的服刑人员劳动可以实现对犯罪分子的惩罚。但是，由于强制社区中的服刑人员劳动是剥夺服刑人员自由的行为，而剥夺服刑人员劳动自由的规定需要刑法规定，没有刑法的规定，强制社区中的服刑人员劳动的合法性在哪里？也正因为如此，当服刑人员拒绝参加劳动，社区矫正机构及其工作人员便束手无策。

然而，社区矫正推进中的这两个逻辑悖论随着社区性刑罚的立法，将会烟消云散。具体说，如果国家将缓刑刑罚化，将缓刑规定为一种刑罚，缓刑的执行性质便是执行刑罚，这样，社区矫正机构对缓刑人员实施的管控、矫正及违反规定的处理的性质与对假释人员等的管控、矫正及违反规定处理的法律性质是一致的。如果国家规定了社区性刑罚，将强制社区中的服刑人员劳动作为刑罚内容，社区矫正机构强制服刑人员劳动的合法性就得到解决，这样，强制服刑人员劳动的应然性与实然性、道义性与合法性就得到统一。

4. 规定社区性刑罚是解决后劳教时代社会规制问题的需要。劳教制度的弊端众所周知。劳教制度的弊端是导致劳教制度被废除的最根本的原因，也是内在原因。然而，劳动教养被废除后，国家如何处理那些大罪不犯，小罪不断的行为人？从法制角度说，虽然对那些大罪不犯，小罪不断的行为人可以施以行政处罚，但是，在行政处罚不足以惩罚行为人的情况下，如何处理？何况行政处罚中的行政拘留也存在比较严重的“短期监禁刑症状”问题，存在被行政拘留人员交叉感染与深度感染问题。

如果国家规定了社区性刑罚，国家便可以根据行为人犯罪的危害性，对这些大罪不犯，小罪不断的行为人予以相应惩罚，实现法律的公正。

5. 社区矫正的推进为社区性刑罚立法创造了执行环境。虽然我国社区矫正发展得晚，但是，我国社区矫正发展得非常快。现在，社区矫正已经在全国全面铺开。我国已经基本建立起来完整的社区矫正机构、基本制度与队伍。社区矫正的推进客观上为社区性刑罚立法做了执行工作上的准备，为社区性刑罚立法创造了执行环境。

（三）引入社区性刑罚对我国刑罚影响的评估

1. 引入社区性刑罚对我国刑罚功能的影响评估

关于传统刑罚体系的“多类刑罚搭配，以监禁刑为核心”的结构所表现的基本功能，我国学界有很多主张。根据刑罚功能的类别，学界对刑罚功能有“二分法”、“三分法”、“四分法”与“八分法”等。虽然各家观点有不同之处，但是也有共同处，其一为共认传统刑罚体系有以下基本功能：第一，惩罚罪犯、维护正义的功能；第二，改造罪犯的功能；第三，剥夺罪犯犯罪能力的功能；第四，威慑犯罪的功能；第五，安抚被害人的功能。

社区性刑罚的出现使传统刑罚体系的功能发生变化。社区性刑罚的出现使刑罚体系出现“帮助罪犯重返社会”的功能。社区性刑罚的“帮助罪犯重返社会”功能不仅不同于社区性刑罚的惩罚功能、威慑功能等，而且不同于社区性刑罚的“改造”功能。“改造”是指将罪犯从“坏人”改变为“好人”的活动，“改造”是与道德有关的概念。“帮助罪犯重返社会”是帮助服刑人员从不适应社会到适应社会，从被社会淘汰到重新融入社会，成为社会一员。“帮助罪犯重返社会”是与人的社会化有关的概念。

虽然社区性刑罚也具有惩罚罪犯的功能，改造、矫正罪犯的功能，剥夺罪犯犯罪能力的功能，威慑犯罪的功能与安抚被害人的功能，但是，社区性刑罚最独特，也是最重要的功能就是帮助罪犯重返社会，即以刑罚的方式将强迫方法与引导方法融合起来，使罪犯接受社会主流生活方式，学习立身、立命的劳动技能，从违反社会规范，到接受社会规范、融入社会。社区性刑罚的出现使刑罚的帮助服刑人员重返社会功能从无到有，或者说从“隐”到“显”。

罪犯犯罪的原因，除了心理原因、生理原因，还有社会原因，如缺乏劳动技能、缺乏就业能力、与不良人员交往密切等。社区性刑罚不仅通过惩罚实现社会正义，通过改造善化罪犯人格，而且通过帮助罪犯重返社会，使罪犯适应社会、融入社会，成为社会合格公民，有助于我国重新犯罪率的降低。

社区性刑罚的引入，是否会削弱刑罚的惩罚功能与威慑功能？刑罚的功能通过刑罚体系表现的。对特定刑罚而言，其功能通过由不同刑种构成的结构释放与表现出来。社区性刑罚的引入，并不影响我国罪刑相适应的基本结构，犯罪分子犯重罪，司法机关依法可以适用重的刑罚。如果说，社区性刑罚的引入影响我国的刑罚结构，那也是其能够更好地促进罪刑相适应关系的实现，使犯轻罪的罪犯获得更恰当的刑罚处遇。

2. 引入社区性刑罚对我国刑罚结构的影响评估

传统刑罚体系的结构是“多类刑罚搭配，以监禁刑为核心”。社区性刑罚引入后，刑罚类别便有所增加，刑罚系谱中的成员从财产刑、资格刑、监禁刑、生命刑，发展至财产刑、资格刑、监禁刑、生命刑与社区性刑罚。

社区性刑罚具有很强的扩张性。在英国，仅社区刑便曾经发展至 10 种，即社区矫正刑（community rehabilitation order）、社区惩罚刑（community punishment order）、社区惩罚与矫正刑（the community punishment and rehabilitation order）、宵禁刑（the curfew order）、关护刑（the attendance center order）、监督刑（the supervision order）、排除刑（the exclusion order）、毒品治疗与检测刑（the drug treatment and testing order）、戒毒刑（the drug abstinence order ）、行动刑（the action plan order）。北卡罗来纳州立大学的史马勒格（F. Schmalleger）教授与西佛罗里达州大学史莫卡拉（J. O. Smykla）曾经开列过一个刑罚系谱表：保护观察刑（probation）、强化的监督刑（intensive supervised probation/intensive supervision program）、毒品法院使用的刑罚（drug court）、赔偿（restitution）、罚金（fine）、社区服务刑（community service）、日报告（day reporting centers）、电子监控、社区住宿（community residential centers）、军训营（boot camp）、监禁刑。[①] 由于社区性刑罚在其发展道路上刚刚起步，所以，不仅各国发展程度不同，有的国家发展快一些，有的国家发展慢一些，甚至有的国家尚未传播社区性刑罚的文化，而且即使推进社区性刑罚的国家也在不断对社区性刑罚进行修改。尽管如此，我们看到，社区性刑罚显示出勃勃的生机，具有很强的扩张性。社区性刑罚的扩张在刑罚体系内对监禁刑的核心地位形成一定挤压。这种挤压表现在两个方面：第一，源于刑种数量上的挤压。我们从英国、美国刑罚系谱变化看，社区刑与半监

---

① See F. Schmalleger & J. O. Smykla, *Corrections in the 21st Century*, New York: McGraw-Hill, 2007, pp. 166 - 167.

禁刑种类的数量要高于监禁刑的数量；第二，由于社区刑与半监禁刑种类的数量大，刑罚适用量可能增长得很快，在刑罚适用量上形成一定挤压。社区性刑罚的出现，改变了原有的"多类刑罚搭配，以监禁刑为核心"的刑罚结构，形成了"多类刑罚搭配，重视监禁刑，关注社区性刑罚"的新刑罚结构。

3. 引入社区性刑罚对我国刑罚适用与执行的影响评估

在传统刑罚体系下，刑罚适用与执行基本是围绕着"惩罚罪犯"与"改造罪犯"两个目标展开的。社区性刑罚的出现，不仅拓展了人们对刑罚适用与执行目标的认识，而且增加了刑罚适用与执行的目标群的"成员"。帮助罪犯重返社会随着社区性刑罚被纳入刑罚体系而成为刑罚适用与执行的目标。

虽然"帮助罪犯重返社会"是刑罚适用与执行"目标"的新成员，但是其受到社会各方的关注。美国加州大学犯罪学教授裴特丝莱（J. Petersilia）在其专著《罪犯什么时候回家》第九章中围绕重新犯罪罪犯防控曾经提出过下面的建议①：充分重视罪犯重返社会目标，将这一目标置于刑罚适用与矫正管理的不同层面。在美国，美国矫正协会（American Correctional Association）倡导推行重返社会项目，认为重返社会项目是对社会有益的项目。因为这个项目帮助罪犯为社会生活作准备，降低行为人将来犯罪的可能性，拆除可能阻碍罪犯回到社会的障碍，向罪犯提供可能的社会帮助。② 在法国，1999年政府在原社会执行委员会的基础上成立"促进罪犯重返社会与监督局"（Criminal Service for Reintegration and Probation）。这个机构成立的目的就是向罪犯提供连续的、有效的促进罪犯重返社会的措施。这个机构的目标之一是帮助罪犯重新融入社会：帮助他们了解自己的社会权利，并帮助他们实现自己的权利；防止罪犯赤贫化；向罪犯提供文化教育、技术培训，并提供劳动机会；向罪犯提供医疗服务与体育活动，防止他们使用毒品；在监督的前提下帮助罪犯与社会福利机构建立联系。③ 社区性刑罚引入我国后，鉴于社区性刑罚具有很好的帮助罪犯重返社会的功能，审判机关与矫正机构应当考虑将帮助罪犯重返社会纳入目标视野，从而推动我国刑罚工作新发展。

（四）在我国刑法中规定社区性刑罚的建议

鉴于在我国规定社区性刑罚的必要性与可行性，本文认为，我国应当在管制刑基础上立法规定社区性刑罚。本着先易后难的推进思路，先规定社区劳动刑，然后将缓刑规定为刑罚，在此基础上规定半监禁刑。具体建议如下。

1. 规定社区劳动刑。社区劳动刑的基本内容是要求服刑人员在社区参加具有一定时间的无偿劳动。理由如下：其一，很多国家实践表明该刑罚具有比较好的惩罚、改造与帮助罪犯重返社会的效果。规定该刑罚的国家除了英国、美国、澳大利亚、加拿大，还有俄罗斯、荷兰、葡萄牙、瑞士、丹麦、瑞典等。其二，我国具有劳动改造的刑罚文

---

① See J. Petersilia, *When Prisoners Come Home*, New York: Oxford University Press, 2003, Cha. 9.

② See The Council of State Governments, *The Report of the Re-Entry Policy Council: Charting of Safe and Successful Return of Prison to the Community* 2005.

③ Andrew Coyle, *Justice Changes*, at http://www.prisonstudies.org/resources/justice-changes (Last visited on December 16, 2013).

化，我国民众容易接受这种刑罚。也因为这两点，早在 2004 年，我国就有学者关注该刑罚。[①]

2. 缓刑刑罚化。所谓缓刑刑罚化，就是将缓刑规定为一种刑罚。缓刑刑罚化的理由如下：其一，我国具有缓刑的法律与实践基础；其二，缓刑刑罚化可以赋予缓刑以惩罚性，对被判缓刑的罪犯设置惩罚性的刑事义务，如参加无偿劳动，解决了我国缓刑法律性质复杂化或者表述不清问题，为司法者提供明确的惩罚犯罪的武器。有罪必罚，无罪不罚，罪重重罚，罪轻轻罚，是我国刑法的基本逻辑，是罪刑相适应原则的要求，然而，我国的缓刑虽然被用以规戒犯罪行为，被定位为应对犯罪的措施，但是，其并不是刑罚。在“刑罚—犯罪”而不是“刑罚—保安处分—犯罪”的刑法框架下，应对犯罪的正当措施就是刑罚。缓刑刑罚化后，如果罪犯严重违反有关规定，如何处理？本文认为，可以通过易刑处理。

3. 规定半监禁刑。半监禁刑是罪犯一段时间在监狱服刑，一段时间在社区服刑的刑罚。在监禁期要求罪犯悔改，在社区服刑要求罪犯在社区工作、学习，遵守管理、控制规定，参加矫正项目。这种刑罚的特点在于一方面保留监禁刑的威慑性，另一方面具有促进罪犯重返社会的功能。考虑到我国现在短期监禁刑适用的特点，可以考虑对现在被判 1 年以下有期徒刑者，适用诸如社区服务刑这样的社区刑，而对于现在被判 3 年以下 1 年以上有期徒刑的罪犯，适用半监禁刑。设置半监禁刑的理由主要是，使可能被判处的刑罚重于被判社区刑而轻于被判监禁刑的罪犯有个公正的刑罚处遇，同时，通过替代短期监禁刑，帮助服刑人员重返社会。

① 参见谢望原：《欧陆刑罚制度与刑罚价值原理》，北京：中国检察出版社 2004 年版，第 13 页。

论我国侵犯人身、财产犯罪刑罚结构修正方向

李　翔*

近年来，我国经济社会形势发生重要变化，刑罚结构也就需要随之而作出根本性的调整。在刑法总则的条文设置上，要体现出合理性与均衡性；同时更应该体现在刑法分则的具体罪名的罪刑结构设置上，以满足罪刑相衡的原则。详言之，对于罪刑结构的把握，需要结合分则的具体罪名，为其配置合理的法定刑，而这种合理与不合理、协调与不协调之间的界限，就体现在罪名之间的对比上。在我国刑法的总体结构中，一般均认为理论界和实务界对侵犯人身、财产相关犯罪的关注度较高。但是，此种较高的关注度并未使其成为"完美的"刑法章节，侵犯人身、财产犯罪的刑罚结构体系确实存在刑罚倒挂、罪刑不均衡、自由刑幅度过大等问题。在下一步的刑法修正中，立法者应当着力来解决与消弭在经济犯罪与侵犯公民人身权利和财产权利犯罪之间出现的刑罚设置不合理现象，以真正实现以人为本的刑法观。

一、司法实践中反映出的刑罚倒挂

现有经济犯罪法定刑设计与侵犯人身权利、财产权利犯罪法定刑存在倒挂的现象。所谓刑罚倒挂，是指相对于侵犯人身权利的犯罪而言，经济犯罪的危害性较低，但刑罚设置却较为偏激的法定刑设置现象，也即所谓的"当重不重""当轻不轻"①。未来刑法的修订应当从侵犯人身犯罪和财产犯罪的法定刑入手，着力来解决刑罚结构的不均衡问题。近年来，实践中出现了一些多因量刑过重而为社会广泛关注的热点案例，从这些司法案例中可以窥见我国刑事立法中出现的人身犯罪、财产犯罪与经济犯罪的刑罚倒挂现象。

案例一（兰草案）：卢氏县农民秦某发现其农田附近山坡上长着类似兰草的"野草"，在回家时顺手采了3株，被森林公安民警查获。卢氏县法院审理查明，2016年4月22日，秦某在未办理野生植物采集证的情况下，擅自采挖兰草一丛三株，返回途中

---

* 华东政法大学发展规划处处长、学科建设办公室主任；教授、法学博士、博士研究生导师。

① 参见贾成宽：《刑罚的结构性缺陷及其化解——以宽严相济刑事政策的刑法化为视角》，载《甘肃社会科学》2009年第3期。

被卢氏县森林公安民警查获。经河南林业司法鉴定中心鉴定，秦某非法采伐的兰草系兰属中的蕙兰，属国家重点保护植物。法院认为，秦某违反国家规定，非法采伐国家重点保护植物蕙兰 3 株，其行为已构成非法采伐国家重点保护植物罪，且属情节严重。依照《刑法》规定，判决被告人秦某犯非法采伐国家重点保护植物罪，判处有期徒刑 3 年，宣告缓刑 3 年，并处罚金人民币 3 000 元。

我国刑法规定，非法采伐、毁坏珍贵树木或国家重点保护的其他植物的，或者非法收购、运输、加工、出售珍贵树木或者国家重点保护的其他植物及其制品的，处 3 年以下有期徒刑，情节严重的，处 3 年以上 7 年以下有期徒刑。根据相关司法解释的规定，非法采伐珍贵树木两株以上或毁坏珍贵树木致珍贵树木死亡三株以上的，就属于本罪中的情节严重。根据这一规定，该案例中行为人采摘兰草的数量正好达到三株，属情节严重，应当判处 3 到 7 年有期徒刑。

案例二（大学生掏鸟窝案）： 河南某大学生暑假在家时发现邻居家门口有鸟窝，于是与同伴二人拿着梯子爬上去掏了一窝小鸟，共 12 只。在饲养过程中逃跑 1 只，死亡 1 只。该大学生将此鸟的照片上传到朋友圈和 QQ 群后，有网友与他取得联系称愿购买此鸟。大学生以 800 元 7 只的价格将鸟卖给郑州一个买鸟人，以 280 元两只的价格卖给洛阳一个买鸟人，还有一只卖给辉县市的买鸟人。此后，该名大学生与同伴二人在 2014 年 2 月再次发现一个鸟窝，又掏出 4 只鸟，但这 4 只鸟刚被拿到家，就引来了县森林公安局的民警。第二天，二人被刑事拘留，同年被批准逮捕。在批准逮捕之后，辉县市检察院向辉县市人民法院提起公诉，认定行为人掏的鸟是燕隼，属国家二级保护动物。2015 年，法院对本案两名被告人分别判处十年半有期徒刑和十年有期徒刑，并分别判处罚金 10 000 元和 5 000 元。后被告人提起上诉，二审裁定维持原判。

我国刑法规定了危害珍贵、濒危野生动物罪，在该罪的行为模式中，包括非法猎捕的行为。依据解释规则，本案中行为人实施的掏鸟行为属于该罪中的猎捕行为，因此本案中的大学生所实施的掏鸟行为可以构成本罪。依据刑法规定，该罪的基准法定刑为 5 年以下有期徒刑或者拘役，并处罚金。司法解释同时规定，猎捕 6 只到 9 只的，属于情节严重，应处 5 到 10 年有期徒刑；猎捕 10 只以上的，属于情节特别严重，应处 10 年以上有期徒刑，并处罚金或者没收财产。因此，在此案例中，该名大学生第一次猎捕 12 只，第二次猎捕 4 只，除去跑走与死亡的 2 只，属犯本罪且情节特别严重，被法院依法判处 10 年以上有期徒刑。

案例三（深圳鹦鹉案）： 在深圳，某行为人因其太太生病住院需要花费，将自己饲养的鹦鹉出卖。该行为人因此被法院认定犯非法出售珍贵、濒危野生动物罪，判处 5 年有期徒刑，并处罚金 3 000 元。这一判决作出后，引发了全社会的广泛关注。之后最高人民法院通过启动《刑法》第 63 条第 2 款“法外减轻处罚”程序，在法定刑以下判处刑罚，改判为两年有期徒刑，解决这一案件量刑过重的问题。

对上述案例进行介绍后，可以与我国刑法中故意伤害罪的入罪标准与量刑模式进行对比。在针对人体损伤鉴定出台的《人体损伤程度鉴定标准》中，部分轻微伤包括：手、足骨骨折，外伤致指（趾）甲脱落，甲床暴露，甲床出血等。肋骨一处单纯性线性骨折、确证肋软骨骨折、外伤致使牙齿脱落或者牙齿缺损、眼外伤造成视力下降、耳损伤造成听力减退以及损伤致孕妇先兆流产等均属于轻微伤。按照我国现行刑法对于故意伤害罪入罪标准的规定，故意伤害行为导致以上这些结果的，均不定罪处罚。

通过将人身伤害的入罪标准与上述涉及鹦鹉、兰草等案例进行对比可以发现，掏鸟10只以上就应判处10年以上有期徒刑；而由于当前我国刑法以及相关司法解释规定，故意伤害行为只有导致轻伤以上后果的，才定罪处罚，因此上文所列举的任意一项伤害都不构成犯罪。通过这样的对比可以思考，在人本主义观念下，人到底应当得到怎样的保护、物应当得到怎样的保护、动物应该得到怎样的保护、植物应该得到怎样的保护？以及如何在刑法保护当中体现"以人为本"的理念。

应当注意的是，在大学生掏鸟窝案中，行为人实施的仅仅是猎捕行为，而并未实施杀害行为，即需面临如此严苛的刑罚，并引发社会公众的热议。此时不免令人产生疑问：这样的案件为何会引发社会广泛的关注？导致这一现象的到底是立法之过还是司法之过？实际上，从司法的角度来说，对于深圳鹦鹉案，司法机关已经采取了必要的措施，也即司法机关认为行为人出售自己养的鹦鹉是为亲属治病，才法外减刑改判为两年有期徒刑。因此，在逻辑上，这一欠缺社会效果的判决的产生本身是立法原因造成的，导致司法上意识到判决过重，适用《刑法》第63条第2款减轻处罚以实现罪刑均衡。但是应当明确，如果在诸多普通的刑事犯罪案件中，司法上均大量适用这一法外减轻处罚的条款，那么所有的法律制度设计就很大程度上失去了意义。因此，此条款一定是只有在存在政策性特殊因素或情节性特别因素的极个别情况下才能予以适用。[①] 而如果不存在此种特殊因素，没有启动此程序的话，就必须按照现有的法律规定去处理案件。因此，我们可以认为此类"罪刑不均"判决的出现，是立法之过所导致的。

二、宽严相济刑事政策下对人身、财产犯罪刑罚结构的审视

宽严相济刑事政策首先体现为一种合理的刑罚结构，但要如何去贯彻这一刑事政策，需要通过有效的整合调整，形成运行理性、配置合理的刑罚体系。[②] 所以各种刑罚种类的搭配与架构是刑罚在实际运作的历史中形成的，并且是由法律明文规定的。[③] 刑罚的规模强度要体现具体的国情，包括历史传统、文化背景、统治经验、刑罚目的等，通过刑事政策的集中反映来决定刑罚机制。[④] 强调要为人民谋福利，为人民谋福祉，强调人与非人、人与物之间的和谐共生的理念固然正确，但是在和谐共生的过程中，是否能因此就要对侵害自然人之外的其他物的行为人施以更重的处罚？无论从抽象人类固有的价值观还是具体到个体上来说，这个逻辑都是无法成立的。所以我们就应当注意到，刑罚结构的合理性是刑事政策和谐的轴心。

---

① 参见金福、王志远：《刑法第63条第2款之"案件的特殊情况"解析》，载《中国刑事法杂志》2009年第2期。

② 参见姜涛：《"宽严相济"刑事政策的制度基础与价值边界》，载《法商研究》2007年第1期。

③ 参见陈兴良：《本体刑法学》，北京：商务印书馆2001年版，第654页。

④ 参见储槐植：《论刑法学若干重大问题》，载《北京大学学报（哲学社会科学版）》1993年第3期。

（一）刑罚结构存在的缺陷

1. 刑罚结构倒挂所体现出的体系混乱

以贪污罪与盗窃罪为例，盗窃罪是行为人秘密窃取公私财物的行为，贪污罪是国家工作人员利用职务上的便利侵吞、窃取、骗取公共财物的行为。通过分析二罪名之间的相同和不同之处，可以进一步判断哪一个罪名更应当从严判处。

盗窃罪的行为手段表现为秘密窃取公私财物，犯罪对象既可以是公共财物，也可以是私人财物。贪污罪是国家工作人员利用职务上的便利，侵吞、窃取、骗取公共财物的行为。在行为要素中，贪污罪中也包括窃取的手段。但此处的窃取表现为利用职务上之便利的窃取，也即如果行为人利用了职务上的便利实施窃取行为，并且窃取的对象是公共财物，就构成贪污罪。反之，如果行为人没有职务上便利而窃取公共财物，就构成盗窃罪。有学者指出，应当基于法益保护的均衡原则配置法定刑。[①] 理论上一般认为，盗窃罪侵犯的法益为财物的所有权；而贪污罪侵犯的是双重法益，既侵害了公共财物的所有权，也侵害了国家公职人员职务行为的廉洁性，也即贪污罪比盗窃罪多侵害了一个刑法所要保护的法益。因此，在保护法益的层面上，贪污罪的法益侵害性比盗窃罪的法益侵害性更为严重。基于这一逻辑，在刑罚结构的设计上，贪污罪的入罪标准应当要比盗窃罪更低，或者设置的法定刑比盗窃罪要高，如此才能体现出刑罚结构的平衡与协调。

但就二罪名的入罪数额而言，贪污罪的入罪标准是 3 万元，而盗窃罪的入罪标准是 1 000 元到 3 000 元。因全国各省市的经济发展水平存在一定的不平衡，各省、自治区、直辖市的高级人民法院和省级人民检察院可以就本省实际情况制定本省的标准，并报最高人民法院和最高人民检察院备案。以上海市为例：上海市范围内盗窃罪的入罪标准为 2 000 元，贪污罪的入罪数额为 3 万元。盗窃罪数额较大的（2 000 元到 3 万元）处 3 年以下有期徒刑；贪污罪数额较大的（3 万到 20 万元）处 3 年以下有期徒刑。也即在盗窃罪中，如果犯罪数额超过 3 万元，就会进入第二档法定刑，应处 3 年到 10 年有期徒刑，而贪污罪的犯罪数额超过 3 万元（低于 20 万元），则刚达到第一档法定刑的标准，处 3 年以下的有期徒刑。但是如果盗窃罪的犯罪数额达到 20 万元，符合“数额特别巨大”的第三档量刑情节，应处 10 年以上有期徒刑、无期徒刑。[②]

除了盗窃罪和贪污罪这两个分属不同章节的罪名的刑罚结构发生这样的问题，且其对比差别如此巨大，同为侵犯财产犯罪的罪名之间也存在此种问题。

以盗窃罪和敲诈勒索罪为例，二者都属于侵犯财产类的犯罪。就行为模式而言，敲诈勒索罪多表现为行为人以恶害相通告，进而索取财物，其社会危害性显然高于以秘密窃取手段获得财物的盗窃罪。虽然这两种犯罪在表面上均是行为人违背被害人的意愿，也即在被害人欠缺处分财物意思的情况下，取得被害人的财物，但是在敲诈勒索罪中，被害人是在被胁迫的情况下交付财物，此种被胁迫既可能是因为受到了来自人身安全方

---

① 参见陈劲阳：《融贯性：刑法修正中的实践进阶》，载《南京社会科学》2021 年第 12 期。

② 在《刑法修正案（八）》将盗窃罪死刑废除之前，构成盗窃罪还可能被判处死刑，在此不再讨论。

面的威胁，也可能是受到了精神上的胁迫，还有可能是已经实际遭受到了轻微的暴力，或者是遭受以在日后实现的暴力为内容的胁迫。更有甚者，还有更为严重的精神上的胁迫，如对家人的胁迫。群众对敲诈勒索罪的社会危害性感知度要远远强烈于盗窃罪。并且，就当前的时代背景而言，人身权利、人身自由的价值显然要高于纯粹的财产权①，在这种价值指引下的两种犯罪的法定刑设置显然并不合适。

1997年全面修订刑法时，盗窃罪的最高法定刑是死刑，敲诈勒索罪的最高法定刑则是10年有期徒刑。直到之后立法者才意识到两罪的法定刑存在偏颇，需要调整。调整的方向有两种：一是降低盗窃罪的法定刑，将其降到与敲诈勒索罪法定刑相当的程度；二是提高敲诈勒索罪的法定刑。最终，刑法修正案的实际做法是将敲诈勒索罪的最高法定刑提高到15年有期徒刑，但此时盗窃罪仍然保留了无期徒刑。换言之，通过刑法修正案的修正后，仍然没有完全调整好敲诈勒索罪与盗窃罪的刑罚均衡性问题。这种刑法修正方式叫做刑罚攀比的立法修正模式，也即为了均衡罪与罪之间的刑罚均衡问题，将原本法定刑较低的罪的法定刑予以提高来实现量刑均衡的效果。但尽管如此，仍然很难在群众感知社会危害性有明显差别的罪与罪之间实现均衡，还将“使法定刑配置违背公正刑法价值目标”②。

2. 刑法结构缺陷表现在刑罚攀比下的重刑化走向

刑罚攀比的修法冲动不仅会导致个罪的法定刑趋高，导致罪刑失衡的现象，还将连带性地导致一系列类罪在修发过程中，其法定刑调整呈现出“模仿性”的攀比趋向，最终导致我国刑法分则在总体上呈现重刑化走向。

我国《刑法》第358条规定了组织卖淫罪，该罪的法定最低刑为5年有期徒刑，法定最高刑在1997年《刑法》中设置为死刑。作为对比，故意杀人罪的最高法定刑也是死刑，但故意杀人罪的第一档刑罚设置为3年到10年有期徒刑，第二档刑罚设置为10年以上有期徒刑、无期徒刑或者死刑。在对非暴力的犯罪应当被废除死刑的修法大背景下，组织卖淫罪仍然保留了较高的起刑点，显然存在一定的缺陷。故意杀人罪的起刑点尚从3年开始，在群众的社会危害性认知内，社会危害性明显低于故意杀人罪的强迫卖淫罪起刑点却要从5年开始，显然过高。故意杀人罪尚且如此，就不必说故意伤害罪的法定刑设置了。并且，在故意伤害罪当中，行为人的故意伤害导致被害人轻微伤的情形并不纳入刑罚处罚范围。需要强调的是，此处提到的罪名是组织卖淫罪，而非强迫卖淫罪。也即从理论上讲，组织卖淫罪中的被组织者是自愿参与卖淫行为的，并非是基于组织者的强迫，也即本罪不存在对人身安全的侵害。③ 本质上，组织者的行为是组织了愿意为别人提供性服务的人，去实现组织卖淫者卖淫的意愿。在这种情况下，对于组织者，我国刑法设置的法定最低刑为5年，这就使得整个刑法分则第六章的其他犯罪，都会以组织卖淫罪作为参照对象，在未来的修法过程中为追求法定刑的平衡而进行类比攀

① 参见［日］松宫孝明：《刑法各论讲义》（第4版），王昭武、张小宁译，北京：中国人民大学出版社2018年版，第166页。

② 周光权：《法定刑配置的合理性探讨——刑罚攀比及其抗制》，载《法律科学》1998年第4期。

③ 参见刘宪权、袁野：《组织卖淫罪法定刑设置失衡与解决路径》，载《华南师范大学学报（社会科学版）》2021年第1期。

比，导致总体法定刑结构趋重，并且这种趋重就会远超过侵犯公民人身权利犯罪的法定刑，不具有合理性。

3. 刑罚的攀比在经济犯罪中的重刑威慑突出

自我国经济体制改革以来，刑法规定了各种涉发票类犯罪。在 1997 年《刑法》已经有所规定的基础上，我国历次刑法修正案在刑法分则第三章危害税收征管罪一节中增设了 10 个与发票有关的罪名，而这些涉发票类犯罪都是以犯罪数额大小作为情节轻重与否的判断依据。因为涉发票类犯罪的法定最高刑设置都达到了无期徒刑，从而导致许多罪名的法定刑都攀比到了无期徒刑。而对于虚开增值税专用发票、用于骗取出口退税、抵扣税款发票罪和伪造、出售伪造的增值税专用发票罪而言，两罪的法定刑攀比体现在 1997 年《刑法》中，彼时刑法对二罪名设置了死刑。在这种情况下，虽然《刑法修正案（八）》废除了这两个罪的死刑，但是在结构上仍然保留了堪比绑架罪“处 10 年以上有期徒刑或无期徒刑”法定刑的重刑配置。

这种过分强调和依赖对经济犯罪行为人的严惩，容易忽略国家在制度设计和监管中的疏漏，导致疏于其他法律制度机制的建设，使社会综合治理沦为空谈。实际上原本应当由行政机关来监管、由行政机关履职的情形，全部推向刑法，从而用重刑主义、高压主义来解决原本属于经济、行政或者其他法律手段能够调整的这些社会冲突。对于上述行为，在绝大部分大陆法系国家和英美法系国家，都是将其归入经济行为当中予以调整，即使有的被纳入犯罪，也会将其放到微罪或者违警罪的范畴。但是，我国刑法一开始就将其最高刑设置到了无期徒刑，甚至死刑这样的重刑之下。经过对比发现，在发达国家预防和遏制经济、金融犯罪的模式中，其基本达成了“严管胜于重防”的共识。这说明在犯罪治理中，应当着力于制度的安排和设计，将主要精力放到前端的制度安排上，这些预防措施就会使行为人无法实施法律所禁止的行为，如此一来就不会以危害社会的显性状态呈现在社会面前，那么此时自然也就无须对这种行为施加严厉的刑罚。而我国相关前置性行政法规制度的安排措施存在一定的不足，极易以简单化的刑法介入予以代替。这就类似于我国古代法律“诸法合体，以刑为主”的法律实施体系。由于中国古代的法律主要以刑法为主，对于行为最终的处罚手段主要是刑罚化的手段，并且不在前端监管、预防犯罪方面设计相关制度，而是在出现结果后才追究责任，并且认为案件办理得越严、效果越好。因此，我国当下的刑法也正是受到了潜在的“严刑酷法”的历史文化的影响①，缺乏有效的前端制度安排，缺乏所谓的人性化的预防犯罪手段；导致只要出现了相应的结果，就对其进行处罚，从而实现刑法的预防目的的现象。也即非常主观化、简单化地认为仅仅依赖刑法的重刑功能就能够达到治理社会的目的。

（二）个罪法定刑的内部协调

一部法律能否得到切实有效的贯彻执行，关键在于立法本身是否严密科学。如果法

---

① 参见乔青、张绍谦：《刑法谦抑理论下金融犯罪圈的界定》，载《湖南科技大学学报（社会科学版）》2019 年第 4 期。

律规定本身模糊不清，势必会造成执法上的混乱。[①] 而相比于定罪而言，法官裁量的刑罚种类和幅度能够让公民对于刑罚的严厉性产生更加直观的感受，也决定了公民对于国家和法律制度的信赖程度。因此，“立法上配刑是否合理，是一个国家刑事法治成熟程度的标志之一”[②]。在具体个罪的法定刑配置上，立法者应当根据犯罪行为的法益侵害本质，设置一个较为合理的量刑幅度，这也是罪刑法定原则之确定相对明确法定刑的要求。

但是在我国刑法分则中，许多条文在法定刑分解后的量刑档次幅度过大。仍以盗窃罪为例，盗窃罪法定刑的幅度是 3 年以下有期徒刑、3 年到 10 年有期徒刑、10 年到 15 年有期徒刑、无期徒刑。当一种犯罪法定刑幅度的跨度可以如此之大，那么就谈不上立法对司法的制约。因为这赋予司法人员极大的自由裁量空间，因而此时就失去了在立法中需要体现出来的罪刑均衡原则。如果在立法中没有能够很好地去体现罪刑均衡原则，那么司法上也就自然无法实现罪刑均衡，所以会导致司法上的恣意量刑问题。

将侵犯人身权利、财产权利罪与破坏社会主义市场经济秩序罪、妨碍社会管理秩序罪相比较，可以发现我国目前刑法体系中诸多罪名之间的法定刑配置存在严重的失调现象，并且这些问题似乎也引起了立法者的注意，并着手进行调整。但是，我们不难发现，在立法调整的过程中，它仍然表现出了力不从心的状态，比如说对一些经济犯罪虽然废除了死刑，但是仍然配置了比较重的自由刑；一些原本配置法定刑不合理的罪名虽然经过修法而得到了调整，但调整的方向或结果仍不尽如人意。因此，此种立法上的调整仍然需要进行并调适，力争达到最为均衡和科学的状态。

三、刑法修正案对我国刑罚结构的反思与调整

前文已述，1997 年《刑法》生效后颁布的 11 个刑法修正案，总体上表现为犯罪化和重刑化的趋势，也即不断增设新罪和上调个罪的法定刑。此种以严密刑事法网和突出重刑威慑为主要目的的修法趋向，是否符合科学立法的要求，是否能够达到预防犯罪的目的，值得进行反思。

（一）刑法修正案对刑罚制度修正的反思

通过考察自 1997 年《刑法》颁布以来的历次刑法修正案可以看出，每次的刑法修改均偏重于对犯罪构成的修正，而忽略对刑罚制度和刑罚结构的调整。随着长期以来司法实践的反馈以及理论的深入探讨，修正案中逐渐开始体现出对刑罚制度的修改，尤其是 2011 年《刑法修正案（八）》的出台，以及在《刑法修正案（九）》进一步延续了《刑法修正案（八）》的刑罚制度修改的情况下，两部修正案通过对总则相关规定和分则

---

① 参见高铭暄、赵秉志：《新中国刑法立法文献资料总览》（下），北京：中国人民公安大学出版社 2003 年版，第 2703 页。

② 白建军：《再论罪刑均衡》，载《新疆师范大学学报（哲学社会科学版）》2020 年第 1 期。

中个罪法定刑的调整，刑法更多地体现出对现行刑罚制度进行的结构性调整。《刑法修正案（十一）》增设了大量法定刑在一年以下有期徒刑的轻罪和微罪。那么纵览迄今为止的 11 个刑法修正案，有关刑罚的规定主要体现在两个方面：一是对刑法总则的刑罚制度的完善，二是对刑法分则的罪刑进行完善。

对刑法总则刑罚制度的完善暂且按下不表。对刑法分则的罪刑完善，在一定程度上是对刑法分则罪名量刑规则的修改。从宏观角度来看，刑法分则的修改对于法定刑的协调能够起到一定作用。刑法分则的罪刑完善始于 2001 年的《刑法修正案（三）》，第一、二、四、五部刑法修正案都是侧重于犯罪化和罪状的修改，没有一个条文涉及法定刑的修改。《刑法修正案（三）》和《刑法修正案（六）》也分别仅仅有三个对法定刑进行调整的条文。也即，前六个刑法修正案共修改了三个关于法定刑的条文。通过对比例的分析就能够看到，刑法修正案侧重于罪状修改、新增罪的调整和一些司法解释的吸收，但缺乏对法定刑进行结构性的反思。因此，对于此问题的讨论具有重要理论意义与实践价值。下面通过对两个个罪的修正情况予以举例说明。

1. 刑法修正案对绑架罪的修正反思

在 1997 年《刑法》中，绑架罪的起刑点是 10 年有期徒刑。相比较而言，同样是人身犯罪的故意杀人罪，在出现了被害人死亡的结果时，仍有可能判处 3 年到 10 年有期徒刑。而犯绑架罪的，且在没有杀人行为的情况下，1997 年《刑法》对其设置的起刑点即达 10 年以上有期徒刑，可见其刑罚结构存在一定的失衡，这样的法定刑设计值得反思。

《刑法修正案（七）》对该罪的法定刑进行了较大的调整，即将基准法定刑下调为 5 年到 10 年有期徒刑。在《刑法修正案（七）》中，第一次呈现出法定刑下调的趋势，但经调整后的法定刑仍然过重。因为，将绑架罪的法定刑起刑点确定为有期徒刑 5 年，则意味着不存在对被告人适用缓刑的余地，没有充分考虑到有效保护人质的问题。[①] 但值得指出的是，本次修正案的修改打破了以往修订案中提升法定刑与从严从重的立法惯例和态势，在这一点上值得充分肯定。

2. 刑法修正案对猥亵儿童罪的修正反思

同样，对于猥亵儿童罪的量刑设计也存在类似的问题。《刑法修正案（十一）》将猥亵儿童罪的法定刑独立化，且确定了四种加重犯行为类型，改变了过去刑法修正案中对猥亵儿童罪等侵害未成年人性权利犯罪“不设独立刑格”“从重处罚”的罪刑关系基本模式。[②] 固然，这种修正思路强化了对未成年人性权利的刑法保护，具有积极意义，但仅关注到了刑罚供求关系的紧张，回应性有余，而系统性不足。例如，行为人实施故意伤害行为，将儿童打成轻伤的，处 3 年以下有期徒刑、拘役或管制，如造成儿童重伤的，则处 3 年到 10 年有期徒刑。但是，如果行为人在公共场所对儿童实施触摸隐私部位、亲脸等猥亵行为，根据《刑法》规定则应当在第二档量刑幅度内被判处 5 年到 15

---

① 参见周光权：《法定刑配置的优化：理念与进路》，载《国家检察官学院学报》2022 年第 4 期。

② 参见张彧、魏昌东：《“回应性”立法的技术性超越——〈刑法修正案（十一）〉与未成年人性权利刑法保护体系更新》，载《首都师范大学学报（社会科学版）》2021 年第 6 期。

年有期徒刑。通过对比可以发现，刑法对于严重侵犯儿童人身健康权的故意伤害行为与侵犯儿童人格尊严的猥亵行为在法定刑的设计上存在着严重的失衡。

以上所举的都是在相同的章节中，法律规定的刑罚结构已经出现严重失调的例子。对于此类情形，作为研究者不应当视而不见，在网络犯罪等新型犯罪研究的氛围愈发浓烈时，研究者的视线也应当集中到最为传统的侵犯人身犯罪、财产犯罪中，挖掘其中的不合理之处，并针对性地提出修正意见，以满足司法实践的需要，使刑罚符合民众的预期。

（二）刑法修正案对刑种的改革

1. 死刑制度的改革

（1）逐步减少死刑适用罪名。纵观我国刑法修正历程，不可否认，我国刑法在死刑废除方面已取得一定成果。[①] 在 1997 年《刑法》颁布前，我国刑法中设有死刑的罪名共 71 个，经 1997 年全面修订刑法后，我国刑法典中共规定了 68 个死刑罪名。随着《刑法修正案（八）》的颁布，我国刑法废止了 13 种非暴力、经济类犯罪的死刑[②]，死刑罪名总数下降至 55 个，死刑罪名总数占总罪名数的比率由 16.5%下降至 12.2%，表明我国在立法上严格限制死刑方面迈出关键步伐。《刑法修正案（九）》延续了坚持废除死刑的基本立场，再次废除了 9 个罪名的死刑[③]，死刑罪名总数减至 46 个，死刑罪名比重进一步下降至 9.7%，至此，我国初步达成了取消纯粹经济类犯罪死刑的目标，并且开启了废除军人违反职责犯罪死刑的尝试。另外，在《刑法修正案（十一）》颁布之前，理论界对死刑改革抱有一些期待[④]，但遗憾的是该修正案在减少死刑方面并无进展。

从上述两部修正案的修改内容来看，我国刑罚结构中死刑的地位持续降低。从纵向来看，可以肯定我国的死刑改革取得了巨大的进步。但从横向来看，与域外国家相比，死刑改革仍存在不少压力。诸如德国、意大利、阿根廷、巴西等数十个国家早在 19 世纪就完成了废除死刑的任务[⑤]，而英国、法国、日本等国家虽然仍然保留了死刑，但均将死刑的适用范围限制在很少的几种犯罪行为上。以日本为例，日本刑法典中仅保留了 11 个死刑罪名，且实际上运用死刑的主要是第 199 条（杀人）与第 240 条（抢劫

---

① 参见李翔：《论刑法修正与刑罚结构调整》，载《华东政法大学学报》2016 年第 4 期。

② 《刑法修正案（八）》取消的 13 个非暴力性犯罪的死刑罪名是：走私文物罪，走私贵重金属罪，走私珍贵动物、珍贵动物制品罪，走私普通货物、物品罪，票据诈骗罪，金融凭证诈骗罪，信用证诈骗罪，虚开增值税专用发票、用于骗取出口退税、抵扣税款发票罪，伪造、出售伪造的增值税专用发票罪，盗窃罪，传授犯罪方法罪，盗掘古文化遗址、古墓葬罪，盗掘古人类化石、古脊椎动物化石罪。

③ 《刑法修正案（九）》取消的 9 个死刑罪名是：走私武器、弹药罪，走私核材料罪，走私假币罪，伪造货币罪，集资诈骗罪，组织卖淫罪，强迫卖淫罪，阻碍执行军事职务罪，战时造谣惑众罪。

④ 参见袁彬、徐永伟：《我国现阶段死刑制度改革之立法前瞻——对〈刑法修正案（十一）〉死刑修正的设想》，载《学术界》2020 年第 4 期。

⑤ 参见［德］克劳斯·罗克辛：《德国刑法学总论》（第 1 卷），王世洲译，北京：法律出版社 2005 年版，第 63 页；［德］弗兰茨·冯·李斯特著，［德］埃贝哈德·施密特修订：《德国刑法教科书》，徐久生译，北京：北京大学出版社 2021 年版，第 332 - 333 页。

致死伤)。[①]

(2) 提高死刑缓期执行的门槛。死刑缓期执行制度系我国基于多年刑法实践的创造性制度设计。在我国死刑尚未完全废除的语境下，从限制死刑立即执行规模的目的出发，死刑缓期执行制度是作为死刑立即执行的替代措施而存在的[②]，是我国刑事立法"阶段性废除死刑"[③] 改革过程中不可或缺的一项制度。一般认为，我国现行刑法中的死缓制度可以分为一般死缓制度、限制减刑型死缓制度以及终身监禁型死缓制度。[④] 死刑缓期执行的门槛呈上升趋势。具体详述如下。

1997 年《刑法》规定了一般死缓制度。而后，为强化刑罚对犯下严重罪行的犯罪分子的惩戒和威慑作用，并合理化死缓减刑与死刑立即执行的差距，《刑法修正案(八)》对死缓制度作了两处修改：一是降低了减刑幅度，将原规定中确有重大立功表现，2 年期满以后"减为十五年以上二十年以下有期徒刑"修改为"减为二十五年有期徒刑"；二是新增设了限制减刑型死缓制度，新增一款作为第 50 条第 2 款，规定了对判处死缓的累犯以及严重暴力犯罪的犯罪人限制减刑。之后，为进一步降低死缓犯被判处死刑立即执行的可能性，《刑法修正案（九）》对将死缓改判为死刑立即执行的条件作了明确限制，即将原规定"如果故意犯罪，查证属实的"修改为"如果故意犯罪，情节恶劣的"才能够报请最高人民法院核准执行死刑，并对死缓执行期间的重新计算作了规定。另外，《刑法修正案（九）》同时在贪污罪和受贿罪中规定了终身监禁型死缓，即对重大、特大贪污贿赂案件中的犯罪人，"人民法院根据犯罪情节等情况可以同时决定在其死刑缓期执行二年期满依法减为无期徒刑后，终身监禁，不得减刑、假释"。

从死缓制度作为死刑立即执行的替代措施来看，上述两部修正案，尤其是《刑法修正案（九）》对死缓制度作出的修改严格了死刑缓期执行的条件，从立法上明确限制了死刑立即执行的规模，具有积极意义。但是，从限制减刑型死缓与终身监禁型死缓的增设可以看出，"立法机关显然没有仅仅停留在发挥一般死缓的替代功能上，而是进一步通过提升死缓犯的实际羁押期间来加以'补强'"[⑤]。这一思路在理论上的合理性存疑。以终身监禁型死缓为例，立法机关主要是基于刑罚报应思想，主张对重大、特大贪污贿赂犯罪人适用终身监禁以罚当其罪。[⑥] 然而，一方面，即使从报应角度而言，终身监禁也难以达致罪责刑相适应；另一方面，终身监禁消灭了犯罪人回归社会的可能性，违背了自由刑改造犯罪人的初衷。[⑦]

---

① 参见［日］前田雅英：《刑法总论讲义》(第 6 版)，曾文科译，北京：北京大学出版社 2017 年版，第 369 页。

② 参见高铭暄：《略论中国刑法中的死刑替代措施》，载《法学杂志》2008 年第 2 期。

③ "阶段性废除死刑"这一刑事立法思路最先由我国学者赵秉志教授提出。参见赵秉志：《中国逐步废止死刑论纲》，载《法学》2005 年第 1 期。

④ 参见时延安：《死刑立即执行替代措施的实践与反思》，载《法律科学（西北政法大学学报）》2017 年第 2 期。

⑤ 时延安：《死刑立即执行替代措施的实践与反思》，载《法律科学（西北政法大学学报）》2017 年第 2 期。

⑥ 参见王爱立：《中华人民共和国刑法条文说明、立法理由及相关规定》，北京：北京大学出版社 2021 年版，第 1486－1487 页。

⑦ 参见李翔：《论刑法修正与刑罚结构调整》，载《华东政法大学学报》2016 年第 4 期。

2. 对生刑的改革

（1）“生刑”改革的总则性制度设计。正如前文所述，我国前七次刑法修正案侧重于新罪增设和个罪罪状修改，自《刑法修正案（八）》以来，才逐渐关注到对刑罚规定的修改，并在后续修正案中得到延续，故对我国生刑改革情况的分析探讨，主要基于《刑法修正案（八）》及之后的修正案内容。我国刑法修正案对于“生刑”改革的问题，采纳了学界提出的“减少死刑，提高生刑”的观点[①]，协调有期徒刑、无期徒刑以及死刑（包括死刑缓期执行和死刑立即执行）等刑种之间的层次关系，以应对实践中重罪犯罪人因减刑适用过多，导致实际执行刑罚时间过短的刑期不均衡问题。对生刑的改革在刑法总则和分则都有体现，此处先详述总则层面对生刑改革作出的制度设计调整，主要是《刑法修正案（八）》和《刑法修正案（九）》两部修正案，详述如下。

《刑法修正案（八）》就“生刑”改革在总则层面作出了四个方面的调整：一是严格死刑缓期执行制度，不仅限缩了死缓犯的减刑空间，而且对具有重大的人身危险性和再犯可能性的死缓犯设计了限制减刑的制度规定。二是延长了无期徒刑的实际执行期限，将无期徒刑犯的实际执行最低刑期由 10 年提高至 13 年，增加了无期徒刑的严厉性。三是提高了数罪并罚刑期，将数罪并罚刑期的上限由 20 年提升至 25 年。四是严格了管制刑和缓刑的执行，新增规定了法院可以根据犯罪情况对管制犯、缓刑犯实施“禁制令”，并对管制犯违反“禁制令”的法律后果作了规定。《刑法修正案（九）》主要在两个方面作了制度修正：一方面，在立法上严格了死缓改判为死刑立即执行的条件；另一方面，明确了有期徒刑、拘役、管制的数罪并罚问题。

经两部修正案总则性的调整，我国“生刑”制度设计在一定程度上得以完善，“生刑”之间以及“生刑”同死刑之间比例、层次关系更加明确、合理，强化了刑罚威慑功能。然而，通过提高刑期、强调刑罚威慑功能也意味着现行刑法中关于“生刑”的总则性规定，仍然呈现出较为鲜明的重刑主义色彩，“刑罚结构的调整从实然意义上还是主要反映了以‘重重’刑罚观为倾向的修法理念”[②]，这不仅会阻碍刑罚效益的实现，也与现代刑罚威慑理论的观点相悖。现代刑罚理论一般主张，刑罚的威慑力主要来源于刑事追究的及时性和确定性，而非严厉性。[③] 不过，这可能是我国“阶段性废除死刑”改革过程必须经历的阵痛期。

（2）分则自由刑的结构性调整。合理的“生刑”体系需要总则和分则共同构建。有观点指出，“从总的情况来看，我国目前刑法中刑罚资源的配置既不合理，也不均衡。这种不合理性主要体现在生刑过轻与死刑过重的矛盾，不均衡性则主要体现在生刑的轻重分布上的轻罪过重与重罪过轻的矛盾”[④]。修正案对“生刑”制度的总则性调整一定程度上解决了刑罚资源配置不合理的问题，但解决不均衡的问题显然有赖于分则个罪的法定刑调整。

---

① 参见陈兴良：《死刑备忘录》，武汉：武汉大学出版社 2006 年版，第 52 页。

② 刘崇亮：《“重重”刑罚观对监狱行刑的效果——以刑法修正案（八）对刑罚结构的调整为分析视角》，载《法制与社会发展》2013 年第 6 期。

③ 参见［德］克劳斯·罗克辛：《德国刑法学总论》（第 1 卷），王世洲译，北京：法律出版社 2005 年版，第 70 页。

④ 陈兴良：《犯罪范围的扩张与刑罚结构的调整——〈刑法修正案（九）述评〉》，载《法律科学（西北政法大学学报）》2016 年第 4 期。

第一，在废除死刑罪名的法定刑调整上仍然趋重。虽然《刑法修正案（八）》和《刑法修正案（九）》将22个罪名的死刑予以废除，但仍然保留了较重的自由刑。以传授犯罪方法罪为例，该罪原设置了死刑，但自该罪名产生以来，实践中也几乎没有因为该罪而适用死刑。[①] 教人溜门撬锁属于传授犯罪方法，被传授的罪名本身未规定死刑，但传授犯罪方法本身可以设置死刑，显然不具有合理性，因此该罪后被废除其死刑。在该罪被废除死刑后，立法者重新划定该罪法定刑档次：传授犯罪方法情节特别严重的，从判处无期徒刑或者死刑修改为判处10年以上有期徒刑或者无期徒刑；同时，情节严重的，由五年以上有期徒刑修改为5年以上10年以下有期徒刑。可见，该罪在废除死刑后，在自由刑的结构上还是保持了较重的刑度。这种对废除死刑罪名的法定刑调整思路实质上造成了刑罚整体加重的趋势，合理性存疑。该调整思路的背后逻辑在于仅关注了刑罚在罪责报应方面的意义[②]，而忽视了刑罚的社会目的。

第二，个罪法定刑调整在生刑方面整体延续以往刑法修改的严刑轨迹。《刑法修正案（八）》、《刑法修正案（九）》以及《刑法修正案（十一）》共加大了26个罪名的法定刑，且提高自由刑的罪名总数呈逐年上升趋势[③]，而除了废除死刑的罪名，修正案调低现有罪名法定刑的情况寥寥无几。可见，修正案“提高法定刑的从严从重之立法惯例”尚未改变。[④] 同时，提高法定刑的罪名多分布于破坏社会主义市场经济秩序罪以及妨害社会管理秩序罪中，可见我国刑事立法的基本立场侧重于社会秩序维护，而对人身权利的保护稍显不足，尚未鲜明地贯彻“以人为本”的刑法观。另外，从比较法的视角来看，我国现行刑法中经济类、财产类犯罪的法定刑配置普遍偏高，与侵犯人身权利类犯罪的刑罚差异不大，缺乏内在逻辑性。例如，日本刑法中盗窃罪的法定最高刑是10年惩役，而杀人罪的法定最高刑为死刑，故意伤害的法定最高刑为20年惩役。[⑤] 德国刑法中盗窃罪的法定最高刑为5年自由刑，而故意杀人罪的法定最高刑为终身自由刑，严重的身体伤害行为的法定最高刑为10年自由刑。[⑥] 而我国盗窃罪的法定最高刑为无期徒

---

① 参见王作富：《新中国刑法立法的进程》，载《法学家》2009年第5期。

② 参见王爱立：《中华人民共和国刑法条文说明、立法理由及相关规定》，北京：北京大学出版社2021年版，第1171页。

③ 《刑法修正案（八）》提高了强迫交易罪，敲诈勒索罪，寻衅滋事罪，组织、领导、参加黑社会性质组织罪，入境发展黑社会组织罪，包庇、纵容黑社会性质组织罪等6个罪名的自由刑；《刑法修正案（九）》提高了侵犯公民个人信息罪，非法生产、销售间谍专用器材罪，非法使用窃听、窃照专用器材罪，扰乱无线电管理秩序罪，聚众冲击国家机关罪，拒不执行判决、裁定罪，偷越国（边）境罪，走私制毒物品罪，非法买卖制毒物品罪等9个罪名的自由刑；《刑法修正案（十一）》提高了违规披露、不披露重要信息罪，非国家工作人员受贿罪，非法吸收公众存款罪，集资诈骗罪，销售假冒注册商标的商品罪，侵犯著作权罪，销售侵权复制品罪，职务侵占罪，挪用资金罪，赌博罪，污染环境罪等11个罪名的自由刑。

④ 参见赵秉志：《刑法修正案最新理解适用》，北京：中国法制出版社2009年版，第39页。

⑤ 《日本刑法典》第199条规定：“杀人的，处死刑、无期惩役或者五年以上惩役。”第205条规定：“伤害他人身体因而致人死亡的，处三年以上惩役。”第235条规定：“窃取他人财物的，是盗窃罪，处十年以下惩役或者五十万日元以下罚金。”

⑥ 《德国刑法典》第212条规定：“非谋杀而故意杀人的，处5年以上自由刑。情节特别严重的，处终身自由刑。”第226条第1款规定：“实施伤害行为，给被害人造成下列后果的，处1年以上10年以下自由刑……长期严重毁容，或常卧病榻、残疾或使其患精神疾病或精神障碍。”第242条规定：“意图使自己或者第三人不法占有，盗窃他人动产的，处5年以下自由刑或罚金刑。犯本罪未遂的，也应处罚。”

刑，故意杀人罪和故意伤害罪的法定最高刑都为死刑。简言之，从历年修正案对个罪法定刑的调整情况来看，尚未妥当解决刑罚资源的配置问题，刑罚结构缺陷问题仍然较为突出。这一问题在侵犯人身、财产犯罪的刑罚结构对比中尤为明显。

四、刑罚结构调整的方向

刑罚结构调整的方向尚需关注三个方面的问题：一是目前刑罚结构的现状，二是刑罚结构调整的当务之急，三是刑罚结构调整的长远之计。其中，对于具体现状如何，需要更进一步地分析，比如在针对法定刑而进行的国外比较研究中可能凸显的问题。当务之急则是解决侵犯公民人身权利和财产权利犯罪的刑罚结构中出现的问题。从长远角度来看，要使侵犯公民人身权利犯罪与经济犯罪的法定刑相协调，需要在大方向上让侵犯公民人身权利犯罪的法定刑在整体上高于破坏社会主义市场经济秩序类犯罪。具体而言涉及以下三个方面。

（一）废除死刑要取得实际性进展

在世界范围内，废除非暴力犯罪死刑已经基本成为刑法学界与犯罪学界的共识，也成为世界各国修法的一大主要方向，有学者指出，“废除死刑已成为国际社会不可逆转的趋势”①。还有学者指出，在中国，“主流民意对死刑的认同已经发生了明显松动，不再绝对认同死刑，绝大多数中国民众已经无条件地支持或有条件地接受废除死刑”②。

1997 年《刑法》在经过历次刑法修正案的修正后，在我国现行刑法中的侵犯财产犯罪一章中，仅有同时保护人身法益与财产法益的抢劫罪仍然保留了死刑，在人身犯罪中也仅在诸如故意杀人、故意伤害、强奸、绑架等严重暴力犯罪中保留了死刑。但是，基于我国已经明确开启了非暴力死刑废除之路，在未来，在我国通过刑法修正案的方式对刑法体系中的刑罚结构进行修改的过程中，必须“不停步”朝着废除非暴力死刑的方向迈进。作为在人类社会中存续数千年的刑罚制度，完全废除死刑并非可以一蹴而就，而是应当遵循一定的规律，有序地予以废除。对于未来我国逐步废除死刑的方式和策略，笔者认为应当在总体上遵循以下几个原则。

一是坚持以非暴力犯罪死刑的取消为重点，逐步减少非致命性暴力犯罪的死刑。基于目前我国刑法规定的人身犯罪、财产犯罪保留死刑的罪名中，其手段行为均具有较为严重的暴力性，且多以造成被害人重伤、死亡等结果加重情节作为限制适用死刑的条件。因此，在进一步废除人身犯罪、财产犯罪死刑的路线图上，应当进一步明确个罪适用死刑的手段与结果，仅将那些造成重大人身伤亡的情形作为适用死刑的条件，而减少非致命性行为和结果情形的死刑适用。

二是应当设计好死刑的替代刑，以避免刑罚幅度的骤降与失衡。贝卡里亚说过：

---

① 李磊明：《刑法谦抑视角下死刑废除的再对话》，载《法律适用》2020 年第 7 期。

② 梁根林、陈尔彦：《中国死刑民意：测量、解构与沟通》，载《中外法学》2020 年第 5 期。

“对人类心灵发生较大影响的，不是刑罚的强烈性，而是刑罚的延续性……取代死刑的终身苦役的强度足以改变任何决意的心灵。”[①] 基于这一论断的精神，《刑法修正案(九)》在贪污罪中设置了终身监禁刑，以作为在废除个罪死刑后的“过渡刑”和“替代刑”。但是，需要特别指出的是，以终身监禁刑作为死刑的替代刑也不无问题，减刑、假释等激励性措施的缺失，导致该种极具刚性的刑罚种类面临着残酷和不人道的诘难。[②] 在废除死刑的同时，是否要加重生刑，以及加重生刑的具体微观设计，均需要展开详细的论证。也即同时要谋求刑罚制度的整体合理，还应当兼顾个罪调整，消除罪刑配备的结构性缺陷。[③]

（二）自由刑要逐步明确两极化刑罚的发展趋势

在我国，刑罚攀比所体现出的重刑化倾向明显，“泛刑化”的刑罚观念广泛存在。但是，“抗制犯罪的根本途径在于经济、政治、文化和道德的进步和完善，在于人的价值观的提升”[④]，因此，重刑主义并非治理犯罪的最佳良药，反而会导致社会治理的失衡。正如李斯特所说，最好的社会政策就是最好的刑事政策。所以，我们首先要初步明确刑罚应当遵循两极化的发展趋势。所谓两极化，是在“轻轻重重”的刑事政策理念下提出的，对重大犯罪及危险犯罪采取严格的刑罚，对轻微犯罪采取宽缓的刑罚。既避免一味地适用轻刑，而使得刑罚失去其应有的震慑功能，又避免重刑主义的偏离，导致社会治理的失衡，应当成为我国刑罚结构调整的基本方向。

具体到人身犯罪与财产犯罪方面，则可以故意伤害罪与盗窃罪的刑罚结构为例予以说明。行为人实施故意伤害行为，打掉被害人的牙齿或打断被害人的肋骨的，依目前的标准属于造成轻微伤，根据现行刑法不构成犯罪，不定罪处罚；然而，盗窃 3 000 元财物的行为，则已构成盗窃罪，需要判处刑罚。从这样的对比中可以发现，二者的处罚结构在一定程度上不符合生活的一般理性，需要在未来的修法中进行调整。就调整方向而言，应当明确故意伤害罪相对于盗窃罪而言属于较重的罪，在量刑上也应当以“重”为主基调。因此，在未来刑法修正案对于故意伤害罪的修改上，一方面，需要调整故意伤害罪的入罪门槛，使其表述和规范要求尽可能符合社会一般公众的心理预期。具体而言，应当取消现有故意伤害罪中轻微伤、轻伤、重伤的表述，修正为直接表述伤残等级，将犯罪结果描述为伤害一级、两级、三级，以避免给社会民众造成误解。另一方面，需在“两极化”的刑罚结构下，将故意伤害罪的法定刑予以上调，以体现出对于危害人身安全犯罪的严厉打击倾向，避免与危害较轻的一般财产犯罪在量刑上出现倒挂。

（三）自由刑的幅度要进一步调整与优化

在未来的刑罚调整中，除需要对死刑与生刑、不同罪名的量刑协调这两个层面的问

---

① ［意］贝卡里亚：《论犯罪与刑罚》，黄风译，北京：北京大学出版社 2008 年版，第 66－67 页。

② 参见张永强：《终身监禁死刑替代功能的立法反思》，载《现代法学》2020 年第 2 期。

③ 参见李翔：《论刑法修正与刑罚结构调整》，载《华东政法大学学报》2016 年第 4 期。

④ 游伟、谢锡美：《整体趋轻，“两极”走向——调整我国重刑化刑罚结构的政策思路》，载《金陵法律评论》2001 年秋季卷。

题予以关注以外，具体个罪中的量刑幅度也存在优化与调整的空间。量刑档次、同一量刑档次内的跨度以及同一量刑档次内可以选择的刑种等方面，均可以体现出刑罚幅度的科学性和合理性。在我国《刑法》中，自由刑的法定刑期幅度过宽的问题一直饱受诟病，也在相当程度上影响了我国刑事司法量刑的规范化运作。

比如，在组织出卖人体器官罪、强制猥亵、侮辱罪等罪名中，立法上均设置了 5 年以上有期徒刑的量刑档次（即跨度为 5 年到 15 年有期徒刑）；还有如盗窃罪、诈骗罪、抢劫罪等诸多财产犯罪，均设置了跨度为 3 年到 10 年有期徒刑的量刑档次。此种跨度较大的量刑档次，不仅无法限制法官的自由裁量权，容易滋生司法腐败现象，还容易造成具体案件量刑的畸轻畸重，难以保证司法判决的统一。如此一来，也就给刑法分则具体条文的司法适用造成了较大的不确定性，使刑法在民众心中失去了可以信仰的标杆。

因此，在立法上适当地缩小自由刑的幅度能够有利于控制法官的自由裁量权，促进个案正义的实现。[①] 具体而言，应当根据罪刑均衡原则和刑罚目的观念，坚持典型立法方法，而非将特殊个例作为考虑对象，也即立法者需要将犯罪行为的常态特征作为设置法定刑罚幅度的依据和标准[②]，同时依据犯罪行为的社会危害性和预防必要性设置刑罚的上限和下限，方能在立法上设计出兼具价值合理性和实践科学性的自由刑量刑幅度，避免因自由刑幅度过宽而带来种种弊端。

① 参见刘崇亮：《对刑罚修订的效果量化分析与反思》，载《政法论丛》2022 年第 5 期。

② 参见储槐植、梁根林：《论法定刑结构的优化——兼评 97’刑法典的法定刑结构》，载《中外法学》1999 年第 6 期。

假释本质研究

——兼论假释权的性质及归属

柳忠卫*

虽然假释制度已经存在并践行了一百多年，但时至今日，刑法理论对假释的本质并没有一个统一的认识。这种认识的不统一直接影响了假释的立法和司法实践，使各国的假释立法和司法实践呈现出复杂化和多元化的倾向。而对假释本质认识的偏差也可能导致假释运行机制不畅，影响假释功能的有效发挥，进而妨碍刑罚目的的顺利实现。为此，本文拟对假释的本质及与之相关的假释权的性质及归属等问题进行探讨与分析，以求教于学界同仁。

一、关于假释本质的学说与评析①

假释本质的学说是刑法理论从不同角度对假释本质所进行的理论阐释。在不同的历史时期和不同的国家和地区，人们对假释本质的认识极不一致，并由此形成了关于假释本质的各种不同的理论解释。相对而言，这些学说都有一定的合理性，对于人们认识假释的本质具有相当的启发和帮助作用。但由于观念和视野的原因，这些学说又都有各自致命的缺陷，因而无法正确阐明假释的本质。

（一）恩惠说

恩惠说是对雏形状态假释本质的一种阐明。该说认为假释如同赦免一样，是国家对受刑人的恩典，即对于服自由刑的受刑人，如果在服刑期间长期保持良好的行为状态，则由国家赐与其在刑期届满前提前释放，以作为对其良善行为的一种奖赏。恩惠说所昭示的假释的本质，除了鼓励受刑人在监狱内勤勉向上外，最主要的是着眼于维持监狱秩序，未必与受刑人的再社会化、保护更生等意蕴相联结。②

但恩惠说的缺陷也是明显的：第一，该说指导下的假释制度首先关注的是监内秩序

---

* 山东大学法学院教授。

① 由于笔者赞同假释权利说，因而为了行文的方便，本文该部分只对恩惠说、刑罚执行方式和刑罚形态说三种理论观点进行介述与评析，而对假释权利说的介述与论证将在第二部分予以展开。

② 参见许福生主编：《刑事学讲义》，台北：国兴印刷厂 2001 年版，第 147 页。

的维护和维持，其次才考虑罪犯是否得到了切实有效的改造的问题。第二，把假释作为对保持良好行为的罪犯的优惠权利，必然导致过分重视罪犯在矫正机构内的行为表现而忽视其回归社会后的保护观察，不利于罪犯的再社会化。第三，国家以施恩者的姿态赐予罪犯假释，视自己为掌握绝对权力的行刑主体，把罪犯当成绝对服从的受刑客体，忽略罪犯的主体地位，不利于罪犯的人权保障。第四，把假释当作恩惠也必然造成假释运用的恣意性和不确定性。一方面，作为一种恩惠，国家在运用假释时具有随意性，即何时假释、谁可能被假释都由国家临时决定，国家可以几年不假释一个犯人，也可以一年几次假释犯人；国家可以任意实施或撤销假释，无论假释的授予或撤销，罪犯都无权知晓或参与。这种假释运用的恣意性的结果是罪犯前途的不确定性，即罪犯无法预知自己是否能被假释，由此导致罪犯没有明确的努力方向。诚如龙勃罗梭所指出的："必须废除赦免权，因为这种权力不是鼓励犯罪人通过立功获得自由，而是幻想通过他人的恩赐获得自由。"①

基于上述原因，笔者认为，在现代刑法理论中，恩惠说的观点是不足取的。它与现代刑罚的目的相冲突，过分强调国家的刑罚权，不注重罪犯的主体地位，不利于刑罚目的的实现。该说主导下的假释必然走向两个极端：一是假释无规则的滥用，导致假释功能和价值的贬损；另一个是假释适用的过分紧缩，从而导致该假释的罪犯得不到假释，造成刑罚资源的浪费和假释功能的失调。我国现行司法实践中假释适用率过低便是恩惠观念指导下假释适用的一个典型范例。导致我国假释适用率不高、功能发挥失常的原因很多，许多学者对此也有较深入的分析，但笔者认为最根本的原因还是在观念上对假释本质认识的偏差，导致刑法理论、刑事立法和司法实践对假释制度的定位不准。强调假释的国家权力本位，以施恩者的姿态赐予罪犯假释，绝大多数罪犯对假释根本不抱任何希望，因为即使自己完全符合假释条件，行刑机关和裁判机关一般也不会建议和批准假释。由此，假释制度的价值在司法实践中几乎得不到体现，其独有的功能无从得到发挥，有关假释的立法几乎成了虚置的条文，这实乃对宝贵的刑事立法资源的浪费。在此，笔者呼吁，为充分发挥假释功能，促使罪犯顺利复归社会，必须摒弃传统的假释奖励说的观念，而导入假释权利意识，给罪犯以主体地位，还假释以本来面目。

（二）刑罚执行方式说

刑罚执行方式说，即把假释当作自由刑的执行方式，指国家为减轻监狱人口压力，使自由刑的受刑人不致因拘禁而产生与社会脱节的负面影响，因而采用假释制度，让在监狱服刑表现良好的受刑人回到正常社会中继续执行未执行完毕的刑期，以符合社会内处遇的理念。②

刑罚执行方式说的合理性在于：第一，它以目的刑思想为指导，以社区处遇观念为核心，因而相对于恩惠说来讲是一次大的思想飞跃，是从新的视角对假释本质的一种理解，其立意和出发点都是值得称道的。第二，该说导向下的假释在重点关注罪犯在狱内

① ［意］切萨雷·龙勃罗梭：《犯罪人论》，黄风译，北京：中国法制出版社 2000 年版，第 352 页。

② 参见许福生主编：《刑事学讲义》，台北：国兴印刷厂 2001 年版，第 147 页。

的表现之外，更加注重罪犯出狱后的再社会化，较好地体现了现代行刑的目的。第三，把假释作为社区处遇的一种基本形式，符合行刑社会化的思想。第四，把“假释期间”与“保护观察期间”等同于“残余刑期”，与现代世界大多数国家的立法规定和司法实践相吻合，因而具有相当的现实意义。刑罚执行方式说的不足之处在于：一是把国家减轻监狱人口压力作为假释的出发点之一，从实际上看虽然与不少国家的司法实践相吻合，但从严格意义上讲，这种解释不利于对假释内涵的正确理解，可能导致假释的功利化倾向，不利于假释的正确适用。二是从整体上看，刑罚执行方式说主要是试图从假释与自由刑的关系来揭示假释的本质，这种解释是对假释制度法律特征的一种描述，这种特征描述从立论、解释等方面看是很有见地和说服力的。但制度的特征与制度的本质是两个不同的范畴，不能混为一谈。因而将刑罚执行方式用来解释假释制度的本质，笔者认为还是不足取的。

（三）刑罚消灭形态说

刑罚消灭形态说认为，假释与缓刑在性质上是相同的，缓刑是对犯罪人全部刑期的缓期执行，则假释可以视为对受刑人部分刑期的缓期执行，其差异不过是刑罚的“部分”或“全部”刑期的缓期执行而已。所以，假释考验期应与缓刑考验期互相对照，而与罪犯的残余刑期相分离。也就是说，假释考验期应以犯罪人再社会化的实际需要为基准而设立，可以长于或短于罪犯的残余刑期，而不必然要与罪犯的残余刑期相等。[①]

刑罚消灭形态说的合理性在于：首先，它以现代刑事政策理论的新思想——新社会防卫思想为理论基础，力图正确地解释现代假释制度的本质，因而其思想理论基础极具先进性。其次，把假释作为社区内处遇的一种形态，同时又把社区内处遇的目的解释为使受处遇者适应一般社会，符合现代社区处遇的基本内涵和基本理念，有利于充分发挥假释的功能。最后，也是该说最具特色的观点，即它从新社会防卫思想出发，将假释期间或假释监督保护期间与残余刑期的概念相剥离，打破了传统上绝大多数国家的立法上和司法中通行的假释期间或监督保护期间等于残余刑期的观念和做法。

刑罚消灭形态说的缺陷在于：第一，把假释作为刑罚的消灭形态，混淆了假释与刑罚消灭的区别。刑法理论一般认为，刑罚消灭是指由于法定的或事实的原因，国家对犯罪人的刑罚权归于消灭。刑罚消灭一般包括四种情况，即刑罚请求权的消灭、刑罚裁量权的消灭、刑罚执行权的消灭和刑罚后遗效果的消灭。[②] 正如我们前面所讲到的，假释是刑罚执行的一种方式，罪犯假释出狱仅仅是执行地点的变更和执行强度的缓和，并不意味着刑罚执行的终结，只有在假释期满、罪犯没有违反假释条件的情况下，才视为刑罚执行完毕，刑罚执行权也才归于消灭。把假释与假释考验期满混为一谈，作为刑罚消灭的一种形态显然是不合理的。第二，假释与缓刑虽然性质相近，但仍存在根本的区别。把假释期间视为部分刑期的缓执行，显然是对假释内涵的误读。假释本身是自由刑

① 参见许福生主编：《刑事学讲义》，台北：国兴印刷厂 2001 年版，第 147－148 页，戴世瑛：《假释制度比较研究》，中国人民大学 2003 年博士学位论文，第 42 页。

② 参见马克昌主编：《刑罚通论》，武汉：武汉大学出版社 1999 年版，第 662 页。

的一种执行方式，而不是一种刑罚方法。假释本身仍是在执行刑罚，假释者的罪犯身份也没有改变，因而假释并非刑罚的缓执行，而是刑罚的正在执行。将假释说成一种刑罚形态，在性质上与缓刑混为一谈是错误的。第三，以罪犯的社会适应情况和人身危险性为标尺确定假释期间或监督保护期间，明确区分假释期间和残余刑期，具有理论上的先进性和合理性，但在实践中实施起来难度很大。

二、假释权利说及其合理性证明

假释权利说认为，假释是基于自由刑的弹性，受刑人自己在徒刑执行中因努力表现而得到的成果，因而获得假释是受刑人的权利而不是国家的恩典。① 假释权利说的根据在于：受刑人对国家虽负有服从刑罚执行的义务，但近代的行刑已将累进处遇制度化，承认受刑人的社会复归权，即行刑结果的成败应操于受刑人手中。如受刑人努力改善，在获取一定的分数以后，如同学生在学校里的升级一样，可以当然进级，待达到累进处遇的最后阶段，即可假释出狱。因此，受刑人的假释请求权不容否定。② 假释权利说在中国几乎没有市场，但亦有极少数的支持者。③

笔者认为，在关于假释本质的各种学说中，假释权利说是合理的。其理由在于：第一，它是以现代刑法思想为指导的对假释本质的全新的诠释，是国家对罪犯刑罚观念和关系的嬗变在假释本质理论上的具体反映。现代刑法理论认为，犯罪不但是个体主观选择的结果，也是社会诸因素对行为人综合作用的结果。虽然说犯罪人实施犯罪行为主要源于其个人原因即内因，但也不应忽视社会原因即外因的作用，可以说个人犯罪社会也有一定的责任，因而行为人对其犯罪行为所承担的刑事责任也应该是相对的和有限的，而不应是绝对的和无限的。这一认识是我们正确理解国家对犯罪人的刑罚关系由绝对的“命令—服从”关系发展演变成相对的“权利—义务”关系的一个重要的认识论的基础。④ 传统的刑罚关系意味着国家对罪犯的绝对权力，罪犯仅仅是蜷缩在国家极端权力之下的受刑客体，不具有任何主体性。在20世纪中叶以前的西方社会，行刑机关与罪犯之间的关系曾被定性为“公法上的特别权力关系”⑤。在这种关系格局中，罪犯被视为法律执行的客体，而不是法律关系的主体，国家对罪犯享有无所不包的支配权，罪犯

---

① 参见丁道源编：《中外假释制度之比较研究》，台北：“文物供应社”1987年版，第36页。

② 参见戴世瑛：《假释制度比较研究》，中国人民大学2003年博士学位论文，第40页。

③ 参见朱伟临：《报应、矫正与假释权利》，载《现代法学》1995年第6期；《论“假释权利说”导向下的假释撤销程序》，载《法学》1997年第1期。

④ 参见张绍彦：《刑罚实现与行刑变革》，北京：法律出版社1999年版，第30页。

⑤ 特别权力关系是与一般权力关系相对而言的，是指在特定行政领域内，为达到行政目的，在人民与国家之间建立的加强人民对国家的从属性的关系。按照行政法的一般观念，国家与普通公民之间存在一般权力关系，在这种关系中，国家行使公权力要受到“法治原则”的支配。而在特别权力关系中，双方当事人形成的是一种“紧密型持续关系”。权力主体对个人行使的特别的公权力不受“法治原则”的支配与控制，个人权利要受到更多的限制，因而将这种关系称为特别权力关系。这里的“特别”是特别限制的意思，即与一般公民相比，特别关系相对人的权利要受到更多的限制。在当代，世界各国致力于实践实质法治国原则，限制或否认特别权力关系已是潮流所趋。参见王成栋、刘雪梅：《特别权力关系理论与中国行政法》，载《行政法论丛》(第6卷)，北京：法律出版社2003年版，第109－111页。

必须无条件、全面地接受和服从行刑机关的指令。监狱行刑的指导思想就是迫使罪犯服从指令。现代法治社会国家原理改变了传统的刑罚关系，并赋予其崭新的含义。由法治国家的社会性或国家的社会性决定，国家或刑罚权主体与受刑者传统的单向关系变成了具有社会意义的在一定情况下的权利义务的相对关系。国家有对罪犯施用刑罚的权力，也有对他们施以扶助和救助的义务；罪犯有依法接受国家刑事惩罚的义务，也有请求扶助、挽救的权利。这种新的刑罚关系理念为假释权利说的产生提供了充足的精神营养，使人们对假释本质的理解和解释发生了一次脱胎换骨的转变。正如我国台湾地区学者张甘妹所指出的："从前的假释具有恩典的性质，即对于一定期间能保持优良成绩者予以假释的恩惠。但在今日，假释已被视为受刑人之权利，在行刑上欲求受刑人真正的改善，须促使受刑人主动以自力改善，假释制度赋予受刑人得以自己之努力缩短自己刑期的权利。"① 第二，假释权利说与现代刑罚目的相契合。虽然刑法理论界关于刑罚目的已进行了旷日持久的争论且至今尚无定论，但刑罚的目的绝不仅仅是报应却是刑法理论界较为一致的看法。笔者认为，预防与报应兼容的刑罚目的综合论的观点是合理的。对于罪犯来说，刑罚不但是对其所实施的已然之罪的报应，而且是对其有可能再次实施的未然之罪的一种预防。根据刑罚的报应目的，罪犯必须受到与其罪行相均衡的惩罚以实现社会的公平和正义，这种惩罚以对罪犯某种权益的剥夺为内容，以使罪犯遭受一定的痛苦和损失为特征。根据刑罚的预防目的，必须对罪犯进行教育和矫正，以消除其人身危险性，预防再犯。国家对于罪犯的强制性隔离，只有在对罪犯的矫正和改造没有收到预期的效果时才是必要的和正当的，如果罪犯在经历了必要的监禁期后以自己的行为表明其已不具有人身危险性和社会危害性，国家就有义务将其放归社会，以社会处遇的方式执行尚未执行完毕的刑罚，这是由现代刑罚目的决定的罪犯再社会化的当然要求。第三，假释权利说观念下的假释已由例外变成一种原则、一种制度化的处遇措施。依据这种原则和制度，假释不再是有权者随心所欲的赏赐，而是罪犯经过自己一定时期努力之后的奋斗成果。假释也不再是看得见但摸不着的类似于"天上掉馅饼"之类的个别人的幸运，而成为在押罪犯人人都可能得到的非常现实的东西。监狱的行刑过程不再仅仅意味着惩罚和关押，而成为对罪犯的矫正和改造过程。罪犯不再是毫无希望地打发着寂寞无聊的服刑时间，而是尽最大努力使自己的行为向好的方向发展，以尽早取得假释的资格。因此，假释权利说导向下的假释制度彻底改变了自由刑的执行方式和执行格局，充分利用了自由刑的时间弹性，使自由刑的执行变得充满生机和活力；它也大大激发了罪犯改过自新、奋发向上的原动力，使罪犯每天都在希望和期盼中度过，因而对罪犯的改造具有极大的激励和促进作用。所以说，假释权利说观念下的假释制度无论对于监狱行刑制度还是罪犯都具有非常深刻的革命性意义。第四，假释权利说的观念在世界许多国家的刑事立法和司法实践中都占据了主导地位。从立法情况看，世界上大多数国家都规定了假释制度，这种规定本身实际上就赋予了罪犯享有假释的权利。目前刑法理论把假释分为裁量假释和法定假释，其中裁量假释又分为两种：一种是绝对裁量假释，即法律连最低服刑期也不规定，完全由有权机关决定；第二种是相对裁量假释，法律规定最低

① 张甘妹：《刑事政策》，台北：三民书局1979年版，第180页。

服刑期及限制条件，有权机关只有在罪犯满足这个条件的基础上才有自由裁量权。法定假释则由法律规定一个服刑期限，罪犯达到该服刑期限则有权机关必须假释，毫无裁量余地。有学者认为裁量假释具有奖励性，而法定假释则是罪犯权利的表现。① 笔者认为这种观点有一定道理，但也有相当的片面性。裁量假释中的绝对裁量假释，无疑是一种奖励性规定，是恩惠说的制度体现，但为绝大多数国家所不采。裁量假释中的相对裁量假释制度无疑是假释权利说的制度体现。特别是现代世界各国大都把假释作为累进处遇的一个阶段，罪犯通过自己的不断进取达到了法律要求的假释条件，当然具备假释资格，有要求假释的权利。虽然这种权利受到有权机关假释决定权的限制，但这种限制实际上是国家刑罚权对罪犯权利的一种限制，这种限制是为防止罪犯滥用假释权利所必需的，它不能改变假释的罪犯权利的性质。假释决定机关依法批准了符合条件的罪犯的假释，则罪犯的假释权利就得到了实现。而假释决定机关没有批准罪犯假释，或者是罪犯本身即不符合假释条件，即其尚未将法律上的应然权利变为自己的实然权利；或者是罪犯符合假释条件但假释决定机关不予批准，这种情况下则是对假释决定权的滥用，也是对罪犯假释权利的侵犯。至于法定假释，仅仅把服刑时间作为假释的唯一条件，不关注罪犯在狱内的行为表现情况，也不考察罪犯的人身危险性状况，其虽然也是一种附条件的提前释放，但由于对假释的实质条件没有要求，因而与现代假释制度的含义相去甚远，它只是一种形式意义上的假释，目前也只有少数国家采用。实际上，绝对裁量假释和法定假释是两种观念的极端化的表现。绝对裁量假释是国家刑罚权观念极端化的表现，完全忽视罪犯的权利；法定假释是罪犯权利极端化的表现，断然否定国家刑罚权，因而两种形式都是不足取的，这也是这两种形式的假释在各国立法例中很少出现的根本原因。

承认假释是罪犯的权利，而权利从本源意义上说是法律关系主体的一方对另一方所享有的要求他方作出作为或不作为的可能性②，那是否意味着罪犯只要符合假释的形式要件，假释决定机关就负有批准其假释的义务而必须批准其假释呢？对于这一问题，倡导假释权利说的日本学者正木亮和菊田幸一认为，所谓假释请求权，并不是基于罪犯的申请，假释批准机关即负有批准假释的义务的意思。假释请求权是一种广义的权利，即罪犯如能证明自己已完全悔改向善，则享有促请当局发动假释许可审查的权利。笔者认为，日本学者对该问题的解释尚欠周全，因而对该问题有进一步说明的必要。笔者坚持这样的观点，即根据假释权利说，假释决定机关有义务允许所有符合假释条件的罪犯假释出狱，这是假释权利说的当然结论。但认为对所有符合假释形式要件的罪犯，假释决定机关都有义务批准其离开监狱则是对假释权利说的误解。在现代法治国家，无论是国家权力还是公民权利，都不可能是为所欲为或恣意妄为的，而是要受到法律的限制。假释基于刑事法律关系而产生，是一种附条件的权利，即罪犯只有达到或符合法律规定的条件才有要求假释的权利，因而它与罪犯本来就有的权利如生命权和健康权等基本人权不同，它产生于行刑这一特殊的法律关系，并受到国家假释权的制约。就罪犯的一般权利而言，其不但要受到国家法律的限制，而且受到自由刑本身所具有的特质的限制，对

---

① 参见陈兴良：《本体刑法学》，北京：商务印书馆 2001 年版，第 859 页。

② 参见许崇德主编：《宪法》，北京：中国人民大学出版社 1999 年版，第 138 页。

有些权利，罪犯由于被监禁的限制而无法行使。而产生于国家与罪犯之间刑事法律关系之中的罪犯的假释权利，受到国家假释权力的限制和制约也是理所当然的了。因此，罪犯的假释权利是一种受限制的权利，此其一。其二，国家假释权力与罪犯假释权利是互相对应、互相制约、互为权利义务的一对范畴。国家假释权力包括假释审查权与假释批准权。假释审查权是对申请假释的罪犯是否符合假释的形式要件和实质要件进行审查的权力。假释批准权是对符合假释形式要件和实质要件的要求假释的罪犯批准其假释出狱的权力。假释审查权与假释批准权共同构筑了完整的国家假释权。罪犯假释权利包括假释申请权和假释出狱权。假释申请权是指符合假释形式要件的罪犯要求假释决定机关对其假释要求进行审查的权利；假释出狱权则是指符合假释的形式要件和实质要件的罪犯有申请和要求假释决定机关批准其假释出狱的权利。假释申请权和假释出狱权构成了完整的罪犯假释权利，其中，假释出狱权是罪犯假释权利的实质和核心。

在国家假释权力和罪犯假释权利这对范畴中，具备假释形式要件的罪犯享有的只是假释申请权，其并没有要求假释决定机关批准其立即离开监狱的权利。只有同时具备了假释形式要件和假释实质要件的罪犯才具有要求假释决定机关批准其假释出狱的权利，假释决定机关当然也负有批准其假释出狱的义务。但假释实质要件是否具备的考量权在于国家假释决定机关，基于自由裁量权，国家假释决定机关可以对罪犯是否符合假释条件作出决定，这便是国家假释批准权对罪犯假释出狱权的限制。从上述意义上理解国家假释权力与罪犯假释权利的关系，便不会得出凡符合假释形式条件的罪犯都有假释出狱的权利的结论。

三、假释权的性质及归属

假释权是指假释决定权，即由哪个部门或机关决定或批准罪犯的假释。由此也引出一个与假释本质密切相关的问题，即假释是行政措施还是司法措施。假释权的归属取决于两个因素：一是法律传统，二是假释理念。从法律传统上看，英美法系一般把假释视为行政措施，最初由狱政部门，后来由专门的假释委员会决定假释问题。大陆法系国家一般将假释视为司法措施，假释决定权属于法院，因为涉及受刑人刑期的变更。[①] 从假释理念上看，在把假释当恩惠，只是对少数表现优良者例外地予以提前释放的优待的情况下，假释权往往归于法院；而在把假释当作原则，以积极的利用假释方法作为改善罪犯及训练其社会适应能力的情况下，假释权往往归于行刑机关。[②]

我国学者对假释权归属问题的认识亦存在较大的分歧，主要三种观点：第一种观点认为假释属于刑事审判裁定的范畴，假释权是司法权，应由人民法院行使[③]；第二种观

① 参见李贵方：《自由刑比较研究》，长春：吉林人民出版社 1992 年版，第 310 页。

② 参见陈兴良：《本体刑法学》，北京：商务印书馆 2001 年版，第 864 - 865 页。

③ 参见劳改专业教材编辑部《中国劳改学研究》编写组：《中国劳改学研究》，北京：社会科学文献出版社 1992 年版，第 288 - 291 页。需要指出的是，由于该书出版于监狱法颁布及刑事诉讼法和刑法修改之前，因而文中许多法律条文、术语与现行法律规定不一致。为不致引起歧见，笔者引用时在不改变原文意思的前提下对一些术语或条文作了改动或说明。

点认为假释属于刑罚执行工作中的法律事务，属于行政权的范畴，应由行刑机关即监狱行使[①]；第三种观点认为假释是一项行政与司法兼具的制度，但基本方面是属于行政性的。[②]

笔者认为，对假释权归属问题的讨论应当在两个层面上展开，即应然层面和实然层面。从实然层面上看，假释权归属问题并无多大的讨论余地。因为在立法规定没有改变的情况下，司法实务部门只能执行。立法将假释规定为司法措施，假释权就归于法院；立法将假释规定为行政措施，它就归属于狱政部门或某种行政体制下的专门委员会。立法不改变，假释权的归属状况就不会改变。但从应然层面上看，假释权归属的讨论却存在着巨大的空间，因为该层面上的探讨不仅限于法律如何规定和实践中如何执行，还要追问这种规定的正当与合理与否。从应然的角度上说，笔者认为假释权是一种行政权，应归属于狱政部门或狱政部门内部专设的假释委员会。理由如下。

1. 从假释权本身的特性分析，它应当属于行刑权。刑罚理论一般认为，刑罚权是国家基于统治权依法对实施犯罪行为的人实行刑罚惩罚的权力。以国家运用刑罚的刑事活动的特点与刑罚的运用特有的逻辑为根据，刑罚权可分为制刑权、求刑权、量刑权与行刑权四个方面的内容。行刑权是国家刑罚执行机关依据法院已经发生法律效力的判决和裁定对罪犯执行刑罚的权力。由于目前世界各国都是以自由刑为中心的刑罚体系，因而监狱行刑活动就成为现代行刑活动的核心。监狱行刑权包括实体意义上的行刑权和程序意义上的行刑权。[③] 实体意义上的行刑权表现为监狱对罪犯的监禁、强制教育、劳动和改造等活动；程序意义上的行刑权则表现为收监、假释、监外执行的批准和释放等。因此，从刑事司法活动的过程分析，假释属于行刑过程中的具体活动，假释权则是行刑权中的程序性权力，其由行刑机关即狱政部门行使，实属实至名归、理所应当。

2. 从刑事审判权的内容分析，假释不属于刑事裁判的范畴。刑事审判权是国家审判机关依法享有的对被告人定罪量刑的权力。刑事审判权包括定罪权和量刑权。前者指审判机关根据被告人的行为事实裁量决定其行为是否构成犯罪和构成何种犯罪的权力；后者指审判机关在确定被告人的行为构成犯罪的基础上对其裁量决定是否适用刑罚及适用何种刑罚的权力。刑事审判权与假释权在性质、内容和运行方式上完全不同：第一，二者性质不同。刑事审判权是刑事司法权的重要组成部分；假释权则是刑事执行权的内容。刑事司法权与刑事执行权虽然有着密切的联系，并有学者认为行刑权是量刑权的自然派生物[④]，但想当然地将假释权当作刑事审判权的自然组成部分的观点是缺乏合理根据的。第二，二者指向和作用的对象不同。刑事审判权作用和指向的对象是实施了危害社会行为的刑事被告人；假释权作用和指向的对象是确有悔改表现且不致再危害社会的正在服刑中的罪犯。第三，二者运行的法律后果不同。刑事审判权运行的结果在大多数情况是被告人被定罪判刑，这必然导致其身份及权利义务的根本性变化，如生命、自

① 参见劳改专业教材编辑部《中国劳改学研究》编写组：《中国劳改学研究》，北京：社会科学文献出版社1992年版，第288－289页。

② 参见李贵方：《自由刑比较研究》，长春：吉林人民出版社1992年版，第311页。

③ 参见张绍彦：《刑罚实现和行刑变革》，北京：法律出版社1999年版，第133－141页。

④ 参见邱兴隆、许章润：《刑罚学》，北京：群众出版社1988年版，第63页。

由、财产、权利的丧失或受到限制。假释权的运用则既不涉及基本刑罚的变更，也不会改变罪犯的身份，变更的只是刑罚执行的方式。第四，二者运行的法律程序不同，在各自的运行过程中被告人和罪犯的权利义务也有很大的差别。总之，刑事审判权与假释权分属于不同的刑罚权能，刑事审判权并不必然包含着假释权，假释权也不是刑事审判权的天然附属物，人为地把二者硬扯到一起只能徒然增加理论上和实践中的混乱。

3. 从司法实务的角度考虑，假释权归属于狱政部门较为合理。从我们前面对假释权结构的分析中可以看出，假释权的核心在于假释批准权，而假释核准的基础是对罪犯是否有悔改表现或悛悔实据以及其人身危险性的判断。狱政部门及其工作人员由于职能和工作关系，长期与罪犯接触，因而对罪犯的基本情况、改造情况掌握得最清楚，基于上述信息和资料所作的罪犯是否符合假释的实质要件的判断相对来讲也较为准确。另外，狱政部门掌握假释决定权还有中间环节少、效率高的优点。而法院由于其主要职能是审判，对罪犯情况的了解主要是来自监狱提供的材料，因而其对罪犯是否符合假释的实质要件的把握与监狱相比便大打折扣，这必然会导致法院在是否批准假释上产生困难。我国有学者还从权力制约关系的角度论述了法院行使假释权的正确性。从权力制衡的角度看，由法院行使假释权对于防止权力滥用和腐败具有一定的意义。但从我国目前假释制度的运用看，这种程序性的制约并无多大裨益。再者对监狱行刑权运行的监督，国家法律明确规定由人民检察院实施，现在再加上一个法院的制约，监狱行刑基本上成为无任何独立性的被动、机械的过程，这种多方掣肘的局面显然不利于行刑目的的实现。

四

行政犯治理与现代刑法的政治使命[*]

田宏杰[**]

在行政犯的大量增设激起刑法使命热议千层浪潮的现代风险社会，在“贺建奎基因编辑婴儿”等新型案件的认定引发社会各界激烈论战的全民共治时代，承担断罪科刑之责，事关国家总体安全、社会和谐安定、公众切身利益的刑事治理体系，又应当如何实现现代化，以担负起守护社会公平正义的保障法使命？笔者以为，从民事犯规制向行政犯治理变迁，从保障公民自然自由向丰富公民社会自由跃升，从维护社会管理秩序向共建良法善治秩序推进，从而实现马克思提出的人的自由全面发展，既是刑事治理现代化演进的应然规律，又是刑事治理现代性内涵的必然要求。

一、从民事犯到行政犯：刑事治理主战场的现代转移

作为一个波澜壮阔的宏大议题，现代刑事治理体系建设的具体抓手和着力点如何科学确立，对其目标的达致至为重要。无论是2020年新冠肺炎疫情在全球肆虐所引发的重大公共卫生事件处治，还是基因编辑婴儿事件引发的全球伦理论争，抑或全社会对近年来多起被曝光的因冒名顶替上学而“被偷走的人生”的广泛关注……所有这些，表象虽然不同，但都殊途同归地共同揭示了刑事治理核心领域的深刻变化：从民事犯向行政犯转移。这种转移既使传统刑事治理体系面临前所未有的挑战，又为现代刑事治理体系变革带来了难得的机遇。

（一）从刑事立法规定的犯罪结构及其演进趋势来看

作为严重的违法行为，犯罪是具有前置法不法性与刑事法违法性之双重违法性的行为。以规制犯罪的刑法所致力于保障的前置法是民商法还是行政法为据，可以将犯罪分为两种类型：民事犯和行政犯。民事犯以民事不法性的具备作为其刑事违法性产生的前提，从而形成刑民交叉案件，产生刑事附带民事诉讼或另行单独提起民事诉讼程序及其

---

* 本文系中国人民大学科学研究基金（中央高校基本科研业务费专项资金资助）项目“国家纵向治理体系现代化和法治化若干重大问题研究”（22XNL004）阶段性成果。

** 法学博士、金融学博士后，中国人民大学法学院暨刑事法律科学研究中心教授、博士研究生导师。

证据转化等程序问题；行政犯以行政不法性的存在作为其刑事违法性产生的必要，进而形成行刑交叉乃至行民刑交叉案件，产生行政执法与刑事司法之间的行刑外部衔接以及行政诉讼与刑事诉讼乃至民事诉讼交叉的行（民）刑内部衔接等衔接机制及其证据转化等司法难题。

意大利学者加罗法洛 1885 年在《犯罪学》中，依据犯罪的违法性来源将犯罪划分为自然犯与法定犯两种类型，一直沿袭至今。不过，笔者以为，加罗法洛提出的自然犯与法定犯的分类固然科学，但其主要是基于犯罪学的立场，而不是着眼于规范刑法学的角度。事实上，由罪刑法定原则决定，无论是盗窃罪、故意杀人罪等传统自然犯，还是非法经营罪、虚假诉讼罪等法定犯，哪一种犯罪又不是“法定”的呢？正所谓“法无明文规定不为罪”。即便是人身犯罪、财产犯罪等典型的自然犯，也并不都是天然就具有刑事违法性的犯罪。相反，其行为之民事不法性的有无及其民事不法性的实质，不仅是自然犯之刑事违法性产生所不可或缺的前提，而且是把握自然犯之法益侵害实质的关键。至于法定犯，则更是如此。无论是自然犯还是法定犯，其实都是具有双重甚至多重违法性，即前置法不法性和刑事违法性兼具的犯罪。因此，笔者主张：规范刑法学中的犯罪分类，宜以“行政犯”取代犯罪学中的传统“法定犯”之谓，以“民事犯”取代犯罪学中的“自然犯”之名，从而在实现刑事法术语之名正言顺的同时，提示刑事立法的制定者、刑事司法的适用者和刑事法律的研究者，无论是对于犯罪的危害本质或者法益侵害实质的认定，还是对于犯罪构成的规范构造的把握，绝不能把刑法视为孤立的部门法规范，亦不能把刑法理论体系当成封闭的学术话语体系，而应在宪法价值指引下的统一法秩序体系内，从刑事法与前置法之间的体系定位、规范关系、制裁配置等多个层面系统有机展开。

而随着社会治理模式的变迁以及与之相伴的公法私法化和私法公法化趋势的加剧，不同部门法之间日趋交叉融合。例如，知识产权、公民个人信息权，既为民商法等私法所调整，又受反不正当竞争法、网络安全法等行政法保护，从而使行政犯进一步划分为纯正行政犯和不纯正行政犯。① 前者是仅以单纯行政法的违反作为刑事违法性产生前提的行政犯，比如，走私犯罪、税务犯罪、渎职犯罪等；后者则是以行政法和民商法的共同违反作为刑事违法性产生必要前提的行政犯，因而在不纯正行政犯中形成的是更为复杂的行民刑交叉案件，如经济诈骗犯罪案件、知识产权犯罪案件、环境犯罪案件等。

（二）从刑事司法应对的疑难案件及其覆盖领域来看

与刑事立法发展演变趋势呈正相关的是，刑事司法实践中，行政犯案件亦逐步成为刑事案件的主流。一方面，自 1999 年至 2019 年，全国检察机关起诉的严重暴力犯罪从 16.2 万人大幅降至 6 万人，年均下降 4.8%，被判处 3 年有期徒刑以上刑罚的占比从 45.4%降至 21.3%。另一方面，扰乱市场秩序犯罪增长了 19.4 倍，生产、销售伪劣商品犯罪增长了 34.6 倍，侵犯知识产权犯罪增长了 56.6 倍。② 涉及国家安全、公共安全、

---

① 参见田宏杰：《知识转型与教义坚守：行政刑法几个基本问题研究》，载《政法论坛》2018 年第 6 期。

② 参见最高人民检察院检察长张军：“最高人民检察院工作报告——2020 年 5 月 25 日在第十三届全国人民代表大会第三次会议上”，载最高人民检察院官网，https://www.spp.gov.cn/spp/gzbg/202006/t20200601_463798.shtml，2023 年 1 月 7 日访问。

财政金融、高科技等行政犯案件数量大幅上升，其中金融犯罪案件数量更是呈井喷之势。2018 年、2019 年、2020 年全国法院审判执行数据显示，危险驾驶案件的审结数量已经连续 3 年超越盗窃案件的，稳居刑事案件第一位。不仅如此，除“于欢案”等因涉及社会转型时期特有社会矛盾而为社会热议的少数案件系民事犯外，社会关注度最高、理论争议最多、实务困惑最大的案件，也几乎都集中在行政犯领域。从资本市场的“徐翔操纵证券市场案”到食品药品安全领域的“陆勇销售假药案”，再到公众广泛热议的“深圳鹦鹉案”“天津大妈气枪射击摊案”“内蒙古王力军非法经营（玉米）案”等，甚至国际技术贸易中的商业秘密保护等刑事问题，也基本上都是行政犯治理中的问题。至于刑事司法改革中的重大课题，无论是行政执法与刑事司法的联动衔接，还是公益诉讼的方兴未艾及企业合规建设的大力推进，抑或金融法院、知识产权综合检察办公室的设立等司法体制综合配套改革，无不都是缘于并围绕着行政犯的治理而进行。正因为如此，最高人民法院、最高人民检察院自 2000 年以来发布的刑事司法解释和指导性案例所覆盖的案件领域与涉及的犯罪类型，也基本上集中在行政犯领域。

（三）从刑事法学研究的前沿问题及其学术思潮来看

自启蒙运动以降，无论是近代刑法理论体系，还是刑事司法体系，抑或刑事司法能力，主要围绕民事犯的治理而建构、展开，致使传统刑事治理体系的理论供给与行政犯治理的司法需要之间不相适应的矛盾日益突出，传统刑事治理体系和治理能力与共建共治共享的现代社会治理需求之间不相协调的紧张态势日益凸显，政法队伍面临的“追不上、打不赢、说不过、判不明”等问题日益突出。由此决定，中国刑事治理体系和治理能力现代化建设面临的主要挑战和重大紧迫课题，不是传统民事犯的惩治，而是现代行政犯的应对。可以说，如何科学应对行政犯挑战的行政犯治理时代已经来临。而行政犯的本质就是秩序犯，那么，刑事治理主战场从民事犯向行政犯的转移，是否宣告了刑法法益保护使命的终结，从而转向以维护规范秩序为己任？这样的转移是现代社会治理独有的外在偶然现象，还是刑事治理发展演进的必然规律？

二、从自然自由到社会自由：刑法法益内涵的现代演进

对于行政犯的刑事化，学者们大多表示了忧虑：“为了取得微不足道的安心和安全利益，没有合理的依据而过度强调危险的恐惧和不安，莽撞地构建安全、安心体系，可能会导致牺牲迄今为止所取得的人权保障成果。”[①] 更有学者大声疾呼：“即便是在风险预防的思想指导下，现代刑法在应对风险社会之时，‘法益’的城门也不应被‘安全感’轻易地洞开，人权保障的堡垒更不应在法益过度精神化的猛烈攻势之下被轻言舍弃。”[②]

① 石塚迅：《安全、安心与人权：日本的情况》，载周永坤主编：《东吴法学》（总第 26 卷），北京：中国法制出版社 2013 年版，第 52 页。

② 刘炯：《法益过度精神化的批判与反思——以安全感法益化为中心》，载《政法与法律》2015 年第 6 期。

因此，无论社会如何变迁，刑事立法都应恪守个人法益保护的刑法使命，刑事规制的犯罪圈过去是，现在仍然应当是以民事犯而不是行政犯为核心，这成为刑法学界当下的普遍共识。正如德国当代著名刑法学者罗克辛所言："刑法只能保护具体的法益，而不允许保护政治或者道德信仰，宗教教义和信条，世界观的意识形态或者纯粹的感情。"[①]但是，无论是对行政犯治理的刑法演进趋势的质疑、批判，还是对刑法法益内涵的分析、诠释，学界其实既误会了罗克辛的刑法法益主张，也误解了刑法法益属性与其内容之间的关系，更误读了刑法法益从传统到现代演进变迁的实质和行政犯刑事治理的宗旨。

（一）关于刑法法益的属性及其精神化本质

众所周知，法益是法律确认并保护的公民个人和人类社会生活的核心利益，法益的形成和确立不能脱离特定的社会生活条件和文化习俗环境，被当作法益的事实其实是立法者依据一定的评价标准，基于社会经验事实所做的选择和建构。[②] 立法者"不是在创造法律，不是在发明法律，而仅仅是在表述法律，他用有意识的实在法把精神关系的内在规律表现出来。如果一个立法者用自己的臆想来代替事情的本质，那么人们就应该责备他极端任性"[③]。刑法法益既是对前置法和刑法共同承载的宪法价值秩序之社会经验事实（利益）进行价值发掘和规范承认的产物，又是对前置法和刑法按照宪法比例原则的要求对法益进行规范层级调整和比例分配保护的结果。

法益既是一个事实概念，又是一个规范概念。作为法益的内容，无论是公民的人身安全、财产安全，还是作为保障公民人身权、财产权所必须的公共安全、国家安全，都是具体的、物质的，但是，作为对人类社会生活核心利益的法律抽象，法益的属性一定是抽象的、精神的，是难以甚至无法被物理感知的。法益不是也不可能是可以触摸的客观存在，而是对诸如财物、人身等可以触摸的客观存在所承载的人类社会生活核心利益的规范抽象。在这个意义上，无视或者否定经济秩序、公共安全的具体实质内容，仅仅凭其抽象精神属性，而将经济秩序、公共安全等排斥在刑法法益的范畴之外，进而否定行政犯刑事治理的法益保护意义，不仅是把法益的本质属性和具体内容混为一谈，而且是对法益概念的根本消解。道理很简单，离开了精神化的属性，法益——"法律所承认并保护的利益"这一概念的产生以及其理论的发展也就无所依凭。而这样一来，即便是人身权、财产权等本来毫无争议的传统刑法法益，也会因其精神的、抽象的属性而被逐出刑法法益的王国，虽然其内容仍然是具体的、物质的。

（二）关于刑法法益的内容及其社会化延伸

刑法法益以个人法益为核心，但个人法益的外延却并不限于绝对的、狭义的公民法益。相反，凡与个人法益紧密相关、为公民自由发展以及公民社会生活所不可或缺的社会法益、国家法益，不仅是个人法益在现代社会的自然延伸，从而属于应然的广义的个

① 克劳斯·罗克辛：《刑法的任务不是法益保护吗?》，载陈兴良主编：《刑事法评论》（第 19 卷），北京：北京大学出版社 2007 年版，第 147 页。

② 参见田宏杰：《刑法法益：现代刑法的正当根基和规制边界》，载《法商研究》2020 年第 6 期。

③ 《马克思恩格斯全集》（第 2 版·第 1 卷），北京：人民出版社 1995 年版，第 347 页。

人法益，实际上还是各国刑法均予以承认并保护的法益，尤其是在共建共治共享的现代社会。这既是公民个人信息权产生于现代社会而不是前现代社会的根本原因，也是公民个人信息权脱胎于隐私权又最终分道于隐私权的关键所在。

具体而言，公民个人信息权不仅确实源于民法上的隐私权，两者都与公民个人有关，而且在数字信息时代，两者都以信息或数据作为主要表现形式。但是，隐私的核心是“隐”去的公民个人的“私”信息，与国家或社会公共利益并无牵扯挂碍，而只关涉公民的私密性信息或私生活，并只为公民个人控制、管理、使用，以满足公民对自己的人格尊严、私生活安宁不为公众关注或骚扰的心理需要。此类信息一般并不具有财产价值，法律保护的重点也只在于公民的此类信息不被非法公开或者披露即可，因为隐私一旦被披露公开，就不再是、也无法恢复为公民个人隐私。

但是，公民个人信息却正好相反。公民个人信息的关键不在“隐”而在“共享”，以发挥公民个人信息被单独使用或与其他信息一起使用所具有的身份识别功能，因而与公民个人的人身安全和财产安全紧密相关。公民个人信息并不专属于公民个人独立控制或管理，而是由公民个人与该信息的合法采集者、储存者、管理者、使用者共享，例如，学校或用人单位对学生或入职人员个人信息的采集管理，“健康宝”“文明码”在新冠肺炎疫情期间对公民出行路线、活动场所、健康状况等信息的挖掘使用，等等。但是，公民本人对其与他人共享的个人信息，仍然享有选择决定其共享范围、共享程度、共享方式的权利。由于一个个普通公民的人身安全、财产安全的集合就是公共安全乃至国家安全的重要组成，所以，公民个人信息的管理、使用，既是公民的个人私人事务，应由民法等私法予以调整，又属于公共安全尤其是信息安全的范畴，应由信息网络安全法等公法予以规制。是故，只要有人类社会和法律，就有隐私权的存在，并由私法予以保护，以使其不与公众共享，不为社会共治；而只有在共建共治共享的现代信息社会，公民个人信息权才会产生，并由私法和公法共同保护，就像知识产权一样，既有传统私权的属性又具现代公序的性质，从而使公民个人信息管理秩序成为传统个人法益的自然延伸和现代个人法益的应有之义。

至于环境管理秩序或者环境法益的法益适格性乃至环境犯罪刑法化的正当性这一刑法学界论战多年的难题，则是另一典型适例。自古以来，空气、土地、水等环境要素都是人类赖以生存的自然条件。奶粉的质量如何、营养与否，不仅与食品添加剂的使用和制造加工环节有关，而且与奶牛所食的青草以及青草生长的自然环境有紧密关系。如果说食品制造加工环节的不法行为破坏的是食品安全之河的水流，那么，破坏环境资源的不法行为危害的则是食品安全之河的水源。至于环境遭受破坏引发的全球气候变暖对人类生存发展所构成的威胁，早已是地球人不得不面对的严峻现实。因此，环境资源保护状况如何，不仅与国家的自然资源财产和社会的公共生态环境有关，而且与公民个人的人身法益、社会公众的食品安全息息相关。雾霾等大气污染治理也并非简单的公共环境保护，而是事关公民最基本的人权即生存权的重大问题，毕竟，纯净的空气、干净的水源和安全的食物，是公民个人和人类集体生存发展最为基本的人权和不可或缺的条件。

严重污染环境的行为，既必然侵犯公民个人自由发展所必不可少的重要社会法益或者说广义的现代个人法益，又必然侵犯公民的人身权、财产权等狭义的传统个人法益。正是基于此，《中华人民共和国刑法修正案（八）》对《刑法》第338条污染环境罪的犯罪构成做了重大修订，把该罪从狭义的结果犯调整为情节犯，使该罪的成立只要有“严重污染环境”的情节即为已足，从而在表明刑事立法的立场已从人类中心主义法益观转向生态学的人类中心主义法益观的同时，清晰传递出立法者对于污染环境罪这一典型行政犯的立法规制意图，以及对“严重污染环境”之司法适用的教义学指引，即现代环境刑法的法益保护仍以个人法益为核心，但个人法益的外延已不限于人身权、财产权等狭义的传统个人法益范围，而是科学延展至与公民生存和自由发展紧密相关、不可或缺的环境法益——一种集传统个人法益与社会法益于一体的现代个人法益。

（三）关于刑法法益的演进及其秩序化必然

如果说在传统社会，个人自由主要是指公民的财产和人身不受非法侵害，物理行动自由不受非法干涉，相应的传统个人法益主要局限于为保障个人生存而必需的人身权和财产权等狭义的传统个人法益的话，那么，在现代信息社会，个人自由和个人法益的内涵与外延，早已发展演进为公民全面发展、终身发展所不可或缺的解放公民个性、追求幸福生活的自由。如果说自然自由以保障公民的生存权为核心，社会自由则以实现公民的发展权为依归。在这个意义上，传统个人法益向现代个人法益的跃迁，昭示的其实是人类社会从生存必然王国向着发展自由王国的迈进。如果说前置于刑法，对生存必然王国时代的公民自然自由和传统个人法益进行承认、确立和保护调整的规范主要是私法（前置民商法）和规制民事犯的传统刑法的领地和任务，那么，对发展自由王国时代的公民社会自由和现代个人法益进行承认、确立和保护调整的规范，则主要是公法（前置行政法）和规制行政犯的行政刑法的疆域和使命。

由于政府存在的意义和公法发达的价值乃在于最大限度地增进社会公共福祉，以实现公民的个性解放与自由发展①，是故，我国晚近二十余年刑法法益内涵的变迁，尤其是对经济安全、环境安全、社会安全、国家安全刑事保护的加强，以及由此而导致的刑事治理主战场从民事犯向行政犯的转移，非但不是限制公民自由的现代“理性铁笼”，而是作为所有部门法的后盾和社会治理最后法律防线的刑法，为“满足人民对美好生活的向往”所应当肩负的历史使命。

三、从管理秩序到善治秩序：刑事治理使命的现代跃迁

从1993年党的十四届三中全会通过的《中共中央关于建立社会主义市场经济体制若干问题的决定》首次使用“社会管理”这一概念，经党的十八届三中全会通过的《中共中央关于全面深化改革若干重大问题的决定》首次用“社会治理”取代“社会管理”，到党的十九届五中、六中全会明确提出完善共建共治共享的社会治理制度（善治），再

① 参见［英］约翰·斯图亚特·密尔：《论自由》，赵伯英译，西安：陕西人民出版社2009年版，第47页。

到 2035 年基本实现国家治理体系和治理能力现代化、2050 年全面实现国家治理体系和治理能力现代化的远景目标，不仅使我们得以管窥令全世界惊叹的中国经济增长奇迹的发展轨迹，而且为我们揭开了造就中国现代化奇迹的"中国发展之谜"或"中国成功之谜"，即：中国何以能够在成功完成经济现代化转型的同时保持社会秩序的基本稳定，进而不断增进民众的公共福祉？也正因为如此，中国的社会治理变迁成为全球社会治理现代化进程中的重要里程碑。

从社会管理到社会治理绝非一字之差的文字游戏，相反，它不仅揭示了犯罪形态从民事犯向行政犯转型的社会变迁之因，而且使我们得以洞悉以共建共治共享为核心的良法善治推进所带来的根本变化以及由此决定的刑事治理现代化的规范使命。

其一，从管理秩序到善治秩序所带来的秩序内涵的深刻变化。善治秩序不再是管理者和管理相对人之间的二元分立乃至对立关系，而是政府、营利机构、非营利组织、社区、公民等共建共治现代社会、管理公共事务的秩序；公民不再是社会管理的客体或者对象，而是共建共治社会的主体；社会治理过程不再是政府对民众施予的自上而下的单向管控，而是政府、社会、公民等多元主体的平等协商与合作治理。善治秩序疆域的不断拓展和善治秩序新类型的不断涌现，既不是国家、政府对公民自由的蚕食和侵夺，更不是公民不得不作出的权利让渡，而是公民享有并行使社会自由参政议政，与政府、社会组织共建共治现代社会秩序的必然产物，是公民享有和行使的社会自由的内涵得以不断丰富、外延得以不断拓展的根本原因。在这个意义上，现代社会善治秩序与公民的社会自由不仅已经有机融为一体，而且现代社会善治秩序本身就是公民社会自由的应有之义和重要组成，因为正是在善治秩序中，公民才能以个人身份参加并形成"自由人联合体"，即马克思所说的真正意义上的共同体。只有"在'真正共同体'中，每个人的自由发展不仅不是以牺牲他人的发展为代价与前提，反而是为其他一切人的发展创造有利条件。这种高度和谐的共同体，无疑是对'一切人反对一切人的战场'的市民社会的扬弃和超越"①。

其二，从政府管理到良法善治所带来的责任体系的规范重建。权利与义务、职权与职责相统一，是现代法治的应有之义。政府、社会、公民依法共建共治现代社会治理秩序，既是政府、社会、公民作为社会治理主体参与善治的权力（或权利），也是政府、社会、公民作为社会治理主体参与善治所必须履行的义务和职责。因此，加强治理约束，强化治理责任，加大责任追究力度，保持良法善治中的权责统一和均衡，不仅是法治原则在国家治理体系和治理能力现代化建设中的必然要求，而且是被世界各国社会治理变革实践不断检验、反复证明的良法善治的核心要义。虽然厌恶限制是人类的天性，但人类文明史已经并将进一步告诉我们：人们在社会交往中的行为规则和所能享有的社会自由是有限制的。正是这些限制，通过限定每个人追求自己目标的行为方式，保障并极大扩展了每个人能够成功追求的目标范围。在这个意义上，行政犯的大量增设，既是责任原则的要求，更是善治重构的必然，因为这其实"涉及对公民的特殊训练，是自由人民的政治教育的实践部分，足以使他们摆脱个人和家庭私利的狭小圈子，使他们习惯

① 刘同舫：《马克思人类解放思想史》，北京：人民出版社 2019 年版，第 90 页。

于理解共同利益和管理共同事业，也就是使他们习惯于从公共的或半公共的动机出发来行动，并且以促进联合而非彼此分离的目标来引导他们的行为"①。

随着科技的人工智能化、社会的都市流动化、教育的大众普及化、政治的民主法制化，在人类社会变迁中渐进展开的法治现代化，已经日益清晰地呈现出四个趋势和面向：(1) 在法益层面，呈现出个人法益社会化和社会法益个人化的融合；(2) 在规范层面，呈现出公法私法化和私法公法化的交织；(3) 在行政法层面，呈现出公法治理疆域横向扩张和刚性治理手段纵向减弱的并行；(4) 在刑法层面，呈现出刑事立法规制的犯罪化扩张和刑事司法治理的恢复性限缩的兼备。② 其中第四个趋势和面向，既是刑事法治现代化运行展开的具体路径，又是刑事法治现代性呈现的动态特征。这就决定了，一个社会的文明程度越高，共建共治共享的社会疆域也就越大，"井水不犯河水"的传统自然自由也就越少，相互依存又彼此约束、共同分享又彼此制约的社会自由也就越多，对社会自由予以法体系之承认、确立并保护调整的公法（包括行政法以及保障其运行的行政刑法）也就越发达。而社会自由经由行政法和行政刑法的承认、确立和保护调整，也就从社会生活中的"利益"跃升转变为法律上的"秩序法益"，正如网络社会自由经网络安全法和网络安全刑法的调整跃升转变为网络空间秩序、经济社会自由经由经济法和经济刑法的调整跃升转变为经济秩序一样。人类正是"通过发展和学会遵守一些往往禁止他按本能行事的规则"，才建立文明。这些非本能的规则"实际上构成了另一种新道德"③，即作为社会治理主体的公民之公共精神。正是这种"新道德"的培育，不仅使人类能够扩展出广泛的秩序，而且不断推动着现代文明的发展。

四、结语：认真对待行政犯

现代社会治理的核心，其实在于如何科学地型构共建共治共享的善治秩序；现代社会个人自由的核心，其实在于如何科学地处理社会自由（公民发展权）的法律规制与法律保护的关系；现代法治视野下的个人法益的核心，其实在于如何科学地解决秩序法益在行政法和行政刑法中的确立、调整与保护。由于现代社会侵犯个人法益的犯罪，主要是破坏共建共治共享秩序、侵犯公民社会自由的犯罪，即行政犯，因此，现代社会刑事治理必须直面解决的核心问题在于，如何科学应对行政犯或秩序犯的挑战，包括刑事立法层面的行政犯应对和刑事司法层面的行政犯治理。

只有"跳出刑法"，在法秩序一体化的视野中，在宪法价值秩序和比例原则的指引下，在具体法律体系语境下的部门法规范结构及其相互关系中，在与其他部门法乃至非法律的社会治理体系的交流碰撞和分工合作中，刑事治理才能完成从传统向现代的知识转型和体系再造，从而在"超越刑法"的同时，"更加刑法"地组织对行政犯的科学治理。因而刑事治理现代化的主要任务是：

---

① ［英］约翰·斯图亚特·密尔：《论自由》，赵伯英译，西安：陕西人民出版社 2009 年版，第 84-85 页。

② 参见田宏杰：《立法扩张与司法限缩：刑法谦抑性的展开》，载《中国法学》2020 年第 1 期。

③ ［英］弗里德利希·冯·哈耶克：《致命的自负》，冯克利等译，北京：中国社会科学出版社 2000 年版，第 8-9 页。

第一，重塑行刑衔接的规范体系。立足于中国特色社会主义法律体系中的刑法与其前置法之间的规范关系，秉持宪法价值指引下的法益保护原则和比例原则，一方面，夯实行政犯治理的前置法规范，为行政犯的刑事法规制奠定坚实基础；另一方面，完善行政犯治理的刑事法规范，为行政犯的前置法规制提供有力保障。如此，才能在立法层面、执法层面和司法层面构建起以“三个统一”为核心的行刑联动共治机制，即“前置法定性与刑事法定量相统一”“刑事立法扩张与刑事司法限缩相统一”“前置法优先处治为原则与刑事法先行处理为特殊相统一”，进而在坚守刑法谦抑性的同时，实现行政犯治理的形式正义与实质正义。

第二，再造合作诉讼的刑事程序模式。这主要包括企业行政合规计划和认罪认罚从宽制度的一体推动、对抗式诉讼与协商式诉讼并行完善的多层次刑事诉讼程序变革，为国家、行政犯罪的被告人和其他社会力量共同参与、合作治理行政犯，提供充分的程序制度供给和开放的对话交流平台。

第三，创新行政犯案件办理中所涉及的行政、民事和刑事案件的三审合一审判机制和综合检察办案模式。在满足行政犯案件办理的专门化、综合性要求的同时，实现刑事司法队伍和包括鉴定人、辩护律师等在内的法律职业共同体的升级换代，推进刑事司法体系和司法能力的现代化。

新中国刑法学“法定犯”理论的发展与反思

陈　冉*

从新中国1979年《刑法》的颁布到1997年《刑法》的全面修订，经济以及社会管理中违法行为刑事治理需求的加剧，使法定犯在立法修订中受到了极大的关注，尤其是进入风险社会以来，“法定犯时代也随之到来”①。法定犯这一古老而现代的问题，值得刑法理论更加深入研究与反思，以期在中国刑法语境下寻求理论突破，从而有利于我国的立法与司法。

一、我国刑事治理中“法定犯”的立法发展

“法定犯”这一概念并非产生于我国刑法理论。1885年，意大利著名刑事人类学派的代表人物加罗法洛（R. Carofalo，1852—1934）在其经典著作《犯罪学》最早明确提出“自然犯和法定犯”这一对相区分的概念。从世界各国刑法理论对“法定犯”的称谓来看，有行政犯和法定犯以及福利犯的不同提法。我国多数学者认为，法定犯与行政犯系等同概念②，也有少数学者认为二者不能等同。③ 可以说，等同说是通说，区别说是少数说。

从大陆法系德国刑法中的“法定犯”的发展来看，该理论经历了18世纪“警察犯”到“行政犯”的演化，而后德国出台了单独的行政刑法——《秩序违反法》，经历了20世纪50年代和70～80年代的法定犯的立法高潮，以及随后到20世纪末开始的非犯罪化、非刑罚化的过程。日本有关“法定犯”的立法和司法的研究承继于德国，日本学者在研究中采取了广义的“行政犯”的概念。具体而言，日本在立法上实行保安处分与刑罚的一体化，并在理论上将行政犯与法定犯等同，其规定的法定犯多采“特别刑法”的立法方式。不同于大陆法系，英美法系多从刑罚报应与预防根据的分野的角度区分自然

---

*　北京理工大学法学院副教授。

①　储槐植：《要正视法定犯时代的到来》，载《检察日报》2007年6月1日，第3版。

②　参见马克昌：《比较刑法原理》，武汉：武汉大学出版社2002年版，第89页。

③　参见张文、杜宇：《自然犯、法定犯分类的理论反思——以正当性为基点的展开》，载《法学评论》2002年第6期。

犯和法定犯，法定犯的立法是从“福利犯”的视角出发的，其更加重视“社会功效”比，如严格责任的适用。然而，随着在1960年前后“后现代”社会概念的提出，西方国家法定犯的立法和司法的研究与社会转型以及社会整体规制的联系更加密切了。

从我国刑法学界对法定犯的立法扩张探讨来看，多数学者持积极立法态度，即认为法定犯立法具有正当性。① 在立法模式上，多数学者赞同多元化分散立法，但对于当前以刑法典与附属刑法为主的立法模式，有学者主张设立特别刑法，也有学者坚持法典化的立法。② 在立法理念上，对于如何看待法定犯的法益，学界也展开了充分的探讨③，多数观点支持积极预防，甚至提出抽象危险犯④，有观点持“限缩”立场，提出立法出罪，在个罪中设置行政前置性要件，以法益恢复为理由阻却犯罪的成立⑤；有学者提出用权利侵犯说代替法益侵害说作为法定犯的刑事立法基础，依据个人权利区分法定犯与行政犯，并且基于道德规范来限制法定犯的设立。⑥ 在具体的司法适用上，有学者提出法定犯的独立犯罪构造与定罪模式⑦，有学者围绕司法适用中具体问题进行研究，如法定犯主观罪过的认定⑧、违法性认识⑨、双重违法性等问题⑩，而在法定犯立法扩张的背景下，越来越多学者从法定犯的处罚以及行政制裁与刑事制裁的衔接角度研究。⑪ 不单纯是刑法学者，行政法学者和刑事诉讼法学者也加入了对法定犯的治理问题的研究。

从我国法定犯理论的研究来看，法定犯逐渐摆脱“实然性”的域外引入性研究或者单纯的比较研究。基于我国犯罪概念定性与定量的特点，以及刑法与治安处罚、行政处罚的多元制裁模式的现实，刑法理论的研究逐步摆脱对德日理论的过度依赖，着眼于法定犯在我国立法与司法的现实问题，针对双重违法、制裁衔接以及“定性与定量”等本土问题尝试理论创新。而相较于理论的发展，我国刑事立法在法定犯方面的发展走在了学术研究之前，早在逃税罪中免责条款的设置中就已经体现了立法对经济领域法定犯制

---

① 参见白建军：《法定犯的正当性研究》，载《政治与法律》2018年第6期；陈金林：《法定犯与行政犯的源流、体系地位与行刑界分》，载《中国刑事法杂志》2018年第5期。

② 参见高铭暄、张明楷、刘艳红、周光权：《关于我国刑法法典化模式选择问题的讨论》，载人民网，https://baijiahao.baidu.com/s?id=1713593925152637294&wfr=spider&for=pc，2022年12月5日访问。

③ 参见孙国祥：《集体法益的刑法保护及其边界》，载《法学研究》2018年第6期；刘艳红：《“法益性的欠缺”与法定犯的出罪》，载《比较法研究》2019年第1期。

④ 参见马春晓：《经济刑法中抽象危险犯入罪标准的类型化适用》，载《南京大学学报（哲学·人文科学·社会科学）》2020年第5期。

⑤ 参见姜涛：《法定犯中行政前置性要件的法理基础与制度构造》，载《行政法学研究》2022年第1期。

⑥ 参见罗翔：《权利侵犯说视野下法定犯的立法限制与司法限缩》，载《政治与法律》2022年第12期。

⑦ 参见李莹：《法定犯客观构造模式研究》，载《河南社会科学》2014年第12期。

⑧ 针对罪过认定的困难，有观点提出了罪过的推定，如陈银珠：《法定犯时代传统罪过理论的突破》，载《中外法学》2017年第4期；陈洪兵：《法定犯时代背景下罪过形式的确定》，载《法治研究》2018年第3期。

⑨ 参见车浩：《法定犯时代的违法性认识错误》，载《清华法学》2015年第4期。

⑩ 对法定犯的刑事违法性，有观点提出双重违法性的区别研究，如孙国祥：《行政犯违法性判断的从属性和独立性研究》，载《法学家》2017年第1期；陈兴良：《法定犯的性质和界定》，载《中外法学》2020年第6期。

⑪ 参见周佑勇、刘艳红：《论行政处罚与刑罚处罚的适用衔接》，载《法律科学》1997年第2期；周佑勇、刘艳红：《行政执法与刑事司法相衔接的程序机制研究》，载《东南大学学报（哲学社会科学版）》2008年第1期；闻志强：《论“两法衔接”中行政处罚与刑事处罚的实体衔接——以规制非法集资行为为分析样本》，载《政法学刊》2016年第1期；魏昌东：《行刑鸿沟：实然、根据与坚守——兼及我国行政犯理论争议问题及其解决路径》，载《中国刑事法杂志》2018年第5期。

裁的多元路径考虑，体现了本土化与自主化的法定犯治理路径。

在法定犯的立法扩张背景下，尤其是在轻罪和新罪的增设方面，刑法研究开始向着刑法规制的缓和以及打造新的行政制裁和刑事制裁模式的方向进行。在这一背景下，研究呈现出以下动态：(1) 法定犯的立法和司法的正当性在刑法社会治理的背景下被重新审视。(2) 不同于以往宏大的比较研究，法定犯独特的犯罪结构如罪过、违法认定、罪状逻辑在研究中更为受到重视。(3) 法定犯治理作为社会治理的"功效"在"行刑"衔接中的作用被引入立法和司法的研究，因此对法定犯的研究应当重视"宏观社会治理现代化"的需要，探寻法定犯治理模式的创新，避免仅从刑法学、民法学、社会学、管理、政治学等单一学科视角进行研究。储槐植先生提出的"刑事一体化"，将刑法中法定犯问题的解决推向多元化、立体化，并且谋求体系化的综合治理手段。

面对法定犯的"秩序"保障价值日益凸显，法定犯的入罪门槛也逐渐从"实害犯"提前到"危险犯"。无论是"醉驾"的入刑还是污染环境犯罪、妨害药品管理秩序罪的危险犯设置，法定犯领域的立法与人们的生活日益密切，但刑法理论界对于何谓"法定犯"尚且存在争议。

对于法定犯的概念，加罗法洛从是否违反伦理道德的角度界定法定犯，认为法定犯指原本不具反社会伦理性质，却因法律之规定而成为犯罪者。这也是目前国内大多学者所认可的观点，即法定犯的行为本身并无罪恶性，它只是违反了行政法规、严重危害了基于行政法规而形成的但与社会一般伦理道德关系不密切的派生生活秩序的，并应被科处刑罚制裁的行为。[①] 在此观点的基础上，有学者根据法定犯的时代背景提出，法定犯是指侵害或者威胁法益但没有明显违反伦理道德的现代型犯罪。[②] 而侧重于行政犯研究的学者，则从法定犯在国家治理中的价值和法定犯的政策落实功效出发，提出法定犯并非当然有侵害社会秩序的性质，而只是为了行政治理的需要。[③] 客观来看，法定犯的"法"可以包含法律和行政法规等各类规范，法定犯的"法定"范围显然比行政犯的"行政"范围更为广泛，这也是行政犯的"行政"一词所不能代替的。也正因如此，采用法定犯的概念比采用行政犯的概念更能体现出对于违反对象前提性质的界定。从这一广义的法定犯概念来看，我国目前法定犯的立法广泛存在于刑法分则第二章、第三章、第四章、第六章、第九章所规定的罪名中。

从法定犯的法定刑配置来看，结合法定犯的立法背景，刑罚的处罚重在发挥"功利"价值，其预防的功效较为突出，这就要求在刑罚手段上采取与自然犯的不同的对策。自然犯在刑法中体现为道德的法律化，而法定犯则体现为法律逐步的道德化。[④] 与处罚自然犯的根据在于其自体恶不同，处罚法定犯的根据在于行为人违反了国家的规定这一点而非行为本身所固有的恶性，法定犯也不具有严重的危害伦理道德的属性。因此，相较于严惩重点的自然犯，对于法定犯，在法定刑的配置上要区分法益侵害的程度，根据紧迫性的差异设置轻重不同的刑罚，尤其要关注刑罚的轻缓化和实际效果。在刑事立法上，应

① 参见黄明儒：《重提行政犯：罪与罚的边界》，载《检察日报》2009 年 8 月 20 日，第 3 版。

② 参见张明楷：《刑法学》(第 4 版)，北京：法律出版社 2011 年版，第 95 页。

③ 参见韩忠谟：《刑法原理》，北京：北京大学出版社 2009 年版，第 74 页。

④ 参见孙万怀：《法定犯拓展与刑法理论取代》，载《政治与法律》2008 年第 12 期。

当限制对法定犯的死刑立法；在刑事司法中，应当对法定犯慎用死刑。[①] 除了个别与自然犯实质接近、严重危害人民群众生命安全的有毒食品、药品犯罪，在立法上应当对法定犯设置相对较轻的刑罚，并且一般不配置死刑。从《刑法修正案（八）》以来，立法在死刑罪名的废除、轻罪的设置上都体现了法定犯治理的严而不厉的特点。

二、立足于实质法益演进式保护的法定犯类型化设置

传统的法定犯的理论认为，法定犯以违反行政法规为前提，立法是出于维护国家和社会秩序的特殊考虑而将之规定为犯罪。但从我国法定犯的立法渊源考察，既存在先有前置法后有刑法从而将违法行为犯罪化的补充保障的立法形式，也不乏直接将相关行为先行犯罪化而后将之规定为行政违法的情况，因此这在一定程度上体现了在没有前置法的情况下的“刑法先行”的特点，刑法的“功能主义”被不断强化，比如侵犯公民个人信息罪。在刑法将非法获取公民信息入罪时，我国在个人信息保护方面尚未出台相应的法律法规，而刑法对其积极入罪，倒逼了相关部门立法的推进。所以，法定犯具有双重违法性，即必须同时具备行政违法性和刑事违法性，这是法定犯最典型的形式特征，也是法定犯与自然犯相区别的最重要的外在标志。在两者关系上，行政违法性是违法性的基础，刑事违法性是违法性的实质。而之所以在立法中出现刑法的先行，则是因为在某些领域中法定犯呈现出与自然犯的交叉，尤其是对于与人们生命安全相关的重要法益而言，由于前置法的保障的缺失，刑法的“保障性”便逐渐突破到保护的前沿。对于其是否具有合理性的问题，笔者分析如下。

（一）立足于实质法益保护的类型化法定犯设置标准

传统的法定犯的理论认为，制定行政刑法规范不是为了保护法益，也不可能是为了保护伦理道德秩序，那只能是为了保护法规自身，为了自我满足或证明自己的权力。[②] 但实际上，立法者制定任何规范，都是为了实现一定的目的，保护特定的法益，而不可能是为了保护某种规范本身而制定规范；如果单纯为了保护某种规范而制定规范，不仅不会给国家带来任何利益，相反只能严重损害公民的自由。在国家治理体系和治理能力现代化的背景下，实现刑法的良法善治而非过度治理是法定犯在立法和司法过程中需要面对的现实问题。因此，单纯的形式界定，没有对法定犯违反规范的价值作出评价，有损法定犯的存在意义。而且，如果法定犯只是单纯为了保护行政法规本身，那么“我不是药神”所引发的民众对立法的质疑就不足为怪了。

刑法上的法益是由刑法所保护的人的生活利益。法益实际上就是我国传统刑法理论上所说的犯罪客体。[③] 关于法定犯侵犯的法益，有“辅助、强化利益说”“管理秩序说”“管理活动说”“派生性生活利益说”四种观点。[④] 法定犯的出现，是基于对人类利益保

---

① 参见黄河：《行政刑法比较研究》，北京：中国方正出版社 2001 年版，第 145 页。

② 参见张明楷：《法益初论》，北京：中国政法大学出版社 2000 年版，第 352 - 353 页。

③ 参见张明楷：《刑法学》（第 4 版），北京：法律出版社 2011 年版，第 67 页。

④ 参见邱帅萍：《论行政犯侵害的法益》，载《云南大学学报法学版》2011 年第 4 期。

护需要的社会管理的认可。因其相关法益不同，法定犯的社会危害性也自然有所不同。对于与社会安全和人身安全相关的法益，从法定犯对秩序的保障来看，法律规范的权威会导致规范伦理化，其伦理非难也会随着行政法规的调整废止而发生变化，形成“法定犯之自然犯化”现象。现实中，伦理道德的标准随着社会的发展而不断变化，不违反伦理道德的标准似乎难以适用于所有法定犯，如危害食品安全、药品安全、破坏环境等公害犯罪。对这类法定犯，从刑法规定以及刑法理论的认识看，学界一般认为其属于法定犯，但是这类犯罪涉及环境、食品、药品安全，人民群众对这类犯罪的道德谴责性是较为强烈的。此外，有些法定犯中行为规范的规定也会渐渐融入人们生活，进而成为伦理道德的评价对象。正如有学者认为，刑法对犯罪的评价应当植根于犯罪的反伦理性。这一点在自然犯和法定犯中同样适用，法定犯与社会伦理道德也具有某种关联性。因为，在相应的法规制定之后，遵守这种法规也就成了某一社会伦理上的要求。[①]

笔者认为，法定犯在我国刑法立法中体现广泛，有必要从其与法益的相关性也即道德谴责性的强弱角度出发进行区分研究，根据法益保护的直接性需求以及法益本身的重大性将法定犯分为相对纯粹秩序法定犯与公害犯罪。对于相对纯粹秩序法定犯，可根据是否为经济犯罪进行再次划分。对于相对纯粹秩序法定犯，如逃税罪、走私犯罪等，可以在入罪门槛上设置较高的门槛，同时在处罚措施上更着重于与行政制裁的衔接，考虑刑法的补充性；而对于公害类法定犯，由于其具有相对突出的公众利益的损害，在设置上，“法益”的保护仍然应当作为重要的考虑因素，而与前置法的衔接也应当立足于“法益”的保护需求，有时不应当受限于前置法，而应当考虑刑法独立的保障机能。

（二）法益保护逻辑演进型保护的法定犯设置路径

在风险社会的影响下，刑事立法出现了针对某些领域的象征性立法，比如环境污染、金融犯罪、恐怖主义犯罪等，刑法保护法益走向抽象化，产生了大量的抽象危险犯。对抽象危险犯是否还需要进行实质的危险判断这一问题，理论界存在不同的认识。周光权教授曾指出：“抽象危险如果在司法上还要判断和限定，不管怎么判断，用什么方法判断，只要一判断和限定，抽象危险犯就无限接近具体危险犯了。”[②] 但也有学者指出，认为只要行为人实施了不被容许的风险行为就可能成立风险犯，可能产生扩大刑事处罚范围的风险，而且由于被容许的风险行为与不被容许的风险行为在有些场合只有一线之差，因此很容易出现两者之界限难以划清的问题。在一些科技发展领域，扩大风险犯的处罚范围还会使人们丧失挑战风险的信心从而阻碍科学技术的发展。[③]

笔者认为，法定犯在现代社会的发展多是基于对社会新生现象的不确定风险的防御，不宜打破传统的以具体内容为基础的“法益”概念。对于法定犯的法益如何看待这一问题，仍然以药品犯罪为例。有观点指出，药品犯罪所侵害的法益，一般被认为是国

① 参见许发民：《论刑法的伦理品性》，载《法律科学》1997年第4期。

② 梁根林：《刑法体系与犯罪构造》，北京：北京大学出版社2016年版，第411页。

③ 参见刘明祥：《“风险刑法”的风险及其控制》，载《法商研究》2011年第4期。

家对药品的监督、管理秩序和不特定人的生命健康安全①，这既包含了秩序法益也包含了健康法益。对于这两者之间的关系，有的学者从主从关系出发，认为秩序法益是主法益、健康法益是次法益。② 有的学者从表里关系分析，认为秩序法益为表、健康法益为里。③ 笔者认为，药品犯罪作为公害犯罪，其规制的核心应当为“健康法益”。秩序的保护是为了实现健康法益的保护，其本身不具有纯粹的保护价值，也不能作为独立的保护法益。从“我不是药神”案件后我国假药、劣药认定标准的实质化确立，到妨害药品管理秩序罪具体危险犯的增设，说明刑法在药品犯罪规制上的目的在于保护社会公众身体健康。最高人民法院、最高人民检察院《关于办理危害药品安全刑事案件适用法律若干问题的解释》第19条规定：“刑法第一百四十一条、第一百四十二条规定的‘假药’‘劣药’，依照《中华人民共和国药品管理法》的规定认定。对于《中华人民共和国药品管理法》第九十八条第二款第二项、第四项及第三款第三项至第六项规定的假药、劣药，能够根据现场查获的原料、包装，结合犯罪嫌疑人、被告人供述等证据材料作出判断的，可以由地市级以上药品监督管理部门出具认定意见。对于依据《中华人民共和国药品管理法》第九十八条第二款、第三款的其他规定认定假药、劣药，或者是否属于第九十八条第二款第二项、第三款第六项规定的假药、劣药存在争议的，应当由省级以上药品监督管理部门设置或者确定的药品检验机构进行检验，出具质量检验结论。司法机关根据认定意见、检验结论，结合其他证据作出认定。”

从药品犯罪的规制可以看出，法定犯的“法益”与“前置法秩序”只有建立起密切的内在联系，才有可能发挥真正的社会治理效果。这在环境犯罪的治理中也有体现。由于工业化城市化的发展对环境产生了恶劣影响，学者对环境犯罪的关注起始于侵害公共利益的犯罪，因而将其作为“公害”犯罪（例如，环境犯罪在日本就被作为“公害犯罪”），环境所涉及的公众利益也容易被人们视为是“公共安全”。环境法益涉及的是公众利益，但这种公众利益的保护或者说环境犯罪对公众利益的侵犯却并不是犯罪的直接对象。在污染环境罪中，污染行为直接侵害的是环境法益，并通过侵害环境法益而间接侵害依附其上的人类法益，进而危害公共安全。但是，危害公共安全犯罪直接侵害人类法益，其对自然法益的侵害反而是间接的。对于危害管理、市场秩序类的法定犯，其侵害法益不同于危害公共安全的社会法益之处则在于法益的传递性，如在环境犯罪中，法益侵害是以自然介质作为桥梁、媒介使行为的侵害或者威胁得以传递、蔓延、发展，经过一定的时间、空间产生对另一法益的侵害或者威胁。从法益侵害的逻辑关系来看，首先是环境法益受到侵害，其次才是个人法益受到侵害。换言之，个人法益是环境法益受侵害后的加重结果，或者至少是环境法益在受到侵害的同时也会产生个人法益侵害的危险，而个人法益的实际损害则应是环境法益侵害的加重构成。

虽说一切法益，不管是社会法益还是国家法益，都难以解脱和个人利益之间的关系，但各种法益的特点不同，难以都按照对个人法益的保护模式予以应对。法定犯所保

① 参见张军主编：《刑法（分则）及配套规定新释新解（上）》（第3版），北京：人民法院出版社2013年版，第261页。

② 参见孙国祥、魏昌东：《经济刑法研究》，北京：法律出版社2005年版，第191页。

③ 参见梅传强：《危害药品安全犯罪的最新修订及其适用研究》，载《当代法学》2021年第5期。

护的法益与个人法益应当具有一定的传递性，尤其是对于一些新型犯罪，其危害性可能并不明显，但一旦发生则危害后果严重，此时基于预防的需要，刑法不得不提前介入保护（主要以法定犯的形式存在，如“醉驾”入刑、危险作业罪的增设），在具体设置时需要考虑法益侵害传递中对实质的个人法益的威胁。对于如何理解法益侵害的威胁，可以参考德国学者提出的“累积犯”的概念。[①] 这一概念最早被用于解释贿赂犯罪，其将贿赂罪视为“危险行为的累加有可能最终导致侵害”的犯罪，以区别于我们通常所理解的抽象危险犯，即个别公务人员的单个犯罪行为尚不足以侵害行政机构的职能。不过，如果现实中政府机关经常发生腐败案件，对于行政机构的职能就会产生重大且可观的危险。[②] 后来有学者认为，伴随经济发展的全球化，环境影响的全球化进一步加剧，环境影响的规模已经扩展到了整个地球的规模，这一阶段上的环境侵害也具有不可逆性、蓄积性、相互干涉性等特征。以水污染来说，虽然单个行为不可能造成危害结果，但大量实施的话，就会引起一定的法益侵害，这便具备了“累积犯”的特征。[③]

大部分自然犯侵犯的法益是个人法益。由于它们自身存在的恶性严重侵犯了公众的切身利益，因而古往今来被人们深恶痛绝。而绝大部分法定犯基于法律法规的规定，保护的是社会公共利益，与普通公众的情感好恶并无紧密联系，因此法定犯具有相对较弱的反伦理性。即使是一些特定侵犯公共利益的法定犯，如食品犯罪、交通犯罪、环境犯罪等，虽然具有反伦理道德的特征，但毕竟也与杀人、放火等自然犯在主观恶性、犯罪目的、危害结果方面有明显区别，其反伦理性的特征相对来说仍然较弱。

另外，由于法定犯是法律禁止的恶，对于公众来说往往不能通过道德评判和日常知识识别，而必须要掌握相关的专业知识，其具有较强专业性，以致社会公众对法定犯行为的可罚性往往并不敏感。对被害人来说，法定犯也不易发觉，甚至是案件已进入司法程序，被害人仍然不认为被害，这种情况在非法传销犯罪、非法集资犯罪案件中尤为突出。

因此，对于法定犯来说，虽然侵犯了社会共同利益，但既不能在伦理道德中寻找到准确答案，也不能仅凭形式界定来确定，而只能在共同生活利益中界定。正如韩忠谟教授所言，“法定犯所依据之法规，虽系基于新兴之社会环境而产生，然既有规定之必要，则其所命令或取缔者，自必与共同生活之利益有关。若明知行为有碍于共同利益，犹不顾而为之，则其在道义上所得受之评价，与一般所谓自然犯当无不同，因此，所谓法定犯并不违背伦理，非当然侵犯社会秩序云云，实无维持余地”[④]。法定犯基于其特殊性，侵犯的是特定秩序。这一特定秩序正是社会共同利益的重要组成部分，而这一秩序也必然需要与人的利益具有内在的联系或者逻辑进路，否则违反该秩序的行为便不具有可罚性与当罚性。

---

① 参见皮勇：《论新型网络犯罪立法及其适用》，载《中国社会科学》2018 年第 10 期。

② 参见张志钢：《论累积犯的法理——以污染环境罪为中心》，载《环球法律评论》2017 年第 2 期。

③ 参见王晓芳：《刑法中的法益保护前置化问题——环境刑法维度的思考与应对》，载《山西青年管理干部学院学报》2013 年第 3 期。

④ 韩忠谟：《刑法原理》，北京：北京大学出版社 2009 年版，第 74 页。

三、社会防卫背景下法定犯“危险防御”的功能发挥

在现实生活中，风险刑法的影子正在逐步扩大，如食品安全犯罪、信息安全犯罪以及生态、环境安全犯罪中危险犯的设置，刑事立法的回应体现了防卫线前移的现实需求。①

（一）规制缓和背景下法定犯罪过认定的模糊化

随着时代的发展，对于法定犯，传统的理论引申出一些新问题，使法定犯的主观构造发生了与自然犯不同的内容，如法定犯是否与自然犯不同，是否必须具备违法性认识；法定犯是否存在双重过错，过失法定犯是否可以由监督过失构成，严格责任是否适用于法定犯。

对于以上问题，由于法定犯的前置违法行为的存在，对其罪过是故意还是过失的判断往往并不容易，理论上来说行政违法的故意也并非刑法危害行为的故意，但部分法定犯的设置是基于前置违法行为自身的巨大危险性，据此违规的心态与刑事违法的罪过便出现了判断的重合。在对食品、药品以及环境犯罪等公害犯罪进行刑事归责时，罪责判断中“规范违反”成为核心判断因素，这是因为这类犯罪在“安全”的价值追求背景下，传统刑罚惩罚报复的目标被抛弃，而借用规范实现行为规制成为主流，这逐步呈现“法定犯”化的趋势。由于其罪过往往很难以故意或过失的模式进行判断，于是便出现了从归责的关联去发掘犯罪行为的不法元素作为惩罚的客观条件，将行为不法设定为“应当避免不法实现但却并没有避免”。惩罚被延伸到人们的行为方式，只有安全的行为才能被允许，否则便是刑法禁止的理由，故意或者过失不再成为归责的重点，由此产生了严格责任。在环境犯罪中，便有观点提出，污染环境罪的成立不需判断罪过。②

从“法定犯”的角度刻意强调“秩序”的保障而忽视传统罪过判断的认识是不可取的。根据我国刑法主客观相统一的归责要求，法定犯的设置一方面需要从市场管理的角度考虑秩序，另一方面需要考虑此类犯罪对民众切身具体利益的损害。为此，有学者从法益保护的角度对法定犯中的经济犯罪提出了“制度依存型经济刑法”与“权益保障型经济刑法”的区分，认为“制度依存型经济刑法”针对的犯罪只有通过该制度才能引申出个人法益，与传统意义上的个人法益在客观性与实效性方面不尽相同，而“权益保障型经济刑法”针对的犯罪行为仍然是针对传统具体的个人法益。③ 比如药品犯罪正是属于权益保障型的范畴，在刑罚根据上仍然需要考虑传统的“道义违反性”，因此在刑事责任的追究上，仍然需要坚守“罪过判断”，只是在判断上可能更多采取对“规范违反”的罪过推定。

此外，即便是坚持严格责任的学者，也无法否认行为人客观上存在罪过，而只是难

① 参见刘明祥：《“风险刑法”的风险及其控制》，载《法商研究》2011年第4期。

② 参见郑祖星：《环境犯罪中相对严格责任的引入与适用》，载《江西社会科学》2021年第4期。

③ 参见张小宁：《经济刑法机能的重塑：从管制主义迈向自治主义》，载《法学评论》2019年第1期。

以证明其罪过的存在。这是一个事实问题而非法律选择问题。司法机关在调查、提取主观方面的证据时，往往需要消耗大量的司法成本，因此考虑到司法效率，司法机关不可能对每个案件的犯罪意图都进行彻底的调查，尤其是在犯罪意图隐蔽、主观认定非常困难的案件中。对于这种罪过认定困难的案件，完全可以通过推定罪过的方式进行判断。

而对于法定犯的违法性认识问题，我国法定犯立法中“违反……规定”的表述，这已经表明行为人对于法定犯应当具有违法性认识，而只有肯定行为人具备了违法性认识，在犯罪的认定中才遵循了主客观相统一的原则。尤其是在刑法规定了“违反规定”，但是相关非刑事法律法规中又不存在这些规定的情况下，对于行为本身是否具有社会危害性，不但行为人难以作出判断，就是司法人员也会产生巨大争议。此时，以司法人员的专业判断为标准要求行为人认识到社会危害性显然是强人所难。

从刑法理论的演变来看，违法性认识问题源于法定犯的大量扩张。在早期社会发展缓慢的时期，自然犯占据主导地位，伦理道德规范与法律规范基本一致，判断出反伦理道德属性自然可以判断出行为的犯罪性。但是，随着社会的快速发展，犯罪结构也发生了深刻变化，许多与伦理道德关系并不紧密的法定犯大量增生。由于法定犯仅仅是基于国家管理的需要而被法律所禁止，因而相比于自然犯，其具有较弱的反伦理道德性。在法定犯中，虽然认识了犯罪事实却不知道它是被法律所禁止的行为并不罕见，所以不把违法性认识作为故意的要件显然并不妥当。据此，违法性认识的错误，对于自然犯不阻却故意，对于法定犯则阻却故意。① 如果行为人确实不知违反了法律规定，则不具有违法性认识，不能构成犯罪。但是，犯罪是违反社会的意思，因此不能过分推崇法定犯领域的“不知法无罪”，这里需要考虑法律是否对行为人施加了认识义务。例如，从事危险废物运输需要专门的许可，如果没有相关文件，便不能因为“不知”而免责。行为人具有法定的从事某一行为应当履行的义务而不履行，这是对“注意义务”的逃匿，不应当允许行为人以没有违法性认识为由逃避履行自己的义务。但如果行为人对某一法定义务完全欠缺认识可能性，比如某一环保规定出现了国家与地方规定的冲突，行为人仅能在个人认识范围内选择，那么就不应当要求其承担责任。

（二）“严密法网”的风险“过程化”治理

风险伴随着机器化大生产以及分工而来，它只能被控制而不能被消灭。我们以科学技术手段来识别风险、降低风险，同时我们也需要以法律手段来分配风险、预防风险。为此，刑法治理出现了从结果控制到过程管理，以“注意义务”加强刑法对行政法秩序的补充保障的趋势。

从公司企业治理中的虚报注册资本罪到经营管理中的违规披露、不披露重要信息罪，从药品管理中的假药、劣药犯罪到妨害药品管理秩序罪，从生产安全中的事故犯罪到危险作业罪，尤其是对于生产安全中的风险，刑法设置了从“事前预防”到“事中检查”，再到“事后救援”的罪名体系。这些罪名与安全生产法律、法规有效衔接，实现二者在治理理念上的贯通。

---

① 参见马克昌：《比较刑法原理》，武汉：武汉大学出版社 2002 年版，第 89 页。

刑法治理的现代化，要求科学合理的入罪，法定犯在设置上应当重视和尊重犯罪产生、发展和预防惩治的规律，立足于刑法与行政法内在目的的衔接。一直以来，我国刑法对药品安全的保护集中体现在《刑法》第 141、142 条，而这两条都着眼于“药品”本身的真假、优劣，对药品风险的管控缺乏了全程动态的过程风险控制评价。但是，对药品犯罪的规制，需要从不合理的危险出发，从生产、销售到检验、申报注册等各个环节严格把关，因为各个环节的违法行为都存在着影响药品安全性和有效性的各种风险。2019 年修订的《药品管理法》第 3 条明确规定了药品风险的“全程管控”，从药品生产、流通的过程来看，大多违法行为如果在前段被及时处理，就可以有效预防药品危害事故的发生。对于药品犯罪来说，也存在违法行为在前段被及时处置的必要性。药品犯罪发生的时间、空间具有特定性，而违法原因和环节也具有相对明确性，除了从实质的对象规制，还需要考虑药品安全的全部流程。我国的药品生产管理规范（Good Manufacturing Practice，GMP）不但对生产企业硬件设施提出了要求，而且更强调生产过程的控制。《药品生产监督管理办法》明确了生产活动“全过程”“持续”合规检查，提出建立基于风险的药品生产动态检查制度，开展以风险为基础的最严格监管。《刑法修正案(十一)》增设了妨害药品管理罪，实现了将对药品安全的保护从“静态”的对象规制延伸到“动态”的环环相扣的秩序保护。所新增的药品犯罪行为方式，其模式来自《药品管理法》第 123 条和第 124 条的规定，实现了刑法与药品管理法的衔接，极大缓解了当前司法实践中对于妨害药品管理秩序行为的处置困境，体现了“严密法网”的立法精神。

为了实现刑法的社会治理功效，国家政策的介入不可避免地使刑法法理为其所触动，例如犯罪标准前移、创设新的归责形式等，因此如何协调法理与政策的矛盾是法定犯立法不可回避的问题。对此，有学者提出，现代刑法对社会治理应当有积极的反应，必须进行自身调整，包括定罪标准、归责原则、刑罚功能等，即在社会整体的变迁过程中重新定位科技进步、文明发展与刑事立法的协调互动关系，并经由这样的调整，使刑事立法一方面坚持传统刑法的基本品质，另一方面兼顾社会发展，在体现刑法惩罚害恶、恢复公平正义的同时，积极发挥现代刑法维护社会安全秩序和保障人权的双重功能。① 在刑事立法上，要借鉴各国刑法的先进经验，吸取人类社会一切有益的刑法理论和刑法思想。刑事立法应当具有一定的预见性，但对于一些政策法律不清、判断标准不明的行为，不能急于使用刑法手段，可暂不处理，或用非刑法手段先予管理，对于刑法未予明文规定的犯罪行为，切不可突破罪刑法定原则。②

四、责任刑与预防刑平衡中法定犯的制裁理念更新

法定犯的扩大，在发挥刑法积极参与治理的功效时，并不意味着贬低此外的社会治理手段③，要防止刑法（罚）在治理体系中“一家独大”，挤压、削弱、抵销其他治理

① 参见高铭暄：《风险社会中刑事立法正当性理论研究》，载《法学论坛》2011 年第 4 期。

② 参见高铭暄、赵秉志、鲍遂献：《当前的十大刑法观》，载《法学家》1994 年第 1 期。

③ 参见姚万勤：《国家治理现代化视域下刑法治理问题研究——以理念转换与模式建构为视角》，载《晋阳学刊》2016 年第 1 期。

手段的价值和功能。应当抛弃刑法万能主义、刑法工具主义以及重刑主义等传统落后刑法观念，树立现代刑事治理理念，以把握刑事治理规律为前提和基础，科学厘清刑事治理的性质、任务和目标，积极引入社会力量，综合运用包括刑法在内的国家正式治理手段和民间社会自发形成的各种非正式治理手段，构建多元参与的刑法治理模式。①

（一）行刑协作的法秩序统一的多元治理基础

在强调犯罪的多元治理时，不能抛弃刑法本身的任务而去刻意寻求多元主体的参与。需要认识到刑法自身与其他治理主体所存在的天然联系，即刑法的补充作用和保障作用。民法、行政法和刑法在传统理论中被以私法和公法的角度进行划分，各个部门法被赋予了不同的任务，这种表现的区分也在一定程度上割裂了犯罪治理的内在协作力。

从 20 世纪开始，资本主义国家的经济危机促进了国家干预理论的发展，国家理性神话的破灭促使对公法与私法的划分理论被重新审视，公法与私法出现了融合现象。②有学者指出，这是社会发展过程中的一种法现象，其一方面是法自身在调控社会事物过程中的一种客观规律性，另一方面也离不开人为的制度设计与观念作用。③ 公法与私法的融合主要表现为两种趋向：一是私法公法化，二是公法私法化。前者是指为了保护社会公共利益，国家对社会领域的干预突破了传统的公法和私法界限，公法原则渗透到私权自治领域并规范私法关系；后者是指由于政府职能的不断扩大，传统的私法调整方式也被逐渐引入公法领域，私法原则以及各种法律关系不断向公法领域拓展。然而，无论公法还是私法，在其作为国家法方面具有共通的性质。公法是私法的有力保障，私法是公法的适用前提，公法与私法之间的融合意味着刑法与民法的相互影响，自然人权利的刑民一体化保护机制有望更加成熟发展。④ 在公私融合的背景下，对法定犯的治理更加需要重视“法益”的可否恢复性，对于侵害具有可恢复性的法益的行为，应当避免严厉的刑法介入，尤其是处以较重的处罚，通过激励手段实现刑法的保障作用，如逃税罪中免责条款的设置。

从规范保护的角度来看，现实的法秩序是由宪法、民法、行政法、刑法以及其他法领域所组成的整体。法律虽然存在部门法之别，但从法律整体所追求的公平、正义的终极价值目标来看，具有目的上的统一性。在法秩序统一的基础上，我们寻求的是规范价值评价的统一。正如拉伦茨所说，体系绝不应“像网一样地覆盖”在法秩序之上，法学毋宁应不断地由法秩序整体、其内含的意义脉络出发，显示出作为一种有意义有目的的法秩序整体。⑤

在法秩序统一的基础上，刑事制裁要注意与其他制裁手段的合作，也要注意刑事制

① 参见高铭暄、曹波：《新中国刑事治理能力现代化之路——致敬中华人民共和国七十华诞》，载《法治研究》2019 年第 6 期。

② 参见熊亚文：《刑法私法化：现实图景与理论空间》，载《现代法学》2016 年第 4 期。

③ 参见张淑芳：《私法渗入公法的必然与边界》，载《中国法学》2019 年第 4 期。

④ 参见田喜清：《私法公法化问题研究》，载《政治与法律》2011 年第 11 期。

⑤ 参见［德］卡尔·拉伦茨：《法学方法论》，陈爱娥译，北京：商务印书馆 2003 年版，第 44 页。

裁手段内部的协调，立足于恢复社会秩序和社会关系需要，发挥刑事制裁体系惩罚与威慑的功能、教育与改造功能、保障与补偿功能、矫正与回归功能。[①]

（二）“激励型”自治的监管型多元合作配合

传统刑法对经济犯罪的管制型规制，其弊端体现在以“维护秩序”为根据进行经济刑事立法观念，消费者或公民具体的个人利益被忽视，刑罚措施位居优先且主导适用的地位，非刑罚措施沦为陪衬。有学者在研究环境犯罪时便提出，以管制为主导的环境政策“过分依赖管制手段和方法及其工具理性，这往往不可避免地导致行政过程中对执法终极价值理性的忽视，甚至可能造成行政管制目的与行政管制手段之间的扭曲和异化”[②]。传统刑法希冀通过建立犯罪和刑罚之间的联系，为人们提供行为准则，以防止犯罪的发生。然而事实上，刑事司法中低下的破案率、潜在的犯罪黑数，都一点点瓦解着刑罚的可能功效。作为趋利避害的理性人，犯罪人在面对司法机关的控诉时，只能是竭尽本能地去掩饰犯罪、抗拒追诉，这在客观上使犯罪人和受害人之间的冲突更加剧烈，正义的实现更加困难，刑罚的一般预防目的的实现被经济行为的利益与成本计算操纵。基于法定犯并不强烈的道德违反性，若能以其他更妥当的方式来达成相同目的，或者更能满足控制犯罪的需求，且能避免传统刑罚手段的弊端，宜采用新的制裁方式。

现阶段，在改革逐步深化的背景下，基于犯罪治理能力和治理体系现代化需要，应当激发市场自治与自律机制的养成与完善，强化刑事制裁与其他制裁手段的协作，改变刑法“家长主义”的硬性作风。刑法正义的实现不仅仅体现在惩罚、威慑、剥夺以及改造犯罪人，还在于对被损害的利益的修复，恢复社会成员之间权利与义务的总体平衡。在恢复被犯罪破坏的社会关系和社会秩序过程中，不同主体将会参与到对犯罪的刑事治理中，以期维系他们的权利和义务平衡，这是实现刑法制裁效果的保证，也是公众积极参与刑事治理的原动力。[③] 考虑到法定犯的行政责任以及刑事责任的多重性存在，以企业犯罪来说，威慑型刑事司法严重背离了企业守法这一基本目标，其在对违法对象的认识上具有严重的简单化、固定化倾向，对企业单一的、僵化的认识和定位无法与现阶段纷繁多样的违法现象治理需求相契合。应当对企业的行为进行矫正，将规制视角由外而内从司法为主的导向转向以“犯罪主体”为主，调动违法者的积极性。一个以企业守法为本位的执法和守法机制既有助于弥补威慑型执法流程中的预设缺位和逻辑裂缝，也将从根本上改变我国犯罪治理自上而下单打独斗的功利主义和“实用主义”思路。从国家层面对主动预防犯罪的企业予以正向激励，以此激发企业自主预防犯罪的内生性需求，开辟企业自主预防的新路径。2020 年 3 月，最高人民检察院启动涉企违法犯罪依法不捕、不诉、不判处实刑的企业合规监管试点工作，并确定上海市浦东新区检察院、金山区检察院，广东省深圳市南山区检察院、宝安区检察院，江苏省张家港市检察院，山东

① 参见彭文华：《我国刑法制裁体系的反思与完善》，载《中国法学》2022 年第 2 期。

② 柯坚：《我国〈环境保护法〉修订的法治时空观》，载《华东政法大学学报》2014 年第 3 期。

③ 参见彭文华：《我国刑法制裁体系的反思与完善》，载《中国法学》2022 年第 2 期。

省郯城县检察院为试点单位，正式启动了对刑事合规制度的探索工作。2021年初，最高人民检察院下发《关于开展企业合规改革试点工作方案》，宣布第二期企业合规改革试点工作已启动。以刑事合规的理念实现对企业犯罪的治理具有现实意义。通过对企业合规计划的实施，实现刑法对企业行为的“再改造”，这一做法具有可行性。

（三）从个人责任到组织体责任的秩序与安全的处罚模式更新

在自然犯时代，犯罪主体是一元的，就是自然人，而当代犯罪主体由一元变为二元，即自然人和法人（单位）。法人犯罪在我国刑法中的数目越来越多，而且法人犯罪一般是法定犯。[①] 随着人类社会发展，法人（企业）同民众的生活、健康和福利的关系日益密切，企业的非法活动对国计民生造成损害的危险性和可能性也随之增加，为了维护社会安宁和公众的福利，国家需要对企业加强行政管理，提高法人的社会责任感，立法者一方面把不少义务设置为严格的民事责任实现的根据，另一方面把一些更高的义务制定为刑法规范，这就出现了法人犯罪。[②] 单位犯罪主体正是为应对法定犯而产生的一类新的主体，法定犯的大量犯罪化创制构成了现代刑法或者市场刑法的主要特色之一。

单位法定犯具有专业性较强、危害大的特点，如近些年来企业环境污染犯罪、药品犯罪以及生产安全犯罪，都直接影响了社会稳定与民众安全。对单位犯的治理正成为世界各国刑法面对的难题，对于企业犯罪的规制，存在个人抑制模式和组织抑制模式两种抑制类型。[③] 我国传统治理中过于重视个人抑制模式，而忽视了对组织抑制模式的激发。

从国际社会对法人犯罪的惩罚来看，已经由以个人责任为前提的一元模式向个人责任与组织责任相对分离的二元模式转变。以美国为代表的西方国家掀起了针对单位犯罪治理的“合规”浪潮，其实质在于调动企业的自主性，实现企业犯罪的预防，建立起国家与企业内外结合的犯罪治理模式。我国的企业合规刑事实践是伴随民营企业产权保护而展开的，检察机关探索了企业合规不起诉制度。在探索过程中，围绕企业合规是否具有出罪功能，适用于企业哪些犯罪案件，理论界和实务界都有不同认识。虽然多数学者指出应当效仿欧美国家的经验，发挥合规管理的犯罪预防功能，分别从实体法和程序上进行出罪探索，但具体观点多有不同。有的学者认为，合规具有排除刑事责任的可能，这可以作为免除刑事责任的根据。而有的学者认为，合规仅能减轻刑事责任。从合规制度在我国的发展来看，其主要被应用于相对不起诉领域作为激励制度。[④] 在具体的制度设计上，有观点指出，应当仿照附条件不起诉的程序改造以及刑法中企业犯罪刑事责任的配套调整，完成对企业合规附条件不起诉的具体制度、程序设计、具体犯罪类型的考察。[⑤]

---

① 参见储槐植：《要正视法定犯时代的到来》，载《检察日报》2007年6月1日，第3版。

② 参见储槐植：《美国刑法》，北京：北京大学出版社1996年版，第55、58页。

③ 参见［日］今井猛嘉：《法人处罚》，载《法学教室》2002年第5期。

④ 参见陈瑞华：《企业合规视野下的暂缓起诉协议制度》，载《比较法研究》2020第1期；李本灿：《域外企业缓起诉制度比较研究》，载《中国刑事法杂志》2020年第3期；谭世贵、陆怡坤：《刑事激励视角下的企业合规问题研究》，载《海南大学学报（人文社会科学版）》2022年第2期。

⑤ 参见张宝才、赵航、周维：《民营企业单位行贿犯罪合规不起诉问题探讨》，载《人民检察》2021年第20期。

对法人犯罪处罚的理念需要革新，这不单纯是域外的立法或司法需求，也是我国刑法单位犯罪治理上面临的现实问题。对于“合规”在组织体犯罪的预防上的功效的问题，笔者认为，应当充分考虑我国企业违法犯罪状况与域外的客观差异，正视国内外刑法在法人犯罪上的理论差异，尤其是归责模式的不同，结合我国法定犯治理上的需求，在为企业犯罪治理模式适度松绑的同时，对究竟如何完善企业治理以及惩罚企业还是企业内责任人进行深度研究，着眼于我国已有的单位意志认定的实践和中小微企业合规的现实需求等，构建具有中国特色的企业犯罪治理路径。

“以刑制罪”在网络经济犯罪认定中的适用*

李兰英**

当前网络经济犯罪越来越纷繁复杂，尤其在网络金融犯罪的场域中，传统刑法学面临着诸多新的挑战。依据现有的法律规定，以传统的刑事审判三段论逻辑去审理新型的有争议的网络经济案件，得到的结论时常与社会共识发生冲突，甚至令人质疑脱离了社会整体的价值取向。这些现象不免引发思考：传统的定罪量刑基本法则是否绝对正确合理，可以解决一切疑难问题？我们的刑法解释和判断逻辑是否需要并可以重新调整顺序以适应社会经济转型带来的风险社会？笔者通过重新审视曾经在理论、实务界掀起的那场关于“以刑制罪”的逆向刑事审判逻辑思维是否合理公正的讨论，进一步思考由此引发的“刑事政策”“刑事解释”“刑法法益”等相关理论对当下新型网络经济犯罪案件审理带来的影响，愈发认为这种“以刑制罪”的逆向思维符合中国刑法的当代语境，可以在一定程度上破解新型疑难犯罪的认定困惑。适用逆向思维有助于全面判断网络经济犯罪案件的“社会危害性”程度以及“应受惩罚性”的实质内涵，使司法判决更加接近我国社会经济政治发展的价值导向。

一、刑事司法审判的两种思维和认定逻辑

（一）传统定罪的思维逻辑及利弊评析

刑事司法的裁量思路是指刑事法官解释法律并运用技术理性判断案件的方法。[①] 大多数情况下，司法审判遵循“由罪入刑”的逻辑推理裁量三步曲：第一步是认定案件事实；第二步是查找法律，即先分析犯罪行为符合哪种罪名的犯罪构成，在确定了罪名之后，对于案件的全部事实和轻重情节进行综合分析；第三步是在该罪名的法定刑幅度范围之内，进行裁量，得出量刑轻重的结论。这就是通常所言的“定罪量刑三段论”的逻

* 本文系国家哲学社会科学基金重大项目“网络金融犯罪的综合治理”（项目批准号：17ZDA148）的阶段性成果，原载《厦门大学学报》2020年第4期。

** 厦门大学法学院教授、博士研究生导师。

① 李隽：《以刑议罪：刑事司法裁量的逆向思维路径》，载《东南司法评论》（2008年卷），厦门：厦门大学出版社2009年版，第373页。

辑推理。

毋庸置疑,"三段论式"的刑事审判思路的界定,强调逻辑演绎推理。其在司法中的适用,必须具备理想状态下的三个前提:首先,法律规范的含义清晰明确;其次,所审判的案件事实简单明朗;最后,司法者为独立的认识与判断主体,不受政策乃至政治因素的影响。由此可见,"三段论式"的逻辑思维看起来很完美,有利于法律的贯彻实施。然而,它要求在实际运作中有一个真空且理想化的司法氛围。实际的案件可能变化莫测、不具典型性,已有的法律可能没有明确的规定,而社会、政治、经济、科技、文化又面临新的转型,使一些原有法律法规模棱两可,留下不少漏洞空白。因此,法官适用法律就出现了多种可能性和不确定性。有鉴于此,"常常有法官强调定罪量刑,凸显罪对刑的决定地位而忽略了刑对罪的制约,由于仅仅专注于对犯罪构成要件的孤立分析,导致对犯罪行为的定性不时背离立法本意"①。甚至有些刑事法官受三段论逻辑思维的影响,虽熟记法规法条,但只会孤立和机械地运用构成要件,将法条依据等同于法律的依据,简单对比法条进行定罪量刑,导致法律适用中出现削足适履的怪现象,部分案件刑罚失当,罪刑不相适应,影响法律目的真正实现。

(二)"以刑制罪"的逆向思维及不同争鸣

"以刑制罪"又被称为"以刑定(议)罪""逆向定罪""量刑反制定罪理论",这是区别于传统"定罪量刑"的一种逆向思维。一言以蔽之,就是先考虑刑罚轻重,再为其选择合适的罪名。具体而言,"先考虑对一行为是否纳入刑事司法的轨道,或者根据社会危害的严重程度评判后,在符合刑法规定的前提下,基于实现社会公正需要而决定纳入何种刑罚轨道才符合罪刑法定与罪刑相适应的原则"②。简言之,司法者改变了由罪至刑三段论式的固有刑事定罪的逻辑顺序,其思维逻辑的基本范式变为"总结案件事实—判断其惩罚必要性(报应)和可罚性(预防)—寻找惩罚的罪名和理由"的过程。苏力教授一针见血地指出:"以刑制罪"理论的提出不过是主张,当严格依法作出判决有悖公正时,法官首先从总体上判定一下应否对犯罪分子判处刑罚及判处多重的刑罚,之后在刑法条文中寻找与这一刑罚最相适应的罪名,在此基础上,再为这一选择展开详尽的教义分析和论证。③

对于"以刑制罪"的评价,司法界存在赞成、反对和折中三种意见。

赞成者认为这是合理定罪的必要逻辑。他们以掌相击:"以刑制罪虽然要求司法者对刑法进行实质性地解释,但是其并不违背罪刑法定的形式侧面。以刑制罪并不是主张进行类推适用,更不是主张不顾刑法构成要件的约束任意地进行解释。"④"量刑反制定罪作为传统司法认定逻辑的必要补充,在刑法尚未修正也不可能期待立法解决所有问题时,在某些机制执行尚不顺畅、司法惰性不可避免的情况下,是一项富有意义的探索和尝试。"⑤劳

① 何伯松、赵康:《"以刑制罪"论有三点不妥》,载《检察日报》2012年2月1日,第3版。

② 何伯松、赵康:《"以刑制罪"论有三点不妥》,载《检察日报》2012年2月1日,第3版。

③ 参见苏力:《法条主义、民意与难办案件》,载《中外法学》2009年第1期。

④ 王华伟:《误读与纠偏:"以刑制罪"的合理存在空间》,载《环球法律评论》2015年第4期。

⑤ 王拓:《量刑反制定罪:传统司法认定逻辑的必要补充》,载《检察日报》2011年6月17日,第3版。

东燕教授认为："贯彻以刑制罪的逻辑，有助于对某些犯罪的构成要件做出合理的界定。以刑制罪现象的存在，要求将罪刑相适应作为刑法解释的指导原则。""应受刑罚处罚性的内涵中就包含有以刑制罪的逻辑，并且影响着立法和司法的逻辑。"[①]

反对者主要围绕"违反了罪刑法定原则，违背罪刑相适应原则"而大声疾呼："以刑制罪""将使得具体个案的公正取决于法官个人直觉及民粹主义的情绪"[②]。更为严厉的措辞是："貌似解决了个案量刑不公，其实质则是重走依据'社会危害性'理论定罪的老路，是对罪刑法定原则的反动与颠覆。"[③]"以刑制罪"采用一种结果导向的解释路径，即以结论的合理性来反证前提的顺序，这种反制的逻辑在对具体问题的推论过程中容易产生谬误。[④] 倘若"不从刑法教义学上寻找困境的破解之道，而径行走到'量刑反制定罪'的路上，但恐不仅会破坏罪刑法定原则，而且还会葬送来之不易的刑事法治"[⑤]。

折中论的立场可以概括为：逆向的刑罚裁量思维是传统定罪量刑思维的一种必要补充。他们认为，"以刑制罪"思维模式的存在具有合理性，但必须限制适用。实践中的犯罪行为非常复杂，对照构成要件，并非一一对应，有时会出现适用罪名模棱两可，存在巨大争议的情况，只有在这种情况下才能够运用"以刑制罪"。只有这样，才可以"不仅能准确解释犯罪构成，还能公正量刑，实现刑事案件对实质正义的追求。否则，容易使犯罪构成的解释趋以个案化，缺乏统一标准，甚至导致类推解释"[⑥]。还有学者对"以刑制罪"逆向定罪思维产生的原因和背景进行实践的跟踪，在经过对个案的司法过程研究后，得出最终结论："以刑定罪是中国刑事法官这一特殊职业群体，在转型期中国，笼罩在多种内外交织的司法压力阴霾下所进行的一种'法律的非正式运作'。"[⑦]。

（三）定罪量刑与以刑制罪系辩证关系

上述争论表明：不管承认与否，"以刑制罪"已然客观存在，不管肯定还是贬斥，它已经成为司法审判的重要思维方式之一。"从本质上而言，这根本不是什么刑法教义学的分析，而是一个实用主义态度指导下的强行证成。"[⑧] 苏力教授的评价深刻揭示了"以刑制罪"是受到功利主义哲学影响的一种司法实用主义的方法论，是现实主义法学价值观塑造下的必然结果。张明楷教授曾坦言："任何一种解释结论的正义性，都只是相对于特定的时空、特定的生活事实而言，生活事实的变化总是要求新的解释结论。"[⑨] 劳东燕教授表达了同样的观点："规则所体现的价值即使符合时代精神，充其量代表的

---

① 劳东燕：《刑事政策与刑法解释中的价值判断——兼论解释论上的"以刑制罪"现象》，载《政法论坛》2012 年第 4 期。

② 郑延谱：《量刑反制定罪否定论》，载《政法论坛》2014 年第 6 期。

③ 郑延谱：《量刑反制定罪否定论》，载《政法论坛》2014 年第 6 期。

④ 参见潘文博：《对解释论上"以刑制罪"现象的反思》，载《西南政法大学学报》2018 年第 2 期。

⑤ 姜涛：《批判中求可能：对量刑反制定罪论的法理分析》，载《政治与法律》2011 年第 9 期。

⑥ 王拓：《量刑反制定罪：传统司法认定逻辑的必要补充》，载《检察日报》2011 年 6 月 17 日，第 3 版。

⑦ 周建达：《以刑定罪的知识生产——过程叙事、权力逻辑与制约瓶颈》，载《法制与社会发展》2015 年第 1 期。

⑧ 苏力：《法条主义、民意与难办案件》，载《中外法学》2009 年第 1 期。

⑨ 张明楷：《刑法分则的解释原理》（第 2 版·上），北京：中国人民大学出版社 2011 年版，第 11 页。

只是一般正义，而刑法的适用不可能以实现一般正义为已足，还必须维护与实现具体个案中的个别正义。"①

笔者认为，上述学者们的观点中既蕴含着"解释结论具有相对性和变化性"特征，也彰显"普遍正义和个别正义"都是刑法适用中应当维护与实现的目的。而这些思考本身都具有"辩证思维"的特质，也从一个侧面论证了"以刑制罪"与传统三段论是"对立统一"的辩证关系。换言之，这两种刑事审判的逻辑推理方式是正向思维和逆向思维的互相补充，是普遍正义与特殊正义的不同实现，只要适用得当，不仅能够促进处理司法问题的方式、态度和视角的多元化，更能促使案件的公正得到公众的认同，实现"政治效果、法律效果和社会效果"的统一。行文至此可以看出，"以刑制罪"的逆向思维有其合理存在的空间和正当性根据。对此，可从两个方面予以阐释：一方面，"坚守罪刑法定原则和罪刑相适应原则"未必强调僵化和教条地坚守，反对滥用司法权并非反对法官的自由裁量权，任何绝对、封闭和极端的理解都会适得其反，最终偏离保障人权的宗旨。在司法实践中，我们提倡对于犯罪构成要件的解释应该是坚持形式解释与实质解释的结合，反对的是法官没有限制地恣意适用自由裁量权。另一方面，司法审判中既要有"定罪量刑"的思路，也应该有"以刑制罪"的思路，但要以"定罪量刑"为主导思维、"以刑制罪"为辅助思维进行综合判断。并且，只有在疑难案件中才会推崇这种"逆向定罪"的思维模式。有鉴于此，我们既不必担心"以刑制罪"因此取代了定罪量刑的思维模式，颠覆了罪刑法定和罪刑相适应的原则，更不必哀叹个案的公正取代了普遍的正义。因为，它是一个早就存在的实践理性和隐藏的司法经验，不因外在的褒贬喜恶而消失或泛滥。既然如此，我们就应该坦然面对，认真对待。

二、"以刑制罪"适用的表征及其遵守的底线

适用"以刑制罪"的逆向思维，其目的在于有效解决疑难案件的定罪量刑问题，形成与社会价值取向基本一致的判断，从而更好地实现符合社会整体的目标。但凡适用"以刑制罪"的逆向思维，皆有以下共同的表征。

（一）逻辑方法：必要的结果先行

在对包括网络犯罪行为进行评价的过程中，人们不免发现传统的构成要件解释限度存在向外进行有限扩展的必要。于是，学界就不可避免地出现倡导司法官员在个案中依照合理的犯罪认知，进行实质解释、独立评价的观点②，以符合国民的基本观念。但进一步分析我们就会发现，这种进行实质评价的思维，其实是以定罪量刑结果的正当化为第一步所要考虑的要素，即首先得出符合大众普遍的正义认知和社会价值取向的定罪量刑结果，之后再以"回溯"的思维方法对构成要件、违法和责任进行反向解释。而这种

① 劳东燕：《刑事政策与刑法解释中的价值判断——兼论解释论上的"以刑制罪"现象》，载《政法论坛》2012年第4期。

② 参见张明楷：《避免将行政违法认定为刑事犯罪：理念、方法与路径》，载《中国法学》2017年第4期。

以结果正当性为首要考虑内容而进行的思维逻辑过程，就是“逆向定罪”“结果先行”的逻辑过程。

（二）政策影响：能动的司法观念

刑事司法活动是一种在事实基础上的价值判断活动，“价值判断”本身带有能动的、功利主义的基因。现实主义法学与功利主义有紧密的亲缘关系：一是从司法层面上，其显示的是对“实质正义”的能动追求；二是从刑法解释层面上，其由刑入罪的解释路径不可避免地受到刑事政策的影响，成为“消弭李斯特鸿沟的一种路径选择”[①]。对构成要件的解释结论，也“必须贯彻于体现相应条文背后的刑事政策意旨与价值取向”[②]。具有能动观念的法官，应当强调与时俱进，反对僵化和教条，保持适当的变化性。当然，这种反对是有底线的，必须是在权衡重大正当利益之下的一种调整。法官不能为了追逐变幻无常的功利效果而恣意率性，失去正当性的基础。

（三）罪刑关系：实质的推理过程

适用“以刑制罪”的法官认为，形式解释侧重于对法律文本词意本身的解读，这无疑将大大滞后个案发展的多样性。特别是在网络时代，刑事案件的多样性、经济行为的复杂性、法益侵害的双重性以及社会对一般预防价值的推崇，使个案中对法条进行形式解释的行为变得有些尴尬和困惑，如同一辆高铁列车行驶在蒸汽时代铺就的普通轨道之上，时刻存在着脱轨的危险。于是，为了避免司法裁判者沦为“自动售货机”式的判决机器，在罪刑互动的问题上，有必要进行实质的法律推理。“实质的法律推理对疑难案件的处理更是具有不可替代的作用”[③]，因为它更能明察和纠偏不合理的法律规定，维护社会整体的利益与价值观，增强判决的正当性，提高其说服力。

（四）判决宗旨：司法的综合效果

一份充满智慧的专业判决书，需体现最佳的司法综合效果，即最大可能实现司法的政治效果、社会效果、法律效果的统一。判决书的内容必须维护基本的司法价值，体现社会的核心价值观，其形成过程必须是一个充满辩证思维的法律适用过程。与此同时，这对司法裁判者也提出了更高要求：法官既需要恪守罪刑法定原则，以维护法的安定性，又需要具备打破僵化教条的勇气，以实用标准和司法综合效果检验法律的优劣。

（五）坚守底线：罪刑法定的原则

“以刑制罪”是一种司法裁判中综合思维判断的方式，已然实际存在于司法审判之中，其利弊不可避免。但必须承认，刑事司法裁量终究还是一项遵循规则的司法活动，法官在能动的解释和适用法律过程中，必须坚持罪刑法定原则和人权保障的理念。罪刑

---

① 赵运锋：《以刑制罪：刑法教义学与刑事政策学相互贯通的路径选择》，载《北方法学》2014 年第 5 期。

② 劳东燕：《罪刑规范的刑事政策分析——一个规范刑法学意义上的解读》，载《中国法学》2011 年第 1 期。

③ 史凤林：《实质法律推理的方法反思与建构——以典型案例分析为视角》，载《法学杂志》2017 年第 9 期。

法定原则是刑法的根基，是整体民众最基础、最核心、最不可动摇的伦理价值。“以刑制罪”的逆向思维同样尊重刑法的明确性和可预测性，其绝不是侵蚀刑法安定性的“浓硫酸”，而只是以构成要件为核心的刑法学与国民基本伦理判断之间的“润滑剂”。

“三段论式”的逻辑推理前提是要坚守罪刑法定原则，强调规范的既定性、明确性和约束性，而“以刑制罪”的思维方式强调裁决的自主性和非约束性。两种思维方式看似矛盾冲突，但其实两者之间是对立统一的辩证关系，共同目标就是追求司法判决的公平正义。更何况“以刑制罪”的思维方式“只是在少数疑难案件中，偏重于重视国民基本的伦理判断，主张将道德与政治融入法律，搭建刑事政策与刑法解释之间的桥梁”①，从而实现公众对定罪量刑公正的认同。“量刑反制定罪（以刑制罪），正是一种寻求在罪刑法定与罪刑相适应冲突之间衡平的手段，它通过对个案归纳总结的方法来进一步反思我们对大前提的先前理解是否恰当，从而确保做出正确的演绎结论。”② 针对当下出现网络犯罪扩张解释的危险，学者提出了“划定刑法解释的内部限度应该在坚持‘法条用语的可能含义’、‘一般人的预测可能性’这两条一般标准”③，实质是强调遵循罪刑法定原则。即便在网络时代的风险社会，也不应为了出罪结果而摒弃刑法条文的核心语义和罪刑法定原则，更不应通过所谓的“实质正义”和“预防目标”肆意罗织罪名。青年学者一鸣惊人的“为了量刑公正可变换罪名”④ 的论断似乎又走向了极端，这种明显的“结果导向”所体现出的定罪量刑观点已经脱离了法学的基本原则，似有背离刑法中罪刑法定原则和人权保障基本观念的危险。⑤

三、对网络经济犯罪适用“以刑制罪”的内在需求和现实空间

（一）对网络经济犯罪适用“以刑制罪”的内在需求

根据以往适用“以刑制罪”的典型疑难案件，归纳出类型化的特征有助于透视其内在的需求和本源。以网络经济犯罪为例，其适用“以刑制罪”的内在需求体现在“法律规定抽象”“构成要件模糊”“刑事政策变化”三个方面。

其一，法律规定本身不够明确，司法适用颇有争议。随着社会经济发展，经济犯罪的立法难以包罗万象，涉及的“犯罪主体”、“非法占有为目的”和“非法性”认定等问题相当复杂。为此，最高人民法院、最高人民检察院连续出台相关司法解释，但也不够明确，疑难案件不断涌现。其二，构成要件中包含了抽象模糊的要素，不能适应当今市场经济、风险经济的特质。譬如，“破坏社会主义经济秩序、破坏金融管理秩序”的经

① 陈兴良：《刑法教义学与刑事政策的关系：从李斯特鸿沟到罗克辛贯通——中国语境下的展开》，载《中外法学》2013 年第 5 期。

② 王拓：《量刑反制定罪：传统司法认定逻辑的必要补充》，载《检察日报》2011 年 6 月 17 日，第 3 版。

③ 欧阳本祺：《论网络时代刑法解释的限度》，载《中国法学》2017 年第 3 期。

④ 高艳东：《量刑与定罪互动论：为了量刑公正可变换罪名》，载《现代法学》2009 年第 5 期。

⑤ 参见温登平：《“以刑制罪”思维模式批判》，载《法律方法》2015 年第 1 期。

济犯罪中，“非法经营罪”“非法吸收公众存款罪”所侵犯的法益为“秩序”，这种“抽象的超个人法益”由于内涵的抽象和不稳定，导致刑罚权的扩张，成为名副其实的“口袋罪”。再如，网络虚拟财产的产生也扩张了财产犯罪的对象①，不可避免地导致犯罪构成要件的内涵重新界定。其三，案件认定受刑事政策影响比较明显。譬如，由于网络涉众型非法集资案件受害人众多，社会危害程度远超以往，极大影响了社会政治经济的稳定，因此而制定的刑事政策必将体现国民伦理价值观或政治政策观。2010 年至 2019 年陆续出台的几个关于非法集资的司法解释，越来越明确地将“追赃挽损”“维护社会稳定”作为案件认定中适用“宽严相济”刑事政策的参考因素，明显影响了经济案件的“罪与罚”。

（二）对网络经济犯罪适用“以刑制罪”的现实空间

法官对网络经济犯罪适用“以刑制罪”的逻辑思维，有其客观的需求和现实的空间。

其一，互联网的发展和异化给传统的法律规范对网络经济犯罪的认定带来新的挑战。“互联网＋”带来的新型网络经济犯罪令人眼花缭乱，特别是打着“金融创新”旗号的非法集资犯罪手段在互联网技术快速发展的背景下不断推陈出新。与此同时，国家的相关政策模糊滞后，导致“合法不合理”“正当却无依据”的现象层出不穷。譬如，P2P 网络平台本应作为中介存在，但因为“设立资金池、平台自融行为”或者具备“金融机构的融资担保、投资理财”等功能而异化，引发金融犯罪的风险。于是，“在网络时代，网络空间的虚实结合、犯罪行为的网络变异、犯罪结果的严重危害性都容易诱发解释者用传统刑法处罚一切网络危害行为的内心冲动。因此，如何划定网络背景下刑法解释的限度可谓任重道远”②。倘若网络经济犯罪具有特殊性，但适用的是传统经济犯罪的法律规定，站在早期刑法形式解释的立场，含义模糊，就如同“高铁行驶在普通的铁轨上，充满了出轨的风险”。不可否认，当前互联网治理方式决定了网络环境的宽松度和自由度，进而使对涉及互联网行为的解释限度不断扩展，已经远远脱离了刑法条文的最初文意范围，形成了新的价值目的和判断方法。比如，对没有造成被害人损失且打着“网络 P2P”旗号的集资行为，在司法实务中以缺乏实质可罚的法益侵害性而出罪；对部分造成淫秽视频广泛传播的“中立”帮助并获得收益的行为，以传播淫秽物品牟利而入罪，这与早期刑法形式解释的立场发生显而易见的冲突。大量的刑法学者将这些拓展的解释范围以“实质解释”“扩大解释”“能动解释”的方法，来抚平刑事政策与刑法之间业已存在的紧张关系，然而探讨仍存分歧，疑、难点继续存在。

其二，网络经济犯罪的判决急需体现“政治效果、法律效果、社会效果”综合效益的功利诉求。网络的发展和网络功能的异化给新型网络犯罪的认定带来巨大的难题，网络非法传销活动就是棘手的经济犯罪案件类型之一。与传统非法组织、传销犯罪相比，

---

① 参见于志刚：《网络犯罪与中国刑法应对》，载《中国社会科学》2010 年第 3 期。

② 欧阳本祺：《论网络时代刑法解释的限度》，载《中国法学》2017 年第 3 期。

利用互联网进行的非法传销活动更加具有涉众性和欺骗性，其行为模式早已不再局限于《刑法》第224条之一规定的传统类型传销手段的基本特征。譬如，网络非法传销依托于互联网载体，从而弱化了人身依附性，网络非法传销活动隐蔽、虚拟、便捷，范围广泛，上下线成员通常只知彼此网名而不明对方身份，且为单线联系的方式，下线人数较难确定，确认满足至少三十人的要件比较难。再如，在传销的上线、下线关系中有着不同的层级，每个层级的人员对于犯罪活动起着不同的作用，那么对于不同层级的人员该如何定罪量刑，也是举步维艰。新型网络传销给公民个人经济利益、国家经济利益、社会秩序的稳定带来了巨大的危害，其社会危害性的程度远超传统的传销行为。因此，在司法实践中，为实现"打击与预防"的双重目的，不仅应立足于因果报应的惩罚必要性，而且应站在"有效预防"这一功利诉求的基础上考察其可罚性。此时，不是简单对照传统构成要件定罪量刑，也不是仅仅对其中的构成要素进行"实质解释""扩大解释"就可以解决认定困惑，而是需要法官发挥主观能动性，改变"由罪至刑的三段论"的定罪逻辑顺序，将其变成"总结案件事实—判断其刑罚的惩罚必要性（报应）和可罚性（预防）—寻找惩罚的罪名和理由"的过程。只有这样，才能实现"政治效果、法律效果、社会效果"的最大化综合效益。

四、适用"以刑制罪"的三个权衡维度

网络经济犯罪适用"以刑制罪"逆向思维具有必要和现实空间，然而，什么因素通过什么路径可以影响到"以刑制罪"的适用？下文从"侧重社会整体利益的价值取向"、"具体明确的个人法益的保护内容"以及"刑事政策的介入引领"三个维度进行考量。

（一）网络时代的社会价值取向：更加侧重社会整体利益

"保障人权和惩罚犯罪"是刑法本身和解释刑法的共同目的，"个人自由与社会秩序"是刑法应当保证其实现的两大价值，缺一不可。但在网络技术高度普及并深刻影响社会生活的时代，人类世界已经进入了风险社会。在风险社会中，只有正确处理原则与例外的关系，才能实现秩序与自由价值利益的最大化。在互联网时代，网络为国际恐怖犯罪和跨国金融犯罪提供了平台，使上述犯罪对民众人身与财产的安全造成了巨大的威胁。于是，在立法上通过新设法条，越来越多的预备行为被实行化，帮助行为被正犯化，使得社会整体法益保护的目标得以实现，这是晚近世界刑事立法的普遍趋势，凸显了普遍关注和重视社会整体利益的价值取向。

如果将风险社会的法律需求拓展到司法层面，其基本表征便是：司法官员对刑法执行后果与行为本身侵害后果之间的平衡越来越重视，作为判断辅助的解释论一步步从形式、文意走向实质和目的。而且，由于刑法的作用是通过刑法的后果（刑罚）加以体现的，在司法活动中刑罚的正义不可避免地成为目的的重要指引。更进一步而言，刑事处罚的合理性也不仅仅来自个体报复和惩罚的必要性，还源于社会预防的必要性。出于罪名之间的平衡性，在网络立法已经对预备行为、帮助行为以正犯处罚的当下，我们需要进一步考虑行为人承担刑责是否符合预防要求？从符合社会整体利益的角度出发，基于

解释行为方式与构成要件之间的逻辑关联，构建的刑罚体系必然也是以应罚性（以因果报应为基础的处罚）和需罚性（以社会功利主义为导向的处分）二元为基础的价值判断模型。社会预防的重视就是提倡“那个被认为最根本、代表了更重大、更深广的社会利益原则打得其他竞争原则落荒而去”①，简言之，网络时代的风险社会赋予刑法的价值目标就是侧重保护社会整体利益。

（二）网络经济犯罪的法益厘定：由抽象法益到具体法益

“以刑制罪”的逻辑进路与刑罚必要性、刑罚妥当性考量密切关联，在此不赘述，但司法主体适用“以刑制罪”对犯罪行为认定时，“必须对罪名是否侵害了法益或者侵害法益程度有明确认知，并据此对危害行为的定性进行合理诠释”②。上述观点彰显出法益的内涵分析对可否适用“以刑制罪”逻辑思维有相当影响。

德国的刑法学家林德曼指出，经济犯罪关乎国家的整体经济以及重要部门和制度，应当将国家的整体经济作为刑法保护的法益。③ 相对于个人法益，经济刑法更加关注经济运行秩序及经济制度等“超个人法益”的保护。所谓“超个人的法益”，是指“刑法规范对国家和社会利益的保护，其特殊性在于刑法对国家和社会等抽象层面利益的保护”④。传统观点认为，经济刑法所保护的客体（法益）是经济秩序，而“秩序”本身的含义就具有模糊和不稳定性，如学者分别赋予经济秩序具有“自由、公平、健康、安全、稳定”等特征。⑤ 经济秩序内容抽象，导致对经济犯罪的认定时常陷入困境，而“将这种抽象性的状态视为法益具有一定的危险性。忽略具体法益而直接以经济秩序作为设定刑罚的理由，有法益扩张的嫌疑”。一言以蔽之，“没有具体法益侵害发生的场合，国家不能简单地以破坏社会主义市场经济秩序为借口，将一定行为在立法上规定为犯罪和在司法中解释为犯罪”⑥。

以“破坏金融管理秩序罪”为例。通常认为，金融犯罪侵害的法益是“金融管理秩序”，而这一“秩序”的内涵可以进一步解读为“金融安全”和“金融稳定”。需要达成共识的是，网络金融犯罪就是“金融犯罪＋互联网”的组合，但法益侵犯的本质仍然是“金融管理秩序”，只不过传统的金融业务因为插上了网络的翅膀，成为一种新兴的金融模式，不仅罪与非罪界限模糊，而且其所侵犯的法益内涵也悄然发生了变化。譬如，第三方支付平台、P2P 网贷平台等新的金融业务，其经营模式有的属于金融创新，有的却因为违反了诸如《证券法》《公司法》《征信业管理条例》《非金融机构支付服务管理办

① ［美］本杰明·卡多佐：《法律的成长，法律科学的悖论》，董炯、彭冰译，北京：中国法制出版社 2002 年版，第 23 页。

② 赵运锋：《刑法法益的认识定位与功能分析——兼论法益分析对以刑制罪的影响》，载《北方法学》2017 年第 1 期。

③ 参见林山田：《经济犯罪与经济刑法》，台北：三民书局 1981 年版，第 12 页。

④ 时方：《我国经济犯罪超个人法益属性辨析、类型划分及评述》，载《当代法学》2018 年第 2 期。

⑤ 参见魏昌东：《中国经济刑法法益追问与立法选择》，载《政法论坛》2016 年第 6 期；王良顺：《保护法益视角下经济刑法的规制范围》，载《政治与法律》2017 年第 6 期；时方：《我国经济犯罪超个人法益属性辨析、类型划分及评述》，载《当代法学》2018 年第 2 期。

⑥ 何荣功：《经济自由与经济刑法正当性的体系思考》，载《法学评论》2014 年第 6 期。

法》等法律法规，从而使网络金融行为出现了异化风险，产生了复杂多样的网络金融犯罪类型。归纳起来，可将其分为两类：第一类属于"违法违规类的犯罪"，主要特征是条文中表述有"擅自""未经……批准""非法"等词语的，如擅自设立金融机构罪、非法吸收公众存款罪、非法经营罪、网络洗钱犯罪等；第二类属于"侵权类的犯罪"，诸如网络盗窃罪、网络合同诈骗罪、集资诈骗罪、网络传销犯罪等。[①] 就第一类而言，通常认为是违反了前置行政法的法定犯，其所侵害的法益是国家对金融行业的管控秩序，其所侵害的个人法益特征并不明显。这类犯罪造成的实质危害及其程度不够明显，对其应受惩罚性是随着国家的法律法规和国家的立场态度而进行判断的。由于法益内容比较抽象宽泛，往往"口袋罪"比较多，如非法吸收公众存款罪、非法经营罪，法益的抽象纵容了刑罚权的扩张。而第二类的犯罪类型，如网络盗窃罪、网络合同诈骗罪、网络集资诈骗罪、网络传销犯罪，其侵害的法益更侧重于"个人财产权益"的具体内容。"犯罪的本质在于严重的社会危害性，存在具体法益侵害的场合，秩序是否受到伤害以及受到何种程度之伤害，不可能是抽象和没有任何规范轮廓，必须通过具体法益来征表。"[②] 由于这类犯罪可以直观、量化、衡量到个人财产法益受到的严重程度，更适用于"以刑制罪"的思维方式。

鉴于当前存在"行政法前置不够明晰""网络金融行为的合规没有标准化的参照模式"等客观状况，网络金融犯罪的认定出现困惑在所难免。因此，为限制网络经济犯罪制裁的扩大化，获得公众认同的定罪量刑结果，就需要通过设定"具体的、可感知的个人法益内涵"来对"超个人法益"进行限制，防止可能出现的"口袋罪"。换言之，法益的内涵愈加明确具体，侵害愈加明显，愈可得到量化和证明，从而可以判断衡量造成的实质危害结果。从理论上看，"危害行为是否侵害法益可从刑罚必要性的角度考察，犯罪行为侵害法益的程度可从罪名自身的刑罚幅度与罪名之间的刑罚进行分析"[③]。具体而言，除了考量"超个人的法益"（抽象的国家和社会利益，也称为集体利益），应重点放在判断"国民的个人利益"是否受到侵害以及侵害的程度，通过对"集体利益和个人利益"侵害程度的综合判断，即进行实质性的危害结果判断，最终判断是否应受惩罚，构成犯罪。这种将实质危害结果作为出发点来判断行为应否受谴责和惩罚，从而考量定罪的过程，就是"以刑制罪"的"逆向思维"的认定过程。

（三）网络经济犯罪的刑事政策：从严惩不贷到宽严相济

网络经济犯罪的"广泛、涉众、隐蔽、多样"加剧了网络经济犯罪的社会危害性，非法集资犯罪的涉众型特征直接威胁了社会政治经济秩序，而有效治理非法集资犯罪需达到的目标就是"政治效果、法律效果、经济效果和社会效果"的高度统一。为了达到

① 参见胡江、刘宛春：《互联网金融犯罪的刑事规制路径探究——以金融创新背景下的刑法谦抑性为视角》，载《山东警察学院学报》2019 年第 4 期。

② 何荣功：《经济自由与经济刑法正当性的体系思考》，载《法学评论》2014 年第 6 期。

③ 赵运锋：《刑法法益的认识定位与功能分析——兼论法益分析对以刑制罪的影响》，载《北方法学》2017 年第 1 期。

社会政治经济的稳定和满足国民伦理要求，从2010年开始，惩治非法集资犯罪的司法解释[①]频繁出台。从司法解释中明文列举“非法占有为目的”的推定事实到判断“违规”“非法性”需参照中国银监会的P2P平台的“十三条红线”[②]，从立法司法的“严惩不怠”到“宽严相济”的刑事政策跃然纸上，这一系列变化都踏准了从传统走向网络时代经济犯罪发生变异的节奏。最高人民法院、最高人民检察院、公安部在2019年1月30日联合发布了《关于办理非法集资刑事案件若干问题的意见》，在此司法解释中明确规定了将“宽严相济”刑事政策贯彻在网络金融犯罪的认定中。这种在司法判断中首先权衡给受害人带来的严重危害性程度，评判是否具备惩罚的必要性和可罚性，并在定罪上有较为明确的罪名选择，就是“以刑制罪”的实践推演，而且与刑事政策的影响紧密相关。显然，适用“以刑制罪”的思维逻辑，对于区分罪名、合理界定某些犯罪的构成要件颇有兼听则明的裨益。正如有学者所指出的：“通过对危害性评价的支点产生作用，刑事政策在影响对行为的应受刑罚处罚必要性及其程度的判断同时，反过来对犯罪成立要件的解释构成制约。”[③]

五、“以刑制罪”在具体疑难案件中的逻辑推演

如何通过逆向思维，穿透纷争复杂的网络经济犯罪疑难案件，得出更为符合社会价值取向和普通民众认知的结论？下文仅以当下被热议的几类网络经济犯罪的认定为例，作出实践的逻辑推演，以期在具体生动的司法实践中激活逆向思维。

（一）“平台积分套现”行为的认定逻辑

1. 行为模式与争议焦点：诈骗罪抑或不当得利？

最近几年，一些大型的电商平台曾通过“天猫生日”“京东京豆”等方式发放购物积分，进行商品促销。于是，一些行为人便抓住部分购物积分不会通过退货而返还电商的漏洞，首先在电商平台上注册或控制数家网络店铺，之后又大肆注册虚假账号（即“小号”）或购买他人不使用的淘宝账号（俗称“白号”），通过虚假的商品交易（反复操作购货、退货）方式获取大量积分。最后，行为人利用获得的上述积分到电商平台进行巨额套现。[④]

对于这种“平台积分套现”的行为，如果使用传统“三段论”的思维方式来认定，

---

① 相关的具体内容，参见最高人民法院《关于审理非法集资刑事案件具体应用法律若干问题的解释》（法释〔2010〕18号，2022年修正）、最高人民法院、最高人民检察院、公安部《关于办理非法集资刑事案件适用法律若干问题的意见》（公通字〔2014〕16号）以及最高人民法院、最高人民检察院、公安部《关于办理非法集资刑事案件若干问题的意见》（高检会〔2019〕2号）。

② 2016年8月，中国银监会官网正式对外公布《网络借贷信息中介机构业务活动管理暂行办法》，其中第10条规定网络借贷信息中介机构不得从事或者接受委托从事下列活动，列举了13项，被称为P2P“十三条红线”。

③ 劳东燕：《刑事政策与刑法解释中的价值判断——兼论解释论上的“以刑制罪”现象》，载《政法论坛》2012年第4期。

④ 参见《8人骗取天猫积分套现600万被控诈骗》，载网易新闻网，http://news.163.com/16/1031/16/C4NICIN7000187VE.html，2019年1月17日访问。

其基本的认定事实前提应该是：行为人虚假注册“小号”或购买“白号”，冒用他人生日或虚构交易给出“好评”的方式获得积分，最后再将上述积分到平台套现得到巨额利润。当该事实与诈骗罪中的诈骗行为（即虚假注册“小号”“白号”的行为）、被害人（即电商平台）损失及其因果关系进行套用时，就在实务界和学界引起了争议：虽然部分判决认定了该种行为构成诈骗①，但也有学者认为，在天猫中冒用他人生日确有违法性，但被害人在赠与生日积分之时没有发生错误认识，因为账号上的生日“只是冒用而并非虚假”②。同理，在京东账号上发生的行为也可以理解为不具有诈骗罪的因果联系，因为“交易”虽然是虚构的，但好评是真实发生的，故只能认定为不当得利。于是，传统的逻辑方法在能否认定“平台积分套现”行为构成犯罪的认识上，观点存在分歧，未能达成一致。

2.“以刑制罪”的逻辑思维推导：构成诈骗罪

在此类网络案中，逻辑的第一步骤是判断“平台积分套现”的行为是否需要被科处刑罚，即是否具有可被刑法所评价的法益侵害和预防必要？显然，上述“平台积分套现”的行为不仅仅侵害了正常的网络秩序，也造成了电商平台巨额的财产损失。③ 而此类行为在平台之间已经相互蔓延的现实，又凸显了其预防的必要性。因此，就网络环境安全的预防必要性和财产法益的侵害性而言，上述行为显然应被评价为侵犯财产类犯罪或者侵犯市场经济秩序犯罪。

但是，刑罚的必要性只是认定犯罪的预设结果，并不具有可罚的先验性。我们尚需完成第二步骤的判断，即从目的解释论的角度考虑上述行为能否落入刑法分则具体条文的基本构成要件的范围之内。观察案件事实后我们能够发现，行为人进行“积分套现”的前提是冒用他人账号、虚假注册账号或者虚构交易。在使用“白号”的情况下，账号内注册的生日可能确实是“白号”的生日，既然是“真生日”，又何来“欺诈”呢？似乎对此类语义如此理解也无不可。而解释的关键问题在于，语义的射程是否能够达到解释需求所及。当我们进一步考虑行为的实质就会发现，虽然行为人注册的生日是真实的，但其所用的顶替注册的“白号”账户并非行为人所要注册的真实“客户”，而是行为人为套现目的而冒用的“虚假用户”，更遑论使用“小号”套现的情况。虚假用户和虚假交易的行为，当然可以被认定为虚构事实。事实上，上述虚构的用户和交易行为，正是行为人获得积分的主要手段，而行为人又通过后续的套现行为，造成了电商平台的实际损失，二者之间显然具有可归责的因果联系。由此可见，将行为人的诈骗手段认定为使用“虚假用户和虚假交易”的行为，以构成诈骗罪进行处罚，并没有突破属于《刑法》第266条诈骗罪词意的涵盖范围。

因此，根据逆向思维的认定方法，“平台积分套现”的行为因具有刑罚处罚的必要，在判断逻辑中的第一步骤得出刑罚上的否定评价，又因具有符合构成要件的语义路径，在第二步骤得出了定性上的否定评价，故应被认定为诈骗罪。

---

① 参见江苏省南通市崇州区人民法院（2016）苏0602刑初641号刑事判决书。

② 欧阳本祺：《论网络时代刑法解释的限度》，载《中国法学》2017年第3期。

③ 参见古林：《骗取天猫积分套现671万：8名被告获刑》，载《人民法院报》2017年4月20日，第3版。

(二)"网络批量虚假注册"行为的认定逻辑

1. 基本范式与部分意见：构成破坏生产经营罪？

所谓"网络批量虚假注册"行为，是指违反网络实名制的规则，利用虚假的个人信息恶意批量注册网络账号的行为。近年来，随着国家和网络平台对用户实名制的要求，以及利用虚假身份进行犯罪在网络上的易发多发，上述行为正越来越受到行政监管、司法实务部门和刑法学者的关注。同时，这些以虚假的名字和信息注册的"网络批量虚假注册"行为很可能衍生新的犯罪，甚至本身就是其他犯罪的预备阶段。譬如，"网络批量虚假注册"行为可以成为"黑灰产"链中的一个重要环节，也是被"薅羊毛党"用来套现巨额利益的常用不当手段。在实践中，"京东""拼多多"等知名电商平台上都有这样的惨案发生，各地司法机关也分别以"非法侵入计算机系统罪""盗窃罪""诈骗罪"等提起公诉[①]，在此不赘述。

本文关注的是，对于上述"网络批量虚假注册"行为如何评价？尽管大多数学者认为并不能构成犯罪，但也有部分意见认为，与"破坏机器设备"和"残害耕畜"这种农业、工业社会中传统的破坏生产经营的行为相比较，恶意"网络批量虚假注册"是信息社会中"以其他方法破坏生产经营的行为"[②]，因此应当构成破坏生产经营罪。

2. "以刑制罪"的逆向思维逻辑演示：不构成任何犯罪

如前所述，"以刑制罪"的逻辑顺序，是先看启动刑罚的必要性和可罚性，再寻找定罪评价的路径。因此，面对疑难案件，第一步骤是考察行为是否具有刑事法益侵害和预防必要。从刑事政策所引导的社会危害性来看，"网络实名制"是国家为了保障网络平台和整体社会的安定、防止恐怖活动犯罪以及保障青少年健康成长的重要举措。因此，有人便提出对违反"网络实名制"的批量注册行为，"论处破坏生产经营罪更有利于树立互联网经济下保护正常合法生产经营活动的司法意图，也更符合本罪名的立法初衷"[③]。由此，似乎就可以得出该行为具有社会危害性的结论。但核心问题是：这种社会危害性是否达到了需要动用刑罚来进行处罚的严重程度？从"网络批量虚假注册"行为本身来看，单纯的违反"网络实名制"要求而进行虚假注册的行为在网络上比比皆是，这也是在网络监管尚不发达时人们对其隐私进行保护的自然倾向，即使在国家已经存在明文规定的情况下，对社会法益的侵害程度也很难达到刑事违法水平，对其科以行政处罚即可。之所以有人认为该行为具有社会危害性，很大程度上是因为此类行为可能是为其他犯罪进行服务的某个预备行为，而后续行为所涉及的犯罪又往往对社会法益的

---

① 13人利用虚拟号码批量注册虚假新用户，骗取甲电商平台新用户优惠券和推广奖励费，涉案金额达50余万元。近日，上海市杨浦区检察院以诈骗罪对包某等13名非法"羊毛党"提起公诉。参见孙敏：《利用虚拟号码批量注册新用户骗取平台优惠券13人被诉》，载正义网，http://news.sina.com.cn/c/2020-01-03/doc-iihnzhha0078313.shtml；《靠漏洞、批量注册等不当手段套利"薅羊毛"当心卷入"黑灰产"》，载北京晚报网站，https://www.takefoto.cn/viewnews-1710851.html，2019年2月22日访问。

② 高艳东：《破坏生产经营罪包括妨害业务行为——批量恶意注册账号的处理》，载《预防青少年犯罪研究》2016年第2期。

③ 孙道萃：《破坏生产经营罪的网络化动向与应对》，载《中国人民公安大学学报（社会科学版）》2016年第1期。

威胁较大。例如，以利用“虚假注册的网络账号”为基础，进一步衍生出非法占有他人财产（诈骗罪、盗窃罪）或者危害公共安全的犯罪。但问题是如果后续行为是犯罪行为，完全可以对后续行为以犯罪评价，且刑法也可以（甚至已经）通过立法的方式对部分犯罪行为的预备行为以另一种构成要件的既遂模式予以处罚。如果后续行为不构成犯罪，那么，认为预备行为侵犯刑法所保护的法益则违背刑法基本原则，对此类行为的苛求也明显超越了刑法的任务范畴。[①] 对其认定为犯罪，显然难以实现刑罚一般预防目的，也即缺乏刑罚处罚必要性。实际上，对于上述行为完全可以通过完善网络实名注册制的规则和技术来避免，最多需要行政处罚措施予以威慑。

当然，社会危害性和刑罚处罚必要性的先期判断只是“以刑制罪”逆向思维的逻辑顺序，绝非定罪标准。即便实质上不具有刑罚处罚的必要性，但如果行为模式仍能符合刑法规定的词意核心，形式上符合犯罪的构成要件，则仍然需要认定为犯罪。只不过，对此类行为的宽宥只能寄托于在程序上逐级请示至最高审判机关予以特殊减免，从而保障法律实施的一致性。由此，我们显然还需要进一步考虑违反“实名制”而进行“网络批量虚假注册”行为，能否与破坏生产经营罪构成要件的形式和表面的含义逐一对应，从而确定其必然属于该罪的基本范畴。当我们将违反实名制的“网络批量虚假注册”行为代入“刑法对该罪的规定”进行印证，考察破坏生产经营罪构成要件的三类行为模式，不难发现其只可能触犯“其他方法破坏生产经营的行为”之规定。虽然这个“其他方法”的表述通常被认为是“兜底条款”，但若将其解释为一种随意放置行为类型的“口袋罪”[②] 显然是过于麻木和不妥当。其只能被理解为与前两种模式“破坏机器设备”及“残害耕畜”在法益侵害性和预防必要性上基本等量，并且是破坏生产设备的物理模式。在“网络批量虚假注册行为”中，姑且不论其量上是否能达到前面两类模式的标准，就该行为所采用的“欺诈”方式，也与“破坏”“残害”等暴力损坏的方式在核心语义上存在巨大差异。因此，将违反实名规定、采用“网络批量虚假注册行为”认定为破坏生产经营罪，无论运用“语义解释”还是“目的解释”，在刑法规定中显然都存在障碍。即使不存在这一解释障碍，也未必符合维护刑法法益的目的。

虽然单纯违反实名制的“网络批量虚假注册行为”具有一定的社会危害性，但动用最为严厉的刑罚措施以期恢复网络秩序却未必可行。刑罚通常被比喻为一把“双刃剑”，用之不当，则两受其害。更何况，消费者进行“网络批量虚假注册行为”，有的仅仅是为了刷流量、做收藏，在主观、客观上难以搜集证据认定其就是为了“薅羊毛”进入“黑灰产”，甚至为实施犯罪做准备，使得刑罚惩处的必要性、可罚性难以解释。就此，“以刑制罪”的思维逻辑检测结论是：就“网络批量虚假注册行为”而言，可以通过网络技术的进步和加强，预防此类行为的扩散。因为这类行为特征在形式上难以符合任何具体犯罪的构成要件，故不构成包括破坏生产经营罪在内的任何犯罪。

---

① 可参考“美国诉洛莉、德普案”的判例。美国司法机关也倾向于认为，虽然人们的网络活动需要受到一定程度的法律规制，但刑法却没有保护网络实名规则的义务。

② 冀洋：《网络时代破坏生产经营罪的司法逻辑》，载《法治研究》2018年第1期。

通过对上述两例典型案件的逻辑推演，我们可以看出，适用“以刑制罪”的逆向思维，并未否定传统刑事司法认定逻辑，而是通过相反视角剖析疑难案件，更进一步检测案件的定性是否公平合理。法官如果善于将正向思维和逆向思维兼收并蓄、谨慎适用，不仅有利于实现司法个案的公正，而且对于合理解释构成要件、正确选择具体罪名、获得更高程度的公众认同也具有积极的意义。

假劣疫苗刑法规制的回应性与整全性[*]

彭凤莲[**]

一、问题的提出

2016 年山东疫苗事件、2018 年长春长生疫苗事件，不断触碰民众敏感的神经，甚至引起普遍恐慌。大众视野一次又一次地聚焦疫苗药品监管及监管渎职的行政问责，但对后续的刑事追责，关注热度则明显降低。2016 年山东疫苗事件发生后，媒体集中报道、国务院系列批示、主管部门连续发文，世界卫生组织多次回应，最终有 357 名公职人员被问责。[①] 国务院《关于修改〈疫苗流通和预防接种管理条例〉的决定》（现已失效）是此事件催生的法律成果。2018 年 7 月长春长生生物科技有限公司冻干人用狂犬疫苗存在记录造假等行为，再次引起大范围恐慌。该公司董事长高某某等 18 名犯罪嫌疑人以涉嫌生产、销售劣药罪被提请批准逮捕。2018 年 12 月中共中央办公厅、国务院办公厅出台《关于改革和完善疫苗管理体制的意见》，提出“完善疫苗药品刑事法律制度”：强化法律实施，使唯利是图、逐利枉法情节严重、性质恶劣的犯罪分子得到严惩；适时修改完善刑法相关内容，相应修改办理危害药品安全刑事案件法律适用若干问题的司法解释；对药品管理工作中严重失职渎职行为，加大惩处力度；对严重违反药品研制生产经营相关质量管理规范、造成严重后果或者恶劣影响的行为，药品研制、生产、经营、使用过程中编造虚假资料骗取许可证件的行为，追究相关单位和责任人员刑事责任。这为疫苗药品刑事法律制度的完善指明了方向。

本文从中国裁判文书网梳理了 2014—2018 年涉疫苗刑事案件的主要犯罪事实、涉及的罪名、判处的刑罚等基本情况，输入关键词“人用疫苗”，再点击“刑事案件”检索涉疫苗药品刑事案件，显示案件数 22 件，其中只有 1 件的罪名销售假药罪，有 2 件

---

* 本文系国家社科基金重点项目“依法治国与以德治国的关系研究”（14AZD135）的阶段性成果，原载《法学评论》，2020 年第 1 期。

** 安徽师范大学法学院教授。

① 参见杨华锋、杨蕾：《药品安全治理变革中的协同性——从山东疫苗事件谈起》，载《新视野》2017 年第 6 期。

的罪名滥用职权罪，剩下的19件的罪名都是非法经营罪（有2件是同一个案件的一审、二审）。在研读上述案件判决书、裁定书的过程中，一个销售疫苗的上线人物庞某某不断出现，该案被列为2015年打击食药犯罪典型案例。山东省济南市中级人民法院2017年1月24日对该案一审宣判，定性为非法经营罪，同年5月19日山东省高级人民法院二审维持原判。[①] 从上述案件得出以下几个基本结论：一是涉疫苗的刑事案件中，所涉罪名最多的是非法经营罪；二是直接定生产、销售假药罪与生产、销售劣药罪的很少；三是涉疫苗刑事案件中存在职务犯罪。2019年6月《疫苗管理法》新鲜出炉，《药品管理法》同步修订。本文研究的主题是疫苗的刑法规制，因此主要涉及与生产、销售假劣药犯罪的关系，与非法经营罪的关系，以及与《药品管理法》《疫苗管理法》的关系。本文正是在上述背景下探讨假劣疫苗药品刑法规制的回应性与整全性问题。回应性主要是解决疫苗药品单独入罪的必要性；整全性主要是解决假劣疫苗犯罪在刑法典中的位置以及与其他部门法的关系。

二、假劣疫苗刑法规制的社会回应性

为了塑造法律的权威，缓解法律与社会之间的紧张关系，诺内特、塞尔兹尼克提出了回应型法理论。该理论在形式合理性陷入危机的背景下产生，强调法律与社会的互动，直面法律规则的目的性思考，希冀法律成为一种解决问题、提供便利的事业，能够运用各种权力并调动一系列认识上和组织上的资源，让法律成为一种能够积极回应社会需要、促进实质正义实现的社会规制手段。[②] 自我国1997年《刑法》施行以来，为回应社会，1个单行刑法、11个刑法修正案相继出台。这表明我国刑法典已具有回应型法的特征。长春长生疫苗事件后，国家提出“完善疫苗药品刑事法律制度”，正是对假劣疫苗严重危害社会问题的及时回应。

（一）社会变迁是法律发展变化的动力

法律如知识一样是存在于社会条件中基础性的、全方位渗透的事实。人类所有集体生活都直接或间接地为法律所塑造。[③] 一方面，法律的稳定性与社会发展的冲突永恒存在；另一方面，这一冲突又是法律回应社会的内生动力。在复杂社会，已预期的和未预期的社会问题都在增加，社会不得不因此而调整其法律内容。2016年山东疫苗事件、2018年长春长生疫苗事件等催生了《疫苗管理法》的出台，这是社会变化的突破性时刻遭遇变革性事件对法律的要求。当法治成为主导的政治法律形态时，法律领域最显著的变化是，法律正当性的基础不再依赖于实质性标准，法律实证化运动开启。德国概念法学把法律自我指涉的实证性推向极致，成为世界各国成文法膜拜的对象。而伴随着社

---

① 庞某某串起一个由100多名上线、200多名下线构成的地下疫苗交易网络。详见周斌：《疫苗案幕后职务犯罪》，载《海南人大》2016年第5期。

② 参见［美］诺内特、塞尔兹尼克：《转变中的法律与社会：迈向回应型法》，张志铭译，北京：中国政法大学出版社1994年版，第87页。

③ 参见［德］尼可拉斯·卢曼：《法社会学》，宾凯、赵春燕译，上海：上海人民出版社2013年版，第39页。

会福利国家的是法律不确定性的增加，法条崇拜又丧失了社会结构的基础，法律形式化特征又逐渐被软化。这些都是社会结构变迁在法语义上的回应。美国法学家庞德、卢埃林和霍姆斯等人的法律现实主义与德国的自由主义法学、利益法学，都希望在法律系统外部寻找法律统一性的象征物，探究影响法律正当性的社会因素，在时间性上则共同呈现为在制作法律决定时于当下考虑将来的"后果主义"。但后果主义可能面临过度实质化危险，并让法律陷入不确定状态。为了纠正这一缺陷，哈特、富勒、德沃金、哈贝马斯都殊途同归地走向了程序主义，主张通过程序性过程使决定正当化。这一集体共识的知识生产活动，都是对社会结构变迁的敏锐回应。①

从与社会的联系角度看，法律变化过程在现代的主要途径是立法，偶尔法院判决可能同样有分量，弗里德曼称此为"通过法律进行的大量有意识的社会工程"②。在工业社会和资本主义降临以后，法律并非由自身决定，也不再是由类似自然法的高阶规范和原则所决定，而是由其与社会的关系所决定。③ 当今中国遭遇百年未有之大变局，更强的社会复杂性需要更具可变性的适应能力，社会在可能性上更为丰富，承担社会整合功能的法律必定与更为多变的条件和事件形成结构性相容。"企图通过法律进行社会变革是现代世界的一个基本特点。"④ 短暂的社会不稳定，是法律发展的前提，每个社会都需要根据其各自的复杂程度为规范期望的充分多样性创建空间。⑤ 在今天的中国，出台新法、修订旧法已成为依法治国的重要方面。立法是需要特别智慧的，没有人认为法律是可以任意创制的。⑥ 法律的立改废源于社会的发展，并与社会结构相制约。法律的形式和内容会随着不断增强的复杂性、政治性的更新和变化而发生变化。

（二）接二连三的疫苗事件需要刑法的及时回应

法律需要稳定，但又不能静止不变。"法律的进步在于不断地返回现世与现实(secularization)"⑦，"社会复杂性的增长需要并促进了法律结构的变迁"⑧。一种社会秩序的合法性期待将通过约定或法律而得到稳定。⑨ 吴经熊提出三度法律理论：每一个特殊的法律，均具有时间度、空间度与事实度。时间度、空间度是指法律的效力范围；事实度是指所有法律均与事实有关，每一法律均统制一定的事件，不论它是真实的，或是拟制假定的事实，均构成法律的一面。⑩ 假劣疫苗入刑的法律规范，要与不断出现的疫

---

① 参见［德］尼可拉斯·卢曼：《法社会学》，宾凯、赵春燕译，上海：上海人民出版社 2013 年版，第 18 页。

② ［美］劳伦斯·M. 弗里德曼：《法律制度——从社会科学角度考察》，李琼英、林欣译，北京：中国政法大学出版社 2004 年版，第 320 - 323 页。

③ 参见［德］尼可拉斯·卢曼：《法社会学》，宾凯、赵春燕译，上海：上海人民出版社 2013 年版，第 62 页。

④ ［德］尼可拉斯·卢曼：《法社会学》，宾凯、赵春燕译，上海：上海人民出版社 2013 年版，第 323 页。

⑤ 参见［德］尼可拉斯·卢曼：《法社会学》，宾凯、赵春燕译，上海：上海人民出版社 2013 年版，第 100 页。

⑥ See Hayek，*Law，Legislation and Liberty*，with a new foreword by Paul Kelly，London：Routledge，2013，p. 69 - 70.

⑦ 吴经熊：《法律哲学研究》，北京：清华大学出版社 2005 年版，第 286 页。

⑧ ［德］尼可拉斯·卢曼：《法社会学》，宾凯、赵春燕译，上海：上海人民出版社 2013 年版，第 47 页。

⑨ See Jürgen Habermas，*Between Facts and Norms*：*Contributions to a Discourse Theory of Law and Democracy*，translated by William Rehg，Cambridge：The MIT Press，second printing，1996，p. 69.

⑩ 参见吴经熊：《法律哲学研究》，北京：清华大学出版社 2005 年版，第 17 页。

苗事件密切相关，生效后又将规制疫苗的研制、生产、流通、使用等各环节。国家作出“完善疫苗刑事法律制度”的回应要求，不能只是迫于舆论压力的危机公关的策略性安排，而更应是着眼于公众生命健康、公共卫生安全和国家安全的战略性、公益性安排。

2016 年中共中央、国务院颁布《“健康中国 2030”规划纲要》，2017 年党的十九大提出实施健康中国战略。“规范接种疫苗，共建健康中国”已成共识。接二连三的疫苗安全事件很容易发展成为社会恐慌，进而演化为对政府监管不力的愤怒和不信任。完善疫苗刑事法律制度面临着双重需要：一是需要某些重述，这是法律科学的任务；二是要调和稳定与进步之间的冲突。① 站在民众的视角看，不断涌现的新型反社会行为是否需要动用刑罚予以制裁，需要畅通国家机关与公民个人的沟通机制，了解绝大多数公民真实意愿，倾听公民的心声。② 哈贝马斯创建的民主法治国的商谈理论，便是想畅通立法过程的对话沟通机制，通过实用商谈、伦理政治商谈、道德商谈，再到法律商谈，完成政治意志形成过程。③ 此对话沟通机制对我们的启示是，疫苗的刑法立法应关切民众对疫苗安全有效的道德认知与法律要求，更重要的是民众参与疫苗立法。疫苗牵动亿万家庭的安康幸福，假劣疫苗入刑当然需要国家与民众之间的沟通。此外，司法实践中对疫苗犯罪采取的无可奈何的处理方式（绝大多数案件以非法经营罪定性）也会影响疫苗单独设罪的抉择，党和政府对完善疫苗刑事法律的指令也是重新审视假劣疫苗罪与罚的重要因素。

一个行为为什么要被规定为犯罪，大致有三种观点：一是传统的社会危害性理论。“立法者之所以将某种行为规定为犯罪，并规定不同刑种和刑度的刑罚惩罚，首先考量行为本身是否具有严重的社会危害性以及危害性的大小。”④ 二是法益侵害理论。法益侵害是犯罪化的本质，只有当行为侵害到法益时才有可能将其作犯罪化处理。⑤ 三是刑罚可罚性理论。在考量何种行为应纳入刑法调整时，立法机关应当从刑罚可罚性的角度（当然不是唯一的角度）进行判断，只要达到需要通过发挥刑罚的排斥功能的时候，才应考虑予以犯罪化。⑥ 上述第三种理论是形式犯罪化理论，其并没有揭示行为为什么具有刑罚可罚性，反而会陷入循环论证。第一种理论在 1997 年《刑法》实施以前在我国占据优势地位。第二种理论是在我国目前比较流行的观点，大有盖过社会危害性理论风头之势。例如，陈兴良教授便主张以法益及法益侵害代替社会危害性，将社会危害性概念逐出刑法注释学领域。⑦ 不过，我国官方采取的仍然是社会危害性标准，例如，关于《刑法修正案（九）（草案）》的说明指出：“对社会危害严重的犯罪惩处力度不减，保持

---

① 参见［美］本杰明·N. 卡多佐：《法律的成长　法律科学的悖论》，北京：中国法制出版社 2002 年版，第 5 页。

② 参见徐伟：《犯罪化策略与守法策略：博弈分析及其制度镜鉴》，载《理论导刊》2018 年第 3 期。

③ See Jürgen Habermas, *Between Facts and Norms: Contributions to a Discourse Theory of Law and Democracy*, translated by William Rehg, Cambridge: The MIT Press, second printing, 1996, p. 168.

④ 孙燕山：《无法逐出注释刑法领域的社会危害性——社会危险性研究 40 年（1978—2018）的共识与再聚焦》，载《学术论坛》2018 年第 5 期。

⑤ 参见满涛：《我国犯罪化立法的教义学边界——以犯罪构造为中心》，载赵秉志主编：《刑法论丛》2017 年第 4 卷，北京：法律出版社 2018 年版，第 160 页。

⑥ 参见时延安：《犯罪化与惩罚体系的完善》，载《中国社会科学》2018 年第 10 期。

⑦ 参见陈兴良：《社会危害性理论——一个反思性检讨》，载《法学研究》2000 年第 1 期。

高压态势；同时，对一些社会危害较轻，或者有从轻情节的犯罪，留下从宽处置的余地和空间”①。

不管采取哪种犯罪化理论，研制、生产、流通、使用假劣疫苗行为的犯罪化，都会因其符合社会整体的道德认知和对严惩假劣疫苗犯罪的渴望而得到社会的赞同和拥护。假劣疫苗严重侵害了人民群众的生命健康，这意味着相关行为具有法益侵害性（从受害人的角度）和社会危害性（从全社会的角度）。严重疫苗事件的严重社会危害性显而易见：让疫苗受种者伤残，让社会陷入恐慌或造成恐慌气氛。因此，在规定药品犯罪的同时突出疫苗犯罪是必要的，假劣疫苗直接入刑符合中国人对刑法的认知和对道德的认知：刑法都规定为犯罪了，说明很严重了，应该受到道德谴责。每一次重大的疫苗事件都造成了一种新的恐慌，法律的虚弱——绝大部分按照非法经营罪处理，极少数按照假劣药品犯罪处理——也加强了这类混乱，并传播一种普遍的恐慌。社会普遍的恐慌使有关疫苗的非法研制、生产、流通、使用具有了犯罪的性质，并使惩罚成为必需。如果罚不当罪——本应得到更重的处罚（生产、销售假药罪与生产、销售劣药罪）却只得到较轻的处罚（非法经营罪），刑法的威慑力就会下降。因此，需要刑法对疫苗犯罪作出新的回应。

三、假劣疫苗刑法规制的整全性

整全性（integrity）② 理论一般被认为是德沃金提出的重要法律理论。德沃金认为，整全性是重要政治思想和法律美德之一，公平、正义和正当程序是另三项美德。整全性理论内容丰富，限于本文主题是假劣疫苗的刑法规制问题，本文主要借鉴整全性理论中立法的整全性：第一，整全性要求同时考虑公平、正义和正当程序，不仅关注政治决定的结构和过程，而且关注政治决定的结果。第二，整全性要求着眼全局，横向上反对同案不同判的棋盘式现象，纵向上要依据宪法的原则和精神，进行全局考量。第三，整全性要求法律保持一致。法律的生命在于整体性——“法律的生命与其说是某些漂亮的迷信，不如说是整体性。”③ 第四，整全性要求遵循立法整体性原则——法律制定在原则（与规则对应）上保持该法律的一致性。第五，整全性要求确立基本权利的优先地位。作为整体的法律预设，公民不但享有法律权利，还享有道德权利与背景权利。④ 概言之，作为整全性的法律要求保持法律的纵向和横向的一致性以及价值的融贯性。笔者认为，完善疫苗刑法立法，既要考虑与已有的假劣药犯罪相协调，又要考虑与整个刑法典相协调，还要考虑在整个法律体系中与《疫苗管理法》《药品管理法》相协调。

（一）疫苗犯罪与药品犯罪的关系

从世界范围看，自 19 世纪以降，法典编纂逐渐成为法治国持续不断的活动。在刑

① 李适时：《关于〈中华人民共和国刑法修正案（九）（草案）〉的说明》，载中国人大网，2014 年 11 月 3 日。

② 也有学者译为“整体性”，参见高鸿钧：《德沃金法律理论评析》，载《清华法学》2015 年第 2 期。

③ ［美］罗纳德·德沃金：《法律帝国》，李常青译，北京：中国大百科全书出版社 1996 年版，第 150 页。

④ 参见高鸿钧：《德沃金法律理论评析》，载《清华法学》2015 年第 2 期。

法领域，新罪名不断被创制，犯罪化态势明显。疫苗也是药品，我国刑法在已有生产、销售假药罪与生产、销售劣药罪的情形下，还有单独设立疫苗犯罪的必要吗？这是“完善疫苗药品刑事法律制度”首先遇到的且不容回避的问题。假劣疫苗单独设罪的必要性可以基于以下考虑：一是疫苗药品的重要性超过非疫苗药品。疫苗安全遵循药品领域一般规律，但同时因其功效是预防、控制疾病的发生、流行而具有独特性。而且，疫苗对于国家和民族的发展具有公益性、战略性，值得刑法予以特别保护。二是现有刑法和司法实践的挑战。从频发的严重疫苗事件来看，已有相关罪名难以应对新形势下的疫苗犯罪。尽管 2014 年最高人民法院、最高人民检察院《关于办理危害药品安全刑事案件适用法律若干问题的解释》（2022 年修改）也规定，生产、销售的假药是疫苗的，应当酌情从重处罚，但从裁判文书看，假劣疫苗问题不再能够以已有的药品犯罪、非法经营罪从司法层面被有效地加以解决，而是迫切需要从立法层面解决疫苗的安全性、有效性问题。三是法律体系的融贯性要求。《疫苗管理法》规定疫苗上市许可持有人、疾病预防控制机构可以自行配送疫苗，也可以委托符合条件的疫苗配送单位配送疫苗。这表明，今后疫苗只有配送流通，不再有销售经营环节。这就与生产、销售假劣药品犯罪有很大的不同，其“销售”环节不存在了，但对流通环节有特别要求。《刑法修正案（十一）》扩大了生产、销售假药、劣药的行为范围，明确将“药品使用单位的人员明知是假药而提供给他人使用的”行为和“药品使用单位的人员明知是劣药而提供给他人使用的”行为纳入生产、销售、提供假药罪和生产、销售、提供劣药罪的范围。但这种“提供”行为并非传统意义上的“流通”，两者主要区别在于前者仅是行为主体的单向行为，而后者却是双向的流转。因此假劣疫苗犯罪的客观行为方式就不能简单套用药品犯罪的“生产、销售”了。客观行为方式不同，设置不同的罪名也就顺理成章。根据《疫苗管理法》，假劣疫苗犯罪的客观行为方式可以设定为“生产、流通、使用”。这既能体现与《疫苗管理法》相一致的融贯性，也更符合疫苗的独特性。上述三个方面既是国家提出“完善疫苗药品刑事法律制度”的背景，也回答了为什么要单独设立疫苗犯罪。

法律不仅仅在事实的意义上具有相当的一致性，而且，它在结构和决定生成上也并不就是完全随意的。先有疫苗的行政法规制，后有疫苗的刑事法规制；先有一般药品犯罪规制，后有疫苗犯罪规制。在现有的法律秩序中，我们只能依据那些为眼下的解决方案——不管是现实的还是教义上的——提供了功能对应性的内容来进行改变。[①] 这里重点考察与假药、劣药犯罪相协调的问题。严格说来，假劣疫苗不存在完全犯罪化的问题，因为刑法已经设置了生产、销售假药罪与生产、销售劣药罪。国家提出要“完善疫苗药品刑事法律制度”，从疫苗犯罪条款设置的体系地位来说，有三种可能的路径：一是设立关于疫苗的新罪，二是设置为现有药品犯罪的加重犯罪构成，三是设置为药品犯罪的从重量刑情节。前两种涉及犯罪化，最后一种只涉及量刑。新《药品管理法》规定“违反本法规定，构成犯罪的，依法追究刑事责任”，《疫苗管理法》也规定“违反本法规定，构成犯罪的，依法从重追究刑事责任”，这似乎是肯定了上述第三种路径。但是，已如上述，刑法单独设置疫苗犯罪是可行和必要的，且与《疫苗管理法》可以相互支持

① 参见［德］尼可拉斯·卢曼：《法社会学》，宾凯、赵春燕译，上海：上海人民出版社 2013 年版，第 84 页。

和证立。本文倾向于增设两个独立的核心罪名：生产、流通、使用假疫苗罪与生产、流通、使用劣疫苗罪。疫苗犯罪的主体可以是从事疫苗研制、生产、流通和预防接种活动的单位和个人，包括疫苗上市许可持有人、疾病预防控制机构、接种单位、疫苗配送单位和个人。可以将生产、流通、使用假疫苗罪的基本犯罪构成设置成行为犯：生产、流通、使用假劣疫苗的，就构成犯罪。其加重情节与法定刑配置可以与生产、销售假药罪一致。可以将生产、流通、使用劣疫苗罪的基本犯罪构成设置成危险犯：生产、流通、使用劣疫苗，足以对人体健康造成严重危害的，就构成犯罪。生产、流通、使用假劣疫苗犯罪所配置的刑罚应不低于生产、销售假劣犯药罪。顺便提一下，本文主张将生产、销售劣药罪的犯罪构成一并修改，建议将目前的结果犯改成具体危险犯。

（二）疫苗犯罪与非法经营罪的关系

处理好疫苗犯罪与非法经营罪的关系是一个非常现实的重要问题。大部分疫苗犯罪案件都以非法经营罪处理，这一现象值得深思。为什么会出现这种状况？如何扭转这种状况？《疫苗管理法》对此没有回应。笔者认为，这个问题没有在《疫苗管理法》中解决，也没有在新制定疫苗犯罪条款中予以解决，那么可以预料的是，尽管《疫苗管理法》规定了疫苗犯罪要“依法从重追究刑事责任”的条款，未来仍然会继续呈现将大部分疫苗犯罪按照非法经营罪处理的现象，这与完善疫苗刑事法律制度从而遏制疫苗犯罪的目的相背离。从这一问题意识出发，此处重点考察疫苗犯罪与非法经营罪的关系。

“法律文本和法律整体性有着十分重要的约束性。”① 德沃金认为，不仅一国的法律，甚至整个国家，都应该是一个原则一致的整体。② 但这种一致性不能被简单理解为相同情况相同处理，确切地说，应当是融贯性（coherence）。③ 从裁判文书看，处理假劣疫苗的刑事案件的方案似乎是，没有生产、销售许可证的，按照非法经营罪处理，有生产、销售许可证的，则按照生产、销售假劣药犯罪处理，这已成为司法的思维定式。然而，这不符合公平、正义之美德。因为，疫苗是特殊药品，需要生产、流通资质，没有资质更易游离于国家监管，社会危害后果会更大，而按照非法经营罪论处，其刑罚后果比有资质者还要轻，有重罪轻罚之嫌疑。因此，对于生产、流通、使用假劣疫苗等行为，应改变主要以非法经营罪处理的现况。④ 根据《关于办理危害药品安全刑事案件适用法律若干问题的解释》第 11 条，实施生产、销售假药、劣药犯罪，同时构成其他犯罪的，依照处罚较重的规定定罪处罚，这表明司法实践已关注到了几乎都以非法经营罪处置生产、销售假劣疫苗之罚不当罪的现象，并希望通过司法解释予以匡正。对于生产、销售假劣药犯罪，刑法并没有限定其主体必须有许可资质，而是一般主体即可，这

---

① ［美］罗纳德·德沃金：《自由的法：对美国宪法的道德解读》，刘丽君译，林燕萍校，上海：上海人民出版社 2017 年第 3 版，“导言”，第 34 页。

② 参见［美］罗纳德·德沃金：《法律帝国》，李常青译，北京：中国大百科全书出版社 1996 年版，第 359 页。

③ 参见［美］罗纳德·德沃金：《法律帝国》，李常青译，北京：中国大百科全书出版社 1996 年版，第 196－200 页。

④ 参见胡颖廉：《行政吸纳市场：我国药品安全与公共卫生的治理困境——以非法疫苗案件为例》，载《广东社会科学》2017 年第 5 期。

样才有可能与非法经营罪发生竞合。以往实践中，因疫苗生产的高难度，无证生产的情形较少。若无证生产的，产品属于《药品管理法》规定应当批准而未经批准的，则按假药论处，可按照生产假药罪进行处理。然而，2016 年山东省疫苗事件是无资质以及疫苗脱离冷链而经营疫苗，经营的疫苗根据当时的《药品管理法》又不能被认定为假劣药，所以只能定非法经营罪，顶格判处 15 年有期徒刑。这与其涉案数亿元，犯罪行为波及 24 个省的严重危害性不相称，也不符合社会大众朴素的正义感。新《药品管理法》从功效角度对假劣药重新进行了界定，《疫苗管理法》又取消了疫苗的销售环节，于是，今后无上市许可生产、流通疫苗的，仍然只能按照非法经营罪进行处理，而不能定生产、销售劣药罪，罚不当罪的问题仍然没有得到解决。

未来刑法修订时，建议吸收上述法律、法规和司法解释精神，在刑法中明确表达以下内容：实施假劣疫苗犯罪，同时构成非法经营罪的，依照处罚较重的规定定罪处罚；没有按照保证疫苗品质规定要求的储存、配送（如脱离冷链运输）的疫苗，在不存在假疫苗的情形下，直接以劣疫苗论处（因其有效性受到影响从而影响预防效果）。这样做有三个好处：一是用刑罚一般预防功能，威吓潜在的犯罪人不去实施这类犯罪或阻断其实施这类犯罪；二是给已然成为口袋罪的非法经营罪减负；三是罚当其罪。“在山东疫苗案件的处理中，由于其尚无明确的致人受到伤害的证据，缺少构成销售假药、劣药的法律要件，只能定性为非法经营罪，多处以罚金或缓刑等。其惩罚措施与非法经营疫苗的潜在风险和社会后果并不匹配，对其他市场主体的约束激励性不足。”① 这致使运用刑罚手段治理疫苗思维的权威性降低。《疫苗管理法》并没有解决这一问题，为非法经营罪的可能滥用留下了空间。

（三）疫苗犯罪与刑法典的关系

人们为了有意义的生活，需要能够预测行为后果，法律的主要功能便是稳定人们的行为期待。未来是当下的结果，而当下的本源和法度又源自过去并只允许有一些偶然的变化。② 这种变化是渐进的，并期望有较高的融贯性。融贯性可以分为规范的融贯性与整全的融贯性。规范的融贯性，要求法律体系的各个部分主要是规范之间建立起积极关联，例如疫苗犯罪与非法经营罪之间的关系则主要考虑规范的融贯性。整全的融贯性还对它所要满足的制度与价值标准提出要求，疫苗犯罪在刑法典的位置则需要考虑整全的融贯性。我国法律体系的创新具有目标性和筹划性强的特点，这使一部新法律或刑法修正案的迅速出台成为可能，但也会出现“缺乏总体的考量与相互间的衔接，因而经常呈现出规范冲突与体系不融贯的现象。”③ 完善疫苗刑事法律制度是缓和这种张力的途径之一。那么，疫苗犯罪安放在刑法典分则哪一章，才具有较好的整全的融贯性？

疫苗刑法规制的主要目标是对健康安全、公共卫生安全的考虑。没有法律就没有安全，因而同样不会有富裕，甚至不会有一种稳定的生计。④ 安全是生活的基础，生计、

---

① 杨华锋、杨蕾：《药品安全治理变革中的协同性——从山东疫苗事件谈起》，载《新视野》2017 年第 6 期。

② 参见［德］尼可拉斯·卢曼：《法社会学》，宾凯、赵春燕译，上海：上海人民出版社 2013 年版，第 401 页。

③ 雷磊：《融贯性与法律体系的结构——兼论当代中国法律体系的融贯化》，载《法学家》2012 年第 2 期。

④ 参见［英］吉米·边沁：《立法理论》，李贵方等译，北京：中国人民公安大学出版社 2004 年版，第 135 页。

富裕、幸福，所有这一切都有赖于它。[①] 相应地，安全性也是疫苗的最底线要求，疫苗安全是公共卫生安全的重要组成部分，具有广泛性和直接关系生命健康的特点[②]，甚至影响国家安全，所以国家要坚持疫苗的战略性和公益性。

疫苗立法要符合伦理政治共同体的价值。每一价值体系，特别是道德体系及其核心的正义观念，是社会的产物。新的疫苗犯罪的设立，不可避免地要遭遇德沃金所称的"道德解读"——勾勒出一种解读和贯彻政治意义上的宪法的特定方法。"道德解读主张的观点是：所有的人，包括法官、律师，以及普通公民，皆基于这样一种共识来解释和适用抽象的法律条文，那就是，这些抽象条文在政治公德性和公正性方面诉诸道德原则"[③]。道德解读将政治道德引入法律之中，"然而，政治道德注定具有非确定性和争议性，所以，凡是把这些道德原则作为法律组成部分的任何政府，都必须决断究竟谁对道德原则的诠释和理解更具有权威性。在现今美国的体制中，只有法官，最终是联邦最高法院的大法官们，才拥有这种权威性……"[④] 在我国，这一权威性主要在于领导立法的党委和主导立法的人大。此外，"法律应该有一定的坦率性。法律的制定是为了惩罚人类的凶恶悖谬，所以法律本身必须最为纯洁无垢"[⑤]。完善疫苗刑事法律制度无疑要体现道德价值，违背了疫苗的安全性、有效性要求，就是违背了道德价值，应该受谴责。所以，疫苗犯罪应归类为违背伦理道德"突破人的道德的底线"[⑥] 的自然犯。

以上分析与疫苗药品犯罪在刑法典中的位置有关。《关于〈疫苗管理法（草案）〉的说明》指出："疫苗关系人民群众生命健康，关系公共卫生安全和国家安全，是国家战略性、公益性产品。"这很好地说明了疫苗犯罪的设立应彰显安全价值、道德价值。《疫苗管理法》第1条立法目的中有"保障公众健康，维护公共卫生安全"的表述。目前药品犯罪是规定在刑法分则第三章破坏社会主义市场经济秩序罪中的。这表明，立法者认为，假劣药品犯罪侵犯的法益主要是社会主义市场经济秩序而非公民的身体健康。然而，健康中国战略的提出，从以治疗疾病为中心向以预防疾病为中心的转变，表明我国的健康意识发生了根本的转变，再加上社会主要矛盾的变化，人们对美好生活的追求越来越强烈，权利优先意识深入人心。疫苗的功效正是预防疾病，解决疫苗安全问题也就是全方位全周期维护人民健康。世界卫生组织重申，质量可靠的疫苗对预防疾病至关重要。因此，假劣疫苗犯罪侵犯的主要不是市场秩序，而是公民的生命健康权和公共卫生安全。因此，应当重新审视疫苗犯罪在刑法典中的位置。疫苗犯罪侵犯的是公共卫生安全法益，所以疫苗犯罪、药品犯罪整体被放置于刑法分则第二章危害公共安全罪中较为适宜，这符合整全的融贯性要求，也彰显出刑法对公共卫生安全保护的重视程度。那为什么不宜纳入刑法分则第六章第五节"危害公共卫生罪"呢？这是因为，"危害公共卫

---

① 参见［英］吉米·边沁：《立法理论》，李贵方等译，北京：中国人民公安大学出版社2004年版，第148页。

② 参见杨霞：《涉疫苗犯罪查办难的原因分析及防范建议》，载《广西法治日报》2018年8月14日第B03版。

③ ［美］罗纳德·德沃金：《自由的法：对美国宪法的道德解读》，刘丽君译，林燕萍校，上海：上海人民出版社2017年第3版，"导言"第1页。

④ ［美］罗纳德·德沃金：《自由的法：对美国宪法的道德解读》，刘丽君译，林燕萍校，上海：上海人民出版社2017年第3版，"导言"第2页。

⑤ ［法］孟德斯鸠：《论法的精神》（下册），许明龙译，北京：商务印书馆1997年版，第301页。

⑥ 李克强总理就长春长生疫苗事件批示时用语。

生罪”侵害的法益是公共卫生管理秩序，而假劣疫苗犯罪侵害的法益主要是公共卫生安全。

（四）疫苗犯罪与《疫苗管理法》《药品管理法》的关系

一个法律体系内各部分间的融贯性程度越高，该体系就越好。“一个法律体系能够具有不同程度的融贯，而一致是融贯的一个较低层次的要求，却并不能算得上是一个充分的要求”[①]。所有的规范都可以也必须被放入整个法律体系中加以理解。当代中国法律体系的各个因素在实践与空间上的张力，使法律体系的融贯化显得尤为困难，而不断转型的动态变化，也使这种融贯化活动在历时和共时两个方面的裂痕显得尤为突出。[②]

处理疫苗犯罪与《疫苗管理法》《药品管理法》之间的关系，实际就是处理疫苗药品安全治理变革中的协同治理问题。限于主题，此处重点梳理疫苗违法犯罪的行政法与刑法之间的关系。2016 年山东疫苗事件、2018 年长春长生疫苗事件暴露了疫苗行业的非法利益链条，以及疫苗生产企业、医疗疾控部门、疫苗经营者和接种点之间相互包庇的利益合谋。疫苗安全治理涉及研制、生产、流通、使用全过程，同时还涉及制度规范、程序标准、产业政策及价格管理等诸多方面，这就需要药品管理法、疫苗管理法与刑法等不同部门法之间的全面规制与协调。从不断发生的疫苗安全事件、涉疫苗犯罪案件看，很显然，现有的法律法规已难以应对人们对美好生活向往等新形势下对疫苗安全问题的挑战，因为存在疫苗全程追溯制度不完善、对疫苗违法犯罪惩治力度不够等突出问题。为破解这些困局，一是除了在《疫苗管理法》中建立健全疫苗全程追溯制度，更重要的是要加大执法、司法力度，形成打击合力；二是要完善疫苗安全行政执法与刑事司法的衔接与协调，加强公安、法院与卫健委、市场监管局、医保局等部门的沟通，解决疫苗犯罪案件移送、证据标准、证据收集、检验鉴定、涉案物品处置等方面存在的突出问题；三是要完善处罚后果上的衔接与协调，例如，《疫苗管理法》《药品管理法》对疫苗、药品行政违法的罚款有数额或比例、倍数的规定，而刑法中的药品犯罪采取的是无限额罚金制，那疫苗犯罪罚金数额如何设置与运用？为一种犯罪配置罚金刑时要思考其如何满足各种不同刑罚目的规范期待。“罚金刑适用于轻罪应报，虽然一般预防效用不显著，但仍对犯罪人本身有预防性的威吓效果，但罚金刑欠缺机构式的矫正功能。”[③]在重罪场合，罚金刑不是重点，而是自由刑之外的并科选项，因而根本欠缺有效的惩罚应报功能。[④]“当制裁已在社会上组织起来时，对破坏秩序所适用的灾祸就在于剥夺所有物（possession）——生命、健康、自由或财产。由于所有物是违背他本人意志而被剥夺的，所以这种制裁就具有一种强制措施的性质。”[⑤]与已有的药品犯罪相比，疫苗犯罪的刑罚可以考虑整体趋重一些，并将涉及国家规划疫苗等特殊情形设为从重处罚情

---

① 侯学勇：《融贯性的概念分析：与一致性相比较》，载《法律方法》第 9 卷，济南：山东人民出版社 2009 年版，第 126 页。

② 参见雷磊：《融贯性与法律体系的结构——兼论当代中国法律体系的融贯化》，载《法学家》2012 年第 2 期。

③ 许恒达：《省思罚金刑的设计理念与制度走向》，载《月旦刑事法评论》2017 年第 6 期。

④ 参见许恒达：《省思罚金刑的设计理念与制度走向》，载《月旦刑事法评论》2017 年第 6 期。

⑤ ［奥］汉斯·凯尔森：《法与国家的一般理论》，沈宗灵译，北京：商务印书馆 2016 年版，第 49 页。

节。疫苗立法趋严契合民众期待。《疫苗管理法》比《药品管理法》的处罚力度要大，刑事责任上也多了个“从重”的要求。

从与《疫苗管理法》相衔接的角度看，刑法除了需要增设前文已述的生产、流通、使用假疫苗罪与生产、流通、使用劣疫苗罪两个核心罪名，还需要增设骗取疫苗研制、生产、流通、使用许可证件罪。

四、结语

法律虽然需要有稳定性，但是没有哪一部生效的法律从来就一成不变。变动不居的社会既是法律立改废的动力源，也是法律立改废的背景墙，而作为上层建筑的法律要不断回应社会的变迁以适应甚至引领社会的发展。法律不是生来围着它自己安静的轨道而转动，而是要对社会作出反应，要吸收社会对它的要求。《疫苗管理法》于 2019 年 12 月 1 日生效，完善疫苗药品刑事法律制度已是一项急迫任务。受多种主客观因素的影响，我国部分刑法立法的系统性、科学性、合理性、有效性有待增强。[①] 修订刑法相关条款，增设疫苗犯罪，是完善疫苗治理，共建健康中国的重要一环。刑法规制疫苗犯罪时，既要考虑与生产、销售假劣药品犯罪的协调和与刑法典的融贯，还要考虑与《疫苗管理法》《药品管理法》的衔接，以及与以宪法为核心的中国特色社会主义法律体系价值的整全性融贯。完成疫苗刑事立法的同时，相应修改办理危害药品安全刑事案件法律适用若干问题的司法解释，是防治疫苗犯罪必不可少的方面。刑法的及时回应，符合民众对美好生活的向往、对疫苗安全性有效性的期待和对宪法权利的渴望。疫苗刑法制度的修改完善，承担着回应社会和价值融贯的追求，这既是法律问题，也是道德问题。

① 参见徐伟：《犯罪化策略与守法策略：博弈分析及其制度镜鉴》，载《理论导刊》2018 年第 3 期。

保险诈骗罪的三个争议问题

谢望原*

我国学术界对保险诈骗罪已有较多研究，形成了若干共识，但是在保险诈骗罪的基本问题上仍然存在诸多分歧。本文研究探讨了保险诈骗罪已有研究的重要分歧或对立观点，并在此基础上通过严肃认真的分析研究，提出自己的一孔之见。

一、数罪处罚问题

关于保险诈骗涉及的数罪处罚，有争议的主要是如何解决保险诈骗涉及牵连犯等的处罚问题。对此有学者认为："法有明文规定的数罪并罚"，"法无明文规定的从一重处断"①。具体言之，由于《刑法》第 198 条第 2 款规定："有前款第四项、第五项所列行为，同时构成其他犯罪的，依照数罪并罚的规定处罚"，所以，凡是投保人、被保险人为了骗取保险金而故意造成财产损失保险事故的，或者投保人、受益人为了骗取保险金而故意造成被保险人死亡、伤残或疾病的，均应当按照故意毁坏财物罪与保险诈骗罪或故意杀人罪、故意伤害罪与保险诈骗罪数罪并罚；而对于《刑法》第 198 条第 1 款第 1、2、3 项规定的保险诈骗行为涉及的其他犯罪，则一律按照处理牵连犯的原则处理。② 张明楷教授则认为：仅实施制造保险事故的犯罪行为，而没有向保险人索赔的（如甲为了骗取保险金而放火、伤害或杀人，但尚未向保险公司索赔），不成立制造保险事故所构成的犯罪（如放火、伤害或杀人罪）与保险诈骗罪的预备犯，不能数罪并罚。其主要理由在于：其一，由于《刑法》第 198 条第 1 款第 4、5 项在规定制造保险事故行为的同时规定了"骗取保险金的"，甲虽然制造了保险事故，但还没有向保险公司提出索赔，即还没有实施"骗取保险金"的行为，故其行为不符合《刑法》第 198 条第 1 款第 4、5

---

* 中国人民大学刑事法律科学研究中心教授。

① 谢晓雪：《保险诈骗罪中的罪数问题》，载《金融法苑》2003 年第 4 期。持类似观点者还有：于改之：《保险诈骗罪的司法认定》，载《法学论坛》2003 年第 7 期；林荫茂：《保险诈骗犯罪定性问题研究》，载《政治与法律》2002 年第 2 期。

② 参见谢晓雪：《保险诈骗罪中的罪数问题》，载《金融法苑》2003 年第 4 期；持类似观点者还有：于改之：《保险诈骗罪的司法认定》，载《法学论坛》2003 年第 7 期；林荫茂：《保险诈骗犯罪定性问题研究》，载《政治与法律》2002 年第 2 期。

项的规定。其二，即使认为以放火、杀人等手段制造保险事故骗取保险金属于牵连犯，且刑法对不少牵连犯作出了并罚的规定，也不能对“我们讨论的行为实行数罪并罚”。其三，如果认为，为了骗取保险金而制造保险事故的放火、伤害或杀人行为的行为人在向保险公司提出索赔之前属于想象竞合犯，也不应当数罪并罚。其四，如果处罚保险诈骗的预备行为，就与《刑法》第198条要求“数额较大”从而限制本罪处罚范围的精神相悖。①

对于保险诈骗涉及的数罪处罚问题，笔者认为应当厘清以下问题。

（一）“法无明文规定的从一重处断”没有法律依据

“法无明文规定的从一重处断”，其基本立场乃是在坚持牵连犯理论的前提下，主张凡是刑法分则条文没有明确将属于牵连犯的情形规定为数罪并罚的，一律按照牵连犯理论以一罪从一重处断。这一主张存在的症结在于我国现行刑法并没有规定什么是牵连犯以及牵连犯按照一罪从一重处断，故此，主张“法无明文规定的从一重处断”根本就没有法律依据。一个不容忽视的问题乃是：长期以来，不仅我国刑法理论承认牵连犯，而且司法实践中也大多以牵连犯理论处理所谓牵连犯案件。这一现象和做法严重违背了现行刑法明确规定的罪刑法定原则，也与我国刑法理论上以符合犯罪构成个数来认定罪数的立场严重失调。而且从国际视角来看，不仅英美刑法没有牵连犯的概念，就是深刻影响过中国刑法和刑法理论的德国刑法，也没有牵连犯的规定。这似乎表明，所谓牵连犯理论在国际社会的刑法及其理论中基本上没有市场。因此，我们自然要反躬自问——既然如此，我国刑法本来就没有牵连犯的规定，我们有什么根据和理由在刑法理论上和司法实务中主张以牵连犯理论来处理所谓牵连犯案件呢？

那么，《刑法》第198条第2款——“有前款第四项、第五项所列行为，同时构成其他犯罪的，依照数罪并罚的规定处罚”，是否意味着有该条第1款第1、2、3项所列行为同时构成其他犯罪的，只能以一罪从一重处断？持“法无明文规定的从一重处断”的论者显然对此持肯定立场。但是在我看来，其答案应当是否定的，理由如下：《刑法》第198条第2款规定只是一种一般性提示（注意）规定，即强调对“同时构成其他犯罪的，依照数罪并罚的规定处罚”，并不能理解为“有该条第1款第1、2、3项所列行为同时构成其他犯罪的，不能数罪并罚”。以一般提示规定来突出某种内容而不排斥相应条款中的相应内容的立法例，在我国现行刑法中并不鲜见。比如，《刑法》分则第3章第5节规定了8个金融诈骗罪，其中只有2个罪（第192条集资诈骗罪、第193条贷款诈骗罪）的法条中明确规定了“以非法占有为目的”，但这绝不意味着其他6个金融诈骗罪的主观方面不需要行为人具有“非法占有目的”！事实上，无论是刑法理论抑或司法实务部门，已经形成共识——所有诈骗罪都需要行为人具有“非法占有目的”。因此，就保险诈骗罪而言，不仅“有前款第四项、第五项所列行为，同时构成其他犯罪的，依照数罪并罚的规定处罚”，而且“有该条第1款第1、2、3项所列行为同时构成其他犯罪的”，按照现行刑法的规定，也可以（甚至“应当”）数罪并罚。

---

① 参见张明楷：《保险诈骗罪的基本问题探究》，载《法学》2001年第1期。

（二）张明楷教授的观点值得商榷

张明楷教授重点论证了仅实施制造保险事故的犯罪行为，而没有向保险人索赔的（如甲为了骗取保险金而放火、伤害或杀人，但尚未向保险公司索赔），不成立制造保险事故所构成的犯罪（如放火、伤害或杀人罪）与保险诈骗罪的预备犯，不能数罪并罚。① 换言之，他认为，以骗取保险金为目的，仅故意造成财产损失的保险事故，或者故意造成被保险人死亡、伤残或疾病的，只要尚未提出索赔请求，则不能以保险诈骗罪的预备犯与放火、伤害或杀人等数罪并罚。张教授论证提出的理由，值得商榷。

其一，如何理解“骗取保险金”？在张教授看来，“骗取保险金”既包括已经骗取了保险金，也包括着手实施了骗取保险金的行为，但不可能包括尚未向保险人骗取保险金的行为。② 所以，“甲雇请乙杀 A 虽然为骗取保险金创造了条件，但事实上还没有实施向保险人骗取保险金的行为……不能认为其行为符合第 198 条第 1 款第 4 项、第 5 项的规定”③。这一分析值得进一步推敲。要正确理解“骗取保险金”，必须充分且完整地解读法条含义。就法条所规定“骗取保险金的”而言，显然以既遂为标本。而“骗取保险金”，其文义当然包括：已经骗取了保险金；正在实施骗取保险金的行为；为骗取保险金而作出预备行为。第一种含义是指保险诈骗已经完成的既遂行为；第二种含义是指行为人处在骗取保险金的进行状态，如甲为了骗取保险金而杀害被保险人；第三种含义是指行为人为了骗取保险金而创造条件，如甲为了骗取保险金而私下准备骗保文件等。这三种解释都是“骗取保险金”的应有之义。换言之，“骗取保险金”并非仅指既遂，也当然包括未遂以及预备行为。如果此一分析符合逻辑，那么把“骗取保险金”理解为“不可能包括尚未向保险人骗取保险金的行为”就有不周延之嫌。

其二，对牵连犯数罪并罚以手段行为或者结果行为超出了其中一个罪的构成要件范围为前提吗？张教授对此持肯定见解。④ 亦如前述，不仅两大法系刑法上没有牵连犯的市场，我国刑法也没有关于牵连犯的立法规定，故所有利用牵连犯的学说来解释保险诈骗罪的所谓牵连犯问题，都是没有法律根据且违反罪刑法定原则的。对此，已无必要赘述。

其三，为了骗取保险金而制造保险事故的放火、伤害或杀人行为，在行为人向保险公司提出索赔之前，与保险诈骗属于想象竞合犯⑤吗？想象竞合犯在大陆法系刑法学中属于“科刑的一罪”，即“在犯罪认识上，为数罪；在犯罪评价上亦为数罪，仅在犯罪科刑上，从其一重处断”⑥。就此处讨论的话题而言，“为了骗取保险金而制造保险事故

---

① 参见张明楷：《保险诈骗罪的基本问题探究》，载《法学》2001 年第 1 期。

② 参见张明楷：《诈骗罪与金融诈骗罪研究》，北京：清华大学出版社 2006 年版，第 788 页。

③ 张明楷：《诈骗罪与金融诈骗罪研究》，北京：清华大学出版社 2006 年版，第 788 页。

④ 张明楷教授认为：“即使认为以放火、杀人等手段制造保险事故骗取保险金的属于牵连犯……也不能对我们所讨论的行为实行数罪并罚。”参见张明楷：《保险诈骗罪的基本问题探究》，载《法学》2001 年第 1 期。

⑤ 张教授认为：“如果认为，行为人为了骗取保险金而以放火等手段制造保险事故，但还没有向保险人提出索赔的行为，属于想象竞合犯，也不应实行数罪并罚。”参见张明楷：《保险诈骗罪的基本问题探究》，载《法学》2001 年第 1 期。

⑥ 甘添贵：《罪数理论之研究》，台北：元照出版公司 2006 年版，第 187 页。

的放火、伤害或杀人”，并不符合“行为人基于一个意思决定所实施，依自然之观察，在社会通念上，得认系一个且为同一身体动静”① 的关于“一个行为触犯了数个罪名”的想象竞合犯概念②，因为：此种情况下诚如张教授所言，“在前面所举的案件中，甲具有两个故意：故意杀人罪的故意和保险诈骗罪的故意”③，而且事实上行为人正是在这两个故意的支配下，实施了完整的杀人行为和未完成的（意图进行）保险诈骗行为，虽然行为人尚未提出保险索赔，完成整个保险诈骗犯罪，但无论在事实上还是在法律层面上，将其评价为两个行为（其中诈骗保险金的行为尚未完成）并无不妥。如果此种情况下只对行为人实施的行为作一个（故意制造保险事故）评价，那么对行为人实施保险诈骗的故意和行为就完全忽略了。更何况，刑法总则亦无想象竞合犯的原则规定，却有数罪并罚的明确规定，因此，以想象竞合犯来说明不应对此类保险诈骗行为进行数罪并罚并无法理可据。其实，由于《刑法》第 198 条第 2 款明确规定“有前款第四项、第五项所列行为，同时构成其他犯罪的，依照数罪并罚的规定处罚”，所以，以骗取保险金为目的，故意制造保险事故（故意造成财产损失、故意造成被保险人死亡、伤残或者疾病）的，无疑应当根据数罪并罚原则，以相关犯罪的既遂与保险诈骗未遂论处（后文有具体论述）。

其四，张教授之所以主张仅实施制造保险事故的犯罪行为，而没有向保险人索赔的，不成立制造保险事故所构成的犯罪（如放火、伤害或杀人罪）与保险诈骗罪的预备犯，不能数罪并罚，其重要理由之一就是——如果处罚保险诈骗的预备行为，就与《刑法》第 198 条要求“数额较大”从而限制本罪处罚范围的精神相悖。④ 但该主张似乎也有进一步推敲的余地。首先，处罚预备犯，是刑法总则上的规定，具有普适性。即使认为为了骗取保险金而故意制造保险事故是预备行为，也不能说绝对不可以处罚。其次，刑法第 198 条要求“数额较大”的保险诈骗行为才构成本罪，理论上也不能排除处罚保险诈骗预备行为的可能。我国刑法上关于诈骗类犯罪的法条中，均有“数额较大”的规定，显然，这是针对既遂情况而言的。事实上，早在 1998 年发布的最高人民检察院的有关司法文件就指出：“行为人已经着手实施保险诈骗行为，但由于其意志以外的原因未能获得保险赔偿的，是诈骗未遂，情节严重的，应依法追究刑事责任。”⑤ 该司法文件虽然是针对未遂作出的规定，但从逻辑来看，保险诈骗未遂，当然也没有满足既遂前提条件下“数额较大”的标准。既然保险诈骗未遂情况下没有满足“数额较大”条件是可以予以处罚的，那么，如果行为人实施数额特别巨大（如数以亿元计）保险诈骗的预备行为，有什么理由或根据说绝对不可以处罚呢？此外，为了骗取保险金而故意放火、杀人或伤害他人等，是属于保险诈骗罪的预备行为还是已经着手？这是一个颇有争议的问题。该问题涉及保险诈骗的着手，本文下一节对此将有专门讨论。

综合以上分析，对保险诈骗涉及的数罪处罚，首先，应当坚持罪刑法定原则，即刑

① 甘添贵：《罪数理论之研究》，台北：元照出版公司 2006 年版，第 196 页。

② 参见张明楷：《刑法学》（上），北京：法律出版社 2016 年版，第 482 页。

③ 张明楷：《诈骗罪与金融诈骗罪研究》，北京：清华大学出版社 2006 年版，第 789 页。

④ 参见张明楷：《保险诈骗罪的基本问题探究》，载《法学》2001 年第 1 期。

⑤ 1998 年 11 月 27 日最高人民检察院法律政策研究室《关于保险诈骗未遂能否按犯罪处理问题的答复》。

法已经明确规定对某些行为作数罪并罚处理的，应当严格按照刑法规定处理，亦即应当严格按照刑法关于数罪并罚的规定来处理，不得随意以超法规解释①来处理数罪处罚问题。其次，应当坚持以行为符合犯罪构成的个数为认定一罪与数罪的准则，即行为仅符合一个犯罪构成，就构成一个犯罪，并以一个罪处罚；行为符合数个犯罪构成，则成立数个犯罪，进而必须以数罪处罚。

二、保险诈骗着手问题

如何认定着手，可能是处理保险诈骗刑事案件时最有争议的问题。

（一）观点评说

我国学术界对此主要有以下不同观点。

其一，保险诈骗罪作为复行为犯，行为人开始实施方法行为即欺诈行为时就是犯罪的着手，但在适用《刑法》第 198 条第 1 款规定的第四、五种手段诈骗保险金时，手段行为又构成犯罪，适用该标准来认定着手，就会有重复评价的问题，因此，比较妥当的做法就是将利用犯罪手段制造保险事故的行为看作是本罪的预备行为。易而言之，该观点主张，对于保险诈骗罪的着手，要分为两个标准来把握：《刑法》第 198 条第 1 款规定的第一、二、三种保险诈骗行为的着手，以实施复行为犯中的第一个行为为着手的起点；对于第四、五种保险诈骗行为，则以行为人制造保险事故之后隐瞒事故发生真实原因而开始编造时起，认定为着手。②

其二，就金融诈骗罪（包括保险诈骗罪）而言，“应将开始实行向被害人虚构事实或隐瞒真相的行为作为金融诈骗罪的‘着手’。其‘着手’的具体标志应是行为人以非法占有为目的开始把虚假的信息传递给被害人。”③

其三，实行行为只能是具有侵害法益的紧迫危险性的行为。具体到保险诈骗罪而言，只有当行为人向保险公司索赔时，才能认为保险秩序和保险公司的财产受侵害的危险性达到了紧迫程度。因此，到保险公司索赔的行为或者提出支付保险金的请求的行为，才是实行行为；开始实施索赔行为或者开始向保险公司提出支付保险金请求的行为，才是本罪的着手。④

---

① 由于我国刑法没有牵连犯、竞合犯等规定，无论是理论上，还是实务中，牵连犯、竞合犯等只能是一种超法规解释。我以为，学者们如果认为这样的一些概念十分重要且有必要将其立法化，就应该大力推动相关立法，在有立法根据之前，对这样一些超法规解释应该谨慎使用，应当力求避免与罪刑法定原则发生冲突。

② 参见赵秉志主编：《金融诈骗罪新论》，北京：人民法院出版社 2001 年版，第 629－631 页。相同的观点见李文燕主编：《金融诈骗犯罪研究》，北京：中国人民公安大学出版社 2002 年版，第 387－391 页。

③ 刘远：《金融诈骗罪研究》，北京：中国检察出版社 2002 年版，第 296－297 页。另有一种与此类似的观点，虽然解释有所不同——把保险诈骗罪看作是复行为犯，《刑法》第 198 条第 1 款规定的前三种保险诈骗属于紧密型的复合行为，而后两种保险诈骗属于松散型的复合行为，对于松散型的复合型保险诈骗，只有行为人在通过虚构未曾发生的保险事故即虚构保险理赔原因之后，进而开始实际向保险公司索赔或者提出给付保险金请求时，才能认定为保险诈骗罪的着手。参见龙洋：《论保险诈骗罪的着手》，载《法学评论》2009 年第 5 期。

④ 参见张明楷：《诈骗罪与金融诈骗罪研究》，北京：清华大学出版社 2006 年版，第 775 页。同样的观点亦见黎宏：《刑法学》，北京：法律出版社 2012 年版，第 585 页。

上述各种关于保险诈骗罪着手的见解，基本上都是以客观说的着手论①来讨论问题的，虽然都有一定的根据，但并不足以令人信服。

前述第一种观点将保险诈骗罪视为复行为犯，并认为行为人开始实施方法行为即欺诈行为时就是犯罪的着手，这应该说是初步正确的结论，但是该论者又认为，适用《刑法》第 198 条第 1 款规定的第四、五种手段诈骗保险金时，手段行为又构成犯罪，适用该标准来认定着手，就会有重复评价的问题，进而主张对于第四、五种保险诈骗行为，应将行为人制造保险事故之后隐瞒事故发生真实原因而开始编造时起，认定为着手。这就使本来初步正确的结论走向了混乱。

首先，我国刑法规定的保险诈骗罪确实属于复行为犯，即由手段（方法）行为与目的行为结合而成，而无论手段行为还是目的行为，都是刑法条文明确规定的构成要件行为。考虑到着手只是未遂的起点而不是未遂的全部，由手段行为到目的行为会有一定时空距离，由手段行为持续到目的行为而结果出现之前，均可能出现未遂形态。如果坚持着手实行犯罪就是着手实施刑法规定的构成要件行为，那么就应当始终如一地坚持实施作为构成要件的手段行为就已经是着手的开始。故不管行为人是以《刑法》第 198 条第 1 款规定的第一、二、三种手段进行保险诈骗，抑或以该款第四、五种手段进行保险诈骗，在刑法评价上都应当将其评价为保险诈骗罪的构成要件行为，即使在最为保守的着手学说——形式的客观说看来，实施了“符合构成要件的行为或者其他密接行为的一部分”②，也应当将其视为着手。可见，只要行为人实施了《刑法》第 198 条第 1 款规定的第一、二、三、四、五种诈骗保险的手段行为，均应认定为保险诈骗罪的着手，而根本不存在区别对待的理由。

其次，持前述第一种观点的学者，一方面认为保险诈骗罪为复行为犯，行为人开始实施方法行为即欺诈行为时就是犯罪着手，另一方面又认为以《刑法》第 198 条第 1 款规定的第四、五种手段进行保险诈骗的，其以犯罪手段制造保险事故可看作预备行为，不以保险诈骗罪（着手）未遂论处③，这显然难以自圆其说。而持该见解者的主要理由，就是担心适用同一标准认定《刑法》第 198 条第 1 款第 4、5 项规定的保险诈骗的着手，会造成重复评价问题。所谓重复评价，即对同一行为事实作出不止一次的刑法评价，从而不公正地加重行为人的责任。《刑法》第 198 条第 2 款明确规定：有前款第 4 项、第 5 项所列行为，同时构成其他犯罪的，依照数罪并罚的规定处罚。由于行为人以制造保险事故（故意造成财产损失或故意造成被保险人死亡、伤残等）来骗取保险金，即使在尚未向保险人提出索赔的场合，事实上行为人也是以两个故意——骗取保险金的故意和制造保险事故的故意（故意造成财产损失或者造成死亡、伤残或疾病），实施了两个行为——一个骗取保险金的行为（尚未完成）以及制造保险事故的行为，虽然表面

① 参见［德］冈特・斯特拉腾韦特、洛塔尔・库伦：《刑法总论Ⅰ：犯罪论》，杨萌译，北京：法律出版社 2006 年版，第 258 - 263 页；［日］松宫孝明：《刑法总论讲义》，钱叶六译，北京：中国人民大学出版社 2013 年版，第 178 - 179 页。又见［德］约翰内斯・维塞尔斯：《德国刑法总论》，李昌珂译，北京：法律出版社 2008 年版，第 341 - 343 页。

② ［日］松宫孝明：《刑法总论讲义》，钱叶六译，北京：中国人民大学出版社 2013 年版，第 178 页。

③ 参见赵秉志主编：《金融诈骗罪新论》，北京：人民法院出版社 2001 年版，第 630 - 631 页。

上看来这两个行为有所重合，但无论是大陆法系刑法理论上的牵连犯或竞合犯学说，还是英美刑法上罪数理论，都认为此属于法律上和事实上的数罪。[①] 因此，即便是对此类行为以数罪论处，也绝非重复评价。

前述第二种观点强调"'着手'的具体标志应是行为人以非法占有为目的开始把虚假的信息传递给被害人"，这与前述第三种观点——"开始实施索赔行为或者开始向保险公司提出支付保险金请求的行为，才是本罪（保险诈骗罪）的着手"基本一致。不难看出，第二、三种观点完全是实质客观说的解释论，强调预备与未遂的区别在于有无危险的"急迫性"[②]。如果认真分析该论者的观点，不难发现，该观点认为，如果被害人在还不知道欺骗信息时，尚难成立诈骗犯罪的着手。该立场试图把诈骗的着手限制在较小的范围之内，避免刑事处罚范围太宽，似乎也有值得肯定之处。但是，这一观点对犯罪太过宽容（甚至有放纵之嫌）的立场则难以令人首肯。而且就由手段行为与目的行为构成的复行为犯而言，无论是刑法理论，还是司法实践，并不要求行为人实施了目的行为才认定为着手。如勒索财物型绑架罪，是以绑架行为（手段）和索要财物（目的）两个行为构成的复行为犯[③]，无论行为人是否向相关人员发出了勒索信息、是否勒索到了财物，只要行为人实施了绑架行为，当然应当认定为已经着手（甚至足以认定为既遂[④]），这在理论上和司法实务中几乎没有争议。既然如此，执意坚持保险诈骗的着手应当以诈骗信息传递给被害人为起点，就没有充分的理论与实践依据。

（二）保险诈骗着手的合理起点

认定保险诈骗着手的起点，应当重点考虑对保险诈骗犯罪的有效防范与阻吓以及国民合法权利的基本保障，既不可以过分放宽着手认定的标准，也不可以过严掌握着手认定标准，而是应当兼顾公正与效率两方面情况来决定。其实，关于保险诈骗犯罪的着手认定标准，应当与时俱进，不应抱残守缺，保守僵化。就此而言，也许英国刑法关于未遂（着手）的认定（判例）以及诈骗犯罪的新立法，可以为我们提供关于正确认定保险诈骗罪着手的某种启示。

1. 英国未遂（涉及着手的时点）认定原则

英国关于犯罪未遂，现行刑事制定法原则上采取了"超越预备说"（an act which is more than merely preparatory to the commission of the offence）。1981年《犯罪未遂法》第1条规定："意图实施本条规定的犯罪，并且实施了超出该罪预备阶段的行为的，构成该罪的未遂。"[⑤] 就其司法判例情况来看，诈骗类犯罪的着手（未遂）认定，经历了不同认定标准的演变。

---

① 大陆法系刑法学认为，想象竞合犯在犯罪认识上为数罪，在犯罪评价上亦为数罪，仅在科刑上从一重处断；牵连犯在犯罪认识及犯罪评价上，亦均属数罪，刑法承认牵连犯的国家，仅在犯罪科刑上，从其一重处断。而英美刑法采并科原则，通常有一个罪项即成立一项犯罪。

② ［日］松宫孝明：《刑法总论讲义》，钱叶六译，北京：中国人民大学出版社2013年版，第178页。

③ 也有观点认为，绑架罪并非复行为犯，而是单行为犯。参见马克昌主编：《百罪通论》（上卷），北京：北京大学出版社2014年版，第574页。又见张明楷：《刑法学》（下），北京：法律出版社2016年版，第888页。

④ 虽然有些持绑架罪是复行为犯的学者认为，只有既实施了绑架行为，又勒索到了财物的才是该罪的既遂，但是，对于一旦开始实行绑架行为即已经属于绑架罪的着手应该不会有异议。

⑤ 谢望原主译：《英国刑事制定法精要》，北京：中国人民公安大学出版社2003年版，第33-34页。

(1) R v. Eagleton 案[1]与 R v. Robinson 案[2]确定的骗取财物罪的着手标准——以虚假信息传递给被害方为诈骗的着手。R v. Eagleton 案发生在 19 世纪中期。基本案情是：被告人 Eagleton 与地方行政区域负责救济的人员签订了书面合同，按照约定，Eagleton 负责为穷人提供面包，每个面包重量为 3.5 磅，负责救济的人员向穷人发放了领取面包的票证，穷人们凭票证领取面包，并将票证交给 Eagleton。Eagleton 却擅自减少面包重量，没有按照合同约定的面包重量标准向穷人分发面包。后来，Eagleton 将收集的面包票证交给地区负责救济的人员，据以领取合同约定的报酬。结果，Eagleton 被指控犯有多项罪，其中包括意图以虚假理由获取钱财。本案中，行为人实施了他认为实现既遂的所有必需行为中的最后一个行为，即已经把收到的面包票证送交给了地区负责救济的人员（等待对方支付钱款），上诉法院法官帕克（Parke）认为，Eagleton 构成骗取财物未遂罪，因为行为人已将诈骗信息传递给对方，其已经实施的行为与诈骗既遂产生了实质性联系。Eagleton 案确立了英国刑法上认定未遂的"最后行为说"（Last action）标准，即当行为人实施了构成犯罪的最后行为，而结果并未出现时，成立该罪的未遂罪。

R v. Robinson 案实际上从反面进一步确认了 Eagleton 案确立的原则：任何人不得因企图以虚假陈述获得钱财而被定罪，除非行为人向企图从其获得钱财的人或其代理人作了虚假的陈述；向第三人作虚假的陈述，虽然最终是为了该第三人向受骗人作出报告，但这尚不足以成立骗取财物未遂罪。该案的基本情况是：珠宝商 Robinson 曾为他的宝石向保险公司投保，以便在发生盗抢后向保险公司索取保险金。后来他制造了被盗抢的假象，并虚假地向警方陈述他的处所发生了入室盗窃案，珠宝被盗，希望警方能作出报告，诱使保险公司支付费用；但是，在他向保险公司通报其宝石被他人入室行窃前，警察在他的保险柜里找到了他所说的被盗宝石。上诉法院认为 Robinson 的行为不成立骗取财物未遂罪，理由是 Robinson 尚没有向保险人报告虚假被盗信息，他的行为只是预备行为，而向保险人索赔才是以虚假保险理由骗取钱财未遂罪的起点。

前述两案的判决，确立了英国刑法上骗取财物犯罪需以将诈骗信息传递给被害人为着手的原则。但是，这一原则被后来的判例所改变。

(2) DDP v. Stonehouse 案[3]确立的骗取财物罪的着手标准。本案基本情况：上诉人是一位著名的政治家、公众人物和商人，他在英格兰的五家保险公司以他妻子为受益人投保了寿险。当时他身陷经济困境，他到了美国的迈阿密，在那里他伪造了溺水死亡的假象。然后，用假护照去了澳大利亚。他的目的是使他的妻子能够在他死后获得根据保险单支付的款项。他妻子及其保险公司通过新闻媒体报道获悉了他死亡的消息。但是，他在澳大利亚被发现之前没有提出任何索赔。他的妻子一直不知道他实施的行为。上诉人被逮捕并引渡到英国，他被控多项罪名，其中包括企图使他的妻子能够通过欺骗手段从五家保险公司获得保险金。在他的审讯中，法官指导陪审团，如果他们认为上诉人是在溺水中虚报死亡，不诚实地打算提出索赔并从保险公司获得金钱，这将构成企图以欺骗手段

[1] See R v. Eagleton，69 E. R. 766 (1855).

[2] See R v. Robinson，2 K. B. 342 (1915).

[3] See DDP v. Stonehouse，65 Cr. App. R. 192，210 (1977).

取得财物的罪行。[①] 陪审团判定上诉人犯有上述罪行，上诉法院维持原判。迪普洛克（Diplock）法官认为：未遂与既遂存在直接联系，而“直接联系”意味着“越过了未遂认定的临界点”，即行为人已经实施了“能力范围内的所有行为”，故其行为成立未遂罪。[②]

此判例显然改变了英国刑法上认定骗取财物罪的未遂（着手）认定的标准——不再绝对以将虚假信息传递给被害人为着手，而是以行为人实施了最后具有实质意义的行为为未遂罪（着手）起点了。在此基础上，英国刑法进一步发展并形成了现在通行的未遂罪起点认定标准——“超越预备说”。

2. 2006 年《诈骗罪法案》(Fraud Act 2006）的修正

为了统一以欺骗手段骗取财物犯罪的认定，英国在 2006 年颁布了《诈骗罪法案》。该法案的最大特点就是统一了英国各类骗取财物犯罪的类型，同时，将以前属结果犯的诈骗罪修改为行为犯。

根据 2006 年《诈骗罪法案》，英国的诈骗罪大体上分为三类：以虚假陈述诈骗[③]、以不披露信息诈骗[④]、以滥用身份诈骗。[⑤] 另外，该法案第 11 条规定了“不诚实地获得服务罪”[⑥]（Obtaining service dishonestly）。三种类型的诈骗罪在具体构成要件方面略有不同。根据《诈骗罪法案》第 1 条、第 2 条以及第 5 条的规定，以虚假表示方式实施的诈骗罪，其构成要件为：（1）行为人作出了虚假表示，即不真实的或者误导性的表示；（2）行为人明知他的表示为不真实或者误导性的，或者明知他的陈述可能是不真实的或误导性的；（3）行为人意图使自己或他人获利，或者意图造成他人损失或陷他人于

① 英国并没有专门规定如中国刑法中的保险诈骗罪，而是将以欺骗手段骗取财物的行为统称为“以虚假理由骗取钱财罪”（obtaining money by false pretence）。2006 年《诈骗罪法案》将各类诈骗罪统一纳入诈骗罪范围。

② See DDP v. Stonehouse，65 Cr. App. R. 192，210（1977）.

③ 根据《诈骗罪法案》第 2 条，（1）有下列行为之一的，就是以虚假表示（representation）诈骗：（a）不诚实地作虚假表示，或者（b）通过作虚假表示，意图——（i）使自己或者使他人获利，或者（ii）造成他人损失或者使他人陷于损失之危险。（2）下列情形属于虚假表示：（a）该表示是不真实的或者误导性的，以及（b）行为人知道其表示是不真实或者可能误导性的。（3）“表示”，是指对事实或法律的表示，包括对下列人员心理状态的描述——（a）作表示者，或者（b）任何其他人。（4）“表示”可以是明示的，也可以是暗示的。（5）就本条而言，如果一个表示（或者任何暗示该表示的事物）以任何形式被提交给任何用来接收、传递信息或者对信息作出反应的系统或者设备，便可认为表示已成立，无论有无人为的干涉。

④ 根据《诈骗罪法案》第 3 条，有下列情形之一的，属于以不披露信息诈骗：（a）具有披露信息的法律义务而不诚实地不对他人披露信息，以及（b）意图通过不披露信息而——（i）使自己或者他人获利；或者（ii）造成他人损失或者使他人陷于损失之危险。

⑤ 根据《诈骗罪法案》第 4 条，（1）有下列情形之一的，是以滥用身份诈骗：（a）具有被期待保护他人金融利益的身份或者具有不作出损害他人金融利益的身份，（b）不诚实地滥用了其身份，以及（c）通过滥用身份，意图——（i）使自己或者他人获利，或者（ii）使他人受损或陷于受损之危险。（2）滥用身份诈骗可以由作为构成，也可以由不作为构成。

⑥ 根据《诈骗罪法案》第 11 条，（1）下列使自己或者他人获得服务的，构成本条规定的犯罪：（a）通过不诚实的行为，以及（b）违反下列第 2 款。（2）符合下列情形的，是违反本款规定获得服务：（a）该服务是基于已经、正在或者将要付款或者支付相关对价之前提，才可享受的服务，（b）行为人获得了服务却没有给付任何钱款或者相关对价，或者没有支付全部钱款；并且（c）在获得服务之时，行为人明知——（i）这些服务是基于（a）项描述才可获得的服务，或者（ii）这些服务可能是前述性质的服务，却意图不付款或者不付全款。（3）犯本条规定之罪的，可以——（a）经简易程序定罪的，处不超过 12 个月监禁，或者出不超过法律规定的最高额罚金（或者二者并罚之）；（b）经公诉程序定罪的，处不超过 5 年监禁，或者处罚金（或者二者并罚之）。（4）前列第 3 款（a）项，适用于北爱尔兰相关犯罪，但处不超过 6 个月监禁。

损失的风险之中；（4）行为人是不诚信的。而根据该法案第1条、第3条和第5条的规定，以不披露信息方式实施的诈骗罪，其构成要件为：（1）行为人具有披露信息的法律义务，却不披露信息；（2）行为人意图使自己或他人获利，或者意图造成他人损失或陷他人于损失的风险之中；（3）行为人是不诚信的。根据该法案第1条、第4条和第5条的规定，以滥用身份方式实施的诈骗罪，其构成要件为：（1）行为人处于特定职位，基于该职位，行为人被期待去保护他人金融利益或者被期待不作出违反他人金融利益的行为；（2）行为人滥用该职位；（3）行为人意图使自己或他人获利，或者意图造成他人损失或陷他人于损失的风险之中；（4）行为人是不诚信的。无论哪一种形式的诈骗罪，都不要求被害人事实上受骗并交付财物，更不要求行为人实际取得或者控制了被害人的钱财；只要行为人实施了前述行为并符合了其他的主观要件，哪怕是被害人并没有上当受骗，也可认定诈骗罪既遂。[①] 该罪甚至不要求行为人实际上使被害人陷入财产损失的风险，尽管主观上要求行为人是意图获利或者造成财产损失，或者陷他人于财产损失的风险。相较于以诈欺手段取得财物的旧罪，2006年《诈骗罪法案》规定的诈骗罪将以前原本属于“诈欺取财未遂”的行为规定为新的诈骗罪的实行行为，并不要求行为人的诈欺行为和被害人受骗之间具有因果关系。新的诈骗罪更强调其“骗”的本质，本罪规制的核心乃是不诚信的诈欺行为，而非诈欺后果，这显然大大提高了对诈骗犯罪的打击与防范力度！

3. 我国保险诈骗着手起点的合理界定

英国刑法立法对诈骗罪作这样的调整，显然是因为当代社会中诈骗犯罪有愈演愈烈的趋势，并对社会与国民个人的财产利益构成严重威胁，有必要通过提高对诈骗犯罪的打击与防范力度满足社会与国民财产安全保护的需要。这对于我国认定诈骗罪——特别是保险诈骗罪的着手有重要借鉴意义[②]，这就是从有利于打击与防范保险诈骗犯罪的刑事政策角度来考虑，选择科学、合理的时点作为保险诈骗的着手。

关于犯罪的着手的认定的具体标准，司法实务中完全依靠解释论来阐释犯罪的着手问题。但是，根据我国《刑法》第23条的规定——“已经着手实行犯罪，由于犯罪分子意志以外的原因而未得逞的，是犯罪未遂”，法条所说的“着手实行犯罪”，应当理解为着手实行法条所规定的构成要件行为。如果这样理解符合逻辑因而是正确的话，那么我国刑法关于犯罪未遂的规定，其实与《德国刑法典》第22条的规定具有实质相同性——“依其对犯行之想象，直接着手于构成要件之实现者，为犯罪之未遂。”[③] 值得注意的是，尽管德国刑法学上有多种关于未遂（着手）的认定学说[④]，但更为流行

---

① See Dennis J. Baker, *Glanville Wiiliams Textbook of Criminal Law*, UK: Sweet & Maxwell Press, 2015, pp. 1419 - 1421.

② 这里，我说的借鉴意义，不是提倡将我国的诈骗罪也在立法上修改为行为犯，而是认为英国立法上充分考虑刑法预防功能的刑事政策价值取向值得学习借鉴。

③ 何赖杰、林钰雄、李圣杰等译：《德国刑法典》，台北：元照出版公司2017年版，第19页。

④ 德国关于力图（未遂，亦即着手）的学说主要还有：（1）领域论。此说认为只要行为人侵入了受害人的保护领域，并且犯罪行为和其追求的结果具有时间上的紧密联系，那么就是力图。（2）考验论。此说认为如果行为人从自己角度看，已经跨越了相应界限（跨越了临界点），那么就是力图。（3）举止在外说。此说认为如果在外人看来，行为人的举止已经可以被理解为是决议违反规范，即外部情状已经表征其实现了构成要件的开端，这就是力图。（4）危险论。此说认为如果对法益造成了具体的危险，就是力图。参见［德］乌尔斯·金德霍伊泽尔：《刑法总论教科书》，蔡桂生译，北京：北京大学出版社2015年版，第297－299页。

的是“中间动作论”（Zwischenaktstheorie）。该学说认为：如果按照行为人的计划，在行为人的行为和实际构成要件的实现之间不再存在进一步实质性中间步骤，这使得外人可以将这个事实发生过程统一起来把握，这就是未遂（力图，亦即着手）。例如，入室盗窃情况下，行为人为了直接从房屋里拿走东西，而将院子里的狗干掉，就已经是盗窃的着手了。[①] 不仅如此，虽然保险诈骗在德国并不是独立罪名，而是诈欺罪的一个类型（与英国的情形一致），但是根据《德国刑法典》第 263 条第 3 款第 5 项的规定，“基于诈骗保险金之目的，其或第三人放火烧具价值之物，或放火将物完全或部分烧毁，或使船沉没或搁浅”，即构成欺诈罪。这就意味着德国与保险诈骗有关的欺诈罪也是行为犯了，以骗取保险金为目的而制造保险事故，这不仅是诈骗的着手，甚至足以成立犯罪既遂了。[②]《德国刑法典》第 265 条规定的滥用保险罪同样体现了这一精神。[③]

通过以上分析，参考两大法系未遂（着手）理论，结合我国刑法规定与刑法理论，笔者认为：就我国保险诈骗罪的认定而言，固然不能简单照搬照抄英国或德国等立法或司法例，但是它们在立法上和司法上高度重视犯罪预防与阻吓的做法值得我们借鉴。就我国的保险诈骗罪着手的认定来说，如果一味强调以保险诈骗信息是否传递给被害人为着手起点，这显然极不利于打击与防范日益增多的保险诈骗犯罪。[④] 考虑到我国的刑法立法与司法实际情况，对于保险诈骗罪的着手，仍然应当坚持着手实行犯罪，是指行为人已经开始实行刑法分则所规定的具体犯罪构成要件中的犯罪行为。[⑤] 据此，行为人公然开始实行保险诈骗罪的构成要件行为之时即为保险诈骗的着手。所谓“公然”，是指行为人无视刑法规范要求，以明显显示其犯罪危险性的方式实施刑法规定的犯罪构成要件行为。换言之，行为人以表现于外的客观行为明确显示其犯罪意图，显示了对法益侵害的危险时，即可认为其着手实行犯罪。具体言之，行为人以骗取保险金为目的，公然开始实行《刑法》第 198 条规定的五种保险诈骗行为，即（1）虚构保险标的；（2）对发生的保险事故编造虚假的原因或者夸大损失程度；（3）编造未曾发生的保险事故[⑥]；（4）故意造成财产损失的保险事故；（5）故意造成被保险人死亡、伤残或疾病的保险事故；均是保险诈骗的着手。前述（1）至（3）项保险诈骗所涉及的行为，

---

① 参见［德］乌尔斯・金德霍伊泽尔：《刑法总论教科书》，蔡桂生译，北京：北京大学出版社 2015 年版，第 299 页。说明：该学说其实与英国刑法理论上的“超越预备说”在实质上相同。

② 参见何赖杰、林钰雄、李圣杰等译：《德国刑法典》，台北：元照出版公司 2017 年版，第 339 页。

③ 该条规定：有下列行为者，成立滥用保险罪：（1）为自己或他人取得保险给付，毁损、致令不堪用，或让与已保险灭失、毁损、可用性之物者，当犯罪未依第 263 条处罚之。（2）未遂犯之。参见何赖杰、林钰雄、李圣杰等译：《德国刑法典》，台北：元照出版公司 2017 年版，第 344 页。

④ 根据有关学者的实证研究，我国（特别是经济发达地区）保险诈骗犯罪呈逐年上升趋势。参见浙江省宁波市海曙区人民法院课题组：《保险诈骗案件专题分析报告》，载《法律适用》2018 年第 2 期。

⑤ 参见高铭暄、马克昌主编：《刑法学》，北京：北京大学出版社 2017 年版，第 153 页。持同样见解的还有陈兴良教授等。参见陈兴良：《规范刑法学》（上册），北京：中国人民大学出版社 2013 年版，第 212 页。

⑥ 如果行为人只是为了骗取保险金而自己私下准备虚构保险标的、编造保险事故原因或夸大损失程度、编造未曾发生的保险事故方面信息材料，并未向相关人员或者部门送交或提出，这仍然属于预备行为。一旦行为人出于骗取保险金的目的而向保险公司及其代理人，以及保险定损机构、保险事故的鉴定部门（如消防部门、交通管理部门）等作出前列行为，就应当视为着手。以虚构保险标的诈骗为例，当行为人出于骗取保险金的目的，在与保险人签订保险合同时，虚构保险标的，这时就应当视为保险诈骗的着手。因为行为人此刻已经实施了属于“虚构保险标的”的构成要件行为，这不仅已经明确显示了行为人的犯罪意图，而且已经显示了对法益侵害的危险。

无论是“虚构”、“编造”还是“夸大”，其特点乃是通过虚假描述事实来骗取钱财，这与英国 2006 年《诈骗罪法案》第 1 条第 2 项规定的“以虚假表示诈骗”（fraud by false representation）具有实质相似性。对于这一类行为，英国立法已经将其作为诈骗犯罪既遂来看待了，即便是保守一点，我们为什么不可以将其作为诈骗的着手（未遂）呢？而前述（4）（5）两项保险诈骗行为，由于“故意造成财产损失的保险事故”，或“故意造成被保险人死亡、伤残或者疾病”的保险事故，更不言而喻地属于《刑法》第 198 条规定的保险诈骗罪的构成要件，故行为人只要以骗取保险金为目的，开始实施造成财产损失、造成被保险人死亡、伤残或疾病的保险事故的行为，就当然应当认定为保险诈骗的着手，而何必等到行为人在制造保险事故后进而提出索赔要求时才认定为着手？

三、保险诈骗共犯[①]问题

关于保险诈骗的共同犯罪，最有争议的问题可能主要是以下两个：一是《刑法》第 198 条第 4 款是注意规定（提示规定）还是特别规定（拟制规定）。二是有身份者与无身份者共同实施保险诈骗如何定性。

（一）《刑法》第 198 条第 4 款是注意规定还是特别规定

1. 注意规定论

张明楷教授认为，“本款规定属于注意规定，而非特别规定”[②]。其理由在于：注意规定是在刑法已有相关规定的前提下，提示司法人员注意，以免司法人员忽略的规定；注意规定的设置并没有改变相关规定的内容，只是对相关规定内容的重申或者具体化；即使没有注意规定，也存在相应的法律适用根据。特别规定则不同，它指明即使某种行为不符合普通规定，但在特殊条件下也必须按照基本规定论处，如果没有特别规定，意味着对该行为不能按照基本规定论处。[③] 基于前述理解，张教授进一步指出：将某种规定视为特别规定还是注意规定，会导致适用条件的不同，形成不同的认识结论；也会导致对相关条文的理解不同。如果认为《刑法》第 198 条第 4 款属于拟制（特别）规定，那就存在两个明显缺陷：其一，其他行为（如教唆保险诈骗，或者实施“提供虚假的证明文件”之外的帮助行为）即使符合刑法总则规定的共犯成立条件，也不能以保险诈骗罪的共犯论处；其二，在类似条文中（如关于金融诈骗的其他条文）没有设立本款类似规定的，即使行为人故意提供虚假证明文件，为他人骗取保险金提供帮助的，不得以共犯论处。[④]

---

① 本文是在中国刑法语境下使用“共犯”概念，即共同犯罪之谓也。近些年来，有些学者往往以德日刑法学上的“正犯”与“共犯”概念来研究中国共同犯罪问题，却不去认真研究中国刑法中的“主犯”与“从犯”问题。这是令人费解的事情。

② 张明楷：《保险诈骗罪的基本问题探究》，载《法学》2001 年第 1 期。

③ 参见张明楷：《保险诈骗罪的基本问题探究》，载《法学》2001 年第 1 期。持这样观点者有李邦友教授、高艳东教授、孙万怀教授、赵运锋教授等。参见李邦友、高艳东：《金融诈骗罪研究》，北京：人民法院出版社 2003 年版，第 462－463 页；孙万怀：《保险诈骗罪共同犯罪的实践难题及合理解决》，载《法学家》2012 年第 6 期；赵运锋：《保险诈骗罪司法疑难问题研究》，载《上海保险》2013 年第 3 期。

④ 参见张明楷：《刑法分则的解释原理》（下），北京：中国人民大学出版社 2011 年版，第 625－626 页。

2. 特别规定论

阴建峰教授持相反的观点，他认为：《刑法》第 198 条第 4 款属于保险诈骗罪共犯的特别规定，而非一般注意性规定。其理由在于：其一，该款是对片面共犯的特别规定，突破了刑法总则共同犯罪要求有共同故意的原有规定。其二，不能基于该款与《刑法》第 229 条［（中介组织人员）提供虚假证明文件罪］之间的竞合关系来认定其属于注意规定，因为该款是针对保险事故的鉴定人、证明人、财产评估人而规定的，虽然鉴定人、财产评估人可能属于"中介组织人员"，但是"证明人"却并不一定是中介组织人员。其三，将该款定位为特别规定，既不妨碍对保险诈骗罪其他共犯的处罚，也不排斥在其他金融诈骗犯罪中对故意提供虚假证明文件的行为以相应犯罪的共犯论处。因为该款规定不是关于保险诈骗罪共犯的排他性规定，保险诈骗罪的其他共同犯罪形式（如教唆、帮助实施保险诈骗等），依然可以依照刑法共同犯罪基本理论来处理。其四，将该款视为特别规定，更能表现出其独特立法价值，更符合其立法原意。①

3. 评析

显然，注意规定论与特别规定论的立场对立，导致了两个很不一样的结论：前者并不承认《刑法》第 198 条第 4 款规定了保险诈骗罪的片面共犯，持该立场的学者强调，成立保险诈骗罪的共同犯罪，也必须满足刑法总则关于共同犯罪成立的条件②；后者明确肯定，该款就是关于保险诈骗罪片面共犯的特别规定，但并不排除保险诈骗罪的其他共同犯罪（依刑法总则共同犯罪规定）成立可能性。③

前述两种对立观点虽然各有道理，但是均明显存在不足。究其原委，问题乃在于：注意规定论者把注意规定（提示规定）与特别规定绝对对立起来④，而这样绝对化地理解并不符合法律条文本来的内涵，而特别规定论者则把特别规定与拟制规定绝对同一化，而事实上二者不仅不是同一的，而且是很不一样的概念。

在笔者看来，注意规定与特别规定并非完全不同的概念，注意规定应当包括一般注意（提示）规定和特别注意（提示）规定⑤，换言之，一般注意规定与特别注意规定均

---

① 参见阴建峰：《保险诈骗罪的共犯问题研究》，载《河南大学学报（社会科学版）》2013 年第 2 期。持该款为特别规定观点的，还有李浣、田晓佳：《保险代理员帮助他人骗保如何定性?》，载《检察日报》2016 年 7 月 3 日，第 3 版；杨俊、叶小舟：《论保险诈骗罪的共犯关系》，载《福建警察学院学报》2013 年第 3 期；等等。

② 如王焕婷博士认为：本款不是关于片面共犯的规定，保险诈骗罪共犯的成立需要满足刑法总则关于共犯成立的条件，保险事故的鉴定人、证明人、财产评估人提供虚假证明文件为他人骗保提供条件的，构成犯罪的应以提供虚假证明文件罪论处。参见王焕婷：《保险诈骗罪共犯法条性质分析——以注意规定和法律拟制为视角》，载《河南司法警官职业学院学报》2013 年第 1 期。

③ 参见阴建峰：《保险诈骗罪的共犯问题研究》，载《河南大学学报（社会科学版）》2013 年第 2 期。

④ 张明楷教授是注意规定论代表者。他在《保险诈骗罪的基本问题研究》一文中，使用了"特别规定"而没有使用"拟制规定"，但在《刑法分则的解释原理》中使用了"法律拟制"（即拟制规定）来指称"特别规定"。可见张教授将"特别规定"与"拟制规定"视为同一概念，而且认为"特别规定"或者"拟制规定"与"注意规定"是完全不同的概念。参见张明楷：《保险诈骗罪的基本问题探究》，载《法学》2001 年第 1 期；张明楷：《刑法分则的解释原理》（下），北京：中国人民大学出版社 2011 年版，第 625 页以下。

⑤ 彭辅顺副教授曾经提出并论证了"指示规定"的概念，并认为它是与"注意规定"和"法律拟制"并列的概念。参见彭辅顺：《论刑法分则中指示规定与法律拟制的区分》，载《苏州大学学报》（法学版）2017 年第 2 期。说明：笔者基本赞同彭教授的立场，不过，为了保持用语与逻辑上的一致性，本文使用"特别注意规定"或者"特别提示规定"来指称彭教授所说的"指示规定"。同时，笔者并不认为"特别提示规定"是与注意规定和法律拟制并列的概念，而是认为注意规定包括一般注意规定与特别注意规定。

属于注意规定的范畴，而特别规定并不等于拟制规定，分述如下。

一般提示规定或者一般注意规定，是指法条（或者司法解释）所作出的具有一般提醒性质的规定，它并不增加或者缩小犯罪成立的要件，即使法条不作这样的规定，也并不影响根据刑法总则以及分则规定或者刑法原理来适用法条。如《刑法》第 272 条（挪用资金罪）第 2 款规定："国有公司、企业或者其他国有单位中从事公务的人员和国有公司、企业或者其他国有单位委派到非国有公司、企业以及其他单位从事公务的人员有前款行为的（指挪用本单位资金归个人使用或者借贷给他人使用——引者注），依照本法第三百八十四条的规定定罪处罚。"该款就是典型一般提示规定，没有该规定，同样可以根据刑法总则关于国家工作人员的规定以及有关挪用公款罪的分则规定处理涉案行为。从立法技术层面来看，一般提示规定似显多余，并无重要实质意义。

特别规定也可称之为特别注意（提示）规定，是指法条（或者司法解释）用来特别提醒注意之事项，在不改变原有法条基本内容和基本精神前提下，会部分改变法条适用内容。如《刑法》第 171 条第 3 款规定，"伪造货币并出售或者运输伪造的货币的，依照本法第一百七十条的规定定罪从重处罚。"该款就属于特别提示规定。本来，没有本款规定，根据《刑法》第 170 条的规定和刑法学原理，对于伪造货币并出售或者运输伪造的货币的，也应该按照伪造货币罪论处，但是该特别规定增加了"从重处罚"的内容，这就意味着，对伪造货币并出售或者运输伪造的货币的，不是单纯按照伪造货币罪论处，而必须按照伪造货币罪定罪并在法定刑幅度内从重处罚。特别规定还有两种情况：其一，当不同法条存在特别法与普通法关系时，立法者通过特别规定来指引法条适用，明确规定适用特别法。如《刑法》第 349 条第 2 款规定，"缉毒人员或者其他国家机关工作人员掩护、包庇走私、贩卖、运输、制造毒品的犯罪分子的，依照前款的规定从重处罚"，即根据该特别规定按照包庇毒品犯罪分子罪从重处罚，而不能按照《刑法》第 310 条规定的普通的包庇罪论处。其二，当法条适用可能存在多种选择时，指明如何具体适用法条。如《刑法》第 280 条之一第 2 款规定："有前款行为，同时构成其他犯罪的，依照处罚较重的规定定罪处罚。"如果没有该款规定，遇到"同时构成其他犯罪的"，本来应该数罪并罚，但是有了该款规定，则只能选择从一重罪处断。

拟制规定不宜认为是特别规定。拟制规定某种程度上具有类推性质[①]，在本质上是将相关法条没有明确规定的内容，通过拟制进而纳入法条适用范围。拟制规定具有"从无到有"的特性，即某种行为本来不属于特定法条的内容，立法者或者司法解释者通过拟制规定，使特定法条具有了通常情况下本来不具有的内容。拟制规定的特点就是明显改变法条适用范围。如《刑法》第 267 条第 2 款规定，"携带凶器抢夺的，依照本法第二百六十三条的规定定罪处罚（按照抢劫罪论处——引者注）。""携带凶器抢夺"本来并非抢劫罪的构成要件，立法者通过拟制规定（将携带凶器抢夺类推规定为抢劫），从而增加了抢劫罪的客观要件，进而实质性扩大了抢劫罪的成立范围。

---

① 这里所说"类推性质"仅仅是一种比如，如果法律已经作出拟制规定，这种规定也就具有了"法定性"，因而脱离了一般意义上的类推。这正如所谓"帮助行为正犯化"一样，一旦立法上将帮助行为作为独立的犯罪论处，就不存在帮助行为正犯化一样。

通过以上简要分析，可以看出《刑法》第 198 条第 4 款应该属于特别注意规定，即突出强调“保险事故的鉴定人、证明人、财产评估人故意提供虚假的证明文件，为他人诈骗提供条件的，以保险诈骗的共犯论处”。该规定确实部分增加了保险诈骗罪共同犯罪成立的范围，即一定意义上规定了保险诈骗罪的片面共犯，但是，不能据此将其理解为拟制性规定。这是因为，虽然《刑法》第 198 条第 4 款增加了保险诈骗罪的片面共犯规定，却并没有排斥其他保险诈骗罪的共犯成立可能性。

该特别注意规定的意义主要在于以下方面。

其一，放宽了保险事故的鉴定人、证明人、财产评估人故意提供虚假证明文件，帮助他人实施保险诈骗的共同犯罪成立标准。从法条用语来看，并不要求保险事故的鉴定人、证明人、财产评估人与保险诈骗的实行犯有通谋或者有共同故意，只要其故意提供虚假证明文件，帮助他人实施保险诈骗，即可构成保险诈骗罪的共同犯罪。事实上，我国刑法和司法解释中还有多处类似规定。[①] 之所以如此，可能是因为立法者和最高司法机关认为此类行为社会危害性极大，如果坚持一般共同犯罪的认定原则，不利于打击与防范此类共同犯罪，故有意降低了此类共同犯罪成立的标准。即便是没有这样的特别提示规定，对这类行为也可以根据刑法总则关于共同犯罪的规定论处。该款规定其实并没有从无到有地创设（拟制）保险诈骗罪共犯要件，只不过是在原有保险诈骗共同犯罪基础上适当淡化了个别要件（共同故意）。

其二，指明了法条竞合情况下优先适用特别法。相对于普通法条而言，特别法条均属于特别注意规定。特别注意规定之“特别”，不在于没有此规定就不作为犯罪论处，而在于没有此规定就不按照此特别规定处理。[②]就《刑法》第 198 条第 4 款而言，如果没有此特别注意规定，对于保险事故的鉴定人、证明人、财产评估人故意提供虚假证明文件的，则应当按照普通法条规定论处——按照《刑法》第 229 条第 1 款规定的提供虚假

---

① 类似的法律规定和司法解释还有：(1)《刑法》第 350 条第 2 款规定：“明知他人制造毒品而为其生产、买卖、运输前款规定的物品的，以制造毒品罪的共犯论处。”(2) 1998 年 12 月 29 日全国人大颁布的《关于惩治骗购外汇、逃汇和非法买卖外汇犯罪的决定》第 1 条第 3 款规定：“明知用于骗购外汇而提供人民币资金的，以共犯论处。”第 5 条后半段规定：“明知是伪造、变造的凭证和单据而售汇、付汇的，以共犯论，依照本决定从重处罚。”此外，有关司法解释中亦有类似规定：(1)最高人民法院、最高人民检察院 2001 年 4 月 9 日《关于办理生产、销售伪劣商品刑事案件具体应用法律若干问题的解释》第 9 条规定：“知道或者应当知道他人实施生产、销售伪劣商品犯罪，而为其提供贷款、资金、账号、发票、证明、许可证件，或者提供生产、经营场所或者运输、仓储、保管、邮寄等便利条件，或者提供制假生产技术的，以生产、销售伪劣商品犯罪的共犯论处。”(2) 2003 年 12 月 23 日最高人民法院、最高人民检察院与公安部以及国家烟草专卖局《关于办理假冒伪劣烟草制品等刑事案件适用法律问题座谈会纪要》第 4 条规定：“知道或者应当知道他人实施本《纪要》第一条至第三条规定的犯罪行为，仍实施下列行为之一的，应认定为共犯……”(3) 最高人民法院、最高人民检察院 2004 年 12 月 8 日《关于办理侵犯知识产权刑事案件具体应用法律若干问题的解释》第 16 条规定：“明知他人实施侵犯知识产权犯罪，而为其提供贷款、资金、账号、发票、证明、许可证件，或者提供生产、经营场所或者运输、储存、代理进出口等便利条件、帮助的，以侵犯知识产权犯罪的共犯论处。”

② 张明楷教授认为，如果认为《刑法》第 198 条第 4 款是特别规定，那么就必然得出两个结论：其他行为即使符合刑法总则规定的共犯成立条件，也不得认定为保险诈骗罪的共犯；在类似条文中（如关于金融诈骗罪的其他条文）没有设立与本款类似规定的，即使行为人故意提供虚假证明文件，为他人诈骗提供条件的，不得以共犯论处。显然，张教授是基于将注意规定与特别规定完全对立的立场来阐释问题，而这种将注意规定与特别规定完全对立的立场可能没有科学合理揭示一般注意规定与特别注意规定的内涵，因而这两个结论是值得商榷的。参见张明楷：《保险诈骗罪的基本问题探究》，载《法学》2001 年第 1 期。

证明文件罪论处。正因为有了《刑法》第198条第4款的特别注意规定，所以就应当选择适用特别法条——按照本款规定论处。[①]

（二）有身份者与无身份者共同实施保险诈骗如何定性

有身份者与无身份者共同实施保险诈骗犯罪，可能主要涉及两方面问题：一是投保人、被保险人、受益人与保险公司内部人员相互勾结，共同实施保险诈骗行为如何定性。二是投保人、被保险人、受益人与其他人伙同实施保险诈骗的行为如何定性。

1. 关于投保人、被保险人、受益人与保险公司内部人员相互勾结共同实施保险诈骗行为的定性

对此主要有以下观点：（1）按照主犯的犯罪性质来定性（主犯决定说）；（2）按照实行犯的犯罪性质来定性（实行犯决定说）[②]；（3）折中说，即主张对内外勾结骗取保险金的案件，除了考察实行犯的犯罪性质，还要考虑各行为人的行为所触犯的罪名，考察共同犯罪中核心角色从而确定共同犯罪性质，再比较法定刑的轻重，进而决定是否分别定罪。[③]

在我看来，前述第二、三种观点可能存在以下问题。

其一，实行犯决定说，不能正确区分投保人、被保险人、受益人与保险公司内部人员相互勾结共同实施的保险诈骗行为性质。比如，在保险公司内部国家工作人员暗中策划指挥下，由投保人（实行犯）虚构保险标的，向保险公司索赔并骗取保险金的，按照实行犯（投保人）所实施的行为来定性，对在共同犯罪中起主要作用的保险公司内部国家工作人员也只能定保险诈骗罪而不能定贪污罪，这不仅有轻纵犯罪之嫌，而且没能够正确评价在犯罪中起核心作用者的行为性质。

其二，有学者认为，主从犯是在确定了共同犯罪的前提下认定的，它是责任大小的依据，不可以作为行为定性的依据。[④] 这一观点可能对“按照主犯的犯罪性质来定性”有所误读。这里讨论问题，是以假定行为人之行为构成犯罪为前提，不存在先确定责任大小，然后确定行为性质的问题，而是要讨论在成立犯罪的情况下，究竟依据哪一类行为人（主犯还是实行犯）之行为来确定共同犯罪性质？

其三，否定主犯决定说的学者认为，投保人等与保险公司的工作人员所起作用同样

---

① 关于《刑法》第198条第4款与第229条第1款的关系，有的学者认为是想象竞合关系，有的学者认为是法条竞合关系。我倾向于认为二者属于法条竞合关系。虽然《刑法》第198条第4款规定的“证明人”可能不能与“中介组织人员”完全重合，但这并不影响我们按照法条竞合犯的原则来处理该两个法条的关系——对于“证明人”中那些不属于“中介组织人员”的那部分行为人，直接适用《刑法》第198条第4款就可以了，即不必考虑法条竞合因素。

② 参见林荫茂：《保险诈骗犯罪定性问题研究》，载《政治与法律》2002年第2期。

③ 参见张明楷：《保险诈骗罪的基本问题探究》，载《法学》2001年第1期。但是，张教授对此观点后来有所修正。他指出：“在被保险人与国有保险公司工作人员相互勾结骗取保险金的情况下，被保险人便既是贪污罪的正犯，又是贪污罪的教唆犯、帮助犯；国有保险公司工作人员则既是贪污罪的正犯，又是保险诈骗罪的教唆犯、帮助犯。既然如此，就表明被保险人与国有保险公司工作人员的行为都同时触犯了贪污罪与保险诈骗罪，成立想象竞合犯……二人虽然构成共同犯罪，但对国有保险公司工作人员按贪污罪的正犯处罚，对被保险人按保险诈骗罪的正犯处罚。”参见张明楷：《刑法学》（上），北京：法律出版社2016年版，第442页。

④ 参见张明楷：《保险诈骗罪的基本问题探究》，载《法学》2001年第1期。

大小时，则无法确定罪名。[①] 这种担忧实无必要。按照我国司法实践中处理共同犯罪的原则，在无法区分共同犯罪人之主从犯时，就不必区分，可以对共同犯罪人均以主犯论处。[②] 据此，当投保人等与保险公司的工作人员所起作用同样大小时，按照犯罪参与人独立可以构成的哪一个罪认定皆属合理。

其四，至于有学者认为，主犯决定说会使那些保险公司的国家工作人员避重就轻，有意地让非国家工作人员起主要作用，逃避贪污罪责。[③] 这种推论虽有可能成立，但实无必要担心。因为，即便犯罪人如学者想象的如此精明，他也只是逃过贪污罪责，而逃不过保险诈骗罪责！而对于国家来说，此种情况下，重要的是犯罪人必须受到处罚，至于犯罪人利用法律规定选择对自己有利的行为，这恐怕是国家法律无能为力的事情（这就如很多人合理避税一样），也是国家不必计较的事情。

其五，第三种观点实际上是主犯决定说与实行犯决定说的折中，其主张“除了考察实行犯的犯罪性质，还要考虑各行为人的行为所触犯的罪名，考察共同犯罪中核心角色从而确定共同犯罪性质，再比较法定刑的轻重，进而决定是否分别定罪”。这种见解主张的判断标准含糊而不明确，实践中将很难操作，进而会使司法人员无所适从。

有鉴于此，坚持主犯决定说的立场与观点可能仍然是更有利于解决实践问题的首选方略，理由如下。

主犯决定说至少具有可资参考的司法解释依据，且已被我国司法人员广泛接受。早在1985年7月18日，最高人民法院、最高人民检察院《关于当前办理经济犯罪案件中具体应用法律的若干问题的解答（试行）》就指出：“内外勾结进行贪污或者盗窃活动的共同犯罪（包括一般共同犯罪和集团犯罪），应按其共同犯罪的基本特征定罪。共同犯罪的基本特征一般是由主犯犯罪的基本特征决定的。”[④] 此后，2000年6月27日最高人民法院《关于审理贪污、职务侵占案件如何认定共同犯罪几个问题的解释》第3条进一步指出：“公司、企业或者其他单位中，不具有国家工作人员身份的人与国家工作人员勾结，分别利用各自的职务便利，共同将本单位财物非法占为己有的，按照主犯的犯罪性质定罪。”该两个司法解释虽然不是专门针对保险诈骗共同犯罪作出的，但无疑对司法实践中处理保险诈骗犯罪共同犯罪问题具有重要参考意义。因此，关于投保人、被保险人、受益人与保险公司内部人员相互勾结共同实施的保险诈骗行为，按照主犯行为性质定性，某种意义上可以说有司法传统可循。而按照其他方式来认定投保人、被保险人、受益人与保险公司内部人员相互勾结共同实施的保险诈骗行为性质，因为存在前述诸多问题而并不妥当，既然如此，还不如回归传统，继续坚持以主犯行为性质来认定投保人、被保险人、受益人与保险公司内部人员相互勾结共同实施的保险诈骗行为性质。

---

① 参见张明楷：《保险诈骗罪的基本问题探究》，载《法学》2001年第1期。

② 2003年《全国法院审理经济犯罪案件工作座谈会纪要》指出：“对于国家工作人员与他人勾结，共同非法占有单位财物的行为……司法实践中，如果根据案件的实际情况，各共同犯罪人在共同犯罪中的地位、作用相当，难以区分主从犯的，可以贪污罪定罪处罚。”该纪要虽然是针对贪污罪共同犯罪所做的解释，但它反映了我国司法实践中处理有关共同犯罪分不清主从时的基本立场。

③ 参见张明楷：《保险诈骗罪的基本问题探究》，载《法学》2001年第1期。

④ 该司法解释在2013年1月18日被废止。但它对后来的司法解释仍然产生了正面影响。2000年6月27日最高人民法院《关于审理贪污、职务侵占案件如何认定共同犯罪几个问题的解释》还是承袭了其立场。

根据以上分析，结合我国有关刑法条文和司法解释规定，对于投保人、被保险人、受益人与保险公司内部人员相互勾结共同实施的保险诈骗行为，可以分别依不同情况来处理。

其一，保险公司内部的非国家工作人员起主要作用，与投保人、被保险人、受益人共同故意实施《刑法》第 198 条规定的行为骗取保险金的，应当依照《刑法》第 183 条第 1 款规定论处，即以职务侵占罪的共同犯罪论处。[①]

其二，保险公司内部的国家工作人员起主要作用，与投保人、被保险人、受益人共同故意实施《刑法》第 198 条规定的行为骗取保险金的，应当依照《刑法》第 183 条第 2 款规定论处，即以贪污罪的共同犯罪论处。

其三，保险公司内部的国家工作人员与投保人、被保险人、受益人共同故意实施《刑法》第 198 条规定的行为骗取保险金，所起作用相当，难以区分主从的，以贪污罪或者保险诈骗罪论处均可。[此种情况也可按照两个重要刑事政策原则之一处理：(1) 有利于被告原则。即定哪个罪对被告人有利，就以哪个罪论处。(2) 从一重罪处断原则。由于此时定哪个罪都可以，如果根据具体案件情形，有必要选择处罚较重的一个罪来处理，那么选择从一重罪处断就具有合理性。至于究竟如何选择罪名，可以交给人民法院或者法官根据当时刑事政策情形决定。]

其四，保险公司内部的非国家工作人员，与投保人、被保险人、受益人共同故意实施《刑法》第 198 条规定的行为骗取保险金，所起作用相当，难以区分主从的，以职务侵占罪或者保险诈骗罪论处均可。(此种情况下也可按照前述其三括号中的思路处理。)

2. 关于投保人、被保险人、受益人与其他人伙同实施保险诈骗行为的定性

此种情况是指投保人、被保险人、受益人与保险公司以外的其他人共同实施保险诈骗行为如何定性。比如，投保人与汽车修理厂老板合谋，由修理厂老板安排人员故意造成投保汽车损坏事故，然后由投保人报警，并向保险公司申请理赔。对于此案究竟是以保险诈骗罪论处，还是以普通诈骗罪论处？这也涉及有身份者与无身份者共同犯罪的定性问题。对此，理论上存在不同见解。[②] 其中一个有力的见解就是分别说：对具有特别身份者（投保人、被保险人、受益人）按照保险诈骗罪论处；对于无身份者（汽车修理厂老板等）按照普通诈骗罪论处。但是这样的处理似乎有违共同犯罪理论所要正确解决各共同犯罪人刑事责任的初衷。因为，共同犯罪首先是指多个行为人以共同的故意共同犯一罪，而分别说对以共同故意实施同一犯罪的人分别以不同罪名处理，这就使共同犯罪人没有按照共同故意犯罪的内容来承担共同责任，因此很难说这样的做法具有合理性与公平性。比较各家学说，笔者还是认为主犯决定说最有道理。据此，如果是有身份者如投保人、被保险人、受益人在该案件中起了主要作用，就应该以保险诈骗罪论处；如

---

① 《刑法》第 183 条第 1 款和第 2 款虽然只规定了“保险公司的工作人员利用职务上的便利，故意编造未曾发生的保险事故进行虚假理赔”，依照职务侵占罪或者贪污罪定罪处罚，但是，保险公司工作人员利用职务便利，以其他方式非法骗取本单位财产的，依据《刑法》第 271 条和第 382 条、第 383 条，依然可以分别构成职务侵占罪或者贪污罪。

② 理论上有主犯决定说、分别说、实行犯决定说、特殊身份说、职务利用说。参见高铭暄主编：《刑法专论》，北京：高等教育出版社 2006 年版，第 374 - 377 页。

果是无身份者如汽车修理厂老板起了主要作用，就应当以普通诈骗罪论处。分不清主从时，则以保险诈骗罪或者普通诈骗罪论处皆可。这样，至少保持了共同犯罪在罪名认定与责任承担上的高度一致性与协调性。

四、结语

保险诈骗的情况极其复杂，保险诈骗罪的具体认定当然也非常复杂。除了本文探讨的保险诈骗的数罪处罚、着手和共犯，还有诸如保险诈骗罪与普通诈骗罪的关系（是法条竞合还是想象竞合）、保险诈骗的民刑交叉等问题也是值得讨论的，但限于篇幅，不能一一论及了。同时，研究保险诈骗罪必须考虑到我国刑法立法与司法的特点。我国的保险诈骗罪立法上与两大法系有关国家很不一样。例如，英国与德国刑法上均没有独立的保险诈骗罪，该两国的保险诈骗犯罪只是广义诈骗罪（指以欺骗手段骗取财物或者利益）的一种表现形式，而并不是独立罪名。两大法系国家也不像我国拥有非常丰富的刑法司法解释，我国的司法机关在没有法律明确规定的情况下，可以根据相关司法解释对相关刑法问题作出处理。研究中国刑法问题，固然应该有国际眼光，但更为重要的是必须有强烈的中国刑法问题意识。

诈骗罪中被害人同意的法律效果[*]

付立庆[**]

一、问题的提出

诈骗罪是被欺骗者（通常是被害人本人，也包括具有处分权限的第三人，后者的场合称为三角诈骗）在因行为人的欺骗行为所造成的认识错误之下产生财产处分意识，据此实施处分行为而导致财产转移，并实质上造成了财产损害。其中，转移财产占有的行为并非行为人直接实施，而是由被欺骗者实施。但与通常的将他人作为工具加以利用的盗窃罪间接正犯相比，被欺骗者对于自己的处分行为会导致财产占有的转移这一点存在认识与同意。这种被欺骗者的同意（为叙述方便，本文统称为“被害人同意”）因系被骗所致故而被认为是“有瑕疵的”，但需要追问的是，这种“瑕疵同意”究竟有效还是无效。具体研判时，需要平衡“限定诈骗罪的成立范围”与“过度限定会导致不合理结论”两种不同方向的价值考量。一方面，由于毕竟介入了被害人的财产处分意思，存在被害人自负其责的可能，同时也为了与单纯民事欺诈加以区分，需要对诈骗罪的成立范围进行限定。另一方面，认为财产处分意思有效从而对诈骗罪的成立范围过度限定，容易导致将财产转移的结果归属于处分人（通常是被害人）而非行为人，这时，行为人的行为充其量只能被评价为诈骗未遂，会极大压缩甚至直接否定诈骗既遂的存在空间，在我国司法实务上对于诈骗未遂仅以数额巨大的财物为诈骗目标或者具有其他严重情节的场合才处罚①的现实之下，这样的结论让人无法接受。

要实现上述两者之平衡，一种可能的方案是，在承认被害人同意有效、处分行为有效的前提下，在财产转移之外要求实质财产损害。比如，日本学者松原芳博认为，因存在被害人的同意，诈骗罪保护法益的主要着眼点是动的财产“活用”，而非静的财产“状

---

* 本文是国家社科基金一般项目“诈骗罪的构造及其展开研究”（项目批准号：20BFX064）的阶段性成果，原载《法学》2023 年第 3 期。

** 中国人民大学刑事法律科学研究中心教授。

① 参见 2011 年 3 月 1 日最高人民法院、最高人民检察院《关于办理诈骗刑事案件具体应用法律若干问题的解释》第 5 条第 1 款。

态”。由于存在有效的被害人同意，个别财产的转移与丧失才得以正当化，才有必要在此之外要求财产的损害。① 这一方案的可能优点是，为诈骗罪财产损害必要说提供了一个根据，且由于处分有效、处分人的行为需单独评价而不能简单视为工具，不会导致将诈骗罪理解为盗窃罪的间接正犯。但是，这一方案肯定同意有效的理由更多是消极性的，在正面与瑕疵同意有效与否的判断标准直接挂钩时，还能否得出这一结论本身存在疑问；更重要的是，在对诈骗罪的成立范围加以限定、对此处的因果关系不是采取条件说而是采取相当因果关系说的场合，一个有效的被害人意思支配下的有效处分行为，或许足以切断欺骗行为与最终的被害人财产损害之间的因果关系，从而使得要求财产损害的依据落空。

另一种解决方案是，由于被害人的同意系受到欺骗而作出的，从而该同意就是无效的，财产转移的结果，就不能归属于基于无效同意、实施了无效处分行为的人，而只能归属于欺骗行为人。这一方案能够轻松回答欺骗行为与最终结果之间的因果关系从而顺畅解决结果归属的问题。不过，该方案除了对于同意无效的理由需要更充分的论证之外，还可能面临一些质疑。本文支持这一方案，致力于对该论断从总论与分论相融合、教义学理论与刑事政策立场相贯通的角度进行深入论证，并且集中回应同意无效说立场下所可能面临的主要质疑。

二、瑕疵同意理论与诈骗罪被害人同意的效果

（一）现有各主要学说之下诈骗罪中的同意效果

在刑法总论之中，关于包括被欺骗在内的瑕疵同意是否有效的判断标准，主要存在着全面无效说、动机错误说与法益关系错误说等的基本对立。② 但从结果上来看，无论采取何种学说，都能得出诈骗罪场合被害人同意无效的结论。

全面无效说相当于条件说，单纯着眼于欺骗本身，认为既然没有受到欺骗就不会处分财产，则处分财产的同意就是无效的。据此，即便是被害人获得了相当对价等场合，也会肯定欺骗行为产生的认识错误之下的财产处分行为全部无效，进而全面肯定诈骗罪的成立。动机错误说认为，若欺骗引起了动机错误且该动机是重大的、决定性的，就足以使得同意无效。在诈骗的场合，容易肯定处分财产的动机受到严重侵害，从而同意就也是无效的。不过，由于全面无效说只要存在欺骗就否定同意的效果，会导致无效同意的范围过于宽泛；动机错误说的场合何谓“重大”动机、“决定性”动机的标准极其暧昧，也难以起到应有的限定作用。

在日本学界，主张诈骗罪的成立范围需要加以限定，同时又认为这样的实质性考虑应该放在诈骗罪的“错误”要件之中，这种观点即法益关系错误说，代表论者如山口

① 参见［日］松原芳博：《刑法各论》（第2版），东京：日本评论社2021年版，第275页。

② 对此的详细研究，参见杜治晗：《受欺骗承诺的刑法效果问题研究》，北京：中国社会科学出版社2022年版，第48-107页；付立庆：《被害人因受骗而同意的法律效果》，载《法学研究》2016年第2期。

厚、佐伯仁志、桥爪隆等。这一学说从诈骗罪是财产犯这一点出发，认为只有关于财产利益的错误才能被理解为受骗，财产利益之外的错误，即便被害人陷入了错误，也不能认定其属于诈骗罪中的受骗。[①] 法益关系错误说对于限缩同意的效力范围进而限缩诈骗罪的处罚范围具有直接意义，这一点显而易见。但要明确的是，诈骗罪场合被害人对于因自身的处分行为导致财产转移这一点存在同意，而对处分行为是否会导致自己的财产损害则未必具有认识和同意。于是，首先要讨论的是，被害人对于财产转移的同意是否有效。被害人对于财产转移本身具有明确认识，如果将财产转移本身理解为诈骗罪的法益侵害（即所谓的形式个别财产说立场），则由于被害人对行为所导致的法益侵害内容不存在认识错误，同意就是有效的；但形式个别财产说会导致不要求财产转移之外的实质财产损害，无助于限缩诈骗罪的处罚范围，故而该说在日本已经丧失通说地位，在我国也未获得广泛支持。接下来的问题是，在将财产转移之外的实质财产损害理解为诈骗罪的法益侵害（实质个别财产说或者整体财产说）的场合，该如何界定被害人同意及其法律效果。

此时需要进一步判断的是，被害人对于财产转移会导致自己的财产损害这一点是否存在认识和同意。在存在双方交易的场合，被害人以为处分行为会给自己带来所期待的财产利益，相反，对于处分行为会导致自己的财产损失这一点缺乏认识，自然也就谈不上同意，无须讨论被害人同意的效果。与之相对，在单方给付的场合，比如乞讨诈骗或者捐款诈骗的场合，被害人对于处分行为会导致自己的财产损害具有认识，但是对于处分行为能否满足自己的处分目的这一点存在认识错误，这时，由于存在着被害人对财产处分行为之后果的同意，就需要判断该同意的效果。在法益关系错误说的立场下，就涉及交易目的（处分目的）是否与法益有关。如得出肯定结论时，就会认为与处分目的有关的错误是法益关系错误，从而被害人同意是无效的。事实上，在法益关系错误说的内部，对于诈骗罪法益本身的认识仍然存在着差别。比如，山口厚从诈骗罪中的财产是作为“交换手段、目的达成手段”而受到保护这一理解出发，认为通过财产交付所试图达到的目的未能达成的场合就存在法益关系的错误。[②] 在不过是对与“财产交换”“目的达成”没有直接关系的附随情状存在错误的场合，这一见解则否定诈骗罪的成立。与此相对，佐伯仁志虽立足于法益关系错误说，但又采取了比较严格的立场，认为“只有可能客观化的、内在于具体给付的而且是在经济上重要的目的”之达成存在错误的场合，才应该肯定诈骗罪的成立，对于在诈骗罪的法益之中将事实上国家的、社会的法益也拉进来这一点表示了疑问，并且要求经济损害在一定程度上需要是现实的。[③] 桥爪隆在认为诈骗罪的成立不需要发生“财产性的损害”这一要件的基础上采取“法益关系错误说”，通过限定性地理解诈骗罪中的欺骗行为、法益概念而限缩诈骗罪的范围。他也承认，所说的财产，并非仅仅是其保持，通过与财产相交换获得反向给付，或者是通过实现某种社会目的、经济目的，从中也能发现其重要的价值。从而，财产犯之中的法益关

① 参见［日］佐伯仁志：《詐欺罪（1）》，载《法学教室》372号（2011年）。

② 参见［日］山口厚：《刑法各论》（第2版），东京：有斐閣2010年版，第268页。

③ 参见［日］佐伯仁志：《詐欺罪（1）》，载《法学教室》372号（2011年）。

系错误，除了与交付的财产本身的内容、价值有关的错误之外，还会扩张至反向给付的价值与内容的错误，以及与通过财产交付所试图实现的社会的、经济的重要目的之成立与否有关的错误。①

在对于诈骗罪的保护法益扩张至“交易目的”等的场合，按照法益关系错误理论就可以认为，尽管被害人（受骗者）对于财产转移这一中间结果具有认识，但对行为会造成自己的实质财产损害（包括重要交易目的的落空）这一最终结果即法益侵害结果欠缺认识，所以，存在法益关系错误，从而同意就是无效的。

（二）客观真意说立场下诈骗罪被害人同意的法律效果

诈骗罪是在受到欺骗而在表面同意之下实施交付的场合而成立的犯罪，要服从基于错误的同意的一般法理。法益关系错误说将在总论中讨论的一般理论统一适用于个别的犯罪类型，使其保持理论的整合性，这里能看出其理论特色和说服力；而且在实务上，对于以故意伤害罪等为代表的基于错误的同意成为问题的各种场面产生了重大影响。不过，法益关系错误说自身并非没有问题，其也受到了批判，其中的重要批判至少包括如下两点。

其一，与保护法益有关的错误对被害人而言是重要的，对此自应赞成，但法益关系错误说的最大问题在于，欠缺决定何谓“法益关系”（与法益有关）这一最大要点的内在基准。本说的主张者佐伯仁志也承认，法益关系错误说不过是一个理论框架，关于如何理解法益关系性这一点，是个开放性的理论。② 而一旦接受了法益关系错误说不过是个理论框架这一点，就不得不承认，由于各具体犯罪的保护法益本身未必明确，则所谓的“与法益有关”也就是不确定的，“法益关系”这一点是否还能作为某种制约原理发挥作用，就是个疑问。

其二，法益关系错误说存在的另一重大疑问在于，作为被害人同意的一般理论，法益关系错误说本身的妥当性。批判观点认为，即便是被害人的错误不能被评价为法益关系错误的场合，由于欺骗对于被害人的意思决定产生了重大影响，其自由意思被否定的场合，被害人的同意也被理解为是无效的。③ 由此出发，就会认为将诈骗罪中的错误限定为法益关系错误是失当的，若属于导致自由意思丧失的“强烈的”欺骗的话，就能够肯定诈骗罪的成立。比如，行为人欺骗一位母亲说，其绑架了她的孩子，如不马上交钱孩子会有性命之忧，导致这位母亲陷入恐慌交付了金钱的场合，虽没有法益关系的错误，但能够认定存在否定自由意思的错误。④ 对此有反驳观点认为，在诈骗罪的场合，由于通过财产交付想要实现的社会的、经济的目的也能评价为是与法益有关的，则在上述事例之中，关于通过财产交付想要达成的目的（救助孩子）的错误，就可能被评价为

---

① 参见［日］桥爪隆：《詐欺罪成立の限界について》，载記念論文集編集委員会编：《植村立郎判事退官記念論文集・現代刑事法の諸問題》（第1卷・第1编），东京：立花書房2011年版，第177页。

② 参见［日］佐伯仁志：《詐欺罪（1）》，载《法学教室》372号（2011年）。

③ 参见［日］林幹人：《錯誤に基づく被害者の同意》，载芝原邦爾ほか编：《松尾浩也先生古稀祝賀論文集（上）》东京：有斐閣1998年版，第249页以下。

④ 参见［日］林幹人：《詐欺罪における財産上の損害》，载《現代刑事法》44号（2002年）。

法益关系错误（与所谓的捐款诈骗、汇款诈骗在状况上是共通的）。这样的“导致自由意思丧失的错误”几乎都能评价为是法益关系错误。再者，即便是存在不能被评价为法益关系错误的事例，在施加了导致自由意思丧失程度的强烈影响的场合，这种行为也能够被评价为是胁迫，不成立诈骗，而肯定其成立恐吓罪（敲诈勒索罪）也足够了。无论如何，在他看来，将诈骗罪中的错误扩张至法益关系错误之外，缺乏必然性。[①] 但是，上述扩张“法益关系”之范围的见解仍有疑问。相应“目的”如何予以设定相当不明确，可能会导致“法益关系”徒有其名，存在着显著扩张诈骗罪成立范围的风险。

本文认为，判断瑕疵同意的法律效果，需要回到被害人自我决定的基本原理，从同意是否系基于客观上的真实意思而自由作出这一点出发。就是说，要以法益关系错误说为基础，按照该同意是否基于法益主体客观上的真实意思所作出而判断同意的效果。[②] 按照这一立场，同样能够得出诈骗罪场合的被害人同意无效的结论。即，由于受到他人在性质上指向处分财产、程度上足以使一般人信以为真的欺骗，被害人自我决定的过程受到了重大影响，从而其处分财产的决定并非是基于客观真意，同意就理应无效。要说明的是，这种以同意是否系基于自由意志作出、是否符合同意者的客观真意为标准判断瑕疵同意之效果的主张，并不等同于在任何时候只要受到欺骗即一概否定同意效力的全面无效说，而终归是以法益关系错误为原则、例外地在确实能够肯定同意不自由的场合为补充而构建的，从而，在仅对附随事项存在单纯动机错误等场合，同意就仍是自由作出从而是有效的。

三、诈骗罪的类型特征与被害人同意的法律效果

讨论诈骗罪中被害人同意的法律效果，除了要考察总论层面上的被害人受骗同意的一般理论之外，还需要结合分论层面的诈骗罪自身的结构特征和法益内容，且后者对前者的结论产生直接影响。关于诈骗罪法益的讨论中涉及的一个问题是，诈骗罪与盗窃罪的罪质是否相同。主张盗窃罪与诈骗罪在罪质上存在不同的一个核心理由是，诈骗罪是关系犯罪、自我损害犯罪，是基于被害人有瑕疵意志取得财产的犯罪，其中存在着被害人共同责任。这些特征使得被害人学的原理，主要是被害人共同罪责（Opfermitverschulden）的原理，在诈骗罪中有广泛的适用空间，而结果也确实是，被害人教义学在诈骗罪教义学（Betrugdogmatik）领域的应用得到了最广泛的讨论。德国学者许迺曼教授也将诈骗罪称为是“被害人信条学最佳的验证和演练场所”[③]。确实，诈骗罪的实现更多是通过被害人自己感兴趣的行为事实，处分自己的财产，导致财产遭受事与愿违的损失，因此该罪被认为是典型的关系犯罪，犯罪人与被害人之间具有密切的互动关系。本文的立场是，诈骗罪关系犯罪的属性应该淡化（参见下节），其不足以改变诈骗罪法益的性质，也不足以使得诈骗罪具有完全不同于盗窃罪的罪质。

---

① 参见［日］桥爪隆：《詐欺罪成立の限界について》，载記念論文集編集委員会编：《植村立郎判事退官記念論文集・現代刑事法の諸問題》（第 1 巻・第 1 編），东京：立花書房 2011 年版，第 179 页。

② 参见付立庆：《被害人因受骗而同意的法律效果》，载《法学研究》2016 年第 2 期。

③ 参见申柳华：《德国刑法被害人信条学研究》，北京：中国人民公安大学出版社 2011 年版，第 334 页。

（一）诈骗罪即便是关系犯罪，通过被害人同意限缩诈骗罪范围也仅是初衷而非结论

根据R. 哈塞默（Raimund Hassemer）在1981年的分类法，犯罪分为关系犯罪与干预犯罪两类。关系犯罪的典型特征是，其特定的侵害模式需要以被害人的共同作用为前提。只要法益享有者没有与犯罪人发生互动，即只要他不对行为的发展过程作出反应，或者拒绝与犯罪人发生共同的互动，就能够阻止其法益受到侵害。诈骗罪是最典型的关系犯罪，犯罪人必须通过各式各样有针对性的欺骗行为，吸引被害人朝着构成要件结果发生的轨道上运行，同时通过被害人自身的配合实现最后的损害结果。在诈骗犯罪中，如果没有被害人的帮助（表现为自我保护性的忽视与其需保护性的削弱），犯罪人则无法完成这一关系犯罪。[①]

学说上通过将诈骗罪定位于关系犯罪，致力于对诈骗罪的成立范围进行适当限缩。研究者通过梳理发现，目前德国被害人教义学在诈骗罪领域的研究中，对认识错误构成要件进行限缩解释是其努力方向之一。代表学者阿梅隆（Amelung）、R. 哈塞默、赫茨伯格和许迺曼主张，当被害人怀疑诈骗犯罪人所描述事实的可信度并产生了具体怀疑，但是基于怜悯、投机等各种动机而被骗，被害人就并没有产生构成要件上的认识错误，犯罪人的行为应被排除在刑罚圈之外，至少不应视为犯罪的既遂。并且，由于被害人产生的错误本来是可以避免的，运用刑罚保护这些被欺骗的被害人，违反刑法的辅助性原则。[②] 此外，立足于被害人教义学，德国学者们还尝试从欺骗行为、欺骗和认识错误之间的因果关系、认识错误与处分行为的因果关系、财产损失概念、被害人共同罪责与刑法总论中的客观归责理论等角度对诈骗罪的构成要件进行限缩。

从德国刑法被害人教义学在诈骗罪中的具体应用中可以看出，以上各种路径出发点一致，都是限制诈骗罪构成要件要素的解释，但角度不同。对诈骗罪成立范围的限缩，需要各个环节联合共动，各司其职，而不能寄希望于其中的某一个环节。这其中，作为关系犯罪（互动犯罪）之征表的被害人同意，其效果如何，需要专门讨论。也就是，介入了被害人自身的行为、存在着加害与被害之间沟通与互动的“关系”，是诈骗犯罪在结构上的外在特征。这种结构性特征是否是实质性的，与被害人意思的有效性有关。就结局而言，通过存在被害人的认识错误以及基于错误的处分意思（有瑕疵的同意）而限缩诈骗罪的成立范围，不过是一种理论尝试或者说是一种初衷，而不是一种必定存在的效果，其实际效果需要另外的检验——而本文对此的回答总体上是否定的。

（二）“诈骗罪的盗窃罪化”现象与诈骗罪中被害人同意的效果

1. “诈骗罪的盗窃罪化”现象与诈骗、盗窃两罪差别的相对化乃至同质性

实务之中，存在着从实质评价来看也可以认为是符合了诈骗罪构成要件的行为却被按照盗窃罪处理的现象，这可称为“诈骗罪的盗窃罪化”，对机器施加不法影响而取得

---

① 参见申柳华：《德国刑法被害人信条学研究》，北京：中国人民公安大学出版社2011年版，第325-327页。

② 参见申柳华：《德国刑法被害人信条学研究》，北京：中国人民公安大学出版社2011年版，第396-398页。

财物的场合即是如此。这一点正可作为诈骗罪场合的被害人同意无效的一个证明。

日本学者山内竜太认为，诈骗罪场合同意有效的见解存在以下疑问，由于对机械施加不法影响而取得财物的场合在日本肯定盗窃罪的成立，其结果，本质上具有诈骗罪性质的事案，因为并非人而是机械，就被纳入盗窃罪中，这种“诈骗罪的盗窃罪化”现象是无法说明的。① 在山内竜太看来，诈骗罪即便可以说是基于被害人的意思而转移、丧失了个别财产，但该转移意思存在瑕疵从而无效，在个别财产的转移、丧失构成法益侵害这个意义上，能够定位为针对个别财产的犯罪。而且，在个别财产的转移、丧失构成法益侵害的核心这个意义上，盗窃罪与诈骗罪被理解为是同质的，其结果是，两罪都被定位为针对个别财产的犯罪。不过，虽说从法律效果的侧面来看意思不存在与意思无效没什么差别，但两者在有无被害人的意思参与这一点上存在着很大的构造差异。因此，以意思不存在型为典型的盗窃罪与诈骗罪本来存在着很大的差别，由于承认了“诈骗罪的盗窃罪化”这一现象，盗窃罪中也就包含了意思无效型，其结果是两罪的差异也就相对化了。由于“诈骗罪的盗窃罪化”而承认了意思无效型的盗窃罪，诈骗罪也是设定了被害人同意无效的场合的犯罪类型。② 从以上分析可以看出，山内竜太主张诈骗罪中的被害人同意无效，是意识到了，欺骗机器的场合实际上是违反占有者的意思之转移成为问题，却被按照盗窃罪处理，从而肯定违反占有者意思包括意思不存在与意思无效两种，而不限于意思不存在一种类型。在与诈骗罪的同意进行类比的意义上，他肯定诈骗罪的场合同意也是无效的。这种类比是有启发意义的。比如，同样是冒用他人的借记卡，对人使用成立诈骗、对机器使用成立盗窃，这种结论即便可能成立，但在与财产占有者意思的关系上，由于难以认定一种场合同意无效而另一种场合同意有效，在与盗窃罪的整合性（成立盗窃罪，不但可能是不存在被害人意思，也可能是被害人的意思无效）意义上，就认为诈骗场合的被害人同意也是无效的。也就是说，诈骗罪中在被害人的意思决定过程中介入了行为人的欺骗行为，其结果，该意思具有瑕疵。意思无效型的盗窃罪也是一样，作为行为人对机械施加不法影响的结果，乍看上去像是实施了符合被害人之设定条件的占有转移，但在致使其实施了违反真实意思的财产处分这一点来说，也可说是被害人的意思存在瑕疵。尽管存在有瑕疵的意思，仍然认为被害人的同意有效进而限定诈骗与盗窃罪的成立范围，等于是无视了其意思存在瑕疵这一点，是有问题的。

注定有人认为，在对机械施加不法影响而取得财物的场合，由于“机器不能被骗”，相应行为原本就不符合诈骗罪的构成要件，因此也就谈不上“符合诈骗罪构成要件的行为按照盗窃罪处理”。不过，即便坚持“机器不能被骗”的既定教义学信条，也可能认为，在机器的主人由于信赖机器的反应而由机器代为作出违背其真实意思的财产处分行

---

① 参见［日］山内竜太：《詐欺罪と窃盗罪における法益侵害の基本構造——相当対価の反対給付事例における両罪の成立範囲を画する際の理論的視座を求めて》，载《慶応義塾大学法学政治学論究》第 121 号（2019 年）。要说明的是，山内的日文原文中的表述是“盗窃罪的诈骗罪化”，此处按照中文的思维习惯概括为“诈骗罪的盗窃罪化”。

② 参见［日］山内竜太：《詐欺罪と窃盗罪における法益侵害の基本構造——相当対価の反対給付事例における両罪の成立範囲を画する際の理論的視座を求めて》，载《慶応義塾大学法学政治学論究》第 121 号（2019 年）。

为的场合，实际上就是机器的主人陷入错误而处分财产，这时，被欺骗的对象不是机器，而是掌握机器的主人即自然人。[①] 认为行为人的欺骗行为未能满足权利人预设的验证条件从而并未取得权利人的预设同意，可能并不妥当。“在通过智能主体代行交易的场景中，权利人转移财物的预设同意并不是通过权利人亲身实际参与交易过程来具体体现的，而是一种推定判断，并通过权利人设置的验证条件来客观化体现。……即使行为人利用弄虚作假的手段使智能主体误认为满足了转移财物的验证条件，也只能说明行为人通过欺骗手段获取了权利人转移财物的预设同意，而不能认定行为人自始至终没有获取预设同意。”[②] 这种场合，与完全不存在任何的财物所有人之同意的盗窃（即“意思不存在型的盗窃”）场合相比，终究是存在区别的。尽管这样的行为按照诈骗罪处理在理论上并不存在障碍，但在实务上，不仅日本，在我国按照盗窃罪处理也是主流——利用自动取款机故障而恶意取款的场合实务上会按照盗窃罪处理，经过最高人民法院核准而减轻处罚的许霆案就是明证。[③] 而其最终按照盗窃罪处理，就是将一部分符合诈骗罪要件的行为认定为盗窃罪，就正是诈骗罪的盗窃罪化。

还会有人认为，按照本文前面的观点，会导致诸如撬电子锁、密码锁而取财的场合也被认为会符合诈骗罪的构成要件，而不过是按照（意思无效型的）盗窃罪处理而已。但这样的质疑难以成立。本文所主张的对机械施加不法影响而取财的场合符合诈骗罪的构成要件（只是被按照盗窃罪处理），是因为存在着机械背后的自然人的预设同意（符合预先设定的条件即通过机械直接交付财物），对机械施加不法影响的欺骗行为与最终的财产转移之间存在着直接的因果关系，所以可认为是符合了诈骗罪的构成要件。而与此不同的是，在单纯的撬电子锁而取财的场合，并不存在机械背后的自然人关于交付财物的预设同意，行为人也完全是在撬开电子锁之后通过新的窃取行为而取得财物，因此就是典型的意思不存在型的盗窃。这两种场合无法混为一谈，不能由撬开电子锁取财的场合属于意思不存在型的盗窃罪而否定意思无效型盗窃罪的存在，更不能由此而否认诈骗罪的盗窃罪化现象。

要说明的是，上述日本学者山内竜太是基于诈骗罪系针对个别财产的犯罪这一立场，认为由于诈骗场合同意无效，财产的转移本身就是诈骗罪的法益侵害，这一点与盗窃罪是一样的，在此意义上肯定了盗窃罪与诈骗罪的同质性。本文也认同盗窃罪与诈骗罪的同质性这一结论；不过，在与财产损害的关系上，本文却与山内的主张完全相反——在本文看来，无论是盗窃还是诈骗，既然是财产犯罪，就要求给被害人造成实质的财产损害，而不能是单纯的个别财产的转移。尽管如此，但对一部分符合诈骗罪构成要件的行为实务中按照盗窃罪处理，说明了盗窃罪与诈骗罪两罪差别的相对化乃至于两罪的同质性，这个结论是值得认同的。

2. 同意无效型盗窃罪与诈骗罪的基本构造

欺骗机器背后的自然人而取财的场合，在能够肯定背后自然人的预设同意遭到违反

---

① 参见黎宏：《刑法学各论》（第2版），北京：法律出版社2016年版，第328页。

② 郑洋：《预设同意型诈骗罪的理论阐释及实践展开》，载《政治与法律》2022年第6期。

③ 关于许霆案的司法进程以及理论分歧等，参见谢望原、付立庆主编：《许霆案深层解读——无情的法律与理性的诠释》，北京：中国人民公安大学出版社2008年版。

时，就是同意无效，此种同意无效型的（原本构成诈骗罪却被认定为）盗窃罪，和普通的诈骗罪并无实质差别，两者与意思不存在型的盗窃罪的不同在于，前两者虽说是有瑕疵的意思，但毕竟是介入了被害人的财产处分意思这一点。进一步说，讨论盗窃罪与诈骗罪的同质性或异质性，与对诈骗罪、盗窃罪的保护法益的理解有关。如果认为盗窃罪的保护法益是财产的占有（或所有）而诈骗罪由于是关系犯罪、其保护法益除了财产占有之外还包括财产处分自由的话，就更容易认为，两者在法益上存在明显差别，从而不可能是同质的。但是，如果认为，由于盗窃罪终局来说是对所有权的保护，而所有权是对物的使用、收益、处分的权利，盗窃罪就也可以理解为是对财物处分自由的保护。从法律来说被窃取的财物的所有权仍属于被害人，而盗窃罪就是保护了想要处分就能处分这种处分可能性，财产处分的自由就是以这样的可能性为内核的。① 这样就会得出结论，决定财产处分的自由作为财产权的机能之一，在全部的财产犯之中都受到保护，盗窃罪的保护法益也包括所有权权能意义上的处分自由，进而就仍会认为，在保护法益的层面上，盗窃罪与诈骗罪可以是同质的。②

若是接受了盗窃罪与诈骗罪的保护法益都包括财产权权能意义上的财产处分自由的话，要么是不介入被害人的意思，要么是该意思归于无效，而使被害人的财产处分自由受到侵害。属于前者的意思不存在型的盗窃罪以及属于后者的意思无效型的盗窃罪与诈骗罪，在法律效果这一点上是共通的，后者在介入了被害人的具有瑕疵的财产处分意思这一点上，与意思不存在型的盗窃罪在构造上存在差别。这样，盗窃罪与诈骗罪的法益侵害的基本构造，都是因被害人意思的不存在或者是无效所导致的财产处分自由的侵害，后者的场合，虽说无效但终究是介入了被害人意思，由此就产生了限定意思无效型盗窃罪与诈骗罪成立范围的必要。③

四、诈骗罪中被害人自我责任侧面与要保护侧面的对立与平衡

“诈骗罪中被害人同意无效”的主张，除了能在刑法总论关于瑕疵同意的一般理论中获得说明、在关于诈骗罪的结构特征的分析中得以解释之外，还能在该罪中被害人的自我责任与其要保护性的动态平衡中得到确认。

（一）被害人的自我责任与要保护性的对立

不难看出，在讨论诈骗罪中被害人同意的法律效果时，存在着两方面的内容：虽说

① 参见［日］山内竜太：《詐欺罪と窃盗罪における法益侵害の基本構造——相当対価の反対給付事例における両罪の成立範囲を画する際の理論的視座を求めて》，载《慶応義塾大学法学政治学論究》第 121 号（2019 年）。

② 不能认为，诈骗罪侵害的是“现实的处分自由”而盗窃罪侵害的是“可能的处分自由”从而存在本质差异。这是因为，“现实的”还是“可能的”其实是相对的，盗窃罪同样是侵害了想处分就随时处分的自由，在此意义上完全也可以说是“现实的”处分自由。

③ 参见［日］山内竜太：《詐欺罪と窃盗罪における法益侵害の基本構造——相当対価の反対給付事例における両罪の成立範囲を画する際の理論的視座を求めて》，载《慶応義塾大学法学政治学論究》第 121 号（2019 年）。

是有瑕疵的意思，但既然是自己决定了进行财产处分就必须要承担责任，这是关于财产处分的自我决定的自我责任侧面；由于欺骗行为或是不法影响而对被害人的意思决定予以保护，这是关于财产处分的自我决定的要保护侧面。详细来说，自我决定的自我责任侧面，是对诈骗罪与意思无效型的盗窃罪的成立范围予以限定的要素，对此予以强调的话，则个别财产的转移、丧失就是被害人的自我责任，只有存在超出此外的损害时方才值得保护，实质的个别财产说乃至整体财产说可谓强调了这一侧面。我国学者中，较早强调这一点的是冯军。他从犯罪学研究日益重视犯罪人的作用这一动向出发，具体讨论了被害人自我答责的几个构成要件。① 具备相应条件时，就存在被害人自己对损害结果的优先负责性，就不能把损害结果的发生归属给他人。而在非法侵入他人的法领域、自己故意实施危险行为、同意他人实施危险行为、参与并且强化危险行为这四种类型中，被害人都应该对自己所发生的损害结果承担责任。② 诈骗罪的场合，就可以理解为"同意他人实施危险行为"的场合。

自我决定的要保护侧面则是成立诈骗罪的扩张要素，强调这一点的话，就会认为既然为行为人所欺骗就应该广泛地保护被害人的意思决定，欺骗他人致使其交付财物的话就会直接成立诈骗罪，形式的个别财产说可谓强调了这一侧面。但是，形式的个别财产说在相当对价的反向给付事例中也尝试着对诈骗罪成立范围的限定（比如团藤重光、福田平等人），而实质说也有通过目的是否达成等角度对相应范围扩展的倾向（如西田典之、井田良等），可以说，如何看待和处理两个侧面的平衡与调和，属于一个重要的刑事政策选择。

（二）被害人情报搜集责任的否定与诈骗罪关系犯罪性质的淡化

1. 刑法上不应承认被害人的情报搜集责任

在平衡自我决定的自我责任侧面与要保护侧面之际，关键在于其要点何在。在山内竜太看来，在民法上，从私权自治出发，当事人原则上在交易之中负有情报收集责任的同时，从交易当事人之间的情报的非对称性、差价的订正这些观点来看，也会存在产生情报提供义务的场合，要是从刑法的欺骗行为也是情报差别成为问题这一点来看，在考虑自我决定的自我责任与要保护性之间的调和之际，就应该着眼于情报收集的责任以及行为人的情报提供义务。在他看来，限定诈骗罪（与同意无效型盗窃罪）成立范围的立场，并非一直以来所主张的财产损害，而是在于情报收集责任以及行为人的情报提供义务。一些场合只有在被害人实施了确认措施之后方才能成立意思无效型的盗窃罪或者诈骗罪。③ 但是本文认为，在刑法的维度上，不应承认被害人的情报搜集责任；而一旦否定了这一责任，会进一步证实诈骗罪中被害人同意无效的结论。

---

① 这些条件包括：（1）被害人具有认识导致结果发生的危险和阻止危险现实化（变成结果）的能力；（2）被害人自己引起了发生损害结果的危险；（3）被害人在自己尽管还能管理危险时却强化了危险；（4）法规范上不存在他人应该优先地阻止危险现实化的特别义务。

② 参见冯军：《刑法问题的规范理解》，北京：北京大学出版社 2009 年版，第 78 - 87 页。

③ 参见［日］山内竜太：《詐欺罪と窃盗罪における法益侵害の基本構造——相当対価の反対給付事例における両罪の成立範囲を画する際の理論的視座を求めて》，载《慶応義塾大学法学政治学論究》第 121 号（2019 年）。

首先，能否以诈骗罪是预想了交易关系、交易场景为前提，肯定被害人具有当然的情报搜集责任或者确认义务，本身存在疑问。这是因为，在存在双向给付的场合肯定这种责任与义务虽然可能，却可能导致保护上的不平等——越是精明、谨慎者越是因为尽到了搜集义务而能获得刑法保护——并造成一定程度上国家责任的转嫁；而在募捐诈骗、乞讨诈骗等单向给付的场合，要求财产交付者承担信息搜集责任或者确认义务（如确认对方是否确实为残疾人）则是一种过重的负担。这样来看，在刑法维度里确定平衡被害人的自我责任侧面与要保护侧面时，就不应依赖被害人自身是否履行了所谓的情报搜集与信息确认义务。

其次，即便是在双方交易的场合，要求被害人具有情报搜集责任，客观上也难以实现。要求被害人的情报搜集责任与所谓的理性人假设存在某种关联：如果被他人许下一个原本无意履行的承诺，他本该以一般谨慎小心避免被骗，既然“理性人”善于自我保护，而“被害人”显然应该是一个理性人却未能保护自己，那就是他自己愿意承担不能受偿的风险，他并未遭受不法侵害。但这种“欺骗无罪、被骗活该”的论调是不合现实的。要看到的是，随着社会变迁，即便谨慎精明的人也往往会上当受骗，一些蛊惑的手法仅凭“一般谨慎”已难以防范；欺骗的行为对于全体公众而不只是其中的傻瓜，均构成威胁，而要有效的防范则须大费周章；当商业联盟日益扩张，对作为个体的消费者取得不成比例的优势力量时，虚假信息更难分辨，人人都可能成为笨蛋。[①] 以买卖合同为例，被害人的情报搜集责任可理解为是“买方自慎原则”。“根据此‘买方自慎’原则，国家应当鼓励自我充实，而非对买方施加披露义务……买方自慎原则有合理之处，但若将此原则延及所购产品的基本信息，就会造成滥用。自由社会给精明和技能留有竞争空间，哪怕极有风险，但如果经济生活中所有常规交易都要如此战战兢兢，谨小慎微，恐怕并不符合任何人的利益。”[②]

可以认为，否定被害人的情报搜集责任是一种务实的政策选择。强调被害人情报搜集责任的立场，大致是自由主义和市场导向的，其根据在于尊重包括被害人在内的每个行为主体的自我决定权，在将行为主体推向市场的同时，依靠健康的市场环境和健全的市场交易规则来实现对主体行为的保障。在较为成熟发达的市场经济社会，将每位主体视为理性人，尊重其行为自决，是必要且重要的，这也能在肯定财产交换和转移系交易自由之实现的场合，起到充分限制诈骗罪成立的效果。与之相对，在市场经济尚未成熟、包括信息公开在内的各种服务配套措施也都难以到位的现实之下，仍需要坚持必要的家长主义，通过强化国家的适度干预而规制国民的生活。这样来看，诈骗罪中被害人自我责任侧面与要保护侧面之间的协调，不是一成不变的，而应该是一种随着社会情势发展变化而有不同侧重的动态平衡。当下，在诈骗罪认定的问题上，否定被害人的自我责任侧面、强调其要保护的侧面，是务实的选择。

当然，这里所主张的否定被害人的自我责任侧面，是指在诈骗罪的行为链条之中否

---

① 参见［美］乔尔·范伯格：《刑法的道德界限》（第3卷），方泉译，北京：商务印书馆2015年版，第312-316页。

② ［美］乔尔·范伯格：《刑法的道德界限》（第3卷），方泉译，北京：商务印书馆2015年版，第300-301页。

定被害人的“自我答责”，其以具备行为人的欺骗行为（性质上指向他人的处分财产、程度上足以使一般人陷入认识错误）为前提。在纯粹商业投机的场合，投机失败者自然不能以自己没有责任而要求对方负责，甚至追究对方的刑事责任——这时，投机者对于交易存在风险是知情的、对信息不确定是了解的，其基于对未来存在的错误期待而作出的同意自然是有效的。但此时原本就无法肯定对方存在欺诈行为这一诈骗罪的实行行为，根本无须进行后续的被害人是否存在认识错误以及同意有效与否的判断。与之相对，在行为人通过创设或隐瞒与风险有关的信息，故意造成或者利用信息不对称的场合，唯有否定被害人的情报搜集责任，才能有助于推动信息优势一方履行信息披露义务，达到信息享有的平衡。

2. 诈骗罪关系犯罪性质的淡化

在刑法上否定受到欺骗场合的被害人自我责任时，该怎样看待诈骗罪所谓的关系犯罪的属性？我国有学者提倡诈骗罪的不法本质是对交易基础信息的操纵，以此为指导，将被害人角度的构成要件要素如错误认识、财产处分等删除出构成要件。[①] 这一主张立足于行为人视角，从行为人对于行为进程、因果流程乃至损害结果的掌控角度构建诈骗罪的构成要件，属于对诈骗罪关系犯罪的属性进行了完全解构，其建立在认为关系犯概念存在“谬误”、诈骗罪中的被害人角色需要“还原”这一理解之上，认为：可罚性取决于被害人需保护性的观点有违刑事立法精神；在客观归责理论的意义上忽视自我保护不等于自我答责；尽管被害人一般性地参与了诈骗罪的行为过程，但只要其对可能造成自身财产损害或行为人非法获利的错误信息这一风险的认知与支配并不优于行为人，就不能视为自我答责，排除对行为人的归责；除非被害人没有发生认识错误，否则行为人始终具有更强的风险认知与支配。[②]

本文所主张的对被害人情报搜集责任的否定，尽管不等于完全否认诈骗罪在外观上具有关系犯罪的属性——因此也就没有该学者走得那么远——但在认为被害人同意无效的意义上，也确实是淡化甚至虚化了诈骗罪关系犯罪的特征。这意味着，在诈骗罪中，外观上看来虽具备了关系犯罪所要求的“其特定侵害模式需以被害人的共同作用为前提”这样的特征，但是被害人的参与终归是在受到欺骗的场合、基于不自由（并最终无效）的意思而作出的。这样，就应该认为，除了对对价的性质、对单纯的交易动机等存在认识错误的场合之外，诈骗罪中的被害人认识错误[③]（乃至基于此的处分行为）并不具有更多的限缩犯罪成立的独立意义，而仅具有连接欺骗行为与财产转移之间的因果链条的意义，以及在确定诈骗与盗窃可能存在的竞合关系及其类型时，具有补充性的说明功能。

---

① 参见王莹：《诈骗罪重构：交易信息操纵理论之提倡》，载《中国法学》2019 年第 3 期。

② 参见王莹：《诈骗罪重构：交易信息操纵理论之提倡》，载《中国法学》2019 年第 3 期。

③ 有学者认为，在个人法益的领域中，被害人承诺的法律效果可分为四种：（1）阻却构成要件该当性，比如非法侵入住宅罪、盗窃罪；（2）阻却违法性，比如故意伤害罪；（3）属于刑罚减轻事由，比如得到承诺的故意杀人罪，（4）对犯罪的成立无任何影响，比如得到未满 13 周岁者的承诺而对其进行猥亵或者性交等。参见［日］日高义博：《刑法总论》（第 2 版），东京：成文堂 2022 年版，第 255－256 页。按照这一分类，在本文看来，由于诈骗罪场合的被害人同意是无效的，总体上可归为上述第 4 种。

五、同意无效说的正面归结：认可诈骗罪与盗窃罪之间的部分竞合

认定诈骗罪场合被害人对于财产占有转移的同意无效，一个正面的归结是，这意味着承认了诈骗罪是一部分的盗窃罪间接正犯的立法化，进而承认了两罪之间的部分竞合。

（一）两罪互斥说与诈骗罪被害人同意有效说

当今刑法理论的通说认为，诈骗罪与盗窃罪是相互对立的，是诈骗则非盗窃，是盗窃则非诈骗。即便倡导“要注重犯罪之间的竞合”的张明楷也认为，诈骗罪与盗窃罪的关系属于排他关系（对立关系、异质关系）：因为盗窃罪是违反他人的意志取得他人财物，而诈骗罪是使他人产生认识错误取得他人财物，针对一个结果（或行为对象）而言，一个行为不可能既成立盗窃罪，又成立诈骗罪。[①] 这实际上是区分了“违反他人的意志”与“使他人产生认识错误”，意味着后者并不（完全）违反他人意志的判断。论者认为，诈骗罪的特点是被害人基于有瑕疵的意思而处分财产，只要被害人交付财产是基于行为人的欺骗行为引起的认识错误，就可以肯定被害人基于有瑕疵的意思处分财产。[②] 在本文看来，“诈骗罪场合被害人处分财产的意思即被害人同意是‘有瑕疵’的”，这种传统说法自然没错，但其本身并未正面回答被害人同意到底有效还是无效的问题，最终则常常会归为有效论立场，认为“盗窃罪必须违背被害人意志，诈骗罪要求被害人出于真实的内心意思而自愿处分财产”[③]。

（二）两罪竞合说

如前文所证成的那样，由于诈骗罪场合被害人转移财产的处分意思也就是被害人同意是无效的，可以认为是行为人支配了因果进程、被害人沦为工具，从而就可以将诈骗罪理解为，与将毫不知情的被害人自身作为工具加以利用这种类型的盗窃罪间接正犯具有同样的结构。由此，盗窃罪的间接正犯就至少包括了以下三种类型：（1）将（不知情的）第三人作为工具加以利用；（2）将不知情的被害人作为工具加以利用；（3）将（对于自身行为会导致自己的财产损害这一点）存在认识错误的被害人作为工具加以利用——这也就是诈骗罪的场合。从世界范围内财产犯刑法规范的发展历史看，都是先有盗窃罪立法后有诈骗罪立法。按照本文的立场，在没有诈骗罪规定的场合，相应行为完全可以按照盗窃罪处理，之所以后来将诈骗罪单独加以规定，与其说是弥补了处罚漏洞，不如说是将部分假借被害人之手间接实行的盗窃行为明文加以规定，从而提醒司法人员注意不要漏掉对该行为的处罚。承认这一点不会导致财产犯罪定型性的混乱，也并

---

① 参见张明楷：《刑法学》（第6版·下），北京：法律出版社2021年版，第849页。

② 参见张明楷：《诈骗犯罪论》，北京：法律出版社2021年版，第154页。

③ 张明楷：《诈骗犯罪论》，北京：法律出版社2021年版，第243页。

非是要通过竞合论（罪数论）转移构成要件论所不能解决的问题，而无非是基于诈骗罪与盗窃罪同质性所得出的理性结论。

事实上，本文所主张的诈骗场合的被害人处分意思（＝被害人同意）无效、诈骗罪与盗窃罪之间存在竞合关系、诈骗罪是部分的盗窃罪间接正犯之立法化的观点，虽属少数说，但类似的主张早有先例。在德国，早就有克拉默、金德霍伊泽尔、霍耶等人认为诈骗罪是盗窃罪间接正犯定型化的产物。[①] 在日本，佐伯仁志、高桥则夫等也都在一定意义上承认这一点。[②] 在我国，也有学者从行为归属论[③]、处分意思不要说[④]或者是对盗窃罪的重新界定[⑤]等不同视角肯定诈骗罪与盗窃罪之间的竞合。本文则是从诈骗罪中被害人同意的法律效果出发，得出了同样的结论。所以，尽管是少数说，仍是立足于对诈骗罪与盗窃罪在保护法益上的相通之处而进行的理性分析，期待也能推动对诈骗罪构造的深入认识。

行文至此顺带指出，通说所主张的通过处分行为之有无来区分诈骗与盗窃，观念上固然轻巧明快，但在对“处分行为”内涵的理解上却未必清晰，对是否存在处分行为的实务认定上也并不一致，故而，处分行为能否胜任两罪的区分标准存在明显疑问——对此笔者将以专门的文章另外考察——而这一点，也构成了承认诈骗与盗窃之间竞合的一个消极理由。

质疑者会认为，既然诈骗罪与盗窃罪之间具备同质性、两罪存在竞合关系，为何司法解释对两罪的入罪标准不同、为何单单要限缩诈骗罪的法网范围？对此可以类比的是，诈骗罪与各类金融诈骗罪（比如保险诈骗罪）之间存在法条竞合关系，同时各类金融诈骗罪的入罪起点普遍高于诈骗罪（比如现在保险诈骗罪的数额起点为一万元，高于诈骗罪的“三千至一万元”），也是考虑了金融诈骗罪所具有的特殊性，从而对金融诈骗罪的被害人采取了弱保护的刑事政策立场。[⑥] 因此，正像不满足各类特殊诈骗罪的数额标准时不应再返回来适用普通诈骗罪[⑦]一样，由于诈骗罪与盗窃罪之间的竞合应被理解为法条竞合，按照“特殊法优于一般法”的适用规则，在肯定了行为符合诈骗罪的构成要件之后也就排除了盗窃罪的适用。这样，在未达到诈骗数额要求但达到了盗窃罪的数额要求时，就不能按照盗窃罪来处理；在携带凶器诈骗、入户诈骗等场合，也不能按照携带凶器盗窃和入户盗窃进行入罪处理。这就形成了诈骗罪的法网范围窄于按照盗窃罪

---

① 参见［日］足立友子：《詐欺罪の保護法益論》，东京：弘文堂 2018 年版，第 63－69 页。

② 参见［日］佐伯仁志：《被害者の錯誤について》，载《神戸法学年報》1 号（1985 年）；［日］高橋則夫：《規範論と理論刑法学》，东京：成文堂 2021 年版，第 464－465 页。

③ 参见潘星丞：《竞合论视角下盗窃罪与诈骗罪的界分》，载《政治与法律》2019 年第 7 期。

④ 参见陈洪兵：《论财产犯罪之间的界限与竞合》，载《安徽大学法律评论》2010 年第 1 辑（总第 18 辑），合肥：安徽人民出版社 2010 年版，第 211 页；陈洪兵：《盗窃罪与诈骗罪的关系》，载《湖南大学学报（社会科学版）》，2013 年第 6 期。

⑤ 参见胡东飞：《盗窃及其在侵犯财产罪中的体系地位》，载《法学家》2019 年第 5 期。

⑥ 参见蔡道通：《特别法条优于普通法条适用——以金融诈骗罪行为类型的意义为视角》，载《法学家》2015 年第 5 期。

⑦ 这是多数说的观点，比如，蔡道通：《特别法条优于普通法条适用——以金融诈骗罪行为类型的意义为视角》，载《法学家》2015 年第 5 期；相反的立场，参见张明楷：《刑法学》（第 6 版·下），北京：法律出版社 2021 年版，第 1320 页。

间接正犯处理的局面，而之所以如此，终归是因为诈骗罪是关系犯罪、部分地存在被害人共同责任——这一点，虽如前述应适当淡化，但毕竟不能完全抹杀。

(三) 竞合说的意义

承认诈骗罪与盗窃罪之间存在竞合关系，在实务上具有直接的意义，其中典型的是，这将有助于认识错误和共犯问题的处理。例如，甲教唆乙诈骗丙的财物，但丙因精神病发作而丧失意思决定能力，乙的行为实际上符合盗窃罪构成要件时，甲与乙仍应在诈骗罪的范围内成立共犯，甲成立诈骗罪的教唆犯，乙单独承担盗窃罪的责任。又如，甲与乙共同对丙实施欺骗，骗取丙的财物，甲认识到丙是高度的精神病患者，乙误以为丙是精神正常的人，二者在诈骗罪的范围内成立共犯，但甲的行为完全符合盗窃罪（利用被害人的间接正犯）的构成要件，对甲应以盗窃罪定罪处罚。如果不承认盗窃罪与诈骗罪之间存在竞合关系，上述案件就难以处理。① 或许可以认为，上述结论是在犯罪共同说的立场之下得出的，如果立足于行为共同说，得出相应的结论并不需要以两罪之间存在竞合关系为前提。不过，行为共同说立场不但会导致共同犯罪的成立范围过宽，还会轻视构成要件概念、威胁构成要件的定型机能，也与错误论场合的法定符合说难以整合，本文并不赞同。同时，肯定两罪竞合的情况之下，会更为顺畅地得出合理结论。在以诈骗故意实现盗窃效果或者相反的场合，如果行为达到盗窃罪的追诉数额标准但未达到诈骗罪的追诉数额标准，自然不得以犯罪论处；倘若达到了诈骗罪的追诉数额要求，根据法定符合说，行为在作为普通法条的盗窃罪的范围内实现了主客观相统一，应认定为盗窃罪，但在量刑上不得重于相同行为数额的诈骗罪，否则会与典型的诈骗罪形成处罚上的失衡。②

六、可能质疑的回应

主张诈骗罪场合被害人转移财产占有的同意无效，在方法论以及实质内容上都可能面临着质疑。对此进行必要的回应，有助于无效说的进一步夯实。

(一) 追问“有效”“无效”并非对立思维的产物

针对本文观点的一个方法论上的质疑是：刨根问底地追问诈骗罪场合被害人同意究竟有效还是无效，方法论上存在对立思维的缺陷，其和民法上的“可撤销”概念也可能存在抵牾。

但是这样的质疑难以成立。本文的讨论并非单纯对立思维的产物，而是事关诈骗罪的内部构造以及（与盗窃罪等的）对外关系的重要问题，对此需要给出不含混、不回避的明确回答。确实，从表面上来看，民法上民事法律行为的效力除了典型的“有效”“无效”之外，还包括“可撤销”。《民法典》第 148 条即规定：“一方以欺诈手段，使对

---

① 参见陈洪兵：《盗窃罪与诈骗罪的关系》，载《湖南大学学报（社会科学版）》2013 年第 6 期。

② 参见胡东飞：《盗窃及其在侵犯财产罪中的体系地位》，载《法学家》2019 年第 5 期。

方在违背真实意思的情况下实施的民事法律行为，受欺诈方有权请求人民法院或者仲裁机构予以撤销。”但是，民法将欺诈规定为可撤销民事法律行为的一种情形，并不是模糊它的效力认定：受害者因受欺诈作出的意思表示原则上是有效的，除非其行使撤销权，实践中也有人不行使撤销权或者过了撤销权的除斥期间而使得该意思表示有效。因而，这种“可撤销”不过是对于“有效”的一种补充规定和救济方式，并不妨碍在被害人意思的效力问题上有效与无效这种二元区分标准的绝对性。

进一步说，即便在概念上看似民法与刑法共通，却需要考量各自的立法目的和机能等，作出分别的判断和评价，此即所谓刑法相对独立性的立场。就民法的机能而言，在于以“产生损害的负担需要谁来负责”来判断一定的解释方向；就刑法的机能而言，则在于“对犯罪行为科以相应的刑罚”来实现其目的。① 也就是，相较于民法关注对损害的分担，刑法更关注造成损害的行为是否值得处罚，刑法对行为性质的评价理当由刑法自身的目的或机能决定，这就意味着这种评价要体现于此类行为实施之际法益侵害（实害或者危险）的大小，而除非是侵占罪等亲告罪的例外场合，被害人的事后态度（比如强奸罪被害人事后不去报案、盗窃罪被害人事后不予计较）、损害如何分担不能主导刑法对行为性质的评价。刑法的公法属性决定了，被害人并不具有针对其自身法益之侵害行为在公权力启动追诉之后的撤销权，刑法所体现的关系是“国家”对于“犯罪人”行为的追究这种二元结构，“被害人”自身的事后态度在定罪层面上不具有决定性意义。相应地，在被害人受到欺骗之后而作出同意的法律效果问题上，刑法既不应含混地认为其“有瑕疵”，也不应宽泛地认为其“可撤销”，而需要在“有效”与“无效”间作出泾渭分明的选择。

（二）主张同意无效不会导致诈骗罪的法网大开

针对本文观点的一个实质内容上的质疑是：若是受骗之下的被害人同意无效，会导致诈骗罪的法网大开、与限制诈骗罪成立范围的宗旨南辕北辙。

但是，这样的质疑同样难以成立。首先一点，主张同意无效，并不妨碍成立诈骗罪要求实质的财产损害。担心诈骗罪由此扩大处罚范围的一个理由是：既然认为诈骗罪中被害人同意无效，则无效同意导致的财产占有转移本身即足以构成本罪的法益侵害，无须再额外要求给被害人造成实质财产损害。事实上，这也正是有效说的逻辑：正是因为该罪中被害人同意虽有瑕疵但仍然有效，才需要要求实质财产损害以奠定本罪的法益侵害基础。但是，在存在足额甚至超额的反向给付等场合，如果将基于错误认识的财产占有转移直接理解为本罪的最终结果即法益侵害的话，会一概认定为诈骗既遂，这导致诈骗罪成为纯粹的保护交易自由（财产处分自由）的犯罪，有造成该罪“公共危险罪”化的风险。诈骗罪终究是侵犯财产的犯罪，由此就不应采取形式的个别财产说，而需要将给被害人造成实质的财产损害理解为本罪的法益侵害内容，以限定本罪的处罚范围。结局就是，诈骗罪中的被害人同意无效与要求实质的财产损害能够也应该兼容。

---

① 参见［日］山川一陽：《犯罪と民法》，东京：现代法律出版 2003 年版，第 3 页。

进一步而言，之所以说承认诈骗罪中被害人同意无效并不会导致诈骗罪的法网大开，这需要在诈骗罪构成要件的整体中理解认识错误要件以及被害人同意的地位与功能，尤其要重视认识错误要件的起因与结果所发挥的作用。对于诈骗罪成立范围的限缩而言首先要强调的是，对欺骗行为本身的限缩认定。作为诈骗罪实行行为的欺诈行为，并非是指任何意义上的虚构事实或者隐瞒真相行为，其在质（性质）和量（程度）上都有特定要求。在性质上，欺骗行为必须是针对人的行为（包括能够肯定预设同意场合针对机器背后的自然人），且必须是指向人的财产处分的行为；在程度上，要足以令一般人陷入认识错误。简单、拙劣、容易识破的欺诈行为应当被排除于诈骗罪的实行行为之外——如果人们去信任那些明显拙劣和虚假的骗术，刑法就没有保护这种信任的必要；只有那些复杂、不容易被发现的欺骗行为，才具有可罚性。[①] 因未达到性质和程度上的要求而不属于诈骗罪中的欺诈行为，自然也不存在成立本罪未遂的余地，无须进行被害人是否产生了认识错误的判断。欺骗行为可谓本文所讨论的错误要件（进而，被害人同意）的起因，是限缩诈骗罪认定的首要屏障。

认识错误要件所产生的结果，应该分为最初结果、中间结果与最终结果：被害人对于转移财产占有的同意，是因受骗而发生认识错误的直接与最初结果；在此种同意（财产处分意思）的基础上处分了财产，产生了狭义财物或者财产性利益转移这一中间结果；而财产转移的最终结果是，被害人的财产遭受实质损害。被害人同意是诈骗罪行为链条（构成要件行为最终产生构成要件结果）中的一个环节，这个环节的法律效果评价决定一个欺骗行为最终能否被评价为诈骗既遂；同时，被害人同意被评价为无效，并不妨碍其客观上仍旧担保着认识错误与财产转移乃至实质财产损害之间的因果关系。重要的是，通过“认识错误—处分意思（＝被害人同意）”之前的环节“欺骗行为”与之后的环节“实质财产损害”的双重限制，既能实现对被害人财产的周延保护，也不致过度扩张诈骗罪的法网范围。

七、结语

我国学界以往对诈骗罪的研讨，尽管也不乏全面研究的个别佳作，但就全貌而言，更多是要么侧重于对其中的欺骗行为、被害人处分行为、被害人财产损害、非法占有目的等要素的分别考察，要么致力于对“两头骗”“套路贷”“偷换二维码”等典型案例、新型案例的具体分析。至于诈骗罪场合的被害人同意到底有效还是无效问题，常以一句“被害人财产处分的意思存在瑕疵”而被贬低甚至无视。有鉴于此，本文对此问题进行了正面讨论，其理论意义就在于，通过唤醒和激活长期沉睡、淹没在诈骗罪客观构成要件链条里的“被害人陷入错误认识”要件，重新审视诈骗罪与盗窃罪的两罪关系，最终实现对诈骗罪构造的深入认识。

除了在研究主题本身上的理论价值外，本文的研究结论也具有实务意义。一方面，对于我国学者在定性上存在争议的一些案件，能够明快地给出结论，为实务中的做法提

① 参见申柳华：《德国刑法被害人信条学研究》，北京：中国人民公安大学出版社 2011 年版，第 396 页。

供依据。比如，"赎表案"[①] 以及"捷安特自行车案"[②]，按照本文的主张，在否定店员的信息搜集义务（确认责任）的前提下，由于其允许对方拿走他人典当的名表或者是骑走捷安特自行车的同意是无效的，行为人就成立不作为性质的诈骗罪。另一方面，在仅对对价的性质、交易的动机等存在认识错误的场合，或者是基于怜悯、投机等各种动机而被骗的场合，仍能肯定同意的有效性，从而行为人的行为至多成立诈骗未遂。比如，酒托诈骗案[③]以及攀比捐款案[④]之中，就都能肯定属于消费动机、捐款动机上的错误，财产处分本身是自由作出的，同意有效从而不成立诈骗，通过错误与同意的要件限缩诈骗罪的成立范围。

① 甲和友人乙到当铺赎回自己典当的手表，店员错将他人典当的名表取出欲交给甲。甲欲如实相告时，乙向甲使眼色，并佯装还有要事要办，催促店员快些办理，甲会意即拿走名表。认为本案在一定情形下可能构成缄默型的作为诈骗罪的，参见蔡桂生：《缄默形式诈骗罪的表现及其本质》，载《政治与法律》2018 年第 2 期；认为本案属于民事上的不当得利，符合侵占罪的构成要件时成立侵占罪的，参见王莹：《诈骗罪重构：交易信息操纵理论之提倡》，载《中国法学》2019 年第 3 期。

② 顾客蔡某到自行车用品店选购了一款捷安特牌 ATX 830 系列的山地自行车，蔡某与老板伍某一阵讨价还价后商定好 4 700 元的卖价，老板娘洪某正好回到店里。伍某遂将蔡某介绍给洪某："你给这位顾客开票，4 700 元，ATX 830。"伍某说罢就在一旁忙着修车。洪某领蔡某进里屋开好发票后便出来忙其他事情，没有收取蔡某应付价款。伍某夫妇其实发生了误会，洪某以为蔡某先前已经收了款，自己只负责开票，伍某却以为洪某开票后同时收了款，故两人都没有要蔡某付款的表示。蔡某觉察到了两人的不默契，于是大摇大摆地把山地车骑走，伍某和洪某均未加阻拦。待蔡某走远后，伍某、洪某夫妇才感觉事情不妙，原来双方都忘收钱了。肯定本案构成不作为的诈骗罪的，参见李方政、张理恒：《不作为诈骗罪的认定》，载《人民法院报》2011 年 12 月 29 日，第 7 版；认为本案不属于诈骗罪，符合侵占罪的构成要件时成立侵占罪的，参见王莹：《诈骗罪重构：交易信息操纵理论之提倡》，载《中国法学》2019 年第 3 期。

③ 以谈恋爱、交友、"一夜情"等为名而吸引他人到特定的酒吧、餐厅等刻意高消费的场合，被害人就仅对自己消费的动机存在认识错误，而对消费将造成自己的财产损害这一点没有认识错误，其处分财产的同意（同意对所消费的物品付账）是有效的。支持这一结论的，比如杜治晗：《受欺骗承诺的刑法效果问题研究》，北京：中国社会科学出版社 2022 年版，第 256 页。

④ 行为人谎称被害人邻居捐赠高额款项，被害人信以为真，因而捐赠比原本计划金额高出数倍的善款。

金融性帮助行为评价为洗钱罪的法经济学阐释*

陈灿平　温新宇**

一、问题的提出

一般认为，成立洗钱罪以“行为人与上游犯罪的行为人之间‘没有事先通谋’为条件，如果事先就事后帮助洗钱存在通谋的，对洗钱行为人以毒品犯罪、恐怖活动犯罪等上游犯罪的共同犯罪论处”①，这一观点可以概括为通谋说。通谋说道出了洗钱罪与上游犯罪共犯在罪名适用（即司法）上的区别标准，但没有充分揭示帮助洗钱行为单独被评价为洗钱罪的立法动因，或者说，其没有给出洗钱罪与上游犯罪共犯在罪名设立（即立法）上的区别标准。诚然，随着刑法修正案将其上游犯罪不断扩列，洗钱罪曾经的依附性特征减弱②，但这并不意味着其应当被孤立地看待。脱离上游犯罪，帮助洗钱行为将成为无本之源。洗钱罪的独立性不应当被解释为“出走”，而应当被解释为“新生”，即帮助洗钱行为在整个犯罪链中的重要性的提升。洗钱罪对上游犯罪的虹吸效应，使得对帮助洗钱行为的打击直接关系到能否有效切断上游犯罪的资金来源③，这也意味着科学地评价帮助洗钱行为仍需联系上游犯罪，以其在犯罪链中的作用为依据。

本文以 2021 年 3 月 19 日最高人民检察院联合中国人民银行发布的一则惩治洗钱犯罪的典型案例（以下简称“雷某与李某洗钱案”）为基底，以集资诈骗—洗钱犯罪链为切入点，就帮助洗钱行为成立洗钱罪的立法动因展开法经济学分析。雷某与李某洗钱案基本案情如下：朱某成立腾信堂公司，违规发行理财产品，借此吸收了大量资金，雷某和李某明知其可能从事集资诈骗行为，仍协助朱某以同柜取存④、实际取现、购买房产等

---

* 本文系国家社科基金项目“检察案例指导制度的理论创新与实务提升研究”（项目批准号：21BFX011）的阶段性成果。

** 陈灿平，天津财经大学法学教授。温新宇，天津财经大学法律经济学博士研究生。

① 冯军、王志祥、苏永生、宋伟卫编：《刑法学》，北京：清华大学出版社 2013 年版，第 349 页。

② 参见王新：《总体国家安全观下我国反洗钱的刑事法律规制》，载《法学家》2021 年第 3 期。

③ 参见于改之：《我国关于有组织犯罪的立法与司法完善》，载《法学论坛》2004 年第 5 期。

④ 同柜取存是指由前后二人相互配合，在银行同一柜面办理取现、存款业务，达到转账的效果，但不留下转账痕迹的一种新型资金转移方式。

方式转移资金，最终法院认定雷某、李某的行为构成洗钱罪。

二、通谋说不足以揭示帮助洗钱行为成立洗钱罪的立法动因

刑罚是对犯罪的评价，对犯罪施以刑罚是因为其侵害了刑法规范法益。同罪同罚是评价犯罪的基本标准，其底层逻辑在于刑法规范法益侵害性方面的同质。以通谋说为起点并从语义本身切入，“通谋”强调犯罪人就帮助洗钱行为达成的事先合意，“非通谋”则意味着犯罪人未就帮助洗钱行为达成事先合意。通谋说只看到了二者在主观方面的不同，却忽视了从犯罪链出发、二者在刑法规范法益侵害方面的同质性。纵观整部《中华人民共和国刑法》（以下简称《刑法》）及现行有效的司法解释可知，立法者及司法解释制定者在很多条文中对犯罪链中未达到通谋程度的犯意联络进行了特别规定性的共犯评价，比较典型的有：《刑法》第 198 条第 4 款在缺乏通谋的前提下，将为他人提供诈骗条件的保险事故鉴定人、证明人、财产评估人评价为保险诈骗罪的共犯；《刑法》第 350 条第 2 款将明知他人制造毒品而为其提供生产、买卖、运输等方面帮助的犯罪人评价为制造毒品罪的共犯；《关于办理利用互联网、移动通讯终端、声讯台制作、复制、出版、贩卖、传播淫秽电子信息刑事案件具体应用法律若干问题的解释（二）》第 7 条将明知他人网站为淫秽网站而为其提供资金或费用结算服务的犯罪人评价为制作、复制、出版、贩卖、传播淫秽物品牟利罪的共犯；《关于办理网络赌博犯罪案件适用法律若干问题的意见》第 2 条将明知他人网站为赌博网站而为其提供服务或帮助的犯罪人评价为开设赌场罪的共犯；《关于办理危害计算机信息系统安全刑事案件应用法律若干问题的解释》第 9 条将明知他人实施《刑法》第 285 条、第 286 条规定的行为而为其提供帮助或服务的犯罪人评价为共犯，依照《刑法》第 285 条、第 286 条的规定处罚。

上述条文中的主观方面均不严格符合通谋，但立法者及司法解释制定者却将其评价为共犯。这说明：其一，缺乏通谋的情况下，也可能例外地构成共同犯罪，通谋与共同犯罪之间不是完整的映射关系；其二，通谋说或许不是解释“为什么帮助洗钱行为应当单独评价为洗钱罪”的最佳路径，至少可以认为，通谋说给出的不是一个从已知事实到规范结论的严格推演，而更像是一个从已知结论到既定事实的逆向重溯。有学者试图用“片面共犯”理论解释上述问题，但片面共犯理论仍是一种例外性思路，而且学者们对于片面共犯尚未形成统一认识，在学界存在肯定说和否定说，两者各自内部亦存在较大分歧。[①] 我们认为，解决此问题应当从犯罪链整体出发，结合帮助洗钱行为侵害的刑法规范法益，考察其在犯罪链中的作用，从而分析其在立法角度单独成罪的原因。

---

① 参见陈志刚、李山河：《P2P 下载的刑法考量与应对》，载《中国刑事法杂志》2014 年第 4 期；陈兴良：《教义刑法学》（第 2 版），北京：中国人民大学出版社 2014 年版，第 695 - 697 页；张明楷：《刑法学》（第 5 版），北京：法律出版社 2016 年版，第 435 - 436 页；高铭暄、马克昌主编：《刑法学》（第 8 版），北京：北京大学出版社、高等教育出版社 2017 年版，第 167 页。

我国刑法规定，成立集资诈骗罪要求以非法占有为目的[①]，既如此，行为人取得对财产的占有之时犯罪才构成既遂，在雷某与李某洗钱案中，财产自被害人处脱手到朱某占有，两者之间出现了真空期，如图1所示。在真空期，该部分财产实际处于朱某所注册的腾信堂公司名下，此时朱某尚未占有财产，因为此时的资金尚未完成清洗，朱某实际上无法使用，只有当雷某、李某的帮助洗钱行为实施完毕后整个犯罪链才真正结束，剔除雷某、李某的行为，朱某的集资诈骗行为也无法既遂。所以，雷某、李某虽缺乏与朱某的通谋，但从整个犯罪链角度看，其对刑法规范法益的侵害程度与通谋下的同类行为相当。在刑法规范法益侵害程度趋同的情况下，仅仅以有无通谋为标准区分上游犯罪共犯和洗钱罪，并不能从本质上解释为什么帮助洗钱行为应当被单独评价为洗钱罪。

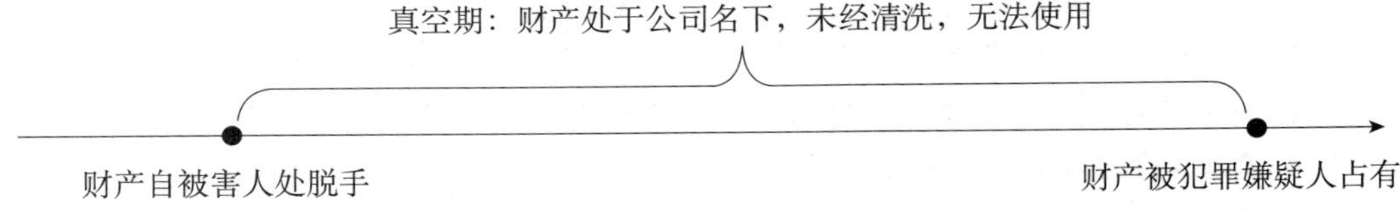

图1　“集资诈骗—洗钱”犯罪链下的真空期

究竟是将帮助洗钱行为置于上游犯罪的共犯体系下完成归责，抑或是将其单独评价为洗钱罪完成归责，区分标准不能止步于通谋说，而应当深入探析其立法目的。既如此，中国刑法将其单独评价为洗钱罪的理由是什么？在面对“理由是什么”这类问题时，法经济学作为分析工具具有一定比较优势，恰如学者邹兵建等所指出的，有些问题在本质上并不是解释论问题，而是立法论问题[②]，其关涉的是利益的平衡和效率的实现，因此，有必要引入法经济学的方法对其分析。

按照法经济学的分析方法，立法者之所以将帮助洗钱行为单独展开评价为洗钱罪，不仅仅是因为这样做是刑法法益保护的需要、刑事政策的需要，也在于：将它单独评价为洗钱罪更有效率效益，在不将公正与效率对立的前提下，符合包含了效率的整体正义观，或曰，其符合法经济学世界里最推崇的社会总体福利最优方案。

三、从理性认知偏差看帮助洗钱行为成立洗钱罪的动因

理性主义是新古典经济学的哲学基础，以此为基石，新古典经济学形成了经典的“理性人”假设。在该假设的光辉下，人类的理性是完美而无差异的。但近年来，行为经济学蓬勃发展，该领域的许多研究均表明，个体理性与个体理性之间存在差异，行为经济学的学者将此种差异的原因直截了当、一针见血地表述为“有限理性”。该领域的先驱赫伯特·西蒙指出，人在具有认知能力的局限性的同时，也会有计算能力和记忆力

---

① 参见汪丽丽：《债权类民间融资演化为犯罪的制度动因及其防范》，载《法学论坛》2012年第3期；贾占旭：《集资诈骗罪“非法占有目的”要件的理论修正与司法检视》，载《法学论坛》2021年第1期。

② 参见邹兵建：《网络中立帮助行为的可罚性证成——一个法律经济学视角的尝试》，载《中国法律评论》2020年第1期。

不尽如人意的问题，因此人们不能作出客观最佳决策，而只能作出在现实中能令自我满意并能够说服自己的决策。现实生活中的人根据有限理性进行决策时，不可避免地产生认知偏差，因此这种情况下人的认知能力和计算能力距离“理性经济人”还相去甚远。[①] 有限理性理论所阐明的认知偏差现象融合了心理学、认知神经科学等前沿领域的研究成果，对新古典经济学的“理性人”假设造成了一定冲击。该理论的后继学者阿莫斯·特维斯基和丹尼尔·卡尼曼则将认知偏差的形成归因于计算方法的不同，即算法和启发法。算法（algorithm）是纯粹理性人的决策机制，其特点在于精确但费时费事，因其精确，故而只要按照这一机制操作，就可以得到问题的解，但因其费时费事，在生活中有时难以应用。启发法（heuristics）又称经验法则或拇指法则，与算法相反，启发法更多依赖认知系统的直观决策，其特点在于粗糙但及时。[②]

如果将犯罪人和纯粹理性人的理性程度作不同区分，犯罪人的个体理性称为直观理性，法典以纯粹理性人为标准所拟制的理性称为建构理性，直观理性的认知程度低于建构理性，其精确度不足，但相应地，其禀赋要求较低，符合犯罪人特质。需要说明的是，直观理性并非不理性，所以直观理性指导下的行为仍然是可预测、可引导的（至少经济犯罪的犯罪人是如此）；如果认为犯罪人的行为是完全非理性的，则等同于认为犯罪人的行为是无法预测、规制的，则刑法的建构与实施基础将动摇。

如果将直观理性的认知程度设为 n，将建构理性（基于算法与逻辑）的认知程度设为 m，则有 $n<m$，而（$m-n$）即为理性认知偏差。目前已有许多法学研究在实质上运用了有限理性（理性认知偏差）理论。概括来看，其可以分为两类：一类研究分析了有限理性形成的法律需求，即在有限理性下达成的契约具有不完备性，因而为法律干预提供了合理解释；另一类研究则阐释了有限理性对现行法律的冲击，进而得出需要修改法律的结论。从有限理性与法律制度的关系来看，前者可以被称为补充论（即法律对有限理性形成的不完备契约的补充），后者可以被称为对冲论（即有限理性对现行法律效果的抵消）。周林彬和董淳锷利用有限理性对中国商会法进行的研究属于前者[③]，王旭和魏建利用有限理性对信托法上禁止承诺收益规则的研究则属于后者。[④] 在刑法领域，有限理性与法律制度的关系有别于上述两类，根本原因在于，在上述研究领域中，行为人

---

① See Herbert Alexander Simon, "A behavioral model of rational choice", *Quarterly Journal of Economics*, Vol. 69: 99, p. 114 (1955).

② See Amos Tversky & Daniel Kahneman, "Judgment under Uncertainty: Heuristics and Biases", *Science*, Vol. 185: 1124 , p. 1124 (1974).

③ 周林彬和董淳锷指出，基于成员的有限理性，商会契约具有不完备性，即商会契约存在履约期漫长、履约过程不可预测等一系列问题，所以法律有必要对此进行干预。具体表现在：其一，应当采用一元制的政府管理制度以保证对契约主体有限理性的必要限制；其二，借鉴合同违约责任有关原则对商会内部惩罚机制进行制度设计；其三，对商会约定职能的产生与变更作出程序性规定，以保证其内部民主。参见周林彬、董淳锷：《中国商会立法当议：从契约的视角》，载《南开学报（哲学社会科学版）》2007 年第 2 期。

④ 以融资类信托产品为切入，王旭和魏建指出，一方面，有限理性使投资人对融资类信托产品具有较强的风险规避动机，进而导致现行信托法中的禁止承诺收益规则违背了最优风险分担原理；另一方面，有限理性使投资人产生易得性偏见，一旦信托资金发生亏损，投资人认为该信托公司是低质量的后验概率估计会远高于根据贝叶斯法则所计算的后验概率，进而促使信托公司有动力进行刚性兑付。参见王旭、魏建：《融资类信托产品承诺收益的市场分析》，载《山东社会科学》2013 年第 1 期。

基于理性而作出的行为会产生增进社会福利的效果，但刑法上行为人基于理性而作出的行为——犯罪，则会减少社会福利。因此，在刑法领域应当重新考虑有限理性与法律制度的关系，我们将其概括为优化论，即刑法可以利用有限理性实现对犯罪控制的优化。通过引入理性认知偏差，借由刑法制度对有限理性的利用，将帮助洗钱行为单独评价为洗钱罪有了更加充分的理由。

如果将刑罚视为一种商品，则国家即为该商品的供给者，犯罪人则为该商品的需求者，国家通过刑事立法产出刑罚，犯罪人通过输出犯罪行为“购买”刑罚，则供需双方的关系符合微观经济学上关于供给和需求的函数表达。首先从供给的角度分析，根据杰里米·边沁、加里·贝克尔等人的观点，刑罚的威慑是刑罚执行概率和刑罚轻重的函数。[①] 而刑罚执行概率受一国经济水平制约，在一定时期内具有稳定性，在给定刑罚执行概率的前提下，刑罚的威慑与刑罚的轻重呈同向变动关系，即执行概率一定，刑罚越严苛，其威慑力越强；刑罚威慑力越强，在无法提升刑罚执行概率的情况下，国家越有冲动将刑罚严苛化。如果假设只存在一个刑种（例如只存在有期徒刑或只存在罚金刑），或者虽然存在多个刑种，但它们彼此之间在威慑力方面存在可替代性，则刑罚的轻重就表现为刑罚的数量，刑罚威慑与刑罚轻重之间的关系就可以转换为刑罚威慑与刑罚数量之间的关系，且二者呈现正相关（增函数）。其次，随着刑罚数量的增加，其边际威慑将递减并趋于零，因此该增函数的增速为由快至慢，最终趋于水平。从需求的角度分析，刑罚威慑力越强，犯罪人越倾向于减少犯罪，相应刑罚的需求量越小，即刑罚的威慑与刑罚的需求数量呈现负相关（减函数）。最后，随着刑罚威慑的减少，其对应的犯罪数量将在边际上递减并在边际上趋于零，促使其应被配置的刑罚数量亦在边际上递减并在边际上趋于零，因此该减函数的减速为由快至慢，最终趋于水平。

用 S 表示刑罚供给，用 D 表示刑罚需求，如图 2 中 S_1 和 D_1 所示，刑罚的供给与需求在 e 处达到均衡。当国家将帮助洗钱行为单独评价为洗钱罪，从供给的角度看，是对刑罚体系的优化，能够实现使用更少成本完成同等威慑的效果，所以供给曲线将左移，从 S_1 移动至 S_2。但是在犯罪人看来，基于有限理性，国家的上述刑事政策意味着刑事打击力度加强，其将减少对刑罚的需求（减少犯罪行为），所以需求曲线也将左移，从 D_1 移动至 D_2，最终供给曲线与需求曲线在 h 处达到均衡。[②] 比较 e 点和 h 点可以发现，h 点使用更少的刑罚数量（$Q_2 < Q_1$）达到了同等的威慑力（P_1）。

至此可以得出结论，因为犯罪人存在理性认知偏差，将犯罪链下的帮助洗钱行为单独评价为洗钱罪，可以实现帕累托改进，即，实现了资源配置方式的改进：在不损害任何人福利的同时，至少使某一人的福利提高（比如生活中常见的例子，某地车牌需要摇号，过去禁止车牌交易，现在改为允许交易，由于自由交易的参与方只会在收益大于成

① 参见王利宾：《刑罚的经济分析》，北京：法律出版社 2014 年版，第 96 页。

② 此处假设国家优化刑罚体系所节约的成本等于犯罪人减少犯罪行为所降低的刑罚需求，供给曲线和需求曲线各自的移动距离相同（为线段 he 的长度），如果考虑刑罚体系的优化对于国家刑罚供给的节约效应是直接的，而对于犯罪人刑罚需求的减少则是间接通过其犯罪行为的减少实现的，则供给曲线的左移将更明显，新的均衡点对应的 P 值将大于 P_1，意味着使用了较少的刑罚达到了更强的威慑效果。

本时进行交易，允许车牌交易就实现了帕累托改进)。

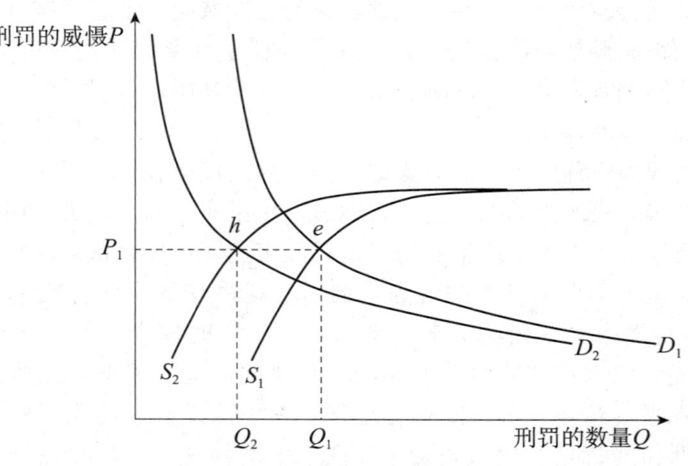

图 2 刑罚的数量与刑罚的威慑①

四、洗钱罪灵活的财产刑设置符合预防犯罪的立法目标

作为破坏金融管理秩序罪，在财产刑适用方面，洗钱罪的规定较为灵活，既可以并处罚金也可以单处罚金，而其上游犯罪的财产刑则较为固化，多数只能并处罚金，不能单处罚金，并处罚金更多意味着将财产刑作为自由刑的附属品。一个值得思考的问题是，如果忽略定罪问题，单就刑事处罚来说，对于预防帮助洗钱犯罪发生而言，哪种刑罚方案是更佳的？换言之，针对洗钱犯罪，是将财产刑作为灵活适用的刑罚更优，还是将其作为自由刑的附属更优？

刑罚是行为人犯罪收益的抵减项。贪利型犯罪的成本、收益天然地被犯罪人用金钱来衡量。财产刑在量化为金钱方面具有优势，财产刑的金钱量化意味着刑罚威慑的金钱量化。无论我们多么坚定地赞同洗钱行为侵害了社会法益，从犯罪动机出发，也必须肯定其贪利属性，即犯罪人并非为了侵害社会法益，而是为了获利才触发贪利型犯罪的按钮。金钱量化能够使潜在犯罪人更直观地计算出犯罪净收益，当净收益为负时，从事犯罪行为将无利可图。自由刑则相反，自由本来就无法以金钱来准确度量，或者说不同的犯罪人对自由的金钱化度量结果不一，当潜在犯罪人对自由的评价趋于无限小时，其金钱化赋值将逼近零，这时自由刑的威慑将显著减小。这也就不难理解为什么许多贪利型犯罪人将家人移民至国外，将财产存进瑞士银行，以“两袖清风、一身孑然”之姿在国内毫无顾忌地从事犯罪行为，其内心所想不过是“一旦东窗事发，牺牲自己，造福全家”。即便他们对牢狱之灾心存顾虑，但“万一没被抓到呢”——这一点顾虑可能也被

① 此图表系作者根据微观经济学关于供给、需求的基本理论以及刑罚威慑理论自行绘制。参见［美］罗伯特·考特、托马斯·尤伦：《法和经济学》，史晋川、董雪兵译，上海：格致出版社 2012 年版，第 27 页。

侦查发现与刑罚执行概率偏低等因素稀释。也不难理解，为什么有报道称某些老人或者找不到工作无法养活自己的人，通过故意犯罪把自己送进监狱、更乐于在监狱生活。此外，财产刑如果执行得当，能够直接促使国库收入的净增加，这一优势，在当今全球各国政府赤字剧增、财政情况普遍趋紧的现实下更具价值。

为进一步分析财产刑在预防洗钱犯罪方面的优势，我们站在立法者的立场，以成本—收益分析法为工具展开论证。

首先，刻画拟为帮助洗钱行为配置的刑罚之收益与成本。刑罚会产生社会收益，也会耗费社会成本。一方面，随着刑罚的增加，社会收益增加，但基于边际收益递减原则，社会收益的增速应当由快至慢，如果用 R 表示社会收益，用 T 表示刑罚供给，则曲线走势如函数图像 $R=R(T)$ 所示。另一方面，随着刑罚的增加，社会成本增加，但基于边际成本递增原则，社会成本的增速应当由慢至快，如果用 C 表示社会成本，同样用 T 表示刑罚供给，则曲线走势如函数图像 $C=C(T)$ 所示。如果用 NC 表示社会净成本，则 $NC=C(T)-R(T)$，当 T 取 T_0 时，刑罚的边际收益与边际成本相等，C 与 R 的直线距离达到最大，社会净成本 NC 的绝对值处于最小值，故 T_0 为刑罚的最佳取值，如图 3 所示。

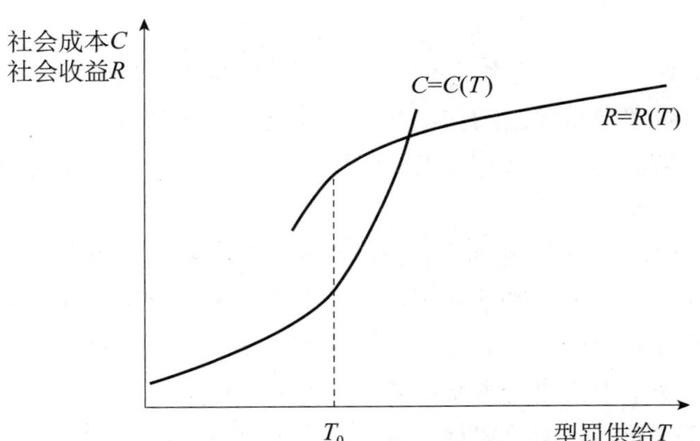

图 3　刑罚供给及其社会成本、社会收益[①]

其次，考虑洗钱犯罪的刑罚供给与社会控制水平的关系。如果将社会控制水平以洗钱罪再犯率来衡量，记为 J，则洗钱犯罪再犯率 J 与刑罚供给 T 的关系为：随着刑罚供给的增加，洗钱犯罪再犯率将减少，但其减速是由快至慢的，若以 $J=J(T)$ 表示二者的函数关系，则 $J=J(T)$ 的曲线走势如图 4 所示。假设洗钱犯罪的最优再犯率为 J_{max}，即当洗钱犯罪的再犯率处在 J_{max} 线及以下时，社会对此处于可接受水平。接下来的问题是，最佳刑罚 T_0 能否实现将洗钱犯罪的再犯率锁定在 J_{max} 线或其以下？

在刑罚数量一定的前提下，再犯率越高说明刑罚的执行效果越差。结合最优再犯率

① 此图系在武暾所绘制的图表基础上修改而成，参见武暾：《抢劫罪的经济分析》，载《南阳理工学院学报》2014 年第 9 期。

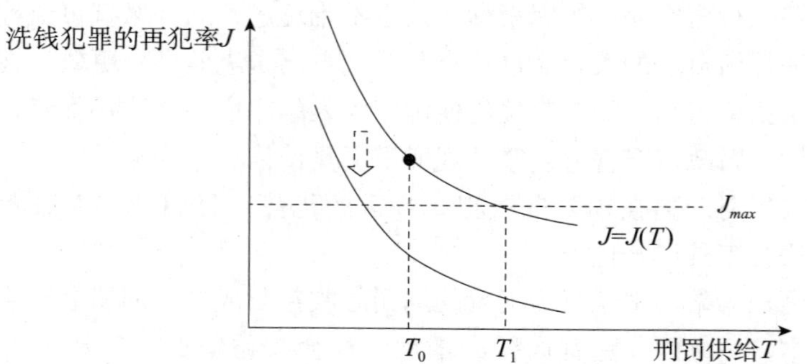

图 4 刑罚供给与洗钱犯罪的再犯率[①]

$J_{\max}$考虑 $J = J(T)$ 的区位。当 $J = J(T)$ 处在图 4 中的下部区位时，最佳刑罚 T_0 处于最优再犯率 $J_{\max}$线之下，意味着从社会净成本最小出发确定的最佳刑罚能够实现社会需要的刑罚执行效果；反之，当 $J = J(T)$ 处在图 4 中的上部区位时，只有保证 T 的取值在 T_1 点及其右侧时才能实现最优再犯率 $J_{\max}$，而 T_0 位于 T_1 左侧，意味着立法者必须在两难间作出选择，要么从社会净成本最小出发，选择坚持最佳刑罚 T_0，从而牺牲对再犯率的控制，要么在 T_0 基础上追加刑罚，从而放弃从社会净成本出发确定的最佳刑罚 T_0。

如果将最佳刑罚 T_0 看作效率的彰显，将最优再犯率 $J_{\max}$看作秩序的缩影，意味着立法者将不得不在效率与秩序之间作出抉择。至此，完成了对一个看似是常识却极有价值的结论之证明：当刑罚执行效果不明显时，刑事立法对效率和秩序的追求不能同时满足。

于是，根据本命题为真，则逆否命题亦为真的逻辑推理定律，可知：要实现刑事立法对效率与秩序的同时满足，必须使刑罚执行效果明显。而要使刑罚执行效果明显，除了司法审判与执行方面的要素极其重要，立法上对刑罚体系的优化、具体条文中刑罚结构或配比的优化，亦至为重要，本文的着力点正在于此。

最后，如何优化刑罚体系以实现刑事立法对效率和秩序的兼顾？换言之，如果当前的刑罚执行效果不明显，怎样才能使 $J = J(T)$ 的区位从上部平移至下部？[②]

如果检索 10 年前乃至更早期的文献就可以发现，长久以来，无论是理论界抑或实务界，对于财产刑几乎都持有一种“爱恨交加”的态度：一方面，刑事立法不断增加财产刑的适用范围[③]，刑事司法判决中财产刑的适用比重也逐渐增加[④]，连理论界也反复

---

① 此图系在武暾所绘制的图表基础上修改而成，参见武暾：《抢劫罪的经济分析》，载《南阳理工学院学报》2014 年第 9 期。

② 假设刑罚体系内部各种刑罚之间存在等效应关系。

③ 1979 年《刑法》中财产刑的规定较少，不足 15%，但 1997 年《刑法》规定财产刑的罪名则占 40%左右，其后的历次刑法修正案亦使财产刑的适用范围不断扩大。

④ 有学者就某地基层法院 2007—2011 年期间办理的案件进行了统计，发现财产刑在该院所有刑事案件中的适用比例在稳步增长。参见王衍松、吴优：《罚金刑适用研究——高适用率与低实执率之二律背反》，载《中国刑事法杂志》2013 年第 6 期。

重申财产刑的优点[①]；另一方面，对于财产刑适用范围扩张的质疑也从未减弱过。[②] 易言之，阻碍财产刑执行效果的绊脚石主要是其“难以执行”问题[③]，但如今，这种情况正在逐渐改变。

其一，司法实务界已经探索出了一条较为成熟的促进财产刑有效执行的实践路径。过去学者在论及财产刑时，总是偏爱刑罚易科制度，但其容易触发民众的反感心理，所以尽管在学理上对刑罚易科制度的讨论热火朝天，但实务界对其保持着异常的冷静。与刑罚易科制度不同，实务界形成了一种更具“中国智慧”的方案。以云南省为例，在2012年以前，犯罪人是否履行财产性判决与其减刑、假释之间无相关性，这导致犯罪人不会被激励去主动履行财产性判决；但2012年以后，云南省开始试点以减刑或假释等方式鼓励犯罪人积极履行财产性判决；及至2017年，云南省开始强制犯罪人履行财产性判决，对不履行者采取严格控制减刑幅度乃至撤销减刑、假释等惩治措施。从“无关因素”到“鼓励履行”再到“惩治不履行”，云南省司法系统巧妙地绕开敏感的刑罚易科制度，借由减刑、假释等自由刑的“备抵项”，促进了财产刑的执行。[④]

其二，大数据技术的突飞猛进和征信系统的不断升级使财产刑的执行难度大大降低。一方面，近十几年来，我国多地法院深入研判以数据促执行的新方法，如广州互联网法院2009年推出的“E链云镜”智能执行分析系统能够利用大数据技术对被执行人进行精准刻画[⑤]；上海市高级人民法院2014年与当地房地产交易中心等多家数据型企事业单位合作，开通的点对点查询机制大大提高了执行效率[⑥]等。另一方面，中国人民银行征信系统2.0版本已于2020年上线，其收录的个人及企业信息量已居于世界前列，在内容上能直观展示个人五年还款记录，且更新频率以日计[⑦]，这与此前四十余个部门达成的联合惩戒失信被执行人备忘录形成“组合拳”，被列入名单者将在执业、评优、消费、出境等多方面受到限制，其子女也无法就读高收费私立学校，故媒体一致称其为“史上最严征信系统”。在大数据技术和征信系统从正、反两路包抄被执行者的同时，区块链技术方兴未艾，科技的迭代已经使过去困扰司法界的财产刑执行难问题逐

---

① 在1999年的中国刑事法年会上，与会学者充分肯定了财产刑在促进罪刑轻缓化方面的效用。此外，高铭暄教授亦一针见血地指出我国将罚金刑作为附加刑的做法与世界趋势相悖，建议提高其主刑地位。参见马滔、张建升：《轻缓化：刑罚现代化的大趋势——死刑与罚金刑研究综述》，载《人民检察》2000年第3期；高铭暄、孙晓：《宽严相济刑事政策与罚金刑改革》，载《法学论坛》2009年第2期。

② 参见张明楷：《罚金刑若干问题的再思考》，载《中国法学》1999年第4期。

③ 当然，财产刑过去可能还面临着“花钱减刑”的误读，但随着市场经济不断发展，“金钱是自由的凝结物”的观念逐渐被接受，民众对于经济犯罪不再抱持着重刑思想，这一点从吴英案中可见一斑。在该案中，吴英的上诉申请被法院驳回后，社会就此事展开了广泛讨论，除了有经济学家张维迎、法学家徐昕等专业人士为吴英大声疾呼，民众也积极关注此案，根据新浪微博一项关于“你认为吴英是否应当判处死刑”的投票活动，在两万余名参与投票的网民中，94%的人认为吴英罪不至死。参见田海龙：《话语与中国的公共领域——关于吴英案的探讨》，载《话语研究论丛》2016年第3辑。

④ 参见赵一戎：《刑事案件中财产性判决“执行难”问题研究》，载《法律适用》2019年第23期。

⑤ 参见胡俊：《善用大数据让老赖没法赖》，载《广州日报》2020年9月23日，第A4版。

⑥ 参见姚丽萍：《“大数据”让老赖原形毕露》，载新民网，http://newsxmwb.xinmin.cn/xinminyan/2016/10/26/30545530.html，2022年1月15日访问。

⑦ 参见《“老赖”终结者，史上最严征信系统影响有多大?》，载经济观察网，http://www.eeo.com.cn/2020/0610/386288.shtml，2022年1月15日访问。

渐破解。

综上，在越过“执行难”这一绊脚石后，财产刑在执行效果方面的可优化空间十分广阔。相反，自由刑的优化难度较大。自由刑对犯罪人的重塑主要依赖劳动改造实现，而劳动改造效果的强化势必依托比较科学的体制管理以及对监狱的财政投入。问题是，目前的体制与管理，在现实当中不容易实现好的监禁或改造效果。仅考虑罪犯之间交叉感染这一项，我国现阶段的国情无法实现对罪犯精细化的分押分管，大量社会危害性不同的罪犯被关押在一起，彼此之间很容易形成犯罪技术、犯罪方法的传习，不利于劳动改造。在监狱高封闭、强监管的情况下，其犯罪意图被暂时压制，待其刑满释放后，如果不能顺利复归社会，便极有可能重新走上犯罪之路，此时其在服刑期间所学到的犯罪技术、犯罪方法都可能诱发其实施更为恶劣的犯罪。除此以外，即使不考虑“提升”劳动改造效果，单就“维持”现存劳动改造效果来看，监狱运营的软件、硬件方面的资金需求都是相当巨大的，可能已经成为沉重负担。我国监狱的维持基本依靠巨额财政资金，而且这笔投入在逐年上升。早在 2007 年，时任司法部副部长郝赤勇在接受采访时表示，关押一个罪犯，国家每年所付出的平均成本为 2.5 万元至 3 万元。① 而同期北京市的低保标准仅为 3 960 元/年②，如此估算，每减少关押一名罪犯，即可多实现对 6 名低保人员的社会救助。一面是具有不确定性的执行效果，另一面是确定且巨大的资金缺口，也难怪即使在财力雄厚的美国，法经济学家理查德·A. 波斯纳也会指出，“从经济学的角度看，我们应该鼓励适用罚金而不是徒刑”③。

当然，基于洗钱罪灵活的财产刑设置、财产刑的优化难度小等理由而论证其对洗钱犯罪的预防作用，可能面临传统法学一般主张必须先定罪而后考虑量刑的质疑。在法经济学的视角下，犯罪行为与刑事处罚之间的联动关系是直接的，即基于犯罪而研究刑罚、通过刑罚去消弭犯罪，但在传统法学的视角下，犯罪行为与刑事处罚之间楔入了“罪名确定”这一环节，所以传统法学对犯罪行为的评价是先定罪、后量刑，刑法的基本原则也常常表示为“罪责刑”相适应。由此形成了法经济学与传统法学在思维路径上的非同步，但实际上，二者应当是殊途同归的：无论是传统法学还是法经济学，都在寻求更有解释力的观点。无论是法经济学的学者还是传统法学的学者，都在一定程度上认可了以刑定罪理论在特定场域下的意义。

在法经济学领域，桑本谦教授提出，定罪和量刑看似是两件事，但二者之间没有明确的界分，刑法之所以在分则中设立了诸多罪名并以章节进行排序，目的在于以分类规定的方式实现量刑方案的针对性配置，如若刑法上只存在一种刑罚，那么定罪就完全没有意义。桑本谦以许霆案为例指出，法教义学学者所提出的为许霆开脱罪责的“主观恶性不大”“违法程度较轻”等，实际是内含着对该案所彰显的作案方式的先验性评

① 参见王比学：《社区矫正：带来良好刑罚效益——访司法部副部长郝赤勇》，载《人民日报》2007 年 5 月 16 日，第 15 版，转引自敦宁：《自由刑的效益之维》，载《甘肃政法学院学报》2014 年第 6 期。

② 参见《北京最低工资标准下月起增至 730 元低保涨 20 元》，载搜狐网，http://news.sohu.com/20070629/n250821328.shtml，2007 年 6 月 29 日访问。

③ ［美］理查德·A. 波斯纳：《法律的经济分析》，蒋兆康译，北京：中国大百科全书出版社 1997 年版，第 297 页。

价——破案率接近100%、作案成功率趋于0。因为破案率接近100%，所以对于此类犯罪无须配置严厉的刑罚（刑罚的威慑=破案率×刑罚严厉程度）；因为作案成功率趋于0，所以此类犯罪所产生的预期损失也趋于0（犯罪的预期损失=作案成功率×犯罪的实际损失）。而破案率与作案成功率这些变量在传统法学看来皆不是定罪要件，而是量刑因素。可见，在个别场域下，面对要件失灵，以刑定罪不失为一种另辟蹊径的方法。[①]

在传统法学领域，一些学者也肯定了以刑定罪或以刑制罪的价值。冯亚东教授（2006年）提出，对于在性质上处于两可乃至多可的刑事案件，以刑定罪思想在潜移默化地引导着司法者的审判，这种逆向性思维是一种务实的做法，毕竟承担法律责任的是"人"而非"行为"，对任何一种行为的判定投射到现实中都表现为具象的人的责任承担。就出罪与入罪来说，《刑法》第13条关于"情节显著轻微危害不大"的但书在司法实践中更像是一枚标签，即在已经得出无罪的结论后以此"封箱"，其无法为结论的证成或证伪提供先验性的支持。在这方面，英国的做法是由程序推导行为性质，即考虑是否应当对该行为施以刑罚，如是，则入罪；否，则出罪。而这一过程恰恰构成量刑对定罪的反向牵引。[②] 周建达副教授（2015年）则通过对法院公职人员的田野调查论证了一项更具实践性的结论：不仅仅是疑难案件，即便针对常规案件，以刑定罪的裁判方法也广泛地被刑事法官们所使用。[③] 尽管这看来是"经验"对"规则"的反动，但在现实里，法院并没有因此而陷入"主观归罪"的批评泥淖，这似乎也反向印证了客观存在的以刑定罪思想并非洪水猛兽。李兰英教授（2020年）针对纷繁复杂的网络经济领域尤其是网络金融领域的涉罪行为，更是旗帜鲜明地指出：检视"平台积分套现"与"网络批量虚假注册"等新型网络经济中的涉嫌犯罪行为，妥当适用"以刑制罪"更能实现社会整体的价值目标，获得更大的公众认同。[④]

本文所探讨的问题也是以刑定罪或以刑制罪思想的运用，即在上游犯罪共犯与洗钱罪两可的前提下，洗钱罪因包含灵活的财产刑，更有利于规制洗钱犯罪这种贪利型犯罪。当对某些实施帮助洗钱行为的犯罪人在上游犯罪之共犯及洗钱罪之间产生定罪争议时，当事先通谋难以证实时，只要认定为洗钱罪不存在明显不当且属于使用金融性等专业方法非法转移财产的，优先认定洗钱罪即可。最高人民检察院联合中国人民银行发布的"关于惩治洗钱犯罪典型案例"中指出，"在非法集资等犯罪持续期间帮助转移犯罪所得及收益的行为，可以构成洗钱罪。非法集资等犯罪存在较长期的持续状态，在犯罪持续期间帮助犯罪分子转移犯罪所得及收益，符合《刑法》第191条规定的，应当认定为洗钱罪。"可以看出，这一思想在事实上已经得到规则制定者（至少是司法解释的制

---

① 参见桑本谦：《从要件识别到变量评估：刑事司法如何破解"定性难题"》，载《交大法学》2020年第1期。

② 参见冯亚东：《罪刑关系的反思与重构——兼谈罚金刑在中国现阶段之适用》，载《中国社会科学》2006年第5期。

③ 参见周建达：《"以刑定罪"的实践样态及其分析——以Y市法院的实证考察为基础》，载《环球法律评论》2015年第1期。

④ 参见李兰英：《"以刑制罪"在网络经济犯罪认定中的适用》，载《厦门大学学报（哲学社会科学版）》2020年第4期。

定者——最高人民检察院）的认可。

五、结语

帮助洗钱行为理论上既可被评价为上游犯罪共犯亦可被单独评价为洗钱罪，虽然通谋说给出了一个区分标准，但从刑事立法角度，仍然需要思考将帮助洗钱行为单独评价为洗钱罪的目的。通过引入法经济学的工具进行分析可以发现，从理性认知偏差及刑罚优化的成本收益分析两个理论点出发，将帮助洗钱行为单独评价为洗钱罪而非上游犯罪共犯更符合法经济学上的效率与效益观。

买卖人口犯罪的教义分析：以保护法益与同意效力为视角*

梁根林**

以近期自媒体连续曝光的“丰县锁链女事件”“孙卓被拐事件”等买卖妇女、儿童案件为引爆点，我国学术界就《刑法》第 241 条收买被拐卖的妇女、儿童罪（以下简称收买罪）与《刑法》第 240 条拐卖妇女、儿童罪（以下简称拐卖罪）的法定刑是否严重失衡，是继续维持对收买罪与拐卖罪的异罪异罚，还是整合收买罪与拐卖罪，实行对买卖人口的同罪同罚，进行了一场超越学术圈、激荡舆论场、影响决策层、引发打拐专项行动的学术大讨论，形成了旗帜鲜明、针锋相对的学术对垒。学术对垒的双方虽然都坚决反对、严厉谴责买卖人口，但在各自的论证前提、立场、逻辑与结论等方面却存在全方位歧见。①

鉴于买卖人口犯罪的保护法益如何界定，直接关系对买卖人口犯罪的不法本质与不法程度的准确评价，不仅对买卖人口罪刑规范的立法设置具有立法批判功能，而且对买卖人口犯罪构成要件与刑罚适用具有解释、指引功能，并且考虑到保护法益的界定与被害人同意效力的肯否在本体上具有通约性，所以本文选取保护法益与被害人同意效力为观察视角，对买卖人口犯罪进行教义分析，以求教于学界、实务界的同行。

一、个人人身法益说之批判

现代刑法教义学已经基本达成的一个共识是，刑法的任务是对法益进行辅助性的刑法保护。从这一前提出发，犯罪的不法内涵只能被理解为违反法规范的期待对法益的侵害或者侵害危险。基于这一共识，如何准确界定买卖人口犯罪的保护法益，不仅是买卖人口犯罪的教义分析必须解决的首要问题，而且是解决买卖人口是否应当同罪同罚的纷争必须回答的前提问题。

---

* 本文根据作者在北京大学法学院 2022 年春季学期研究生课程“刑事政策”的讲授录音整理稿执笔完成。感谢北京大学法学院博士研究生褚础同学协助作者进行了录音稿的文字整理与文献梳理、成稿的文字校对与引注处理。

** 北京大学法学院教授。

① 参见车浩：《收买被拐妇女罪的刑罚需要提高吗?》，载“北大法宝”数据库；罗翔：《论买卖人口犯罪的立法修正》，载《政法论坛》2022 年第 3 期。

迄今为止的中外刑法教义学通说均将买卖人口犯罪的保护法益界定为作为个人法益的人身法益，但是在如何具体界定人身法益的内涵上有所不同。例如，在德国，通说认为，买卖人口犯罪的保护法益是被害人保障个人对于使用劳动力、卖淫、卖淫类似之性行为、社会蔑视与违法之行为之自我决定权。[①] 在日本，关于买卖人身罪的保护法益的学说林林总总，计有被害人的自由说[②]、被害人的安全说[③]、被害人的行动自由与身体安全说[④]、被害人的自由与生活安全说[⑤]、被害人的行动及意思决定自由说[⑥]。在我国，也有类似的被害人的人身自由说[⑦]、被害人在本来生活状态下的身体安全与行动自由说[⑧]、被害人的行动自由、人身权利说[⑨]，以及被害人的人身不受买卖权利说[⑩]被害人的人身自由权利和人格尊严说等学说。[⑪] 当然，在买卖儿童的场合，通说都认为，保护法益还包括儿童的亲权人、保护人以及事实上的监护人的监护权。[⑫]

个人法益说的实定法依据是各国刑法包括我国刑法都将买卖人口犯罪规定在侵犯人身罪章。立法者将特定个罪放置在特定罪章，首要的考虑当然是特定个罪侵犯的法益与特定罪章规定的类罪侵犯的法益是否具有种属关系，因此，凡规定在侵犯人身罪章中的特定个罪必然以特定方式侵犯特定人身法益。买卖人口罪既然规定在侵犯人身罪中，其保护的法益当然包括人身法益。但是，立法者并不会只根据种属关系安排特定犯罪的分则体系定位，如果特定犯罪侵犯的法益具有多重性，则会根据侵犯的核心法益与特定罪章的种属关系，确定其体系地位。最典型的立法例就是抢劫罪。作为同时侵犯人身法益与财产法益的复合法益结构犯罪，有的国家因更为重视评价抢劫侵犯人身法益的不法属性而将其纳入侵犯人身罪章，有的国家如我国，则更为关注抢劫侵犯财产法益的不法属性而将其纳入侵犯财产罪章。因此，立法者将买卖人口罪纳入侵犯人身罪章，只是表明其侵犯的核心法益是被害人的人身法益，但没有理由认为其法益只能是被买卖的特定被害人的人身法益。

个人法益说在经验上的依据来源于买卖人口犯罪的行为对象是被买卖的特定被害人，其人身自由、安全、生活安宁、自我决定权被侵犯，作为经验事实，可以被直觉感知，因而通说将直觉感知到的经验事实直接界定为买卖人口犯罪的保护法益。这种基于

---

① 参见林东茂主编：《德国刑法翻译与解析》，台北：五南图书出版股份有限公司 2018 年版，第 495 页。

② 参见［日］大塚仁：《刑法概说（各论）》，冯军译，北京：中国人民大学出版社 2009 年版，第 105 页。

③ 参见［日］山口厚：《刑法各论》，王昭武译，北京：中国人民大学出版社 2011 年版，第 102－103 页。

④ 参见［日］西田典之：《日本刑法各论》，王昭武、刘明祥译，北京：法律出版社 2020 年版，第 87－88 页。

⑤ 参见［日］大谷实：《刑法讲义各论》，黎宏译，北京：中国人民大学出版社 2008 年版，第 96 页。

⑥ 参见［日］松宫孝明：《刑法各论讲义》，张小宁译，北京：中国人民大学出版社 2018 年版，第 83 页。

⑦ 参见周道鸾、张军主编：《刑法罪名精释》，北京：人民法院出版社 2007 年版，第 440 页；王作富：《刑法分则实务研究》（第 4 版・中），北京：中国方正出版社 2010 年版，第 886 页；黎宏：《刑法学各论》，北京：法律出版社 2016 年版，第 250 页。

⑧ 参见张明楷：《刑法学》（第 6 版），北京：法律出版社 2021 年版，第 1166 页。

⑨ 参见周光权：《刑法各论》（第 3 版），北京：中国人民大学出版社 2016 年版，第 49 页。

⑩ 参见高铭暄、马克昌主编：《刑法学》（第 9 版），北京：北京大学出版社、高等教育出版社 2019 年版，第 470 页；罗翔：《论买卖人口犯罪的立法修正》，载《政法论坛》2022 年第 3 期，第 1－14 页。

⑪ 参见周道鸾、张军主编：《罪名精释》，北京：人民法院出版社 2007 年版，第 444 页。

⑫ 参见［日］西田典之：《日本刑法各论》，王昭武、刘明祥译，北京：法律出版社 2020 年版，第 90－91 页；［日］松宫孝明：《刑法各论讲义》，张小宁译，北京：中国人民大学出版社 2018 年版，第 83 页；张明楷：《刑法学》（第 6 版），北京：法律出版社 2021 年版，第 1166 页。

经验直觉而界定的个人人身法益，虽然能够反映多数情况下买卖人口犯罪的核心不法内涵，但是未必能够客观、全面、准确地反映所有买卖人口犯罪的不法内涵，并实现买卖人口犯罪在教义学逻辑与解释结论上的周延。

首先，个人法益说往往将买卖人口侵犯的法益界定为被害人的物理性的人身自由、行动自由。按照这种理解，买卖过程中如果没有对被害人的人身或者行动自由的外部压制，就不能认为侵犯了被害人的人身法益。这种说法既不能解释婴幼儿的父母、监护人等享有监护权的人出卖被监护的婴幼儿为什么应当成立拐卖儿童罪，也不能解释行为人在拐骗、绑架之外，用不限制身体或行动自由的平和的方式买卖成年被害人时，为什么也必须成立买卖人口罪，因而论者往往将对被害人的人身自由、行动自由的侵犯解释为对被害人人身的支配，即“对对象人施以物理的、心理的影响，将其置于能左右其意思的状态之下，使之难以从自己的影响之下脱离，而不以完全拘束对象人的自由为必要”[①]。这一解释结论未免过于宽泛而且捉摸不定，并且还会轻易得出“对于支配的转移，如果对象人是基于没有瑕疵的自由意思而表示同意，对此难言出于支配之下，实际上，也难以设想会发生这种情况”[②]。为了能够自圆其说，论者甚至还将行为人对被害人自由的侵犯扩展为行为人具有拘束被害人自由的动机，引发侵害被害人自由侵犯的危险性。山口厚在解释日本刑法买卖人身罪的立法理由时，就认为：“本款之所以普遍处罚收买他人的行为，是基于以下考虑：由于是自己出钱才取得对他人的支配，为了收回‘成本’，势必具有很强的拘束被害人自由的动机，因而侵害被害人的自由的危险性亦很大。”[③] 如此解释更凸显其解释结论的左支右绌。

其次，持个人法益说的一些学者将买卖人口罪保护的法益界定为被害人的人身安全，同样不能解释在买卖人口的交易双方分别出于各自的出卖、营利、结婚、收养等目的而善待被害人、确保其安全无虞的情况下，为什么也要以犯罪论处。至于张明楷教授以“本来生活状态下的身体安全及行动自由”界定买卖人口罪所侵犯的个人法益，虽然可以认为买卖行为确实改变了被害人本来的生活状态，但同样不能解释如果买卖行为并无危及被害人人身安全之虞，甚至在好吃好喝、悉心照料的情形下，为什么要以犯罪论处，更不能解释买卖婴幼儿、监护人等出卖未成年的被监护人以及买卖精神病人，为什么必须以犯罪论处，因为此时，被害人因为年幼、精神病而没有自由行动的选择能力，买卖双方或一方也可能确实不会危及其身体安全。张明楷教授将买卖人口罪的个人法益界定为被害人本来生活状态下的人身安全与行动自由安全，未能合理地消除上述疑虑，亦存在着解释力不足的问题。[④]

再次，持个人法益说的有些同行注意到了注重物理性的人身自由、身体安全的主张的解释力不足，因而把买卖人口的保护法益界定为精神性的意思决定自由或自我决定权。按照这种理解，即使买卖双方或者一方在交易过程中并未对被害人的人身自由、行动自由进行外部压制，也未危及被害人的人身安全，只要在精神上压制了被害人的意思

---

① ［日］山口厚：《刑法各论》，王昭武译，北京：中国人民大学出版社 2011 年版，第 113 页。
② ［日］山口厚：《刑法各论》，王昭武译，北京：中国人民大学出版社 2011 年版，第 113 页。
③ ［日］山口厚：《刑法各论》，王昭武译，北京：中国人民大学出版社 2011 年版，第 113 页。
④ 参见张明楷：《刑法学》（第 6 版），北京：法律出版社 2021 年版，第 1166 页。

决定自由，妨害了被害人行使自我决定权，就构成买卖人口的犯罪。但是，这一主张为买卖人口成立犯罪设置了一个不成文的违背被害人意志要件，并因而主张得被害人之同意的买卖人口行为不构成犯罪。这是否会因此不当地限缩买卖人口的犯罪成立范围，容后具体分析。

最后，还有些持个人法益说的同行进一步把买卖人口犯罪行为侵犯的法益抽象为被害人的人身不受买卖权利。根据人身不受买卖权利说，通过设置买卖人口的犯罪构成要件，刑法明确了禁止买卖人身的行为规范，表达了立法者反对将人物化、商品化和工具化的立法意志，契合了现代文明社会对人格尊严的刑法保护需求。在个人法益说的范畴内，这一主张较之其他学说，具有更强的解释力。买卖人口的行为，无论是否侵犯了被害人的身体自由、行动自由或者人身安全、生活安全，也无论是否妨害了被害人的意思决定自由或者自我决定权的行使，都具有刑法上的不法，符合买卖人口犯罪构成要件的，一般都应以犯罪论处。但是，这一主张无法回答批评者所提出的，既然人身不受买卖权利是个人人身权或人格权，为什么又无视被害人对自己身体买卖的自我决定权，完全否定被害人同意的效力，其中的逻辑是否自相矛盾的质疑。即使用刑法家长主义予以搪塞，也未免过于简单、粗暴，无法令人信服。①

二、从复合法益结构到人格尊严整体说的证立

因为个人法益说作为通说虽然一统天下，却又存在明显的解释力不足、逻辑不周延缺陷，一些学者开始注意、发现、挖掘买卖人口在侵犯人身法益之外的不法内涵。迄今为止，这种尝试可能还是不自觉的，因而也是初步的。

大塚仁教授一方面认为包括买卖人口在内的略取及诱拐的犯罪侵犯的法益是被害人的人身自由，另一方面又指出："在今日的社会共同观念上，略取、诱拐是违反公序良俗的行为，所以，应该认为即使存在成年的被害人的承诺，也不阻却违法性。在诱拐之后，即使被诱拐者宽恕了犯人的诱拐行为，或者同意了作为犯人的目的的事项，也不妨碍诱拐罪的成立。而且，因为是以对作为被拐取者的他人的利益进行侵害为内容的行为，所以，保护监督者的承诺也当然不阻却违法性。"②

陈子平教授也注意到了买卖人口犯罪保护法益的超个人性，他指出："人口买卖已非仅侵害人身自由而已，甚至已有害社会善良风俗，本犯罪已成为具有世界共通性的犯罪（违反国际公约的犯罪行为）。唯，本罪置于妨害自由罪章，亦以保护被害人的人身自由为主。"③ 其观点与大塚仁教授可谓一脉相承。

林亚刚教授立足于个人法益说，主张买卖人口罪的保护法益是妇女、儿童的人身自由权利、人身不受买卖的权利。在解释人身自由的含义时，林亚刚教授指出："人身自

① 在承认现代社会的自我决定权与刑法家长主义之间的关系具有复杂性的基础上，车浩教授尝试建构了"自我决定权与刑法家长主义的关系呈现出既有正向排斥又有逆向制约、既要积极保障又要拒绝溺爱性保护的复调结构"。参见车浩：《自我决定权与刑法家长主义》，载《中国法学》2012 年第 1 期。

② ［日］大塚仁：《刑法概说（各论）》，冯军译，北京：中国人民大学出版社 2009 年版，第 106 页。

③ 陈子平：《刑法各论》（第 4 版・上），台北：元照出版公司 2019 年版，第 148 页。

由有狭义和广义之分。狭义的是指人身不受非法拘捕、限制、搜查、讯问和侵犯，广义的还包括与人身相关联的人格尊严不受侵犯、人身不受买卖的权利。本罪保护的核心法益应该是'人身不受买卖权利'，即人不是'待价而沽'的商品。"[①] 但是，林亚刚教授又进一步指出："将妇女、儿童作为'商品'贩卖违反人性，无论在何种情况下，行为危害的都是国家、社会以及公共利益，国家通过刑法的禁令，对该种行为绝对取缔。被拐卖的妇女无权处置这种同国家、社会利益具有紧密联系的人身权。"[②]

可见，大塚仁、陈子平、林亚刚教授均在事实上肯定了买卖人口罪不是单纯侵犯个人法益的犯罪，其法益结构呈现出个人法益与集体法益的复合性，为叙述方便，本文将其归纳为复合法益结构说。只是，在立论根据与观察维度上，大塚仁、陈子平教授还是立足于个人法益说探寻买卖人口行为在侵犯个人法益之外可能指涉的集体法益；在法益内涵上，大塚仁、陈子平教授关注的只是传统教义学语境下的人身自由与公序良俗。较之大塚仁、陈子平教授，林亚刚教授的贡献在于超越对个人法益的传统理解，将个人法益的内涵从通常界定的物理性、形而下的身体自由发展为精神性、形而上的人身不受买卖的权利，契合了现代社会对人格尊严的保护需求。但是，林亚刚教授在界定买卖人口罪所必然同时侵犯的集体法益时，只是将其笼统地界定为国家、社会以及公共利益，而未对其内涵作符合现代社会的时代价值的更为具体和准确的界定，因而同样存在不足。

更为重要的是，大塚仁、陈子平、林亚刚教授并非完全理论自觉地阐释买卖人口犯罪的复合法益结构，对指涉的集体法益未予理论定位，对集体法益的内涵也未予具体界定。一方面，如果买卖人口必然侵犯所谓的"社会善良风俗"或者"国家、社会及公共利益"，则其就应当作为买卖人口犯罪保护的集体法益被承认，但是囿于个人法益说的禁锢，三位同行并没有自觉地予以理论定位。另一方面，三位同行都是在个人法益之外，承认买卖人口行为必然侵犯此等集体法益。刑法教义学理论的通说主张，集体法益只有能够被还原为个人法益时，才是值得刑法予以保护的法益。[③] 因此，只有在准确揭示集体法益的内涵、阐明集体法益与个人法益的内在联系后，集体法益的需保护性才具有其正当性。三位同行都没有揭示其所谓集体法益与个人法益之间的内在联系甚至一体两面的真实面相。

尽管如此，大塚仁、陈子平、林亚刚教授对买卖人口犯罪的保护法益的相关论述，还是启发了本文的进一步思考，仍然应当予以肯定。

在康德道德戒律的三大绝对命令中，"人是目的，不是手段"不仅是康德哲学的出发点，也是三大绝对命令的核心。"不论是谁在任何时候都不应把自己和他人仅仅当作工具，而应该永远看作自身就是目的。"[④] " 超越于一切价值之上，没有等价物可代替，才是尊严。"[⑤] 在康德看来，人不仅是生物个体的存在，而且是理性主体的存在，没有任何等价物可以代替。人作为生物个体，其存在只具有相对价值。但是，人作为理性主

① 林亚刚：《刑法学教义》（分论），北京：北京大学出版社 2020 年版，第 54－55 页。
② 林亚刚：《刑法学教义》（分论），北京：北京大学出版社 2020 年版，第 55 页。
③ 参见孙国祥：《集体法益的刑法保护及其边界》，载《法学研究》2018 年第 6 期。
④ 康德：《道德形而上学理论》，苗力田译，上海：上海人民出版社 2002 年版，第 40 页。
⑤ 康德：《道德形而上学理论》，苗力田译，上海：上海人民出版社 2002 年版，第 41 页。

体，能够实现意志自律，其存在具有绝对价值。人的本质是自由，人既是出发点，也是目的，而且是最高目的。

正是借助康德哲学的洗礼，近现代以来，尊重人的理性主体地位，捍卫人性尊严与意志自由，禁止任意驱使、奴役、买卖人，反对把人作为达到任何其他目的的手段，不仅被确认为文明社会的底线伦理要求，而且逐渐上升为指引、审视和检验实定法是否良善的自然法准则。许多国家在宪法中将人性尊严规定为公民基本权利，并将捍卫人性尊严列为国家的首要任务。《德国基本法》第 1 条第 1 款开宗明义："人的尊严不可侵犯。尊重及保护此项尊严为所有国家机关之义务。"第 2 条进一步规定："人人有自由发展其人格之权利，但以不侵害他人之权利或不违反宪政秩序或道德规范者为限。人人有生命与身体之不可侵犯权。个人之自由不可侵犯。此等权利唯根据法律始得干预之。"我国《宪法》第 33 条第 3 款同样明确宣示："国家尊重和保障人权。"第 38 条第一句进一步强调："中华人民共和国公民的人格尊严不受侵犯。"

买卖人口行为无视人是目的、具有自由意志的理性主体，将人赤裸裸地物化、商品化与工具化为人口交易市场的商品，进行讨价还价、自由买卖，不仅直接违反康德绝对命令，突破道德戒律，突破文明社会的底线伦理，而且违反自然法、宪法原则和实定法上的人身不可买卖的禁止规范，彻底亵渎了被买卖之特定被害人的人格尊严，因此，买卖人口特别是贩卖人口在任何情况下都被认为是刑事可罚的不法行为，不仅各国国内法均将其规定为严重侵犯人身犯罪，而且已经被国际刑法确认为各国均有管辖与追诉义务的重大国际犯罪。

买卖人口行为在不法内涵上，不仅必然表现为触犯人身不可买卖的伦理底线、道德戒律和法律禁令，亵渎被买卖之特定被害人的人格尊严，而且往往伴随着对被买卖之特定被害人的人身自由、人身安全、生活安宁的侵犯，或对其意思决定自由或自我决定权的压制。既往的个人法益说正是并且也只是注意到了后者这一往往凭借物理观察、经验感知就能确认的结果不法事实，并据此将被买卖之特定被害人的人身权界定为买卖人口犯罪的保护法益。但是，既往的个人法益说，或者忽视了被害人的人身法益并非在所有买卖人口案件中都必然被侵犯这一事实，或者虽然注意到这一事实，却简单地以被害人同意为由，予以一笔勾销。其结论或与买卖人口犯罪的客观事实不符，或基于显然存在瑕疵的判断逻辑。

在本文看来，根据法益原理，一方面，既然买卖人口行为的结果不法并非在所有案件中都必然表现为对被害人的人身自由、人身安全的侵犯或对其意思决定自由或自我决定权的压制，就不能认为被害人的人身自由、人身安全、意思决定自由或自我决定权就是买卖人口犯罪的保护法益。另一方面，在现代文明社会，既然买卖人口犯罪在所有案件中都必然表现为违反人身不可买卖的禁止规范，侵犯以被害人的人身不可买卖性为核心的人格尊严，那么就应当将买卖人口犯罪的保护法益界定为以被害人的人身不可买卖性为核心的人格尊严。

不仅如此，买卖人口在赤裸裸地将特定被害人物化、商品化与工具化，直接侵犯其人格尊严的同时，还必然冒犯被买卖的特定被害人作为一员所属的人类全体的人格尊严，使人类全体面临被普遍物化、商品化和工具化的潜在危险与共情焦虑之中。这是被既往基于个人法益说的人身不受买卖权利说的同行没有认识、完全忽视的结果不法事实，也是事实上承认买卖人口罪的保护法益呈现复合法益结构的同行没有清晰洞察、准确界定的结果不法事实。

众所周知，因目睹他人遭遇不幸而予以共情，无论是基于爱人而共情，还是基于爱己而共情，都是正常和健康的社会心理反应，也是社会团结的重要标志。正是基于共情反应，一旦有人胆敢赤裸裸地将人当作商品加以买卖，就不仅是在将特定被害人物化、商品化和工具化，而且也是使所有的人类同类陷入可能被物化、商品化与工具化的危险之中；不仅是在直接损害特定被害人的人格尊严，也是在间接冒犯人类全体的人格尊严。这种人格尊严冒犯，不仅外化为买卖行为侮辱人类全体的人格尊严所展现的客观不法，而且内化为人类全体因共情反应、感情激惹而遭受的情感伤害。在当下所处的信息社会、自媒体时代，买卖人口犯罪对人类全体的人格尊严的冒犯效应甚至可能被无限放大，因此，我们不时看到，即使是一起偶然、孤立的买卖人口案件，一旦触及了公众的良知、底线与痛点，往往就会在瞬间激发山呼海啸般的集体愤怒，人们在为他人被买卖、被侮辱、被摧残的不幸遭遇洒下同情之泪的同时，更会真切地感受自己作为同类的人格尊严被冒犯，并深切忧虑自己或者亲友会不会是下一个受害者。正是在这个意义上，人们往往会共情地认为，只要有买卖人口的犯罪发生，则包括被买卖之人在内的所有人，人人都是受害者，唯一的区别只在于，被买卖之人是直接被买卖、被侮辱，而其他人则是间接被冒犯、被伤害。[①] 因此，即使是自称自由主义者的范伯格也承认，严格解释与界定前提下的冒犯原则，即授权以法律强制手段防止最广义的“冒犯”，包括狭义的冒犯（如反感、厌恶）、伤害（如“无害的”悸动、痛苦）以及“其他”（如耻辱和尴尬），应当与损害原则一起，共同构成刑事处罚的全部道德根据。[②]

可见，如果不将买卖人口犯罪的保护法益主体从直接被买卖的特定被害人扩展至该特定被害人作为其一员的人类全体，不将买卖人口行为对人体全体的人格尊严的冒犯与情感伤害纳入买卖人口犯罪的不法内涵，就不可能正确地界定买卖人口罪的保护法益，也不可能准确地理解买卖人口犯罪的不法内涵与不法程度。只有从“人是目的，不是手段”、人是具有自由意志的理性主体的绝对命令出发，立足于现代文明社会绝对禁止人身买卖、保障人格尊严的规范立场，将买卖人口犯罪保护的法益界定为直接被买卖之特定被害人与间接被冒犯的人类全体以人身不可买卖性为核心的人格尊严整体，才可能对买卖人口犯罪的不法进行充分评价。

三、以人身不可买卖性为核心的人格尊严整体说的展开

根据上文的基本立场，以人身不可买卖性为核心的人格尊严整体作为保护法益，具

① 关于感情是否值得刑法保护而成为感情法益、感情法益的正当性根据、感情侵害犯的审查判断，参见张梓弦：《感情法益：谱系考察、方法论审视及本土化检验》，载《比较法研究》2022年第1期。

② 参见［美］乔尔·范伯格：《刑法的道德界限》（第一卷·对他人的损害），方泉译，北京：商务印书馆2013年版，第50页。

有以下特点：

第一，买卖人口犯罪的保护法益是以人身不可买卖性为核心的人格尊严，既非泛泛而论的一般人格权，也不涉及其他具体人格权。我国宪法确认了公民人格尊严不受侵犯的基本权利与国家义务。《民法典》第990条规定了民事主体享有生命权、身体权、健康权、姓名权、名称权、肖像权、名誉权、荣誉权、隐私权等人格权，确认了自然人享有基于人身自由、人格尊严产生的其他人格权益。《民法典》确认的人格权和人格权益，既是人格尊严的规范化和具体化，亦表明人格尊严是人格权法的核心价值、人格权体系的建构基石以及具体人格权和人格权益的判断标准。[①] 可见，人格尊严不仅具有极其丰富并且不断发展的内涵，而且具有一般性和抽象性。在一般的意义上，我国刑法侵犯人身罪章所规定的所有侵犯人身罪，都以不同方式、不同程度地侵犯了抽象的人格尊严，因此，显然不能将抽象的人格尊严或者一般人格权设定为买卖人口犯罪的保护法益，也不能把买卖行为无涉的其他具体人格权或人格权益纳入本罪法益保护范围，而必须结合买卖人身行为的行为构造，将买卖行为直接侵犯的具有特定内涵的人格尊严纳入保护范围。买卖人口犯罪的基本行为构造是，违反人身不可买卖的禁止规范，将人当作商品加以买卖，将人物化、商品化和工具化，侵犯被害人的人格尊严。因此，应当顺理成章地将买卖人口犯罪的保护法益具体界定为以人身不可买卖性为核心的人格尊严。

第二，作为人格尊严核心内容的人身不可买卖性，具有先在于实定法的规定性。本文将买卖人口罪的保护法益界定为以人身不可买卖性为核心的人格尊严，而非我国学界同行所主张的被害人的人身不受买卖权利，旨在强调以人身不可买卖性为核心的人格尊严，相对于基于实定法确认的人格权和人格权益而引申出来的人身不受买卖权利，具有先在性。自康德哲学确认“人是目的，不是手段”的绝对命令以来，人作为具有意志自由的理性主体，不得被工具化，更不可被买卖、被奴役，普遍被接受为作为源自人的本质的自然法准则和自然法权利。人身不可买卖性具有先在于实定法的规定性，是人人固有的人格尊严构成了实定法上的人格权和人格权益的基石，而非实定法确认了人格权和人格权益才使人享有了人格尊严，实定法规定的人格权和人格权益，仅仅是对源自人的本质的自然法准则和自然法权利的规范确认。[②] 因此，《公民权利和政治权利国际公约》“前文”开宗明义地确认，“人类固有的尊严”（inherent dignity of human person）是一切公民权利和政治权利的来源，就是旨在表明人格尊严的先在性。我国《民法典》第990条第2款关于除人格权外“自然人享有基于人身自由、人格尊严产生的其他人格权益”的规定，同样确认了人格尊严作为人格权和人格权益的基石的先在性。刑法只是在宪法与民法的基础上，进一步通过设置买卖人口犯罪的构成要件，确认人身不可买卖的先在规定性，强化禁止买卖人身的规范效力，实现对人人固有的人格尊严的刑法保护。

因此，强调买卖人口罪的保护法益是以人身不可买卖性为核心内容的人格尊严，并不意味着本文否定将被害人的人身不受买卖权利界定为买卖人口罪的保护法益。无论是人身不可买卖性还是人身不受买卖权利，法益内涵具有价值上的一致性，都服务于捍卫

① 参见王利明：《人格权法中的人格尊严价值及其实现》，载《清华法学》2013年第5期。

② 参见王利明：《人格权法中的人格尊严价值及其实现》，载《清华法学》2013年第5期。

人格尊严这一核心价值和最高目标，两者的区别主要集中于，前者强调人身不可买卖性源自人的本质，是自然权利，具有相对于实定法的先在性，并因而具有某种绝对性，不因实定法的改变而改变，而后者作为实定法上的人格权的具体表现，则具有实定法上的规定性和相对性。

第三，人格尊严的法益内容具有唯一性。本文将以人身不可买卖性为核心的人格尊严界定为买卖人口犯罪侵犯的唯一法益，拒绝将买卖人口附带产生的妨害社会善良风俗、社会管理秩序等集体法益纳入保护法益结构，同时将以人身不可买卖性为核心的人格尊严主体扩展至人类全体，兼顾了陈子平教授、林亚刚教授等将社会善良风俗、国家、社会及公共利益等集体法益纳入买卖人口罪的保护法益的实际考量，更为准确地界定了买卖人口罪侵犯的集体法益的实际内涵，可以为更加充分地评价买卖人口犯罪的不法本质与不法程度提供教义学的规范依据，并因而得以顺理成章地维持买卖人口犯罪作为侵犯人身罪的体系地位。

第四，人格尊严的法益主体具有种属性。本文界定的买卖人口犯罪保护的法益在内涵上具有唯一性，但其指涉的主体则非唯一，它既指向直接被买卖的特定被害人，亦指向间接被冒犯的人类全体，两者之间具有法益主体上的种属关系，对后者人格尊严的冒犯缘于对前者人格尊严的侵犯，既是前者的不法内涵的自然外溢，又有区别于前者的独立的主体指向即人类全体，因而本罪的保护法益结构呈现为具有种属关系的两个主体以人身不可买卖性为核心内容的人格尊严整体。

因此，本文主张的人格尊严整体说，不同于既往的人身不受买卖权利说之处就在于，后者是纯粹的个人法益说，前者则是个人法益与集体法益的整体，后者只关注买卖行为对被买卖之特定被害人的人格尊严的直接伤害，前者不仅强调买卖行为对被买卖的特定被害人的人格尊严的侵犯，而且同时关注买卖行为对人类全体的人格尊严的冒犯。

第五，人格尊严整体的法益内涵具有确定性。刑法的明确性是罪刑法定的基本要求，也是衡量刑法的现代性的一把标尺。作为刑法明确性的具体要求，对买卖人口犯罪保护法益内涵的界定也应当具有明确性，因此，如果将买卖人口行为侵犯的法益泛泛而论地界定为人格尊严，其内涵不确定，外延不清晰，据此当然“没有办法解释构成要件，也不能处理拐卖妇女罪与强制猥亵、侮辱诽谤等很多罪的关系”①。但是，本文虽然将买卖人口罪的保护法益落脚在人格尊严，但以人身不可买卖性为其核心内容，因而其法益内涵是具象（人身不可买卖性）与抽象（人格尊严）的统一，既有其明确、具体的内涵，又有其清晰可定的外延。

第六，人格尊严整体说具有充分的解释力。将买卖人口罪的保护法益界定为以人身不可买卖性为核心的人格尊严整体，既可以实质性地发挥保护法益对构成要件解释的指引机能，又能够根据保护法益的不同清晰地划定该当构成要件行为的外部边界，并且能够用以具体区分罪与非罪、本罪与他罪。

根据本文界定的买卖人口罪的保护法益，凡是直接将他人作为商品加以买卖的行为，均直接该当买卖人口犯罪的构成要件，但凡与人身买卖无关的损害他人人格尊严的

① 张明楷：《侵犯人身罪与侵犯财产罪》，北京：北京大学出版社 2021 年版，第 134 页。

行为，均可排除在买卖人口罪构成要件之外。即使在行为人借介绍婚姻索取钱财、借送养婴幼儿而获取钱财的情况下，根据本文对买卖人口犯罪的保护法益的界定，可能仍然会面临罪与非罪判断上的困难，但其原因并非根据本文界定的保护法益而使买卖人口罪与非罪的规范评价标准不明确，而是因为这些待评价的行为事实本身处于罪与非罪的边缘地带，具有似是而非、亦此亦彼的模糊特征，很难直接与买卖人口犯罪的规范评价标准对号入座，因而有时不得不根据事实存疑的处理原则，结合刑事政策的考虑，作有利于行为人的事实认定，并在此基础上再根据明确的规范评价标准予以出罪处理或者从轻处理。

四、买卖人口的保护法益与被害人同意的效力

（一）人格尊严整体说对同意效力的否定

基于刑法的任务在于辅助性地保护法益以及刑法对适格法益主体的自我决定权的尊重，刑法教义学确认了如下共识：被害人同意或承诺他人损害其法益时，可以阻却该当构成要件行为的违法性，甚至直接排除行为的构成要件该当性。①

被害人同意或承诺他人损害自己的法益能否作为排除犯罪的事由，与买卖人口罪的保护法益如何界定，在某种意义上具有一体两面性。被害人同意排除犯罪事由的根据在于“法益主体的有效同意而致法益失去其要保护性”②。是否存在有效的被害人同意就成为具有决定性的重要问题。

在源自古罗马法的法律格言“愿者不受害”（Volenti non fit injuria）的基础上发展起来的被害人同意理论认为，同意主体是否适格、同意能力的有无、同意对象的范围、同意是否自愿真实以及同意的存在时间，是判断同意的有效性的基本条件。其中，首要的成立条件就是同意主体是否适格。同意主体不适格、无权对法益作出同意他人处分的意思决定的，当然就不存在有效的同意。“只有对于个人的法益，被害人的承诺才能取消行为的不法；相反，对集体法益造成损害的行为，则不具有成立被害人承诺的可能。”③ 一般而论，个人对包括生命、身体、自由、人格与财产在内的个人法益享有处分权，是个人法益的适格主体，个人同意他人处分自己的法益，即意味着法益丧失其要保护性，得他人之同意而处分其法益的行为，就得成为排除犯罪的事由，因此，如果认为买卖人口罪的保护法益是被买卖之特定被害人的个人法益，被害人有权同意他人将自己买卖，则被害人同意原则上或可成为排除犯罪的事由。如果认为买卖人口罪的保护法益不是纯粹的个人法益，则即使被买卖之特定被害人基于个人自决权同意他人将自己买卖，其同意效力也不能被承认。

---

① 对于是否应当区分被害人同意与承诺，前者排除行为的构成要件该当性，后者仅阻却该当构成要件行为的违法性，刑法教义学上存在不同意见，理论的发展趋势是合二为一。为方便交流与讨论，本文并不刻意区分被害人同意与承诺。

② ［日］山口厚：《刑法总论》（第 2 版），付立庆译，北京：中国人民大学出版社 2011 年版，第 151 页。

③ ［德］乌尔斯・金德豪伊泽尔：《法益保护与规范效力的保障》，陈璇译，载《中外法学》2015 年第 2 期。

本文主张并证立了买卖人口犯罪的保护法益是以人身不可买卖为核心内容的人格尊严整体。尽管保护法益仅限于以人身不可买卖性为核心的人格尊严，但是法益主体既包括被直接侵犯的特定被害人，也包括被间接冒犯的人类全体，因而法益主体是具有种属关系的双重主体，进而本罪的保护法益不再是纯粹的个人法益，而是个人法益与集体法益的集合体。以此为前提，即使被买卖之人基于个人自决权同意自己被买卖，因其同意行为涉及自己无权处分的人类全体的人格尊严，构成法益主体的不适格，因而当然不具同意的效力，得其同意而将其买卖的行为，在任何情况下均不得排除行为的违法性。这是刑法上的法益理论和被害人教义学合乎逻辑展开的结果，亦契合具有自然法基础与宪法根据的人身不可买卖的绝对禁止规范的要求，完全符合国际公约对各缔约国明确设定的不得因被害人的同意而排除买卖人口行为的犯罪性的国家义务。

（二）个人法益说肯定同意效力的见解及其式微

日本刑法学通说一般认为，在买卖人身罪的行为对象对处于支配下的事实表示同意的场合，只要该同意是自由并且真诚的，就排除违法性。但是，如果具有榨取的目的，或者采用了暴行、胁迫、欺骗、诱惑、金钱交易等手段，很多场合下就不能说是真实的同意，该同意原则上就是无效的。① 在我国，采纳阶层犯罪论体系的张明楷教授主张："由于本罪是侵犯妇女、儿童人身自由与身体安全的犯罪，所以，如果行为得到了妇女的具体承诺，就阻却构成要件符合性，不应以犯罪论处。"② 其甚至不无疑虑地认为："或许这种行为就不是阻却违法事由，而是行为本身就不符合'拐卖'的构成要件"③。周光权教授认为："妇女对自己的行动自由有自我决定权，其基于本人的真实、自愿的意思对被拐卖的事实有承诺的，其承诺有效，阻却拐卖行为的违法性，拐卖者不能成立本罪。在妇女有效承诺存在时，如果仍然肯定本罪的成立，有肯定刑法家长主义的嫌疑。"④ 而坚持四要件犯罪构成理论的黎宏教授认为，买卖人口犯罪侵犯的客体是他人的人身自由。如果被害人真诚同意他人将自己买卖，就不应将买卖人口的行为作为犯罪处理。⑤ 黎宏教授分别从对于个人自由而言同意无侵害、个人对自己的身体自由的自我决定权、违背被害人意志作为不成文的犯罪成立条件以及所谓人身不是商品不能自由买卖不过是基于抽象教条的推论而已等四个方面阐述了其肯定被害人同意的效力的具体理由。⑥ 较之张明楷教授与周光权教授更多地只是宣言式地直接肯定买卖人口犯罪中的被害人同意的效力，黎宏教授全面、具体地分析了肯定被害人同意的效力的具体理由，从中得以理解我国同行肯定被害人同意的效力的通行论证逻辑。

---

① 参见［日］大谷实：《刑法讲义各论》，黎宏译，北京：中国人民大学出版社 2008 年版，第 96 页；［日］山口厚：《刑法各论》，王昭武译，北京：中国人民大学出版社 2011 年版，第 113 页。

② 张明楷：《刑法学》（第 6 版），北京：法律出版社 2021 年版，第 1168 页。

③ 张明楷：《刑法学》（第 6 版），北京：法律出版社 2021 年版，第 1168 页。

④ 周光权：《刑法各论》（第 3 版），北京：中国人民大学出版社 2016 年版，第 49 页。

⑤ 参见黎宏：《刑法学各论》，北京：法律出版社 2016 年版，第 249－250 页。

⑥ 参见黎宏：《刑法学各论》，北京：法律出版社 2016 年版，第 249－250 页。

在我国实务界，也存在着类似的以被害人是否同意、拐卖行为是否违背被害人意志为标准，区分拐卖妇女罪与非罪的有力主张。例如，前引《刑法罪名精释》一书在论及拐卖妇女、儿童罪与非罪的时候，提醒司法者注意“要把借介绍婚姻索取钱财的违法行为与以营利为目的的拐卖妇女的犯罪行为区别开来，把妇女被诱骗与自愿外流区别开来……查明行为是否违背妇女意志、有无诱骗手段，是区分拐卖妇女、儿童罪与非罪的客观标志”[①]。作为最高人民法院法官同仁集体智慧的结晶，该书的观点无疑代表了我国司法实务中相当数量同行对被害人同意的效力的一般看法。该意见主张将介绍婚姻索取钱财的违法行为与以营利为目的的拐卖妇女的犯罪行为区别开来，无疑是正确的。但是，将是否存在妇女的同意、有无诱骗手段、是否违背妇女意志，作为区分拐卖妇女罪与非罪的客观标志，则有待进一步商榷。

无论是否给出肯定被害人同意效力的具体理由，上述论者都是从个人法益说的共同立场出发，强调被害人对包括其生命、身体、自由、人格与财产在内的个人法益享有处分权，是这些个人法益的适格主体。被害人同意他人处分自己的法益包括同意他人将自己买卖，并且满足被害人同意效力的其他成立要件的，即意味着被害人的法益丧失其要保护性，得其同意而处分其法益包括将其买卖的行为，就成为阻却违法事由甚至成为排除构成要件该当性的事由。

但其问题亦在于，将法益主体对个人法益的处分权绝对化，并据此肯定被害人同意的效力，承认得被害人同意而将其买卖的行为可以排除买卖行为的犯罪性，能否得到刑法教义学的法益论的理论支持，实现逻辑自洽与体系一贯？是否符合现代社会对保障人权与人格尊严的时代要求，具有实践理性？对此，必须结合法益论的基本原理以及现代社会价值观的变化予以分析。

罗克辛认为：“法益是在以个人及其自由发展为目标进行建设的社会整体制度范围之内，有益于个人及其自由发展的，或者有益于这个制度本身功能的一种现实或者目标设定。”[②] 这是以人的自由发展为根本目标的兼具实在性和精神性的法益概念。张明楷认为：“法益，是指根据宪法的基本原则，由法所保护的、客观上可能受到侵害或者威胁的人的生活利益。”[③] 这是强调对人的生活利益的保护更重视实在性的法益概念。法益论一般将法益分为个人法益与集体法益，但在个人法益与集体法益的关系上，存在“质的差异说”与“量的不同说”之争。前者认为，个人法益是纯粹关于个人生命、身体、自由、人格、财产等重要的生活利益，集体法益则是以维护国家的存在、社会的利益为特定目的，两者具有不同的性质、目的和体系。后者认为，个人法益与集体法益并不存在质的差异，而只是量的不同：一方面，个人生活于社会之中，个人法益并非完全与国家法益、社会法益无涉；另一方面，只有集合多数的个人法益才能构成集体法益，集体法益因而应当具有还原为个人法益的可能性。[④]

---

① 周道鸾、张军主编：《刑法罪名精释》，北京：人民法院出版社 2007 年版，第 441 页。

② ［德］克劳斯·罗克辛：《德国刑法学总论》（第 1 卷），王世洲译，北京：法律出版社 2005 年版，第 15 页。

③ 张明楷：《法益初论》，北京：商务印书馆 2021 年版，第 190 页。

④ 参见张明楷：《法益初论》，北京：中国政法大学出版社 2021 年版，第 190 页；张明楷：《法益保护与比例原则》，载《中国社会科学》2017 年第 7 期。

因此，如果采纳个人法益与集体法益“质的差异说”，就会承认被害人为其个人法益的绝对适格主体，只要满足被害人同意的其他有效条件，即使被害人同意他人处分自己的生命、身体或者同意他人将自己买卖的，也应当肯定其同意的效力。如果采纳“量的不同”说，个人虽然是个人法益主体，但是能否绝对自由地处分个人法益，特别是能否同意他人处分其生命、身体、自由等与社会共同生活准则密切关联的专属个人法益，则成为问题。很显然，肯定买卖人口犯罪中被害人同意效力的见解，在理论逻辑上采纳了“质的差异说”。

但是，“质的差异说”将个人法益与集体法益的差异绝对化了，没有正确揭示个人法益与集体法益之间的关系状态事实。“质的差异说”被“量的不同说”取代，已然是法益论原理上能够普遍认可的理论共识。根据“量的不同说”，个人法益与集体法益的区分只具有相对性，两者日益呈现相互交织的存在形态，个人法益的主体可以依法自由处分自己的法益，但并非在任何情况下都享有对其个人法益绝对、排他的自我决定权。国家基于维护社会系统功能正常运转、规范沟通与社会交往的有效性、社会团结与集体福祉等社会共同生活的需要，以及特定情况下法律家长主义的考虑，事实上都会不同程度地限制法益主体任意行使处分个人法益特别是重大个人专属法益的权利。我国《民法典》第四编具体规定了公民人格权以及基于人格权的人格尊严的保护范围，不仅在第991条原则性规定：“民事主体的人格权受法律保护，任何组织或者个人不得侵害”，而且还在第992条特别强调“人格权不得放弃、转让或者继承”。可以认为，这一规定是第一次以法的形式直接否定了被害人同意他人将自己买卖的意志决定的效力。

因此，刑法理论与实务一般认为，即使得被害人自愿真诚同意的杀人、伤害，特别是重伤害，亦不得排除犯罪的成立，许多国家的刑法还专门设置了特别的构成要件。例如，日本刑法第199条杀人罪中的人虽然不包括本人，因此自杀（未遂）在刑法上不可罚，第202条却分别设置了教唆自杀、帮助自杀、同意杀人、受嘱托杀人四种构成要件。[①] 肯定买卖人口犯罪中被害人同意的效力的同行，对此也不否认。山口厚在解说其被害人同意不能阻却杀人、重伤的违法性根据时，就以“生命这一法益的无可替代的重要性”与“有生命危险的重大伤害说”为其奠定刑法处罚的基础。[②]

既然刑法教义学理论可以否定被害人同意他人杀死、重伤自己的效力，在其理论逻辑的延长线上，就没有理由否定人身不可买卖、人是理性主体这一体现人的最高价值的个人法益同样“无可替代的重要性”，即使违反法益主体的自我决定意思，也要予以绝对保护的必要性。毕竟，在现代文明社会，物欲的满足与生命的维系仅仅是人的原始需求，生命、身体完整性的保全，也只是人的全面自由发展、主体性价值得以实现的生物

---

① 日本刑法理论解读自杀（未遂）不可罚的理论根据时虽然多采违法阻却说，但面临着教义学结论与其刑法第202条规定的理论逻辑不一贯的尴尬。为自圆其说，不得不转而以生命法益事关重大为由，认可刑法以父权主义的态度禁止他人参与杀人（山口厚），或者借口自杀的决意通常违反自杀者本来的意思而否定同意的效力（平野龙一）。参见［日］西田典之：《日本刑法各论》，王昭武、刘明祥译，北京：法律出版社2020年版，第17-18页。

② 参见［日］山口厚：《刑法总论》（第2版），付立庆译，北京：中国人民大学出版社2011年版，第161-164页。

基础。相对于前者，后者才是人存在的最高目标与最大价值。人身不是商品、不能自由买卖，绝不是基于抽象教条的推论，而是现代文明社会的绝对命令和底线戒律。现代国家必须顺应现代社会的文明进步与价值转换，将传统上认为无足轻重、虚无缥缈、可有可无因而似乎不值得特别保护的人性尊严与人格权，作为至少与生命、身体的完整性同等重要的重大个人法益予以特别保护。

正是基于人格权与人格尊严的绝对保护原则，有关买卖人口的国际公约早就确认了人身不可买卖、不得承认被害人同意的效力的原则。1949 年 12 月 2 日联合国通过的《禁止贩卖人口及取缔意图营利使人卖淫的公约》第 1 条明确规定："本公约缔约国同意：对于意图满足他人情欲而有下列行为之一者，一应处罚：一、凡招雇、引诱或拐带他人使其卖淫，即使得本人之同意者；二、使人卖淫，即使得本人之同意者。"1998 年 12 月 9 日联合国通过的《联合国打击跨国有组织犯罪公约关于预防、禁止和惩治贩运人口特别是妇女儿童行为的补充议定书》不仅以第 3 条（a）项明确规定："'人口贩运'系指为剥削目的而通过暴力威胁或使用暴力手段，或通过其他形式的胁迫，通过诱拐、欺诈、欺骗、滥用权力或滥用脆弱境况，或通过授受酬金或利益取得对另一人有控制权的某人的同意等手段招募、运送、转移、窝藏或接收人员。剥削应至少包括利用他人卖淫进行剥削或其他形式的性剥削、强迫劳动或服务、奴役或类似奴役的做法、劳役或切除器官"，而且以第 3 条（b）项与（c）项特别强调："如果已使用本条（a）项所述任何手段，则人口贩运活动被害人对（a）项所述的预谋进行的剥削所表示的同意并不相干。为剥削目的而招募、运送、转移、窝藏或接收儿童，即使并不涉及本条（a）项所述任何手段，也应视为'人口贩运'"①。

我国人大常委会于 2009 年 12 月 26 日批准加入后一公约，自 2010 年 3 月 10 日生效。根据公约设定的义务，我国不仅应当将买卖人口的正犯行为，共犯参与行为，组织、指挥他人买卖人口行为以及未遂的买卖人口行为予以入罪，而且应当追究所有得被害人同意的买卖人口行为的刑事责任。事实上，我国刑法关于买卖妇女儿童的罪刑规范，除在保护对象范围上与公约的要求存在差距外，基本落实了公约的要求，至于法条没有明确规定的被害人同意不得作为排除犯罪的事由，完全可以通过司法解释或者刑法教义学予以明确。

事实上，我国学界同行早就主张否定买卖人口犯罪中的被害人同意的效力。例如，高铭暄、马克昌教授主编的《刑法学》指出："拐卖行为是否'违背被害人意志'，不影响以本罪论处。即使实践中，妇女、儿童自愿被卖，也不能免除拐卖者的刑事责任，但在量刑时可考虑从轻。"② 陈兴良教授主编的《刑法学》亦认为："在一个法治社会中，即使是成年人的自愿放弃权利的承诺也只有在不违背整体法律秩序和道德观念的前提下，才能被视为一个有效的权利放弃承诺，否则在法律上不能以此为据阻却相应权利侵害行为的违法性。"③ 林亚刚教授则更为具体地论述了否定被害人同意效力的理由，因

---

① 《联合国打击跨国有组织犯罪公约关于预防、禁止和惩治贩运人口特别是妇女儿童行为的补充议定书》，载最高人民法院官网，https://www.court.gov.cn/shenpan-xiangqing-600.html，2022 年 4 月 10 日访问。

② 高铭暄、马克昌主编：《刑法学》（第 9 版），北京：北京大学出版社、高等教育出版社 2019 年版，第 470 页。

③ 陈兴良主编：《刑法学》，上海：复旦大学出版社 2009 年版，第 331 页。

为“人身自由权以及不受买卖的权利，不仅是我国法律赋予国民的权利，每个国民都需要遵守的义务，更是国际社会遵循的基本准则……被拐卖的妇女无权处置这种同国家、社会利益具有紧密联系的人身权……因而，只要以出卖为目的，无论行为人以何种方法控制妇女人身，即便儿童或其监护人同意买卖，承诺也是无效的，不影响犯罪的成立。”① 只是，上述同行在基于个人法益说而否定被害人同意的效力时，往往无法合乎逻辑地回应反对者关于侵犯被害人自我决定权的质疑。

除学界的有力主张外，最高人民法院刑事审判庭编辑的《刑事审判参考》中的案例，早在我国批准公约之初，就否定了被害人对于买卖行为的同意的效力。在“李某祥拐卖妇女案”中，被告人李某祥收买被拐卖的妇女刘某某之后，应刘某某的要求又将其转卖给他人。《刑事审判参考》编发的该案裁判理由，将本案的争点归结为如何评价基于权利人自愿的损害行为。在解释被害人的同意没有效力的理由时，该裁判理由明确指出：“一般而言，属于公民个人所享有的合法权益如财产权、劳动权、隐私权等等皆属于个人可自由处分的权益，因此，经权益人同意毁坏其财产，披露其隐私等均不构成毁坏财产、侮辱等罪。但公民个人的人身自由权、生命健康权尤其是生命权，他人能否在权益人的自愿同意下，给予损害或剥夺，却不无争议。我国立法和司法实践对其基本持否定态度。如他人不能在被害人的自愿同意下剥夺其生命权利、实施‘安乐死’等。就本案而言，尽管被害妇女刘某某自愿同意被告人李邦祥将其转卖，在某种程度上可视为是其真实意图的反映，但是我们也应看到，刘某某的自主选择权有受到主客观的限制，且李邦祥对刘某某的再卖行为有违社会公序良俗，具有社会危害性，同样为法律所禁止。因此，对被告人李邦祥以拐卖妇女罪定罪是正确的。”②

由此可见，即使在个人法益说的范畴内，也不能当然肯买卖人口犯罪中的被害人同意的效力。事实上，这种见解沿袭了日本刑法学界的通说，与我国宪法和民法的规定、我国承诺履行的国际公约义务背道而驰，甚至滞后于我国司法判例已经阐明的实务见解，不仅面临着立场基础不牢固、体系逻辑不一贯的质疑，而且必然会迎来日趋式微的宿命。

（三）人格尊严、自我决定与同意效力

面对本文否定被害人同意的效力的主张，持个人法益说、肯定被害人同意的效力的同行，可能会对本文的主张提出如下批评：一方面，将以人身不可买卖性为核心的人格尊严尊奉为人的最高价值，反对淡化、弱化与虚化人格尊严的法益需保护性，另一方面又以买卖人口犯罪侵犯人格法益尊严整体为借口，无视被害人的自我决定权、否定被害人同意的效力，难道不是左右互搏、自相矛盾的说辞吗？保障人性尊严的核心要求，难道不正是尊重法益主体的自由意志决定与自我决定权吗？

为进一步展开对个人法益论者肯定被害人同意的效力的批评，同时回应对本文基于

① 林亚刚：《刑法学教义》（分论），北京：北京大学出版社 2020 年版，第 55 页。

② 最高人民法院刑事审判第一、二、三、四、五庭编：《刑事审判参考》（总第 30 辑），北京：人民法院出版社 2003 年版，第 69－72 页。

人格尊严整体说否定被害人同意的效力的主张可能引发的上述质疑，在此特别强调以下几点：

第一，批评者的法益观与本文的法益观可能存在内涵与范畴上的重大差异。批评者基于个人法益说而展开其主张，以可以物理观察、经验感知的人身自由、人身安全等人身法益为法益内涵；而本文展开的买卖人口犯罪的保护法益，则是融个人法益与集体法益于一体、以被害个体和人类全体的人身不可买卖性为核心的人格尊严整体。在这一保护法益结构中，人类个体固然享有人格尊严，享有对自己法益的自我决定权。但是，人类个体固有的人格尊严与人类全体的人格尊严往往密不可分。如果人类个体对自己的人格尊严进行恣意的处分，特别是如果同意他人将自己当作商品加以自由买卖，其行使自我决定权同意他人买卖自己的行为，因其必然同时冒犯人类全体的人格尊严，而无法满足有效的被害人同意对法益主体适格的要求。因此，关乎人类全体的人格尊严这一集体法益所到之处，也就是人类个体的自我决定权行使的边界所在。

第二，即便将买卖人口罪的保护法益界定为人的自由、人身安全或者自我决定权，如果承认人可以基于自我决定权，不受限制地恣意处分自己的人身，言外之意，人可以同意他人随意买卖、奴役自己，即使因此沦为奴隶，刑法也要尊重、放任其自陷于被买卖、被奴役的自由意志决定，确认和保护卖家、买家基于其同意而将其任意买卖、恣意奴役的自我答责状态。这样的逻辑与结论是否妥当不言而喻。

第三，如果刑法可以肯定被害人 A 同意他人买卖甚至奴役自己的意志决定的效力，当然，也可以允许潜在被害人 B、C、D 直至所有人同意他人买卖甚至奴役自己的意志决定的效力。因此，如果肯定被害人的同意可以阻却买卖人口行为的违法性特别是可以排除构成要件该当性，实际上也就意味着刑法对人作为商品可以自由买卖但不得强迫交易、可以自愿奴役但不得强迫奴役的法律地位的确认。如果认为，这一说辞过于牵强，不能允许刑法上确认人的这一法律地位，则只能反向推论，刑法不能肯定被害人同意他人买卖并奴役自己的效力。

第四，黎宏教授将行使自我决定权处分自己的人身自由，与强奸罪中的被害人处分自己的性自主决定权进行了不当的类比推理。在黎宏教授看来，既然被害人行使性自主决定权、同意与他人性交的意思决定可以阻却他人行为的违法性，甚至直接排除强奸罪构成要件该当性，当然也可以在被害人行使自主决定权而同意他人买卖和奴役自己时阻却买卖行为的违法性，或者直接排除买卖人身犯罪的构成要件该当性。然而，类比推理是根据两个事物的相同或相似性，通过比较而推断出它们在其他属性上也相同的逻辑推理过程。被害人行使性自主决定权同意与他人性交，与被害人行使自主决定权同意他人买卖自己，原本就不是相同或者相似的两个事物。性是人类的本能，是人种得以繁衍的生物基础，合意的性行为在人类文明的不同发展阶段自始就具有社会相当性，不仅不为法律所禁止，亦为伦理规范所许可。而买卖人口自古以来就不具有社会相当性，不仅为法律所禁止，亦为伦理规范所反对，在现代文明社会更成为触犯人类良知底线的重大国际犯罪行为。因此，被害人行使性自主决定权同意与他人性交，应当肯定其同意的效力，而被害人行使人身自由自主决定权同意他人买卖自己的，则不应类比推理出肯定其同意的效力的结论。

第五，黎宏教授在肯定被害人同意排除买卖人口的犯罪性的时候，还作了另外一个不当的类比推理。他指出："在现代社会中，广泛存在的雇佣关系就是一种人身买卖关系，不过这种关系建立在双方当事人自愿的基础上而已。所以，在女方同意买卖自己的情况下，只要该种同意没有影响到其他人的利益，就不应该构成拐卖人口的犯罪。"①车浩教授也以类似的类比推理表达了相似的观点："如果完全脱离开收买之后对女性的身心伤害，仅仅是一个金钱交易行为本身，难以体现出对这些价值的蔑视。因为在现代社会中，在一种按劳取酬的交易环境中，无论男女，出卖自己的脑力和身体的现象比比皆是。"②

必须承认，在以劳动分工为基础而进行有机交往的现代社会，劳动者与雇主签订劳动合同，形成劳动法律关系，劳动者出卖劳动力，获取劳动报酬，在此期间，劳动者可能会与雇主形成人身依附甚至某种形式的人身买卖关系。马克思在论及资本主义与异化时，就曾指出，资本主义的经济体系的秘诀就在于劳动力成为商品，劳动者的"存在，他的生命，也同其他任何商品一样，过去和现在都被看成是商品的供给"③。然而，需要注意的是，马克思是在分析、批判资本主义经济体系将人的价值异化为使用价值、把工人只当作劳动的动物、劳动者出卖自己的劳动力因而与妓女卖淫没有本质区别时，才做如上表述的。马克思甚至把资本主义经济体系下的劳动者形象描绘成"工人普遍卖淫"，妓女"卖淫不过是工人普遍卖淫的一个特殊表现"④。但是，不能把马克思对资本主义经济关系中劳动者的异化的批判，当作证成法规范确认劳动关系、雇佣关系就是人身买卖关系的依据，个中的逻辑无须赘述。

更为重要的是，万物有度，过犹不及。在现代社会包括我国市场经济条件下的劳动关系中，即使承认劳动者因出卖劳动力而与雇主形成某种形式的人身依附关系，这种人身依附关系在实质上也构成了一种人身买卖关系，其与基于赤裸裸的人口买卖行为而形成的人身依附或曰人身买卖关系也有着量与质的区别。前者以出卖人身获取对价为内容；后者以出卖劳动力获取劳动报酬为内容。在商品、资本、私有制存在，人的全面自由发展尚未实现的现实语境下，法律不得不承认并保护以自愿出卖劳动、获取劳动报酬为内容的劳动关系，哪怕这种劳动关系在劳动者与雇佣者之间在事实上形成了人身依附关系。但是，如果据此推论，法律也应当承认并保护以同意出卖自己、获取相应对价为内容的人口买卖行为，则显然是在量和质上均存在显著差异的不同事物之间进行了完全不合事理逻辑的类比推理，其推理的事理逻辑瑕疵不言而喻。

第六，根据现行刑法条文进行严格的教义学语义分析，不能得出必须肯定被害人同意的效力的教义学结论。

如前所述，张明楷教授在《刑法学》教科书中对得到妇女同意而将其买卖的行为是否原本就不应认为是拐卖行为尚有疑虑，但在其后的《侵犯人身罪与侵犯财产罪》一书中，则明确地主张，不能将妇女从始至终都知道真相且同意将其买卖的行为评价为"拐

① 黎宏：《刑法学各论》（第2版），北京：法律出版社2016年版，第250页。

② 车浩：《收买被拐妇女罪的刑罚需要提高吗?》，载"北大法宝"数据库。

③ ［德］马克思：《1844年经济学哲学手稿》，北京：人民出版社2000年版，第65页。

④ ［德］马克思：《1844年经济学哲学手稿》，北京：人民出版社2000年版，第83页。

卖”。虽然其说明的不能认定为“拐卖”的理由是：“虽然拐卖行为不一定以完全拘束被害人的自由为必要，但是，如果被害人并没有处于难以脱离行为人的影响的状态，恐怕难以评价为‘拐卖’。”[①] 这是从对被害人进行非法的人身控制的维度，肯定被害人同意的效力。

与张明楷教授不同，黎宏教授明确指出：“虽说刑法并没有将违背被害人的意志规定为本罪的成立条件，但是，拐卖行为是‘拐骗’与‘贩卖’的统一，拐骗是贩卖的前提，贩卖是拐骗的结果，表明被害人是受了蒙蔽，而非自愿地被人出卖。因此，可以说，刑法所要处罚的是那些带有拐骗性质的买卖人口行为，而对于基于被害人真诚同意的行为，由于谈不上是拐卖，不应该作为刑法处罚的对象。”[②] 这是从对被害人进行非法的意志支配的维度，肯定被害人同意的效力。

在本文看来，上述两种主张并不具有实定法的规范根据，都是对刑法条文的不当限缩解释。《刑法》第 240 条第 2 款明确规定：“拐卖妇女、儿童是指以出卖为目的，有拐骗、绑架、收买、贩卖、接送、中转妇女、儿童的行为之一的。”司法实践中，买卖人口犯罪往往表现为以出卖为目的，使用诱骗、威胁、暴力等方法拐骗、绑架妇女、儿童，既对被害人进行非法的人身控制，又对被害人进行非法的意志支配。但是，刑法条文列举的六种行为方式，后四种既未要求必须对被害人进行非法的人身控制，也未要求必须对被害人进行非法的意志支配。只要行为人以出卖为目的，实施收买行为的，或者先收买后出卖或单纯出卖的，或者为拐卖妇女、儿童的犯罪分子实施接送、中转行为之一的，均得成立拐卖妇女儿童罪。此外，《刑法》第 241 条第 5 款关于“收买被拐卖的妇女、儿童又出卖的，依照本法第 240 条的规定定罪处罚”的规定，同样没有要求对被害人进行非法的人身控制或非法的意志支配。相反地，《刑法》第 241 条第 1 款至第 4 款的规定，则直白地表达了收买罪中的收买行为，只要求行为人以支付对价为条件，将被拐卖的妇女、儿童买回即为已足，同样既不要求对被害人进行非法的人身控制，也不要求对被害人进行非法的意志支配。如果收买过程中又对被害人实施了诸如强奸，非法剥夺、限制其人身自由或者有伤害、侮辱等犯罪行为的，则必须将其另行评价为新的犯罪，并与收买罪进行数罪并罚。

反对者可能会借《关于审理拐卖妇女儿童犯罪案件具体应用法律若干问题的解释》（法释〔2016〕28 号）第 3 条反驳上述主张。该解释第 3 条的确规定：“以介绍婚姻为名，采取非法扣押身份证件、限制人身自由等方式，或者利用妇女人地生疏、语言不通、孤立无援等境况，违背妇女意志，将其出卖给他人的，应当以拐卖妇女罪追究刑事责任。”该解释提及了“非法限制人身自由”“违背妇女意志”，但不能认为对被害人进行非法的人身控制或非法的意志支配因此就成为拐卖罪的成立要件。该司法解释在法理上既没有权力改变实定法的基本立场，不当地限缩拐卖罪的成立范围，在事实上也没有改变最高人民法院一贯坚持的从严惩治买卖拐卖犯罪的基本态度。其真实的意旨仅仅是提醒司法者注意，行为人在介绍婚姻的过程中，如果有非法限制人身自由，或者利用妇

① 张明楷：《侵犯人身罪与侵犯财产罪》，北京：北京大学出版社 2021 年版，第 134 页。

② 黎宏：《刑法学各论》（第 2 版），北京：法律出版社 2016 年版，第 250 页。

女人生地疏、语言不通、孤立无援等境况，违背妇女意志，就是以介绍婚姻为名行买卖妇女之实，因而必须以拐卖妇女罪定罪处罚。

五、尾论：买卖人口不法内涵、结构形态的变迁与刑法应对的与时俱进

本文之所以以保护法益为切入点对买卖人口犯罪进行教义分析，旨在揭示，随着现代社会的文明与进步、人格尊严意识的增强，买卖人口罪不仅具有共同的保护法益，而且保护法益内涵正在发生改变，买卖行为的不法程度亦在不断趋同。收买行为与出卖行为同时侵犯以人身不可买卖性为核心的人格尊严整体，具有共同的结果不法。买卖双方违反法规范期待，触犯人身不可买卖的禁令，具有共同的行为不法。因此，域外立法例开始将买卖行为视为必要共犯或双向对向犯，设置统一的买卖人身罪构成要件与法定刑，实现了对买卖行为的同罪同罚。

比较而言，我国《刑法》第 240 条和第 241 条分别规定拐卖罪、收买罪的构成要件与法定刑，没有准确地反映买卖行为共同的不法内涵，没有客观呈现买卖人口作为必要共犯或双向对向犯的本体构造，没有给予买卖行为基本相当的刑罚惩罚，甚至多少留下立法无奈地迁就现实、轻纵收买犯罪的口实。[①] 通过刑法教义学的逻辑演绎和刑法解释论的建构性解释，虽然可以在相当程度上弥补立法的不足，但刑法教义学的逻辑演绎毕竟只能在实定法框架内进行，刑法解释论的建构性解释应当充分而不能过分，在逻辑演绎无奈与建构性解释穷尽之处，就应当承认立法的不足并谋修法改进之策。

本文承认我国刑法对买卖人口异罪异罚的规定具有现实局限性，但并不否定其历史合理性。现行刑法规定源自 1991 年 9 月 4 日全国人大常委会通过的《关于严惩拐卖、绑架妇女、儿童的犯罪分子的决定》（以下简称《决定》）。在此之前，虽然我国一直将拐卖罪作为严打对象，但对收买行为并未入罪。在起草、审议《决定》的过程中，立法者认识到，如果不将收买行为犯罪化，就难以有效根除买卖人口行为。但是，根据当时的经验观察，一般认为，拐卖行为具有暴力性、强制性、惯常性等特点，有些案件从拐出地到拐入地甚至形成了从诱骗、绑架、收买、运输、接送、中转到出卖全过程的集团化、一条龙作业，危害严重；而收买行为则具有个别性、非营利性，而且往往是收买妇女为妻或者收养儿童为子，其危害明显轻于拐卖行为。因此，《决定》虽然将收买行为犯罪化，却规定了远低于拐卖罪的法定刑，同时又设置了收买后如果有关联犯罪行为的，应当单独定罪并与收买罪数罪并罚的注意规定。1997 年《刑法》几乎原封不动地沿袭了上述规定。

现在看来，立法当时将关注的重点聚焦于收买罪与拐卖罪对被害人人身自由、安全的侵犯，并根据经验直觉认为拐卖行为的危害重于收买行为，这种认知有着明显的局限性。随着我国社会的文明进步、人格尊严意识的强化，买卖行为对人身不受买卖权利特别是本文所界定的以人身不可买卖性为核心的人格尊严整体的冒犯，逐渐被确认为反映

---

① 参见郎胜主编：《中华人民共和国刑法释义》，北京：法律出版社 2016 年版，第 399 页。

买卖行为共同不法本质的保护法益。拐卖与收买因是否具有暴力性、强制性和惯常性而呈现的不法程度差异也在不断消弭。无论是刑事立法、刑事司法还是刑法教义学，都需要根据这一变化进行与时俱进的调适，尽管这一调适并不意味着必须以形式上的同罪同罚为唯一方案[①]，甚至也不一定是异罪同罚。考虑到收买与出卖对交易完成的不同贡献以及买卖双方违反规范期待扮演的不同角色，修法时完全可以在继续维持异罪异罚的前提下，适度调整收买罪的法定刑，使之能够反映买卖行为不法本质与不法内涵相同、不法程度不断趋近的实际。[②]

本文在以保护法益切入对买卖人口罪进行教义分析时，之所以还特别关注被害人同意的效力，既是因为保护法益与同意效力在本体上具有一体两面性，更是因为，随着我国社会的文明进步和打拐行动的持续推进，买卖人口犯罪较之20世纪80至90年代的高峰期在数量上已经绝对减少，现在引爆舆论场的热点买卖妇女儿童案件基本上都是差不多20年前的历史积案，新发买卖人口案件在犯罪形态上出现了结构性的变化。买卖妇女为妻或者买卖儿童为子的买卖人口案件已经极为少见。但是，买卖妇女从事性剥削特别是跨境买卖妇女从事性剥削，或者以介绍婚姻为名从事跨国妇女买卖案件，却在不断增多。后者虽然也在许多情况下存在对被害人的诱骗、胁迫甚至绑架，但也不乏被害妇女为改变自己的命运，主动请求、真诚同意并积极配合买卖双方进行交易，尽管后者在相当程度上是犯罪黑数。这已经成为我国开放社会条件下买卖人口犯罪无法回避的新特点，更是全球化时代国际人口贩卖最为突出的新问题。[③] 国际公约正是基于对这一事实的敏锐洞察，才特别强调，买卖人口即使得被害人同意，也不得排除其违法性。

本文体认到买卖人口的不法内涵、不法程度、犯罪结构形态的重大变迁，主张刑法教义学超越对买卖人口罪保护法益的传统认知，克服被害人的同意可以阻却买卖行为的违法性的执念，将以人身不可买卖性为核心的人格尊严整体界定为买卖人口罪的保护法益，彻底否定被害人同意的效力。只有这样，才能真正推动我国刑法实现其对人格尊严的辅助性法益保护任务。

---

① 2005年修改后的日本刑法第226条之1虽然将买卖他人统一设定为买卖人身罪，但日本刑法对买卖人身相关犯罪并未完全实行同罪同罚。参见余振华主编：《日本刑法翻译与解析》，台北：五南图书出版有限公司2018年版，第207－209页。

② 本文并不主张立即应急性地修订买卖人口犯罪的相关条文。一方面，即使通过了这样的刑法修正案，也无法回溯适用于历史积案。查处和惩治历史积案的关键还是，认真回应公众关切，坚守罪刑法定原则，用足用好现行刑法。另一方面，应当超越打补丁式的刑法修正模式，正视、梳理、审视、检讨现行刑法可能存在的各种瑕疵、缺陷、失衡、空白，系统总结司法实践经验和刑法理论共识，根据国家法治建设总体规划和刑法现代化、科学化目标，适时启动全面修订、编纂刑法典的进程，完善包括买卖人口犯罪在内的全部罪刑规范。参见梁根林：《刑法修正：维度、策略、评价与反思》，载《法学研究》2017年第1期。

③ See United Nations Office on Drugs and Crime, Global Report on Trafficking in Persons 2020, at https://www.unodc.org/unodc/en/data-and-analysis/glotip.html (Last visited on June 12, 2022).

元宇宙中人格权的刑法保护论纲

阴建峰　刘敏娴*

一、前言

作为人类运用数字技术构建的虚实交融的数字生活空间，元宇宙将给人类创造巨大的价值。但是，科学技术就像是一个硬币的两面，在推动人类社会向前发展的同时，亦会给人类带来重重危机。元宇宙技术在发展过程中也会衍生新的刑事风险，给传统伦理道德、公序良俗、法律秩序等带来新的挑战。在初级发展阶段，元宇宙空间可能出现诈骗类、集资类、传销类犯罪以及数据犯罪。在高级发展阶段，元宇宙空间则可能出现侵犯人身权利的犯罪。① 元宇宙“性侵案”的出现已引发人们对元宇宙空间内虚拟行为可能造成实际损害结果的思考。② 当下，元宇宙空间中侵害人身自由、人格尊严等人格权的事件不断发生。刑法作为人格权保障的工具之一，对元宇宙空间内的人格权可否抑或如何运用刑法保护亟待研究。本文立足于新情境下人格权刑法保护不足之研究现状，力图剖析元宇宙空间中人格权的刑法保护必要性，厘清元宇宙中人格权的存在形式及可能的犯罪机理，并提出有针对性的保护路径。

二、元宇宙中人格权刑法保护的理论基础

不论元宇宙是“高级形式的赛博空间”③ 还是“24 小时在线的电子空间”④，人们的

---

* 阴建峰，北京师范大学法学院教授、博士研究生导师，中国刑法学研究会常务理事暨常务副秘书长。
刘敏娴，北京师范大学法学院博士研究生。

① 参见刘宪权：《元宇宙空间犯罪刑法规制的新思路》，载《比较法研究》2022 年第 3 期。

② 受害者是一名 21 岁女性，她在 Meta 元宇宙游戏《地平线世界》中创建了一个女性虚拟形象，想通过体验“元宇宙”完成相关研究。在不到一小时的时间内，她便遭到一位男性虚拟人物的“性侵”，当时旁边还有另一位旁观者在起哄。参见《元宇宙“性侵”事件，是对现实世界的提醒》，载光明网，https://epaper.gmw.cn/wzb/html/2022-06/08/nw.D110000wzb_20220608_4—02.htm，2022 年 10 月 30 日访问。

③ 刘永谋：《元宇宙的现代性忧思》，载《阅江学刊》2022 年第 1 期。

④ 胡乐乐：《“元宇宙”解析》，载《中国社会科学报》2022 年 4 月 6 日，第 010 版。

共识是元宇宙是一个由技术打造的全新、未知的空间领域。在现实与虚拟的二元性之基础上，元宇宙中存在“数字孪生—原生连续体”的概念，用以反映元宇宙发展需要经过的三个阶段。① 鉴于此，本文拟基于元宇宙从现实空间到虚拟空间的发展模式，揭示元宇宙空间内人格权的表现形态，以期为后续研究奠定基础。

（一）人格权的内涵与外延

传统意义上的人格权是指人作为法律关系主体资格的权利。如《德国民法典》中使用的“人”，是一个形式意义的概念，被视为法律关系上的主体。② 因此，法律层面的人格概念并非具有伦理或社会“人格”的多重样态，而仅是以权利能力为表现形式的必要属性，即人格权。学界通说认为，人格权是指民事主体依法享有的，以人格利益为客体的，为维护民事主体独立人格所必备的固有民事权利。

人格权一般可分为物质性人格权、标表性人格权和其他人格权，分别对应生命、身体、躯体健康等物质性人格要素，姓名、肖像等标表性人格要素，以及心理健康、隐私、名誉等精神性人格要素。③《民法典》第 990 条第 2 款规定了“一般人格权”的范围。该款既系《宪法》第 33 条第 3 款“尊重和保障人权”规定的转介条款，也是以“人身自由、人格尊严”为基础的一般条款和“非典型人格法益”的兜底保护条款。④ 从本质来看，法学上的人格权研究以人的资格为基本内容。因此人格权也是权利主体客观存在的固有权利，以人的活动为核心，保障权利主体依法独立、自由而不受任何非法限制。

随着网络时代的到来，该款在适用范围上有扩大的趋势。有学者将人格划分成了自然人格、拟制人格、虚拟人格、电子人格和有限人格。⑤ 而虚拟人格、电子人格和有限人格即为网络时代下人格的外延形式。对照于一般人格权，网络人格权则是指在网络环境下民事主体依法固有的人格利益，以维护和实现人格独立、人格平等、人格尊严和人格自由为目标。⑥ 同时，人格权的内容也逐步扩展到个人信息、性自主权、生物信息等领域。⑦ 尽管学界对于人格权的扩展范围及个人信息等能否纳入人格权范畴仍有争议，但不可否认，人格权内涵的不断发展和保护形式的多样化拓展了学界对人格权的理解。而法律也需要细化以适应这一变化。

（二）元宇宙空间的“人”与“人格权”

从民法的价值理念出发，人格权独立成编显示出其已经发展成为与财产权同等重要的权利。元宇宙世界与现实世界并非两个独立的空间，彼此间会发生联动，现实空间内

---

① LEEHL，Allone needs to know about metaverse complete survey on technological singularity，virtual ecosystem，and research agenda，*Journal of Latex Class Files*，Vol. 14：8，p. 1－6（2021）.

② 参见［德］卡尔拉伦茨：《德国民法通论》（上册），王晓华等译，北京：法律出版社 2003 年版，第 57 页。

③ 参见王利明：《民法典人格权编中动态系统论的采纳与运用》，载《法学家》2020 年第 4 期。

④ 参见温世扬：《〈民法典〉视域下的一般人格权》，载《中国法学》2022 年第 4 期。

⑤ 参见杨立新：《论智能机器人的民法地位及其致人损害的民事责任》，载《人工智能法学研究》2018 年第2 期。

⑥ 参见王利明：《论网络环境下人格权的保护》，载《中国地质大学学报》2012 年第 4 期。

⑦ 参见贾元、刘仁文：《内涵、外延与基准：公民个人信息的刑法保护》，载《山东警察学院学报》2019 年第 1 期。

的行为会一定程度上影响元宇宙世界的行为，而元宇宙的行为风险也可能传导至现实空间，因此，可以从元宇宙内部视阈、元宇宙与现实世界的比对交互以及元宇宙间的互联互通三个层次构建外在控制规则。[①] 据此，本文按照人格权的分析逻辑，将元宇宙空间内的“人”进行如图 1 所示的系统架构：

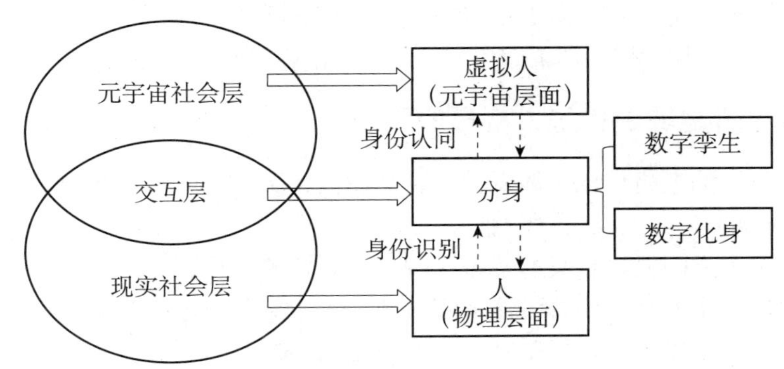

图 1　元宇宙“人”的系统架构

如图所示，空间范围内分为现实社会层、交互层及元宇宙层，分别对应现实世界视阈、元宇宙与现实世界的交互及元宇宙内部视阈。在此情境下产生的“人”，分别为物理层面上的人即真实世界的本人、交互空间内的分身和元宇宙层面的虚拟人。其区分的关键在于与现实层面的映射度，即虚拟场景与现实场景之间的关联程度。现实社会层的人即本人，当然享有人格权。“分身”是指现实身体虚拟化后的另一种分化，有两种完全不同的方式：一是“数字孪生”，二是“数字化身（avatar）”[②]。数字孪生是一种集成多物理、多尺度、多学科属性，具有实时同步、忠实映射、高保真度特性，能够实现物理世界与信息世界交互与融合的技术特征[③]，因此，数字孪生实际是现实社会的“镜像”，其存在与物理世界的产品或对象的对应性。“数字化身”则在元宇宙空间内提供了享受不同生活的可能性，体现了一定程度上与现实生活的映射性，在某些维度反映了现实生活中人的意识与思想。但这种映射关系并非镜像的“数字孪生”，还可能是通过技术所创造出的新的形象，如 AI 偶像、数字主播等。“虚拟人”则完全是由元宇宙社会创造出来的，与现实层面完全没有联系。

基于上述元宇宙空间中“人”的系统架构，可以看出元宇宙具有虚拟与现实的双重属性，对人类的认知与实践带来新的挑战，在增强人的主体性的同时，会导致人的实践主体性和认知主体性的消解。[④] 在讨论不同空间人格权问题时，由于元宇宙交互的性质和分身的特征，必然涉及两个关键问题：一是身份识别问题，即人进入交互层空间通过何种方式进行识别。身份识别是人格权讨论的前提，只有在此空间有“人”的存在，方可进行后续人格权讨论。数字身份问题是元宇宙建设的起点和归宿，而身份识别问题则关乎人格权中

① 参见张钦昱：《元宇宙的规则之治》，载《东方法学》2022 年第 2 期。

② 曾军：《“元宇宙”的发展阶段及文化特征》，载《华东师范大学学报（哲学社会科学版）》2022 年第 4 期。

③ 参见陶飞、刘蔚然等：《数字孪生及其应用探索》，载《计算机集成制造系统》2018 年第 1 期。

④ 参见刁生富、彭钰舒：《元宇宙视域中人的主体性的消解与重构》，载《长沙理工大学学报（社会科学版）》2022 年第 5 期。

的标表性人格权，只有解决身份识别问题，才能破解数字身份认证难题。[①] 二是身份认同问题，即基于分身的行为，物理层面的人能否认同的问题。如前文所述，人格权是基于权利主体客观存在而拥有的权利，而“客观存在”的程度则关乎后续能否享有物理层面上人格权的属性。元宇宙空间内的人格权问题交织于现实与虚拟空间。除上述一般人格权外，元宇宙世界由技术构成，而技术层面下的“人”则由各种代码组合而成，由此引申出元宇宙空间内的人格权保护同样涉及诸如个人信息、数据等新形势下的人格权。

（三）元宇宙视域中传统人格权的修正

元宇宙空间中的人格权保护体系并未完全脱离实际范畴，相较于传统人格权呈现以下特征：

第一，元宇宙空间人格权具有虚拟与现实性。从宏观层面上说，元宇宙的整体架构是对现实世界的数字孪生，也即“平行宇宙”。在元宇宙“化身”的层面，现实中的人格权通过化身形式予以体现，只是基于映射程度的不同，所反映的人格权内容和程度皆有差异。而且，元宇宙世界有赖于现实层面的介质进行传输，如 VR 中的眼镜等。现实介质的存在决定元宇宙的映射程度，而基于人的传输技术，可能会给现实层面的人直接造成物质性人格权的伤害。

第二，元宇宙空间内人格权具有互动性。与传统人格权相比，元宇宙的人格权模式具有交互性特征。这种交互不仅是现实层面与元宇宙层面的交互，也是空间范围内人格权本身的交互。尽管元宇宙中的人可否成为法律主体值得推敲，但其与物理空间内的映射关系和交互模式使其难以独立于现实空间而存在。当这种交互可以直接反映现实人格时，元宇宙中的人格即具有保护之必要。但当这种交互仅反映单一思想或是构建的“第二分身”时，其人格权的保护范围则存在疑问。

第三，元宇宙中的人格权具有弱财产属性。相较于传统人格权，元宇宙内人格权内容具有更广的延展性。一方面，元宇宙内值得保护的人格权客体及于虚拟账号、虚拟形象带来的财产价值，同时涉及数字身份的信息保护等财产性权利。另一方面，元宇宙本身是移动互联网时代的产物，其近乎为由计算机网络系统本身与数据代码架构出的全新空间。元宇宙的运行方式要求用户主体通过一定的实物载体得以实现。目前，元宇宙开放仍主要以商业运用为前提条件。因此，元宇宙的商业实体必然涉及大量的个人信息数据及商业价值链条，从而使元宇宙内的人格权具备弱财产属性。

三、元宇宙中人格权刑法保护的正当根据与现实面向

人格权的刑法保护，主要是通过将侵害人格权的违法行为确认为犯罪行为的方式，使犯罪人承担以刑罚为主要内容的刑事责任。元宇宙空间内，人格权范围和规制对象的虚拟性和广泛性，使得适用刑法保护面临全新挑战。元宇宙中人格权是否需要刑法保护至少涉及三个子问题：一是动用刑法保护的法律风险何在？二是这种行为和结果是否需

① 参见陈吉栋：《超越元宇宙的法律想象：数字身份、NFT 与多元规制》，载《法治研究》2022 年第 3 期。

要刑法的特别介入？三是刑法介入有何现实困境？为此，应全面探析元宇宙中人格权刑法保护可能的刑事风险，剖析现行法律框架下刑法保护的必要性及其限度，以便为更好规制元宇宙中侵犯人格权的犯罪行为提供可行路径。

（一）元宇宙中人格权刑法保护的刑事风险

作为一个真实的虚拟社会，元宇宙可能对既有法治体系的构建产生冲击，动用刑法对元宇宙进行干预是一项具有挑战性的法律变革。相较于元宇宙本身的空间架构和互动模式，借元宇宙之名而实施的人格权侵害在现实层面能否受到规制、如何受到规制无疑更具实践意义。

具言之，在元宇宙空间对人格权的刑法保护可能带来两方面的刑事风险：一方面，可能架空现有刑法秩序。元宇宙的虚拟性意味着现有元宇宙体系中并无类似于监管机构的存在。以"元宇宙性侵案"为例，现实层面的性侵行为可通过强奸罪来定罪量刑。不过，在元宇宙的终极形态下，即元宇宙中的行为感受直观反映于现实人时，这种性侵并不需要通过实体的接触就呈现相同的真实性从而达到性侵的目的，由此衍生的问题是对于该行为如何进行法律抑或道德评价？对此问题的解答显然不取决于元宇宙空间内的某个主体。即便是现实层面具有立法权或解释权的主体，能否针对全新空间的法律问题进行解释解答同样存疑。因此，元宇宙中侵犯人格权行为的入罪存在架空既有法律框架、违背罪刑法定之风险。另一方面，存在象征性立法和适用泛化的风险。持续演进的人格权使得元宇宙中人格权需要保护的范围不断扩大，法律能否为新型人格权形式提供全方位保护有待考察。仅在现实生活中，生物技术所引发的人体胚胎、代孕、整容以及器官移植、人体器官捐赠、生物试验等异化行为的入刑问题还值得深究[①]，互联网技术的发展带来的声音权、隐私权等新类型权利被侵犯如何保护悬而未决。若出现新问题就诉诸法律解决，元宇宙中侵犯人格权行为可能引发"法律绝对主义"的倾向。现代刑法理念强调刑法代表公共利益，使之成为维护公共利益的有力工具。[②] 尽管元宇宙涉及公共利益之范畴，但人格权本身具有私法属性。欠缺适格的法益、法益侵害归因错误和违背刑法保护法益的作用机理，都可能导致象征性刑事立法。[③] 因此，贸然将元宇宙中侵犯人格权行为纳入刑法规制范畴，有沦为刑法工具主义之虞，可能带来一定的刑事风险。

（二）元宇宙中人格权刑法保护的正当性依据

现有学界针对元宇宙内法律问题的讨论主要立足于规制视角，且主要集中在元宇宙可能涉及的数字财产[④]、数据算法[⑤]等方面，对元宇宙中侵犯人格权行为入罪问题的认

---

① 参见阴建峰、冷枫：《非法植入基因编辑、克隆胚胎罪之检视与完善》，载《扬州大学学报（人文社会科学版）》2021 年第 3 期。

② 参见［美］布赖恩·Z. 塔玛纳哈：《法律工具主义——对法治的危害》，陈虎、杨洁译，北京：北京大学出版社 2016 年版，第 303 页。

③ 参见陈金林：《象征性刑事立法：概念、范围及其应对》，载《苏州大学学报（法学版）》2021 年第4 期。

④ 参见郑佳宁：《数字财产权论纲》，载《东方法学》2022 年第 2 期。

⑤ 参见李晓楠：《网络社会结构变迁视域下元宇宙的法律治理》，载《法治研究》2022 年第 2 期。

识还不明晰，需要直面其可能的刑事风险，剖析刑法保护的正当性。

第一，基于风险刑法的人格权刑法保护的正当性。风险刑法理论之于刑法体系的意义，主要在于引入社会的视角，凸显刑法体系的应变性要求，提出刑法体系需要实现与社会外部环境的同构性发展的命题。[①] 因此，在风险刑法的语境下，元宇宙法律的核心议题在于预防可能发生的刑事风险，而非实害惩治。虚拟的人格权风险并非传统的人格权侵害，但在一定程度上具有现实侵害的可能性。刑法作为社会治理的调控手段，可以基于风险预防的视角对元宇宙中侵犯人格权的行为发挥规制功能。值得注意的是，这种风险预防是以元宇宙的现实发展状况为基础的合理假设，显然有别于远超现实、毫无根据的“风险空想”。

第二，基于法益视角的人格权刑法保护之阙如。将人格权保护纳入刑法规制范围契合元宇宙治理对安全和秩序价值的诉求。数据和虚拟财产的既有保护模式未能明确涉及元宇宙空间内人格权的刑法保护，忽略了元宇宙的人格权属性。但在最高人民法院所发布的人格权司法保护典型案例——何某与上海某人工智能公司网络侵权责任纠纷一案[②]中，即已认定被告开发的软件用户使用原告（某公众人物）的姓名、肖像创设虚拟人物，将原告的姓名、肖像、人格特点等综合而成的整体形象投射到 AI 角色上构成人格权侵权。实践中，已有多起利用元宇宙或与元宇宙有关的侵权案例发生。而人格权作为人身权利的重要方面，具备独立的法益价值。对于传统人格权，刑法主要采取三种方式进行保护：一是通过原则性规定保护核心法益，如通过罪刑法定原则保障公民行动自由、保护犯罪人不受法外施刑；二是通过具体个罪进行规范保护，如以故意杀人罪、故意伤害罪等保护物质性人格权，以侮辱、诽谤罪等保护标表性人格权；三是通过程序性的方式予以保护，如优化自诉与公诉的程序衔接，强化对人格权的保护。可见，人格权具有法益保护的价值，人格权的刑法保护已成体系。考虑到元宇宙对人格权的“渗透”性影响以及元宇宙空间内人格权的独立法益价值，将元宇宙中的侵犯人格权行为入罪，有其正当性。

第三，基于元宇宙与现实社会的对应性。元宇宙是一种人以数字身份参与的虚实融合的三元世界数字社会。[③] 无论元宇宙被赋予何种特质，其构建的基础仍是数据和算法。与其说元宇宙空间“人”的虚拟行为导致了人格权侵害结果的发生，不如说相关虚拟行为背后的“数字”为这一结果提供了可能性。元宇宙与现实空间的映射关系则成为关键。何况，两种不同形式的“人”也有发生虚拟行为导致实害结果的可能。因此，这种对应关系使现实层面的法律规制乃至刑法规制成为可能。

（三）元宇宙中人格权刑法保护的现实面向

在古典刑法中，如果特定行为违反禁止规范，具有严重的社会危害性，对于人类的共同生活而言属于不可容忍的情况，且以刑罚手段预防该行为也特别迫切时，就可以把刑法作为保护法益的最后手段。[④] 如前所述，元宇宙中侵犯人格权行为入罪的正当性与风险性并存，所以刑事制裁手段的介入，需立足于现实面向解决如下问题：

---

① 参见劳东燕：《风险刑法理论的反思》，载《政治与法律》2019 年第 11 期。

② 参见北京互联网法院（2020）京 0491 民初 9526 号民事判决书。

③ 参见吴江、曹喆等：《元宇宙视域下的用户信息行为：框架与展望》，载《信息资源管理学报》2022 年第1 期。

④ 参见钟宏彬：《法益论的宪法基础》，台北：元照出版公司 2012 年版，第 171 页。

第一，虚拟人格与真实人格的同一性认定问题。人格同一性问题是解决身份认同的关键。有学者将人格同一性问题分为还原论和非还原论。还原论者认为，人格同一性有赖于各种基础性的存在，比如物理或者心理连续性。而非还原论者认为，个人同一性就在于其自身，人这个实体与大脑、身体都是单独存在的。[①] 基于上述观点，元宇宙中的人格权问题也分为人的实体和意识层面，因此会产生真实人格对虚拟人格的身份认同问题。传统刑事责任的归责模式是基于三阶层或四要件展开的，但元宇宙中真实人格与虚拟人格的界限模糊，其同一性的认定可能将违法行为本身与行为主体之间的关系割裂。具体而言，元宇宙空间与现实社会的侵犯人格权行为对象有别，法益侵害不尽相同，人格的人身危险性及社会危害性认定存在差异。

第二，刑法上的因果关系及归责问题。传统刑法上的因果关系，是指危害行为和危害结果之间一种引起与被引起的关系。它是一种客观存在的事实因果关系，需要根据客观事物之间的关系加以判断。而在元宇宙空间内，真实存在的客观主体只有物理层面的人。值得讨论的是，作为元宇宙技术基础的人工智能的刑法主体性问题。对此，尽管学界有所研究，但并未能形成共识。[②] 而且，人工智能的主体性问题关注的仍是其行为和结果之间的因果关系，而元宇宙同时需要解决从虚拟到真实层面的因果关系。因此，在法律主体与法律客体的二元范式统摄下，元宇宙中侵犯人格权行为刑事归责所要解决的逻辑体系应在“主体—虚拟主体—（虚拟客体）—客体”的视角下展开，这就给传统因果关系的认定带来更加不可控的介入因素。

第三，人格主体责任阶层的认定问题。责任论的重要基础是意志自由。[③] 元宇宙空间内的人格意志可能并非现实的主体意志，特定主体在现实物理空间的道德和法律观念，在元宇宙中可能发生变化，且这种变化并不归因于本人的意志范围，因此不能要求化身对行为有违法性认识的可能。一方面，只有在现实人格与虚拟人格存在高度同一性时，方可对行为主体的犯罪行为科处刑罚，并赋予元宇宙中的“化身”以刑事主体的资格。另一方面，即使拥有刑事主体资格，若现实生活中的主体指示元宇宙中的化身攻击了另一个化身，在责任阶层证明该行为是现实人的主观故意也并非易事。因此，在行为主观方面的认定上或陷入“庄生梦蝶”的尴尬局面，从而导致由于缺乏责任要素，行为不具有非难可能性，也就没有科处刑罚的必要。

第四，监管主体的多元化问题。在实践应用中，元宇宙空间的人格侵犯涉及不同现实主体，诸如生产者、管理者、平台运营者等，加之虚拟主体的多元性，无疑会导致为行为主体的定罪量刑以及共同犯罪的认定带来困难。现实人可以通过选择不同化身直接或间接控制实行犯的行为和意志，甚至可能利用元宇宙空间为现实层面的犯罪提供便利条件，进而实施犯罪。[④] 这种情况下，对运营者、生产者、管理者等是否可能因未尽到

---

① 参见［英］德里克·帕菲特：《理与人》，王新生译，上海：上海译文出版社 2005 年版，第 400 页。

② 参见赵秉志、袁彬：《人工智能的刑法主体价值问题研究》，载《河北法学》2022 年第 9 期。

③ 参见张明楷：《责任论的基本问题》，载《比较法研究》2018 年第 3 期。

④ 国际刑警组织负责技术和创新的执行主任马丹·奥贝罗伊在接受路透社采访时称，“如果恐怖组织想要攻击一处物理空间，他们可能会利用虚拟空间来策划、模拟和启动他们的演习，然后发动攻击”。参见：《国际刑警组织警告“元宇宙”可能催生新的网络犯罪》，载《参考消息》，https://www.cankaoxiaoxi.com/world/20221029/2493818.shtml，2022 年 11 月 8 日访问。

监管责任而承担刑事责任需要仔细推敲。若需动用现实的法律规则规制元宇宙中的活动，就可能涉及不同法系、不同国家以及法律规则和个人道德情感、公共道德、社会伦理规则之间的冲突。如何在多元监管体系中寻找犯罪主体并科处刑罚，是元宇宙空间内另一亟待解决的问题。

四、元宇宙中人格权犯罪的内在机理与刑法因应

在人格权的保护上，"不能因法律无规定，就认为在法律上等于零，而不予保护。同样应认为存在法律空白，对此应采取妥当的形式，以适应社会的需求。"① 元宇宙空间内人格权的刑法保护亦然。立足于前文身份识别和身份认同的逻辑体系，需要进一步分析元宇宙空间内人格权犯罪的行为路径和主要类型，并在厘清其内在机理的基础下，揭示刑法可能的因应之策。

（一）元宇宙中人格权犯罪的行为模式

目前，元宇宙处于初级发展阶段，在现实世界与元宇宙交叉互动的交互层里，来自现实世界的制度规范和形成于虚拟世界的制度规范可以进行协作共治。② 基于元宇宙空间内原有"虚实"界限已被打破，我们认为，元宇宙中人格权犯罪可能存在以下三种行为模式。

1. "现实人—元宇宙对应客体"行为模式

此种情况下，元宇宙对应客体直接与现实层面的人相关联，具体而言，又可细化分为直接与自然人相关联和直接与法人相关联两种形式。前者如 2015 年在某晚会上亮相的邓丽君女士的虚拟形象，后者如由 Yamaha 公司制作创造出的虚拟歌手"洛天依"与"初音未来"。这种作用关系使得现实人并不需要通过元宇宙的接入途径就可对元宇宙的对应客体实施人格权犯罪。据此，行为主体即现实人，行为对象即虚拟客体。虽说虚拟客体本身是否造成实际损害未知，但行为与结果之间因果关系清楚，虚拟客体所代表的对象清晰。若行为具有法益侵害且社会危害性严重，则可以直接追究刑事责任。

2. "现实人—数字孪生—元宇宙对应客体—现实人"行为模式

目前，数字孪生技术主要被广泛运用于环保、教育、工程建设等领域。③ 就实践而言，数字孪生的本质应用是现实社会的模拟形态。以此为思路，现有数字孪生也是现实人的模拟形态，两者在行为模式和意志思想上具备与现实高度的映射关系。如元宇宙会议模式下，元宇宙的虚拟人格本就是真实人格的外化，其意识也正是真实意思的反映。此种犯罪行为模式下，元宇宙中数字孪生客体的行为侵犯了现实人的人格，或通过元宇宙中的客体间接侵犯了现实人的人格权。在明确相关联的刑事主体后，可通过追究行为

---

① ［日］加藤一郎：《民法的解释与利益衡量》，梁慧星译，载梁慧星主编：《民商法论丛》（第 2 卷），北京：法律出版社 1994 年版，第 86 页。

② 参见程金华：《元宇宙治理的法治原则》，载《东方法学》2022 年第 2 期。

③ 参见数字孪生世界企业联盟 & 易知微：《数字孪生世界白皮书（2022）》，https://www.sgpjbg.com/baogao/78580.html，2022 年 11 月 10 日访问。

人的刑事责任达到人格权刑法保护的目的。尽管时下还未出现元宇宙场域下的数字孪生事件，但已有类似针对虚拟人格的法律判决，认定侵犯虚拟人格会导致背后现实主体人格权的侵犯。[①]

3. “现实人—化身—元宇宙对应客体—现实人”行为模式

化身不同于前两者行为模式的主要区别是，不可以通过最直接的方式确定虚拟人格与真实人格的同一关系，导致因果关系的判断存在难题。进言之，化身的犯罪行为可具体分为三种：一是直接犯罪，即现实人直接利用化身实施犯罪的行为，可转化成前述两种行为模式。二是间接犯罪，即现实人可能利用不知情者的元宇宙客体实施犯罪行为。在此情形下，行为和意图本身可能并不具有统一性，需要根据与现实的映射关系判断不知情者与其客体的因果联系和主观对应性。同时，现阶段数字化身需要花重金购置，其法律性质当属《民法典》第127条所谓的“网络虚拟财产”[②]。鉴于人格权本身的弱财产属性，在映射关系无法断明的情况下，必要时也可基于人格权的弱财产属性，追究侵占财产利益者的刑事责任。三是不可抗力或意外事件，即元宇宙本身的技术缺陷导致的无法避免的犯罪行为。虽然行为人的犯罪动机难以界定，但其对缺陷及其后果是否明知可用以判断违法性认识的有无。因此，此种情形的关键在于行为人对于元宇宙中人格权受损结果是否具有“明知”。

概言之，数字孪生抑或化身都是对现实一定程度的反映。从一般意义上说，这要求元宇宙中的虚拟人与现实人的犯罪意图相对应。但即使是终极的元宇宙时代，虚拟人能具有到“感知—思考—行动”的能力，现实人能否承认其行为，也值得探讨。从法律后果上说，刑事责任的承担以必要的对应性归责方式为前提，因此，确立可能的归责方式并加以规制，是现阶段元宇宙中人格权犯罪较为现实的选择路径。

（二）元宇宙中人格权犯罪的主要类型

2022年2月，最高人民检察院举行了以“坚持以人民为中心，加强网络时代人格权刑事保护”为主题的新闻发布会，介绍了涉嫌侮辱罪、诽谤罪，侵害公民个人信息罪，侵害英雄烈士名誉、荣誉罪等犯罪类型的批捕数量。[③] 可以看出，网络时代人格权的刑事保护越发重要。基于人格权的主要类型，元宇宙内的人格权犯罪主要可分为以下四种。

1. 物质性人格权犯罪

在人格权纠纷中，物质性人格权犯罪可能造成人身法益的侵害，带来不可挽回的后

---

① 参见马某与孔某名誉权纠纷一案，陕西省西安市碑林区人民法院在（2015）碑民初字第05065号民事判决书中认为，案涉两新浪微博账户并非公民或者法人，但两个账户作为网络虚拟主体拥有虚拟人格，尽管虚拟人格单独没有名誉权，但侵犯虚拟人格的名誉会导致背后现实主体的社会评价降低，两账户的名誉受损导致两账户的管理使用人名誉当然受损。

② 陈吉栋：《超越元宇宙的法律想象：数字身份、NFT与多元规制》，载《法治研究》2022年第3期。

③ 2019年以来，全国检察机关共批准逮捕侮辱罪、诽谤罪犯罪嫌疑人168人，侵害公民个人信息罪犯罪嫌疑人12 410人，侵害英雄烈士名誉、荣誉罪犯罪嫌疑人12人；共起诉涉嫌侮辱罪、诽谤罪被告人213人，涉嫌侵害公民个人信息罪被告人21 923人，涉嫌侵害英雄烈士名誉、荣誉罪被告人15人。通过指控犯罪，有力保护了被害人合法权益。参见史兆琨：《加强人格权刑事保护，用心用情办好群众身边“小案”》，载《检察日报》2022年2月22日，第1、7、8版。

果。生命权、健康权、身体权等作为传统物质性人格权最为典型。元宇宙空间内，物质性人格权的犯罪又可分为两种：（1）现实人由于元宇宙本身的产品缺陷所带来的人格权侵犯，导致严重危害人身法益的结果发生。元宇宙技术的应用需要有 VR 等专门设备产品支撑，这些产品可能对用户身体权、健康权产生侵害，从而构成犯罪。（2）元宇宙空间范围内的侵犯物质性人格权犯罪，如引文中所提及的"元宇宙性侵案"。此外，元宇宙所复刻出的物理感知还可能加深物质性人格权犯罪的感知范围，从而造成实际危害。

2. 标表性人格权犯罪

标表性人格权保护的主要是法律意义上的肖像权、姓名权、名誉权等，反映一定程度上能够被识别且认知的人格权利。我国民法对上述权利都有具体规定，《民法典》针对声音等新型人格权也一并作出了保护性规定。元宇宙内对标表性人格权的犯罪主要体现在：（1）侵犯肖像权、姓名权的犯罪。以分身为例，使用分身形象一般应遵循现实主体的意愿，如邓丽君女士的虚拟分身演唱会即是在其家属的同意下进行的。违背现实主体的意愿使用其分身形象，情节严重的，则可能构成犯罪。（2）侵犯名誉权的犯罪。元宇宙中对虚拟客体侮辱、诽谤可能会造成现实主体的社会名誉不同程度的损害，带来无可挽回的后果，必要时也可追究刑事责任。

3. 知识产权类人格权犯罪

此处的知识产权并非传统意义上的知识产权，以人格权侵害为先决条件。前已述及，元宇宙内的人格权有弱财产属性。基于姓名权、肖像权等带来的财产属性可能造成知识产权类犯罪。2022 年 4 月，最高人民法院在发布的人格权保护典型民事案例中强调，人工智能软件擅自使用自然人形象创设虚拟人物构成侵权。该案中的行为人未经授权，将用户上传、创造的某公共人物肖像推送成"AI 陪伴者"，并开放"调教"功能，构成对原告姓名权、肖像权、一般人格权的侵害。[①] 这种真实人物的虚拟人形象，是时下元宇宙的主要形式之一，可能涉及知识产权的保护法益，可以构成知识产权类犯罪。

4. 个人信息或数据类人格权犯罪

个人信息和数据是网络时代新型人格权的载体。作为元宇宙的基本构成形式，元宇宙涉及的大量个人信息和数据更易受到犯罪行为的侵害。现行刑法对于个人数据的保护模式既包括经济秩序保护模式、物权保护模式与公共秩序保护模式，也包括人格权保护模式。[②] 元宇宙所运用的个人信息也与隐私权保护息息相关，表现为未经元宇宙现实主体或人格权所属人的同意，擅自披露、公开他人信息。元宇宙中侵犯个人信息的行为可能蕴含严重的社会危害性，有时并不亚于其他犯罪行为可能造成的犯罪后果。

（三）元宇宙中人格权犯罪的刑法因应

尽管实践中已经出现多起元宇宙空间内侵犯人格权的案件，但涉案行为均未被直接纳入刑法规制范围。对行为模式的分析有助于解决主体之间的对应关系问题，但对于刑

---

① 参见孙航：《最高法发布民法典颁布后人格权司法保护典型民事案例》，载《人民法院报》2022 年 4 月 12 日，第 1 版。

② 参见劳东燕：《个人数据的刑法保护模式》，载《比较法研究》2020 年第 5 期。

法如何应对尚未明确。而随着元宇宙的深入发展，侵犯人格权的行为可能会带来更为严重的后果。因此，需尽可能利用既有法律体系，通过合理运用解释方法规制元宇宙中人格权犯罪行为。

1. 物质性人格权犯罪的刑法因应

拥有身体完整性和自由支配权利是物质性人格权的基本特征。物质性人格权犯罪会造成被害人身体、心理的双重打击这应是刑法规制的重点。在元宇宙本身技术缺陷导致严重结果的情况下，基于此处元宇宙可被视为当前技术生产出的“产品”，其中物质性人格权的侵害可以按照产品责任以生产、销售伪劣产品等相关犯罪追究刑事责任。当然，元宇宙空间内人的行为能否构成物质性人格权犯罪，如强奸罪、强制猥亵罪、猥亵儿童罪等，这是更为值得探讨的关键性问题。

我们认为，元宇宙内的强奸并不能构成强奸罪。第一，元宇宙中的强奸不能达到实际的损害后果。即使元宇宙的高度全真性会使人产生类似虚实交错的时空错觉，虚拟层的犯罪行为也不能造成实际的损害结果。刑法中所说的结果概念要求行为已经造成了实害结果或危险状态。而元宇宙中的强奸行为本身是虚拟的，对真实身体无法造成侵犯，并不能达致强奸行为的完成形态。而且，由于元宇宙状态下的行为人与被害人没有事实接触，危险状态尚不能达到“现实紧迫的危险”程度。第二，强奸对象本身并不能被行为所作用。刑法中强奸罪的对象应当是现实具体的人，但元宇宙空间的人并不是客观存在的，并不具备生命体征，即不存在刑法上的犯罪对象。同时，元宇宙内的强奸行为是基于代码运算所形成的动作，是囿于感官的真实性而被冠以强奸之名的行为，但动作本身并不能构成刑法意义上的实行行为。因此，元宇宙的强奸行为并不能构成强奸罪。同理，在元宇宙空间内实施的所谓故意杀人、伤害等行为，由于缺乏对应的实行行为和实行对象，并不能用故意杀人罪、故意伤害罪等传统意义上侵犯物质性人格权的罪名加以规制。

但是，这并不意味着上述行为就一概不能通过刑法加以规制。事实上，“隔空强奸/猥亵”的行为被纳入刑事制裁之范畴早有例可循。从域外来看，以色列最高法院 2020 年就将一起通过网络沟通方式实施的强奸行为判定为强奸罪。该案中，被告人通过文字或言谈，诱骗、勒索、操控儿童、青少年、成年妇女实施了自我插入的行为。[①] 就域内而言，最高人民检察院、最高人民法院也分别于 2018 年和 2019 年通过发布指导案例的方式，确认了强迫、引诱未成年人拍摄裸照或裸聊的行为构成犯罪。[②] 可见，我国刑法已经开始关注并针对这类行为作出反应。而元宇宙在狭义范围是一个全真的“网络空间”扩展，因此这种隔空强奸或猥亵的形式对于元宇宙内的刑法规制具有一定参考价值。申言之，元宇宙空间内的上述行为可能涉及我国刑法中猥亵儿童罪、强制猥亵罪等罪名。构成犯罪的关键在于被害人的年龄和犯罪行为的强制性判断，对此，可以参照两罪对犯罪对象和行为方式的判断分别认定为猥亵儿童罪和强制猥亵罪。但是，这种“隔

---

① Asaf Harduf, “Rape Goes Cyber: Online Violations of Sexual Autonomy”, *University of Baltimore Law Review* 50, Vol. 3, p. 358 (2021).

② 参见最高人民检察院指导案例第 43 号“洛某猥亵儿童案”(2018 年)，最高人民法院发布的“蒋某猥亵儿童案”(2019 年)。

空”行为直接针对的只能是被害人本人，而非元宇宙中的分身。针对元宇宙中分身的行为，由于缺乏客观真实的行为对象，现阶段是无法以物质性人格权犯罪来规制的。

而且，如果有将元宇宙内的性侵行为通过截图、录屏等方式进行制作、贩卖、传播的，则可能构成《刑法》第 363 至 367 条的制作、贩卖、传播淫秽物品罪的相关犯罪。如果对被害人人格尊严造成严重侵害，必要时可论以标表性人格权犯罪。此外，从技术层面来说，进入元宇宙空间需要通过操作计算机等相关设备来达到犯罪目的。当行为人利用计算机输入代码实施犯罪行为时，可能同时破坏计算机系统的正常秩序，从而构成非法侵入计算机信息系统罪、非法获取计算机信息系统数据罪等相关犯罪。

2. 标表性人格权犯罪的刑法因应

在元宇宙空间中，行为人可以突破虚实空间实施侵犯标表性人格权的行为，从而损害他人的名誉权、肖像权、姓名权。具体而言，对此类标表性人格权犯罪的规制方式可能有以下两种。

（1）元宇宙空间内的侮辱、诽谤行为可以适用现行刑法规范，根据《刑法》第 264 条以侮辱罪或诽谤罪论处。首先，元宇宙中的侮辱、诽谤行为并未突破既有的刑法框架体系。元宇宙是开放的空间，在元宇宙场域内采用不特定或者多数人可能知悉的方式公然败坏他人名誉，或者散布捏造的事实，足以败坏他人名誉，情节严重的，也符合侮辱罪、诽谤罪的构成要件。即便是针对化身所实施的侮辱、诽谤行为，鉴于化身并非无法查明，可以根据与现实的映射关系寻找化身背后的现实人，因此侮辱、诽谤行为指向的仍是现实存在的特定对象。其次，侮辱、诽谤行为与名誉权受损的结果之间具有刑法意义上的因果关系。元宇宙虽然是虚拟空间，但侮辱、诽谤行为是客观存在的，其在现实层面给他人名誉权造成毁损或者毁损的危险也是客观的，不会因为元宇宙的虚实界限而消失。所需考虑的仅是因果关系的具体连接或者证明问题，而非因果关系存在与否问题。当然，元宇宙不是现实世界，当虚拟主体与现实主体不能在现实层面上构成映射的可能性时，元宇宙空间内的侮辱、诽谤等行为则不会对特定的对象产生现实可能的法律后果，法律的规制尤其是刑法规制也就无从谈起了。

（2）元宇宙空间中辱骂、恐吓他人，或者编造、散布虚假信息的行为，也可能构成《刑法》第 293 条寻衅滋事罪。元宇宙中的辱骂、恐吓行为，同样是利用信息网络辱骂、恐吓他人，与一般的辱骂、恐吓的性质无异，只是利用不同的媒介、工具进行信息传达和交流。也就是说，利用元宇宙赖以构建的信息网络辱骂、恐吓他人，与面对面、利用信件或者利用电话进行的辱骂、恐吓行为没有本质区别，因此，根据最高人民法院、最高人民检察院 2013 年出台的《关于办理利用信息网络实施诽谤等刑事案件适用法律若干问题的解释》第 5 条第 1 款的规定，可直接认定为寻衅滋事罪。同时，元宇宙空间同样是人们沟通交流的平台，是现实生活的延伸，也是社会公共秩序的重要组成部分，具有很强的“公共属性”，元宇宙空间属于公共空间，元宇宙空间秩序也是社会公共秩序的重要组成部分。而且，元宇宙空间亦具有公共性，并已逐渐成为人们的一个生活平台。元宇宙空间中信息的传播具有便捷性，在虚拟的元宇宙空间内，人们可以进行信息的交换和思想的交流，这与现实空间毫无二致。将元宇宙空间解释为“公共场所”并没有“超出法律用语可能含义的范围”，不违背国民预测的可能性。因此，在元宇宙空间中编造、散布虚假信息的行为，同样会干扰元宇宙空间的正常运营秩序乃至社会公共秩序，可以构成网络型寻衅滋事罪。

3. 知识产权类人格权犯罪的刑法因应

元宇宙人格权具有弱财产属性，对用户本身的肖像权、姓名权等都应当给予刑法保护。基于元宇宙本身的创造属性，元宇宙中的很多虚拟分身都是由现实人所创造。对于元宇宙空间内人格权的刑法保护可从两个方面入手；一方面，可以单独保护虚拟人背后真实人的人格利益，即前文所述虚拟人格的人格权问题；另一方面，若是难以查明分身后的现实人，则可通过元宇宙的弱财产属性予以一定的人格权保护。

首先，可以适用《刑法》第 217 条侵犯著作权罪。在进入元宇宙之初，系统会要求用户选择自己的元宇宙形象。这里的形象创建一般有两种方式，使用现有的肖像或进行虚拟“捏脸”。但无论哪种方式，都涉及虚拟人格的肖像权和姓名权。肖像权本就属于人格权的一种，若是肖像可以“反映特定自然人可以被识别的外部形象”之特征，即可基于这种人格权的财产属性寻求知识产权的保护。就虚拟“捏脸”而言，“捏脸”行为本身就是创造行为之一，元宇宙中的虚拟形象可以被归纳为美术作品的范畴。这里的著作权保护和人格权保护并不冲突，两者可能对应同一自然人，也可根据实践条件下的肖像权和著作权主体分别享有的知识产权有关权益，从而对相关侵权行为以侵犯著作权罪追究刑事责任。

其次，基于虚拟人实施的具体侵犯行为，以相应的知识产权犯罪追究其背后的现实人的责任。2022 年 1 月 28 日，国家互联网信息办公室发布了《互联网信息服务深度合成管理规定》的征求意见稿，强调深度合成服务提供者和使用者应当遵守社会伦理，不得侵犯第三方知识产权、肖像权、隐私权等人格权。深度合成技术实际上是利用以深度学习、虚拟现实为代表的生成合成类算法制作文本、图像、音频、视频、虚拟场景等信息的技术。而元宇宙即高度运用了深度合成技术，既可以对文本或语音、非语音内容进行生成或者编辑，也可以对图像、视频内容中人脸等生物特征或者非生物特征进行生成或者编辑，还可以通过三维重建等对虚拟场景进行生成或者编辑。在此过程中，不但可能侵犯著作权，还可能侵犯其他类型的知识产权。例如，通过虚拟人在元宇宙空间中使用假冒的注册商标和专利的，就可能构成假冒注册商标罪和假冒专利罪。

4. 个人信息和数据类人格权犯罪的刑法因应

同上述知识产权类人格权相比，个人信息和数据类人格权几乎贯穿元宇宙的所有环节。个人信息和数据一定程度上都能反映公民的权益，是人格权的集中表现。个人信息和数据在元宇宙的空间内流通，不仅与所有者有关，更与收集者、使用者、处理者等有关。对于元宇宙空间内个人信息和数据类人格权的刑法保护，主要可从以下两方面入手：

首先，可以通过《刑法》第 253 条之一规定的侵犯公民个人信息罪加以保护。违反国家规定，将在履行职责或者提供服务过程中获得的公民个人信息出售或者提供给他人的，即可构成侵犯公民个人信息罪。元宇宙的运行者、平台方甚至创造者均可作为“提供服务”的主体，为其违反国家规定出售、提供公民个人信息的行为承担刑事责任。就此而论，个人信息的人格法益属性可以在这一层面得到周延的保护。此外，还可以通过对个人信息财产属性的确认，在将个人信息纳入虚拟财产的基础上，借助传统层面的经济类犯罪强化对个人信息的保护。

其次，可通过《刑法》第 286 条之一规定的拒不履行信息网络安全管理义务罪进行保护。尽管元宇宙空间内暂未形成独有的法律制度，但元宇宙的服务提供者同样负有一定的监督管理义务。这些监管义务源自法律、行政法规中命令性规范设置的义务。例如，全国人大常委会 2012 年通过的《关于加强网络信息保护的决定》第 5 条规定："网络服务提供者应当加强对其用户发布的信息的管理，发现法律、法规禁止发布或者传输的信息的，应当立即停止传输该信息，采取消除等处置措施，保存有关记录，并向有关主管部门报告。"这样的安全监管义务同样适用于元宇宙的服务提供者。元宇宙的服务提供者如果拒不履行此类监管义务，就可能导致公民个人信息和数据类人格权受到侵犯，必要时可以拒不履行信息网络安全管理义务罪追究刑事责任。

简言之，尽管元宇宙中人格权的刑法保护存在诸多问题亟待解决，但在元宇宙空间与现实空间映射关系明晰的情况下，元宇宙中的人格权犯罪完全可以纳入既有刑法规制的范围。即使两者之间映射关系不明晰，也可基于元宇宙背后管理者、运营者的监管责任，而要求其承担相应的刑事责任。

五、元宇宙中人格权刑法保护的拓展路径

2020 年，中共中央印发《法治社会建设实施纲要（2020—2025 年）》，指出网络空间虽是虚拟的，但运用网络的主体是真实的。基于此，元宇宙中的人格权刑法保护可具体分为两类：一类是将元宇宙作为网络空间的新纪元，延续已有研究中的相关议题，重点关注如何将元宇宙人格权保护纳入现有刑法框架中；另一类则需深入考察入罪的可能性，依据具体问题结合法理加以剖析证成。对于已突破现有刑法规则的行为，要善用体系化思维。元宇宙虽是虚拟世界，但虚拟世界绝非法外之地。元宇宙中侵犯人格权的行为，同样应该受到应有的法律规制。

（一）扩展刑法中部分罪名的涵摄范围

如前所述，在部分罪名中，元宇宙中的分身与现实层面的映射程度较高，可以直接涵盖其中。但是，也应注意到分身、化身、孪生在一定程度上具备不同的稳定性、人格特征①，需要综合应用判断标准。扩展刑法中部分罪名的涵摄范围可解决映射关系明晰的虚拟人格与真实人格的同一性问题，同时可更好地判断两者在刑法上的因果关系及其归责。

首先，适当吸收与现实映射关系明晰的元宇宙行为主客体。刑法对人格权的保护采用分散式立法模式。该种模式下的人格权保护通过各罪加以规制，因此在同一性认定问题上可将各罪中的主体加以归纳。而现有刑法中的犯罪主体包括自然人和单位，尽管元宇宙中的主体是否具有刑法上的主体性值得进一步探讨，但部分虚拟客体与真实客体具

---

① Lee，Won，*A Study on the Role of criminal law in Metaverse*，Institute for Legal Studies Chonnam National University，Vol. 42，pp. 177 - 202. 10. 38133/cnulawreview. 2022. 42. 3. 177.

有高度同一性，且对应关系明确。在这种情况下，既可将虚拟人格涵摄在真实人格的范围之内，将这种“虚拟”解释为基于真实关系的“虚拟”，从而涵摄到既有的主客体范围之内，也可严格限制虚拟人格适用的罪名。具体而言，对于虚拟的化身、孪生所实施的侵犯身体权、健康权等物质性人格权的行为，如果针对的只是虚拟人格而不会危及真实人格，则不能纳入现行刑法规制的范畴；至于侵犯具有财产性质的标表性人格权，则可以纳入既有刑法范畴。因为元宇宙的介入并不会对侵犯标表性人格权的犯罪方式和性质产生突破现有理解的改变，也不会突破法益保护的范围。

其次，对于元宇宙中的分身无须通过立法确认，可通过适当的扩张解释将元宇宙中相关行为纳入刑法的规制范畴。在现有元宇宙框架下，元宇宙的发展进程并未达到与真实空间完全一样的真实感受水平，因此仍属于互联网的特殊形态，虚拟人的行为不会因为主体身份的虚拟性而排除法律的调整与适用。进言之，在元宇宙技术实现有体物创造这种科幻式功能之前，用户行为依然需要遵守现行立法体系。在表现形式上，可将只是利用元宇宙实施犯罪的形式通过扩张解释，以既有的罪名加以规制。例如，可将元宇宙解释为广义“网络”“计算机技术”的特殊形式，扩展其涵摄范围，从而将元宇宙空间具有法益侵害性的行为认定为现有的计算机网络犯罪。这种扩张解释未改变现有立法模式，仍可保留现有罪名的罪状描述，并非有违罪刑法定原则的类推解释，也并未突破一般大众的心理预期。当然，对于全新的尚不足以纳入现有刑法体系中，但确实可能造成法益侵害风险的，可借助空白罪状进行完善。

（二）厘清元宇宙空间人格权的刑法适用界限

值得一提的是，在人格权保护范围方面，刑法与前置法并不完全统一。基于现有法律框架，仍应优先适用前置法强化对人格权的保护，而刑法在人格权保护上只能发挥后盾法的作用。为此，应当准确划定和完善我国人格权刑法保护的限度。这也是遵循刑法谦抑性原则的要求。只有民商法等前置法不足以发挥保护功能时，才能将刑事制裁作为最后手段。

首先，应区分侵犯人格权犯罪行为的种类，谨防元宇宙异化人格权。为此，有必要排除纯粹侵害物质性人格权的刑法适用，同时确认人格权财产利益的刑法保护。并非所有的人格要素都许可他人使用，生命、身体、健康等人格要素是不能许可他人使用的。因为如果允许这些人格要素许可他人使用，就会出现违反法律的规定，违背公序良俗或者损害社会公共利益或国家利益的情形。① 纯粹侵害物质性人格权由于缺乏主客体要件并不能加以规制，但严重的侵害物质性人格权的犯罪可能导致被害人精神受到不同程度的影响，因此，可引入精神损害赔偿，通过附带民事诉讼的方式来保护元宇宙中的人格权。同时，人格权的财产属性是切实存在的，在侵害物质性人格权的同时，可能会对被害人的财产型利益造成毁损。元宇宙背景下，这种人格权的商业化表现更加明显。当元宇宙中的人格权受到侵犯时，需要考虑背后有无商业目的。如果人格权后的商业属性得以确认，在具有现实价值时，可以通过侵犯财产类犯罪规制相关行为，从而有效保护人

① 参见程啸：《我国民法典对人格要素商业化利用的规范》，载《人民法院报》2020年12月18日，第3版。

格权背后的财产权益。同时，要谨防人格权商业化利用过程中元宇宙技术异化人格权。需要重点考察行为人是否具有“以盈利为目的”“以报复为目的”等主观要素，从而考虑能否以财产犯罪、侵犯名誉权犯罪或者其他相关犯罪论处。所以，在人格权商业化利用过程中，即便这些人格要素得到使用许可，也不能避免侵害此类人格要素的行为构成犯罪。

其次，应以实质法益侵害为标准判断元宇宙中的失范行为是否构成犯罪。现有刑法中关涉人格权保护的条款一般都规定了“情节严重”等罪量要素。而实质法益侵害的标准对于判断是否达到“情节严重”至关重要。一方面，应甄别犯罪情节对于具体案件的重要程度。元宇宙并不是完全公开的区域，对于尚未造成公开场合下名誉受损或仅是元宇宙中两个主体的交流互动的，不应简单认定为元宇宙内的侵害人格权犯罪。另一方面，应强化与其他相关法律的衔接。元宇宙中的相关人格权犯罪可能同时涉及《民法典》《治安管理处罚法》等多部法律。仅以元宇宙之名而实施其他犯罪活动的，应按照其实际所实施犯罪类型定罪量刑。依据现行刑法无法定罪的，应积极寻求人格权的多元规制模式，着力发挥其他前置法的人格权保护功能。

（三）强化平台主体刑事责任

作为元宇宙的重要环节，平台和相关运营者对于元宇宙的运行不可或缺，因此，需重视元宇宙监管及元宇宙底层技术在治理领域的作用。[①]

其一，明确中立帮助行为的刑事责任。平台主体可能的犯罪行为主要有主动介入型和中立帮助型两种形式。故意侵犯他人个人信息、隐私等人格权，情节严重的，则应追究相应的法律责任。同时，相关法律也赋予了平台信息网络安全管理的义务与责任。如果元宇宙服务提供者不履行法律、行政法规规定的信息网络安全管理义务，经监管部门责令采取改正措施而拒不改正，就可能构成拒不履行信息网络安全管理义务罪。而元宇宙空间内的中立帮助行为则可能表现为平台主体客观上对正犯行为和人格权侵害结果具有促进作用，但其主观上并没有明显的犯罪意图，或只谋求犯罪行为以外的目的。对此，理论上存在“全面处罚说”和“限制处罚说”两种观点。就我国平台主体而言，在运营过程中可以收集、拥有、控制、使用海量用户信息和数据。而平台的数据处理者也可能是元宇宙的用户。数据处理者所能采取的技术安全保障措施仅能保证个体网络节点的安全，而无法有效控制其他互联互通网络节点可能诱发的数据安全风险。采取“全面处罚说”无疑扩大了犯罪圈的范围。但采取“限制处罚说”仍需明确其行为性质，在判断时应以犯罪时元宇宙的技术条件来限定平台主体的刑事违法性和有责性。只有平台主体被明确告知元宇宙中相关主体的犯罪意图且客观上可以感知或有能力发现犯罪行为的，才能追究其刑事责任。

其二，避风港原则下平台责任的限缩。避风港原则广泛适用于民事领域，其适用目的在于为网络服务者划定承担责任的界限。我国网络服务提供者的刑法责任存在结构性

---

① 参见张夏恒、李想：《我国元宇宙研究的热点内容、基本特征与趋势分析》，载《昆明理工大学学报（社会科学版）》2022 年第 4 期。

失衡问题，应当以避风港原则为基本依据，建立起网络服务提供者前刑法评价与刑法评价的位阶关系。[①] 为此，应平衡用户权利保障与犯罪行为处罚之间的价值。元宇宙用户享有平台隐私权，对于涉及敏感信息的数据，平台应妥善保存，保护用户隐私权。避风港原则规定了"通知—删除"这一行为程序。在平台主体无法判断是否涉及人格权犯罪时，也应遵循这一原则。同时，应对"违法信息"进行限缩解释。我国最早在《互联网信息服务管理办法》第15条中规定了违法信息，包括淫秽、色情、暴力、侮辱等九种禁止性信息。若采取该办法中的标准，不仅要对九种信息的具体内涵进行判断，也要甄别用户信息是否属于这一范畴。对于平台主体的专业化程度要求过高。但是，元宇宙中的人格权保护不可避免涉及以上"违法信息"。为此，可将之限定为在性质上明显违法的信息，而不应包括在性质认定上具有较大争议的内容。[②] 在义务履行上，平台主体按照《刑法》《数据安全法》《个人信息保护法》等法律的要求进行操作后，如果仍发生了责任之外的人格权犯罪，则不能再以未履行监管责任之由对其科处刑罚。

（四）完善以技术为本位的监管路径

目前，产业界的共识是：可以用"BIGANT"来概括元宇宙的基础技术，"BIGANT"分别代指区块链技术、交互技术、电子游戏技术、人工智能技术、网络及运算技术、物联网技术。[③] 科学技术是元宇宙赖以发展的核心和基础，而通过法律乃至刑法监管科技则是元宇宙健康持续运行的关键。在上述途径不足以规制元宇宙中人格权犯罪时，以技术为本位的监管是刑法保护的最后防线。

其一，谨防技术异化的刑事风险。进言之，元宇宙的技术发展不能损害他人的人格权益，其技术内容也不能违背公序良俗。元宇宙技术的创新与发展应当契合法律的价值，遵循前置性规范。在元宇宙发展过程中，行为人滥用元宇宙技术污染法律环境，利用区块链技术匿名实施人格权侵害，甚至可能威胁国家和公共安全，因此，可确立强制性国家技术标准。随着元宇宙相关产品的问世和推广，国家技术标准的跟进十分必要。事实上，2022年11月25日，国家互联网信息办公室发布《互联网信息服务深度合成管理规定》，进一步明确了元宇宙设备的制造、使用方法和使用场景应当确立强制性国家技术标准，以充分保障设备对用户身体的安全性，防止因设备设计不合理、使用不规范等，使用户的身体权、健康权受到侵害。而关于数字加密技术同样应建立国家标准，因为加密技术的有效性和安全性是保障用户人身和财产安全的基本前提。[④]

其二，强化元宇宙领域的刑事合规。刑事合规作为当前应对刑事风险的现代化治理方式，可有效预防和减少企业犯罪行为的发生。元宇宙领域也可尝试刑事合规的制度建设：一方面，可细化元宇宙的法律禁止条款。如可在元宇宙平台内建立分身投诉机制，并利用大数据手段快速进行分析归纳，对于用户投诉涉及人格权犯罪的行为要加以重点

---

① 参见王华伟：《避风港原则的刑法教义学理论建构》，载《中外法学》2019年第6期。

② 参见孙禹：《论网络服务提供者的合规规则——以德国〈网络执行法〉为借鉴》，载《政治与法律》2018年第11期。

③ 参见赵国栋、易欢欢、徐远重：《元宇宙》，北京：中译出版社2021年版，第26页。

④ 参见申晨：《元宇宙技术对人格权的侵害风险及法制应对》，载《中国信息安全》2022年第1期。

观察。同时，要设置、增加元宇宙中人格权保护的方式方法。如在元宇宙空间内设置“禁止与他人肢体接触”等行为规范，并提供“拉黑相关人的消息”等按键选项。此外，还可在涉及侮辱、诽谤或出现明显含有性行为暗示的动作或言语时进行规范，通过设置“一键屏蔽”之类的选项，以尽可能减少人格权犯罪行为的发生频次。另一方面，可完善法律保障机制。如《民法典》第997条规定了人格权禁令，即通过建立一种高效快捷的人格权请求权的程序实现机制，以及时制止侵害人格权的行为，为权利人提供高效的救济，避免侵害行为给人格权主体造成难以弥补的损害。[①] 元宇宙时代，人格权犯罪的门槛低，加之对人格权的侵害往往具有不可恢复性。为此，有必要将《民法典》所确立的人格权禁令引入元宇宙空间，适用于紧急情况下元宇宙中人格权的保护。例如，如果行为人已在元宇宙空间散播毁损他人名誉的言论，受害人发现后即可依法向人民法院申请颁发禁令，要求元宇宙服务提供者采取删除、屏蔽等措施，及时阻止损害后果的持续扩大。

六、结语

科技创新发展不能背离既有的法律框架。元宇宙强调的“开放”需要“有序”来加持，否则会缺乏有效治理而使元宇宙沦为“暗”宇宙。因此，需要制定完善的规则体系，保证元宇宙可持续发展。同时，只有在法律的保驾护航下，才能有效解决元宇宙这一新生事物可能引发的各种问题，有效推进其健康发展。为避免元宇宙成为道德与法治的黑洞，人格权作为最基础、最重要的民事权利，应在元宇宙世界中充分发挥作用。与传统人格权相比，元宇宙空间内的人格权具有虚拟性、现实性、互动性和弱财产属性。元宇宙中人格权的刑法保护关涉虚拟人格与真实人格的同一性认定、刑法上的因果关系及归责、人格主体责任阶层的认定和监管主体的多元化等问题。元宇宙中的人格权犯罪主要分为物质性人格权犯罪、标表性人格权犯罪、知识产权类人格权犯罪、个人信息或数据类人格权犯罪，涉及诸如强制猥亵罪、侮辱罪、诽谤罪、侵犯个人信息罪、侵犯著作权罪等具体罪名的认定。为了强化元宇宙空间内人格权的刑法保护，有必要扩展刑法中部分罪名的涵射范围，厘清元宇宙空间内人格权的适用界限，强化平台法律责任的承担，完善以技术为本位的监管路径，并不断加强与前置法之间的协调联动，共同构建和谐安全的元宇宙中人格权的保护环境。

---

① 参见程啸：《论我国民法典中的人格权禁令制度》，载《比较法研究》2021年第3期。

论负有照护职责人员性侵罪的射程

——法益分析的视角

朱本欣*

关于负有照护职责人员性侵罪的保护法益究竟是什么，本罪的新增是否意味着我国刑法中性同意年龄的提高，理论上众说纷纭。本文即聚焦该罪法益问题进行讨论。

一、负有照护职责人员性侵罪的保护法益

（一）负有照护职责人员性侵罪保护法益的纷争评析

概括而言，关于本罪的保护法益，当前学界主要有身心健康说、性自主权说、折中说和社会法益说四种不同看法。

1. 身心健康说

身心健康说主张本罪的保护法益是未成年女性的身心健康，主张本罪的增设并非普遍提高性同意年龄，而是部分提高性同意年龄，体现了对未成年人身心健康的严格保护。至于为何部分提高性同意年龄，该说并未展开，但其在阐述《刑法》第23条之一将犯罪主体规定为“负有监护、收养、看护、教育、医疗等特殊职责的人员”的缘由时，明确表述是因为考虑到这类人由于优势地位、身份等容易对所照护的未成年女性形成控制，因此立法严格禁止其与该未成年女性发生性关系。①

2. 性自主权说

性自主权说主张本罪的保护法益是已满14周岁不满16周岁的未成年女性的性自主权。该说认为已满14周岁不满16周岁的未成年女性具有性自主权，但具有监护、收养等特殊职责的行为人由于与未成年女性之间的这种特殊关系，容易针对被害人实施欺骗、利诱等行为，因此立法上推定处于特定监护等关系中的女性面对监护人或其他有特殊职责的人员时，对其性行为难以真正自主地进行决定。②

---

* 北京交通大学法学院副教授。

① 参见张义健：《〈刑法修正案（十一）〉的主要规定及对刑事立法的发展》，载《中国法律评论》2021年第1期。

② 参见周光权：《刑事立法进展与司法展望——〈刑法修正案（十一）〉总置评》，载《法学》2021年第1期。

3. 折中说

折中说中一种观点认为本罪的保护法益为“未成年女性的性权利的不可侵犯性和身心健康”。该说在认同“身体健康说”中部分提高性同意年龄的基础之上，认为未成年女性的普遍性同意年龄为 14 周岁，但在面对负有照护职责人员时，已满 14 周岁不满 16 周岁的未成年女性同意发生性关系的承诺无效，因而本罪的保护法益既包括已满 14 周岁不满 16 周岁的未成年女性的身心健康，也包括未成年女性的性权利。①

折中说的另一种主张则认为本罪所侵犯的法益为未成年女性的性自主权和其身心健康，也可以说是身心健康说＋性自主权说。② 此种主张同样认为本罪保护的法益包括未成年女性的身心健康，以及认为已满 14 周岁未满 16 周岁的未成年女性在面对有照护职责人员时性承诺无效，故也将之概括为折中说。

4. 社会法益说

社会法益说认为本罪保护的法益还包括性的社会风尚。如有学者主张，《刑法修正案（十一）》此次修改，并非基于已满 14 周岁不满 16 周岁女性性认知能力不完全成熟而对性同意年龄予以调整，而是由于隐性强制与伦理禁忌的叠加。从刑法教义学的角度来考量，判断一个行为应否入罪，应当考虑到行为的“社会相当性”，而相对于其他性行为而言，发生在负有照护职责人员与未成年人之间的性行为通常而言因严重违反性伦理禁忌而弱化了该行为的社会相当性。这种性关系过于接近乱伦禁忌与恋童禁忌而严重违背社会伦理规则，引起人们的强烈反感，弱化了该行为的社会相当性。这是该行为通常缺乏违法阻却事由而入罪的补充性理由。③

前述各主张中，折中说中“未成年女性性权利的不可侵犯性”并未触及行为的本质。首先，所谓性权利，是指与性相关的权利。根据 2014 年世界性学会对《性权宣言》(Declaration of Sexual Rights) 的修订，性权利具体包括自主与身体的完整权、免于暴力和强制权、性私权、性表达权、性信息权、生育选择权等具体 16 项权利。某一个具体罪名保护法益的确定，理应具体到该类型化的行为所必然侵犯的具体权益，而非概括的权益种类。正如我们将抢劫罪的保护法益概括为具体的财产所有权而非概括的财产权，将故意伤害罪的保护法益概括为身体健康权而非人身权。其次，将本罪的保护法益概括为未成年女性性权利的不可侵犯性，并不具体，也无法体现出本罪的立法宗旨。毕竟，任何年龄阶段女性的性权利都是具有不可侵犯性的。最后，该观点也无法解释为何本罪将行为主体限定为对被害人负有照护职责的人。对未成年女性不具有照护职责的人如果与已满 14 周岁不满 16 周岁未成年女性发生性关系，为何就不侵犯未成年女性性权利的不可侵犯性呢?

社会法益说与该罪的刑法分则体系地位并不相符。按照目前我国刑法的体系框架，

---

① 参见杨万明主编：《〈刑法修正案（十一）〉条文及配套〈罪名补充规定（七）〉理解与适用》，北京：人民法院出版社 2021 年版，第 247 页。

② 参见时延安、陈冉、敖博：《〈刑法修正案（十一）〉评注与案例》，北京：中国法制出版社 2021 年版，第 314 页。

③ 参见周详、孟竹：《隐性强制与伦理禁忌：“负有照护职责人员性侵罪”的理据》，载《南通大学学报（社会科学版）》2021 年第 2 期。

增设的本罪法条为第236条之一，在法条所属体系位置位于旨在保护公民私法益的“侵犯人身、民主权利”一章之中。由此可见本罪的保护法益为社会法益的主张并不为立法所支持。

身心健康说则至少存在如下问题：首先，身心健康难以概括本罪保护法益的本质，有过于宽泛的嫌疑。身心健康，指的是健康的身体和愉快正常的心态，包括身体健康和心理健康两个方面。从某种意义上说，侵犯公民私法益的行为都会在不同层面、不同程度上侵犯被害人身心健康。比如故意伤害罪既侵犯被害人的身体健康，通常也会至少在一定时间段伤及被害人的心理健康。侵犯公民私法益行为在侵害身心健康上的共同性，决定了将本罪的保护法益理解为身心健康，将无助于实践中区分本罪与他罪。其次，身心健康说误认了侵害法益与派生结果的关系。具有照护职责的人不当利用其影响力与未成年女性之间发生性关系的行为自然会使未成年女性的身心健康受到侵害，但身心健康的损害并非该行为所直接侵害的法益本身，而是该行为所造成侵害的派生结果。就如同侮辱罪、诽谤罪所侵害的法益为人格权、名誉权，被害人因为人格权、名誉权受到侵害会身心健康受损，但理论与实务界主流观点也并不主张侮辱罪、诽谤罪的保护法益为被害人的身心健康。最后，身心健康说无法解释为何本罪的主体仅限于负有照护职责的人员。如若仅从早期性行为对未成年女性身心发育的不利影响角度出发，无论是否是负有照护职责的人与未成年女性发生性关系的行为都会侵害未成年女性的身心健康。既如此，为何《刑法》第236条之一将本罪的主体仅限于负有照护职责的人员？身心健康说无法回答。

（二）负有照护职责人员性侵罪保护法益之应然：性自主权

前述诸主张中，相比较而言，性自主权说因存在以下优势更值得被支持：(1) 能够准确反映立法原意，体现本罪的本质。由于负有照护职责者与未成年女性之间在年龄、身份、地位等方面的不对等，前者对后者易形成一种隐性强制状态。未成年女性与负有照护职责的人发生性关系，往往是由于该隐性强制而非出于被害人的真实同意。《刑法修正案（十一）》之所以增设本罪，也正是为了防止负有照护职责人员利用其优势地位性侵被照护的未成年女性。[①] (2) 性自主权说忠于立法原意，能够更好地划分罪与非罪、此罪与彼罪的界限。负有照护职责的人员能够通过这一特殊身份构建起与被害人之间特殊的关系，在经济、心理等方面有效施加对被害人的影响，因而会干扰到被害人性自主权的行使。相较于身心健康说，性自主权说能够更合理地在要求行为人的身份与入罪之间构建一个桥梁。如此理解，也有利于为行为主体划定判断标准，从而合理厘定行为人的范围。

二、本罪侵害性自主权的行为依据：滥用优势地位

（一）本罪的增设并不意味着性同意年龄的提高

与本罪的保护法益特殊性密切相关的一个问题是：本罪规定是否意味着性同意年龄

---

① 参见赵秉志主编：《〈刑法修正案（十一）〉理解与适用》，北京：中国人民大学出版社2021年版，第48-49页。

的提高？对此，全国人大常委会法制工作委员会刑法室的有关人士认为是“部分提高了性同意年龄”；最高人民法院的相关人士同样认为“本条规定旨在既提高未成年女性的性同意年龄，又不同于奸淫幼女中幼女的性同意一律无效的情形，而是根据犯罪主体的身份情况作出区分”。这种“性同意年龄有限提高”的立场带有一定官方色彩，也获得了舆论认同，已然成为压倒性多数说。[①]

笔者认为此种主张存在难以与其他法律规范形成体系性自洽的问题。《刑法修正案（十一）》在第 17 条第 3 款新增规定：“已满十二周岁不满 14 周岁的人，犯故意杀人、故意伤害罪，致人死亡或者以特别残忍手段致人重伤造成严重残疾，情节恶劣，经最高人民检察院核准追诉的，应当负刑事责任。”这就有条件地将我国刑法中的最低刑事责任年龄由原规定的年满 14 周岁降低到了年满 12 周岁。刑事责任年龄是影响刑事责任能力的最重要的因素之一。行为人对自己的行为承担刑事责任，前提是对其所实施的行为具有认识能力和控制能力。而认识能力与控制能力都依赖于人的心智发育成熟程度。心智发育成熟程度与生活水平、后天教育、实践经验等因素密切相关。立法对最低刑事责任年龄的降低，意味着立法认为未成年人的认识能力和控制能力相比以往有所提高。而在性同意年龄上，《刑法》第 236 条第 2 款中规定“奸淫不满十四周岁的幼女的，以强奸论”。该规定意味着我国刑法视野中性同意最低年龄为 14 周岁，即《刑法》认为未满 14 周岁的未成年女性因未达到性同意年龄，不具有正确认识和控制自己性行为的能力，法律拟制其性同意无效，其关于性交的同意不具有法律上阻却强奸罪犯罪构成的意义。而与之相应，已满 14 周岁的女性，包括已满 14 周岁不满 16 周岁的未成年女性，则达到了性同意年龄，具有正确认识和控制自己性行为的能力。倘若认为《刑法修正案（十一）》对负有照护职责人员性侵罪的新增是对性同意年龄的降低，则意味着与《刑法修正案（十一）》适用前相比，已满 14 周岁不满 16 周岁的未成年女性认识和控制自己性行为的能力有所退步。那么，在已满 12 周岁未满 14 周岁的未成年人认识和控制自己行为的能力整体提高的前提下，为何已满 14 周岁不满 16 周岁的未成年少女却降低了对性行为的认识能力和控制能力呢？况且，已满 14 周岁不满 16 周岁的未成年女性对于杀人、故意伤害致人重伤或者死亡、强奸、抢劫、放火、爆炸、投放危险物质以及贩卖毒品的行为具有认识能力和控制能力，却不具有正确认识和控制自己性行为的能力，这也是难以理解的。难道性行为这种基于生物本能的行为比杀人、故意伤害、抢劫、强奸、放火、爆炸、投放危险物质以及贩卖毒品的行为性质与意义更为复杂难懂吗？

部分主张提高性同意年龄的学者和大众提出，若认为已满 14 周岁的女性达到了性同意年龄享有性自主权，则会导致已满 14 周岁的女性可以随意与他人发生性关系的道德焦虑。这种担忧是完全没有必要的。法律所容许的行为并不等于其所鼓励或倡导的行为。事实上法律并不鼓励和提倡未成年人的性行为。况且，承认已满 14 周岁不满 16 周岁女性的性自主权，允许性探索，与禁止性剥削之间并不冲突。为过于担忧已满 14 周

① 参见张义健：《〈刑法修正案（十一）〉的主要规定及对刑事立法的发展》，载《中国法律评论》2021 年第 1 期；李静、姜金良：《最高人民法院、最高人民检察院关于执行〈中华人民共和国刑法〉确定罪名的补充规定（七）的理解与适用》，载《人民司法》2021 年第 10 期。

岁不满16周岁的少女随意与他人发生性关系而人为否定该部分群体的性自主权既无必要，也恐有因噎废食之嫌。

实际上，肯定本罪的保护法益为已满14周岁不满16周岁的未成年女性的性自主权，未必一定要从降低性同意年龄的角度出发考虑。如若从未成年人身心发展的渐进性出发，从负有照护职责人员所具有的优势地位出发，也并非不能证成负有照护职责人员性侵罪的保护法益亦为被害人的性自主权。

（二）负有照护职责人员性侵罪的不法本质：基于优势地位的性剥削

未成年人的身心是渐进式发展而非一蹴而就成熟的。已满14周岁到不满18周岁之间是未成年人心智发育飞速发展的阶段。此阶段中，未成年人随着年龄的增长、受教育程度的提高、社会实践经验的积累，辨认和控制自己行为的能力逐步提高。正因为未成年人身心发展的渐进式特点，刑法在未成年人刑事责任的有无上采取的是无刑事责任——相对负刑事责任——完全负刑事责任的三阶段模式。在相对负刑事责任阶段，也区分不同的年龄阶段，划分为已满12周岁不满14周岁和已满14周岁不满16周岁两个阶段，并相应规定大小不同的承担刑事责任的范围。在民事领域，根据《民法典》的规定，自然人的民事行为能力亦与年龄呈正相关关系：不满8周岁为无民事行为能力人，8周岁以上未满18周岁为限制民事行为能力人，18周岁以上为完全民事行为能力人。以自己的劳动收入为主要生活来源的已满16周岁未满18周岁的未成年人，视为完全民事行为能力人。未成年人认识能力和控制能力的渐进式发展，体现在性同意能力上，即未成年人性自主能力的渐次习得且不断加强：未满14周岁时，未成年人因年幼、受教育程度的有限和社会经验的极度缺乏，完全不具有性同意能力；已满14周岁后，未成年人因已接受基本教育，初步具有社会经验，心智发育基本达到认识和控制自己行为的程度，一般地、抽象地具有了性同意能力。即使在《刑法修正案（十一）》新增了负有照护职责人员性侵罪的立法前提下，该性同意能力也并未改变。一般情况下，已满14周岁者在出于本人意志的前提下与他人发生性关系，其本人的同意仍具有阻却强奸罪犯罪构成的意义。但在已满14周岁不满16周岁的这一阶段，未成年女性成熟程度有限，易为具有优势地位者所隐性强制，因此，从法律家长主义的角度出发，法律虽肯定该年龄段未成年女性具备性同意能力，享有性同意权，但在负有照护职责人员与之发生性关系时，由于双方地位明显不平等，行为人对该年龄段未成年女性具有优势地位，以至于该年龄段未成年女性常常无法作出真正成熟、理性的选择，其对该性行为的同意很可能是由于负有照护职责人员滥用优势地位、反复灌输等而产生的误认。从这个角度来讲，负有照护职责人员与该年龄段未成年女性发生性关系的行为即使获得了该未成年女性的同意，也依然极可能实质上侵害该未成年女性的性自主权。正如有学者所言："此类人员与照护对象之间处于支配与被支配的关系，尤其是后者所处的年龄阶段，导致其很容易成为前者进行性剥削的对象。"[①] 也正是为了防止这种基于优势地位对该年龄段未成年女性进行的性剥削，刑法对该行为予以了犯罪化。

① 劳东燕主编：《刑法修正案（十一）条文要义》，北京：中国法制出版社2021年版，第193页。

类似立法见于日本 2017 年修正刑法中在第 179 条增设的监护人强制性交等罪。该法条表述为："对不满 18 周岁的人，乘正在监护该人而存在影响力之机，实施性交等的，依照第一百七十七条规定处罚。"日本法务省和法制审议会刑事法（性犯罪）的部分会员、干事对于本罪保护法益的理解为：一般来说，未满 18 周岁的人在精神上是不成熟的，而且在精神上、经济上依赖监护人。如果犯罪人与被害人是监护人与被监护人的关系，且被监护人为未满 18 周岁者，犯罪人利用监护地位强行与被监护人性交，在此种情况下不应依据被害人的供述判断是否违背其意志，因为其未满 18 周岁。之所以认为监护人与不满 18 周岁被监护人之间实施性交等的行为可罚化，就是因为监护人利用了自己作为监护人的优势地位和影响力，而这种不当影响干扰了被害人对自身性自主权的行使。[①]

《德国刑法典》亦将保护责任者性侵作为妨碍性自主的犯罪的一种。《德国刑法典》第 174 条规定对于未满 16 岁，为自己教育、培训或生活照护而托管于己之人，或对于未满 18 岁，为教育、培训或生活照护而托管于己之人，或是对于职务或工作领域中未满 18 岁之下属，滥用与教育、培训、照护、职务或工作关系相结合的依赖性，或对于自己或配偶、生活伴侣或共同生活在类似婚姻或生活伴侣关系共同体之人的未满 18 岁之自然或法定血亲直系卑亲属，对之实施或任其对自己实施性行为的，处 3 个月以上 5 年以下有期徒刑。

综上，从法益侵害的角度出发，在负有照护职责人员性侵罪中，行为所侵害的法益依然是性自主权，即已满 14 周岁不满 16 周岁未成年女性的性自主权。但该罪中对性自主权的侵害与《刑法》第 236 条所规定的强奸罪中对女性性自主权的侵害存在一定的差异：在普通强奸的情况下，因该性关系未得到被害女性同意，违背女性意志，对被害人性自主权的侵害是直接的；在奸淫未满 14 周岁幼女情况下，无论被害幼女是否同意，该行为都侵害被害人的性自主权。此种情况下，幼女因不具有性同意能力，法律拟制该行为是侵害幼女性自主权的。当且仅当在被害幼女同意发生性关系且行为人有充足证据证明其对于幼女的年龄未满 14 周岁确实不知的情况下，其行为方得以出罪；而在负有照护职责人员性侵罪中，在被害人同意该性行为的情况下，行为人的行为之所以被犯罪化，是由于被害人因特定年龄所具有的不完全成熟的特点及行为人对被害人所具有的优势地位，被害人的同意很可能在实质上不能反映被害人的真实意志。因此，法律推定负有照护职责人员与被害人之间发生性关系是由于行为人滥用了其优势地位。此时，行为人的行为对被害已满 14 周岁不满 16 周岁少女性自主权的侵害在某种程度上是推定的。

三、负有照护职责人员性侵罪的入罪与出罪

（一）负有照护职责人员与所照护未成年女性发生性关系并不都构成犯罪

坊间存在一种认识，认为只要行为人对已满 14 周岁不满 16 周岁的未成年女性负有

① 参见［日］西田典之：《日本刑法各论》（第 7 版），橋爪隆补订，王昭武、刘明祥译，北京：法律出版社 2020 年版，第 111 页。

照护职责并与后者发生了性关系，即构成本罪。《刑法》第 236 条之一规定，“对已满 14 周岁不满 16 周岁的未成年女性负有监护、收养、看护、教育、医疗等特殊职责的人员，与该未成年女性发生性关系的”，即构成本罪。从法条表述来看，貌似前述说法存在一定的合理性。但从本罪的保护法益出发考虑，该说法实难支持。

从文字表述上看，我国《刑法》第 236 条之一并未明确要求行为人利用自己的特殊职责，似乎只要行为人负有该条中所规定的职责，并与所照护的已满 14 周岁不满 16 周岁的未成年女性发生了性关系，即构成本罪。但从法益侵害的原则出发，一个行为如并不侵害刑法所保护的法益，则该行为并不在刑法对该罪类型化的行为射程范围之内，从而也就不应为刑法所否定。如前述，本罪的保护法益为已满 14 周岁不满 16 周岁的未成年女性的性自主权。实践中，负有照护职责人员与其所照护的已满 14 周岁不满 16 周岁的未成年女性发生性关系，却未必都会实质侵害后者的性自主权。

根据负有照护职责人员与所照护的未成年女性之间发生性关系时后者的主观意愿的不同，负有照护职责人员与所照护的未成年女性发生性关系有如下几种可能：情况一，负有照护职责人员使用暴力、胁迫或者其他手段，违背未成年女性的意志，强行与之发生性关系。情况二，被照护的未成年女性出于真诚爱恋等原因，在真诚愿意的前提下，与负有照护职责人员发生了性关系。如 15 周岁的少女与刚师范毕业入职任教的 19 周岁男性任课老师恋爱，在热恋中二人发生性关系的场合。情况三，该未成年女性使用暴力、胁迫或其他方法（如催情药）强行使负有照护职责人员与之发生了性关系。情况四，负有照护职责人员未使用暴力、胁迫或其他手段，但因双方之间的照护关系，被害人在考虑到自身所处劣势地位，表面同意但内心并不真实同意的情况下与负有照护职责人员发生了性关系。如《房思琪的初恋乐园》中补习班老师李国华与女学生房思琪之间发生性关系的情况。

前述负有照护职责人员与未成年女性发生性关系的四种情况中，情况一显然直接、明确侵犯被害人的性自主权，构成强奸罪而非负有照护职责人员性侵罪。此种情况涉及本罪与强奸罪的关系，容后详述。情况二中，尽管行为人与未成年女性之间存在照护关系，该性行为于未成年女性而言实为其基于真挚爱情而发生的良性互动，并无法益被侵害，如若认为该男教师构成犯罪，显然不符合公平正义的要求，对其科以刑罚亦无道义上的依据。情况三中，性关系的发生非但不是负有照护职责人员侵犯该未成年女性的性自主权，甚至从实质意义上说是该未成年女性的行为侵犯了负有照护职责人员的性自主权，自无对负有照护职责人员适用负有照护职责人员性侵罪的余地。只有第四种情况下，负有照护职责人员与被照护的未成年女性发生的性关系实际侵犯了后者的性自主权，理应以负有照护职责人员性侵罪论处。

（二）对负有照护职责人员性侵罪构成要件要素的理解

1. 负有“特殊职责”的人员

根据《刑法》第 236 条之一的规定，特殊职责人员包括但不限于对已满 14 周岁不满 16 周岁的女性具有监护、收养、看护、教育、医疗职责的人员。所谓“监护”，是指监督和保护。本罪中的监护人应当为代理已满 14 周岁不满 16 周岁的未成年女性实施民事法律行为，保护其人身、财产权利以及其他合法权益的人。同时也应结合对监护人的范围和顺序的规定综合考察。所谓收养，即收养他人子女为自己子女的行为。所谓“看护”，是指护理和照料。负有看护职责的人，即为对已满 14 周岁不满 16 周岁的未成年女性具有照顾、看管、保护职责的人员。值得一提的是，本条其他被列举的行为职责中都或多或少也与看护相关，因此此处的“看护”应当作限缩解释，仅限于通常意义上的护理和照料，而不包括其他特殊职责中的护理和照料，如照顾病患的护士、在幼儿园中对幼儿进行照顾的教师。所谓“教育”，是指教书育人，与他人形成师生关系。负有“教育”职责的人员应为对已满 14 周岁不满 16 周岁未成年女性具有教育职责的人员，包含但不限于学校教育及培训机构教育人员。所谓“医疗”，是指行医治疗，既包含身体上疾病的治疗，又包含心理上疾病的治疗。负有医疗职责的人员则一般为与已满 14 周岁不满 16 周岁的未成年女性具有诊疗关系的医院、心理中心、诊所等医疗机构的医护工作人员。

值得一提的是，上述特殊职责的形成，既可能基于法律规定，如法定的监护和收养，也可能基于委托或者民事合同，如培训机构中教师的教育职责。并且，该种特殊职责的产生并不以合法为限。如《民法典》第 1098 条规定：“收养人应当同时具备下列条件：（一）无子女或者只有一名子女；（二）有抚养、教育和保护被收养人的能力；（三）未患有在医学上认为不应当收养子女的疾病；（四）无不利于被收养人健康成长的违法犯罪记录；（五）年满三十周岁。”如成年人甲男患有医学上认为不应当收养子女的疾病或未满 30 周岁，并非适格的收养人，但其事实上收养了已满 14 周岁不满 16 周岁的乙女，并利用该事实上已经形成的收养关系产生的支配性地位，在乙女无明显反对的情况下与乙女发生了性关系，如若以该收养关系依法不成立而否认甲男的行为构成负有照护责任人员性侵罪，则有违本罪新增的立法初衷。类似人员又如未经教育主管部门批准设立的教育培训机构中的教师、未经医疗主管部门批准设立的私立医院的医生或护士等。

但强调对负有照护职责人员的认定不以合法为限，并非意味着对本罪的构成主体采取扩张解释的立场。如前所述，本罪的不法本质在于行为人基于照护职责所产生的优势地位而具有抽象的对被害人的性自主权造成侵犯的危险。因此，对于本罪构成要素中的特殊职责人员的认定，仍应从立法本意出发，严格以行为人对被害人确实存在照护职责，且基于该照护职责对被害人具有支配性的优势地位，以避免过于扩大打击对象范围；具体来说，既需考察监护、收养、看护、教育、医疗等特殊职责的有无，亦需考察该职责关系的持续性、行为人与被害人之间是否具有交集和具体的、密切的相关性等情况来评定；从时间上，要求行为与影响力同时存在，若与被害人发生性关系时行为人尚无该职责或者已经不再具有该职责，即使之后或者之前具有该职责，也难以认为行为人与被害人之间发生性关系是行为人不当运用该职责所具有的支配地位而侵害被害人性自主权的结果。如收养关系解除后原收养人与被收养人之间基于自愿发生的性关系，就不能认定为是行为人不当利用了影响力。

另，《刑法》第 236 条之一的犯罪主体规定为“对已满十四周岁不满十六周岁的未成年女性负有监护、收养、看护、教育、医疗等特殊职责的人员 ”。对此处的“等”理解为列举未尽还是列举已尽，可能会导致对行为性质认定的不同。从实践的层面出发，很难说对已满 14 周岁不满 16 周岁的未成年女性具有足够影响力的职责仅限于法条明确列举的监护、收养、看护、教育、医疗这几种情况。这一认识在德国刑法的相关规定中也有所体现。德国刑法第十三章关于"妨碍性自主的犯罪"中，除了第 174 条规定"对于受保护者之性侵害"，还在第 174a 条规定有"对于囚犯、受官方拘禁之人或是在机构中之病患及有帮助需求者的性侵害"，在第 174b 条规定有"利用公务地位的性侵害"，在第 174c 条规定有"利用咨询关系、诊疗关系或照顾关系的性侵害"。整体来说，关系的范围涵盖了教养、培训、照料、职务、生活共同体等关系。因此，秉承实事求是的态度，对我国《刑法》第 236 条之一中的"等"应理解为非穷尽式列举，即其意在明确列举监护、收养、看护、教育、医疗这些常见、典型特殊职责的基础上，表明此外尚存在其他类似特殊职责。至于其他类似职责的范围，考虑到本罪的保护法益，"必须严格限制本罪主体范围的解释张力"[①]，宜以同类解释、实质解释为原则，限缩解释为能够对已满 14 周岁不满 16 周岁的未成年女性产生影响力或支配力的特殊职责。

2. 发生性关系

根据《刑法》第 236 条之一，负有照护职责人员性侵罪的行为表现为与所照护已满 14 周岁不满 16 周岁的未成年女性"发生性关系"。但何谓"发生性关系"？关于这个问题，目前存在范围大小不同的理解。

持广义理解的论者认为，本条规定的"发生性关系"，在外延上既包括传统上强奸所指向的自然性交行为，也包括不法程度与自然性交相当的猥亵行为，以及一般的猥亵行为。[②]

持次广义理解的论者主张，本条所规定的"发生性关系"是指和该未成年女性发生狭义的性交关系，不应该包括猥亵行为在内，但口交、肛交等插入式性行为应该包括在内。[③]

持狭义理解的论者认为，本条中的"发生性关系"，应保持与强奸罪同一的理解，仅限于实施性交，即生殖器的插入（当然，强奸罪中犯罪对象为幼女的场合仅需生殖器的接触即可）。[④]

诚然，未得被害人同意的猥亵行为和性交行为的确在性质上均可概括为性侵。这一点在 2013 年最高人民法院、最高人民检察院、公安部、司法部印发的《关于依法惩治性侵害未成年人犯罪的意见》第 1 条中即已被明确。根据该条，性侵未成年人犯罪，既包括针对未成年实施的强奸罪，也包括针对未成年实施的强制猥亵、猥亵妇女罪、猥亵儿童罪等。并且，以异物插入已满 14 周岁不满 16 周岁未成年女性身体，或者要求其为自己口交、肛交，行为的危害性与不法程度也并不比自然性交小。也正是缘于此，20 世纪后期以来，域外一些国家和地区的刑法对强奸罪的行为方式予以了扩大，将以异物

① 陈家林、吕静：《负有照护职责人员性侵罪的解释视角与规制边界》，载《中南大学学报（社会科学版）》2021 年第 5 期。

② 参见劳东燕主编：《刑法修正案（十一）条文要义》，北京：中国法制出版社 2021 年版，第 194 页。

③ 参见付立庆：《负有照护职责人员性侵罪的法网范围》，载《国家检察官学院学报》2022 年第 2 期。

④ 参见时延安、陈冉、敖博：《〈刑法修正案（十一）〉评注与案例》，北京：中国法制出版社 2021 年版，第 315－316 页；李立众：《负有照护职责人员性侵罪的教义学研究》，载《政法论坛》2021 年第 4 期。

强行插入生殖器或者肛门的行为同样认定为构成强奸。如日本刑法早前就仅以性交作为处罚对象，法条表述为“以暴力或者胁迫手段奸淫 13 岁以上女子的，是强奸罪”，但 2017 年刑法修正后，其刑法第 177 条即修改为“对已满 13 周岁者，采取暴力或者胁迫手段，实施性交、肛交或者口交的，是强制性交等罪……”认可了肛交、口交与奸淫行为具有同样的法益侵害性。

但如此是否就可得出我国《刑法》第 236 条之一中的“发生性关系”应包括猥亵行为，尤其是肛交、口交或者以异物插入女性生殖器的严重猥亵行为的结论呢？

不法程度一般的轻微猥亵行为在对法益的侵害大小上与自然性交过于悬殊，将该行为与强制性交的行为如作同一评价，显然有违公平。即使是前述侵入性严重猥亵行为，笔者亦认为答案也是否定的。

首先，从负有照护职责人员性侵罪在刑法分则中所处体系位置来看，不宜将本罪中的“发生性关系”理解为包含猥亵行为。本罪规定在《刑法》第 236 条之一，紧跟刑法第 236 条规定的强奸罪之后。按照刑法分则罪名体系编排的一般逻辑，该条所涉行为如果既包括性交的行为，又包括猥亵的行为，则该罪名应搁置于强奸罪与强制猥亵罪之后，即其法条体系编排应为第 237 条之一而非第 236 条之一。不仅如此，《刑法》第 236 条之一第 2 款还规定，“有前款行为，同时又构成本法第二百三十六条规定之罪的，依照处罚较重的规定定罪处罚”。因此，本条所规定的客观行为表现，自然应与强奸罪的行为表现是具有一致性的。倘若前款行为还包括了猥亵的行为，那么，在明确违背被害人意志的情况下就应该还有强制猥亵罪的适用问题，《刑法》第 236 条第 2 款就应规定为“有前款行为，同时又构成本法第 236 条、第 237 条规定之罪的，依照处罚较重的规定定罪处罚”。

其次，“发生性关系”是我国刑法理论与实务界长期以来对性交行为的表述。早在 1991 年全国人大常委会在《关于严惩拐卖、绑架妇女、儿童的犯罪分子的决定》中即规定：“收买被拐卖、绑架的妇女，强行与之发生性关系的，依照刑法关于强奸罪的规定处罚。”我国刑事理论与实务界对强奸罪客观行为的一贯共识是指违背妇女意志，强行与之性交的行为。[①] 强奸罪中的发生性关系的行为，仅限于以阴茎插入女性阴道的行为（犯罪对象为幼女时阴茎接触幼女阴道即可）；而猥亵则是指奸淫以外的能够满足性欲和性刺激的有伤风化、损害他人性心理、性观念、有碍其身心健康的性侵犯行为。[②] 该理论通说的主张，在实务中也被遵循。对被害人强行实施指奸的，即使造成被害人处女膜破裂，法院也都是以猥亵定性，并不以强奸罪认定。[③]

主张“发生性关系”包含肛交、口交、指奸等严重侵入性猥亵的一个比较有力的论证是公安部曾经在 1995 年《关于对以营利为目的的手淫、口淫等行为定性处理问题的批复》（公复字〔1995〕6 号）、2001 年《关于对同性之间以钱财为媒介的性行为定性处

---

① 参见梁健：《强奸犯罪比较研究》，北京：中国人民公安大学出版社 2009 年版，第 61 页。

② 参见高铭暄、马克昌主编：《刑法学》，北京：北京大学出版社、高等教育出版社 2019 年版，第 465 页，第 468 页。

③ 参见张某猥亵儿童案，（2017）湘 1302 刑初 414 号刑事判决书；李某清猥亵儿童案，（2017）鄂 0303 刑初 299 号刑事判决书。

理问题的批复》(公复字〔2001〕4 号) 和 2003 年《关于以钱财为媒介尚未发生性行为或发生性行为尚未给付钱财如何定性问题的批复》(公复字〔2003〕5 号) 中认为，卖淫嫖娼是以金钱、财物为媒介“发生”不正当“性关系”的行为。并且在前两批复中，公安部进一步明确卖淫嫖娼的具体行为方式包括口淫、手淫、鸡奸等行为。

问题是，卖淫嫖娼作为无被害人的违法行为，其对法益的侵害在于社会风化而非被害人的性自主权，公安部的批复之意并非在对“发生性关系”予以界定，而仅在于强调卖淫嫖娼以金钱、财物为媒介提供性服务，妨害社会风化。这一点在公安部 1995 年《关于对以营利为目的的手淫、口淫等行为定性处理问题的批复》中即有体现。该批复中说：“卖淫嫖娼行为指的是一个过程，在这一过程中卖淫妇女与嫖客之间的相互勾引、结识、讲价、支付、发生手淫、口淫、性交行为及与此有关的行为都是卖淫嫖娼行为的组成部分，应按卖淫嫖娼查处，处罚轻重可根据情节不同而有所区别。”2003 年 5 月 22 日，浙江省法制办又向国务院法制办就公安部批复的合法性进一步请示时，国务院法制办公室在《对浙江省人民政府法制办公室〈关于转送审查处理公安部公复字［2001］4 号批复的请示〉的复函》中，再次对此予以了明确：“卖淫嫖娼是指通过金钱交易一方向另一方提供性服务，以满足对方性欲的行为，至于具体性行为采用什么方式，不影响对卖淫嫖娼行为的认定。”

因此，公安部在解释卖淫嫖娼时关于发生性关系的界定对本文所探讨的负有照护职责人员性侵罪中的“发生性关系”的内涵与外延并无借鉴意义。

当然，笔者并不否认肛交、口交或者以异物插入女性生殖器等严重猥亵行为对未成年女性的性自主权的侵害及对其身心健康的损害足以与自然性交行为相提并论，也完全同意在未来的某日将肛交、口交或者以异物插入女性生殖器等严重猥亵行为纳入强奸罪与负有照护职责人员性侵罪的客观行为方式之中，但在如今我国刑法理论和司法机关都将强奸罪客观行为理解为强制性交的背景下，对侵犯性自主权不法程度较轻的负有照护职责人员性侵罪反而在客观行为方式上作更为宽松的解释，未必合适。

绑架罪的基本问题

李立众*

一、定义问题

关于绑架罪存在很多争议，首先与绑架罪的定义不一有关。概念是思维的前提，如果绑架罪的定义不一，思维的过程与结论自然有别。要想减少分歧、达成共识，就需要合理定义绑架罪。遗憾的是，这一问题目前尚未引起学界的重视。

第一种较为常见的绑架罪定义是，绑架罪是指以勒索财物为目的绑架他人或者绑架他人作为人质的行为。[①] 这一定义忠于刑法条文规定，虽然难言有错，但其直接复制条文规定，并未进行一定的理论加工，不利于统一把握绑架罪的实质，容易产生绑架罪存在几种行为类型、《刑法》第 239 条包含几个罪名的争议。例如，认为绑架勒索型绑架行为是复合行为、绑架人质型绑架行为是单一行为的看法[②]，多少与这一定义未能指明绑架罪的实质有关。

第二种相对常见的定义是，绑架罪是指利用被绑架人的近亲属或者其他人对被绑架人安危的忧虑，以勒索财物或满足其他不法要求为目的，使用暴力、胁迫或者麻醉方法劫持或以实力控制他人的行为。[③] 这一定义主要为受到德、日刑法学影响的学者所采用。作为绑架罪的一种理论定义，其虽然没有错误，但与《刑法》第 239 条的罪状表述偏离过大（较为贴近日本刑法第 250 条之二的规定），且易产生"利用被绑架人的近亲属或者其他人对被绑架人安危的忧虑"是否是成立绑架罪的必备要件的争议，故也不是一种理想的定义。

第三种绑架罪的定义是，绑架罪是指以勒索财物或其他要求为目的，绑架他人作为人质的行为。[④] 这一定义既相对地忠于条文表述，又进行了理论加工，指明绑架罪的

---

* 中国人民大学法学院副教授，博士研究生导师。

① 参见高铭暄、马克昌主编：《刑法学》（第 10 版），北京：北京大学出版社、高等教育出版社 2022 年版，第 475 页；贾宇主编：《刑法学》（下册・各论），北京：高等教育出版社 2019 年版，第 131 页。

② 参见贾宇主编：《刑法学》（下册・各论），北京：高等教育出版社 2019 年版，第 131 - 132 页。

③ 参见张明楷：《刑法学》（第 6 版・下），北京：法律出版社 2021 年版，第 1158 页。

④ 参见王作富、黄京平主编：《刑法》（第 7 版），北京：中国人民大学出版社 2021 年版，第 410 页；谢望原、赫兴旺主编：《刑法分论》（第 3 版），北京：中国人民大学出版社 2016 年版，第 223 页。

实质是为实现特定目的而绑架他人作为人质，有利于减少绑架罪的相关争议，值得支持。

如何定义绑架罪，关键在于绑架罪是否存在统一的实质，而这又与绑架罪存在几种行为类型有关。学界曾经认为《刑法》第 239 条存在以勒索财物为目的绑架他人、绑架他人作为人质与以勒索财物为目的偷盗婴幼儿三种行为类型，因而《刑法》第 239 条包含绑架勒索罪、绑架罪和偷盗婴幼儿罪 3 个罪名。[①] 类似这样的理解必然导致绑架罪的定义不一，因而值得认真反思。一方面，在《刑法》第 239 条中，“以勒索财物为目的绑架他人”中的“他人”包含婴幼儿，“以勒索财物为目的偷盗婴幼儿”实为“以勒索财物为目的绑架他人”所包含，因此，以勒索财物为目的偷盗婴幼儿的情形，就不是一种独立的绑架类型。另一方面，“绑架他人作为人质”的目的是多样的：行为人既可能是勒索财物，也可能是为了满足其他要求；行为人既可能只提出一种要求，也可能同时提出数个要求，如劫持人质的歹徒要求警察支付赎金、提供便于逃离的交通工具，并要求警察不得干扰逃跑。这意味着“以勒索财物为目的绑架他人”实为“绑架他人作为人质”的一种情形[②]，不是一种独立的绑架类型。就像《刑法》第 22 条“准备工具、制造条件”那样的先列举常见情形、再指出行为实质的立法方式[③]，立法者在《刑法》第 239 条中先规定了绑架罪的常见情形“以勒索财物为目的绑架他人”，然后指出绑架罪的实质是“绑架他人作为人质”。可见，立法者只要在《刑法》第 239 条规定“绑架他人作为人质”，就可以涵盖一切绑架行为。不过，绑架罪由来于 1991 年全国人大常委会《关于严惩拐卖、绑架妇女、儿童的犯罪分子的决定》（以下简称 1991 年《决定》）第 2 条，1997 年《刑法》为了保持连续性，避免人们误以为以勒索财物为目的绑架他人的行为不再构成绑架罪，于是立法者保留了 1991 年《决定》的相关规定，另增加了“绑架他人作为人质”[④]。总之，绑架罪只有“绑架他人作为人质”一种行为类型，仅是在具体案件中行为人绑架他人作为人质的目的有所不同，因而在外形上呈现一些差异而已。

因此，虽然《刑法》第 239 条在外形上描述了绑架罪的三种表现，但应从实质出发统一把握绑架罪。能够明确指出绑架罪的实质，且尽可能地贴近刑法条文表述的绑架罪定义，才是最为科学、合理的定义。就此而言，前述第三种绑架罪定义值得推广。如此定义绑架罪，有利于理解为何《刑法》第 239 条只含绑架罪一个罪名，有利于明确绑架行为虽然表现多样但只有一种行为类型，有利于统一把握绑架罪的既未遂标准（避免对绑架勒索型绑架行为与绑架人质型绑架行为提出不同的既未遂标准）。

二、保护法益

关于绑架罪的保护法益，学界有多种不同的表述。[⑤] 确定本罪的保护法益，必须有

---

① 参见丁慕英、李淳、胡云腾主编：《刑法实施中的重点难点问题研究》，北京：法律出版社 1998 年版，第 740－743 页。

② 参见陈兴良主编：《刑法各罪精释》（上），北京：人民法院出版社 2015 年版，第 169 页。

③ “准备工具”是最为常见的“制造条件”，前者为后者所包含，预备行为的实质体现在“制造条件”中。

④ 张明楷：《刑法学》（第 6 版·下），北京：法律出版社 2021 年版，第 1160 页。

⑤ 参见魏昌东、钱小平编著：《非法拘禁罪、绑架罪专题整理》，北京：中国人民公安大学出版社 2009 年版，第 33－39 页。

利于解决绑架行为的构造、绑架罪的既未遂等具体问题，不应沦为没有实践指导意义的文字游戏。一般认为，绑架罪既侵犯了被绑架人的人身自由等法益，又侵犯了其他人的财产权或者其他相关法益。① 此为多数说。但也有论者认为，绑架罪的保护法益是被绑架人在本来的生活状态下的行动自由以及身体安全，是单一法益。② 该说虽为少数说，但有利于把握绑架行为的构造（详见下文论述），有利于明确绑架既遂的标准，也有利于明确第三人的自决权不是本罪的保护法益。

多数说在绑架行为的构造、绑架罪的既遂标准、第三人的自决权是否是本罪保护法益等问题上，容易导致争议。要消除争议，需对多数说重新进行解释：由行为人的绑架意图所决定，绑架行为在侵犯被绑架人人身自由的同时，必然同步创设出了危及第三人的财产或者其他权益的危险。至于该危险能否进一步转化为实害，需视绑架犯罪是否顺利发展而定；即使行为人绑架他人之后，未向第三人提出勒索等要求，也无法否认第三人的合法权益曾经面临危险的事实。因此，绑架罪既遂具有侵害被绑架人人身自由与安全的实害犯与危及第三人合法权益的危险犯的性质。在此意义上，多数说也是可以接受的。

三、绑架行为与对象

（一）绑架行为

1. 绑架行为的实质

绑架行为的实质是对被害人建立起实力支配关系，使被害人成为人质。所谓实力支配，是指被害人处于行为人的控制之下，已不能按其意志行使身体移动自由。能否对被害人建立起实力支配关系，与被害人是否离开原地没有关系。成立绑架行为，不以将被害人劫离原地为要件。只要行为人对被害人建立起实力支配关系，即使被害人因自身能力不足（如是婴幼儿、精神病人）或者被欺骗而对此没有认识，也无妨绑架行为的认定。只要行为具有足以实力支配被害人的属性，即使最终未能实力支配被害人，该行为也属于绑架行为（绑架未遂）。行为人虽在某种程度上影响了被害人的行动，但不存在实力支配关系的，该行为不属于绑架行为。如行为人将某人骗到公共网吧，让其通宵上网玩游戏，然后对其父母声称某人被绑架，要求支付赎金。该行为并未对该人建立起实力支配关系，故不属于绑架行为，对行为人应以敲诈勒索罪或者诈骗罪论处。

被害人成为人质，是绑架行为的题中应有之义。有观点认为，绑架行为实际上就是非法拘禁，与非法拘禁没有本质区别。③ 这一见解的潜台词是，本罪与非法拘禁罪的区别仅在于主观目的不同。然而，绑架行为与非法拘禁行为在多数案件中区别明显：在绑架的场合，被害人属于人质，而在非法拘禁的场合，被害人通常不是人质。即使在《刑

① 参见高铭暄、马克昌主编：《刑法学》（第 10 版），北京：北京大学出版社、高等教育出版社 2022 年版，第 476 页；贾宇主编：《刑法学》（下册・各论），北京：高等教育出版社 2019 年版，第 131 页。

② 参见张明楷：《绑架罪的基本问题》，载《法学》2016 年第 4 期。

③ 参见王作富主编：《刑法分则实务研究》（第 5 版・中），北京：中国方正出版社 2013 年版，第 783－784 页。

法》第 238 条第 3 款的场合，被害人虽也属于人质，但对人质安危的侵犯程度一般也轻于绑架行为。“绑架的本质在于非法控制他人人身，并将他人作为人质。”[①] 如此理解绑架行为的实质，有利于把握绑架行为的构造，有利于合理处理行为人控制人质以求解决婚姻家庭等纠纷的案件。

2. 绑架行为的构造

所谓绑架行为的构造，是指就刑法规范而言绑架行为的行为构成。对此，存在单一行为论与复合行为论的争论。单一行为论主张，绑架行为仅由行为人实力支配被害人的行为组成，至于向第三人提出勒索等要求的行为只是犯罪情节，而非绑架行为的有机组成部分。复合行为论主张，绑架行为由实力支配被害人的行为与向第三人提出勒索等要求的行为构成。[②] 在 1997 年前后，绑架罪的法定刑过重，提出复合行为论有利于将行为人主动释放人质的行为认定为中止犯；在承继的共犯理论尚未普及的背景下，提出复合行为论有利于认定中途加入者成立绑架罪的共犯。[③]

如何理解绑架行为的构造，直接影响对第三人是否是本罪的行为对象、第三人的自决权是否是本罪的保护法益、本罪何时既遂等问题的解答，值得研究。目前，单一行为论是理论与实务的通说[④]，但也有少数学者坚持复合行为论。[⑤] 本文赞成单一行为论。

当立法者写下“以勒索财物为目的绑架他人”时，其脑海中必会浮现绑匪绑架人质、要求人质的近亲属交付赎金的典型场景。行为人实施绑架罪，在控制人质后，通常也都会向第三人提出支付赎金等要求，因而，复合行为论并非空穴来风。不过，绑架罪的犯罪实况仅是立法者制定绑架罪的事实基础，并不意味着绑架行为的构造必然如此。绑架行为的构造如何，需视立法者如何处理绑架罪的手段行为与目的行为而定。

旧中国刑法关于绑架罪（当时为掳人勒赎罪）的规定，有助于理解绑架行为的构造。1928 年《中华民国刑法》第 371 条第 1 款规定：“掳人勒赎者，处死刑、无期徒刑或七年以上有期徒刑。”在该款中，手段行为“掳人”与目的行为“勒赎”均被规定在客观要件中，因而，行为人不仅要实施掳人行为，而且要实施勒赎行为，才成立掳人勒赎罪。但该规定被 1935 年《中华民国刑法》修订，修订后的第 347 条第 1 款规定：“意图勒赎而掳人者，处死刑、无期徒刑或七年以上有期徒刑。”在该款中，“勒赎”由原本的客观构成要件要素变成了主观构成要件要素。据此，“勒赎为意图之内容，掳人为构

---

① 高铭暄、马克昌主编：《刑法学》（第 10 版），北京：北京大学出版社、高等教育出版社 2022 年版，第 476 页。

② 参见魏昌东、钱小平编著：《非法拘禁罪、绑架罪专题整理》，北京：中国人民公安大学出版社 2009 年版，第 42－48 页。

③ 参见肖中华：《关于绑架罪的几点思考》，载《法学家》2000 年第 2 期。

④ 参见高铭暄、马克昌主编：《刑法学》（第 10 版），北京：北京大学出版社、高等教育出版社 2022 年版，第 477 页；王作富、黄京平主编：《刑法》（第 7 版），北京：中国人民大学出版社 2021 年版，第 412 页；胡云腾、熊选国、高憬宏、万春主编：《刑法罪名精释》（第 5 版・上），北京：人民法院出版社 2022 年版，第 679 页。

⑤ 参见陈兴良：《规范刑法学》（第 4 版・下册），北京：中国人民大学出版社 2017 年版，第 809 页；黎宏：《刑法学各论》（第 2 版），法律出版社 2016 年版，第 244 页。

成要件行为，行为人仅须于实行掳人行为时，具有勒赎之意图，即足成立本罪，至果否实行勒赎行为，并非所问”[①]。显然，立法修订之后，掳人勒赎行为由复合行为变成了单一行为。在比较法上也能得出同样的结论。德国刑法第 239 条第 1 款、日本刑法第 225 条之二第 1 款均将勒赎规定为主观目的（意图）。德国学界认为：在行为人出于敲诈勒索目的成功绑架被害人时，其行为即构成绑架勒赎罪既遂；至于行为人是否成功进行敲诈勒索，对于认定绑架勒赎罪构成要件的实现没有影响。[②] 日本学界认为，以让人交付赎金为目的而实施了绑架行为（拐取他人），即成立勒索赎金目的的绑架罪（拐取罪）。[③] 因此，即便绑架罪的成立以存在三方关系为前提，也并不意味着绑架罪的实行行为一定就是复合行为。

既然从 1991 年《决定》第 2 条第 3 款到 1997 年《刑法》第 239 条，均将行为人提出勒索财物等要求作为主观目的加以规定，从我国刑法规定出发，尤其是根据绑架罪的定义，绑架行为就是单一行为，第三人不是绑架罪的行为对象。对此，立法工作人员早就指出，根据 1991 年《决定》的规定，绑架勒索罪的成立“不要求行为人必须同时具有勒索他人财物的行为。只要行为人主观上具有勒索财物的目的，客观上使用暴力、胁迫、麻醉或者其他方法实施了绑架他人的行为即构成本罪。”[④] 后来，最高人民法院研究室在《第三方受到勒索是否属于绑架罪构成要件》这一文件中也明确指出：“构成绑架罪，无须以行为人自行或者通过被绑架人向被绑架人的亲友明确告知绑架事实为要件，只要以勒索财物为目的绑架他人的，均应以绑架罪论处。”其理由就在于：主张构成绑架罪，需以行为人自行或者通过被绑架人明确向被绑架人的亲友告知绑架事实为要件，是理论界对绑架罪构成要件的一种学理解释，而不是刑法本身的明文规定。[⑤] 从绑架罪的实质出发，该见解是合理的。

此外，上述主张复合行为论的两条理由也不能成立。其一，仅在保护法益尚未遭受实害时，才有成立中止犯的余地。只要行为人出于绑架目的，实力支配、控制了被害人，该行为就已侵犯被绑架人的人身法益，同时还危及第三人的财产安全等法益。行为人主动释放被绑架人的行为，改变不了绑架罪的保护法益（主要法益）已经遭受实害的结局，故再无成立中止犯的可能。其二，承继的共犯理论已经得到理论与实务的认可。在理论上，绑架罪属于继续犯，只要绑架行为尚未结束，中途参与者知情而加入，实施向第三人提出要求等行为的，根据承继的共犯理论，中途参与者与绑架犯成立绑架罪的共犯。司法实务对此也予以认可。[⑥] 可见，无须采用复合行为论，也能认定中途加入者

---

① 甘添贵：《刑法各论》（修订 4 版・上），台北：三民书局 2014 年版，第 374 页。

② 参见王钢：《德国判例刑法》，北京：北京大学出版社 2016 年版，第 113 页。

③ 参见［日］西田典之：《日本刑法各论》（第 7 版），桥爪隆补订，王昭武、刘明祥译，北京：法律出版社 2020 年版，第 95 页。

④ 柯良栋、尉默楠主编：《关于严禁卖淫嫖娼的决定 关于严惩拐卖绑架妇女儿童的犯罪分子的决定释义》，北京：群众出版社 1992 年版，第 98 页。

⑤ 参见黄应生：《关于第三方受到勒索是否属于绑架罪构成要件问题的研究意见》，载张军主编：《司法研究与指导》2012 年第 2 辑，北京：人民法院出版社 2012 年版，第 125 - 126 页。

⑥ 参见最高人民法院刑事审判第一庭、第二庭编：《刑事审判参考》（总第 24 辑），北京：法律出版社 2002 年版，第 40 - 46 页。

成立绑架罪的共犯。

3. 绑架行为的手段

《刑法》第 239 条并未限定绑架罪的手段，故绑架手段不限，包括暴力、胁迫或者其他手段，只要能够对被害人建立起实力支配关系即可。作为绑架手段的暴力，包括轻微的人身强制（但要达到能够建立起实力支配关系的程度）与最严重的杀人暴力。因此，行为人出于勒索财物等绑架目的，着手绑架时就杀人的，或因被害人激烈反抗而起意杀人的，均以绑架罪一罪论处。[①] 胁迫，不限于以暴力相胁迫，包括一切能使被害人产生心理恐惧，足以对其建立起实力支配关系的胁迫。其他手段，是指暴力、胁迫以外的能够对被害人建立起实力支配关系的一切手段，如通过麻醉或者欺骗手段绑架他人。偷盗婴幼儿，也能对婴幼儿建立起实力支配关系，故偷盗亦可成为绑架手段。

（二）行为对象

根据《刑法》第 239 条第 1 款，作为绑架对象的“他人”，范围不限。（1）“他人”不限于中国人，也包括外国人。行为人绑架外国游客，向政府施压，要求满足某种要求的，构成绑架罪。（2）“他人”包含行为人的子女、配偶在内。父亲以严重危及人身安全的方式绑架子女，要求与前妻复婚的，构成绑架罪。（3）“他人”包含婴幼儿、精神病人在内，因为婴幼儿、精神病人同样具有作为人质的价值。《刑法》第 239 条第 3 款关于“以勒索财物为目的偷盗婴幼儿”的规定，属于注意规定，实为第 1 款“以勒索财物为目的绑架他人”所包含，即使没有第 3 款的规定，对以勒索财物为目的偷盗婴幼儿的行为，也能按本条第 1 款的规定以绑架罪论处。

有人认为，绑架罪的行为对象还包括第三人。[②] 这一看法不能成立，理由在于：第一，从绑架行为的构造出发，既然绑架行为是单一行为，就不应承认第三人是绑架罪的行为对象。第二，对于绑架罪的行为对象，应在犯罪成立的意义上进行把握，故应从构成要件要素出发把握绑架罪的行为对象。《刑法》第 239 条仅将“他人”（被绑架人）规定为构成要件要素，第三人并非绑架罪的成文的构成要件要素。同时，行为人是否已向第三人提出勒索财物等要求，也不具有决定绑架行为罪与非罪以及此罪与彼罪的作用，故第三人也不属于绑架罪的不成文的构成要件要素。因此，第三人就不是绑架罪的行为对象。在绑架罪中，第三人的角色是潜在的被害人。仅在行为人已经向第三人提出非法要求时，第三人才是现实的被害人。被害人与行为对象在一些犯罪中并不同一，不能因为第三人是被害人，就认为第三人是绑架罪的行为对象。否定第三人是绑架罪的行为对象，对于理解绑架行为是单一行为还是复合行为，具有重要意义。

不过，在与第三人的关系上，绑架对象存在限定。能够作为绑架对象的“他人”，必须是与第三人存在一定关系的人（认识错误除外）。这里的“一定关系”，是指撇开第三人与绑架对象的实际交往情况，按照社会一般观念进行客观的、类型化的判断，第三

---

① 参见李少平、南英等主编：《中华人民共和国刑法案典》（中），北京：人民法院出版社 2016 年版，第 1267 页。

② 参见陈兴良主编：《刑法新罪评释全书》，北京：中国民主法制出版社 1995 年版，第 650 页；周光权：《刑法各论》（第 4 版），北京：中国人民大学出版社 2021 年版，第 49 页。

人是否会担心绑架对象的安危，而向行为人屈服这样的关系。[①] 据此，行为人绑架银行行长，要求银行职员支付赎金的，成立绑架罪。行为人劫持行人甲，向路过的行人乙、丙勒索赎金的，不成立绑架罪，视情形按其他犯罪处理。

四、绑架目的

绑架罪是目的犯，除要求行为人有绑架故意之外，还要求行为人必须具有向第三人勒索财物或者提出其他要求的目的（简称绑架目的）。关于绑架目的，需要注意以下几点。

（一）绑架目的的内容

绑架目的的内容是多样的，既可能是向第三人勒索财物，也可能是向第三人提出其他要求，如要求政府释放犯人等。只要行为人意图以人质安危要挟第三人、要求其满足行为人的要求，即可认定存在绑架目的。

有人认为，"以勒索财物为目的"中的"财物"，一般是指金钱，也可以是珠宝、有价证券等，但不包括财产性利益。[②] 这一看法并不合适。对于绑架罪，日本刑法确实主张不包含勒索财产性利益的情形[③]，但这与日本刑法明确区分财产与财产性利益有关。而在我国，通说认为财物包含财产性利益在内，因此，"以勒索财物为目的"中的"财物"，包含财产性利益在内。[④] 换言之，以勒索财产性利益为目的而绑架他人的，成立绑架罪。

绑架目的是否限于行为人只能提出非法要求，值得研究。有论者认为，行为人出于合法目的而将他人作为人质的，不构成绑架罪，只能按照非法拘禁罪处理。[⑤] 有论者认为，不能将绑架行为用作实现合法权益的手段，即使行为人的要求是合法的，也不能阻却其绑架行为的犯罪性质[⑥]；当然，对提出合法要求的绑架犯罪，可按"情节较轻"来处理。[⑦] 实务界的看法同样不一。有些法院认为，成立绑架罪，行为人所提要求必须是违法要求，而且必须是重大违法要求；为寻找他人以解决婚姻家庭纠纷而劫持人质的，不是重大违法要求，不构成本罪，应以非法拘禁罪论处。[⑧] 但也有相反的判决，如被告人张某华劫持顾某之子顾某某一案，同样是为解决婚姻家庭纠纷而劫持人质的案件，

① 参见［日］山口厚：《刑法各论》（第2版），王昭武译，北京：中国人民大学出版社2011年版，第109-110页。

② 参见曲新久主编：《刑法学》（第6版），北京：中国政法大学出版社2022年版，第350页。

③ 参见［日］西田典之：《日本刑法各论》（第7版），桥爪隆补订，王昭武、刘明祥译，北京：法律出版社2020年版，第95页。

④ 参见王爱立主编：《〈中华人民共和国刑法〉释解与适用》（下），北京：人民法院出版社2021年版，第674页；胡云腾、熊选国等主编：《刑法罪名精释》（第5版），北京：人民法院出版社2022年版，第680页。

⑤ 参见陈兴良主编：《刑法各论精释》（上册），北京：人民法院出版社2015年版，第170页。

⑥ 参见王作富、黄京平主编：《刑法》（第7版），北京：中国人民大学出版社2021年版，第411页。

⑦ 参见周光权主编：《刑法历次修正案权威解读》，北京：中国人民大学出版社2011年版，第234页。

⑧ 参见最高人民法院刑事审判第一、二、三、四、五庭编：《刑事审判参考》（总第55辑），北京：法律出版社2007年版，第30页。

法院判决被告人张某华的行为构成绑架罪。[①] 劫持人质的行为是否成立本罪，关键在于该行为是否严重危及人质的人身安全。行为人所提要求是否合法，与人质的人身是否安全，没有必然的逻辑关系。如果实力支配被害人的行为严重危及人质的人身安全，没有理由否定绑架罪的成立。行为人非法扣押、拘禁他人以迫使债务人偿还债务的，多数偿债要求确实属于合法要求，但这是由于《刑法》第 238 条第 3 款的特别规定，对此才以非法拘禁罪论处。换言之，索要债务型劫持人质的行为原本符合绑架罪的构成要件，立法者基于特定考虑，以特别规定的形式，决定对此以非法拘禁罪论处，因此，不能根据该款规定，得出行为人只有提出非法要求才成立绑架罪的结论。行为人意图提出合法要求而绑架他人作为人质，严重危及人质人身安全的，也构成本罪。

（二）绑架目的的时点

有论者主张：行为人在扣押他人之前，就应具有勒索财物等绑架目的，如在扣押他人之后才产生勒索财物等目的的，不成立绑架罪，应以其他犯罪论处。因为绑架是一种积极的身体动作，这种身体动作通常是即时性的、完成之后即不再延续的，故在实力支配他人之后才产生勒索等目的的，只要实力支配行为并未侵害被害人的身体、生命安全，就不构成绑架罪。[②] 这一见解存在问题：第一，这与绑架行为是持续行为的主流学说相悖，使中途参与者再无构成绑架罪的余地，因而不妥。第二，一边认为绑架行为完成后不再延续，一边又主张实力支配行为如果侵害他人的身体、生命安全，仍可构成绑架罪[③]，二者前后矛盾。

因此，行为人控制他人之后才产生勒索财物目的的，既然勒索财物的目的是通过控制他人来实现的，对此就应以绑架罪论处；勒索财物的目的产生时间的先后，不应成为否定构成绑架罪的理由。[④] 行为人虽然是实力支配被害人后才产生绑架目的，但其使被害人成为人质，进而使支配行为的性质变为绑架行为。此时，绑架行为与绑架目的同时存在，故应成立绑架罪。

（三）绑架目的的证明

行为人是否具有绑架目的，需要证据加以证明。对此，不能仅依据行为人实力支配被害人的行为予以认定，还需有其他证据。行为人虽然实施了实力支配被害人的行为，但其否认具有绑架目的，现有证据（包括被告人供述、被害人陈述、证人证言、物证等）亦不能证明其具有绑架目的的，不能认定行为人构成绑架罪，如构成其他犯罪的，按其他犯罪处理。[⑤]

---

① 参见最高人民法院中国应用法学研究所编：《人民法院案例选》（总第 52 辑），北京：人民法院出版社 2006 年版，第 59 - 61 页。

② 参见陈兴良主编：《刑法各论精释》（上册），北京：人民法院出版社 2015 年版，第 173 页。

③ 参见陈兴良主编：《刑法各论精释》（上册），北京：人民法院出版社 2015 年版，第 173 页。

④ 参见刘宪权主编：《刑法学》（第 6 版・下），上海：上海人民出版社 2022 年版，第 584 - 585 页。

⑤ 参见最高人民法院（2012）刑四复 97458757 号刑事裁定书。

五、与他罪的关系

（一）与非法拘禁罪的关系

1. 为索债而控制他人的处理

《刑法》第 238 条第 3 款规定："为索取债务非法扣押、拘禁他人的，依照前两款的规定处罚。"据此，非法扣押、拘禁他人是为了索取债务还是为了强占他人财物，成为处理此类案件的基本思路。2000 年最高人民法院《关于对为索取法律不予保护的债务非法拘禁他人行为如何定罪问题的解释》规定："行为人为索取高利贷、赌债等法律不予保护的债务，非法扣押、拘禁他人的，依照刑法第二百三十八条的规定定罪处罚。"虽然该解释的合理性曾遭质疑①，但其有利于避免对此类案件适用重刑，迅速成为理论上的主流与实务中的普遍做法。据此，只要是为了索取债务，不问债务的性质，对行为人均按非法拘禁罪论处。经过两次刑法修订之后，绑架罪的法定刑已经大幅下降，该解释结论在当前是否仍然合理，就成为问题。② 不过，目前司法实务依旧坚持该解释的见解。

行为人所索要数额超过原债务数额时，需要视差额情况分别处理：如果所索要数额虽高于原债务数额，但差额并非巨大，行为人以利息、误工费、机会成本等为由主张更高的债务数额的，仍旧属于索取债务，对此应以非法拘禁罪论处。但是，如果差额巨大、没有合理依据，则已不属于索取债务，而是勒索财物，对此应以绑架罪论处。至于何谓差额巨大，一些法院主张综合考虑实际索要的绝对数额是否巨大、数额差额是否巨大、行为人得到与债务数额相当的财物后是否放人等情况，依法认定。③

在因"套路贷"纠纷而控制他人的情形中，毕竟存在一定债权债务关系，如果行为人索要数额在被害人实际借款范围内，或者数额有所增加但差额并非巨大，应以非法拘禁罪论处；如果行为人索要数额是故意虚增的借贷金额，就不再属于索取债务，而是打着借贷的幌子，非法勒索、占有他人财产，应以本罪论处。④

虽是索债，行为人故意制造骗局使被害人欠下赌债，后以索债为由将其扣押，要求其近亲属偿还债务的，所谓的赌债只是行为人精心设计的圈套，是用来勒索财物的借口，应以本罪论处。⑤

2. 为解决其他纠纷而控制他人的处理

丈夫为让逃回娘家的妻子回家而非法拘禁岳父母，性侵被害方扣押人质向强奸犯索讨赔偿，配偶扣押通奸"第三者"向其家属索要赔偿，诸如此类因其他纠纷而控制他人

---

① 参见刘宪权、钱晓峰：《关于绑架、拘禁索债型犯罪定性若干问题研究》，载《法学》2001 年第 9 期。

② 参见马克昌主编：《百罪通论》（上卷），北京：北京大学出版社 2014 年版，第 578 页。

③ 参见最高人民法院刑事审判第一庭编：《刑事审判参考》（总第 10 辑），北京：法律出版社 2000 年版，第 41 页。

④ 参见胡云腾、熊选国等主编：《刑法罪名精释》（第 5 版·上），北京：人民法院出版社 2022 年版，第 681 页。

⑤ 参见段勇、陈灿钟等：《索债型非法拘禁罪与绑架罪之区分》，载《人民司法》2010 年第 2 期。

的案件不少。理论界主张，不能将这种附条件的拘禁、扣押行为评价为“绑架他人作为人质”[①]。因为这种情形的拘禁、扣押行为不具有与刑法的严厉评价相当的不法程度，其实与非法拘禁、敲诈勒索的不法程度差别不大，完全可以按照非法拘禁罪或者敲诈勒索罪论处，从而有利于绑架罪与相关犯罪保持处罚的平衡。[②]

实务上对此类案件也多以非法拘禁罪论处。实务部门同样认为，在我国刑法中被科以重刑的绑架罪，应是那种勒索巨额赎金或者提出其他重大不法要求的绑架类型；一些人因一时冲动或者因存在纠纷，绑架人质，索要少量钱财或者提出其他要求的，如因被害人拖欠工资、债务，而索要少量超出工资、债务范围的钱财的，或扣住岳母要求媳妇回家的，这些情形下控制人质的行为显然不具有与绑架罪的严厉评价相当的不法程度，完全可以按照非法拘禁罪或者敲诈勒索罪论处。[③] 谢家海等敲诈勒索案中，对于谢家海等人以被害人预谋犯罪为由，对其加以控制，以报警为要挟向被害人亲属强索财物的，法院认为，谢家海等人虽为控制被害人而采取了轻微暴力，但并未使用暴力、胁迫等方法劫持被害人，亦未将被害人藏匿，其行为不构成绑架罪，应以敲诈勒索罪定罪处罚。[④] 据此，对于为解决其他纠纷而控制他人、向第三人提出要求的案件，对行为人是以绑架罪论处还是以非法拘禁罪论处，在客观上应考虑其行为侵犯他人人身自由、身体安全的程度[⑤]，在主观上应考虑其是否具有勒索财物等绑架目的而定。

（二）与抢劫罪的关系

关于绑架罪与抢劫罪的区别，2005 年最高人民法院《关于审理抢劫、抢夺刑事案件适用法律若干问题的意见》详细指出两罪主观方面不尽相同、行为手段不尽相同。不过，该意见多处使用“一般”的表述，意味着在一些场合无法依据这些不同来区分两罪。

1. 控制被害人后，仅向被害人强索财物的处理[⑥]

被告人杨保营等人，将田某劫持至一旅馆内，向其索要钱物，两日后又将田某挟持回其住处，获得 5 000 元现金后才放人。对于杨保营等人的行为，一审法院认定构成绑架罪，二审法院则认定构成抢劫罪。[⑦] 理论通说认为，在绑架罪中，强索财物的对象只能是被绑架者以外的第三人[⑧]；直接向被绑架者强索财物的，成立抢劫罪。[⑨] 这也是实务通说：如果行为人控制被害人的目的不是向第三人强索财物，而是向被害人强索财物，应以抢劫罪论处。[⑩] 二审法院应是基于通说才作出改判的。

---

① 陈兴良主编：《刑法各论精释》（上册），北京：人民法院出版社 2015 年版，第 172 页。

② 参见阮齐林：《绑架罪的法定刑对绑架罪认定的制约》，载《法学研究》2002 年第 2 期。

③ 参见最高人民法院刑事审判第一、二、三、四、五庭主办：《刑事审判参考》（总第 55 集），北京：法律出版社 2007 年版，第 27－30 页。

④ 参见海南省临高县人民检察院诉谢家海等敲诈勒索案，载《最高人民法院公报》2009 年第 10 期。

⑤ 参见张明楷：《刑法学》（第 6 版・下），北京：法律出版社 2021 年版，第 1163 页。

⑥ 至于绑架过程中又当场劫取人质随身财物的案件应如何处理，2005 年最高人民法院《关于审理抢劫、抢夺刑事案件适用法律若干问题的意见》有明确规定：行为人同时触犯绑架罪和抢劫罪，应择一重罪定罪处罚。

⑦ 参见淄博市人民检察院诉杨保营等人抢劫、绑架、寻衅滋事案，载《最高人民法院公报》2005 年第 2 期。

⑧ 参见刘宪权主编：《刑法学》（第 6 版・下），上海：上海人民出版社 2022 年版，第 584 页。

⑨ 参见周光权：《刑法各论》（第 4 版），北京：中国人民大学出版社 2021 年版，第 49 页、第 53 页。

⑩ 参见上海市黄浦区人民检察院诉陈祥国绑架案，载《最高人民法院公报》2007 年第 1 期。

最近，通说面临挑战。被告人刘强等人劫持某公司董事长张某，向其索要钱财，张某被迫答应日后支付1亿元；刘强等人胁迫张某一起杀人后，释放张某以便筹款。最高人民法院在对该案进行死刑复核时，认可了一审、二审法院判决刘强等人成立绑架罪的结论。如此一来，就意味着在行为人控制被害人之后，仅向被害人强索财物的行为也能成立绑架罪，向何人强索财物就不再是本罪与抢劫罪的界限所在。① 该见解在目前是少数说。② 如何进行学说取舍，已经成为当前无法回避的课题。

成立绑架罪，是否只能向第三人勒索财物，在比较法上看法不一。《日本刑法典》第225条之二第1款明文规定只有“利用近亲者或者其他人对被略取者或者被诱拐者安危的忧虑”的，才成立勒索财物型绑架罪，故在日本，成立绑架罪，只能是向第三人强索财物。在德国，绑架罪原来仅限于三方关系的场合，即行为人必须以实力控制被害人并且意图利用他人对被害人安危的忧虑进行敲诈勒索或者提出其他非法要求，才能成立绑架罪；但在1989年，针对“恐怖主义暴力犯罪的典型表现形式”，德国刑法将绑架罪的适用范围扩张到了行为人与被害人两人关系的场合，即行为人意图利用被害人对自身安危的忧虑，强制被害人自己交付财物的，也成立勒索财物型的绑架罪。③

在我国，成立绑架罪是否仅限于向第三人索取财物，线索就在《刑法》第239条的条文规定中。1996年8月31日全国人大常委会法制工作委员会在《中华人民共和国刑法（修改草案）》中，将绑架罪规定为“绑架他人的，处……”④ 从这一立法资料来看，“以勒索财物为目的绑架他人”实为“绑架他人作为人质”的一种情形。换言之，绑架罪的核心是“绑架他人作为人质”。这一核心规定明确揭示了绑架犯罪的人员关系：在仅涉及匪徒、被控制人二人的场合，被匪徒控制的人在语言学上只能被称为“被害人”，不能被称为“人质”；只有在行为人意图通过控制他人向第三人提出某种要求的场合，被控制的人才能被称为“人质”。据此，在我国，成立绑架罪须以存在绑匪、人质、第三人三方为前提。绑架罪的法定刑重于抢劫罪，危害了三方关系是其中原因之一，故而，应当维持绑架罪仅限于向第三人提出勒索等要求的通说。行为人控制被害人后，向其强索财物的，只能以抢劫罪论处。

2. 控制被害人后，向第三人强索财物的处理

被告人马某某在车库内，持壁纸刀挟持幼儿魏某某（5周岁）为人质，当场向魏母勒索财物；在魏母交出3万元后，马某某放下魏某某逃跑。对于此类案件，实务上多采取对立思维，主张被告人要么构成抢劫罪，要么构成绑架罪。法院判决被告人马某某的行为构成绑架罪。⑤ 对立思维的背后，是认为本罪与抢劫罪不可能竞合。⑥ 但是，否认两罪竞合

---

① 参见赵俊甫：《对成立绑架罪必须存在三方构造传统观点的反思与检讨》，载《法律适用》2020年第18期。

② 少数说需要解决仅向被害人索要财物的场合如何区分绑架罪与抢劫罪的问题。该说认为，应以是否已对被害人形成稳定的实力支配态势来区分两罪：如果行为人已对被害人形成稳定的实力支配态势，将被害人操控于掌心，进而意图利用这种态势获取被害人的财物，成立绑架罪，否则构成抢劫罪（参见赵俊甫：《对成立绑架罪必须存在三方构造传统观点的反思与检讨》，载《法律适用》2020年第18期）。

③ 参见王钢：《德国判例刑法》，北京：北京大学出版社2016年版，第112页。

④ 高铭暄、赵秉志编：《新中国刑法立法文献资料总览》（中），北京：中国人民公安大学出版社1998年版，第1187页，第1259页。

⑤ 参见侯德强：《行为手段的当场性并非区分抢劫罪与绑架罪的标准》，载《人民司法》2016年第2期。

⑥ 参见陈兴良主编：《刑法各论精释》（上册），北京：人民法院出版社2015年版，第167页。

的可能，是极为困难的。从被告人劫持幼儿为人质、向第三人强索财物的角度看，被告人的行为符合绑架罪的构成要件。从被告人以幼儿安危胁迫被害人、以此方式压制被害人的反抗从而强取财物的角度看，被告人的行为完全符合抢劫罪的构成要件。既然如此，就应承认绑架罪与抢劫罪可以竞合，被告人的行为同时触犯两罪，对此应从一重罪处罚。[①]

（三）与敲诈勒索罪的关系

绑架罪与敲诈勒索罪通常容易区分，如在绑架罪中，存在控制人质（被害人）的行为，而在敲诈勒索罪中，并不存在行为人控制被害人的情形。行为人并未绑架人质，却虚构绑架人质的事实，向第三人提出勒索要求的，不构成绑架罪，而构成敲诈勒索罪或者诈骗罪。

绑架罪与敲诈勒索罪虽然存在区别，但这并不意味着二者是对立关系。行为人以勒索财物为目的控制人质后，向第三人提出勒索财物要求的，撇开前面的绑架行为，该勒索行为并不缺少敲诈勒索罪的任何构成要件，完全符合敲诈勒索罪的犯罪构成，故行为人在构成绑架罪的同时，还成立敲诈勒索罪，对此以绑架罪一罪论处。不能因为对此以绑架罪一罪论处，便认为对第三人的勒索行为不再构成敲诈勒索罪。不过，对此罪数问题如何进行理论上的解释，值得研究。第一种可能的解释是，行为人采用绑架手段，来实现勒索财物的目的，该情形属于牵连犯，对此应从一重罪处断；绑架罪的法定刑重于敲诈勒索罪，故对此应按绑架罪定罪处罚。第二种可能的解释是，该情形成立竞合犯，不论成立法条竞合还是想象竞合，对此都应从一重罪处断，按绑架罪定罪处罚。第三种可能的解释是，该情形属于共罚的事后行为。绑架罪的法定刑之所以较重，原因之一是立法者已经考虑到绑架犯可能向第三人提出勒索等要求。如果认为绑架罪的法定刑已经包含了对勒索等行为的评价，从共罚的事后行为理论出发，对此就应以绑架罪一罪论处。从有利于解释绑架罪的法定刑出发，则第三种解释较为可取。

从共罚的事后行为理论出发，绑架犯以勒索财物为目的绑架人质，因人质激烈反抗、难以看管而将其杀死后，谎称人质仍旧活着，向不知情的第三人提出勒索要求的，或者绑架犯明知人质已经逃跑，仍向不知情的第三人提出勒索要求的，对绑架犯仍应以绑架罪一罪论处，而不能以绑架罪与敲诈勒索罪（或者绑架罪）数罪并罚。在此情形下对中途参与者应如何处理，是个问题。绑架犯以勒索财物为目的，直接杀掉人质，后因担心暴露，告知中途参与者实情，让中途参与者向被害人的近亲属勒索财物的，因人质已被杀死，作为继续犯的绑架罪已经终了，此时难以按照承继的共犯理论主张中途参与者构成绑架罪，对中途参与者没有适用共罚的事后行为理论的余地，故对中途参与者应以敲诈勒索罪定罪处罚。

六、"杀害"的理解

行为人未能杀死被绑架人的，是否属于《刑法》第 239 条第 2 款的"杀害"被绑架

① 参见张明楷：《刑法学（下）》（第 6 版），北京：法律出版社 2021 年版，第 1164 页。

人，历来存在争议。在《刑法修正案（九）》之前，立法部门对此持肯定意见。如面对最高人民法院就该问题的请示，全国人大法制工作委员会的答复是："刑法第二百三十九条规定的致使被绑架人死亡或者杀害被绑架人，在一般情况下主要是指对绑架罪的结果和主犯处罚的规定。根据这一规定……对于实施了杀人行为，由于行为人主观意志以外的原因而未能造成被绑架人死亡的情形，如果情节恶劣的，也可以判处死刑。"[①] 实务总体也倾向于杀害被绑架人未遂也属于"杀害"被绑架人[②]，但也有学者认为"杀害"不含杀人未遂、杀人预备的情形。[③]

《刑法修正案（九）》降低杀害被绑架人的法定刑后，曾有论者乐观地估计不会再有分歧，"杀害"包含杀害未遂。[④] 但现实并非如此，依旧有学者主张"杀害"限指将被绑架人杀死。[⑤] 依此见解，对于杀害人质未遂的案件，没有造成重伤，应以绑架罪既遂与故意杀人罪未遂数罪并罚；如果致人重伤，则应适用"故意伤害被绑架人，致人重伤"的规定。[⑥]

不过，实务通说依然认为，只要故意实施了杀害被绑架人的行为，就属于"杀害"被绑架人。[⑦] 被告人高某某以勒索财物为目的绑架被害人，致其倒地不再反抗后，将其捆绑，在大桥上推入大海，被害人的尸体一直未能找到。最高人民法院对此案进行死刑复核时认为，被告人高某某的行为属于《刑法》第 239 条第 2 款规定的"杀害"被绑架人。[⑧] 这无疑是实务通说的结论。

从立法审议过程来看，实务通说更为合理。对于《刑法》第 239 条的修订，《刑法修正案（九）》立法审议结果明确提及："有的常委会组成人员、有关部门提出，对于犯绑架罪，故意杀害被绑架人的，无论是否得逞，是否造成重伤、死亡的后果，都应当严厉惩处，以切实保护公民生命安全。法律委员会经同最高人民法院、最高人民检察院、公安部等有关部门研究，建议采纳这一意见，将该条修改……"[⑨] 因此，对于修订后的《刑法》第 239 条，立法机关人员主张："杀害"只需要行为人有杀人的故意及行为，不要求"杀死"结果；被绑架人基于各种原因最终生还的，不影响"杀害"行为的认定。[⑩]

---

① 聂昭伟：《故意杀害被绑架人但未找到尸体的死刑适用》，载《人民司法》2015 年第 10 期。

② 参见张军、江必新等主编：《刑事审判实务教程》，北京：中国法制出版社 2013 年版，第 489 页。

③ 参见高铭暄主编：《刑法专论》（下编），北京：高等教育出版社 2002 年版，第 711 页；王作富主编：《刑法分则实务研究》（第 5 版・中），北京：中国方正出版社 2013 年版，第 789 页。

④ 参见阮齐林：《中国刑法各罪论》，北京：中国政法大学出版社 2016 年版，第 227 页。

⑤ 参见陈兴良：《规范刑法学》（第 4 版・下册），北京：中国人民大学出版社 2017 年版，第 811 页；黎宏：《刑法学各论》（第 2 版），北京：法律出版社 2016 年版，第 247 页。

⑥ 参见张明楷：《绑架罪的基本问题》，载《法学》2016 年第 4 期。

⑦ 参见胡云腾、熊选国、高憬宏、万春主编：《刑法罪名精释》（第 5 版・上），北京：人民法院出版社 2022 年版，第 683 页；李少平、南英等主编：《中华人民共和国刑法案典》（中），北京：人民法院出版社 2016 年版，第 1271 页。

⑧ 参见最高人民法院（2014）刑一复 62844203 号刑事裁定书。

⑨ 全国人大法律委员会主任委员乔晓阳：《全国人民代表大会法律委员会关于〈中华人民共和国刑法修正案（九）（草案）〉审议结果的报告——2015 年 8 月 24 日在第十二届全国人民代表大会常务委员会第十六次会议上》，载《全国人民代表大会常务委员会公报》2015 年第 5 期。

⑩ 参见郎胜主编：《中华人民共和国刑法释义》（第 6 版），北京：法律出版社 2015 年版，第 411 页；王爱立主编：《〈中华人民共和国刑法〉释解与适用》（下），北京：人民法院出版社 2021 年版，第 674 页。

杀害被绑架人的刑罚较重，从以刑制罪观念出发，应对“杀害”进行限制解释。这是反对实务通说的主要理由。[①] 不过，这一理由不够坚实。其一，绑架犯虽然未能杀死人质，但其行为致人质死亡的概率极高，绑架犯的人身危险性极大，该情形的危害性不亚于非情节较轻的故意杀人未遂案件。既然在一些故意杀人未遂案件中，对行为人也有判处死刑的可能[②]，则对杀害人质未遂的案件适用“处无期徒刑或者死刑”的规定，就并无不妥。其二，杀害被绑架人的，并非一概判处行为人死刑，而是要综合考虑行为人的人身危险性，犯罪的动机、手段、结果，犯罪后的态度以及社会影响等因素，只有造成特别严重危害后果或者情节特别恶劣的，才能考虑适用死刑，否则应优先适用无期徒刑。[③] 因此，主张“杀害”包含未遂情形，不会导致死刑的误用或者滥用。所以，主张“杀害”包含杀人未遂的情形，并不违反以刑制罪原理。

如果承认情节加重犯存在未遂形态，同时认为杀害被绑架人属于情节加重犯，就应承认实务通说是成立的。根据实务通说，杀害被绑架人未遂，属于绑架罪基本犯既遂、加重犯未遂，故在适用“处无期徒刑或者死刑”这一加重犯法定刑的同时，还应适用未遂犯的规定。[④] 杀害被绑架人致人轻伤甚至轻微伤的，根据未遂犯的规定可以从轻或者减轻处罚；但在杀害被绑架人致人重伤的场合，因该情形亦可被评价为“故意伤害被绑架人，致人重伤”，为与此保持处罚的均衡，故虽引用未遂犯的规定，但对绑架犯可不从轻处罚。

本文赞成通说的结论，同时认为上述“杀害”的解释争议，将基本的构成要件与修正的构成要件混为一谈，存在不妥。从基本的构成要件与修正的构成要件出发，完全可以认为《刑法》第 239 条第 2 款的规定属于基本的构成要件。基本的构成要件是对既遂犯的规定，故对该款的“杀害”当然只能解释为“杀死”。不过，解释到这一步并不意味着问题的结束。在将“杀害”解释为“杀死”之后，还需进一步追问对于杀害被绑架人未遂的行为，是否需要追究行为人未遂犯的刑事责任。[⑤] 杀害被绑架人属于重罪，对此当然有必要追究行为人未遂犯的刑事责任。对未遂犯适用的是修正的构成要件，在需要追究行为人杀害被绑架人未遂的刑事责任时，对“杀害”的含义当然要进行修正，此时“杀害”是指行为人以杀人为目的，实施了具有断绝被绑架人生命属性的行为。换言之，只要出于杀死被绑架人的目的实施了杀人行为，即使未能杀死被绑架人的，也应适用“杀害被绑架人”的规定追究行为人未遂犯的刑事责任。

---

① 参见陈兴良主编：《刑法各论精释》（上册），北京：人民法院出版社 2015 年版，第 172 页，第 195 页。

② 参见张明楷：《绑架罪的基本问题》，载《法学》2016 年第 4 期。

③ 参见胡云腾、熊选国等主编：《刑法罪名精释（上）》（第 5 版），北京：人民法院出版社 2022 年版，第 683 页。

④ 参见王志祥：《“杀害被绑架人”的未完成形态问题研究》，载《河北法学》2021 年第 8 期。

⑤ 在并未杀死但导致被绑架人重伤的场合，虽可将此评价为“故意伤害被绑架人，致人重伤”，对此情形也可适用《刑法》第 239 条第 2 款进行处罚，但这并不能成为否定该情形属于杀害被绑架人未遂的理由。

被害人目的落空的诈骗罪与客观归责*

陈毅坚**

近几年，我国学者以诈骗罪为主展开了对财产犯罪深入的教义学研究，然而对于以捐赠诈骗、乞讨诈骗、赠与诈骗等为典型，涉及被害人财产处分目的的失败案件的研究却极少。[①] 但实践中此类犯罪却层出不穷，以可怜身世欺骗进行乞讨，假借结婚欺骗礼金，假冒和尚兜售祈福卡等案件在日常生活中屡见不鲜，随着移动互联网的普及，虚假的网络个人求助和慈善众筹平台上的诈骗行为也日益增多。这不仅引发了社会诚信的危机，影响了公益事业的发展，更消费了慈善爱心等道德热情。然而，应如何评价这种被害人目的失败的案件，是否应将之纳入诈骗罪的可罚性范围之内，教义学上从欺诈行为、财产处分、财产损失、功能性关联等层面存在分歧。“募款诈欺与乞讨诈欺涵摄在诈欺罪构成要件之下，始终是刑法法理上极大的难题。”[②] 可以说，捐赠诈骗的可罚性问题是检验诈骗罪诸多基本概念和犯罪构造的试金石，对其主要理论进行深入分析检讨，有助于更好地理解诈骗罪的基本理论体系，同时为丰富和发展刑法总论的基本教义提供理论与实践资源。

一、判例：被害人目的失败的主要案型

被害人因欺骗而目的失败的案件[③]在实践中比较多发，而且新型的案例总带来新的法律问题。本文以德国法院典型判例为例，总体上捐赠诈骗存在两种类型，其一是双方

---

* 本文系 2017 年度国家社会科学基金一般项目“互联网视角下的持有型犯罪研究”（项目编号：17BFX070）的阶段性成果。

** 中山大学法学院副教授，博士研究生导师，南方海洋科学与工程广东省实验室（珠海）双聘教师，中山大学粤港澳发展研究院双聘教师。

① 近几年专门研究捐赠诈骗的文章参见蔡桂生：《论诈骗罪中财产损失的认定及排除——以捐助、补助诈骗案件为中心》，载《政治与法律》2014 年第 9 期。

② ［德］许迺曼：《刑事不法之体系：以法益概念与被害者学作为总则体系与分则体系间的桥梁》，王玉全等译，载许玉秀、陈志辉编译：《不移不惑献身法与正义——许迺曼教授刑事法论文选辑》，台北：新学林出版股份有限公司 2006 年版，第 222 页。

③ 被害人基于不法原因给付而被骗的案件，本质上也是被害人所追寻的不法目的失败的情形，但一般在财产概念、被害人不法行为和不法原因给付中加以讨论，因此，本文所称被害人的目的失败并不包括不法目的的失败。

约定的使用目的失败，比如被害人是出于捐赠金钱被用于救助机构或慈善事业目的，但实际上行为人自己使用了捐赠的金钱。对使用目的的约定存在明示和默示两种情形。其二是其他与约定使用目的没有关系的目的失败，比如因为募捐者违反事实地说明其他捐赠者捐赠了更大的数额，被害人因此捐赠了比正常可能会捐赠的数额更高的捐款。

（一）双方约定的使用目的失败

1. “等价杂志行善案”①

本案的行为人是杂志的销售者，行为人声称自己是监狱的释放人员，曾经因为麻醉品入狱，销售杂志可以支持自己再社会化。其中一位被骗者订阅了杂志，因为他平时也会偶尔或者定期的购买该杂志，而现在订阅的价格也并没有涨价。因为行为人并非释放人员，最终所谓行善的目的并没有实现。科隆高等法院驳回一审的判决，认为被骗者并没有受到损失，她获得了与其处分相等值的对价支付，其所希望的目的的失败并不重要，其错误想法只是纯粹的动机错误，因此行为人不构成诈骗罪。

2. “无用杂志行善案”②

本案的行为人声称为了特定行善目的而义卖杂志，购买者对订阅杂志本身并没有兴趣，只是为了支持行善目的而订购。高等法院判决认为，购买人存在财产损失，因为杂志对她而言没有价值，而这种有意识而导致的损失也因为其寻求的社会目的没有实现而得不到补偿，因此，被告人构成诈骗罪。

3. “高价产品捐赠案”③

行为人从残疾人加工厂中购买该加工厂生产并有标识的袋装产品，然后雇用人以七倍的价格转卖给他人，其中四分之一的收入作为雇用的销售人员的回扣，残疾人工厂领导也获得了少量的回扣，这种袋装产品每周大概能卖出 100 袋，但其销售的收益并没有回馈到该残疾人加工厂。行为人禁止销售人员在销售时声称收入用于残疾人加工厂，而且每次销售者都得到一份作为某个企业协会认可的雇员的证明。购买的人虽然都认识到价格高出实际价值，但认为这属于募捐的活动，从而出于回馈残疾人加工厂的目的购买该袋装产品。

法院认为：首先，行为人没有对产品来源作出准确的说明，从而使购买者对事实存在错误的印象，而这个也在被告人的故意范围之内。其次，购买者存在财产损失，因为其期望的社会目的没有实现。因此，行为人构成诈骗罪。

4. “劝捐提成案”④

被告人设立了税务局承认并登记的“障碍人士救助协会”，为了更快地吸纳较大数量的成员，被告人聘请了专业广告商、劝捐者来帮助。约定每招募一个成员，企业可以获得成员首次会费的 80%，以及此后的缴费的 20%作为回扣。这个劝捐企业以被告人的名义发布广告，并直接与潜在的成员进行商谈。每个劝捐招募人拥有成员证，并且穿

① Vgl. OLG Köln NJW 1979，1419.

② Vgl. OLG Düsseldorf NJW 1990，2397.

③ Vgl. LG Osnabrück MDR 1991，468.

④ Vgl. BGH NJW 1995，539.

着统一的成员制服，以便在商谈时可以让人认为他们也是会员，并且是在为慈善做事，而这也是被告人主观上所意图的。为此，被告人支出的广告和管理成本，第一年总共占98.5%，第二年占61.5%，第三年占81.3%。

联邦最高法院认为：对进行劝捐性质间接故意的欺诈，本身并不足以产生财产损失的效果，而诈骗罪所保护的是财产损失。而且，成员关于管理费用、劝捐费用高低的错误认识，并不是由被告人引起的，被告人和劝捐的受委托人都没有明确地对此作出说明，而其余的会费或者至少绝大多数的费用最终确实被用于该慈善机构。因此，行为人不构成诈骗罪。

(二) 约定使用目的之外的目的失败

“攀比案”[①]：行为人作为募捐征集者，在捐赠名单上已捐款项中分别填入了30马克、25马克、20马克，目的是希望能够通过这种方式提高捐赠者的捐赠热情。其中部分捐赠者因为这种欺诈行为，为了不在道德上落后于那些所谓的“高尚捐赠者”，而做出了超出其自由意愿和经济实力的捐赠。巴伐利亚高等法院认定被害人存在欺诈导致的财产损失，即因为欺诈而做出高于没有欺诈行为时可能做出的捐赠。行为人最终被认定构成诈骗罪。

二、学说：诈骗罪客观构造的教义讨论

诈骗罪客观构成要件的基本构造是：欺诈行为—认识错误—财产处分—财产损失，对于被害人目的失败的案件应否认定为诈骗罪，学说从诈骗罪的客观构造的教义学角度提出了不同的理解。

(一) 欺诈行为的规范理解

通说认为，欺诈行为是指通过影响他人的想法，从而引起其对真实性的错误想法。[②] 此种影响可以通过任何对事实有说明价值的举动来实现，并不限定于要求对特定目的进行欺骗。通过对欺诈行为进行不同的理解，在被害人追求的目的失败时是否成立诈骗罪，主要存在否定说和区分说两种立场。

1. 否定说

(1) 学说。

否定说的观点主要是米奇、阿茨特、格德等教授主张，我国台湾地区学者古承宗也采取同样的观点。

第一，米奇对通说关于欺诈行为的理解作出了修正，认为欺诈行为所具有的法益关联性在其本质上具有损害财产的风险。这种法益的关联性，在于欺诈行为和财产损失之间的功能性联系，并且作为客观归责的一种运用形式。如果缺乏这种关联性，即使存在

---

① Vgl. BayObLG NJW 1952, 798.

② Tröndle/Fischer, Strafgesetzbuch und Nebengesetze, 54. Aufl. 2007, § 263 Rn. 10.

财产损失，也不可罚。只有特定的欺诈内容才是具有诈骗罪重要意义的欺诈，只有对所涉及的财产的价值有影响的事实，才是符合构成要件的欺诈行为的对象。比如在违法或违反道德的交易中，如果被害人明知其给付不会获得同等价值的对待给付，那么行为人就没有对财产价值有影响的事实进行欺诈，就缺乏这种具有诈骗罪重要意义的欺诈行为。①

根据这种观点，在捐赠诈骗中，行为人具有诈骗罪的可罚性，不是因为被害人所希望的目的实现了或者不正当的目的失败了，而是因为捐款或者支持慈善组织并不会带来财产上的利益，而只是提供观念上的非物质性价值，因此被骗者通过捐款将自己财产没有任何补偿地给付出去，对于其财产减少的效果是有认识的，而欺诈行为对此并没有隐瞒，并没有就财产处分的财产损失效果欺骗捐赠者，因此欺诈行为缺乏财产损失的风险，从而不符合诈骗罪的构成要件。② 同样的，阿茨特也认为，一般情况下被害人的目的失败并不重要，因为被害人对交易具有财产减损的性质有认识，因此不可能认定欺诈行为。③

第二，格德认为诈骗罪的欺诈行为应具有“客观的欺骗适格性”，必须反映出客观的欺诈性质，并非所有不符合真相的欺骗都是诈骗罪意义上的欺诈。从客观归责的角度看，欺诈行为必须产生法上不正当的风险，并且在犯罪结果中实现。如果欺诈不是指向财产，而被害人恰恰就是在这个方面出现错误，则缺乏客观的欺诈性质。反之，如果行为人是针对财产处分对象的使用进行欺诈，则在这种没有意识的自我损害中，可以承认存在财产关联性，从而肯定欺诈行为。④

第三，古承宗教授倾向于“施用诈术否定论”，认为将“评价重心应该提早至于‘施用诈术’此一不法要件范畴，并且得出行为人根本未实现施用诈术的结论”。刑法规范的性质是行为规范，行为本身包含了结果、作用的风险性。“只是单纯地透过被害人的错误，并不会促使任何财产上的损害结果。事实上，只有财产处分这项行为条件始能真正的引起财产损害。”诈术行为所引起的侵害作用是“让被害人使自己遭受财产损害”。但其同时认为诈骗罪“犯罪结构内含了‘第三人自决’这项要素”，“施用诈术所内含的资讯风险除指涉财产损害效果之外，实质上也有相当部分是针对使他人陷入错误而来，又这里的他人就是直接接受虚伪资讯之人”。“施用诈术作为构成要件行为，而此行为内含了两种风险，一者为‘使他人陷于错误的风险’；二者为‘引发财产损害的风险’。”捐助行为中，被害人认识到捐出去的款项并没有对应的交换价值，“行为人施用诈术之行为实际上并没有内含财产损害的风险，以至于无法再论为实现构成要件行为”，从而不构成诈骗罪。⑤

（2）评析。

第一，定位于欺诈行为的认定。不同于部分目的失败理论的主张认为被害人缺乏损

---

① Vgl. Mitsch，Strafrecht Besonderer Teil 2，2003，§7 Rn. 38.

② Vgl. Mitsch，a. a. O.，§7，Rn. 36 ff.

③ Vgl. Arzt/Weber，Strafrecht Besonderer Teil，2. Aufl. 2009，§ 20 Rn. 111.

④ Vgl. Gaede，in：AnWaltKommentar StGB，2011，§ 263，Rn. 24.

⑤ 参见古承宗：《捐助欺诈与施用诈术》，载《月旦法学教室》2015 年第 1 期。

失，否定说的观点从客观的损失概念出发，认为捐款应该被视为损失，而且将欺诈作为一种侵犯的手段，根据欺诈行为的内容和对象是否针对财产价值有影响的事实进行区分。这是有一定意义的。

第二，论证方法思路偷梁换柱。米奇和格德虽然都指出借助客观归责理论，但实际上在论证时并没有遵循客观归责的基本进路，不讨论对应归责结果的确定，却转而对作为构成要件的欺诈行为进行解释，将归责的含义并入到构成要件的解释中。这有名不副实的嫌疑。古承宗教授认为财产处分是引起财产损害的行为条件，但是并没有强调财产的处分，实际上，财产处分是区分盗窃和诈骗的重要标准，虽然同样有第三人自决，欺骗行为使直接接受资讯的人陷入错误，但是直接接受资讯的人并不一定就是具有财产处分权限的人，其行为未必就是财产处分的行为，这经常出现在盗窃罪的间接正犯中，诈骗行为也是有引起他人财产处分的风险的。因此，否定说论证思路上存在纰漏。

第三，概念使用不明确。否定说主张使用“客观的欺骗适格性”解释欺诈行为，要求作为构成要件的欺诈必须具有损害的适格性，即欺诈行为会造成损失，会导致财产损失的风险。但一方面，这个概念比较模糊，何为适合于造成损失，并没有明确的标准。实际上，如果被害人因为行为人的欺诈行为而被骗了，产生了错误认识，那么这个欺骗行为就明显是适合于欺骗的。另一方面，这也不符合一般对犯罪的检验，通常而言，对犯罪的认定，首先检验的是行为、结果、结果的归责，比如故意杀人罪的认定，首先认定是否有杀人行为，而不是杀人行为是否具有杀人的适格性。这种是否适合于杀人的特性，通常要么通过被害人的死亡，要么通过因果关系、客观归责的排除来加以说明，而不是反过来先赋予客观行为结果的适格性。

第四，构成要件认定过于提前。根据通说，诈骗罪在客观上必须表现为一个特定的行为发展过程①，即存在欺诈行为，进而导致被害人的错误而处分财产，由此产生财产损失。而否定说则要求在检验欺诈行为这个构成要件要素的时候，就已经蕴含着是否存在损失、能否客观归责等内容，只有具备损失风险的欺骗才是欺诈行为。这会导致诈骗罪的构成要件在认定上更为复杂难以把握，也导致诈骗罪成立的检验过于提前，淡化了后续构成要件的意义，而且在认定欺诈行为时已经一并认定了是否存在财产损失，赋予了欺诈行为排除可罚性的内容，这是对诈骗行为的实质化的理解，并不妥当。

因此，对欺诈进行规范化的理解，赋予超出文义内容的内涵，这种目的论限缩是不可取的，是“与文义脱钩”的，“从文义出发，欺诈行为并不允许进行价值考察，通过对错误事实的描述，就是欺诈行为”②。

2. 区分说

(1) 学说。

区分说的观点主要是格劳（Graul）、梅茨（Merz）、赫兹伯格（Herzberg）、金德霍伊泽尔（Kindhäuser）等教授主张。

第一，格劳主张对欺诈概念作目的性限缩的解释。欺诈在这种情况下与间接正犯不

---

① 参见张明楷：《诈骗罪与金融诈骗罪研究》，北京：清华大学出版社 2006 年版，第 8 页。

② Harbort, Die Bedeutung der objektiven Zurechnung beim Betrug, 2010, S. 112.

一样，因为被骗者存在有意识的自我损害。格劳明确区分人类在交换交易中是经济人（homo oeconomicus），而在捐赠领域是慈善人/利他人（homo beneficus）。在诈骗罪中具有重要地位的欺诈行为必须在两个领域都有所反映，因此，欺诈行为必须与给付的客观目的相关联。诈骗罪的欺诈行为，必须指向“财产处分的客观目的”，在经济交易中，针对的是被害人财产的损害性，而在慈善捐赠情况下，则是针对社会目的是否实现。与约定的给付目的没有关联的动机错误，则不构成诈骗罪，比如攀比案中对第三人捐款数额的高低的欺骗，对欲实现的社会目的并没有影响，应区别对待。①

第二，梅茨在答责领域的界限，即从自我答责性原则进行论证。梅茨认为，财产处于理性的自我决定中，他人自我决定的行为不可以归责于行为人。欺诈行为是否排除被损害者的自我答责性，必须从诈骗罪的保护法益即财产进行考察。欺诈只有在涉及了损害被欺骗者的财产，与财产有重要关系时，才具有诈骗的性质。捐赠诈骗中，其目的实现并不意味着有财产价值的对待给付，因此，捐赠目的必须具有财产上的重要性。要肯定具有诈骗性质的欺诈，就必须要求被害人所追求的目的是交易或合同的基础，从而捐赠诈骗是否可罚取决于作为交易基础的目的是否实现。比如捐款的具体使用的目的就属于交易的基础。而攀比案中，捐赠者只是为了得到声誉，募捐者对此没有任何的影响，就不属于交易的基础，不构成诈骗罪。②

第三，赫兹伯格主张诈骗罪的构成要件应排除社会相当的欺诈行为，社会相当的行为作为客观归责的一个部分。赫兹伯格认为社会相当性是开放的构成要件，也就是对犯罪行为的不法没有完整的描述，而是要求具有特殊的违法性要素加以补充才能确定不法。肯定诈骗罪成立，行为人对谋求实现的目的而进行的欺诈行为必须被评价为是可以非难的。如何确定欺诈的可非难性，赫兹伯格借用了德国强制罪的法理，认为行为人的行为只是单纯的不正派还不够，还必须“对他人的决意自由有重大的侵犯，从而需要通过刑法进行谴责”③。比如在攀比案中，篡改捐赠名单是不正派的骗术，但是考虑到道义价值上的目标设定，还不能说具有可非难性的标识，因此是社会相当的欺诈，不可罚。如此，则对于欺诈行为是否可罚没有一般性的标准，可非难性的判断必须取决于具体个案的事实。④

第四，金德霍伊泽尔观点可以说是部分地从欺诈的角度进行论证。金德霍伊泽尔主张功能性的财产概念，认为财产是一个人对于所有法律上归属于他并且能够转移（具有抽象金钱价值）的利益（整体）的支配权力。财产概念必须具有联系功能（Kohärenzfunktion）、损害功能（Schadensfunktion）和获利功能（Bereicherungsfunktion）三种功能，其中获利标准是一个重要的财产判断标准。⑤ 在此基础上对欺诈行为进行规范化理解，其连接点在于“真相权”（Recht auf Wahrheit），金德霍伊泽尔认为真相是自由的前提，被害人有对真实信息的请求权，该请求权的基础可能是法律规定，也可能基于自治的原因，

① Vgl. Graul，Wider die Zweckverfehlungslehre beim Vermögensschaden，FS-Brandner，1996，S. 813 ff.

② Vgl. Merz，“Bewußte Selbstschädigung” und die Betrugsstrafbarkeit nach § 263 StGB，1999，S. 125 ff.

③ BGHSt 17，328（332）.

④ Vgl. Herzberg，Bewusste Selbstschädigung beim Betrug，MDR 1972，S. 95ff.

⑤ Vgl. Kindhäuser，NK—StGB，4. Aufl. 2013，§ 263 Rn. 108 ff.

自治的反面就是有权要求的信赖，说谎一般情况下就是侵害了真相权利。[①] 诈骗罪要求的是被欺骗者必须存在对其真相权侵害而导致的错误，因此，被害人必须对自我损害没有意识。对于捐赠诈骗而言，捐赠者有权利知道真相，反过来说就是有权要求有利于自己或有利于募捐的信赖。相反，在攀比案中，如果欺骗捐献者的是捐款金额的高低时，而出于声誉的原因自己捐赠了比较高的款项，捐赠者的名字和捐款的高低不是为了有利于其他捐赠者，而是出于记账的目的，因此，为提高声誉而捐赠了比较大的款项，捐赠者的信赖未被侵害，捐赠者没有真相请求权，不构成诈骗罪。帕夫利克（Pawlik）也从真相权的角度诠释诈骗罪的构成要件，将现实存在的法益升华成单纯的"受到承认"，而操纵法益侵害的个人会成为那个"根据一般法律标准，负责担保被害人法益完整的人"。从而，刑法"诈欺罪中的诈术，变成'违反真实义务'这个纯粹规范的概念"，在捐赠诈骗案件中，"被害人有自我负责的义务，且有义务将自己所想要的东西的客观状态显示出来"[②]。

（2）评析。

第一，交易目的的确定本身缺乏法律所要求的明确性。比如格劳判断是否为欺诈行为的标准是基于给付的客观目的，但这种目的本身缺乏必要的明确性。在目的的社会意义之下，任何情况下的捐赠都是可以存在的，即使出于攀比、为了个人声望的提升等也属于社会要素。又如梅茨所主张的目的必须是交易的基础，但是问题在于如何判断是否为交易基础的目的，所谓的交易基础都是被建构出来的，比如在攀比案中，作为交易基础的目的，到底是获得或提升声誉的目的，还是为了可能获得声誉而创造出他人得到救济的状况的目的，很难准确判断，因此以交易目的作为欺诈行为是否存在的标准容易导致适用者的恣意，破坏法律的确定性。

第二，借用开放的构成要件和社会相当性等范畴，造成诈骗罪认定的更大困难。一方面，开放的构成要件本身存在较大的争议，现在基本上已被否定。[③] 德国刑法中强制罪所要求的行为可非难性，是对行为的法律无价值的一种描述，对不法类型的描述缺乏定型化。同时，社会相当性作为开放的构成要件的判断根据，并不合理[④]；而且，社会相当性行为必须通过以被保护的法益为导向的解释来确认，将欺诈行为社会相当性的认定借助于作为一般条款的开放的构成要件类型加以解决，容易导致法的不确定性。另一方面，在结论上认为对捐款数额高低的欺诈是社会相当的，也不能为一般民众所接受。因为即使是为了慈善的目的，在捐赠诈骗的情况下，被害人仍是被有意识地欺骗，进而产生处分财产的动机。除非是为了劫富济贫，否则，很难被认为是社会相当的。而且，在很多乞讨诈骗的情况下，乞讨者或街头艺人放在钱夹里的钱，往往是自己的钱，主要不是为了对捐款数额高低进行欺骗，而是为了打破路人的心理障碍，使

---

① Vgl. Kindhäuser，Täuschung und Wahrheitsanspruch beim Betrug，ZStW 103（1991），S. 406.

② Pawlik，Das unerlaubte Verhalten beim Betrug，1999，S. 65 ff.，157. 转引自［德］许迺曼：《刑事不法之体系：以法益概念与被害者学作为总则体系与分则体系间的桥梁》，王玉全等译，载许玉秀、陈志辉编译：《不移不惑献身法与正义——许迺曼教授刑事法论文选辑》，台北：新学林出版股份有限公司 2006 年版，第 239 页。

③ 参见张明楷：《刑法学》（第 5 版），北京：法律出版社 2016 年版，第 118 页。

④ 参见刘艳红：《开放的犯罪构成要件理论研究》，北京：中国政法大学出版社 2002 年版，第 166 页以下。

人们觉得自己不是第一个捐款的人，诱使路人进行捐款，这也无法认为是社会相当的。

第三，将诈骗罪的保护法益理解为真相权，是用功能性体系理论充实理想哲学，并不符合法律的规定。通说认为诈骗罪的保护法益是财产，这是基于宪法和刑法对财产权的规定。但并非任何形式侵害财产的行为都值得非难，需要刑法加以保护，将违反真相权的行为认为是诈骗罪的行为，违背了诈骗罪作为财产犯罪的本质。而且，对真相到底应当如何判断，“不是诈术证立违法性，而应该是违法性证立诈术”，这“会陷入困境，而必须发明哲学上的违法性判断标准，因为根本不存在‘真实法典’”①。尤其在“后真相时代”（post-truth）的当今社会，真相的判断更多依赖个人情感，因此过于主观化，缺乏明确的标准。正如许迺曼（Schünemann）指出，在捐赠诈骗“这些案件中，如果像处理间接正犯一样，尝试在基础架构或概念中，回溯到事实上完全不确定的‘自主’的想法，或一个（在刑法之外也没有被准确规定的）‘要求真实的权利’，那么将找不到刑事政策上合理的解决方案”②。“先在法律毫无规定的哲学大厦后面，把刑事政策上的问题弄得面目全非，然后又再度用没有任何严格推论的即时见解，将实际上哲学正好无法解决的刑法法理问题，导向一个有表象演绎的解答，无论如何是走不通的。”③

第四，区分说的最大问题还在于，对不同类型的处分行为作出不同的评价。关于经济人或慈善人的区分，只是基于法感觉的论断，缺乏教义学的论证；实际上，人类在进行行为选择时，都是有数个动机同时存在的，“如果一个行动或者有意识的愿望只有一个动机，那么它就是不同寻常的，而不是普遍性的”④，很难判断到底哪个动机是具有决定性意义的，这种区分在实际操作上存在困难。

3. 小结

诈骗罪的欺诈行为的对象必须是事实（Tatsache），此种事实包括外部事实和内在事实。在捐赠诈骗的情况下，虚构或隐瞒获得的捐赠数额高低、募捐者的职业等属于对外部事实的欺诈，可以经由客观观察者加以检验；而欺诈捐款将用于特定目的的意图，则属于对内在事实的欺诈。无论是掩盖计划的使用目的、说明虚假的捐赠额度等明示的欺诈行为，还是没有明确说明捐赠的社会目的、没有说明捐赠的职业性等默示的欺诈行为，都符合诈骗罪的欺诈行为要件，对诈骗罪构成要件要素中的欺诈行为做规范性的理解并没有必要性。

---

① ［德］许迺曼：《刑事不法之体系：以法益概念与被害者学作为总则体系与分则体系间的桥梁》，王玉全等译，载许玉秀、陈志辉编译：《不移不惑献身法与正义——许迺曼教授刑事法论文选辑》，台北：新学林出版股份有限公司2006年版，第239页。

② ［德］许迺曼：《刑事不法之体系：以法益概念与被害者学作为总则体系与分则体系间的桥梁》，王玉全等译，载许玉秀、陈志辉编译：《不移不惑献身法与正义——许迺曼教授刑事法论文选辑》，台北：新学林出版股份有限公司2006年版，第222页。

③ ［德］许迺曼：《刑事不法之体系：以法益概念与被害者学作为总则体系与分则体系间的桥梁》，王玉全等译，载许玉秀、陈志辉编译：《不移不惑献身法与正义——许迺曼教授刑事法论文选辑》，台北：新学林出版股份有限公司2006年版，第240页。

④ ［美］马斯洛：《动机与人格》（第3版），北京：中国人民大学出版社2012年版，第8页。

（二）财产处分的保护范围

1. 学说

对于被害人目的失败案件，部分学者将其视为财产处分的保护范围问题。弗里希（Frisch）指出，目的是财产处分的一个要素，被害人所追寻的利益是否被行为人充分地接受，“只能是关于财产处分的规范重要性的问题”[①]。弗罗因德（Freund）也认为关于诈骗罪构成要件讨论的问题实际不是关于财产保护的射程范围的问题，将财产作为静态的状态加以保护不仅不可能，而且在经济上也是不必要的。问题实际上在于，处分者的哪些处分行为是应该被保护的。行为自由是具有需保护性，同时被第一位规范（primäre Norme）认为具有应保护性。与财产相关的处分是行为自由的外化，诈骗罪作为刑法的第二位规范（sekundäre Norme），只能在保护财产处分的意义上被理解。而捐赠则是为维持被认可的特定社会亚系统而服务的。[②] 许迺曼的被害人教义学观点也将问题定位在财产处分的保护范围上，被害人具有自我保护的期待可能性时，排除行为的需罚性和应罚性。[③]

2. 评析

第一，财产处分不应超越内部法定归责范围。财产处分是诈骗罪的不成文构成要件要素，是作为内在事实的错误与作为外部事实的财产损失之间的必然联系，因此，财产处分首先要回答的问题是，基于错误的财产减损实际上应该归属于行为人而还是被害人。这是构成要件内部的法定归责问题。因此，不能够赋予财产处分超越纯粹归责的功能，否则只会使构成要件的运用更加复杂化，也缺乏明确性。

第二，处分行为的值得保护性无法从法益侵害原则推导出来。财产处分保护范围的观点是从实质上考察处分行为是否值得保护，如果财产处分是不值得保护的，则刑法不介入。但根据通说，刑法的保护目的就是保护法益，那么法益侵害的问题就是其是否应当在法律上被谴责，如果法益侵害不能被谴责，则刑法就不加以保护。诈骗罪的保护法益是财产，首先要考察的就是财产的损失是否以法律上应谴责的方式被导致。财产损失是由处分行为所形成的减损和可能存在的补偿构成的，因此，从法益的角度出发，处分行为只是引起法益损害，对具有引起法益侵害性质的处分行为应否保护却是不明确的。

第三，财产处分值得保护性的判断标准模糊。有保护价值的处分行为、被认可的社会系统等概念缺乏明确性，容易导致恣意解释。如何区分有保护价值和无保护价值的财产处分，如何评价社会系统是否被认可，如何确定被害人自我保护的期待可能性，捐赠的社会要素为何影响被害人法益保护的应保护性和需保护性，都没有确定的

---

① Frisch，Funktion und Inhalt des “Irrtums” im Betrugstatbestand，Zur dogmatischen Bedeutung des Opferverhaltens in § 263 StGB，FS Bockelmann，1979，S. 667.

② Vgl. Bergmann/Freund，Zur Reichweite des Betrugstatbestandes bei rechts-oder sittenwidrigen Geschäften，JR 1988，S. 192f.

③ 国内有关被害人教义学及其运用的最新研究，请参见车浩：《被害人教义学的发展：刑事责任的分配与被害人自我保护》，载《政治与法律》2017 年第 10 期。

标准。财产处分是否在社会上、道义上具有正当价值，不应该影响刑法的评价。[①] 用值得保护性的考量代替构成要件，违反了宪法所要求的构成要件明确性，因而是不被允许的。[②]

（三）财产损失的被害意识[③]

诈骗罪是一种自我舍弃财产价值的自我损害型犯罪。在错误和财产损失之间除了因果关联，是否需要存在特殊的功能性关联，即被骗者被隐瞒了财产处分行为将产生财产损失的效果，或者说财产损失是否是无意识的。学说上主要存在无意识的自我损害必要说和不要说两种立场，在无意识的自我损害必要说基础上又发展出了“目的失败理论”（Zweckverfehlungslehre）。[④]

1. 无意识的自我损害必要说

通说认为，并非所有的损害，而是陷入错误的人无意识的损害，才是符合诈骗罪构成要件的财产损失。被害人的错误所指向的事实必须就是补偿的排除进而导致损害，被害人对于财产处分具有导致财产减损的性质没有意识，否则，不存在诈骗罪意义上的损失，不构成诈骗罪。[⑤]

2. 无意识的自我损害不要说

少数派观点主张无意识的自我损害不要说这种绝对反对论，认为成立诈骗罪不需要无意识的自我损害，所有的目的失败案件都存在损失，因为被害人的财产通过处分而被减损了，不管其对财产的损失是否有意识，都应构成诈骗。[⑥]

3. 目的失败理论

通说认为诈骗罪的成立要求无意识的自我损害，而捐赠者对财产损失是有意识的，因此不构成诈骗罪。目的失败理论认为这在刑事政策上可能不能令人满意，应当对通说的“功能性限缩”进行“反限缩”。目的失败理论采取了折中观点，主张对于有意识的自我损害，如果其社会、经济目的因为欺骗而失败，则这种无意识的目的失败，可以视为无意识的自我损害。[⑦] 同时，目的失败理论将目的限制在单纯的社会、经济和道德目的，此种具有重要性的目的只能是合同履行内在的目的，或者社会认可其价值的目的。[⑧] 因此，如果捐赠者只是为了提高自己的声望，为了攀比或者实现自己的感情偏好等目的，则不成立诈骗罪。[⑨]

---

① Vgl. Roxin，Rechtsgüterschutz als Aufgabe des Strafrechts? in：Hefendehl（Hrsg.），Dogmatische Fundamente，2005，S. 135.

② Vgl. Harbort，Die Bedeutung der objektiven Zurechnung beim Betrug，2010，S. 116.

③ 对财产损失意识以及目的失败理论的详细介绍与批判，请参见陈毅坚：《捐赠诈骗的刑事可罚性研究——以对“目的失败理论”的批判为中心》，载《政治与法律》2018 年第 4 期。

④ Vgl. Küpper，Strafrecht Besonderer Teil，8. Aufl. 2012，S. 394.

⑤ Vgl. Cramer，Vermögensbegriff und Vermögensschaden im Strafrecht，1968，S. 202.

⑥ Vgl. BayObLG NJW 1952，798；Welzel，Das deutsche Strafrecht，9. Aufl.，1965，S. 370 f.

⑦ Vgl. Küpper，Strafrecht Besonderer Teil，8. Aufl. 2012，S. 395 ff.

⑧ Vgl. Krey/Hellmann/Heinrich，Besonderer Teil 2，Rn. 657.

⑨ Vgl. Satzger，Problem des Schadens beim Betrug，Jura 2009，S. 523.

三、转向：从客观构造到客观归责

（一）学说源流

1. 溯责禁止

溯责禁止理论最早由弗兰克（Frank）提出的，是指不是结果的所有条件都评价为原因。宾丁（Binding）曾经指出诈骗罪中被害人有意识的自我损害可以中断因果关联。[①] 溯责禁止是在因果关系的范围内讨论的，其讨论的案型现在则由客观归责理论加以解决。

普罗尔（Pröll）基于溯责禁止的思路，认为诈骗罪可以通过间接正犯来实施，被害人必须对实现法定构成要件所属的所有犯罪情状存在认识上的缺乏。如果只是对其中一个犯罪情状缺乏认识，则仍然存在因果关联。被害人的错误就属于客观构成要件。在捐赠诈骗中，虽然被害人认识到财产损失，但这是基于错误而产生的结果，他对自己发生错误是不知道的。因此对被害人错误的客观构成要件要素的认识缺乏，被害人的行为并不中断因果关联。[②]

显然，这种观点混淆了间接正犯成立的条件和范围。诈骗罪成立间接正犯，是通过被害人作为工具使其产生作为构成要件结果的损失。成立间接正犯：首先，被害人必须存在认识上的缺陷，从而能够肯定行为人的意思支配；其次，损失必须是基于错误而产生，所以间接正犯只能够针对出现损失的认识进行支配，而对于错误本身有无认识，并不能进行支配，因此对陷入错误本身并不成立间接正犯。

2. 功能性关联

部分学者认为，诈骗罪构成要件的欺诈行为、认识错误和财产损失三者之间除了单纯的因果关系，还必须存在功能性的关联。鲁道夫（Rudolphi）认为，如果被害人认识到了其行为具有财产损失的效果，那么欺诈和损失的出现之间缺乏功能性关联，则原则上应否定诈骗罪。因为从该条的保护目的可以推导出，只有欺诈行为给被害人做出财产减损的处分行为提供动机，并且掩盖处分带来的进一步的财产损失的效果，才成立诈骗罪。作为对原则上不可罚的限制，他认为应该例外地采用目的失败理论的思想，如果掩盖了被害人所谋求的社会目的不会实现的情况，那么也应当认为存在无意识的自我损害。可见，鲁道夫的观点与判例和目的失败理论一致，对直接的使用目的的欺诈行为可罚，对其他的目的失败不可罚。这可以说是对无意识的自我损害的规范理解。[③] 伦克纳（Lenckner）也要求构成要件之间的功能性关联。如果虚构的事实是真实的，而被害人仍会处分财产，损失仍会出现，因为被害人在这种情况下应该被视为有意识的自我损害，则会中断这种关联。因此，捐赠诈骗都不构成诈骗罪。[④]

---

① Vgl. Binding，Lehrbuch des Gemeinen Deutschen Strafrechts，Besonderer Teil I，2. Aufl.，1902，S. 352.

② Vgl. Pröll，Bettelbetrug und verwandte Fälle，GA 1917，S. 415 f.

③ Rudolphi，Das Problem der sozialen Zweckverfehlung beim Spendenbetrug，FS-Klug，1983，S. 316 f.

④ Vgl. Lenckner，Kausalzusammenhang zwischen Täuschung und Vermögensschaden bei Aufnahme eines Darlehens für einen bestimmten Verwendungszweck，NJW 1971，S. 600.

在这个时期，客观归责理论还处于萌芽阶段，对这种功能性关联的认识是模糊的。从现在的学说观点看来，捐赠诈骗之所以不构成诈骗罪，并不是因为缺乏要件之间的功能性关联，而是因为缺乏损失与行为人欺诈行为的客观可归责性。

（二）理论转向

1. 套用客观归责之名

随着客观归责理论在学界逐渐被接受，学说多次提出从答责领域的角度，通过结果归责解决诈骗罪问题的思路。但实际上，结果归责的理论并没有得到真正的贯彻，而是转化为对欺诈行为和财产损失的规范化理解或目的论限缩，在判断的实质流程上违背了客观归责的基本思路。

第一，欺诈行为的规范化理解。格劳就一再强调被害人目的失败的问题最终是规范的归责问题[①]；梅茨也认为对欺诈行为概念的目的论限缩也应该通过融合客观归责理论才能得以实现。[②] 但两者最终都落脚于欺诈行为的规范理解之上，如前已述。

第二，财产损失的规范化理解。施穆勒（Schmoller）强调是否成立诈骗罪关键在于如何在客观归责的框架内区分不同的答责领域。[③] 施穆勒认为，并非所有的财产减少就同时自动地被认为是损失。自愿的处分行为通常恰恰就是被害人行为自由的表达。诈骗被视为是自我损害的犯罪，但财产减少要认定为损失，必须要求是通过行为人的欺诈行为而遭致的财产减少。但是，也存在某些欺诈行为，不会对被害人的自我答责性产生任何影响，那么就不能认为这种欺诈导致财产损失。因此，哪些欺诈行为不会损害被害人的自我答责性，是认定问题的关键。但此时，所谓被害人的自我答责性不能够被视为客观结果归责的一个部分，而是应该作为前置性的问题，也就是作为结果的财产损失是否存在的问题来加以考察，具体区分两种不同类型：第一种类型是，被害人单独为其财产处分自我负责的情形，行为人的欺诈行为没有导致财产损失，不能排除处分人的自我负责。比如针对供给或需求高低的事实进行欺诈。第二种类型是，如果欺诈只是针对附随效果，则仍然应当肯定被害人的自我负责。比如对邻居捐赠数额高低的欺诈，只是一种附随效果，不能认定为损失。[④] 由此可见，施穆勒的观点实质上是对损失概念的规范化理解。他一方面将问题确定在答责领域，但并没有为自我答责性的标准提供更充实的内容；另一方面又将问题的解决定位于损失的规范化认定，这对于客观的损失概念而言是不可能的，就归责的角度而言也是没有必要的。

2. 客观归责的尝试运用

伦吉尔（Rengier）第一次直接地适用客观归责理论解决目的失败的案件，认为欺诈所针对的事实，必须是作为交易基础而加以确定的履约目的。当行为人的欺诈行为延伸到与作为交易基础的履约目的无关的那些情况时，归责关联中断，比如就捐赠的名单进行欺诈，被害人在攀比的动机下处分，就是个人的给付行为，结果在其自身的答责领

① Vgl. Graul, Wider die Zweckverfehlungslehre beim Vermögensschaden, FS Brandner, 1996, S. 819.

② Vgl. Merz, "Bewußte Selbstschädigung" und die Betrugsstrafbarkeit nach § 263 StGB, 1999, S. 193f.

③ Vgl. Schmoller, Betrug bei bewusst unentgeltlichen Leistungen, JZ 1991, S. 127 f.

④ Schmoller, a. a. O., S. 125 ff.

域之内。[①]

哈伯特（Harbort）撰写专著对诈骗罪的客观归责问题进行详细研究[②]，认为欺骗行为、财产损失的观点都不适合解决目的失败的案件，主张从客观归责中自我答责的自我危险（Selbstgefährdung）角度处理。哈伯特认为成立自我答责的自我危险，其条件是被害人客观上至少有轻率的行为，主观上具备危险接受的意识。如果被害人对自我危险具有理智的动机，则排除自我负责的自我危险。可以类比营救损害（Retterschäden）的情况，被害人为了追求理智的目的，但对无法实现其追求的理智目的缺乏认识，这种目的错误损害了其决定的自由，可以排除自我答责。哈伯特进而将这种认识运用到目的失败的情况，只要被害人即使有损害结果也仍然处分财产是出于理智目的，其在所追求的理智目的不能实现上被欺骗了，就可以排除自我负责的自我危险。

所谓理智目的，就是捐款能够对接受者有用，希望值得帮助的人获得捐赠，而且在被害人看来，对捐款接受者的支持是有意义的，这就表现为一个有损害效果的处分财产的理智目的。那么从客观上看，即使存在财产平衡上的消极效果，也不是一个没有意义的损害，仍然是一个理性的行为举动。相反，如果捐赠没有被特定的接受者得到，这种理性的行为在客观上才是没有意义的。因此，只有基于捐赠而约定的履约目的、捐款的使用目的才是理智的目的，直接的履约目的之外的其他动机都不是理智的目的。因此，其一，如果被害人所追求的理智的目的没有出现，而这就是行为人从一开始所计划好的，那么行为人就具有优越的认识，财产的损失就必须归属于行为人；其二，如果目的的失败是被害人所追求的其他目的，比如出于攀比、提升个人声誉等心理，这种作为行为基础的动机，仅仅是被害人的主观感受，从客观上看并非理性的理由，不是理智的目的，就应当排除对行为人的归责，因为被害人对自己行为的损害效果有认识，属于自我答责的自我危险。

哈伯特认为这种处理的优点在于：一方面，避免了损失概念违反文义，平衡了被害人对损害效果有意识与只有特定目的值得保护的刑事政策考量；另一方面，使得目的失败的问题不作为规范性的个案解决，而是归属于普遍化的客观归责框架之内。

（三）教义评析

伦吉尔首次将客观归责理论运用于诈骗罪，实现了研究思路的转型，但对捐赠诈骗在风险制造、风险实现和被害人自我答责上的论述仍较为简单。哈伯特则通过考察营救损害的情形，认为在认定被害人自我答责自我危险时，被害人的目的具有决定性的意义，如果被害人为了追求理智的目的而陷入自我危险，则可以排除自我答责，并将此运用到诈骗罪中目的失败的情形，根据被害人意图实现的是否为理智目的，判断是否排除自我答责，提出了相对明确的标准。

所谓营救损害，通常是“被告人在被害人还没有认识到危险的情况下实施了某种行

---

① Vgl. Rengier, Gedanken zur Problematik der objektiven Zurechnung im Besonderen Teil des Strafrechts, FS-Roxin, 2001, S. 820 f.

② Vgl. Harbort, Die Bedeutung der objektiven Zurechnung beim Betrug, 2010, S. 109 ff.

为，导致被害人不得不陷入危险。例如，被告人甲放火燃烧乙家，燃烧的当时，乙为了救助家中的亲人，冲入燃烧的家中，但由于丧失意识而倒下，终因一氧化碳中毒而死亡。”[①] 类似的还有被害人从着火的房子中救出有价值的物品，从而导致伤害甚至死亡。但捐赠诈骗与营救损害不同，两者不具有可比性。

第一，营救损害案件存在法益危险的选择困境，而捐赠诈骗则不存在这种选择的困境。德国联邦最高法院认为营救损害情况下排除被害人的自我答责性，是因为行为人“在没有被害人参与和同意的情况下，创造了对被害人或其关系紧密的人的法益之重大危险，以此制造了有意识自我危险的一种显而易见的可能性，从而为被害人制造了采取危险的救助措施的理智动机”[②]。在营救损害的案件中，被害人面临两种危险的选择，就是被害人或其亲属生命或财物等受威胁法益被确定的损害，和对被害人自身生命健康的危险。这种情形类似于德国刑法第 34 条规定的紧急避险的强制状态。正是因为存在对被害人及其关系密切人的法益的重大危险，从而排除了被害人自我答责，应当将损害的结果归属于行为人。

而捐赠诈骗案件中，被害人的行为和不行为之间不存在直接的、现实性的冲突状况。被害人的行为选择是基于意志自由的，只是其意识形成过程因为欺诈而有捐赠动机的错误。可以说，营救损害是间接正犯中基于强制的意思支配，而捐赠诈骗最多只是基于错误的意思支配。

第二，营救损害属于有意识的自我危险，而捐赠诈骗是有意识的自我损害，不能将营救损害排除自我答责的标准等同于判断捐赠诈骗排除自我答责的标准。扎奇克（Zaczyk）教授指出，“有意识的自己侵害”是被害人知道结果却实施侵害自己法益的行为，被害人意欲结果的发生。在此，是被害人制造了“意思、行为与结果的统一体”，被害人是行为的中心，也是行为的目标。在这种场合，原则上排除被告人的答责，完全由被害人答责。但是，在危险接受的场合，被害人以为结果不会发生，因而不像有意识的自己侵害那样，制造了“意思、行为与结果的统一体”，故不能完全由被害人自我答责。[③]

有意识的自我损害与有意识的自我危险并不完全相同，“如果从被害人自己决定的角度来看，前者的被害人不仅认识到实害结果，而且期待、希望实害结果发生；后者的被害人只是认识到行为的危险，并反对实害结果发生。对结果的评价，必须联系法益主体对法益的态度。在参与被害人的自我侵害的场合，被害人放弃了法益；但在参与被害人的自己危险化的场合，被害人没有放弃法益。”[④]

第三，营救损害与捐赠诈骗所衡量的利益并不相同。德国判例认为，在营救损害案

---

① 张明楷：《刑法中危险接受的法理》，载《法学研究》2012 年第 5 期，第 176 页。这种情况是否属于危险接受和自我答责，理论上尚有争议，参见江溯：《过失犯中被害人自陷风险的体系性位置——以德国刑法判例为线索的考察》，载《北大法律评论》2013 年第 14 卷第 1 辑。张明楷教授认为这种情形不属于危险接受案件，甲应对乙的死亡承担刑事责任。

② BGHSt 39，322，325.

③ Vgl. Zaczyk，Strafrechtliches Unrecht und die Selbstverantwortung des Verletzten，1993，S. 25 ff. 转引自张明楷：《刑法中危险接受的法理》，载《法学研究》2012 年第 5 期。

④ 张明楷：《刑法中危险接受的法理》，载《法学研究》2012 年第 5 期。

件中，即使原则上行为人设置了危险，但是，如果被害人的行为可以评价为自始没有意义的营救企图，或者与明显不合比例的冒险相关联的营救企图，则超越了可归责性的界限。[①] 因此，营救损害中必须衡量被害人营救行为目的的实现和法益损害两者的盖然性，进而认定营救行为是否出于非理智的目的。如果不是具有致死危险的火灾，就会有优势利益得到营救，从而排除自我答责；如果是具有致死危险的火灾，就可以认定为重大的非理性的营救，不排除自我答责。

而在捐赠诈骗案件中，对捐赠者而言，并不是单纯的损失风险，相反，财产的损失是百分之百确定的，即使达到了所追求的目的，捐赠的款项也是绝对会丧失的，因此是有意识的自我损害。而捐赠对社会的集体利益并非诈骗罪保护的法益，诈骗罪是保护个人法益的犯罪，公民从捐赠中获得的愉悦感和幸福感并不属于法益的内容。可见，在营救损害中，是否排除自我答责，取决于营救机会和损害风险之间的衡量；而在捐赠诈骗中，考虑的是法益的丧失是否理智、是否有意义，进行衡量和比较的并不是两种利益或风险，而是社会对捐赠利益的需求和捐赠者财产使这种需求得以满足的可能性。

第四，是否理智目的的判断缺乏明确性。我国也有学者根据被骗者是否理性地行动来判断是否成立诈骗罪，“一个理智的公民，有义务运用他的理智去获得他应该获得的知识。问题的关键在于：一个理智的人被欺骗而实施的行为是否具有一种理性的根据。”[②] 然而，怎样的目的算是理智的并没有统一的标准。与营救损害一样，如果营救具有致死危险，则营救行为是非理性的；而捐款行为是完全确定的丧失财产法益的自我损害行为，很难说是一种理性的风险。从社会的、道德的标准，为了实现社会认可的目的，认为捐款行为是理智的，也并不妥当。退一步讲，在对捐款数额进行欺诈的情况下，问题不在于捐不捐款，而是捐多少，如果认为出于攀比等动机的捐赠就是非理智的，那么原本希望捐赠的款项数额，同样是为了实现社会认可的目的，为什么因此也变成非理智的，或者说，是否因此必须只是将超出自己原本希望捐赠的款项数额视为非理智的？显然无法得出一个明确的答案。

四、立场：客观归责理论的适用建构

（一）刑事政策不应替代刑法教义学

学界要求捐赠诈骗具有可罚性主要是出于刑事政策上的考量。通常认为“如果对募捐诈骗之类的行为不以诈骗罪论处，则意味着任何人都能够以人道组织或慈善机构的名义募捐财产归个人所有，这显然不利于保护财产，不能有效预防诈骗犯罪。乞讨诈骗愈演愈烈就说明了这一点”[③]。“从预防犯罪的刑罚目的来看，不管被骗者产生认识错误是

① BGHSt 39，322，326.

② 冯军：《刑法问题的规范理解》，北京：北京大学出版社 2009 年版，第 58 页。

③ 张明楷：《诈骗罪与金融诈骗罪研究》，北京：清华大学出版社 2006 年版，第 253 页。

因为轻信、贪利还是因为具有适当的理由，行为人的欺诈行为都有通过实施强烈的剥夺性痛苦而预防其再次犯罪、同时警示社会一般人不能效仿的必要性。”① 哈伯特认为，如果目的失败所指的目的，只能是作为履约基础的目的，而不考虑与被害人处分时关联的动机，那么，一方面，对可罚性的结论会令人感到不公正，尤其是对于热心的募捐者而言，也会担负起可罚的标签；另一方面，被害人为了慈善的目的而交付金钱的动机，也是值得保护的。因此，虽然处罚单纯的动机错误会不恰当地扩大可罚范围，但是，从刑事政策的角度出发，捐款者对捐款最终根据约定的使用目的合理使用有充分的信任，如果不能对捐款的合理使用充分信任，捐赠的热情必然会大幅削减，因此，在刑事政策上仍是值得和需要保护的。②

笔者并不赞成以刑事政策的考量替代刑法教义学，某种行为在刑事政策上应当具有可罚性的法感觉，必须建立在符合刑法教义的基础之上。

第一，认为欺诈行为都有预防的必要性，实际上就是认为所有的欺诈行为都应该作为诈骗罪加以处罚。这是一种行为无价值的观念，显然并不完全符合论者的立场。“在当事人交易目的之外，刑法还要去保护某些头脑想着次要问题的人，这在刑事政策上是不理性的。”③ 而且，这种简单的以刑事政策的需要论证可罚性，实际上是先有可罚的结论，后又进行教义学的分析，甚至以结论决定教义学进路，并不可取。

实践中引起社会关注的募捐失信的情况并不鲜见，比如在轰动一时的“罗尔事件”中，罗尔为了救治自己 5 岁女儿罗某笑，在微信公众号上发布文章获得打赏捐赠高达 200 万，而罗尔在寻求打赏过程中，确实隐瞒了有房有车和医疗费可以较大比例报销等事实，引起社会质疑。④ 但如果将此类事件认定为诈骗罪，则在刑事政策上也是并不妥当的。

第二，乞讨诈骗频发，并不必然就是没有追究其诈骗罪责任而导致的。“诈骗案件的频发，可能不仅仅是世风日下的一个征迹，可能也是对管理诈骗风险进行了不合理分配的一个注脚。”因此，“迫切需要划定国家和公民个人在管理诈骗风险上各自应该承担的责任界限”⑤。尤其是在网络时代，基于网络的匿名性、隐蔽性和非即视性，网络活动的参与者更应当合理地管理自身的风险，因为网络募捐行为发起的任意性、信息不对称和监管难度大等，我国《慈善法》《公开募捐平台服务管理办法》等法律法规尚没有将个人求助和个人网络募捐纳入规制范围之内，近 50.8%的受访者怀疑网络捐款的真实性。⑥ 这种网络募捐信息真实性的高度缺失和信任度畸低的普遍心态，必然要求捐助者更不能疏于管理自己的财产，未加核实就任意地转发或参与个人募捐，而更应该通过

---

① 付立庆：《论刑法介入财产权保护时的考量要点》，载《中国法学》2011 年第 6 期。

② Vgl. Harbort，S. 121 ff.

③ ［德］许迺曼：《刑事不法之体系：以法益概念与被害者学作为总则体系与分则体系间的桥梁》，王玉全等译，载许玉秀、陈志辉编译：《不移不惑献身法与正义——许迺曼教授刑事法论文选辑》，台北：新学林出版股份有限公司 2006 年版，第 240 页。

④ 参见邓飞：《复盘“罗尔事件”》，载南方周末网，http://www.infzm.com/content/121312，2017 年 9 月 1 日访问。

⑤ 冯军：《刑法问题的规范理解》，北京：北京大学出版社 2009 年版，第 57－58 页。

⑥ 参见胡磊：《个人网络募捐：信不信只在“一念之间”?》，载《济南日报》2017 年 6 月 20 日，第 F4 版。

合法的慈善组织来实现慈善目的，这可能才是更为理性的选择。

第三，刑法中的行为规范是针对所有的共同体成员的，并非只是针对犯罪人，除了具备犯罪预防的机能，同时也有行为规范的机能。被害人也应该根据规范选择自己的行为方式。如果一味保护疏于自我保护的被害人，一味保护出于道德热情而任意自我损害的人，只会导致更多的被害人疏于管理自身的法益从而受骗。而刑法的法益保护始终是事后的、滞后的，犯罪在一定时期内会处于动态的平衡中，即使同样构成犯罪，如果不是处罚更重，犯罪人始终会选择更容易得逞的犯罪对象进行诈骗犯罪，而不会因为某个行为方式受到刑法的惩罚转而选择成功率更低的犯罪。

第四，诈骗罪保护的法益是财产，而不是社会公信力或被害人的信赖利益。如前所述，刑法并不担负保障慈善和利他等崇高道德的任务，道德义务及其信赖不是刑法的法益。即使认同诈骗罪保护公信力的观点，也认为“对客观信赖的保护并非是泛滥的，应该加以限定”①。

第五，论者反驳假冒学生乞讨等案件数额较低不可罚，认为可以成立接续犯或徐行犯，将违法所得累加计算数额，进而判断是否数额较大，并不以刑法明文规定为限，刑法分则虽然没有就诈骗罪作出累加数额的规定，也应累加数额进而判断是否达到数额较大的标准。② 笔者虽然同意数额较大允许通过累加数额来认定，但诈骗罪是针对被害人的个人财产法益的犯罪，而且与盗窃罪、敲诈勒索罪等不同，刑法并没有明文规定处罚多次诈骗的行为，因此，此种累加仅限于同一法益主体，针对同一被害人的诈骗数额是可以进行累加的，这也是接续犯和徐行犯的要求，但不可以将不同被害人的受骗数额累加成为行为人的犯罪所得。而乞讨诈骗针对同一被害人的诈骗数额通常而言都较微小，而且施舍也通常是偶然性和一次性的，因此未必符合数额较大的要求。

（二）法上不被允许的危险的制造

根据客观归责理论，一个行为如果没有制造法上不正当的危险，则行为人所制造的风险就可以视为是被允许的。③ 社会中存在具有危险但被允许的行为方式，比如道路交通上的驾驶行为，这种行为并不具有可罚性。在乞讨诈骗和捐赠诈骗的情形中，客观归责首要解决问题是，行为人针对被害人单方的财产处分所认为重要的事实情况而作出的欺诈行为，是否制造了法上不被允许的风险，是否可以视为是被允许的。

对此，学界观点并不一致。海芬达尔（Hefendehl）认为捐赠诈骗缺乏法律上不正当的危险制造行为。从财产的保护法益出发，只有指向隐瞒财产损害的欺诈行为，才体现为法律上重要的危险。如果被欺诈者认识到了其财产处分行为具有财产损害的性质，则只是侵害了处置自由，因而并没有制造法律上重要的危险。④ 这种观点，本质上放弃了要求无意识的自我损害的不成文构成要件，而在客观归责的框架内，认定有意识的自我损害排除归责，这使诈骗罪构成要件更为简洁和易于理解，值得肯定。但是认为捐赠

---

① 冯军：《刑法问题的规范理解》，北京：北京大学出版社 2009 年版，第 58 页。

② 参见张明楷：《诈骗罪与金融诈骗罪研究》，北京：清华大学出版社 2006 年版，第 254 页。

③ Roxin，Strafrecht，Allgemeiner Teil，Band I，4. Aufl. 2006，§ 11 Rn. 65.

④ Hefendehl，in：Joecks/Miebach，MK-StGB，2. Aufl. 2014，§ 263 Rn. 662.

诈骗的欺诈行为没有制造法上不允许的危险，却不恰当。

（1）如果欺诈行为针对的是约定的履约目的，单纯通过引起被害人形成处分财产的错误动机，显然也对财产法益造成了威胁。[①] 如果认为只是涉及处分动机的欺诈行为，因为只是涉及财产的处置自由，因此并没有对财产形成法律上不正当的危险，这种观点可能无法为一般的民众所接受。实际上，指向动机错误的欺诈行为，也已经完全超出了对财产的最小限度可以容许的威胁，没有这种欺诈行为，就不会引起被害人处分财产的动机错误，即使被害人对这种财产处分的损害性质有明确认识，也无法改变这种性质；而且这种纯粹因为动机的错误而进行的财产处分最终也造成了财产损失，因此，也很难说这种欺诈是原则上可以为社会所接受的。

（2）如果欺诈行为针对的是约定的履约目的之外的其他动机，也无法因此认定欺诈行为属于被允许的危险。一个行为是否应当被视为允许，必须通过衡量诸构成要件的各种利益加以确定。[②] 这种利益衡量主要是比较个人利益和整体利益，具体而言，一方面是保护具体个人对整体的利益，另一方面是允许危险行为对整体的利益。对于捐赠诈骗，还应同时考虑诈骗罪保护目的的特殊性。

首先，从保护被害人的角度考察。一方面，在被害人出于与履约目的没有任何关联的任意动机，而信赖此动机的实现时，对被害人的保护就并不一定具有特别高的位阶价值。在刑事政策的角度，如果对任何形式的动机错误均加以保护将导致过于扩张的刑事可罚性。[③] 此外，过多考虑被害人的动机理由，则更多地把诈骗罪的重心放在处置自由，这与通说认为诈骗罪的保护法益主要是财产相背离。由此可见，与被害人通过捐赠而意图实现的履约目的之外的其他动机相关联的个人利益，对于社会整体而言具有的利益并不高。另一方面，被害人的动机具体是什么，对于社会整体而言虽并不重要，但是，与被害人追求不法目的不同，比如出于不法原因的给付，保护此类被害人对于社会整体而言没有任何的利益可言，反而会导致事实上对被害人不法目的的支持。与此不同，被害人履约目的之外的其他动机，比如攀比心理、提高声望等，虽然不值得用刑法加以保护，却也并非法上不正当的目的。

其次，从允许行为人的角度考察。欺诈行为并不具备社会整体利益，行为人不理会被害人的动机，隐瞒其动机的实现，并不能因此视为完全正确的被允许的行为。如前所述，赫兹伯格就认为虚假填写的捐赠名单情形中，考虑到行为人慈善和有道义价值的目标设定，在行为人层面上具有慈善的、有道义的价值，因此这种欺诈行为是社会相当的。然而这就意味着行为人为了慈善的目的而进行的欺骗行为是被允许的，这显然并不合理。进一步说，如果募捐者并不是出于同情心，不是出于道义的价值，而是出于损害社会的极端主义、恐怖主义等，在这种情况下，行为人的层面没有任何道义的价值存在，对捐款名单、捐款数额高低的欺诈行为是否仍具有社会相当性？

因此，行为人对被害人的履约目的之外的正当动机所进行的欺诈，比如利用攀比动

① Bockelmann，Strafrecht Besonderer Teil 1，2. Aufl.，1982，S. 71.

② Vgl. Jakobs，Strafrecht Allgemeiner Teil，2. Aufl. 1991，§ 7 Rn. 41，46.

③ Vgl. Cramer，Vermögensbegriff und Vermögensschaden im Strafrecht，1968，S. 204.

机的欺诈、错误填写捐款名单的欺骗行为等，都不应该视为被允许的危险。捐赠诈骗仍然制造了法上不被允许的危险，其可罚性取决于被害人自我答责的问题。

（三）被害人的自我答责

1. 自我答责的范畴厘清

“根据‘自我答责’这一刑事责任的基本原理，只要已经发生的损害结果仍然体现着被害人的任意，处在被害人的行为所能支配的领域之内，就存在着被害人对不发生损害结果的优先负责性，就要由被害人自己对所发生的损害结果予以答责。”[①] 被害人自我答责的客观归责问题不是在心理学意义上，而是在规范评价的意义之上的讨论，因而应厘清自我答责相关的几个范畴。

（1）自由答责性和自我答责性。

我国学界一般只从自我答责性（Eigenverantwortlichkeit）角度研究被害人的客观归责问题，然而，在自我答责性之外，仍应强调被害人的自由答责性问题。自由答责性（Freiverantwortlichkeit）所解决的是，被害人的意思决意在多大程度上确实是没有瑕疵的，而自我答责性所确定的则是，除此之外被害人对损害其自己的法益还要在规范上具有答责性。[②] 可以说，自由答责性是与自我决定权相关联的，“自我决定就是主体基于对自由的普遍承认和尊重而通过行为来决定和实现自己的自由，它是意志自由的客观表现”[③]。“自我决定权主要是指个人对自己的利益按自己意愿进行自由支配的权利，”“自我决定是自我答责的前提和根据”[④]。

因此，自由答责性是自我答责性的前提、条件，缺乏自由答责性当然也缺乏自我答责性，没有自由的答责，则其意思决意存在瑕疵，当然就不能自我答责，不能对损害自己法益的行为结果答责；但如果存在自由答责性，仍然要进一步进行规范性检验，确认是否因为被害人自我负责的行为而中断结果归责。比如，自杀者具有自由答责的意思决定，但仍然要判断是否自我答责，也就是“是否亲手地在犯罪事实中转化其自杀决意”[⑤]。被害人亲手转化其具有自由答责的决意而损害自己的法益，就可以成立自我答责。在天狼星案中，被害人没有认识到行为的自杀性质，意思决意具有重大瑕疵，正是因为其缺乏自由答责，因而不能自我答责。在捐赠诈骗等目的失败的案件中，被害人正是亲手转化其损害自身法益的决意，因此，只要确定了被害人的自由答责，确定了被害人意思决意没有重大瑕疵，就可以确定被害人的自我答责。

可以说，“认识能力和控制能力是自我决定的前提”，在捐赠诈骗中，关键的是“被害人的活动没有被他人当成工具，也就是说，被害人具有成立‘自我答责’所必要的认

---

① 冯军：《刑法问题的规范理解》，北京：北京大学出版社 2009 年版，第 78 页。

② Hohmann/König，Zur Begründung der strafrechtlichen Verantwortlichkeit in den Fällen der aktiven Suizidteilnahme，NStZ 1989，S. 308；Eser/Sternberg-Lieben，in：Schönke/Schröder，StGB Kommentar，29. Aufl. 2014，Vor § § 211 ff.，Rdn. 36.

③ 冯军：《刑法问题的规范理解》，北京：北京大学出版社 2009 年版，第 68 页。

④ 车浩：《自我决定权与刑法家长主义》，载《中国法学》2012 年第 1 期。

⑤ Roxin，Die Sterbehilfe im Spannungsfeld von Suizidteilnahme，erlaubtem Behandlungsabbruch und Tötung auf Verlangen，NStZ 1987，S. 347f.

识”，“被害人具有认识导致结果发生的危险和阻止危险现实化（变成结果）的能力”[①]。

（2）自由答责与财产处分的自愿性。

另一个需要加以区分的，是自由答责与财产处分的自愿性。客观归责中被害人自我答责的自由答责，不同于诈骗罪中财产处分的自愿性。我国学者认为，“在自我答责中，被害人必须是在没有重大意思瑕疵的前提下放弃了自身法益”，是完全出于自主意志放弃了利益。而诈骗罪财产处分意义上的自愿性是被害人在知道有选择余地的情况下处分了财产。如果除了交付财物之外别无选择，则被害人属非自愿做出财产处分，构成盗窃罪。[②] 这种观点有一定的道理，但是除了从被害人的认识是否有瑕疵以及瑕疵的重大程度来区分自我答责的自由答责与财产处分的自愿性，笔者认为，两者的区别还在于自由意志所针对的对象内容不同。

可以说，客观归责中的自由答责，针对的是作为构成要件结果的财产损失，即自我答责的自我财产损失，而财产处分的自愿性，所针对的是财产处分行为本身，即使对财产处分的财产损失效果有意思瑕疵，存在错误的理解，也是自我负责的财产处分，财产处分仍具有自愿性。在诈骗罪中，被害人对财产处分的行为是有意识的而且是自愿的，但不指向处分的损失效果，对于处分行为所具有的损失效果的意识有无，则取决于是否成立客观归责的自由答责。对于诈骗罪，成立自我答责的自我损害，既要求有意识的自我负责的财产处分，还要求对财产损失的自由答责，所要解决的就是财产损失是否客观归责于被害人自我负责的财产处分行为。如果财产处分不是自愿的，则没必要进一步讨论是否对财产损失结果自我答责的问题。[③]

（3）自我答责与处置自由。

诈骗罪的法益是财产，处置自由并非诈骗罪的保护法益，诈骗罪并不单纯地保护处置自由。但处置自由与自我答责并不是相互冲突的，两者只是不同层面的判断，是否保护处置自由是构成要件解释的结论，而不是前提，因此，不可以因为可能侵害处置自由而否定成立自我答责。自我答责并不会因为存在对处置自由的侵害而受影响，自我答责只是回答被害人对财产减损是否自我答责的行为。如果能评价为自我答责的损害，则中断对行为人的归责，那么在结论上，就不保护处置自由；如果不能评价为自我答责的损害，则结果可以归责于行为人，在结论上，也就一并保护了处置自由。

2. 自由答责的判断依据

如前所述，判断是否自我答责，首先要认定的是被害人在何种情况下成立自由答责，或者说被害人是否自主地决定法益的侵害。换句话说，就是要解决，如果被害人对法益侵害是有意识的，是否可能因为错误而偶然地不存在答责性？对此问题，学界研究主要集中在被害人被欺骗而同意的效力问题上，而经常被讨论的问题是基于欺骗而进行的相约自杀是否排除自我答责，因为在这种情况下，被害人认识到了自我损害自己的法益，但是却基于动机错误而被骗了。不同于被害人的自我危险，基于欺骗而产生自杀动

① 冯军：《刑法问题的规范理解》，北京：北京大学出版社 2009 年版，第 78 页。

② 参见王钢：《德国判例刑法分论》，北京：北京大学出版社 2016 年版，第 204－205 页。

③ 对于诈骗罪财产处分是否要求自愿性，学界仍有争议，有学者认为自愿性的要件是多余的，也不应加以一般化。Vgl. Rengier，Strafrecht Besonderer Teil I，16. Aufl.，2014，S. 242.

机与捐赠诈骗是最为接近的，两者都属于被害人自我损害。

（1）两大主要理论阵营。

对于根据何种标准判断自杀决意的自由答责性，学界在此通常存在两种不同的阵营[①]：

第一种阵营是免责理论。该理论认为，类比于德国刑法第 16 条、第 19 条、第 20 条和第 35 条对符合构成要件的他人损害的刑事答责性的规定，如果假设自我损害行为是可罚的，那么只有在被害人没有罪责（有责性）的行为时，才排除被害人的自由答责。[②] 根据免责理论，如果只是单纯欺骗捐赠的动机，不会排除被害人的自我答责，因为被害人认识到处分的自我损害性质，同时放任此种认识，因此不可罚。

显然，这种理论最大的问题就在于类比刑法对行为人可罚的犯罪行为的认定，而自杀和财产处分原则上都不可罚，“此处的核心问题不在于被害人是否应当为侵犯他人法益的行为负刑事责任”[③]，这种类比是否可以适用于捐赠诈骗，不无疑问。同时，相对于对他人侵害或杀害的同意，这种观点对自己生命的保护在自由意志形成上反而要求较低。其根据在于，相对于他人侵害，自杀的被害人对法益侵害的实施有事实上的控制。如此，则对生命法益的保护反而不如对身体法益或财产法益的保护，显然不合理。

第二种阵营是同意理论。该理论认为，自由归责的判断应根据被害人同意的规则加以确定，尤其考虑对德国刑法第 216 条的评价，如果自杀决意符合有效的同意，则成立自由归责。[④]

这种理论与自杀问题紧密关联，而与因为欺骗而自杀的情形不同的是，自杀本身是否可罚，仍然有争议，因此自杀的参与是否可罚也就存在争议，但在捐赠诈骗中，处分自己的财产永远都是不可罚的，因此从共犯论的角度，则不可能有可罚的参与。同时，“相当一部分自杀行为实际上源自于精神或心理疾病，并且伴随着抑郁或冲动情绪”[⑤]。而处分财产并非源于精神或心理疾病。

因此，同意理论是否可以加以普遍化，学界仍有争议。何种情形下对法益侵害的同意才是有效的？是否任何的动机错误都排除自由答责？如何对动机错误提出更严格的要求？对比，在同意理论内部仍存在全面无效说和法益关联性说的分歧。

（2）全面无效说及其评析。

全面无效说认为，只要欺骗行为导致了错误，都影响同意的效力，并不要求欺诈的法益关联性，即使不是法益关系的错误，同意也无效，排除被害人的自由答责。许迺曼认为：在自我损害情况下，任何的动机错误都足以使幕后者成立间接正犯。因为作为犯罪的工具，被害人缺乏对行为的规范禁止，因此，必须将行为动机视为结果的原因，欺诈者都应该基于对结果的原因的支配而成立间接正犯。[⑥] “如果从被害者学的原则导出

---

① Vgl. Dölling，Zur Strafbarkeit der Mitwirkung am Suizid，FS-Maiwald，2010，S. 122 ff.

② Vgl. Bottke，Suizid und Strafrecht，1982，S. 250 ff.；Roxin，Die Mitwirkung beim Suizid-ein Tötungsdelikt?，FS Dreher，1977，S. 346 f.

③ Eser，SK-StGB，8. Aufl. 2013，Vor § 211 ff. Rn. 36.

④ Vgl. Eisele，Freiverantwortliches Opferverhalten und Selbstgefährdung，JuS 2012，577，580；Kühl，Strafrecht Allgemeiner Teil，7. Aufl. 2012，§ 20 Rdn. 49 f.

⑤ 王钢：《自杀的认定及其相关行为的刑法评价》，载《法学研究》2012 年第 4 期。

⑥ Vgl. Schünemann，LK-StGB，12. Aufl. 2012，§ 25 Rn. 107.

要件，亦即诈欺与错误必须出于（由事实情状所产生的或参与交易者之间默示合意的）交易行为的目的，错误便不必与经济因素有关，而是必须涉及与交易目的相关的因素"①。阿梅隆（Amelung）也认为，在缺乏补偿能力的法益中，比如生命、身体完整性等，任何的欺诈都必须评价为重要的。不同于能够补偿的法益，被欺骗者如果不是因为受欺骗的动机，就完全不可能有任何的理由损害自己的法益。因此，即使欺诈没有直接的法益关联性，也具有法上的重要性。将同意限定在法益相关联的错误是不正确的。②

我国也有学者认为：全面无效说应当适用于被害人自我损害的场合。被害人受到欺骗，误认了权益处分的目的或意义，或误以为可以获得对价或者其他利益的，都属损害了被害人自主决定的权利。全面无效说才是充分保障被害人自主决定权的有力见解，有关法益处分之意义和目的的动机错误同样导致被害人的承诺无效。③

笔者认为，全面无效说及其论据值得商榷。

第一，采取的财产概念不恰当。论者认为刑法中的法益涵括动态的部分，即权利人自主地对静止的对象物或者客体这些外在条件加以利用、支配以及处分并同时借此发展自身人格、达成自我实现的（潜在）自由。④ 可以说，论者的出发点采取了人的财产概念。⑤ 人的财产概念认为要扬弃静态的财产概念，亦即将财产视为客观上可计算的货币价值总额；财产应该是动态的单元，亦即主体基于对外部工具的支配权力所生的经济潜能。⑥ 财产是保障人格在物质领域充分发展的建构人格的统一体⑦，财产的概念建立在货币的价值尤其是交换价值以及货币使用可能性之上，财产保护是对人格的间接保护。⑧ 因此，对于人的不法概念和人的财产概念的批判，也适用于对该论据的批判。人的财产概念最受诟病的就是较之经济的财产概念更为不明确，经济目的与理念目的之间的界限很模糊⑨，使财产损失计算的标准更加不确定，而且借由目的思维使损失概念有过于主观化的危险。⑩ 在行为目的的确定上，处分者具有完全的自由，根据人的损失概念，只要其目的是合法的、在经济上是可以被考察的，那就可以认定为损失。但是与此相对，行为人对于处分者所选择的目的，通常并不是很清楚，因此，在诈骗罪的认定结

① ［德］许迺曼：《刑事不法之体系：以法益概念与被害者学作为总则体系与分则体系间的桥梁》，王玉全等译，载许玉秀、陈志辉编译：《不移不惑献身法与正义——许迺曼教授刑事法论文选辑》，台北：新学林出版股份有限公司 2006 年版，第 223 页。

② Amelung，Über Freiheit und Freiwilligkeit auf der Opferseite der Strafnorm，GA 1999，182，198 ff.

③ 参见王钢：《自杀的认定及其相关行为的刑法评价》，载《法学研究》2012 年第 4 期。

④ 参见王钢：《自杀的认定及其相关行为的刑法评价》，载《法学研究》2012 年第 4 期。

⑤ 该论者在不法原因给付情况下是否成立诈骗罪时，所采取的却是法律-经济财产说的观点。参见王钢：《不法原因给付对于认定财产犯罪的影响——立足于财产概念与“非法”占有的考察》，载《法学家》2017 年第 3 期。

⑥ 参见王效文：《不法利益与刑法中的财产概念》，载刘艳红主编：《财产犯研究》，南京：东南大学出版社 2017 年版，第 445 页。

⑦ Vgl. Otto，Die Struktur des strafrechtlichen Vermögensschutzes，1970，S. 69.

⑧ Vgl. Otto，Grundkurs Strafrecht，Die einzelnen Delikte，7. Aufl.，§ 38，Rn. 7；Winkler，Der Vermögensbegriff beim Betrug und das verfassungsrechtliche Bestimmtheitsgebot，1995，S. 173 ff.

⑨ Vgl. Kindhäuser，in：NK-StGB，4. Aufl. 2013，§ 263 Rn. 273.

⑩ Vgl. Lackner，in：LK-StGB，10. Aufl. 1988，§ 263 Rn. 124.

论上，是否存在损失完全取决于被害人的任意想法。这明显带了很大的主观化和不确定性。而且，经济的目的在整体上是很难确定的，人类的目的是无法穷尽的，这也会带来证明上的难度。[①]

第二，混淆了自我决定权与财产法益。论者认为所有的动机错误都损害了被害人自主决定的权利，不能认为这与法益无关。[②] 这种观点实际上混淆了作为理论基础的自我决定权与作为教义学建构的具体保护法益。自我决定权是自我答责的基础，属于“支撑教义学的中层理论”[③]，但却不是刑法应加以保护的法益。换句话说，自我决定权解决的是被害人与行为人之间责任分配的问题，也就是被害人在多大程度上应当自我答责。“方法论意义上的法益概念”[④] 的构成要件解释功能，则是具体构成要件的解释问题。两者并不处于同一个层面。对于诈骗罪而言，其保护法益只是财产，虽然对财产这种对象物的支配、利用以及处分可能会影响人格发展的潜能，但这与刑法保护法益是否应当囊括这种自由决定权，是两个不同的问题，即使人的财产概念的主张者，也认为处分目的并不属于财产本身。毋宁说，此时需要解决的是，被害人基于此种自由决定权而做出的财产处分行为所导致的财产损失结果，是否应当归属于被害人。

同时，自我决定权的保护应当与国家层面的家长主义以及行为人层面的行为自由之间取得平衡。一方面，自我决定权与刑法家长主义在保护与不保护之间存在一种适度张力，刑法并非一味溺爱地保护被害人的自我决定权。[⑤] 另一方面，自我决定权的保护意味着限制行为人的行为自由，论者也认为：“法规范只能界分和保护被害人与行为之间外在的自由关系”[⑥]。“需要在保护被害人法益和限制行为人自由之间进行审慎的权衡，进而在规范意义上认定被害人是在能够自我保护的处境下自主地处分了自身权益。”[⑦] 施耐佳（Schneider）就曾经举例，欺骗他人帮他照顾好家里的鹦鹉，从而说服他人自杀，如果认为这种欺诈也构成谋杀，显然并不合理。[⑧] 因此，过分地保护被害人的自我决定权，并不符合比例原则，必然导致行为人行为的萎缩。

第三，假设因果流程有扩张刑罚的危险。根据论者的观点，“被害人如果没有陷入错误就不会作出这种对其而言毫无意义的处分行为”[⑨]。行为是否该当构成要件，单纯系由被害人之目的是否偏离，亦即倘若未陷入错误即不会为该交易加以判断。这是对假设因果流程的运用（条件关系），具有扩张刑罚的危险。[⑩] 刑法中运用此种假设因果流

① Vgl. Hefendehl, Die Submissionsabsprache als Betrug: ein Irrweg! -BGHSt 38, 186, JuS 1993, S. 813; Tiedemann, Die Subverntionsbetrug, ZStW 86 (1974), S. 911.

② 参见王钢：《自杀的认定及其相关行为的刑法评价》，载《法学研究》2012 年第 4 期。

③ 参见车浩：《自我决定权与刑法家长主义》，载《中国法学》2012 年第 1 期。

④ Roxin, Strafrecht, Allgemeiner Teil, Band I, 4. Aufl. 2006, S. 15.

⑤ 车浩：《自我决定权与刑法家长主义》，载《中国法学》2012 年第 1 期。

⑥ 王钢：《自杀的认定及其相关行为的刑法评价》，载《法学研究》2012 年第 4 期。

⑦ 王钢：《自杀的认定及其相关行为的刑法评价》，载《法学研究》2012 年第 4 期。

⑧ Vgl. Schneider, in: MK-StGB, 2. Aufl. 2014, Vor § 211 ff. Rn. 52.

⑨ 王钢：《自杀的认定及其相关行为的刑法评价》，载《法学研究》2012 年第 4 期。

⑩ 参见王效文：《不法利益与刑法中的财产概念》，载刘艳红主编：《财产犯研究》，南京：东南大学出版社 2017 年版，第 445 页。

程的思路是否妥当，学界仍有争议。[①] 因为一方面，刑法只关注实际已经发生的因果流程，也就是被害人在已经出现动机错误的情况下所作出的损害自身法益的处分行为，是否应该归责于行为的欺诈行为，应当如何在行为人和被害人之间进行风险和责任的分配。在“骗取施舍的场合，受骗者对自己交出的是价值数额多少的财物，交给谁是有清醒认识的，并且对自己是将财物送给（施舍给）他所同情的特定人有正确认识，也不图任何回报，自然应认为其放弃了财物的所有权”[②]。反之，即使考虑被害人没有陷入错误，其必然不会做出同样的处分行为，缺乏实证上的支持，是一种“虚假的肯定”。实际上，在乞讨诈骗中，被害人之所以处分财产，绝大多数情况下是希望能够尽快地摆脱纠缠，对于实际的使用目的，施舍者往往是完全有意识的，或者至少是无所谓的，即使被害人没有陷入错误，也仍然会作出处分行为。在出于攀比等心理而捐出更高款项的情况中，被害人本来就具有捐款的动机，只是捐出的款项数额有可能超出了本来预期捐出的款项数额，但最终捐款仍然用于了有利于社会的目的，很难认为这是一种毫无意义的处分行为。

另一方面，即使采取许迺曼的观点通过结果的原因认定正犯性[③]，结果的原因也应当是侵害行为本身，而并不取决于行动者的动机。比如捐赠诈骗中，结果的原因也就是捐赠行为，而不是捐赠行为的动机。动机无论是自我损害还是他人损害都只是促进因素，而且动机的效果始终存在。将动机作为结果的原因，只会导致即使缺乏犯罪支配，这种动机促进因素也可罚，从而导致处罚某些不可罚的教唆。

第四，对象物的交换属性不等于交换价值。论者强调全面无效说能够充分保障对象物的交换价值，对象物只有在支配和交换中，才能获得其价值。[④] 一方面，即使主张法益关系错误说的学者也承认财产法益在交换经济下是作为经济的利用、收益、交换的手段而予以保护的；特别是金钱，并不是其本身的价值值得保护，而是作为交换手段、实现目的的手段值得保护。[⑤] 可见，从承认财产具有交换价值、交换利益本身并不必然推导出全面无效说的结论。

另一方面，我国《刑法》第 266 条诈骗罪规定的犯罪对象是“公私财物”，理论上一般认为包括财产性利益，“财产性利益可以通过金钱计算其价值”[⑥] 作为归属于权利人的外在的对象物固然具有交换的属性，原则上可以出于任何目的进行交换，但是这种交换的属性不等于就是交换的价值，更不意味着就是刑法规范需要进行保护的交换价值。暂且不论人身法益能否与金钱或财产性利益进行交换[⑦]，即使是诈骗罪对象的财物，也只有在与体现为经济上价值的交换物进行交换时，才能体现其交换价值。财产利

① 参见庄劲：《客观归责理论的危机与突围——风险变形、合法替代行为与假设的因果关系》，载《清华法学》2015 年第 3 期。

② 刘明祥：《用抗震救灾名义募捐骗财如何定性》，载《检察日报》2008 年 7 月 1 日，第 3 版。

③ 参见陈毅坚：《正犯的概念及其发展》，载《法学杂志》2010 年第 6 期。

④ 参见王钢：《自杀的认定及其相关行为的刑法评价》，载《法学研究》2012 年第 4 期。

⑤ 参见张明楷：《诈骗罪与金融诈骗罪研究》，北京：清华大学出版社 2006 年版，第 247－248 页。

⑥ 张明楷：《刑法学》（第 5 版），北京：法律出版社 2016 年版，第 1206 页。

⑦ 并非所有的利益都具有交换功能，从人格的角度出发，某些利益不是自我发展的工具，而是自我发展的基础。参见冯军：《刑法问题的规范理解》，北京：北京大学出版社 2009 年版，第 155 页。

益中的“交换利益”又被称为“经济利益”，由于财产具有“折换为经济上之金钱价值”之特质，而财产权人可以借由此等经济价值，依其意愿与他人进行交换活动，进而满足自己在主观上之一定目的。[①] 在诈骗犯罪中，此所谓“主观上之一定目的”应当限定在经济目的之上，也就是说，作为诈骗罪对象的财物是金钱或者可以折换成金钱的财产，与这种财产进行交换的也应该是能体现为或转换为经济上的金钱价值的物或利益。财产的交换价值并非指跟任何利益、目的的交换，比如“一夜情”的目的、购买违禁品的目的、卖淫嫖娼的目的、行贿受贿的目的等，并非财产的适格的交换对象。实际上，在被害人进行违反道德的或不法交易被骗的情况下，例如行为人明知是假毒品而卖给被害人，是否应当成立诈骗罪尚有争议；即使认定为诈骗罪，也并非刑法因此保护了此种不法的交易以及此种交易中体现的交换价值，而恰恰是保护了进行交换的作为“干净的钱”（gutes geld）的财产本身。更进一步说，情感、友谊、道义慈善，甚至个人偏好、声望等目的，并无法用金钱加以衡量，应当如何转化成为经济上的金钱价值，没有客观的明确标准，因此，为了这些目的所进行的交换并不体现为财产的交换价值。

因此，不能认为被害人有处分财产的自由，财产有交换的属性，就当然地认为财产在交换过程中就必然体现为交换的价值，甚至是规范所认可的交换价值，刑法也就应该保护财产的交换价值。刑法正是通过不保护某些财产交换行为，达到规范公民行为界限的目的，“否则终究会损害不同构成要件的功能区分和定型性”[②]。

（3）法益关联性说及其修正评析。

法益关联性说否认动机错误全面无效，要求错误具备更多的条件才能影响可罚性。对于如何认定法益的关联性，存在不同的要求和标准。有观点采取严格的法益错误观点，对于无效承诺的认定采取较严格的标准，行为人所为之欺骗，唯有使法益持有人对于法益关联性事项产生错误的想象，该承诺始为无效。[③] 有观点认为只要错误涉及被保护法益的一体性，就存在法益关联性。被害人在没有强制或其他类似强制力的情况下，违背其法益的一体性的决意，具有自由的答责性，否则就缺乏自由的答责性。反之，如果错误是与对待给付相关联的，则不具有刑法上的重要性。在欺骗相约自杀殉情的案例中，行为人的欺骗行为否定了生命法益的价值，使被害人认为死亡才是有价值的，生命反而是阻碍两人共同生活的负担，因此，这种欺骗是与法益相关联的，也就是可罚的。[④]

米奇认为，如果自杀者错误的是关于剩余的生命时间、质量等的认识，因为这些都是生命法益的组成部分，因此是有法益关联性的。[⑤] 有学者还要求被害人存在关于具体

---

① 参见张天一：《对财产犯罪中“财产概念”之再建构（上）——以“支配关系”所形成之财产概念》，载《月旦法学杂志》2009 年第 1 期。

② 付立庆：《被害人因受骗而同意的法律效果》，载《法学研究》2016 年第 2 期。

③ 参见吴耀宗：《被害人受骗之承诺》，载《月旦法学教室》2013 年第 4 期。

④ Vgl. Brandts/Schlehofer，Die täuschungsbedingte Selbsttötung im Lichte der Einwilligungslehre，JZ 1987，S. 442，447 f. 根据这种观点，因为捐赠者的错误只是针对可能获取的作为对待给付的捐赠目的，而对于捐赠出去的财产的价值，并没有因为欺骗行为而被认为是阻碍目的的负担，进而捐赠诈骗不可罚。

⑤ Vgl. Mitsch，AnwaltKommtar，2011，Vor § 211 ff. Rn. 20.

行为意义的错误，比如自杀只有表现为对错误想象的事实所作出的可理解的反应时，才成立这种错误。欺骗的相约自杀，错误的说明必须更为具体，才是与法益相关联的。[①]边耶（Meyer）要求自杀者必须有处于绝望境地的感觉，在这种特殊情况下，行为人继续欺骗其死亡的行为意义，才排除自由答责。[②]

我国大多数学者主张法益关系错误说[③]，但出于刑事政策的考虑，如果贯彻该说在解决具体事例时结论上可能不妥当，不得不扩大法益关联性的范围。具体到诈骗犯罪，通过财产的给付所欲取得的不仅包含经济利益，也包含社会目的的实现，所以，法益处分的社会意义具有重要性。如果受骗者就“财产交换”“目的实现”具有认识错误，则应当肯定存在法益关系错误。[④] 但“为了固守法益关系错误说不惜破坏法益概念的边界，会导致法益关系泛化，危及法益概念的确定内涵，进而损害构成要件的定型性”[⑤]。因此，学者提出了对法益关联性错误说的修正。

1）客观真意说。

客观真意说以法益关系概念为基础，以客观考察同意是否具有任意性为实质，主张判断基于欺骗的错误同意的有效性时：第一个步骤是，根据法益关系错误说辨识认识错误的性质，在错误同意无关法益时，推定其同意有效；第二个步骤是，判断同意是否基于自由意志作出，即同意的任意性，具体而言，从一般人的视角、规范地看，法益主体的同意是否存在选择可能性，自由意志是否受到很大压制。[⑥]

由此可见，客观真意说虽然形式上仍然在同意的有效性认定的框架内，但实际上区分了同意的效力与客观归责两个层次，其第二个步骤的判断回答的是同意的任意性问题，也就是是否可以规范地评价为自由意思表达。这实质上就是规范性的答责性判断，可以说本质上是类似于客观归责的观点。

有关动机错误的同意是否无效问题，应当指出的是，客观真意说讨论的“大火烧车事例”[⑦] 与“闯火救妻事例”[⑧] 本质上并无不同。“闯火救妻事例”是紧急状态错误的问题，被害人所面对的是损害自己法益的危险与损害自己关系亲密的人的法益的危险，其是被害人自陷风险的危险接受、利他性与紧急状态错误的结合；“大火烧车事例”同样面临的是法益损害危险之间的衡量，但同时对自身法益损害的危险是出于利他性的目的，是危险接受、紧急状态错误与利他性目的的结合。在利他性问题上，两个事例并无不同，都是为了营救他人而自陷风险，这并不会因为营救的人到底是自己关系亲近的人

---

① Neumann，NK-StGB，4. Aufl. 2013，Vor § 211 Rn. 71.

② Meyer，Ausschluß der Autonomie durch Irrtum，1984，S. 235 f. 冯军教授也采取类似的观点，参见冯军：《刑法问题的规范理解》，北京：北京大学出版社 2009 年版，第 55 页。

③ 参见黎宏：《被害人承诺问题研究》，载《法学研究》2007 年第 1 期。

④ 参见张明楷：《诈骗罪与金融诈骗罪研究》，北京：清华大学出版社 2006 年版，第 248 页。

⑤ 有关法益关系错误说的批判整理，参见付立庆：《被害人因受骗而同意的法律效果》，载《法学研究》2016 年第 2 期。

⑥ 参见付立庆：《被害人因受骗而同意的法律效果》，载《法学研究》2016 年第 2 期。

⑦ “大火烧车事例”：汽车着火并有爆炸及烧伤人的危险，驾驶员却向路过的行人求助说要救出被关在车里自己的妻子，导致救火的行人被烧伤，但实际上被关在车里的只是一条狗。

⑧ “闯火救妻事例”：行为人欺骗被害人说其妻子困在火中，使被害人为救自己的妻子而闯进着火的屋子，结果屋子里只有一只狗。

还是毫无关系的人而有区别，因此在同意效力的结论上也不应该存在不同。[①]

与此两类事例有所不同的反而是"角膜移植事例"[②]。该事例被害人所面临的是自身法益损害和孩子健康损害之间的衡量，是被害人同意的他人损害、紧急状态错误与利他性目的的结合。虽然同样涉及利他性问题，但是此事例中母亲对于接受眼角膜手术会对自己身体健康法益造成损害是有意识的，而不仅仅是损害的危险，而且是经同意的他人损害，而不是自我负责的自我损害。"大火烧车事例""闯火救妻事例""角膜移植事例"都属于对类似紧急状态的错误，在可罚性上可能的不同主要在于两点：其一是被害人危险接受与被害人损害同意之间的认定标准存在差异，其二是被害人自我危险与经同意的他人损害存在差异。因此，"角膜移植事例"的判断标准应当更高。

因此，捐赠诈骗与"角膜移植事例"更为接近，同样是自我损害与利他性目的的结合，两者的区别在于：其一，前者是经同意的他人损害，后者是被害人自我损害；其二，前者存在类似紧急状态的错误，后者则并不存在；其三，前者是对人身法益的同意，而后者是对财产法益的同意。在结论上，本文赞同"博爱、利他的动机不足以对法益主体的自由意志和自我决定产生实质影响"[③]，利他性目的存在不应当影响这几种事例中行为人可罚性的判断。

2）行为说。

行为说从兼顾结果无价值与行为无价值内容的违法二元论出发，将被害人同意理解为"行为"，参照违法二元论的犯罪论体系对行为人进行责任归属的步骤，通过对该行为进行客观归属（行为归属与结果归属）与责任归属，最终才能确定被害人同意的有效性，并确定责任是归属于被害人还是行为人。[④] 虽然从客观归责的角度讨论被害人同意情况下行为人的可罚性问题，这个思路值得肯定，但是行为说仍然存在以下问题。

第一，忽视行为人责任和被害人责任的区别。行为说要求参照犯罪论对行为人归责的原理确定责任是否归属于被害人，显然与前述"免责理论"存在同样的问题。被害人同意解决的核心问题不是被害人是否应该为他人侵犯法益的行为负责，而是考察行为人的行为是否因为被害人的同意而排除法益侵害性。"在损害出现之后，刑法首先关注的是行为人的责任问题，然后才是被害人的情况能否对行为人的罪责有所减轻和免除。"[⑤] 而正是因为要求参照行为人归属来判断被害人同意的效力，基本上很难肯定被害人同意的有效性，比如论者关于受胁迫的财产交付和被欺骗的相约自杀等问题，都否定了被害

---

① 我国刑法规定的紧急避险中"他人的危险"也并没有要求他人与避险人必须存在紧密的关系。罗克辛也是在讨论利他性目的的同意也可能无效时提到了与"大火烧车事例"类似的营救他人妻子的事例，Vgl. Roxin, Strafrecht, Allgemeiner Teil, Band I, 4. Aufl. 2006, S. 585.

② "角膜移植事例"：行为人欺骗母亲说只有接受角膜移植手术，才能使其孩子免于失明，母亲因此同意将其一个眼角膜切除给其孩子，实际上行为人将眼角膜使用于其他目的，或者为了报复该母亲而直接扔掉。Vgl. Roxin, Strafrecht, Allgemeiner Teil, Band I, 4. Aufl. 2006, S. 584.

③ 付立庆：《被害人因受骗而同意的法律效果》，载《法学研究》2016 年第 2 期。

④ 参见李世阳：《刑法中有瑕疵的同意之效力认定——以"法益关系错误说"的批判性考察为中心》，载《法律科学（西北政法大学学报）》2017 年第 1 期。

⑤ 车浩：《德国关于被害人同意之错误理论的新进展》，载《环球法律评论》2008 年第 6 期。

人同意的效力。[①] 因此在具体结论上，行为说也就与全面无效说没有太大区别。

第二，忽视同意包含了主观心理和外部行为。论者认为同意不是主观心理状态，而将同意理解为表现于外部的态度，即同意行为。[②] 但是，将同意视为心理状态，不意味着不需要考察外部的行为。相反，“被害人的承诺具有比有意识的忍受更多的内容”，“承诺的有效性需要承诺以某种形式表现于外部，存在于被害人内心的承诺因为缺乏可判断性，很难与法律后果联系起来”[③]。因此，同意仍然主要是被害人内心的心理状态，但与确定行为人的主观心理状态一样，对被害人心理状态的规范认定需要借助于外部的客观事实，实际上，传统学说和判例在认定是否成立被害人同意时，同样要求存在同意的客观方面。比如放弃生命法益中要求被害人亲自终结自己的生命，甚至要求在最后一刻仍控制事态的发展；又如放弃财产法益中要求被害人有自愿处分自己财产的行为。只有通过反映为客观的法益处分行为，才能够认识被害人的主观同意心理。

第三，误读客观归责判断的内涵和次序。论者将行为归属、结果归属和责任归属三个阶段的五个要件作为判断同意效力的条件，当且仅当可以对被害人的同意行为进行客观归属和主观归属时，同意的法效果才能归属于被害人本人，接着再考察法益侵害结果是否可以归属于行为人。[④] 但是，一方面，将归属作为同意有效性的条件，已经混同了作为排除不法要件的同意与客观归责的自我答责两者，并且倒置了两者的判断顺序。恰恰相反，同意有效性的判断是自我答责性判断的前提和条件，是客观归责的考虑因素之一，自我答责的判断是在同意有效性判断之后的。正如阿梅隆所主张，将同意有效性的判断与归责权衡问题混淆在一起是传统理论的根本缺陷，应反对那种尝试在对有效性问题做出回答的同时，就已经对行为人的可罚性进行决定的“软立场”[⑤]。同意效力的确定与责任归属是两个不同层面的问题，对同意效力的判断不应当担负归责判断，在判断了作为排除不法条件的同意之后，仍然要进一步在客观归责的理论框架下判断法益侵害的结果应当是由行为人还是由被害人来负责的归责问题。即使在同意无效而不排除行为人不法的情况下，仍可能排除行为人的客观归责，同意效力与客观归责应当根据各自独立的标准加以判断。

另一方面，人为地割裂对行为人的归属与对被害人的归属，并将对被害人的归属判断作为前置于对行为人的归属判断的步骤，既不可能也没必要。刑法的归属问题的核心在于判断行为人的归属问题，在对行为人进行客观归属的过程中，也就同时进行了对其他所涉及人的归属判断，如果法益侵害结果不能归属于被害人或第三人，也就应当归属于行为人。这实际上是融合在一起的同一个流程，并不需要分为两个独立的判断流程，最终判断的就是法益侵害的结果能否归属于行为人的问题。

---

① 参见李世阳：《刑法中有瑕疵的同意之效力认定——以“法益关系错误说”的批判性考察为中心》，载《法律科学（西北政法大学学报）》2017年第1期。

② 参见李世阳：《刑法中有瑕疵的同意之效力认定——以“法益关系错误说”的批判性考察为中心》，载《法律科学（西北政法大学学报）》2017年第1期。

③ 冯军：《刑法问题的规范理解》，北京：北京大学出版社2009年版，第161页。

④ 参见李世阳：《刑法中有瑕疵的同意之效力认定——以“法益关系错误说”的批判性考察为中心》，载《法律科学（西北政法大学学报）》2017年第1期。

⑤ Vgl. Amelung，Irrtum und Täuschung als Grundlage von Willensmängeln bei der Einwilligung des Verletzen，1998，S. 34 ff.

3. 小结

综合上述，笔者认为，同意有效性与自我答责是两个不同层面的问题，同意有效性的判断是对被害人的主观心理状态进行事实判断，自我答责是对被害人有效地放弃法益的同意行为及其结果是否客观上归属于被害人的自我答责性进行规范判断。

在动机错误或目的错误的情况下，对被害人的同意仍然以法益关联性错误作为判断标准，只要被害人发生的是与法益相关联的错误，则同意无效，行为人的欺骗行为就是实行行为的着手，行为具有可罚性。反之，如果是动机错误，则同意有效，进而仍要判断是否自我答责。尤其是判断自由答责，亦即同意是否体现了自由意志。在紧急状态错误中，由于存在类似紧急状态的强制，因此没有自由选择的可能，从而排除被害人自我答责。但是在单纯利他性情况下，则都应由被害人自我答责。

对自我答责的判断，不应当适用一般人的标准，也不应考虑是否出于理智的理由、被害人的反应是否可以理解等因素，否则就完全与被害人自由处分自己法益的假设的初衷相违背；而应当以被害人为标准，综合考虑案件的全部事实，规范地评价被害人放弃法益的行为是否应由被害人自我答责。① 具体到诈骗罪，其保护法益只有财产，并不保护纯粹的处置自由。捐赠诈骗“实质是骗取他人的施舍。由于施舍者决定将财物施舍给对方，就意味着其放弃了对该财物的所有权，因而不存在侵犯财产所有权的问题。而诈骗罪是一种侵犯财产所有权的犯罪，不侵犯财产所有权的行为，肯定不具备诈骗罪的本质，也不可能构成诈骗罪”②。因此，捐赠诈骗中，被害人明知财产处分具有财产损失的效果，仍然有意识地自我损害，对财产的减少是应当负责任的，因此是自我答责的。

五、余论

以捐赠诈骗、乞讨诈骗、赠与诈骗等为典型的被害人目的失败案件是特殊类型的诈骗犯罪，为丰富诈骗罪的教义学研究提出了新的要求。判例和学说对欺诈行为、财产处分和财产损失等进行规范化的尝试并无必要，也导致了诈骗罪客观构造的复杂化和犯罪认定的模糊化。捐赠诈骗是对外部事实或内在事实的虚构或隐瞒，其财产处分的行为是基于动机错误而有意识地做出的，而财产处分行为必然带来财产减损的效果，导致财产损失，被骗者虽然认识到财产处分行为所具有的此种财产损失的效果，但仍然有意识地进行自我损害，这种有意识的自我损害并不影响诈骗罪财产损失的成立，因此，捐赠诈骗具有诈骗罪客观构造中的欺诈行为、认识错误、财产处分和财产损失等要件要素。承认捐赠诈骗符合诈骗罪的客观构造，并不意味着肯定作为诈骗罪的可罚性，仍应进一步讨论结果的客观归责问题。不论是针对约定目的的欺诈还是针对约定之外目的的欺诈，行为人的欺诈行为都制造了法上不被允许的风险；在这种风险制造的行为中，由于被害

---

① 仅指同意损害，而不包括同意危险、危险接受等。虽然这些答责情形也都是自我答责的一种类型，但不在本文的研究范围之内。

② 刘明祥：《用抗震救灾名义募捐骗财如何定性》，载《检察日报》2008 年 7 月 1 日，第 3 版。当然，笔者认为诈骗罪不是侵犯所有权的犯罪，而是侵犯财产的犯罪。

人没有出现法益关联性的错误，其同意是有效的，在利他的捐赠情形下，应当承认被害人自我答责，从而排除诈骗罪的可罚性。[①]

应当指出，捐赠诈骗不构成诈骗罪并不违背司法解释的观点。2011 年 4 月 8 日起施行的最高人民法院、最高人民检察院《关于办理诈骗刑事案件具体应用法律若干问题的解释》（法释〔2011〕7 号）第 2 条指出，诈骗公私财物达到规定的数额标准，以赈灾募捐名义实施诈骗的，可以依照诈骗罪的规定酌情从严惩处。2016 年 12 月 19 日最高人民法院、最高人民检察院、公安部联合发布的《关于办理电信网络诈骗等刑事案件适用法律若干问题的意见》（法发〔2016〕32 号）也指出，实施电信网络诈骗犯罪，达到相应数额标准，以赈灾、募捐等社会公益、慈善名义实施诈骗的，酌情从重处罚。显然该规定是从重处罚的酌定量刑情节，其前提是相关诈骗和电信网络诈骗行为符合诈骗罪的基本构成要件，而不是相反成为捐赠诈骗成立诈骗罪的理由。司法解释同时规定的其他从重情节，比如通过发送短信、拨打电话或者利用互联网、广播电视、报刊杂志等发布虚假信息，对不特定多数人实施诈骗的；诈骗残疾人、老年人、未成年人、在校学生、丧失劳动能力人或者诈骗重病患者及其亲属财物的；冒充司法机关等国家机关工作人员实施诈骗的，造成被害人或其近亲属自杀、死亡、精神失常或者其他严重后果的等，本身也不是成立诈骗罪的条件，只有在诈骗行为已经构成诈骗罪的情况下才酌情加以裁量，不应颠倒定罪与量刑的先后次序。司法实践中也存在此类案件，比如“朱某洲诈骗罪 2015 刑二重 8 案”[②]，被告人谎称投资红十字慈善募捐演唱会可获高额分红或利息，骗得被害人向其借出巨额资金。又如“徐某华诈骗案”[③]，被告人在无实际履行能力的情况下，以开发中华环境保护基金会募捐箱、中国儿童少年基金会募捐箱等项目为由，承诺支付高额回报为诱饵，采用借款的形式骗取被害人人民币 1 045 余万元，用于归还个人债务、提现等。因为基本行为已经构成诈骗罪，行为人以募捐的名义实施诈骗行为，当然可以相应从严惩处。

当然，否认捐赠诈骗成立诈骗罪，并不意味着实践中出现的以募捐名义进行的欺骗都不可罚。“在解决刑法分则问题，特别是解决诈骗罪的成立与否问题时，完全应当适用客观归责原理。如果一个人因为他人的诈骗而失去财产，而这种诈骗完全是财产拥有

---

① 我国司法实践中，也有判例认定捐赠诈骗只是违法行为，不构成诈骗罪。参见“赖某春不服赣州市劳动教养管理委员会劳动教养决定案”，江苏省赣州市中级人民法院（2005）赣中行终字第 32 号行政判决书。该案的基本事实是：2001 年，南华山隐华寺住持吴某（以下简称吴）在公路修建过程中，因当地资金难以筹措，请求赖某春（以下简称赖）帮助引资，双方就引资事项达成了口头协议。吴负责提供“缘起”和相片。赖负责印刷、邮寄、冲印相片等，并按所引资金 50%抽取酬金。2002 年 3 月始，赖和吴先后多次向全国各地发出“缘起”和相片几万份，至 2004 年 5 月，共收到全国各地居士汇来的捐赠款共计 60 余万元，吴按双方口头协议已将捐赠款的 50%支付给了赖。吴已将剩余捐赠款大部分用于修路和寺内建设。石城县公安局以赖涉嫌诈骗提请石城县人民检察院批准逮捕，石城县人民检察院以赖的行为不构成诈骗罪为由作出不批准逮捕决定书。2004 年 12 月 7 日赣州市劳动教养管理委员会以非法占有捐赠款决定对赖实行劳动教养 2 年，赖不服向赣州市人民政府申请行政复议，赣州市人民政府作出行政复议决定书，维持劳动教养决定。赖据此提起行政诉讼。一审和二审法院均认为，被告人以寺庙修路为由发起募捐活动，利用居士的虔诚和善良谋取私利，从中捞取个人好处，与社会公德不符，有违《公益事业捐赠法》的有关规定，对捐赠款的使用也违背了捐赠人的意愿，具有欺骗的性质，虽然不构成诈骗犯罪，但却是一种欺骗捐赠者、违背捐赠者捐赠心愿、个人借机大肆敛财的严重违法行为。

② “朱某洲诈骗罪 2015 刑二重 8 案”，广东省广州市中级人民法院（2015）穗中法刑二重字第 8 号刑事判决书。

③ “徐某华诈骗案”，上海市第一中级人民法院（2008）沪一中刑初字第 251 号刑事判决书。

者自己造成的，'被诈骗'可以归责于财产拥有者自己，那么通过诈骗获取财物者的诈骗行为就不成立诈骗罪，仅仅可能成立其他犯罪。"① 因此，实践中的捐赠诈骗仍有可能构成伪造、变造国家机关公文、证件、印章罪，伪造、变造身份证件罪，破坏计算机信息系统罪，侵占罪，职务侵占罪，招摇撞骗罪等罪名。比如以救助灾区群众名义"募捐"，在网站挂上自己的账号或者给他人移动电话发短信要求他人往自己的账号转款，或如在一定场所向公众当面"募捐"收取财物，但在收到他们捐赠后没有转交给灾区政府或群众，而是据为己有。② 笔者认为这实际上是背信和侵占性质的行为，不应成立诈骗罪，应当成立侵占占有委托物的侵占罪。

捐赠诈骗行为人冒充国家机关工作人员进行招摇撞骗的，可能成立招摇撞骗罪。对招摇撞骗罪的对象是否包括财物，学界有不同观点。通说认为招摇撞骗罪的目的是骗取某种非法利益，即包括财物，也包括非财产性利益。③ 相反的观点认为招摇撞骗罪骗取的对象主要不是财产，而是财产以外的其他利益，如果行为人冒充国家机关工作人员是为了骗取财物，应当以诈骗罪处罚。④ 周光权教授主张对招摇撞骗做限缩解释，原则上不包括骗取数额巨大的财物。⑤ 与此相关的是诈骗罪与招摇撞骗罪之间的关系，学界存在法条竞合关系说⑥和想象竞合关系说⑦的观点。但是，如果将两罪确认为法条竞合或想象竞合的关系，那么"上述两种观点都是以招摇撞骗罪的客体包括财物为前提的，只是认为招摇撞骗的客体不限于财物，包括其他非法利益"。"在目前我国司法实践中，还是认为招摇撞骗罪的客体中包括骗取数额较大或者巨大或者特别巨大的财物，因而应当在法条竞合的框架下考虑其法律适用问题。"⑧ 笔者同意这种观点⑨，财产可以成为招摇撞骗罪的对象，但并不局限于财产。在捐赠诈骗的情况下，招摇撞骗罪是否包括财物并不是最为关键的，因为被害人对财产损失自我答责，被害人实际被侵害的是财产的处置自由。因而更为重要的是在招摇撞骗骗取财物时，被害人处置财物的自由也受到了侵害。与诈骗罪侵犯的法益是财产不同，招摇撞骗罪侵犯的是对国家机关工作人员的信任⑩或者对国家机关的公共信赖，不以骗取某种利益为要件⑪，对这种信赖的保护包含了对财产性利益和非财产性利益的处置自由，因此，如果募捐人冒充国家机关工作人员进行捐赠诈骗，可以成立招摇撞骗罪。⑫

---

① 冯军：《不法原因给付的刑法意义》，载刘艳红主编：《财产犯研究》，南京：东南大学出版社 2017 年版，第 498 页。

② 参见刘明祥：《用抗震救灾名义募捐骗财如何定性》，载《检察日报》2008 年 7 月 1 日，第 3 版。该文认为应当成立诈骗罪。

③ 参见高铭暄、马克昌：《刑法学》（第 7 版），北京：北京大学出版社、高等教育出版社 2016 年版，第 527 页。

④ 参见胡康生、郎胜主编：《中华人民共和国刑法释义》，北京：法律出版社 2006 年版，第 431 页。

⑤ 参见陈兴良、周光权：《刑法学的现代展开Ⅰ》（第 2 版），北京：中国人民大学出版社 2015 年版，第 530 页。

⑥ 参见高铭暄、马克昌：《刑法学》（第 7 版），北京：北京大学出版社、高等教育出版社 2016 年版，第 527 页。

⑦ 参见张明楷：《刑法学》（第 5 版），北京：法律出版社 2016 年版，第 1037 页。

⑧ 陈兴良：《判例刑法学》（上卷），北京：中国人民大学出版社 2009 年版，第 507－508 页。

⑨ 参见黄京平、陈毅坚：《法条竞合犯的类型及其法律适用》，载《中国刑事法杂志》2007 年第 4 期。

⑩ 参见黎宏：《刑法学各论》（第 2 版），北京：法律出版社 2016 年版，第 353 页。

⑪ 参见张明楷：《刑法学》（第 5 版），北京：法律出版社 2016 年版，第 1037 页。

⑫ 我国司法实践中也有认定冒充国家机关工作人员进行捐赠诈骗的成立招摇撞骗罪，比如"杨某清、张某华招摇撞骗案"，湖南省湘西土家族苗族自治州中级人民法院（2014）州刑一终字第 65 号刑事判决书。

立场与策略：贿赂犯罪立法体系对国家治理现代化的应然回应

魏昌东*

一、引言

20 世纪 70 年代末以来，中国开启了以改革开放为主导模式的中国式现代化进程，经济、政治、社会与文化建设成就卓越，社会面貌焕然一新。然而，“现代化的推进必然会引起社会生活各个方面随之发生结构性的变化，并且伴生着个人与个人、个人与社会之间的矛盾和冲突，导致犯罪等社会问题发生变化”①。基于现代化与犯罪化的关系，现代化进程也伴随着犯罪浪潮的到来，犯罪治理成为社会转型时期国家治理的艰巨任务，腐败的蔓延与流行，更成为国家治理重点问题。由中国共产党对腐败所特有的认识与态度所决定②，腐败治理迅即成为政党治理与国家治理的重点内容，腐败犯罪刑法治理体系得以加速兴建，历经两次法典化及多达十余次的立法修正③，由 11 个罪名组成的贿赂犯罪罪名体系得以形成。然而，在这一立法根基带有深刻的计划经济评价标准与传统型犯罪模式烙印的体系中，作为立法规制对象的贿赂，以权钱的实际交易作为犯罪化根据。囿于立法理念、原理与技术，特别是对贿赂犯罪治理结构时代变迁中治理需求判断的偏差，以增设犯罪主体类型为唯一方法的“外延扩张式”④ 建设方案，忽视对行为模式内在结构及法益损害层次判断的关注，导致在面对传统贿赂不断异化的治理情势时，贿赂诸罪名的构成要件“静默”于传统的犯罪化根据，立法供给无力满足复杂多样的犯罪治理需求。

不无遗憾的是，我国刑法学理与实务界一直以“实践理性”为主线，注重对贿赂犯罪构成要件要素的“微观”批判，既没有深刻揭示立法供给短板的实质，也没有立足于国家治理现代化的基础对贿赂犯罪衍生机理作出全面的理论揭示；对于贿赂犯罪立法体

---

* 上海社会科学院法学研究所研究员，博士研究生导师。

① 康均心：《我国社会现代化进程中的犯罪与犯罪控制》，载《学习与探索》1997 年第 5 期，第 84 页。

② 参见魏昌东：《建党百年中国特色反腐之路的理论逻辑》，载《毛泽东邓小平理论研究》2021 年第 9 期。

③ 贿赂犯罪在新中国首部《刑法》颁布实现罪名独立化后，先后有 3 部单行刑法（含 2 部全国人大常委会作出的决定）对之进行了修正，1997 年《刑法》修订后，先后有 5 部《刑法修正案》对之作出修正。

④ 钱小平：《我国惩治贿赂犯罪立法检讨——以积极治理主义为视角》，载《法商研究》2018 年第 1 期。

系长期存在的本源性、功能性问题缺乏深刻批判；对于国家治理现代化不断发展背景下，犯罪治理体系全面优化的宏观性问题认识不足；对中国社会现代化发展中因“共时性”而产生的贿赂犯罪多元治理需求、刑法需面对的介入性与量度性评价需要思考有限；对于微观构成要件要素的教义学研究，尽管坚守了批判主义的立场，揭示出了其所存在的功能性障碍，但是始终难以提出革命性的立法体系优化方案。面对频仍的刑法修正，学理界在每次修法后的一片赞誉，并未能把握立法体系完善的实质性问题，无法为立法机关准确评估与判断提供有力而精准的支持。实质上，腐败犯罪的日趋严重化，导致原贪污贿赂犯罪刑法规制的有效性受到质疑。对此，中共十八届四中全会通过的《中共中央关于全面推进依法治国若干重大问题的决定》提出了“完善惩治贪污贿赂犯罪法律制度”的任务，但是，随之启动的刑法修正，并未能探寻到破解贿赂犯罪立法体系与治理需求供需矛盾尖锐的理论与立法方案。[①] 贿赂犯罪结构从传统模式向异化模式的变迁，使刑法的使命正在经历从单纯的权力结构秩序维护向再造善治秩序的重大演进。这既是刑事治理体系现代化的内在规律，又是国家治理体系现代化在刑事法治领域的自然延伸。立法机关对贿赂犯罪立法体系所坚持的“局部修缮”“宁释勿修”立场，阻碍了其现代化发展的步伐。21 世纪以来，面对后法典化时代对具有法益损害递进性的危害行为，立法呈现出“分层式”发展的新趋势，对于作为重点治理对象的犯罪，建构出由微罪、轻罪与重罪组成的罪名体系，以期精准评价对法益不同损害程度的行为。而贿赂犯罪的立法体系则恰如一座“孤岛”，未能得到同步更新，本文期待对此做出体系化的研析。

二、中国贿赂犯罪立法体系：发展机理与短板揭示

（一）贿赂犯罪刑法治理体系建设的基本原理

贿赂犯罪罪名体系是犯罪治理体系的重要组成部分，腐败犯罪刑法治理体系建设在我国尤受重视。自新中国成立伊始打下体系建设的第一根桩基[②]以来，面对改革开放后的治理需求，根据时代变迁中犯罪衍生结构的变化，中国的贿赂犯罪刑法治理体系在治理体系的代际更新中形成了以下基本特色。

1. 以“分体式”为中心的治理体系建设

刑法原理根据贿赂犯罪罪名体系建设基础与发展重点的不同，存在“分体式”与“分层式”的理论界分。“分体式”罪名体系，是指以犯罪主体的身份类型为中心而建构的罪名系列。“分层式”罪名体系，是指以贿赂行为的法益损害方式与程度为中心而建构的罪名系列。西方代表性国家中，除英国明确采用“一体式”模式，不区分公营与私

① 参见孙国祥：《贪污贿赂犯罪刑法修正的得与失》，载《东南大学学报（哲学社会科学版）》2016 年第 3 期。

② 《中华人民共和国惩治贪污条例》成为新中国成立之初国家刑事法治体系的重要内容。参见孙国祥、魏昌东：《反腐败国际公约与贪污贿赂犯罪立法研究》，北京：法律出版社 2011 年版，第 83 页。

营、自然人与法人主体外[①]，世界上大多数国家采“分体式”立法模式，普遍建立了公职贿赂犯罪与私营部门贿赂犯罪的二元罪名体系。“分体式”模式存在构成要件的“一体式”与“差异式”类型，根据不同类型主体权力属性的差异，对贿赂犯罪构成要件作差异化的配置，以明确区分不同犯罪构造的实质差异是后者的特征。如，《德国刑法典》在第30章（公务活动中的犯罪）中设定公职贿赂犯罪的同时，又在第26章（违反竞争法的犯罪行为）、第4章（妨害宪法机关、选举与表决的犯罪）分设商业贿赂与选举贿赂犯罪，其构成要件根据权力属性做个别化的设置，以揭示法益损害（利益损失）的实质内容。

我国刑法在贿赂犯罪罪名体系建设中奉行绝对“分体式”模式，罪名体系以公职自然人规制系统建构为起步，增设犯罪主体类型是立法体系建构的首要机制，基于贿赂犯罪衍生结构与国家治理的需要，形成了“公职人员贿赂—公营单位贿赂—私营人员与单位贿赂—外国公职人员与国际组织官员贿赂—特定关系与特殊权力人”的“五元主体”罪名序列[②]，罪名数量位居世界各国立法前列。在构成要件要素设定上则采“一体式”模式，存在对不同权力类型差异化评价的困难。

2. 以“行为群”为中心的治理体系建设

刑法在对具有危害性递进关系的行为设定规制体系时，在立法技术上存在单一罪名与罪名系列的方法差异，后者形成的是罪名群或者罪刑系列。“罪刑系列”是指就同一种罪法律规定的一串近似的犯罪构成以及与之相应的刑罚。采用“罪刑系列”立法方法的客观根据是犯罪行为方式的复杂多样性。“罪刑系列”立法方法的主观根据是国家严密法网的法制建设需要。从主客观的关系看，罪刑系列是犯罪形式多样化的立法反映，按罪刑法定原则，法律反映犯罪是国家惩罚犯罪的依据，罪刑单一则不足据以有效地同形式多样的犯罪作斗争。[③] 二者的区别在于，罪名序列可根据法益损害差异化评价的需要设定不同的构成要件要素，有利于准确界分不同行为模式的危害性程度。我国刑法对“五元主体”实施的受贿与行贿犯罪采取唯一罪名的行为群立法模式。以受贿罪为例，刑法规定了“索取”（主动受贿）、“收受”（被动受贿）、“经济受贿（商业受贿）”、“斡旋受贿”（间接受贿）四种模式，尽管实现了行为关系内容的类型化，但是，无法准确揭示因职务关系还是因职务行为而受贿、因受贿而实施履职或者背职谋利行为等情况，无法准确揭示贿赂行为的危害性程度。

现代国家对贿赂犯罪普遍采用罪刑系列立法模式，最具典型的是深受中华法系影响的日本刑法典对（公职）受贿罪的规定，除设立仅因职务关系而收受贿赂，不以实施职务行为作为犯罪构成要件的单纯受贿罪外，又根据不同受贿方式在法益损害程度上的实

---

① 高铭暄教授等认为，在受贿犯罪规定方式上，英国《2010年法案》采取了独树一帜的单一罪名模式，拒绝以某种特定标准将受贿犯罪细分为若干罪名的国际通行做法，仅以该法第2条区区一个条文设置了兼具概括性和综合性的“受贿罪”，以规制各形各色的受贿行为。参见高铭暄、曹波：《中英受贿犯罪立法比较研究》，载《法学杂志》2016年第8期。

② 参见魏昌东、张笑宇：《从“分体”到“分层”：中国特色贿赂犯罪罪名体系的历史嬗变与时代跨越》，载《浙江工商大学学报》2021年第3期。

③ 参见储槐植：《完善贿赂罪立法——兼论“罪刑系列”的立法方法》，载《中国法学》1992年第5期。

质差异，设定六种独立罪名①，这种罪名群立法模式被储槐植教授定义为“主从式”方法，即：“一种罪的几个形式在犯罪构成立法上存在主辅关系，其中一个是基本犯罪构成，其余的为修正犯罪构成。”② 是否存在“请托事项”与“谋取利益的性质”，是罪名群建构的重要基点，具有揭示贿赂犯罪法益损害程度的能力。《德国刑法典》第331条至第334条不仅根据行为程度设定了接受利益罪、违背职责受贿罪、提供利益罪和违背职责行贿罪，还规定了法官贿赂犯罪、仲裁员贿赂犯罪。实际上，贿赂犯罪“罪刑系列”立法方法在我国古代即已存在。被誉为中国古代立法典范的《唐律》对受贿罪即采用了罪名群方法，规定了五种具体罪名，即：受财枉法罪、受财不枉法罪、受财请托罪、受所监临罪、监临之官家人乞借罪。③ 宋承袭唐制，在将有关官吏赃罪的条款于《职制》律内分列三项：请求公事、枉法赃和不枉法赃以及受所监临赃。其后的元、明、清三代，也均采用相同的立法模式。④

3. 以法益实质损害为中心的治理体系构建

刑法是法益保护法，现代刑法原理将犯罪化的根据划分为法益损害与损害危险两种类型。“从概念上来说，法益的刑法保护与危险防范并不矛盾，因为法益本身即分为侵害法益和危险法益。”⑤ 刑法不仅保护已经受到侵害的法益，而且保护处在危险中的法益。从理论上讲，立法者在将一个行为犯罪化之前，要对该行为和行为侵害的法益进行关联性判断，从而决定如何设置犯罪行为类型。⑥ 对于重要法益，前置刑法保护基点、对造成法益危险的行为犯罪化，是提升犯罪规制能力的需要。贿赂犯罪所侵害的是社会重大公共法益，在损害关系的类型上，存在法益实质损害与对法益造成危险的类型，这一损害关系类型与现代化的推进存在内在关系，传统社会普遍关注具有现实对价关系的权钱实际交易，现代社会中，随着以“扎紧制度笼子”为中心的治理体系建设的推进，社会对腐败的容忍度降低了，贿赂犯罪刑法治理体系中对法益损害性质与程度的认识更新了。各国立法普遍选择“实质损害＋危害危险”的并合模式，以提升刑法在防控公权力腐败中的作用。如，美国法典关于贿赂犯罪罪名体系的规定颇具代表性，该法典第18编第11章“贿赂、以权谋私和利益冲突”(Chapter 11: Bribery, Graft and Conflicts of Interest)，根据损害原则及其程度，将贿赂犯罪划分为三类：一是以实质的利益损害为保护客体的贿赂犯罪，即贿赂公职人员和证人犯罪（第201条）。二是以实质

① 即受托受贿罪（因受托而实施与贿赂处于对价关系的职务行为）、事前受贿罪（“将要成为公务员的人”就其成为公务员之后所要担任的职务，而实施的接受请托、收受贿赂等行为）、向第三者行贿罪（公务员让行贿人向自己之外的第三者提供贿赂的行为）、加重受贿罪（作为贿赂的对价而实施不正当的职务行为）、事后受贿罪（公务员在职期间接受请托而实施了不正当职务行为）、斡旋受贿罪（公务员所实施的针对其他公务员的斡旋行为）。参见［日］西田典之著、桥爪隆补订：《日本刑法各论》，王昭武、刘明祥译，北京：法律出版社2020年版，第547-550页。

② 储槐植：《完善贿赂罪立法——兼论“罪刑系列”的立法方法》，载《中国法学》1992年第5期。

③ 参见孙庆和、刘成安：《试析唐代立法中关于受贿罪的规定》，载《青岛海洋大学学报（社会科学版）》1998年第2期。

④ 清《受赃》以“赃”作为罪名划分的逻辑起点，以因事或非因事、事前或事后、接受或听许、主动或挟势、特殊或一般（指主体）等作为区分标准，将官吏犯赃划分为既相互联系又彼此区别的罪名系统，并统一于受赃门下。参见刘志勇：《清代〈受赃〉罪名体系探讨》，载《理论探索》2010年第4期。

⑤ 陈朴生：《刑法专题研究》，政治大学法律学系法学丛书编辑委员会1983年版，第67页。

⑥ 参见陈璐：《犯罪化如何贯彻法益侵害原则》，载《中国刑事法杂志》2014年第3期。

的利益损害具体风险为保护客体的贿赂犯罪，即不法馈赠罪。三是以利益损害的抽象风险为保护客体的贿赂犯罪，即利益冲突型贿赂犯罪。[①]

我国刑法对“五元主体”贿赂犯罪体系均采“以赃计罪”的数额式罪刑关系评价模式，法益的实际损害是犯罪化的根据，直接支配了各罪构成要件的设定，只有在“职务行为”与“贿赂”之间存在达到一定规模的交易关系时，才能被刑法所评价。《刑法修正案（九）》引入“数额+情节”基准模式改造受贿罪传统的“数额式”配刑基准，是法典化以来对贿赂犯罪唯一的一次“内涵修复式”修正。[②] 然而，尽管立法作出了修正，但司法并未依此建构有别于“计价式”的评价体系，所谓的“情节”不过是数额减半后的个别处置，且情节的设定欠缺对法益损害的实际揭示功能[③]，立法追求的实现程度大打折扣。

（二）贿赂犯罪刑法治理体系的短板揭示

以现代化进程中贿赂犯罪治理需要为准据，审视这一治理体系，可以发现其在犯罪规制中的“三重危机”。

1. 贿赂犯罪刑法治理体系的内部危机

尽管贿赂犯罪刑法治理体系因受到立法的高度重视而不断壮大，但其对犯罪治理的供给能力并未得到实质性提升。（1）“分体式”立法模式难以实现评价的确当性。由犯罪学的罪因结构所决定，“五元主体”实施贿赂行为时的权力属性与结构关系模式存在实质差异，从而刑法有必要在设定构成要件要素时给予关注，而现行立法所采用的简单“克隆”与局部调整模式下，犯罪构成要件基本同一，所区别的仅是要件的结合方式，导致存法益损害实质的揭示存在障碍。（2）“行为群”立法模式难以揭示法益损害的实质差异。贿赂犯罪的法益实质损害性，决定了其识别标准的多样性，包括决定贿赂的前置性因素，如，是否因具体请托事项而贿赂，以及受贿后如何履行其特定职权，如，履职还是背职受贿，这是量度犯罪实质危害的关键，而现行刑法除索贿外，其他行为模式并不具备区分危害程度的功能。（3）刑法治理体系的“形扩而实限”人为限缩了其评价范围。扩大刑法规制范围、严密刑事法网，是历次刑法修正的目的，但修法中的技术选择失当产生了反向发展的结果。始于贿赂犯罪罪名体系的首次实质性大修，《全国人民代表大会常务委员会关于惩治贪污罪贿赂罪的补充规定》对受贿罪增设“非法收受他人财物，为他人谋取利益的”要件，对行贿罪增设“为谋取不正当利益”要件，及对受贿罪与行贿罪的行为对象做“财物”的限定，这些处理实质性地限缩了贿赂犯罪的犯罪圈。在该次修正前，我国腐败犯罪立法以整体犯罪圈不大，但具体个罪的犯罪圈极为严

---

① 参见魏昌东：《美国利益冲突罪立法体系的发展逻辑及其启示》，载《环球法律评论》2021 年第 3 期。

② 所谓“内涵修复式”立法修正，是指为提升刑法的评价能力，将立法修正的重点置于构成要件要素设计与罪刑关系的配置之上，力求降低行为违法性评价中的人为障碍，建立更具合理性的罪刑配置关系标准，提升罪刑规范的犯罪惩治与预防能力。……作为国家进入腐败治理战略机遇期的首次刑法修正，《刑法修正案（九）》针对受贿犯罪具体数额以及数额与情节关系进行的修正，是“内涵式修复”导向下的首次尝试。参见钱小平：《贿赂犯罪情节与数额配置关系矫正之辨析》，载《法学》2016 年第 11 期。

③ 参见魏昌东：《腐败治理体系法治化发展的一般原理》，载《南京大学学报（哲学·人文科学·社会科学）》2020 年第 3 期。

密为首要特色，“以行为标准而不是结果标准界定犯罪成立问题，并且没有附加任何限制条件，因而采用的是零容忍政策。在1988年后，我国腐败犯罪立法的整体犯罪圈在不断扩大，但具体个罪的犯罪圈在缩小，这体现为刑法不仅对所有腐败犯罪的成立附加定量的数额要求，而且在一些罪名中增加了诸多限制条件，即为适例。正是这种具体个罪之犯罪圈的缩小，使我国的刑事立法偏离了零容忍的轨道，而是实行‘抓大放小’，从而形成‘厉而不严’的刑事政策”①。其后的历次修法更未触动贿赂犯罪评价基准的现实对价关系立场。（4）偏离法益损害揭示需要配置构成要件。构成要件设定应满足揭示法益损害的需要，尽管刑法理论对贿赂犯罪保护的法益尚存分歧，但是，职务与职务行为的廉洁性当为最广义的法益内涵。在行贿一受贿犯罪的结构关系中，无论是针对职务还是职务行为实施利益交换行为，在对价关系确立时，即已产生法益的实质损害，据此可对法益做现实的对价关系、抽象的对价关系的理论界分，进而设定与法益损害相匹配的要件。然而，“利用职务上的便利”“为他人谋取利益”“不正当利益”等要素，客观上造成了入罪评价与判断功能的发挥存在障碍。“经过学界的不懈努力，许多问题上已经形成有共识，各界在不同场合都呼吁立法机关对贪污贿赂犯罪的构成要素进行立法修正，有些冗余应直接删除，以满足反腐败刑法供给的需要。”②“我国刑法在腐败犯罪中设置过多的限制性要素以及对要素的限制性解释，看似符合刑法的谦抑性原则，但却未能充分考虑到现行刑事政策的基本要求，结果是造成刑事处罚与非刑事处罚之间出现大量灰色地带，不仅扩大了腐败犯罪的犯罪黑数，而且也导致公众对腐败现象的漠视、认同甚至追随。”③（5）罪刑关系错置造成规范定性评价的系统性危机。贿赂犯罪是典型的渎职性犯罪，在法益损害实质上表现为对公权力系统廉洁性义务的侵害，公职者与他人达成权钱交易约定，法益损害即已实然发生，交易价格并不是揭示法益是否受损的因素，而是对贿赂犯罪危害性量的量度标准，现行刑法对贿赂犯罪刑罚体系的设定过分关注交易价格，未能揭示其作为渎职犯罪的本质属性。

2. 贿赂犯罪立法体系的外部危机

刑法立法契合于特定时期国家犯罪治理的需要，是立法发挥积极作用的前提，腐败治理战略的代际更新，内生着对罪刑规范的新需求，然而，现行刑法存在与国家总体治理体系的衔接障碍。（1）难以应对“中国式”现代化进程中的国情现实。“复杂中国面临着共时性的多重（传统的、现代的与后现代的）安全威胁，刑法必须回应彼此间具有内在张力的多元价值诉求（自由、民生与安全），这一现实决定了当代复杂中国的刑法不可能是单向度和单面相的。”④ 社会发展的共时性，加剧了现代化进程中贿赂犯罪治理的复杂性，传统型贿赂与现代型、后现代型贿赂相共生的格局，要求以罪名体系的方式加以应对。对以实际的权钱交易为特征的传统型贿赂犯罪而言，由于贿赂犯罪纪录仍处在屡被刷新的阶段，要求在有限的刑罚梯度中具有对重度犯罪评价的包容能力，而对以感情投资为特征的现代型贿赂犯罪而言，增加构成要件则意味着创设了犯罪评价的障

---

① 姜涛：《刑事政策视域下我国腐败犯罪立法的重构》，载《南京师大学报（社会科学版）》2012年第6期。

② 孙国祥：《贪污贿赂犯罪刑法修正的得与失》，载《东南大学学报（哲学社会科学版）》2016年第3期。

③ 姜涛：《刑事政策视域下我国腐败犯罪立法的重构》，载《南京师大学报（社会科学版）》2012年第6期。

④ 梁根林：《刑法修正：维度、策略、评价与反思》，载《法学研究》2017年第1期。

碍，由此形成了完全不可能运用同一个罪刑规范对具有不同犯罪结构的行为进行评价的客观要求。（2）难以面对国家治理现代化推进中犯罪结构变化与治理需要。从国家总体犯罪治理趋势来看，进入21世纪以来，基于完善国家治理体系而形成的治理“红利”，我国的犯罪治理结构已然发生重要变化。据最高人民检察院工作报告，1999年至2019年，检察机关起诉的严重暴力犯罪分子从16.2万人降至6万人，年均下降4.8%；被判处3年有期徒刑以上刑罚者的占比从45.4%降至21.3%。[①] 严重暴力犯罪及重刑率下降，反映了社会治安形势持续好转，但轻罪的大量扩张表明人们对犯罪的容忍度在降低，我国正进入轻罪时代。[②] 立法为应对轻罪时代的到来，开始在既有犯罪治理体系之外，构建微罪、轻罪的体系。[③] 而贿赂犯罪的治理结构则呈现出“两极化”加剧的趋势，重罪案件居高不下，轻罪案件数量激增；刑法对严重贿赂犯罪的量度性评价，依然是刑法的主要方面。在提升对重罪量度性评价的前提下，值得关注的问题在于，一国犯罪治理体系是一个有机联系的系统，强大的治理攻势，减少了权力滥用与贿赂犯罪发生的机会，国家不断完善权力运行制度体系，降低对腐败的容忍度，由此产生对轻微贿赂犯罪化的新需求。

3. 贿赂犯罪刑法治理体系的立法能力信赖危机

由于立法修正始终未对贿赂犯罪评价结构的实质性需求做出响应，而罪刑规范的司法适用却刻不容缓，面对这一困境，只能通过刑法解释的方法以弥补立法缺陷，最终导致罪刑规范淹没于司法解释的“汪洋大海”之中，贿赂犯罪多达近20项的司法解释，几乎将罪刑规范的每一个文字解释得“干干净净”，经历过如此规模解释后的构成要件，已经“面目全非”，乃至丧失了作为构成要件要素的原有内涵。以受贿罪“为他人谋取利益”要件为例，长期存在“客观说”[④]“主观说”[⑤]“新客观说”[⑥] 的解释分歧，2016年4月，最高人民法院、最高人民检察院《关于办理贪污贿赂刑事案件适用法律若干问题的解释》，对之做出最新解释，又形成了“新主观说”[⑦] 的观点，受贿罪中的“为他人谋取利益”只是受贿人的一种心理状态，属于主观要件的范畴，但其不是受贿故意的内容，只能是主观违法要素，由此将那些虽然收受他人财物但不具备“为他人谋取利益”要素的情形排除在受贿罪之外。[⑧] 然而，即便这种“力度”之下的解释，罪刑规范的适用依然存在难以自洽的问题。实际上，公职人员索取或者收受贿赂为他人实际谋取利益，本身当为受贿罪的通常形式，随着国家治理现代化目标的提出，为了提高贿赂犯

① 参见《第十三届全国人民代表大会第三次会议关于最高人民检察院工作报告的决议》，2020年5月28日第十三届全国人民代表大会第三次会议通过。

② 参见袁彬：《犯罪结构变化呼唤刑法精准治理》，载《人民论坛》2021年第23期。

③ 参见周光权：《论通过增设轻罪实现妥当的处罚——积极刑法立法观的再阐释》，载《比较法研究》2020年第6期。

④ 张瑞幸主编：《经济犯罪新论》，西安：陕西人民出版社1991年版，第305页。

⑤ 王作富、陈兴良：《受贿罪构成新探》，载《政法论坛》1991年第1期。

⑥ 张明楷：《刑法学》（第4版），北京：法律出版社2011年版，第1068页。

⑦ 陈兴良：《为他人谋取利益的性质与认定——以两高贪污贿赂司法解释为中心》，载《法学评论》2016年第4期。

⑧ 参见陈兴良：《为他人谋取利益的性质与认定——以两高贪污贿赂司法解释为中心》，载《法学评论》2016年第4期。

罪的规制能力，应当前置刑法的评价基点，然而，在刑法仅对受贿罪设定单一罪名的情况下，自然无法对具有矛盾关系的行为做出评价。罪刑规范的确当性、明确性不足，是其不得不被置于司法解释的“手术台”与“显微镜”下的原因，如此高频的解释，已然取代了罪刑规范，“宁释勿修”的立场，使得立法修正依然进行着“外延扩张式”的修法[①]，而对于罪刑规范中存在的“基因残缺性”问题，却始终难下全面修正的决心。立足于法治主义的立场，这种立法静止而司法能动的格局，通过司法解释架空立法所规定的要件内容，或者将立法所规定的要素性质做“变性”处理，在本质上属于以司法矫正立法的方式，难以满足法治主义的要求。

三、贿赂犯罪刑法治理体系的全面改造：立场选择与优化方案

国家治理现代化的目标定位，要求实现贿赂犯罪刑法治理体系的现代化，以全面提升刑法在贿赂犯罪治理中的积极功能。

（一）立场选择：坚定积极治理主义的导向地位

确立积极治理主义对中国特色腐败治理立法体系建设的导向地位，是腐败治理深化的根本要求。积极治理主义导向下的腐败治理[②]，需要深入考量积极主义刑法观的价值[③]，其在立法中的表现就是将“行为本位主义”引入贿赂犯罪治理结构的重构之中。积极治理主义以腐败所赖以生存的本原性要素、内生性环境改造作为治理重点，降低社会对腐败的容忍限度，构建提高腐败追究可能与预防机会的机制，健全腐败犯罪责任追究根据与机理，以多元化法律体系构建为制度框架，针对腐败犯罪形成更具主动性、进攻性、策略性的治理理念与机制。核心在于，转变刑法在贿赂治理体系中的功能定位，通过早介入，承担更多犯罪预防功能。积极治理主义作为集教化、监督、警戒、惩处为一体的预惩结合的治理理念，要求刑法在原有基础上向前延伸，在降低刑罚强度的同时适度增加刑法的干预与监督。刑法前置化程度与其自身的严厉性呈负相关关系，并与贿赂犯罪治理态势呈正相关关系，“分层式”立法体系应当根据法益危险程度划分出警戒层、防御层与惩治层，合比例地进行刑法干预度的设定，用刑罚的否定评价强化社会对贿赂治理的认同。

（二）优化方案：“分体＋分层式”治理体系构建

“分层式”贿赂犯罪罪名体系建设的目标在于，全面完善“分体式”罪名体系存在的犯罪评价与治理效能短板，细化法益保护层次，对重点罪名进行罪名序列化的改造，

① 参见刘艳红：《以科学立法促进刑法话语体系发展》，载《学术月刊》2019 年第 4 期。

② 积极治理主义是笔者就国家腐败治理的应然观念选择而首倡的一种理论主张，核心主旨在于，立基于权力的生成与运行过程、围绕权力限制、透明与滥用惩治建构全面、系统的腐败治理体系。参见魏昌东：《积极治理主义提升立法规制腐败的能力》，载《中国社会科学报》2014 年 10 月 31 日。

③ 参见付立庆：《论积极主义刑法观》，载《政法论坛》2019 年第 1 期。

建构“微罪—轻罪—重罪”的罪名系列，进而基于刑法评价确当性与精细化要求，以揭示法益损害为中心准确设定构成要件要素，优化罪刑结构，建构预惩协同的罪名体系。

1. “分层式”罪名体系的基本内涵：“法益—行为—罪责”

（1）“分层式”罪名体系法益的功能性扩张

传统刑法理论认为：“法益是在以个人及其自由发展为目标进行建设的社会整体制度范围之内，有益于个人及其自由发展的，或者有益于这个制度本身功能的一种现实或者目标设定。”[①] 传统语境下的法益是具体、现实的生活利益，从该类法益出发，权力滥用、个人获利、他人受益是法益被侵害的三大要件，任何要件的缺失都不能构成法益侵害的既遂。在传统刑法谦抑主义的影响下，法益被严格限缩在实体化的利益之上，以至于贿赂犯罪一直局限于交易型的贿赂，存在现实的对价关系成为刑法判断法益侵害的前提。但是，通过对“分体式”贿赂犯罪立法体系的反思可知，法益限缩在局部利益上，并恪守刑法谦抑主义的消极治理，无法产生根源性治理的效果，也无法有效回应腐败治理一体化的战略需求。所以从实践与发展两个层面看，传统刑法确立的贿赂犯罪法益范围较为狭窄，应当跟随刑法的治理体系定位转变而进行功能性扩张。

法益的功能性扩张是指，在治理理念影响下，进一步激活罪名体系的治理功能，使罪名体系的基本结构能够根据治理体系的定位重新划定法益保护的范围。传统刑法将贿赂犯罪严格局限于现实的“权钱交易”之上，并未将前交易环节作为犯罪化的依据。将交易型贿赂的核心进行抽离可以发现，公权与私利之间建立交易关系同样只是一种表象，并不能代表贿赂的本质。因为无论是互利互惠，还是单方受益，抑或是感情投资，都涉及公权与私利的不当关系，且都建立在公权伦理违反的基础上。因而当刑法在治理体系中的定位发生转变时，应当积极扩张法益范围，用更周延的法益范畴涵盖所有值得治理的贿赂犯罪。

（2）“分层式”罪名体系罪体的功能性构建

“分层式”罪名体系是超越纯粹惩治性规范的罪名体系，预防功能导向下的罪名体系对法益侵害作出“三阶段化”的界分，即：行为创设法益的抽象危险—行为创设法益的具体危险—行为造成了法益的实害。罪名体系的法益应当是以公权伦理为根本，以公职廉洁性、公正性、不可交易性等核心价值为附加的法益群，这类法益在不同阶段所遭受的侵害存在一定差异，据此应对犯罪构成要件做差异化的设定。首先，在第一阶段，法益的抽象危险通常是相对缓和的，不具有即刻向现实转化的危险，表现为贿赂的倾向、征兆与较大可能性，此时的行为应为对公职义务的违反。又因违反的根源在于个人利益倾向，所以公职义务应当是与利益相关联的行为准则，故其构成要件行为应当是违反利益合规义务的作为与不作为，如不履行财产申报义务、不履行职务回避义务等。其次，在第二阶段，法益的具体危险是较为紧迫、具有现实转化的危险，表现为贿赂发生的盖然性，此时的行为已经与具体权力行使或具体利益关联起来，即利益合规义务已经和具体职务活动、具体利益建立起必然联系，利益冲突的局面已经形成，权力公信力已遭侵害，故其构成要件行为应当是具体活动导致利益冲突的行为，如接受超出常

① ［德］克劳斯·罗克辛：《德国刑法学总论》（第1卷），王世洲译，北京：法律出版社2005年版，第15页。

规范围的款物、为亲属等关系密切人办理“人情案”、离职后在原权力管辖区域内的从业行为等。最后，在第三阶段，法益的实际侵害已经出现客观可量化的结果，表现为贿赂活动已经终了，而行为则已造成法益的二次损害。其中，第一次侵害体现为公权伦理及信任关系的侵害，第二次侵害体现为公共权力所指涉利益的侵害，故其构成要件行为同时体现出公权行使和利益获取，最为典型的就是权钱交易、权权交易与权色交易。

2. “分层式”罪名体系罪责的功能性调整

“分层式”罪名体系依赖于积极治理主义的导向克服了末端惩治的弊端。治理层次的划分，细化了笼统单一的罪刑关系，随之而来的是每一层次的罪责问题。传统贿赂犯罪将现实的对价关系作为罪责的基础，罪责大小的衡量标准取决于两大因素：达到对价合意的行为，以及贿赂金额大小、请托事项的性质。传统刑法恪守谦抑主义，必须先符合罪刑均衡原则，而后再审视罪责大小问题。对于“分层式”罪名体系而言，刑法谦抑主义被刑法功能主义取代，对于法益的抽象危险与具体危险，其罪责应当从积极治理主义中寻找根据，即贿赂犯罪本质是对公权伦理的违反，而公权伦理的法益化是国家治理现代化的基本要求，故前两层次的罪责根源不在于“自体恶”，而在于公权治理规则，犯罪化的正当性也因此而充足。就前两层次的罪责基础与标准而言，应当从对应法益侵害情况进行分析：就第一层次而言，利益合规义务的违反是行为本质，法益侵害大小应当根据义务重要性与违反的严重程度进行判断，同样这两大因素也决定了罪责大小。就第二层次而言，行为创设利益冲突是行为本质，而法益侵害程度应当根据冲突的偶然性大小与冲突的严重程度进行判断，而这两大因素则决定了罪责的大小。

3. “分层式”罪名体系的逻辑结构：“微罪—轻罪—重罪”

(1)“分层式”罪名体系的纵向逻辑结构

“分层式”罪名体系是一个整体，而非不同类型罪名体系的堆叠，具有纵向逻辑结构，贯通并连接不同层次，各层次衔接有序、协调一致。纵向逻辑结构体现为两根支柱：一是法益支柱。“分层式”罪名体系由本质相同的贿赂犯罪法益串联起来，尽管不同层次在法益保护对象和方法上存在一定差异，但是法益的核心具有一致性。抽象危险阶段、具体危险阶段、实际侵害阶段的法益各有侧重，但其具备共同的上位法益。交易型贿赂犯罪所保护的法益是职务行为的廉洁性，保护方式为交易禁止。但从逻辑上可推知，公职的不可交易性、公正性是公共职权的部分属性，且该部分属性与公权伦理中个人利益合规义务相关联，因而保护公职的不可交易性、公正性，必然包含了对利益合规义务的维护。[①] 从总体上看，贿赂犯罪整体上是在公权伦理这一法益根基上建构起来的，而后衍生出诸如利益合规义务等法益分支。二是功能支柱。较之于传统罪名体系，“分层式”罪名体系的最大特色在于犯罪化根据与目的的二元性。传统罪名体系的犯罪化根据在于，法益侵害、规范违反、限制自由等，而目的则在于报应、一般预防和特殊预防，由此形成的一元犯罪化根据与目的并不涉及社会治理效果问题。而功能性罪名体

① 参见尤广宇、魏昌东：《从交易禁止到利益冲突：美国贿赂犯罪立法体系的建设路径》，载《国家检察官学院学报》2019 年第 1 期。

系则是在传统的犯罪化根据与目的中融入社会治理的根据与目的，使罪名范围在治理根据补足犯罪化根据的情况下进一步扩张，使罪名体系在社会治理目标的统筹协调下更具功能性，以形成更积极的治理效果。

（2）“分层式”罪名体系的横向逻辑结构

“分层式”罪名体系横向逻辑结构的核心在于，如何架设与排列“微罪—轻罪—重罪”的序列。法益支柱与治理支柱是支撑立体结构的两大支柱，使得不同层次的罪名能够形成体系化的结构。需要明确的是，不同层次的罪名并不能够一一对应，因为随着法益保护的前置，犯罪化的正当性也在减弱，即使有社会治理根据进行相应补足，刑法也不能无限扩展，从而僭越其后盾法定位。在横向逻辑结构中，微罪层次的治理范围最小，其次是轻罪层次，最后是重罪层次。尽管功能性刑法观在入罪正当性上进行了一定突破，使穷尽前置法救济途径不再是犯罪化的必要条件，但是，这种让步必须由社会治理供需关系进行正当性补足，即对公权伦理义务的违反必须具备充分的社会治理需要才能入罪，否则单纯的义务违反只能由前置法调整。公权伦理义务违反的微罪化应当以治理效能作为判断依据，将符合治理供需条件的义务违反行为入罪，例如，财产虚假申报、个人利益冲突不回避等合规义务，而其他的职业操守如违反作息规定、提供虚假个人信息等都不应当被微罪化。轻罪层次对应的是在义务违反基础上进一步创设了实害的具体危险，其社会危害性更为显著，犯罪化根据也更加充分，因而在罪名适用范围上应当大于微罪范围。由贿赂犯罪的基本构造可知，权力与利益是成立犯罪不可或缺的两项要素，只有二者之间存在不合理关系时才会衍生贿赂犯罪。这种异常就表现为信赖感的缺失，即公职人员因违反公权伦理而导致公民的信赖感丧失，此时即达到了轻罪的犯罪化标准。如公职人员接受他人高额馈赠或者长期宴请等，这类行为虽然无法表明公职人员以权谋私，但其违规接受利益行为已经造成公众信赖感的丧失，创设了具体危险，足以构成轻罪。对于重罪层次，传统“分体式”立法体系已经对交易型贿赂进行了全面规制，但立法并未就履职贿赂与背职贿赂做出罪刑结构上的区分，且在组织体责任方面有较大缺失。综合“分层式”罪名体系的纵向与横向逻辑结构，其应当是金字塔式的立体结构。

四、结语

国家治理现代化作为中国特色现代化的“第五个现代化”要素①，已经成为中国发展战略的重要内容。国家治理现代化的目标已然引发了对中国特色国家治理模式探索的思想解放运动，精确分析治理对象的本质属性，以探求立法需求，进而追求立法供给的科学性，成为主导立法体系发展的关键因素。在犯罪治理领域，刑法根据对治理需求的层次性、多元性与介入必要性考量，对恐怖犯罪、交通安全犯罪、网络犯罪设立出分层式的立法体系模式，提高了刑法干预的准确性与刑罚投入的确当性。“刑事治理是国家

① 参见李景鹏：《关于推进国家治理体系和治理能力现代化——“四个现代化”之后的第五个“现代化”》，载《天津社会科学》2014 年第 2 期。

治理的重要领域，刑事机制是国家治理的重要方式，刑事治理现代化乃国家治理现代化的核心组成，国家治理现代化必然要求刑事治理现代化。”① 可以预见，在国家治理现代化的发展浪潮中，“微罪—轻罪—重罪”的体系性建设模式，必将成为国家治理现代化推进中立法发展的基本模式。基于犯罪衍生结构的特殊性，贿赂犯罪必将是人类攻克腐败的最后一个堡垒，贿赂犯罪立法体系的现代化，是实现法治反腐目标的立基之本。“公共权力运行的制度化和规范化”，被认为是衡量一个国家的治理体系是否现代化的首要标准。② 立基于贿赂犯罪治理的体系化要求，在坚守法益评价准确性的前提下，对罪名体系进行全面完善，设定异型化的构成要件设计，是贿赂犯罪刑法治理体系现代化的基本要求。

① 高铭暄、傅跃建：《新时代刑事治理现代化研究》，载《上海政法学院学报》2020 年第 4 期。

② 参见俞可平：《推进国家治理体系和治理能力现代化》，载《前线》2014 年第 1 期。

刑事诉讼渎职行为及其刑法规制*

曾粤兴**

毋庸讳言，在我国刑事诉讼过程中，司法工作人员及刑事调查人员存在种类不少，甚至呈常态化的渎职行为。两大因素导致这些行为实际上未被犯罪化：一是立法因素，《刑事诉讼法》本身缺乏附属刑法规定，《刑法》也没有入罪的具体规定；二是机制因素，没有任何有法律效力的解释将其明确为可以构成犯罪。这也是刑事案件立案难、会见难、申请取保候审难、有利辩护有效化难等"老大难"问题产生的原因之一。这些问题沉疴难除却又新增变种，如果不能转换思路、寻求积极的预防措施将其入罪化，势必反复重演而不得治理。

一、常见未犯罪化的渎职行为及其反制措施

本文所指的渎职行为，特指刑事诉讼领域中行使公权力的人员亵渎职务、职责但尚未入罪化的行为。在刑事诉讼过程的各主要环节，渎职行为主要表现为：

（一）立案环节的行为

立案是启动刑事侦查或刑事调查的前提，属于刑事诉讼第一环节。在这一环节中，常见的渎职行为即有案不立。

有案不立，是指发生刑事案件后侦查或调查机关不立案的行为。这种行为目前主要发生在公安机关。由于刑事调查具有独立性、隐秘性（不公开性），此等权力难以接受社会监督。有案不立，过去主要是受不合理的考核指标逼迫，公安机关有意识地选择"不破不立"的做法。近几年，有案不立问题突出体现在虚假诉讼案件的不立案上。虽然虚假诉讼层出不穷，危害日显，2015 年 11 月 1 日施行的《刑法修正案（九）》还增设了虚假诉讼罪，但数年过去后，虚假诉讼频繁发生，被追诉、判处的案件寥寥无几。从现象上说，有案不立阻断了虚假诉讼犯罪嫌疑人被追究刑事责任的道路。其原因可以被归结成三点：第一，公安机关在经济纠纷方面的判断力受到规则和能力的制约。规则

---

* 本文原载《比较法研究》2022 年第 4 期。

** 法学博士，北京理工大学法学院教授。

指公安部禁令，能力指办案能力。近二十年来，公安部三令五申，严禁公安机关插手经济纠纷，而虚假诉讼恰恰大量表现为“经济纠纷”。同时，公安机关经济犯罪侦查人员不大熟悉民事法律，判断一个案件究竟属于“经济纠纷”还是“虚假诉讼”，确实考验其办案能力。第二，虚假诉讼案件启动机制不明。《刑法修正案（九）》生效至今，尚无法律或有权解释明确规定虚假诉讼案件如何启动。2018 年 10 月 1 日施行的最高人民法院、最高人民检察院《关于办理虚假诉讼刑事案件适用法律若干问题的解释》不仅没有明确该罪的立案机制，还对本罪的认定作出了限制解释，进一步提升了本罪的认定难度。于 2019 年 12 月 30 日施行的《人民检察院刑事诉讼规则》对公安机关有案不立行为，也仅仅从解释角度对《刑事诉讼法》第 113 条的规定①作出了一般性阐释，对虚假诉讼罪的查处缺乏针对性。由于本罪名属于公安机关管辖范围，在公安机关不立案时，如果当事人及其代理人向检察机关指出，检察机关要么会以管辖为由推诿，要么一般性询问一下公安机关，几乎不会提出立案监督。第三，对于检察机关而言，办案人员的理解力也是一个障碍性因素，其会将虚假诉讼案件视为“烫手山芋”。

（二）侦查环节的行为

《刑事诉讼法》没有明确侦查机关应当在立案后何时开始侦查工作。公安部《公安机关办理刑事案件程序规定》也仅仅强调了“及时”②。实践中，在该环节常见的懈怠职责的行为有：

1. 立而不查、查而不破。立而不查、查而不破是指侦查机关（或调查机关）立案后不侦查或者不认真侦查，久拖不决，立案后长时间没有“破案”（即得出肯定或否定结论）。主要原因有：第一，侦查人员任务繁重，案多人少，确实分身乏术；第二，有关领导变动过快，新上任领导不了解情况，没有及时跟进；第三，办案人员能力有限，不知如何围绕犯罪构成要件去收集证据。至于腐败问题，据笔者了解，仅仅是偶发性因素。对于这种行为，根据 2017 年 11 月 24 日最高人民检察院、公安部《关于公安机关办理经济犯罪案件的若干规定》第 25 条之规定③，办案人员完全可能在拖满一定期限后，为自己的渎职行为找到合法化依据。

公安部于 2015 年 11 月 4 日下发了《关于改革完善受案立案制度的意见》，明确规定了受案立案的期限和问责情形，一度取得了积极效果，但该文件毕竟效力等级不高、约束性不强，近年来执行效果欠佳。

2. 无正当理由拒绝、限制律师会见。先抓人后办案，已经成为公安机关部分办案

---

① 《刑事诉讼法》第 113 条规定：“人民检察院认为公安机关对应当立案侦查的案件而不立案侦查的，或者被害人认为公安机关对应当立案侦查的案件而不立案侦查，向人民检察院提出的，人民检察院应当要求公安机关说明不立案的理由。人民检察院认为公安机关不立案理由不能成立的，应当通知公安机关立案，公安机关接到通知后应当立案。”

② 《公安机关办理刑事案件程序规定》第 191 条规定：“公安机关对已经立案的刑事案件，应当及时进行侦查，全面、客观地收集、调取犯罪嫌疑人有罪或者无罪、罪轻或者罪重的证据材料。”

③ 该条第 1 款第 1、2 项规定：“在侦查过程中，公安机关发现具有下列情形之一的，应当及时撤销案件：（一）对犯罪嫌疑人解除强制措施之日起十二个月以内，仍然不能移送审查起诉或者依法作其他处理的；（二）对犯罪嫌疑人未采取强制措施，自立案之日起二年以内，仍然不能移送审查起诉或者依法作其他处理的”。

人员工作思维定式，因此立案后他们一般都会对犯罪嫌疑人采取拘留、逮捕措施，这也成为当事人或辩护律师判断刑事侦查是否开始的标志。《刑事诉讼法》第39条规定，危害国家安全犯罪、恐怖活动犯罪案件，在侦查期间辩护律师会见在押的犯罪嫌疑人，应当经侦查机关许可。

其他案件律师持律师执业证书、律师事务所证明、委托书或者法律援助公函即可会见。实际操作中，"领导不在单位""案件涉及国家秘密不能安排会见""专案不允许会见"等早已成为常见托词，最极端的现象是直到案件已经移送检察机关审查起诉，律师的会见申请都没有得到批准。

3. 超期羁押。超期羁押是指在司法实践中，犯罪嫌疑人、刑事被告人、罪犯以及其他被剥夺人身自由的人，在超过了法定的关押期限后，仍然被司法机关或者侦查机关关在羁押场所拒不释放的行为。[①]《刑事诉讼法》第156～160条规定了侦查羁押期限，期满即应放人或变更强制措施。但这只是应然性规定，法律以及规范性文件并未明确违反该规定应当承担何种责任，因此超期羁押并非罕见事例。有时侦查机关为了规避超期羁押问题，还可能以增加罪名中断并延长羁押期限。

（三）审查起诉环节的行为

在审查起诉环节，突出的渎职行为有：

1. 无理拒绝取保候审而继续羁押。我国《刑事诉讼法》没有规定以取保候审为原则、以逮捕羁押为例外，导致司法实践难以掌握取保候审的标准；而且部分办案人员存在将羁押作为惩罚犯罪嫌疑人措施的不当观念，犯罪嫌疑人亲属或者辩护律师申请取保候审并非易事。在司法文明程度较高的地区，不捕率近27%[②]，至2019年年底，全国检察机关办理的刑事案件非羁押率已经达到45%[③]，但在某些地区，这一比例往往低于25%。即使如此，还有人为"不捕率过高而忧心忡忡"[④]。

从逻辑上说，取保候审的标准可以从两个方面把握：第一，不符合逮捕条件的，应办理取保候审手续或采取非监禁性措施[⑤]；第二，无羁押必要性的，应办理取保候审手

① 参见陈杰人：《欣闻超期羁押被"正名"》，https://www.chinacourt.crg/article/detail/2003/07/id/71756.shtml，访问日期：2021年12月16日。

② 参见范跃红、阮家骅：《浙江省检察机关2018年刑事案件不捕率和不诉率创新高》，www.jcrb.com/procuratorate/jcpd/201901/t20190109_1951254.html，访问日期：2021年5月20日。

③ 参见《最高检开放日透露"少捕慎捕"数据：不捕率提升10.7%》，https://baijiahao.baidu.com/s?id=1651950198080485117&wfr=spider&for=pc，访问日期：2021年5月20日。

④ 刘江红：《阳光调解促进社会和谐：我院在审查批捕中改进调解工作方式，努力降低轻刑案件不捕率》，cpfd.cnki.com.cn/Article/CPFDTOTAL-SFXH201711001059.htm，访问日期：2021年5月25日。

⑤ 《刑事诉讼法》第81条第1～3款规定："对有证据证明有犯罪事实，可能判处徒刑以上刑罚的犯罪嫌疑人、被告人，采取取保候审尚不足以防止发生下列社会危险性的，应当予以逮捕：（一）可能实施新的犯罪的；（二）有危害国家安全、公共安全或者社会秩序的现实危险的；（三）可能毁灭、伪造证据，干扰证人作证或者串供的；（四）可能对被害人、举报人、控告人实施打击报复的；（五）企图自杀或者逃跑的。批准或者决定逮捕，应当将犯罪嫌疑人、被告人涉嫌犯罪的性质、情节，认罪认罚等情况，作为是否可能发生社会危险性的考虑因素。对有证据证明有犯罪事实，可能判处十年有期徒刑以上刑罚的，或者有证据证明有犯罪事实，可能判处徒刑以上刑罚，曾经故意犯罪或者身份不明的，应当予以逮捕。"

续或采取非监禁性措施。新的《人民检察院刑事诉讼规则》第574条、第577～580条对羁押必要性审查做了更加详细具体、具有可操作性的规定。符合上述规定之任意一项而不予取保候审，即可认定无正当理由拒绝取保候审而继续羁押，属于亵渎职权。

2. 强迫认罪认罚。这是指强迫犯罪嫌疑人、被告人、辩护律师接受量刑建议，签署认罪认罚具结书。认罪认罚从宽制度是2018年修正后的《刑事诉讼法》设立的具有中国特色的重要制度，对提高诉讼效率、节约司法资源、落实宽严相济的刑事政策、实现相对的公平正义①具有重要意义。为防止降低证明标准、防止冤假错案发生，法律特别强调认罪认罚的自愿性和签署具结书的自愿性，可以说，“自愿”是保障该制度正常运行的重要前提。实践中已经出现公诉人员强迫犯罪嫌疑人、被告人、辩护律师配合签订认罪认罚具结书的行为。例如，审查起诉结束前公诉人员通知律师到检察院与被告人一起签署认罪认罚具结书，倘若被告人或者辩护律师提出异议，则以“不签就提出更重的量刑建议”相要挟；即使被告人完全承认行为事实，仅仅对指控罪名提出异议，办案人员也会以“不认可指控罪名就不认定自首情节”相威胁，这也是被告人上法庭之后对认罪认罚反悔的原因之一，而被告人的反悔，可能又成为检察机关抗诉的理由。

3. 亵渎抗诉权。这是指公诉机关滥用抗诉权或者对应当抗诉事由玩忽职守的行为。《人民检察院刑事诉讼规则》第584条规定：“人民检察院认为同级人民法院第一审判决、裁定具有下列情形之一的，应当提出抗诉：（一）认定的事实确有错误或者据以定罪量刑的证据不确实、不充分的；（二）有确实、充分证据证明有罪判无罪，或者无罪判有罪的；（三）重罪轻判，轻罪重判，适用刑罚明显不当的；（四）认定罪名不正确，一罪判数罪、数罪判一罪，影响量刑或者造成严重社会影响的；（五）免除刑事处罚或者适用缓刑、禁止令、限制减刑等错误的；（六）人民法院在审理过程中严重违反法律规定的诉讼程序的。”反之，不属于上述情形的，不应抗诉。但在认罪认罚制度实施过程中，有个别检察机关在并非“重罪轻判，轻罪重判，适用刑罚明显不当”的情形下，仅仅因为法院判处的刑罚比自己的量刑建议多或者少一两个月就提出抗诉；也有个别检察机关在认定几起正当防卫案件的情况下，将十几年前已经认定的正当防卫案件以“认定罪名不正确”为由提出再审抗诉；有个别的检察机关，在法院一审已经休庭、等待宣告判决的情况下违法指定管辖，对辩护律师提出的监督纠正请求置之不理，反而配合法院，派员出庭支持公诉；个别上级检察院本来应当以“人民法院在审理过程中严重违反法律规定的诉讼程序”为由提出抗诉，却对违反程序的现象视而不见。

（四）审判环节的行为

1. 超期羁押。在审判环节，不能因为批准逮捕和进行羁押必要性审查的主体都是检察机关而认为超期羁押与法院无关，进而认为法官不可能实施超期羁押行为。《刑事诉讼法》第98条明确规定了羁押期内不能办结案件的处理规则：“犯罪嫌疑人、被告人

---

① 这不是指通过该制度实现的公平正义仅有相对性，而是指司法能够实现的是相对的公平正义而不是绝对的公平正义。比如说，“同罪同罚、同案同判”就是大众对公平正义的绝对化要求；刑法平等适用前提下的刑罚个别化原则，使大众的这种期待只有相对性，因此绝对的“同罪同罚、同案同判”不具有“期待可能性”。

被羁押的案件，不能在本法规定的侦查羁押、审查起诉、一审、二审期限内办结的，对犯罪嫌疑人、被告人应当予以释放；需要继续查证、审理的，对犯罪嫌疑人、被告人可以取保候审或者监视居住。”此外，如果是由法院决定逮捕的，法定期限届满，根据《刑事诉讼法》第99条之规定，法院即应解除强制措施。

综上，羁押超过法定期限的，即属于超期羁押：明知故犯的，为滥用职权；疏忽大意，导致被告人被超期羁押的，为玩忽职守。

2. 随意否定有理辩护。这是指法官随意拒绝采纳被告人或者辩护人正当合理的辩护意见的行为。事实上，在已经发现的冤假错案中，绝大部分辩护律师都提出了合理的辩护意见，最高人民法院也一再要求法官在判决书中尽量阐释法理，说清楚裁判理由。然而，有时律师有理辩护难以转化成为有效辩护的一个重要原因就是个别法官“草草打发”律师辩护意见，表现在裁判文书当中就是随意选取几句律师的辩护观点，然后一言以蔽之“与本案事实不符，不予采纳”，至于哪些地方与事实不符，根本不作解释。这种现象与恢复法制40年来形成的侦查（调查）—检察—审判几个阶段协作生产法律产品的制度运行惯性有关，也与部分法官主观上对律师的偏见有关。

二、刑事诉讼渎职行为刑法规制的必要性

刑法规制，即用刑法加以规范制约。狭义上的刑法规制，仅指不法行为的犯罪化，即采用刑法手段将不法行为纳入制裁范围。广义上的刑法规制，还包括不法行为的非罪化，即将已被纳入刑事法网的某些不法行为移出刑法制裁范围。如果将前者称为刑法的正向规制的话，那么可将后者称为刑法的反向规制。

在中国传统刑法理论中，对不法行为的治理往往循着正向途径进行。在立法政策上体现为刑法干预社会生活的力度逐渐增强。在犯罪成立体系上体现为不法行为一旦进入刑法视野，被反向淘汰的机制匮乏，仅有刑事责任年龄要素、刑事责任能力要素和正当防卫、紧急避险两种排除社会危险性因素能够阻却刑事责任，其中刑事责任年龄要素是指达不到问责年龄；刑事责任能力要素特指实施不法行为时正在患精神病并且思维必须混乱到无法辨认和控制自己行为的严重程度；正当防卫和紧急避险不是犯罪构成要件或者要素，而是独立于犯罪构成之外的违法性阻却因素，阻却违法必然阻却责任，因此也可以将其放在排除刑事责任的因素范畴。此外，意外事件和不可抗力可以起到反向出罪功能，但犯罪故意和犯罪过失的认定十分容易，使得刑法关于意外事件和不可抗力的规定更多具有象征意味。所以，不法行为一旦被当做刑事犯罪立案，顺利进入审判程序就成为高概率事件。《刑法》以及《刑事诉讼法》的这种运行规律培养了人们的思维定式，导致对刑法规制的理解狭义化、片面化，学者也习惯于在正向规制意义上谈刑法规制。基于论证需要，本文使用“刑法规制”术语时，采取的是正向规制含义。

规制必要性是国家启动刑罚权的前提。在无规制必要时动用刑罚权将违反刑法谦抑原则，容易不当介入社会生活甚至公民私生活领域，构成对公民、法人权利的不当制约，不符合蕴含了适正性原则的实质罪刑法定主义的要求。所谓适正性，是指“刑法仅仅形式地规定犯罪和刑罚是不够的，其内容也必须是合理的，要适应具体社会的要求，

把真正当罚的行为作为犯罪，对其规定按照社会观念是均衡的刑罚”[①]。不同理论体系对于入罪化的必要性考量因素存在某些差异，其中社会危害性理论可以为本文提供强有力的理论支持。试述如下：

1. 社会危害性理论。无论基于客观主义立场还是以此为基础的折中主义立场，都以不法行为具有严重的社会危害性作为刑法规制的事实基础。形式主义的社会危害性是行为对法规范或法秩序的违反；实质主义的社会危害性是行为对刑法所保护的社会关系以及社会秩序的侵害或危险。法益侵害论常常被当做与社会危害性理论相对立的概念而替代之。尽管“法益”一词在德国已陷入无休无止的认识分歧，导致法益侵害理论受到质疑[②]，但其正在唤起我国学者极大的学术兴趣。回归“法律所保护的权利和利益”这一初始含义，“法益侵害性”实质上是对“社会危害性”更深入但更容易理解的实质解读，两者具有内在一致性，并非互相对立的概念。行政不法与刑事犯罪的界分，决定了上述理论中的“社会危害性”或者“法益侵害性”都必须有“程度”要求，如此才能比较合理地划定行政不法与犯罪的边界。这个边界就是“当罚性”，即不法行为逾越了以行政法为主的前置性法律的处罚范围，换言之，民事制裁、行政制裁对这些不法行为已经难以起到一般预防作用，具有“应当受刑罚处罚”的必要性，如此才能作为类型化的刑事不法行为加以规定，从而赋予其刑事违法性特点，使不法行为入罪化的过程与结果遵守罪刑法定原则的基本要求。概言之，社会危害性理论认为，行为具有（严重的）社会危害性、刑事违法性和应受刑罚处罚性，是犯罪的基本特点，也是不法行为犯罪化的基本根据。

2. 社会相当性理论。鉴于一般学者所主张的法益侵害理论偏重于法益侵害的结果，容易产生凡是侵害法益的不法行为都应犯罪化的认识，从而不当扩大刑法打击面，德日学者提出了社会相当性理论，主张将社会生活中通常允许的行为排除于刑事不法行为之外，仅仅关注那些不属于社会通念中的相当行为。[③] 所谓“社会通念”，就是社会大众伦理观念。所谓“相当行为”，或许可以理解为值得处罚的行为，但肯定不宜理解为一切具有社会危害性或者法益侵害性的不法行为都是有处罚必要性的行为。显而易见，社会相当性理论来源于刑法谦抑性理论，刑法谦抑性理论是社会相当性理论的基础。从德国刑法学者韦尔策尔（Welzel）于第二次世界大战爆发当年提出该理论至今，“社会相当性”一直是一个充满争议且不好把握的概念。德、日刑法学者通常能够举例说明的主要就是基于救治需要的医疗行为、参与有高度危险的竞技活动，如拳击比赛、赛道飙车、非战争时期的自我伤害行为等。而且，究竟是在构成要件符合性层面还是在违法性层面把握“社会相当性”尚无定论，但由于其理论基础符合实质的罪刑法定原则，人们一直在试图完善其概念内涵。一些中国刑法学者更是将其视为神秘而富有魅力的概念，甚至试图将其与法益理论相结合以取代社会危害性理论。在笔者看来，在我们打通法益侵害说与社会危害性说之间联系的桥梁时，不难发现，社会相当性理论不足以取代社会

① 参见［日］大塚仁：《刑法概说》，冯军译，北京：中国人民大学出版社2003年版，第63页。

② 参见［德］伊沃·阿佩尔：《通过刑法进行法益保护?》，马寅翔译，载赵秉志等主编：《当代德国刑事法研究》（第1卷），北京：法律出版社2017年版，第48-88页。

③ 参见陈璇：《社会相当性理论的源流、概念和基础》，载《刑事法评论》2010年第2卷，第254-320页。

危害性理论，相反，其能对社会危害性理论起到补充作用，将社会危害性的判断延伸进入伦理学领域。

受实证主义特别是分析实证主义理论的影响，严格区分法律与伦理、反对或者避免伦理法律化或者法律伦理化的主张一时较为流行。随着社会法学派地位的提升和理论影响范围的扩张，关注法律，包括刑法与伦理之间内在联系的主张又逐渐成为一种新的刑法思潮。

刑事立法的严肃性、严谨性，要求立法应当结合社会学、政治学理论进行充分的论证。在笔者看来，犯罪化的行为都应当拥有伦理根据。对于行政犯而言，立法者基于建立法秩序的需要划定犯罪圈，应当有政治伦理根据；对于自然犯而言，立法者基于法益保护的需要划定犯罪圈，应当有社会伦理根据。概言之，只有那些在伦理上值得强烈谴责的行为才应当被犯罪化。由此推论，在犯罪学上仅仅具有偶发性，对国家建立法秩序意义不大的行为，以及对国家保护特定法益缺乏必要性的行为，不宜进行犯罪化的考虑。反过来，对于国家建立法秩序有较大价值的行为，以及对国家保护特定法益有充分必要性的行为，应当被纳入犯罪化视野。

3. 比例原则。近几年来，有个别学者主张引入德国宪法中的比例原则来制约国家刑罚权的发动或者促进罪责刑均衡原则的实现。① 所谓比例原则，是指在立法、司法与执法过程中对国家的公权力与公民的基本权利之间的边界划分上起着指导与制约作用，并依据其自身的适当性、必要性与均衡性来判断公权力运行是否合法、合理的准则。② 该原则被国外学者奉为公法的一般原则，实质上与刑法谦抑性具有内在的一致性，因为在制约刑事立法权的意义上，比例原则也强调刑法只应该把那些有严重社会危害性或者说法益侵害性的行为犯罪化，所以可以从刑事政策层面阐释社会相当性。

一百多年前，英国著名法学家边沁提出，刑罚仅仅在保证排除犯罪的罪恶时才是必要的。因此，无根据、无效果、无益或代价太昂贵以及滥用的刑罚都是该禁止的。③ 这一主张尽管不能从正面说明"社会相当性"，但有助于从反面理解"社会相当性"，从而进一步分析判断刑事诉讼领域尚未犯罪化的渎职行为是否应当入罪化。

应当立案却阻碍、推诿、拖延，或者立案后无正当理由不积极查处；故意违反《刑事诉讼法》以及有法律效力的解释，阻碍律师会见、无充足理由拒绝办理取保候审；强迫犯罪嫌疑人、被告人签署认罪认罚具结书；滥用抗诉权；随意否定律师有理辩护且不在判决书中说明具体理由的行为，都不符合《宪法》和《刑事诉讼法》有关人权保障内容的规定，破坏了刑事诉讼秩序，侵害了犯罪嫌疑人、被告人"获得有效辩护"④ 的法益，具有明显的社会危害性和刑事违法性。国家对此制定的大量规范性文件治理乏力，需要启动刑罚手段才能有效遏制。

---

① 参见田宏杰：《比例原则在刑法中的功能、定位与适用范围》，载《中国人民大学学报》2019 年第 4 期。

② 参见刘广三、王梓娜：《比例原则在罪刑模式中的适用》，载《河南警察学院学报》2019 年第 2 期。

③ 参见［英］边沁：《立法理论：刑法典原理》，孙力等译，北京：中国人民公安大学出版社 1993 年版，第 69 页。

④ 我国《宪法》第 130 条中规定："被告人有权获得辩护权。"我国政府签署的联合国《公民权利和政治权利国际公约》将会见权、获得有效辩护权确定为公民基本权利。

三、刑事诉讼渎职行为刑法规制的可行性

我国台湾地区犯罪学者许福生教授指出，对不法行为的犯罪化应考量不法行为所破坏法益之价值与程度、不法行为对于行为客体（对象）侵害之危险、行为人在良知上之可谴责性、刑罚之无可避免性等。换言之，犯罪化之基准仅具有必要性是不够的，仍须考量刑法的谦抑思想才能正当化，以避免“刑法超载”的社会现象出现。[①]

根据我国《刑法》第 397 条的规定，国家机关工作人员滥用职权或者玩忽职守，致使公共财产、国家和人民利益遭受重大损失的行为，构成滥用职权罪或者玩忽职守罪。国家机关工作人员徇私舞弊犯滥用职权罪、玩忽职守罪的，加重处罚。这一立法规定采用了结果犯的立法模式。积极预防主义突破了结果犯的立法模式。所谓积极预防，与消极预防重视通过惩罚犯罪而强调特殊预防相对应，主张重视刑罚的一般预防功能和心理强制，通过预防性立法将某些行政不法行为纳入刑事法网。积极预防主义的兴起，促进了预备行为既遂化和过失犯罪行为犯的出现。其中，在过失犯罪领域，对过失犯罪的立法，在价值观念上出现了由结果无价值到行为无价值的转变，危险驾驶罪的设立就是这一观念转变的产物。尽管《刑法》第 133 条规定了交通肇事罪，《道路交通安全法》也明确将在道路上追逐竞驶、酒后驾车、超速超载行驶、违反危险物品安全管理规定运输危险物品等行为规定为行政违法行为，但交通肇事罪发案率一直居于前三。《刑法修正案（八）》将这些不法行为犯罪化之后，交通肇事罪发案率迅速下降，说明道路交通安全得到了有效保障。当然，这也带来了危险驾驶罪发案率高居首位的新问题，本文不予评说。需要指出的是，《刑法修正案（八）》将危险驾驶罪规定为《刑法》第 133 条之一，一些学者认为这是过失危险犯的立法新例[②]，也有不少学者认为这是故意犯罪的危险犯。[③]

积极预防主义立法的特点是打“提前量”，即将刑法规制由不法行为造成特定危害结果提前到无须该结果发生阶段，只要不法行为具有法益侵害属性或者在一般人看来能够创设法益侵害危险，根据秩序维护的需要或者法益保护的需要，即可将其入罪化。尽管积极预防主义招来了一些理论抨击，但近十年来的刑事立法表明，积极预防主义得到了立法机关的肯定。基于积极预防理论，前述渎职行为所具有的法益侵害性不容置疑，对司法秩序乃至政权稳定所可能产生的蝴蝶效应也应受到重视。最高司法机关以及行政机关高度重视上述问题，最高人民法院、最高人民检察院、公安部、国家安全部、司法部于 2015 年 9 月联合下发了《关于依法保障律师执业权利的规定》，各省司法机关也纷纷制定规范性文件试图遏制上述渎职行为的发生。但“会见难”的回潮，足以说明现行法律规范在规制上述渎职行为上的失效，究其制度原因，还在于违法成本极低——无刑

---

① 参见许福生：《刑事政策学》，台北：元照出版公司 2017 年版，第 76 页。

② 参见梁根林：《醉驾入刑后的定罪困扰与省思》，载《法学》2013 年第 3 期；冯军：《论〈刑法〉第 133 条之一的规范目的及其适用》，载《中国法学》2011 年第 5 期。

③ 参见张明楷：《刑法学》，北京：法律出版社 2011 年版，第 638 页；高铭暄、马克昌主编：《刑法学》（第 9 版），北京：北京大学出版社 2019 年版，第 358 页；李翔：《危险驾驶罪主观方面新论》，载《法商研究》2013 年第 6 期。

事问责之虞，甚至无行政问责之忧。因此，加大刑事诉讼渎职行为的违法成本，打通行政问责与刑事问责的通道，显然具有必要性。

首先，现有刑法对刑事诉讼中的渎职行为的规制，表明制裁同类行为具有可行性。刑讯逼供，虐待被监管人，徇私枉法，私放在押人员，失职致使在押人员脱逃，徇私舞弊减刑、假释、暂予监外执行，帮助犯罪分子逃避处罚等行为，与尚未入罪的其他常见渎职行为一样，都是司法工作人员实施的不法行为，实质上都是亵渎职权、职责的行为，侵害的法益具有同一性，危害程度具有相似性，因此，将尚未入罪化的渎职行为纳入刑法规制不存在立法上的障碍。

其次，社会伦理的变化为制裁此类行为奠定了社会基础。社会伦理是法律文化的核心。中国传统法律文化的糟粕之一，就是无视犯罪嫌疑人、被告人的权利，对其不法行为进行绝对化的道义谴责、人格侮辱和肉体折磨。改革开放以来，无罪推定原则的基本确立和努力践行、人权理论的逐步推广，催生了社会伦理的积极变化：犯罪人也是人，也有自己的权利，应当受到尊重和保护；打击犯罪，惩罚罪犯，应当遵循人道主义；己所不欲，勿施于人等。这些为上述渎职行为的入罪化奠定了社会基础，使之能够获得社会大众的理解和认同——漠视他人的权利，就是漠视自己的权利；为了避免自己将来身陷囹圄时权利得不到保障的情况发生，应该以强有力手段制裁亵渎职权、漠视犯罪嫌疑人及被告人权利的行为。

四、刑事诉讼渎职行为刑法规制的路径

入罪化的途径选择，决定着操作的可行性，故实际上也与可行性密切关联。有可能选择和落实的路径，方有操作的可行性。

第一条路径，在《刑事诉讼法》中将上述行为明确规定为渎职行为，并规定不同的制裁措施。

在大陆法系国家（地区）的刑事诉讼法中，很难找到程序上的渎职行为被刑事诉讼法加以确认并规定制裁方式的立法例，盖因违反程序的行为有不利的后果作为惩罚手段，一方面可以约束司法人员，另一方面可以维护犯罪嫌疑人、被告人的权益。因此，笔者认为第一条路径不可行。

第二条路径，在《刑法》“渎职罪”一章中将上述行为规定为新的犯罪。

刑法的职能即专司规范不法行为并加以刑罚制裁，因此，仅从职能角度考虑，将上述渎职行为增补进入“渎职罪”一章并无不妥。但是，从立法经济角度考虑，制定一个专门的刑法修正案，需要经过起草法案、公布草案、征求各界意见、专家论证、一读、二读、公布法案等复杂程序，成本远远高于立法解释或司法解释的制定。另外，现有法律资源足资利用，即《刑法》规定的滥用职权罪、玩忽职守罪可资利用。因此，在立法论与解释论两条路径中，最经济的选择是解释论路径，即第三条路径。

第三条路径，通过立法解释或司法解释，将上述行为解释为滥用职权罪、玩忽职守罪的构成要件。选择该路径，困难在于对“致使公共财产、国家和人民利益遭受重大损失”外延的列举上。2012 年 12 月 7 日，最高人民法院、最高人民检察院《关于办理渎

职刑事案件适用法律若干问题的解释（一）》将该外延列举为四种情形，前两项是致人死伤或造成30万元以上经济损失，第3项是“造成恶劣社会影响”，第4项属于兜底条款。本文所述的渎职行为，发生于特殊的程序领域，一般不会致人死伤或造成严重经济损失，非经媒体渲染，社会影响有限，且“恶劣”与否，本身属于伦理价值判断，与兜底条款一样，标准模糊，需要再解释。

近十年来，刑法修正案和一些新的司法解释打通了行政不法和刑事犯罪的界限，将“多次实施”“一年内曾经受过行政处罚”规定为入罪条件，笔者认为可以将此做法借鉴到对上述渎职行为的解释，比如，规定具有下列情形之一的，应当认定为“致使公共财产、国家和人民利益遭受重大损失”：“（一）一年内多次实施的；（二）一年内实施三种以上行为的；（三）三年内曾经因司法渎职行为两次受过单位行政处分又实施渎职行为的；（四）造成冤假错案的。”

社区矫正执法人员玩忽职守罪认定偏差与匡正*

但未丽**

一、问题的提出

随着社区矫正在我国正式推行，承担这项工作的一线执行人员近年被判玩忽职守罪的也越来越多。通过对裁判文书网截至 2017 年 2 月公开的裁判文书进行检索，获得相关裁判文书 36 份，涉及被告人 43 人。从样本总体看，43 名被告人中身份系基层司法所所长或所负责人的有 25 名，占被告人总数的 58.14%；普通矫正工作人员 14 名（其中受委托从事矫正工作的 4 名），占被告人总数的 32.56%；司法局领导 3 名、中层干部 1 名，分别占被告人总数的 6.97%和 2.33%。① 而罪名主要集中在玩忽职守罪，涉及被告人 38 人，占被告人总数 43 人的 88.37%；涉滥用职权罪 4 人，占比为 9.3%；涉徇私舞弊暂予监外执行罪 1 人，占比为 2.33%。案件罪名分布整体情况以玩忽职守罪的占比最大，滥用职权罪及徇私舞弊类罪名次之，且总占比也较小。②

实践中，社区矫正的具体执行主要由司法所工作人员承担。虽然《刑事诉讼法》第 269 条规定社区矫正"由社区矫正机构负责执行"，2020 年 7 月生效施行的《社区矫正法》也于第 9 条、第 10 条分别规定，"县级以上地方人民政府根据需要设置社区矫正机构，负责社区矫正工作的具体实施"，以及"社区矫正机构应当配备具有法律等专业知识的专门国家工作人员，履行监督管理、教育帮扶等执法职责"；但是，可以预见，今后相当长一段时期，应该都属于《社区矫正法》的宣传、普及和社区矫正机构建立并逐渐承担法律赋予执行任务的过渡时期。据笔者了解，除个别省市局部建立专门社区矫正机构外，全国绝大部分地区社区矫正执行仍然主要由司法所承担，从事社区矫正的司法

---

* 本文系 2015 年度国家社会科学基金一般项目"社区矫正立法研究与立法设计"（项目号：15BFX057）、2019 年度北京市教委—京津冀一体化建设研究项目—"京津冀犯罪防控协作机制研究"阶段性成果。

** 法学博士，社会学、犯罪学博士后，剑桥大学、乔治·华盛顿大学访问学者，首都师范大学政法学院副教授。

① 参见胡剑锋、翁寒屏：《社区矫正领域渎职犯罪实证研究》，载《公安学刊——浙江警察学院学报》2018 年第 1 期。

② 参见胡剑锋、翁寒屏：《社区矫正领域渎职犯罪实证研究》，载《公安学刊——浙江警察学院学报》2018 年第 1 期。

所工作人员被自动认为对矫正对象负有监管职责。因此，本文行文中多数时候以“司法所工作人员”指代“社区矫正执法人员”。

二、主观罪过方面：考察矫正对象再犯罪及导致损失能否被预见和控制

玩忽职守罪是指国家机关工作人员严重不负责任，不履行或者不认真履行职责，致使公共财产、国家和人民利益遭受重大损失的行为，属过失犯罪。[①] 在我国刑法上，过失犯罪主观上主要包括应当预见而没有预见的疏忽大意、已经预见但轻信能够避免的过于自信两种心态，即行为人有预见义务但是未能预见，或者已经预见、负有后果发生的避免义务却未能避免两种情形。基于此，笔者认为，当“重大损失”的法定结果发生，要确定该后果能否以“玩忽职守”归罪于社区矫正工作人员，应针对社区矫正具体工作内容和司法实际，详细考察行为人的工作任务范围、工作职责、工作素质、工作能力和责任心，以及工作条件、履职保障情况，以此判定行为人对法定后果是否“应当预见”或“应当避免”，即行为人对行为后果是否具有预见可能、避免可能及其程度等。值得注意的是，不能仅凭社区矫正对象再犯罪或导致“重大损失”这一结果事实，就简单推定司法所工作人员主观上一定存在玩忽职守的罪过心态，或者将工作失误、工作疏忽等也上纲认定为“严重不负责任”。结合司法实际，应重视考察以下两个问题：

第一，司法所工作人员能否预见“重大损失”。通过考察社区矫正的决定条件、决定标准以及矫正对象的活动范围、监管要求等相关规定，笔者认为，答案应是否定的。

首先，矫正对象在矫正期间是否再次犯罪难以预见。根据相关规定，关于缓刑、假释矫正对象回到社区服刑的判决、决定条件，刑法的明确要求是“没有再犯罪的危险”；对于监外执行对象，刑事诉讼法也明文规定“不致危害社会的”才能适用，并用单独一款强调“对适用保外就医可能有社会危险性的罪犯，或者自伤自残的罪犯，不得保外就医”。如果这些符合法定条件且大部分经过社会调查评估[②]的矫正对象，无视国家的信任和优待，重返社会后再次实施犯罪危害社会，不仅司法所从事社区矫正的工作人员难以预见，就是判决（决定、裁定）其回到社区的法官、监狱管理机关，也难以预见。因为，如果后者竟然能够预见到矫正对象再犯罪的大概率可能性，就不应决定对其实施社区矫正。可见，社区矫正的适用前提是不能危害社会，且矫正对象经严格法律程序才回到社区，这说明其人身危险性已通过相关评估和考验，司法所工作人员不能预见其再犯罪可能性实属情理之中。

其次，矫正对象矫正期间再次犯罪是否导致“重大损失”，也是难以预见的。这一

---

① 参见黎宏：《刑法学各论》（第2版），北京：法律出版社2016年版，第550页。

② 2012年最高人民法院、最高人民检察院、公安部、司法部联合发布的《社区矫正实施办法》第4条规定了社区矫正适用前调查，即“人民法院、人民检察院、公安机关、监狱对拟适用社区矫正的被告人、罪犯，需要调查其对所居住社区影响的，可以委托县级司法行政机关进行调查评估”；但并未规定为社区矫正适用必经程序，也未规定调查纪律、调查报告性质。遗憾的是，上述缺陷在2019年12月颁布的《社区矫正法》中并未得到补足，反而还在调查主体部分增加了“有关社会组织”。

方面是因为行为人是否实施犯罪，除了犯罪时间、场所、犯罪对象是否适宜等客观因素的作用，也有行为人犯罪动机、目的等主观因素的加功，有时还存在犯罪人和被害人的互动予以促进。同理，矫正对象在矫正期间的再犯罪，犯罪发生的原因和情形也是多方面的，很难事先预见。另一方面是因为矫正对象在矫正期间的再犯罪类型也难以预见。刑法规定了四百多种罪名，矫正对象如果再犯罪，那么他们到底选择实施哪一种犯罪，会造成多大损害或者损害到底达到什么程度，有时连矫正对象自己也很难预估，司法所工作人员自然难以预见。

第二，司法所工作人员能否避免"重大损失"。考察社区矫正的执行条件、执行方式和执行保障、相关装备后，笔者认为，无论作为单位的司法所还是作为个体的司法所工作人员，均不具备对矫正对象再犯罪及再犯罪后果的防范与制止能力，因为：

1. 当前监管方式本身无法排除矫正对象再犯罪的空间与机会。根据相关规定，司法所在社区矫正执行中主要负责对矫正对象进行日常管理，包括监管、教育、帮困等。至于监管到什么程度、采取何种措施监管，如何保障监管目标的实现，并没有详细的规定。但很显然，矫正对象再犯罪的防范并不明确包括在工作职责之内。从相关规定看，社区矫正的"监管"属于松散监管，只要矫正对象定期报到、交思想汇报并在规定的区、县（县级市）范围内活动，基本上就属于监管到位。在这种监管强度下，矫正对象实际只在极有限的方面被限制了部分自由。矫正对象与普通公民的区别，仅在于其有到司法所报到的义务，包括电话报到或亲往司法所报到。也就是说，每个矫正对象都具有相对的人身和行动自由。其活动范围除了不能离开一定区、县（县级市），基本上想去哪去哪，想干啥干啥，司法所工作人员不可能也不具备相应条件对其具体行动进行 24 小时监控。亦即，社区矫正对象属于在开放的社会上，而不是在封闭隔离的监狱环境中接受矫正，如果他们有意再次实施犯罪，那么在当前监督管理条件下，其实施再犯罪行为一直是无障碍的。

2. 司法所和司法所的社区矫正工作人员不具备制止犯罪的能力。从履职能力上看，社区矫正执行属司法所工作人员在原有工作范围之外额外承担的一项工作，整体来看，他们从事社区矫正是一刀切地勉强上马，既无基本的执法基础和执法保障，也严重缺乏刑事执行及矫正犯罪人的相关专业技能、专业知识储备和专业的执行能力。再加上司法所工作人员来源渠道多重而且复杂，素质参差不齐。严格来说，他们并不胜任社区矫正的执行工作，要求其制止矫正对象再犯罪和对矫正对象再犯罪后果承担刑事责任，确实勉为其难。从履职保障上看，十几年来，司法所的社区矫正设施情况、装备情况、执法保障情况一直较差，执法装备接近于缺失，不少地方司法所连基本的办公条件都不具备。笔者注意到，虽然全国多数地区借助手机定位、电子手环、腕带等电子监控措施对矫正对象进行监管，但是这种监控方式并不可靠，且很容易作假，如人机分离或由他人代持，更有手机欠费、手机关机等，以及还有有的偏远地区没有电子信号、有的老年人不会用手机等情况存在。并且，即使电子定位是有效的，该措施也只能掌握矫正对象活动区域的行踪轨迹和地理范围，对他们正在从事或将要从事什么行为，并无从掌握。换句话说，矫正对象在相关社区范围内完全可以为所欲为。同时值得关注的是，过去、当前并且在相当长一段时期内，社区矫正执法人员履职手段有限、履职任务超负荷，以及未从国家大法层面授予执法资格、执法权限，从而严重缺乏履职保障、履职条件和整体履职能力，与社区矫正作为严肃的刑罚执行活动的要求严重不匹配的情况，还很难改善。这一反差并非无关紧要，而是直接影响社区矫正工作的执法力度、执法威慑并且直接关系矫正工作效果。如此情形下，要指望从事社区矫正的司法所、司法所工作人员预见或控制矫正对象再犯罪及其导致的"重大损失"，是很不切实际的。

总之，从目前社区矫正决定条件和矫正对象的监管方式来看，矫正对象在矫正期间再犯罪本身及所造成的损失都是难以预见和控制的，以此追究社区矫正执法人员的刑事责任应该谨慎又谨慎。而且，由于前述各因素综合作用，社区矫正执法过程中一时的工作失误，或者工作压力形成的顾此失彼，甚或工作纪律松懈导致的工作疏忽，都在一定时期客观存在。当确实出现"重大损失"，应结合当地具体执法条件、执法难度以及社区矫正工作人员的工作总量、工作强度、一贯工作态度、个人实际情况等信息，审慎、综合判断，不能仅凭矫正对象再犯罪并造成损失这一偶然和个别的事实，就简单推定社区矫正执法人员具有"严重不负责任"的主观心态。

三、客观要件方面：依法认定"玩忽职守"行为与"重大损失"结果

（一）"玩忽职守"行为：应与一般的工作疏忽区分

无行为即无犯罪，行为人有无玩忽职守行为是认定玩忽职守罪的第一要素。我国刑法学界通说认为，所谓"玩忽职守"，是指行为人严重不负责任，不履行或者不认真履行职责。[①] 根据该概念，玩忽职守包括不履行或者不认真履行职责两种行为，前者是不作为，后者是不认真作为，都是责任心不强的表现。其中，不作为的情形，是指行为人在负有某种公务职责的作为义务、具备履行这种职责的作为能力的情况下，未能作为。比如擅离职守岗位，以致未尽履职义务等。不认真作为的情形，是指行为人虽然形式上履行了公务职责，但是其履职行为不符合相关的法律规定、行政标准或职务要求。玩忽职守行为的认定，要特别注意分清一般工作失误与玩忽职守的不同。工作失误，是指行为人因为业务水平和工作能力不足，导致公共财产、国家和人民利益的损失，就主观心态而言，行为人并无玩忽职守的心理意识，而常常是力求把事情做好，只是在善意的心境下力不从心而出现工作失误。此种情况下行为人的工作失误虽然造成了一定的损失，但不宜以犯罪论处。[②]

具体到社区矫正执法中的玩忽职守行为认定时，应注意全国大部分司法所是在未增派人手情况下只增加社区矫正管理任务，以致司法所工作人员基本都是在超负荷工作的事实。特别是农村地区幅员辽阔，矫正区域涉及面大且人员居住分散，矫正对象的监督控制以及脱管漏管的调查、寻找都比较困难，而且社区矫正是一项需要专门执法能力和

---

① 参见王作富主编：《刑法》（第6版），北京：中国人民大学出版社2016年版，第550页。

② 参见王作富主编：《刑法》（第6版），北京：中国人民大学出版社2016年版，第550页。

执法保障的刑罚执行工作，没有经过专门学习训练和配备相应执法警械，原司法所的工作人员以其本身业务素质难以胜任。在此前提下，如果只是工作能力不够、工作规范不熟悉或者属于工作上的偶然疏忽等工作纪律和工作作风问题，就不宜拔到“玩忽职守”高度。比如，当前部分刑事判决书提到的矫正对象未按时到司法所报到、未按时上交思想汇报，司法所未追查或未及时追查，或追查未得结果，或轻信电话追查和矫正对象口头承诺等，都属于工作失误、工作纪律、工作能力和工作方式方法问题，均不应被认定为《刑法》第 397 条规定的玩忽职守行为。再比如，如果司法所工作人员一直严格履行相关职责，只是少数时候漏掉了一两次报到和思想汇报材料，也不宜以此举证推定为“玩忽职守”。

但是，本文认为，如果负有社区矫正职责的工作人员对矫正对象的监督管理教育和表现情况完全、长期性地不闻不问，听之任之，则应认定为玩忽职守行为。

（二）“重大损失”：不等同于矫正对象实施一般性刑事重罪

就入罪条件而言，一般的滥用职权、玩忽职守和徇私舞弊行为并不构成渎职罪，只有那些因为渎职而使公共财产或者国家和人民利益遭受重大损失的行为才构成犯罪。[①]也就是说，作为渎职罪典型形式的玩忽职守罪属于纯正结果犯，只有国家工作人员违反职责，不履行或不正确履行其职务，因而对公共财产、国家和人民利益造成“重大损失”才能构成。没有法定的“重大损失”，就不构成玩忽职守罪。换言之，如果违反职责职守的行为并未导致“重大损失”结果的发生，就不能构成过失玩忽职守罪。这里的“重大损失”，首先是区分玩忽职守行为罪与非罪的标准，即玩忽职守行为造成的损失是否“重大”，是构成玩忽职守的刑事犯罪与一般玩忽职守行为的界限。只有行为导致的损失达到了“重大”的标准，才表明其社会危害性确实达到了严重程度，应该构成玩忽职守罪，否则即属于一般违法行为。其次，“重大损失”程度是量刑的主要依据。在主观罪过属于过失并构成刑事犯罪的前提下，玩忽职守行为造成“损失”的大小不同，其罪责轻重和量刑结果也有所区别。

那么，如何准确理解和把握作为定性结果的“重大损失”呢？刑法未就这个问题做出明确规定，但有相关司法解释进行补充。2012 年 12 月 7 日最高人民法院和最高人民检察院联合发布的《关于办理渎职刑事案件适用法律若干问题的解释（一）》第 1 条规定，“致使公共财产、国家和人民利益遭受重大损失”是指：（1）造成死亡 1 人以上，或者重伤 3 人以上，或者轻伤 9 人以上，或者重伤 2 人、轻伤 3 人以上，或者重伤 1 人、轻伤 6 人以上的；（2）造成经济损失 30 万元以上的；（3）造成恶劣社会影响的；（4）其他致使公共财产、国家和人民利益遭受重大损失的情形。由上述规定可以看出，渎职罪（含本文重点关注的玩忽职守罪）危害后果有两个方面，即物质性危害后果和非物质性危害后果。物质性危害后果包括玩忽职守行为造成公共财产、国家和人民利益遭受重大损失的情形，主要表现为人员伤亡情况、财产损害情况，上述司法解释都给出了可以操作和可以测量的标准；非物质性损失，在上述解释中是表述为“造成恶劣社会影

---

① 参见王作富主编：《刑法》（第 6 版），北京：中国人民大学出版社 2016 年版，第 545 页。

响的”情形，此前的2006年7月最高人民检察院《关于渎职侵权犯罪案件立案标准的规定》中，则表述为“严重损害国家声誉，或者造成恶劣社会影响的”情形，但都没有给出具体可测量的标准。有学者认为，这里的重大“非物质性损失”，应是指“玩忽职守的行为严重损害国家声誉，严重损害国家威望和地位，或者严重损害党和政府的形象等”[①]。笔者同意这种观点。如果不是造成人员伤亡和财产损失等可测量危害，则作为玩忽职守定罪标准的“重大损失”，必须是与损害“国家声誉”“国家威望”“党和政府的形象”等损害程度相当的负面影响，否则宜作出有利于被告人的判断。

那社区矫正执法中玩忽职守行为导致的“重大损失”，应掌握怎样的标准呢？这里首先需要厘清的基本问题是：矫正对象再犯罪本身，是不是这里的“重大损失”？笔者对此持否定观点，理由在于一般的刑事犯罪在我国大部分地级以上城市每年有成千上万起，而且刑事犯罪性质有轻有重，有的是结果犯，有的是举动犯、行为犯、状态犯，即便结果犯的危害后果也有大有小。所以，符合《刑法》第397条立法本意的“重大损失”，应以矫正对象再犯罪造成的确实的危害后果计。物质性的危害后果已经有司法解释明确规定测量标准，而非物质性危害后果则应以上文述及的导致“国家声誉”、“国家威望”以及“党和政府的形象”等受损的重大恶劣影响为参照。而据常识可知，一般的刑事犯罪很难形成这样的恶劣影响。

四、因果关系方面：考察玩忽职守行为能否构成“重大损失”的原因力

玩忽职守罪侵犯国家机关的正常管理活动、正常工作秩序以及国家和人民利益，作为典型的结果犯，玩忽职守行为本身通常并不直接导致“重大损失”，而往往是偶然介入的中介因素直接形成“重大损失”这一危害后果。所以，玩忽职守罪的因果关系，乃基于行为人严重不负责任的不履行或不正确履行职责造成重大损失而成立，是一种同时具备事实性和法律性的因果关系。与任何结果犯的构成一样，刑法因果关系的确定对玩忽职守罪认定有着非同寻常的重要意义。那么，如何依法、科学、合理界定玩忽职守犯罪的因果关系呢？有观点认为应从玩忽职守罪本身的特性出发进行考虑，认为玩忽职守罪属于法定犯罪，其因果判断除了技术手段外，更多地要注意从法律意义上判断，即从法律意义上考察产生结果的实质原因是否是该玩忽职守行为。[②] 对此观点笔者表示认同。实践中发生某个重大危害结果后，在进行责任倒追时，往往会顺藤摸瓜牵出负有相应职责的国家机关工作人员的玩忽职守行为，但此行为常常不是造成该危害结果的直接、唯一的原因，而是与其他因素结合，共同对危害结果发生作用。具体到社区矫正执法中，玩忽职守罪的重大危害后果应是在可以归责于实施了相关犯罪的矫正对象的同时，也可以归责于社区矫正执法人员，这就是玩忽职守罪中因果关系的法律性体现。

① 单民、杨建军：《玩忽职守罪立法研究——以“小官巨贪”现象为逻辑起点》，载《河南社会科学》2012年第1期。

② 参见张勇玲：《玩忽职守犯罪因果关系的认定路径》，载《法制日报》2015年3月25日，第12版。

具体说来，首先必须存在严重不负责任的玩忽职守行为，其次还要具备造成法定结果的“重大损失”，然后是该玩忽职守行为与“重大损失”具有事实上和法律上的因果关系。其中，在事实因果关系方面，只要存在行为是结果的原因力便已足够，而无须达到充分必要的程度，就足以认定该行为与该结果达成刑法上的因果关系。那么在社区矫正工作中，司法所工作人员未能履行或者未能认真履行对矫正对象的相关日常管理工作，是否必然构成矫正对象再犯罪的原因力？回答是否定的。因为矫正对象再犯罪与接受司法所日常管理并不属于非此即彼的关系，换句话说，社区矫正执法人员对矫正对象的监督并不足以阻断其实施犯罪。前文已述，根据相关文件，司法所在社区矫正中的职能主要是对矫正对象进行监管、教育和帮困，虽然其中也包含“监管”任务，但开放的社区毕竟不是封闭的监狱，这种监管的范围只限于矫正对象不离开一定的县（区、市）级行政区划就行。矫正对象偶尔一两次不到司法所报到或者交思想汇报材料、偶尔的不来参加集中教育或者义务劳动等短期脱管、漏管情形，对于矫正对象再犯罪不存在必然原因力。因为即便矫正对象如期到司法所报到或接受教育，仍然具备足够的其他时间和机会作案。可见，即使司法所工作人员严格履行了管理职责，认真进行了教育和帮困工作，客观上讲，也并不能必然避免矫正对象再犯罪情形的发生。

同时笔者认为，社区矫正执法人员对矫正对象疏于监督管理的行为与矫正对象再犯罪造成“重大损失”之间，亦不能适用偶然因果关系原理。一般而言，在玩忽职守罪中，玩忽职守行为与危害后果（“重大损失”）之间往往存在间接的、偶然的因果关系，且在该因果关系链中，又经常插入其他自然或人为的因素。虽然是这些插入的因素直接导致了“重大损失”的出现，但若玩忽职守行为与“重大损失”之间存在间接、偶然因果关系，则这种因果关系应该确认为刑法上的因果关系。因为“玩忽职守行为是一种不作为，这种行为并不必然导致结果的发生，但如果行为人履行了职责，结果一定不会发生。不作为与结果之间一般产生的是偶然因果关系（当然也有部分是必然因果关系），因而介入其他因素的偶然因果关系可以成为认定玩忽职守罪的因素，偶然因果关系具有刑法意义”①。而且，司法所对矫正对象的监督也不适用一般意义上的监督过失理论，因为监督过失是作为直接责任人员的监督者，由于怠于监督而未能及时防范或纠正直接行为人的过失行为，以至于发生了危害结果。正如前文所述，即使司法所工作人员尽职尽责，也很难排除矫正对象再犯罪可能。

在罪与非罪的认定标准上，应严格坚持罪刑法定的刑法基本原则。以目前对矫正对象的监管要求，以及整体缺失相关权限与装备的执法条件和执法保障现状，社区矫正执法过程中即使存在刑法上的玩忽职守行为，也不能与矫正对象再犯罪及其“重大损失”形成有力因果关系。因为这种疏于电话联系、未及时督促按时报到和上交思想汇报的情形，对矫正对象再犯罪及其导致“重大损失”的法定后果，只是增大了可能性，而并非必要原因力之一。关于此，中国裁判文书网上四川省绵阳市中级人民法院（2016）川07 刑终 79 号关于该市游仙区玉河镇政府暂时代管司法所工作的被告人钟某因矫正对象张某再犯罪而被指控玩忽职守罪的二审刑事裁定书中说理部分，就把玩忽职守行为、行

① 杨志国：《玩忽职守罪因果关系的司法认定》，载《检察日报》2007 年 10 月 15 日，第 3 版。

为结果及与矫正对象再犯罪之间的关系阐述得很清楚：玩忽职守行为在主观方面由过失构成,钟某作为一名成年人，应当知道自己马虎从事，不认真履行自己的职责，可能会发生一定的社会危害结果，但其疏忽大意而没有预见，或是虽然已经预见但凭借其经验而轻信可以避免，以致发生被矫正人员脱管的危害后果。但是，刑法上的因果关系是指危害行为与危害结果之间引起与被引起的关系。本案中，钟某玩忽职守的行为导致的是被矫正人员张某脱管、再次犯罪可能性增加的后果，而不是被矫正人员张某涉嫌再次严重犯罪的行为的结果，即无论张某是否重新犯罪，但其因钟某未认真履职而脱离管控，钟某就具有了玩忽职守的行为。社区矫正工作的认真全面的确不必然阻止被矫正人员犯罪动机的产生和危害结果的发生，但该项工作的目的在于对被矫正人员监督管理，使被矫正人员从心理上受到教育和矫正、从行为上受到约束和管理。而钟某不认真履行职责的行为，使被矫正人员张某在日常行为上没有受到一定的约束和管理，也没有从心理上受到一定的教育和矫正，从而使其再次犯罪的可能性增大。虽然钟某不认真履职的行为与张某脱管之间有因果关系，但是，很明显，被矫正人员张某涉嫌再次严重犯罪的行为的结果是多种原因有机结合导致的，其中最主要的原因在于张某独立意识出现问题，该独立意识是一种畸形的、不正常的意识，其自身主观恶性大到足以摆脱社区矫正工作对其再犯罪的约束，故应认定钟某的玩忽职守行为情节显著轻微危害不大，可不认为是犯罪。

笔者认同该判决书的说理和核心观点，即当前的社区矫正监管方式和管控强度并不能阻却矫正对象再次犯罪。社区矫正执法中的玩忽职守行为可能导致矫正对象脱管，使矫正对象再犯罪可能性加大，但与矫正对象再犯罪之间并未形成“无此即无彼”的事实因果关系，因而与矫正对象再犯罪导致的“重大损失”之间，也不具备刑法上的因果关系。

五

宽严相济刑事政策的精髓与我国刑罚体系的补正

张小虎*

刑事政策是刑法制度的思想灵魂，我国《刑法》贯彻宽严相济的刑事政策。然而，宽严相济刑事政策在当代的思想精髓究竟是什么？我国刑罚种类中财产主刑缺乏、资格刑单一、刑罚轻重衔接僵硬、生刑死刑阶梯式跳跃，等等，是否符合宽严相济政策？我国刑罚体系中保安处分制度缺席，这能否体现宽严相济政策的要求？笔者认为，宽严相济政策的核心是宽严互补及宽严交融。我国《刑法》尽管在总体上体现了宽严相济政策，然而深入考究刑事处罚的具体规范设置可以发现，其仍有不少方面需要予以体系性的补正。

一、宽严相济刑事政策的精髓

将宽严相济政策的内容解释为“该宽则宽，当严则严，宽严有度，宽严相济”，这是刑法理论与司法实践的主导性观点。① 也有学者强调宽严相济政策的“宽和”意义，并视之为对“严打”政策的反动②；也有一些规范性司法文件在“从重从快”的语境下，强调宽严相济政策的严中有宽之意。③ 还有学者特别强调宽严相济政策的核心在于宽与严的“相济”④。由此需要深究的是：宽严相济政策与“严打”政策究竟有何关系？宽严相济政策的核心内容是什么？笔者认为，宽严相济政策与“严打”政策乃至“轻轻重重”政策，有着重大区别；宽严相济政策的基本内容是“区别对待及宽严相济”，而其核心是“宽严互补及宽严交融”。

“严打”政策，以依法严厉打击严重刑事犯罪为其核心，是在特定条件下作为应急

---

* 中国人民大学法学院暨刑事法律科学研究中心教授。

① 相关的主流见解，参见高铭暄：《宽严相济刑事政策与酌定量刑情节的适用》，载《法学杂志》2007 年第 1 期。相关的司法解释文件，参见 2007 年最高人民检察院《关于在检察工作中贯彻宽严相济刑事司法政策的若干意见》（高检发研字〔2007〕2 号）第 2 条，2010 年最高人民法院《关于贯彻宽严相济刑事政策的若干意见》（法发〔2010〕9 号）第 1 条。

② 参见储槐植、赵合理：《构建和谐社会与宽严相济刑事政策之实现》，载《法学杂志》2007 年第 1 期。

③ 参见公安部《关于开展追捕逃犯工作的意见》（1992 年）第三部分第 3 条。

④ 陈兴良主编：《宽严相济刑事政策研究》，北京：中国人民大学出版社 2007 年版，第 11 - 13 页。

的一种非常手段。“严打”可以被视作宽严相济政策中的从严侧面①，应当在宽严相济政策的指导下进行；“严打”政策只是一项具体政策，而宽严相济政策居于基本政策的地位。宽严相济政策也不同于“轻轻重重”政策。“轻轻重重”政策注重保护社会的价值理念，形成于日益严重的犯罪事实背景及愈加柔韧的刑事制度平台，强调轻者更轻、重者更重的政策内容，其走向是罪刑处置的宽严两极，而这种两极趋向，最终形成的是新的基于重重阶位的罪刑平衡。②

宽严相济政策的实质蕴含是区别对待及宽严相济，两者互为依存从而构成一个整体。区别对待，即区别情况而差别对待，是宽严相济处置的前提和基础；宽严相济，即宽严并举及相互救济是宽严相济政策的核心内容。区别对待，侧重宽严相济政策中宽与严的两点的对峙、差异、层次的特征；宽严相济，注重宽严相济政策中宽与严的两点的配合、互补、平衡的特征。区别对待及宽严相济，两者均表现为在罪刑处置上，应当根据情况的不同而有所差异，以实现预防、控制及惩罚犯罪的最佳效益。

具体而论，区别对待是指对比、区分不同行为人的人身危险性及其所实施的危害行为的不同情况，分别予以相应的、各有差异的刑事处置。其构成要素是：（1）区别情况：就是区分对于刑事处置具有质或量的意义的有关犯罪行为与犯罪人的各种事实情况，为差别对待提供前提。包括：A. 各种犯罪情节上的区别，例如，犯罪客观危害大小的具体事实情况的区别，犯罪人人身危险性大小的具体事实情况的区别。B. 各种处置指向中的区别，包括定罪区别（区分罪名、区分罪状）、量刑区别（量刑个别化）、行刑区别、刑罚消灭区别。C. 立法上的区别，是指区别各种罪行以及犯罪人的类型性的不同情况（不同犯罪危害的抽象特征），予以各不相同的罪刑规定。D. 司法上的区别，是指区分不同具体案件、案中罪行及犯罪人的不同事实情况，依法对不同罪行与不同犯罪人做出不同处理。（2）差别对待：是指在区分犯罪行为与犯罪人等不同情况的前提下，予以宽严有别的刑事处置，即该宽则宽，当严则严，宽严有别，宽严有度。这既是立法上应有的体现，也是司法上应当遵循的规则；既体现在不同具体案件之间的刑事处置上，也体现在同一案件中不同犯罪人之间的刑事处置上；既是针对罪行，也是针对人身危险性。在相同的社会形势下，基于不同情况而有宽严差别的刑事处置，这固然是宽严有别的应有之意，然而，如果“形势需要及民愤要求”与“行为危害性及行为人危险性”之间存在合理转换或者折合的过渡，那么形势需要及民愤要求也应在量刑中予以宽严有别的考虑。还应特别注意，宽严有别不能突破《刑法》的规定。③

宽严相济，是指刑事处置应当根据不同的犯罪情况，做到有宽有严、宽严并举、相互救济、相成有益。其构成要素是：（1）宽严并举：是指刑事处置有严有宽、宽严均有存在，这是强调宽与严的并行呼应，对比中形成合理有益的效果。包括：A. 立

① 参见2007年最高人民检察院《关于在检察工作中贯彻宽严相济刑事司法政策的若干意见》（高检发研字〔2007〕2号）第5条。

② 参见张小虎：《宽严相济政策与轻轻重重政策的特征比较》，载《河南财经政法大学学报》2012年第1期。

③ 为此，应当特别强调我国《刑法》的法制主义原则，在司法实际中切实贯彻宽严相济政策，避免“宽严解释趋向两极”，避免“轻者纵而重者厉”。参见张小虎：《刑法学》，北京：北京大学出版社2015年版，第33-34页。

法宽严并举：应当根据犯罪轻重的差异，形成相应的由宽至严的各种刑事处置措施与制度，包括体现宽严并举的刑罚体系、量刑制度、行刑制度、刑罚消灭制度等。B. 司法宽严并举：在各种案件中，有的案件依法受到从严处理，有的案件依法受到从宽处理；在同一案件中，有的犯罪人依法受到从严处理，有的犯罪人依法受到从宽处理。（2）宽严救济：是指刑事处置宽中有严、严中有宽、以宽辅严、以严助宽、宽严两手灵活择用，这是强调宽与严的辅助而行，配合中形成合理有益的效果。包括：A. 立法宽严救济：注重可体现宽严救济的法律制度建设。例如，不仅同一等级的刑事处置应有适度的轻重区间（合理的法定刑幅度），而且不同等级的刑罚之间应有一定的交错（构建交叉法定刑）。B. 司法宽严救济：基于不同案件的具体情况、不同犯罪人的犯罪情节，比较其可能的处理结果，进而依法做出适度的宽严调整，以使刑事处置相得益彰。C. 应变宽严救济：针对某一时期的社会背景及其相应形势的需要，主导性地施以从严或从宽的刑事处置，同时也注意严中有宽及宽中有严的宽严辅助与映衬。

宽严相济政策，是我们国家与执政党一贯坚持的持续有效的政策，在宏观整体层面制约并规范着其他具体政策，既是刑事制裁应当遵循的原则，也是预防及控制犯罪的思想指导，具有普遍的适用性，从而成为我国的基本刑事政策。① 作为基本刑事政策，宽严相济思想既是立法的指导方针也是司法的行动指南。“宽严相济政策”与“惩办与宽大相结合政策”长期以来一脉相承：我国 1979 年《刑法》明确指出“依照惩办与宽大相结合的政策”；1997 年《刑法》也仍然贯彻“宽严相济的刑事政策”。而在法治主义的框架下，刑事政策的贯彻及施行须有严格的法律制度形态的依托，“刑法是刑事政策不可逾越的屏障”②。为此，考察我国《刑法》的立法现状，为了切实全面贯彻宽严相济政策的思想，应对我国的刑罚体系予以制度性的补正。

二、刑罚体系之主刑与附加刑的改造

（一）将财产刑列为主刑的体系性改造

当代各国刑法典刑罚体系的主刑，主要涉及财产刑、自由刑、生命刑。其中，生命刑存在废除的趋势，自由刑及财产刑居于刑罚体系的主导地位。考察各国的立法例，许多国家均将财产刑，主要是罚金刑，明确列为主刑或赋予其主刑地位，例如，《日本刑法典》第 9 条，《俄罗斯刑法典》第 45 条，《意大利刑法典》第 18 条，《德国刑法典》第 40 条。基于主刑在刑罚体系中的主导地位，这一立法特征表明财产刑在各种刑罚中

① 也有观点认为，宽严相济政策只是刑事司法政策。例如，2007 年最高人民检察院《关于在检察工作中贯彻宽严相济刑事司法政策的若干意见》。不过，多数观点认为，宽严相济政策是基本刑事政策。参见 2010 年最高人民法院《关于贯彻宽严相济刑事政策的若干意见》。笔者认为，宽严相济政策具有基本刑事政策的要素，即“长期持续有效、贯穿立法司法、具有普适意义、统揽全部政策”，因此是基本刑事政策。

② 德国著名刑法学家李斯特的名言。转引自［德］克劳斯·罗克辛：《刑事政策与刑法体系》，蔡桂生译，北京：中国人民大学出版社 2011 年版，第 3 页。

具有重要的意义，占有较大的比重，并且反映出现代刑罚的主流由自由刑向财产刑进化的趋势[①]，也在一定程度上展示了现代刑罚的本质、目的、机能等理念。

相比较而言，我国《刑法》将财产刑统归于附加刑，主刑中没有规定财产刑。不过，我国《刑法》中附加刑“也可以独立适用”的规定，在一定程度上增加了财产刑的适用机会。尽管如此，将财产刑作为附加刑与将其作为主刑，两者是截然不同的，犹如称重的“公斤砣”与“市两砣”一样，它们有着不同的等级、地位及效用。主刑是主要的刑罚方法，应对犯罪首先适用的是主刑，附加刑仅起调整、校准、补充主刑适用量的作用。而主刑中财产刑的缺席，使得主刑轻重有序的等级阶位出现了断层，丧失了主刑应有的种类齐全、伸缩幅度广阔、针对罪行覆盖全面的特征。显然，这会使刑罚对于犯罪的应对能力有所减弱。实际上，主刑中财产刑缺位，也折射出我国《刑法》的重刑倾向。这一立法为“重者厉而轻者纵”创设了制度平台，其迎合的刑事政策是“轻轻重重”，而不是“宽严相济”。宽严相济政策思想指导下的主刑体系，应当是轻重等级平稳有序、刑种类型齐全，由此能够合理地应对轻重不同的犯罪，为“区别对待及宽严相济”构建制度平台。

我国刑罚体系中财产刑的补正应当是：（1）取消一般没收而增设特别没收。由于我国《刑法》中的没收财产刑系一般没收，因而有不少学者主张应当予以废除[②]，当然也有学者主张应予保留及完善。[③] 笔者认为，我国的财产没收存在诸多重大不足，其不仅有违保护私有财产的现代理念[④]，而且未必能够体现特殊预防的机能，有违反罪责自负原则之嫌。因此，应当废除我国《刑法》中的一般没收制度。另一方面，针对犯罪所得、犯罪物品、违禁品等的特别没收，在我国《刑法》中被规定于“量刑”（第 64 条）中，居于非刑处分的地位；而在国外，其通常被作为保安处分措施[⑤]或刑罚方法。[⑥] 笔者认为，特别没收更具特别预防及保护社会的效果；应当增设我国的保安处分制度[⑦]，包括对人的处分[⑧]及对物的处分[⑨]，而将特别没收置于对物的处分。（2）确立罚金的主刑地位。对我国《刑法》中罚金的地位，存在“提升为主刑说”[⑩]“提升为主刑同时也

---

① 随着社会的发展，刑罚也愈加宽和。参见［意］贝卡利亚：《论犯罪与刑罚》，黄风译，北京：中国大百科全书出版社 1993 年版，第 44 页。古代与中世纪，属于生命刑、肉刑的时代；19 世纪末以来，肉刑、生命刑逐渐隐退，自由刑成为主流。不可否认，在未来社会财产刑及资格刑将占据主导地位。

② 参见樊凤林主编：《刑罚通论》，北京：中国政法大学出版社 1994 年版，第 234 - 235 页。

③ 参见马登民、徐安住：《财产刑研究》，北京：中国检察出版社 1999 年版，第 225 页。

④ 保护私有财产，应当成为现代文明社会的共同理念。“人类历史的起源相同，经验相同，进步相同。”［美］摩尔根：《古代社会》（上），杨东莼等译，北京：商务印书馆 1977 年版，序言第 1 页。

⑤ 例如《意大利刑法典》第 240 条的“没收财产”；《罗马尼亚刑法典》第 118 条的“特别没收”；《瑞士刑法典》第 58 条的“保安没收”等。

⑥ 例如《日本刑法典》第 19 条的“没收”；《韩国刑法典》第 48、49 条的“没收”；《泰国刑法典》第 32 - 37 条的“没收财产”等。

⑦ 详见本文：“四、刑罚与保安处分之双轨处罚体系的建构”。

⑧ 对人的保安处分，是指以人作为直接对象的保安处分，包括：对精神病人的收容治疗，对酒癖者的收容戒除，对常习犯的保安监禁、禁止从业、驱逐出境、取消驾驶执照、保护观察、善行保证，等等。

⑨ 对物的保安处分，是指以物作为直接对象的保安处分，包括没收、关闭营业所、解散法人、停止业务等。

⑩ 参见赵国强：《关于完善我国罚金刑立法的比较研究》，载杨敦先等编：《刑法发展与司法完善》（续编），长春：吉林大学出版社 1990 年版，第 48 - 49 页。

可并科说”[①]“保持现状说”[②] 等见解。应当说，将罚金作为主刑或作为附加刑，对罚金在刑罚体系中的等级、地位及效用是完全不同的。因此，将罚金作为附加刑不可取。可以考虑将罚金提升为主刑，同时由总则特别规定“对于因营利目的而实施的严重犯罪，即使本法未规定罚金的，法院可以增处罚金”，即增设“附科罚金”制度。[③] 如此做法，既可确立罚金在刑罚体系中应有的地位和权重，也可实现罚金应对贪利性犯罪及灵活适用的功效。罚金制度在世界各国刑法典中也较为常见，例如，《德国刑法典》第 41 条、《意大利刑法典》第 24 条第 2 款、《丹麦刑法典》第 50 条第 2 款、《瑞士刑法典》第 50 条等的规定。

（二）将资格刑列为附加刑的体系性改造

当代各国刑法典均有剥夺资格的规定，而对其在刑罚体系中地位的规定却各有不同，主要存在如下情形：（1）作为一种并列于刑罚与保安处分的相对独立的刑事处置措施，例如《德国刑法典》第 45 条的“附随后果”。（2）分别不同内容设置为主刑或附加刑，例如《法国刑法典》第 131—2 条的“附加刑”，第 131—6 条的“替代刑”[④]，第 131—12 条第 1 款第 2 项违警罪“主刑”。（3）作为附加刑，例如《瑞士刑法典》第 51 条至第 56 条的“附加刑”。（4）作为保安处分，例如《泰国刑法典》第 39 条的“保安处分”。（5）分别不同内容作为刑罚或保安处分，例如《意大利刑法典》第 19 条的“附加刑”及第 215 条第 3 款第 2 项至第 4 项的“非监禁性保安处分”。

我国《刑法》中的剥夺资格包括：明确列为附加刑的“剥夺政治权利”，以及具有附加刑性质的“驱逐出境”。《中国人民解放军军官军衔条例》第 28 条规定了“剥夺军衔”，这可视作附属刑法对资格刑的设置。问题是，由《刑法修正案（九）》新增的《刑法》第 37 条之一的“禁止执业”[⑤]，能否被视为资格刑？对此，有的持肯定态度[⑥]，有的认为这一规定应属保安处分[⑦]，也有学者对这一规定的性质不明提出了批评。[⑧] 笔者认为：（1）将我国《刑法》中的“禁止执业”归于资格刑，是没有根据的。从我国《刑法》“禁止执业”的内容与适用来看，其确有附加刑的某些特征。“禁止执业”虽不能独立适用，但附加于刑罚适用，既可以附加于主刑适用，也可以和其他附加刑一

---

① 参见孙力：《罚金刑研究》，北京：中国人民公安大学出版社 1995 年版，第 203 - 204 页。

② 参见薛瑞麟、侯国云主编：《刑法的修改与完善》，北京：中国政法大学出版社 1989 年版，第 113 页。

③ 附科罚金，是指刑法总则明文规定，对于分则并未设置罚金的犯罪，在符合贪利犯罪等法定条件的场合，除了适用自由刑或其他刑种外，可以同时并用罚金的制度。

④ 将剥夺权利或限制权利，作为轻罪监禁刑的替代刑。参见［法］卡斯东·斯特法尼等：《法国刑法总论精义》，罗结珍译，北京：中国政法大学出版社 1998 年版，第 468 - 471 页。

⑤ 我国刑法理论多称“禁止执业”“职业禁止”“禁止从业”“从业禁止”。从《刑法》第 37 条之一的表述来看，称“禁止执业”更为贴切。也有国家的刑法典将类似的规定直接归纳为“禁止执业”，如《瑞士刑法典》第 54 条。

⑥ 参见康均心、秦继红：《关于“禁止从事特定职业”若干问题的思考——以〈刑法修正案（九）〉为视角》，载《社会科学家》2016 年第 4 期。

⑦ 参见武晓雯：《论〈刑法修正案（九）〉关于职业禁止的规定》，载《政治与法律》2016 年第 2 期。

⑧ 参见张祥宇：《〈刑法修正案（九）〉中“职业禁止”条款之解读》，载《鲁东大学学报（哲学社会科学版）》2016 年第 2 期。

并适用。但是，资格刑属于一种刑罚方法①，而我国《刑法》的刑事处罚种类只是第33条规定的主刑、第34条规定的附加刑。“禁止执业”在我国《刑法》中是被规定在第37条之后的第37条之一，这是在法律形式上将其置于“刑事特别处置”②的地位。(2) 将我国《刑法》中的“禁止执业”归于保安处分，同样缺乏法律根据。严格来讲，我国《刑法》第32条至第34条所规定的刑事处罚体系中，并没有设置“保安处分”这一类型。③

对于资格刑的完善，我国刑法学专家提出了诸多见解，包括扩大剥夺资格的内容④、明确适用对象及条件⑤、确立资格刑的分立制及减免制和法人资格刑⑥等。这里主要讨论资格刑在刑罚体系中的补正，由此而来的核心议题是：究竟应将资格刑作为刑罚方法还是作为保安处分？或者说，如何在刑事处罚类型上分配剥夺资格的具体内容？纵观世界各国立法，刑事剥夺资格的类型主要有：褫夺公权、剥夺监护权、限制居住、驱逐出境、禁止进入特定场所、剥夺驾驶许可、禁止执业、剥夺荣誉称号与军衔等。其中，褫夺公权与剥夺监护权，通常被作为附加刑；而其他类型的剥夺资格，有的被作为刑罚，有的则被作为保安处分。笔者认为，在我国，宜将刑事剥夺资格归于附加刑而为“资格刑”。尽管剥夺资格的刑事处置，在一定程度上的确具有预防犯罪及保护社会的意义，由此将之作为保安处分未尝不可，然而，我国传统文化中的法治精神薄弱，目前正处在法治化的社会进程中，从而更需要注重刑法的安定性；并且，基于刑法的谦抑与人权保障价值，对于保安处分的适用也不宜过于扩张。而在制度的特质上，刑罚较为严格，有利于保障人权，保安处分则相对灵活。

具体地说，我国资格刑的刑罚体系补正应当是，将刑罚种类分为主刑及附加刑，并且附加刑仅限资格刑。其中，主刑只能独立适用，但是罚金可以并科于其他主刑；附加刑主要附加适用，也可以独立适用。附加刑的种类包括三项：剥夺公权，即剥夺公民的有关基本权利；特定剥夺，即禁止执业、限制居住、禁止进入特定场所、剥夺驾驶许可；特殊剥夺，即驱逐出境与剥夺军衔。由此，附加刑的资格刑与主刑的财产刑（罚金）、自由刑（管制、拘役、有期徒刑、无期徒刑）、生命刑（死刑），构成了相对平稳有序的刑罚阶梯，使“宽严相济”有了良好的制度土壤。在自由刑占主导的今天与财产刑占主导的未来，资格刑始终应当成为刑罚体系中的重要组成部分，甚至不排除在未来的某个社会发展阶段，人类的精神生活充分发达，资格刑占据主导地位。而在当今，资格刑对于严重的犯罪附加适用，对于较轻的犯罪可以独立适用，并且将法定剥夺与裁量

---

① 参见张甘妹：《刑事政策》，台北：三民书局1979年版，第349页；韩忠谟：《刑法原理》，北京：中国政法大学出版社2002年版，第292页；蔡墩铭：《刑法总论》，台北：三民书局1995年版，第296页。

② “刑事特别处置”，即我国刑法理论通称的“非刑罚处理方法”，是指我国《刑法》第36条及第37条的规定，其既非“刑罚方法”，也非“保安处分措施”。为了避免与“保安处分措施”混淆，笔者将其称为“刑事特别处置”。

③ 详见下文“四、刑罚与保安处分之双轨处罚体系的建构”。

④ 参见樊凤林主编：《刑罚通论》，北京：中国政法大学出版社1994年版，第253-255页；胡学相：《我国资格刑的不足与完善》，载《华南理工大学学报（社会科学版）》2015年第5期。

⑤ 参见马克昌主编：《刑罚通论》，武汉：武汉大学出版社1999年版，第243页。

⑥ 参见陈兴良：《刑法适用总论》（下卷），北京：法律出版社1999年版，第272页；吴平：《资格刑研究》，北京：中国政法大学出版社2000年版，第330页。

剥夺相结合[①]，同时对资格刑进行量的分割[②]，由此使资格刑成为刑罚天平上的一种重要的砝码。

三、刑罚体系之生刑与死刑鸿沟的弥合

（一）我国刑罚生刑与死刑的鸿沟

在刑罚应有的平缓等级阶梯的视野下，如何使有期徒刑与无期徒刑及死刑合理对接，这是构建合理的刑罚体系的焦点议题，而问题的核心在于有期徒刑的最高刑期的设置。对此，许多国家有期徒刑的最高刑期均在20年及以上。例如：《俄罗斯刑法典》第56条规定，"剥夺自由"的最高刑期为20年，数罪并罚时不得超过25年或30年；《法国刑法典》第131—1条规定，重罪之"徒刑"或"拘押"的最高刑期为30年；《意大利刑法典》第23条将"有期徒刑"的最高期限规定为24年。当然，也有不少国家将有期徒刑的最高刑期定位于15年。例如，《德国刑法典》第38条规定，"有期自由刑最高为15年"；《芬兰刑法典》第2章第2条将"有期监禁"的最高刑期规定为12年，数罪并罚时最高刑期为15年。

我国《刑法》规定：有期徒刑的最高刑期一般情况下系"十五年以下"（第45条）；数罪并罚时，"总和刑期不满三十五年的，最高不能超过二十年，总和刑期在三十五年以上的，最高不能超过二十五年"（第69条第1款）；判处死刑缓期执行的，"如果确有重大立功表现，二年期满以后，减为二十五年有期徒刑"（第50条第1款）。刑法学界普遍主张应当提高我国《刑法》中有期徒刑的最高刑期，而对最高刑期应当定格的具体年限则有不同见解。有的学者主张，应将有期徒刑的上限提高到20年，数罪并罚时不得超过25年[③]；也有学者主张，应将有期徒刑的上限设置为20年，数罪并罚时不得超过30年[④]；还有观点认为，应将我国有期徒刑的上限提高至25年，数罪并罚时不超过30年。[⑤]

究竟为何要提高我国《刑法》中有期徒刑的最高刑期？多数学者认为，我国《刑法》"死刑过重"，而有期徒刑最高刑期过低，则是"生刑过轻"的一个重要表现。[⑥] 然而，也有学者主张，对比国外相关规定，不能认为我国存在"生刑过轻"的问题，更不能通过提高生刑的刑期来限制或废除死刑。[⑦] 还有学者认为，《刑法修正案（八）》通过

① 法定剥夺，是指刑法明确将某种资格的丧失作为附随于一定罪刑的必然后果，法官无自由裁量余地。例如，对于被判处死刑、无期徒刑的犯罪分子，应当附加剥夺全部公权。裁量剥夺，是指刑法将某种资格的丧失作为一种或然性的后果，由法官根据具体案情在认为有必要时具体适用。例如，对于因故意犯罪被判处3年以上有期徒刑的犯罪分子，在必要的时候，可以附加剥夺公权的一部或全部。

② 例如，"被判处死刑、无期徒刑而附加剥夺公权的，法定期限为终身"，"因危害国家安全或者因故意犯罪被判处3年以上有期徒刑，而适用剥夺公权的，法定期限为1年以上5年以下"。

③ 参见陈兴良：《刑法哲学》，北京：中国政法大学出版社1997年版，第404页。

④ 参见马长生、许文辉：《死刑限制视角下的有期徒刑上限提高论——兼论我国重刑体系的冲突及衔接》，载《法学杂志》2010年第1期。

⑤ 参见陈兴良主编：《宽严相济刑事政策研究》，北京：中国人民大学出版社2007年版，第20页。

⑥ 参见陈兴良：《刑罚结构亟待调整：限制死刑加重生刑》，载《人民检察》2007年第19期。

⑦ 参见刘宪权：《废除死刑与提高生刑期限关系比较探析》，载《法学》2011年第10期。

取消 13 个死刑罪名及提高数罪并罚最高刑期，“完全体现了弱化死刑、加重生刑的要求”[①]。进而有学者明确指出：以 25 年作为上限，自由刑与生命刑之间完全能够衔接，“我国现行刑罚结构不存在生刑与死刑衔接悬殊的缺陷”[②]。

笔者认为，我国刑罚之“死刑过重”及“生刑过轻”的问题，依然存在；提高有期徒刑的最高刑期，系对我国刑罚结构中生刑与死刑之鸿沟的填补；提高生刑的刑量，不是要废除死刑，而是因为死刑过重。（1）“生刑”与“死刑”鸿沟的缓解。应当肯定，经由近期两次刑法修正，“死刑过重”及“生刑过轻”的问题的确在一定程度上得到了缓解。具体表现在：其一，死刑罪名减少。《刑法修正案（八）》减少 13 种罪名的死刑，《刑法修正案（九）》又减少 9 种罪名的死刑。其二，生刑加重。《刑法修正案（八）》将数罪并罚最高刑期提高至 25 年，将无期徒刑实际执行的最低刑期提高至 13 年，对死缓的有关最低刑期也做了加重。[③]（2）“死刑过重”及“生刑过轻”的情形仍然存在。经过修正，尽管我国的死刑罪名已由当初的 68 种，降至现在的 46 种，但是我国死刑罪名的数量仍居保留死刑国家的前列[④]，且在死刑罪名的种类上仍然包括许多非暴力犯罪。[⑤]而刑法修正案对生刑的加重，主要是在“数罪并罚及死缓减刑”与“死缓限制减刑之执行刑”的层面，因此要说“缓解”，也只是缓解了“死缓之生”与“死刑之死”的对接。[⑥]然而“生刑过轻”更突出的是体现在有期徒刑最高刑期，相对于无期徒刑及死缓、死刑之“轻”，而在这一点上刑法修正案并未涉及。（3）不能通过提高生刑来限制死刑。有学者提出，“将 25 年内不得假释的无期徒刑”，作为“在废除了最严重犯罪的死刑后所采取的替代死刑的处罚方法”[⑦]。然而，死刑的存与废是一个客观社会问题，而不是人为的措施替代。一国究竟是否保留死刑以及对何种罪行适用死刑，是由该国政

① 参见孟庆华：《数罪并罚中的刑事立法政策问题探析》，载《山东警察学院学报》2013 年第 3 期。

② 参见王志祥：《死刑替代措施：一个需要警惕的刑法概念》，载《中国法学》2015 年第 1 期。

③ 具体表现在：（1）死缓法定减刑的最低刑期，提高至 25 年；（2）被限制减刑的死缓实际执行的最低刑期，分别提高至 25 年或 20 年。

④ 截至 2012 年，全球已有 140 个国家或地区废止了死刑，保留死刑的国家或地区只有 58 个。参见武晓雯：《再议死刑之存废与替代——以欧美等国废止死刑的历史实践为切入》，载《河北法学》2016 年第 11 期。在保留死刑的国家中，“日本、韩国、美国等则是存置死刑罪名较多的国家”。《日本刑法典》死刑罪名 13 种，另有特别法规定了 5 种，共计 18 种；《韩国刑法典》死刑罪名 17 种，军事刑法及特别刑法补充了 81 种，但有相当一部分是普通刑法的重复；美国近 40 个存置死刑的州，死刑罪名不过 9 种；俄罗斯现行刑法，死刑罪名仅 5 种；波兰刑法，死刑罪名 10 种。参见钊作俊：《死刑限制论》，武汉：武汉大学出版社 2001 年版，第 163 - 168 页。

⑤ 有学者针对死刑适用标准指出：“死刑只可分配于所侵害的权益的价值不低于人的生命价值犯罪中最严重的犯罪”。胡云腾：《存与废——死刑基本理论研究》，北京：中国检察出版社 2000 年版，第 252 页。“非暴力犯罪不仅在犯罪基本构成特征中不包含暴力因素，而且不以他人人身为犯罪对象”，对其适用死刑“缺乏合理性和正当性”。参见倪爱静：《死刑限制的理性构思——2004 年中国法学会刑法学年会专题研讨综述》，载《人民检察》2004 年第 10 期。

⑥ 在此也只能称之为“缓解”，因为：A. 将数罪并罚的最高刑期及死缓减刑的最低刑期，定位于 25 年，相对于《刑法》原先的规定虽提升了 5 年，但“生”与“死”的跨越，这 5 年是难以弥合的。B. 将被限制减刑的死缓的最低执行刑，限定为 20 年或 25 年，这一提升可谓是对特定之“生”的加重有了较大的力度。然而，这只是针对特定的死缓对象的限制减刑之执行刑；而且，即使如此，“生”与“死”之间仍存有较大距离。试举例如下，某甲 25 岁，因犯严重暴力犯罪本当处死刑立即执行，后被判死缓并限制减刑，则该甲 47 岁或 52 岁可以出狱。可见这严重死罪下的“一死与一生”的差距。

⑦ 参见李希慧：《论死刑的替代措施——以我国刑法立法为基点》，载《河北法学》2008 年第 2 期。

治、经济、文化的发展状况所决定的[①]；如果保留死刑，则死刑只适用于“最严重的犯罪”，“最严重犯罪的死刑”就不是无期徒刑所能替代的。（4）“生刑过轻”影响与死刑的对接。生刑轻重的评价不是绝对的，而是相对于死刑而言的，尤其是与刑罚体系的整体轻重密切相关。罪刑有轻重阶梯，刑罚轻重有攀比。[②] 在我国刑罚体系中，死刑占有较大比重，这就在基准上定位了我国刑罚整体性的重刑倾向。在整体刑罚倾重的格局下，有期徒刑的最高刑期、死缓减刑刑期、死缓最低执行刑期等，必然也应随之加重，从而构成有序的刑罚阶梯。显然，生刑过轻将会造成刑罚阶梯的断层及鸿沟。

（二）我国刑罚生刑与死刑的合理对接

刑罚阶梯出现鸿沟，是刑罚结构体系上的一种“轻轻重重”的表现。这种“轻轻重重”的刑罚结构，有违宽严相济政策的思想。“重重”为严者而无度过严提供了制度平台，“轻轻”为宽者而无限过宽提供了法律根据，而“重重”与“轻轻”的“鸿沟”则使“宽严互补与宽严交融”难有用武之地。要弥合这一刑罚结构上的重与轻的“鸿沟”，应当基于现阶段我国社会的文化及经济状况，适度减少死刑并适量提高生刑。具体地说：（1）限制死刑：死刑只适用于犯罪中含有故意致人死亡的后果，并且犯罪人主观恶性极深及人身危险性极大的犯罪；将死刑设置为一种特殊的刑种，明确其系一种非常规性的刑罚方法；对死刑的适用对象予以总则限定，同时对分则的死刑罪名予以仅限命案的缩限。（2）加重死缓：将死缓的法定减刑提高至或者无期徒刑（没有故意犯罪的），或者 30 年有期徒刑（有重大立功表现的）；将被限制减刑的死缓实际执行的最低刑期，分别提高至 30 年（被减为无期徒刑的）或 25 年（被减为 30 年有期徒刑的）；并且规定，对被限制减刑的死缓犯罪分子中，罪大恶极、危害极其严重的，依法减为无期徒刑后，可以终身监禁。（3）分化无期徒刑：平缓其与死缓的上接及与有期徒刑的下接。建立无期徒刑缓刑制度，缓刑考验期为 2 年，2 年以后符合法定条件的减为 25 年以上 30 年以下有期徒刑；限制无期徒刑的减刑及假释，实际执行 5 年以上方可减刑，实际执行 15 年以上方可假释。（4）加重有期徒刑：使之与无期徒刑及死刑合理对接。尽管有不少国家有期徒刑的最高刑期也为 15 年[③]，但这些国家多系废除死刑的国家[④]；日本没有废除死刑，2004 年其也将“惩役”和“有期监禁”的最高刑期由 15 年“提高至 20 年或者加重至 30 年”[⑤]。基于我国刑罚的重刑结构，应将我国有期徒刑的最高刑期增至 25 年，数罪并罚时不超过 30 年。

---

① 参见张小虎：《废除死刑的理论预期与保留死刑的现实必然——论我国死刑制度的完善》，载《社会科学研究》2007 年第 1 期。

② 参见储槐植：《刑事一体化与关系刑法论》，北京：北京大学出版社 1997 年版，第 418 页。

③ 例如，下列国家有期徒刑的最高刑期：丹麦的“固定期限监禁”为 16 年；芬兰的“有期监禁”为 12 年；德国的“有期自由刑”为 15 年；冰岛的“有期监禁”为 16 年；荷兰的“有期监禁”为 15 年；挪威的“监禁”及“拘留”分别为 15 年及 20 年；瑞典的“固定期限监禁”为 10 年。

④ 参见赵秉志等译：《现代世界死刑概况》，北京：中国人民大学出版社 1992 年版，第 62、75、81、100、171、178、229 页。

⑤ 周东平、薛夷风：《日本刑法有期刑上限的提高及对我国的启示》，载《厦门大学学报（哲学社会科学版）》2009 年第 3 期。

四、刑罚与保安处分之双轨处罚体系的建构

（一）刑罚与保安处分的二元处罚体系

18世纪末叶，德国学者克莱因首次提出了刑罚与保安处分二元论的理念。其后，刑事近代学派巨擘菲利、李斯特等所倡导的社会责任论、社会防卫论、刑罚的替代措施、教育刑论等思想，为保安处分的生存提供了广阔的知识背景和坚实的理论根基。不过，菲利及李斯特等所主张的是以保安处分取代刑罚的一元论。[①] 由此，又展开了一元论与二元论之间的论战。1893年瑞士刑法学家司托斯受瑞士联邦参议院的委托，制定并公布了《瑞士刑法预备草案总论》，史称《司托斯草案》，成为第一部保安处分的立法例，该立法例以二元论的思想为基础。[②]《司托斯草案》不仅对欧洲而且对英美、日本等的刑事立法，均产生了重大的影响。[③] 其后，1921年菲利草拟制定了《意大利刑法草案》，史称《菲利案》，其以社会性制裁措施取代传统的刑罚，旗帜鲜明地彰显保安处分一元论。《菲利案》对整个欧美刑法立法产生了重大的影响。[④] 但是，在刑法理念上，保安处分一元论的立法其社会防卫的思想过于宽容，有蚕食人权保障之嫌。因此，自1931年《意大利刑法典》以来，以折中主义思想为背景的保安处分二元论的立法模式在世界各国的现代刑法制度中日益占据统治地位。目前，许多国家或地区的刑法典均采纳了二元论的立法模式，例如《奥地利刑法典》《德国刑法典》《瑞士刑法典》《巴西刑法典》《俄罗斯刑法典》《罗马尼亚刑法典》等。

（二）确立我国刑法上的保安处分制度

我国《刑法》中是否存在保安处分制度？尤其是《刑法》第38条第2款、第72条第2款的“禁止令”，以及第17条第5款的“专门矫治教育”、第18条第1款的“强制医疗”等，是否属于《刑法》中的保安处分制度？在学界，针对“禁止令”的属性存在如下见解：“属于保安处分措施”[⑤]，“并非新的刑种而是非监禁刑的监管措施”[⑥]，“兼有刑罚性和非刑罚性的综合性处遇措施”[⑦]。而对“专门矫治教育”及“强制医疗”的地

---

① 在这一点上，菲利更为极端一些，而李斯特则相对缓和一些。

② 参见甘雨沛、何鹏：《外国刑法学》（下），北京：北京大学出版社1984年版，第608页。

③ 例如1902年的《挪威刑法典》，1909年的《德国刑法预备草案》，1907年的英国《保护观察法》《少年法》，1908年的英国《犯罪预防法》等，均属保安处分二元论的立法例。

④ 例如1926年的《古巴刑法草案》、1929年的《墨西哥刑法典》、1924年的《苏联及各盟员共和国刑事立法基本原则》、1926年的《苏俄刑法典》等，均属保安处分一元论的立法例。

⑤ 王志祥、韩雪：《论〈刑法修正案（八）〉的禁止令制度》，载赵秉志主编：《刑法论丛》第4卷，北京：法律出版社2011年版，第134页；张勇：《禁止令：保安处分刑法化的试金石》，载《检察日报》2011年7月18日，第003版。

⑥ 参见最高人民法院、最高人民检察院、公安部、司法部有关负责人：《〈关于对判处管制、宣告缓刑的犯罪分子适用禁止令有关问题的规定（试行）〉答记者问》，载《人民法院报》2011年5月4日，第003版；冯卫国、刘佳文：《禁止令制度的理论梳理与立法探究》，载《法治研究》2013年第7期。

⑦ 李怀胜：《禁止令的法律性质及其改革方向》，载《中国刑事法杂志》2011年第11期。

位，有的认为属于我国《刑法》规定的保安处分[①]，也有司法规范性文件及学者主张，其属于行政处罚措施[②]；2012 年修正的《刑事诉讼法》设专章对“强制医疗”作了规定，结束了司法实践中由公安机关决定“强制医疗”的做法。[③] 然而这一制度的性质仍未在法律上得以明确。[④] 笔者认为，我国《刑法》中并无保安处分制度，不宜将“禁止令”“专门矫治教育”及“强制医疗”视作我国《刑法》中的保安处分措施。

随着社会情况的变化，需要对被管制者“进行必要的行为管束”[⑤]，从而让“禁止令”步入《刑法》，这反映了立法者对新形势下需要更新处罚方式的认同。“禁止令”在《刑法》中的呈现，实际上是增设了新的处罚方法，加之“禁止令”的相关内容在他国刑法中一般均为保安处分措施，这就难怪一些学者称禁止令为保安处分措施。但是，保安处分制度是犯罪法律后果的体系性建构，具有与刑罚并列的体系性的处罚地位。它不仅有一系列的处分措施，而且包括处分原则、条件、裁量、执行及其与刑罚的关系等一系列规定。另外，这些规定是在相互关联与映衬的基础上的整合，其具体规定也应当是作为刑事处罚总则的普通规范而呈现的。而禁止令只是依附于规定管制期限及执行机关的条款（第 38 条）与规定缓刑适用条件的条款（第 72 条），可见其并不是刑罚体系中的独立的一员；禁止令在实质上也呈现为对管制内容与缓刑内容的特别规定，有别于作为保安处分措施所应有的针对类型性犯罪人的普通意义。在总则对作为犯罪后果之处罚种类的规定缺乏禁止令的情况下，禁止令以附加适用的方式，突兀性地出现在规定管制适用的条款（第 38 条）中，以及突兀性地出现在规定缓刑适用条件的条款（第 72 条）中，这些都使人难免不去追问管制与缓刑之适用禁止令的合理的法源根据。基于近似的理由，也不能将我国《刑法》第 17 条第 5 款的“专门矫治教育”，第 18 条第 1 款的“强制医疗”等，称为保安处分措施，因为“专门矫治教育”系依存于刑事责任年龄条款中的一项特别规定（第 17 条第 4 款），“强制医疗”系依存于精神病人刑事责任能力条款中的一项特别规定（第 18 条第 1 款）。

我国《刑法》缺乏明确的、体系性的保安处分制度，这不能不说是一种观念的迟滞与制度的缺憾。将社会危险行为与保安处分制度纳入我国《刑法》，是当今刑法发展的趋势，符合现代社会的要求，更是宽严相济政策的制度体现。刑罚以制裁犯罪行为的客观罪行为主导性宗旨，在此行为的客观危害性大小系刑罚量的基本根据；而保安处分以

---

① 参见房清侠：《我国刑法保安处分制度的修正与完善》，载《河南司法警官职业学院学报》2004 年第 3 期。

② 参见司法部《关于将政府专门矫治教育的犯罪少年移至劳动教养场所专门矫治教育的通知》（司发通〔1996〕12 号）；最高人民法院《关于“少年专门矫治教育”是否属于行政诉讼受案范围的答复》（〔1998〕行他字第 3 号）；李英娟：《专门矫治教育对象及法律性质分析》，载《社会科学战线》2007 年第 3 期；郭建安、郑霞泽主编：《限制对人身自由的限制：中国行政性限制人身自由法律处分的法治建设》，北京：法律出版社 2005 年版，第 537 页。

③ 参见黄太云：《刑事诉讼法修改释义》，载《人民检察》2012 年第 8 期。

④ 不仅如此，《刑事诉讼法》对强制医疗的对象、程序、审理、解除、法律监督等的规定，仍然较为粗疏；而《刑法》对强制医疗的适用情形、法定期限、适用宗旨、执行机构等实体内容均无规定，仍然存在“适用条件不明”“决定落实困难”“解除措施困难”等问题。参见周峰、祝二军、李加玺：《强制医疗程序适用情况调研报告》，载《人民司法》2016 年第 7 期。

⑤ 李适时：《关于〈中华人民共和国刑法修正案（八）（草案）〉的说明》，2010 年 8 月 23 日在第十一届全国人民代表大会常务委员会第十六次会议上，第 3 条。

矫治犯罪人的人身危险性为主导性宗旨，在此犯罪人的人身危险性大小系保安处分量的基本根据。因此，“对于犯罪行为处以刑罚”，“针对社会危险行为施以保安处分”，刑事处置制度应当呈现为刑罚与保安处分的双轨模式。单纯的刑罚处罚体系，囿于刑罚的制裁机能，不利于针对犯罪人的人身危险性而予“区别对待及宽严相济”的刑事处置；而保安处分体系的纳入，基于保安处分的处遇机能，使根据犯罪人人身危险性的不同而“区别对待及宽严相济”的刑事政策有了充分的适用空间。针对犯罪人人身危险性大小而“区别对待及宽严相济”，是宽严相济政策不可或缺的一个侧画。

法治背景下刑事政策的时代位阶

孙万怀*

在新中国的法治发展过程中，刑事政策具有独树一帜的作用。刑罚权是和平时期最具有暴力性的国家权力。其对于国家权力正常、有效地运转以及秩序保障、社会稳定具有至关重要的作用。其自然而然因保护多重社会关系而得到国家高度重视。政策与法制的关系在实践中就显得更为重要而直接。于是，刑事政策与法规范是互动还是角力、是此消彼长还是和谐共生就成为一个不断磨合中加深认识的话题。

一、前法典化时期刑事政策主导性

刑法的基本特征决定了任何一种国家结构的任何一个阶段，刑法都不可或缺。同样，新中国成立之后，阶段性的特征决定了政策的主导性。国家不可没有刑事规范，但是主要的常行性的刑法规范缺失，刑事政策的领域必然会扩张，刑事政策必然缺少了有力的规范束缚，规范必然成为刑事政策的附庸。法制必须以社会的接受为前提，而这需要长期的磨合和适应，刑法对规范的伦理正当性的要求无疑是最高的，其磨合和适应更是一个漫长的过程，表现为现实就是刑事法规的初创以及与政策、运动的结合。

由此这一时期的规范带有强烈的政策法特征。现实时刻需要刑法来规范社会、防控犯罪、维护安全，而学习、移植的过程性客观上造成了刑法不可能在短时间内具有完整性、系统性和规范性。同时，在新中国成立初期，社会阶级矛盾错综复杂，敌我斗争十分尖锐，颠覆破坏活动十分猖獗。为了保卫新生的人民政权，镇压敌对势力的反抗，在过去的刑事政策惯性之下，年轻的新中国相继开展了镇压反革命运动、“三反”运动和“五反”运动，使新生的人民民主专政政权得到巩固。

基于运用刑法手段同反革命及一切破坏新政权、新秩序的行为作斗争的现实性需要，新中国成立初期的刑事立法只能采取单行立法的方式，而且主要体现为政策法的特征。譬如，1950 年的《关于严禁鸦片烟毒的通令》《禁止珍贵文物图书出口暂行办法》，1951 年的《中华人民共和国禁止国家货币出入国境办法》《妨害国家货币治罪暂行条例》《中华人民共和国惩治反革命条例》《保守国家机密暂行条例》，1952 年的《中华人

* 华东政法大学教授、博士研究生导师。

民共和国惩治贪污条例》《管制反革命分子暂行办法》，等等。但是，系统确立法律体系的想法也在推进。在单行条例之外，1950 年 7 月 25 日前中央人民政府法制委员会就拟出了《中华人民共和国刑法大纲（草案）》，共 12 章 157 条。在这一时期，刑事政策彰显了打击犯罪的信心和强度，但是由于新中国成立初始法律的缺位以及刑事政策惯性作用，法律多表现为一种形式，政策成为实质上的主导，运动式的疾风暴雨般的打击犯罪的模式在实践中已经初露峥嵘。

通过对于新中国成立初期的立法以及刑法理论研究的归纳和分析，可以看出就形式而言，这一时期，无论是政策活动还是理论的研究都比较“繁荣”，凸显刑事政策的应时性。但是这一“繁荣”制衡是阶段性的，原因在于两个方面：其一，这只是百废待兴这一特定时期的需要，缺少一种稳定性、普遍性的政策；其二，这一“繁荣”多是以运动型的方式展开的，这固然有其特定的历史原因，有一定必要性，但对运动效果的追求导致实际上忽视了认定犯罪应当受到的程序约束，失去了程序的正当性和严格的实体规范性。

随着秩序的稳定，法的规范意义得到重视。1954 年，第一届全国人民代表大会第一次会议胜利召开，通过了新中国第一部宪法和 5 部国家机关组织法，这实际上是社会呈现稳定态势的一种体现，也是向规范主义的回归。

1954 年 9 月第一届全国人大一次会议前，法制委员会草拟出《中华人民共和国刑法大纲草案》《中华人民共和国刑法指导原则草案》等。1954 年 10 月 29 日，彭真主持全国人大常委会机关干部会议，传达毛泽东关于“常委会的一项重要任务是立法”的指示，提出当前要“先起草刑法、民法、刑事诉讼法、民事诉讼法”。会后，起草这 4 部法律的工作立即由全国人大常委会办公厅法律室负责进行。全国人大常委会办公厅法律室负责并开始起草刑法，至 1957 年 6 月 28 日，已经写出了 22 稿。并且这个稿子经过中共中央法律委员会、中央书记处审查修改，又经过全国人大法案委员会审议，并在一届全国人大四次会议上，发给全体代表征求意见。1963 年 7 月，彭真将修改后的刑法草案 33 稿报送中央政治局和毛泽东，建议经中央审查后送全国人大审议公布实施。① 其最终成为 1979 年《刑法》制定的蓝本。

二、法典化初期——刑事政策的严厉性凸显

惩办与宽大相结合的刑事政策长久以来一直是党和国家一项基本的刑事政策。在新民主主义革命时期，中国共产党在领导人民对敌斗争过程中，已经有针对性地形成了一些打击犯罪的策略，积累了刑事政策的经验。

如果说惩办与宽大相结合在革命战争年代主要表现为对敌斗争的一项富有成效的策略，则在和平建设年代，更多地表现为打击和预防犯罪的基本刑事政策。镇压与宽大相结合也由此演变为惩办与宽大相结合。尤其是 1979 年《刑法》第 1 条规定我国刑法是

---

① 参见田酉如：《彭真与改革开放新时期法制建设的起步——新中国第一部刑法出台内幕》，载《百年潮》2009 年第 1 期。

“依照惩办与宽大相结合的政策”制定，从而以基本法律的形式明确了这一基本刑事政策。该政策在刑法中得到广泛体现，并在以后的司法实践中，得到了较大程度的适用。

随着严厉打击严重刑事犯罪斗争的深入开展，各级人民法院领导也十分注意政策和策略，认真执行惩办与宽大相结合的基本刑事政策，依法该重判的坚决重判，依法该判处死刑的坚决判处死刑。“但必须明确，‘严打’绝不意味着判刑越重越好。对具有法定从轻、减轻情节的，要依法从轻或者减轻处罚；对于罪行较轻或者具备从轻、减轻情节，有条件放到社会上监督改造的，可以依法多判一些缓刑、管制，做到宽严相济，以分化瓦解犯罪分子，充分发挥政策的威力。”① 较为典型的实例是 1989 年 8 月 15 日最高人民法院、最高人民检察院联合发布《关于贪污、受贿、投机倒把等犯罪分子必须在限期内自首坦白的通告》之后共计有 36 000 多人自首，“收到了良好的效果”②。就长远而言，对这种方式的价值评定不一，但通告本身的刑事政策取向是相当明显的。

尽管惩办与宽大相结合的政策是长期信守的，但这并不意味着政策的内容一成不变。事实上，一开始对这一政策的理解就不尽一致，分歧主要集中在对“坦白从宽，抗拒从严”的看法上。③ 以后随着理论观念的转变，惩办与宽大的核心被建立在“准确”的基础上：“罪该处死，民愤极大，应该判处死刑。罪不该杀，即使民愤极大，也不能判处死刑。”④ 审理刑事案件，一定要坚持以事实为根据，以法律为准绳，特别注重一个“准”字，一切要从实际出发，实事求是，依法办案，不枉不纵，打破关系网，杜绝人情案，依法该重判的，坚决重判，有法定从轻、减轻情节或免除情节的，依法从轻、减轻和免除处罚。不构成犯罪的，依法宣告无罪，一定要使案件的处理经得起历史的检验。⑤

惩办与宽大相结合的政策固然是长期信守的普遍准则，但是与过去相比，政策内涵正在与刑事法律观念相应地发生变更。

其一，“惩办少数，改造多数”的原则被赋予了新的意义。过去这一原则多被理解为对少数的严重犯罪分子进行严厉打击，对多数的一般犯罪分子进行改造和教育。如在 1979 年刑法中，共同犯罪的主犯是在法定刑基础上“从重”，以此分化瓦解犯罪分子。在新形势下，“惩办少数，改造多数”则被理解为在刑事立法和刑事司法过程中，在严格区分罪与非罪、重罪与轻罪的界限的同时，将根据刑法的世轻世重的要求，将一些行为非犯罪化、非刑罚化，通过相关的行政处罚或其他制裁手段进行处理。对于一些介于刑事责任或其他责任之间的边缘行为，尽量本着改造和教育的原则，更好地达到刑法的效果。

其二，“区别对待”与刑罚的个别化是相一致的。惩办是对犯罪行为人所实施的犯

① 最高人民法院原院长任建新同志 1991 年 2 月 1 日在全国法院院长会议上的讲话：《充分发挥审判职能作用，进一步为稳定和发展服务》。

② 参见 1989 年 11 月 10 日最高人民法院原副院长林准《在最高人民法院、最高人民检察院、监察部联合召开的新闻发布会上的谈话》。

③ 参见中国法学会编：《中国法学研究的现状与展望》，北京：群众出版社 1984 年版，第 62 页。

④ 《江华司法文集》，北京：人民法院出版社 1989 年版，第 125 页。

⑤ 参见 1988 年 7 月 18 日最高人民法院原院长任建新同志在第 14 次全国法院工作会议上的报告《充分发挥审判职能作用，进一步为“一个中心，两个基本点”服务》。

罪行为的法律层面上的报应和谴责，宽大则是注意到行为人主观危险性以及改造的可能性而做出的对犯罪分子从宽的处罚，是刑罚个别化的体现。也就是说，区别对待既是根据犯罪分子客观行为轻重差异的必然结果，更是犯罪分子主观恶性大小不一的要求。区别对待的实质就是刑罚的个别化。

其三，较长一段时期之内，惩办与宽大作为对立的范畴，惩办被理解为从严、严惩甚至重刑。其主要原因在于刑法本身的稀缺，政策作为主要的手段，缺乏法律的规范标准的特点，惩办自然成为从严的代名词，“坦白从宽，抗拒从严”成为惩办与宽大相结合政策的核心内容。但是在法律健全有法可依之后，法律的标准成为定罪量刑的唯一标准，程序的正当成为刑法公正追求的目标。惩办和宽大的适用必须在实定刑法的构造和价值内重新界定。

惩办、宽大与罪刑法定是统一的。在对任何犯罪行为进行实体惩罚时必须以刑法为准绳，不能超越刑法的规定任意定罪处刑，这是惩办的基本内容。惩办是与已然之罪的刑法规定相适应的。宽大体现了刑事政策的谦抑主义，通过从宽达到刑法改过迁善的目的。宽大是建立在罪刑法定主义基础上的，从宽的反义词不再完全是从严。

所以，惩办与宽大相结合的政策是带有根本性的刑事政策，是广义刑事政策下的基本信念体现。在其后一时期内，“首恶必办，立功受奖”这一“分化瓦解”的初衷已经被摒弃了。不仅于此，宽严相济政策从一定意义上说就是这一政策在司法实践领域的延伸。

在很长一段时期之内，我国的刑事政策始终以严打为惩治刑事犯罪行为的基线，结合不断演化的犯罪态势，有针对性地对各类犯罪行为进行惩治和预防。可以这样说，“严打”刑事政策的贯彻执行极为强烈地体现了刑法的防卫社会功能，将刑法的应时性、应世性特征发挥得较为淋漓尽致。但是，在近二十年的“严打”整治中同样有一系列值得总结的东西，并为今后刑事政策的制定和贯彻提供了有价值的借鉴。

重刑未必能够起到遏制犯罪的效果，反而可能导致专任刑罚，导致天下愁怨。虽然“严打”政策未必如此，但其弊大于利似乎是一种共识。这大致可以归纳为以下几个方面：

其一，在始终不渝地严厉打击危害严重的自然犯的同时，针对各个时期的社会现实，有针对性地打击危害突出的法定犯。

“严打”一直将打击对象限定在一定的范围之内，但未必能严格执行。1983 年，党中央作出了《关于严厉打击刑事犯罪活动的决定》，十分明确地将七类严重刑事犯罪的犯罪分子作为“严打”的对象：(1) 流氓团伙分子；(2) 流窜作案分子；(3) 杀人犯、放火犯、爆炸犯、投毒犯、贩毒犯、强奸犯、抢劫犯、重大盗窃犯；(4) 拐卖妇女、儿童的人贩子，强迫、引诱、容留妇女卖淫的犯罪分子和制造、复制、贩卖内容反动、淫秽的图书、图片、录音带、录像带的犯罪分子；(5) 有现行破坏活动的反动会道门分子；(6) 劳改逃跑犯、重新犯罪的劳改释放分子和解除劳教人员，以及其他通缉在案的罪犯；(7) 书写反革命标语、传单、挂钩信、匿名信的现行犯革命分子等。这些犯罪都是当时社会体制下的最为严重的刑事犯罪类型和方式。直至当前，尽管社会体制发生了很大变化，但是这七类犯罪中的一些犯罪始终是作为“严打”的内容存在的。

以 2001 年 4 月开始的“严打”整治为例，中央十分明确地对这次“严打”规定了三类重点：（1）黑社会性质组织犯罪以及其他危害社会治安的恶势力犯罪；（2）爆炸、杀人、抢劫、绑架等严重暴力犯罪；（3）盗窃等严重影响群众安全感的多发性犯罪。同时还规定各地区可以在此基础上结合当地的实际，明确打击重点。

结合历年严打的范围可以发现，刑事政策在始终不渝地严厉打击重大自然犯的同时，针对各个时期的社会现实，有针对性地打击法定犯。原因在以下几个方面：一是自然犯大多是针对公民的生命权、健康权以及重大的社会安全，同时上述权利属于人权的底线，所以刑法中对上述客体的保护至关重要。这是几类自然犯作为严打范围的原因。同时，上述客体在所有犯罪化与非犯罪化中是最具有稳定性的，这是几类自然犯始终作为严打范围的原因。二是法定犯的行政违法性特征决定了此类犯罪既依附于社会经济秩序，又依赖于相关法律的创制。相关法律的时代性、时期性特征决定了不同时期对法定犯严打范围的不同。

但是，这只是就规范意义上而言的，在实际执行过程中，单极化的刑事政策往往导致个别化的政策占据着人民的思维高地，司法实践中也由此形成了宁重毋轻的“左”的观念，在规范冲突或竞合时选择重刑成为一种惯性。

其二，并没有否定惩办与宽大相结合的政策，但惩办是主线。从“严打”刑事政策制定实施以来，重刑的判决——5 年以上有期徒刑、无期徒刑、死刑——在全部判决生效案件中的百分比始终稳定在一个较高的并且较为接近的水平，在加大“严打”力度的个别年份，重刑比有所提高。在集中力量进行“严打”并且重刑的比例提高后，犯罪指数会有所下降，具体表现在全国法院所判决的犯罪行为人的数量上。全国法院历年判决的犯罪行为人的数量处于稳定增长的态势，在最初“严打”刑事政策贯彻之后，短期内效果是十分明显的。1985—1987 年全国法院判决的犯罪分子数量平均在 32 万人左右。

当然，宽大政策也有所显现。在严打整治初期，宽大的政策即被多次强调。例如，1985 年 4 月 3 日《最高人民法院工作报告》提出：“对具有自首或检举揭发、确有立功表现等从宽情节时，依法从宽处理，务必政策兑现。对判决生效以后，罪犯在检举揭发其他犯罪分子的罪行时，同时交代本人余罪可以不予加刑。主动交代出重罪、罪该处死的，可以不判死刑，检举重要案犯立功的，依法予以减刑，对多年流窜作案的要犯，只要自动归案或其家属、亲友动员归案，均可依法从宽处理。”

今天看来，其中一些规定显然超出了法律的范围，但对惩办与宽大相结合的要求可见一斑。针对 2001 年开始的“严打”整治，上海地区在执行这一刑事政策的同时，即十分注意贯彻宽大的方针。上海市高级人民法院等机关先后通过了《关于处理自首和立功具体应用法律若干问题的意见》和《关于严打整治期间对在押、收容人员兑现宽严政策的通告》，对刑法概括性的规定加以量化，较好地保护了犯罪行为人的合法权利。只不过这些规定是建立在“严打”的基础上的，至多只能说是对“严打”政策在一定程度上的缓和而已。

其三，早期的“严打”政策在立法、司法等多个领域均有体现，后期的“严打”政策倾向于刑事司法实践活动中的依法性。1983 年，党中央做出了《关于严厉打击刑事犯罪活动的决定》，“严打”整治成为刑事政策的重心，由于“严打”被最直接地定位于罪名的扩展和刑罚的刚猛，“严打”的依据首先在立法领域得到体现，以单行刑法的方式将“严打”内容法律化。后期，尤其是1997年《刑法》实施以后，“严打”政策主要已经演变为法律适用过程。也就是说，“严打”整治必须依法而行，落实到刑事实体法领域，就是严格按照刑法的具体规定、有效的司法解释以及法律的基本原则。“严打”政策由“变法”“严打”逐步演变为“依法”“严打”。

由此可见，随着逐步对“严打”由感性认同到理性审视，在后期的政策贯彻过程中，其与法律的关系已经开始被理性对待，这是实践法律和政策关系认知的一大进步，尽管这是一种自发的评估，理论支持仍然不够，推行过程也不无阻力，但由此也可以确定“严打”政策的正当性被重新审视。

从某种程度上说，刑事政策立法化过程说明了我国现行的刑事立法中已经在较大程度上体现了“严打”政策的内涵，所以在依法治理某些犯罪时，已经体现了“严打”政策，一味从严实质上导致刑法最终走入了单向度的路途。

三、法典化时期——刑法的规范性逐步得到尊重

1997年3月14日，第八届全国人民代表大会第五次会议修订了1979年《刑法》，并于1997年10月1日起施行。1997年修订的我国刑法，蕴含了刑法价值观念上的某种重大转变。这种转变，既是对以往犯罪化立法成果的固定，也是新的社会价值观念在刑法规范中的重新确立，更是对刑法规范性、系统性和明确性的一种追求。

罪刑法定原则（又称罪刑法定主义），是近现代刑法中的一项基本原则。长期以来，由于客观现实条件的制约，我国关于罪刑法定原则的研究大多致力于对原则的渊源、历史演变和发展的考察，注重是否将罪刑法定原则予以立法化的问题，其直接的成果便是1997年立法者审时度势，以法律条文明示的方式将罪刑法定原则在修订后的刑法中加以确立，并在诸多问题上进一步贯彻。

在理论研讨中，人们对“罪刑法定”的研究较多地集中于对原则基本特征的概括。在总结司法经验时，对其归纳又大多集中于原则的基本形式，从而无暇顾及罪刑法定原则对各类刑法规范的直接指导意义及其具体量化的内容，无暇顾及罪刑法定原则价值的物化。随着修订后刑法的施行，诸如刑法是否应当明确规定罪刑法定原则以及是否应当废除类推等的争论已经成为纯学理的问题，在新的基础上所产生的量变，其坐标应落脚于怎样把握罪刑法定原则的实质内容，如何把握其在司法中的形式，以及对具体刑法规范的指导意义。就这些角度审视，人们便会发现，刑法在修订和适用过程中的某些内容及其规定方式，仍具有一定的不周延性，与罪刑法定原则的要求仍然存在着距离。

但不可否认，罪刑法定原则成为刑法的基础性原则说明了法律与政策的关系开始变得明晰。刑法不再是政策的产物，法律更不应该在适用中被政策随意理解。法外无法，法无明文规定政策就不能随意作为。

当然，罪刑法定原则的内涵也是不断发展的，任何新的内涵的设定，都实际体现了法律摆脱政策的一种努力。相对于刑罚权而言，刑法保障机能的呼声复归，对罪刑法定原则的研究正侧重于对其派生原则进行的修正和从形式要求开始引申为对其实质的领

会。为此，各国学者相继提出了不同的立论，以不同的分类依据对原则内容进行归纳整合。新生的一些原则内容已经不再拘泥于禁止类推、刑法效力不溯及既往等几个规范的基线，而是融合于整个刑法的实体之中。明确性原则、同等保护原则、刑罚法规正当原则等，均对罪刑法定原则提出了全面的规制。

在国家刑事立法权和刑事司法权的运作过程中，人们往往关注到正义性和合法性的内容。其实，正当性和合法性固然是重要的约束，作为人格化的权力同样需要满足一定的道德要求。因为权力本身的认知具有局限性以及刑罚权所针对的特定对象，决定了宽容成为其道德约束的重要内容。中国古代在忠恕思想的指引下，刑法的适用往往具有宽和与容恕的色彩，尤其是在法律伦理化之后，宽容的理念蹒跚起步，开始为权力所认可，进而成为权力行使者心中的道德律。在西方，宽容则主要体现为宗教和法律领域的宽容，是西方法治发展的一个重要成果。虽然我国刑事政策的宽容要求实际上是中国古代自由观念的重拾，但西方宽容的历史无疑可以为我们提供借鉴作用。在刑法的“合法性”要素缺损的时候，再一味追求法律规范的法定性实质上就会出现权力对待犯罪的极度不宽容现象。宽容更深层次的意蕴是对真理和自由追求的结果，也是对高风险社会之下的管理手段创新的内在要求。就根源而言，国家刑罚权的宽容是政治伦理的具体表达，从表现来看，司法宽容则是政策宽容的具体表达。对宽严相济刑事政策的内涵实际上可以采用这样的解读方式。

2004 年 12 月，中共中央政治局常委、政法委书记罗干在全国政法工作会议上提到“宽严相济”刑事政策，同时强调“依法从重从快从严”打击刑事犯罪还会是今后相当长时期内坚持的政策。2006 年 10 月 11 日中国共产党第十六届六中全会《关于构建社会主义和谐社会若干重大问题的决定》第一次指出“实施宽严相济的刑事司法政策”，由此宽严相济成为一项重要的刑事政策。

宽严相济刑事政策具有以下基本特征：

首先，宽严相济刑事政策更应当体现在刑事司法领域。根据政策的明达，宽严相济刑事政策是一项刑事司法政策，不应任意扩大范围。然而，在当前理论探讨中，往往忽视这一点，认为这项政策包括法网的严密性等内容，实际上是提高了政策的位阶。作为一项司法政策，宽严相济刑事政策应当是在法律给定的框架之内，在依法办案的基础之上体现国家权力对于社会刑事判断的需要，在轻重严宽中作出平衡。

其次，宽严相济刑事政策是对“严打”刑事政策的纠正。宽严相济的内容本身并不是新的东西，甚至可以说是中国传统刑法思想中的重要内容。譬如，《左传》曾有这样的记载：“宽以济猛，猛以济宽，政是以和”。在以后的历史发展中，这种思想被不断地发扬光大。但是将其放置于具体社会历史现实中，则具有一定的新的意义了。笔者认为，在中国当前司法中，将宽严相济刑事政策作为一项刑事司法政策加以体现，实际上是一种理论取代。从 20 世纪 80 年代以来，针对严重的犯罪态势，“严打”成为刑事政策的主线，从最初的广义“严打”，到最终“严打”成为一种纯粹的刑事司法政策，直至当今演变为宽严相济的司法政策，其脉络应该说是比较清楚的。

从这一转变分析，作为一种校正，宽严相济政策是对过去的从严政策向均衡政策的一种纠正，从这个意义上甚至可以说其是一种刑事政策宽和化的体现。具体来说，宽严相济政策的主线不是当宽则宽，更不是当严则严，而是以宽济严、以严济宽。具体来说，以严济宽实质是对于比较轻微的犯罪要考虑其中严的因素，但是毕竟在法律的框架之内轻罪无论如何不可能体现实质性的严厉性，宽严相济最核心的就是以宽济严。

这是一种比较典型的新的变化和解说，和过去的“严打”政策体现的“严厉”倾向相比较是一个重大变化。宽严相济刑事政策就是对于刑法宽和化的回归。正是在这一前提下，类似于刑事和解等制度才具备了基本的理论前提。当然需要注意的是，在追求理解和适用政策的时候应当把握合法性的标准，对宽和化的内容和方式不应当作出随心所欲的理解，更不能为了宽和化而宽和化。

宽严相济的刑事司法政策是和谐社会这一价值目标中的应有之义。刑法作为一种公法，尽管被赋予了预防的目的，但是不可否认，在当代法制框架之内，其基本属性还是惩罚，这就意味着刑罚还是通过恶的方式来对待恶，以痛苦对待痛苦。本质上还是冤冤相报，纯粹的惩罚的作用毕竟是有限的，其有时无助于建立一种新的和谐制度，反而可能产生新的仇恨和不稳定，只不过仇恨的目标不再确定，不稳定的因素不再直接而已。以宽济严着眼于社会关系的修复，意味着对于刑罚的一种调和。

四、刑事政策体系化时期——对于科学与公正的追求

党的十八大报告正式提出“科学立法、严格执法、公正司法、全民守法”的新十六字方针，这是在“有法可依、有法必依、执法必严、违法必究”基础上进一步的推陈出新，也是应对新时期法治环境变化需要的体现。“同党和国家事业发展要求相比，同人民群众期待相比，同推进国家治理体系和治理能力现代化目标相比，法治建设还存在许多不适应、不符合的问题。”① 在新时期，法治领域需重点解决的不再是法的“有无”问题，而是在“中国特色社会主义法律体系已经形成”的背景下，如何推进法律的公正实施。

（一）“十六字方针”及其刑事政策观

刑法是否仅仅是一个以威胁为后盾的命令？刑事司法与主权者的关系如何界定？社会基本伦理关系在刑事司法中的地位如何？这些是历久弥新的话题。

就一般意义而言，刑法具有命令性的特征似乎是可以理解的。所谓命令，如同奥斯丁在《法理学的范围》第一讲中所论述的：“如果你表达或宣布一个要求，意思是我应该做什么，或者不得做什么，而且当我没有服从你的要求的时候，你会用对我不利的后果来处罚我，那么你所表达的或宣布的要求，就是一个‘命令’”，“一个命令区别于其他种类的要求的特征，不在于表达要求的方式，而在于命令一方在自己的要求没有被服从的情形下，可以对另外一方施加不利的后果，或者痛苦，并且具有施加的力量，以及目的”②。而就刑法的形式和传统的认识论而言，因为刑法是惩罚性最为严厉的法规则，这种规则又是政治的优势者对政治劣势者制定的，所以命令性特征似乎格外耀眼。

① 《党的十八届四中全会〈决定〉学习辅导百问》，北京：学习出版社、党建读物出版社 2014 年版，第 2－3 页。

② ［英］约翰·奥斯丁：《法理学的范围》，刘星译，北京：中国法制出版社 2002 年版，第 15、17 页。

然而这个结论只是有助于理解法律形式的严格性和严厉性的形成，所谓的命令性至多只是体现刑事规则的外在功能。也许在特定的时代环境下，命令性特征被特别强调或放大，但是这并不足以成为一个刑法实质的全称判断。随着法治的发展以及体系的逐步建构，命令性的特点必然逐渐褪色，刑法的价值性诉求会不断被提起、被热议，刑事司法过程选择的多样性必然被关注，决定主体被排除出规则约束范围之外的逻辑也会不再适合法律的时代性的要求。基于社会变化的多样性以及刑法所要求的稳定性，司法适用绝非仅仅只能做出原旨主义的理解。在这样的背景下，司法的塑造功能会频频出现在舞台中心。例如，“美国权力的一个象征的最高法院曾在很大程度上塑造着美国社会、经济和政治的形象。它作为公断者的作用是双重的。一方面，它确认联邦政府的中央权力和各州地方权力之间的界限；另一方面，它在保护公民免受违宪权力侵害上起到了决定性的作用。……把司法功能和政策制定功能融合在一起，就是最高法院独一无二的动人之处。这种融合必须保持平衡，它既是最高法院权力之所在，又决定了它权力的界限。对于美国最高法院的功能褒贬不一，其作用应该如何体现始终存在不同的看法，有人希望它扮演更为积极的角色，有人希望它仅仅成为消极处理的角色，两种观点都将长期存在下去”①。争议的存在本身就意味着积极司法是一个无法回避的现象。

刑事司法观的变迁见诸法治的发达过程中，塑造功能也会牵绊着争议而前行。在逐步迈向依法治国时代的中国，其沿革的脉络特别明显，司法政策的方针的变化就是核心证明。

1978 年 12 月，中国即将迈入改革的时代，法制建设是一条重要的抉择。邓小平在党的十一届三中全会前召开的中央工作会议上讲话指出：“为了保障人民民主，必须加强法制。必须使民主制度化、法律化，使这种制度和法律不因领导人的改变而改变，不因领导人的看法和注意力的改变而改变。”他同时提出，要做到“有法可依，有法必依，执法必严，违法必究”②。党的十一届三中全会正式确立了社会主义法制建设的这一“十六字方针”。1979 年 7 月，《刑法》和《刑事诉讼法》作为最早一批部门法律应运而生。

“十六字方针”是在“百端待举”的背景下提出的。“有法可依”是首要的任务——建立一套完备法律体系，尤其是刑法，作为社会最后的保障法，作为各个部门法的最后一道关隘，作为底线人权的保护者，其制定无疑具有重要的意义。但“有法可依”只是表达了有刑法可以依托和奉行，至多也只是可以延伸为释法的体系性、明确性要求，无法解决司法的基本精神和理念层面的问题。从适用法律角度而言，其核心点就在于“有法必依，执法必严，违法必究”。但仔细分析会发现，“有法必依”已经涵盖了司法、执法的所有内容，而“执法必严”也已经涵盖了“违法必究”的内容。

该方针具有明显而强烈的价值色彩，强调命令的严厉性特征。具体分析，可以从三个方面作出诠释：其一，命令是被用来遵循的——法律效力具有普遍性和有效性，严格依照法律办事，严厉打击犯罪，惩罚不遗余力。其二，体现了规则的主权特征以及不容

① ［美］鲍勃·伍德沃德、斯科特·阿姆斯特朗：《最高法院的兄弟们》，吴懿婷、洪俪倩译，北京：当代中国出版社 2009 年版，前言。

② 《邓小平文选》（第 2 版·第 2 卷），北京：人民出版社 1994 年版，第 146－147 页。

协商或妥协的属性。譬如，1997年《刑法》第3条一般被归纳为“罪刑法定原则”条款，但因为其不仅包含了传统的罪刑法定概念的内容，还明确规定：“法律明文规定为犯罪行为的，依照法律定罪处刑”。这是一种典型的严格执行法令的宣言。对此，学界一直有人认为该条只能是法律专属主义的条款而不是罪刑法定条款。其三，命令是用来被严格或严厉执行的——“执法必严”。在我国后来的司法实践中，执法必严为“严打”刑事政策合规性的形成和贯彻作出了最好的诠释。因为强调从严，司法行为甚至突破了刑法基本规范，甚至不惜通过修法的方式达到目的，极端的积极主义暴露无遗。但是在进入21世纪之后，“严打”被限定在“依法严打”的范围，积极主义开始出现温和的特征。直至2006年党的十六届六中全会通过了宽严相济的刑事司法政策，政策的温和性特征得到完整表达，单边性的刑事司法政策被摒弃。然而，有的观念和思路已经深深扎根于人们的信念中，轻视程序、轻视人权保障的司法观已经根深蒂固，重塑司法观仍然任重道远。

当然，在实践中，基于现实的需求，“十六字方针”往往被注入了目的性的解释。譬如，认为“有法必依”喻示着坚持法律面前人人平等，“执法必严”喻示着确保公正执法和司法，“违法必究”喻示着不容许任何组织和个人有超越宪法和法律的特权（与平等解释有重复之嫌）。这种目的性解释似乎并未超出原意的射程，是因为这种理解往往不具有具体的对应标准，使得司法者在使用时会面临一定的法律风险或职业风险，故在实践中往往不能得到很好的主张或认可。

（二）新“十六字方针”与法律公正性要求

如果以上的“十六字方针”所强调的是对法律的服从或者说是法律信仰的树立，是为了保证法律被不折不扣地执行，那么，在树立观念之后，如何协调法律和司法者的关系则成为首要的问题。这涉及法律、法律人以及普罗大众之间关系的协调。单纯的服从法律并不能形成一种法律价值观。法律观的塑造并不是仅靠冰冷的法律就能够完成的，很大程度上是司法者通过裁决在调整政治生活、社会生活的同时，决定着人们的命运和重塑人们的观念。正如党的十八届四中全会的《中共中央关于全面推进依法治国若干重大问题的决定》[①] 所提到的：“公正是法治的生命线。司法公正对社会公正具有重要引领作用，司法不公对社会公正具有致命破坏作用。必须完善司法管理体制和司法权力运行机制，规范司法行为，加强对司法活动的监督，努力让人民群众在每一个司法案件中感受到公平正义。”司法的引领作用受到重视。

“辱母杀人案”就是一个典型的实例。无论是理论界还是实务界，对该案定性问题的纷争和论述可谓不一而足，但是论者忽略了一个非常值得深思的问题——为什么一个并不复杂和艰涩的案件会引起如此广泛的讨论，会引起诸多顶尖学者的强烈争议。其中一个根本的原因是：长期以来，司法者缺少一种担当意识，没有通过说理对法律观进行引领。

司法的过程不是学者在发现理论，而是法官在创造答案。法学理论形成的因果关系

① 参见《中共中央关于全面推进依法治国若干重大问题的决定》（2014年10月23日中国共产党第十八届中央委员会第四次全体会议通过）。

在司法实践中往往是倒置的，即不是通过单向的原因论证推导出结果，而是实践给出了结果，在形成了大量的结果合法性与多重的理由之后，汇总并发现一定的论据和理由。然而，在涉及防卫权的领域，司法机关一直回避对防卫权与不法侵害人权利之间平衡性的评议，回避防卫方式确定性的认定问题，往往通过直接定罪的方式加以粗糙解决，甚至在被逼到困境的时候，不惜通过技术处理的方式回避问题的实质。譬如，同样曾经轰动一时的邓玉娇防卫案[①]在被定性为防卫过当之后，通过鉴定认定邓玉娇构成限制刑事责任能力的方式，达到免除处罚的结果。就处理结果而言，权利之间似乎最终达成了平衡，但这只是针对个案而言。个案的认定固然具有一定的指引作用，但是并不能等同于司法价值观的形成，因为裁决只是一个结果，充分的说理才能真正表明价值立场，才能逐步形成普遍类型化规则的支撑，类型化的说理是富含价值的、是鲜活的、是明晰的。试想，如果当时在处理邓玉娇案时对于其是否防卫过当阐明了权利之间的平衡问题，形成价值的系统化的理由，那么当“于欢案”发生之后，我们需要做的无非是对不法侵害程度的认定标准进行叠加与对比，从而使防卫理论羽翼丰满，使正当防卫的有力学说不再是几条干巴巴的概念和同义反复式样的特征表述，不再会出现有关防卫过当结果定性的语焉不详或者模棱两可的结论，观念之中的碰撞也会得到消弭。

《中共中央关于全面推进依法治国若干重大问题的决定》明确提出：“法律的生命力在于实施，法律的权威也在于实施。”因为司法的过程是体现价值表达、验证或塑造的过程，所以法律才会具有生命力，从而避免成为一个僵化的体系。富勒认为，法是使人类的行为服从规则治理的事业，但更是一种有目的的事业，有其道德性，“法律的内在道德”是一种愿望的道德。[②] 即便是强调实证主义的哈特将法律作为一个命令，也是将命令视为一个抽象的最高原则，其认为必须考虑法律内在的“超法律因素”——“唯有透过对相关语言之标准用法的考察，以及推敲这些语言所处的社会环境，始将这些差别呈现出来。”[③] 由此，哈特的理论与其一生的对手——新自然法学派的理论形成了盘根错节的关系，提出了对自然法最为基本的信守，提出了“最低限度内容的自然法”的命题，即法律如果要得到良好的实施，绝不仅仅是一种单纯的规范的执行，不能回避法律本身的合法性或者说目的性。

就法治中国而言，法律体系形成以后，犯罪治理的价值性追求得以重视，必然引发对法律性质的反思。新的方针的形成是大势所趋，对法治目的的思索必然成为主要的选项。《中共中央关于全面推进依法治国若干重大问题的决定》明确提出：“科学立法、严格执法、公正司法、全民守法”。这一新的“十六字方针”的提出，与其说是对十一届三中全会上所确立的“十六字方针”的升华，毋宁说是对法治理念的实质性建构。

这一实质性建构主要表现为以下几个方面：

第一，追求法律正当性的目标。对立法的“科学性”的追求，旨在确立一种合理的

---

① 参见“邓玉娇防卫案”，湖北省恩施土家族苗族自治州巴东县人民法院（2009）刑初字第 82 号刑事判决书。邓玉娇在野三关镇“雄风”宾馆做服务员时，于 2009 年 5 月 10 日晚基于自卫目的，刺死、刺伤镇政府人员引起全国轰动。

② 参见［美］富勒：《法律的道德性》，郑戈译，北京：商务印书馆 2005 年版，第 52 页。

③ ［美］哈特：《法律的概念》，许家馨、李冠宜译，北京：法律出版社 2011 年版，前言。

权力——法律关系。首先，依法治国并不意味着任何一种行为都需要通过法律的方式甚至动辄通过刑法来加以规制和解决，而是合理界定法律与道德规范的关系，合理处理刑事相对违法性的关系。其次，承认并弘扬法律的限权性特征，从过去强调法律的社会规范功能转向强调法律对权力的制约功能，将权力关进制度的笼子中。最后，强调立法行为的合宪性，遵循合比例原则，从而真正做到“努力使每一项立法都符合宪法精神，反映人民意愿，得到人民拥护”。刑法的解释应充分考虑合规范性、合刑性以及合宪性。

第二，强调法律实施的公正性追求。如果说“执法必严”“违法必究”只是间接追求公正（譬如反对选择性执法），无法解决“严格执法”“严厉追究”所隐含的与公正价值的潜在冲突，则公正司法有更为广泛的内涵，这主要是因为：

首先，就形式而言，二者不属于同一个层面。公正是法律的价值判断同时也是伦理学的价值判断，而法律实施的严格遵循和严厉惩处只是程序上的一般准则，甚至带有情绪化的色彩。更为重要的是，执法的严格性诉求一定程度上否认了执法者本身对法律理解的独立性。而公正因为是价值判断，必然包含着司法者对规范的经验判断，譬如存疑有利于被告原则，在法律规范中不一定会有明文，但是作为一个刑事司法的基本理念，在强调保障人权的旗帜下，必然会得到认可。

其次，从实质上说，二者之间也存在着明显的差别。一般认为，刑事司法的公正要求是对刑法平等适用的补足。尽管刑法平等适用是作为一项刑法基本原则而存在的，但是公正基于更高的价值，是对法规范所要求的整齐划一情形的突破。即使这种补足的平等被视作平等的第二种表达方式，对公正也可以做出与平等不同的解释，即公正不是类似于平等那样一个固定的机会或条件，而是一个能够被广泛接受的价值。

所以，公正所涉及的是对各种评判标准以及各种利益关系的协调，甚至是大家能够接受的利益的让渡。“公平正义就是社会各方面的利益关系得到妥善协调，人民内部矛盾和其他社会矛盾得到正确处理，社会公平和正义得到切实维护和实现。”[①] 法律的平等性要求无偏无颇，公正才可能是通过公允的要求实现平衡。

平等与公正的潜在冲突在刑事司法中表现得尤为深刻和直接。这是因为，在民事规则中，冲突可以诉诸防止权利滥用、公序良俗以及信用原则等化解，但是在刑法中如何突破或者说协调横亘在的罪刑法定原则面前的形式训诫则十分敏感。这在许霆案[②]中表现得尤为明显。一个数额不大的盗窃案之所以能够轰动全国，其实是因为法院作出的无期徒刑判决触碰了社会大众内心的公正底线。而法官之所以敢于判处无期徒刑，原因恰恰也在于其对法律的遵循，同时平等性的信念进一步强化了法官做出裁决的勇气（平等信念战胜了协调性观念）。同样，该案件最终做出了法定刑以下减轻处罚的结果并不意味着法官先前裁决存在法律适用的认知错误，而是公正的诉求最终战胜了法律的命令性特征。[③]

---

① 胡锦涛：《在省部级主要领导干部提高构建社会主义和谐社会能力专题研讨班上的讲话》（2005 年 2 月 19 日）。

② 参见“许霆案”，广东省广州市中级人民法院（2008）穗中法刑二重字第 2 号刑事判决书。

③ 当然这只是基于对主流观点以及与裁决结果的评论而言。笔者至今坚持认为对许霆案可以通过对财产控制关系的重新界定作出另外一种评判。

在新的"十六字方针"的指引下，在追求法律正当性和司法公正性的前提下，刑事政策出现了明显的、温和的积极主义动向。这种温和性表现为引领性和多维度，但是其核心表现为政策开始注重国家权力运用的节制以及权力与权利之间的平衡。譬如，《中共中央关于全面深化改革若干重大问题的决定》[①] 在第九部分论及"推进法治中国建设"的时候，明确指出："完善人权司法保障制度。国家尊重和保障人权。进一步规范查封、扣押、冻结、处理涉案财物的司法程序。健全错案防止、纠正、责任追究机制，严禁刑讯逼供、体罚虐待，严格实行非法证据排除规则。逐步减少适用死刑罪名。""废止劳动教养制度，完善对违法犯罪行为的惩治和矫正法律，健全社区矫正制度。""推进审判公开、检务公开，录制并保留全程庭审资料。增强法律文书说理性，推动公开法院生效裁判文书。"《中共中央关于全面推进依法治国若干重大问题的决定》再次强调："加强人权司法保障"。"健全落实罪刑法定、疑罪从无、非法证据排除等法律原则的法律制度。完善对限制人身自由司法措施和侦查手段的司法监督，加强对刑讯逼供和非法取证的源头预防，健全冤假错案有效防范、及时纠正机制。""构建开放、动态、透明、便民的阳光司法机制，推进审判公开、检务公开、警务公开、狱务公开，依法及时公开执法司法依据、程序、流程、结果和生效法律文书，杜绝暗箱操作。加强法律文书释法说理，建立生效法律文书统一上网和公开查询制度。""完善刑事诉讼中认罪认罚从宽制度。"此外，该决定还在独立行使司法权、建立健全司法人员履行法定职责保护机制、推进以审判为中心的诉讼制度改革等方面作出了规定。仔细分析可以发现，这些刑事政策或者与刑事密切关联的政策开始注重社会关系的调和，关注到犯罪治理中的实质性矛盾，强调权利与权力之间的平衡，强调对司法人权的保障，强调刑事程序的正当性，强调裁决中立性和权威性，促进刑事法律的忠实履行，改变旧的司法观，塑造新的治理犯罪的价值观。

（三）公正性的实现依托于相对积极主义

罪刑法定原则强调罪刑关系的明确性和确定性，反对"法外定罪""法外用刑"，这似乎表明作为刑事司法中的首要准则，其同样蕴含着极大的风险：当刑法规定存在着重大缺陷，严格遵循规定无疑会导致风险成为现实。

困惑的解决依赖于以下四个问题的解决：罪刑法定的基本理念是什么？其与法律专属主义的区别在哪里？罪刑法定是否意味着命令的执行？漏洞是否应该得到不折不扣的适用？

以上问题的解决需要回溯到刑法规范的基本特征来进行演绎。

首先，刑法规范作为社会规范，应当具有规范属性和道德属性。刑法的历史证明，尽管在不同的时代，其规范属性在度量上有不同的特点，但是并不构成实质性的变更。如果说现代刑法与古代刑法有什么根本变化，就是刑法的道德属性被重视，观念完成了从身份向契约的变化。主权者意志与保障人权之间的平衡成了规范正当性的重要标准。

---

① 参见《中共中央关于全面深化改革若干重大问题的决定》（2013 年 11 月 12 日中国共产党第十八届中央委员会第三次全体会议通过）。

依照这样的逻辑，只具有形式属性不符合道德属性的所谓规范不应当属于当代法的范畴，当规范因为违背了法律的内在道德而不再是法律，就存在一个填补的问题。从这一点来看，似乎激进者的观点得到了支持。在他们看来，如果机械地依照恶法的规定，会导致刑法适用违背基本的公平正义。顺延下去，有缺陷的规范如果被严格执行，则裁决不仅不利于社会秩序、社会关系的修复，还会导致法律成为被嘲笑的谈资，法官成为被指责的对象。所以，应该通过积极介入的方式，弥补法律的缺陷。既然恶法非法，则规范可以被变更。因为刑法有缺陷，则积极主义的态度不可避免。但问题是法官应当如何理解法的缺陷？法官何时可以突破刑法的文义？

关于实在法良善的标准可谓众说纷纭，结合刑法理论和司法实践中存在的争论来看，主要两个标准：一是大数法则——最广大多数人的意志，二是是否符合社会进步和发展方向。刑法的规范属性是在一般场合下起作用的，而刑法的道德属性往往是在争议的情形下起作用的。在通常情况下，大数法则、社会进步与法律标准是同步的，但是在特殊情形下，这两个标准往往是失灵的，要么会造成“多数人的暴政”，要么导致法律规范属性的丧失（“进步”与“发展”的定义不够确定，甚或会成为命令的代名词）。

受到新自然法学派理论的启发，笔者认为刑法也存在义务的道德和愿望的道德。如果说义务的道德是指法律一般的道德要求，则愿望的道德是法律归属发生价值冲突时的信念选择。就刑法而言，首先，因为其涉及规范国家刑权力的特征，反对罪刑擅断成为义务的道德要求，坚持法定化、明确化成为必须的选项，但是这并不是全部。义务的道德并不能保证法治的正当性实现。“实证主义由于相信‘法律就是法律’，已使德国法律界毫无自卫能力，来抵抗具有专横的、犯罪内容的法律。在此方面，实证主义根本不可能依靠自己的力量来证立法律的效力了。”[①] 愿望的道德最为核心的依据是刑法的人道性要求。罪刑法定主义与刑罚人道主义就是一个互为表里、共生共融的统一体。笔者对此也曾撰文专门论述。[②] 通过刑罚人道性观念的补足，既体现了刑法的基本精神又有助于司法过程中公正共识的达成。当然，刑法愿望的道德只是一个基本的理念，在刑事司法中相对积极主义具体体现为一定的释法方法的限制。

（四）相对积极主义通过从解释的位阶寻求公正性实现

哈特认为：“任何选择用来传递行为标准的工具——判例或立法——无论它们怎样顺利地适用于大多数普通案件。都会在某一点上发生适用上的问题，将表现出不确定性；它们将具有人们称之为空缺结构（open texture）的特征。”[③] 由此出现了司法旨在“漏洞填补”的观点：“我们可以区分两种法律漏洞，一类是从法律条文的表述上可以看出漏洞（“表述漏洞”[Formulierungslucken]），另一类漏洞要通过评价才能确定其漏洞（“评价欠缺型漏洞”[Wertungsmangel]）。”[④] 对于第一种漏洞，可以通过刑法的基本解

---

① ［德］古斯塔夫·拉德布鲁赫：《法律智慧警句集》，舒国滢译，北京：中国法制出版社 2001 年版，第 169 页。

② 参见孙万怀：《罪刑关系法定化困境与人道主义补足》，载《政法论坛》2012 年第 1 期。

③ ［英］哈特：《法律的概念》，张文显等译，北京：中国大百科全书出版社 1998 年版，第 127 页。

④ ［德］齐佩利乌斯：《法学方法论》，金振豹译，北京：法律出版社 2009 年版，第 92 页。

释方法来进行填补；对于第二种漏洞，由于其内涵本身受到了公正性的质疑，单纯依据文理性的理解或者体系理解无法解决基本的法律问题，甚至会带来对法治精神、原则的破坏，所以需要通过脱离基本可以涵摄的内容来加以补正。此时需要通过坚持体系正义的原则以及法的统一性的原则来把握。此时，将概念的理解融入法律位阶体系中，取得一致性的认同就显得尤为重要，这是概念解读的公正性实现的前提。当然，需要说明的是笔者所称的解释位阶不是学术界所普遍认为的解释位阶，而是依据法律的效力所产生的位阶。核心内容就是在刑事司法中，如何使得一个存在漏洞的概念达到合刑性和合宪性的要求。合刑性主要是指解释必须符合刑法的基本目的性，合宪性则是合法性的本体和基础。

1. 寻求刑事规范漏洞填补的第一级台阶——合刑法的目的性

公正性本身就是一个价值性的判断，价值性的判断必然存在多维度，譬如坚持刑法慈爱主义、体现刑法的道德性要求就是一个维度。但是从刑法的具体适用而言，公正更多地应该从刑法的基本精神和原则中去寻找，譬如，如果从通常的法律安定性角度去思考，司法漏洞填补必然受到严格限制，由此自然会认可禁止类推。但是在公正价值的前提下，有利于被告的情形下的类推已经得到了广泛的认可。这种类推形式上否定了法律的安定性，但实质上是对罪刑法定原则的进一步升华。在我国刑事司法中，对于商业行贿的认定就是参照了公务行贿作出了有利于被告的理解。再譬如，前述的“审判时怀孕的妇女不适用死刑”条款含义的填补。这一“填补”的合理性至少可以体现为两个方面：其一，基于刑罚人道的精神作出的推论。刑法的安定性与人道性可以形容为体魄之间的关系。如果刑法的解释超越了人道性的标准，其正当性就会丧失。如果单纯地强调人道性，其就沦为有权解释的婢女。所以人道性和法定性构成了对国家权力控制的两重保险，以此防止司法积极主义变得恣意。同时，还要反对将罪刑法定主义理解为法律专属主义，防止堕入命令化的窠臼。其二，也是同等对待原则的公正性体现。“在同等对待原则这里基于一致性的论据和基于正义的论据找到了结合点，而同等对待原则又构成了漏洞填补的古典论据。”①

除了体系统一性的要求之外，漏洞填补很多时候还可以通过选择例外的方式加以解决。譬如在药品犯罪司法解释中将特定的人员以及特定药品从生产销售假药罪中移除。“出于公正的考虑，对某一基本类型的特定偏离使得相关的规范不再适用，人们借助这样或那样的方式（特别的例外要件或者限缩）取得（同样的）效果。人们将特定的事实构成从一项一般性的基本规定中排除出去，具有超越个案的意义。它为对一般性规范进行区分铺平了道路。另外，例外要件本身又可以被一般化。”②

2. 寻求刑事规范漏洞填补的第二级台阶——刑法解释的合宪性

刑事司法的过程不仅受到刑事法的约束，还受到一般的法律原则的约束，这一点也是积极主义和克制主义总体的共识。在法律规范之间产生冲突的时候，法律位阶指引意义无疑应该得到重视，“依字义及脉络关系可能的多数解释中，应优先选择符合宪法原则、因此得以维持的规范解释”③。这就是位阶存在的方法论意义。

---

① ［德］齐佩利乌斯：《法学方法论》，金振豹译，北京：法律出版社 2009 年版，第 103 页。

② ［德］齐佩利乌斯：《法学方法论》，金振豹译，北京：法律出版社 2009 年版，第 100 页。

③ ［德］卡尔·拉伦茨：《法学方法论》，陈爱娥译，北京：商务印书馆 2003 年版，第 221 页。

对于规范理解的合宪性要求是司法公正实现的又一个标尺和前提。事实上，在我国的现实司法过程中，以宪法规范解释刑法条文已经逐步得到重视。其依据在于，《宪法》第5条第4款规定，“必须遵守宪法和法律。一切违反宪法和法律的行为，必须予以追究”。最高效力意味着下位法概念的独立性必须受到宪法规范的指引和约束，位阶处于下位的法律都不得违背宪法的基本规定和基本精神。在刑事司法过程中，刑法规范的稳定性相对于宪法而言是相对的，所谓司法更高的目的性要求，首先是解释的合宪性的问题。所谓的合目的性，既包括合刑性，又包括合宪性。

合宪性解释的意义在于：解释方法之间本身存在着不同的逻辑，针对一个法律规范，可能存在着不同结论的可能，同时，一些解释结论也可能直接与宪法规范存在着抵牾，此时，则应当选择符合宪法规定和精神的解释结果。关于合宪性解释的地位，学界存在一定的共识。以此为根据解剖合宪性解释，尽管是从传统的位阶角度来解释的，但实际上已经涉及解释的终局性和权威性的问题，尤其是合宪性解释的宪法地位的问题，只不过在归类时遇到了麻烦，即其究竟是归结为其他解释方法之中，还是应当独立于其他解释方法。譬如，有学者认为：“此类本体论问题有其理论价值，但是如果不能以实践加以检验，或者不能超越教材类文献深入到有针对性的资料中去，那么不妨暂时搁置。”[①] 笔者认为，在厘定清楚解释方法和解释效力的界限后，结论就明晰了。作为一种解释方法，其具有体系性和目的性色彩；作为一种效价性，其效力无疑是最高的。

之所以产生这些问题，除了对宪法司法化讨论的争议外，很大一部分原因是前述的将解释方法与法律位阶勾连在一起的做法。真正的以解释效力作为位阶的标准恰恰注定了合宪性解释不再是一种简单的法学方法论问题，而是一个独立于各种解释之外的终极性的解释规则。对此，宪法学者们已经开始注意到这样的问题，比如有观点认为：“合宪性解释已经从最初的法律解释方法转化成了法官的宪法义务，转化剂是权利双重理论。”[②] 这样一种强制性的效力不是一个解释方法的范畴所能够涵摄的。笔者认为，如果说将这种认可基本权利条款具有普遍效力的理解放置于某些部门法中可能会存在一些不同的回音，那么在刑法的适用过程中，丝毫不用怀疑犯罪嫌疑人、被告人的基本权利遭受来自公权力的压迫事实，于是用基本权利条款抗制公权力的压迫便成了应有之意，因此，合宪性解释不是一种单纯的技术方法，也不是解释方法中的最后方法，解释的效力分析才是解决问题的最终路径。从终极性的效力落实解释法律的基本规则义务显然十分必要。这与宪法学者弘扬合宪性解释的路径显然是不谋而合的，更是积极主义司法的最终规制。

---

① 黄卉：《合宪性解释及其理论检讨》，载《中国法学》2014年第1期。

② 张翔：《两种宪法案件——从合宪性解释看宪法对司法的可能影响》，载《中国法学》2008年第4期。

中国犯罪参与理论的本土构建与刑事实践

——以有组织犯罪为视角

莫洪宪*

随着中国特色社会主义进入新时代，理论自信、理论自觉开始被越来越多的学者关注。而在社会主义法治国家建设过程中，我国逐渐积累了一定的刑法理论和实践经验，并且形成了一系列具有中国特色、面向我国实践的理论观点和实践做法：在观念层面，与西方倡导个人本位不同，我国倡导集体主义的价值观，公共法益抑或集体法益在刑法中的优越地位更为鲜明。在实践层面，我国犯罪参与理论围绕犯罪地位展开，强调区分主犯与从犯，而不是像西方犯罪参与理论那样强调区分正犯与共犯。以上区别引发了我国犯罪参与理论的学术自觉与本土构建，突出表现在“有组织犯罪”领域。我国的有组织犯罪具有自身的特点，在刑事立法、司法、执法的长期实践中，在内涵、政策、立法、司法等多层面，逐渐形成了具有地域特色的有组织犯罪理论观点和规范结构。立足新时代新征程，对此进行系统的总结和前瞻，具有极其重要的历史和现实意义。

一、有组织犯罪概念①的本土构建

有组织犯罪是一个世界性概念。《联合国打击跨国有组织犯罪公约》（又称《巴勒莫公约》）② 指出，有组织犯罪集团“系指由三人或多人所组成的、在一定时期内存在的、为了实施一项或多项严重犯罪或根据本公约确立的犯罪以直接或间接获得金钱或其他物质利益而一致行动的有组织结构的集团”。这个概念是以有组织犯罪最低限度为起点界定的。对此，有学者指出，这个概念表明，有组织犯罪集团③具有以下特征：（1）有组织犯罪集团是由 3 人或多人组成的有组织结构的集团；（2）有组织犯罪集团是为了实施一项或多项严重犯罪或根据《联合国打击跨国有组织犯罪公约》确立的犯罪而一致行动

---

* 武汉大学法学院教授。

① 鉴于篇幅，在此仅讨论有组织犯罪的刑法学概念，不涉及其犯罪学概念。

② 此后，联合国层面依托《联合国打击跨国有组织犯罪公约》召开缔约方会议，截至 2022 年已召开十一次缔约方会议。

③ 在国际上，有组织犯罪往往指“有组织犯罪集团”；而在我国，有组织犯罪包括黑社会性质组织犯罪和（按犯罪集团认定的）恶势力组织犯罪，应区分使用的场合。

的集团；（3）有组织犯罪集团是以直接或间接获得金钱或其他物质利益为目的而组成的集团；（4）有组织犯罪集团是在一定时期内存在的集团。[①]

但同时，有组织犯罪又是一个地域性概念，各国对其界定不尽相同：第一，日本的有组织犯罪概念。有组织犯罪在日本又被称为暴力团犯罪。暴力团即“雅库扎”，是日本的犯罪集团。“暴力团”一词是较为“文明”的正式用语，该词源于《暴力团对策法》（《暴力団員による不当な行為の防止等に関する法律》）的规定。第二，意大利的有组织犯罪概念。意大利的黑社会组织，堪称世界有组织犯罪的鼻祖。这些黑社会组织被统称为黑手党（Mafia）或者黑手党型组织，《意大利刑法典》第416条把它们称为黑手党集团。2015年修订的《意大利刑法典》第416条之二第3款把黑手党定义为：“黑手党型集团是指当参加集团的人利用集团关系的恐吓力量以及因实施犯罪而产生的从属和互相保密的条件，以便直接或间接对经济活动、许可、批准、承包和公共服务的经营或控制，使自己或其他人取得不正当利益或好处，阻止或妨碍自由行使表决权，或者在选举中为自己或其他人争取选票，或者是为了在选举期间阻止或阻碍行使投票的自由，或在选举磋商期间为自己或他人谋取投票。”[②] 第三，德国的有组织犯罪概念。德国议会于1992年对有组织犯罪的概念进行明确界定，认为“有组织犯罪是指由数个犯罪人或组织有计划地实施的旨在获利的犯罪行为，各犯罪人或组织在较长时间或不确定的期间内利用企业或商业组织，使用暴力或其他恐怖措施致力于对政策、传媒、司法、经济等施加影响”[③]。《德国刑法典》第129条进而予以界定，并于2017年修正规定为：“（1）建立或者作为成员参与以最高可判处至少两年的自由刑的犯罪为目的或者活动的组织，处5年以下的自由刑或者罚金刑。支持此种组织或者为其招募成员或者支持者的，处3年以下的自由刑或者罚金刑。（2）组织是2人以上组成的、为追求某种优先的共同利益的、长期存在且以确定的人员分工、延续的成员组成和鲜明的结构形式独立组织的集合……”第四，美国的有组织犯罪概念。1970年美国国会制定了《联邦有组织犯罪控制法》（Organized Crime Control Act of 1970）。该法把有组织犯罪界定为“一个从事提供非法商品和非法服务，其中包括但不限于赌博、卖淫、高利贷、毒品、劳工欺诈以及其他该组织成员的非法活动的高度组织化、纪律化的社会团体”。第五，俄罗斯的有组织犯罪概念。在刑法层面，《俄罗斯联邦刑法典》在两个层面对有组织犯罪加以界定：《俄罗斯联邦刑法典》第35条第3款规定，有组织集团是“事先为实施一个或几个犯罪而组织起来的固定集团”；第35条第4款规定，犯罪团体是“为实施严重犯罪或特别严重的犯罪而成立起来的有严密组织的集团（组织），或者是为此目的而成立的有组织集团的联合组织”。

界定有组织犯罪概念必须基于该类犯罪的本国客观情况。有学者冷静地指出，考察

---

① 参见何秉松：《中国有组织犯罪研究（第1卷）：中国大陆黑社会（性质）犯罪研究》，北京：群众出版社2009年版，第225-226页。

② 有学者将其简化，认为意大利的法律对黑手党的定义是：“在一个内部有隶属关系，运用恐吓、威胁等手段从事违法犯罪活动，以获取经济利益或其他非法利益的组织。”戴铭：《欧盟境内的有组织犯罪与联合打击》，《现代世界警察》2020年第7期，第33页。

③ 徐久生：《德国犯罪学研究探要》，北京：中国人民公安大学出版社1995年版，第118页。

一国有组织犯罪的组织化程度，不应机械地参照所谓他国典型的有组织犯罪形态，而应立足于本国的发展现状，以动态的眼光作出符合实际情况的判断。① 我国黑社会性质组织与黑社会组织的概念完全是两码事，不能直接用黑社会组织来替换黑社会性质组织，因为两者的内涵和外延迥然不同：一方面，两者互为对应关系；另一方面，两者并不能实现完全的对接，在使用时必须注意到两者的差异。② 从立法和司法实践来看，我国并未出现黑社会组织犯罪，我国《刑法》中也仅规定"黑社会性质组织"犯罪。相比他国而言，我国的有组织犯罪有两个突出特点：第一，不存在黑社会组织犯罪。与西方国家有组织犯罪多呈现为黑社会组织犯罪不同，我国的有组织犯罪以黑社会性质组织犯罪为典型。第二，存在恶势力组织犯罪。该类有组织犯罪具有鲜明的地域特色，体现了我国对有组织犯罪概念研究的深化，以及对该类犯罪打击的全面性。具体层面，我国的有组织犯罪概念是由《中华人民共和国刑法》（以下简称《刑法》）和《中华人民共和国反有组织犯罪法》（以下简称《反有组织犯罪法》）共同构建的。

（一）黑社会性质组织犯罪概念

《刑法》规定了"黑社会性质组织"概念，其所实施的犯罪即为黑社会性质组织犯罪。针对有组织犯罪，1997 年 3 月 14 日颁布的《刑法》首次在刑法条文中明确规定了"组织、领导、参加黑社会性质组织罪""入境发展黑社会性质组织罪""包庇、纵容黑社会性质组织罪"三个罪名，其中黑社会性质组织的概念被界定为：以暴力、威胁或者其他手段，有组织地进行违法犯罪活动，称霸一方，为非作恶，欺压、残害群众，严重破坏经济、社会生活秩序的组织。

2002 年 4 月 28 日，全国人大常委会在最高人民法院的司法解释及司法实践的基础上，对"黑社会性质组织"的认定标准作出了立法解释，强调黑社会性质组织具有以下特点：（1）形成较稳定的犯罪组织，人数较多，有比较明确的组织者、领导者，骨干成员基本固定，有比较严格的组织纪律；（2）有组织地通过违法犯罪活动或者其他手段获取经济利益，具有一定的经济实力，以支持该组织的实力；（3）以暴力、威胁或其他手段，有组织地多次进行违法犯罪活动，为非作恶，欺压、残害群众；（4）通过实施违法犯罪活动，或者利用国家工作人员的包庇、纵容，称霸一方，在一定区域或者行业内，以暴力、威胁、滋扰等手段，大肆进行敲诈勒索、欺行霸市、聚众斗殴、寻衅形成非法控制或者重大影响，严重破坏经济、社会生活秩序。

（二）恶势力组织犯罪概念

《反有组织犯罪法》③ 规定了"恶势力组织"概念，其所实施的犯罪即为恶势力组

① 参见张远煌：《关于我国有组织犯罪的概念及发展形态的再思考》，载《人大法律评论》2009 年第 1 期，北京：法律出版社，2009 年版。

② 参见梁利波：《有组织犯罪立法的国际谱系》，载赵秉志主编：《刑法论丛》2014 年第 3 期，北京：法律出版社，2014 年版。

③ 此外还应注意，境外的黑社会组织犯罪也属于《反有组织犯罪法》规定的"有组织犯罪"范畴。该法第 2 条第 3 款规定："境外的黑社会组织到中华人民共和国境内发展组织成员、实施犯罪，以及在境外对中华人民共和国国家或者公民犯罪的，适用本法。"

织犯罪。2021 年 12 月 24 日，全国人大常委会通过了《反有组织犯罪法》，该法第 2 条第 1 款规定："本法所称有组织犯罪，是指《中华人民共和国刑法》第二百九十四条规定的组织、领导、参加黑社会性质组织犯罪，以及黑社会性质组织、恶势力组织实施的犯罪。"第 2 款规定："本法所称恶势力组织，是指经常纠集在一起，以暴力、威胁或者其他手段，在一定区域或者行业领域内多次实施违法犯罪活动，为非作恶，欺压群众，扰乱社会秩序、经济秩序，造成较为恶劣的社会影响，但尚未形成黑社会性质组织的犯罪组织。"该法不仅肯定了"黑社会性质组织犯罪"的概念，而且将"恶势力组织犯罪"纳入有组织犯罪的范畴。

由于"黑社会性质组织"已经在《刑法》中加以具体规定，因此《反有组织犯罪法》第 2 条第 1 款仅作出指引规定。结合《刑法》第 294 条第 5 款和《反有组织犯罪法》第 2 款可以发现，"黑社会性质组织"和"恶势力组织"的多数特征具有同类性质，在理解时应注意：第一，组织特征。前者要求形成较稳定的犯罪组织，人数较多，有明确的组织者、领导者，骨干成员基本固定；后者要求经常纠集在一起，但尚未形成黑社会性质组织。第二，行为特征。前者要求以暴力、威胁或者其他手段，有组织地多次进行违法犯罪活动，为非作恶，欺压、残害群众；后者要求以暴力、威胁或者其他手段，在一定区域或者行业领域内多次实施违法犯罪活动，为非作恶，欺压群众。第三，危害性特征。前者要求通过实施违法犯罪活动，或者利用国家工作人员的包庇或者纵容，称霸一方，在一定区域或者行业内，形成非法控制或者重大影响，严重破坏经济、社会生活秩序；后者要求扰乱社会秩序、经济秩序，造成较为恶劣的社会影响。第四，经济特征。前者对于经济特征有要求，即有组织地通过违法犯罪活动或者其他手段获取经济利益，具有一定的经济实力，以支持该组织的活动；后者则无此要求。对比二者特征可以发现，除"恶势力组织"不要求经济特征外，其与"黑社会性质组织"在组织特征、行为特征、危害性特征上均具有一致性，只不过对它的要求程度相对较低。

二、有组织犯罪刑事政策的本土构建

随着我国有组织犯罪刑事治理的深化，专门的有组织犯罪刑事政策开始形成。早在 21 世纪初，针对黑恶势力犯罪进行体系化、系统化的刑事打击工作就已开展，并在此过程中孕育着专门的刑事政策。由于当时我国的市场经济体制和社会防范管理机制还不健全，以及组织结构、利益关系的深刻调整，加之境外黑社会组织的渗透等多种因素的影响，黑恶势力犯罪并没有得到有效根除，仍在不断滋生蔓延，并且日益向经济、政治等领域渗透。[①] 正是在这一背景下，"打黑除恶"的刑事政策应运而生。在相当长的一段时间，"打黑除恶"刑事政策与基本刑事政策配合，发挥了重要的作用；但是随着黑恶势力犯罪的变化、发展，其日益呈现出一些新的犯罪特征，既有刑事政策愈发难以完成有效治理的任务。

"扫黑除恶"刑事政策意味着我国提出了系统化、科学化的有组织犯罪专门刑事政

---

① 参见彭新林：《刑法各论前沿问题探索》，天津：南开大学出版社 2016 年版，第 236 页。

策。2018年1月，中共中央、国务院发出《关于开展扫黑除恶专项斗争的通知》，正式启动“扫黑除恶”专项斗争。专项斗争的目标要求为“一年打击遏制、两年深挖根治、三年长效常治”，至2020年底结束。此后，随着相关法律文件的出台和实施，“扫黑除恶”逐步作为黑恶势力犯罪治理的新刑事政策被确立，黑恶势力犯罪治理的刑事政策转向已经完成。对于“扫黑除恶”刑事政策，可以从核心内容和特色两个方面予以关注。

（一）“扫黑除恶”刑事政策的核心内容

从“扫黑除恶”相关文件的规定以及各地实践的情况中，可以总结出五个方面的核心内容，即“依法严惩”“打早打小”“打准打实”“打伞破网”“打财断血”。这五个方面分别从不同的维度指导实践，相互配合、相互促进，构成了“扫黑除恶”刑事政策的基本体系。

第一，“依法严惩”，即对黑恶势力犯罪的治理必须严格依照法律的规定进行，同时强调对其予以严厉惩罚，以切实达到治理效果。始终对有组织犯罪保持高压态势，既是防止犯罪形势恶化不可或缺的手段，也是开拓和巩固犯罪预防局面的必要保障。[①]

对黑恶势力犯罪“依法严惩”有两重含义：其一，对黑恶势力犯罪必须依法惩处，而不能仅依据抽象的政策精神，不能脱离刑事法律规范而进行惩处，以确保每一起黑恶势力犯罪案件都能禁得起法律和历史的检验。其二，对黑恶势力犯罪必须从严惩处，切实使该类犯罪受到严厉打击，而不能放纵。需要明确，“依法严惩”中的“严惩”不同于“严打”，“严惩”必须依法进行，不能超越法律界限。对其进行严厉处罚的依据在于黑恶势力犯罪是特殊的共同犯罪，不同于单独实施的具体犯罪，比如黑恶势力有组织实施的强迫交易犯罪显然比某一个、某几个行为人实施的强迫交易犯罪的危害更为严重，因此需要严厉惩处。

此外，必须把握好“依法严惩”与宽严相济的关系。宽严相济的刑事政策要求做到宽中有严、严中有宽、严惩有据、宽处有理、宽严适度、不枉不纵。[②]“依法严惩”必须在宽严相济的框架下进行，并非放弃了宽严相济中“宽”的侧面。这一判断是基于黑恶势力犯罪治理中基本刑事政策与具体刑事政策的关系。

第二，“打早打小”[③]，即必须依照法律规定对可能发展成为黑社会性质组织的犯罪集团、“恶势力”团伙及早打击，绝不能允许其“坐大成势”。对“打早打小”应进行立体的理解：对于黑恶势力犯罪既注重对黑恶势力的打击，也注重对犯罪行为的打击。在其政策结构中，双层结构是核心内涵，即在“早”（事前）与“晚”（事后）、“小”（轻微）与“大”（严重）的体系中，强调对轻微（违法）犯罪行为的事前治理，全面打击相关组织、人员、行为，防止其演变为黑恶势力犯罪的组织、人员、行为。

---

① 参见张远煌：《关于我国有组织犯罪的概念及发展形态的再思考》，载《人大法律评论》2009年第1期。

② 参见莫洪宪：《我国有组织犯罪的特征及其对策》，载《河南财经政法大学学报》2012年第6期。

③ 也有学者认为：我国应当大力提倡惩治有组织犯罪的专门刑事政策，树立该专门刑事政策的权威性质并切实贯彻之。此外，可以考虑将我国惩治有组织犯罪专门刑事政策的简要称谓从“打早、打小”更改为“早打特打”，旨在突出该专门刑事政策在内涵上的另一重要特点。参见赵赤：《中外惩治有组织犯罪比较研究》，北京：中国政法大学出版社2017年版，第387页。

另需明确，“打早打小”是在黑恶势力犯罪的范畴内，针对黑社会性质组织和“恶势力”开展的，进而辐射至一般意义上的犯罪组织。因此，基于“打早打小”的刑事政策要求，对一般意义的有组织犯罪依法打击的同时，应特别注重对其成长为黑恶势力的潜在性、苗头性趋势的关注和治理，防止其成长为黑社会性质组织以及恶势力组织。

第三，“打准打实”，即应当本着实事求是的态度，在准确查明黑恶势力犯罪事实的基础上，依法定罪量刑，既不能“降格”，也不能“拔高”，做到不枉不纵。“打准打实”与刑罚的性质有关，“刑罚是一种强制，它是违背犯罪人的意愿的，其途径是破坏或者消灭犯罪人的法益，同时国家意志又得以体现”[①]。由于刑罚是以“侵害”法益的形式呈现的，因此如果其出现偏差造成了冤假错案，反而不利于对黑恶势力犯罪的治理。

基于此，“打准打实”对于“打早打小”具有制约性。“强调对黑社会性质组织‘打早打小、露头就打’，并非要求司法机关可以无视刑法的规定，对尚处于‘早小阶段’不具备刑法规定黑社会性质组织特征的犯罪组织或‘一般恶势力’也一概按照黑社会性质组织认定”[②]。也即，“打早打小”必须在“打准打实”框架内完成，才能确保“打早打小”刑事政策效果的有效实现。

第四，“打伞破网”，即打击黑恶势力的“保护伞”，打破其社会“关系网”。黑恶势力的“保护伞”即支持、纵容、包庇黑恶势力的滋长、蔓延、扩大并逃避法律惩处的国家机关工作人员。[③] 形形色色的“保护伞”是黑恶势力得以生存、发展、壮大的根源所在。[④]“反黑”要与反腐败同时进行，扫除黑恶势力的“保护伞”，消灭其存在的社会基础。[⑤] 在“打黑除恶”阶段，对“保护伞”的打击就已经被重视，及至“扫黑除恶”阶段“打伞破网”更是作为核心的内容被提出和实践。

“打伞破网”的提出意味着对黑恶势力“保护伞”的打击更为全面、更为系统。“打伞破网”不仅要求对传统意义上的“保护伞”予以打击，更强调严厉打击“官伞”“警伞”“庸伞”。将不作为的“庸伞”也纳入目标范围，体现了“破网”对于“打伞”的推动作用，强调了要彻底扫除黑恶势力的社会基础。

第五，“打财断血”，即在打击黑恶势力犯罪的同时，彻底斩断黑恶势力利益链条，彻底摧毁其经济基础和“造血”功能。对此，有学者指出：有组织犯罪是以牟取经济利益为主要目的的犯罪类型。对于该类犯罪，如果仅对行为人处以自由刑或者资格刑，就会忽略对犯罪所得利益的剥夺，使犯罪仍然有利可图。[⑥] 可见，通过非法手段攫取经济利益，是黑恶势力赖以生存和发展的经济基础，如不彻底铲除，很容易出现“打而后生”问题。只有坚持在强力“打伞破网”的同时坚决“打财断血”，才能彻底治理黑恶

---

① ［德］冯·李斯特：《论犯罪、刑罚与刑事政策》，徐久生译，北京：北京大学出版社 2016 年版，第 29 页。

② 何荣功：《“打早打小”刑事政策的理解与黑社会性质组织的认定》，载肖永平主编：《珞珈法学论坛（第 13 卷）》，武汉大学出版社 2014 年版，第 130 页。

③ 参见左昊、潮龙起：《黑恶势力“保护伞”的危害及其防治》，载《甘肃社会科学》2005 年第 5 期。

④ 参见徐永伟：《黑社会性质组织‘保护伞’的刑法规制检视与调试——以涉黑犯罪与腐败犯罪的一体化治理为中心》，载《北京社会科学》2019 年第 5 期。

⑤ 参见江雪松：《刑事政策理论视野下弱势群体涉黑解读》，载《求实》2010 年第 8 期。

⑥ 参见蔡军：《我国治理有组织犯罪刑事政策的检讨与调适——基于有组织犯罪企业化趋势的思考》，载《中州学刊》2021 年第 2 期。

势力犯罪。

“打财断血”是“扫黑除恶”刑事政策的新内容，突出强调了对黑恶势力经济基础的打击。之前，日本在驱逐暴力团运动中也曾将断绝其资金来源作为将其从社会所有的领域中驱逐出去的目的，但是并未作为独立的刑事政策内容。[①] “打财断血”的提出，是对黑恶势力“春风吹又生”现实状况的有效回应。“打财断血”要求具体从资产上彻底扫除黑恶势力存在的基础，在“打准打实”的基础上，对关联财产进行全面核查，将与黑恶势力犯罪相关的财产彻底查处、有效处置，防止其再成为该类犯罪滋生的经济基础。

（二）“扫黑除恶”刑事政策的特色

“扫黑除恶”刑事政策是基于我国黑恶势力犯罪治理实践所提出的。与德国、日本等传统大陆法系国家黑社会组织犯罪的刑事政策相比，二者具有一定的共同之处，比如：我国“扫黑除恶”强调“依法严惩”，对黑恶势力犯罪予以严厉打击；与之类似，日本也强调为了使暴力团明白犯罪得不偿失，便有必要在立案、起诉及量刑阶段，在法律许可的范围内进行严厉的处罚，基于这一考虑，在刑事司法的适用上便采取了对暴力团成员从严处分的方针。[②] 与此同时，“扫黑除恶”刑事政策具有很多鲜明的特色：

第一，治理对象的广泛性。在传统意义上，各国对相关犯罪的打击多限于黑社会组织范畴，比如在日本暴力团犯罪被作为黑社会组织犯罪予以打击，对其确立了不同于其他犯罪的刑事政策。[③] 而“扫黑除恶”刑事政策所打击的不仅包括黑社会性质组织犯罪，也包括恶势力组织犯罪——其治理对象具有广泛性。

第二，相关财产治理的实质性。“扫黑除恶”刑事政策除注重对黑恶势力犯罪行为人的处遇，也注重对相关财产进行实质化处置。其他国家多仅关注犯罪人的处遇问题，“所谓的犯罪者处遇可以说是，对于犯罪者，附加上了以防止其再犯和促进其复归社会的目的，在司法阶段上的处分内容之决定以及在矫正、保护阶段上的再教育与更生处置的总体”[④]。犯罪者的处遇又细化为在刑事设施内所施行的处遇和在此之外所施行的处遇（社会内处遇）。与此相对，对相关财产的处置却未被充分重视，虽然日本 2017 年《有组织犯罪处罚法》修正时在第 22 条第 1 款规定了，对有组织犯罪中应当没收的对象财产可以由法院签发保全命令禁止处分，但也仅是在程序层面，而非在实体层面。“扫黑除恶”刑事政策中“打财断血”的内容则是强调对黑恶势力犯罪相关财产的实体打击，以消除该类犯罪的经济基础，从而在实体层面确立了处置该类犯罪财产的独立规则，而非仅限于程序层面。

第三，关联犯罪治理的协同性。之前，其他国家多强调对黑社会组织犯罪进行专门治理，并未将其与关联犯罪的治理相联系。比如，意大利的《反黑手党及预防措施法》

---

① 参见［日］大谷实：《刑事政策学》，黎宏译，北京：法律出版社 2000 年版，第 363 页。

② 参见［日］大谷实：《刑事政策学》，黎宏译，北京：法律出版社 2000 年版，第 362 页。

③ 参见［日］川出敏裕、金光旭：《刑事政策》，钱叶六等译，北京：中国政法大学出版社 2016 年版，第 296 页。

④ ［日］上田宽：《犯罪学》，戴波、李世阳译，北京：商务印书馆 2016 年版，第 176 页。

虽然针对黑手党犯罪治理作出全面规定，但是并未延伸至关联犯罪的协同打击。“扫黑除恶”刑事政策强调“打伞破网”，强调对黑恶势力犯罪与“保护伞”的贪污贿赂犯罪、渎职犯罪协同治理，从而彻底扫除黑恶势力的关系网络，彻底涤荡其社会基础，消弭其生长的社会空间。

第四，犯罪防控与犯罪打击的衔接性。既有刑事政策理论与实践多强调对犯罪的事后打击而非防控，重要原因在于其多将犯罪防控限定在犯罪预防范畴。如日本学者认为，“承认以预防犯罪为目的的措施，会扩大权利侵害的范围，这是事实；迄今为止，对于以预防犯罪为目的的警察权的行使，还存在很强的戒备心，犯罪的事后性处理仍处于核心地位”①。基于这一状况，也有学者进行了反思：“所谓犯罪预防是指对未然的犯罪进行防止。犯罪预防在刑事政策上虽然极为重要，但迄今为止并未对其予以足够的重视”②。“扫黑除恶”刑事政策则基于黑恶势力犯罪的特殊性，将“打早打小”作为重要内容，从而确立了阶段式的犯罪治理模式，在犯罪预防与犯罪打击中间增设了犯罪控制内容，对早期的、危害性较轻的犯罪进行治理，实现了犯罪防控与犯罪打击的有效、全面衔接，拓展了犯罪治理阶段。

此外，与“打黑除恶”相联系，“扫黑除恶”刑事政策还具有以下特点：第一，政策理念的延续性。无论是“打黑除恶”还是“扫黑除恶”，对黑恶势力犯罪的严厉打击态度都始终未变，所打击的对象既包括黑社会性质组织犯罪也包括恶势力组织犯罪。此外，“打黑除恶”刑事政策不仅强调对黑恶势力犯罪的打击，也强调“除恶务尽”，以根治为政策目标，体现了政策的延续性。第二，相关内容的发展性。“扫黑除恶”并未局限于对黑恶势力犯罪本身的扫除，而是强调从刑事政策层面进行延展性的治理，以期实现根治，比如：不仅强调对黑恶势力犯罪行为进行直接打击，也强调对黑恶势力组织、人员进行长效防控；不仅强调对黑恶势力犯罪违法所得的罚没，而且强调对其经济基础的彻底扫除。第三，辐射范围的全面性。“扫黑除恶”辐射全主体、全领域：无论司法机关、党政机关，还是基层政权组织、社会团体、社会公众，均参与对黑恶势力犯罪的治理；既针对重点地区、重点行业、重点领域进行集中治理，也从全社会共同参与、长效防控的层面进行系统治理。

三、创设有组织犯罪的特色刑事立法

由于我国采用一元制的刑事立法结构，所有犯罪及其罚则均在《刑法》中加以明文规定，有组织犯罪也不例外。在此基础上，我国围绕有组织犯罪制定了专门规则、特别规则：前者系指专门围绕有组织犯罪作出规定，具体表现在分则层面；后者系指在某一刑事条款中，就有组织犯罪作出特殊适用规定，具体表现在总则层面。

（一）有组织犯罪专门规定

各国关于有组织犯罪的刑事立法模式各不相同。比如：意大利采用限定模式，即仅

① ［日］川出敏裕、金光旭：《刑事政策》，钱叶六等译，北京：中国政法大学出版社2016年版，第230页。

② ［日］大谷实：《刑事政策学》，黎宏译，北京：法律出版社2000年版，第84页。

规定黑社会犯罪。如《意大利刑法典》即围绕黑手党展开，其第416条规定了犯罪集团、第416条之二规定了黑手党型集团包括外国人组成的黑手党集团、第416条之三规定了黑手党的政治选举交易、第418条规定了帮助集团成员系有组织犯罪。俄罗斯采用层次模式：《俄罗斯联邦刑法典》不仅在第35条第3、4款分别规定了犯罪团伙[①]和犯罪集团的概念，而且在第210条详细规定了有组织犯罪的具体刑事责任，并且增设了第210条之一。根据法律规定，为了实施某种或数种犯罪，由固定成员事前纠合的是有组织团伙；为了实施严重犯罪或者特别严重的犯罪而组建的犯罪集团（组织），或者为达此目的而组建的犯罪团伙联盟是有组织犯罪集团。从立法规定中可看出，犯罪团伙概念是犯罪集团（犯罪组织）概念的基础，后者是前者的上位概念。[②] 从对犯罪集团（犯罪组织）的界定可看出，它是组织团伙基础上的发展，组建犯罪集团（犯罪组织）的目的是实施严重犯罪或者特别严重的犯罪。这是有组织犯罪集团与有组织犯罪团伙的区别所在。

与之不同，我国有组织犯罪刑事立法则采用区分模式，即：仅对黑社会性质组织犯罪作出专门规定，对恶势力组织犯罪仍适用犯罪集团的规定。可见，黑社会性质组织犯罪是我国存在的特殊有组织犯罪类型，围绕其所构建的刑法规则与西方国家主要针对黑社会组织犯罪的立法存在较大不同。有组织犯罪专门规定系指《刑法》第294条的规定，包括组织、领导、参加黑社会性质组织罪，入境发展黑社会组织罪，以及包庇、纵容黑社会性质组织罪。组织、领导、参加黑社会性质组织罪，是指组织、领导或者参加黑社会性质组织的行为。入境发展黑社会组织罪，是指我国境外的黑社会组织的人员到我国境内发展其成员的行为。所谓境外的黑社会组织，是指被境外国家和地区确定为黑社会的组织。包庇、纵容黑社会性质组织罪，是指国家机关工作人员包庇黑社会性质的组织，或者纵容黑社会性质的组织进行违法犯罪活动的行为。

理解该专门规定需要明确黑社会性质组织与一般犯罪集团的区别。根据《刑法》第26条第2款的规定，一般犯罪集团是指3人以上为共同实施犯罪而组成的较为固定的犯罪组织。黑社会性质组织与一般犯罪集团的区别在于：第一，犯罪行为的多样性。黑

---

① 1995年4月25日俄罗斯联邦最高法院全体会议决议《关于侵犯财产罪的责任法律适用的若干问题》中对犯罪团伙予以界定："有组织团伙指二人或二人以上的固定成员为了实施某种或数种犯罪而故意纠合。"这种团伙通常具有稳定性和纠合性的特征。所谓稳定性，是指团伙内有组织者或首领，负责组建团伙，挑选共同实行犯，制定纪律，并保障团伙成员有目的、有计划地协调活动。有组织团伙的共同实行犯罪人是直接实行犯，即行为人全部或者部分实施了犯罪构成的客观方面的要件行为。团伙成员与团伙始终保持着稳定联系，这种稳定联系的作用在于为实施共同犯罪创造条件。尽管稳定性特征包含着纠合性特征，但立法者仍将纠合性作为有组织团伙的独立特征，因为，纠合性包括"连环保"、"保密"、"小金库"、专业技术手段。"连环保"表现在将团伙成员个人实施的某种犯罪行为事先列入共同犯罪之中，被判刑的团伙成员将在一处服刑，以暴力、威胁维持团伙纪律。"保密"表现在按事先约定的名称、暗号、行话、密码而行动。"小金库"是指通过违法犯罪途径获取的，由团伙支配的资金和物资。专业技术是指各种监听或反监听的设施、保护、通讯、交通设施。参见［俄］Л. 卡乌赫曼，С. 马克西莫夫：《有组织犯罪集团的责任》，载《法制》1997年2期。

② 也有学者从广义上就俄罗斯关于有组织犯罪的刑事立法规定进行分析，认为包括：第一，组织犯罪集团（犯罪组织）罪（《俄罗斯联邦刑法典》第210条）。第二，组织极端主义集团罪（《俄罗斯联邦刑法典》第282条之一）。第三，组织或参加非法武装组织罪（《俄罗斯联邦刑法典》第208条）。第四，武装匪帮罪（《俄罗斯联邦刑法典》第209条）。参见庞冬梅：《全球化时代俄罗斯有组织犯罪及其法律对策研究》，载《俄罗斯中亚东欧研究》2011年第2期。

社会性质组织的违法犯罪活动范围广泛，不像一般犯罪集团那样比较单一。其可能实施盗窃、抢劫、伤害、杀人、强奸等犯罪，有的还从事走私、贩毒、组织、强迫妇女卖淫等犯罪活动，具有犯罪行为多样化的特点。第二，犯罪组织的严密性。黑社会性质组织不但具有一般犯罪集团的组织特征，而且组织结构更为严密，违法犯罪活动一般是有组织进行的；其组织规模大，人数众多；组织分工明确，有固定的组织成员，成员之间有一定的等级，并有向多层次发展的趋势；组织内部有严格的组织纪律。第三，犯罪手段的强制性。黑社会性质组织的犯罪手段充斥着暴力、威胁等身体强制和精神强制内容——他们不仅依靠强制手段争夺和建立势力范围，而且依靠强制手段恫吓群众，甚至采用“软暴力”。一般犯罪集团虽然也使用暴力、威胁方式，但尚未形成手段强制性的特点。第四，犯罪活动的区域性。黑社会性质组织在一定的区域内为非作恶，欺压、残害百姓；有的甚至具有一定的暴力武装和较强的经济实力，操纵一定区域内一定行业的经济，与基层政权“分庭抗礼”。这是一般犯罪集团难以达到的。第五，社会危害的严重性。黑社会性质组织具有强烈的反社会意识，其违法犯罪活动严重破坏一定区域的经济秩序和社会生活秩序。特别是为了逃避打击，他们往往以金钱收买、色情引诱等不正当手段向政界渗透，寻求靠山或“保护伞”，借以扩大势力范围。一般犯罪集团虽然也有一定的组织形式，但它只是一种有组织的共同犯罪形式，结构通常较松散，没有统一行动纲领等。区别黑社会性质组织与一般犯罪集团的意义在于：组织、领导、参加黑社会性质的组织构成《刑法》第 294 条第 1 款规定的组织、领导、参加黑社会性质组织罪。组织、领导一般犯罪集团则成立共同犯罪，其具体罪名根据行为人所具体实施的行为内容来确定，作为组织者、领导者的行为人，应作为共同犯罪的主犯处罚。①

（二）有组织犯罪特别规定

我国《刑法》结合关于犯罪情节、刑罚执行、下游犯罪打击的刑事立法规定，围绕黑社会性质组织犯罪这一特殊有组织犯罪的适用作出规定，从而形成了有组织犯罪刑事立法的又一特色。

第一，有组织犯罪之特别累犯的规定。根据《刑法》总则的规定，累犯可分为一般累犯和特殊累犯两类。对于特殊累犯，《刑法》第 66 条规定：“危害国家安全犯罪、恐怖活动犯罪、黑社会性质组织犯罪的犯罪分子，在刑罚执行完毕或者赦免以后，在任何时候再犯上述任一类罪的，都以累犯论处。”构成特殊累犯的条件为：（1）前罪和后罪都必须是危害国家安全犯罪、恐怖活动犯罪或黑社会性质组织犯罪。只要前罪与后罪是这三类罪之一的，如前罪是危害国家安全犯罪，后罪是恐怖活动犯罪的，或者前罪是恐怖活动犯罪，后罪是黑社会性质组织犯罪的，均成立特殊累犯。如果前后两罪或者其中一罪不是这三类犯罪，则不成立特殊累犯，符合条件的成立一般累犯。这实际上在很大程度扩大了特殊累犯的成立范围。②（2）前罪被判处的刑罚和后罪应判处的刑罚的种类及轻重不受限制。即使前后两罪或者其中一罪被判处或者应判处管制、拘役或者单处某种附

① 相关内容参见马克昌主编、莫洪宪执行主编：《刑法》，北京：高等教育出版社 2017 年版，第 491 - 493 页。
② 参见周光权：《刑法总论》，北京：中国人民大学出版社 2011 年版，第 305 页。

加刑的，也不影响其成立。(3) 必须在前罪刑罚执行完毕或者赦免以后再犯罪。因此，如果前罪是免予刑罚处罚并且也不是被赦免的，就不成立特殊累犯。至于前罪与后罪的相隔时间，不影响特殊累犯的成立。换言之，在前罪的刑罚执行完毕或者被赦免以后，任何时候再犯危害国家安全犯罪、恐怖活动犯罪、黑社会性质组织犯罪的，即构成特别累犯，不受前后两罪相距时间长短的限制。[①] 据此，因实施黑社会性质组织犯罪受过刑罚处罚，刑罚执行完毕或者被赦免后，在任何时候再犯该类犯罪的，构成特殊累犯。

第二，有组织犯罪之限制减刑、假释的规定。《刑法》第 50 条第 2 款规定："对被判处死刑缓期执行的累犯以及因故意杀人、强奸、抢劫、绑架、放火、爆炸、投放危险物质或者有组织的暴力性犯罪被判处死刑缓期执行的犯罪分子，人民法院根据犯罪情节等情况可以同时决定对其限制减刑。"对于具备有组织的暴力性犯罪特征的黑社会性质组织犯罪，可以对其适用限制减刑。《刑法》第 81 条第 2 款规定："对累犯以及因故意杀人、强奸、抢劫、绑架、放火、爆炸、投放危险物质或者有组织的暴力性犯罪被判处十年以上有期徒刑、无期徒刑的犯罪分子，不得假释。"该条对绑架和有组织的暴力性犯罪均规定不得假释，体现了对黑社会性质组织犯罪分子加大了打击力度。[②]

第三，洗钱罪上游犯罪——有组织犯罪的规定。洗钱罪系指明知是毒品犯罪、黑社会性质组织犯罪、恐怖活动犯罪、走私犯罪、贪污贿赂犯罪、破坏金融管理秩序犯罪、金融诈骗犯罪的所得及其产生的收益，而以各种方法掩饰、隐瞒其来源和性质的行为。洗钱犯罪与有组织犯罪的关系甚为密切，现代意义上的洗钱犯罪就产生于有组织犯罪。[③] 洗钱罪作为有组织犯罪的下游犯罪，与有组织犯罪本身有着恶性循环的互动作用，已成为有组织犯罪集团的合法经济与地下非法经济之间的"桥梁"[④]。

1997 年《刑法》在第 191 条规定了洗钱罪，颁布时即将黑社会性质组织犯罪作为其上游犯罪之一。洗钱罪的犯罪客观方面是将毒品犯罪、黑社会性质组织犯罪、恐怖活动犯罪、走私犯罪、贪污贿赂犯罪、破坏金融管理秩序犯罪、金融诈骗犯罪的所得及其产生的收益，由非法转化为形式上合法。在具体的行为方式上包括五种：提供资金账户的行为；将财产转换为现金、金融票据、有价证券的行为；通过转账或者其他支付结算方式转移资金的行为；跨境转移资产的行为；以其他方法掩饰、隐瞒犯罪所得及其收益的来源和性质的行为。此外，还应注意有组织犯罪人员"自洗钱"行为应受惩罚。《刑法修正案（十一）》施行前，洗钱罪的犯罪主体不包括实施上游犯罪的行为人。根据修正后《刑法》规定，实施毒品犯罪、黑社会性质的组织犯罪、恐怖活动犯罪、走私犯罪、贪污贿赂犯罪、破坏金融管理秩序犯罪、金融诈骗犯罪的行为人，后续又实施洗钱犯罪的，可以单独构成洗钱罪。[⑤]

---

① 对成立特别累犯没有时间上的限制，体现了对其更加从重处罚的精神。参见高铭暄、马克昌：《刑法学》，北京：北京大学出版社、高等教育出版社 2014 年版，第 262 页。

② 参见莫洪宪：《我国有组织犯罪的特征及其对策》，载《河南财经政法大学学报》2012 年第 6 期。

③ 参见高一飞：《有组织犯罪问题专论》，北京：中国政法大学出版社 2000 年版，第 194 页。

④ 余磊、邓小俊：《中日打击有组织犯罪的法律对策之比较》，载《法学评论》2010 年第 2 期。

⑤ 参见杨万明、周加海：《〈刑法修正案（十一）〉条文及配套〈罪名补充规定（七）〉理解与适用》，北京：人民法院出版社 2021 年版，第 158－160 页。

四、回应网络时代的有组织犯罪

随着网络社会的发展，网络犯罪行为已经超越单独犯、数人共犯的形态，不断向有组织犯罪的形式演变，网络黑恶势力犯罪[①]日益成为典型化的犯罪类型。网络黑恶势力犯罪兼具网络犯罪与黑恶势力犯罪的双重性质，使其具有独特的组织形式、行为方式，对其如何确立有针对性的刑事规制体系日益为司法实践所关注。

网络有组织犯罪已经成为"全球范围"的犯罪形式。[②] 网络相关的传统有组织犯罪的类型涉及网络毒品犯罪、网络色情、网络侵犯知识产权、网络贩卖假药、网络贩卖武器、网络恐怖主义、网络生产和贩卖假币、网络洗钱、网络处理偷盗物品和网络贩卖假发票（等）。[③] 欧洲刑警组织（Europol）更是广泛描述了有组织犯罪向计算机犯罪和其他网络犯罪全面渗透的态势，在其发布的《网络有组织犯罪威胁评价（2021）》（Internet Organised Crime threat Assessment 2021）中，DDoS攻击、勒索软件、在线儿童性剥削、支付欺诈、暗网的刑事滥用等网络犯罪均被作为网络有组织犯罪的重要类型。[④]

在网络犯罪领域，我国结合本国立法和司法实践进行了具有特色的探索，围绕网络犯罪、黑恶势力犯罪、网络犯罪和黑恶势力犯罪的融合分别制定和完善相关规范。

（一）网络犯罪层面的立法与司法规范

随着我国互联网的飞速发展，网络犯罪也呈现愈演愈烈的态势，刑事立法必须进行有效的回应。迄今为止，我国网络犯罪刑事立法大体经历了三个阶段：第一阶段自1997年《刑法》出台始，第285条、第286条针对计算机犯罪作出独立规定，第287条作出利用计算机实施有关犯罪的提示性规定。第二阶段自2009年《刑法修正案（七）》出台始，第285条增设了第2款、第3款，完善了计算机犯罪的相关条款。第三阶段自2015年《刑法修正案（九）》出台始，第286条之一增设拒不履行信息网络安全管理义务罪，第287条之一增设非法利用信息网络罪，第287条之二增设帮助信息网络犯罪活动罪。[⑤] 其中前两个阶段的立法均针对计算机犯罪展开，第三阶段的立法则和黑恶势力犯罪密切相关。其后，最高人民法院、最高人民检察院《关于办理非法利用信息网络、帮助信息网络犯罪活动等刑事案件适用法律若干问题的解释》（法释［2019］15号）围绕《刑法修正案（九）》新设的三个罪名作出的具体规定，也体现了网络犯罪与有组织犯罪的密切关系。

《刑法》第287条之一——非法利用信息网络罪的设立即和网络黑恶势力犯罪有关。

---

① 由于涉及"有组织性"等分析，为避免行文冲突，本部分使用"网络黑恶势力犯罪"的表述，指代网络有组织犯罪。

② See UNDOC, Digest of Cyber Organized Crime, p. 2, at https://www.unodc.org/documents/organized-crime/tools_and_publications/21-05344_eBook_rev.pdf.

③ 参见栗向霞：《论有组织犯罪的信息化和网络犯罪的有组织化》，载《河南社会科学》2016年第11期。

④ See Europol, Internet Organised Crime threat Assessment (2021), https://www.europol.europa.eu/cms/sites/default/files/documents/internet_organised_crime_threat_assessment_iocta_2021.pdf.

⑤ 参见王肃之：《在行为与法益之间：我国网络犯罪立法路径的反思与超越》，载《澳门法学》2017年第3期。

从该罪的行为类型看，其并非传统意义的具体实行行为，而是为了实施违法犯罪活动设立网站、通讯群组，以及发布信息的行为。有学者按照传统犯罪行为阶段的划分，将非法利用信息网络行为理解为预备行为，从而将非法利用信息网络罪的设立理解为“预备行为实行化”。但是，不仅《刑法》第287条之一本身规定非法利用信息网络系为实施“违法犯罪活动”而非犯罪行为，而且《关于办理非法利用信息网络、帮助信息网络犯罪活动等刑事案件适用法律若干问题的解释》第7条的规定进一步否定了“预备行为实行化”的观点，该条规定：“《刑法》第二百八十七条之一规定的‘违法犯罪’，包括犯罪行为和属于刑法分则规定的行为类型但尚未构成犯罪的违法行为”。由于预备行为相比对应的实行行为法益侵害性更轻，如果某一预备行为被犯罪化，必然以对应的实行行为犯罪化为前提。比如，有的国家规定了杀人预备罪，但是杀人预备行为可以成为独立犯罪势必以杀人行为构成犯罪为前提，否则便丧失了处罚杀人预备行为的正当性。但是，按照《刑法》和《关于办理非法利用信息网络、帮助信息网络犯罪活动等刑事案件适用法律若干问题的解释》的规定，非法利用信息网络罪所对应的下游行为可以是违法行为，而不必然是犯罪行为，显然与该观点的前提基础不符。

反之，如果从有组织犯罪的视角则可以解释这一难题。作为非法利用信息网络罪的前奏，最高人民法院、最高人民检察院、公安部《关于办理电信网络诈骗等刑事案件适用法律若干问题的意见》（法发［2016］32号）曾作出较为少见的“未遂”处罚规定。其第2条第4项规定：“……诈骗数额难以查证，但具有下列情形之一的，应当认定为《刑法》第二百六十六条规定的‘其他严重情节’，以诈骗罪（未遂）定罪处罚：1. 发送诈骗信息五千条以上的，或者拨打诈骗电话五百人次以上的；2. 在互联网上发布诈骗信息，页面浏览量累计五千次以上的”。本文认为，这一规定的作出正是和网络犯罪的有组织化相关。从“发送诈骗信息五千条以上”“拨打诈骗电话五百人次以上”的规定看，这些行为的完成往往是需要犯罪组织介入的，无论是分工的配合上还是人力资源的调度上，以个人之力通常都难以完成全部行为。而这类大量散播诈骗信息的行为在行为数量和结果程度上的矛盾，也可以在网络有组织犯罪的框架下得到阐释：一方面，该类行为可能未造成实际的后果，虽然行为数量众多，但是每个行为未产生具体的法益关联，按照个体犯罪的方式评价必然存在障碍；另一方面，该类行为往往具有组织性，其行为数量众多，威胁了公众的财产安全，可以基于组织犯罪的视角证成其刑事可罚性。因此，网络犯罪层面的立法与司法规范并非和网络有组织犯罪无关，特别是并非和黑恶势力犯罪无关，在行为认定时应注重考虑行为的组织性因素。

（二）有组织犯罪层面的立法与司法规范

《刑法》第294条规定了组织、领导、参加黑社会性质组织罪，入境发展黑社会组织罪，包庇、纵容黑社会性质组织罪等罪名，这些罪名在网络领域同样适用。自2018年“扫黑除恶”专项斗争开展以来，除了之前发布的相关司法解释，最高人民法院、最高人民检察院、公安部、司法部等部门先后发布了《关于办理黑恶势力犯罪案件若干问题的指导意见》《关于办理恶势力刑事案件若干问题的意见》《关于办理实施“软暴力”的刑事案件若干问题的意见》《关于办理“套路贷”刑事案件若干问题的意见》《关于办理黑恶势力刑事案件中财产处置若干问题的意见》等司法文件，这些文件在网络黑恶势力犯罪的依法打击过程中同样适用。

网络黑恶势力犯罪特点主要体现在以下三个司法文件的规定中：第一，《关于办理黑恶势力犯罪案件若干问题的指导意见》第2条规定各级人民法院、人民检察院、公安机关和司法行政机关应聚焦黑恶势力犯罪突出的重点地区、重点行业和重点领域，并将“组织或雇佣网络‘水军’在网上威胁、恐吓、侮辱、诽谤、滋扰的黑恶势力”列入重点打击范围。根据该条规定，网络“水军”是黑恶势力的重点类型。该条规定肯定了将打击黑恶势力延伸至网络领域的司法态度。第二，《关于办理实施“软暴力”的刑事案件若干问题的意见》第2条规定：“通过信息网络或者通讯工具实施，符合本意见第一条规定的违法犯罪手段，应当认定为‘软暴力’”。而其第1条的规定为：“‘软暴力’是指行为人为谋取不法利益或形成非法影响，对他人或者在有关场所进行滋扰、纠缠、哄闹、聚众造势等，足以使他人产生恐惧、恐慌进而形成心理强制，或者足以影响、限制人身自由、危及人身财产安全，影响正常生活、工作、生产、经营的违法犯罪手段”。由此，该意见明确了网络方式实施“软暴力”行为的情形，从而将碎片化的网络黑恶势力犯罪行为纳入刑事打击范围。第三，《关于办理“套路贷”刑事案件若干问题的意见》第3条第1项规定了“制造民间借贷假象”情形：“犯罪嫌疑人、被告人往往以‘小额贷款公司’‘投资公司’‘咨询公司’‘担保公司’‘网络借贷平台’等名义对外宣传，以低息、无抵押、无担保、快速放款等为诱饵吸引被害人借款，继而以‘保证金’‘行规’等虚假理由诱使被害人基于错误认识签订金额虚高的‘借贷’协议或相关协议”。该条充分明确了网络“套路贷”犯罪的组织性，从而将其纳入黑恶势力犯罪的打击范畴。

（三）网络犯罪和黑恶势力犯罪融合层面的司法规范

虽然此前分别在网络犯罪、黑恶势力犯罪层面出台了相关规范文件，但是网络黑恶势力犯罪兼具这两种犯罪的特点，使对其难以完全按照传统的方式进行治理。特别是随着网络社会对黑恶势力犯罪的再构，新的参与结构也呼唤相适应的刑事规则。在此背景下，《关于办理利用信息网络实施黑恶势力犯罪刑事案件若干问题的意见》应运而生。该意见共18条，包括“总体要求”“依法严惩利用信息网络实施的黑恶势力犯罪”“准确认定利用信息网络实施犯罪的黑恶势力”“利用信息网络实施黑恶势力犯罪案件管辖”四个部分。特别是《关于办理利用信息网络实施黑恶势力犯罪刑事案件若干问题的意见》第9条至第13条，基于网络黑恶势力的组织结构变迁，就其组织特征、经济特征、行为特征和危害性特征的认定作出了规定。在《刑法》第294条的基础上，《关于办理利用信息网络实施黑恶势力犯罪刑事案件若干问题的意见》结合互联网的特点作出具体规定。

《关于办理利用信息网络实施黑恶势力犯罪刑事案件若干问题的意见》对“四个特征”的规定是基于恶势力认定要件的法定化。“恶势力”的认定需主要把握三个特征：一是组织特征，即经常纠集在一起，一般为3人以上，纠集者相对固定。二是行为特征，即以暴力、威胁或者其他手段，在一定区域或者行业内多次实施违法犯罪活动，为非作恶，欺压百姓。三是危害性特征，即扰乱经济、社会生活秩序，造成较为恶劣的社会影响，但尚未形成黑社会性质组织。[①] 恶势力并不特别强调经济特征，对此，《关于办理恶势力刑事案件若干问题的意见》第 5 条规定："单纯为牟取不法经济利益而实施的'黄、赌、毒、盗、抢、骗'等违法犯罪活动，不具有为非作恶、欺压百姓特征的，或者因本人及近亲属的婚恋纠纷、家庭纠纷、邻里纠纷、劳动纠纷、合法债务纠纷而引发以及其他确属事出有因的违法犯罪活动，不应作为恶势力案件处理"。黑社会性质组织和恶势力虽然在经济特征上有所区别，但是在结构特征上大体相近，在组织结构上均受到网络社会的冲击。

之前，即有学者对网络黑恶势力的危害性特征的认定难题予以关注，如认为，根据《关于办理黑恶势力犯罪案件若干问题的指导意见》第 2 条，扫黑除恶专项斗争中重点打击的黑恶势力之一就是组织或雇佣网络"水军"在网上威胁、恐吓、侮辱、诽谤、滋扰的黑恶势力，黑社会性质组织非法控制特征中"区域"就显然包括了网络空间。[②] 也有学者基于组织"公开性"的视角，从公开的、广泛的"震慑力"出发，认为公开性的表征在于称霸一方，公开性的本质在于通过非法控制构建"地下"社会秩序，网络行业领域属于黑社会性质组织控制的对象。[③]

《关于办理利用信息网络实施黑恶势力犯罪刑事案件若干问题的意见》则基于网络黑恶势力特征的嬗变作出了系统规定。该意见于第 9 条作出了"综合审查判断"的规定后，分别于第 10 条至第 13 条对"四个特征"的认定作出了系统规定：第 10 条强调对"组织特征"的判断不应过于机械化，特别是在通讯工具、通讯方式层面，"对部分组织成员通过信息网络方式联络实施黑恶势力违法犯罪活动，即使相互未见面、彼此不熟识，不影响对组织特征的认定"。第 11 条强调"利用信息网络有组织地通过实施违法犯罪活动或者其他手段获取一定数量的经济利益"，同样可以作为黑社会性质组织经济特征。第 12 条强调"线上线下相结合的方式"可以作为黑社会性质组织的行为特征，但同时设置了排除门槛，即"单纯通过线上方式实施"并且"不具有为非作恶、欺压残害群众特征"，一般不作为黑社会性质组织行为特征认定的依据。第 13 条则肯定了网络空间可以成为"危害性特征"中的"一定区域或者行业"，但是强调"在网络空间和现实社会造成重大影响"。

---

① 参见李占州、钟晋：《"恶势力""恶势力犯罪集团"认定若干问题解析》，载《检察调研与指导》2019 年第 3 期。

② 参见王志祥：《论黑社会性质组织非法控制特征中"区域"和"行业"的范围》，载《法治研究》2019 年第 5 期。

③ 参见于冲：《网络刑法的体系构建》，北京：中国法制出版社 2016 年版，第 169－172 页。

企业生态刑事合规体系的构建*

——以环境犯罪的治理为视角

郑丽萍　唐玥玥**

2020年3月，最高人民检察院在上海浦东、金山，江苏张家港，山东郯城，深圳南山、宝安等6家基层检察院部署开展企业合规改革第一轮试点工作。① 在该试点工作进行1年后——2021年3月，最高人民检察院将试点推广至北京、辽宁、上海、江苏、浙江、福建、山东、湖北、湖南、广东等10个省和直辖市。虽然企业刑事合规不起诉改革突破了我国传统的单位犯罪理论，但其实企业刑事合规在美国等西方国家已被广泛采用。随着"一带一路"战略的实施以及我国企业海外市场的拓广，同国际接轨、进行企业刑事合规将是提升我国企业核心竞争力的关键一招。然而，根据企业刑事合规改革的方向，企业从事犯罪行为时，倘若制定有刑事合规计划或者按照要求进行刑事合规建设，检察机关将不对其进行公诉。② 换言之，企业刑事合规改革的目的在于将企业责任与企业员工责任区别开来。但是，这与传统单位犯罪"双罚制"的处罚模式存在巨大差异，无异于是对我国单位犯罪理论的重构。根据我国刑法的规定，环境犯罪的行为主体既包括自然人亦包含单位。作为单位犯罪的主要表现形式，环境犯罪与单位犯罪密切关联，企业刑事合规的改革势必将影响环境犯罪中单位主体的定罪及量刑。本文将从环境犯罪治理理念出发，探讨企业生态刑事合规体系建设，以期完善我国环境犯罪的治理体系。

一、企业刑事合规不起诉制度与预防性环境犯罪治理理念

企业刑事合规不起诉是近年来推进刑法轻缓化及单位犯罪治理模式改革的一大举措。企业刑事合规并非我国独有的，其起源可追溯到1977年美国颁布的《反海外腐败

* 本文系国家社科重大研究专项"社会主义核心价值观融入生态文明法治建设的基本路径和法律样态研究"（项目编号：19VHJ016）的阶段性成果。

** 郑丽萍，北京航空航天大学法学院教授，博士研究生导师。
唐玥玥，北京航空航天大学法学院博士研究生。

① 参见陈瑞华：《企业合规不起诉改革的八大争议问题》，载《中国法律评论》2021年第4期。

② 参见陈瑞华：《企业合规不起诉改革的八大争议问题》，载《中国法律评论》2021年第4期。

法》。该法最初适用于美国在海外经营的美国公司、在美国实施贿赂行为的外国公司，以及在美国设立分支机构的外国公司。20 世纪 90 年代以来，《反海外腐败法》的适用范围愈加广泛，甚至连不在美国经营的外国公司也被纳入其中。[①] 在此背景下，各国际组织和国家纷纷建立自己的企业刑事合规制度，以保护企业的经营安全。我国的企业刑事合规首先出现在金融领域，后逐渐推广至国有企业。2018 年的“中兴通讯事件”[②] 成为构建我国自己的企业刑事合规体系的导火索。最高人民检察院于 2020 年 3 月至 2021 年 3 月陆续公布企业刑事合规改革的试点单位，自此，企业刑事合规正式在我国落地生根。

我国《刑法》第 31 条规定：“单位犯罪的，对单位判处罚金，并对其直接负责的主管人员和其他直接责任人员判处刑罚。”从该条文的规定可推知，我国单位犯罪的处罚原则主要为“双罚制”。易言之，单位工作人员从事犯罪行为，若该犯罪行为是经单位决策或者最终由单位受益，则既需处罚单位负责人亦需处罚单位。然而，企业刑事合规改变了“双罚制”的处罚原则。企业刑事合规是指，“为避免因企业或企业员工相关行为给企业带来的刑事责任，国家通过刑事政策上的正向激励和责任归咎，推动企业以刑事法律的标准来识别、评估和预防公司的刑事风险，制定并实施遵守刑事法律的计划和措施”[③]。企业刑事合规不起诉制度则是指在企业与企业负责人均构成犯罪的情况下，假使企业制定有刑事合规计划或者承诺建立企业合规制度，检察机关便不对企业提起公诉，由企业负责人承担刑事责任的制度。企业刑事合规制度的目的便是将单位责任与单位工作人员责任相分离，但这与传统的单位犯罪理论存在着重大分歧。[④]

人类文明发展至今，生态环境的恶化已逐渐成为经济发展的桎梏，如何治理环境犯罪已是全球性的话题。自党的十八大以来，我国已将生态文明建设提升至国家战略的地位。从历次刑法修订的情况来看，刑法对环境犯罪的处罚愈加严苛，但同时刑法也在探索新的环境犯罪处罚模式。就自然人主体而言，对环境犯罪的刑罚多以自由刑为主；而就单位主体而言，以财产刑为主。然而，生态环境遭受破坏难以恢复，带有强烈报应色彩的环境犯罪刑罚体系只会盲目地提高环境犯罪法定刑的量度。这并不能达到平衡经济效益与生态保护的目标，而且难以达到特殊预防的效果。作为环境犯罪的重要主体，单位对其从事生态环境破坏的行为理应承担刑事责任。目前《刑法》所规定的单位主体的责任承担方式主要为财产刑，倘若加重对单位的惩处力度不过是增加财产刑的数额或者

① 参见陈瑞华：《企业合规制度的三个维度——比较法视野下的分析》，载《比较法研究》2019 年第 3 期。

② 2018 年 4 月 16 日，美国商务部宣布，未来 7 年将禁止美国公司向中兴通讯销售零部件、商品、软件和技术。禁售理由是中兴通讯违反了美国限制向伊朗出售美国技术的制裁条款。2018 年 6 月 7 日，美国商务部长罗斯接受采访时表示，美国政府与中兴通讯已经达成协议，只要后者再次缴纳 10 亿美元罚金，并改组董事会，即可解除相关禁令。6 月 19 日，美国参议院以 85∶10 的投票结果通过恢复中兴通讯销售禁令法案。2018 年 7 月 2 日，美国商务部发布公告，暂时、部分解除对中兴通讯公司的出口禁售令。2018 年 7 月 12 日，美国商务部表示，美国已经与中兴通讯签署协议，取消近 3 个月来禁止美国供应商与中兴通讯进行商业往来的禁令，中兴通讯将能够恢复运营，禁令将在中兴通讯向美国支付 4 亿保证金之后解除。

③ 参见孙国祥：《刑事合规的理念、机能和中国的构建》，载《中国刑事法杂志》2019 年第 2 期。

④ 参见陈瑞华：《合规视野下的企业刑事责任问题》，载《环球法律评论》2020 年第 1 期。

直接下令其停产停业，但环境遭受破坏的现实仍无法改变，而且犯罪人还会认为自己遭受的处罚过于严厉。由此可见，重刑化并不是环境犯罪治理的上佳之策。正如佐伯仁志教授所言："制裁的目的是为了让行为人遵守规则，科以重刑并非其目的。"[①]

到目前为止，我国已经颁布了11个《刑法修正案》。自《刑法修正案（七）》开始，刑法立法呈现出预防性立法的迹象，更加侧重于预防的效果。[②] 预防性刑法的观念并非仅在我国的刑法立法中有所体现，纵观全球，"二战"后的刑法轻缓化理念被犯罪化和重刑化理念所替代，刑法立法和犯罪惩治更为强调预防。[③] 文明的进步带来了生产力的重大变革，但科技毕竟是把双刃剑，风险便是伴随着科技而产生的。在风险社会，风险并不是只作用于特定的对象，而是作用于不特定的多数人。人们不能预测风险会不会威胁到自己，任何人不可能完全置身事外，于是，民众对恐怖主义、环境破坏、个人信息泄露等行为的恐惧逐渐高于对杀人、抢劫等传统犯罪的恐惧，预防性刑法的理念也就伴随着风险社会的到来而产生。[④] 现代社会已经从传统社会进入到风险社会，民众愈加感到自己的生存环境不安全，要求刑法提前介入市民生活，刑法立法理念也因此更为强调对风险的预防，犯罪化也就成为刑法立法的趋势。[⑤] 同时，刑事司法也更加强调预防的作用，社区矫正、刑事禁止制度等预防性较强的处罚措施被纳入刑法。

环境犯罪是工业革命之后诞生的犯罪类型，对最初环境犯罪的认定以实害结果的发生为必要。20世纪90年代以来，全球生态环境急剧恶化，倘若环境犯罪的认定继续以实害结果的发生为必要，生态环境将面临着难以恢复的灾难。环境治理更为强调刑法的提前介入，环境犯罪从实害犯转变为危险犯，也就是说，只要行为具有可能造成环境破坏的危险便成立犯罪。[⑥] 我国作为《联合国气候变化框架公约》《巴黎协定》等国际气候协议的缔约国，不仅通过经济、政治等手段履行自己的国际义务，还及时修改法律、法规，加大生态环境治理力度。作为环境治理的兜底手段，环境犯罪的刑法立法较为活跃。从历年环境犯罪立法情况来看，预防性刑法观在环境犯罪中得到了充分体现——不仅环境犯罪的法定刑逐渐增高，而且大量破坏生态系统平衡的行为被确定为犯罪。到目前为止，除1997年《刑法》所规定的有关环境犯罪条文以外，11个《刑法修正案》中涉及环境犯罪的条文不在少数，如《刑法修正案（八）》将1997年《刑法》第338条——重大环境污染事故罪修改为污染环境罪，使该罪从过失犯变为故意犯，从实害犯变为危险犯。新颁布的《刑法修正案（十一）》也有不少条文涉及环境犯罪，例如，将"非法猎捕、收购、运输、出售陆生野生动物行为"、"破坏自然保护地行为"，以及"非法引进、释放、丢弃外来入侵物种行为"纳入刑法。[⑦]

---

① ［日］佐伯仁志：《制裁论》，丁胜明译，北京：北京大学出版社2018年版，第40页。

② 参见付立庆：《论积极主义刑法观》，载《政法论坛》2019年第1期。

③ 参见王良顺：《预防刑法的合理性及限度》，载《法商研究》2019年第6期。

④ 参见付立庆：《论积极主义刑法观》，载《政法论坛》2019年第1期。

⑤ 参见劳东燕：《风险刑法理论的反思》，载《政治与法律》2019年第11期。

⑥ 参见李永升、袁汉兴：《污染环境罪的司法困境与出路——以生态和人类双重法益为中心》，载《湖北社会科学》2021年第1期。

⑦ 参见姜涛：《生物刑法与环境刑法分离论之提倡》，载《政法论坛》2021年第5期。

二、企业生态刑事合规建设的可行性

经过几十年全球环境治理模式的变迁，环境犯罪治理理念也随着人类对气候变化的隐忧而悄然变化。时至今日，环境犯罪治理理念从人类中心主义到生态中心主义，再到现今的生态学的人类中心主义，预防性刑法理念贯穿整个刑事立法和犯罪治理过程。环境犯罪与其他刑事犯罪相比，其破坏性体现在受侵害法益范围广且可恢复性差。[①] 比如，切尔诺贝利核泄漏事故导致成百上千的居民被迫撤离，受核辐射的区域沦为“鬼城”，因而环境犯罪更加强调防患于未然。环境犯罪的主体包括自然人与单位，企业也是单位主体之一。自然人犯罪的处罚模式多样且灵活，企业犯罪的处罚模式则大不相同。环境犯罪的性质为行政犯，成立犯罪的前提是违反国家环境行政法律规定。这意味着环境犯罪既是刑事违法行为亦是行政违法行为。根据我国刑法以及环境行政法律、法规的规定，环境犯罪中企业所承担的刑事责任为财产刑，吊销企业的从业资格为行政处罚。换言之，企业在实施环境犯罪后，在缴纳一定数额的罚金后还可能被要求停业关闭。未建立相关机制的企业仍然重复着相同的道路，而环境被破坏的问题没有得到有效缓解。由此可见，无论是以财产刑为主的刑事处罚还是以限制从业资格为主的行政处罚，均重视对企业环境破坏行为的报复，而忽视了对环境破坏行为的预防。生态刑事合规制度在保证企业生产经营活动平衡运行时，提示企业自己才是环境保护的关键主体；通过要求企业制定生态刑事合规计划，倒逼企业履行环境保护职责。这是环境犯罪治理理念转型的必然选择。此外，在当前企业刑事合规改革的背景下，构建生态刑事合规体系也推动着我国单位犯罪理论继续向前，提供给单位犯罪治理以崭新的模式。总体而言，生态刑事合规建设的可行性可分为以下三个要点。

首先，生态刑事合规体系的构建，承接组织体责任论的核心理念，可推进我国单位责任论的变革。受启蒙思想影响，古典时期的刑法理论并不承认单位能够成为犯罪主体，因为如果对单位施以刑罚将违背责任主义的原则。直到工业革命后，西方国家经济犯罪高发，单位犯罪才出现在刑法之中。单位犯罪与自然人犯罪不同：自然人具有自由意志，单位的意志需要通过单位负责人才能表现出来，换言之，单位不具有独立的意志。这就带来了单位意志认定的难题，由此产生了单位责任的归责根据的问题。时至今日，对单位能够成为犯罪主体，刑法学界基本没有争议，但对单位刑事责任的归责原则一直争论不休。刑法学界主要存在着代位责任论以及组织体责任论：因代位责任论难以解释单位责任的根据，故组织体责任论逐渐被刑法学界所接受。组织体责任论的核心观点在于，“即便是末端的职员的行为，只要能够认定其与业务在客观上具有关联性，是组织体活动的一环，那么就将该行为视为法人的行为”[②]。组织体责任论从刑事政策的角度解读单位犯罪，认为：处罚单位的目的并不是抑制个人犯罪，而是抑制单位犯罪。

① 参见张万洪、胡馨予：《“美丽中国”的实现迫切需要对环境犯罪匹配生态修复责任》，载《河南社会科学》2021 年第 7 期。

② ［日］佐伯仁志：《制裁论》，丁胜明译，北京：北京大学出版社 2018 年版。

倘若单位未设置内部管理体制以致单位内部人员犯罪，应该承认其与个人共同承担刑事责任。[①] 由此可见，企业刑事合规与组织体责任论的核心理念一脉相承。当前我国刑法和刑事诉讼法主要以自然人犯罪为基点，较少提及单位犯罪的情形。[②] 虽有学者主张组织体责任论，但代位责任论仍是学界主流观点。根据最高人民检察院企业刑事合规不起诉改革方向可推知，企业刑事合规不起诉制度属于附条件不起诉制度。在企业刑事合规出现前，我国的刑事诉讼法中也规定了附条件不起诉制度，但其适用于未成年人犯罪的情形。刑事合规将附条件不起诉扩大至单位犯罪中，给单位入罪和出罪提供了政策保障。这一改革弥补了我国刑事实体法和程序法的缺陷。此外，我国尚未完全构建单位责任的理论体系，当前企业刑事合规改革可以倒逼单位犯罪理论的革新，形成体系化的单位责任理论。

其次，生态刑事合规体系的构建，符合刑法谦抑性的要求，可推进环境犯罪刑罚轻缓化的发展。自启蒙运动以来，刑法作为社会的兜底法被广泛认可。风险社会使民众的不安感增强，而民众的不安感加剧了其对法律的不信任感，这时民众往往会将目光投向刑法，刑法的社会兜底法的机能便受到了挑战。例如，工业发展造成环境破坏，环境破坏影响了民众的生存环境，民众便将生存环境恶化归责于法律过于宽松，于是要求加大对环境破坏行为的处罚。刑法必须有前置法，根据法秩序统一原理，倘若民法、行政法或者其他法律规范中不认为是违法的行为，刑法不能将其认定为犯罪。[③] 作为社会的兜底法，刑法必须要谦抑——只有在其他的非刑事处罚措施难以达到惩罚的目的时才可以动用刑罚。“刑罚处罚在其他类违法行为中起到的作用较小且有所不同，有时它仅仅作为‘后备惩罚’，在执行一些规定社会管理或社会控制手段的法律时作为备用。”[④] 环境犯罪的性质属于行政犯，其前置法为环境行政法律、法规。也就是说，环境犯罪必须是违反环境行政法律、法规的行为。例如企业达标排污的行为就不能被认为构成污染环境罪。行政犯的前置法是行政法律、法规，说明了行政犯并不是因为违反社会伦理规范而被禁止；刑事犯[⑤]的前置法为民法，而民法涉及公民的个人权利。因此，刑事犯侵害的法益为公民个人权益，行政犯则更多考虑的是社会公共法益。同刑事犯直接侵害法益相比，行政犯对于法益侵害的紧迫性并不十分强烈。虽然目前环境犯罪已有朝着刑事犯方向发展的趋势，但与故意杀人、故意伤害等直接侵害法益的犯罪相比，环境犯罪仍是间接侵害法益的犯罪类型，并且采用行政手段的预防效果明显强于刑罚的惩罚效果。企业

① 参见［日］佐伯仁志：《制裁论》，丁胜明译，北京：北京大学出版社 2018 年版。

② 参见时延安：《单位刑事案件的附条件不起诉与企业治理理论探讨》，载《中国刑事法杂志》2020 年第 3 期。

③ 参见陈兴良：《民法对刑法的影响与刑法对民法的回应》，载《法商研究》2021 年第 2 期。

④ ［美］乔尔·范伯格：《刑法的道德界限》（第 1 卷），方泉译，北京：商务印书馆 2015 年版，第 21 页。

⑤ 刑事犯是我国学者在阐述德、日刑法理论时引入的概念。德国刑法学者郭特希密特最早对之予以阐述，其意在同行政犯进行区分，将违警罪从刑法典中分离出去，与其他秩序违反法共同组成行政刑法。日本刑法研究受德国影响深远，接纳了德国刑法学界的行政犯和刑事犯概念，且日本与德国相同，均采用多元化的刑法立法模式——不仅有统一的刑法典，还制定有附属刑法及单行刑法。行政犯多见于附属刑法或单行刑法中，而刑法典多规定传统的犯罪类型，因而违背社会伦理道德的犯罪也被称为刑事犯。我国刑法立法模式同德、日刑法立法模式有较大区别——绝大多数的犯罪行为规定于刑法典之中。目前我国学界通说认为，行政犯与法定犯概念相同，而刑事犯等同于自然犯。参见邹玉祥：《行政犯概念的中国表达》，载《法制与社会发展》2022 年第 3 期。

在实施环境破坏行为后，可能受到行政制裁和刑事惩罚。如果企业制定了生态刑事合规计划则会被免除刑事责任，那么企业剩余的责任只有行政责任。在当前我国刑法所规定的单位刑罚主要为财产刑的情形下，行政处罚中的资格罚对企业环境破坏行为的惩罚力度更大。此外，虽然企业不必承担刑事责任，但通过引导企业建立生态刑事合规计划，可以规避企业再次实施环境破坏行为的风险。

最后，生态刑事合规体系的构建，与预防性环境犯罪治理理念不谋而合，可推进环境犯罪治理模式的转变。刑罚的目的至今仍是理论界争议不休的话题。风险社会催生了预防主义刑法观，基于预防主义刑法的理念诞生了积极的一般预防理论。相较于消极的一般预防理论，积极的一般预防理论不仅强调刑罚的威慑功能，更重要的是，其认为刑罚的目的是培养国民对法秩序的信赖，“只有国民支持刑事司法制度之时，积极的一般预防才能有效地发挥功能”①。虽说犯罪化是当前刑法立法的基本走向，大量的行政犯被纳入刑法，但行政犯的法益类型较为抽象。同刑事犯相比，行政犯并非单凭科处重刑便能达到预防的效果。以企业犯罪为例：对企业而言最严厉的惩罚便是关闭该企业，然而，企业关闭后将产生失业人口增加等社会问题。从近年来的刑法立法的情况来看，行政犯的刑罚强度呈现出轻缓化的趋势。企业刑事合规要求企业制定合规计划，不仅保证了企业的正常运转，还可督促企业建立健全犯罪预防体系。环境犯罪直接侵害的法益是生态系统的平衡，生态系统遭受破坏犹如人体遭受损害，其损害性具有不可逆性，而且与刑事犯相比，环境犯罪波及面广、可控性低，因而环境犯罪的治理更为强调预防。目前对生态系统破坏最严重的行为便是企业的生产经营活动，但是不可能为保证生态系统不受损害便停止一切人类活动。对于企业实施环境犯罪行为的情形而言，缴纳罚金或者关闭企业的方式并非环境犯罪治理的上上策，只有兼顾犯罪治理效果和经济效益的模式才是最佳的治理模式。企业刑事合规旨在督促企业建立犯罪预防体系，倘若企业存在环境破坏的行为，在免除企业责任的同时要求其建立生态刑事合规的体系，将有效预防企业再次实施环境破坏行为，同时也是预防性环境治理理念的本质要求。我国环境犯罪治理模式正处于变革阶段，企业生态刑事合规体系的构建将推动我国环境治理理念从重惩罚向重预防转型。

三、企业生态刑事合规的功能定位

刑法发展至今，企业作为犯罪的主体之一已经没有太大的异议。企业刑事合规不起诉改革虽然是程序法的变革，但其将企业责任与自然人责任相分离，将会带来单位犯罪理论的调整。自最高人民检察院开始进行企业刑事合规改革以来，如何构建我国企业刑事合规体系以及企业刑事合规的功能定位在理论界存在着巨大争议。当前研究就企业刑事合规的功能定位主要包括以下三种观点：第一种观点认为，企业刑事合规与企业刑事责任密切关联，是对单位犯罪理论的补充，应当从刑法教义学方向将企业刑事合规解释为单位犯罪的出罪事由。换言之，企业刑事合规涉及的是企业行为的可归责性，倘若企

① ［日］佐伯仁志：《制裁论》，丁胜明译，北京：北京大学出版社 2018 年版，第 173 页。

业制定了合规计划但企业内部人员仍然实施犯罪行为，不能将结果归责于企业，因此，企业刑事合规是企业的抗辩事由。① 第二种观点认为，企业制定合规计划并不意味着企业不构成犯罪，企业刑事合规是出于刑事政策的考虑，对企业所作出的刑罚的激励政策。② 也就是说，企业合规计划是企业构罪免罚的事由。第三种观点从刑事诉讼法的角度出发，将企业刑事合规作为辩诉交易的模式，认为企业刑事合规是新类型的附条件不起诉制度。③

笔者认为，企业刑事合规应被定性为刑罚的激励制度，企业制定合规计划并非其不构成犯罪的理由。主要理由在于：一方面，在企业已经构成犯罪的情形下，却将引导企业进行合规建设作为其行为不能被归责的理由恐怕过于牵强。我国单位犯罪的处罚原则为"双罚制为主，单罚制为辅"。也就是说，就单位犯罪而言，原则上单位与单位负责人都应当对单位的犯罪行为承担刑事责任。倘若认为企业刑事合规属于企业的出罪事由，就出现了单位犯罪中单位内部人员成立犯罪而单位不成立犯罪的尴尬局面，与当前刑法规定的单位犯罪的归责原则存在冲突。在单位犯罪中，单位的犯罪意志来源于单位内部人员，单位与其内部人员是一个紧密的组织体，既然单位内部人员已经成立犯罪，而单位对其内部人员的行为并未进行规制而且享有了犯罪行为所带来的收益，也应当被认为成立犯罪。因此，企业刑事合规并不是企业的出罪事由。换言之，从刑法教义学的归责原理解释企业刑事合规并不妥当。另一方面，从程序法上来看，企业刑事合规更多是出于对单位犯罪预防的考量，并非认为企业不成立犯罪。从最高人民检察院的改革目标来看，企业刑事合规不起诉制度属于附条件不起诉制度。我国目前《刑事诉讼法》规定的附条件不起诉制度仅针对未成年人。从《刑事诉讼法》第 282 条的规定来看，对特定未成年人不起诉并不是认为未成年人不成立犯罪，而是从预防、教育的角度出发，给予特定未成年犯罪嫌疑人宽大处理，以实现未成年人的刑罚轻缓化。与未成年人附条件不起诉制度相同，企业刑事合规不起诉制度也是检察机关的"起诉犹豫"制度。易言之，在企业成立犯罪的场合，倘若企业建立了刑事合规体系，检察机关将根据预防犯罪的需要，不对其提起公诉。由此可见，作为企业合规不起诉前提条件的企业刑事合规并不是企业不成立犯罪的理由，而是在企业已经成立犯罪的情形下作为刑罚的激励制度，以保证企业生产经营的方式达到预防犯罪的效果。

由此可见，与企业刑事合规一脉相承的企业生态刑事合规同样也是刑罚的激励制度：首先，企业刑事合规并非企业不成立环境犯罪的理由。企业实施了环境犯罪行为，理应与直接责任人一同承担刑事责任。倘若企业制定了生态刑事合规计划，生态刑事合规计划不影响对企业犯罪行为的归责。其次，企业生态刑事合规计划属于企业免除刑罚的事由。在企业的行为被认定为环境犯罪后，如果企业制定了生态刑事合规计划，将被

---

① 具体观点可参见黎宏：《合规计划与企业刑事责任》，载《法学杂志》2019 年第 9 期；孙国祥：《刑事合规的刑法教义学思考》，载《东方法学》2020 年第 5 期。

② 具体观点可参见李永升、杨攀：《合规计划对单位犯罪理论的冲击与重构》，载《河北法学》2019 年第 10 期；蔡仙：《论企业合规的刑法激励制度》，载《法律科学（西北政法大学学报）》2021 年第 5 期。

③ 具体观点可参见陈卫东：《从实体到程序：刑事合规与企业"非罪化"治理》，载《中国刑事法杂志》2021 年第 2 期；陈瑞华：《企业合规出罪的三种模式》，载《比较法研究》2021 年第 3 期。

免除刑事处罚——生态刑事合规计划只是企业免刑的事由。例如：某企业为节省生产成本，直接将污水排入河流，造成河流内大量鱼虾死亡。该行为符合污染环境罪的构成要件，按照《刑法》第 338 条和第 346 条的规定，企业与直接责任人应当被判处刑罚。但若该企业制定有生态刑事合规计划，根据企业刑事合规不起诉的要求，只有直接责任人承担刑事责任，而企业因制定了生态刑事合规计划将被免除刑罚。

四、企业生态刑事合规体系构建的未来展望

目前，企业刑事合规主要在经济犯罪领域内开展试点。作为单位犯罪理论变革的“杠杆”，企业刑事合规不会仅局限于经济犯罪领域，未来必将延伸至环境犯罪领域。习近平主席在第七十五届联合国大会一般性辩论上的讲话中表示，中国将提高国家自主贡献力度，采取更加有力的政策和措施，二氧化碳排放力争于 2030 年前达到峰值，努力争取 2060 年前实现碳中和。①“碳达峰”是我国对全人类的承诺，环境犯罪多数来源于企业的生产经营活动，限制企业实施环境犯罪便是实现“碳达峰”的重要环节。我国虽然已经开展企业刑事合规改革，不少企业也将刑事合规作为其企业建设的关键，但我国企业刑事合规在起步阶段，存在着定位模糊、缺乏风险防范的机制等固有缺陷，导致企业刑事合规在环境犯罪治理问题上的作用极为有限。更准确地来说，当前大多数企业并未在环境保护方面开展合规建设。② 既然刑法条文规定企业能够成为环境犯罪的主体，那么企业就会有实施环境破坏行为的风险，因而企业刑事合规不仅需要关注经济犯罪领域的风险，环境保护也是应当被重视的高风险领域。生态法益的不可逆性决定了环境犯罪预防重于惩罚的特性，推进企业建立生态刑事合规体系对于环境犯罪治理而言利大于弊。当前，我国主要在金融、互联网等领域建立了企业刑事合规体系，企业刑事合规的目的也大多在于预防企业经济犯罪、网络犯罪等犯罪风险的发生，企业刑事合规在环境犯罪中的运用还在探索之中。笔者认为，企业生态刑事合规体系可从适用范围的明确、合规计划的制定，以及监督监管机制的建立三个方面着手。

第一，明确企业生态刑事合规的适用范围。企业生态刑事合规首先需要解决的便是适用范围的问题。也就是说，对企业生态刑事合规是否适用于所有的环境犯罪、对造成严重环境破坏的犯罪能否根据生态刑事合规免除企业刑事责任等有重大争议的情形，必须有明确的规定。首先，企业生态刑事合规是否适用于所有环境犯罪？对于该问题的答案是肯定的。企业刑事合规是就单位犯罪所进行的改革，理应适用于所有单位犯罪情形。《刑法》第 346 条明确规定环境犯罪的主体既可以是自然人也可以是单位，既然企业刑事合规可以适用于所有单位犯罪，自然可以推导出企业生态刑事合规适用于所有环境犯罪。换言之，只要企业实施了环境犯罪，无论其最终被定为何罪，均可根据生态刑事合规免除其刑事处罚。其次，对造成严重环境破坏的犯罪能否根据生态刑事合规免除企业刑事责任？例如：某企业在从事生产活动时将未经任何处理的污水排入河流，造成河流大面积污染并给河流周边居民的生活带来了不便。按照《刑法》第 338 条的规定应

① 参见田丰、包存宽：《充分利用规划力量推动实现碳达峰碳中和目标》，载《中国环境报》2021 年 1 月 14 日。
② 参见陈瑞华：《论企业合规的中国化问题》，载《法律科学（西北政法大学学报）》2020 年第 3 期。

判处其负责人3年以上有期徒刑，对这种严重污染环境的行为能否以该企业制定了生态刑事合规计划为由免除企业刑事责任？对该情形不能以生态刑事合规为由免除企业刑罚。换言之，生态刑事合规只能适用于企业可能被判处轻刑的情形。企业刑事合规的意义主要包含企业犯罪风险的预防、国家机关治理犯罪的便宜以及企业声誉的维护三个方面①，判断生态刑事合规是否能够适用于造成重大危害后果的情形可从上述的三个方面着手。众所周知，我国刑事立法和刑事司法遵循的是宽严相济的刑事政策，企业刑事合规符合的便是宽严相济中“宽”的内涵。所谓的“宽”，便是指对法益侵害程度不大的犯罪可以从宽处理。既然企业刑事合规属于免除企业刑罚的事由，那适用它的应当是危害程度不高的犯罪；对造成严重危害后果的犯罪不能免除企业刑事处罚。除此之外，企业的行为已经造成重大危害后果，倘若以生态刑事合规为由免除其刑事处罚，那生态刑事合规将成为企业逃脱刑事责任的借口。这不仅不能达到预防环境犯罪的目的，反而放纵了犯罪。由此可见，生态刑事合规只能适用于情节轻微、危害不大的环境犯罪。

第二，制定企业生态刑事合规计划模板。企业刑事合规体系的根本在于企业制定能够有效防范犯罪风险的合规计划。目前已将企业刑事合规作为企业内部建设的关键的企业主要集中于金融、互联网等领域，而这些企业的日常经营并不会带来严重的环境破坏。会带来严重环境破坏的企业大多为传统制造业企业，但由于我国的刑事合规还在起步阶段，这些企业并未过多重视生态刑事合规的建设。笔者认为：既然企业刑事合规是由司法机关推动的，那司法机关可以联合相关部门制定企业生态刑事合规计划以供企业参照。企业生态刑事合规计划的内容可参考金融企业、网络平台刑事合规的内容，从企业“内部规范、行为准则以及风险识别、动态评估、监测预警、举报调查、奖惩机制、事后救济”② 等方面制定企业生态刑事合规计划。虽说每个企业的生态合规计划不一定完全相同，但大致内容需包含环境破坏行为风险的预防机制、企业内部人员的奖惩机制，以及环境破坏行为发生后的补救措施。

首先，环境破坏行为风险的预防机制。企业生态刑事合规的目的在于预防企业环境犯罪风险，因而对环境犯罪风险的预防是企业生态刑事合规计划的重要内容之一。环境犯罪风险的预防机制包括以下内容：其一，明确生态保护红线。避免环境犯罪的发生并不是说停止企业的一切生产经营行为，并非所有的企业行为都会带来环境破坏，因生态系统本身就具有自我调节能力，故需要禁止的是超过生态系统承受限度的破坏行为。环境犯罪作为严重逾越生态保护红线的行为，具有双重违法性。行政法是刑法的前置法，环境犯罪的认定必须参照行政法，只有违背了行政法的行为才可能会成立环境犯罪。我国生态保护红线被规定于环境行政法律规范之中，企业的生产经营活动便应以该红线作为底线，企业生态刑事合规计划也应以环境行政法律、法规的规定为参照。例如，《大气污染物综合排放标准》规定氟化氢的最高排放标准为150mg/m^3，企业生态刑事合规计划所规定的氟化氢排放量不能超过该标准。其二，明确企业内部人员培训机制。2017年，兰州市中级人民法院判处的雀巢公司员工侵犯公民个人信息一案中，雀巢公司的政

① 参见陈瑞华：《企业合规不起诉改革的八大争议问题》，载《中国法律评论》2021年第4期。

② 参见于冲：《网络平台刑事合规的基础、功能与路径》，载《中国刑事法杂志》2019年第6期。

策与指示、企业员工培训的文件均成为了该公司出罪的事由。[①] 该案中雀巢公司的出罪抗辩对于企业刑事合规的建设具有指导意义。对企业内部人员进行培训是企业应当尽到的监督管理义务，其目的在于制止企业内部人员实施犯罪行为，是企业防范犯罪风险的必备手段。企业制定生态刑事合规计划是为预防环境犯罪，而企业是否对其内部人员进行培训、号召员工合法上岗是考察企业生态刑事合规计划有效性的必备要件。

其次，企业内部人员的奖惩机制。企业生态刑事合规计划倘若只有指导性内容并不能防止企业内部人员实施环境破坏行为，只有严密奖惩体系才能有效规范企业内部人员的行为。企业生态刑事合规计划的奖惩机制应当包含奖励和惩罚两方面的内容：一方面，对积极遵照合规计划的人员必须奖励。虽说生态刑事合规计划是企业行为的底线，是企业免遭刑事处罚的屏障，企业内部人员按照合规计划行为是其义务而非其权利，按理不应当进行奖赏，但在目前我国企业刑事合规还处在起步阶段，仅有少部分的企业具有刑事合规的意识，因而应当制定刑事合规的考核体系，对严格遵守企业生态刑事合规计划的内部人员给予物质或者精神奖励，以督促企业及其内部人员遵守合规计划的内容。另一方面，对违反合规计划的内部人员应当惩罚。一般而言，在环境犯罪中，企业负责人及直接行为者均应对环境破坏的结果负责；不同的是，企业负责人承担的是监督管理过失责任，而直接行为者需承担直接责任。因而，企业生态刑事合规计划的惩罚机制必须包含对负责人及直接责任人员的惩罚措施：首先，就企业负责人而言，企业负责人对下属具有监督管理义务。也就是说，企业负责人应当督促下属依规作业，不可逾越合规计划的要求。在下属违背合规计划的情形下，如果企业负责人没有尽到监管义务，应当追究其监管失职的责任。企业负责人倘如要求其下属违规作业造成严重环境破坏，应当承担故意的责任。由此可见，针对企业负责人的惩罚应当根据其主观是故意还是过失而定。其次，就直接责任者而言，直接责任者是直接实施环境破坏行为的主体，理应自行承担责任，但由于直接责任者与企业是紧密的组织体，且其行为并非完全出于自身利益考虑，故其行为被拟制为企业的行为。究竟能否根据合规计划免除企业刑事处罚，关键在于合规计划对于企业内部人员的约束力如何。倘若企业生态刑事合规计划中未写明企业内部人员的责任后果，那便不能认定企业制定了有效的合规计划。因此，企业生态刑事合规计划应当规定企业内部人员违规作业的惩罚措施。例如，某建筑工程企业在开发新楼盘时需考虑建筑施工对于附近河流的破坏程度，规定倘若建筑工人违规倾倒建筑垃圾致使河流严重污染，该企业将如何惩罚此行为。

最后，环境破坏行为发生后的补救措施。所谓补救措施，即企业采取何种措施处理环境污染事故。企业生态刑事合规计划并不能够完全制止环境破坏行为的发生，在环境

---

① 2011年至2013年，雀巢（中国）有限公司西北区（以下简称“雀巢公司”）员工杨某某、李某某、杜某某、孙某通过拉关系、支付好处费等手段，多次从兰州大学第一附属医院、兰州军区总医院、兰州兰石医院等多家医院医务人员手中非法获取公民个人信息，所获取的信息均用于雀巢公司日常的销售。一审中，雀巢公司向法院提供公司指示（收录于雀巢公司员工培训教材）、雀巢（中国）有限公司情况说明，以证明雀巢公司不允许员工以推销婴儿配方奶粉为目的，直接或间接地与孕妇、哺乳妈妈或公众进行接触，不允许员工未经正当程序或未经公司批准而主动收集公民个人信息。一审法院以雀巢公司尽到了管理职责为由否认了雀巢公司的刑事责任，判决其直接责任人员成立侵犯公民个人信息罪。一审被告不服提起上诉，二审法院认可了一审法院的判决。该案成为了我国第一起刑事合规无罪辩护案。详见陈瑞华：《合规视野下的企业刑事责任问题》，载《环球法律评论》2020年第1期。

破坏结果出现以后，企业将作出怎样的反应是企业刑事责任认定的重要依据：倘若企业放任污染的扩大，其应当承担的刑事责任也会增加。生态刑事合规计划是免除企业刑罚的重要依据，若未规定补救措施，那该计划将不具有完整性，因此生态刑事合规计划中需包含企业如何应对环境污染事故的规定。在环境污染事故发生后，补救措施主要包括向环境行政主管部门报告以及阻断污染源两个方面的内容。例如，企业内部人员将未经处理的污水排入河流，企业应当立即向环境行政主管部门报告污染事故，并立即处理被污染的河流以防污染面积扩大。

第三，建立企业生态刑事合规监管机制。任何制度必须有配套的监督体系，企业生态刑事合规也是如此。企业制定的生态合规计划倘若被束之高阁，那无异于是一纸空文。因为生态合规计划将使企业不再承担刑事责任，所以企业应当照其规定严格执行，而不能让合规计划成为企业脱罪的理由。目前，企业生态刑事合规监督体系的重点在于明确监督机关以及企业违反刑事合规应承担的责任方面的问题。首先，企业生态刑事合规的监督机关应为检察机关。企业刑事合规并不意味着企业不构成犯罪，合规计划只是企业被免除刑事处罚的事由；而且企业刑事合规首先在刑事程序方面取得突破，其后的改革试点也是由最高人民检察院推进的，意图将企业刑事合规确定为又一项不起诉制度，而目前我国附条件不起诉的决定是由检察机关作出的。由此可见，究竟企业能否以刑事合规为由不受刑事处罚应由检察机关决定。众所周知，检察机关作为我国的法律监督机关，其监督范围不局限于国家机关，还包括企事业单位。新修订的《民事诉讼法》和《行政诉讼法》中加入了公益诉讼的内容，若检察机关在履职过程中发现有损害公共利益的行为发生，可以向法院提起民事或行政公益诉讼。损害公共利益的行为中包含环境破坏行为。也就是说，检察机关享有环境监管的权力，企业的生产经营活动是否有环境破坏的风险在检察机关的监管范围之内。生态刑事合规的目的在于规范企业的活动，以免造成环境损害后果。这与检察机关的职责有着密切的关联性，因而，企业是否遵守生态刑事合规计划应由检察机关进行监督。其次，企业未遵守合规计划不得被减轻或免除刑事责任。生态刑事合规计划并不是企业逃脱刑事责任的理由，即在企业违背其制定的生态刑事合规计划时，不得以企业制定合规计划为由减免其刑事处罚，应当严格依照刑法规定对企业的环境犯罪行为定罪处罚。例如：某企业负责人指令该企业工作人员向附近河流倾倒垃圾，造成河流严重污染，后被发现该企业制定了生态刑事合规计划。在此情形下检察机关不得以该企业制定有生态刑事合规计划为由不对其提起公诉，而应依法追究该企业污染环境的刑事责任。又如：生态刑事合规计划中会规定在环境损害出现后企业应承担环境修复的责任，检察机关将以最终的修复效果判断是否对企业提起公诉。倘若企业对环境修复持消极的态度或者修复的效果不满足合规计划的要求，检察机关应当提起公诉。

五、结语

企业生态刑事合规隶属于企业刑事合规，企业刑事合规是对我国单位犯罪理论的突破——不仅对刑事程序法有重大影响，刑事实体法也因此而有不小的调整。随着风险社会的到来，刑法与刑事政策逐渐融合，刑法更加重视预防犯罪的功能，预防性的治理理念也在环境犯罪治理之中得到贯彻，生态刑事合规便与预防性的环境犯罪治理理念具有较强的兼容性。在目前我国经济发展理念转型时期，如何平衡经济发展与环境保护之间的关系至关重要。企业的生产经营活动是环境损害的主要形式，企业亦是环境犯罪的重要主体，但企业主体与自然人主体不同，企业是一个组织体，企业的行为通过其内部人员的行为进行表现，而且处罚企业带来的是牵一发而动全身的后果。因此，对于法益侵害不大的环境犯罪，可以企业制定有生态刑事合规计划为由免除企业的刑事责任。企业刑事合规在当下还处于试点阶段，如何适用、怎样适用还有待时间的考验，但这并不是停止理论探索的理由。在未来，企业生态刑事合规必将成为环境犯罪中企业出罪的事由，成为环境犯罪治理的重要举措。

试论双赢多赢共赢的法律监督理念

李文峰*

何谓理念?《现代汉语规范词典》有三种解释：一是指思想、观念；二是指信念；三是指认定和追求的某种目标、原则、方法等，多具有个性、行业性和学科性。[①] 在一般意义上，观念与理念是通用的；严格来讲，上升到理性高度的观念才能被称作理念。最高人民检察院张军检察长指出：所谓理念，就是指导、引领我们办好检察案件的思想、灵魂。理念要与时俱进、常思常新，因为社会是发展的，司法办案总会遇到新情况。[②]

我国《宪法》第 134 条规定："中华人民共和国人民检察院是国家的法律监督机关。"关于法律监督的概念，至今尚无定论；关于法律监督的理念，也是仁者见仁、智者见智。如有观点认为，双赢多赢共赢，在办案中监督、在监督中办案，尊重和保障人权，政治效果、法律效果和社会效果的有机统一等都是法律监督理念。笔者认为：上述说法从不同角度或者不同范围讲，可以被称为法律监督理念，但理念是深层次的问题，严格说来有的不应该算是法律监督理念，而只是一种工作方法。其中，双赢多赢共赢是一个目的性或者终极性的理念，也是最高人民检察院党组提出的法律监督新理念。本文即围绕双赢多赢共赢的法律监督理念展开论述。

一、双赢多赢共赢监督理念的必要性

当今世界正处于百年未有之大变局，中国特色社会主义已经进入新时代。面对新形势新任务新要求，如何树立符合新时代要求的法律监督理念，更好地履行宪法法律赋予的法律监督职责，取得政治效果、法律效果和社会效果的有机统一，是检察机关必须认真思考的问题。最高人民检察院党组以习近平新时代中国特色社会主义思想为指导，贯彻落实新发展理念，重新审视监督者与被监督者的关系，提出了双赢多赢共赢的法律监督理念。

---

* 最高人民检察院法律政策研究室副主任，中国法学会案例法学研究会副会长，法学博士。

① 参见李行健主编：《现代汉语规范词典》（第 3 版），北京：外语教学与研究出版社、语文出版社 2014 年版，第 809 页。

② 参见张军：《关于检察工作的若干问题》，载《人民检察》2019 年第 13 期。

（一）新时代人民群众对检察工作有了新的更高要求

党的十九大报告指出，我国社会主要矛盾已经转化为人民日益增长的美好生活需要和不平衡不充分的发展之间的矛盾。这是一个关系全局的历史性变化，对党和国家工作大局都提出许多新的、完全不同的要求，对检察工作也提出新的更高要求。新时代人民群众在民主、法治、公平、正义、安全、环境等方面有了更高水平、更丰富内涵的需求。山东于欢案、江苏于某某案等都是围观者在发声！这些就是摆在检察机关面前的新课题，也是对检察工作的更高要求。检察机关认为努力做到了还不够，还要让当事人自己“感觉到”！具体的公平正义还要让社会、人民群众认为符合发展的方向，具有进步性、引领性，才可能得到社会的认同。检察机关必须对标对表，为人民群众、为社会和时代提供更好、更优、更实在的法治产品、检察产品。作为“供给侧”，与人民日益增长的美好生活需要相比，法律监督的供给能力还远远不适应！这就是新时代检察工作面临的主要矛盾，也是我国社会主要矛盾在检察领域的具体体现。①

（二）近年来检察机关职责有了较大调整

自新中国成立以来，检察机关的职责多有调整。近些年来，在党中央决策部署下，检察机关的职责有了较大调整：一是检察机关反贪工作转隶到监察委员会。从中华苏维埃工农检察部开始，到新中国成立后的七十多年，检察机关一直具有反贪职责。进入新时代以后，为了加强对所有行使公权力的公职人员的监督，实现国家监察全覆盖，推进国家治理体系和治理能力现代化，检察机关的反贪工作转隶到了同级监察委员会。二是建立公益诉讼检察制度。2014 年 10 月，党的十八届四中全会决定探索建立检察机关提起公益诉讼制度。2015 年 7 月，全国人大常委会授权开展为期两年的公益诉讼试点工作。2017 年 6 月，全国人大常委会修改《民事诉讼法》《行政诉讼法》，正式确立这一制度。十九届四中全会进一步要求检察机关“拓展公益诉讼案件范围”。公益诉讼检察制度从顶层设计到实践落地，从局部试点到全面推开、健康发展，形成了公益司法保护的“中国方案”。三是检察机关原有的刑事检察、民事检察和行政检察职责也有了新的调整。如刑事检察增加了羁押必要性审查、认罪认罚从宽等职责，民事检察和行政检察分别增加了对民事、行政裁判执行活动的法律监督等。

（三）传统检察工作模式制约了法律监督职能的全面充分发挥

按照以往传统的检察工作模式，反贪和公诉是检察机关的主业，其他检察业务如民事、行政检察一直处于弱势地位。这导致检察工作存在“三个不平衡”：一是刑事检察与民事检察、行政检察、公益诉讼检察工作发展不平衡。无论从机构设置、人员配备、能力素质看，还是从办案数量、监督效果和社会影响看，刑事检察都明显更强。二是刑事检察中公诉部门的工作与侦查监督部门、刑事执行检察部门的工作发展不平衡。公诉工作分量更重，力量配备也相对更强。三是最高人民检察院、省级人民检察院的领导指

① 参见 2018 年 7 月 25 日最高人民检察院张军检察长在大检察官研讨班上的讲话。

导能力与市、县人民检察院办案工作的实际需求不相适应。这也是一种不平衡，而且与前两个不平衡不无关系。[①]

（四）法律监督实践中还存在监督效果不佳的问题

在实践中，政法机关之间制约不足、配合不够等问题时有发生，影响执法、司法公正和效率。中央巡视组对最高人民检察院党组进行巡视时，了解的一个重点问题就是检察机关对法院、公安机关监督有无不到位的地方。如河北赵某锦案：2011 年 5 月 23 日，河北省高院改判赵某锦无罪。2011 年 11 月 25 日，保定市中院才接到赵某锦无罪判决书和委托宣判函，因担心被害人家属闹事，直到 2013 年 2 月 6 日才向赵某锦宣判，导致赵某锦在河北省高院作出无罪判决后仍被关押 20 个月。赵某锦共被羁押 3 307 天，其丈夫因为上访被行政拘留 3 次、劳教 2 次，失去人身自由近 300 天。[②] 办案机关存在诸多违法之处，检察机关却不敢监督、不愿监督、不善监督，不仅没有让人民群众在这起案件中感受到公平正义，而且在这起错案中负有不可推卸的责任。需要指出的是，政法机关都有自己的考核指标，不同机关的一些指标由于考核出发点不同甚至相互冲突。2019 年 4 月，郭声琨书记在政法领导干部专题研讨会开班式上要求：中央政法单位原则上每年只搞一次综合性督查检查考核，严禁下达刑事拘留数、批捕率、起诉率、有罪判决率、结案率等不合理、不必要考核指标等。

二、双赢多赢共赢监督理念的可行性

双赢多赢共赢是一个新的法律监督理念，听起来很美好，是否具有可行性呢？笔者认为，我国的经济、政治制度和社会基础与西方国家的经济、政治制度和社会基础有很大不同，具有典型的中国特色和巨大优越性，树立双赢多赢共赢的法律监督理念具有现实可行性。

（一）中国特色社会主义制度具有巨大优越性

新中国成立七十多年来，我们党领导人民创造了世所罕见的经济快速发展奇迹和社会长期稳定奇迹，中华民族迎来了从站起来、富起来到强起来的伟大飞跃。实践证明，中国特色社会主义制度是以马克思主义为指导、植根中国大地、具有深厚中华文化根基、深得人民拥护的制度，是具有强大生命力和巨大优越性的制度，是能够持续推动拥有 14 亿多人口大国进步和发展、确保拥有 5000 多年文明史的中华民族实现伟大复兴的制度。《宪法》规定了我国实行人民代表大会制度下的“一府一委两院”制度，并规定了各种国家机关的性质和相互关系。中国共产党领导的中国特色社会主义制度的巨大优越性，是检察机关法律监督工作能够取得双赢多赢共赢的制度保证。

---

① 参见 2018 年 7 月 25 日最高人民检察院张军检察长在大检察官研讨班开幕时的讲话。

② 参见刘万永：《“走”了 20 个月的无罪判决书》，载《中国青年报》2013 年 5 月 6 日，第 7 版；刘万永：《十年错案这样形成》，载《中国青年报》2013 年 5 月 6 日，第 7 版；刘万永：《被错案改变的人生》，载《中国青年报》2013 年 5 月 6 日，第 7 版。

（二）法律监督有关各方都是社会主义法治国家的建设参与者

历史和现实都告诉我们，法治兴则国兴，法治强则国强。法治，有法还要有治。党的十八大以来，法治成为以习近平同志为核心的党中央治国理政的基本方式，全面依法治国被纳入“四个全面”战略布局，法治建设宏伟蓝图徐徐展开，激励着全党全国各族人民共同建设充满生机、成就辉煌的法治中国。2018 年 8 月，习近平总书记主持召开中央全面依法治国委员会第一次会议并发表重要讲话，法治中国建设迈入系统协同推进新阶段。法律监督有关各方，无论是法院、检察院、公安机关、国家安全机关、司法行政机关，还是刑事诉讼、民事诉讼、行政诉讼或者公益诉讼中的各方当事人，以及证人、律师、专家学者等，都是中国特色社会主义法治国家的建设参与者。这是检察机关法律监督工作能够取得双赢多赢共赢的社会基础和群众基础。

（三）政法各机关具有共同的职责使命

我国《宪法》第 140 条规定：人民法院、人民检察院和公安机关办理刑事案件，应当分工负责，互相配合，互相制约，以保证准确有效地执行法律。《中国共产党政法工作条例》第 5 条规定政法工作的主要任务是：在以习近平同志为核心的党中央坚强领导下开展工作，推进平安中国、法治中国建设，推动政法领域全面深化改革，加强过硬队伍建设，深化智能化建设，严格执法、公正司法，履行维护国家政治安全、确保社会大局稳定、促进社会公平正义、保障人民安居乐业的主要职责，创造安全的政治环境、稳定的社会环境、公正的法治环境、优质的服务环境，增强人民群众获得感、幸福感、安全感。

监督和被监督只是法律上、工作中分工不同、职能不同，但目标是共同的。检察机关要树立双赢多赢共赢的监督理念，用创新、协调、绿色、开放、共享的发展理念来引领检察工作，充分运用政治智慧和法律智慧开展法律监督工作，建设监督与被监督的良性、积极关系，使法律监督在主观和客观方面都发挥促进和保障执法司法机关更全面更深刻理解法律、共同履行好职责的作用，共同推进严格执法、公正司法，努力实现双赢多赢共赢。①

（四）合作共赢已经成为新时代博弈各方的主流价值追求

什么是博弈呢？通常认为，博弈是指代表不同利益的决策主体，在一定的环境条件和规则下，同时或先后、一次或多次从各自允许的行动方案中加以选择并实施，从而取得各自相应结果的活动。② 博弈有多种分类方法，从结果来说其可以分为负和博弈、零和博弈、正和博弈三种基本类型。这是人们最常接触的划分方式。20 世纪以来，人类在经历了两次世界大战、经济高速增长、科学技术进步、全球一体化，以及日益严重的环境污染之后，“零和”观念正逐渐被“双赢”观念所取代。从零和走向正和，要求博

① 参见张军：《强化新时代法律监督维护宪法法律权威》，载《学习时报》2019 年 1 月 2 日，第 1 版。

② 参见常金华等编著：《博弈论通识十八讲》，北京：北京大学出版社 2017 年版，第 2 页。

弈各方具有真诚合作的精神和勇气，遵守博弈规则，否则“双赢”的局面就不会出现，最终吃亏的还是合作者自己。最高人民检察院张军检察长指出：监督不是你错我对的零和博弈，也不是高人一等。监督机关与被监督机关责任是共同的，目标是一致的，赢则共赢，损则同损。

三、双赢多赢共赢监督理念的内涵

最高人民检察院党组最初提出双赢多赢共赢的法律监督理念，是针对有的地方政府对公益诉讼检察存在不同认识或误解以及有的检察机关表现出畏难情绪不愿不会开展公益诉讼检察工作的。随着时间推移和法律监督效果的提升，其进而将双赢多赢共赢延展为做好各项法律监督工作的理念。因此，双赢多赢共赢的法律监督理念，就不仅仅包括了检察机关的赢，而且包括了法律监督有关各方的赢，如监察机关、审判机关、检察机关、公安机关、司法行政机关、案件当事人、律师等的赢；不仅体现在公益诉讼检察中，而且体现在四大检察、十大业务中。

（一）刑事诉讼中的双赢多赢共赢

我国《刑事诉讼法》第7条规定：人民法院、人民检察院和公安机关进行刑事诉讼，应当分工负责，互相配合，互相制约，以保证准确有效地执行法律。从上述规定可以看出，在刑事诉讼中，审判机关、检察机关、公安机关互相配合、互相制约，属于合作性博弈。其中，检察机关不仅是法律监督机关，而且处于承上启下的地位，因此，检察机关应当发挥主导作用，努力争取有关各方的双赢多赢共赢。如在侦查阶段，经公安机关商请或者检察机关认为确有必要时，可以派员适时介入重大、疑难、复杂案件的侦查活动，参加公安机关对重大案件的讨论，对案件性质、收集证据、适用法律等提出意见，监督侦查活动是否合法。又如，虽然检察机关可以将案件退回公安机关补充侦查，但是为了达到双赢多赢共赢的效果，检察机关不能简单地以案件事实不清、证据不足为由退回补充侦查，而应当制作较为详细的退回补充侦查提纲，阐明补充侦查的理由，包括案件事实不清、证据不足的具体表现和问题，明确需要补充侦查的具体事项和需要补充收集的证据目录等。再如，对不捕或者不诉案件，要注重把不捕、不诉的理由阐释清楚，让侦查机关理解，甚至可以借此机会更进一步地让侦查机关准确把握检察机关批捕、起诉的标准，尽量减少无谓的提请复议、复核。这项工作做到位了，也是一种双赢多赢共赢。

修改后的《刑事诉讼法》规定了犯罪嫌疑人认罪认罚从宽制度。可以看出，认罪认罚从宽属于典型的合作性博弈——检察机关在其中居于主导地位，追求的是诉讼各方的双赢多赢共赢。在认罪案件的诉讼中，被追诉人在“是否有罪”这一刑事诉讼的关键问题上，与追诉方持合作态度，故合作是该类案件诉讼的主基调。认罪认罚案件诉讼在“认罪”的基础上还多了“认罚”，因而更是“合作式诉讼”。被追诉人与两方进行合作：一是与追诉方。通过自愿如实供述涉嫌的犯罪事实、同意量刑建议、签署认罪认罚具结书等方式，在案件事实、行为性质、量刑建议、案件审理适用的程序等方面，与追诉方达成合作。二是与被害人。通过真诚悔罪、赔礼道歉、赔偿损失，减少其犯罪所造成的危害，缓解双方的紧张关系；有的还取得被害人一定程度的谅解以致达成和解。以上两个方面合作，既有利于降低上诉申诉率、抗拒改造率和重新犯罪率，又有利于化解社会矛盾，促进社会和谐，还有利于被追诉人在刑满释放后回归社会。①

（二）刑事执行检察中的双赢多赢共赢

根据有关规定，刑事执行检察的职责是：负责对监狱、看守所和社区矫正机构等执法活动的监督，对刑事判决、裁定执行、强制医疗执行、羁押和办案期限的监督，办理罪犯又犯罪案件，负责对法律规定由人民检察院办理的司法工作人员利用职权实施的非法拘禁、刑讯逼供、非法搜查等侵犯公民权利、损害司法公正犯罪以及按照刑事诉讼法规定需要由人民检察院直接受理的其他重大犯罪案件的侦查。可以看出，刑事执行检察的监督对象既包括审判机关、公安机关、司法行政机关、监狱、看守所、社区矫正机构、强制医疗机构等，还包括犯罪嫌疑人、被告人、在押罪犯、社区矫正人员、强制医疗人员等。刑事执行检察的法律监督性质更为显著，在具体工作中更应当努力追求双赢多赢共赢。

长期以来，检察机关主要采用在监狱设置检察室的方式，对监狱刑罚执行和监管改造活动进行派驻检察。最高人民检察院党组从增强检察机关法律监督实效出发，积极转变监督理念，探索改变监狱检察方式，适当调整监狱检察工作重点，改“派驻”为“派驻＋巡回”——既发挥“巡”的优势，又发挥“驻”的便利——把罪犯教育改造工作作为监督重点。也就是说，在监狱检察工作中不仅要监督监狱让罪犯“收得下、关得住、跑不了”，更要监督监狱注重提升罪犯教育改造效果，努力使罪犯刑满释放后成为守法公民，降低罪犯重新犯罪率。2018年修订后的《人民检察院组织法》对巡回与派驻相结合的检察方式予以确认。

（三）民事检察中的双赢多赢共赢

检察机关反贪转隶后，民事检察工作得到越来越多的重视，社会各界也对民事检察寄予厚望。2018年10月，全国人大常委会专题听取和审议了人民检察院加强对民事诉讼和执行活动法律监督工作情况的报告，并对最高人民检察院进行了历史上首次专题询问。检察机关办理的民事申诉案件，许多都是经过二审，甚至再审的，除涉及一审、二审、再审法院外，还涉及原告、被告、法定代理人和诉讼代理人等诉讼参与人。如何在民事检察中做到双赢多赢共赢，关键是要做到精准监督，依法维护当事人合法权益：对于多数没有问题的民事监督案件，要做好息诉服判工作，维护司法权威。对于那些确有错误但不具有典型性的个案，可以检察建议方式督请法院纠正。对于抗诉案件，要注重选择那些具有典型意义，在司法理念方面有创新、进步、引领价值的案件，力争使每件抗诉案件都能促进解决一个领域、一个地方、一个时期司法理念、政策导向的问题，发挥对类案的指导作用。同时，针对一些缠讼或者社会关注、有影响的案件，可以公开听

---

① 参见朱孝清：《认罪认罚从宽制度对刑事诉讼制度的影响》，载《检察日报》2020年4月2日，第3版。

证，邀请第三方参与。这样既可以通过当事人、律师、人大代表参与，更好地促进息诉服判，还可以实现"谁执法谁普法"，教育当事人依法行事，展示检察机关负责任的形象。在依法监督民事审判活动和民事执行活动的同时，检察机关还应当加强与法院、公安机关的协作配合，依法防范和打击民事领域的虚假诉讼，有效维护公民、法人和其他组织合法权益，以及国家利益、社会公共利益。

（四）行政检察中的双赢多赢共赢

行政检察、行政审判、行政执法在维护法治、维护公平正义方面具有共同的价值追求。监督是为了提醒、促进监督对象重新审视并自我纠错，推进严格执法、公正司法。最高人民检察院张军检察长提出，行政检察是"一手托两家"，"托"是托举，也是监督。行政检察同时承担着双重监督任务：一方面监督法院审理行政诉讼案件是否公正，另一方面也要监督行政机关的行政行为是否违法。检察机关办理的行政申诉案件，许多都是经过二审，甚至再审的，除涉及一审、二审、再审法院外，还涉及原告及其法定代理人、诉讼代理人和被告行政机关及其诉讼代理人等。检察机关要通过办理行政诉讼监督案件，监督法院依法审判和执行，促进行政机关依法行使职权，维护司法公正和司法权威，维护国家利益和社会公共利益，保护公民、法人和其他组织的合法权益，保障国家法律的统一正确实施，最终实现双赢多赢共赢。

对于一些不支持当事人监督申请、息诉服判难度大、极易引发社会稳定风险的案件，检察机关可以进一步加大检务公开力度，积极推行公开听证制度，探索不支持监督申请案件检察宣告制度，邀请人大代表、政协委员、人民监督员、专家学者、律师等参与，从不同角度分析案件事实和法律适用问题，向当事人阐明行政检察监督决定和理由，做好检察环节释法说理、疏导情绪、息诉服判、维护稳定工作，有效化解行政争议和矛盾纠纷，努力在行政检察中做到双赢多赢共赢。

（五）公益诉讼检察中的双赢多赢共赢

2014 年 10 月，党的十八届四中全会决定探索建立检察机关提起公益诉讼制度，大会强调指出：由检察机关提起公益诉讼，有利于优化司法职权配置、完善行政诉讼制度，也有利于推进法治政府建设。2017 年 9 月，习近平总书记在向第二十二届国际检察官联合会年会暨会员代表大会的贺信中指出：检察官作为公共利益的代表，肩负着重要责任。[①]

近年来，检察机关在双赢多赢共赢监督理念的指引下，注重加强与相关行政机关的沟通协调。最高人民检察院带头与自然资源部、生态环境部、市场监管总局等部门积极协调沟通，推动出台协作配合工作意见。地方检察机关也密切跟进，加强与相关行政部门的协作配合，着力解决办案中存在的实际问题。同时，因检察公益诉讼以公益保护为目标，而不是片面追求办案数量，故检察机关坚持把诉前实现维护公益目的作为最佳司法状态，尽量在诉前程序阶段把公益损害问题治理好，把与行政机关磋商、交换意见作

---

① 《习近平致信祝贺第二十二届国际检察官联合会年会暨会员代表大会召开》，载《人民日报》2017 年 9 月 12 日，第 1 版。

为发出检察建议的必经程序；发出检察建议后，持续跟进监督，通过圆桌会议、会商研究等方式支持协同行政机关解决问题。

人民群众应当是双赢多赢共赢的最大赢家。公益诉讼检察坚持把人民群众关注、关切的问题作为办案的重点，人民群众有需求，检察机关就要积极探索，不断满足人民群众在新时代对民主、法治、公平、正义、安全、环境等方面的新需求。在实践中，人民检察院已经办理了许多破坏生态环境和资源保护、食品药品安全领域侵害众多消费者合法权益等民事公益诉讼案件，生态环境和资源保护、食品药品安全、国有财产保护、国有土地使用权出让等领域的行政公益诉讼案件，侵害英雄烈士姓名、肖像、名誉、荣誉的公益诉讼案件。如：2018 年 12 月，最高人民检察院、水利部共同领导，河南省人民检察院和黄河水利委员会共同倡议发起，沿黄九省（区）检察机关、河长办、河务局联合开展了“携手清四乱保护母亲河”专项行动，依法集中整治黄河流域乱占、乱采、乱堆、乱建等“四乱”突出问题，取得明显成效；同时，探索建立了一套生态环境保护长效机制，形成了一套“发现、交办、整改、验收、销号”系统完善、行之有效的管理机制和“河长＋检察长”的河湖监管新模式。

四、贯彻落实双赢多赢共赢监督理念的具体措施

双赢多赢共赢是符合新时代党和人民要求的法律监督理念，各级检察机关应当在最高人民检察院党组的领导下，按照“讲政治、顾大局、谋发展、重自强”的总体要求，充分发挥政治智慧、法治智慧和检察智慧，采取切实有效措施，积极推动双赢多赢共赢监督理念的贯彻落实。

（一）牢固树立双赢多赢共赢的监督理念

最高人民检察院党组鲜明指出：新时代检察工作要创新发展，理念转变至关重要，理念一新天地宽。理念转变到位，办案监督自然就会有新思路、新方法、新局面，就会与其他部门形成良性互动的工作关系。这其实就是监督过程中的双赢多赢共赢。全体检察人员，特别是办案人员要切实转变理念，认真思考新时代如何全面履行法律监督职责，怎样把办案工作做得更好；要清醒认识到法律监督并不是高高在上、高人一等，但却要求本领高强、技高一筹，因此在办案工作中应当牢固树立双赢多赢共赢的监督理念，积极追求政治效果、法律效果和社会效果的有机统一，努力成为创造优质法治产品、检察产品的工匠、能手乃至大师。

（二）积极推进四大检察协调发展和协同发力

在反贪转隶之前，检察机关一直把反贪和公诉当作主责主业，投入了绝大部分的人力、物力、财力等办案资源，导致其他检察业务如民事检察、行政检察一直处于弱势地位，即便想抓好也是心有余而力不足，甚至社会上许多人都不知道检察机关还有民事、行政检察职责。公益诉讼检察职责则是检察机关近年来才有的职责。面对反贪转隶这一新形势，最高人民检察院党组因势利导，及时提出了“转隶就是转机”的发展思路，提

出了四大检察要全面协调、充分发展，从上到下对内设机构进行了具有里程碑意义的重塑性改革，强调做优刑事检察工作、做强民事检察工作、做实行政检察工作、做好公益诉讼检察工作，并采取了一系列针对性措施。

进入新时代，经济社会发展中的许多矛盾和问题以案件形式进入检察环节。检察工作要创新发展，服务保障好党和国家工作大局，积极回应人民群众的新要求新期待，就要注重在具体办案过程中让四大检察协同发力。也就是说，不能仅仅是某个检察的单打独斗，而要根据具体案件情况综合运用刑事检察、民事检察、行政检察和公益诉讼检察，争取双赢多赢共赢的法律监督效果。如虚假诉讼不仅侵害公民、法人和其他组织的合法权益，而且损害司法秩序和司法公信力，检察机关可以运用民事检察依法向法院提出再审检察建议或者抗诉，同时还可以运用刑事检察追究有关单位或者个人虚假诉讼的刑事责任。再如，为了加强生态文明建设，严惩破坏环境犯罪，检察机关可以运用刑事检察依法追究单位或者个人污染环境的刑事责任，同时还可以提起民事公益诉讼，要求污染者修复被污染的环境或者进行生态损害赔偿，甚至还可以启动行政公益诉讼检察程序，向失职、渎职的行政机关发出诉前检察建议，必要时向法院提起行政公益诉讼。

（三）综合用好各项法律监督措施

修订后的《人民检察院组织法》第 21 条规定：人民检察院行使法律监督职权，可以进行调查核实，并依法提出抗诉、纠正意见、检察建议。有关单位应当予以配合，并及时将采纳纠正意见、检察建议的情况书面回复人民检察院。抗诉、纠正意见、检察建议的适用范围及其程序，依照法律有关规定。在实践中，为达到双赢多赢共赢的监督效果，检察机关应当综合运用法律监督措施，根据具体案件的不同情况进行调查核实，依法提出再审检察建议或者抗诉、纠正违法检察建议、公益诉讼检察建议、社会治理检察建议，以及其他检察建议等，必要时还可以根据案件管辖立案侦查。

对于符合再审条件的申请监督案件，检察机关要注意处理好再审检察建议与抗诉的关系。笔者注意到，在以往一些社会各界较为关注的刑事冤错案件中，检察机关极少行使抗诉权。聂树斌案、呼格吉勒图案、张某中案等，都是由法院启动的再审程序。如安徽杨某武案：从 2004 年 5 月安徽省人民检察院受理杨某武的申诉到 2016 年 11 月安徽省高级人民院最终改判其无罪，安徽省人民检察院三次立案复查，三次向安徽省高级人民院提出再审建议。① 一个案件历经 13 年监督，一方面说明了检察机关的执着，另一方面也说明了法律监督的无力！试想一下，如果安徽省检察院第一次提出再审建议不被法院采纳后，能够及时提请最高人民检察院抗诉并得到支持，则最高人民法院必然再审，杨某武有可能提早 10 年得到改判，也就是说杨某武可能减少 10 年的牢狱之灾！人生能有几个 10 年？有人说，“晚来的正义就是非正义”，也是有一定道理的。

检察机关在综合运用法律监督措施办好案件的同时，还要积极运用检察建议做好案件的后续文章，积极推进和参与社会治理。如齐某强奸、猥亵儿童案：在最高人民检察

---

① 参见徐日丹：《十三年持续监督　申诉人终判无罪——安徽省检察院办理杨德武故意杀人申诉案纪实》，载《检察日报》2017 年 2 月 27 日，第 1 版。

院依法抗诉和最高人民法院终审改判后，最高人民检察院并没有止步于此：针对办案中发现的学生教育和学校管理等方面问题，最高人民检察院向教育部发出“第一号检察建议”，并要求全国检察机关持续跟踪监督检察建议的落实。教育部和各地教育行政部门推动落实性违法犯罪人员从业禁止、校园性侵强制报告、女生宿舍封闭管理等制度，促使全社会进一步重视、关爱儿童权利保护。这彰显了司法机关立足办案参与社会治理的积极作用，达到了双赢多赢共赢的良好效果。

（四）检察官应当秉持客观公正的立场

国内外常把检察官称作“公诉人”，认为公诉人理所当然就是追诉、从严从重惩处犯罪人。相当一部分检察人员往往也认同这样的标签，体现在个案办理上，就存在可捕可不捕的倾向于捕，可诉可不诉的倾向于诉，可宽可严的倾向于严，可轻可重的倾向于重的问题。实际上，作为国家法律监督机关的人民检察院，捍卫的是法律不折不扣地正确实施，实事求是、依法准确、客观公正才是根本的价值追求。① 进入新时代，不能再简单地把检察官等同于公诉人，要认识到检察官既是犯罪人的追诉者，也是无辜的保护者，更是中国特色社会主义法律意识和法治进步的引领者。

《联合国关于检察官作用的准则》第12条规定：“检察官应始终一贯迅速而公平地依法行事，尊重和保护人的尊严，维护人权从而有助于确保法定诉讼程序和刑事司法系统的职能顺利地运行。”第13条规定：“检察官在履行其职责时应：(a) 不偏不倚地履行其职能，并避免任何政治、社会、文化、性别或任何其他形式的歧视；(b) 保证公众利益，按照客观标准行事，适当考虑到嫌疑犯和受害者的立场，并注意到一切有关的情况，无论是否对嫌疑犯有利或不利……”这两个条文概括了检察官履职时应当坚持客观公正的准则，如此规定也代表了当今世界大多数国家对检察官的要求。

2019年修订后的《检察官法》首次规定：“检察官履行职责，应当以事实为根据，以法律为准绳，秉持客观公正的立场。”这里的“客观”要求检察官实事求是、不偏不倚，避免陷入当事方的立场。这里的“公正”要求检察官应维护公平、实现正义，既要追求实体公正，也要符合程序公正；既要公正履行职责，又要通过履职促进公正。因此，检察官也被称为法律的“守护神”。在实践中，检察官只有在秉持客观公正立场的基础上，充分发挥主导作用，切实做到以事实为依据、以法律为准绳，不偏不倚、不枉不纵，既无过度也无不及，才能维护好法律尊严和权威，才有可能达到双赢多赢共赢的办案效果。

需要指出的是，在刑事诉讼过程中，检察官既是追诉者，也是监督者，两种角色基本面是统一的，但也存在角色冲突。在起诉率和有罪判决率是衡量和评价检察官业绩硬性指标的情况下，追诉可能被过于强调。“捕诉一体”实施后，由同一检察官行使捕诉权和监督权，使角色冲突有加剧的隐忧，可能导致检察官要么控诉有余而监督不足，要么做有利于控诉的监督而放任不利于控诉的监督。②

---

① 参见张军：《关于检察工作的若干问题》，载《人民检察》2019年第13期。

② 参见李华伟：《派驻公安执法办案管理中心检察机制研究——侦查监督的中国路径探索》，载《国家检察官学院学报》2020年第2期。

检察官秉持客观公正的立场，还应当注重听取律师意见。《检察官法》第 3 条规定：检察官必须忠实执行宪法和法律，维护社会公平正义，全心全意为人民服务。《律师法》第 2 条规定：律师应当维护当事人合法权益，维护法律正确实施，维护社会公平和正义。从上述规定可以看出，检察官和律师虽然出发点不尽相同，但都是社会公平正义的维护者，具有共同的价值追求。从已被纠正的刑事冤假错案来看，有些检察官往往不重视律师的辩护意见，如安徽于某生杀妻案：在被害人内裤残留物中检出精子，但不是于某生的，辩护人提出无罪辩护意见。对此，办案人员解释为被害人内裤上的精子，来源于一只他人用过后丢弃的避孕套，被于某生捡拾用来伪装犯罪现场。如此无视辩护人意见和牵强附会的解释导致于某生蒙冤入狱 17 载，身心、家庭遭受重创！检察官秉持客观公正立场，就要尊重和保障律师执业权利，重视和发挥律师的作用；要真正把律师当成法律职业共同体，真诚尊重、真心支持，决不能把律师提出意见当成是“添乱”！无论是律师在法庭上发表的，还是在法庭下与检察官沟通的意见，都可以，也应当被理解为帮助，甚至是督促检察官做到客观公正，更好地维护社会公平正义，争取实现双赢多赢共赢的办案效果。

（五）坚持领导干部带头办理重大、疑难、复杂案件

习近平总书记强调指出：全面依法治国必须抓住领导干部这个“关键少数”[①]。领导干部是干部队伍中的“关键少数”，检察长、副检察长、检察委员会专职委员则是检察人员中的“关键少数”。在检察机关实行检察官员额制改革后，检察长、副检察长、检察委员会专职委员通常都是员额检察官，入额的领导干部以上率下，带头办理重大、疑难、复杂案件，新类型案件和在法律适用方面具有普遍指导意义的案件，更有利于解决案件中的矛盾和问题，排除办案中的干扰和阻力，取得双赢多赢共赢的办案效果。

2019 年，最高人民检察院印发《关于检察长、副检察长、检察委员会专职委员办理案件有关问题的意见》，指出：领导干部带头办案是履行政治责任和法律职责的必然要求，各级检察长都要以主办检察官或者独任检察官的身份直接办案、完整办案，从批捕到审查起诉，从出庭支持公诉、抗诉到列席法院审委会会议，在检察职责范围内完整地办理若干案件。领导干部不能把自己当成简单的办案力量，而要通过办理重大、疑难、复杂案件，总结办案经验，发现深层次问题，预防、解决检察管理、司法办案中的问题，带动整个队伍提升能力水平。

（六）注重采用公开听证方式争取良好办案效果

《人民检察院组织法》第 11 条规定：人民检察院应当接受人民群众监督，保障人民群众对人民检察院工作依法享有知情权、参与权和监督权。在实践中，绝大多数案件的办理都是顺畅的，当事人都能理解和尊重司法机关的决定、判决和裁定。但是，也有一些案件的当事人因不能理解司法机关的决定、判决和裁定，向检察机关申请监督，甚至

---

① 《领导干部要做尊法守法用法的模范 带动全党全国共同全面推进依法治国》，载《人民日报》2015 年 2 月 3 日，第 1 版。

常年申诉上访。如何依法妥善办理这些案件，真正做到案结事了，不仅关系到执法司法机关的公信力，也关系到党和国家的形象，更考验检察机关的办案水平和办案智慧。

时任最高人民检察院张军检察长强调指出："一定要避免简单一句'你的案件总体符合法律规定'就打发信访人的做法。"① 在实践中，检察机关对一些重大、疑难、复杂的审查逮捕、不起诉、申诉案件等，不能仅仅满足于从法律角度提出审查意见、结案了事，而应当坚持以人民为中心，按照"办实事、求极致、解难题、葆本色"的要求，真正做到案结事了。2020 年，最高人民检察院印发《人民检察院审查案件听证工作规定》，规定：对于在事实认定、法律适用、案件处理等方面存在较大争议，或者有重大社会影响，需要当面听取当事人和其他相关人员意见的案件，可以召开听证会。除应当通知各方当事人参加以外，还可以邀请与案件没有利害关系的人民监督员、人大代表、政协委员、特约检察员、特约监督员、专家咨询委员、人民调解员或者当事人所在单位代表、居住地的居民委员会、村民委员会委员，以及有关专家、学者、律师等其他社会人士作为听证员参加并发表意见，通过公开促进公正，取得当事人的理解，有效化解当事人之间的矛盾，达到息诉罢访的办案效果。这不是简单地为了走所谓司法化的道路，而是通过听证方式把问题摆出来，释疑解惑、释法说理，有利于统一各方当事人对事实、证据和法律的认识，保障人民群众对检察工作的知情权、参与权和监督权，做到政治效果、法律效果和社会效果的有机统一，争取实现双赢多赢共赢的法律监督效果。

（七）构建以"案—件比"为核心的案件质量评价指标体系

贯彻落实双赢多赢共赢的监督理念，最终体现在检察机关办理案件的质量上。因此，随着新的检察工作机制运行，科学构建以人民群众获得感为评判标准的案件质量评价指标体系，是事关新时代检察工作创新发展的战略性、导向性问题。时任最高人民检察院张军检察长多次强调，要建立以"案—件比"为核心的案件质量评价指标体系，将人民群众、当事人对司法办案活动的实际感受作为评价检察办案工作成效的一个重要因素。所谓"案—件比"，简单说就是发生在人民群众身边的案，与案进入司法程序后所经历的有关诉讼环节统计出来的件相比，形成的一组对比关系。"案"是指发生的具体案件，"件"是指这些具体的案进入司法程序后所经历的有关诉讼环节统计出来的件。"案一件比"是观测、评价检察机关办案运行态势，反映每一个办案环节是否将工作做到极致的重要指标，对于防止产生不必要的办案环节具有重要意义。"案—件比"中"件"数越高，说明"案"经历的诉讼环节越多，办案时间越长，当事人对办案活动的评价相对越低，办案效果越差。最优"案—件比"是 1∶1，老百姓一个"案"，进入检察程序后一次性办结，检察办案质效最高，司法资源投入最少，当事人感受相对更好。

2020 年，最高人民检察院印发的《检察机关案件质量主要评价指标》，涵盖四大检察、十大业务主要案件类型、主要办案活动、主要诉讼流程，以及立案监督、直接受理侦查案件、抗诉、纠正意见、检察建议、公益诉讼等所有法律监督方式，共计 51 组 87 项，可以实现跨办案流程、跨案件类型的组合评价。

---

① 张军：《对来访群众尽可能面对面讲清楚法律规定》，载《法制日报》2019 年 12 月 20 日。

（八）充分发挥指导性案例和典型案例的示范引领作用

"一个案例胜过一打文件。"党的十八大以来，案例在治国理政中越来越占据重要位置，主题教育活动、环保攻坚督查、反腐倡廉斗争等中都能看到典型案例。检察机关作为国家司法机关，办案是检察工作的主要内容，案例则是检察工作的主要载体。2018年修订后的《人民检察院组织法》第23条第2款规定"最高人民检察院可以发布指导性案例"——第一次确定了指导性案例的法律地位。2019年，最高人民检察院再次修订《关于案例指导工作的规定》，进一步完善了指导性案例的体例，突出了检察机关的履职过程，规定了各业务厅和法律政策研究室分工负责指导性案例的研究编制工作。

2010年12月，最高人民检察院发布第一批指导性案例后，截至2022年年底，已经发布41批166件指导性案例，涵盖了刑事检察、民事检察、行政检察和公益诉讼检察四大领域。在发布指导性案例的同时，最高人民检察院还积极服务党和国家工作大局，先后发布了多批次典型案例。典型案例可以是正面的，也可以是反面的。有些案例在理解、适用法律或程序运行等方面存在突出问题，也是"宝贵财富"，将其在内部编发会有很强的"警示"意义。

指导性案例和典型案例对检察办案工作具有较强的示范引领作用——不仅有助于促进检察机关严格公正司法，也有助于保障法律统一正确实施。最高人民检察院应当积极利用信息网络技术，抓紧建设覆盖全国检察机关的智能化的检察案例数据库，实现快捷检索、类案推送、结果比对、数据分析、裁判文书提取、办案瑕疵提示等智能化办案辅助；同时，应当本着"开放共享、为我所用"的原则，加强与最高人民法院、公安部、司法部以及其他行政执法机关的沟通协调，使这些机关的数据库，特别是最高人民法院的案例数据库与最高人民检察院的案例数据库互联互通互享，切实做到案例指导工作的双赢多赢共赢。

（九）着力提高检察官的政治素质和业务能力

毛泽东主席在《唯心历史观的破产》一文中指出："世间一切事物中，人是第一个可宝贵的。"① 检察工作是要靠人来做的，案件是要靠检察官来办的。检察机关在履行法律监督职责时，要想取得双赢多赢共赢的办案效果，则必须按照习近平总书记的要求，着力加强检察队伍建设，锻造一支有铁一般的理想信念、铁一般的责任担当、铁一般的过硬本领、铁一般的纪律作风的检察队伍。习近平总书记在中央全面依法治国委员会第一次会议上深刻指出：法治工作是政治性很强的业务工作，也是业务性很强的政治工作。② 打铁必须自身硬。检察机关是国家的法律监督机关，检察官必须对自己提出更高要求，把政治建设和业务建设深度融合，努力做到政治上更敏锐、业务上更精通，要成为"放心型"检察官。

要紧密结合深化司法体制改革加强检察官的思想政治建设，不断提高检察官的政治

---

① 《毛泽东选集》（第4卷），北京：人民出版社1991年版，第150页。

② 参见习近平：《论坚持全面依法治国》，北京：中央文献出版社2020年版，第235页。

判断力、政治领悟力、政治执行力，坚决做到“两个维护”。要持续提升检察官的专业能力，开展分层分类、精准高效的业务培训，落实检察官教检察官制度，最高人民检察院张军检察长带头授课；商有关部门深化法官、检察官、警官、律师一体化培训，增强法律职业共同体意识。要持续建好用好“检答网”，进一步提高解答质量，确保“检答网”的权威性。

（十）高度重视检察公共关系建设

所谓检察公共关系，可以被简要概括为检察职能介绍、检察形象建设、检察权力与公众的关系、检察工作与相关职能部门的关系等等。检察机关练好内功、向社会宣传检察工作、重视危机处理等，是检察公共关系建设；到高等院校讲课，与专家学者建立紧密联系，用好“外脑”，与重点法学期刊和法学会建立联系，是检察公共关系建设；改版指导性案例，召开新闻发布会，开展检察开放日活动，每季度向社会公布检察机关办理案件情况，在央视作《法治中国说·大检察官说》节目，也是检察公共关系建设。在日常工作中与党政机关、其他执法司法机关、社会组织发生的工作联系，无疑也是检察公共关系建设的重要方面。

加强检察公共关系建设，要特别注重做好检察宣传工作。如果把司法办案当作检察机关的“硬实力”，那么检察宣传工作就是检察机关的“软实力”。检察宣传工作是一门学问、一门艺术，而且是政治性、专业性、社会性都很强的学问和艺术。如果宣传报道时没有政治意识，不考虑人民群众能不能理解、社会能不能认同，自说自话，效果肯定就不好。如：有的“讲故事”没有温度、不注意尺度，把“故事”讲成了“事故”；有的只顾自己一枝独秀，没想到被监督者的感受。要有效运用好依法办理、舆论引导、社会面管控的“三同步”工作机制，立足鲜活的检察实践讲好检察故事。

五、贯彻落实双赢多赢共赢监督理念应当处理好若干关系

在司法实践中，贯彻落实双赢多赢共赢的法律监督理念，必然会涉及监督者和被监督者的职责、权利和利益，会遇到多种多样的困难和问题。检察机关要充分运用政治智慧、法治智慧和检察智慧，妥善处理好若干关系。

（一）党的绝对领导与依法独立行使检察权的关系

习近平总书记在中央全面依法治国委员会第一次会议上指出：要加强党对全面依法治国的集中统一领导。[①] 全面依法治国决不是要削弱党的领导，而是要加强和改善党的领导，不断提高党领导依法治国的能力和水平，巩固党的执政地位。《中国共产党政法工作条例》第 6 条将“坚持党的绝对领导，把党的领导贯彻到政法工作各方面和全过

---

① 参见《加强党对全面依法治国的集中统一领导 更好发挥法治固根本稳预期利长远的保障作用》，载《人民日报》2018 年 8 月 25 日，第 1 版。

程”作为政法工作应当遵循的首要原则。第 7 条规定党中央对政法工作实施绝对领导，决定政法工作大政方针，决策部署事关政法工作全局和长远发展的重大举措，管理政法工作中央事权和由中央负责的重大事项。《宪法》第 136 条规定：“人民检察院依照法律规定独立行使检察权，不受行政机关、社会团体和个人的干涉。”

检察机关要深刻认识到坚持党的绝对领导与依法独立行使检察权并不矛盾，党的绝对领导是检察工作沿着正确方向前进的政治保证。检察机关依法独立行使检察权并不是独立于党的领导，而是在党的绝对领导下、在党的坚强支持下依法行使检察权。检察机关要确保“刀把子”牢牢掌握在党和人民手中，把党的绝对领导优势转化为检察工作效能。检察机关要坚决捍卫党的领导和中国特色社会主义制度，维护宪法法律权威，依法履行法律监督职责，确保检察队伍全面正确履行中国特色社会主义事业建设者、捍卫者的使命。对于检察工作中遇到的重大困难和问题，检察机关要主动提请党中央和同级党委及其政法委支持解决，创造良好的司法环境，把党的主张和人民的意志贯彻落实到具体的检察实践中，争取双赢多赢共赢的办案效果。

（二）服务保障大局与法律面前人人平等的关系

《中国共产党政法工作条例》第 6 条将“坚持服务和保障大局，为推动经济持续健康发展和保持社会长期稳定提供法治保障”作为政法工作应当遵循的一条原则。近年来，全国检察机关将服务保障大局作为新时代检察工作创新发展的出发点和立足点，坚决维护国家政治安全，确保社会大局稳定，深入推进扫黑除恶专项斗争，精准服务打好“三大攻坚战”，依法平等保护民营经济合法权益。在开展上述工作时，检察机关一方面注意避免用力不够，另一方面注意避免用力过猛，始终秉持客观公正的立场，坚持法律面前人人平等。

如关于扫黑除恶专项斗争，最高人民检察院一开始就明确提出“是黑恶犯罪一个不放过、不是黑恶犯罪一个不凑数”，建立健全省级检察院对涉黑和重大涉恶案件统一严格把关制度，要求各地检察机关既要从严打击黑恶势力犯罪，又要严格遵循罪刑法定、证据裁判、非法证据排除、程序公正等法治原则，依法规范办案，既不降格处理，也不人为拔高，确保扫黑除恶专项斗争始终在法治轨道上推进。最高人民检察院会同有关部门制定 9 个指导性文件，统一办案标准，对 150 起重大案件挂牌督导。三年专项斗争期间，检察机关共批捕涉黑涉恶犯罪 14.9 万人，起诉 23 万人，其中起诉组织、领导、参加黑社会性质组织犯罪 5.4 万人，是前三年的 11.9 倍。对未以涉黑涉恶移送起诉的，依法认定 5732 件，占起诉数的 15.9%；以涉黑涉恶移送，依法不认定 2.1 万件，占受理数的 36.3%。坚持除恶务尽，起诉涉黑涉恶“保护伞”2987 人。①

（三）在办案中监督与在监督中办案的关系

检察机关内设机构改革后，2019 年上半年，全国检察机关刑事诉讼监督数据大幅度下降。最高人民检察院调研发现，实行“捕诉一体”后，被害人控告、当事人申请立案监

① 参见 2021 年 3 月 8 日《最高人民检察院工作报告》。

督等线索同比变化不大，而检察官主动发现的线索下降幅度较大，说明主观重视不够、客观工作弱化。最高人民检察院认为，办案是检察机关履行法律监督职责的基本方式，要坚持以办案为中心的工作导向，正确认识监督与办案的辩证统一关系，坚持在办案中监督、在监督中办案，把监督寓于办案中，把办案作为监督的基本手段，强调办案要优质、监督要精准，把案件办好、把监督做实，不断提升法律监督实效、维护法律监督权威。①

如为加强对公安机关刑事立案和侦查活动的法律监督，2020 年 1 月，中央政法工作会议要求，积极推进在市、县公安机关执法办案管理中心派驻检察机制改革。最高人民检察院商公安部同意，在公安机关执法办案管理中心设立派驻检察室，对公安机关办理刑事案件实行全程法律监督，更好促进公安机关提高刑事立案和侦查活动质量，更好实现刑事诉讼正义，实现双赢多赢共赢。北京市检察机关对此进行了先行探索：2016 年开始在公安机关执法办案管理中心派驻检察室，将监督起点由以往的公安机关报请逮捕阶段提前到刑事立案和抓获犯罪嫌疑人阶段，取得了较好监督效果——2017 年立案监督数量是 2016 年的 3.4 倍，2018 年同比上升 40%，2019 年同比又上升 40%。② 需要指出的是，北京市检察机关派驻公安机关执法办案管理中心的法律监督模式赋予了监督程序独立地位，并没有融于“捕诉一体”办案中，与最高人民检察院强调的“在办案中监督、在监督中办案”的要求并不完全相同，也是检察机关内设机构改革后的一种新探索。当然，如果能够在赋予派驻公安机关执法办案管理中心检察官法律监督权的同时，再赋予其审查批捕和审查起诉的权力，就可以真正做到最高人民检察院所要求的“在办案中监督、在监督中办案”。

（四）分工配合与制约监督的关系

早在二百多年前，资产阶级启蒙思想家孟德斯鸠就深刻指出：“一切有权力的人都容易滥用权力，这是万古不易的一条经验。有权力的人们使用权力一直到遇有界限的地方才休止……从事物的性质来说，要防止滥用权力，就必须以权力约束权力。”③ 我国《宪法》第 140 条规定：“人民法院、人民检察院和公安机关办理刑事案件，应当分工负责，互相配合，互相制约，以保证准确有效地执行法律。”2019 年，习近平总书记在中央政法工作会议上指出，要抓紧完善权力运行监督和制约机制，坚决防止执法不严、司法不公甚至执法犯法、司法腐败。④ 如刑事冤假错案：虽然被告人都是由法院判决有罪的，但这些案件都是由检察院起诉到法院的。因此，有观点认为“检察机关是刑事错案的第一责任人”⑤。在刑事冤假错案中，无论检察官是否承担第一责任，其对造成冤假错案是责无旁贷的，而刑事冤假错案是对双赢多赢共赢的巨大破坏。英国哲学家弗朗西

---

① 参见张军：《强化新时代法律监督 维护宪法法律权威》，载《学习时报》2019 年 1 月 2 日，第 1 版。

② 参见李华伟：《派驻公安执法办案管理中心检察机制研究——侦查监督的中国路径探索》，载《国家检察官学院学报》2020 年第 2 期。

③ ［法］孟德斯鸠：《论法的精神》（上册），张雁深译，北京：商务印书馆 1961 年版，第 154 页。

④ 参见《习近平在中央政法工作会议上强调 全面深入做好新时代政法各项工作 促进社会公平正义保障人民安居乐业》，载《人民日报》2019 年 1 月 17 日，第 1 版。

⑤ 娄凤才：《检察机关是刑事错案的第一责任人》，载《检察日报》2020 年 3 月 11 日，第 3 版。

斯·培根说过："一次不公正的裁判，其恶果甚至超过十次犯罪。因为犯罪虽是无视法律——好比污染了水流，而不公正的裁判则是毁坏法律——好比污染了水源。"正因如此，2014 年，习近平总书记在中央政法工作会议上告诫全体政法干警："要懂得'100－1＝0'的道理，一个错案的负面影响足以摧毁九十九个公正裁判积累起来的良好形象。执法司法中万分之一的失误，对当事人就是百分之百的伤害。"①

习近平总书记指出：要优化政法机关职权配置，构建各尽其职、配合有力、制约有效的工作体系。要聚焦人民群众反映强烈的突出问题，抓紧完善权力运行监督和制约机制，坚决防止执法不严、司法不公甚至执法犯法、司法腐败。② 2021 年，最高人民检察院、公安部联合印发《关于健全完善侦查监督与协作配合机制的意见》。为了让人民群众在每一个司法案件中感受到公平正义，检察机关在工作中既要做到与其他政法机关分工负责、互相配合，更要做到互相制约，做到敢于监督、善于监督、依法监督、规范监督。如：不捕、不诉、退查都是制约。讲清法理、事理、情理，让公安机关心悦诚服，就是配合。说理到位了，公安机关理解了、接受了，逐步形成趋近统一的执法司法理念，就是双赢。

需要指出的是，检察机关作为国家的法律监督机关，在依法制约监督别人的同时，还要自觉接受人大、政协、人民群众和新闻媒体等的外部监督，以及监察机关、审判机关、公安机关、司法行政机关等的外部制约，注重听取律师意见，争取实现双赢多赢共赢的监督效果。同时，检察机关还要做好内部的制约监督：对于不捕不诉案件的复议、法院发回重审案件的出庭公诉和刑事申诉案件的复查，都应当由不同的检察官或者检察官办案组来办理，体现检察机关的内部制约；对于所有案件，都应当接受案件管理部门和检务督察部门的监督，体现检察机关的内部监督。

（五）办案效果与办案效率的关系

在实践中，有的检察官往往就案办案，认为事实证据没有问题，套得上法律规定就没有错误，把自己仅仅等同于一个司法办案的"工匠"。相对于满足新时代人民群众在民主、法治、公平、正义、安全、环境等方面更高的要求，这无疑远远不够。法律是有一定弹性的，留给了检察官一定的自由裁量空间。在办案过程中，是消极敷衍，还是认真负责，围绕着法的精神、进步的司法理念去做；是知难而退、浅尝辄止，还是尽全力去做，效果是完全不同的。③ 检察官在履行职责时，要认真考虑"三个效果"的有机统一，贯彻落实新时代"枫桥经验"，积极、稳妥化解检察环节的矛盾纠纷；要认真思考如何通过个案的公平正义来引领司法工作进步，甚至社会进步。新时代不能搞那种粗放式的、运动式的办案，单纯追求办案数量而忽视办案质量和效率，尤其是决不能为了追求监督数量而忽视监督的准确性！如：抗诉案件不在于多，而在于精准。检察机关要选择那些具有典型意义，在司法理念方面有纠偏、创新、进步、引领的案件，抗诉一件可

---

① 中共中央文献研究室编：《习近平关于全面依法治国论述摘编》，北京：中央文献出版社 2015 年版，第 96 页。

② 参见《习近平在中央政法工作会议上强调 全面深入做好新时代政法各项工作 促进社会公平正义保障人民安居乐业》，载《人民日报》2019 年 1 月 17 日，第 1 版。

③ 参见张军：《关于检察工作的若干问题》，载《人民检察》2019 年第 13 期。

以促进解决一个方面、一个领域、一个时期的司法理念、政策、导向的问题，发挥对类案的指导作用。对于一些有瑕疵的个案，比如存在裁判技术、文书表述、论理不足，以及不是根本性错误的法律适用错误等问题，检察机关也决不能放任，但可以更多地以检察建议方式促请人民法院加以纠正，以取得较好的法律监督效果。

在注重办案效果的同时，还要注重办案效率。可以说二者是相互联系、相辅相成的：如果没有良好的办案效果，再高的办案效率也是没有意义的；反之，如果没有一定的办案效率，也很难取得良好的办案效果。惩罚犯罪的刑罚越迅速和及时，就越公正和有益。犯罪与刑罚之间的时间隔得越短，在人们心中犯罪与刑罚这两个概念的联系就越突出、越持续，因而，人们就很自然地把犯罪看作起因，把刑罚看作不可缺少的必然结果。[①] 在2020年年初新冠肺炎疫情期间，执法司法机关依法严惩抗拒疫情防控措施的违法犯罪行为，从快侦查、批捕、审查起诉、审理判决，对有的案件短短几天之内就作出了判决，及时形成了有效震慑，较好维护了社会秩序和人民群众生命健康安全。

为保证一定的办案效率，避免案件久拖不决，法律对执法司法活动都规定了较为严格的办案期限。但在实践中，超期办案问题屡禁不止、时有发生。就刑事案件而言，检察机关进行了多次纠正超期羁押的专项活动，但边清边超、前清后超问题一直存在，甚至在有的案件中将显性超期羁押变成了隐性超期羁押，以规避检察机关的法律监督。推迟刑罚尽管也会给人以惩罚犯罪的印象，然而，它造成的印象不像是惩罚，倒像是表演，并且只是在那种本来有助于增加惩罚感的、对某一犯罪的恐惧心理已在观众心中减弱之后，才产生这种印象。[②] 在实践中，即使在死者复活、真凶落网的情况下，刑事冤错案件的纠正时间也往往过长，如呼格吉勒图被改判无罪历时18年，聂树斌被改判无罪历时22年。有人称之为“马拉松式纠错”。最高人民检察院党组提出群众来信“7日内程序回复、3个月内办理过程或者结果答复”，以及构建以“案-件比”为核心指标的案件质量主要评价指标体系，就是为了有效避免案件久拖不决或者反复退查，切实提高办案效率，取得双赢多赢共赢的办案效果。

（六）加强检察官专业化建设与善于借助外力的关系

近年来，检察机关高度重视队伍的专业化建设，通过岗位练兵、业务竞赛、集中培训、建设检答网和检察期刊库等方式，不断增强检察官的政治素质和业务素质。但毋庸讳言，检察官的专业化能力仍然难以完全满足实践需要，检察办案中仍然存在一些问题。2019年，习近平总书记在中央政法工作会议上强调指出，政法系统要把专业化建设摆到更加重要的位置来抓，全面提升政法干警的法律政策运用能力、防控风险能力、群众工作能力、科技应用能力、舆论引导能力。[③]

唐代文学家韩愈在《师说》中写道：闻道有先后，术业有专攻。检察机关也要清醒地认识到，检察官应当对法律很熟悉，但对检察工作中涉及的形形色色的问题，如金融

---

① 参见［意］贝卡里亚：《论犯罪与刑罚》，黄风译，北京：中国大百科全书出版社1993年版，第70页。

② 参见［意］贝卡里亚：《论犯罪与刑罚》，黄风译，北京：中国大百科全书出版社1993年版，第71页。

③ 参见《习近平在中央政法工作会议上强调 全面深入做好新时代政法各项工作 促进社会公平正义保障人民安居乐业》，载《人民日报》2019年1月17日，第1版。

科技、知识产权、生态环境、网络信息等方面的问题，即使再努力学习，也赶不上这个领域专家的水平。因此，善于借助外力，帮助检察官解决工作中遇到的不熟悉的难题，是破解检察监督力量和专业能力不足的重要方法。2018 年，最高人民检察院印发的《关于指派、聘请有专门知识的人参与办案若干问题的规定（试行)》，规定检察机关在对监狱开展巡回检察时，可以邀请安全生产监督管理、食品药品监督管理、审计、消防等部门中具有专门知识的人参加，让专业的人干专业的事，更有助于发现和解决问题。2021 年，最高人民检察院印发的《行政机关专业人员兼任检察官助理工作办法（试行)》，规定检察机关可以聘请行政机关专业人员，以特邀检察官助理身份协助检察官办理相关专业领域案件。智慧既要“请进来”，也可“走出去”，检察机关可推进与行政机关互派干部挂职交流，委托高等院校或公司企业对检察官进行某类专业知识的深度培训等。例如，最高人民检察院与生态环境部、国税总局、银保监会、国家知识产权局等部门已经开展了互派干部挂职交流，广东深圳等地检察机关引进了一批具有网络技术知识背景的专业人才从事检察工作，浙江省杭州市余杭区检察院定期选派检察官赴互联网公司学习交流。

我国金融反恐立法的演进与发展研究

王剑波*

我国长期面临恐怖融资活动的严重威胁，因而金融反恐对我国反恐斗争具有十分重要的意义。近年来，随着金融活动的国际化、资金流转的电子化，我国境内恐怖组织与境外敌对势力勾连加深，恐怖主义的资金筹集和资金转移变得更为隐蔽和快速，我国面临的恐怖融资威胁不断加剧。在此背景下，立足于我国反恐的实际工作需要，进一步深化对以恐怖融资活动为打击对象的金融反恐立法的研究，对于提升我国反恐能力、维护国家安全，具有十分重要的现实意义。下文在对我国金融反恐立法工作的实践历程进行梳理的基础上，分析了我国金融反恐立法工作中存在的主要问题，并以此为依据提出了完善我国金融反恐立法的前瞻构想。

一、我国金融反恐立法的形成与发展

何谓恐怖融资？最早使用这一概念的是联合国大会于 1999 年 12 月 9 日通过的《制止向恐怖主义提供资助的国际公约》（International Convention for the Suppression of the financing of terrorism，以下简称《公约》）。该《公约》第 2 条第 1 款规定：恐怖融资（Financing of Terrorism），是指任何人以任何手段，直接或间接地非法和故意地提供（provides）或募集（collects）资金，其意图是将全部或部分资金用于，或者明知全部或部分资金将用于实施恐怖活动行为。

恐怖融资活动总是与洗钱活动交织在一起。一方面，恐怖融资与洗钱有着天然的联系，通过反洗钱手段确实可以打击恐怖融资活动。洗钱是将犯罪所得通过一系列交易进行处理，以掩盖它们的非法来源。洗钱有三个阶段：一是安置，即将犯罪所得放入金融系统。此时，犯罪所得是最明显和最有可能被发现的。二是分层，即通过制造复杂的金融交易层来隐藏或掩饰资金的来源或所有权。三是整合，即将洗干净的资金整合到经济活动中，使其看起来像是合法赚取的。[①] 恐怖主义为了能够筹集到足够的资金，并顺

* 首都经济贸易大学法学院教授、博士研究生导师，法学博士，博士后。

① See Angela Samantha Maitland Irwin, Kim-Kwang Raymond Choo & Lin Liu, "An Analysis of Money Laundering and Terrorism Financing Typologies", *Journal of Money Laundering Control*, Vol. 15: 85, p. 87 (2012).

利地将这些资金用于恐怖主义活动，就需要借助洗钱技术；恐怖主义为了有效保护资金筹集和转移的网络，以使恐怖主义活动可以长期地获得充足的资金支持，也需要借助洗钱技术；恐怖主义为了掩盖资金与相关人员实施的违法犯罪行为之间的关系，从而保护相关人员的身份不被暴露，还需要借助洗钱技术。另一方面，恐怖融资和洗钱具有明显的区别，反洗钱措施并不完全适用于打击恐怖融资活动。洗钱是指通过货币转换来掩饰其非法来源的过程，恐怖融资则既要掩盖资金来源也要掩盖资金用途。[①] 换言之，洗钱就是把非法的“黑”钱洗“白”，而恐怖融资可能会将合法的“白”钱洗“黑”。现有的反洗钱手段，在打击“由黑洗白”的恐怖融资活动方面，确实能够发挥重要的作用，但对资金来源合法的恐怖融资活动，难以产生预期的功效。

总之，国际反恐怖融资规则在制定之初基本上是沿用了反洗钱的具体措施和制度。因此，谈及反恐怖融资问题，就不得不提到反洗钱问题。下文将以国际反洗钱与反恐怖融资规范和标准的制定进程为参照，分阶段解析我国金融反恐立法工作的实践历程。

（一）20世纪80年代末至21世纪初，我国反洗钱立法的最初实践与反恐怖融资立法的萌芽

第一，国际规范和标准的制定进程。其一，联合国框架内的公约和决议。（1）1988年12月19日，联合国大会通过了《联合国禁止非法贩运麻醉药品和精神药物公约》（U. N. Convention Against Illicit Traffic in Narcotic Drugs and Psychotropic Substances）（又称《维也纳公约》），该公约于1990年11月1日生效。该公约是联合国制定的第一部惩治跨国洗钱犯罪的规范性法律文件，要求各缔约国将故意隐瞒或掩饰毒品犯罪收益的行为，确定为其国内法中的刑事犯罪。（2）2000年11月15日，联合国大会通过了《联合国打击跨国有组织犯罪公约》（U. N. Convention Against Transnational Organized Crime）（又称《巴勒莫公约》），该公约于2003年9月29日生效。该公约第6条明确将与跨国有组织犯罪相关的洗钱活动规定为犯罪，并要求各缔约国将洗钱罪适用于“范围最为广泛的上游犯罪”。（3）2003年10月31日，联合国大会通过了《联合国反腐败公约》（U. N. Convention Against Corruption）。该公约于2005年12月14日生效该公约是联合国通过的第一部用于指导国际反腐败斗争的规范性法律文件，其中有关反洗钱的内容占了大量篇幅，与反洗钱直接相关的条款有第14、23、31、40、52、58条等，这些条款规定了预防洗钱的措施，要求各国将对犯罪所得的洗钱行为定罪，并积极开展反洗钱的国际合作。其二，金融行动特别工作组制定的建议标准。（1）1990年，“反洗钱金融行动特别工作组”（The Financial Action Task Force on Money Laundering，FATF）发布了第一套反洗钱国际标准——“反洗钱40项建议”，旨在打击毒品洗钱行为。[②]（2）1996年，FATF对该建议进行了修订，将打击范围扩大到了清洗毒

① 参见［英］蒂姆·帕克曼：《精通反洗钱和反恐融资：合规性实践指南》，蔡真译，北京：人民邮电出版社2014年版，第1页。

② The Financial Action Task Force on Money Laundering（FATF），“the Forty Recommendations of The Financial Action Task Force on Money Laundering”，Paris：FATF，1990.

资外的其他犯罪领域。①

第二，我国的法律实践历程。其一，反洗钱刑事立法。（1）我国于1988年12月20日签署，并于1989年9月4日批准了《维也纳公约》。为了履行相应的条约义务，并应对日益严重的洗钱活动，1990年12月28日，全国人大常委会通过了《全国人民代表大会常务委员会关于禁毒的决定》。该决定第4条规定了以毒品犯罪为上游犯罪的首个洗钱犯罪条款，即"为犯罪分子窝藏、转移、隐瞒毒品或者犯罪所得的财物的，掩饰、隐瞒出售毒品获得财物的非法性质和来源的，处七年以下有期徒刑……"（2）随着国际社会对反洗钱认识的加深，扩大洗钱罪上游犯罪的范围成为了国际反洗钱领域的新趋势。为了适应这一发展趋势，并遏制洗钱活动蔓延的势头，我国在1997年修订《刑法》时，一方面，在第191条规定：明知是毒品犯罪、黑社会性质的组织犯罪、走私犯罪的违法所得及其产生的收益，而掩饰、隐瞒其来源和性质的，构成洗钱罪；而且，自然和单位都可以成为本罪的主体；另一方面，在第312条规定，明知是犯罪所得的赃物而予以窝藏、转移、收购或者代为销售的，构成窝藏、转移、收购、销售赃物罪；在第349条规定，为犯罪分子窝藏、转移、隐瞒毒品或者犯罪所得的财物的，构成窝藏、转移、隐瞒毒品、毒赃罪。这两种犯罪在一定程度上对打击洗钱犯罪活动进行了"兜底"，即在无法证明洗钱行为人"明知"是特定上游犯罪的违法所得，而难以成立洗钱罪时，则可以通过这两种犯罪进行惩处。其二，反洗钱行政立法。为了与国际规范和标准接轨，并进一步完善反洗钱制度，加强对反洗钱的监管，我国制定或修订了相关的行政法规和规章。2003年1月，中国人民银行颁布了《金融机构反洗钱规定》（中国人民银行令〔2003〕第1号）、《人民币大额和可疑支付交易报告管理办法》（中国人民银行令〔2003〕第2号）和《金融机构大额和可疑外汇资金交易报告管理办法》（中国人民银行令〔2003〕第3号）（简称"一个规定、两个办法"）。根据上述规定和办法，中国人民银行正式开始负责我国的反洗钱行政监管工作，标志着我国反洗钱工作完全走上了制度化和法律化的轨道。

第三，评析。一方面，从国际社会的立法进程来看，国际社会反洗钱的努力已经逐步从将上游犯罪限定在"毒品犯罪"等特定犯罪的范围内，扩展至"范围最为广泛的上游犯罪"；同时，与当时的情势相适应，在相关的国际机构的工作目标上，反恐怖融资并没有占据重要的位置。也就是说，在这一阶段，对于通过贩卖毒品等非法手段实施的恐怖融资活动，国际社会主要是通过反洗钱法律进行惩治的；而对于通过合法手段实施的恐怖融资活动，则没有较为有效的刑事应对措施。国际社会的这种做法对各个国家的反洗钱与反恐怖融资立法产生了重要的影响。另一方面，从我国的立法实践来看，我国的反洗钱刑事立法"追随"国际反洗钱立法的"脚步"，逐步扩大了洗钱罪上游犯罪的范围。另外，中国人民银行"一个规定、两个办法"的颁布实施，表明我国已经初步建立了反洗钱法律制度的基本框架。尽管完整的反洗钱法律体系尚未形成，但我国的反洗钱工作已经初步实现了规范化。这就意味着，虽然我国的反恐怖融资立法尚未全面展

① The Financial Action Task Force on Money Laundering (FATF), "the Forty Recommendations", Paris: FATF, 1996.

开，但已经有了萌芽；而且，在这一阶段，我国的反恐怖融资工作在一定程度上也可以依托相关的反洗钱刑事与行政法律规范而开展。

（二）20 世纪 90 年代末至 21 世纪前十年的中后期，我国反洗钱法律体系初步形成与我国反恐怖融资规则的初步设立

第一，国际规范和标准的制定进程。其一，联合国框架内的公约和决议。（1）1999 年 12 月 9 日，联合国大会通过了《制止向恐怖主义提供资助的国际公约》（International Convention for the Suppression of the Financing of Terrorism），该公约于 2002 年 4 月 10 日正式生效。（2）1999 年 10 月 15 日，安理会通过了第 1267（1999）号决议，决定所有国家均应冻结塔利班及与其有关联的实体和个人的资产。① （3）2001 年 9 月 28 日，联合国安全理事会通过了打击恐怖融资犯罪行为的 1373（2001）号决议。② 上述公约和决议旨在通过恐怖融资犯罪化、涉恐资产冻结等手段，切断恐怖主义的资金来源，进而预防和制止恐怖主义的蔓延。随后，国际社会开始重点关注对恐怖融资活动的预防与惩治。其二，金融行动特别工作组制定的建议标准。（1）2001 年 10 月 29 日，FATF 召开了特别会议，决定将其职责进一步拓展至反恐怖融资领域，并通过了“反恐怖融资 8 项特别建议”，同“反洗钱 40 项建议”一起，成为国际社会打击洗钱与恐怖融资行为的基本框架。（2）2003 年 6 月 20 日，FATF 再次对“反洗钱 40 项建议”进行了全面修订，并将反恐怖融资的要求纳入了反洗钱建议。（3）2004 年 10 月 22 日，FATF 又制订了一项反恐怖融资特别建议，由此形成了 FATF“40＋9 项建议”这套完整的反洗钱和反恐怖融资国际标准。③

第二，我国的法律实践历程。其一，反洗钱与反恐怖融资刑事立法。（1）为了执行联合国安全理事会第 1373（2001）号决议，共同打击恐怖融资犯罪行为，2001 年 11 月 13 日，我国签署了《制止向恐怖主义提供资助的国际公约》；2001 年 12 月 29 日，全国人大常委会通过了《中华人民共和国刑法修正案（三）》，该修正案不但将恐怖活动犯罪增补为洗钱罪的上游犯罪，还将恐怖融资活动犯罪化，即在第 120 条“组织、领导、参加恐怖组织罪”后增加一条“资助恐怖活动罪”，作为第 121 条之一，同时规定自然人和单位都可以成为本罪的主体。（2）我国于 2000 年 12 月 12 日签署了、于 2003 年 8 月 27 日批准了《巴勒莫公约》，于 2003 年 12 月 10 日签署了、于 2005 年 10 月 27 日批准了《联合国反腐败公约》，于 2006 年 2 月 28 日批准了《制止向恐怖主义提供资助的国际公约》。为了履行相应的条约义务，严厉打击洗钱与恐怖融资活动，2006 年 6 月 29 日，全国人大常委会通过了《中华人民共和国刑法修正案（六）》：一方面，再次扩大了洗钱罪的上游犯罪范围，将贪污贿赂犯罪、破坏金融管理秩序犯罪以及金融诈骗犯罪增列为洗钱犯罪的上游犯罪；另一方面，对刑法第 312 条进行了扩充性修改，不但将犯罪

---

① 参见《联合国安全理事会第 1267 号决议》（1999 年 10 月 22 日安全理事会第 4051 次会议通过），载联合国文件 S/RES/1267（1999）。

② 参见《联合国安全理事会第 1373 号决议》（2001 年 9 月 28 日安全理事会第 4385 次会议通过），载联合国文件 S/RES/1373（2001）。

③ The Financial Action Task Force（FATF），“FATF IX Special Recommendations”，Paris：FATF，2008.

对象由“赃物”修改为范围更大的“犯罪所得及其产生的收益”，还在保持原行为方式不变的基础上又增加了兜底性的“以其他方法掩饰、隐瞒”，最终罪名也变更为“掩饰、隐瞒犯罪所得、犯罪所得收益罪”。其二，专门的反洗钱与反恐怖融资立法。2004 年，我国政府致函 FATF 并承诺将践行 FATF“40+9 项”建议。2005 年 1 月，FATF 全体成员通过投票一致同意接纳我国为观察员。按照 FATF 要求，要成为正式成员，我国应接受 FATF 的全面评估。为了迎接评估，2006 年 10 月 31 日，全国人大常委会通过了《中华人民共和国反洗钱法》：一方面，正式在法律上确立了我国的反洗钱行政监管体制，明确了金融机构与特定非金融机构负有反洗钱义务，规定了反洗钱的行政调查与国际合作等内容；另一方面，在第 36 条规定，“对涉嫌恐怖活动资金的监控适用本法”，即明确将反恐怖融资视为反洗钱工作的一部分，客户身份识别制度等反洗钱预防措施也同样适用于反恐怖融资。其三，反洗钱与反恐怖融资行政立法。随着我国《反洗钱法》的出台，以及相关反洗钱工作机制的调整，原先作为反洗钱依据的“一个规定、两个办法”的很多内容，既与最新的《反洗钱法》有所冲突，又与当前的反洗钱工作不相适应。因此，2006 年 11 月至 2007 年 6 月，中国人民银行对“一个规定、两个办法”进行了修订，相继通过了《金融机构反洗钱规定》(中国人民银行令〔2006〕第 1 号)、《金融机构大额交易和可疑交易报告管理办法》(中国人民银行令〔2006〕第 2 号）和《金融机构报告涉嫌恐怖融资的可疑交易管理办法》(中国人民银行令〔2007〕第 1 号)，并会同中国银监会、中国证监会、中国保监会制定通过了《金融机构客户身份识别和客户身份资料及交易记录保存管理办法》(〔2007〕第 2 号）等反洗钱和反恐融资规章（与《反洗钱法》一起合称“一法四令”或“一法四规”)。

第三，评析。一方面，从国际社会的立法进程来看，国际社会开始将洗钱与恐怖融资紧密联系在一起，洗钱甚至被国际社会视为恐怖融资最为重要的手段之一；与之相应，预防与制止恐怖融资活动成为了国际社会反洗钱工作的一个重要目标。总之，在这一阶段，国际社会日益重视对恐怖融资犯罪活动的预防与惩治，并制定了较为严密的反洗钱与反恐怖融资建议标准。另一方面，从我国的立法实践来看，我国的反洗钱法律体系已经初步形成，反恐怖融资规则也已初步设立。在刑事立法方面，我国不但专门规定了资助恐怖活动罪，还继续扩大洗钱罪上游犯罪的范围，并对传统的窝赃犯罪比照洗钱罪的条文结构进行改造，使其近乎成为洗钱犯罪的一般性条款。目前已经形成了包括第 191 条、第 312 条和第 349 条在内的核心洗钱条款，基本上形成了惩处洗钱与恐怖融资犯罪的罪名体系，顺应了这一阶段国际反恐怖融资立法的发展趋势。在行政监管方面，“一法四令”形成了较为完整的反洗钱法律规范体系，将反洗钱的监管范围由银行扩展到证券、期货和保险等金融机构，规定了可疑交易报告、客户身份识别和交易记录保存等反洗钱核心措施，并将这些措施扩大适用于反恐怖融资活动。由此可见，我国基本上建立了以金融机构为核心的反洗钱与反恐怖融资行政监管框架。总之，我国的反恐融资规则在制定之初基本上沿用了反洗钱的具体举措。

（三）21 世纪前十年的中后期至 2012 年，我国反洗钱法律体系的进一步完善与我国反恐怖融资法律体系的初步形成

第一，国际规范和标准的制定进程。其一，联合国框架内的公约和决议。2011 年，

联合国安理会通过了第 1988（2011）号和第 1989（2011）号决议，决定与塔利班有关联的个人或实体将不再被列入综合名单。[①] 此后，“1267 委员会”便被称为“基地”组织制裁委员会，主要负责监督与“基地”组织有关联的个人和实体的制裁措施的执行情况。其二，金融行动特别工作组制定的建议标准。(1) 2006 年 11 月，FATF 对我国反洗钱和反恐怖融资体系进行了评估；2007 年 6 月 28 日，FATF 在巴黎召开的全会经过讨论，一致同意接纳中国为正式成员。但是，我国在“40＋9 项建议”的评估中，共有 25 项建议被评为部分合规或不合规。其中，有五项核心建议（Core Recommendations）被评为部分合规（R1“洗钱犯罪”，R5“客户尽职调查”，R13“可疑交易报告”和 SRⅡ“恐怖融资犯罪”）或不合规（SRⅥ“反洗钱要求的资金或价值转移服务”），有四项关键建议（Key Recommendations）被评为部分合规（R23“监管、监督与监测”，R35“国际公约”和 SRⅠ“联合国文件的实施”）或不合规（SRⅢ“冻结与没收恐怖资产”）。由此，FATF 要求我国遵循一个“强化后续程序”（Enhanced Follow-Up Process），即在每一次 FATF 全会上，均要报告我国在完善制度方面所取得的进展。随后，我国根据强化后续程序制定了四份后续报告（Follow－up Reports，FUR），分别是：2007 年 10 月（第 1 次 FUR），2008 年 2 月（第 2 次 FUR），2008 年 6 月（第 3 次 FUR）和 2008 年 10 月（第 4 次 FUR）。2008 年 10 月，鉴于已取得的进展，FATF 全会同意中国转入报告要求相对宽松的“常规后续程序”（Regular Follow-up），即每年向 FATF 提交一次报告，以汇报相关的进展。之后，我国根据常规后续程序又制定了四份后续报告，分别是：2009 年 6 月（第 5 次 FUR），2010 年 6 月（第 6 次 FUR），2011 年 6 月（第 7 次 FUR）和 2012 年 2 月（第 8 次 FUR）。[②]

第二，我国的法律实践历程。其一，出台首份国家反洗钱战略。2009 年 12 月 30 日，反洗钱工作部际联席会议办公室发布《中国 2008—2012 年反洗钱战略》，其中提出了进一步完善反洗钱刑事法律，以及构建国家反恐怖融资网络的具体目标。这对我国之后的反洗钱与反恐怖融资立法产生了深远影响。其二，反洗钱与反恐怖融资刑事立法与司法。为了确保相关的刑事立法与联合国公约、决议以及 FATF 建议标准中的刑事条款相一致，进一步提升我国反洗钱与反恐怖融资的能力：(1) 2009 年 2 月 28 日，全国人大常委会通过了《中华人民共和国刑法修正案（七）》，将“单位”增设为掩饰、隐瞒犯罪所得、犯罪所得收益罪的主体，在条文结构方面与洗钱罪进一步保持了一致。(2) 2009年 9 月 21 日，最高人民法院通过了《关于审理洗钱等刑事案件具体应用法律若干问题的解释》（法释〔2009〕15 号），细化了洗钱罪中“明知”的认定标准，厘清了第 191 条、第 312 条和第 349 条三个洗钱条款之间的关系和处罚原则，并界定了资助恐怖活动罪中的“资助”和“实施恐怖活动的个人”两个概念。(3) 2011 年 2 月 25 日，全国人大常委会通过了《中华人民共和国刑法修正案（八）》，将恐怖活动犯罪纳入

① 参见《联合国安全理事会第 1988（2011）号决议》（2011 年 6 月 17 日安全理事会第 6557 次会议通过），载联合国文件 S/RES/1988（2011）；《联合国安全理事会第 1989（2011）号决议》（2011 年 6 月 17 日安全理事会第 6557 次会议通过），载联合国文件 S/RES/1989（2011）。

② See the Financial Action Task Force（FATF），“Mutual Evaluation 8th Follow-up Report：Anti-Money Laundering And Combating The Financing Of Terrorism of China”，Paris：FATF，2012，pp. 1 - 2.

了特别累犯的范畴。这实际上加大了对恐怖活动犯罪的惩处力度。其三，专门的反恐怖主义立法。2011 年 10 月 29 日，全国人大常委会通过了《关于加强反恐怖工作有关问题的决定》。这是我国在反恐领域的第一次专门立法，其界定了恐怖活动、恐怖活动组织以及恐怖活动人员的内涵，明确了反恐工作领导机构，确立了恐怖活动组织及恐怖活动人员名单的认定制度以及涉恐资产的冻结制度等。这对于我国打击恐怖融资犯罪，切断恐怖主义的资金来源具有重要意义。其四，反洗钱与反恐怖融资行政立法。2009 年 4 月 22 日，国务院通过了《彩票管理条例》，首次以行政法规的形式明确了彩票行业的反洗钱义务。2009 年 9 月 16 日，中国人民银行印发了《支付清算组织反洗钱和反恐怖融资指引》（银发〔2009〕298 号），细化了对支付清算组织反洗钱和反恐融资工作的操作要求。2010 年 6 月 11 日，中国人民银行发布了《中国人民银行执行外交部关于执行安理会有关决议通知的通知》（银发〔2010〕165 号），要求金融机构和从事支付清算业务的非金融机构及时采取金融制裁措施。2010 年 6 月 14 日，中国人民银行发布了《非金融机构支付服务管理办法》（中国人民银行令〔2010〕第 2 号），首次明确了非金融支付机构应当遵守反洗钱的有关规定，履行反洗钱义务。2011 年 12 月 8 日，公安部等下发了《关于进一步加强打击涉恐融资工作的通知》（公通字〔2011〕54 号），规定了进一步提高涉及恐怖融资重大案件资金查控效率等具体工作措施。

第三，评析。一方面，从国际社会的立法进程来看，国际社会越来越重视金融反恐合作，并根据反恐形势不断通过新的决议、修正相关的建议标准，共同预防与惩治恐怖融资犯罪活动。例如，鉴于一些塔利班成员已拒绝了基地组织及其追随者的恐怖主义意识形态，为促进阿富汗的和平与稳定，安理会认为各会员国应该对列入名单的塔利班与基地组织予以区别对待，因而通过决议将与塔利班有关联的个人或实体等从综合制裁名单中除名。又如，FATF 在制定反洗钱与反恐怖融资建议标准后，又通过互评估等手段，监测、帮助和推动各国执行 FATF 建议标准，试图在全球范围内形成体系化、标准化的防范和打击洗钱与恐怖融资活动的工作机制。另一方面，从我国的立法、司法实践来看，我国反洗钱法律体系得到进一步完善，反恐怖融资法律体系已经初步形成。在刑事立法与司法方面，相关的修正案与第一部专门的反洗钱与反恐怖融资司法解释的出台，为司法机关依法准确有效打击洗钱与恐怖融资犯罪活动提供了更为具体的适用依据。在专门立法方面，我国通过的第一部专门反恐法律，要求金融机构和特定非金融机构对涉恐资产应当立即予以冻结。另外，我国还以行政法规以及部门规章的形式，明确或细化了彩票行业、支付清算组织以及非金融支付机构的反洗钱与反恐怖融资义务。上述这些是我国反恐怖融资立法工作取得的重大突破，标志着我国的反恐怖融资法律体系已经初步形成，为我国顺利通过 FATF 的后续评估打下了良好基础。2012 年 2 月 16 日，FATF 全会表决通过我国反洗钱与反恐怖融资互评估后续报告，同意我国结束后续程序。这标志着我国反洗钱与反恐怖融资工作达到了国际通行标准。我国成为第 13 个达标的国家（地区），也是第一个达标的发展中国家。[①]

---

① 参见王信川：《我国反洗钱与反恐怖融资工作达到国际通行标准》，载人民网，http://finance.people.com.cn/GB/70846/17162911.html，2018 年 7 月 30 日访问。

（四）2012 年至今，我国多层次反洗钱法律体系的建立与我国反恐怖融资法律体系的进一步优化

第一，国际规范和标准的制定进程。其一，联合国框架内的公约和决议。2015 年，安理会通过了第 2253（2015）号决议，决定进一步扩大制裁名单的范围，将“伊斯兰国”及与其有关联的实体和个人包括在名单内，此后，安理会又通过了一系列金融反恐相关决议，如第 2368（2017）号决议等，续延了对“伊斯兰国”和“基地”组织制裁名单上的所有个人和实体的资产冻结、旅行禁令和武器禁运措施。其二，金融行动特别工作组制定的建议标准。（1）2012 年 2 月，FATF 全会将“反恐怖融资 9 项特别建议”完全融入“反洗钱 40 项建议”之中，讨论通过了《打击洗钱、恐怖融资、扩散融资国际标准：FATF 建议》（简称 FATF“40 项新建议标准”），并将其作为 2013 年起 FATF 新一轮反洗钱与反恐怖融资体系评估依据。（2）之后，FATF 不断总结建议标准在实施过程中的经验教训，连续多年对“40 项新建议标准”进行了部分更新和修订。①（3）2013 年 2 月，FATF 通过了新的评估办法，即《FATF 建议技术性合规评估方法与反洗钱和反恐怖融资体系有效性评估方法》；另外，FATF 还发布了《FATF 第四轮反洗钱与反恐怖融资互评估程序》等，供第四轮互评估使用。其三，二十国集团领导人杭州峰会公报。公报中各国领导人共同承诺要完善制度，提升国际社会打击洗钱、恐怖融资和逃税的能力，承诺要阻截恐怖主义融资的所有来源、技术和渠道，承诺有效交换信息，冻结恐怖分子资产，将恐怖主义融资入刑。②

第二，我国的法律实践历程。其一，出台国家反洗钱与反恐怖融资的顶层设计。2017 年 8 月 29 日，国务院办公厅发布《关于完善反洗钱、反恐怖融资、反逃税监管体制机制的意见》（国办函〔2017〕84 号），将反洗钱和反恐怖融资工作提升到国家战略高度，提出要进一步完善反洗钱工作部际联席会议制度，建立国家洗钱和恐怖融资风险评估机制，密切金融监管部门与行政执法、侦查机关等之间的协调合作与信息共享，探索建立特定非金融机构反洗钱监管制度，发挥会计师事务所、律师事务所等专业服务机构的积极作用，推进反洗钱与反恐怖融资数据信息共享，严惩洗钱与恐怖融资等违法犯罪活动，深化双边和多边国际合作等。其二，反洗钱与反恐怖融资的刑事立法、司法。针对近年来恐怖主义犯罪的新趋势、新特点，为了进一步严密打击恐怖融资犯罪的刑事法网：（1）2015 年 8 月 29 日，全国人大常委会通过了《中华人民共和国刑法修正案（九）》，新增加了 5 个涉恐罪名，对组织、领导、参加恐怖组织罪增加配置了财产刑，还对资助恐怖活动罪进行了修订，即将资助恐怖活动培训以及为恐怖活动组织、实施恐怖活动或者恐怖活动培训招募、运送人员，纳入本罪的行为方式，最终将“资助恐怖活动罪”更名为“帮助恐怖活动罪”。（2）2014 年 9 月 9 日下发的最高人民法院、最高人民检察院、公安部《关于办理暴力恐怖和宗教极端刑事案件适用法律若干问题的意见》，

① See the Financial Action Task Force (FATF), "International Standards on Combating Money Laundering and the Financing of Terrorism & Proliferation-the FATF Recommendations", Paris: FATF, 2022, p. 13.

② 参见《二十国集团领导人杭州峰会公报》，载《人民日报》2016 年 9 月 6 日，第 4 版。

进一步明确了资助恐怖活动罪的认定标准；2018 年 3 月 16 日印发的最高人民法院、最高人民检察院、公安部、司法部《关于办理恐怖活动和极端主义犯罪案件适用法律若干问题的意见》，进一步细化了帮助恐怖活动罪的行为方式；2019 年 2 月 1 日施行的《最高人民法院、最高人民检察院关于办理非法从事资金支付结算业务、非法买卖外汇刑事案件适用法律若干问题的解释》，为司法机关依法严厉打击非法资金支付结算业务、非法买卖外汇等涉地下钱庄犯罪活动提供了更为具体的适用依据。其三，全面、系统和专门的反恐立法。为了将分散在不同法律文件中的反恐法律规范统一起来，将多年来我国在反恐斗争中取得的成功经验以法律的形式确定下来，2015 年 12 月 27 日，全国人大常委会通过了《中华人民共和国反恐怖主义法》。该法是根据贯彻落实总体国家安全观的要求，在已有反恐法律规范的基础上，制定的我国第一部全面、系统和专门的反恐法律。该法从法律层面规范了涉及金融反恐的各项工作：确定了恐怖活动组织和人员的认定条件和程序，规定了金融机构和特定非金融机构的涉恐资产冻结义务（第 12～16 条）；明确授权中国人民银行等国务院有关部门和机构承担反恐怖融资的监管职能——中国人民银行发现涉嫌恐怖融资的，可依法调查并采取临时冻结措施（第 24 条）；要求审计、财务、税务和海关等部门，如在工作中发现涉嫌恐怖融资的，应当及时通报中国人民银行和公安机关（第 25～26 条）；国务院有关部门根据国务院授权开展金融反恐国际合作（第 69 条）。其四，反洗钱与反恐怖融资行政立法。(1) 为了进一步完善反洗钱与反恐怖融资的行政监管制度，指导金融机构等贯彻落实风险为本理念，中国人民银行于 2013 年 1 月 5 日印发了《金融机构洗钱和恐怖融资风险评估及客户分类管理指引》（银发〔2013〕2 号），于 2014 年 11 月 15 日印发了《金融机构反洗钱监督管理办法（试行）》（银发〔2014〕344 号），于 2016 年 12 月 28 日修订发布了《金融机构大额交易和可疑交易报告管理办法》（中国人民银行令〔2016〕第 3 号），于 2017 年 5 月 3 日印发了《关于〈金融机构大额交易和可疑交易报告管理办法〉有关执行要求的通知》（银发〔2017〕99 号），于 2017 年 5 月 12 日印发了《关于加强开户管理及可疑交易报告后续控制措施的通知》（银发〔2017〕117 号），于 2017 年 10 月 20 日印发了《关于加强反洗钱客户身份识别有关工作的通知》（银发〔2017〕235 号），于 2018 年 6 月 25 日印发了《关于非银行支付机构开展大额交易报告工作有关要求的通知》（银发〔2018〕163 号），于 2018 年 6 月 27 日印发了《关于进一步做好受益所有人身份识别工作有关问题的通知》（银发〔2018〕164 号）。(2) 为了进一步明确金融机构、特定非金融机构冻结涉恐资产的义务和程序，中国人民银行会同公安部、国家安全部于 2014 年 1 月 10 日发布了《涉及恐怖活动资产冻结管理办法》（中国人民银行、公安部、国家安全部令〔2014〕第 1 号），中国人民银行于 2017 年 8 月 13 日印发了《关于落实执行联合国安理会相关决议的通知》（银发〔2017〕187 号）。(3) 为了防范滥用互联网金融（如网络支付、网络借贷等）实施洗钱和恐怖融资的风险，中国人民银行会同工业和信息化部、公安部等于 2015 年 7 月 14 日发布了《关于促进互联网金融健康发展的指导意见》（银发〔2015〕221 号），中国人民银行于 2015 年 12 月 28 日发布了《非银行支付机构网络支付业务管理办法》（中国人民银行公告〔2015〕43 号），中国人民银行会同中国银保监会、中国证监会于 2018 年 9 月 29 日发布了《互联网金融从业机构反洗钱和反恐怖融资管理办法

(试行)》。(4) 为了进一步贯彻落实反洗钱与反恐怖融资工作，提高反洗钱和反恐怖融资工作的有效性，中国人民银行办公厅于2014年3月18日印发了《关于进一步加强金融机构和支付机构反恐怖融资工作的通知》(银办发〔2014〕62号)，于2018年7月13日印发了《关于加强特定非金融机构反洗钱监管工作的通知》(银办发〔2018〕120号)，于2018年7月26日印发了《关于进一步加强反洗钱和反恐怖融资工作的通知》(银办发〔2018〕130号)，中国人民银行于2007年12月19日印发了《义务机构反洗钱交易监测标准建设工作指引》(银发〔2017〕108号)，于2007年12月29日印发了《银行业金融机构反洗钱现场检查数据接口规范（试行)》(银发〔2017〕300号)，于2007年12月29日印发了《非银行支付机构反洗钱现场检查数据接口规范（试行)》(银发〔2017〕301号)。

二、我国金融反恐立法的特征与问题

金融反恐战略目标的实现，离不开完善的金融反恐法律规范体系的支撑。从我国金融反恐立法的实践历程来看，其呈现出如下两方面的特征与问题。

（一）多层次、应急性的特征与统一性、操作性的欠缺

从立法的体系与结构上看，我国金融反恐立法的多层次、应急性特征明显，同时，立法的零散化现象严重，在具体内容上欠缺统一性、操作性。

我国金融反恐立法具有多层次、应急性的特征：一方面，目前我国已经建立起了多层次的金融反恐法律规范体系。我国的金融反恐法律规范发端于反洗钱的刑事和专门立法，经过三十多年的发展与完善，已经形成了以《反恐怖主义法》为基础，以《反洗钱法》等“一法四令”为核心，以《刑法》为保障，以其他反恐怖融资规范性文件为补充的金融反恐法律框架。另一方面，从上述我国金融反恐的法律实践历程来看，我国的金融反恐立法又具有明显的应急性特征。例如，“9·11”恐怖袭击事件发生后，面对国际恐怖主义的严重威胁，我国快速通过了刑法修正案，不但将恐怖活动犯罪增补为洗钱罪的上游犯罪，还将恐怖融资活动犯罪化，增设了“资助恐怖活动罪”。又如，2013年至2014年间，北京天安门、昆明火车站等地先后发生暴力恐怖袭击事件，面对国内暴恐活动向内地蔓延的严峻形势，全国人大常委会通过了《刑法修正案（九)》，新增加了5个涉恐罪名，扩充了资助恐怖活动罪的行为方式，并将其更名为“帮助恐怖活动罪”。

当然，金融反恐的多层次、应急性立法，符合我国的国家利益，能够及时、有效地应对日益猖獗、不断蔓延的国际、国内恐怖主义活动。但是，这种多层次、应急性立法存在的最大问题就是立法的零散化现象非常严重，很多的反恐怖融资规则都分散在不同层次的规范性法律文件中，难以形成统一、衔接、严密的制度体系；而且，这些规则很多都是概括性的规定，可操作性不强，在一定程度上会阻碍到我国与国际社会的金融反恐合作。

（二）国际化、跟随性的特征与前瞻性、创新性的欠缺

从立法的渊源与趋势上看，我国金融反恐立法的国际化、跟随性特征明显，同时，立法的滞后性现象突出，在具体内容上欠缺前瞻性、创新性。

我国金融反恐立法具有国际化、跟随性的特征：一方面，目前我国已经建立起了与国际接轨的金融反恐法律规范体系。我国已经批准了联合国制定的与金融反恐有关的国际公约，认可了联合国安理会通过的与金融反恐有关的各项决议，接受了 FATF 发布的与金融反恐有关的建议标准，并及时通过不同层次的立法，将这些公约、决议和建议标准的内容转化为国内的法律规范。例如，通过刑法修正案将恐怖融资行为犯罪化，不断地扩大洗钱罪上游犯罪的范围。又如，通过不同层次的立法，逐步建立和完善可疑交易报告、客户尽职调查和涉恐资产冻结等金融反恐制度等。另一方面，从上述我国金融反恐的法律实践历程来看，我国的金融反恐立法又具有明显的跟随性特征。例如，刑法修正案将恐怖融资活动犯罪化，虽是为了应对国际恐怖主义的严重威胁，但从当时国际、国内的反恐形势来看，更多的是为了履行联合国安理会第 1373（2001）号决议的内容。又如：为了应对 FATF 于 2006 年年底对我国的全面评估，以尽快成为 FATF 的正式成员，全国人大常委会于 2006 年 10 月 31 日通过了《中华人民共和国反洗钱法》；为了顺利通过 FATF 于 2012 年年初对我国的后续评估，全国人大常委会于 2011 年 10 月 29 日通过了《关于加强反恐怖工作有关问题的决定》。

当然，金融反恐的国际化、跟随性立法，符合国际社会金融反恐战略的基本要求，有助于国内立法与国际公约的衔接，推动我国与国际社会的金融反恐合作。但是，这种国际化、跟随性立法存在的最大问题就是立法的滞后性现象较为突出。特别是在当前互联网金融不断创新的时代背景下，电子货币、虚拟货币、网络支付、网络赌博等都存在着极大的被恐怖融资滥用的风险；对于这些处于时代前沿的资金流动手段，国际社会的反洗钱与反恐怖融资文件虽已有所关注，但这些内容要转化为我国国内的法律规范，需要一段较长的时间。这将使我国难以及时应对日新月异的恐怖融资手段的威胁，而且，长期的跟随性立法势必会磨灭我国金融反恐立法的前瞻和创新精神。

三、我国金融反恐立法的统一与创新

面对我国金融反恐立法存在的诸多问题，我国应根据国际、国内恐怖融资出现的新趋势，从如下两个方面进一步完善我国的金融反恐法律规范体系。

（一）我国金融反恐立法应重视规范间的协调统一

针对目前我国金融反恐立法较为分散，以及金融反恐规则欠缺统一性和可操作性的情形，制定一部统一的《反洗钱与反恐怖融资法》既是必要的，也是可行的：一方面，不仅金融反恐的具体规则应当明确、可行，金融反恐规范性法律文件之间也应协调一致，如此才能为我国的监管、执法、侦查和司法机关等贯彻落实金融反恐措施，提供明晰的行为指引。由此，制定一部统一的、专门的金融反恐法是非常必要的。另一方面，

当前各国的金融反恐立法模式大体可分为两种：一是针对反恐怖融资单独立法。采用此种模式的国家相对较少，如新加坡于2002年通过的《恐怖主义（制止融资）法》[①]，菲律宾于2012年通过的《预防和制止恐怖主义融资法》[②]，以及印度尼西亚于2013年通过的《预防和制止恐怖主义融资法》。[③] 二是将反恐怖融资与反洗钱合并立法。采用此种模式的国家相对较多，如加拿大于2000年通过的《犯罪收益（洗钱）和恐怖主义融资法案》[④]，美国于2001年通过的《打击国际洗钱和反恐怖融资法》[⑤]，马来西亚于2001年通过的《反洗钱、反恐怖主义融资和非法活动收益法》[⑥]，德国于2002年通过的《加强反洗钱和反恐怖主义融资法》，澳大利亚于2006年通过的《反洗钱和反恐融资法案》[⑦]，以及英国于2012年通过的《洗钱、恐怖融资和资金转移（付款人信息）条例》。[⑧] 如前文所述，虽然恐怖融资和洗钱具有明显的区别，但二者又有着天然的联系——通过反洗钱手段确实可以打击恐怖融资活动。另外，虽然我国已于2006年通过了《反洗钱法》，但其条文过于抽象和概括，且很多内容已与当前的反洗钱与反恐怖融资形势脱节。有鉴于此，我国可以考虑对《反洗钱法》进行全面修订，在其中整合引入其他金融反恐规范性文件所规定的、已被实践证明可用的反恐怖融资规则，并将其更名为《反洗钱与反恐怖融资法》，以实现金融反恐立法的协调统一。

（二）我国金融反恐立法应考虑内容上的前瞻创新

针对目前我国金融反恐立法相对滞后，以及金融反恐规则欠缺前瞻性和创新性的情形，适度超前的金融反恐立法既是必要的，也是可行的：一方面，在互联网时代，金融等行业的创新之势不可阻挡，更重要的是恐怖主义已经或正在适应这些创新发展，恐怖融资手段借助互联网技术而不断更新的趋势也将难以避免。所以，对新时代恐怖融资的治理需要立法者具有前瞻性的视野和创新性的精神——制定出既符合当下之需，又有一定预见性的且相对稳定的金融反恐法律规范，给反恐怖融资留下足够的法律空间——以应对层出不穷的、隐匿性更强的恐怖融资手段所带来的监管困境和法律挑战。另一方面，“法律一经制定，就已落后于时代”，成文法与生俱来的滞后性，决定了即使是高瞻远瞩的立法者制定了专门的、超前的《反恐怖融资法》，也不可能一劳永逸地解决所有

① See Singapore. The Terrorism (Suppression of Financing) Act 2002. Act 16 of 2002 [11th March 2005].

② See Philippines. Terrorism Financing Prevention and Suppression Act of 2012. Republic Act No. 10168 [June 20, 2012].

③ See Indonesia. Prevention and the Suppression of Terrorist Financing Law. No. 9 (2013) [March 13, 2013].

④ See Canada. Proceeds of Crime (Money Laundering) and Terrorist Financing Act (S. C. 2000, c. 17), Assented to 2000 - 06 - 29.

⑤ See United States. International Money Laundering Abatement and Anti-Terrorist Financing Act of 2001. Title III of P. L. 107 - 56 (December 4, 2001).

⑥ See Malaysia. Anti-Money Laundering, Anti-Terrorism Financing and Proceeds of Unlawful Activities Act 2001. Act 613 [5 - Jul - 2001].

⑦ Australia. Anti-Money Laundering and Counter-Terrorism Financing Act 2006 (No. 169, 2006). Date of Assent: 12 Dec 2006, Latest Version: C2019C00011.

⑧ See United Kingdom (UK). The Money Laundering, Terrorist Financing and Transfer of Funds (Information on the Payer) Regulations 2017. 2017 No. 692 [22nd June 2017].

恐怖融资问题。而且，互联网金融的发展不只是带动了网络支付等新技术的发展，还引发了传统的、易被恐怖融资滥用的特定非金融行业和职业的变革。如赌场、不动产销售、贵金属交易，律师、公证员、会计师等，都利用互联网发展了新的客户，开拓了更为广阔而复杂的市场，其未来的发展空间和发展方向均不容易预测。再者，这些行业和职业不同于银行，证券、保险等金融机构，其资金流动方式各有各的特点，其中蕴含着极大的恐怖融资风险，但制定有针对性的反恐怖融资预防措施较为困难。有鉴于此，在恐怖融资立法的修订方面，可借鉴国际社会定期评估恐怖融资风险、审核反洗钱与反恐怖融资制度的做法，建立适合我国国情的金融反恐法律规范调整修改制度，避免反恐怖融资规则落后于恐怖融资手段的发展。

公共卫生紧急状态下关键医疗资源分配的刑事问题

王俊平*

一、问题提出

公共卫生紧急状态，是指在灾难、重大传染病爆发、生物恐怖袭击或其他重大或灾难性事件发生时，紧急需要医院服务，以满足社会应对突发重大事件时对病患予以护理之迫切需求的紧急状态。因重大自然灾害或瘟疫大流行造成的公共卫生紧急状态对民众的紧急救护和日常就医构成了全方位的挑战。在这种紧急状态下，医疗机构对病人实施的救治行为毫无疑问会触及刑法的干预地带。例如：医疗机构或医务人员对危急重症患者的选择性救治行为造成未及时被救治者死亡的，其行为引起的严重结果必然会触及刑法性质的评价问题；医疗机构或者医务人员作出撤除救生装置的决定造成被救护者立即死亡的，必然会触及刑法评价问题；医疗机构或者医护人员作出的选择性救护决定符合什么样的条件才能使在刑法意义上的评价具有正当性等。

在我国刑法理论中，对这些问题的探讨在研究刑法中的正当行为时虽偶有所及但尚未真正地展开，因此研究公共卫生紧急状态下医疗资源分配的伦理及刑法的正当性根据或条件，之于刑法理论的丰富以及司法实践的正确认知和处理均具有重要的意义。

二、关键医疗资源分配源于现实的困境

重大的自然灾害和瘟疫的大流行对公共卫生系统的运行和医疗资源的配置往往会造成压倒性的虹吸效应。此次肆虐全球的新型冠状病毒大流行即为适例。新型冠状病毒性肺炎的大流行可谓 21 世纪以来人类面临的公共卫生最大的挑战。自 2019 年年底发展至今，该病毒已经席卷全球 210 多个国家和地区，被感染人数以千万为计量单位，造成数十万人丧生。据有关专家估计，新型冠状病毒将在一定时期内与人类为伴。

随着新型冠状病毒性肺炎的传播和蔓延，各个国家和地区的医疗机构均感到因欠缺医疗防护用品和装备在应对可预期数量的就诊患者时力不从心。不仅口罩、防护服、消毒

---

* 河南科技大学法学院教授、北欧法研究中心主任。

液等严重短缺，重症监护病床和呼吸机这类救命关键装备随着需要照护的重症病患蜂拥而至也会面临绝对短缺的局面。一些经济实力雄厚的国家虽然可以通过广泛采购呼吸机、扩建和兴建医院来应对随时可至的公共卫生危机状态，如：中国在2020年年初的疫情蔓延期间以世所瞩目的速度在武汉兴建了两所医院，同时改造、兴建了接纳轻症病人的“方舱医院”；据媒体报道，德国曾通过广泛采购的方式购买了万余台帮助病人舒缓呼吸窘迫的呼吸机；瑞典为了应对可能的大爆发，在一些主要城市临时搭建装备必要重症监护医疗设施的战地医院；等等，但是，不可否认的是，硬件装备的可用性和有效性必然要受制于医疗护理人员的可调遣性，因为在现实中，比医疗硬件装备问题更难解决的是具备专业医疗和护理资质的适格人员之严重不足。医疗资源和医护人员之配备双重受限的医疗产品之供给与蜂拥而至的病患之需求之间形成了尖锐的矛盾，这种矛盾将医护人员置于必须对不同状况的病患予以评估并加以痛苦取舍的道德困境中。在整个公共卫生紧急状态持续期间，处于这种道德困境中的医护人员就不得不基于一定的原则和标准对稀缺的医疗卫生资源进行配置。

实际上，在这次瘟疫大流行中，面对捉襟见肘的卫生资源供应，不少国家和地区已经出现了应对医疗资源绝对短缺之困境的预案或实践。“在美国，也许最早的例子是人们立即意识到没有足够的高过滤功能的N95口罩供医护人员使用，这促使人们对如何重复使用为一次性使用而设计的口罩提出应急指导。”① 美国黑斯廷斯中心作为世界上最负盛名的生物伦理学和卫生政策研究所之一亦为卫生保健机构应对新型冠状病毒提出了伦理框架建议和指导原则。② 当重症监护病房（ICU）和呼吸机资源稀缺成为公众常识时，意大利麻醉、镇痛、复苏和重症监护协会（SIAARTI）发布了分配指南。③ 在瑞典，享有世界盛誉的卡罗琳斯医学院也为极有可能来临的关键医疗资源之绝对短缺制定了应急的、具有可操作性的分配准则。④ 在英国瘟疫暴发初期，“由于呼吸机、防护设备和训练有素的工人严重短缺，医院的高级职员开始面对一场关于重症监护配给制的令人痛苦的辩论，尽管英国可能要作出这样的决定还有很长的路要走。”⑤ 随着新型冠状

① See Ezekiel J. Emanuel, Govind Persad, Ross Upshur, Beatriz Thome, Michael Parker, Aaron Glickman, Cathy Zhang, Connor Boyle, Maxwell Smith, and James P. Phillips. Fair Allocation of Scarce Medical Resources in the Time of Covid-19. *The New England Journal of Medicine*, May. 1, 2020.

② See Nancy Berlinger, Matthew Wynia, Tia Powell, D. Micah Hester, Aimee Milliken, Rachel Fabi, Felicia Cohn, Laura K. Guidry-Grimes, Jamie Carlin Watson, Lori Bruce, Elizabeth J. Chuang, Grace Oei, Jean Abbott, Nancy Piper Jenks. *Ethical Framework for Health Care Institutions Responding to Novel Coronavirus SARS-CoV-2 (COVID-19) & Guidelines for Institutional Ethics Services Responding to COVID-19: Managing Uncertainty, Safeguarding Communities, Guiding Practice*, *at* https://www.thehastingscenter.org/ethicalframeworkcovid19 (Last visited on April 20, 2020).

③ See Silvia Serrano Guzmán. *Rationing Critical Care in the Context of Covid-19*, *at* https://oneill.law.georgetown.edu/rationing-critical-care-in-the-context-of-covid-19. (Last visited on July 26, 2020).

④ See Dokument visar, *De prioriteras bort från intensivvård*. Aftonbladet, Apr. 09, 2020. at https://www.aftonbladet.se/nyheter/samhalle/a/lAyePy/dokument-visar-de-prioriteras-bort-fran-intensivvard. (Last visited on May 26, 2020).

⑤ Stephen Grey, Andrew MacAskill. *Who gets the ventilator? British doctors contemplate harrowing coronavirus care choices.*, at https://www.reuters.com/article/us-health-coronavirus-britain-healthcare/who-gets-the-ventilator-british-doctors-contemplate-harrowing-coronavirus-care-choices-idUSKBN2172FC. (Last visited on May 26, 2020).

病毒传播和蔓延的进一步发展，英国医学会（British Medical Association）于4月1日发布了一份伦理指导文件，指出“卫生专业人员有义务撤出某些患者的治疗，以便能够治疗其他存活率更高的病人”。这可能意味着卫生专业人员要放弃对病情稳定甚至好转患者的治疗，转而选择预后更为乐观的患者。①

由上可见，在重大公共卫生紧急状态下，作为很多国家和地区应对公共卫生紧急状态的一种方式，绝对紧缺状态下医疗资源的分配是现实困难的无奈选择。问题在于，医疗机构和医务人员基于何种原则、依照何种方式来平衡公共卫生的根本目的与个体患者的利益才被认为是刑法意义上的正当行为？这是我们应当思考的重要课题。

三、关键医疗资源分配的刑法法理性质

在医疗资源极度稀缺的公共卫生紧急状态下，任何医疗资源都可能根据一定的原则被加以分配。比如在新型冠状病毒大流行时，高过滤性能的口罩、防护服、护目镜、洗手消毒液、重症监护病床等均存在着基于一定的需要、依照一定的标准予被以分配的可能，但并非任何医疗资源分配行为都涉及刑法问题。在笔者看来，只有对救治患者具有关键意义的医疗资源分配行为，才有可能进入刑法的评价领域。

（一）关键医疗资源初次分配的刑法法理性质

在现实中，因为资源的有限性和需求的无限性，没有哪个国家或地区能够对所有需要医疗服务的患者提供包罗万象、无微不至的卫生服务，因此，对医疗资源的分配是无法避免的，尤其是在公共卫生紧急状态下。分配的结果意味着只能有一部分患者能够分配到关键医疗资源并从中受益。例如，2名患者只有1台呼吸机的情况：显然，只能有一位患者得到呼吸机，另一名患者则无法得到。对关键医疗资源的分配决定意味着无法得到呼吸机的患者极有可能因呼吸窘迫而很快死去。

对于此种情形，如何从刑法法理上认识其正当性问题，在刑法学界存在着不同的见解：

在英国刑法中，此种情形可被视为一种辩护理由。“在法律规定某人具有为一定行为的义务时，如果不是因为其自己的错误，被告人不能去实施这种行为时，在某些情况下被认为是一种辩护理由。‘没人应该因为其不可能做到的事而被起诉’。”②

在大陆法系刑法学界，学者普遍认为，从医护人员负有的特定义务之角度分析，这是一种典型的义务冲突行为，只是在立法法条援引和处理上做法不同韩国。有学者认为：义务冲突要求处于无法履行义务的紧急状态与紧急避险没有差别。在义务冲突与利益冲突在结构上类似的方面，应当认为紧急避险和义务冲突具有相同性质，因此义务冲突应当被解释为紧急避险的特殊情况。③ 意大利刑法学界有学者认为，对于义务冲突，

① 参见《肺炎疫情：对他人生死的艰难抉择》，载 https://www.bbc.com/zhongwen/simp/science-53089469，2020年7月5日访问。

② ［英］J.C. 史密斯、B. 霍根：《英国刑法》，李贵方等译，北京：法律出版社2000年版，第302页。

③ 参见［韩］李在祥：《韩国刑法总论》，韩相敦译，北京：中国人民大学出版社2005年版，第223页。

很难直接引用《意大利刑法典》关于紧急避险的规定，因为冲突的义务可能都尚不构成"现实的危险"或者并不涉及对人身权利的威胁。但由于《意大利刑法典》中没有应如何处理的明确规定，刑法理论界有些人认为对这类情况应以法的一般原则为根据，类推适用有关紧急避险的规定：在"法的一般原则"中，首先应适用"重要利益优先原则"，如同时收到两个人求救的医生，就应该首先去救护受伤最重的人；而对数个子女都被困在火中的父亲来说，应适用"同等利益同等重要的原则"，即他在只能救出一个子女的情况下，就不应该为他没有拯救其他子女而承担责任。不过，也有学者认为：不能承认法律没有明文规定的正当化原因。在义务冲突涉及对人身权利可能造成严重损害的现实危险时，可以直接适用紧急避险的规定。如果不涉及行为人的利益，在两个受危险威胁的利益中，只能有限拯救重要的利益。当然，如果主体负有法定的救助义务，则无论如何都应该履行；如果其行为不可能救助所有处于危险中的人，未得救助者所受的损害就可以用紧急避险来解释。① 日本刑法学者大塚仁教授认为：学界往往把义务的冲突视为紧急避险的一种情形。的确，两者的共同点是都发生在紧急事态之时。但是，紧急避险的避险行为是作为行为，而在义务的冲突之中，被放置的义务是由不作为所引起的；另外，关于紧急避险，只要避险者忍受危险，也允许不进行避险。这是它们的不同，必须在概念上将两者加以区别。② 德国耶赛克教授认为，"如果某人将自己应当承担的法律义务，只能以牺牲他人的法律义务的方式履行，同时违反义务的行为构成应当受处罚的作为或不作为的，构成合法化的义务冲突"③。合法化的义务冲突可表现为"两个作为义务只能履行其中一个义务的情形。如，医生面临同时运送两名重伤患者到医院，只有一个心肺装置可供一位患者使用，这就意味着另一患者必然面临死亡"④。对于两个等价的作为义务，行为人不得不放弃履行其中的一个义务——行为人的行为似乎是违法的。"但是，一般而言，法秩序在此等情形下，对如何决定采取一定程度的'放任'态度，其结果必然是，无论行为人履行这种义务还是履行那种义务，其行为均将被合法化。"⑤ 由此可见，耶塞克教授倾向于认为这种情况系阻却违法性的紧急避险。但是，德国也有学者认为：在同等价值的行为中，这种义务的冲突应作为独立的超法规正当化的根据，在正当化的紧急状态之外存在着。这种冲突不应当为德国刑法第 34 条所包括，因为在这两种义务背后存在的利益都是同样值得保护的，但是，第 34 条要求一种利益必须明显地居于优先地位。⑥

笔者认为：在资源稀缺困境下的关键医疗资源分配行为显属义务冲突条件下的不得

① 参见陈忠林：《意大利刑法纲要》，北京：中国人民大学出版社 1999 年版，第 179 页。

② 参见大塚仁：《刑法概说（总论）》，冯军译，北京：中国人民大学出版社 2003 年版，第 368 页。

③ ［德］汉斯·海因里希·耶赛克、托马斯·魏根特：《德国刑法教科书（总论）》，徐久生译，北京：中国法制出版社 2001 年版，第 442 页。

④ ［德］汉斯·海因里希·耶赛克、托马斯·魏根特：《德国刑法教科书（总论）》，徐久生译，北京：中国法制出版社 2001 年版，第 442 页。

⑤ ［德］汉斯·海因里希·耶赛克、托马斯·魏根特：《德国刑法教科书（总论）》，徐久生译，北京：中国法制出版社 2001 年版，第 445 页。

⑥ 参见［德］克劳斯·罗克辛：《德国刑法学总论》（第 1 卷），王世洲译，北京：法律出版社 2005 年版，第 503 页。

已而为之事。就这一点而言，似乎符合紧急避险的补充性条件。但从限度条件来分析，分配行为所要保全的法益与实际上不得不牺牲的法益之间具有等值性，显然不符合紧急避险所要求的保全法益必须大于被牺牲法益这一限度条件。因此，从实质上而言，这种条件下的义务冲突无法为我国《刑法》第 21 条的规定所涵括，不能被解释为紧急避险的一种具体形式。其实，对这种义务冲突行为的正当性可以从两个方面来理解：一方面，从客观方面看，在关键医疗资源分配的场合，医护人员实际上负有多个应当以适当的手段对就诊人予以医治的义务，也即作为义务；对于没有分配到关键医疗资源的患者而言，医护人员好像没有以适当的方式履行其应当履行的作为义务，似乎实施了不作为形式的危害行为。但从实际上分析，医护人员之所以没有履行此种作为义务实乃履行不能。行为人虽有实施一定行为的义务，但从实际上根本无法履行，依然不能认为是刑法意义上的危害行为。另一方面，从主观方面看，这种场合下无法期待处在资源稀缺困境中的医务人员妥当地履行所有的应当履行的作为义务，也即其在此种情况下缺乏期待可能性。[①] 可见，义务冲突行为的正当性可从以上主、客观两个方面被妥当地解释和说明。

（二）关键医疗资源再分配的刑法法理性质

在公共卫生紧急状态下会发生此种情况：移除某一患者占有的医疗资源，重新再分配给其他患者。经过医学评估，占用某一医疗资源的患者的病情恶化已不可避免，医疗资源的占用对其病情的好转已经没有任何益处时，出于救治其他能被救治之患者的目的，移除被其占用的医疗资源再分配给后者。在刑法理论上，对此种情形的刑法法理性质的认定，存在着较大的分歧。

德国罗克辛教授认为：在涉及自然人生命的法益之处，是不允许数量化的。在法律面前，每个自然人的生命，都是处于同样等级的，不存在不同的“生命价值”。假如 1 名医生从只有 30%生存机会的病人床边，摘走了医院里唯一的 1 台人工呼吸机，因而造成这名病人的死亡，为的是通过这种方式来救助另一名后送来的有着 70%生存机会的病人，那么，这名医生的行为就不应当根据德国刑法第 34 条被正当化。[②]

然而，医学伦理学界普遍认为医疗资源的再分配在公共卫生紧急状态下是被允许的。例如，美国匹兹堡大学医学院重症加强护理系撰写的《公共卫生紧急状态期间稀缺关键护理资源的分配》一文即主张：“如果有病人排队等待重症监护服务，那么通过病情严重程度评分或总体临床判断恶化的病人在重新评估后表现出实质性的临床恶化，就应该撤除重症监护。”[③] 还有学者进一步认为：“因为在大流行中，利益最大化是最重要

---

① 期待可能性是大陆法系刑法理论的概念，我国刑法学界对这一概念的认识和接纳有一个过程。现在的通说认为，这一概念对于我国刑法中判断行为人主观上是否具有罪过具有一定的借鉴意义。参见高铭暄、马克昌：《刑法学》（第 8 版），北京：北京大学出版社 2016 年版，第 119 页。

② 参见［德］克劳斯·罗克辛：《德国刑法学总论》（第 1 卷），王世洲译，北京：法律出版社 2005 年版，第 476 页。

③ *Allocation of Scarce Critical Care Resources During a Public Health Emergency*. *at* https://ccm.pitt.edu/sites/default/files/UnivPittsburgh_ModelHospitalResourcePolicy_2020_04_15.pdf. (Last visited on May 3, 2020).

的，我们认为，撤出病人的呼吸机或ICU病床，将其提供给其他有需要的人，也是合理的，患者在入院时应意识到这一可能性。毫无疑问，收回较早入院患者的呼吸机或ICU病床以支持和挽救预后较好的患者，对临床医生来说是极大的心理创伤——一些临床医生可能会拒绝这样做。然而，许多指导方针都认为，为了拯救他人而撤回稀缺资源的决定并不是一种杀人行为，也不需要患者的同意。"① 再如，意大利麻醉、镇痛、复苏和重症监护协会（SIAARTI）的建议也指出："每一位进入ICU的病人都应首先作为ICU试用予以考虑。生命维持治疗的适当性应该每天重新评估，考虑病人的病史、当前的临床病程、愿望、预期目标和ICU护理的比例，当病人对延长生命维持治疗没有反应，或出现严重的临床并发症时，在疫情期间资源有限的情况下，不应拖延停止进一步或正在进行的治疗的决定。"②

诚然，对医护人员而言，撤除病患正在使用中的治疗设备是令人十分痛苦的决定，但是从公共卫生的目的以及被撤除治疗设备的病患者的具体状况看，我们认为：这种撤除行为又是正当的。公共卫生是为公众提供疾病预防治疗和健康促进的手段，重在卫生保健事业的公共性而非私人性：在医疗资源定量的情况下，良好的公共卫生系统运行意味着通过对疾病的治疗、预防以及健康的促进尽可能地实现社会公众福祉最大化。从被撤除治疗设备的病患者的具体状况看，基于医学知识以及病人的临床表现，病患者通过对该治疗设备的使用没有任何好转的反应，甚至情况还在不可逆转地恶化。一方面占用关键医疗资源的病患者不可能再通过治疗而受益，另一方面还有其他痛苦等待救命的病人在排队。在这种困境下，将该病患者的治疗设备移除并分配给其他能够通过该治疗设备的投入使用而受益的病人，毫无疑问是一种理性而正当的选择。

从我国刑法的规定看，笔者认为：关键医疗资源的再分配行为可以被解释在紧急避险的条文中。在这种场合，紧急避险的前提条件、主观条件、时间条件以及对象条件等条件自不必提，关键在于考察避险的限度条件，即移除治疗设备所侵犯的法益与可能保护的法益之间的价值大小的权衡问题。如前所述，被移除治疗设备的病患者已经不能从治疗设备的投入使用中获得益处，甚至还处在不可逆转的恶化过程中，如果继续对其维持治疗设备的投入使用，不仅该病患者无法得到救治或者说无法逆转恶化进程，而且还会使等待关键医疗资源挽救生命的其他病患者因为没有资源可用而丧失生命。这不符合公共卫生的经济效益价值目标的基本要求。显然，对于该治疗设备而言，之于不可逆转的、恶化的病患者而可能实现的价值，应当被认为小于因该设备的投入使用而可能保全的其他人的生命价值。这就是紧急避险限度条件的基本内涵之一。

---

① Ezekiel J. Emanuel, Govind Persad, Ross Upshur, Beatriz Thome, Michael Parker, Aaron Glickman, Cathy Zhang, Connor Boyle, Maxwell Smith, and James P. Phillips. Fair Allocation of Scarce Medical Resources in the Time of Covid-19. *The New England Journal of Medicine*, Vol. 5, p1 (2020).

② SIAARTI. *Clinical Ethics Recommendations for the Allocation of Intensive Care Treatments, in Exceptional, Resource-Limited Circumstances*. at http://www.siaarti.it/SiteAssets/News/COVID19%20-%20documenti%20SIAARTI/SIAARTI%20-%20Covid-19%20-%20Clinical%20Ethics%20Reccomendations.pdf. (Last visited on May 6, 2020).

四、关键医疗资源分配的刑法正当性条件

关键医疗资源的分配只有具备一定的限定条件才能获得刑法意义上的正当性根据。

（一）前提正当性

即关键医疗资源处在绝对紧缺的紧急状态中。这是资源分配行为正当性的前提条件。所谓“绝对紧缺的紧急状态”，是指紧急医疗的需求超过医疗资源的可供应之限度，且在可预期的合理时间内不可能予以补给的公共卫生紧急状态。若非医疗资源绝对紧缺，就不允许对前来就医的病患者能否获得关键医疗资源的治疗和护理作出任何分配的决定。

把资源绝对紧缺的紧急状态作为医疗资源分配的前提条件，是世界各个国家和地区的医疗机构应对公共卫生紧急状态的通行做法，也是实现公共卫生保障社会福祉之利益最大化的理性选择。例如，意大利意麻醉、镇痛、复苏和重症监护协会（SIAARTI）的建议指出，分配发生在“医疗资源严重短缺的场景”（context of serious shortage of healthcare resources）①，“只有在所有涉及各方（特别是相关医疗团队和医疗机构的管理部门）已尽一切可能的努力来增加资源的可用性（尤其是重症监护病床），并且在评估了将患者转移到其他具有更大资源可用性的医疗中心的任何可能性之后，才有理由使用分配标准”②。瑞典国家卫生和福利委员会（Socialstyrelsen）指出，只有在需求超过资源和其他机会已经耗尽（behoven överstiger resurserna och andra möjligheter har uttömts）的情况下，才能适用新的准则。③

可见，在对公共卫生的需求和供给处在常态的情况下就不允许对病患者的治疗和护理之资源配置优先性作出选择。

（二）实体正当性

即关键医疗资源分配的决定必须以当前的医学科学知识为依据，立足于促进稀缺资源产生之利益最大化的原则，并在对病人的临床表现等进行个别化评估后被作出。

关键医疗资源分配的决定必须有医学科学知识、原理以及医学证据的支撑，不能出于纯主观的臆想和猜测；必须以利益最大化为原则在对病人的病情和临床表现进行个别

① SIAARTI. *Clinical Ethics Recommendations for the Allocation of Intensive Care Treatments, in Exceptional, Resource-Limited Circumstances*. at http://www.siaarti.it/SiteAssets/News/COVID19%20-%20documenti%20SIAARTI/SIAARTI%20-%20Covid-19%20-%20Clinical%20Ethics%20Reccomendations.pdf.（Last visited on May 6，2020）.

② SIAARTI. *Clinical Ethics Recommendations for the Allocation of Intensive Care Treatments, in Exceptional, Resource-Limited Circumstances*. at http://www.siaarti.it/SiteAssets/News/COVID19%20-%20documenti%20SIAARTI/SIAARTI%20-%20Covid-19%20-%20Clinical%20Ethics%20Reccomendations.pdf.（Last visited on May 6，2020）.

③ See Nya riktlinjer：*De kan väljas bort i intensivvården*. Aftonbladet，Apr. 01，2020，at https://www.aftonbladet.se/nyheter/samhalle/a/4qed4q/nya-riktlinjer-de-kan-valjas-bort-i-intensivvarden.（Last visited on April 28，2020）.

化的评估后被作出。这里必须研究的问题是，病人符合什么条件才具有获得关键医疗资源的优先配置权。首先，关键医疗资源的分配不能以“先来先得”为原则，因为这一做法一般无法满足稀缺资源之利益最大化的要求。关键医疗资源的利益最大化意味着抢救更多的病人，尽最大可能延长病人的生命。而“先来”的病人不一定都能从关键医疗资源的投入中受益，这种病人占用关键的医疗资源是一种浪费，在供需极度紧张的情况下，会使能够被抢救的患者因缺乏床位、治疗设备等而丧失生命。这就违背了稀缺资源之利益最大化的原则。其次，如前所述，关键医疗资源的利益最大化可以被理解为抢救更多的个体生命，或者优先考虑治疗可能存活时间最长的患者。“对有限资源的优先考虑应以拯救大多数生命和最大限度地改善个人治疗后的生命长度为目标。拯救更多生命和更长的寿命是专家报告的共识。它既符合强调人口结果的功利主义伦理观点，也符合强调每个人生命最重要价值的非功利主义观点。”① 诚然，关键医疗资源利益最大化的这两个目标之间存在着一定的冲突。我们认为：这种冲突可以通过对病人的实际临床表现的个体化评估予以平衡。在医务实践中，我们首先可以根据病人的实际临床表现判断其是否能从关键医疗资源的投入中受益进行初步筛选，立足于现有医学的科学知识基于预后的分析，将不能从治疗中受益的病人从关键医疗资源分配的优先组中排除出去。当医疗资源的可用性决定着我们不得不进一步评估稀缺资源分配之优先级别时，可以采用“存活时间最长”的标准，将通过优先供应关键的医疗资源予以治疗而可能存活时间最长的患者确定为最优先的级别。按照这一标准，那些高龄且自身健康状况极其不佳的病人，就可能从最优先级别组中被排除出去。这种做法其实也是国外应对医疗紧急状态的通行做法。例如，意大利麻醉、镇痛、复苏和重症监护协会（SIAARTI）的建议就指出：“最终可能需要设定收进 ICU 的年龄限制。其基本原则是节省可能变得极其稀缺的有限资源，留给那些有更大更长生存可能性的患者，以使最大数量的人获得最大利益。”② 瑞典卡罗琳斯医学院根据国家卫生和福利委员会的准则而制定的细则也显示出患者年龄在确定资源分配优先级别时具有重要的作用。该细则规定：“重症监护的一般指示：（1）病人本人不反对重症监护的；（2）相对于习惯的功能水平和疾病的整体状况，存活和恢复被认为是可能的；（3）没有其他使预期生存时间短于 6—12 个月的疾病的；（3）生理年龄小于 80 岁的；（4）生理年龄为 70—80 岁且最多只能有一个器官系统严重衰竭的（例如，呼吸、循环、肾功能）；（5）生理年龄为 60—70 岁且最多有两个器官系统出现严重衰竭（例如，呼吸、循环、肾功能）。”③

① Ezekiel J. Emanuel, Govind Persad, Ross Upshur, Beatriz Thome, Michael Parker, Aaron Glickman, Cathy Zhang, Connor Boyle, Maxwell Smith, and James P. Phillips. Fair Allocation of Scarce Medical Resources in the Time of Covid-19. *The New England Journal of Medicine*, 2020, (5): 1.

② SIAARTI. *Clinical Ethics Recommendations for the Allocation of Intensive Care Treatments, in Exceptional, Resource-Limited Circumstances*. at http://www.siaarti.it/SiteAssets/News/COVID19%20-%20documenti%20SIAARTI/SIAARTI%20-%20Covid-19%20-%20Clinical%20Ethics%20Reccomendations.pdf. (Last visited on May 6, 2020).

③ Dokument visar: *De prioriteras bort från intensivvård*. Aftonbladet, Apr. 9, 2020. at https://www.aftonbladet.se/nyheter/samhalle/a/lAyePy/dokument-visar-de-prioriteras-bort-fran-intensivvard. (Last visited on May 26, 2020).

应当强调的是，关键医疗资源分配只能立足于公共卫生的目标之利益最大化的原则，依据医学的证据和病人的实际状况进行个别化的评估，任何其他之外的因素均不应作为评估因子加以考虑，如种族或民族、肤色、宗教、性别、经济状况、社会地位等。一个公平正义的公共卫生运行系统应当重在促进整个社会的公共福祉，在作出评估决定时如果掺入以上这些因素，将会损害公共卫生的目标之利益最大化的原则，从而使关键医疗资源分配的实体缺乏正当性。

（三）机制正当性

即关键医疗资源分配的决定应由医疗单位专门设置的机构作出。从当前各国各地区应对新型冠状病毒大流行的医务实践看，所出台的有关准则都会要求各医疗单位专门成立一个分诊团队，专门处理病人的评估和有限医疗资源的分配问题。我们认为，这样做的好处是显然的：首先，一线医务人员不适宜对有限的关键医疗资源之配置作决定，特别是在面对自己医护的病人需要撤除关键医疗设备时，他们很难作出理性的决定，而且他们甚至还会拒绝这样做。其次，一线医务人员对关键医疗资源配置的全局性图景可能欠缺准确的把握和全面的认识，也不适宜让他们单独对此作出决定。再次，关键医疗资源的配置是一个非常痛苦而纠结的决定，避免让一线医务人员独立决定也是为了让他们回避作决定时面对痛苦的道德困境，可以让他们把精力集中在利用自己的专业知识治病救人上。最后，由专门的团队对病人和有限医疗资源的分配进行评估，有助于增强资源配置决定的可接受度，减少不必要的误会和纠纷。

（四）程序正当性

即关键医疗资源的分配应当满足正当程序的要求。运作程序虽然多数情况下不能决定实体结果的正确或准确，但良好的程序事实上有助于正确或准确的实体结果的产生——程序显然具有重要的工具价值和意义。笔者认为，关键医疗资源配置的正当程序至少要包括：稀缺资源分配的规则必须公布出来，分配的决定过程必须透明，应当给予利益攸关人申诉的权利和机会等。

五、余论

医疗资源的分配根源于需求的无限性与供给的有限性之间的紧张关系。在社会常态的情况下，亦存在着这种紧张关系，如人体器官移植，供体的供给速度可能永远赶不上需求增长的步伐。所以可以说，医疗资源的分配是一个永恒的话题，只不过供与求的这种紧张关系，在瘟疫大流行和大型自然灾害的场景下会变得更加突出而已。

本文初步探讨了关键医疗资源分配的客观现实基础和刑法法理性质，并在此基础上分析并论证了关键医疗资源分配行为的正当性条件。应当承认的是，本文的这些探讨只是初步的。关于稀缺医疗资源分配的原则、功利主义作为确立稀缺资源分配实体正当性原则的合理性，以及稀缺资源分配正当性的具体条件等尚有深入研究的必要。

图书在版编目（CIP）数据

新中国刑法学自主知识体系的演进与前瞻 / 中国人民大学刑事法律科学研究中心编．-- 北京：中国人民大学出版社，2023.4
ISBN 978-7-300-31617-8

Ⅰ.①新… Ⅱ.①中… Ⅲ.①刑法－法学－中国
Ⅳ.①D924.01

中国国家版本馆 CIP 数据核字（2023）第 065638 号

新中国刑法学自主知识体系的演进与前瞻
中国人民大学刑事法律科学研究中心　编
Xinzhongguo Xingfaxue Zizhu Zhishi Tixi de Yanjin yu Qianzhan

出版发行	中国人民大学出版社		
社　　址	北京中关村大街 31 号	**邮政编码**	100080
电　　话	010－62511242（总编室）		010－62511770（质管部）
	010－82501766（邮购部）		010－62514148（门市部）
	010－62515195（发行公司）		010－62515275（盗版举报）
网　　址	http://www.crup.com.cn		
经　　销	新华书店		
印　　刷	涿州市星河印刷有限公司		
开　　本	787 mm×1092 mm　1/16	**版　　次**	2023 年 4 月第 1 版
印　　张	48.75 插页 4	**印　　次**	2023 年 4 月第 1 次印刷
字　　数	1 108 000	**定　　价**	398.00 元